NomosKommentar

Prof. Dr. Monika Schlachter
Prof. Dr. Christoph Ohler, LL. M. [Hrsg.]

Europäische Dienstleistungsrichtlinie

Handkommentar

PD Dr. Matthias Cornils, Universität Bonn | **Dr. Carsten Herresthal, LL. M.**, Ludwig-Maximilians-Universität München | **MinR Wilfried Krames**, Bayerisches Staatsministerium der Justiz, München | **Prof. Dr. Stefan Leible**, Universität Bayreuth | **Prof. Dr. Christoph Ohler, LL. M.**, Friedrich-Schiller-Universität Jena | **Prof. Dr. Monika Schlachter**, Universität Regensburg | **Prof. Dr. Martin Schmidt-Kessel**, Universität Osnabrück | **Prof. Dr. Rudolf Streinz**, Ludwig-Maximilians-Universität München | **Dr. Alexander Windoffer**, Deutsches Forschungsinstitut für öffentliche Verwaltung, Speyer | **Prof. Dr. Jan Ziekow**, Deutsches Forschungsinstitut für öffentliche Verwaltung, Speyer

Nomos

Die Deutsche Nationalbibliothek verzeichnet diese Publikation in der Deutschen Nationalbibliografie; detaillierte bibliografische Daten sind im Internet über http://www.d-nb.de abrufbar.

ISBN 978-3-8329-2589-5

1. Auflage 2008

Vorwort

Die Entstehungsgeschichte der EU-Dienstleistungsrichtlinie macht deutlich, dass es sich bei diesem Gesetzesvorhaben um eines der politisch umstrittensten Integrationsprojekte der letzten Jahrzehnte handelt. Sie konnte im Europäischen Parlament überhaupt nur mehrheitsfähig werden, weil die Kommission angesichts massiver öffentlicher Proteste zu weitreichenden Umgestaltungen gegenüber der Entwurfsfassung bereit war. In der endgültigen Gestalt der Richtlinie führte das nicht nur zu redaktionellen Akzentverschiebungen, sondern zu gravierenden inhaltlichen Änderungen. Das ursprünglich zentrale Instrument, die umfassende Verankerung eines Herkunftslandsprinzips auch im Recht grenzüberschreitender Dienstleistungen, wurde aufgegeben und durch differenziertere Abstimmungs- und Kontrollverfahren zwischen den Mitgliedstaaten ersetzt.
Nach wie vor verpflichtet die Richtlinie aber dazu, bürokratische Hürden abzubauen, denen sich Unternehmen aus anderen Mitgliedstaaten bei grenzüberschreitenden Dienstleistungen ausgesetzt sehen. Damit soll der Binnenmarkt auch im Dienstleistungssektor wettbewerbsintensiver werden. Für die Mitgliedstaaten bedeutet dies einen umfassenden Regelungszugriff auf ein Marktsegment, das sich um hergebrachte Grenzen juristischer Teildisziplinen nicht kümmert: Zivil- und öffentlich-rechtliche Materien sind nebeneinander zu regeln, und auch das Arbeitsrecht, obwohl aus dem Anwendungsbereich der Richtlinie abstrakt herausgenommen, ist zur Erfassung des Gesamtbereichs unverzichtbar. Diesem übergreifenden Ansatz sieht sich der Kommentar verpflichtet. Er bringt in gemeinsamer Anstrengung Kenner der Materie aus den von der Richtlinie berührten Bereichen zusammen, die die gemeinschaftsrechtlichen Vorgaben aufarbeiten. In einem so sensiblen Bereich soll damit versucht werden, Probleme der Richtlinienumsetzung bereits vor Ablauf der Umsetzungsfrist aufzuarbeiten und damit der Praxis Handreichungen in einem Stadium zu bieten, in dem die innerstaatliche Rechtslage noch der Klärung bedarf.
Ein besonderer Dank der Herausgeber gilt Frau Susanne Prater, die mit großer Umsicht und Sorgfalt alle Manuskripte redaktionell hervorragend betreut hat.

Regensburg und Jena, Juni 2008

Prof. Dr. Monika Schlachter
Prof. Dr. Christoph Ohler

Inhaltsverzeichnis

Abschnitt 2
Rechte der Dienstleistungsempfänger

Kapitel V
Qualität der Dienstleistungen

Kapitel VI
Verwaltungszusammenarbeit

Kapitel VII
Konvergenzprogramm

Autorenverzeichnis

Cornils, Matthias, Priv.-Doz. Dr., Universität Bonn; Art. 9 bis 15, Art. 39

Herresthal, Carsten, Dr., LL. M., Wiss. Assistent, Ludwig-Maximilians-Universität München; Art. 19, Art. 20, Art. 27

Krames, Wilfried, MinR, Bayerisches Staatsministerium der Justiz, München; Art. 2

Leible, Stefan, Prof. Dr., Universität Bayreuth; Einleitung, Art. 4 (in Zusammenarbeit mit Rudolf Streinz), Art. 3, Art. 24

Ohler, Christoph, Prof. Dr., LL. M., Friedrich-Schiller-Universität Jena; Art. 18, Art. 28 bis 36, Art. 38, Art. 40 bis 46

Schlachter, Monika, Prof. Dr., Universität Regensburg; Grenzüberschreitende Dienstleistungen und das Arbeitsrecht (vor Art. 19)

Schmidt-Kessel, Martin, Prof. Dr., Universität Osnabrück; Art. 16, Art. 17, vor Art. 22, Art. 22, Art. 23, Art. 25

Streinz, Rudolf, Prof. Dr., Ludwig-Maximilians-Universität München; Einleitung, Art. 4 (in Zusammenarbeit mit Stefan Leible), Art. 1, Art. 26

Windoffer, Alexander, Dr., Deutsches Forschungsinstitut für öffentliche Verwaltung, Speyer; Art. 5 bis 8, Art. 21, Art. 37 (in Zusammenarbeit mit Jan Ziekow)

Ziekow, Jan, Prof. Dr., Deutsches Forschungsinstitut für öffentliche Verwaltung, Speyer; Art. 5 bis 8, Art. 21, Art. 37 (in Zusammenarbeit mit Alexander Windoffer)

Abkürzungsverzeichnis

a.A.	anderer Ansicht
a.E.	am Ende
abl.	ablehnend
ABl.	Amtsblatt der Europäischen Union (Nr. L und C)
Abs.	Absatz
AcP	Archiv für die civilistische Praxis
AEntG	Arbeitnehmer-Entsendegesetz
AfP	Zeitschrift für Medien- und Kommunikationsrecht (vormals Archiv für Presserecht)
AGB	Allgemeine Geschäftsbedingungen
AltPflG	Gesetz über die Berufe in der Altenpflege
Anm.	Anmerkung
AO	Abgabenordnung
AöR	Archiv des öffentlichen Rechts
AP	Arbeitsrechtliche Praxis
ApoG	Gesetz über das Apothekenwesen
arg.	argumentum
Art.	Artikel
AufenthG	Aufenthaltsgesetz
Aufl.	Auflage
AuR	Arbeit und Recht (Zeitschrift)
ausf.	ausführlich
BAG	Bundesarbeitsgericht
BAnz	Bundesanzeiger
BÄrztO	Bundesärzteordnung
BauGB	Baugesetzbuch
BauO NW	Bauordnung des Landes Nordrhein-Westfalen
BayVBl.	Bayerische Verwaltungsblätter
BayVGH	Bayerischer Verfassungsgerichtshof
BB	Betriebs-Berater (Zeitschrift)
BBauG	Bundesbaugesetz
Bd.	Band
BDA	Bundesvereinigung der Deutschen Arbeitgeberverbände
Bespr.	Besprechung
BFH	Bundesfinanzhof
BFHE	Sammlung der Entscheidungen des Bundesfinanzhofs
BGB	Bürgerliches Gesetzbuch
BGBl.	Bundesgesetzblatt
BGH	Bundesgerichtshof
BGHZ	Entscheidungen des Bundesgerichtshofs in Zivilsachen
BImSchG	Gesetz zum Schutz vor schädlichen Umwelteinwirkungen durch Luftverunreinigungen, Geräusche, Erschütterungen und ähnliche Vorgänge (Bundesimmissionsschutzgesetz)
BIP	Bruttoinlandsprodukt
BK GG	Dolzer (Hg.), Kommentar zum Bonner Grundgesetz (siehe Literaturverzeichnis)
BNotO	Bundesnotarordnung

BORA	Berufsordnung für Rechtsanwälte
BOStB	Berufsordnung für Steuerberater
BRAK-Mitt	Mitteilungen der Bundesrechtsanwaltskammer
BRAO	Bundesrechtsanwaltsordnung
BR-Dr.	Bundesrats-Drucksache
BT-Dr.	Bundestags-Drucksache
BullEU	Bulletin der Europäischen Union
BVerfG	Bundesverfassungsgericht
BVerfGE	Entscheidungen des Bundesverfassungsgerichts
BVerwG	Bundesverwaltungsgericht
BVerwGE	Entscheidungen des Bundesverwaltungsgerichts
bzw.	beziehungsweise
CEN	Europäisches Komitee für Normung
CENELEC	Europäisches Komitee für elektronische Normung
CISG	Convention on Contracts for the International Sale of Goods (Übereinkommen der Vereinten Nationen über Verträge über den internationalen Warkenkauf)
CMA	Centrale Marketing-Gesellschaft der deutschen Agrarwirtschaft mbH
CMLR	Common Market Law Review
d.h.	das heißt
DB	Der Betrieb (Zeitschrift)
ders.	derselbe
DEÜV	Verordnung über die Erfassung und Übermittlung von Daten für die Träger der Sozialversicherung
dies.	dieselbe(n)
DNotZ	Deutsche Notar-Zeitschrift
Dok.	Dokument
DÖV	Die Öffentliche Verwaltung
DRdA	Das Recht der Arbeit (Zeitschrift)
DStR	Deutsches Steuerrecht
DVBl.	Deutsches Verwaltungsblatt
DZWIR	Deutsche Zeitschrift für Wirtschafts- und Insolvenzrecht (ab 9/1999; vorher Deutsche Zeitschrift für Wirtschaftsrecht)
DZWiR	Deutsche Zeitschrift für Wirtschaftsrecht (1/1991-8/1998; danach Deutsche Zeitschrift für Wirtschafts- und Insolvenzrecht)
ebd.	ebenda
EG	Europäische Gemeinschaften; Europäische Gemeinschaft (nach dem EGV)
EGBGB	Einführungsgesetz zum Bürgerlichen Gesetzbuch
EGV	Vertrag zur Gründung der Europäischen Gemeinschaft
Einl.	Einleitung
ELR	European Law Review
EMRK	Europäische Menschenrechtskonvention
endg.	endgültig
EnWG	Energiewirtschaftsgesetz
ErgThG	Gesetz über den Beruf der Ergotherapeutin und des Ergotherapeuten

EStG	Einkommensteuergesetz
etc.	et cetera
ETSI	Europäisches Institut für Telekommunikationsnormen
EU	Europäische Union
EuGH	Gerichtshof der Europäischen Gemeinschaften
EuGRZ	Europäische Grundrechte-Zeitschrift
EuGVO	Verordnung über die gerichtliche Zuständigkeit und die Anerkennung und Vollstreckung von Entscheidungen in Zivil- und Handelssachen
EuGVVO	Verordnung 44/2001 über die gerichtliche Zuständigkeit und die Anerkennung und Vollstreckung von Entscheidungen in Zivil- und Handelssachen
EuR	Europarecht (Zeitschrift)
EuroAS	Infodienst Europäisches Arbeits- und Sozialrecht
EUV	Vertrag über die Europäische Union
EuVerwR	Schwarze, Europäisches Verwaltungsrecht (siehe Literaturverzeichnis)
EuZW	Europäische Zeitschrift für Wirtschaftsrecht
EVÜ	Römisches EWG-Übereinkommen über das auf vertragliche Schuldverhältnisse anzuwendende Recht
EWG	Europäische Wirtschaftsgemeinschaft
EWGV	Vertrag zur Gründung der Europäischen Wirtschaftsgemeinschaft
EWR	Europäischer Wirtschaftsraum
EWS	Europäisches Wirtschafts- und Steuerrecht (Zeitschrift)
EzAÜG	Entscheidungssammlung zum Arbeitnehmerüberlassungsgesetz
f./ff.	folgende Seite(n)
Fn.	Fußnote
FS	Festschrift
GastG	Gaststättengesetz
geänd.	geändert
gem.	gemäß
GenTG	Gentechnikgesetz
GewArch	Gewerbearchiv (Zeitschrift)
GewO	Gewerbeordnung
GG	Grundgesetz
ggf.	gegebenenfalls
GPR	Zeitschrift für Gemeinschaftsprivatrecht (Zeitschrift)
GPSG	Geräte- und Produktionssicherheitsgesetz
GR-Charta	Charta der Grundrechte der Europäischen Union
GRUR Int.	Gewerblicher Rechtsschutz und Urheberrecht – Internationaler Teil
GS EUV/EGV	von der Groeben/Schwarze (Hg.), Vertrag über die Europäische Union und Vertrag zur Gründung der Europäischen Gemeinschaft (siehe Literaturverzeichnis)
GTZ	Gesellschaft für Technische Zusammenarbeit GmbH
GuG	Ehlers (Hg.), Europäische Grundrechte und Grundfreiheiten (siehe Literaturverzeichnis)
h.Lit.	herrschende Literatur
h.M.	herrschende Meinung

Hb.EuR	Frenz, Handbuch Europarecht (siehe Literaturverzeichnis)
Hb.EUWirtR	Dauses (Hg.), Handbuch des EU-Wirtschaftsrechts (siehe Literaturverzeichnis)
HebG	Gesetz über den Beruf der Hebamme und des Entbindungspflegers
HeilprG	Gesetz über die berufsmäßige Ausübung der Heilkunde ohne Bestellung
Hervorh.	Hervorhebung
HessBauO	Hessische Bauordnung
HessVGH	Hessischer Verfassungsgerichtshof
Hg.	Herausgeber
HGB	Handelsgesetzbuch
HK-EUV	Hailbronner/Klein/Magiera/Müller-Graff (Hg.), Handkommentar zum EU-Vertrag (siehe Literaturverzeichnis)
HOAI	Honorarordnung für Architekten und Ingenieure
Hs.	Halbsatz
HwO	Handwerksordnung
i.d. F. d. Bek.	in der Fassung de rBekanntmachung
i.d. F.	in der Fassung
i.E.	im Ergebnis/ im Erscheinen
i.e. S.	im engeren Sinne
i.S. d.	im Sinne des
i.S. v.	im Sinne von
i.V. m.	in Verbindung mit
IHK	Industrie- und Handelskammer
IHKG	Gesetz zur vorläufigen Regelung des Rechts der Industrie- und Handelskammern
insbes.	insbesondere
IntWettbR	Internationales Wettbewerbs- und Wettbewerbsverfahrensrecht
IPRax	Praxis des Internationalen Privat- und Verfahrensrechts (Zeitschrift)
IRG	Gesetz über die internationale Rechtshilfe in Strafsachen
IStR	Internationales Steuerrecht (Zeitschrift)
JRP	Journal für Rechtspolitik
JZ	Juristenzeitung
K&R	Kommunikation & Recht (Zeitschrift)
KMU	Kleine und mittlere Unternehmen
KOM	Dokumente der Kommission der Europäischen Gemeinschaft
KrPflG	Gesetz über die Berufe in der Krankenpflege
KWG	Kreditwesengesetz
lit.	litera
LKV	Landes- und Kommunalverwaltung (Zeitschrift)
LogopG	Gesetz über den Beruf des Logopäden
LVwVfG	Verwaltungsverfahrensgesetze der Länder
m.w. N.	mit weiteren Nachweisen
MaBV	Makler- und Bauträgerverordnung
MPhG	Gesetz über die Berufe in der Physiotherapie
MPV	Verordnung über Medizinprodukte
Mwst.	Mehrwertsteuer

NJW	Neue Juristische Wochenschrift
Nr.	Nummer
NuR	Natur und Recht (Zeitschrift)
NVwZ	Neue Zeitschrift für Verwaltungsrecht
NVwZ-RR	Neue Zeitschrift für Verwaltungsrecht - Rechtsprechungsreport
NZA	Neue Zeitschrift für Arbeitsrecht
NZG	Zeitschrift
NZS	Neue Zeitschrift für Sozialrecht
o.Ä.	oder Ähnliche/m/n/r/s
o.a.	oder andere
o.g.	oben genannte/r/s
oHG	offene Handelsgesellschaft
OLG	Oberlandesgericht
ÖÖP	öffentlich-öffentliche Partnerschaft
ÖPP	öffentlich-private Partnerschaft
PartGG	Gesetz über Partnerschaftsgesellschaften Angehöriger Freier Berufe
PatAnwO	Patentanwaltsordnung
PBefG	Personenbeförderungsgesetz
PodG	Gesetz über den Beruf der Podologin und des Podologen
PsychThG	Gesetz über die Berufe des Psychologischen Psychotherapeuten und des Kinder- und Jugendlichenpsychotherapeuten
RdA	Recht der Arbeit (Zeitschrift)
RdM	Recht der Medizin (Zeitschrift)
RettAssG	Gesetz über den Beruf der Rettungsassistentin und des Rettungsassistenten
RIW	Recht der internationalen Wirtschaft
RL	Richtlinie
Rn	Randnummer
Rs	Rechtssache
Rspr.	Rechtsprechung
RVG	Rechtsanwaltsvergütungsgesetz
S.	Satz; Seite
s.	siehe
s.a.	siehe auch
SächsDSchG	Sächsisches Denkmalschutzgesetz
SächsOVG	Sächsisches Oberverwaltungsgericht
Schlussantr.	Schlussantrag
SchwbG	Schwerbehindertengesetz
SEK	Dokument des Sekretariats der Kommission
SGB	Sozialgesetzbuch
SigG	Signaturgesetz
Slg.	Rechtsprechungssammlung des EuGH
sog.	sogenannte(n/r/s)
st. Rspr.	ständige Rechtsprechung
StBauFG	Städtebauförderungsgesetz
StBerG	Steuerberatungsgesetz
StGB	Strafgesetzbuch

TKG	Telekommunikationsgesetz
TÜV	Technischer Überwachungs-Verein
TVG	Tarifvertragsgesetz
u.a.	unter anderem; und andere
u.U.	unter Umständen
UA	Unterabsatz
UStG	Umsatzsteuergesetz
usw.	und so weiter
v.	vom
Var.	Variante
verb. Rs.	verbundene Rechtssachen
Verf.	Verfasser
VerfVO	Kartellverfahrensverordnung
VergabeR	Vergaberecht (Zeitschrift)
VerwArch	Verwaltungsarchiv
VG	Verwaltungsgericht
vgl.	vergleiche
VO	Verordnung
Vorbem.	Vorbemerkung
VuR	Verbraucher und Recht (Zeitschrift)
VVG	Versicherungsvertragsgesetz
VwVfG	Verwaltungsverfahrensgesetz
VwZG	Verwaltungszustellungsgesetz
WM	Wertpapier-Mitteilungen (Zeitschrift)
WPO	Wirtschaftsprüferordnung
z.B.	zum Beispiel
z.T.	zum Teil
ZaöRV	Zeitschrift für ausländisches öffentliches Recht und Völkerrecht
ZESAR	Zeitschrift für europäisches Sozial- und Arbeitsrecht
ZEuP	Zeitschrift für Europäisches Privatrecht
ZEuS	Zeitschrift für europarechtliche Studien
ZfA	Zeitschrift für Arbeitsrecht
ZHR	Zeitschrift für das gesamte Handelsrecht und Wirtschaftsrecht
Ziff.	Ziffer
ZIP	Zeitschrift für Wirtschaftsrecht und Insolvenzpraxis
ZLG	Zentralstelle der Länder für Gesundheitsschutz bei Arzneimitteln und Medizinprodukten
ZLS	Zentralstelle der Länder für Sicherheitstechnik
ZPO	Zivilprozessordnung
zul. geänd.	zuletzt geändert
zutr.	zutreffend

Literatur

Bieber/Epiney/Haag, Die Europäische Union – Europarecht und Politik, 7. Aufl., Baden-Baden, 2006 (zitiert als: Bieber/Epiney/Haag, Die EU)

Bleckmann, Europarecht, 6. Aufl., Köln, 1997 (zitiert als: Bleckmann, Europarecht)

von Bogdandy (Hg.), Europäisches Verfassungsrecht, Berlin, 2003 (zitiert als: Bearbeiter, in: von Bogdandy (Hg.), Europäisches Verfassungsrecht)

Borchardt, Die rechtlichen Grundlagen der Europäischen Union, 3. Aufl., Heidelberg, 2006 (zitiert als: Borchardt, Grundlagen)

Calliess/Ruffert (Hg.), EUV/EGV, 3. Aufl., München, 2007 (zitiert als: Bearbeiter in Calliess/Ruffert EUV/EGV)

Constantinesco/Jacqué/Kovar/Simon, Traité instituant la C.E.E. Commentaire article par article, Paris, 1992 (zitiert als: Constantinesco/Jacqué/Kovar/Simon, TCE)

Constantinesco/Kovar/Simon, Traité sur l'Union européenne. Commentaire article par article, Paris, 1995 (zitiert als: Constantinesco/Kovar/Simon, TUE)

Dauses (Hg.), Handbuch des EU-Wirtschaftsrechts, Loseblattsammlung, München, Stand: Januar 2008 (zitiert als: Bearbeiter in Hb.EUWirtR)

Dolzer (Hg.), Kommentar zum Bonner Grundgesetz, Loseblattsammlung, Heidelberg, Stand: Februar 2008 (zitiert als: Bearbeiter in BK GG)

Dreier (Hg.), Grundgesetz, Tübingen, Bd. 1: 2. Aufl., 2004, Bd. 2: 2. Aufl., 2006, Bd. 3: 2000 (zitiert als: Bearbeiter in Dreier GG)

Ehlers (Hg.), Europäische Grundrechte und Grundfreiheiten, 2. Aufl., Berlin, 2005 (zitiert als: Bearbeiter in Ehlers (Hg.), GuG)

Europäische Kommission, Handbuch zur Umsetzung der Dienstleistungsrichtlinie, 2007 (zitiert als: Kommissionshandbuch)

Fischer, Europarecht, 3. Aufl., München, 2001 (zitiert als Fischer, Europarecht)

Frenz, Handbuch Europarecht, Bd. 1: Europäische Grundfreiheiten, Berlin, 2004 (zitiert als: Frenz, Hb.EuR, Bd. 1)

Frowein/Peukert, Europäische Menschenrechtskonvention, 2. Aufl., Kehl/Straßburg, Arlington, 1996 (zitiert als: Bearbeiter in Frowein/Peukert, EMRK)

Geiger, Kommentar zum EG-Vertrag, 4. Aufl., München, 2004 (zitiert als: Geiger, EUV/EGV)

Grabitz/Hilf (Hg.), Kommentar zur Europäischen Union, Loseblattsammlung, München, Stand: Dezember 2007 (zitiert als: Bearbeiter in Grabitz/Hilf EU)

von der Groeben/Schwarze (Hg.), Vertrag über die Europäische Union und Vertrag zur Gründung der Europäischen Gemeinschaft, 6. Aufl., Baden-Baden, Bd. 1-3: 2003; Bd. 4: 2004 (zitiert als: Bearbeiter in GS EUV/EGV)

Hailbronner/Klein/Magiera/Müller-Graff (Hg.), Handkommentar zum EU-Vertrag, Loseblattsammlung, Köln, Stand: November 1998 (zitiert als: Bearbeiter in HK-EUV)

Hailbronner/Wilms (Hg.), Recht der Europäischen Union, Loseblattsammlung, Stuttgart, Stand: August 2007 (zitiert als: Bearbeiter in Hailbronner/Wilms)

Haltern, Europarecht, 2. Aufl., Tübingen, 2007 (zitiert als: Haltern, Europarecht)

Haratsch/Koenig/Pechstein, Europarecht, 5. Aufl., Tübingen, 2006 (zitiert als: Haratsch/Koenig/Pechstein, Europarecht)

Hartley, The Foundations of European Community Law, 5. Aufl., Oxford, 2003 (zitiert als: Hartley, EC-Law)
Herdegen, Europarecht, 9. Aufl., München, 2007 (zitiert als: Herdegen, Europarecht)
Huber, Recht der Europäischen Integration, 2. Aufl., München, 2002 (zitiert als: Huber, Integration)
Ipsen, Europäisches Gemeinschaftsrecht, Tübingen, 1972 (zitiert als: Ipsen, EG-Recht)
Jarass/Pieroth, Grundgesetz für die Bundesrepublik Deutschland, 8. Aufl., München, 2006 (zitiert als: Jarass/Pieroth, GG)
Kapteyn/VerLoren van Themaat, Introduction to the Law of the European Communities, 3. Aufl., Deventer, 1998 (zitiert als Kapteyn/VerLoren van Themaat, EC-Law)
Kopp/Ramsauer, Verwaltungsverfahrensgesetz, 9. Aufl., München, 2005 (zitiert als: Kopp/Ramsauer VwVfG)
Lasok/Bridge, An introduction to the law and the institutions of the European Communities, 7. Aufl., London, 1998 (zitiert als: Lasok/Bridge, EC-Law)
Lenaerts/van Nuffel, Constitutional Law on the European Union, 2. Aufl., London, 2005 (zitiert als: Lenaerts/van Nuffel, Constitutional Law)
Lenz/Borchardt (Hg.), Kommentar zu dem Vertrag zur Gründung der Europäischen Gemeinschaften, 4. Aufl., Köln, 2006 (zitiert als: Bearbeiter in Lenz/Borchardt EUV/EGV)
von Mangoldt/Klein/Starck (Hg.), Grundgesetz, 5. Aufl., München, 2005 (zitiert: Bearbeiter in von Mangoldt/Klein/Starck GG)
Maunz/Dürig (Hg.), Grundgesetz, Loseblattsammlung, München, Stand: Dezember 2007 (zitiert als: Bearbeiter in Maunz/Dürig GG)
Meyer (Hg.), Charta der Grundrechte der Europäischen Union, 2. Aufl., Baden-Baden, 2006 (zitiert als: Bearbeiter in Meyer Charta der Grundrechte)
von Münch/Kunig (Hg.), Grundgesetz-Kommentar, 5. Aufl., München, Bd. 1: 2000, Bd . 2: 2001, Bd. 3: 2003 (zitiert als: Bearbeiter in von Münch/Kunig GG)
Nicolaysen, Europarecht, Baden-Baden, Bd. 1: Die Europäische Integrationsverfassung, 2. Aufl., 2002, Bd. 2: Das Wirtschaftsrecht im Binnenmarkt, 1996 (zitiert als: Nicolaysen, Europarecht 1/2)
Oppermann, Europarecht, 3. Aufl., München, 2005 (zitiert als: Oppermann, Europarecht)
Rengeling/Middeke/Gellermann, Handbuch des Rechtsschutzes in der Europäischen Union, 2. Aufl., München, 2003 (zitiert als: Rengeling/Middeke/Gellermann, Rechtsschutz in der EU)
Röttinger/Weyringer, Handbuch der europäischen Integration, 2. Aufl., Wien, 1996 (zitiert als: Röttinger/Weyringer, Integration)
Sachs (Hg.), Grundgesetz, 4. Aufl., München, 2007 (zitiert als: Bearbeiter in Sachs GG)
Schulze/Zuleeg (Hg.), Europarecht. Handbuch für die deutsche Rechtspraxis, Baden-Baden, 2006 (zitiert als: Bearbeiter in Schulze/Zuleeg (Hg.), Europarecht)
Schwarze, Europäisches Verwaltungsrecht, 2. Aufl., Baden-Baden, 2005 (zitiert als: Schwarze, EuVerwR)
Schwarze (Hg.), EU-Kommentar, Baden-Baden, 2000 (zitiert als: Bearbeiter in Schwarze EU-Kommentar)

Schweitzer/Hummer, Europarecht, 5. Aufl., Neuwied, 1996 (zitiert als: Schweitzer/Hummer, Europarecht)
Stelkens/Bonk/Sachs, Verwaltungsverfahrensgesetz, 7. Aufl., München, 2008 (zitiert als: Bearbeiter in Stelkens/Bonk/Sachs VwVfG)
Streinz, Europarecht, 7. Aufl., Heidelberg, 2005 (zitiert als Streinz, Europarecht)
Streinz (Hg.), EUV/EGV, München, 2003 (zitiert als: Bearbeiter in Streinz EUV/EGV)
Tettinger/Stern (Hg.), Europäische Grundrechte-Charta, München, 2006 (zitiert als: Bearbeiter in Tettinger/Stern Grundrechte-Charta)
Weatherill/Beaumont, EU Law, 3. Aufl., London, 1999 (zitiert als: Weatherill/Beaumont, EU-Law)
Wyatt/Dashwood, European Union Law, 4. Aufl., London, 2000 (zitiert als: Wyatt/Dashwood, EU-Law)
Ziekow, Verwaltungsverfahrensgesetz, Stuttgart, 2006 (zitiert als: Ziekow VwVfG)

Einleitung

Literatur: Ahlt/Deisenhofer, Europarecht, 3. Aufl., München, 2003 (zitiert als: Ahlt/Deisenhofer); Arndt u. a. (Hg.), Völkerrecht und Deutsches Recht, Festschrift für Walter Rudolf zum 70. Geburtstag, München, 2001 (zitiert als: Bearbeiter in: FS Rudolf); Bettermann, Die verfassungskonforme Auslegung, Grenzen und Gefahren, Heidelberg, 1986 (zitiert als: Bettermann); Beyer, Rechtsnormanerkennung im Binnenmarkt, Berlin, 1998 (zitiert als: Beyer); Bieber/Bleckmann/Capotorti, Das Europa der zweiten Generation. Gedächtnisschrift für Christoph Sasse, Bd. 2, Baden-Baden, 1981 (zitiert als: GS Sasse); Bello Martín-Crespo, Las direttiva como criterio de interpretación del derecho nacional, Madrid, 1999 (zitiert als: Bello Martín-Crespo); Brechmann, Die richtlinienkonforme Auslegung, München, 1994 (zitiert als: Brechmann); Brödermann/Iversen, Europäisches Gemeinschaftsrecht und Internationales Privatrecht, Tübingen, 1994 (zitiert als: Brödermann/Iversen); Buck, Über die Auslegungsmethoden des Gerichtshofs der Europäischen Gemeinschaft, Frankfurt/M., 1998 (zitiert als: Buck); Burgi, Verwaltungsprozeß und Europarecht, München, 1996 (zitiert als: Burgi); Bydlinski, Juristische Methodenlehre und Rechtsbegriff, 2. Aufl., Wien, 1991 (zitiert als: Bydlinski); Calliess, Die Dienstleistungsrichtlinie, Schriftenreihe des Zentrums für Europäisches Wirtschaftsrecht, Nr. 160, Bonn, 2007 (zitiert als: Calliess, Dienstleistungsrichtlinie); Canaris, Systemdenken und Systembegriff in der Jurisprudenz. Entwickelt am Beispiel des deutschen Privatrechts, 2. Aufl., Berlin, 1983 (zitiert als: Canaris); ders. u. a. (Hg.), 50 Jahre Bundesgerichtshof. Festgabe aus der Wissenschaft, München, 2000 (zitiert als: Bearbeiter in: FG 50 Jahre BGH); Due/Lutter/Schwarze (Hg.), Festschrift für Ulrich Everling, Baden-Baden, 1995 (zitiert als: Bearbeiter in: FS Everling); EuGH, Begegnung von Justiz und Hochschule am 27. und 28. September 1976, Luxemburg, 1976 (zitiert als: EuGH, Begegnung); Ferrari/Leible (Hg.), Ein neues Internationales Vertragsrecht für Europa. Der Vorschlag für eine Rom I-Verordnung, Jena, 2007 (zitiert als: Bearbeiter in: Ferrari/Leible (Hg.)); Flume/Schöne (Hg.), Gedächtnisschrift für Brigitte Knobbe-Keuk, Köln, 1997, S. 607 (zitiert als: Bearbeiter in: GS Knobbe-Keuk); Forschungsinstitut für Wirtschaftsverfassung und Wettbewerb (FIW) (Hg.), Marktwirtschaft und Wettbewerb im sich erweiternden europäischen Raum, Köln, 1995 (zitiert als: FIW); Franzen, Privatrechtsangleichung durch die Europäische Gemeinschaft, Berlin/Köln, 1999 (zitiert als: Franzen); Gardeñes Santiago, La aplicación de la regla de reconocimiento mutuo en el comercio de mercancías y servicios en el ámbito comunitario y internacional, Madrid, 1999 (zitiert als: Gardeñes Santiago); Grundmann, Europäisches Schuldvertragsrecht: Das europäische Recht der Unternehmensgeschäfte, Berlin, 1999 (zitiert als: Grundmann); v. Hadding (Hg.), Festgabe Zivilrechtslehrer 1934/35, Berlin, 1999 (zitiert als: Bearbeiter in: FG Zivilrechtslehrer); Heermann/Hirsch (Hg.), Münchener Kommentar zum Lauterkeitsrecht, München, 2006, zitiert als: Bearbeiter in MünchKommUWG); Hellner, Concise Introduction to EU Private International Law, Groningen, 2006 (zitiert als: Hellner); Honsell (Hg.), Privatrecht und Methode. Festschrift für Ernst A. Kramer, Basel, 2004 (zitiert als: Bearbeiter in: FS Kramer); Hübner/Ebke (Hg.), Festschrift für Bernhard Großfeld zum 65. Geburtstag, Heidelberg, 1999 (zitiert als: Bearbeiter in: FS Großfeld); K. Ipsen, Völkerrecht, 5. Aufl., München, 2004 (zitiert als: Ipsen, Völkerecht); Kingreen, Die Struktur der Grundfreiheiten des Europäischen Gemeinschaftsrechts, Berlin, 1999 (zitiert als: Kingreen); Klamert, Die richtlinienkonforme Auslegung nationalen Rechts, Wien, 2001 (zitiert als: Klamert); Koziol/Rummel (Hg.), Im Dienste der Gerechtigkeit. Festschrift für Franz Bydlinski, Wien/New York, 2002 (zitiert als: Bearbeiter in: FS Bydlinski); Kramer, Juristische Methodenlehre, 2. Aufl., München/Wien, 2005 (zitiert als: Kramer); Leible, Wege zu einem Europäischen Privatrecht, Bayreuther Habilitationsschrift (nicht veröffentlicht), 2001; ders. (Hg.), Die Umsetzung der Dienstleistungsrichtlinie – Chancen und Risiken für Deutschland, Jena, 2008 (im Druck) (zitiert als: Bearbeiter in: Leible (Hg.), Umsetzung); Lieb/Noack/Westermann (Hg.), Festschrift für Wolfgang S. Zöllner zum 70. Geburtstag, Köln/München, 1998 (zitiert als: Bearbeiter in: FS Zöllner); Maurer, Allgemeines Verwaltungsrecht, 16. Aufl., München, 2006 (zitiert als: Maurer); Müller/Christensen, Juristische Methodik, Bd. 2, 2. Aufl., Berlin, 2007 (zitiert als: Müller/Christensen); Neuner, Privatrecht und Sozialstaat, München, 2002 (zitiert als: Neuner); Nordhausen (Hg.), Neue Entwicklungen in der Dienstleistungs- und Warenverkehrsfreiheit, Baden-Baden, 2002 (zitiert als: Bearbeiter in: Nordhausen (Hg.)); Peters, Einführung in die Europäische Menschenrechtskonvention, München, 2003 (zitiert als: Peters); Riesenhuber (Hg.), Europäische Methodenlehre. Grundfragen der Methoden des Europäischen Privatrechts, Berlin, 2006 (zitiert als: Bearbeiter in: Riesenhuber (Hg.), Grundfragen); ders. (Hg.), Europäische Methodenlehre. Handbuch für Ausbildung und Praxis, Berlin, 2006 (zitiert als: Bearbeiter in: Riesenhuber (Hg.), Handbuch); ders., System und Prinzipien des Europäischen Vertragsrechts, Berlin, 2003 (zitiert als: Riesenhuber,

System); Satzger, Internationales und Europäisches Strafrecht, Baden-Baden, 2005 (zitiert als: Satzger); Scheffer, Die Marktfreiheiten des EG-Vertrages als Ermessensgrenze des Gemeinschaftsgesetzgebers, Frankfurt/M., 1997 (zitiert als: Scheffer); Bauer/Czybulka/Kahl/Voßkuhle (Hg.), Wirtschaft im offenen Verfassungsstaat, Festschrift für Reiner Schmidt zum 70. Geburtstag, München, 2006 (zitiert als: Bearbeiter in: FS Schmidt); Schroeder, Das Gemeinschaftsrechtssystem. Eine Untersuchung zu den rechtsdogmatischen, rechtstheoretischen und verfassungsrechtlichen Grundlagen des Systemdenkens im Europäischen Gemeinschaftsrecht, Tübingen, 2002 (zitiert als: Schroeder); Schubert, Der Gemeinsame Markt als Rechtsbegriff – Die allgemeine Wirtschaftsfreiheit des EG-Vertrages, München, 1999 (zitiert als: Schubert); Schulte-Nölke/Schulze (Hg.), Rechtsangleichung und nationale Privatrechte, Baden-Baden, 1999 (zitiert als: Bearbeiter in: Schulte-Nölke/Schulze (Hg.)); Schulze (Hg.), Auslegung europäischen Privatrechts und angeglichenen Rechts, Baden-Baden, 1999 (zitiert als: Bearbeiter in: Schulze (Hg.)); Schwemer, Die Bindung des Gemeinschaftsgesetzgebers an die Grundfreiheiten, Frankfurt/M., 1995 (zitiert als: Schwemer); Starck (Hg.), Bundesverfassungsgericht und Grundgesetz, Festgabe 25 Jahre Bundesverfassungsgericht, Tübingen, 1976 (zitiert als: Bearbeiter in: FG 25 Jahre BVerfG); Steindorff, Grenzen der EG-Kompetenzen, Heidelberg, 1990 (zitiert als: Steindorff); von Wilmowsky, Europäisches Kreditsicherungsrecht – Sachenrecht und Insolvenzrecht unter dem EG-Vertrag, Tübingen, 1996 (zitiert als: von Wilmowsky); Wank, Die Auslegung von Gesetzen. Eine Einführung, 3. Aufl., Köln, 2005.

I. Die Bedeutung der Freiheit für Dienstleistungen im Rahmen der Grundfreiheiten des Gemeinsamen Marktes bzw. Binnenmarktes

1. Freiheit für Dienstleistungen im Rahmen der Niederlassungsfreiheit (Art. 43 EGV) und der Dienstleistungsfreiheit (Art. 49 EGV)

Die RL 2006/123/EG des Europäischen Parlaments und des Rates vom 12. Dezember 2006 über Dienstleistungen im Binnenmarkt[1] bezieht sich nicht allein auf die Dienstleistungsfreiheit i. S. v. Art. 49 ff. EGV, sondern auf die Freiheit für Dienstleistungen allgemein. Art. 1 Abs. 1 bestimmt: „Diese Richtlinie enthält allgemeine Bestimmungen, die bei gleichzeitiger Gewährleistung einer hohen Qualität der Dienstleistungen die Wahrnehmung der Niederlassungsfreiheit durch Dienstleistungserbringer sowie den freien Dienstleistungsverkehr erleichtern sollen." Dienstleistung im Sinne der Richtlinie ist jede von Art. 50 EGV erfasste Tätigkeit, die in der Regel gegen Entgelt erbracht wird (Art. 4 Abs. 1). Gemäß Art. 50 Abs. 1 EGV sind Dienstleistungen im Sinne des EG-Vertrags Leistungen, die in der Regel gegen Entgelt erbracht werden,[2] soweit sie nicht den Vorschriften über den freien Warenverkehr (z.B. als Annexleistungen zu Warenlieferungen wie Installation, Lieferung frei Haus etc.)[3] [Abgrenzung zum freien Warenverkehr vgl. Tiedje/Troberg in: GS EUV/EGV, Art. 50 EGV Rn 8 ff.; Roth in: Hb. EUWirtR, E.I Rn 10] und Kapitalverkehr[4] und über die Freizügigkeit der Personen unterliegen.[5] Als Dienstleistungen gelten nach Art. 50 Abs. 2 EGV ins- 1

1 ABl. 2006 Nr. L 376, S. 36.
2 Vgl. zu diesem weit zu verstehenden Begriff Kluth in: Calliess/Ruffert EUV/EGV, Art. 49, 50 EGV Rn 9; Müller-Graff in: Streinz EUV/EGV, Art. 49 EGV Rn 19 f.; Hakenberg in: Lenz/Borchardt EUV/EGV, Art. 49/50 EGV Rn 12 f.; Tiedje/Troberg in: GS EUV/EGV, Art. 50 EGV Rn 16 ff. m. w. N.
3 Vgl. zu solchen „Begleitleistungen" Müller-Graff in: Streinz EUV/EGV, Art. 49 EGV Rn 24.
4 Vgl. zur Abgrenzung zur Kapitalverkehrsfreiheit Art. 51 Abs. 2 EGV. Vgl. dazu und zur Verbindung mit der Kapitalverkehrsfreiheit (Finanzdienstleistungen) Tiedje/Troberg in: GS EUV/EGV, Art. 51 EGV Rn 5 ff.; Müller-Graff in: Streinz EUV/EGV, Art. 49 EGV Rn 28 ff. Zur (abzulehnenden) analogen Anwendung des Art. 58 Abs. 2 EGV vgl. Kiemel in: GS EUV/EGV, Art. 58 EGV Rn 30.
5 Vgl. zur Abgrenzung zur Freizügigkeit der Arbeitnehmer (insbesondere bei Baudienstleistungen) Tiedje/Troberg in: GS EUV/EGV, Art. 50 EGV, Rn 73 ff., 92 ff. m. w. N. Zur

besondere gewerbliche Tätigkeiten, handwerkliche Tätigkeiten und freiberufliche Tätigkeiten.[6] Dabei handelt es sich ausdrücklich („insbesondere") nur um Beispiele, und dies aus der Sicht der 50er Jahre.[7]

2. Begriff und Tragweite der Niederlassungsfreiheit bzw. Dienstleistungsfreiheit

a) Sachverhalte dauerhafter bzw. vorübergehender Grenzüberschreitung

2 Die Niederlassungsfreiheit (Art. 43 EGV) und die Dienstleistungsfreiheit (Art. 49 EGV) haben gemeinsam, dass sie für selbstständige Tätigkeiten außerhalb eines Arbeitsvertrags gelten, und zwar für natürliche oder juristische Personen, die durch Art. 48 EGV (i.V.m. Art. 55 EGV) einbezogen werden.[8] Für abhängig Beschäftigte gilt die Freizügigkeit der Arbeitnehmer (Art. 39 EGV). Werden allerdings Arbeitnehmer von einem Unternehmen zur Erbringung einer Dienstleistung in einen anderen Mitgliedstaat (z.B. zu Bauarbeiten) entsandt, so fällt dies unter die Dienstleistungsfreiheit des Unternehmens.[9] Der Unterschied zwischen Niederlassungsfreiheit und Dienstleistungsfreiheit liegt darin, dass bei Ersterer der Selbstständige bzw. das Unternehmen seinen Sitz gänzlich oder (was ausdrücklich zugelassen ist) als Agentur, Zweigniederlassung oder Tochtergesellschaft (vgl. Art. 43 Abs. 1 S. 2 EGV) in den anderen Mitgliedstaat verlagert, bei Letzterer hingegen die Tätigkeit vorübergehend (vgl. Art. 50 Abs. 3 EGV) im anderen Mitgliedstaat, dem „Mitgliedstaat der Dienstleistungserbringung" (vgl. Art. 4 Nr. 10), bei Ansässigbleiben im „Niederlassungsmitgliedstaat" (vgl. Art. 4 Nr. 4) erbracht wird. Diese Unterscheidung ist bedeutsam für die Konkretisierung der Schranken-Schranken, da vom auf Dauer Ansässigen mehr verlangt werden darf als vom lediglich vorübergehend Tätigen. Die Dienstleistungsrichtlinie unterscheidet daher auch zwischen jeweils speziellen Regeln für die „Niederlassungsfreiheit der Dienstleistungserbringer" (Kapitel III, Art. 9-15) und für den „Freien Dienstleistungsverkehr" (Kapitel IV, Art. 16-21).

b) Erscheinungsformen der Niederlassungsfreiheit

3 Art. 43 EGV erfasst sowohl die primäre als auch die sekundäre Niederlassungsfreiheit. Die primäre Niederlassungsfreiheit (Art. 43 Abs. 1 S. 1 EGV) ermöglicht den grenzüberschreitenden Wechsel der Ansässigkeit von selbstständig tätigen natürlichen Personen (sog. Freie Berufe und Handwerk) und Gesellschaften (Art. 48 EGV) sowie auch die erstmalige Aufnahme einer solchen Tätigkeit bzw.

Abgrenzung der Kapitalverkehrsfreiheit zur Niederlassungsfreiheit vgl. Art. 58 Abs. 2 EGV. Vgl. dazu Kiemel: in GS EUV/EGV, Art. 58 EGV Rn 29; Roth in: Hb.EUWirtR, E.I Rn 12.

6 Vgl. dazu Müller-Graff in: Streinz EUV/EGV, Art. 50 EGV Rn 3; Art. 49 EGV Rn 22 m. w. N. aus der Rspr. des EuGH.

7 Vgl. zur Breite des sachlichen Anwendungsbereichs der Dienstleistungsfreiheit und zu dessen Ausweitung durch technologische Entwicklungen (z.B. sog. Neue Medien) Tiedje/Troberg in: GS EUV/EGV, Art. 50 EGV Rn 24 ff., 43 ff. m. w. N.; Hakenberg in: Lenz/Borchardt EUV/EGV, Art. 49 EGV Rn 10 f. Zur zunehmenden Bedeutung der Dienstleistungsfreiheit vgl. auch Frenz, Hb.EuR, Bd. 1, Rn 2411 ff. m. w. N.

8 Zur weitreichenden Bedeutung dieser Einbeziehung für das Gesellschaftsrecht vgl. Müller-Graff in: Streinz EUV/EGV, Art. 50 EGV Rn 13 ff.; Troberg/Tiedje in: GS EUV/EGV, Art. 48 EGV Rn 13 ff.

9 EuGH, Rs C-113/89 (Rush Portuguesa), Slg. 1990, I-1417, Rn 12. Vgl. dazu Müller-Graff in: Streinz EUV/EGV, Art. 49 EGV Rn 26 m. w. N. aus der Rspr. des EuGH. Ausführlich zu Baudienstleistungen Tiedje/Troberg in: GS EUV/EGV, Art. 50 EGV, Rn 73 ff., 92 ff. m. w. N.

die Gründung einer Gesellschaft in einem anderen Mitgliedstaat (vgl. Art. 43 Abs. 2 EGV). Dies gilt ausdrücklich auch, wenn man sich in diesem bereits zuvor als Arbeitnehmer aufgehalten hat (vgl. Art. 44 Abs. 2 lit. d EGV). Die sog. sekundäre Niederlassungsfreiheit (Art. 43 Abs. 1 S. 2 EGV) eröffnet die Möglichkeit, ohne Aufgabe des Betriebsschwerpunkts Betriebsteile in einen anderen Mitgliedstaat zu verlagern oder neu zu etablieren. Dies kann durch die Gründung rechtlich selbstständiger Einheiten (sog. Tochterunternehmen) oder durch die Errichtung rechtlich unselbstständiger Niederlassungen („Agenturen", „Zweigniederlassungen" i. S. d. Art. 43 Abs. 1 S. 2 bzw. 3 EGV) geschehen.[10] Wegen der ausdrücklichen Zulassung von Zweigniederlassungen bedürfen sog. Mehrbesitzverbote der sachlichen Rechtfertigung.[11] Die Dienstleistungsrichtlinie führt ein solches Verbot unter den „unzulässigen Anforderungen" auf (Art. 14 Nr. 2) und sieht dafür keine Rechtfertigungsmöglichkeit vor – im Gegensatz zum Verbot, in ein und demselben Hoheitsgebiet mehrere Niederlassungen zu unterhalten (vgl. Art. 15 Abs. 2 lit. e, Art. 15 Abs. 3: Prüfung eines solchen Verbots auf Nicht-Diskriminierung, Erforderlichkeit und Verhältnismäßigkeit).

c) Erscheinungsformen der Dienstleistungsfreiheit

Die Dienstleistungsfreiheit gemäß Art. 49 EGV berechtigt nicht nur den Dienst- 4
leistungserbringer (vgl. Art. 4 Nr. 2), der sich zum Zweck der Leistungserbringung in einen anderen Mitgliedstaat begibt (z.B. Rechtsanwalt aus München nimmt Mandat in Salzburg wahr) – sog. aktive Dienstleistungsfreiheit,[12] sondern auch den Dienstleistungsempfänger (vgl. Art. 4 Nr. 3), der sich in einen anderen Mitgliedstaat begibt, um dort die Leistung in Empfang zu nehmen (z.B. K fliegt von Berlin nach Rom, um sich dort die Haare verschönern zu lassen; dies betrifft auch jeden Touristen) – sog. passive oder negative Dienstleistungsfreiheit.[13] Ferner umfasst sie die Fälle, in denen alleine die Leistung und nicht Personen die Grenze überschreitet. Dies verdeutlicht Parallelen der ursprünglich wohl allein als Personenverkehrfreiheit konzipierten Dienstleistungsfreiheit zur Warenverkehrsfreiheit (z.B. Rundfunksendungen, Finanzdienstleistungen, auch entsprechende Formen der Rechtsberatung, Lotterien – sog. Korrespondenzdienstleistungen).[14] Schließlich liegt der erforderliche grenzüberschreitende Sachverhalt auch bei der sog. auslandsbedingten Dienstleistung vor, bei der Dienstleistungserbringer und Dienstleistungsempfänger aus demselben Mitgliedstaat stammen, die Dienstleistung aber in einem anderen Mitgliedstaat erbracht wird (z.B. organisierte Reisen, Skischulfälle).[15]

---

10 Roth in: Hb.EUWirtR, E.I, Rn 54.

11 Vgl. EuGH, Rs 107/83 (Klopp), Slg. 1984, 2971, Rn 18 ff.

12 Vgl. dazu mit weiteren Beispielen Müller-Graff in: Streinz EUV/EGV, Art. 49 EGV Rn 34 f.; Frenz, Hb.EuR, Bd. 1, Rn 2485 ff.

13 Vgl. dazu Müller-Graff in: Streinz EUV/EGV, Art. 49 EGV Rn 53 ff.; Hakenberg in: Lenz/Borchardt EUV/EGV, Art. 49/50 EGV Rn 15 mit weiteren Beispielen; Frenz, Hb.EuR, Bd. 1, Rn 2488 ff.

14 Vgl. dazu Hakenberg in: Lenz/Borchardt EUV/EGV, Art. 49/50 EGV Rn 15 mit weiteren Beispielen; Frenz, Hb.EuR, Bd. 1, Rn 2497 ff.

15 Vgl. dazu Frenz, Hb.EuR, Bd. 1, Rn 2504 f. m. w. N.; Streinz/Herrmann/Kraus, Ärger um die weiße Pracht – Skischulgesetze der Alpenländer auf dem Prüfstand des Gemeinschaftsrechts, EWS 2003, 537, 540.

d) Diskriminierungsverbot und Beschränkungsverbot

5 Die Grundfreiheiten des Gemeinsamen Marktes wurden als sog. Diskriminierungsverbote, die die Gleichbehandlung von Inländern und EG-Ausländern (Unionsbürgern, vgl. Art. 17 EGV), inländischen und Importprodukten in ihrem Anwendungsbereich verlangen, konzipiert (vgl. Art. 43 Abs. 2 EG: „nach den Bestimmungen des Aufnahmestaats für seine eigenen Angehörigen; Art. 50 Abs. 3 EGV: „und zwar unter den Voraussetzungen, welche dieser Staat für seine eigenen Angehörigen vorschreibt") und anfänglich auch allein als solche verstanden. Allerdings war bereits im ursprünglichen Wortlaut vom Verbot von „Beschränkungen" die Rede (vgl. Art. 43 Abs. 1 S. 1 EGV; Art. 49 Abs. 1 EGV; Art. 52 bzw. Art. 59 EWGV waren insoweit gleichlautend).

6 Bald erkannte man, dass zumindest durch ein eng verstandenes Diskriminierungsverbot der Gemeinsame Markt nicht verwirklicht wird. Der EuGH hat daher, beginnend mit den Urteilen van Binsbergen[16] (1974, betrifft die Dienstleistungsfreiheit), Dassonville[17] und Cassis de Dijon[18] (1974 bzw. 1979, betrifft den freien Warenverkehr) die Grundfreiheiten zu allgemeinen Beschränkungsverboten entwickelt.[19] Während das Diskriminierungsverbot die Schlechterstellung von EG-Ausländern (Unionsbürgern) gegenüber eigenen Staatsangehörigen (Inländern) verbietet, fordert ein Beschränkungsverbot, dass sich auch unterschiedslos auf Inländer und Ausländer anwendbare nationale Vorschriften auf ihre Vereinbarkeit mit dem Gemeinschaftsrecht am Maßstab der Verhältnismäßigkeit rechtfertigen lassen müssen. Danach darf die Erbringung von Dienstleistungen nicht von der Einhaltung aller Voraussetzungen abhängig gemacht werden, die in einem Mitgliedstaat für eine Niederlassung gelten, da ansonsten die nicht auf dauernde, sondern nur auf vorübergehende Tätigkeit (ggf. in mehreren oder allen Mitgliedstaaten) angelegte Ausübung praktisch nicht möglich wäre.[20] Daher durfte ein dienstleistender Rechtsanwalt nicht dem sog. Lokalisationsgebot (vgl. §§ 24, 25, 28 BRAO a.F.) und darf ein dienstleistender Arzt oder Handwerker nicht einer Zwangsmitgliedschaft in einer Kammer unterworfen werden.[21] Die Niederlassungsfreiheit (Art. 43 EGV) wurde, neben dem Wortlaut auch gestützt auf die Entstehungsgeschichte, längere Zeit als bloßes Diskriminierungsverbot verstanden.[22] Danach könnte vom Niederlassungswilligen die Erfüllung sämtlicher innerstaatlicher Voraussetzungen für die Zulassung zu einem Beruf verlangt werden. Dies kann jedoch die vom Vertrag garantierte Freiheit erheblich einschränken, wenn nicht illusorisch machen, ohne dass es dafür eine sachliche Rechtfertigung gibt. Der EuGH hat daher die Pflicht zur Anerkennung äquivalenter im Ausland erworbener Kenntnisse und Fähigkeiten postuliert.[23] Ein Beschränkungsverbot gilt

16 EuGH, Rs 33/74 (van Binsbergen), Slg. 1974, 1299, Rn 10/12.
17 EuGH, Rs 8/74 (Dassonville), Slg. 1974, 837, Rn 5.
18 EuGH, Rs 120/78 (Cassis de Dijon), Slg. 1979, 649, Rn 8.
19 Vgl. dazu Streinz, Europarecht, Rn 795 ff. m.w.N.
20 EuGH, Rs C-76/90 (Säger/Dennemeyer), Slg. 1991, I-4221, Rn 13.
21 Vgl. EuGH, Rs C-58/98 (Corsten), Slg. 2000, I-7919, Rn 34 f.
22 Vgl. Roth in: GS Knobbe-Keuk, S. 729, 730 f.
23 Grundlegend EuGH, Rs C-340/89 (Vlassopoulou), Slg. 1991, I-2357, Rn 15. Zum Problem der wegen der zulässigen Rechtfertigungsgründe nach der Rechtsprechung des EuGH an sich bedeutsamen Abgrenzung zwischen (verdeckter) Diskriminierung und Beschränkung vgl. Müller-Graff in Streinz EUV/EGV, Art. 43 EGV Rn 58 ff. m.w.N.

ebenfalls für die Gründung von Agenturen, Zweigniederlassungen und Tochtergesellschaften.[24]

e) Herkunftslandprinzip und Bestimmungslandprinzip

Ein Hauptstreitpunkt der Dienstleistungsrichtlinie war das im ursprünglichen Entwurf der Kommission[25] für den freien Dienstleistungsverkehr (Art. 49 EGV) – im Gegensatz zur Niederlassungsfreiheit – in Art. 16 ausdrücklich vorgesehene Herkunftslandprinzip (s. dazu Rn 39 ff.). Dieses im EG-Vertrag nicht genannte Prinzip wird zum Teil in der Rechtsprechung des EuGH gesehen,[26] obwohl auch der EuGH diesen Begriff nicht verwendet[27] und das Prinzip der Herkunftslandkontrolle ausdrücklich als ein nicht im Vertrag verankertes Prinzip bezeichnet hat.[28] Allerdings lässt sich der Rechtsprechung ein „Herkunftslandprinzip" dahingehend entnehmen, dass der EuGH gemäß der für die Warenverkehrsfreiheit entwickelten und im Sinne einer (modifizierten) Parallelität der Grundfreiheiten auf die anderen Grundfreiheiten, zuletzt auch auf die Niederlassungsfreiheit übertragbaren sog. Cassis-Rechtsprechung[29] auf die Produktions- (Warenverkehr), Zulassungs- (Niederlassungs- und Dienstleistungsfreiheit) bzw. Erbringungsvoraussetzungen (Dienstleistungsfreiheit) im Herkunftsstaat abstellt. Der Zielstaat ist zur gegenseitigen Anerkennung bzw. zumindest zu einer Gleichwertigkeitsprüfung verpflichtet.[30] Nach dem sog. Bestimmungslandprinzip muss der sich dort Niederlassende bzw. Dienstleistende die Voraussetzungen und Vorschriften dieses Staates erfüllen. Der Streit um das Herkunftslandprinzip rührt zum Teil auch daher, dass darunter Unterschiedliches verstanden und der Begriff unterschiedlich gebraucht wird.[31] Der ursprüngliche Richtlinienvorschlag wich von der Recht- 7

24 Vgl. EuGH, Rs 107/83 (Klopp), Slg. 1984, 2971, Rn 19; Rs C-212/97 (Centros), Slg. 1999, I-1459, Rn 17 f.

25 Vorschlag für eine Richtlinie des Europäischen Parlaments und des Rates über Dienstleistungen im Binnenmarkt, von der Kommission vorgelegt am 25.2.2004, KOM(2004) 2 endg.

26 So z. B. Schliesky, Von der Realisierung des Binnenmarkts über die Verwaltungsreform zu einem gemeineuropäischen Verwaltungsrecht? Die Auswirkungen der geplanten EU-Dienstleistungsrichtlinie auf das deutsche Verwaltungsrecht, DVBl. 2005, 887, 888; Wiesner/Wiedemann, Die Dienstleistungsrichtlinie – Marktöffnung oder Abschottung?, ZIP 2005, 1210, 1214.

27 Vgl. Albath/Giesler, Das Herkunftslandprinzip in der Dienstleistungsrichtlinie – eine Kodifizierung der Rechtsprechung?, EuZW 2006, 38.

28 EuGH, Rs C-233/94 (Kommission/Deutschland – Einlagensicherungssystem), Slg. 1997, I-2405, Rn 64.

29 Vgl. dazu G. Meier, Die Cassis-Rechtsprechung des Gerichtshofs der Europäischen Gemeinschaften, 2 Bände (Loseblatt).

30 Dieses Prinzip (faktischer) gegenseitiger Anerkennung wird besonders deutlich ausgedrückt in der Mitteilung der Kommission v. 3.10.1980 über die Auswirkungen des Urteils des EuGH v. 20.2.1979 in der Rs 120/78 („Cassis de Dijon"): „Jedes aus einem Mitgliedstaat eingeführte Erzeugnis ist grundsätzlich im Hoheitsgebiet der anderen Mitgliedstaaten zuzulassen, sofern es rechtmäßig hergestellt worden ist, d. h. sofern es den im Ausfuhrland geltenden Regelungen oder den dortigen verkehrsüblichen, traditionsgemäßen Herstellungsverfahren entspricht, und in diesem Land in Verkehr gebracht worden ist. ... Nach den vom Gerichtshof aufgestellten Grundsätzen kann ein Mitgliedstaat den Verkauf eines in einem anderen Mitgliedstaat rechtmäßig hergestellten und in den Verkehr gebrachten Erzeugnisses grundsätzlich nicht verbieten, auch wenn dieses Erzeugnis nach anderen technischen oder qualitativen Vorschriften als den für die inländischen Erzeugnisse geltenden Vorschriften hergestellt worden ist." (ABl. 1980 Nr. C 256, S. 2).

31 Vgl. dazu Calliess, Dienstleistungsrichtlinie, S. 25 ff.; ders., Europäischer Binnenmarkt und europäische Demokratie: Von der Dienstleistungsfreiheit zur Dienstleistungsrichtlinie – und

sprechung des EuGH dahingehend ab, dass die Kommission über das Prinzip der gegenseitigen Anerkennung hinausging und dem Herkunftsland grundsätzlich auch die Kontrolle über den Dienstleistungserbringer im Bestimmungsland überlassen, Letzterem somit die Kontrollmöglichkeit nehmen wollte.[32] Die Dienstleistungsrichtlinie lässt den Begriff „Herkunftslandprinzip" fallen (vgl. die Überschrift von Art. 16: „Dienstleistungsfreiheit") und unterscheidet zwischen Marktzugang und Marktverhalten.[33] Sie schränkt allerdings die den Mitgliedstaaten verbleibenden zulässigen Beschränkungsgründe über erfolgte Präzisierungen der Rechtsprechung des EuGH hinaus dahingehend ein, dass der Verbraucherschutz nicht mehr darunter fällt[34] (näher dazu Rn 66).

3. Schranken der Niederlassungs- und der Dienstleistungsfreiheit

a) Bereichsausnahmen und Schranken

8 Niederlassungsfreiheit und Dienstleistungsfreiheit gelten nicht schrankenlos. Von diesen Schranken, die einer gemeinschaftsrechtlichen Rechtfertigung anhand von Schranken-Schranken bedürfen, sind vorab sog. Bereichsausnahmen abzugrenzen, die bestimmte Gebiete von vorneherein vom Anwendungsbereich einer Grundfreiheit ausschließen.[35] Hinsichtlich der Niederlassungs- und der Dienstleistungsfreiheit (für letztere finden die Vorschriften der Art. 45-48 über die Niederlassungsfreiheit gemäß Art. 55 EGV Anwendung) sind dies gemäß Art. 45 Abs. 1 EGV Tätigkeiten, die in einem Mitgliedstaat dauernd oder zeitweise mit der Ausübung öffentlicher Gewalt verbunden sind. Da der Rat den in Art. 45 Abs. 2 EGV vorgesehenen konkretisierenden Beschluss bislang noch nicht gefasst hat,[36] obliegt die Konkretisierung des gemeinschaftsrechtlichen Begriffs der „Ausübung öffentlicher Gewalt" letztlich dem EuGH.[37] Strittig und vom EuGH noch nicht entschieden[38] ist die Reichweite der Ausnahme für Notare, da auf die

---

wieder Retour? DVBl. 2007, 336, 340 f.: „Irrungen und Wirrungen" um Inhalt und Reichweite des sog. Herkunftslandprinzips. Zur synonymen Verwendung der Begriffe Herkunftslandprinzip und gegenseitige Anerkennung vgl. z. B. Kahl in: Calliess/Ruffert EUV/EGV, Art. 14 EGV Rn 22; Müller-Graff in: Streinz EUV/EGV, Art. 49 EGV Rn 113.

32 Instruktive und zutreffende Unterscheidung bei Calliess, Dienstleistungsrichtlinie, S. 25 ff.; ders., DVBl. 2007, 336, 339 ff. Vgl. zu den verschiedenen Überwachungsmodellen Möstl, Wirtschaftsüberwachung von Dienstleistungen im Binnenmarkt – Grundsätzliche Überlegungen aus Anlass der Pläne für eine EU-Dienstleistungsrichtlinie, DÖV 2006, 281, 282 ff.

33 Vgl. Ohler, Der Binnenmarkt als Herausforderung an die Verwaltungsorganisation in den Mitgliedstaaten, BayVBl. 2006, 261, 263.

34 Vgl. dazu Roth, Freier Dienstleistungsverkehr und Verbraucherschutz, VuR 2007, 161, 171, der dies zutreffend für bedenklich hält. Dagegen hält dies Korte, Was bleibt vom herkömmlichen Verständnis der Dienstleistungsfreiheit? Zur Überlagerung der Art. 49 f. EGV durch die Art. 16 ff. der Dienstleistungsrichtlinie, EWS 2007, 246, 251 angesichts des Verbraucherleitbilds des EuGH und der Informationspflichten gemäß der Dienstleistungsrichtlinie (Art. 21 f.) für systemgerecht und hinreichend.

35 Vgl. zum Begriff Streinz, Europarecht, Rn 824 ff.

36 Vgl. zu dieser auch bei der angestrebten Bereinigung des Gemeinschaftsrechts durch den Amsterdamer Vertrag nicht gestrichenen Vorschrift Roth in: Hb.EUWirtR, E. I. Rn 40.

37 Vgl. dazu Roth in: Hb.EUWirtR, E.I, Rn 41 ff. m. w.N aus der Rspr. des EuGH.

38 Die Kommission hat 2006 gegen Deutschland wegen der Regelungen in § 5 und § 11 a S. 3 BNotO (Staatsangehörigkeitsvorbehalt) durch Abgabe einer mit Gründen versehenen Stellungnahme ein Vertragsverletzungsverfahren gemäß Art. 226 EGV eingeleitet, ebenso gegen Belgien, Frankreich, Griechenland, Luxemburg, die Niederlande und Österreich. Ein erstes Mahnschreiben der Kommission (Gelegenheit zur Äußerung) erhielten Estland, Lett-

konkrete Tätigkeit und nicht auf den Beruf als solchen abzustellen ist.[39] Selbst für Beurkundungsbefugnisse wird aber angezweifelt, ob sie darunter fallen.[40] Die ausdrückliche Ausnahme der Tätigkeiten von Notaren und Gerichtsvollziehern, die durch staatliche Stellen bestellt werden, aus dem Anwendungsbereich der Dienstleistungsrichtlinie (Art. 2 Abs. 2 lit. l) begründet keine Bereichsausnahme vom Primärrecht. Die Nennung neben der an die primärrechtliche Bereichsausnahme anknüpfenden Ausnahme spricht eher für das Gegenteil, ohne allerdings präjudiziell zu sein, weil die primärrechtliche Bewertung der Notare differenziert zu sehen ist.

Ob die tatbestandliche Reduzierung, die der EuGH im Keck-Urteil hinsichtlich 9
der Warenverkehrsfreiheit für „bestimmte Verkaufsmodalitäten" vorgenommen hat,[41] auf die Dienstleistungsfreiheit und die Niederlassungsfreiheit übertragen werden kann, ist umstritten.[42]

b) Im EG-Vertrag geregelte Schranken

Als ausdrückliche Schranken für die Niederlassungs- und Dienstleistungsfreiheit 10
sieht Art. 46 EGV (bzw. i. V. m. Art. 55 EGV) die Anwendung der Rechts- und Verwaltungsvorschriften vor, die eine Sonderregelung für Ausländer vorsehen und aus Gründen der öffentlichen Ordnung, Sicherheit oder Gesundheit gerechtfertigt sind. Diese Schranken passen an sich von vorneherein nur für unterschiedliche, offen „diskriminierende" Maßnahmen.[43] Diese Einschränkung des Gebots, Unionsbürger (Art. 17 EGV) aus anderen Mitgliedstaaten wie Inländer zu behandeln,[44] ist als Ausnahme auch vom generellen Verbot der Diskriminierung aufgrund der Staatsangehörigkeit (Art. 12 Abs. 1 EGV) besonders eng auszulegen.[45] Der Rat hat von der Ermächtigung des Art. 46 Abs. 2 EGV durch Erlass der RL 64/221/EWG[46] Gebrauch gemacht, die durch die RL 2004/38/EG des Euro-

land, Litauen, Malta, Polen, die Slowakei, die Tschechische Republik und Ungarn. Vgl. dazu Haeder, Das deutsche Notariat als Bereichsausnahme von der Niederlassungs- und Dienstleistungsfreiheit?, ZEuS 2007, 117, 121 ff.

39 Vgl. dazu Henssler/Kilian, Die Ausübung hoheitlicher Gewalt im Sinne des Art. 45 EG, EuR 2005, 192, 192; Haeder, ZEuS 2007, 117, 118 ff.

40 Zweifelnd z. B. Bröhmer in: Calliess/Ruffert EUV/EGV, Art. 45 EGV Rn 3. Ablehnend z. B. Haeder, ZEuS 2007, 117, 135 f.; bejahend z. B. Preuß, Europarechtliche Probleme der deutschen Notariatsverfassung, ZEuS 2005, 291, 313.

41 EuGH, Rs C-267/91 und 268/91 (Keck und Mithouard), Slg. 1993, I-6097, Rn 16 f.

42 Befürwortend (auch unter Berufung auf Ansätze in der Rspr. des EuGH) z. B. Randelzhofer/Forsthoff in: Grabitz/Hilf EU, Art. 49/50 EGV Rn 65 g; Holoubek in: Schwarze EU-Kommentar, Art. 49 EGV Rn 92; Pache in: Schulze/Zuleeg (Hg.), Europarecht, § 10 Rn 146; Haratsch/Koenig/Pechstein, Europarecht, Rn 894; Streinz, Europarecht, Rn 808. Ablehnend z. B. Tiedje/Troberg in: GS EUV/EGV, Art. 49 EGV Rn 103 ff.

43 Vgl. auch Müller-Graff in: Streinz EUV/EGV, Art. 46 EGV Rn 3 f. Der EuGH hat die Vorschrift aber auch bei versteckten Diskriminierungen und Maßnahmen nichtdiskriminierenden Charakters herangezogen, vgl. z. B. EuGH, verb. Rs C-34/95, C-35/95 und C-36/95 (De Agostini), Slg. 1997, I-3843, Rn 48 ff. Vgl. dazu Haratsch/Koenig/Pechstein, Europarecht, Rn 835: Erst-recht-Schluss.

44 Die Einführung der Unionsbürgerschaft durch den Vertrag von Maastricht ließ Art. 46 EGV unberührt, vgl. Tiedje/Troberg in: GS EUV/EGV, Art. 46 EGV Rn 3.

45 Vgl. dazu Tiedje/Troberg in: GS EUV/EGV, Art. 46 EGV Rn 14 ff. m. w. N.; Pache in: Schulze/Zuleeg (Hg.), Europarecht, § 10 Rn 147.

46 RL 64/221/EWG des Rates v. 25.2.1964 zur Koordinierung der Sondervorschriften für die Einreise und den Aufenthalt von Ausländern, soweit sie aus Gründen der öffentlichen Ordnung, Sicherheit oder Gesundheit gerechtfertigt sind (ABl. 1964, S. 850).

päischen Parlaments und des Rates vom 29. April 2004 über das Recht der Unionsbürger und ihrer Familienangehörigen, sich im Hoheitsgebiet der Mitgliedstaaten frei zu bewegen und aufzuhalten,[47] aufgehoben und ersetzt wurde.

c) Sog. immanente Schranken

11 Für die zu Beschränkungsverboten, die auch unterschiedslos wirkende Maßnahmen erfassen, erweiterten Grundfreiheiten musste der EuGH korrelierend dazu weitere Beschränkungstatbestände entwickeln. Als solche hat er generell „zwingende Gründe des Allgemeininteresses“ anerkannt, erstmals 1974 im Fall van Binsbergen.[48] Abgesehen von wirtschaftlich protektionistischen Zielsetzungen[49] (die von damit eventuell verbundenen weitergehenden Hauptzwecken abgegrenzt werden müssen)[50] können grundsätzlich beliebige Allgemeinwohlbelange verfolgt werden, z. B. der Schutz der Bevölkerung durch Qualifikationsanforderungen für Ärzte, Juristen oder andere Freiberufler, Schutz vor unlauteren Geschäftspraktiken, z. B. die Untersagung, mit potenziellen Kunden unaufgefordert telefonisch Kontakt aufzunehmen, allgemein der Schutz der Sozialordnung.[51] Zu beachten ist, dass die Grundfreiheiten und damit auch ihre Schranken nur dann zur Anwendung kommen, wenn und soweit keine speziellen sekundärrechtlichen Vorschriften zur betreffenden Materie bestehen.[52] Dies ist hinsichtlich der Qualifikation für reglementierte Berufe aber weitgehend der Fall, sei es in sektorspezifischen Richtlinien,[53] sei es in der allgemeinen Berufsanerkennungsrichtlinie 2005/36/EG.[54]

d) Schranken und Schranken-Schranken nach der sog. „Gebhard-Formel“

12 Soweit die Mitgliedstaaten auf dieser Basis die Grundfreiheiten beschränken, sind sie an den Grundsatz der Verhältnismäßigkeit gebunden. In Art. 46 EGV kommt dies im Wort „gerechtfertigt“ zum Ausdruck. Allgemein gilt das Diskriminierungsverbot. Unterschiedliche Maßnahmen sind nur aus den ausdrücklich im Vertrag genannten Rechtfertigungsgründen zulässig[55] und bedürfen einer beson-

---

47 ABl. 2004 Nr. L 158, S. 77. Ferner zur Änderung der VO (EWG) Nr. 1612/68 und einer Reihe von Richtlinien. Vgl. Art. 38 Abs. 2 RL 2004/38/EG.

48 EuGH, Rs 33/74 (van Binsbergen), Slg. 1974, 1299, Rn 10/12: „durch das Allgemeininteresse gerechtfertigter Berufsregelungen“.

49 Vgl. dazu EuGH, Rs C-224/97 (Ciola), Slg. 1999, I-2517, Rn 13 ff. Zur Unzulässigkeit wirtschaftlicher Erwägungen vgl. Handbook on Implementation of the Services Directive der Kommission, 2007, S. 41 f., das exemplarisch auf EuGH, Rs C-367/98 (Kommission/Portugal), Slg. 2002, I-4731, Rn 52 verweist. Speziell zum freien Dienstleistungsverkehr vgl. EuGH, Rs C-398/95 (SETTG), Slg. 1997, I-3091, Rn 23.

50 Vgl. dazu angesichts des Falles EuGH, Rs C-224/97 (Leclerc/Au blé vert), Slg. 1999, I-2517, Rn 13; Streinz in: FS Rudolf, S. 199, 202 f., 220.

51 Vgl. dazu Müller-Graff in: Streinz EUV/EGV, Art. 49 EGV Rn 107 f. m. w. N.

52 Vgl. zu dieser Sperrwirkung des (mit dem Primärrecht vereinbaren und ggf. primärrechtskonform ausgelegten) Sekundärrechts allgemein Schroeder in: Streinz EUV/EGV, Art. 30 EGV Rn 5; hinsichtlich der Niederlassungs- und Dienstleistungsfreiheit Müller-Graff in: Streinz EUV/EGV, Art. 43 EGV Rn 72 f.

53 Vgl. zu den sektoriellen Systemen (Ärzte, Architekten, Rechtsanwälte) Tiedje/Troberg in: GS EUV/EGV, EUV/EGV, Art. 47 EGV Rn 67 ff. m. w. N.

54 RL 2005/36/EG des Europäischen Parlaments und des Rates v. 7.9.2005 über die Anerkennung von Berufsqualifikationen, ABl. 2005 Nr. L 255, S. 22.

55 Vgl. EuGH, Rs 229/83 (Leclerc/Au blé vert), Slg. 1985, 1, Rn 29; Rs C-1/90 und C-176/90 (APESA und Publivía), Slg. 1991, I-4431, Rn 13. Ungeachtet Durchbrechungen, die auch

deren Begründung.[56] Ferner muss jede nationale Beschränkungsmaßnahme einem legitimen Ziel (tatsächlich) dienen und zu dessen Erreichung geeignet, erforderlich und angemessen sein[57] und die Gemeinschaftsgrundrechte beachten.[58] Der EuGH hat dies für alle Grundfreiheiten in der sog. Gebhard-Formel (deutscher Rechtsanwalt mit Dienstleistung/Zweigniederlassung in Mailand) in einem vierstufigen Rechtfertigungsstandard zusammengefasst: „Aus der Rechtsprechung des Gerichtshofs ergibt sich, … daß nationale Maßnahmen, die die Ausübung der durch den Vertrag garantierten grundlegenden Freiheiten behindern oder weniger attraktiv machen können, vier Voraussetzungen erfüllen müssen: Sie müssen in nichtdiskriminierender Weise angewandt werden, sie müssen aus zwingenden Gründen des Allgemeininteresses gerechtfertigt sein, sie müssen geeignet sein, die Verwirklichung des mit ihnen verfolgten Zieles zu gewährleisten, und sie dürfen nicht über das hinausgehen, was zur Erreichung dieses Zieles erforderlich ist."[59] Eine Maßnahme ist noch nicht allein deshalb unverhältnismäßig, weil ein Mitgliedstaat andere Schutzregeln als ein anderer Mitgliedstaat erlassen hat.[60] Wenn besonders ausgeprägte Verfassungsprinzipien berührt sind, gesteht der EuGH den Mitgliedstaaten einen Beurteilungsspielraum zu.[61]

Die Anwendung dieses Grundsatzes der Verhältnismäßigkeit führt zu Unterschieden, die sich insbesondere im Vergleich der Dienstleistungsfreiheit zur Niederlassungsfreiheit zeigen. Der EuGH hat dies hervorgehoben: „Ein Mitgliedstaat darf insbesondere die Erbringung von Dienstleistungen in seinem Hoheitsgebiet nicht von der Einhaltung aller Voraussetzungen abhängig machen, die für eine Niederlassung gelten."[62] Dies ist zunächst zum Teil dahin missverstanden worden, dass der EuGH die Niederlassungsfreiheit als bloßes Diskriminierungsverbot ansieht.[63] Dies trifft nicht zu. Vielmehr statuiert der EuGH eine unterschiedliche Reichweite des Beschränkungsverbots bei Dienstleistungsfreiheit und Niederlassungsfreiheit. Zwar lässt er es auch bei der enger gefassten Niederlassungsfreiheit für bestimmte Fälle nicht bei dem bloßen Gebot der Inländergleichbehandlung bewenden, doch genügt bei nur mittelbarem Bezug zur Niederlassung dieses Prinzip. Dagegen gilt ein Beschränkungsverbot, soweit es um Zuzug im Sinne freier Standortwahl einschließlich der Möglichkeit zum Wegzug geht.[64] Dies hat Folgen für das Recht zur die Rechtsform wahrenden Sitzverlagerung von Unter- 13

durch Unklarheiten hinsichtlich des Diskriminierungsbegriffs erklärbar sind, hält der EuGH an der Unterscheidung zwischen unterschiedlichen und unterschiedslosen Maßnahmen mit der genannten Differenzierung hinsichtlich der Rechtfertigungsgründe fest, vgl. dazu Streinz, Europarecht, Rn 871; ders. in: FS Rudolf, S. 199, 213 ff. m. w. N.

56 Zu Beschränkungen des Einreise- und Aufenthaltsrechts siehe Art. 27 ff. RL 2004/38/EG (Fn. 48).

57 Vgl. dazu Streinz, Europarecht, Rn 833 f. m. w. N.

58 St. Rspr., vgl. EuGH, Rs C-260/89 (ERT), Slg. 1991, I-2925, Rn 43 f.; Rs C-60/00 (Carpenter), Slg. 2002, I-6279, Rn 40.

59 EuGH, Rs C-55/94 (Gebhard), Slg. 1995, I-4165, Rn 37.

60 EuGH, Rs C-275/92 (Schindler), Slg. 1994, I-1039, Rn 60; Rs C-6/01 (Anomar), Slg. 2003, I-8621, Rn 80.

61 Vgl. EuGH, Rs C-36/02 (Omega), Slg. 2004, I-9609, Rn 38 ff. Vgl. dazu Herdegen, Europarecht, § 18 Rn 7. Ähnlich die „margin of appreciation", die der EGMR hinsichtlich der Schranken der EMRK einräumt, vgl. dazu Peters, S. 25 ff.

62 EuGH, Rs C-76/90 (Säger/Dennemeyer), Slg. 1991, I-4221, Rn 13.

63 Vgl. zu früheren Auffassungen Roth in: GS Knobbe-Keuk, S. 729, 730 f.

64 So bereits EuGH, Rs 81/87 (Daily Mail), Slg. 1988, 5483, Rn 16. Zu steuerrechtlichen Fragen vgl. Roth in: Hb.EUWirtR, E.I, Rn 128 f. m. w. N.

nehmen.[65] Diese Differenzierung ist gerechtfertigt. Die Freiheit der Standortwahl (Zuzug oder Wegzug) ist notwendig dafür, dass überhaupt von der Niederlassungsfreiheit Gebrauch gemacht werden kann. Wird dies gewährleistet, genügt im Übrigen aber grundsätzlich die Inländergleichbehandlung. Denn anders als bei grenzüberschreitend erbrachten Dienstleistungen hat es der auf Dauer im Aufenthaltsstaat Ansässige nicht mit potenziell unterschiedlichen Regelungen des Herkunfts- und des Empfangsstaats zu tun, die wegen doppelter Anforderungen ein Gebrauchmachen von der Grundfreiheit illusorisch machen könnten. Ihm ist eher zuzumuten, sich der Rechtsordnung des Aufenthaltsstaats anzupassen. Diese Unterscheidung zwischen Marktzugang und Marktverhalten ist wichtig auch für die Beurteilung der Regelungen der Dienstleistungsrichtlinie.[66] Allerdings können auch unterhalb dieser Schwelle nationale Vorschriften die Freiheit der Standortwahl derart behindern, dass sie einer gemeinschaftsrechtlichen Kontrolle dahingehend unterzogen werden müssen, ob sie ein legitimes Schutzinteresse des Mitgliedstaats verfolgen. Dies gilt für objektive Zulassungsbeschränkungen, z. B. Bedürfnisprüfungen.[67] Hinsichtlich subjektiver Zulassungskriterien (geforderte Kenntnisse und Fertigkeiten) können die Mitgliedstaaten – mangels sekundärrechtlicher Regelung – das Schutzniveau festlegen, allerdings unter Berücksichtigung von im Ausland (ggf. auch durch Inländer) erworbenen Fertigkeiten und Kenntnissen. Die Schlechterstellung grenzüberschreitender Vorgänge soll verhindert werden.[68]

4. Adressaten der Niederlassungs- und Dienstleistungsfreiheit

a) Berechtigte

14 Berechtigte der Niederlassungs- und der Dienstleistungsfreiheit sind die Staatsangehörigen der Mitgliedstaaten (Unionsbürger, vgl. Art. 17 EGV). Gegenüber dem eigenen Mitgliedstaat kann man sich nur dann auf die Grundfreiheiten berufen, wenn ein grenzüberschreitender Sachverhalt vorliegt, z. B. die Rückkehr in das Heimatland nach dem Erwerb einer beruflichen Qualifikation in einem anderen Mitgliedstaat,[69] nicht aber bei allein rein innerstaatlichen Sachverhalten.[70] Die dadurch ermöglichte Inländerdiskriminierung wird nicht vom Gemein-

65 Vgl. dazu EuGH, Rs C-208/00 (Überseering), Slg. 2002, I-9919, Rn 70. Vgl. dazu Roth in: Hb.EUWirtR, E.I, Rn 114 f. m. w. N.; Bröhmer in: Calliess/Ruffert EUV/EGV, Art. 48, Rn 8 ff., 12 m.w. N.

66 Vgl. Ohler, BayVBl. 2006, 261, 263.

67 Vgl. dazu Randelzhofer/Forsthoff in: Grabitz/Hilf EU, Art. 43 EGV Rn 91; Müller-Graff in: Streinz EUV/EGV, Art. 49 EGV Rn 66. Die Dienstleistungsrichtlinie führt eine wirtschaftliche Bedürfnisprüfung unter den unzulässigen Anforderungen auf, es sei denn, es handelt sich um Planungserfordernisse, die keine wirtschaftlichen Ziele verfolgen, sondern zwingenden Gründen des Allgemeininteresses dienen (Art. 14 Nr. 5).

68 Streinz, Europarecht, Rn 805 f.

69 Vgl. z. B. EuGH, C-19/92 (Kraus), Slg. 1993, I-1663, Rn 32. Beschränkungsmaßnahmen bedürfen auch insoweit der Rechtfertigung nach gemeinschaftsrechtlichen Maßstäben, können aber zur Verweidung von missbräuchlicher Umgehung ergriffen werden. Die Nutzung der Grundfreiheiten allein stellt aber selbstverständlich keine missbräuchliche Umgehung dar, vgl. EuGH, Rs C-212/97 (Centros), Slg. 1999, I-1459, Rn 24 ff., 27.

70 St. Rspr., z. B. EuGH, verb Rs C-29 bis 35/94 (Aubertin), Slg. 1995, I-301, Rn 9 ff.: Ein nie im Ausland tätiger Handwerker kann EG-Recht nicht gegen das Erfordernis der Meisterprüfung einwenden. Vgl. dazu und zur Kritik an der st. Rspr. des EuGH Bröhmer in: Calliess/Ruffert EUV/EGV, Art. 43 EGV Rn 6 m. w. N.

schaftsrecht erfasst; ihre Beurteilung richtet sich nach nationalem Recht.[71] Staatsangehörige von Drittstaaten erhalten abgeleitete Rechte als Familienangehörige von Erwerbstätigen aus anderen Mitgliedstaaten.[72] Gemäß Art. 48 Abs. 1 EGV (i.V.m. Art. 55 EGV) sind Gesellschaften berechtigt, die ihren satzungsmäßigen Sitz, ihre Hauptverwaltung oder ihre Hauptniederlassung innerhalb der Gemeinschaft haben ("Gemeinschaftszugehörigkeit").[73] Auf die Staatsangehörigkeit der Inhaber der Gesellschaft kommt es nicht an.[74]

Über den Bereich der EG hinaus gelten diese beiden Grundfreiheiten für die Staats- 15
angehörigen der Mitgliedstaaten des Europäischen Wirtschaftsraums (EWR), nämlich Island, Liechtenstein und Norwegen, sowie im Rahmen der bilateralen Abkommen für die Staatsangehörigen der Schweiz.[75]

b) Verpflichtete

Wie alle Grundfreiheiten verpflichten auch die Niederlassungs- und die Dienst- 16
leistungsfreiheit in erster Linie die Mitgliedstaaten. Dabei ist unerheblich, welcher Handlungsform sich diese bedienen.[76] Verpflichtet werden alle Organe und Ebenen des Staates, horizontal (Legislative, Exekutive, Judikative) und vertikal,[77] in Deutschland also Bund und Länder sowie die Formen sog. mittelbarer Staatsverwaltung durch Selbstverwaltungskörperschaften, insbesondere die Kommunen und Körperschaften des öffentlichen Rechts, z. B. Handwerkskammern (vgl. § 53 HwO), Industrie- und Handelskammern, Anstalten und Stiftungen des öffentlichen Rechts.

Nach ständiger Rechtsprechung des EuGH binden die Grundfreiheiten und damit 17
auch die Niederlassungs- und Dienstleistungsfreiheit auch die EG und ihre Organe, insbesondere im Rahmen ihrer Rechtsetzung durch Verordnungen und Richtlinien (Art. 249 Abs. 2 und 3 EGV).[78] Damit sind diese Grundfreiheiten auch

71 Vgl. dazu Streinz, Europarecht, Rn 810 ff. m. w. N.
72 Eingehend dazu Randelzhofer-Forsthoff in: Grabitz/Hilf EU, Art. 43 EGV Rn 68 i.V.m. Art. 39 EGV Rn 68 ff.
73 Vgl. dazu EuGH, Rs C-330/91 (Commerzbank), Slg. 1993, I-4017, Rn 13.
74 EuGH, Rs C-221/89 (Factortame), Slg. 1991, I-3905, Rn 30. Vgl. dazu Bröhmer in: Calliess/Ruffert EUV/EGV, Art. 48 EGV Rn 6.
75 Vgl. dazu, zum Assoziierungsabkommen mit der Türkei sowie zu den Übergangsvorschriften für die 2004 bzw. 2007 neu beigetretenen Mitgliedstaaten Bröhmer in: Calliess/Ruffert EUV/EGV, Art. 43 EGV Rn 7 m. w. N.
76 Vgl. EuGH, Rs 249/81 (Kommission/Irland –"Buy Irish"), Slg. 1982, 4005, Rn 6 ff.
77 Vgl. dazu Streinz in: ders. EUV/EGV, Art. 10 EGV Rn 5 m. w. N.
78 St. Rspr., vgl. bereits EuGH, Rs 80 und 81/77 (Commisionaires Reunis/Receveurs des Douanes), Slg. 1978, 927, Rn 35/36, 38: französische Abgabe für italienische Weine: teilweise Ungültigerklärung von Art. 31 Abs. 2 der VO Nr. 816/70 des Rates v. 28.4.1970 zur Festlegung ergänzender Vorschriften für die gemeinsame Marktordnung für Wein (ABl. 1970 Nr. L 99, S. 1) wegen Verstoßes gegen Art. 38-46 EWGV (jetzt Art. 32-38 EGV). Ausdrücklich festgestellt in EuGH, Rs 15/83 (Denkavit Nederland), Slg. 1984, 2171, Rn 15; bestätigt z. B. in EuGH, Rs C-51/93 (Meyhui), Slg. 1994, I-3879, Rn 11; C-114/96 (Kieffer und Thill), Slg. 1997, I-3629, Rn 27; Rs 210/03 (Swedish Match), Slg. 2004, I-11893, Rn 59. Vgl. auch EuGH, Rs 76/86 (Kommission/Deutschland – Milchersatzstoffe), Slg. 1989, 1021, Rn 22 f.: primärrechtskonforme Auslegung von Art. 5 der VO (EWG) Nr. 1898/87 des Rates v. 2.7.1987 über den Schutz der Bezeichnung der Milch und Milcherzeugnisse bei ihrer Vermarktung (ABl. 1987 Nr. L 182, S. 36). Zur EG als Verpflichtungsadressat der Grundfreiheiten vgl. Streinz, Europarecht, Rn 836; Schroeder in: Streinz EUV/EGV, Art. 28 EGV Rn 29; Becker in: Schwarze EU-Kommentar, Art. 28 EGV Rn 101 f.;

Prüfungsmaßstab und Auslegungsvorgabe für die Dienstleistungsrichtlinie (s. dazu Rn 58 ff.).

18 Die Personenverkehrsfreiheiten und damit auch die Niederlassungs- und Dienstleistungsfreiheit gelten nach der Rechtsprechung des EuGH jedenfalls in bestimmten Fällen auch gegenüber Privatpersonen (sog. „Drittwirkung"), da andernfalls weite Bereiche der Grundfreiheiten, die sich in privatwirtschaftlich geregelten Verhältnissen verwirklichen, unterlaufen werden könnten, wodurch die einheitliche Anwendung des Gemeinschaftsrechts gefährdet wäre.[79] Die (auch) zur Dienstleistungsfreiheit entschiedenen Fälle betrafen Kollektivmaßnahmen. Problematisch im Hinblick auf die Auswirkungen des weit gefassten Beschränkungsverbots auf die Privatautonomie ist die Erstreckung auch auf Individualvereinbarungen hinsichtlich der Arbeitnehmerfreizügigkeit.[80] Generell ist fraglich, inwieweit nicht die gebotene Realisierung der Grundfreiheiten auch in Privatrechtsverhältnissen durch eine mittelbare Drittwirkung erreicht werden könnte, die den erforderlichen Ausgleich zwischen Privatautonomie und den Grundfreiheiten der Legislative überlässt.[81] Denn die durch die Grundfreiheiten beschränkte Privatautonomie, bei Verbänden die Verbandsautonomie, muss als auch gemeinschaftsrechtlich geschütztes Recht jedenfalls auch von der Rechtsprechung im Rahmen einer sorgfältigen Abwägung als Schranken-Schranke beachtet werden.[82]

5. Die Realität des Binnenmarktes im Bereich der Niederlassungs- und Dienstleistungsfreiheit

a) Der Befund der Kommission

19 Die Verwirklichung der Niederlassungsfreiheit und der Dienstleistungsfreiheit hat sich als besonders schwierig erwiesen. Die Anerkennung der Grundfreiheiten als unmittelbar anwendbare Individualrechte[83] hat die Kommission zunächst bewogen, ihre Vorschläge zurückzuziehen und die Verwirklichung des Gemeinsamen Marktes den nationalen Gerichten als Gemeinschaftsrechtsgerichten[84] und ggf. dem EuGH in Vertragsverletzungsverfahren (Art. 226 EGV) oder Vorabentscheidungsverfahren (Art. 234 EGV) zu überlassen. Die damit verbundenen Unsicherheiten und der Befund des Weißbuchs von 1985, dass wegen der Probleme der Harmonisierung beruflicher Qualifikationen „noch wenig erreicht" worden war,[85] veranlassten die Kommission zu einem neuen Ansatz im Rahmen des Binnen-

---

Frenz, Hb.EuR, Bd. 1, Rn 309 ff. A. A. z. B. Kingreen in: Calliess/Ruffert EUV/EGV, Art. 28-30 EGV Rn 110 m. w. N. Vgl. zu den dazu vertretenen Ansichten Korte, EWS 2007, 246, 252.

79 EuGH, Rs 36/74 (Walrave und Koch), Slg. 1974, 1405, Rn 16/19 f.; Rs 13/76, Slg. 1976, 1333 (Donà/Mantero), Rn 17/18.

80 So EuGH, Rs C-281/98 (Angonese), Slg. 2000, I-4139, Rn 29 ff. Für eine Erstreckung auf die Dienstleistungsfreiheit z. B. Müller-Graff in: Streinz EUV/EGV, Art. 49 EGV Rn 68.

81 Vgl. dazu Streinz/Leible, Die unmittelbare Drittwirkung der Grundfreiheiten, EuZW 2000, 459, 459 ff.

82 Vgl. die Erwähnung der Verbandsautonomie in EuGH, Rs C-415/93 (Bosman), Slg. 1995, I-4921, Rn 79 f. Zur notwendigen Berücksichtigung der Privatautonomie gegenüber der Dienstleistungsfreiheit vgl. Müller-Graff in: Streinz EUV/EGV, Art. 49 EGV Rn 69 m. w. N.

83 Vgl. dazu Streinz, Europarecht, Rn 835 m. w. N. Grundlegend zur Niederlassungsfreiheit EuGH, Rs 2/74 (Reyners), Slg. 1974, 631, Rn 24/28 f.; zur Dienstleistungsfreiheit EuGH, Rs 33/74 (van Binsbergen), Slg. 1974, 1299, Rn 24/26 ff.

84 Vgl. zu dieser Funktion Burgi, S. 58 f.; Streinz in: ders. EUV/EGV, Art. 10 EGV Rn 32 m. w. N.

marktprogramms, das mit der durch Art. 47 EGV eröffneten Mehrheitsentscheidung[86] dieses Vorhaben erleichterte. Zu nennen sind hier z. B. die sektoriellen Richtlinien über die Dienstleistung und die Niederlassung von Rechtsanwälten,[87] die Richtlinien für ärztliche, pflegerische und pharmazeutische Berufe,[88] die Architektenrichtlinie[89] sowie die horizontalen Diplomanerkenungsrichtlinie,[90] zuletzt abgelöst durch die Berufsanerkennungsrichtlinie 2005/36.[91] Gleichwohl zeigten sich Probleme im Vollzug, so dass nach Ansicht der Kommission „zahlreiche Bürger die Realität des Binnenmarkts in Zweifel ziehen".[92] Dafür geben auch aktuelle Fälle durchaus Anlass.[93]

In den Erwägungsgründen der Dienstleistungsrichtlinie wird auf den Bericht der Kommission über den „Stand des Binnenmarktes für Dienstleistungen" von 2002[94] Bezug genommen.[95] Darin führt die Kommission eine Vielzahl von Hindernissen auf, die die Entwicklung grenzüberschreitender Dienstleistungstätigkeiten zwischen den Mitgliedstaaten behindern oder bremsen, insbesondere diejenigen von kleinen und mittleren Unternehmen (KMU), die im Dienstleistungsgewerbe vorherrschend sind. Der Bericht kommt zu dem Ergebnis, dass ein Jahrzehnt nach 20

85 Vollendung des Binnenmarktes. Weißbuch der Kommission an den Europäischen Rat vom 14.6.1985, KOM(85) 310, S. 25, Nr. 91.

86 Die Mehrheitsentscheidung wurde durch die Einheitliche Europäische Akte (1986, in Kraft seit 1.7.1987) eingeführt (damals im Verfahren der Zusammenarbeit, vgl. Art. 252 EGV), das Mitentscheidungsverfahren (Art. 251 EGV) durch den Vertrag von Maastricht (1992, in Kraft seit 1.11.1993).

87 RL 77/249/EWG des Rates v. 22.3.1977 zur Erleichterung der tatsächlichen Ausübung des freien Dienstleistungsverkehrs der Rechtsanwälte (ABl. 1977 Nr. L 78, S. 17); RL 98/5/EG des Europäischen Parlaments und des Rates v. 16.2.1998 zur Ausübung des Rechtsanwaltsberufes in einem anderen Mitgliedstaat als dem, in dem die Qualifikation erworben wurde (ABl. 1998 Nr. L 77, S. 36). Vgl. dazu Tiedje/Troberg in: GS EUV/EGV, Art. 47 EGV Rn 76 ff.

88 Vgl. dazu Tiedje/Troberg in: GS EUV/EGV, Art. 47 EGV Rn 67 ff. m. w. N.

89 RL 85/384/EWG des Rates v. 10.6.1985 (ABl. 1985 Nr. L 223, S. 15).

90 RL 89/48/EWG des Rates v. 21.12.1988 über eine allgemeine Regelung zur Anerkennung der Hochschuldiplome, die eine mindestens dreijährige Berufsausbildung abschließen (ABl. 1989 Nr. L 19, S. 16); RL 92/51/EWG des Rates v. 18.6.1992 über eine zweite allgemeine Regelung zur Anerkennung beruflicher Befähigungsnachweise – Zweite Diplom-Richtlinie (ABl. 1992 Nr. L 209, S. 25). Vgl. dazu Tiedje/Troberg in: GS EUV/EGV, Art. 47 EGV Rn 89 ff.

91 RL 2005/36/EG des Europäischen Parlaments und des Rates v. 7.9.2005 über die Anerkennung von Berufsqualifikationen, ABl. 2005 Nr. L 255, S. 22.

92 14. Jahresbericht über die Kontrolle der Anwendung des Gemeinschaftsrechts (1996), KOM(1997) 299 endg., ABl. 1997 Nr. C 332, S. 1, 29.

93 Vgl. z. B. die im Handbook on Implementation of the Services Directive der Kommission, 2007, S. 45 f. zitierten Urteile EuGH, Rs C-140/03 (Kommission/Griechenland – Optiker), Slg. 2005, I-3177, Rn 30 ff.; Rs C-243/01 (Gambelli), Slg. 2003, I-13031, Rn 44 ff.; Rs C-338/04, C-359/04 und C-360/04 (Placanica), EuZW 2007, 209, Rn 40 ff., beide zur Sportwettenvermittlung. Vgl. auch zum mittlerweile beim EuGH anhängigen (verb Rs C-171 und 172/07, ABl. 2007 Nr. C 140, S. 11) Fall des deutschen Fremdbesitzverbotes für Apotheken Streinz/Herrmann, Und wieder Doc Morris: Das apothekenrechtliche Mehr- und Fremdbesitzverbot aus der Perspektive des Gemeinschaftsrechts, EuZW 2006, 455, 455 ff.; zu Versuchen, den Anwendungsvorrang zu „suspendieren" vgl. Kruis, Das Leitbild des Apothekers in der (nicht notwendig eigenen) Apotheke, EuZW 2007, 175, 175 ff.

94 Bericht der Kommission an den Rat und das Europäische Parlament, Der Stand des Binnenmarktes für Dienstleistungen, Bericht im Rahmen der ersten Stufe der Binnenmarktstrategie für den Dienstleistungssektor, KOM(2002) 441 endg., S. 5 ff.

95 Erwägungsgründe 3 und 4.

der beabsichtigten Vollendung des Binnenmarktes[96] noch immer eine breite Kluft zwischen der Vision einer wirtschaftlich integrierten Europäischen Union und der Wirklichkeit besteht, die die europäischen Bürger und Dienstleistungserbringer erleben. Die Beschränkungen betreffen eine große Bandbreite von Dienstleistungstätigkeiten und sämtliche Phasen der Dienstleistungserbringung und weisen zahlreiche Gemeinsamkeiten auf; so sind sie häufig auf schwerfällige Verwaltungsverfahren, die Rechtsunsicherheit, mit denen grenzüberschreitende Tätigkeiten behaftet sind, oder auf das fehlende gegenseitige Vertrauen zwischen den Mitgliedstaaten zurückzuführen. Die Dienstleistungen sind zwar der Motor des Wirtschaftswachstums und tragen in den meisten Mitgliedstaaten 70% zu BIP und Beschäftigung bei,[97] aber die Fragmentierung des Binnenmarktes beeinträchtigt die europäische Wirtschaft insgesamt, insbesondere die Wettbewerbsfähigkeit von KMU und die Zu- und Abwanderung von Arbeitskräften, und behindert den Zugang der Verbraucher zu einer größeren Auswahl an Dienstleistungen zu konkurrenzfähigen Preisen. Es ist wichtig, darauf hinzuweisen, dass die Dienstleistungsbranche ein Schlüsselsektor insbesondere für die Beschäftigung von Frauen ist und dass sie deshalb großen Nutzen von den neuen Möglichkeiten, die von der Vollendung des Binnenmarktes für Dienstleistungen geboten werden, zu erwarten haben.

b) Übersicht über die Rechtsprechung des EuGH

21 Der EuGH hat in seiner Rechtsprechung zur Niederlassungsfreiheit und zur Dienstleistungsfreiheit beide Grundfreiheiten als Beschränkungsverbote gesehen, die Individualrechte begründen,[98] mit der Folge, dass wegen des Anwendungsvorrangs des Gemeinschaftsrechts[99] entgegenstehendes nationales Recht im Konfliktfall außer Anwendung bleiben muss.[100] Hinsichtlich der Schranken hat er „zwingende Gründe des Allgemeininteresses" herausgearbeitet,[101] hinsichtlich der Schranken-Schranken Leitlinien für die Konkretisierung des Grundsatzes der Verhältnismäßigkeit, unter sachgerechter Differenzierung zwischen der Dienstleistungsfreiheit und der Niederlassungsfreiheit.[102] Neben den grundsätzlich, d.h. abgesehen von Art. 46 EGV ohnehin unzulässigen offenen Diskriminierungen

96 Vgl. das Datum in Art. 14 Abs. 1 EGV: 31.12.1992. Die Frist gibt allein ein zeitliches Ziel vor und kann – wie die Erklärung der Regierungskonferenz zur Einheitlichen Europäischen Akte (ABl. 1987 Nr. L 169, S. 24) betont – „keine automatische rechtliche Wirkung" mit sich bringen. Vgl. dazu auch EuGH, Rs C-378/97 (Wijsenbeek), Slg 1999, I-2607, Rn 40. Vgl. dazu Lenz in: ders./Borchardt EUV/EGV, Art. 14 EGV Rn 6.

97 Vgl. zum wirtschaftlichen Hintergrund der Dienstleistungsrichtlinie Husmann, Niederlassungs- und Dienstleistungsfreiheit nach der 5. und 6. Erweiterung, EWS 2007, 310, 310 ff. m. w. N.

98 Vgl. dazu Streinz, Europarecht, Rn 797, 801, 803, 835 m.w.N.

99 Grundlegend dazu EuGH, Rs 6/64 (Costa/ENEL), Slg. 1964, 1251, 1269 ff. Vgl. zum Anwendungsvorrang des Gemeinschaftsrechts Streinz, Europarecht, Rn 216 ff. m. w. N.

100 Vgl. dazu Streinz, Europarecht, Rn 256 m. w. N.

101 Vgl. die (nicht erschöpfende) Aufzählung in EuGH, Rs C-288/89 (Collective Antennevoorzening Gouda), Slg. 1991, I-4007, Rn 14. Vgl. auch die Übersicht m. w. N. aus der Rspr. des EuGH bei Müller-Graff in: Streinz EUV/EGV, Art. 43 EGV Rn 76, Art. 49 EGV Rn 107.

102 Vgl. dazu Streinz, Europarecht, Rn 805 f. Vgl. zu den Schranken-Schranken der Niederlassungsfreiheit Müller-Graff in: Streinz EUV/EGV, Art. 43 EGV Rn 78 ff., zu den Schranken-Schranken der Dienstleistungsfreiheit Müller-Graff in: Streinz EUV/EGV, Art. 49 Rn 109 ff.

aufgrund der Staatsangehörigkeit,[103] denen hinsichtlich der Dienstleistungsfreiheit wohl Wohnsitz- bzw. Ansässigkeitserfordernisse wegen der typischerweise gleichen Wirkung gleichzustellen sind,[104] gerieten vor allem Doppelkontrollen,[105] Bedürfnisprüfungen, Zulassungsbedingungen und Zulassungsmodalitäten sowie steuerrechtliche Benachteiligungen ins Blickfeld und wurden einer Prüfung auf der Basis des Gemeinschaftsrechts unterzogen, der sie häufig nicht oder nur modifiziert standhielten.[106] Darüber hinaus musste der EuGH Vertragsverletzungsverfahren (wegen unzureichender Umsetzung durch die Mitgliedstaaten) und Auslegungsfragen (in Fällen der Anwendung von nationalem Umsetzungsrecht) zu sekundärrechtlichen Vorschriften zur Niederlassungs- und Dienstleistungsfreiheit entscheiden.[107] Dabei ist der Grundsatz der primärrechtskonformen Auslegung des Sekundärrechts von Bedeutung und der in ständiger Rechtsprechung wiederholte Auslegungsansatz des EuGH, dass das Sekundärrecht die Anwendung der Grundfreiheiten erleichtern und nicht etwa bedingen oder erschweren soll.[108] Die Rechtsprechung des EuGH bringt nur einen den Grundfreiheiten des Vertrages innewohnenden Grundsatz zum Ausdruck, dem nicht dadurch ein Teil seiner rechtlichen Bedeutung genommen wird, dass Richtlinien (hier: für die gegenseitige Anerkennung von Diplomen) erlassen werden.[109]

c) Das Bedürfnis einer sekundärrechtlichen Regelung

Angesichts der Wirkung der Grundfreiheiten stellte sich die Frage der Erforder- 22
lichkeit einer sekundärrechtlichen Regelung, die allein schon wegen der Kompetenzausübungsschranken des Subsidiaritätsprinzips (Art. 5 Abs. 2 EGV) und des gegenüber den Mitgliedstaaten bestehenden Verhältnismäßigkeitsgrundsatzes (Art. 5 Abs. 3 EGV) beantwortet werden muss. Das Subsidiaritätsprinzip findet nach zutreffender und durch den (noch nicht in Kraft getretenen) Reformvertrag bestätigter Ansicht[110] auf die Harmonisierungskompetenzen Anwendung, obwohl

103 Vgl. zu solchen offenen Diskriminierungen in der Praxis Müller-Graff in: Streinz EUV/EGV, Art. 49 EGV Rn 74 f. m. w. N.; Tiedje/Troberg in: GS EUV/EGV, Art. 49 EGV Rn 35 ff. m. w. N.

104 Vgl. dazu Müller-Graff in: Streinz EUV/EGV, Art. 49 EGV Rn 77 ff. m. w. N.; Tiedje/Troberg in: GS EUV/EGV, Art. 43 EGV Rn 76 ff., Art. 49 EGV Rn 43 ff. m. w. N. Die Dienstleistungsrichtlinie führt unter den unzulässigen Anforderungen für die Niederlassung in Art. 14 Nr. 1 b unter den „diskriminierenden Anforderungen" eine Residenzpflicht des Dienstleistungserbringers, unter den unzulässigen Anforderungen für die Dienstleistungsfreiheit in Art. 16 Abs. 2 die Pflicht auf, im Hoheitsgebiet eine Niederlassung zu unterhalten (lit. a).

105 Vgl. z. B. EuGH, Rs C-189/03 (Kommission/Niederlande – private Sicherheitsdienste), Slg. 2004, I-9289, Rn 18 ff.

106 Vgl. dazu hinsichtlich der Niederlassungsfreiheit Müller-Graff in: Streinz EUV/EGV, Art. 43 EGV Rn 39 ff. Bröhmer in: Calliess/Ruffert EUV/EGV, Art. 43 EGV Rn 44, hinsichtlich der Dienstleistungsfreiheit Müller-Graff in: Streinz EUV/EGV, Art. 49 EGV Rn 82 ff.; Tiedje/Troberg in: GS EUV/EGV, Art. 49 EGV Rn 62 ff. m. w. N.

107 Vgl. z. B. EuGH, Rs 427/85 (Kommission/Deutschland („Gouvernantenklausel"), Slg. 1988, 1123, Rn 25 ff.

108 Vgl. z. B. EuGH, Rs C-238/98 (Hocsman), Slg. 2000, I-6623, Rn 32. Vgl. dazu Tiedje/Troberg in: GS EUV/EGV, Art. 43 EGV Rn 95.

109 EuGH, Rs C-238/98 (Hocsman), Slg. 2000, I-6623, Rn 24, 31; Rs C-31/00 (Dreessen), Slg. 2002, I-663, Rn 25.

110 Der Binnenmarkt war in Art. I-14 Abs. 2 lit. a des Verfassungsvertrags (ABl. 2004 Nr. C 310) ausdrücklich den Bereichen „mit geteilter Zuständigkeit" zwischen der Union und den Mitgliedstaaten zugeordnet worden. Dies sieht auch Art. 4 Abs. 2 lit. a des

es darauf eigentlich nicht passt.[111] Neben der inhaltsleeren Pflichtübung im „Textbaustein“ des Erwägungsgrundes 116 führt die Dienstleistungsrichtlinie dazu in Erwägungsgrund 6, anknüpfend an den Befund des Berichts über den Stand des Binnenmarkts im Bereich der Dienstleistungen, aus: „Diese Beschränkungen können nicht allein durch die direkte Anwendung der Artikel 43 und 49 des Vertrags beseitigt werden, weil – insbesondere nach der Erweiterung – die Handhabung von Fall zu Fall im Rahmen von Vertragsverletzungsverfahren sowohl für die nationalen als auch für die gemeinschaftlichen Organe äußerst kompliziert wäre; außerdem können zahlreiche Beschränkungen nur im Wege der vorherigen Koordinierung der nationalen Regelungen beseitigt werden, einschließlich der Einführung einer Verwaltungszusammenarbeit.“

II. Die Richtlinie des Europäischen Parlaments und des Rates über Dienstleistungen im Binnenmarkt

1. Grundlagen

a) Die Dienstleistungsrichtlinie als Bestandteil der sog. Lissabon-Strategie

23 Die Dienstleistungsrichtlinie, von der man sich erhebliche ökonomische Effekte verspricht, ist Bestandteil der sog. Lissabon-Strategie.[112] Dazu führt Erwägungsgrund 4 aus: „Das Europäische Parlament und der Rat haben betont, dass die Beseitigung rechtlicher Beschränkungen, die einen wirklichen Binnenmarkt verhindern, eine der vorrangigen Aufgaben des zur Erreichung des vom Europäischen Rat in Lissabon vom 23. und 24. März 2000 vorgegebenen Ziels ist, die Beschäftigungslage und den sozialen Zusammenhalt zu verbessern und zu einem nachhaltigen Wirtschaftswachstum zu gelangen, um die Europäische Union bis zum Jahre 2010 zum wettbewerbsfähigsten und dynamischsten wissensbasierten Wirtschaftsraum der Welt mit mehr und besseren Arbeitsplätzen zu machen. Die Beseitigung dieser Beschränkungen bei gleichzeitiger Gewährleistung eines fortschrittlichen europäischen Gesellschaftsmodells ist somit eine Grundvoraussetzung für die Überwindung der Schwierigkeiten bei der Umsetzung der Lissabon-Strategie und für die wirtschaftliche Erholung in Europa, insbesondere für Investitionen und Beschäftigung. Es ist deshalb wichtig, bei der Schaffung eines Binnenmarktes für Dienstleistungen auf Ausgewogenheit zwischen Marktöffnung und dem Erhalt öffentlicher Dienstleistungen sowie der Wahrung sozialer Rechte und

Vertrags über die Arbeitsweise der Europäischen Union vor, vgl. den Entwurf eines Vertrags zur Änderung des Vertrags über die Europäische Union und des Vertrags zur Gründung der Europäischen Gemeinschaft, Dok. CIG 1/1/07/REV 1, S. 46.

111 Vgl. dazu Streinz in: ders. EUV/EGV, Art. 5 EGV Rn 19.

112 Europäischer Rat (Lissabon), 23./24.3.2000, Schlussfolgerungen des Vorsitzes, EU-Nachrichten, Dokumentation Nr. 1. Das Vorhaben dürfte jedenfalls vom Zeitplan her nicht umgesetzt werden. Vgl. dazu den Bericht des ehemaligen niederländischen Ministerpräsidenten Wim Kok im Auftrag der Staats- und Regierungschefs der EU v. 5.11.2004, in: Europäische Kommission (Hrsg.), Die Herausforderung annehmen. Die Lissabon-Strategie für Wachstum und Beschäftigung. Bericht der Hochrangigen Sachverständigengruppe unter Vorsitz von Wim Kok, 3.11.2004: „Noch viel muss getan werden, um zu vermeiden, dass Lissabon zu einem Synonym wird für verpasste Ziele und nicht eingelöste Versprechen“. Kritisch auch Oppermann, Europarecht, § 13 Rn 12. Vgl. auch die skeptische Zwischenbilanz des Europäischen Rates (Brüssel), 22./23.3.2005, Schlussfolgerungen des Vorsitzes, EU-Nachrichten, Dokumentation Nr. 1, S. 3 ff.: Neubelebung der Lissabonner Strategie.

der Rechte der Verbraucher zu achten." Letzteres ist bereits eine Reaktion auf die Kritik am ursprünglichen Entwurf der Kommission, dass „das Soziale" ausgeblendet bleibe.

b) Rechtsgrundlage

Anders als für den freien Warenverkehr, wo auf die allgemeine und daher ausdrücklich („soweit in diesem Vertrag nichts anderes bestimmt ist") subsidiäre Kompetenz für Harmonisierungsmaßnahmen im Binnenmarkt (Art. 95 EGV) zurückgegriffen werden muss und kann, besteht für Harmonisierungsmaßnahmen im Bereich der Niederlassungsfreiheit (Art. 43 EGV) eine spezielle Kompetenz in Art. 47 Abs. 2 EGV, die wegen der Verweisung in Art. 55 EGV auch auf die Dienstleistungsfreiheit (Art. 49 EGV) Anwendung findet. Danach können, um die Aufnahme und Ausübung selbstständiger Tätigkeiten zu erleichtern, Richtlinien zur Koordinierung der Rechts- und Verwaltungsvorschriften der Mitgliedstaaten über die Aufnahme und Ausübung selbstständiger Tätigkeiten erlassen werden. Anders als in Art. 95 EGV („Maßnahmen") ist hier die Rechtsetzungsform der Richtlinie (Art. 249 Abs. 3 EGV) zwingend vorgeschrieben. 24

Umstritten ist die Tragweite dieser Rechtsetzungskompetenz. Hinsichtlich der Dienstleistungsrichtlinie ist diese insbesondere wegen deren Auswirkungen auf die Verwaltungsorganisation der Mitgliedstaaten relevant.[113] Aus diesem Grunde wird zum Teil ein Kompetenzverstoß ausdrücklich bejaht.[114] Die Auswirkungen auf das und die Anforderungen an das deutsche Genehmigungsverfahrensrecht sind erheblich, z. B. hinsichtlich des einheitlichen Ansprechpartners, der zu ermöglichenden elektronischen Abwicklung des Verfahrens und der Amtshilfe.[115] Die sog. institutionelle und verfahrensmäßige Autonomie der Mitgliedstaaten[116] bleibt jedoch insoweit gewahrt, als den Mitgliedstaaten Optionen zur Durchführung der Dienstleistungsrichtlinie bleiben, die sich innerhalb spezieller Besonderheiten der Verwaltungsstruktur (in Deutschland Bund, Länder, Kommunen, Körperschaften des Öffentlichen Rechts) verwirklichen lassen.[117] In der Praxis wurde die Kompetenzfrage kaum aufgeworfen.[118] 25

Die Richtlinie wird gemäß der Anordnung in Art. 47 Abs. 2 S. 1 EGV im Verfahren der Mitentscheidung gemäß Art. 251 EGV, d. h. der gemeinsamen Entscheidung von Europäischem Parlament und Rat beschlossen. Da Art. 47 Abs. 2 S. 2 EGV, der für den Fall, dass die Durchführung einer Richtlinie in mindestens 26

113 Vgl. dazu Ohler, BayVBl. 2006, 261, 266 f. m. w. N.

114 So Scholz in: FS Schmidt, S. 169, 169 ff.

115 Vgl. auch zu den Auswirkungen Ziekow, Die Auswirkungen der Dienstleistungsrichtlinie auf das deutsche Genehmigungsverfahrensrecht, GewArch 2007, 179, 179 ff. und 217, 217 ff.

116 Vgl. zur „institutionellen und Verfahrensautonomie der Mitgliedstaaten" und ihre Einschränkung durch gemeinschaftsrechtliche Vorgaben Streinz in: ders. EUV/EGV, Art. 10 EGV Rn 29 m. w. N.; Huber, Integration, S. 363 ff.

117 Vgl. dazu Ziekow/Windoffer (Hrsg.), Ein einheitlicher Ansprechpartner für Dienstleister. Anforderungen des Vorschlags einer EU-Dienstleistungsrichtlinie und Gestaltungsoptionen im föderalen System der Bundesrepublik Deutschland, 2007. Vgl. dazu auch Windoffer, Einheitliche Ansprechpartner nach der EU-Dienstleistungsrichtlinie – Aufgabenprofil und Ansiedlungsoptionen, DVBl. 2006, 1210, 1210; Ziekow, GewArch 2007, 179, 181 m.w. N.

118 Vgl. Ziekow, GewArch 2007, 179, 179.

einem Mitgliedstaat eine Änderung bestehender gesetzlicher Grundsätze der Berufsordnung hinsichtlich der Ausbildung und der Bedingungen für den Zugang natürlicher Personen zum Beruf umfasst, Einstimmigkeit im Rat fordert, offenbar ausgeschlossen werden kann,[119] kommt die qualifizierte Mehrheit im Rat zur Anwendung (Art. 43 Abs. 1 S. 3 EGV).

c) Der horizontale Ansatz der Dienstleistungsrichtlinie

27 Die Richtlinie soll einen „allgemeinen Rechtsrahmen" schaffen, der einem breiten Spektrum von Dienstleistungen zugute kommt und gleichzeitig die Besonderheiten einzelner Tätigkeiten und Berufe und ihre Reglementierung berücksichtigt.[120] Damit verfolgt die Richtlinie einen sog. „horizontalen" Ansatz.[121] Allerdings werden weite Bereiche vom Anwendungsbereich der Dienstleistungsrichtlinie ausgenommen, wobei sich zwei Fallgruppen unterscheiden lassen, nämlich Tätigkeiten, die in anderen speziellen Richtlinien bereits geregelt sind (z.B. Finanzdienstleistungen, Art. 2 Abs. 2 lit. b) und Tätigkeiten, die aufgrund primärrechtlicher Regelung (vgl. die Bezugnahme auf Art. 45 EGV in Art. 2 Abs. 2 lit. i) oder infolge der politischen Diskussion, nicht zuletzt aufgrund der Kritik am ursprünglichen Entwurf und der Lobbyarbeit von Interessengruppen, ausgeschlossen wurden (z.B. Dienstleistungen von Leiharbeitsagenturen, Art. 2 Abs. 3).

28 Soweit die Dienstleistungsrichtlinie behauptet, bestimmte Materien nicht zu „berühren", ist – wie generell im Gemeinschaftsrecht – Vorsicht geboten. So berührt die Richtlinie zwar z. B. nicht das Strafrecht der Mitgliedstaaten (Art. 1 Abs. 5 S. 1). Die Mitgliedstaaten dürfen jedoch nicht unter Umgehung der Vorschriften dieser Richtlinie die Dienstleistungsfreiheit dadurch einschränken, dass sie Strafrechtsbestimmungen anwenden, die die Aufnahme oder Ausübung einer Dienstleistungstätigkeit gezielt regeln oder beeinflussen (Art. 1 Abs. 5 S. 2). Wie generell werden somit die Mitgliedstaaten nicht von der Beachtung des Gemeinschaftsrechts im Übrigen entbunden, was der EuGH in ständiger Rechtsprechung betont.[122]

29 Die Bezeichnung „Rahmenrichtlinie" darf nicht darüber hinwegtäuschen, dass die Dienstleistungsrichtlinie auch nach der Änderung des ursprünglichen Vorschlags mit dem horizontalen Ansatz über die bisherige Regelungsstrategie der Kommission hinausgeht und teilweise sehr detaillierte Vorgaben enthält (vgl. z. B. Art. 5 Abs. 3, Art. 6, Art. 10 Abs. 5, Art. 14, Art. 16, Art. 22).[123]

---

119 Diese Vorschrift, die vor allem auf deutschen Druck zum Schutz insbesondere der Handwerksordnung eingefügt wurde (vgl. Everling in: GS Knobbe-Keuk, S. 607, 609 f.), ist eng auszulegen, EuGH, Rs C-168/98 (Luxemburg/Europäisches Parlament und Rat – Rechtsanwaltsniederlassungsrichtlinie), Slg. 2000, I-9131, Rn 48, 52, 56, 59. Vgl. dazu Bröhmer in: Calliess/Ruffert EUV/EGV, Art. 47 EGV Rn 2.

120 Erwägungsgrund 7.

121 Zur Unterscheidung zwischen horizontaler und vertikaler Harmonisierung vgl. Streinz, Europarecht, Rn 917.

122 Vgl. z. B. EuGH, Rs C-348/96 (Calfa), Slg. 1999, I-11, Rn 17 mit Bespr. Streinz, JuS 1999, 1120, 1120 f. Zur Europäisierung des Strafrechts vgl. z. B. Satzger, S. 90 ff. Das Urteil Calfa wird auch im Handbuch der Kommission (Fn. 94), S. 18 zitiert.

123 Ziekow, GewArch 2007, 179, 180.

2. Das Rechtsetzungsverfahren

a) Der ursprüngliche Entwurf (sog. „Bolkestein-Richtlinie")

Der ursprüngliche Vorschlag für die Richtlinie über Dienstleistungen im Binnenmarkt wurde von der Kommission am 25. Februar 2004 vorgelegt.[124] Er war unter dem damals zuständigen Kommissar für den Binnenmarkt, Frits Bolkestein, ausgearbeitet worden, und ist unter dessen Namen zum „Feindbild" für die Gegner dieser Richtlinie geworden.[125] Die Richtlinie war neben Art. 47 Abs. 2 i.V. m. Art. 55 EGV auch auf Art. 71 und Art. 80 Abs. 2 EGV gestützt, weil sie auch den Bereich des Verkehrs umfasste. Generell war der vorgesehene Anwendungsbereich sehr weit und erfasste nicht nur freie Berufe, Handwerk, IT-Spezialisten und Baugewerbe, sondern zum Teil auch die sog. Daseinsvorsorge wie Altenheime, Kinderbetreuung, Müllabfuhr, soweit diese im betreffenden Mitgliedstaat bereits unter Marktbedingungen erbracht wird. Der Vorschlag sah die Beseitigung von zwischenstaatlichen Hemmnissen für den Handel mit Dienstleistungen durch eine Rahmenrichtlinie vor, und zwar sowohl für die Niederlassung von Dienstleistern (Art. 43 EGV) als auch für die Dienstleistungsfreiheit (Art. 49 EGV), für die das sog. Herkunftslandprinzip (Art. 16 des Richtlinienvorschlags) gelten sollte. Das Verhältnis zum geltenden Gemeinschaftsrecht, insbesondere zu bestehenden Richtlinien wie der z. B. der Entsenderichtlinie, war trotz der Regelung in Art. 3 Abs. 2 des Richtlinienvorschlags („Diese Richtlinie schließt die Anwendung der Bestimmungen anderer Gemeinschaftsrechtsakte auf die von ihnen erfassten Dienstleistungen nicht aus.") offenbar unklar. 30

Der Richtlinienvorschlag wurde in der Öffentlichkeit und in der Fachpresse intensiv diskutiert.[126] Während er aus den Kreisen der Wirtschaft in der Regel begrüßt wurde und tendenziell noch weitergehende Vorstellungen geäußert wurden, kam heftige Kritik von betroffenen Interessengruppen, insbesondere den Gewerkschaften, aber auch seitens der Wissenschaft, bis hin zu gewalttätigen Ausschreitungen. „Attac" rief dazu auf, den „Bolkestein-Hammer" u. a. durch Demonstrationen vor den Wirtschaftsministerien in Berlin und anderen Mitgliedstaaten sowie vor dem Europäischen Parlament in Straßburg zu stoppen und „nach der Ablehnung der EU-Verfassung und dem Stopp der Softwarepatentrichtlinie den Neoliberalen in Europa eine dritte Niederlage" beizubringen. In der Form gebührend moderater, aber nicht weniger bestimmt – und letztlich erfolg- 31

124 Vorschlag für eine Richtlinie des Europäischen Parlaments und des Rates über Dienstleistungen im Binnenmarkt, von der Kommission vorgelegt am 25.2.2004, KOM(2004) 2 endg.; ABl. 2006 Nr. C 98, BullEU 1/2-2004, Ziff. 1.3.48.

125 Vgl. zur Entstehungsgeschichte der Dienstleistungsrichtlinie m. w. N. Calliess, DVBl. 2007, 336, 336 ff.; Hatje, Die Dienstleistungsrichtlinie – Auf der Suche nach dem liberalen Mehrwert, NJW 2007, 2357, 2357; Korte, Mitgliedstaatliche Verwaltungskooperation und private Eigenverantwortung beim Vollzug des europäischen Dienstleistungsrechts, NVwZ 2007, 501, 502 f.; Kluth/Rieger, Die gemeinschaftsrechtlichen Grundlagen und berufsrechtlichen Wirkungen von Herkunftslandprinzip und Bestimmungslandprinzip – Eine Analyse am Beispiel von Dienstleistungs- und Berufsanerkennungsrichtlinie, GewArch 2006, 1, 5 ff. Ausführlich Blanpain (Hrsg.), Freedom of Services in the European Union, The Hague, 2006.

126 Vgl. dazu Korte, NVwZ 2007, 501, 501; Mankowski, Wider ein Herkunftslandprinzip für Dienstleistungen im Binnenmarkt, IPRax 2004, 385, 385 f.; Schliesky, DVBl. 2005, 887 888 ff.; Wiesner/Wiedmann, ZIP 2005, 1210, 1210; Ziekow, GewArch 2007, 179, 179. Kritisch zur Diskussion in der Öffentlichkeit z. B. FAZ Nr. 84 vom 12.4.2005, S. 14: „Die Dienstleistungsdiskussion geht oft am Kern vorbei".

reich – war der Protest des Deutschen Kulturrats, der zumindest eine Modifizierung des Herkunftslandprinzips und eine Ausnahmeregelung für den Kunst-, Kultur- und Medienbereich einschließlich des Films sowie der kollektiven Verwertung von Urheberrechten forderte. Seitens der Wissenschaft wurden der horizontale Ansatz und die fehlende Abstimmung zu bestehenden Richtlinien, drohende Konflikte mit dem Internationalen Privatrecht, insbesondere mit den geplanten Verordnungen Rom I und Rom II sowie negative Folgen des Herkunftslandprinzips kritisiert. Die Gewerkschaften fürchteten vor allem „Sozialdumping" und einen „race to the bottom" bei Arbeits-, Umwelt- und Sozialstandards.

32 Hauptkritikpunkt war das für den Bereich der Dienstleistungsfreiheit (Art. 49 EGV) in Art. 16 des Richtlinienentwurfs vorgesehene Herkunftslandprinzip (siehe zur Kontroverse um das Herkunftslandprinzip Rn 39 ff.). Als „Nebenfolge" wurde sein Beitrag zum Scheitern der Referenden über den Verfassungsvertrag in Frankreich und den Niederlanden konstatiert.[127]

b) Abänderungen des Europäischen Parlaments zum Entwurf der Kommission

33 Die Kritik und die Proteste, die auch von einigen Regierungen, insbesondere Deutschlands[128] und Frankreichs, aufgegriffen wurden, blieben nicht ohne Wirkung. Die Mehrheit aus Europäischer Volkspartei (EVP) und Sozialisten (SPE) beschlossen am 16. Februar 2006 im Europäischen Parlament ein Kompromisspaket mit 213 Abänderungen des Entwurfs der Kommission.[129] Gesundheit, Verkehr, Sicherheitsdienste, Hafendienste, soziale Dienste, Arbeitsrecht, Arbeitskampfrecht, Gewerkschafts- und Sozialrecht sowie Arbeits- und Gesundheitsschutz, Zeitarbeitsagenturen und einige Teilbereiche der Dienste von allgemeinem wirtschaftlichem Interesse wurden vollständig aus der Richtlinie ausgenommen, die Bestimmungen der Art. 24 und 25 des Entwurfs, die eine Kontrolle der Erbringungsstaaten hinsichtlich der Entsenderichtlinie nach Ansicht der Kritiker praktisch wirkungslos gemacht hätte, wurden gestrichen. Der Entsenderichtlinie und dem Internationalen Privatrecht wurde Vorrang eingeräumt. Das „Herkunftslandprinzip" wurde als solches gestrichen und durch das „Prinzip des freien Dienstleistungsverkehrs" ersetzt, das dem Bestimmungsstaat zwar die Errichtung bestimmter Schranken ausdrücklich untersagt, die Kontrolle aber grundsätzlich bei diesem belässt. Ob das Herkunftslandprinzip dadurch nur begrifflich oder in der Sache gestrichen wurde, war – auch angesichts von Äußerungen aus dem Europäischen Parlament – strittig.

c) Der geänderte Vorschlag der Kommission vom 4. April 2004

34 Die Kommission überarbeitete daraufhin ihren Entwurf und übernahm in dem am 4. April 2006 vorgelegten Vorschlag[130] viele Änderungen des Europäischen Parlaments, vor allem die Ersetzung des zum Reizwort verkommenen Begriffs des

---

127 Vgl. auch Roth, VuR 2007, 161, 161.

128 Vgl. zum Verfahren in Deutschland Schlichting/Spelten, Die Dienstleistungsrichtlinie, EuZW 2005, 238, 240 m.w.N. Zur Haltung der deutschen und der französischen Regierung vgl. ebd., Fn. 25.

129 BullEU 1/2-2006, Ziff. 1.9.3.

130 Geänderter Vorschlag der Kommission v. 4.4.2006, KOM (2006) 160 endg., ABl. 2006 Nr. C 151, BullEU 4-2006, Ziff. 1.10.2.

„Herkunftslandprinzips“ durch den „neutralen“ Begriff „Dienstleistungsfreiheit“ in Art. 16.

d) Der Gemeinsame Standpunkt des Rates vom 24. Juli 2006

Am 29. Mai 2006 einigte sich der Rat auf einen „Gemeinsamen Standpunkt“, der am 24. Juli 2006 verabschiedet wurde.[131] Dieser orientiert sich mit einigen Abweichungen weitgehend am Konventionsentwurf. Die Änderungen betreffen z. B. die Relativierung von Einschränkungen, z. B. hinsichtlich des Strafrechts. Soweit eine Einschränkung mit der Formel „unter Wahrung des Gemeinschaftsrechts“ erfolgt, ist dies unschädlich oder besser klarstellend, da dies eine allgemeine und an sich selbstverständliche Voraussetzung ist. 35

e) Verabschiedung und Inkrafttreten der Dienstleistungsrichtlinie

Am 23. Oktober 2006 stimmte der Binnenmarktausschuss des Europäischen Parlaments über den von der Berichterstatterin Evelyne Gebhardt (SPE) vorgelegten Entwurf einer Empfehlung für die zweite Lesung ab. Die Mehrheit der Stimmen aus Konservativen, Liberalen und einigen Sozialdemokraten lehnte die 43 eingereichten Änderungsanträge ab. Damit unterstützte das Europäische Parlament im Ergebnis den Gemeinsamen Standpunkt des Rates vom 24. Juli 2006.[132] Nachdem sich der Rat politisch auf einen Gemeinsamen Standpunkt geeinigt hatte,[133] beschloss er diesen am 7. November 2006.[134] Mit der Annahme durch das Europäische Parlament am 15. November 2006[135] und dem Beschluss des Rates vom 11. Dezember 2006[136] wurde die Richtlinie gemäß Art. 251 EGV mit Wirkung vom 12. Dezember 2006 beschlossen. Sie trat gemäß Art. 45 am Tag nach ihrer Veröffentlichung im Amtsblatt der Europäischen Union, somit am 28. Dezember 2006 in Kraft. 36

f) Umsetzung der Dienstleistungsrichtlinie

Die Dienstleistungsrichtlinie ist von den Mitgliedstaaten gemäß Art. 44 Abs. 1 bis spätestens zum 28. Dezember 2009 umzusetzen. Dazu haben die Mitgliedstaaten die erforderlichen Rechts- und Verwaltungsvorschriften zu erlassen und deren Wortlaut der Kommission unverzüglich mitzuteilen. Um den Gemeinschaftsbezug deutlich zu machen, muss in diesen Vorschriften selbst oder durch einen Hinweis in der amtlichen Veröffentlichung auf die Dienstleistungsrichtlinie Bezug genommen werden. Die Einzelheiten der Bezugnahme regeln die Mitgliedstaaten. Die Mitgliedstaaten müssen der Kommission ferner den Wortlaut der wichtigsten innerstaatlichen Rechtsvorschriften mitteilen, die sie auf dem unter diese Richtlinie fallenden Gebiet erlassen. 37

Die Dienstleistungsrichtlinie verlangt die effektive Umsetzung durch die Mitgliedstaaten als Adressaten der Richtlinie (s. Rn 96 ff.), lässt deren innere Verwaltungs- 38

131 Gemeinsamer Standpunkt des Rates v. 24.6.2006, Dok 10003/4/06 REV 4.
132 Vgl. dazu EuZW 2006, 709.
133 BullEU 5-2006, Ziff. 1.10.2.
134 ABl. 2006 Nr. C 270 E; BullEU 7/8-2006, Ziff. 1.10.1. Vgl. dazu auch die Erklärungen der Kommission und der Bundesrepublik Deutschland, Dok. 15950/06 v. 4.12.2006.
135 BullEU 11-2006, Ziff. 1.10.11.
136 BullEU 12-2006, Ziff. 1.10.3.

struktur an sich aber unberührt. Gefordert wird allerdings, dass die Vorgaben der Richtlinie innerhalb dieser Verwaltungsstruktur erfüllt werden können und nicht „systembedingte" Hindernisse bestehen. Hier setzt das Gemeinschaftsrecht auch der prinzipiellen Organisationsautonomie der Mitgliedstaaten Grenzen. Gefordert sind Bund, Länder und Gemeinden, aber auch die Körperschaften des Öffentlichen Rechts, insbesondere die Kammern, schließlich auch die betroffenen Verbände. Im föderalen und dezentralen System der Bundesrepublik Deutschland ist eine gegenseitige Abstimmung notwendig. Unter Federführung des Bundesministeriums für Wirtschaft hat die Arbeit daran begonnen.

3. Die Kontroverse um das Herkunftslandsprinzip

39 Die Dienstleistungsrichtlinie zählt zu den am heftigsten umstrittenen europäischen Gesetzgebungsvorhaben jüngerer Zeit. Erstmals setzte eine breite öffentliche Debatte schon beim Gesetzgebungsprozess auf Gemeinschaftsebene und nicht erst bei der nachfolgenden Umsetzung in nationales Recht ein.[137] Ursächlich hierfür war vor allem das im ursprünglichen Richtlinienvorschlag der Kommission[138] vorgesehene sog. **Herkunftslandprinzip.**[139]

a) Das Herkunftslandprinzip im ursprünglichen Kommissionsvorschlag

40 Die Geltung des Herkunftslandsprinzip im ursprünglichen Kommissionsvorschlag war auf den Anwendungsbereich der Dienstleistungsfreiheit, Art. 49 EGV, beschränkt. Für die Niederlassungsfreiheit, Art. 43 EGV, sah der Richtlinienentwurf dagegen ein **modifiziertes Bestimmungslandprinzip** vor.[140]

41 Nach Art. 16 Abs. 1 des Richtlinienentwurfs sollten Dienstleistungserbringer lediglich den vom **koordinierten Bereich** erfassten Bestimmungen ihres Herkunftslandes unterfallen. Auf den ersten Blick schien diese Formulierung auf eine Einschränkung des Anwendungsbereichs des Herkunftslandsprinzips auf konkrete, gemeinschaftsrechtlich harmonisierte Rechtsgebiete hinzudeuten. Dieser Eindruck ist freilich doppelt falsch. Zum einen sollte der koordinierte Bereich gemäß Art. 4 Nr. 9 die Gesamtheit der für die Aufnahme von Dienstleistungstätigkeiten oder ihre Ausübung geltenden Anforderungen umfassen, so dass insofern keine Einschränkung des Anwendungsbereichs auf bestimmte Rechtsgebiete erfolgte. Zum anderen verzichtete der ursprüngliche Kommissionsvorschlag auf eine Harmonisierung der den Dienstleistungssektor betreffenden einzelstaatlichen Vorschriften.

42 Flankiert wurde die Geltung des Herkunftslandsrechts gemäß Art. 16 Abs. 2 von einer exklusiven Kontrolle des Dienstleistungserbringers durch die Behörden seines Herkunftsstaates. Das Herkunftslandprinzip des Richtlinienvorschlags hatte somit zwei Dimensionen: Zum einen sollte ein Dienstleistungserbringer bei der Erbringung von Dienstleistungen in einem anderen Mitgliedstaat als seinem Niederlassungsstaat sein Recht umfassend in den **Bestimmungsstaat** mitnehmen können.[141] Zum anderen war vorgesehen, dass allein der Herkunftsmitgliedstaat für

---

137 Rieger, Tagung zur EU-Dienstleistungsrichtlinie, EuZW 2005, 430, 431.
138 Vorschlag für eine Richtlinie des Europäischen Parlaments und des Rates über Dienstleistungen im Binnenmarkt, KOM(2004) 2 endg. v. 25.2.2004.
139 Möstl, DÖV 2006, 281, 282.
140 Möstl, DÖV 2006, 281, 286; Kluth/Rieger, GewArch 2006, 1, 6.
141 Möstl, DÖV 2006, 281, 286.

die **administrative Überwachung** der Dienstleistungserbringer zuständig ist.[142] Von der Grundregel des Herkunftslandsprinzips sah der Richtlinienentwurf in den Art. 17-19 allgemeine und vorübergehende Ausnahmen sowie Ausnahmen im Einzelfall vor. Der durchaus umfangreiche Ausnahmenkatalog darf jedoch nicht den Blick darauf verstellen, dass die große Masse gewerblicher Dienstleistungen unter das Herkunftslandprinzip gefallen wäre.[143]

In seiner ersten Dimension erfasste das Herkunftslandprinzip das gesamte **öffentliche Wirtschaftsverwaltungsrecht**. Das Herkunftslandsrecht wäre sowohl für den Marktzugang als auch das Marktverhalten des Dienstleisters maßgeblich gewesen.[144] Die Geltung des Herkunftslandprinzips war indes nicht auf das Öffentliche Recht beschränkt, sondern sollte ausdrücklich auch für das **Privatrecht** gelten.[145] Dem Herkunftslandprinzip wäre insofern ein **kollisionsrechtlicher Gehalt** zugekommen.[146] 43

In seiner zweiten Dimension wirkte das Herkunftslandsprinzip als **Prinzip der Herkunftslandkontrolle.**[147] Nach Art. 16 Abs. 2 i.V.m. den Art. 34 ff. Richtlinienentwurf wären für die Kontrolle des Dienstleisters und der von ihm erbrachten Dienstleistungen grundsätzlich die Behörden des Herkunftsmitgliedstaates zuständig gewesen, und zwar auch bei einer Dienstleistungserbringung in einem anderen Staat.[148] Hierfür räumte der Richtlinienentwurf den Behörden des Herkunftslandes keine Kontrollmöglichkeiten auf fremdem Territorium ein, sondern versuchte, die Herkunftslandkontrolle im Bestimmungsland über ein System der Amtshilfe zu ermöglichen.[149] 44

b) Das Herkunftslandprinzip als Kodifizierung der EuGH-Rechtsprechung?

Der Begriff „Herkunftslandprinzip" findet sich im EGV nicht und wird auch vom EuGH nicht ausdrücklich verwandt.[150] Dennoch wurde in der Debatte um das im ursprünglichen Kommissionsvorschlag vorgesehene Herkunftslandsprinzip vielfach die Ansicht vertreten, es handele sich hierbei lediglich um eine Kodifikation der Rechtsprechung des EuGH zu den Grundfreiheiten.[151] Demnach wäre das Herkunftslandprinzip bereits **primärrechtlich verankert,** so dass seine sekundärrechtliche Umsetzung in der Dienstleistungsrichtlinie nur deklaratorischer Natur gewesen wäre. Da sich das Herkunftslandprinzip nach dieser Ansicht schon aus der EuGH-Rechtsprechung ergibt,[152] hätte seine im Verlaufe des Gesetzgebungsverfahrens erfolgte Streichung aus der Dienstleistungsrichtlinie nichts am „Status quo" 45

142 Vgl. Art. 16 Abs. 2 des Vorschlages für eine Richtlinie des Europäischen Parlaments und des Rates über Dienstleistungen im Binnenmarkt, KOM(2004) 2 endg. v. 25.2.2004.
143 Deinert, Das Herkunftslandprinzip und seine Bedeutung für das Internationale Deliktsrecht, EWS 2006, 445, 447.
144 Kluth/Rieger, GewArch 2006, 1, 5.
145 Dies ergibt sich insbesondere aus Art. 17 Nr. 20 des Richtlinienentwurfs, wonach das Herkunftslandprinzip keine Anwendung finden sollte auf die Freiheit der Rechtswahl für die Parteien eines Vertrages. Dieser Ausnahme hätte es nicht bedurft, wenn das Herkunftslandprinzip nicht auch für das Privatrecht gelten sollte.
146 Deinert, EWS 2006, 445, 448.
147 Mankowski, IPRax 2004, 385, 388.
148 Albath/Giesler, EuZW 2006, 38, 40.
149 Möstl, DÖV 2006, 281, 287.
150 Albath/Giesler, EuZW 2006, 38.
151 Schliesky, DVBl. 2005, 887, 888.
152 Vgl. Rieger, EuZW 2005, 430, 431.

geändert, da es weiterhin als „case law“ gelten würde.[153] Diese Ansicht wäre freilich nur dann zutreffend, wenn die Rechtsprechung des EuGH, die bislang in der Literatur mit dem Begriff des Herkunftslandsprinzips gekennzeichnet wurde, inhaltlich deckungsgleich mit der im Kommissionsentwurf vorgesehenen Regelung wäre.

46 Ausgangspunkt der Entwicklung des sog. primärrechtlichen Herkunftslandprinzips ist die **Cassis de Dijon-Rechtsprechung** des EuGH. Danach können auch unterschiedslos anwendbare Maßnahmen der Mitgliedstaaten Maßnahmen gleicher Wirkung i. S. v. Art. 28 EGV sein, sofern sie nicht notwendig sind, um zwingenden, im Allgemeininteresse liegenden Erfordernissen gerecht zu werden.[154] Die zwingenden Erfordernisse im Sinne der Cassis-Rechtsprechung sind nur zu berücksichtigen, wenn und soweit die mitgliedstaatliche Maßnahme zur Erreichung des als legitim anerkannten Zieles „geeignet“, „notwendig“ und „verhältnismäßig“ ist.[155]

47 Integraler Bestandteil dieses **Grundsatzes der Verhältnismäßigkeit** ist das Herkunftslandprinzip.[156] Denn die Verhältnismäßigkeit einer mitgliedstaatlichen Maßnahme setzt neben ihrer Geeignetheit und Verhältnismäßigkeit i. e. S. auch deren Erforderlichkeit voraus. Schutzbestimmungen des Marktstaates sind aber nicht erforderlich, wenn den jeweiligen Allgemeininteressen bereits durch Regelungen des Herkunftsstaates hinreichend Rechnung getragen wird.[157] Dieser Grundsatz ist im Rahmen aller Freiheiten, insbesondere auch der Dienstleistungsfreiheit, zu beachten.[158] So dürfen die Mitgliedstaaten z. B. die Zulassung eines EG-Ausländers zu einem Beruf nicht vom Erwerb eines im nationalen Recht vorgesehenen Diploms o.Ä. abhängig machen, sondern sind zur Anerkennung diesem Diplom äquivalenter Prüfungszeugnisse oder Befähigungsnachweise anderer Mitgliedstaaten verpflichtet.[159] Und genauso wenig ist es ihnen etwa erlaubt, das Inverkehrbringen von Erzeugnissen aus anderen Mitgliedstaaten zu verhindern, die dort rechtmäßig hergestellt und in den Verkehr gebracht worden sind und hinsichtlich des Schutzniveaus dem entsprechen, was mit der nationalen Regelung erreicht werden soll.[160]

---

153 So Wiesner/Wiedemann, ZIP 2005, 1210, 1214.

154 EuGH, Rs 120/78 (Cassis de Dijon), Slg. 1979, 649, 662.

155 EuGH, Rs 120/78 (Cassis de Dijon), Slg. 1979, 649, 664; Rs C-238/89 (Pall), Slg. 1990, I-4827, 4848; Rs C-470/93 (Mars), Slg. 1995, I-1923, 1942; Rs C-368/95 (Familiapress), Slg. 1997, I-3689, 3716.

156 Ausführlich dazu Gardeñes Santiago.

157 Deutlich für die Warenverkehrsfreiheit z. B. EuGH, Rs 27/80 (Fietje), Slg. 1980, 3839, Rn 12: „Die Notwendigkeit eines solches Schutzes besteht jedoch dann nicht mehr, wenn die Angaben auf dem ursprünglichen Etikett des eingeführten Erzeugnisses in Bezug auf die Art der Erzeugnisse einen Informationsgehalt haben, der zumindest die gleichen Informationen vermittelt und ebenso verständlich für den Verbraucher des Einfuhrstaats ist wie die nach den Vorschriften dieses Staates verlangte Bezeichnung.“

158 Vgl. z. B. für die Dienstleistungsfreiheit EuGH, Rs C-180/89 (Kommission/Italien), Slg. 1991, I-709, Rn 17; Rs C-198/89 (Kommission/Griechenland), Slg. 1991, I-727, Rn 18; Rs C-76/90 (Säger), Slg. 1991, I-4221, Rn 15; Rs C-43/93 (Vander Elst), Slg. 1994, I-3803, Rn 16; Rs C-272/94 (Guiot), Slg. 1996, I-1905, Rn 20; für die Arbeitnehmerfreizügigkeit EuGH, Rs C-106/91 (Ramrath/Ministre de la Justice), Slg. 1992, I-3351, Rn 29. Zur Warenverkehrsfreiheit vgl. vorangehende, zur Niederlassungsfreiheit nachfolgende Fn.

159 EuGH, Rs C-340/89 (Vlassopoulou), Slg. 1991, I-2357, Rn 16 ff.; Rs C-104/91 (Borrell), Slg. 1992, I-3003, 3028.

160 Vgl. Leible in: Grabitz/Hilf EU, Art. 28 EGV Rn 26 m. w. N. Sie können also nicht verlangen, dass die eingeführten Erzeugnisse den in ihrem Bereich geltenden Bestimmungen und technischen Anforderungen „buchstabengetreu entsprechen, obwohl sie dasselbe Schutzniveau für die Benutzer gewährleisten”, und sind darüber hinaus gehalten, bei

Die Kommission hat daraus das **Prinzip der gegenseitigen Anerkennung** entwickelt,[161] das von folgender Grundregel ausgeht: Alle rechtlichen und technischen Regelungen der Mitgliedstaaten sind prima facie als gleichwertig anzuerkennen und daher die in einem Mitgliedstaat nach dessen Regeln rechtmäßig in den Verkehr gebrachten Waren in der gesamten Gemeinschaft verkehrsfähig, sofern dem nicht ausnahmsweise „zwingende Erfordernisse" im Sinne der Cassis-Rechtsprechung (oder Schutzinteressen i. S. v. Art. 30 EGV) entgegenstehen. 48

Man darf die Grundfreiheiten jedoch nicht mit einem Herkunftslandprinzip in der Form verwechseln oder vermengen, wie es im ursprünglichen Kommissionsvorschlag vorgesehen war.[162] Das **primärrechtliche Herkunftslandprinzip** ist integraler Bestandteil des Verhältnismäßigkeitsgrundsatzes: Eine die Grundfreiheiten beschränkende Regelung des nationalen Rechts ist nicht erforderlich, wenn den berührten Allgemeininteressen bereits durch Regelungen des Herkunftsstaates hinreichend Rechnung getragen wird. Eine **Verweisung auf das Recht des Herkunftslandes** ist damit jedoch nicht verbunden. Es kann sich zwar – insbesondere bei Produkt- oder Dienstleistungsstandards – mitunter als Folge des Grundsatzes der gegenseitigen Anerkennung tatsächlich „durchsetzen". Verallgemeinerungsfähig ist das jedoch nicht. Der EuGH prüft nämlich lediglich, ob die Vorschriften des Bestimmungslandes mit dem EGV und hier u. a. der Dienstleistungsfreiheit vereinbar sind. Folglich bleibt das Recht des Bestimmungslandes anwendbar, soweit es die Dienstleistungsfreiheit nicht verletzt.[163] Nach der im ursprünglichen Kommissionsentwurf vorgesehenen Regelung hätten die Vorschriften des Herkunftslandes diejenigen des Bestimmungslandes hingegen auch dann verdrängt, wenn Letztere mit dem Gemeinschaftsrecht in Einklang stehen.[164] Das im Kommissionsentwurf vorgesehene sekundärrechtliche Herkunftslandprinzip schrieb folglich eine generelle Anwendung des Herkunftslandsrechts vor, während das Primärrecht nur konkrete Korrekturen im Sachrecht des Bestimmungslandes gebietet.[165] 49

Zudem sollte das im Kommissionsentwurf vorgesehene Herkunftslandprinzip überhaupt nur dann zum Tragen kommen, wenn die in Frage stehende Leistung nach dem Recht des Herkunftslandes **rechtmäßig** ist. Hingegen setzt die Wahrnehmung der Grundfreiheiten eine sich am Recht des Herkunftslandes orientierende Rechtmäßigkeit gerade nicht voraus. So kann beispielsweise die Freiheit des Warenverkehrs ungeachtet des Wortlauts der Cassis-Formel auch bei Erzeugnissen berührt sein, die nicht in demselben Mitgliedstaat erstmals in Verkehr gebracht werden, in dem sie produziert wurden, und insbesondere auch bei Waren, die 50

Untersuchungs- und Zulassungsverfahren mit den anderen Mitgliedstaaten zusammenzuarbeiten und die technischen oder chemischen Analysen, Laborversuche, Untersuchungen und Kontrollen zu berücksichtigen, die bereits in diesen durchgeführt worden sind, st. Rspr., vgl. z. B. EuGH, Rs C-293/94 (Brandsma), Slg. 1996, I-3159, Rn 12; Rs C-105/94 (Celestini), Slg. 1997, I-2971, Rn 34; Rs C-400/96 (Harpegnies), Slg. 1998, I-5121, Rn 35.

161 Weißbuch von 1985 Rn 63 und 65; Borries/Petschke, Gleichwertigkeitsklauseln als Instrument zur Gewährleistung des freien Warenverkehrs in der Europäischen Gemeinschaft, DVBl. 1996, 1343.

162 Mankowski, IPRax 2004, 385, 391.

163 Albath/Giesler, EuZW 2006, 38.

164 Albath/Giesler, EuZW 2006, 38.

165 Mankowski, IPrax 2004, 385, 392.

abweichend von den Vorschriften des Herkunftslandes, etwa nach denen des Destinationsstaates, hergestellt worden sind.[166] Und die Dienstleistungsfreiheit soll es einem ausländischen Dienstleister natürlich auch ermöglichen, seine Dienste zu den Standards des Bestimmungsstaates anzubieten, selbst wenn ihm ein solches Angebot in seinem Herkunftsstaat aufgrund dortiger Regelungen versagt würde. Unterschiede können sich bei derartigen Fällen allein bei der Erforderlichkeit zugangsbeschränkender Maßnahmen ergeben, da eine Berücksichtigung von Regeln oder Kontrollverfahren des Herkunftsstaats naturgemäß ausscheidet. Das primärrechtliche Herkunftslandprinzip führt also nur dazu, dass die Einhaltung der einschlägigen Vorschriften des Herkunftslandes prima facie für eine Einhaltung etwa berührter Allgemeininteressen spricht.[167] Es schafft bzw. verschärft so **Begründungszwänge**, trifft aber keine Wahl hinsichtlich des anzuwendenden Rechts.[168]

51 Erst recht ging der Kommissionsentwurf insofern über das aus den Grundfreiheiten entwickelte Herkunftslandprinzip hinaus, als er das Herkunftslandprinzip auch auf die **administrative Wirtschaftsüberwachung** erstrecken wollte.[169] Das sich aus den Grundfreiheiten ergebende Gebot der gegenseitigen Anerkennung und das Verbot von Doppelkontrollen ändern nichts an der Zuständigkeit der Behörden der Mitgliedstaaten. An erster Stelle verantwortlich bleibt im Rahmen der Dogmatik der Grundfreiheiten stets das Bestimmungsland, das lediglich Maßnahmen des Herkunftslandes anerkennen muss.[170]

52 Schließlich ist anzumerken, dass auch der EuGH das Herkunftslandprinzip nicht als eine **feststehende Zuweisungsregel** betrachtet. Deutlich geworden ist das in seiner Entscheidung zur Richtlinie über Einlagensicherungssysteme.[171] Diese Richtlinie verpflichtet die Mitgliedstaaten, in ihrem Hoheitsgebiet eines oder mehrere Einlagensicherungssysteme zu errichten oder anzuerkennen. Ohne Mitgliedschaft in einem solchen System dürfen – von wenigen Ausnahmen abgesehen – in einem Mitgliedstaat zugelassene Kreditinstitute keine Einlagen annehmen. Gem. Art. 4 Abs. 1 erstreckt sich der Schutz des mitgliedstaatlichen Einlagensicherungssystems auch auf im europäischen Ausland errichtete Zweigstellen in seinem Hoheitsgebiet ansässiger Kreditinstitute. Art. 4 Abs. 2 verpflichtete die Mitgliedstaaten, ihre Einlagensicherungssysteme für Zweigniederlassungen ausländischer Kreditinstitute offenzuhalten, sofern Höhe oder Umfang der vom Sicherungssystem im Herkunftsland gewährten Deckung Höhe oder Umfang der Deckung im Aufnahmemitgliedstaat unterschreiten. Die Bundesregierung sah hierin unter anderem einen Verstoß gegen das Herkunftslandprinzip; „werde nämlich von der Möglichkeit der ergänzenden Sicherung Gebrauch gemacht, so lägen die Bankaufsicht, die Prüfungszuständigkeit und die Einlagensicherung nicht mehr

166 EuGH, Rs 58/82 (Schutzverband), Slg. 1983, 1217; vgl. auch Leible in: Grabitz/Hilf EU, Art. 28 EGV Rn 23; Müller-Graff in: GS EUV/EGV, Art. 30 EGV Rn 69 und 70; von Wilmowsky, S. 55 f.; a. A. W.-H. Roth, Wettbewerb der Mitgliedsstaaten oder Wettbewerb der Hersteller? Plädoyer für eine Neubestimmung des Art. 34 EGV, ZHR 159 (1995), 78, 92.

167 Leible in: Grabitz/Hilf EU, Art. 28 EGV Rn 26.

168 Leible, Wege zu einem Europäischen Privatrecht, § 4 E V.

169 Möstl, DÖV 2006, 281, 287.

170 Vgl. Möstl, DÖV 2006, 281, 283.

171 RL 94/19/EG des Europäischen Parlamentes und des Rates v. 30.5.1994 über Einlagensicherungssysteme, ABl. 1994 Nr. L 135, S. 5.

allein in der Hand der Behörden oder der Sicherungssysteme des Herkunftsstaates, sondern verteilten sich auf Herkunfts- und Aufnahmestaat."[172] Der Gerichtshof folgte diesem Vorbringen nicht. Er geht ersichtlich davon aus, dass es sich beim Prinzip der Herkunftslandkontrolle um ein allenfalls im Sekundärrecht verankertes Prinzip handelt, und merkt daher an, dass „nicht dargetan worden ist, daß der Gemeinschaftsgesetzgeber das Prinzip der Herkunftslandkontrolle im Bereich des Bankrechts mit der Absicht aufgestellt hätte, ihm systematisch alle übrigen Regeln für diesen Bereich unterzuordnen. Außerdem konnte der Gemeinschaftsgesetzgeber, *da es sich nicht um ein im Vertrag verankertes Prinzip handelt,* davon abweichen, sofern er nicht das berechtigte Vertrauen der Betroffenen verletzt. Da er auf dem Gebiet der Einlagensicherung noch nicht tätig geworden ist, konnte kein solches berechtigtes Vertrauen entstehen."[173] Deutlicher kann man eigentlich nicht hervorheben, dass es sich beim Herkunftslandprinzip um keine feste Verteilungsregel handelt. Bedeutung kommt dem Prinzip der Herkunftslandkontrolle nach Ansicht des EuGH höchstens auf der Ebene des Sekundärrechts im Sinne einer Selbstbindung des Gemeinschaftsgesetzgebers zu; und primärrechtlich – so ist zu ergänzen – führt es allenfalls zu einer Verschärfung von Begründungspflichten.[174]

c) Die Kritik am Herkunftslandprinzip

53 Das im ursprünglichen Kommissionsvorschlag vorgesehene Herkunftslandprinzip sah sich heftiger und berechtigter Kritik ausgesetzt. Dass aufgrund der vorübergehenden Natur der Dienstleistungserbringung zur Verwirklichung der Dienstleistungsfreiheit ein Mehr an gegenseitiger Anerkennung erforderlich ist als bei der Niederlassungsfreiheit, kann im Ausgangspunkt nicht kritisiert werden.[175] Während aber z. B. bei der Warenverkehrsfreiheit die Verpflichtung zur gegenseitigen Anerkennung mit sektoralen Harmonisierungsmaßnahmen verknüpft wurde, verfolgte die Kommission mit der angestrebten flächendeckenden Einführung eines sekundärrechtlichen Herkunftslandprinzips für den Dienstleistungssektor einen **neuen Ansatz**, der auf eine vorherige Harmonisierung, d. h. Rechtsangleichung verzichtet.[176]

54 Angezweifelt werden kann bereits, ob der EGV überhaupt die Anordnung eines strikten Herkunftslandsprinzips ohne substanzielle Rechtsangleichung erlaubt. Denn durch die Statuierung eines Herkunftslandprinzips ohne Harmonisierung der mitgliedstaatlichen Rechtsordnungen verlangt die Gemeinschaft von den Mitgliedstaaten, sich bedingungslos der Rechtsordnung eines anderen Mitgliedstaates zu unterwerfen.[177] Die Gemeinschaft kann den Mitgliedstaaten aber Zuständigkeiten auf ihrem Staatsgebiet nur insoweit aus der Hand nehmen, wie sie selbst bereit ist, zumindest durch eine **Mindestharmonisierung** an deren Stelle zu treten.[178] Schließlich erkennt auch der EuGH an, dass die Mitgliedstaaten sich immer

172 EuGH, Rs C-233/94 (Kommission/Deutschland), Slg. 1997-I, 2405, Rn 62.
173 EuGH, Rs C-233/94 (Kommission/Deutschland), Slg. 1997-I, 2405, Rn 64.
174 Leible in: Nordhausen (Hg.), S. 71, 76.
175 Möstl, DÖV 2006, 281, 285.
176 Albath/Giesler, EuZW 2006, 38, 41.
177 Möstl, DÖV 2006, 281, 284.
178 Möstl, DÖV 2006, 281, 285; Roth, VuR 2007, 161, 171. Vgl. zuvor bereits Steindorff, S. 102 f.; Beyer, S. 181 ff.

auf zwingende Gründe des Allgemeininteresses berufen können, „soweit keine gemeinschaftliche Harmonisierungsmaßnahme vorliegt, die bereits die zur Gewährleistung des Schutzes dieser Interessen erforderlichen Maßnahmen vorsieht".[179] Ihnen diese Möglichkeit abzuschneiden, ohne eine Interessenwahrung auf anderem Wege sicherzustellen, ist gemeinschaftsrechtlich unzulässig.

55 Bei fehlender Harmonisierung des Sachrechts schafft ein striktes sekundärrechtliches Herkunftslandsprinzip zudem einen Anreiz für die Verlagerung des Sitzes des Dienstleistungsunternehmens in den Mitgliedstaat mit dem niedrigsten Standard. Dadurch wäre unter Umständen ein Systemwettbewerb nach unten (**„race to the bottom"**) in Gang gesetzt worden.[180] Der EGV schließt zwar einen Wettbewerb der Rechtssysteme nicht aus, ist aber nicht – wie insbesondere die Aufgaben- und Zielbestimmungen der Art. 2 ff. deutlich machen – auf ihn angelegt.[181] Indem das Herkunftslandprinzip die Abwanderung aus Hochstandardländern begünstigt,[182] hätte sich die Kommission mit ihrem Richtlinienentwurf vor allem in Widerspruch zu der Forderung des EG-Vertrags nach einem hohen Schutzniveau (vgl. etwa Art. 95 Abs. 3, 153 Abs. 1 und 174 Abs. 2 S. 1 EGV) gesetzt.[183] Das Herkunftslandprinzip taugt als Metaregel für Binnenmarktsachverhalte daher nur dann, wenn zugleich im Wege der Rechtsangleichung sachrechtliche Mindeststandards geschaffen werden.[184]

56 Zu kritisieren ist ferner, dass das Herkunftslandprinzip zu einer **Fragmentierung des Bestimmungslandmarktes** geführt hätte.[185] Ein striktes Herkunftslandprinzip hat im Bestimmungsland zur Folge, dass so viele Rechtsordnungen parallel zur Anwendung gelangen, wie es Mitgliedstaaten gibt. Die damit verbundene Erhöhung der Angebotsvielfalt ist zwar zu begrüßen, doch lässt sich nicht leugnen, dass sich sowohl für die Verwaltungsbehörden als auch die Verbraucher zugleich Transparenzdefizite und Rechtsverfolgungslücken ergeben hätten.[186]

57 Ein striktes sekundärrechtliches Herkunftslandprinzip ohne gleichzeitige Mindestharmonisierung des Sachrechts führt außerdem zu einer **einseitigen Überbetonung der Interessen der Anbieterseite** zulasten der Nachfrager und der Allgemeininteressen des Marktstaates.[187] Zwar hätte das Herkunftslandprinzip den Anbietern von Dienstleistungen helfen können, ihre Transaktionskosten deutlich zu senken, doch wäre dieser Effekt durch die Steigerung der Transaktionskosten der Nachfrager (insbesondere Informationskosten) überkompensiert worden, da diese – jedenfalls bestimmte Dienstleistungen (wie etwa von Bauhandwerkern) – häufig nur einmal nachfragen und daher kein Rationalisierungspotential haben.[188]

---

179 EuGH, Rs C-323/93 (Centre d'insémination de la Crespelle), Slg. 1994, I-5077, Rn 31; Rs C-255/04 (Kommission/Frankreich), Slg. 2006, I-0000, Rn 43.
180 Schlichting/Spelten, EuZW 2005, 238, 239.
181 Vgl. auch Leible in: Streinz EUV/EGV, Art. 14 EGV Rn 26 f.
182 Mankowski, IPRax 2004, 385, 386.
183 Kluth/Rieger, GewArch 2006, 1, 2.
184 Leible in: Nordhausen (Hg.), S. 71, 84.
185 Reim, Diagnose: Wirtschaftsschwäche! – Therapie: Deregulierung? Der Vorschlag einer Richtlinie über Dienstleistungen im Binnenmarkt, NJW 2005, 1553, 1555; Mankowski, IPRax 2004, 385, 387.
186 Schlichting/Spelten, EuZW 2005, 238, 240.
187 Mankowski, IPRax 2004, 385, 386.
188 Mankowski, IPRax 2004, 385, 387.

Zudem wäre das von der Kommission angestrebte sekundärrechtliche Herkunftslandprinzip nicht nur für die Nachfrager von Dienstleistungen im Bestimmungsland nachteilig gewesen, sondern ebenso für die dort niedergelassenen Dienstleistungsunternehmen. Denn wenn die Standards im Herkunftsland niedriger sind als im Bestimmungsland, bewirkt das Herkunftslandprinzip eine **Inländerdiskriminierung.**[189] Ist umgekehrt das Herkunftslandrecht restriktiver als das Bestimmungslandrecht, begünstigt das Herkunftslandprinzip die inländischen und benachteiligt die ausländischen Anbieter. Dienstleistungserbringer, die sich auf das für sie günstigere Recht des Bestimmungslandes berufen wollen, wären zur Gründung einer Niederlassung oder zur Sitzverlegung gezwungen.[190] Primärrechtlich (Art. 49 EGV) ist es ihnen jedoch ohne weiteres möglich, sich auf das für sie günstigere Bestimmungslandrecht zu berufen. Insofern ist eine Anknüpfungsregel, die stets die Anwendung des Rechts des Herkunftslandes vorschreibt, als potenziell gemeinschaftsrechtswidrig anzusehen, kann sie doch zu einer Diskriminierung der ausländischen Anbieter führen.[191] Zudem ist es durchaus vorstellbar, dass auch die Vorschriften des Herkunftslandes gemeinschaftsrechtswidrig sind.[192] Dass diese dann „mitexportiert“ werden sollen, erscheint widersinnig. 58

Besonders kritisch einzuschätzen ist schließlich das in Art. 16 Abs. 2 des ursprünglichen Richtlinienentwurfs vorgesehene **Prinzip der Herkunftslandkontrolle.** Die Kommission pries es als besonders effizient an, da die Kontrolle an der „Quelle“, d. h. am Sitz des Dienstleistungsunternehmens, erfolgen würde.[193] Auch wenn die Überlegung, dass der Niederlassungsstaat seine Unternehmen am besten kontrollieren kann, grundsätzlich richtig ist, ist freilich fraglich, ob dies auch für den Sonderfall des grenzüberschreitenden Dienstleistungsverkehrs gilt. 59

Zweifeln lässt sich bereits an der **Effektivität** von Kontrollen durch den Herkunftsstaat im Fall der Dienstleistungserbringung in einem anderen Mitgliedstaat,[194] sind doch in derartigen und sicherlich die Mehrzahl der Fälle ausmachenden Konstellationen die Behörden im Herkunftsmitgliedstaat auf die Kooperation mit den Behörden im Bestimmungsland angewiesen. Der Kommissionsentwurf sah daher zwar einen Verwaltungsverbund vor, doch wurde dieses Konzept wegen zu großer Entfernungen und Sprachproblemen als nicht praktikabel angesehen.[195] Die an ein ortsnahes Handeln gewöhnten Behörden würden durch das Erfordernis einer grenzüberschreitenden Kooperation überfordert. Eine gemeinschaftsweite Zuständigkeit sei nur für spezialisierte Behörden, wie etwa bei der Banken- und Versicherungsaufsicht, sinnvoll.[196] 60

Zweifelhaft ist zudem, ob der jeweilige Herkunftsstaat überhaupt ein Interesse daran hat, die eigenen Standards im Bestimmungsstaat durchzusetzen; denn die 61

189 Reim, NJW 2005, 1553, 1555; Mankowski, IPRax 2004, 385, 387; Rieger, EuZW 2005, 430, 430.
190 Albath/Giesler, EuZW 2006, 38, 41.
191 Brödermann/Iversen, Rn 415 in Fn. 856; Leible in: Nordhausen (Hg.), S. 71, 76.
192 Beispiele bei von Wilmowsky, S. 54 f.
193 Vgl. Erwägungsgrund des Vorschlags für eine Richtlinie des Europäischen Parlaments und des Rates über Dienstleistungen im Binnenmarkt, KOM(2004) 2 endg. v. 25.2.2004.
194 Vgl. Rieger, EuZW 2005, 430, 431.
195 Albath/Giesler, EuZW 2006, 38, 42; Möstl, DÖV 2006, 281, 288.
196 Möstl, DÖV 2006, 281, 288; Mankowski, IPRax 2004, 385, 388.

negativen Konsequenzen einer Nichteinhaltung von Bestimmungen des Herkunftsstaats dürften sich nur selten dort auswirken.[197] Daher hätte durchaus die Gefahr bestanden, dass lasche Kontrollen auf den Auslandsmärkten zu einem Bestandteil der Wirtschaftspolitik werden; denn sie führen zu einem **Standortvorteil für die heimische Wirtschaft**, während die Nachteile von Verbrauchern und sonstigen Abnehmern in anderen Ländern getragen werden müssen, so dass keine Sanktionen bei Wahlen drohen.[198]

62 Unzureichend waren schließlich auch die im Kommissionsentwurf vorgesehenen **Ausnahmen** vom Prinzip der Herkunftslandkontrolle. Da in jedem Fall eine zwingende vorherige Befassung der Herkunftsstaatsbehörde mit dem Sachverhalt erforderlich gewesen wäre, wäre ein effektives sicherheitsbehördliches Handeln zur Gefahrenabwehr unmöglich geworden.[199] Die vorhersehbare **Ineffizienz der Herkunftslandkontrolle** hätte zu keiner idealen Konkurrenz, sondern zu einer Unterregulierung und damit zu einem suboptimalen Regulierungsniveau geführt.[200] Durch die Schaffung eines Binnenmarktes sollen zwar Behinderungen grenzüberschreitender wirtschaftlicher Tätigkeiten beseitigt, nicht aber soll die Wirtschaft von im Gemeinwohlinteresse bestehenden Belastungen schlechthin freigestellt werden. Wirtschaftsüberwachung muss auch im Binnenmarkt möglich bleiben.[201]

d) Die Ersetzung des Herkunftslandsprinzips durch das Bestimmungslandprinzip

63 Unter dem Eindruck der heftigen Debatte um das Herkunftslandprinzip hatte bereits der Europäische Rat vom 22. und 23. März 2005 **eine Überprüfung des Richtlinienentwurfs** gefordert.[202] Auch im Europäischen Parlament wurde heftig über das Herkunftslandsprinzip debattiert. Die vom federführenden Ausschuss für Binnenmarkt und Verbraucherschutz eingesetzte Berichterstatterin Evelyne Gebhardt sprach sich in ihrem Abschlussbericht[203] für eine Streichung des Herkunftslandprinzips aus. Dem ist das Europäische Parlament in der ersten Lesung am 16. Februar 2006 gefolgt und hat das Herkunftslandprinzip durch das Prinzip des freien Dienstleistungsverkehrs ersetzt. Rat und Kommission haben in der Folge diese Änderungen übernommen.

64 Art. 16 Abs. 1 der Dienstleistungsrichtlinie bestimmt nunmehr, dass die Mitgliedstaaten das Recht der Dienstleistungserbringer achten, Dienstleistungen in einem anderen Mitgliedstaat als demjenigen ihrer Niederlassung zu erbringen. Außerdem wird klargestellt, dass Maßnahmen des Bestimmungslandes, welche die Dienstleistungsfreiheit einschränken, den Grundsätzen der Nicht-Diskriminierung, der Erforderlichkeit und der Verhältnismäßigkeit genügen müssen. Bemer-

197 Schlichting/Spelten, EuZW 2005, 238, 239; Albath/Giesler, EuZW 2006, 38, 42.
198 Mankowski, IPRax 2004, 385, 388.
199 Ohler, BayVBl. 2006, 261, 265.
200 Mankowski, IPRax 2004, 385, 389.
201 Möstl, DÖV 2006, 281, 281.
202 Schlussfolgerung des Vorsitzes 7619/05 – abrufbar unter: http://europa.eu/european_council/conclusions/ index_de.htm.
203 Bericht über den Vorschlag für eine Richtlinie des Europäischen Parlaments und des Rates über Dienstleistungen im Binnenmarkt (KOM(2004)0002 – C5-0069/2004 – 2004/0001 (COD)), A6-0409/2005 v. 15.12.2005 – abrufbar unter: http://www.europarl.europa.eu/sides/getDoc.do?pubRef=//EP//NONSGML+REPORT+A6-2005-0409+0+DOC+PDF+V0//DE.

kenswert ist, dass die Gründe, aus denen die Dienstleistungsfreiheit beschränkt werden darf, enumerativ aufgezählt werden.[204] Daraus wird zum Teil geschlossen, das Herkunftslandprinzip sei nur dem Wortlaut nach, nicht aber rechtsdogmatisch aus der Dienstleistungsrichtlinie getilgt worden.[205] Das ist freilich nur zum Teil richtig. Tatsächlich normiert die Dienstleistungsrichtlinie mit dem Prinzip des freien Dienstleistungsverkehrs strukturell weitgehend das, was sich bereits aus den Grundfreiheiten und der hierzu ergangenen Rechtsprechung des EuGH ergibt:[206] ein durch **Anerkennungspflichten modifiziertes Bestimmungslandprinzip.**[207] Der wichtigste Regelungsunterschied ist zweifelsohne auf der Rechtfertigungsebene auszumachen. Hier werden nicht mehr sämtliche Allgemeininteressen nichtwirtschaftlicher Art anerkannt, sondern nur bestimmte. Damit bleibt insbesondere der **Verbraucherschutz** außen vor. Mitgliedstaatliche Regelungen des Verbraucherschutzes, die zu Beschränkungen des Dienstleistungsverkehrs führen, können nicht mehr gerechtfertigt werden. Diese Verkürzung der mitgliedstaatlichen Befugnis, sich auf bestimmte zwingende Allgemeininteressen berufen zu können, wird freilich auf andere Art und Weise kompensiert. Abgesehen vom umfangreichen Ausnahmekatalog des Art. 17 sind vor allem die weitreichenden, in Art. 21 und 22 vorgegebenen Informationsrechte und -pflichten von Bedeutung, die dem der EuGH-Rechtsprechung zu den Grundfreiheiten zugrundeliegenden Informationsmodell folgen und ihm mindestens äquivalent sind,[208] zum Teil aber auch über die Anforderungen, die durch das Primärrecht gesetzt werden können, hinausgehen.[209] Zu bedenken ist außerdem, dass Verbraucherschutz vielfach durch **Privatrecht** gewährleistet wird. Gerade in diesem Bereich ist der Grad der Mindestharmonisierung mittlerweile recht hoch. Und im nicht harmonisierten Bereich sorgt das Internationale Privatrecht, auf das nach Art. 17 Nr. 15 der ominöse Art. 16 keine Anwendung findet, dafür, dass der Verbraucher sich auf die zwingenden Verbraucherschutzstandards seines Aufenthaltsstaats verlassen kann.[210] Denn Art. 5 EVÜ[211] bzw. Art. 29 EGBGB, ergänzt durch Kollisionsnormen in Richtlinien des zivilrechtlichen Verbraucherschutzes bzw. Art. 29a EGBGB,[212] sehen unter bestimmten Kautelen eine Abweichung von der Regelanknüpfung für Verträge zugunsten des Aufenthaltsrechts des Verbrauchers (Art. 5 Abs. 2 EVÜ) bzw. dessen zwingender Verbraucherschutzbestimmungen (Art. 5 Abs. 1 EVÜ) vor. Es ist nicht zu erwarten, dass eine künftige Rom I-VO hinter den derzeitigen Standards des kollisionrechtlichen

204 Gemäß Art. 16 Abs. 1 lit. b müssen Anforderungen an die Ausübung einer Dienstleistungstätigkeit aus Gründen der öffentlichen Ordnung, der öffentlichen Sicherheit, der öffentlichen Gesundheit oder des Schutzes der Umwelt gerechtfertigt sein. Art. 16 Abs. 3 erwähnt außerdem noch den Arbeitnehmerschutz.

205 Vgl. Lemor, Auswirkungen der Dienstleistungsrichtlinie auf ausgesuchte reglementierte Berufe, EuZW 2007, 135, 138.

206 Zu Unterschieden im Einzelnen vgl. Korte, EWS 2007, 246, 248 ff.; Roth, VuR 2007, 161, 170; ders. in: Leible (Hg.), Umsetzung, S. 205, 213 ff.

207 Möstl, DÖV 2006, 281, 287.

208 Korte, EWS 2007, 246, 251.

209 Roth, VuR 2007, 161, 169; ders. in: Leible (Hg.), Umsetzung, S. 205, 230 ff..

210 So auch W.-H. Roth in: Leible (Hg.), Umsetzung, S. 205, 234.

211 Römisches EWG-Übereinkommen v. 19.6.1980 über das auf vertragliche Schuldverhältnisse anzuwendende Recht, BGBl. II 1986, 810.

212 Vgl. dazu Leible in: Schulte-Nölke/Schulze (Hg.), S. 353 ff.

Verbraucherschutzes zurückbleiben wird. Im Gegenteil: Der derzeit vorliegende Verordnungsvorschlag[213] geht sogar darüber hinaus.[214]

65 Die Art. 16 entsprechenden Parallelnormen für die **Niederlassungsfreiheit** sind deutlich weiter formuliert. Art. 9 Abs. 1 lit. b und Art. 10 Abs. 1 lit. b verweisen ganz allgemein auf die zwingenden Gründe des Allgemeininteresses und geben damit und in Zusammenschau mit den nachfolgenden Konkretisierungen der Art. 11 ff. lediglich den derzeitigen Stand des primären Gemeinschaftsrechts in seiner Ausgestaltung durch die Rechtsprechung des EuGH „in narrativer Weise“[215] wieder.

4. Überblick über den Inhalt der Dienstleistungsrichtlinie

66 Der Dienstleistungsrichtlinie sind 118 ausführliche Erwägungsgründe vorangestellt, die zur Interpretation des verfügenden Teils der Richtlinie herangezogen werden können.[216] Sie ist sodann in acht Kapitel gegliedert. Die allgemeinen Bestimmungen beschreiben Gegenstand und Anwendungsbereich der Richtlinie positiv äußerst knapp (Art. 1 Abs. 1 bzw. Art. 2 Abs. 1). Viel umfangreicher fällt der Katalog der Materien aus, die die Richtlinie nicht „betrifft“ bzw. nicht „berührt“ (Art. 1 Abs. 2-7; Art. 3 Abs. 2) bzw. auf welche Tätigkeiten sie keine Anwendung findet (Art. 2 Abs. 2 lit a-l, Art. 2 Abs. 3). Die Richtlinie erklärt sich gegenüber den in Art. 3 Abs. 1 genannten Richtlinien und Vorschriften für nachrangig. Art. 17 führt „weitere Ausnahmen von der Dienstleistungsfreiheit“ auf, was die Übersichtlichkeit über die Ausnahmen vom Anwendungsbereich nicht gerade erhöht. Art. 4 enthält die auf die Zwecke der Richtlinie bezogenen und insoweit beschränkten Begriffsbestimmungen. Das Kapitel II „Verwaltungsvereinfachung“ (Art. 5-8) enthält neben der lapidaren Verpflichtung, Verfahren und Formalitäten, die „nicht einfach genug“ sind, zu vereinfachen (Art. 5 Abs. 1), sehr konkrete und im Einzelnen nicht unproblematische Vorgaben. Als zentraler Punkt ist der „Einheitliche Ansprechpartner“ (Art. 6) hervorzuheben. Sachgerecht (vgl. o. Rn 13) wird hinsichtlich zulässiger und unzulässiger Anforderungen zwischen der Niederlassungsfreiheit (Kapitel III, Art. 9-15) und der Dienstleistungsfreiheit (Kapitel IV, Art. 16-21) der Dienstleister unterschieden. Dabei knüpft die Richtlinie weitgehend an die Rechtsprechung des EuGH an.[217] Davon abweichend ist die Ausklammerung des

213 Vorschlag für eine Verordnung des Europäischen Parlaments und des Rates über das auf vertragliche Schuldverhältnisse anzuwendende Recht (Rom I), KOM(2005) 650 endg.; vgl. zuletzt Standpunkt des Europäischen Parlaments festgelegt in erster Lesung am 29. November 2007 im Hinblick auf den Erlass der Verordnung (EG) Nr. .../2007 des Europäischen Parlaments und des Rates über das auf vertragliche Schuldverhältnisse anzuwendende Recht (Rom I), P6_TC1-COD(2005)0261 – A6-0450/2007.

214 Vgl. dazu Solomon in: Ferrari/Leible (Hg.), S. 89 ff.

215 Roth, VuR 2007, 161, 169.

216 Obwohl nicht verbindlich, sind auch die Erläuterungen im Handbuch der Kommission (Fn. 94) hilfreich.

217 Vgl. dazu die Nachweise im Handbuch der Kommission (Fn. 94) S. 33 f., 38 ff., 45 ff., 52 ff.: „in accordance with the case law of the ECJ“; „derived from ECJ case law“; „in line with the case law of the ECJ"; „in many cases the ECJ has already found them (i.e. prohibited establishment requirements) to be incompatible with article 43 of the EC Treaty"; „such requirements have already been ruled out by the ECJ in many cases"; „the examples of requirements mentioned in paragraph 2 have, to a large extent, already been the subject of the case law of the ECJ and have been found to be incompatible with Article 49 of the EC Treaty" usw.

Verbraucherschutzes aus den zulässigen Beschränkungsmaßnahmen gegenüber der Dienstleistungsfreiheit (vgl. Art. 16 Abs. 1 UA 3 lit. b), was durch die Anordnung von Informationspflichten gegenüber den Verbrauchern (Art. 21, Art. 22) kompensiert sein soll.[218] Diese Informationspflichten gehören auch zu den in Kapitel V (Art. 22-27) vorgesehenen Maßnahmen zur Sicherung der Qualität der Dienstleistung. In diesem Zusammenhang werden den Mitgliedstaaten weitere Anforderungen ausdrücklich grundsätzlich (d.h. mit Ausnahme der zugelassenen Qualitätssicherungsmaßnahmen) untersagt (vgl. Art. 24 und Art. 25). Kapitel VI (Art. 28-36) enthält erhebliche organisatorische Vorgaben für die Verwaltungszusammenarbeit, die ungeachtet dessen, dass das Konzept der grundsätzlich ausschließlichen Herkunftslandkontrolle aufgegeben wurde (vgl. Rn 42 ff.), in qualifizierter Form erforderlich ist. Kapitel VII („Konvergenzprogramm“, Art. 37-43) sieht umfangreiche Berichts-, Notifizierungs- und Evaluierungspflichten vor und macht die Verflechtung der Verwaltungen der Mitgliedstaaten untereinander und mit der Kommission (und die Abhängigkeit dieser gegenüber) deutlich. Kapitel VIII (Art. 44-46) enthält die für Richtlinien üblichen Schlussbestimmungen.

III. Das Verhältnis von Dienstleistungsrichtlinie und Primärrecht

Durch die Dienstleistungsrichtlinie wird ein allgemeiner Rechtsrahmen[219] für die 67
Ausübung der in Art. 43 bzw. 49 EGV verbürgten Niederlassungs- und Dienstleistungsfreiheit geschaffen. Die Dienstleistungsrichtlinie hat also einen **sehr weiten Anwendungsbereich**. Dies wirft die Frage nach dem Verhältnis von Dienstleistungsrichtlinie und Primärrecht auf. Die Dienstleistungsrichtlinie bezweckt zwar eine Erleichterung der Niederlassungs- und der Dienstleistungsfreiheit.[220] Ob dieses Ziel aber im Einzelnen stets erreicht wurde, ist nur schwer abzuschätzen. Insbesondere zum ursprünglichen Richtlinienentwurf der Kommission[221] wurden erhebliche Bedenken hinsichtlich der **Vereinbarkeit mit den Grundfreiheiten** geäußert.[222] Ein möglicher Verstoß der Dienstleistungsrichtlinie gegen die Grundfreiheiten setzt voraus, dass die Gemeinschaftsorgane überhaupt an die Grundfreiheiten gebunden sind (1). Eng mit der Bindung des Gemeinschaftsgesetzgebers an die Grundfreiheiten zusammen hängt die Frage, inwieweit sekundäres Gemeinschaftsrecht primärrechtskonform auszulegen ist (2). Schließlich stellt sich die Frage, ob Niederlassungs- und Dienstleistungsfreiheit gegenüber der Dienstleistungsrichtlinie im Verhältnis zum mitgliedstaatlichen Recht subsidiär sind (3).

1. Bindung der Gemeinschaftsorgane an die Grundfreiheiten

Die Gemeinschaft ist **nicht unmittelbarer Adressat der Grundfreiheiten**. Denn die 68
Grundfreiheiten sind in erster Linie an die Mitgliedstaaten gerichtete Verbote.[223]

218 So Korte, EWS 2007, 246, 251.
219 Erwägungsgrund 7 der RL 2006/123 des Europäischen Parlaments und des Rates v. 12.12.2006 über Dienstleistungen im Binnenmarkt, ABl. 2006 Nr. L 376, S. 36.
220 Erwägungsgrund 5 der RL 2006/123 des Europäischen Parlaments und des Rates v. 12.12.2006 über Dienstleistungen im Binnenmarkt, ABl. 2006 Nr. L 376, S. 36.
221 Vorschlag für eine Richtlinie des Europäischen Parlaments und des Rates über Dienstleistungen im Binnenmarkt, KOM(2004) 2 endg. v. 25.2.2004.
222 Mankowski, IPRax 2004, 385, 392, Möstl, DÖV 2006, 281, 284.
223 EuGH, Rs 37/83 (Rewe), Slg. 1984, 1229, Rn 18. Vgl. auch Leible in: Grabitz/Hilf EU, Art. 28 EGV Rn 44; Petersmann, Thesen zur Wirtschaftsverfassung der EG, EuZW 1993,

Ob und inwieweit auch die Gemeinschaft durch die Grundfreiheiten gebunden wird, ist umstritten.[224] Nach zum Teil vertretener Auffassung soll die spezifische Gewährleistung der Grundfreiheiten regelmäßig durch Akte der Harmonisierung gar nicht berührt werden können,[225] während die wohl h. M. für eine weitreichende und unmittelbare Bindung des Gemeinschaftsgesetzgebers plädiert.[226] Dazwischen oszillieren verschiedene differenzierende Meinungen.[227]

69 Dass auch die Gemeinschaft durch die Grundfreiheiten gebunden wird, ergibt sich bereits aus Art. 3 Abs. 1 lit. c EGV. Danach umfasst die Tätigkeit der Gemeinschaft „einen Binnenmarkt, der durch die Beseitigung der Hindernisse für den freien Waren-, Personen-, Dienstleistungs- und Kapitalverkehr zwischen den Mitgliedstaaten gekennzeichnet ist“. Durch diese Verankerung in Art. 3 EGV als Tätigkeit der Gemeinschaft wird sie zugleich in die Pflicht genommen.[228] Nicht nur die Mitgliedstaaten, sondern auch die Gemeinschaft und ihre Organe haben den Freiheitsgehalt der Grundfreiheiten zu beachten.[229] Die Grundfreiheiten werden so **„institutionell“ garantiert.**[230]

70 Auch wenn die Gemeinschaft grundsätzlich an die Grundfreiheiten gebunden ist, bedarf es regelmäßig einer sorgfältigen Prüfung, ob ihr Handeln überhaupt zu einer Beeinträchtigung des spezifischen Gewährleistungsgehalts der Grundfreiheiten geeignet ist, wie folgendes Beispiel deutlich macht: Die Gemeinschaft legt für bestimmte, als gefährlich eingestufte Dienstleistungen Sicherheitsstandards fest. Dienstleistungen, die diese Standards nicht einhalten, dürfen nicht angeboten werden. Obwohl dies die grenzüberschreitende Erbringung von anderen als den

---

593, 594 f.; W.-H. Roth, Die Harmonisierung des Dienstleistungsrechts in der EWG, EuR 1987, 7, 9.

224 Ausführlich dazu Schwemer, S. 25 ff.; Scheffer, S. 32 ff. Vgl. außerdem Kingreen, S. 176 ff.; Schubert, S. 192 ff.

225 So etwa Barents, The Community and the Unity of the Common Market: Some Reflections on the Economic Constitution of the Community, GYIL 33 (1990), 9 ff.

226 Ehlers, Die Grundfreiheiten des europäischen Gemeinschaftsrechts (Teil I), Jura 2001, 266, 274; Jarass, Richtlinienkonforme bzw. EG-rechtskonforme Auslegung nationalen Rechts, EuR 1991, 211; ders., Elemente einer Dogmatik der Grundfreiheiten II, EuR 2000, 705, 715; Müller-Graff in Streinz EUV/EGV, Art. 43 EGV Rn 37; Petersmann, EuZW 1993, 593, 594; Schwemer, S. 45.

227 Vgl. z. B. Becker in: Schwarze EU-Kommentar, Art. 28 EGV Rn 101 f.; Caspar, Das europäische Tabakwerbeverbot und das Gemeinschaftsrecht, EuZW 2000, 237, 241; Holoubek in: Schwarze EU-Kommentar, Art. 49 EGV Rn 42 f.; Leible in: Grabitz/Hilf EU, Art. 28 EGV Rn 44; Leible, Niederlassungsfreiheit und Sitzverlegungsrichtlinie, ZGR 2004, 531, 539 ff.; Matthies in: GS Sasse, S. 115, 129; Möstl, Grenzen der Rechtsangleichung im europäischen Binnenmarkt. Kompetenzielle, grundfreiheitliche und grundrechtliche Schranken des Gemeinschaftsgesetzgebers, EuR 2002, 318; Müller-Graff in: GS EUV/EGV, Art. 28 EGV Rn 295; Scheffer, S. 131 ff.

228 Streinz in: ders. EUV/EGV, Art. 3 EGV Rn 10.

229 Vgl. z. B. EuGH, verb. Rs 80 und 81/77 (Commissionaires Réunis/Receveur des douanes), Slg. 1978, 927, Rn 35/36; Rs 218/82 (Kommission/Rat), Slg. 1983, 4063, Rn 13; Rs 15/83 (Denkavit), Slg. 1984, 2171, Rn 15; Rs C-51/93 (Meyhui), Slg. 1994, I-3879, Rn 11; verb. Rs C-427/93, C-429/93 und C-436/93 (Bristol-Myers Squibb u. a.), Slg. 1996, I-3457, Rn 36; Rs C-114/96 (Kieffer und Thill), Slg. 1997, I-3629, Rn 27; Rs C-284/95 (Safety Hi-Tech), Slg. 1998, I-4301, Rn 63; Rs C-341/95 (Bettati), Slg. 1998, I-4355, Rn 61; Rs C-169/99 (Schwarzkopf), Slg. 2001, I-5901, Rn 37; Rs C-210/03 (Swedish Match), Slg. 2004, I-11893, Rn 59; Rs C-434/02 (Arnold André), Slg. 2004, I-11825, Rn 57; Rs C-457/05 (Schutzverband der Spirituosen-Industrie), EuZW 2007, 730 m. Anm. Leible.

230 von Bogdandy in: Grabitz/Hilf EU, Art. 3 EGV Rn 5.

erlaubten Dienstleistungen verhindert, fehlt es gleichwohl an einer Beschränkung des freien Dienstleistungsverkehrs. Denn Aufgabe der Grundfreiheiten ist nicht die Beseitigung jeglicher Begrenzungen wirtschaftlicher Freiheit.[231] Gesichert werden soll lediglich der Marktzutritt von Dienstleistungen, die entweder im Herkunftsstaat des Dienstleisters oder aber im Bestimmungsstaat rechtmäßig sind. Gerade daran fehlt es aber im Beispielsfall, ist doch die Erbringung von Dienstleistungen, die die vorgegebenen Standards nicht beachten, gemeinschaftsweit untersagt. Welche Waren und Wirtschaftsleistungen im europäischen Binnenmarkt überhaupt zulässig sind oder zulässigerweise verboten werden dürfen, ist eine den Verkehrsfreiheiten vorgelagerte Problematik. Den Beurteilungsmaßstab derartiger Verbote bilden nicht die Grundfreiheiten, sondern die **Gemeinschaftsgrundrechte.**[232] Das übersieht mitunter freilich auch der EuGH.[233]

Anders ist die Sachlage hingegen, wenn eine Gemeinschaftsmaßnahme den spezi- **71**
fisch auf den **Marktzutritt** bezogenen Gewährleistungsgehalt der Grundfreiheiten berührt. Dies kann etwa der Fall sein, wenn sie Waren oder Dienstleistungen unterschiedlicher Herkunft diskriminiert, den Marktzutritt in sonstiger Weise unmittelbar erschwert oder die Mitgliedstaaten zur Aufrechterhaltung oder dem Neuerlass marktabschottender Regelungen ermächtigt.[234] Dass derartige Maßnahmen nicht unbegrenzt zulässig sind, sondern das Primat der Grundfreiheiten zu beachten ist, steht außer Zweifel.[235] So hat der EuGH z. B. eine gemeinschaftsrechtliche Regelung als Maßnahme gleicher Wirkung angesehen, die zur Bezeichnung von Kristallglaserzeugnissen die Verwendung der Sprache des Landes vorschrieb, in dem das Erzeugnis in den Verkehr gebracht wird. Denn hierdurch werden zusätzliche Aufmachungskosten verursacht und eine einheitliche Vermarktung im Binnenmarkt unmöglich.[236]

Allerdings können auch beschränkende Maßnahmen der Gemeinschaft aus den **72**
geschriebenen und ungeschriebenen Rechtfertigungsgründen des EGV gerechtfertigt sein.[237] Der Kontrollmaßstab ist indes nicht der gleiche wie bei mitgliedstaatli-

231 Leible in: Grabitz/Hilf EU, Art. 28 EGV Rn 9; ebenso Müller-Graff in: GS EUV/EGV, Art. 28 EGV Rn 5; W.-H. Roth in: FIW, S. 21, 37 ff.; ders. in: FS Großfeld, S. 929, 944 ff.

232 Möstl, EuR 2002, 318, 332; Leible, ZGR 2004, 531, 541; Rüffler in: Schulze (Hg.), S. 97, 98 ff.

233 Vgl. z. B. verb. Rs C-154 und 155/04 (Alliance for Natural Health), Slg. 2005, I-6451, Rn 47 ff.

234 Leible in: Grabitz/Hilf EU, Art. 28 EGV Rn 44.

235 Vgl. aus der Rspr. z. B. EuGH, verb. Rs 80 und 81/77 (Commissionaires Réunis/ Receveur des douanes), Slg. 1978, 927, Rn 35/36; Rs 218/82 (Kommission/Rat), Slg. 1983, 4063, Rn 13; Rs 15/83 (Denkavit), Slg. 1984, 2171, Rn 15; Rs C-51/93 (Meyhui), Slg. 1994, I-3879, Rn 11; verb. Rs C-427/93, C-429/93 und C-436/93 (Bristol-Myers Squibb u. a.), Slg. 1996, I-3457, Rn 36; Rs C-114/96 (Kieffer und Thill), Slg. 1997, I-3629, Rn 27; Rs C-284/95 (Safety Hi-Tech), Slg. 1998, I-4301, Rn 63; Rs C-341/95 (Bettati), Slg. 1998, I-4355, Rn 61 Rs C-434/02 (Arnold André), Slg. 2004, I-11825, Rn 57; Rs C-210/03 (Swedish Match), Slg. 2004, I-11893, Rn 59; Rs C-457/05 (Schutzverband der Spirituosen-Industrie), EuZW 2007, 730 Rn 32 ff. m. Anm. Leible.

236 EuGH, Rs C-51/93 (Meyhui), Slg. 1994, I-3879, 3899.

237 EuGH, Rs C-51/93 (Meyhui), Slg. 1994, I-3879, 3899; Rs C-127/95 (Norbrook Laboratories), Slg. 1998, I-1531, 1594 Rn 89; Rs C-200/96 (Metronome Musik), Slg. 1998, I-1953, 1976 f. Rn 14 ff. Ob sie darüber hinaus zur Wahrung sonstiger allgemeiner Interessen zulässig sein können (angedeutet in EuGH, Rs 240/83 (Procureur de la République/ ADBHU), Slg. 1985, 531, Rn 15; allerdings zählt der dort ins Feld geführte Umweltschutz mittlerweile zu den Cassis de Dijon-Kriterien), erscheint fraglich und sollte allenfalls in

chen Regelungen. Denn der Gerichtshof gesteht dem Gemeinschaftsgesetzgeber bei der Abwägung der zu beachtenden Faktoren einen Ermessensspielraum zu.[238] In der Literatur wird formuliert, beanstandet würden grundsätzlich nur offenkundige Ermessensüberschreitungen.[239] Das ist in dieser Pauschalität jedoch nicht zutreffend. Bei einer Sichtung der einschlägigen EuGH-Rechtsprechung drängt sich vielmehr der Eindruck auf, dass der **Umfang des Ermessensspielraums** zum einen vom Grad der gerichtlichen Präzisierung des Gewährleistungsgehalts der Grundfreiheiten abhängt. Je diffuser ihr Gewährleistungsgehalt ist, desto eher wird dem Gemeinschaftsgesetzgeber eine Einschätzungsprärogative zuerkannt. Zum anderen korreliert die Größe des Ermessensspielraums mit der Komplexität des jeweiligen Regelungsbereichs. Muss der Gemeinschaftsgesetzgeber komplexe Abwägungen aufgrund von rasch veränderlichen technischen und wissenschaftlichen Faktoren vornehmen, beschränkt sich die gerichtliche Prüfung allein darauf, ob er „die Grenzen seines Ermessens offenkundig überschritten hat".[240] Bei einfacheren Abwägungen fällt die Rechtfertigungsprüfung hingegen wesentlich strenger aus und nähert sich der bei mitgliedstaatlichen Regelungen an.[241]

73 Einen **Ermessensspielraum** besitzt die Gemeinschaft außerdem, wenn sie tätig wird, um Beschränkungen der Grundfreiheiten abzubauen, die auf gerechtfertigten mitgliedstaatlichen Maßnahmen beruhen. Derartige Rechtsangleichungsmaßnahmen müssen nicht stets sofort zur Beseitigung sämtlicher Beschränkungen führen. Den Gemeinschaftsorganen steht vielmehr ein Ermessensspielraum zu, der es ihnen ermöglicht, auch schrittweise vorzugehen und zunächst nicht alle, sondern nur die gravierendsten Beschränkungen zu beseitigen.[242]

2. Primärrechtskonforme Auslegung des sekundären Gemeinschaftsrechts

74 Eng mit der Bindung des Gemeinschaftsgesetzgebers an die Grundfreiheiten zusammen hängt das Gebot der **primärrechtskonformen Auslegung** des sekundären Gemeinschaftsrechts.[243] Diese Auslegungsregel hat der Gerichtshof im Urteil Werhof aus dem Grundsatz der Einheit der Gemeinschaftsrechtsordnung abgeleitet.[244] Zuvor hatte er diese Regel – anders als für das nationale Recht – nicht ausdrücklich anerkannt, ist aber in der Sache danach verfahren.[245]

äußersten Fällen möglich sein, vgl. Leible in: Grabitz/Hilf EU, Art. 28 EGV Rn 9; Müller-Graff in: GS EUV/EGV, Art. 28 EGV Rn 300.

238 EuGH, Rs C-51/93 (Meyhui), Slg. 1994, I-3879, Rn 21; Rs C-114/96 (Kieffer und Thill), Slg. 1997, I-3629, Rn 37; äußerst rudimentäre Verhältnismäßigkeitsprüfung auch in EuGH, Rs C-169/99 (Schwarzkopf), Slg. 2001, I-5901, Rn 41.

239 Schroeder in: Streinz EUV/EGV, Art. 28 EGV Rn 29.

240 EuGH, Rs C-127/95 (Norbrook Laboratories), Slg. 1998, I-1531, Rn 90.

241 Leible, ZGR 2004, 531, 544.

242 Vgl. EuGH, Rs 37/83 (Rewe), Slg. 1984, 1229, Rn 18; Rs C-39/90 (Denkavit), Slg. 1991, I-3069, Rn 26.

243 Ausführlich zur primärrechtskonformen Auslegung m. w. N. Leible in: Riesenhuber (Hg.), Grundfragen, S. 116 ff.; Leible/Domröse in: Riesenhuber (Hg.), Handbuch, § 9.

244 EuGH, Rs C-499/04 (Werhof), Slg. 2006, I-2397, Rn 32.

245 Vgl. EuGH, Rs 218/82 (Kommission/Rat), Slg. 1983, 4063, Rn 15; verb. Rs 201/85 und 202/85 (Klensch), Slg. 1986, 3477, Rn 21; Rs 205/84 (Kommission/Deutschland), Slg. 1986, 3755, Rn 62; Rs 206/84 (Kommission/Irland), Slg. 1986, 3817, Rn 15; Rs C-314/89 (Rauh), Slg. 1991, I-1647, Rn.17; verb. Rs C-90/90 und C-91/90 (Neu), Slg. 1991, I-3617, Rn.12; Rs C-98/91 (Herbrink), Slg. 1994, I-223, Rn 9; Rs C-135/93 (Spanien/Kommission), Slg. 1995, I-1651, Rn 37; Rs C-105/94 (Celestini), Slg. 1997, I-2971, Rn 32.

Die primärrechtskonforme Auslegung des abgeleiteten Gemeinschaftsrechts ist eine **Auslegungsregel**, die ganz allgemein besagt, dass die Auslegung einer Vorschrift des abgeleiteten Rechts – z. B. einer Richtlinie –, die mit den Vorgaben des höherrangigen Primärrecht in Einklang steht, der Auslegung vorzuziehen ist, bei der die Vorschrift als mit dem Primärrecht unvereinbar eingestuft werden müsste.[246] Dem deutschen Juristen ist sie strukturell nicht unbekannt, da sie an die **verfassungskonforme Auslegung** erinnert und wie diese eine Erscheinungsform einer allgemeinen hermeneutischen Regel ist, nach der rangniedere Normen im Einklang mit ranghöheren Normen auszulegen sind.[247] 75

Den **Maßstab** der primärrechtskonformen Auslegung bildet das **primäre Gemeinschaftsrecht**. Nach dem Bezugspunkt im primären Gemeinschaftsrecht können als Spielarten der primärrechtskonformen Auslegung insbesondere die grundfreiheiten-, die (gemeinschafts-)grundrechts- und die rechtsgrundsatzkonforme Auslegung unterschieden werden. 76

Lässt eine Vorschrift des Sekundärrechts mehrere Auslegungen zu, so ist daher diejenige zu wählen, die zur **geringstmöglichen Beschränkung der Grundfreiheiten** führt. Hat z. B. eine Gemeinschaftsregelung keine abschließenden, sondern lediglich **Mindeststandards** gesetzt und den Mitgliedstaaten ausdrücklich das Festhalten an oder die Einführung von neuen strengeren Standards erlaubt, kann diese Ermächtigungsklausel nicht dahin ausgelegt werden, dass sie es den Mitgliedstaaten gestattet, Bedingungen vorzuschreiben, die den Bestimmungen des EG-Vertrags über den freien Waren-, Personen-, Dienstleistungs- oder Kapitalverkehr zuwiderlaufen.[248] Solche Ermächtigungsklauseln sind also stets primärrechtskonform dahin auszulegen, dass sie den Mitgliedstaaten lediglich die Möglichkeit eröffnen, Regelungen beizubehalten oder neu zu erlassen, die mit den Grundfreiheiten vereinbar sind.[249] 77

Der Grundsatz der Bindung des Gemeinschaftsgesetzgebers an die Grundfreiheiten ist auch bei der Auslegung von Rechtsakten des Gemeinschaftsrechts zu beachten, die zu einer **Totalharmonisierung** geführt haben. Eine Auslegung im Lichte der Grundfreiheiten kommt allerdings nur dann in Betracht, wenn die gemeinschaftliche Regelung überhaupt zu ihrer Beschränkung geeignet ist. Denn die Pflicht zur primärrechtskonformen Auslegung reicht nur so weit, wie es zu Konfliktsituationen kommen kann. Das ist aber bei diskriminierungsfreien Gemeinschaftsregelungen meist nicht der Fall. Scheidet z. B. eine Behinderung des freien Dienstleistungsverkehrs aufgrund der Beseitigung der Rechtsunterschiede zwischen den Mitgliedstaaten aus, ist die Gemeinschaftsregelung aus sich heraus ohne Rückgriff auf die Art. 49 ff. EGV auszulegen. Das wird auch vom EuGH mitunter übersehen.[250] 78

---

246 Vgl. z. B. EuGH, Rs 218/82 (Kommission/Rat), Slg. 1983, 4063, Rn.13 ff.; Rs 205/84 (Kommission/Deutschland), Slg. 1986, 3755, Rn 62; Rs 314/89 (Rauh), Slg. 1991, I-1647, Rn 17.

247 Vgl. Bettermann, S. 20; s. a. Bydlinski, S. 233, 456; Wank, S. 82.

248 EuGH, Rs C-21/88 (Du Pont de Nemours Italiana), Slg. 1990, I-889, 921, Rn 17; Rs C-47/90 (Delhaize), Slg. 1992, I-3669, 3711, Rn 26.

249 Leible in: Riesenhuber (Hg.), Grundfragen, S. 116, 121; Leible/Domröse in: Riesenhuber (Hg.), Handbuch, § 9 Rn 11.

250 Vgl. etwa im Bereich der Warenverkehrsfreiheit zur Auslegung der abschließend harmonisierenden RL 76/768/EWG EuGH, C-315/92 (Clinique), Slg. 1994, I-317, Rn 12; Rs C-

79 Worauf das Gebot primärrechtskonformer Auslegung sekundären Gemeinschaftsrechts beruht, ist noch nicht abschließend geklärt. Eine Stütze findet das Gebot primärrechtskonformer Auslegung in dem **Systemgedanken.**[251] Dieser Gedanke beruht auf der zutreffenden Einsicht, dass Sekundär- und Primärrecht nicht unverbunden nebeneinander stehen, sondern eine Einheit,[252] ein System aufeinander abgestimmter Entscheidungen bilden. Als Teil des Gemeinschaftsrechtssystems darf das Sekundärrecht nicht isoliert ausgelegt werden,[253] vielmehr ist es „im Lichte des gesamten Gemeinschaftsrechts",[254] also auch des Primärrechts, zu deuten. Auf den Systemgedanken hat sich jetzt auch der EuGH berufen: Bei der Auslegung der Bestimmungen einer Richtlinie sei „dem Gedanken der Einheit der Gemeinschaftsrechtsordnung Rechnung zu tragen, der verlangt, daß das abgeleitete Gemeinschaftsrecht gemäß den allgemeinen Grundsätzen des Gemeinschaftsrechts ausgelegt wird."[255]

80 Indessen reicht der Systemgedanke alleine nicht aus, um die primärrechtskonforme Auslegung zu legitimieren. Denn dem Systemgedanken ist nur zu entnehmen, dass Widersprüche im System zu vermeiden sind, indem einzelne Normen im Lichte der Gesamtrechtsordnung möglichst systemkonform ausgelegt werden.[256] Man könnte dem Systemgedanken auch dadurch ausreichend Rechnung tragen, dass man sekundärrechtliche Normen, die primärrechtswidrige Lösungen zulassen, als systemwidrig oder systemfremd einstuft und durch einschränkende Auslegung „isoliert"[257] oder sogar verwirft.[258] Ganz ähnliche Erwägungen sprechen auch dagegen, das Gebot primärrechtskonformer Auslegung nur im **Vorrang des Primärrechts** bzw. im Stufenbau des Gemeinschaftsrechts zu verankern.[259] Dem Vorrang des Primärrechts ist auch Genüge getan, wenn die sekundärrechtliche Norm für nichtig bzw. ungültig erklärt wird.

81 Eine tragfähige Grundlage gewinnt man, wenn man den Systemgedanken und den Vorrang des Primärrechts mit der Überlegung verknüpft, dass der primärrechtskonformen Auslegung die Funktion zukommt, den Gemeinschaftsgesetzgeber vor Übergriffen der europäischen Gerichte zu bewahren.[260] Der Respekt vor der Rechtsetzungsprärogative des Gemeinschaftsgesetzgebers, den vor allem das all-

---

77/97 (Österreichische Unilever), Slg. 1999, I-431, Rn 26; zur Kritik Leible/Domröse in: Riesenhuber (Hg.), Handbuch, § 9 Rn 13 ff. Zutreffend hingegen EuGH Rs C-150/88 (Parfümeriefabrik 4711), Slg. 1989, 3891.

251 Neuner, S. 194 („Systemgedanke und Autorität der Vertragsparteien"); Buck, S. 186; Borchardt in: Lenz/Borchardt EUV/EGV, Art. 220 EGV Rn 20; Leible in: Riesenhuber (Hg.), Grundfragen, S. 116, 118 f.

252 Kutscher in: EuGH, Begegnung, S. I-40.

253 EuGH, Rs 205/84 (Kommission/Deutschland), Slg. 1986, Rn 62.

254 EuGH, Rs 283/81 (C.I.L.F.I.T.), Slg. 1982, 3415, Rn 20; ähnl. schon EuGH, Rs 34/69 (Caisse d'Assurance Vieillesse), Slg. 1969, 597, Rn 5/7.

255 EuGH, Rs C-499/04 (Werhof), Slg. 2004, I-000, Rn 32.

256 Leible/Domröse in: Riesenhuber (Hg.), Handbuch, § 9 Rn 23.

257 In diesem Fall hat die vom Gerichtshof oft bemühte Regel, Ausnahmen seien eng auszulegen, ihre Berechtigung; vgl. auch Kramer, S. 187 f.

258 Vgl. Canaris, S. 130-132; ders. in: FS Kramer, S. 148.

259 So aber z.B. Ruffert in: Calliess/Ruffert EUV/EGV, Art. 249 EGV Rn 10; Schroeder, S. 364; ders., Die Auslegung des EU-Rechts, JuS 2004, 180, 182; Schroeder in: Streinz EUV/EGV, Art. 249 Rn 17.

260 Ähnlich Pernice/Mayer in: Grabitz/Hilf EU, Art. 220 EGV Rn 49; s.a. Buck, S. 188; Müller/Christensen, S. 138 f., 404.

gemeine Gebot der richterlichen Zurückhaltung, das Prinzip der begrenzten Einzelermächtigung (Art. 7 Abs. 1 S. 2 EGV) und das Prinzip des institutionellen Gleichgewichts der Judikative abverlangen, gebietet die Aufrechterhaltung des Sekundärrechts im größtmöglichen Umfang.[261] Geht man weiterhin davon aus, dass auch im Verhältnis der Gemeinschaftsorgane untereinander ein **Übermaßverbot** gilt,[262] dann verdient die primärrechtskonforme Auslegung den Vorzug, weil sie sich im Verhältnis zur Normverwerfung als weniger einschneidendes Mittel erweist, die Normverwerfung also nicht erforderlich ist.[263]

Bedarf das Sekundärrecht der Umsetzung, Ausgestaltung oder Ergänzung durch **82** innerstaatliches Recht (angeglichenes Recht i. w. S.), schützt das Gebot primärrechtskonformer Auslegung zugleich die Gestaltungsfreiheit des nationalen Gesetzgebers und schont so die **mitgliedstaatliche Souveränität.** Denn die Verwerfung des Sekundärrechts hat zur Folge, dass der gemeinschaftsrechtliche Verpflichtungsgrund für das angeglichene Recht entfällt und den mitgliedstaatlichen Gesetzgeber jedenfalls dann zum Handeln zwingt, wenn der Gerichtshof die Rechtswirkungen des für nichtig erklärten Sekundärrechts nicht aufrechterhält (Art. 231 Abs. 2 EGV) und der Verstoß gegen das Primärrecht auf das angeglichene Recht durchschlägt. Indessen bleibt das angeglichene Recht anwendbar und der mitgliedstaatliche Gesetzgeber wird nicht mit Normkorrekturen behelligt, wenn sich das Sekundärrecht durch primärrechtskonforme Auslegung aufrechterhalten lässt.

Aus der Vorrangstellung des Primärrechts folgt, dass die primärrechtskonforme **83** Auslegung **Vorrang vor den übrigen Auslegungskriterien** genießt. Von mehreren möglichen Interpretationen einer sekundärrechtlichen Regelung setzt sich in jedem Falle diejenige durch, die mit dem Primärrecht vereinbar ist. Eine Abwägung mit den gegenläufigen Deutungsmöglichkeiten ist weder erforderlich noch zulässig, selbst wenn sie in ihrer Zahl und Stärke das primärrechtskonforme Auslegungskriterium überwiegen. Methodologisch ist die primärrechtskonforme Auslegung deshalb als interpretatorische Vorrangregel zu qualifizieren.[264] Das bedeutet allerdings nicht, dass den übrigen Auslegungskriterien überhaupt keine Bedeutung zukommt. Zwar können sie das Auslegungsergebnis nicht mehr bestimmen, sie können es jedoch ggf. noch bekräftigen und ihm so eine noch größere Überzeugungskraft verleihen und die Akzeptanz der richterlichen Entscheidung erhöhen. Außerdem übernehmen die übrigen Auslegungskriterien immerhin noch eine begrenzende Funktion, stecken sie doch den Bereich zulässiger Rechtsfindung ab.[265]

Im System der juristischen Methodenlehre hat die primärrechtskonforme Aus- **84** legung ihren Platz im Rahmen **der systematischen und objektiv-teleologischen Auslegung.**[266] Dass es bei ihr nicht – wie bei der einfach-systematischen Auslegung

261 Vgl. auch Kutscher in: EuGH, Begegnung, S. I-41.
262 Dazu, dass auch zwischen den Staatsfunktionen untereinander ein Übermaßverbot gilt, das die verfassungskonforme Auslegung stützt, Zippelius in: FG 25 Jahre BVerfG, S. 111; zust. Canaris in: FS Kramer, S. 152; Lüdemann, Die verfassungskonforme Auslegung von Gesetzen, JuS 2004, 27, 29.
263 Leible/Domröse in: Riesenhuber (Hg.), Handbuch, § 9 Rn 25.
264 Grundlegend zu den Unterschieden von interpretatorischer Abwägungslösung und interpretatorischer Vorrangregel Canaris in: FS Bydlinski, S. 64-67; ders. in: FS Kramer, S. 143-146.
265 Vgl. Canaris in: FS Bydlinski, S. 70 f.; ders. in: FS Kramer, S. 145 f., 154.
266 Grundmann/Riesenhuber, Die Auslegung des Europäischen Privat- und Schuldvertragsrechts, JuS 2001, 529, 532; Leible/Domröse in: Riesenhuber (Hg.), Handbuch, § 9 Rn 28.

– um eine Zusammenschau hierarchisch auf einer Stufe stehender Normen geht, sondern Vorschriften abgeglichen werden, denen innerhalb derselben Rechtsordnung ein unterschiedlicher Rang zukommt, rechtfertigt es nicht, ihr eine andere Stellung – etwa neben den übrigen Auslegungskriterien – zuzuweisen.[267] Die Respektierung der Autorität des Gemeinschaftsgesetzgebers als tragender Begründungsansatz des Gebots primärrechtskonformer Auslegung bedeutet nicht, dass abgeleitetes Gemeinschaftsrecht um jeden Preis durch den Gerichtshof aufrechtzuerhalten ist. Der primärrechtskonformen Auslegung sind Grenzen gesetzt. Wo diese Grenzen verlaufen, ist bislang wenig erörtert.

3. Subsidiarität der Niederlassungs- und Dienstleistungsfreiheit gegenüber der Dienstleistungsrichtlinie?

85 Das primäre Gemeinschaftsrecht hat **Vorrang** vor dem sekundären Gemeinschaftsrecht.[268] Der EGV ist für alle auf seiner Grundlage erlassenen Sekundärrechtsakte „Grundlage, Rahmen und Grenze".[269] Zugleich kommt sowohl dem primären als auch dem sekundären Gemeinschaftsrecht ein Anwendungsvorrang vor dem nationalen Recht der Mitgliedstaaten zu.[270] Mit dieser unstrittigen Hierarchisierung ist aber noch nicht die Frage beantwortet, wie Grundfreiheiten und sekundäres Gemeinschaftsrecht im Verhältnis zu den mitgliedstaatlichen Rechtsordnungen zusammenwirken.

86 Auf diese Frage hat der EuGH bislang noch keine eindeutige Antwort gegeben. In einigen Fällen sieht der EuGH den Anwendungsbereich der Grundfreiheiten eröffnet und berücksichtigt einschlägiges Sekundärrecht erst auf der Ebene der Rechtfertigung.[271] In anderen Entscheidungen betont er hingegen, dass eine nationale Maßnahme, die den Mitgliedstaaten durch eine Richtlinie gestattet wird, schon tatbestandlich nicht gegen die Grundfreiheiten verstößt.[272]

87 Richtigerweise ist bei Vorliegen einer speziellen sekundärrechtlichen Norm schon der Tatbestand der Grundfreiheiten als nicht eröffnet anzusehen. Soweit das Sekundärrecht das Primärrecht konkretisiert, ist es **alleiniger Maßstab** des mitgliedstaatlichen Handelns.[273] Auch im Verhältnis von primärem und sekundärem Gemeinschaftsrecht sollte der aus dem deutschen Öffentlichen Recht bekannte Grundsatz gelten,[274] dass stets die Rechtsquelle anzuwenden ist, die dem zu entscheidenden Fall am nächsten steht.[275] Das ist in der Regel die rangniedrigere,

Für Erscheinungsform der systematischen Auslegung: Kutscher in: EuGH, Begegnung, S. I-40; Meyer, Die Grundsätze der Auslegung im Europäischen Gemeinschaftsrecht, Jura 1994, 455, 457; Franzen, S. 447 f.; Riesenhuber, System, S. 63; Ahlt/Deisenhofer, S. 59 f. Für den Anwendungsfall der teleologischen Auslegung Lutter, Die Auslegung angeglichenen Rechts, JZ 1992, 593, 603.

267 A.A. Müller/Christensen, S. 406 f.

268 Nettesheim, Normenhierarchien im EU-Recht, EuR 2006, 737, 746.

269 EuGH, Rs 26/78 (Viola), Slg. 1978, 1771, Rn 9 ff.

270 Lüdicke/Hummel, Zum Primat des primären Gemeinschaftsrechts, IStR 2006, 694, 695.

271 EuGH, Rs 251/78 (Denkavit), Slg. 1979, 3369, Rn 14; Rs C-323/93 (Centre d'insémination de las Crespelle), Slg. 1994, 5077, Rn 31.

272 EuGH, Rs C-322/01 (DocMorris), Slg. 2003, I-14887, Rn 64; Rs C-463/01 (Kommission/Deutschland), Slg. 2004, I-11705, Rn 55.

273 Kingreen, S. 151.

274 Maurer, § 4 Rn 50.

275 Oexle, Das Verhältnis von EG-Abfallverbringungsverordnung und EG-Vertrag nach der Entscheidung DaimlerChrysler, AbfallR 2003, 284, 285.

aber speziellere Norm, bezogen auf das Gemeinschaftsrecht also der Sekundärrechtsakt.

Voraussetzung für die exklusive Prüfung einer nationalen Maßnahme anhand des sekundären Gemeinschaftsrechts ist freilich, dass dieses gegenüber der nationalen Maßnahme tatsächlich eine **speziellere und** vor allem **abschließende Regelung** darstellt.[276] Ob dies der Fall ist, kann nicht pauschal festgestellt werden, sondern muss für jede Norm des sekundären Gemeinschaftsrechts gesondert geprüft werden.[277] 88

Diese „Subsidiarität" des Primärrechts als Prüfungsmaßstab für mitgliedstaatliche Maßnahmen bedeutet selbstverständlich nicht, dass ein Sekundärrechtsakt die Mitgliedstaaten von ihrer Bindung an den EGV und die Grundfreiheiten freistellen könnte. Denn der Gemeinschaftsgesetzgeber ist bei der Schaffung von sekundärem Gemeinschaftsrecht selbst an das primäre Gemeinschaftsrecht **gebunden** (vgl. Rn 68 ff.). Irritierend ist es angesichts der vom EuGH selbst als „ständige Rechtsprechung" bezeichneten Gebundenheit der Gemeinschaft[278] freilich, dass der Gerichtshof es in verschiedenen Entscheidungen neueren Datums ablehnt, der Frage der Primärrechtswidrigkeit einer nationalen Maßnahme näher nachzugehen, und zur Begründung darauf verweist, dass sie der Umsetzung einer EG-Richtlinie diene.[279] Dies erweckt den Eindruck, als könne das Sekundärrecht eine Abschirmwirkung für die nationale Maßnahme gegenüber dem Primärrecht entfalten. Der Hinweis auf die Existenz von Sekundärrecht ist aber wenig überzeugend, da er den Vorwurf der Primärrechtswidrigkeit einer Maßnahme nicht zu entkräften vermag.[280] 89

Aus der grundsätzlichen Primärrechtsgebundenheit des nationalen Rechts kann aber umgekehrt nicht geschlussfolgert werden, dass Sekundärrecht und Primärrecht immer **kumulativ** als Prüfungsmaßstab herangezogen werden müssen.[281] Hält sich eine nationale Maßnahme im Rahmen des speziellen sekundären Gemeinschaftsrechtsakts, so ist nicht die nationale Maßnahme zusätzlich am primären Gemeinschaftsrecht zu messen, sondern es muss vielmehr in einem zweiten Schritt gefragt werden, ob der Sekundärrechtsakt seinerseits mit dem Primärrecht in Einklang steht. 90

---

276 Kingreen, S. 151; Oexle, AbfallR 2003, 284, 287; Korte, EWS 2007, 246, 254.

277 Korte, EWS 2007, 246, 253 f.

278 Vgl. z. B. EuGH, Rs C-499/04 (Werhof), Slg. 2006, I-2397, Rn 59; Rs C-434/02 (Arnold André), Slg. 2004, I-11825, Rn 57.

279 So etwa EuGH, Rs C-37/92 (Vanacker und Lesage), Slg. 1993, I-4947, Rn 9; Rs C-246/98 (Berendse-Koenen), Slg. 2000, I-1777, Rn 24 f.; Rs C-324/99 (DaimlerChrysler), Slg. 2001, I-9897, Rn 32; Rs C-322/01 (DocMorris), Slg. 2003, I-14887, 14 Rn 64; Rs C-309/02 (Radlberger) Slg. 2004, I-11763, Rn 53; Rs C-463/01 (Kommission/Deutschland), Slg. 2004, I-11705, Rn 55.

280 Näher Koenig/Meurer/Engelmann, Das EuGH-Urteil Deutscher Apothekerverband/DocMorris, Auftrieb für die Warenverkehrsfreiheit EWS 2004, 65, 67. Zumal der Gerichtshof zuletzt zeitgleich, d. h. am selben Tag, und jeweils als Große Kammer ausdrücklich die Gebundenheit der Gemeinschaft an die Grundfreiheiten hervorgehoben hat, vgl. einerseits Rs C-210/03 (Swedish Match), Slg. 2004, I-11893, Rn 59; Rs C-434/02 (Arnold André), Slg. 2004, I-11825, Rn 57 und andererseits EuGH Rs C-309/02 (Radlberger) Slg. 2004, I-11763, Rn 53; Rs C-463/01 (Kommission/Deutschland), Slg. 2004, I-11705, Rn 55.

281 So aber wohl Lüdicke/Hummel, IStR 2006, 694, 698.

91 Bei der Prüfung des Sekundärrechtsakts ist der Grundsatz der **primärrechtskonformen Auslegung** zu beachten (vgl. Rn 74 ff.). Eröffnet z. B. eine Richtlinie den Mitgliedstaaten einen gewissen Entscheidungsspielraum bei der Umsetzung, so gebietet es der Grundsatz der primärrechtskonformen Auslegung der Richtlinie, dass diese nur solche Umsetzungsmaßnahmen deckt, die zugleich mit dem Primärrecht in Einklang stehen. Dies kann dazu führen, dass eine Umsetzungsmaßnahme, die scheinbar vom Wortlaut einer Richtlinie gedeckt ist, letztlich doch nicht mit dieser in Einklang steht und somit schon gegen das – sekundäre – Gemeinschaftsrecht verstößt.

92 Das Ergebnis der Prüfung des Sekundärrechtsakts determiniert das Schicksal der nationalen Maßnahme. Ist der Sekundärrechtsakt mit dem Primärrecht vereinbar und steht die nationale Maßnahme zugleich in Einklang mit den im Wege der primärrechtskonformen Auslegung (vgl. Rn 74 ff.) ermittelten Vorgaben des Sekundärrechtsakts, so steht fest, dass die nationale Maßnahme keinen Verstoß gegen das Primärrecht darstellen kann. Umgekehrt zieht nach der hier vertretenen Auffassung die Primärrechtswidrigkeit des Sekundärrechtsrechtsakts zugleich die Primärrechtswidrigkeit einer auf diesen gestützten nationalen Maßnahme nach sich.[282]

93 Im Hinblick auf die Dienstleistungsrichtlinie stellt sich insbesondere die Frage, inwieweit deren Art. 16 die Art. 49 ff. EGV verdrängt. Bei weitgehend gleichem Anwendungsbereich stellt Art. 16 strengere Anforderungen an mitgliedstaatliche Einschränkungen der vorübergehenden grenzüberschreitenden Dienstleistungserbringung als die Vorschriften des EGV.[283] Insofern scheint in der Tat eine weitgehende Überlagerung der Vorschriften des EGV zur Dienstleistungsfreiheit durch die Dienstleistungsrichtlinie intendiert zu sein. Sie ist aus der Sicht der Grundfreiheiten auch nicht zu beanstanden. Denn sofern Art. 16 eine **freiheitserweiternde Wirkung** zukommt, ist eine Kollision mit den Grundfreiheiten a priori nicht zu befürchten. Insoweit verdrängt die Dienstleistungsrichtlinie als abschließend harmonisierende Maßnahme dann auch Art. 49 ff. EGV im Sinne der oben beschriebenen Sperrwirkung des sekundären Gemeinschaftsrecht (vgl. Rn 87).

94 Anders ist die Sachlage hingegen bei den in Art. 17 festgeschriebenen „Ausnahmen von der Dienstleistungsfreiheit“. Entgegen der etwas missverständlichen Überschrift dekretiert die Norm nicht die Nichtanwendbarkeit der Art. 49 f. EGV,[284] sondern lediglich von Art. 16. Den Mitgliedstaaten ist in diesen Bereichen auch eine Berufung auf die in Art. 16 Abs. 1 lit. b, Abs. 3 nicht aufgeführten weiteren zwingenden Gründen des Allgemeininteresses **gestattet**. Es bleibt also bei der vollen Anwendbarkeit der Art. 49 f. EGV, sofern die Dienstleistungsfreiheit nicht durch die in Art. 17 aufgeführten anderen sekundärrechtlichen Regelungen primärrechtskonform konkretisiert worden ist. Alles andere wäre mit der Bindung des Gemeinschaftsgesetzgebers an die Grundfreiheiten (vgl. Rn 68) nicht vereinbar.[285]

---

282 So auch Forsthoff, Die eigenständige Bedeutung des sekundären Gemeinschaftsrechts, IStR 2006, 698, 701.

283 Korte, EWS 2007, 246, 248 ff.

284 So etwa Editorial, CMLRev 43 (2006), 307, 310.

285 Ebenso Korte, EWS 2007, 246, 254; Roth, VuR 2007, 161, 170.

IV. Rechtliche Wirkungen der Richtlinie

1. Rechtsnatur

Als Richtlinie i. S. d. Art. 249 Abs. 3 EGV ist die Dienstleistungsrichtlinie für die Mitgliedstaaten hinsichtlich des zu erreichenden Zieles **verbindlich**. Die Wahl der zur Zielerreichung erforderlichen Form und Mittel bleibt jedoch den innerstaatlichen Stellen überlassen. Richtlinien sind das klassische Instrument zur Rechtsangleichung. Sie schaffen kein Einheitsrecht, sondern stellen lediglich sicher, dass gemeinschaftsrechtlich geforderte Standards eingehalten werden; die Implementierung dieser Vorgaben in das nationale Recht ist Aufgabe des nationalen Gesetzgebers, der so zumindest theoretisch die Möglichkeit erhält, Systembrüche zu vermeiden, wenigstens aber zu vermindern. 95

2. Umsetzungspflicht der Mitgliedstaaten

Richtlinien sind gemäß Art. 249 Abs. 3 EGV für die Mitgliedstaaten, an die sie gerichtet sind, hinsichtlich der zu erreichenden Ziele verbindlich. Den Mitgliedstaaten wird es jedoch überlassen, die **Form und die Mittel** auszuwählen, die sie für die Erreichung des vorgegebenen Zieles als geeignet ansehen. Kennzeichnend für die Richtlinie ist damit zum einen ihre „gestufte Verbindlichkeit" und zum anderen die Zweistufigkeit des Rechtsetzungsverfahrens. 96

Gestufte Verbindlichkeit bedeutet, dass Richtlinien nicht wie Verordnungen in allen ihren Teilen für die Mitgliedstaaten verbindlich sind, sondern nur hinsichtlich der durch sie festgesetzten Ziele, wobei anstatt von Zielen besser von Ergebnissen gesprochen werden sollte.[286] Denn dem Gemeinschaftsgesetzgeber ist es nicht nur erlaubt, Richtlinien zu erlassen, die den Mitgliedstaaten zur Zielerreichung einen merklichen Umsetzungsspielraum lassen. Er hat vielmehr auch die Möglichkeit, die in Richtlinien enthaltenen Bestimmungen detailliert auszugestalten. Die Zulässigkeit derartig perfekter, inhaltlich nahezu verordnungsähnlicher Richtlinien wurde vom EuGH bislang nicht in Frage gestellt und wird es wohl auch in Zukunft nicht, da gerade die vom EuGH entwickelte Möglichkeit einer unmittelbaren Wirkung von Richtlinienbestimmungen voraussetzt, dass eine in einer Richtlinie enthaltene Regelung inhaltlich so unbedingt und hinreichend genau ist, dass sie aus sich heraus angewendet werden kann. 97

Verpflichteter ist der **Staat**. Er muss die Richtlinie bis zum Ablauf der vorgesehenen Frist in nationales Recht umsetzen. Art. 44 Abs. 1 bestimmt, dass die Mitgliedstaaten die Dienstleistungsrichtlinie bis spätestens zum 28. Dezember 2009 in nationales Recht umsetzen müssen. Primärrechtlich folgt die Umsetzungspflicht aus Art. 249 Abs. 3 EGV.[287] Eines Rückgriffs auf Art. 10 EGV bedarf es nicht.[288] Die Umsetzungspflicht trifft nicht nur den Mitgliedstaat als Völkerrechtssubjekt, 98

286 Vgl. Ipsen, EG-Recht, S. 458, unter Hinweis auf die anderen Sprachfassungen des EG-Vertrages, in denen u. a. von „résultat", „resultato" und „resultaat" die Rede ist.

287 EuGH, Rs C-129/96 (Inter-Environnement Wallonie), Slg. 1997, I-7411, Rn 40. Vgl. auch von Bogdandy in: Grabitz/Hilf EU, Art. 10 EGV Rn 40; Schroeder in: Streinz EUV/EGV, Art. 249 EGV Rn 79; Brechmann, S. 257 f.; Leible/Sosnitza, Richtlinienkonforme Auslegung vor Ablauf der Umsetzungsfrist und vergleichende Werbung, NJW 1998, 2507 jeweils m. w. N.

288 So aber Streinz, Europarecht, Rn 388; ders. in: Isensee/Kirchhof (Hg.), HStR, Bd. 7, 1992, § 182 Rn 11.

sondern obliegt allen staatlichen Stellen, die Träger öffentlicher Gewalt sind.[289] In die innerstaatliche Kompetenzverteilung wird gleichwohl nicht eingegriffen. Es ist und bleibt Sache des jeweiligen Mitgliedstaats, selbstständig zu regeln, welche seiner Untergliederungen für die Umsetzung einer Richtlinie zuständig ist. Sind dies von ihm rechtlich unabhängige Körperschaften, ändert die innerstaatliche Kompetenzverteilung allerdings nichts an seiner gemeinschaftsrechtlichen Verantwortlichkeit. Er hat nach außen hin dafür einzustehen, dass die Richtlinienbestimmungen uneingeschränkt und genau in innerstaatliches Recht umgesetzt werden.[290]

99 Hinsichtlich der Qualität des nationalen Umsetzungsaktes forderte der EuGH, dass die Mitgliedstaaten bei der Wahl der Form und der Mittel diejenigen ergreifen müssen, die sich zur Gewährleistung der praktischen Wirksamkeit (**„effet utile“**) der Richtlinie unter Berücksichtigung des mit ihr verfolgten Zwecks am besten eignen.[291] Die Mitgliedstaaten sind daher verpflichtet, Richtlinien in verbindliche innerstaatliche Vorschriften umzusetzen, die den Erfordernissen der Rechtssicherheit und Rechtsklarheit genügen. Schlichtes Verwaltungshandeln genügt nicht.[292] Die Umsetzungspflicht verlangt nicht nach der förmlichen und wörtlichen Wiedergabe der Richtlinienbestimmungen in einer ausdrücklichen besonderen Gesetzesvorschrift. In Abhängigkeit vom Richtlinieninhalt kann bereits ein allgemeiner rechtlicher Rahmen genügen, „wenn er tatsächlich die vollständige Anwendung der Richtlinie in so klarer und bestimmter Weise gewährleistet, so dass – soweit die Richtlinie Ansprüche des Einzelnen begründen soll – die Begünstigten in der Lage sind, von allen ihren Rechten Kenntnis zu erlangen und diese gegebenenfalls vor den nationalen Gerichten geltend zu machen“.[293]

100 Damit ist die **Integration** richtliniendeterminierter Normen in größere, bereits existente Kodifikationen, wie etwa die Verwaltungsverfahrensgesetze des Bundes oder Länder, gewährleistet. Fraglich ist, ob von einer Umsetzung abgesehen werden kann, wenn **Generalklauseln** des nationalen Rechts bereits jetzt in einer der Zielvorgabe der Richtlinie entsprechenden Weise ausgelegt werden oder der nationale Methodenkanon eine solche Auslegung zumindestens zulässt. Eine Pflicht zum legislativen Tätigwerden wird man nur in den Fällen verneinen können, in denen das bestehende nationale Recht bereits den in der Richtlinie enthaltenen Vorgaben vollständig entspricht. Die Umsetzung einer Richtlinie verlangt also nicht notwendigerweise in jedem Mitgliedstaat gesetzgeberische Aktivitäten. Ein gesetzgeberisches Tätigwerden wird ausnahmsweise entbehrlich, wenn eine ständige Rechtsprechung hinreichend exakt und mit den Vorgaben der Richtlinie deckungsgleich ist.[294] Gerade das vom EuGH postulierte Gebot der Rechtssicherheit mahnt aber zur Skepsis insbesondere gegenüber der Vertragskonformität einer Richtlinienumsetzung allein durch eine richtlinienkonforme Auslegung be-

289 Vgl. z. B. EuGH, Rs 14/83 (Colson und Kamann), Slg. 1984, 1891, Rn 26; Rs 80/86 (Kolpinghuis Nijmwegen), 1987, 3969, Rn 12; Rs C-106/89 (Marleasing), Slg. 1990, I-4135, Rn 8.

290 Vgl. z. B. EuGH, verb. Rs 227 bis 230/85 (Kommission/Belgien), Slg. 1988, 1, Rn 9.

291 EuGH, Rs 48/75 (Royer), Slg. 1976, 497, Rn 69/73.

292 Vgl. z. B. EuGH, Rs 300/81 (Kommission/Italien), Slg. 1983, 447, Rn 10.

293 Vgl. dazu EuGH, Rs C-361/88 (Kommission/Deutschland), Slg. 1991, I-2567, Rn 15 zu einer Umsetzung durch Verwaltungsvorschriften.

294 W.-H. Roth in: FG 50 Jahre BGH, S. 847, 871.

reits existenter nationaler Normen. Abgesehen davon, dass nicht in allen Mitgliedstaaten eine Bindung an höchstrichterliche Entscheidungen besteht, erscheint es zweifelhaft, dass etwa durch eine richtlinienkonforme Auslegung von Generalklauseln stets dem Rechtssicherheitsgrundsatz Genüge getan wird; bereits die Umsetzungsnorm und nicht erst die diese konkretisierende Auslegung durch die Gerichte muss es dem Einzelnen ermöglichen, von seinen Rechten Kenntnis zu nehmen. Die Interpretation von Generalklauseln oder unbestimmten Rechtsbegriffen durch die Gerichte kann daher in den meisten Fällen nur eine Umsetzung unterstützen, legislatives Tätigwerden aber nicht substituieren.[295] Der EuGH hat aus diesem Grunde bereits mehrfach den Hinweis, eine Umsetzung durch den Gesetzgeber sei aufgrund des Bestehens einer gleichförmigen Rechtsprechung unnötig, verworfen.[296]

3. Unmittelbare Wirkung

Im Gegensatz zu Verordnungen besitzen Richtlinien **keine unmittelbare Geltung** in 101
den Mitgliedstaaten, sondern bedürfen zunächst der Umsetzung. Hieraus folgt indessen nicht, dass sie niemals ähnliche Rechtsfolgen wie eine Verordnung erzeugen könnten. Der EuGH hat ganz im Gegenteil auch Richtlinienvorschriften rechtsfortbildend unter bestimmten, eng umgrenzten Voraussetzungen eine unmittelbare Wirkung zuerkannt. Zur Begründung rekurriert er zum einen auf den Grundsatz des „effet utile"; die praktische Wirksamkeit von Richtlinienbestimmungen wäre abgeschwächt, wenn Einzelne sich nicht vor staatlichen Gerichten auf sie berufen könnten.[297] Abgeleitet wird die unmittelbare Wirkung von Richtlinienbestimmungen zum anderen aus dem Grundsatz von Treu und Glauben bzw. dem estoppel-Prinzip;[298] die Mitgliedstaaten dürften Einzelnen nicht den Umstand entgegenhalten, dass sie selbst die ihnen gesetzte Umsetzungsfrist versäumt haben, und müssen daher nach Fristablauf unmittelbar geltendes Richtlinienrecht gegen sich gelten lassen.[299] Vor allem das estoppel-Prinzip ist vom EuGH in neueren Entscheidungen immer wieder und mit aller Deutlichkeit in den Vordergrund gerückt worden: „Der Mitgliedstaat soll aus der Nichtbeachtung des Gemeinschaftsrechts keinen Nutzen ziehen."[300]

Um feststellen zu können, ob eine **unmittelbare Richtlinienwirkung** in Betracht 102
kommt, bedarf es in jedem Einzelfall einer sorgfältigen Prüfung von Rechtsnatur, Systematik und Wortlaut der jeweiligen Bestimmung. Im Wesentlichen müssen drei Voraussetzungen erfüllt sein.[301] Erstens muss die Frist zur Umsetzung der

295 Ruffert in: Calliess/Ruffert EUV/EGV, Art. 249 EGV Rn 53.
296 Vgl. z. B. EuGH, Rs 104/86 (Kommission/Italien), Slg. 1988, I-1799, Rn 9; Rs C-144/99 (Kommission/Niederlande), Slg. 2001, I-3541, Rn 21.
297 Vgl. z. B. EuGH, Rs 41/74 (van Duyn/Home Office), Slg. 1974, 1337, Rn 12; Rs 148/78 (Ratti), Slg. 1979, 1629, Rn 21; Rs 8/81 (Becker/Finanzamt Münster-Innenstadt), Slg. 1982, 53, Rn 23; Rs C-188/89 (Foster), Slg. 1990, I-3313, Rn 16.
298 Zu dem aus dem Völkerrecht stammenden estoppel-Prinzip vgl. Ipsen, Völkerrecht, § 18 Rn 7.
299 Vgl. z. B. EuGH, Rs 70/83 (Kloppenburg/Finanzamt Leer), Slg. 1984, 1075, Rn 3; Rs 152/84 (Marshall I), Slg. 1986, 723, Rn 47; Rs 80/86 (Kolpinghuis Nijmegen), Slg. 1987, 3969, Rn 8; Rs C-91/92 (Faccini Dori), Slg. 1994, I-3325, Rn 22 f.
300 EuGH, Rs C-91/92 (Faccini Dori), Slg. 1994, I-3325, Rn 22.
301 Vgl. dazu zuletzt Jarass/Beljin, Unmittelbare Anwendung des EG-Rechts und EG-rechtskonforme Auslegung, JZ 2003, 768, 770 ff.

Richtlinie abgelaufen sein.[302] Zweitens muss der Mitgliedstaat seinen Umsetzungspflichten nicht vollständig oder nicht richtig nachgekommen sein. Das ist der Fall, wenn die Richtlinie überhaupt nicht oder nicht fristgemäß in nationales Recht umgesetzt worden ist oder die Umsetzung der Richtlinie den Richtlinienzielen nicht gerecht wird.[303] Eine unmittelbare Richtlinienwirkung kommt also auch dann in Betracht, wenn die Richtlinie zwar in nationales Recht umgesetzt worden ist, der nationale Umsetzungsakt aber stets in richtlinienwidriger Weise ausgelegt und angewendet wird.[304] Und drittens muss die entsprechende Bestimmung inhaltlich so unbedingt und hinreichend genau sein, dass das durch die Richtlinie angesprochene staatliche Organ sie ohne Vermittlung durch innerstaatliche Umsetzungsakte aus sich heraus anwenden kann. Der Vorschrift muss also ein „self-executing"-Charakter zukommen.

103 Selbst beim Vorliegen dieser drei Voraussetzungen ist eine unmittelbare Richtlinienwirkung jedoch nur auf das Verhältnis Bürger-Staat beschränkt (**vertikale Wirkung**). Der Einzelne kann sich lediglich gegenüber dem Staat auf ihn begünstigende Richtlinienbestimmungen berufen.[305] Eine unmittelbare Richtlinienwirkung scheidet nach ständiger Rechtsprechung des EuGH dagegen bei der Beurteilung von Rechtsverhältnissen zwischen Bürgern (**horizontale Wirkung**) aus.[306] Ebenso wenig kann sich der Staat gegenüber Bürgern auf eine nicht oder nicht richtig umgesetzte Richtlinie berufen (umgekehrt vertikale Wirkung), sofern ihnen dadurch Verpflichtungen auferlegt werden.[307] Dahinter steht zum einen der Gedanke, dass nach Art. 249 Abs. 3 EGV Richtlinien nur an die Mitgliedstaaten gerichtet und infolgedessen auch nur für diese bindend sind. Zum anderen hat der EGV dem Gemeinschaftsgesetzgeber die Befugnis, unmittelbar zulasten Einzelner wirkende Verpflichtungen zu schaffen, ausschließlich im Rahmen der hierzu vorgesehenen Regelungsinstrumente der Verordnung und Entscheidung zugestanden.

302 Vor Fristablauf entfaltet eine Richtlinie folglich niemals unmittelbare Wirkung, vgl. EuGH, Rs 148/78 (Ratti), Slg. 1979, 1629, Rn 43 f.

303 Vgl. z.B. EuGH, verb. Rs C-6/90 und C-9/90 (Francovich), Slg. 1991, I-5357, Rn 11; Rs C-194/94 (CIA), Slg. 1996, I-2201, Rn 42 Security International: „... gegenüber allen nicht richtlinienkonformen Vorschriften...".

304 Ruffert in: Calliess/Ruffert EUV/EGV, Art. 249 EGV Rn 74; Schroeder in: Streinz EUV/EGV, Art. 249 EGV Rn 101; a. A. BFHE 179, 563, 568.

305 EuGH, Rs 41/74 (Van Duyn/Home Office), Slg. 1974, 1337, Rn 12; Rs 51/76 (VNO), Slg. 1977, 113, Rn 20/29; Rs 38/77 (Enka), Slg. 1977, 2203, Rn 9/10; Rs 21/78 (Delkvist), Slg. 1978, 2327, Rn 19/21; Rs 148/78 (Ratti), Slg. 1979, 1629, Rn 22 f.; Rs 8/81 (Becker/Finanzamt Münster-Innenstadt), Slg. 1982, 53, Rn 24; Rs 152/84 (Marshall I), Slg. 1986, 723, Rn 46; Rs 222/84 (Johnston), Slg. 1986, 1651, Rn 54; Rs 71/85 (Federatie Nederlandse Vakbeweging), Slg. 1986, 3855, Rn 13; Rs 286/85 (McDermott und Cotter), Slg. 1987, 1453, Rn 11; Rs 31/87 (Beentjes), Slg. 1988, 4635, Rn 40; Rs 103/88 (Constanzo), Slg. 1989, 1839, Rn 29; verb. Rs 231/87 und 129/88 (Carpaneto), Slg. 1989, 3233, Rn 30; Rs C-188/89 (Foster), Slg. 1990, I-3313, Rn 16; verb. Rs C-358/93 und C-416/93 (Bordessa), Slg. 1995, I-361, Rn 34.

306 EuGH, Rs 152/84 (Marshall I), Slg. 1986, 723, Rn 48; Rs C-91/92 (Faccini Dori), Slg. 1994, I-3325, Rn 24; Rs 192/94 (El Corte Inglés), Slg. 1996, I-1281, Rn 15; Rs C-201/02 (Wells), Slg. 2004, I-723, Rn 56; Rs C-397/01 (Pfeiffer), Slg. 2004, I-8835, Rn 108; Rs C-235/03 (QDQ Media), Slg. 2005, 1937, Rn 16.

307 EuGH, Rs 80/86 (Kolpinghuis Nijmegen), Slg. 1987, 3969, Rn 9; Rs 14/86 (Pretore di Salò), Slg. 1987, 2545, Rn 19; Rs C-168/95 (Arcaro), Slg. 1996, I-4705, Rn 36; vgl. zuletzt m.w.N. EuGH, verb. Rs C-387/02, C-391/02 und C-403/02 (Berlusconi), Slg. 2005, 3565, Rn 73.

Aus dem bislang Gesagten kann freilich nicht gefolgert werden, dass Richtlinienbestimmungen in **Privatrechtsverhältnissen** überhaupt nicht unmittelbar anwendbar sind. Die Einschränkung des EuGH bezieht sich lediglich auf Rechtsverhältnisse zwischen „Bürgern". Stehen hingegen z.B. Vertragsverhältnisse Privater zu Organisationen oder Einrichtungen infrage, „die dem Staat oder seiner Aufsicht unterstehen oder mit besonderen Rechten ausgestattet sind, die über diejenigen hinausgehen, die sich aus den für Beziehungen zwischen Privatpersonen geltenden Vorschriften ergeben", kann sich der Private sehr wohl auf ihn begünstigende Richtlinienbestimmungen berufen.[308] Staatliche Unternehmen, zu denen u. a. die kommunalen Versorgungsunternehmen oder auch die Sparkassen zählen, sehen sich damit einem wesentlich weitergehenden Einfluss des Gemeinschaftsrechts ausgesetzt als ihre nichtstaatlichen Konkurrenten. 104

4. Pflicht zur richtlinienkonformen Auslegung

Von zentraler Bedeutung für die Verzahnung zwischen nationalem und Gemeinschaftsrecht und für die Wirksamkeit von Richtlinien ist die **Pflicht zur richtliniekonformen Auslegung** nationalen Rechts. Sie ist vom EuGH aus dem Gemeinschaftsrecht abgeleitet und durch zahlreiche Judikate fortentwickelt worden. Danach muss ein nationales Gericht, „soweit es bei der Anwendung des nationalen Rechts – gleich, ob es sich um vor oder nach der Richtlinie erlassene Vorschriften handelt – dieses Recht auszulegen hat, seine Auslegung soweit wie möglich am Wortlaut und Zweck der Richtlinie ausrichten, um das mit der Richtlinie verfolgte Ziel zu erreichen".[309] Auf diese Weise soll erreicht werden, dass der durch die Auslegung des nationalen Rechts ermittelte Bedeutungsgehalt einer Norm mit den von der Richtlinie verfolgten Zielen konform geht und damit der an die Mitgliedstaaten gerichtete Auftrag zur wirksamen Umsetzung des Gemeinschaftsrechts erfüllt wird. 105

Bis heute nicht eindeutig geklärt ist die **dogmatische Verortung** dieser Pflicht. Dass sie überhaupt im Gemeinschaftsrecht gründet, steht außer Frage. Der EuGH verweist auf das Umsetzungsgebot des Art. 249 Abs. 3 EGV, zieht zur Unterstützung noch Art. 10 EGV heran[310] und meint neuerdings sogar, sie sei „dem EG-Vertrag immanent".[311] Im Schrifttum findet sich hingegen eine verwirrende Fülle unterschiedlicher Lösungsansätze zur Begründung der Pflicht der richtlinienkonformen Auslegung.[312] Ausgangspunkt bei der Beantwortung der Frage nach der rechtlichen Grundlage einer Pflicht zur richtlinienkonformen Auslegung muss die Umsetzungsverpflichtung als solche sein. Sie resultiert aus Art. 249 Abs. 3 EGV und wird dann durch den jeweiligen Rechtsakt konkretisiert und ausgestaltet. Die 106

308 EuGH, verb. Rs C-253/96, C-254/96, C-255/96, C-256/96, C-257/96 und C-258/96 (Kampelmann), Slg. 1997, I-6907, Rn 46.
309 EuGH, Rs C-91/92 (Faccini Dori), Slg. 1994, I-3325, Rn 25; Rs 14/83 (von Colson und Kamann), Slg. 1984, 1891, Rn 26; Rs C-106/89 (Marleasing), Slg. 1990, I-4135, Rn 8; Rs C-334/92 (Wagner Miret), Slg. 1993, I-6911, Rn 20; Rs C-63/97 (BMW), Slg. 1999, I-905, Rn 22; verb. Rs C-240/98 und C-244/98 (Océano), Slg. 2000, I-4941, Rn 30; Rs C-408/01 (Adidas-Salomon), Slg. 2003, I-12537, 567 Rn 21; Rs C-397/01 (Pfeiffer), Slg. 2004, I-8835, Rn 113.
310 EuGH, Rs 14/83 (von Colson und Kamann), Slg. 1984, 1891, Rn 26; Rs C-397/01 (Pfeiffer), Slg. 2004, I-8835 Rn 110 und 112.
311 EuGH Rs C-397/01 (Pfeiffer), Slg. 2004, I-8835Rn 114.
312 Ausführlich dazu Brechmann, S. 127 ff.; Franzen, S. 294 ff.

Umsetzungspflicht entsteht damit bereits aus dem Zusammenspiel zwischen Art. 249 Abs. 3 EGV und der in jeder Richtlinie ausgesprochenen Umsetzungsanordnung. Eines Rückgriffes auf Art. 10 EGV bedarf es folglich nicht. Art. 10 EGV kann allenfalls als Hilfsargument herangezogen werden, um die nach Art. 249 Abs. 3 EGV ohnehin schon bestehende Pflicht noch zu bestärken.[313]

107 Die Pflicht zur richtlinienkonformen Auslegung ist als Vorzugs- und nicht als Vorrangregel zu verstehen. Sie stellt keine eigenständige Methode dar, die neben die klassischen Auslegungsmethoden der grammatikalischen, historischen, systematischen und teleologischen Auslegung tritt oder sie gar verdrängt,[314] sondern begründet lediglich innerhalb dieser ein ergebnisbezogenes Rangverhältnis: Lassen die vier klassischen Auslegungsmethoden zwei oder sogar mehr unterschiedliche und plausible Auslegungsergebnisse zu, so ist demjenigen der **Vorzug zu geben**, das am ehesten Sinn und Zweck der Richtlinie entspricht, selbst wenn die nationale Dogmatik ein anderes Ergebnis vorzugswürdig erscheinen lässt.[315] Hieraus folgt freilich nicht, dass das Richtlinienrecht erst im Rahmen einer Ergebniskontrolle in den Blick zu nehmen ist. Die Zweistufigkeit des Auslegungsverfahrens schließt eine Berücksichtigung der Richtlinienvorgaben auf der ersten Ebene nicht aus, im Gegenteil: Bedenkt man, dass angeglichenes Recht ja gerade der Erfüllung der gemeinschaftsrechtlichen Vorgaben dienen soll und dass bei unverändert fortbestehenden Normen ein solcher gesetzgeberischer Wille unterstellt werden kann, so drängt sich ein Rekurs auf den Richtlinieninhalt bereits im Rahmen der traditionellen Auslegungskriterien geradezu auf.[316] Der Richtlinie kommt somit eine doppelte Funktion zu: Sie beeinflusst die Auslegung des nationalen Rechts im Rahmen der klassischen Kanones und liefert zugleich den Maßstab für eine abschließende Ergebniskontrolle, indem sie dem richtlinienfreundlichsten Ergebnis zur Durchsetzung verhilft.

108 Die Pflicht zur richtlinienkonformen Auslegung ist nicht schrankenlos, sondern wird durch den nationalen Kanon der zur Verfügung stehenden **Auslegungsmethoden** begrenzt. Der Rechtsanwender ist daher nur so weit zur richtlinienkonformen Auslegung des nationalen Rechts verpflichtet, wie dessen Auslegungsregeln dies zulassen. Denn der EuGH hat mehrfach hervorgehoben, dass das zur Rechtsanwendung berufene Organ die Vorgaben einer Richtlinie unter voller Ausschöpfung „des Beurteilungsspielraums, den ihm das nationale Recht einräumt", auszulegen und anzuwenden hat[317] bzw. dass die Auslegung „so weit wie

313 Leible in: Riesenhuber (Hg.), Grundfragen, S. 116; Rüffler, Richtlinienkonforme Auslegung nationalen Rechts, ÖJZ 1997, 121, 123.

314 Für die Annahme einer Vorrangregel etwa Bach, Direkte Wirkungen von EG-Richtlinien, JZ 1990, 1108, 1112 f.; Lutter, JZ 1992, 593, 605.

315 Ehricke, Die richtlinienkonforme und die gemeinschaftsrechtskonforme Auslegung nationalen Rechts. Ein Beitrag zu ihren Grundlagen und zu ihrer Bedeutung für die Verwirklichung eines „europäischen Privatrechts" RabelsZ 59 (1995), 598, 616; Hommelhoff in: FG 50 Jahre BGH, S. 889, 891; Teichmann in: FG Zivilrechtslehrer, S. 629, 632 f.

316 Ebenso z. B. Franzen, S. 338 ff.; Grundmann, Richtlinienkonforme Auslegung im Bereich des Privatrechts – insbesondere – der Kanon der nationalen Auslegungsmethoden als Grenze?, ZEuP 1996, 399, 419 f.; Schwab, Der Dialog zwischen dem EuGH und nationalen Exegeten bei der Auslegung von Gemeinschaftsrecht und angeglichenem Recht, ZGR 2000, 446, 466 m.w.N.

317 EuGH, Rs 14/83 (von Colson und Kamann) Slg. 1984, 1891, Rn 28; Rs 79/83 (Harz), Slg. 1984, 1921, Rn 28; zuletzt EuGH Rs C-235/03 (QDQ Media), Slg. 2005, I-1937, Rn 15.

möglich“ am Wortlaut und Zweck der Richtlinie auszurichten ist.[318] Hinzu kommt ein funktionales Element, da die Gerichte nur „im Rahmen ihrer Zuständigkeiten“[319] zur richtlinienkonformen Auslegung verpflichtet sind. Damit wird auf das nationalstaatliche Kompetenzgefüge Rücksicht genommen; den Gerichten wird nicht mehr als das abverlangt, wozu sie verfassungsrechtlich, d. h. aufgrund des jeweiligen nationalen Systems der Gewaltenteilung, in der Lage sind. Eine darüber hinausgehende Auslegung ist nicht gefordert.[320] Die Auslegungskompetenz ist zwar bis zu den Grenzen des noch zulässigerweise methodisch Möglichen und verfassungsrechtlich Erlaubten auszuschöpfen; sie muss aber nicht rechtsfortbildend überschritten werden, sofern es im nationalen Recht an den für einen solchen Schritt notwendigen verfassungs- und methodologischen Voraussetzungen fehlt.[321] Eine allgemeine Pflicht zur Rechtsfortbildung contra legem gibt es nicht.[322] Die Anbindung des Umfangs der Pflicht zur richtlinienkonformen Auslegung an die von den nationalen Auslegungskanones gezogenen Grenzen führt zu einer von Mitgliedstaat zu Mitgliedstaat variierenden Reichweite dieser Pflicht. Das mag angesichts des Gedankens der Einheitlichkeit des Gemeinschaftsrechts misslich erscheinen, ist aufgrund der Beachtung der mitgliedstaatlichen Kompetenzgefüge und hier insbesondere ihrer Gewaltenteilungssysteme aber nur konsequent. Die Grenzziehung ist damit weiterhin Aufgabe der nationalen Dogmatik.

Neben diesen aus der Rückkoppelung mit dem nationalen Recht resultierenden Grenzen ergeben sich weitere aus den allgemeinen Rechtsgrundsätzen des Gemeinschaftsrechts, insbesondere dem **Grundsatz der Rechtssicherheit** und dem **Rückwirkungsverbot**. So hat der Gerichtshof für Recht erkannt, dass eine Richtlinie für sich allein und unabhängig von zu ihrer Durchführung erlassener innerstaatlicher Rechtsvorschriften eines Mitgliedstaats nicht die Wirkung haben kann, die strafrechtliche Verantwortlichkeit derjenigen, die gegen die Vorschriften der Richtlinie verstoßen, festzulegen oder zu verschärfen.“[323] Bedeutung entfaltet diese Rechtsprechung vor allem für das Strafrecht. Man wird sie darüber hinaus auch auf das Verwaltungsstrafrecht erstrecken müssen.[324] **109**

318 EuGH, Rs C-106/89 (Marleasing), Slg. 1990, I-4135, Rn 8; Rs C-334/92 (Wagner Miret), Slg. 1993, I-6911, Rn 20; Rs C-91/92 (Faccini Dori), Slg. 1994, I-3325, Rn 26.

319 Vgl. z. B. EuGH, Rs C-91/92 (Faccini Dori), Slg. 1994, I-3325, Rn 26.

320 Ebenso Jarass, EuR 1991, 211, 217; Brechmann S. 265 ff.; Klein in: FS Everling, S. 641, 646; Rüffler, ÖJZ 1997, 121, 126.

321 Mehr fordert auch EuGH, Rs C-397/01 (Pfeiffer), Slg. 2004, 8835, nicht, auch wenn der EuGH in seiner Diktion etwas unklar ist. Vgl. dazu u. a. auch Riesenhuber/Domröse, Richtlinienkonforme Rechtsfindung und nationale Methodenlehre, RIW 2005, 47; Schlachter, Richtlinienkonforme Rechtsfindung – ein neues Stadium im Kooperationsverhältnis zwischen EuGH und den nationalen Gerichten, RdA 2005, 116; Thüsing, Zu den Grenzen richtlinienkonformer Auslegung, ZIP 2004, 2301.

322 Ebenso z. B. Bello Martín-Crespo, S. 143; Plaza Martín, Furthering the effectiveness of EC directives and the judicial protection of individual rights thereunder, ICLQ 43 (1994), 26, 31; gegenteiliger Ansicht etwa Hergenröder in: FS Zöllner, S. 1139, 1149 ff.; Lutter, JZ 1992, 593, 607; Steindorff in: FS Everling, S. 1455, 1462. Vgl. zum Ganzen auch Jud, Die Grenzen der richtlinienkonformen Interpretation, ÖJZ 2003, 521; Riesenhuber/Domröse, RIW 2005, 47, 50 ff.; Schnorbus, Die richtlinienkonforme Rechtsfortbildung im nationalen Privatrecht. Eine Untersuchung zur europarechtlich bedingten Lücke im Gesetz, AcP 201 (2001), 860.

323 EuGH, Rs 80/86 (Kolpinghuis Nijmegen), Slg. 1987, 3969, Rn 13.

324 Zutreffend Rüffle, ÖJZ 1997, 121, 129.

5. Staatshaftung für nicht bzw. nicht ordnungsgemäß erfolgte Umsetzung

110 Das vom EGV zur Verfügung gestellte bzw. vom EuGH durch Rechtsfortbildung entwickelte Instrumentarium zur Sicherung der vollen Wirksamkeit des Gemeinschaftsrechts wird ergänzt durch den **gemeinschaftsrechtlichen Staatshaftungsanspruch**. Er erfasst sowohl Verstöße gegen das primäre als auch gegen das sekundäre Gemeinschaftsrecht. Sein Hauptanwendungsgebiet liegt jedoch auf dem Bereich des Sekundärrechts. Der gemeinschaftsrechtliche Staathaftungsanspruch dient hier vor allem dazu, Rechtsschutzlücken, die aufgrund einer fehlenden unmittelbaren Wirkung von EG-Richtlinien entstehen können, zu schließen.

111 Der gemeinschaftsrechtliche Staatshaftungsanspruch wurde vom EuGH erstmals in der Entscheidung Francovich herausgearbeitet. Maßgebliches Begründungskriterium war anfangs das gemeinschaftsrechtliche Effizienzgebot, also der Grundsatz des „effet utile", dem als zweiter, ergänzender Begründungsansatz der Hinweis auf Art. 10 EGV zur Seite gestellt wurde. Ersichtlich im Vordergrund steht dabei die Sicherung der durch das Gemeinschaftsrecht begründeten Rechte des Einzelnen gegenüber dem vertragsbrüchigen Mitgliedstaat: „Die volle Wirksamkeit der gemeinschaftsrechtlichen Bestimmungen wäre beeinträchtigt und der Schutz der durch sie begründeten Rechte gemindert, wenn der Einzelne nicht die Möglichkeit hätte, für den Fall eine Entschädigung zu erlangen, dass seine Rechte durch einen Verstoß gegen das Gemeinschaftsrecht verletzt werden, der einem Mitgliedstaat zuzurechnen ist. Diese Möglichkeit einer Entschädigung durch den Mitgliedstaat ist vor allem dann unerlässlich, wenn die volle Wirkung der gemeinschaftsrechtlichen Bestimmungen davon abhängt, dass der Staat tätig wird, und der Einzelne deshalb im Falle einer Untätigkeit des Staates die ihm durch das Gemeinschaftsrecht zuerkannten Rechte vor den nationalen Gerichten nicht geltend machen kann. Der Grundsatz einer Haftung des Staates für Schäden, die dem Einzelnen durch dem Staat zurechenbare Verstöße gegen das Gemeinschaftsrecht entstehen, folgt somit aus dem Wesen der mit dem EWG-Vertrag geschaffenen Rechtsordnung. Die Verpflichtung der Mitgliedstaaten zum Ersatz dieser Schäden findet auch in Art. 5 EWG-Vertrag eine Stütze, nach dem die Mitgliedstaaten alle geeigneten Maßnahmen allgemeiner oder besonderer Art zur Durchführung des Gemeinschaftsrechts zu treffen und folglich auch die rechtswidrigen Folgen eines Verstoßes gegen das Gemeinschaftsrecht zu beheben haben."[325]

112 Eine so weitgehende Fortbildung des Gemeinschaftsrechts durch die Judikative sah sich naturgemäß Kritik ausgesetzt.[326] Der EuGH war daher in den nachfolgenden Entscheidungen bemüht, den gemeinschaftsrechtlichen Staatshaftungsanspruch auf einer noch breiteren dogmatischen Grundlage abzusichern. Dies war außerdem deshalb notwendig, weil der Anspruch in der Folgerechtsprechung auch auf mitgliedstaatliche Verstöße gegen unmittelbar anwendbare Vorschriften des Gemeinschaftsrechts, insbesondere die Grundfreiheiten, erstreckt wurde. Der EuGH weist insoweit zunächst darauf hin, dass es sich bei der Frage nach dem Bestehen und dem Umfang der Haftung eines Staates für Schäden, die sich aus einem Verstoß gegen seine gemeinschaftsrechtlichen Verpflichtungen ergeben, um Fragen handelt, die die Auslegung des Vertrages betreffen. Diese fällt aber in die **Zuständigkeit des**

325 EuGH, verb. Rs C-6/90 und 9/90 (Francovich), Slg. 1991, I-5358, Rn 33.
326 Vgl. z. B. Ossenbühl, Der gemeinschaftsrechtliche Staatshaftungsanspruch, DVBl. 1992, 993, 994: „apodiktisch, thesenhaft, eher dezisionistisch als deduktiv".

Gerichtshofs. Der EuGH stützt seine Kompetenz zur Rechtsfortbildung also auf Art. 220 EGV:[327] „Soweit der Vertrag keine Vorschriften enthält, die die Folgen von Verstößen der Mitgliedstaaten gegen das Gemeinschaftsrecht ausdrücklich und genau regeln, hat der Gerichtshof in Erfüllung der ihm durch Art. 164 des Vertrages übertragenen Aufgabe, die Wahrung des Rechts bei der Auslegung und Anwendung des Vertrages zu sichern, über eine solche Frage nach den allgemein anerkannten Auslegungsmethoden zu entscheiden, insbesondere indem er auf die Grundprinzipien der Gemeinschaftsrechtsordnung und gegebenenfalls auf allgemeine Grundsätze, die den Rechtsordnungen der Mitgliedstaaten gemeinsam sind, zurückgreift."[328] Der Gerichtshof greift sodann auf einen Art. 288 Abs. 2 EGV zugrunde liegenden allgemeinen Rechtsgedanken zurück. Zwar regelt die Vorschrift nur die Verpflichtung der Gemeinschaft, im Bereich der außervertraglichen Haftung den durch ihre Organe oder Bediensteten in Ausübung ihrer Amtstätigkeit verursachten Schaden zu ersetzen. Nach Auffassung des EuGH handelt es sich dabei jedoch nur um „eine Ausprägung des in den Rechtsordnungen der Mitgliedstaaten geltenden allgemeinen Grundsatzes, dass eine rechtswidrige Handlung oder Unterlassung die Verpflichtung zum Ersatz des verursachten Schadens nach sich zieht."[329] Der Gerichtshof macht außerdem darauf aufmerksam, dass auch in einer großen Anzahl von nationalen Rechtsordnungen das Staatshaftungsrecht entscheidend im Wege der Rechtsprechung entwickelt worden ist.[330] Die dogmatische Grundlage des gemeinschaftsrechtlichen Staatshaftungsanspruchs bildet folglich neben dem Grundsatz des „effet utile" und der aus Art. 10 EGV resultierenden Verpflichtung zur Gemeinschaftstreue auch der allgemeine, in Art. 288 Abs. 2 EGV für das Handeln der Gemeinschaftsorgane konkretisierte Grundsatz, dass eine rechtswidrige Handlung oder Unterlassung grundsätzlich die Verpflichtung der jeweiligen öffentlichen Stelle bzw. ihrer Rechtsträger zum Ersatz der in Ausübung ihrer Amtstätigkeit verursachten Schäden nach sich zieht.

Die so begründete **Pflicht zur Schadensersatzleistung** für mitgliedstaatliche Verstöße gegen das Gemeinschaftsrecht ist originär gemeinschaftsrechtlicher Natur. Ihre Voraussetzungen werden allein durch das Gemeinschaftsrecht festgelegt. Den nationalen Rechten bleibt allerdings die nähere Ausgestaltung eines etwaigen Entschädigungsanspruchs überlassen. Sie sind primärrechtlich verpflichtet, für die vom gemeinschaftsrechtlichen Staatshaftungsanspruch erfassten Fälle in ihren nationalen Staatshaftungsrechten eine entsprechende Schadensersatzpflicht vorzusehen. Anzuwenden sind vom nationalen Gericht daher die nationalen Haftungsregeln. Diese müssen freilich die Anforderungen des Gemeinschaftsrechts berücksichtigen. Andernfalls sind sie entsprechend zu modifizieren.[331] Das Gemeinschaftsrecht bedient sich so zur Anspruchsverwirklichung der nationalen 113

327 Vgl. EuGH, verb. Rs C-46/93 und C-48/93 (Brasserie du Pêcheur), Slg. 1996, I-1029, Rn 25.

328 Vgl. EuGH, verb. Rs C-46/93 und C-48/93 (Brasserie du Pêcheur), Slg. 1996, I-1029, Rn 27; Art. 164 = Art. 220 EGV i. d. F. des Vertrags von Amsterdam.

329 Vgl. EuGH, verb. Rs C-46/93 und C-48/93 (Brasserie du Pêcheur), Slg. 1996, I-1029, Rn 29.

330 Vgl. EuGH, verb. Rs C-46/93 und C-48/93 (Brasserie du Pêcheur), Slg. 1996, I-1029, Rn 30.

331 Vgl. auch Streinz, Anmerkungen zu dem EuGH-Urteil in der Rechtssache Brasserie du Pecheur und Factortame, EuZW 1996, 201, 203; Ehlers, Die Weiterentwicklung des Staatshaftungsrechts durch das europäische Gemeinschaftsrecht, JZ 1996, 776, 777.

Normen, im deutschen Recht beispielsweise der Vorschrift des § 839 BGB i. V. m. Art. 34 GG. Dabei dürfen die im Schadensersatzrecht der einzelnen Mitgliedstaaten festgelegten materiellen und formellen Voraussetzungen nicht ungünstiger sein als bei ähnlichen Klagen, die das nationale Recht betreffen, und außerdem nicht so ausgestaltet sein, dass sie es praktisch unmöglich machen oder übermäßig erschweren, die Entschädigung zu erlangen.[332] Steht das nationale Recht einer Durchsetzung des gemeinschaftsrechtlichen Staatshaftungsanspruchs im Wege, kann das gemeinschaftsrechtlich geforderte Ergebnis also auch nicht mittels einer gemeinschaftsrechtskonformen Auslegung erreicht werden, muss es entsprechend angepasst und darf ansonsten nicht angewendet werden.

114 Die Entscheidung darüber, welche Stelle zum Ersatz verpflichtet und damit **Haftungsschuldner** ist, bleibt den Mitgliedstaaten überlassen. Dadurch wird nicht nur dem bundesstaatlichen Aufbau einzelner Mitgliedstaaten Rechnung getragen, sondern überhaupt ihre Autonomie zur Strukturierung der Staatsverwaltung respektiert. Zwar muss jeder Mitgliedstaat sicherstellen, dass dem Einzelnen der Schaden ersetzt wird, der ihm durch einen Verstoß gegen Gemeinschaftsrecht entstanden ist, gleichgültig, welche staatliche Stelle diesen Verstoß begangen hat und welche Stelle nach dem Recht des betreffenden Mitgliedstaats diesen Schadensersatz grundsätzlich zu leisten hat. Die Mitgliedstaaten können sich ihrer Haftung also nicht dadurch entziehen, dass sie auf die interne Verteilung der Zuständigkeiten und der Haftung auf Körperschaften verweisen, die nach ihrer Rechtsordnung bestehen, oder dass sie geltend machen, der staatlichen Stelle, die den Verstoß gegen Gemeinschaftsrecht begangen habe, hätten nicht die erforderlichen Befugnisse, Kenntnisse oder Mittel zur Verfügung gestanden.

115 Es bleibt ihnen aber unbenommen, vorzusehen, dass Schäden, die dem Einzelnen durch innerstaatliche Maßnahmen entstanden sind, die etwa eine vom Gesamtstaat **unabhängige Gebietskörperschaft** oder eine öffentlich-rechtliche Einrichtung unter Verstoß gegen das Gemeinschaftsrecht getroffen hat, auch von dieser ersetzt werden müssen, sofern die innerstaatlichen Verfahrensregelungen einen wirksamen Schutz der Rechte ermöglichen, die dem Einzelnen aufgrund Gemeinschaftsrechts zustehen, und die Geltendmachung dieser Rechte nicht gegenüber derjenigen solcher Rechte erschwert ist, die dem Einzelnen nach innerstaatlichem Recht zustehen.[333] Eine Inanspruchnahme des Mitgliedstaats anstelle der nach seinem Recht zum Haftungsschuldner bestimmten Körperschaft kommt folglich nur in Betracht, wenn zwar die Voraussetzungen des gemeinschaftsrechtlichen Staatshaftungsanspruchs vorliegen, dessen Geltendmachung jedoch an der Ausgestaltung des innerstaatlichen Rechts scheitert.[334]

---

332 EuGH, verb. Rs C-6/90 und 9/90 (Francovich), Slg. 1991, I-5357, Rn 42 f.; verb. Rs C-94/95 und C-95/95 (Bonifaci), Slg. 1997, I-3969, Rn 40; Rs C-127/95 (Norbrook Laboratories), Slg. 1998, I-1531, Rn 111; Rs C-424/97 (Haim), Slg. 2000, I-5123, Rn 33.

333 Zu den Einzelheiten vgl. EuGH, Rs C-302/97 (Konle), Slg. 1999, I-3099, Rn 61 ff.; Rs C-424/97 (Haim), Slg. 2000, I-5123, Rn 25 ff.; Rs C-118/00 (Larsy), Slg. 2001, I-5063, Rn 35.

334 Weber, Neue Konturen des gemeinschaftsrechtlichen Staatshaftungsanspruchs nach der Entscheidung des EuGH in der Rechtssache Konle, NVwZ 2001, 287; ausführlich Gundel, Die Bestimmung des richtigen Anspruchsgegners der Staatshaftung für Verstöße gegen Gemeinschaftsrecht, DVBl. 2001, 95. Zu Rückgriffsansprüchen des Bundes bei einer Haftung für Verstöße der Bundesländer gegen Gemeinschaftsrecht vgl. Koenig/Braun, Rückgriffsansprüche des Bundes bei einer Haftung für Verstöße der Bundesländer gegen Gemeinschaftsrecht, NJ 2004, 97.

116 Der Anspruch auf Ersatz der Schäden, die dem Einzelnen durch dem Staat zuzurechnende Verstöße gegen das Gemeinschaftsrecht entstehen, setzt die kumulative Erfüllung von **drei Bedingungen** voraus: Die gemeinschaftsrechtliche Norm, gegen die verstoßen worden ist, muss die Verleihung von Rechten an den Geschädigten bezwecken, der Verstoß hinreichend qualifiziert sein und zwischen diesem Verstoß und dem den Geschädigten entstandenen Schaden ein unmittelbarer Kausalzusammenhang bestehen.[335] Diese allgemeinen Voraussetzungen sind dann in Abhängigkeit davon, ob es sich um einen Verstoß gegen Primär- oder Sekundärrecht handelt, entsprechend zu präzisieren. Für die Fallgruppe fehlender oder mangelhafter Richtlinienumsetzung hat der EuGH die Voraussetzungen einer gemeinschaftsrechtlichen Staatshaftung dahingehend konkretisiert, dass das von der Richtlinie vorgegebene Ziel die Verleihung von Rechten an Einzelne enthalten, der Inhalt dieser Rechte auf der Grundlage der Richtlinie bestimmbar sein und ein Kausalzusammenhang zwischen dem Verstoß gegen die dem Mitgliedstaat auferlegte Verpflichtung und dem den Geschädigten entstandenen Schaden bestehen muss.[336] Auf ein individuelles Verschulden staatlicher Amtsträger kommt es nicht an. An die Stelle des nach deutschem Recht erforderlichen Verschuldens tritt die Notwendigkeit eines hinreichend qualifizierten Verstoßes.[337]

117 Die Annahme eines Staatshaftungsanspruchs setzt zunächst voraus, dass die verletzte gemeinschaftsrechtliche Norm auch dem **Schutz Einzelner** dient. Ihr muss sich mit hinreichender Sicherheit entnehmen lassen, dass es ihr Ziel ist, dem Betroffenen subjektive Rechte zu verschaffen.[338] Das setzt nicht notwendigerweise eine unmittelbare Anwendbarkeit der in Frage stehenden gemeinschaftsrechtlichen Vorschriften voraus. Vielmehr können auch in EG-Richtlinien enthaltene Regelungen dieses Tatbestandsmerkmal erfüllen, und zwar selbst dann, wenn sie nicht unmittelbar anwendbar sind, weil es z. B. an einer hinrei-

---

335 EuGH, verb. Rs C-46/93 und C-48/93 (Brasserie du Pêcheur), Slg. 1996, I-1029, Rn 51; Rs C-392/93 (British Telecommunictions), 1996, I-1631, Rn 39; Rs C-5/94 (Hedley Lomas), Slg. 1996, I-2553, Rn 25; verb. Rs C-178/94, C-179/94, C-188/94, C-189/94 und C-190/94 (Dillenkofer), Slg. 1996, I-4845, Rn 21; Rs C-66/95 (Sutton), Slg. 1997, I-2163, Rn 32; verb. Rs C-94/95 und C-95/95 (Bonifaci), Slg. 1997, I-3969, Rn 47; Rs C-261/95 (Palmisani), Slg. 1997, I-4025, Rn 25; Rs C-373/95 (Maso), Slg. 1997, I-4051, Rn 35; Rs C-127/95 (Norbrook Laboratories), Slg. 1998, I-1531, Rn 107; Rs C-319/96 (Brinkmann), Slg. 1998, I-5255, Rn 25; Rs C-140/97 (Rechberger), Slg. 1999, I-3499, Rn 21; Rs C-424/97 (Haim), Slg. 2000, I-5123, Rn 36; Rs C-224/01 (Köbler), Slg. 2003, I-10239, Rn 51.

336 Grundlegend EuGH, verb. Rs C-6/90 und 9/90 (Francovich), Slg. 1991, I-5357, Rn 40; präzisiert in EuGH, verb. Rs C-178/94, C-179/94, C-188/94, C-189/94 und C-190/94 (Dillenkofer), Slg. 1996, I-4845, Rn 22; vgl. auch EuGH, Rs C-392/93 (British Telecommunictions), Slg. 1996, I-1631; Rs C-66/95 (Sutton), Slg. 1997, I-2163; verb. Rs C-94/95 und C-95/95 (Bonifaci), Slg. 1997, I-3969; Rs C-261/95 (Palmisani), Slg. 1997, I-4025; Rs C-373/95 (Maso), Slg. 1997, I-4051; Rs C-127/95 (Norbrook Laboratories), Slg. 1998, I-1531; Rs C-319/96 (Brinkmann), Slg. 1998, I-5255; Rs C-140/97 (Rechberger), 1999, I-3499; Rs C-424/97 (Haim), Slg. 2000, I-5123, Rn 56.

337 Gellermann in: Streinz EUV/EGV, Art. 288 EGV Rn 52; Leible, Bilanzpublizität und Effektivität des Gemeinschaftsrechts, ZHR 162 (1998), 594, 604; Streinz/Leible, Staatshaftung wegen verspäteter Umsetzung der EG-Pauschalreise-Richtlinie, ZIP 1996, 1931, 1932 f.

338 Vgl. z. B. EuGH, verb. Rs C-6/90 und 9/90 (Francovich), Slg. 1991, I-5357, Rn 40; verb. Rs C-178/94, C-179/94, C-188/94, C-189/94 und C-190/94 (Dillenkofer), Slg. 1996, I-4845, Rn 22; Rs C-63/01 (Evans), Slg. 2003, I-14447, Rn 83; Rs C-222/02 (Paul) Slg. 2004, I-9425 Rn 49.

chenden Genauigkeit fehlt oder ein zwischen Privaten bestehendes Rechtsverhältnis zu beurteilen ist. Auf diese Weise ergänzt der Staatshaftungsanspruch die unmittelbare Wirkung von Richtlinien, sofern diese aufgrund eines dem Staat bei der Wahl der Mittel zugestandenen Ermessensspielraums oder aber wegen der Regelung von Rechtsbeziehungen zwischen Privaten nicht zum Tragen kommen kann.[339]

118 Ein Verstoß gegen das Gemeinschaftsrecht ist als **hinreichend qualifiziert** anzusehen, wenn ein Mitgliedstaat bei der Ausübung seiner Gesetzgebungsbefugnis deren Grenzen offenkundig und erheblich überschritten hat.[340] Bei einer gänzlich fehlenden oder verspäteten Richtlinienumsetzung ist das immer der Fall.[341] Bei einer unzulänglichen Richtlinienumsetzung, die nicht im Fehlen einer Rechtsnorm an sich, sondern allein in deren inhaltlichem Zurückbleiben gegenüber den gemeinschaftsrechtlichen Vorgaben besteht, ist auf das Maß an Klarheit und Genauigkeit der verletzten Vorschrift abzustellen. Der EuGH verlangt, dass die vom Mitgliedstaat vorgenommene Auslegung in einem offenkundigen Widerspruch zu ihrem Wortlaut und dem mit ihr verfolgten Ziel stehen muss,[342] die Abweichung also so eklatant ist, dass keine vernünftigen Zweifel an der Gemeinschaftsrechtswidrigkeit des nationalen Umsetzungsakts bestehen können. Verbleiben hingegen Schwierigkeiten und Auslegungsspielräume, ist das Merkmal des hinreichend qualifizierten Verstoßes nicht erfüllt.

119 Bei der Feststellung eines **offenkundigen Widerspruchs** ist die Auslegung des in Frage stehenden gemeinschaftlichen Rechtsakts durch andere Mitgliedstaaten oder die Kommission zu berücksichtigen.[343] Werden sie von einigen oder gar der überwiegenden Anzahl der Mitgliedstaaten genauso wie vom verklagten Mitgliedstaat ausgelegt, ist dies zwar nicht allein entscheidend, aber immerhin ein beachtenswertes Indiz, das gegen die Annahme einer offenkundigen Widersprüchlichkeit der mitgliedstaatlichen Norminterpretation steht.

120 Die Annahme eines gemeinschaftsrechtlichen Staatshaftungsanspruchs setzt schließlich voraus, dass das zu schützende Privatrechtssubjekt *durch* den qualifizierten Verstoß **geschädigt** wurde. Der Betroffene muss nachweisen, dass ihm durch die unterbliebene oder fehlerhafte Richtlinienumsetzung ein Schaden entstanden ist. Gefordert wird also ein **unmittelbarer Kausalzusammenhang** zwischen der Verletzung des Gemeinschaftsrechts und dem entstandenen Schaden. Eine solche schadensbegründende Kausalität liegt vor, wenn der haftungsbegründende Verstoß bei einem gewöhnlichen Verlauf der Dinge vorhersehbar dazu geeignet war, den Schaden herbeizuführen. Wäre der Schaden ohnehin, also auch bei

339 Streinz/Leible, ZIP 1996, 1931, 1934.

340 EuGH, verb. Rs C-46/93 und C-48/93 (Brasserie du Pêcheur), Slg. 1996, I-1029, Rn 55; Rs C-392/93 (British Telecommunications), Slg. 1996, I-1631, Rn 42; verb. Rs C-178/94, C-179/94, C-188/94, C-189/94 und C-190/94 (Dillenkofer), Slg. 1996, I-4845, Rn 25; verb. Rs C-283/94, C-291/94 und C-292/94 (Denkavit), Slg. 1996, I-5063, Rn 50; Rs C-127/95 (Norbrook Laboratories), Slg. 1997, I-1531, Rn 109.

341 Eine Ausnahme von diesem Grundsatz ist freilich angebracht, wenn es zwar an einer Umsetzung fehlt, die nationalen Behörden eine Richtlinienbestimmung jedoch unmittelbar anwenden, vgl. EuGH, Rs C-319/96 (Brinkmann), Slg. 1998, I-5255, Rn 29.

342 EuGH, Rs C-392/93 (British Telecommunictions), Slg. 1996, I-1631, Rn 42 und 43; Rs C-140/97 (Rechberger), Slg. 1999, I-3499, Rn 50.

343 Vgl. z. B. EuGH, Rs C-392/93 (British Telecommunictions), Slg. 1996, I-1631, Rn 42 und 43; Rs C-319/96 (Brinkmann), 1998, I-5255, Rn 31.

korrektem staatlichen Verhalten eingetreten, ist der ursächliche Zusammenhang hingegen zu verneinen.[344] Es sind vor allem die hier auftretenden Beweisprobleme, die dem Staatshaftungsanspruch einiges von seiner Effizienz nehmen. Mitunter mag es ausreichen, alternativ die Richtlinienregelung und die nationale Regelung in ihrer Auswirkung auf einen zu entscheidenden Rechtsstreit ex post anzuwenden. Eine solche komparative Schadensanalyse wird meist keine Nachweisprobleme aufwerfen, geht es doch allein um Rechtsanwendung.[345] Schwieriger zu beurteilen sind hingegen Fälle, in denen eine EG-Richtlinie nicht umgesetzt wurde und von einer Person bestimmte, gemeinschaftsrechtlich angeordnete Verhaltenspflichten nicht befolgt wurden. Auch in diesen Fällen ist zwar ein Schadensnachweis nicht per se ausgeschlossen, aufgrund vielfach auftretender Beweisprobleme aber erheblich erschwert.

6. Vorwirkungen

Sämtliche EG-Richtlinien enthalten sowohl eine Vorschrift über ihr In-Kraft-Treten als auch über den Ablauf der Umsetzungsfrist. Beide Daten fallen regelmäßig auseinander. Die Dienstleistungsrichtlinie ist gemäß ihres Art. 45 am 28. Dezember 2006, dem Tag nach ihrer Veröffentlichung im Amtsblatt der Europäischen Union, in Kraft getreten. Dagegen läuft die Umsetzungsfrist für die Mitgliedstaaten bis zum 28. Dezember 2009. Dass die Pflicht zur **richtlinienkonformen Auslegung** spätestens mit Ablauf der Umsetzungsfrist entsteht, ist unstreitig. Unstreitig ist weiterhin, dass das nationale Recht auch dann richtlinienkonform auszulegen ist, wenn der Mitgliedstaat die Richtlinie bereits vor Ablauf der Umsetzungsfrist umgesetzt hat.[346] Die Pflicht der nationalen Gerichte zur richtlinienkonformen Auslegung basiert dann freilich allein auf nationalem Recht, ist also nicht gemeinschaftsrechtlicher Natur. Sie lässt sich nahtlos in den Kanon der nationalen Auslegungsregeln einfügen. Denn wenn das Gesetz zur Umsetzung einer Richtlinie erlassen wurde, hat der Gesetzgeber damit zum Ausdruck gebracht, dass er dieser Regelung einen Gehalt beimessen möchte, der den Vorgaben der Richtlinie entspricht. Diesem Gesetzeszweck ist dann auch im Rahmen der Auslegung Rechnung zu tragen.[347] Eine gemeinschaftsrechtliche Pflicht entsteht hingegen erst mit dem Ablauf der Umsetzungsfrist. 121

Umstritten ist hingegen, ob Richtlinien vor Ablauf der Umsetzungsfrist eine **Vorwirkung** entfalten.[348] Im Zentrum des Streits steht die Frage, ob eine Pflicht zur richtlinienkonformen Auslegung des nationalen Rechts vor Ablauf der Umsetzungsfrist auch dann besteht, wenn der Gesetzgeber noch nicht tätig geworden ist. 122

344 Streinz/Leible, ZIP 1996, 1931, 1934; Gellermann in: Streinz EUV/EGV, Art. 288 EGV Rn 27.
345 So Grundmann, 1. Teil, Rn 171.
346 Ehricke, Die richtlinienkonforme Auslegung nationalen Rechts vor Ende der Umsetzungsfrist einer Richtlinie, EuZW 1999, 553, 554; Jarass, EuR 1991, 211, 221; Leible/Sosnitza, NJW 1998, 2507, 2508; W.-H. Roth, „Video“-Nachlese oder das (immer noch) vergessene Gemeinschaftsrecht, ZIP 1992, 1054, 1056; Sack, Die Berücksichtigung der Richtlinie 97/55/EG über irreführende und vergleichende Werbung bei der Anwendung der §§ 1 und 3 UWG, WRP 1998, 241, 242.
347 Ehricke, RabelsZ 59 (1995), 598, 622; Lutter, JZ 1992, 593, 605; Leible/Sosnitza NJW 1998, 2507, 2508; Rüffler, ÖJZ 1997, 121, 125; Sack, WRP 1998, 241, 242.
348 Überblick zum Meinungsstand bei Fisahn/Mushoff, Vorwirkung und unmittelbare Wirkung Europäischer Richtlinien, EuR 2005, 222.

In der Literatur wird dies verschiedentlich bejaht[349] oder immerhin von einer „Beachtens- und Berücksichtigungspflicht des Gemeinschaftsinteresses in Gestalt des Richtlinienziels“ ausgegangen.[350] Gestützt wird diese Auffassung meist auf die Entscheidung Kolpinghuis Nijmegen, in der der EuGH ausführt, dass es für die Grenzen, „die sich aus dem Gemeinschaftsrecht für die Verpflichtung oder die Möglichkeit des innerstaatlichen Gerichts ergeben könnten, die innerstaatlichen Rechtsvorschriften im Lichte der Richtlinie auszulegen, ... keinen Unterschied macht, ob die für den Mitgliedstaat geltende Frist für die Anpassung der innerstaatlichen Rechtsvorschriften zu dem maßgeblichen Zeitpunkt noch nicht abgelaufen war.“[351] Eine Pflicht zur richtlinienkonformen Auslegung auch bei noch nicht erfolgter Umsetzung bereits vor Ablauf der Umsetzungsfrist lässt sich daraus gleichwohl nicht ableiten. Es liegt vielmehr näher, die Ausführungen des Gerichtshofs nicht allgemein auf die gemeinschaftsrechtliche Pflicht zur richtlinienkonformen Auslegung, sondern lediglich auf die von ihm im vorangegangenen Entscheidungsgrund aufgezeigten Grenzen der richtlinienkonformen Auslegung zu beziehen.[352] Für die hier vertretene Ansicht spricht vor allem die Entscheidung Inter-Environnement Wallonie. Verfahrensgegenstand war ein Fall richtlinienwidrigen gesetzgeberischen Handelns während des Laufs der Umsetzungsfrist. Der EuGH geht nicht von einer mit In-Kraft-Treten der Richtlinie (Art. 191 EGV) beginnenden unbedingten Umsetzungsverpflichtung, ja nicht einmal von einem Stillhaltegebot aus, sondern formuliert lediglich ein „Frustrationsverbot“:[353] „Die Mitgliedstaaten sind zwar nicht verpflichtet, diese Maßnahmen vor Ablauf der Umsetzungsfrist zu erlassen, doch ergibt sich aus Art. 5 EGV in Verbindung mit Art. 189 Abs. 3 EGV und aus der Richtlinie selbst, dass sie während dieser Frist den Erlass von Vorschriften unterlassen müssen, die geeignet sind, das in dieser Richtlinie vorgeschriebene Ziel ernstlich in Frage zu stellen“.[354] Der EuGH erkennt damit den vom EGV bzw. der Richtlinie selbst den Mitgliedstaaten bis zum

349 Vgl. z. B. Arnull, Institutional and Jurisdictional Questions, ELR 1988, 42, 43; Lenz, Entwicklung und unmittelbare Geltung des Gemeinschaftsrechts, DVBl. 1990, 903, 908; Scherzberg, Die innerstaatlichen Wirkungen von EG-Richtlinien, Jura 1993, 225, 232; Sack, WRP 1998, 241, 243 (anders noch ders., Wettbewerbsrechtliche Folgen von Richtlinien der Europäischen Union, VersR 1994, 1383, 1384); Steindorff, Gesellschaftsrecht, EG-Richtlinien und Art 177 EWG-Vertrag, AG 1988, 57, 58; von Bogdandy in: Grabitz/Hilf EU, Art. 5 EGV Rn 55; Schroeder in: Streinz EUV/EGV, Art. 249 EGV Rn 130.

350 So Schliesky, Die Vorwirkung von gemeinschaftsrechtlichen Richtlinien, DVBl. 2003, 631, 639.

351 EuGH, Rs 80/86 (Kolpinghuis Nijmegen), Slg. 1987, 3969, Rn 15 und 16.

352 Rn 15 der Entscheidung Kolpinghuis Nijmegen sollte daher folgendermaßen gelesen werden (vgl. Leible/Sosnitza, NJW 1998, 2507, 2508 in Fn. 14): Eine Richtlinie kann – vor oder nach Ablauf der Umsetzungsfrist – für sich allein ohne entsprechende staatliche Durchführungsvorschriften niemals zur Begründung oder Verschärfung der strafrechtlichen Verantwortung Einzelner führen. Mit gleichem Ergebnis Götz, Europäische Gesetzgebung durch Richtlinien – Zusammenwirken von Gemeinschaft und Staat, NJW 1992, 1849, 1854; Ress, Die richtlinienkonforme „Interpretation“ innerstaatlichen Rechts, DÖV 1994, 489, 493 (in Fn. 45); Rüffler, ÖJZ 1997, 121, 125; Weiß, Zur Wirkung von Richtlinien vor Ablauf der Umsetzungsfrist, DVBl. 1998, 568, 570 (in Fn. 20).

353 Vgl. dazu ausführlich und überzeugend Weiß, DVBl. 1998, 568, 572; ebenso Bühring/Lang, Vorwirkung von EG-Richtlinien gegenüber staatlich kontrollierten Unternehmen des Privatrechts, ZEuP 2005, 88, 101; Ehricke, Vorwirkungen von EU-Richtlinien auf nationale Gesetzgebungsverfahren, ZIP 2001, 1311, 1314; Leible/Sosnitza, NJW 1998, 2507, 2508; Streinz, Europarecht, Rn 442 c; a. A. Sack, WRP 1998, 241, 243 f.

354 EuGH, Rs C-129/96 (Inter-Environnement Wallonie), Slg. 1997, I-7411, Rn 45.

Ablauf der Umsetzungsfrist eingeräumten Handlungsspielraum an. Die Mitgliedstaaten sollen diesen Zeitraum frei von äußeren Zwängen für die Suche nach dem bestmöglichen Umsetzungsmodell nützen können. Sie dürfen daher ihre bisherigen – richtlinienwidrigen – Regelungen vorläufig beibehalten und sogar solche neu erlassen, sofern sichergestellt ist, dass durch die mitgliedstaatliche Verfahrensweise eine rechtzeitige Änderung der Gesetzeslage nicht unmöglich gemacht wird. Dann aber können die Pflichten innerstaatlicher Stellen und insbesondere der Gerichte nicht weitergehen. Denn der den Mitgliedstaaten vom Gemeinschaftsrecht zugestandene Handlungsspielraum würde durch eine bereits vor Fristablauf bestehende Pflicht zur richtlinienkonformen Auslegung entwertet. Daher dürfen auch die nationalen Gerichte ihre bisherige und mit der Richtlinie nicht in Einklang stehende Rechtsprechungspraxis zunächst beibehalten. Ihnen ist lediglich eine die fristgerechte Zielerreichung gefährdende richtlinienwidrige Fortbildung des nationalen Rechts verwehrt.[355]

Eine hiervon zu trennende Frage ist, ob nationale Gerichte die Richtlinie zum Anlass nehmen dürfen, ihre bisherige Rechtsprechung zu ändern und die bestehenden Gesetze nunmehr „richtlinienkonform" auszulegen. Eine solche Vorgehensweise der nationalen Gerichte ist durchaus möglich. Nur muss man sich dabei vergegenwärtigen, dass hierfür eine Berufung auf die Richtlinie ausscheidet.[356] Maßgeblich kann allein das **nationale Recht** sein. Sofern dieses hinreichende Möglichkeiten zur Änderung einer bisherigen Rechtsprechung bietet und das Gericht zur Ansicht gelangt, dass es – auch unter Berücksichtigung der neuen gemeinschaftsrechtlichen Regelung – an seiner alten Rechtsauslegung aufgrund eines gewandelten Rechtsverständnisses nicht mehr festhalten möchte, ist es im Rahmen des nationalen Methodenkanons an einer Rechtsprechungsänderung nicht gehindert. Diese gründet aber allein im nationalen und keinesfalls im Gemeinschaftsrecht.[357] Der BGH hat dies beispielhaft in seiner Testpreis-Angebot-Entscheidung deutlich gemacht, indem er die RL 97/55/EG über vergleichende Werbung zwar zum Anlass nahm, seine bisherige, eher restriktive Rechtsprechung zur Zulässigkeit von Werbevergleichen zu ändern, aber zugleich nachdrücklich betonte, dass es sich um keine vorweggenommene Umsetzung handele, sondern die Richtlinie vielmehr zu einer Änderung des nationalen Sittenwidrigkeitsbegriffs geführt habe;[358] denn ein Verhalten, das gemeinschaftsrechtlich ausdrücklich erlaubt wird, kann auf nationaler Ebene kaum mehr als „sittenwidrig" betrachtet werden. Ein derartiger „Griff in die Zukunft" stellt solange keine Kompetenzanmaßung der Judikative dar,[359] wie diese eine Richtlinie lediglich zum Anlass 123

355 Leible/Sosnitza, NJW 1998, 2507, 2508; ebenso z.B. Klamert S. 61f. und 194f.; Schroeder in: Streinz EUV/EGV, Art. 249 EGV Rn 130.

356 A.A. z.B. Schliesky, DVBl. 2003, 631, 639: „Generalklausel ist unter Berücksichtigung des verbindlichen und bereits recht konkreten Richtlinienziels... auszulegen."

357 Leible/Sosnitza, NJW 1998, 2507, 2508; ähnlich Lindacher, Zur Zulässigkeit vergleichender Werbung und einer Preisdifferenzierung zwischen Erstkäufern und Wiederholungskäufern, DZWIR 1998, 514, 515; Brandner in: FG 50 Jahre BGH, 2000, S. 299, 304; zustimmend wohl auch Ehricke, EuZW 1999, 553, 556.

358 Vgl. BGH, GRUR 1998, 824, 827 m. Anm. Ohly = RIW 1998, 956, 959 m. Anm. Uecker = JR 1999, 194, 197 m. Anm. Staudinger. Zu dieser Entscheidung auch Eck/Ikas, Neue Grenzen vergleichender Werbung, WRP 1999, 251; Leible/Sosnitza, NJW 1998, 2507.

359 So aber Brechmann S. 265; Ehricke, RabelsZ 59 (1995), 598, 621; Rüffler, ÖJZ 1997, 121, 125. Für „problematisch" hält eine solche Vorgehensweise Everling, Zur Auslegung des durch EG-Richtlinien angeglichenen nationalen Rechts, ZGR 1992, 376, 382.

nimmt, ihre bisherige Position zu überdenken, die ihre Entscheidung tragenden Wertungskriterien aber allein dem nationalen Recht entlehnt und auch nur auf dieses die Rechtsprechungsänderung stützt. Dem wird freilich entgegengehalten, das Untätigbleiben der zur Gesetzgebung berufenen Organe nach In-Kraft-Treten einer Richtlinie müsse als gesetzgeberische Willensäußerung gedeutet werden, dass die alte Rechtslage fortzugelten habe.[360] Ausschließen lässt sich eine solche gesetzgeberische Intention zwar nicht. Jedoch sind berechtigte Zweifel an der Annahme angebracht, allein aus dem Umstand der „Noch-nicht-Umsetzung“ könne auf einen auf ein Festhalten am Status quo gerichteten gesetzgeberischen Willen geschlossen werden. Denn dem Gesetzgeber ist es bei Einhaltung eines geordneten parlamentarischen Verfahrens gar nicht möglich, gleichzeitig mit oder auch nur innerhalb eines überschaubaren Zeitraums nach dem In-Kraft-Treten einer Richtlinie diese in nationales Recht zu transformieren. Es bedarf daher schon besonderer Anhaltspunkte, die den Schluss auf einen entsprechenden Willen der zur Gesetzgebung berufenen Organe erlauben.

360 So Rüffler, ÖJZ 1997, 121, 125.

Kapitel I Allgemeine Bestimmungen

Artikel 1 Gegenstand

(1) Diese Richtlinie enthält allgemeine Bestimmungen, die bei gleichzeitiger Gewährleistung einer hohen Qualität der Dienstleistungen die Wahrnehmung der Niederlassungsfreiheit durch Dienstleistungserbringer sowie den freien Dienstleistungsverkehr erleichtern sollen.

(2) Diese Richtlinie betrifft weder die Liberalisierung von Dienstleistungen von allgemeinem wirtschaftlichem Interesse, die öffentlichen oder privaten Einrichtungen vorbehalten sind, noch die Privatisierung öffentlicher Einrichtungen, die Dienstleistungen erbringen.

(3) Diese Richtlinie betrifft weder die Abschaffung von Dienstleistungsmonopolen noch von den Mitgliedstaaten gewährte Beihilfen, die unter die gemeinschaftlichen Wettbewerbsvorschriften fallen.

Diese Richtlinie berührt nicht das Recht der Mitgliedstaaten, im Einklang mit dem Gemeinschaftsrecht festzulegen, welche Leistungen sie als von allgemeinem wirtschaftlichem Interesse erachten, wie diese Dienstleistungen unter Beachtung der Vorschriften über staatliche Beihilfen organisiert und finanziert werden sollten und welchen spezifischen Verpflichtungen sie unterliegen sollten.

(4) Diese Richtlinie berührt nicht die Maßnahmen, die auf gemeinschaftlicher oder nationaler Ebene im Einklang mit dem Gemeinschaftsrecht ergriffen werden, um die kulturelle oder sprachliche Vielfalt oder den Medienpluralismus zu schützen oder zu fördern.

(5) Diese Richtlinie berührt nicht das Strafrecht der Mitgliedstaaten. Die Mitgliedstaaten dürfen jedoch nicht unter Umgehung der Vorschriften dieser Richtlinie die Dienstleistungsfreiheit dadurch einschränken, dass sie Strafrechtsbestimmungen anwenden, die die Aufnahme oder Ausübung einer Dienstleistungstätigkeit gezielt regeln oder beeinflussen.

(6) Diese Richtlinie berührt nicht das Arbeitsrecht, d. h. gesetzliche oder vertragliche Bestimmungen über Arbeits- und Beschäftigungsbedingungen, einschließlich des Gesundheitsschutzes und der Sicherheit am Arbeitsplatz und über die Beziehungen zwischen Arbeitgebern und Arbeitnehmern, die von den Mitgliedstaaten gemäß nationalem Recht unter Wahrung des Gemeinschaftsrechts angewandt werden. In gleicher Weise berührt die Richtlinie auch nicht die Rechtsvorschriften der Mitgliedstaaten über die soziale Sicherheit.

(7) Diese Richtlinie berührt nicht die Ausübung der in den Mitgliedstaaten und durch das Gemeinschaftsrecht anerkannten Grundrechte. Sie berührt auch nicht das Recht, gemäß nationalem Recht und nationalen Praktiken unter Wahrung des Gemeinschaftsrechts Tarifverträge auszuhandeln, abzuschließen und durchzusetzen sowie Arbeitskampfmaßnahmen zu ergreifen.

Literatur: Siehe die Literaturhinweise zur Einleitung.

I. Überblick

1 Art. 1 Abs. 1 beschreibt knapp den Normcharakter und das Ziel der Dienstleistungsrichtlinie. Art. 1 Abs. 2-7 führt die Materien auf, die die Richtlinie nicht „betrifft“ bzw. nicht „berührt“. Die Gründe dafür werden teilweise in den Erwägungsgründen näher erläutert.

2 Die Dienstleistungsrichtlinie erfasst generell Dienstleistungen (Definition in Art. 4 Nr. 1; s. Art. 4 Rn 2) und damit nicht allein die Dienstleistungsfreiheit (freier Dienstleistungsverkehr, Art. 49 EGV) als vorübergehende grenzüberschreitende Tätigkeit bei Ansässigbleiben im Niederlassungsstaat sondern auch die Niederlassungsfreiheit (Art. 43 EGV). Die Dienstleistungserbringer sollten zwischen diesen beiden Freiheiten wählen und sich für diejenige entscheiden können, die ihrer Geschäftsstrategie für die einzelnen Mitgliedstaaten am besten gerecht wird (Erwägungsgrund 5 S. 3). Den unterschiedlichen Erfordernissen entsprechend werden dazu neben übergreifenden Bestimmungen differenzierte Regelungen getroffen (vgl. Art. 9-15 bzw. Art. 16-21).

3 Mit der Zielbestimmung und den negativen Abgrenzungen wird bereits der Anwendungsbereich der Richtlinie umrissen, den Art. 2 Abs. 1 sehr knapp bestimmt und von dem Art. 2 lit. a-l eine Reihe von Tätigkeiten und Art. 2 Abs. 3 den Bereich der Steuern ausdrücklich ausnehmen. Zu den nicht „betroffenen“ Materien gehören auch die Regeln des internationalen Privatrechts (Art. 3 Abs. 2). Um den präzisen Anwendungsbereich in einem konkreten Fall zu bestimmen, sind somit zum einen der positive Anwendungsbereich (Art. 1 Abs. 1, Art. 2 Abs. 1), zum anderen die zahlreichen Ausnahmen (Art. 1 Abs. 2-7, Art. 2 Abs.3, Art. 3 Abs. 2, Art. 2 Abs. 2-7) zu prüfen. Hinzu kommt, dass Art. 17 weitere Ausnahmen von der Dienstleistungsfreiheit (i.S. d. Art. 49 EGV) enthält, die zusätzlich zu prüfen sind. Schließlich ist darauf zu achten, dass die Dienstleistungsrichtlinie gegenüber spezielleren Gemeinschaftsrechtsakten (Art. 3 Abs. 1 S. 1; s. dazu Art. 3 Rn 3, 6) und „insbesondere“ gegenüber den in Art. 3 Abs. 1 S. 2 lit. a genannte Richtlinien (RL 96/71/EG – Entsenderichtlinie, RL 2005/36/EG – Berufsqualifikations-Anerkennungsrichtlinie) sowie der VO (EWG) Nr. 1408/71 (grundsätzlich aufgehoben und ersetzt durch VO (EG) Nr. 883/2004) subsidiär ist (s. dazu Art. 3 Rn 7).

4 Diese zahlreichen Ausnahmen wurden aufgrund vielfältiger Interventionen von Interessengruppen, aber auch seitens einzelner Mitgliedstaaten und im Europäischen Parlament, im Gesetzgebungsverfahren aufgenommen (vgl. Vor Art. 1 Rn 27, 31 ff.). Gleiches gilt für die Subsidiarität der Dienstleistungsrichtlinie (vgl. Art. 3 Rn 2).

II. Normcharakter und Ziel der Richtlinie (Art. 1 Abs. 1)

Die Dienstleistungsrichtlinie enthält „allgemeine Bestimmungen". Damit soll ein „allgemeiner Rechtsrahmen" geschaffen werden, der einem breiten Spektrum von Dienstleistungen zugute kommt und gleichzeitig die Besonderheiten einzelner Tätigkeiten und Berufe und ihre Reglementierung berücksichtigt (Erwägungsgrund 7 S. 1). Daher ist die Dienstleistungsrichtlinie gegenüber den speziellen Richtlinien, die zur Niederlassungsfreiheit und zur Dienstleistungsfreiheit bestehen,[1] subsidiär. Im Übrigen darf die Bezeichnung als „Rechtsrahmen" aber nicht darüber hinwegtäuschen, dass die Richtlinie ziemlich detaillierte Vorgaben für das Verfahren (vgl. Art. 5-13) ebenso wie für materielle Kriterien (vgl. Art. 14-16) sowie zur Amtshilfe (Art. 28-35) enthält.[2] 5

Grundlage dieses Rechtsrahmens soll gemäß Erwägungsgrund 7 S. 2 ein „dynamischer und selektiver Ansatz" sein, der vorrangig die leicht zu beseitigenden Beschränkungen abschafft. Dabei bleibt man nicht bei der bemerkenswert banalen Vorschrift des Art. 5 Abs. 1 S. 2 stehen, sondern trifft relativ konkrete, die Organisations- und Verfahrensautonomie der Mitgliedstaaten erheblich einschränkende Vorgaben (vgl. z. B. Art. 5 Abs. 3; Art. 6; Art. 13 Abs. 4; vgl. auch Vor Art. 1 Rn 38). Im Übrigen soll die Schaffung eines „wirklichen Binnenmarktes" durch die Modernisierung der nationalen Regelungen für Dienstleistungstätigkeiten (vgl. insbesondere den „Einheitlichen Ansprechpartner", Art. 6, und den Einsatz elektronischer Verfahrensabwicklung, Art. 8) durch einen Prozess der Evaluierung (vgl. Art. 39), Konsultation (vgl. Art. 26 Abs. 3-5, Art. 34) und ergänzende Harmonisierung (vgl. Art. 38) erfolgen (Erwägungsgrund 7 S. 2 Hs. 2). 6

Die Richtlinie soll die Wahrnehmung der Niederlassungsfreiheit durch Dienstleistungserbringer (Art. 43 EGV) und den freien Dienstleistungsverkehr (Art. 49 EGV) „erleichtern". Dies entspricht dem allgemeinen Ansatz des die Grundfreiheiten konkretisierenden Sekundärrechts[3] und bestimmt die primärrechtskonforme Auslegung der Dienstleistungsrichtlinie sowie deren Umsetzung durch die Mitgliedstaaten (vgl. auch Art. 3 Abs. 3). 7

Gleichzeitig soll eine „hohe Qualität der Dienstleistungen" gewährleistet werden. Obwohl in Art. 47 Abs. 2 i.V.m. Art. 55 EGV, worauf die Richtlinie gestützt ist, nicht ausdrücklich erwähnt, lässt sich der Auftrag des Art. 95 Abs. 3 EGV, von einem „hohen Schutzniveau" des Verbraucherschutzes auszugehen, verallgemeinern, zumal der Verbraucherschutz eine Querschnittsaufgabe der EG ist (vgl. Art. 153 Abs. 2 EGV). Zutreffend weist Erwägungsgrund 7 S. 4 darauf hin, dass ein hinreichender Schutz der Verbraucher für die Schaffung von Vertrauen zwischen den Mitgliedstaaten als Grundlage der gegenseitigen Anerkennung, die wie bereits die Rechtsprechung des EuGH zu den Grundfreiheiten auch die Dienstleistungsrichtlinie bestimmt, unerlässlich ist. Gleichwohl nimmt Art. 16 Abs. 1 UA 3 lit. b den Verbraucherschutz als zulässigen Rechtfertigungsgrund für mitgliedstaatliche Maßnahmen zur Beschränkung der Dienstleistungsfreiheit aus und ver- 8

---

1 Vgl. dazu den Überblick bei Scheuer in: Lenz/Borchardt EUV/EGV, Art. 47 EGV Rn 1 ff., Anh. Zu Art. 43-55 Rn 1 ff.

2 Vgl. auch Ziekow, Die Auswirkungen der Dienstleistungsrichtlinie auf das deutsche Genehmigungsverfahrensrecht, GewArch 2007, 179, 180 und Vor Art. 1 Rn 29.

3 St. Rspr., vgl. z. B. EuGH, Rs C-238/98 (Hocsman), Slg. 2000, I-6623, Rn 32. Vgl. dazu Tiedje/Troberg in: GS EUV/EGV, Art. 43 EGV Rn 95.

folgt allein das Konzept der Information der Verbraucher, das in der Richtlinie (vgl. Art. 22; ferner z. B. Art. 26 Abs. 2, 6) näher ausgeführt wird (vgl. dazu Vor Art. 1 Rn 67).

9 Erwägungsgrund 7 S. 5 weist darauf hin, dass die Richtlinie neben dem Verbraucherschutz auch andere Gemeinwohlinteressen berücksichtigt, einschließlich des Schutzes der Umwelt (vgl. dazu Art. 16 Abs. 1 UA 3 lit. b), der öffentlichen Sicherheit (vgl. zur Definition Art. 4 Rn 29 f.) und der öffentlichen Gesundheit sowie der Einhaltung des Arbeitsrechts (vgl. Art. 1 Abs. 6). Dadurch sollte dem Vorwurf begegnet werden, die Dienstleistungsrichtlinie verfolge allein die wirtschaftlichen Interessen der Dienstleistungserbringer und führe zu einem „race to the bottom“ (vgl. dazu Vor Art. 1 Rn 27, 31 ff.).

III. Nicht „betroffene“ und nicht „berührte“ Materien (Art. 1 Abs. 2)

10 Art. 1 Abs. 2-7 führen Materien bzw. Bereiche auf, die die Dienstleistungsrichtlinie nicht „betrifft“ bzw. nicht „berührt“. Wenn mit dieser, auch in den anderen Amtssprachen vorgenommenen (englisch: „does not deal with“/„does not affect“; französisch: „ne traite pas“/„ne parte pas atteinte“) unterschiedlichen Wortwahl auch ein inhaltlicher Unterschied gemeint sein sollte, dann wohl der, dass die nicht „betroffenen“ Materien generelle Bereichsausnahmen darstellen, während bestimmte Rechte, Maßnahmen und Rechtsbereiche der Mitgliedstaaten[4] nicht „berührt“ sein, d. h. ungeachtet der Dienstleistungsrichtlinie bei Einhaltung der geforderten Bedingungen zulässig sein sollen. Durchgehende Bedingung ist dabei, dass die Maßnahmen der Mitgliedstaaten „im Einklang mit dem Gemeinschaftsrecht“ bzw. „unter Wahrung des Gemeinschaftsrechts“ erfolgen. Dies gilt auch für das nicht berührte Strafrecht (Art. 1 Abs. 5; s. dazu Rn 23 ff.).

11 Damit wird klargestellt, dass die Ausnahme von den Vorgaben der Dienstleistungsrichtlinie die sonstigen Vorgaben des Gemeinschaftsrechts, insbesondere die Vorgaben der Grundfreiheiten selbst, unberührt lässt, das Recht der Mitgliedstaaten insoweit also sehr wohl durch das Gemeinschaftsrecht „berührt“ wird.[5]

1. Nicht „betroffene“ Materien (Art. 1 Abs. 2 und Abs. 3 UA 1)

a) Dienstleistungen von allgemeinem wirtschaftlichem Interesse

12 Gemäß Art. 1 Abs. 2 betrifft die Dienstleistungsrichtlinie nicht die **Liberalisierung** von Dienstleistungen von allgemeinem wirtschaftlichem Interesse, die öffentlichen oder privaten Einrichtungen vorbehalten sind. Erwägungsgrund 8 führt als Begründung dafür an, dass die Bestimmungen der Dienstleistungsrichtlinie nur insoweit Anwendung finden sollten, als die betreffenden Tätigkeiten dem Wettbewerb offen stehen. **Generell** vom Anwendungsbereich ausgeschlossen sind nicht-wirtschaftliche Dienstleistungen von allgemeinem Interesse (Art. 2 Abs. 2 lit. a; s. dazu Art. 2 Rn 10 ff.).

13 Gemäß Art. 1 Abs. 3 UA 2 berührt die Dienstleistungsrichtlinie nicht das Recht der Mitgliedstaaten, festzulegen, welche Leistungen sie als von allgemeinem wirt-

4 Art. 1 Abs. 4 lässt allerdings daneben auch Maßnahmen auf gemeinschaftlicher Ebene unberührt.

5 Kommissionshandbuch, Ziff. 3.1.-3.3. hebt dies unter der Überschrift Beziehung der Richtlinie zu spezifischen Rechts- und Politikbereichen hinsichtlich Art. 1 Abs. 5-7 hervor.

schaftlichem Interesse erachten. Diese Festlegung muss allerdings im Einklang mit dem Gemeinschaftsrecht erfolgen.

Der Begriff „Dienstleistungen von allgemeinem wirtschaftlichem Interesse" wird in Art. 86 Abs. 2 EGV gebraucht, aber ebenso wenig definiert wie der synonym zu verstehende[6] Begriff „Dienste von allgemeinem wirtschaftlichem Interesse" in Art. 16 EGV. Dazu gehören alle wirtschaftlichen Aktivitäten zur Sicherung von Infrastruktur und Daseinsvorsorge sowie im Interesse der öffentlichen Sicherheit.[7] Dabei handelt es sich zwar um einen autonomen Begriff der Gemeinschaftsrechtsordnung. Jedoch kommt den Mitgliedstaaten ein weiter Spielraum (Einschätzungsprärogative) bei der Definition zu.[8] Davon geht auch Art. 1 Abs. 2 aus. Die Kontrolle der Kommission und des EuGH beschränkt sich darauf, eine missbräuchliche Anwendung im Einzelfall zu prüfen.[9] 14

Die Regelung der Organisation und der Finanzierung dieser Dienstleistungen obliegt den Mitgliedstaaten unter Beachtung der Vorschriften über staatliche Beihilfen (Art. 1 Abs. 3 UA 2). Maßgeblich dafür ist Art. 86 Abs. 2 EGV. Die Auferlegung spezieller Verpflichtungen ist relevant dafür, ob eine Beihilfe vorliegt.[10] 15

b) Privatisierung öffentlicher Einrichtungen

Auch für die Privatisierung öffentlicher Einrichtungen, die Dienstleistungen erbringen, enthält die Dienstleistungsrichtlinie keine Vorgaben. Dies wurde klargestellt, um entsprechende Befürchtungen zu entkräften. Die wirtschaftspolitisch motivierte Eigentumsordnung in private oder öffentliche Trägerschaft überlässt Art. 295 EGV den Mitgliedstaaten, da danach die Eigentumsordnung in den verschiedenen Mitgliedstaaten vom EG-Vertrag unberührt bleibt.[11] 16

c) Abschaffung von Dienstleistungsmonopolen

Die Dienstleistungsrichtlinie hat keinen Einfluss auf die Abschaffung von Dienstleistungsmonopolen. Deren Zulässigkeit bestimmt sich nach Art. 86 EGV.[12] Aus Art. 86 Abs. 2 EGV folgt, dass Art. 49 EGV der Begründung staatlicher Dienstleistungsmonopole nicht grundsätzlich entgegensteht.[13] 17

d) Mitgliedstaatliche Beihilfen

Auch auf die Gewährung von Beihilfen durch die Mitgliedstaaten hat die Dienstleistungsrichtlinie keinen Einfluss. Relevant sind allein die gemeinschaftlichen Wettbewerbsvorschriften (Art. 86 ff. EGV). Darauf bezieht sich Erwägungsgrund 10, wonach die Dienstleistungsrichtlinie nicht die Anforderungen für den 18

---

6 Vgl. dazu Kallmayer/Jung in: Calliess/Ruffert EUV/EGV, Art. 16 EGV Rn 8.
7 Vgl. dazu Jung in: Calliess/Ruffert EUV/EGV, Art. 86 EGV Rn 36 m. w. N. Zu in der Rspr. anerkannten Einrichtungen vgl. ebd., Rn 40 m. w. N.
8 Vgl. dazu Koenig/Kühling in: Streinz EUV/EGV, Art. 86 EGV Rn 47 m. w. N.
9 Koenig/Kühling in: Streinz EUV/EGV, Art. 86 EGV Rn 47 m. w. N. in Fn. 176.
10 Vgl. dazu EuGH, Rs C-280/00 (Altmark Trans), Slg. 2003, I-7747, Rn 89, 94.
11 Zutreffend Kingreen/Wegener in: Calliess/Ruffert EUV/EGV, Art. 295 EGV Rn 10; Koenig/Kühling in: Streinz EUV/EGV, Art. 295 EGV Rn 4.
12 Vgl. z. B. EuGH, Rs 155/73 (Sacchi), Slg. 1974, 409, Rn 10; Jung in: Calliess/Ruffert EUV/EGV, Art. 86 EGV Rn 2 m. w. N.
13 Vgl. dazu Müller-Graff in: Streinz EUV/EGV, Art. 49 EGV Rn 142.

Zugang bestimmter Dienstleistungsanbieter zu öffentlichen Mitteln betrifft. Zu diesen Anforderungen gehören insbesondere Anforderungen, die Bedingungen vorsehen, unter denen Dienstleistungserbringer (Art. 4 Nr. 2) Anspruch auf öffentliche Mittel haben, einschließlich spezifischer Vertragsbedingungen und vor allem Qualitätsnormen, die erfüllt sein müssen, um öffentliche Gelder erhalten zu können, z. B. für soziale Dienstleistungen. Grundlegend dafür sind die Urteile des EuGH in den Fällen Ferring[14] und Altmark Trans.[15]

2. Nicht „berührte" Materien (Art. 1 Abs. 3 UA 2, Abs. 4-7)

a) Kulturelle oder sprachliche Vielfalt

19 Die Dienstleistungsrichtlinie berührt weder gemeinschaftliche noch mitgliedstaatliche Maßnahmen zum Schutz oder zur Förderung der kulturellen oder sprachlichen Vielfalt. Dies gilt auch für deren Finanzierung (Erwägungsgrund 11 S. 1 Hs. 2). Gemeinschaftliche Maßnahmen auf diesem Gebiet sieht Art. 151 EGV vor, und zwar im Rahmen einer limitierten Beitrags- und Förderungskompetenz.[16] Mitgliedstaatliche Maßnahmen müssen die Grundfreiheiten und damit auch die Niederlassungs- und die Dienstleistungsfreiheit beachten. So müssen, können aber auch dadurch motivierte Anforderungen an sprachliche oder sonstige besondere Kenntnisse an Dienstleistungserbringer gerechtfertigt werden.[17]

20 Die Vielfalt der Kulturen und Sprachen wird gemäß Art. 22 der Charta der Grundrechte der Europäischen Union (GR-Charta)[18] von der Union geachtet. Dadurch sollte der gemäß Art. 6 Abs. 3 EUV von der Union zu achtenden nationalen Identität der Mitgliedstaaten entsprochen werden und ein Kontrapunkt zur „Unionsidentität" gesetzt werden.[19] Eine neue Kompetenz der Union wird dadurch nicht begründet (vgl. auch die generelle Bestimmung in Art. 51 Abs. 2 GR-Charta).

---

14 EuGH, Rs C-53/00 (Ferring/Acoss), Slg. 2001, I-9067, Rn 29. Vgl. dazu Koenig/Kühling: in Streinz EUV/EGV, Art. 87 EGV Rn 33.

15 EuGH, Rs C-280/00 (Altmark Trans), Slg. 2003, I-7747, Rn 87 ff.

16 Vgl. zur Gemeinschaftspraxis auf dieser Grundlage Niedobitek in: Streinz EUV/EGV, Art. 151 EGV Rn 53 ff.; Blanke in: Calliess/Ruffert EUV/EGV, Art. 151 EGV Rn 22 m. w. N.

17 Vgl. EuGH, Rs C-379/87 (Groener/Minister for Education), Slg. 1989, 3967, Rn 19 ff. – Kenntnis der irischen Sprache; Rs C-154/89 (Kommission/Frankreich), Slg. 1991, I-659, Rn 14 – Fremdenführer; Rs C-198/89 (Kommission/Griechenland), Slg. 1991, I-727, Rn 21 – Fremdenführer.

18 ABl. 2000 Nr. C 364. Gemäß Art. 6 Abs. 1 EUV in der Fassung des noch nicht in Kraft getretenen Vertrags von Lissabon v. 13.12.2007 (ABl. 2007 Nr. C 306/1) erkennt die Union die Rechte, Freiheiten und Grundsätze an, die in der Charta der Grundrechte der Europäischen Union vom 7. Dezember 2000 in der am 12. Dezember 2007 in Straßburg angepassten Fassung (ABl. 2007 Nr. C 303/1) niedergelegt sind. Diese Fassung entspricht inhaltlich im Wesentlichen der Fassung der in Teil II des Verfassungsvertrags übernommenen Grundrechtecharta. Die Charta der Grundrechte und die Verträge (EU-Vertrag und Vertrag über die Arbeitsweise der Europäischen Union – AEUV – in der Fassung des Vertrages von Lissabon) sind rechtlich gleichrangig. Damit erhält die Charta ungeachtet der Ausgliederung primärrechtlichen Rang. Dem Vereinigten Königreich und Polen wurden Ausnahmen hinsichtlich der innerstaatlichen Verbindlichkeit der Charta konzidiert (Protokoll über die Anwendung der Charta der Grundrechte der Europäischen Union auf Polen und das Vereinigte Königreich, ABl. 2007 Nr. C 306/156).

19 Hölscheidt in: Meyer Charta der Grundrechte, Art. 22 Rn 14.

b) Medienpluralismus

Die Aufrechterhaltung des Medienpluralismus ist für die Mitgliedstaaten ein legitimer Grund zur Beschränkung der Grundfreiheiten und damit auch der Niederlassungs- und die Dienstleistungsfreiheit.[20] „Im Einklang mit dem Gemeinschaftsrecht" sind dabei die Grundsätze der Nichtdiskriminierung und der Verhältnismäßigkeit zu beachten. 21

Gemäß Art. 11 Abs. 2 GR-Charta wird neben der Freiheit auch die „Pluralität" der Medien geachtet.[21] Die Wahrnehmung des entsprechenden Sicherstellungsauftrags (z.B. wie in Deutschland durch die „duale Ordnung" öffentlich-rechtlichen und privaten Rundfunks) obliegt dem nationalen Gesetzgeber,[22] der zu diesem Zweck auch die Grundfreiheiten beschränken darf (vgl. Rn 21). 22

c) Strafrecht der Mitgliedstaaten

Gemäß Art. 1 Abs. 5 S. 1 RL berührt die Dienstleistungsrichtlinie nicht das Strafrecht der Mitgliedstaaten. S. 2 macht jedoch bereits deutlich, dass dies nicht von der Beachtung sonstiger gemeinschaftsrechtlicher Vorgaben entbindet. In ständiger Rechtsprechung hat der EuGH betont, dass das Strafrecht „an sich" in der Kompetenz der Mitgliedstaaten verblieben ist,[23] jedoch das Gemeinschaftsrecht dieser Zuständigkeit Schranken setzt, da das Strafrecht nicht die durch das Gemeinschaftsrecht garantierten Grundfreiheiten (unzulässig) beschränken darf.[24] 23

In Konkretisierung der allgemeinen Loyalitätspflicht der Mitgliedstaaten aus Art. 10 EGV untersagt Art. 1 Abs. 5 S. 2 den Mitgliedstaaten, unter Umgehung der Vorschriften der Dienstleistungsrichtlinie die Dienstleistungsfreiheit dadurch einzuschränken, dass sie Strafrechtsbestimmungen anwenden, die die Aufnahme oder Ausübung einer Dienstleistungstätigkeit gezielt regeln oder beeinflussen. Das Handbuch der Kommission führt als Beispiele an, dass die Vorgaben für Genehmigungsregelungen (Art. 9) nicht dadurch umgangen werden dürfen, dass im Fall der Nichteinhaltung einer wegen Diskriminierung oder Unverhältnismäßigkeit durch Art. 9 untersagten Genehmigungsregelung von gemäß Art. 16 unzulässigen Anforderungen eine strafrechtliche Sanktion verhängt wird. Daher müssen die Mitgliedstaaten bei der gebotenen Untersuchung nationaler, auf die Dienstleistungserbringer anwendbarer Bestimmungen unter Umständen auch Bestimmun- 24

20 Vgl. zur Dienstleistungsfreiheit EuGH, Rs C-23/93 (TV 10 SA/Commissariaat voor de Media), Slg. 1994, I-4795, Rn 25; zur Warenverkehrsfreiheit Rs C-368/95 (Vereinigte Familiapress/Heinrich Bauer Verlag), Slg. 1997, I-3689, Rn 18.

21 Eingehend dazu Bär, Freiheit und Pluralität der Medien nach der Charta der Grundrechte der Europäischen Union, München, 2005.

22 Zutreffend Bernstorff in: Meyer Charta der Grundrechte, Art. 11 Rn 19.

23 Erhebliche Vorgaben bestehen allerdings bereits durch Rahmenbeschlüsse des sekundären Unionsrechts, die auf die Polizeiliche und justizielle Zusammenarbeit (der Mitgliedstaaten) in Strafsachen (Art. 29, Art. 31 Abs. 1, Art. 34 Abs. 2 lit. b EUV) gestützt sind. Vgl. dazu Satzger in: Streinz EUV/EGV, Art. 34 EUV Rn 9; Suhr in: Calliess/Ruffert EUV/EGV, Art. 34 EUV Rn 13 ff.; Wasmeier in: GS EUV/EGV, Art. 34 EUV Rn 6 ff.; Nelles/Tinkl/Lauchstädt in: Schulze/Zuleeg (Hg.), Europarecht, § 42, Rn 26 ff.

24 Vgl. z. B. EuGH, Rs C-348/96 (Calfa), Slg. 1999, I-11, Rn 17; verb. Rs C-338/04, C-359/04 und C-360/04 (Placanica u. a.), NJW 2007, 1515. Darauf weist auch das Kommissionshandbuch, Ziff. 3.1. hin. Zur Einwirkung des Europarechts auf das nationale Strafrecht vgl. z. B. Satzger, S. 90 ff.; Hecker, Europäisches Strafrecht, 2. Aufl., Berlin, 2007.

gen ihres nationalen Strafrechts überprüfen, deren Anwendung zu einer Umgehung der Bestimmungen in der Dienstleistungsrichtlinie führen könnte.[25]

25 Als Beispiel für die fehlende „Berührung“ des Strafrechts führt das Handbuch der Kommission den Fall an, dass ein Dienstleistungserbringer aus einem anderen Mitgliedstaat bei Gelegenheit seiner Dienstleistungstätigkeit eine Straftat, z. B. eine Beleidigung oder einen Betrug begeht.[26]

d) Arbeitsrecht

26 Das Arbeitsrecht, das die Dienstleistungsrichtlinie gemäß Art. 1 Abs. 6 S. 1 nicht berührt, so dass sie ihr Arbeitsrecht nicht wegen dieser Richtlinie ändern müssen, wird dort näher erläutert, weil es kein einheitliches gemeinschaftsrechtliches Konzept des Arbeitsrechts gibt.[27] Es umfasst die gesetzlichen oder vertraglichen Bestimmungen über Arbeits- und Beschäftigungsbedingungen, einschließlich des Gesundheitsschutzes und der Sicherheit am Arbeitsplatz und über die Beziehungen zwischen Arbeitgebern und Arbeitnehmern. Erwägungsgrund 14 führt als Beispiele Höchstarbeits- und Mindestruhezeiten, bezahlten Mindestjahresurlaub, Mindestlohnsätze und Hygiene am Arbeitsplatz an, das Kommissionshandbuch weiters Vorschriften zu Löhnen, Arbeitszeit und Jahresurlaub.[28]

27 Diese Bestimmungen müssen von den Mitgliedstaaten gemäß nationalem Recht unter Wahrung des Gemeinschaftsrechts angewandt werden. Letzteres weist auf die zahlreichen Vorgaben des Gemeinschaftsrechts für das Arbeitsrecht hin.[29] Das Kommissionshandbuch verweist ausdrücklich auf die Entsenderichtlinie (RL 96/71/EG),[30] der gegenüber die Dienstleistungsrichtlinie subsidiär ist (Art. 3 Abs. 1 lit. a; s. dazu Art. 3 Rn 3, 7). Erwägungsgrund 13 betont, dass die Dienstleistungsrichtlinie uneingeschränkt die Gemeinschaftsinitiativen aufgrund des Art. 137 EGV zur Verwirklichung der Ziele des Art. 136 EGV zur Förderung der Beschäftigung und zur Verbesserung der Lebens- und Arbeitsbedingungen[31] beachtet.

28 Erwägungsgrund 14 ergänzt, dass die Dienstleistungsrichtlinie nicht in die gemäß nationalem Recht und nationalen Praktiken unter Wahrung des Gemeinschaftsrechts geregelten Beziehungen zwischen den Sozialpartnern eingreift, z. B. in das Recht, Tarifverträge auszuhandeln und abzuschließen, das Streikrecht und das Recht auf Arbeitskampfmaßnahmen. Dies wird in Art. 1 Abs. 7 S. 2 unter der Unberührtheit der Gemeinschaftsgrundrechte hervorgehoben (s. Rn 32).

---

25 Kommissionshandbuch, Ziff. 3.1.
26 Kommissionshandbuch, Ziff. 3.1.
27 Kommissionshandbuch, Ziff. 3.2.
28 Kommissionshandbuch, Ziff. 3.2.
29 Vgl. dazu Schlachter in: Schulze/Zuleeg (Hg.), Europarecht, § 39; vgl. zuletzt EuGH, Rs C-438/05 (International Transport Workers' Federation, Finnish Seamen's Union/Viking Line ABP, OÜ Viking Line Eesti, NZA 2008, 124, Rn 40 ff.).
30 Kommissionshandbuch, Ziff. 3.1.
31 Vgl. dazu Eichenhofer in: Streinz EUV/EGV, Art. 136 EGV Rn 16 ff.; Art. 137 EGV Rn 4 ff.; Krebber in: Calliess/Ruffert EUV/EGV, Art. 136 EGV Rn 32 ff.; Art. 137 EGV Rn 5 ff. In der Rs C-438/05 (International Transport Workers' Federation, Finnish Seamen's Union/Viking Line ABP, OÜ Viking Line Eesti, NZA 2008, 124, Rn 78) betont der EuGH, dass die EG nicht eine einseitig auf den Binnenmarkt ausgerichtete Wirtschaftgemeinschaft ist, sondern auch eine soziale Zielrichtung hat.

Die in Erwägungsgrund 14 S. 1 a.E. erwähnte fehlende Anwendbarkeit auf Dienstleistungen von Leiharbeitsagenturen wird in Art. 2 Abs. 2 lit. e ausdrücklich angeordnet (s. dazu Art. 2 Rn 47 ff.). 29

e) Soziale Sicherheit

„In gleicher Weise" berührt die Dienstleistungsrichtlinie auch nicht die Rechtsvorschriften der Mitgliedstaaten über die soziale Sicherheit. Die Mitgliedstaaten müssen daher ihr Sozialrecht nicht wegen der Dienstleistungsrichtlinie ändern.[32] Davon „unberührt" bleiben bestehende Vorgaben des Gemeinschaftsrechts für das Sozialrecht.[33] 30

f) Grundrechte

Gemäß Art. 1 Abs. 7 S. 1 berührt die Dienstleistungsrichtlinie nicht die Ausübung der in den Mitgliedstaaten und durch das Gemeinschaftsrecht (Erwägungsgrund 15 verweist auf die GR-Charta und die zugehörigen Erläuterungen)[34] anerkannten Grundrechte. Dieses Konzept wird nicht näher spezifiziert. Das Kommissionshandbuch verweist insoweit auf Erwägungsgrund 15 S. 1 letzter Hs., wonach die Dienstleistungsrichtlinie die Grundrechte mit den in Art. 43 und Art. 49 EGV festgelegten Grundfreiheiten in Einklang bringt. Dieser sei „von besonderer Bedeutung", da er das grundlegende Prinzip ausdrücke, dass es keinen inhärenten Konflikt zwischen der Ausübung von Grundrechten und den Grundfreiheiten des EGV gebe und dass keines Vorrang vor dem anderen habe.[35] Es verweist dabei auf die Urteile des EuGH im Fall Schmidberger[36] und im als „Erdbeerfall" bezeichneten Fall der französischen Agrarblockaden.[37] 31

g) Insbesondere: Tarifautonomie und Arbeitskampfrecht

Art. 1 Abs. 7 S. 2 hebt insbesondere hervor, dass die Tarifautonomie und das Arbeitskampfrecht von der Dienstleistungsrichtlinie nicht berührt werden. Während gemäß dem Kommissionshandbuch Art. 1 Abs. 7 keine Stellung dazu beziehen soll, ob die Aushandlung, der Abschluss und die Durchsetzung von Tarifverträgen Grundrechte sind,[38] gehört gemäß Erwägungsgrund 15 S. 2 das Recht auf Arbeitskampfmaßnahmen gemäß nationalem Recht und nationalen Praktiken unter Wahrung des Gemeinschaftsrechts „zu diesen Grundrechten", die unberührt bzw. gewahrt bleiben sollen. Für Letzteres spricht in der Tat die Systematik des Art. 1 Abs. 7 und auch die Aufnahme des Rechts auf Kollektivverhandlungen und Kollektivmaßnahmen in Art. 28 GR-Charta. 32

Maßgeblich ist insoweit freilich das nationale Recht, was durch den Verweis auf dieses in Art. 1 Abs. 7 S. 2 und auch in Art. 28 GR-Charta deutlich wird. Die Rechte auf Tarifautonomie und auf Arbeitskampf enthalten allerdings (zumindest 33

32 Kommissionshandbuch, Ziff. 3.2.
33 Vgl. dazu Steinmeyer in: Schulze/Zuleeg (Hg.), Europarecht, § 40.
34 Vgl. zu den Gemeinschaftsgrundrechten z. B. Jarass, EU-Grundrechte, München, 2005.
35 Kommissionshandbuch, Ziff. 3.3.
36 Vgl. EuGH, Rs C-112/00 (Schmidberger/Republik Österreich), Slg. 2003, I-5659, Rn 65 ff, insbes. Rn 81 ff.
37 EuGH, Rs C-265/95 (Kommission/Frankreich), Slg. 1995, I-6959.
38 Kommissionshandbuch, Ziff. 3.3.

im Ansatz oder ausdrücklich) nicht alle Verfassungen der Mitgliedstaaten.[39] Jedoch werden alle Mitgliedstaaten durch Art. 11 EMRK verpflichtet, der das Recht einer jeden Person enthält, zum Schutz seiner Interessen Gewerkschaften zu gründen und Gewerkschaften beizutreten. Dies umfasst auch das Streikrecht, das zwar eingeschränkt, aber nicht generell ausgeschlossen werden darf.[40]

34 Das Streikrecht kann mit der Niederlassungsfreiheit in Konflikt geraten, wenn sich der Streik gegen die Verlagerung eines Betriebes in einen anderen Mitgliedstaat richtet. Auf Vorlage des englischen Court of Appeal [41] hat der EuGH am 11. Dezember 2007 ein Grundsatzurteil erlassen, das sich um Ausgewogeneheit im Sinne praktischer Konkordanz zwischen den Grundfreiheiten (hier der Niederlassungsfreiheit, Art. 43 EGV) und den Gemeinschaftsgrundrechten (hier dem Streikrecht) bemüht, deren Konkretisierung der EuGH gemäß der Aufgabenverteilung zwischen ihm und den internationalen Gerichten Letzteren überlässt, zugleich aber deutlich auf die Grenzen zulässiger Streikziele hinweist.[42] Der Generalanwalt Poiares Maduro hatte in seinen Schlussanträgen vom 23. Mai 2007 die Auffassung vertreten, dass kollektive Maßnahmen einer Gewerkschaft oder eines Gewerkschaftsverbands, die darauf abzielen, die Ziele der Sozialpolitik der Gemeinschaft zu fördern, nicht schon deswegen von der Anwendung von Art. 43 EGV freigestellt sind und Art. 43 EGV in einem nationalen Gerichtsverfahren zwischen einem Unternehmen und einer Gewerkschaft oder einem Gewerkschaftsverband in einer solchen Konstellation horizontale Wirkung hat. Art. 43 EGV verbiete einer Gewerkschaft oder einem Gewerkschaftsverband aber nicht, zum Schutz der Arbeitnehmer eines Unternehmens, das eine Standortverlagerung in einen anderen Mitgliedstaat erwägt, kollektive Maßnahmen einzuleiten, die sich beschränkend auf die Niederlassungsfreiheit dieses Unternehmens auswirken. Es sei Sache des nationalen Gerichts festzustellen, ob solche Maßnahmen im Licht des geltenden innerstaatlichen Rechts über die Ausübung des Rechts auf kollektive Maßnahmen rechtmäßig sind, wobei vorauszusetzen ist, dass Fälle innergemeinschaftlicher Standortverlagerungen nicht ungünstiger als Standortverlagerungen im Inland behandelt werden (Diskriminierungsverbot). Art. 43 EGV stehe jedoch einer aufeinander abgestimmten Politik von kollektiven Maßnahmen einer Gewerkschaft und eines Gewerkschaftsverbands entgegen, die dadurch, dass sie die Niederlassungsfreiheit beschränkt, eine Abschottung des Arbeitsmarkts und eine Behinderung bei der Einstellung von Arbeitnehmern aus bestimmten Mitgliedstaaten zum Schutz der Arbeitsplätze von Arbeitnehmern in anderen Mitgliedstaaten zur Folge hat. Der EuGH folgte dem im Wesentlichen. Eine kollektive Maßnahme, die von einer Gewerkschaft oder einem Gewerkschaftsverband gegen ein Unternehmen

39 Vgl. zu den 15 Mitgliedstaaten vor den Erweiterungen 2004 und 2007 Streinz, in: ders. EUV/EGV, Art. 28 GR-Charta Rn 2.

40 Vgl. dazu Meyer-Ladewig, EMRK-Handkommentar, 2. Aufl., Baden-Baden, 2006, Art. 11 Rn 16 m. w. N.

41 Vorlagebeschluss v. 3.11.2005, ABl. 2006 Nr. C 60/16. Rs C-438/05 (The International Transport Workers' Federation u. a./Viking Line). Vgl. dazu Junker, Standortverlagerung und Niederlassungsfreiheit. Das Rosella-Verfahren vor dem EuGH, EWS 2007, 49; Blanke, Streikende Wikinger vor dem Europäischen Gerichtshof. Streikrecht und Niederlassungsfreiheit, AuR 2006, 1.

42 EuGH, Rs C-438/05 (International Transport Workers' Federation, Finnish Seamen's Union/Viking Line ABP, OÜ Viking Line Eesti), NZA 2008, 124. Analyse von Streinz, JuS 2008, Heft 4.

zu dem Zweck betrieben wird, einen Tarifvertrag abzuschließen, dessen Inhalt geeignet ist, das Unternehmen davon abzubringen, von der Niederlassungsfreiheit Gebrauch zu machen, ist dem Anwendungsbereich des Art. 43 EGV nicht entzogen (keine Bereichsausnahme für das Streikrecht). Art. 43 EGV ist daher geeignet, einem privaten Unternehmen Rechte zu verleihen, auf die es sich gegenüber einer Gewerkschaft oder einem Gewerkschaftsverband berufen kann (Drittwirkung der Grundfreiheit). Kollektive Maßnahmen, die darauf abzielen, ein Unternehmen, dessen Sitz in einem bestimmten Mitgliedstaat liegt, zu veranlassen, einen Tarifvertrag mit einer in diesem Staat ansässigen Gewerkschaft zu schließen und die Klauseln dieses Tarifvertrags auf Arbeitnehmer einer Tochtergesellschaft dieses Unternehmens, die in einem anderen Mitgliedstaat ansässig ist, anzuwenden, sind Beschränkungen im Sinne des Art. 43 EGV (Niederlassungsfreiheit als Beschränkungsverbot; Beschränkung auch durch private Maßnahmen wegen der Drittwirkung möglich). Grundsätzlich können diese Beschränkungen durch einen zwingenden Grund des Allgemeininteresses wie etwa dem Arbeitnehmerschutz gerechtfertigt sein (Grundrechte als Schranken der Grundfreiheiten). Voraussetzung ist allerdings, dass erwiesen ist, dass sie geeignet sind, die Erreichung des verfolgten legitimen Ziels zu gewährleisten, und dass sie nicht über das hinausgehen, was zur Erreichung dieses Ziels erforderlich ist (Grundsatz der Verhältnismäßigkeit als Schranken-Schranke).

Artikel 2 Anwendungsbereich

(1) Diese Richtlinie gilt für Dienstleistungen, die von einem in einem Mitgliedstaat niedergelassenen Dienstleistungserbringer angeboten werden.

(2) Diese Richtlinie findet auf folgende Tätigkeiten keine Anwendung:
a) nicht-wirtschaftliche Dienstleistungen von allgemeinem Interesse;
b) Finanzdienstleistungen wie Bankdienstleistungen und Dienstleistungen im Zusammenhang mit einer Kreditgewährung, Versicherung und Rückversicherung, betrieblicher oder individueller Altersversorgung, Wertpapieren, Geldanlagen, Zahlungen, Anlageberatung, einschließlich der in Anhang I der Richtlinie 2006/48/EG aufgeführten Dienstleistungen;
c) Dienstleistungen und Netze der elektronischen Kommunikation sowie zugehörige Einrichtungen und Dienste in den Bereichen, die in den Richtlinien 2002/19/EG, 2002/20/EG, 2002/21/EG, 2002/22/EG und 2002/58/EG geregelt sind;
d) Verkehrsdienstleistungen einschließlich Hafendienste, die in den Anwendungsbereich von Titel V des Vertrags fallen;
e) Dienstleistungen von Leiharbeitsagenturen;
f) Gesundheitsdienstleistungen, unabhängig davon, ob sie durch Einrichtungen der Gesundheitsversorgung erbracht werden, und unabhängig davon, wie sie auf nationaler Ebene organisiert und finanziert sind, und ob es sich um öffentliche oder private Dienstleistungen handelt;
g) audiovisuelle Dienste, auch im Kino- und Filmbereich, ungeachtet der Art ihrer Herstellung, Verbreitung und Ausstrahlung, und Rundfunk;
h) Glücksspiele, die einen geldwerten Einsatz verlangen, einschließlich Lotterien, Glücksspiele in Spielkasinos und Wetten;
i) Tätigkeiten, die im Sinne des Artikels 45 des Vertrags mit der Ausübung öffentlicher Gewalt verbunden sind;
j) soziale Dienstleistungen im Zusammenhang mit Sozialwohnungen, der Kinderbetreuung und der Unterstützung von Familien und dauerhaft oder vorübergehend hilfsbedürftigen Personen, die vom Staat, durch von ihm beauftragte Dienst-

leistungserbringer oder durch von ihm als gemeinnützig anerkannte Einrichtungen erbracht werden;
k) private Sicherheitsdienste;
l) Tätigkeiten von Notaren und Gerichtsvollziehern, die durch staatliche Stellen bestellt werden.

(3) Die Richtlinie gilt nicht für den Bereich der Steuern.

Literatur: Birk (Hg.), Handbuch des Europäischen Steuer- und Abgabenrechts, Herne, 2. Auflage 2000 (zitiert als: Bearbeiter in Birk Hb SteuerR); Cordewener, Europäische Grundfreiheiten und nationales Steuerrecht, Köln, 2002 (zitiert als: Cordewener); Deringer, Das Wettbewerbsrecht der Europäischen Wirtschaftsgemeinschaft, Düsseldorf, 1962 (zitiert als: Deringer); Immenga/Mestmäcker, EG-Wettbewerbsrecht, Bd. 2, München, 1997 (zitiert als: Immenga/Mestmäcker); Jarass, Die Niederlassungsfreiheit in der Europäischen Gemeinschaft, RIW 1993, 1; Kreibohm, Der Begriff der Steuer im Europäischen Gemeinschaftsrecht, Köln, 2004 (zitiert als: Kreibohm); Lackhoff, Die Niederlassungsfreiheit des EGV – nur ein Gleichheits- oder auch ein Freiheitsrecht, Berlin, 2000 (zitiert als: Lackhoff); Langen/Bunte, Kommentar zum deutschen und europäischen Kartellrecht, Band 2, 10. Aufl., Neuwied, 2006 (zitiert als: Bearbeiter in Langen/Bunte); Mick, Die Steuerkonzeption der Europäischen Union, Münster, 1995 (zitiert als: Mick); Prölss/Martin, Versicherungsvertragsgesetz, 27. Aufl., München, 2004 (zitiert als: Prölls/Martin VVG); Schlichting/Spelten, Die Dienstleistungsrichtlinie, EuZW 2005, 238; Schön, Der freie Warenverkehr, die Steuerhoheit der Mitgliedstaaten und der Systemgedanke im europäischen Steuerrecht, EuR 2001, 216.

I. Sachlicher und persönlicher Anwendungsbereich (Abs. 1)

1. Normstruktur

1 Abs. 1 bestimmt den **sachlichen und persönlichen Anwendungsbereich** der Richtlinie.

2. Absatzkommentierung

a) Sachlicher Anwendungsbereich

Die Richtlinie gilt für sämtliche **Dienstleistungen**, es sei denn, sie sind in Abs. 2 und 3 ausdrücklich ausgenommen.[1] Die Richtlinie verfolgt damit einen tätigkeitsbezogenen und keinen berufsgruppenbezogenen Ansatz.[2] 2

Sie differenziert nicht nach der Art der Dienstleistung. Damit verfolgt die Richtlinie einen **horizontalen, bereichsübergreifenden Ansatz**. Ziel dieses Ansatzes ist es, die bisher ausschließlich sektoralen, d. h. auf eine Vielzahl von Einzelrechtsinstrumenten verteilten europäischen Dienstleistungsbestimmungen durch eine übergreifende Regelung zu ergänzen.[3] 3

Der **Begriff** der **„Dienstleistung“**[4] bestimmt sich nach der **Legaldefinition in Art. 4 Abs. 1**. Umfasst ist danach jede von Art. 50 EGV erfasste selbstständige Tätigkeit, die in der Regel gegen Entgelt erbracht wird.[5] Zur Bedeutung dieser Voraussetzung im Einzelnen s. Art. 4 Rn 2 ff. 4

Voraussetzung für die Anwendung der Richtlinie ist ferner, dass die Dienstleistung **angeboten** wird. In der Erbringung der Leistung wird regelmäßig das erforderliche Angebot zu sehen sein. *Notwendig* ist es jedoch nicht, dass die Dienstleistung erbracht wird, die bloße Offerte reicht vielmehr für die Anwendung der Richtlinie aus. 5

b) Persönlicher Anwendungsbereich

Der persönliche Anwendungsbereich erstreckt sich auf alle **in einem Mitgliedstaat niedergelassenen Dienstleistungserbringer.** 6

Der Begriff des **„Dienstleistungserbringers“** bestimmt sich nach der **Legaldefinition in Art. 4 Abs. 2**. Der Anwendungsbereich der Richtlinie ist danach eröffnet für natürliche Personen, die die Staatsangehörigkeit eines Mitgliedstaats besitzen sowie für in einem Mitgliedstaat niedergelassene juristische Personen i. S. d. Art. 48 EGV, die eine Dienstleistung anbieten oder erbringen. Zur Bedeutung dieser Voraussetzungen im Einzelnen s. Art. 4 Rn 5 ff. 7

Der in Abs. 1 aufgestellten weiteren Voraussetzung, wonach der Dienstleistungserbringer **in einem Mitgliedstaat niedergelassen** sein muss, kommt für juristische Personen keine eigenständige Bedeutung zu, denn Art. 4 Abs. 2 setzt dies hier bereits für den Begriff des Dienstleistungserbringers voraus. Von Relevanz ist dieses Tatbestandsmerkmal aber für **natürliche Personen**, für die der Begriff des Dienstleistungserbringers keine Niederlassung in einem Mitgliedstaat, sondern lediglich die Staatsangehörigkeit eines Mitgliedstaats voraussetzt. Auch für diese dürfte die Richtlinie daher nur dann gelten, **wenn sie in einem Mitgliedstaat niedergelassen sind**. Dies ergibt sich zunächst aus dem eindeutigen Wortlaut der Vorschrift. Auch die Entstehungsgeschichte legt dies nahe: Die Beschränkung des persönlichen Anwendungsbereichs der Richtlinie auf „in einem Mitgliedstaat 8

1 Kommissionshandbuch, Ziff. 2.1.1.
2 Lemor, Auswirkungen der Dienstleistungsrichtlinie auf ausgesuchte reglementierte Berufe, EuZW 2007, 136.
3 Schlichting/Spelten, EuZW 2005, 238.
4 Kommissionshandbuch, Ziff. 2.1.1.
5 Kommissionshandbuch, Ziff. 2.1.1.

niedergelassene“ Personen war bereits im ersten Vorschlag der Kommission[6] enthalten, während die zusätzliche Erwähnung dieser Voraussetzung für juristische Personen in der Legaldefinition des Art. 4 Abs. 2 erst aufgrund der Stellungnahme des Europäischen Parlaments vom 16. Februar 2006 hinzukam. Der entsprechende Antrag im Europäischen Parlament verfolgte aber ausdrücklich das Ziel, den Anwendungsbereich der Richtlinie *einzuschränken*. Auch der Sinn und Zweck der Richtlinie, Beschränkungen des freien Dienstleistungsverkehrs zu beseitigen (Erwägungsgrund 5), spricht für diese Deutung, denn die Freiheit des Dienstleistungsverkehrs setzt nach Art. 49 Abs. 1 EGV die Ansässigkeit in einem Mitgliedstaat voraus. Schließlich wäre eine Differenzierung danach, ob eine Dienstleistung von einem Ort außerhalb der Europäischen Union von einer natürlichen oder einer juristischen Person angeboten wird, nicht nachvollziehbar. Die Richtlinie dürfte daher *nicht* anwendbar sein auf natürliche Personen, die von einem Drittstaat aus Dienstleistungen anbieten, auch wenn sie über die Staatsangehörigkeit eines Mitgliedstaats verfügen.

II. Ausnahmen vom Anwendungsbereich (Abs. 2)

1. Normstruktur

9 Absatz 2 legt im Wege einer abschließenden Aufzählung Ausnahmen von dem an sich nach Absatz 1 eröffneten sachlichen Anwendungsbereich der Richtlinie fest. Diese Ausnahmen sind fakultativ in dem Sinne, dass es den Mitgliedstaaten selbstverständlich offen steht, im Rahmen der Umsetzungsgesetzgebung einzelne oder alle der ausgenommenen Dienstleistungen den Bestimmungen der Richtlinie teilweise zu unterwerfen.[7] Auch soweit Dienstleistungen von der Richtlinie ausgenommen sind, muss die nationale Gesetzgebung selbstverständlich den Anforderungen des Primär- und des einschlägigen Sekundärrechts entsprechen. Zu denken ist insbesondere an die Niederlassungsfreiheit nach Art. 43 EGV und die Dienstleistungsfreiheit nach Art. 49 EGV.[8] Die Regelung über Art und Umfang der Ausnahmen vom Anwendungsbereich der Richtlinie zählte wegen ihrer politischen Bedeutung im Rahmen des Gesetzgebungsverfahrens zu den umstrittensten Bestimmungen der Richtlinie.

2. Absatzkommentierung

a) Nicht-wirtschaftliche Dienstleistungen von allgemeinem Interesse (lit. a)

10 Vom sachlichen Anwendungsbereich der Richtlinie ausgenommen sind zunächst **nicht wirtschaftliche Dienstleistungen von allgemeinem Interesse.**

11 Die im ersten Kommissionsvorschlag noch nicht enthaltene Bestimmung geht auf die Stellungnahme des Europäischen Parlaments in erster Lesung vom 16. Februar 2006 zurück, die allerdings die noch weitergehende Herausnahme von „Dienstleistungen von allgemeinem Interesse gemäß der Definition in den Mitgliedstaaten“ (also nicht lediglich der „nicht wirtschaftlichen Dienstleistungen“ und mit der ausdrücklichen Bezugnahme auf das einzelstaatliche Recht) aus dem Anwendungsbereich der Richtlinie gefordert hatte. In ihrem zweiten Vorschlag nahm die

6 KOM(2004) 2 endg. v. 25.2.2004.
7 Kommissionshandbuch, Ziff. 2.1.2.
8 Kommissionshandbuch, Ziff. 2.1.2.

Kommission daraufhin die „Dienstleistungen von allgemeinem Interesse“ aus dem Anwendungsbereich der Richtlinie aus. Die Einschränkung auf „nicht wirtschaftliche“ Dienstleistungen von allgemeinem Interesse erfolgte dann aufgrund des Gemeinsamen Standpunkts des Rates vom 24. Juli 2006.

Der **Begriff** der „nicht wirtschaftlichen Dienstleistungen von allgemeinem Interesse“ ist im Europarecht bislang nicht gebräuchlich. Insbesondere ist er **nicht** identisch mit dem im Primärrecht verwendeten Begriff der „Dienstleistungen von allgemeinem **wirtschaftlichen** Interesse“ (vgl. Art. 16 EGV, Art. 86 EGV). Die Europäische Kommission hat den Dienstleistungen von allgemeinem Interesse indessen ein Grünbuch[9] gewidmet, in dem sie ausführt, dass der Begriff in der **Gemeinschaftspraxis** aus dem Begriff der Dienstleistungen von allgemeinem wirtschaftlichen Interesse abgeleitet worden sei, sein Bedeutungsspektrum jedoch weiter reiche als der der „Dienstleistungen von allgemeinem wirtschaftlichen Interesse“, da er sich sowohl auf die marktbezogenen als auch auf die nicht marktbezogenen Dienstleistungen beziehe, die von staatlichen Stellen im Interesse der Allgemeinheit erbracht und von ihnen daher mit spezifischen Gemeinwohlverpflichtungen verknüpft werden.[10] **12**

Im Sinne der Richtlinie wird der Begriff allerdings **enger** dahingehend zu verstehen sein, dass er **nur solche Dienstleistungen** umfasst, die **nicht für eine wirtschaftliche Gegenleistung erbracht werden.**[11] Ziel der Ausnahme ist es nämlich nach Erwägungsgrund 17, einen **Gleichlauf mit dem primärrechtlichen Begriff der Dienstleistungsfreiheit** nach Art. 50 EGV herzustellen. Dazu rechnen aber nur Leistungen, die in der Regel gegen Entgelt erbracht werden. Die „Dienstleistungen von allgemeinem Interesse“ im Sinne der Richtlinie umfassen daher nicht die **Dienstleistungen von allgemeinem wirtschaftlichen Interesse** (vgl. Art. 16 EGV, Art. 86 EGV),[12] die definitionsgemäß für eine – wenn auch weit zu verstehende – wirtschaftliche Gegenleistung erbracht werden, sondern schließen diese aus. Dafür, dass Dienstleistungen von allgemeinem wirtschaftlichen Interesse nicht gemeint und daher grundsätzlich von der Richtlinie erfasst sind, spricht auch, dass die Richtlinie für bestimmte typische Leistungen von allgemeinem wirtschaftlichen Interesse Sonderausnahmetatbestände in Art. 2 Abs. 2 lit. f und g bzw. Art. 17 vorsieht, die nicht notwendig wären, wenn Dienstleistungen von allgemeinem Interesse bereits nach lit. a ganz allgemein von der Richtlinie ausgenommen wären. Ob eine Dienstleistung von allgemeinem Interesse wirtschaftlicher oder nicht-wirtschaftlicher Natur ist, bestimmt sich anhand der Rechtsprechung des EuGH zur Entgeltlichkeit der Dienstleistung im Sinne des Art. 50 EGV.[13] **13**

Voraussetzung ist darüber hinaus, dass die Dienstleistungen **von allgemeinem Interesse** sind. Dieses Erfordernis ist analog der Auslegung des Begriffs der „Dienste von allgemeinem wirtschaftlichen Interesse“ i. S. v. Art. 16 EGV und der Dienstleistungen von allgemeinem wirtschaftlichen Interesse des Art. 86 Abs. 2 EGV dahin zu verstehen, dass es sich um eine **konkret dem Gemeinwohl dienende Aktivität** handeln muss. Dienstleistungen sind nur dann „von allgemei- **14**

9 Grünbuch zu Dienstleistungen von allgemeinem Interesse, KOM(2003) 270 endg. v. 21.5.2003.
10 KOM(2004) 2 endg. v. 13.1.2004, Rn 16 S. 7 f.
11 So auch Kommissionshandbuch, Ziff. 2.1.2.
12 Kommissionshandbuch, Ziff. 2.1.2.
13 Kommissionshandbuch, Ziff. 2.1.2.

nem Interesse“, wenn sie zumindest auch im öffentlichen Interesse wahrgenommen werden.[14] Hierfür genügt das Interesse eines Teils der Bevölkerung oder einer einzelnen Gemeinde.[15] Ebenso wie der Begriff der Dienstleistungen von allgemeinem wirtschaftlichen Interesse[16] ist der Begriff der „Dienstleistungen von allgemeinem Interesse“ weit auszulegen. Die Entscheidung der Mitgliedstaaten, bestimmte Leistungen so zu qualifizieren und damit der Ausnahme des Art. 2 zu unterstellen, kann von den Gemeinschaftsorganen nur auf „offenkundige Fehler“ überprüft werden.[17]

15 Nicht wirtschaftliche Dienstleistungen von allgemeinem Interesse sind daher **beispielsweise** Leistungen des deutschen staatlichen und kommunalen (unentgeltlichen) Schulwesens[18] sowie **karitative, mildtätige** und **ehrenamtliche** Dienstleistungen. **Keine** nicht wirtschaftlichen Dienstleistungen von allgemeinem Interesse sind demgegenüber Leistungen im **Gesundheitsbereich** und **soziale Dienstleistungen**, soweit diese gegen Entgelt gewährt werden. Diese sind indessen nach Art. 2 Abs. 2 lit. f und j von der Richtlinie ausgenommen. Keine nicht wirtschaftlichen Dienstleistungen von allgemeinem Interesse sind auch **Leistungen im Post-, Elektrizitäts- und Gassektor** sowie **Leistungen der Daseinsvorsorge** etwa der **Wasserversorgung** und der **Abfallbewirtschaftung**, weil diese in der Regel für eine wirtschaftliche Gegenleistung erbracht werden. Diese Leistungen werden in Art. 17 lediglich von einigen – allerdings besonders bedeutsamen – Regelungen der Richtlinie ausgenommen.

b) Finanzdienstleistungen (lit. b)

16 Vom Anwendungsbereich der Richtlinie ausgenommen sind ferner **Finanzdienstleistungen.**

17 Eine Ausnahme für Finanzdienstleistungen war bereits im ersten Vorschlag der Kommission vorgesehen. Dort sollten allerdings lediglich die in Art. 2 lit. b der RL 2002/65/EG des Rates vom 23. September 2002 über den Fernabsatz von Finanzdienstleistungen an Verbraucher und zur Änderung der RL 90/619/EWG des Rates und der RL 97/7/EG und 98/27/EG[19] genannten Finanzdienstleistungen einbezogen werden. Die in der Endfassung der Richtlinie nunmehr vorgesehene Herausnahme auch sämtlicher in Anhang I der RL 2006/48/EG des Europäischen Parlaments und des Rates über die Aufnahme und Ausübung der Tätigkeit der Kreditinstitute[20] aufgeführten Finanzdienstleistungen stellt demgegenüber eine erhebliche Erweiterung und damit eine Einengung des Anwendungsbereichs der Richtlinie dar. Sie geht zurück auf die Stellungnahme des Europäischen Parlaments zu dem ersten Kommissionsvorschlag vom 16. Februar 2006. Diese wur-

---

14 Pernice in: Grabitz/Hilf EU, Art. 90 EGV Rn 36; Jungbluth in: Langen/Bunte, Art. 86 Rn 49; Immenga/Mestmäcker, Art. 37, 90, Teil D Rn 44.

15 GA Roemer, Schlussantr. zu EuGH, Rs 82/71 (SAIL), Slg. 1972, 119, Ziff. 4; Deringer, Art. 90 Rn 73.

16 GA Dutheillet de Lamothe, Schlussantr. zu EuGH, Rs 10/71 (Staatsanwaltschaft Luxemburg/Muller), Slg. 1971, 723, 739.

17 So zu den Dienstleistungen von allgemeinem wirtschaftlichen Interesse: Europäische Kommission, Leistungen der Daseinsvorsorge in Europa, 20.9.2000, KOM(2000) 580 endg., Rn 22.

18 Kommissionshandbuch, Ziff. 2.1.2.

19 ABl. 2002 Nr. L 271, S. 16 ff.

20 ABl. 2006 Nr. L 177, S. 1 ff.

de damit begründet, dass die Definition in der Richtlinie über den Fernabsatz von Finanzdienstleistungen an Verbraucher nicht die gesamten Banken- und Finanzaktivitäten umfasse, wie z. B. Factoring oder Leasing. Zur Erfassung dieser Tätigkeiten solle man sich daher auf die Richtlinie über die Aufnahme und Ausübung der Tätigkeit der Kreditinstitute beziehen.

Die unter lit. b aufgeführten **weiteren Begriffe** (Bankdienstleistungen und Dienstleistungen im Zusammenhang mit einer Kreditgewährung, Versicherung und Rückversicherung, betrieblicher oder individueller Altersversorgung, Wertpapieren, Geldanlagen, Zahlungen, Anlageberatung, einschließlich der in Anhang I der RL 2006/48/EG aufgeführten Dienstleistungen) dienen lediglich der **Definition und beispielhaften Erläuterung** des Begriffs der Finanzdienstleistungen; eine den Bereich der Bankdienstleistungen **erweiternde Funktion** kommt ihnen **nicht** zu. 18

Der **Sinn und Zweck der Ausnahmeregelung** kommt in **Erwägungsgrund 18** zum Ausdruck. Finanzdienstleistungen sollen danach deshalb aus dem Anwendungsbereich der Richtlinie ausgenommen werden, weil diese Tätigkeiten **Gegenstand besonderer Gemeinschaftsrechtsvorschriften** sind, die wie die Dienstleistungsrichtlinie darauf abzielen, einen wirklichen Binnenmarkt für Dienstleistungen zu schaffen. Bei diesen besonderen Gemeinschaftsrechtsvorschriften handelt es sich um die bereits genannte RL 2002/65/EG des Rates vom 23. September 2002 über den Fernabsatz von Finanzdienstleistungen an Verbraucher und zur Änderung der RL 90/619/EWG des Rates und der RL 97/7/EG und 98/27/EG sowie um die RL 2006/48/EG des Europäischen Parlaments und des Rates über die Aufnahme und Ausübung der Tätigkeit der Kreditinstitute (s. Rn 17). 19

Der **Begriff** der **Finanzdienstleitung** umfasst nach Wortlaut und Sinn und Zweck der Ausnahmebestimmung (ausschließlich) die in lit. b ausdrücklich genannten Bereiche, da diese einen Gleichlauf mit der Legaldefinition in Art. 2 lit. b der Richtlinie über den Fernabsatz von Finanzdienstleistungen an Verbraucher und dem Anhang I der Richtlinie über die Aufnahme und Ausübung der Tätigkeit der Kreditinstitute herstellen sollen, die ebenfalls die genannten Bereiche umfassen und jeweils abschließend formuliert sind. 20

Erfasst sind danach zunächst **Bankdienstleistungen.** Dieser Begriff ist nicht im **formellen Sinne** sämtlicher Dienstleitungen zu verstehen, die von Banken erbracht werden, weil die Reichweite der Ausnahmevorschrift dann in der Hand des jeweiligen nationalen Gesetzgebers bzw. der Geschäftspolitik der Banken liegen würde. Gemeint sind vielmehr in einem materiellen Sinne die **üblicherweise von Kreditinstituten erbrachten Dienstleistungen**, wobei man sich aber weitgehend an den Kernbestandteilen der Definition der Bankgeschäfte in § 1 Abs. 1 S. 2 KWG orientieren kann. Umfasst sind daher jedenfalls das Einlagengeschäft, das Pfandbriefgeschäft, das Kreditgeschäft, das Diskontgeschäft, das Finanzkommissionsgeschäft, das Depotgeschäft, das Investmentgeschäft, das Garantiegeschäft, das Girogeschäft, das Emissionsgeschäft und das E-Geld-Geschäft, jeweils in dem in § 1 Abs. 1 S. 2 KWG näher definierten Sinne. 21

Von der Ausnahme erfasst sind darüber hinaus Dienstleistungen im Zusammenhang mit einer **Kreditgewährung.** Kreditgewährung ist, ähnlich wie nach der Legaldefinition des deutschen Rechts in § 1 Abs. 1 S. 2 Nr. 2 KWG, die Gewährung von Gelddarlehen und Akzeptkrediten. Da diese Tätigkeiten bereits von den Bankdienstleistungen umfasst sind (s. Rn 21), handelt es sich insoweit um eine Doppelung. 22

23 Ausgenommen vom Anwendungsbereich der Richtlinie sind auch Dienstleistungen im Zusammenhang mit einer **Versicherung und Rückversicherung.** Dies bedeutet die Herausnahme der gesamten Versicherungs- und Rückversicherungsbranche aus dem Anwendungsbereich der Richtlinie.

24 Der **Begriff der Dienstleistungen im Zusammenhang mit einer Versicherung oder Rückversicherung** umfasst aus den bereits zu den Bankdienstleistungen in Rn 21 genannten Gründen nicht alle Leistungen der Versicherungen bzw. Rückversicherungen, sondern nur solche, die **typischerweise von Versicherungen bzw. Rückversicherungen erbracht werden.** Eine Definition der **Versicherung** im europarechtlichen Sinne existiert bislang nicht. Allgemein[21] werden als Versicherungen solche Unternehmen angesehen, die eine entgeltliche, rechtsverbindliche, selbstständige Leistung für den Fall zusagen, dass ein Ereignis eintritt, von dem noch ungewiss ist, ob oder wann es eintritt. **Rückversicherungen** sind solche Versicherungen, die gegenüber Versicherungen Leistungen für den Fall der Inanspruchnahme durch deren Versicherte zusagen.

25 Die Versicherungen werden dabei unabhängig davon vom Anwendungsbereich der Richtlinie ausgenommen, ob es sich um öffentlich-rechtliche oder private, Pflicht- oder freiwillige Versicherungen handelt. Die **öffentlich-rechtlichen Versicherungen,** also in Deutschland die öffentlich-rechtliche **Arbeitslosen-, Renten-, Kranken- und Unfallversicherungen,** sind allerdings bereits nach **lit. a** vom Anwendungsbereich der Richtlinie ausgenommen. Sie erfüllen Aufgaben von ausschließlich sozialem Charakter; ihre Tätigkeit wird ohne Gewinnerzielungsabsicht ausgeführt[22] und sie erbringen damit (s. Rn 13) eine nicht-wirtschaftliche Dienstleistung von allgemeinem Interesse.

26 Ausgenommen sind ferner Dienstleistungen im Zusammenhang mit **betrieblicher oder individueller Altersversorgung.** Die Ausnahme umfasst **alle Dienstleistungen auf dem Gebiet der Altersversorgung, soweit diese auf betrieblicher oder individualvertraglicher Grundlage beruhen.** Mit der **individuellen Altersversorgung** sind sämtliche Dienstleistungen vom Anwendungsbereich der Richtlinie ausgenommen, die auf **privaten Vorsorgeverträgen nach dem Kapitaldeckungsverfahren,** etwa **Rentenverträgen, Aktienfonds-Sparplänen** o.Ä. beruhen. **Nicht** nach lit. g ausgenommen sind hingegen die Dienstleistungen der **öffentlich-rechtlichen Rentenversicherungen,** weil es sich dabei weder um private noch um betriebliche Altersvorsorge handelt. Diese sind hingegen, soweit und solange sie auf dem Solidarprinzip beruhen, nach **lit. a** als nicht-wirtschaftliche Dienstleistung von allgemeinem Interesse vom Anwendungsbereich der Richtlinie ausgenommen.

27 Nicht unter die Richtlinie fallen darüber hinaus Dienstleistungen im Zusammenhang mit **Wertpapieren. Dienstleistungen im Zusammenhang mit Wertpapieren** sind sämtliche mit dem Erwerb, der Veräußerung oder Verwaltung von Wertpapieren zusammenhängende entgeltliche Leistungen. Als **Wertpapier** ist dabei jede Urkunde zu verstehen, die ein privates Recht dergestalt verbrieft, dass zur Geltendmachung des Rechts die Innehabung des Papiers erforderlich ist, **beispielsweise** Aktien, Anteilsscheine, Anleihen, Schuldverschreibungen, Pfandbriefe, Kas-

21 Prölss/Martin, VVG, § 11 Rn 1 ff.
22 So für die Krankenkassen Brinker in: Schwarze EU-Kommentar, Art. 81 EGV Rn 25.

senobligationen, Rentenpapiere, Optionsscheine oder andere verbriefte Derivate, Wandelanleihen und Zertifikate.

Ausgenommen sind ferner Dienstleistungen im Zusammenhang mit **Geldanlagen.** 28
Die Ausnahme umfasst sämtliche Leistungen im Zusammenhang mit dem Erwerb, der Veräußerung oder Verwaltung von Geldanlagen. Unter einer **Geldanlage** ist dabei entsprechend dem üblichen Sprachgebrauch der Einsatz eines Geldbetrages mit dem Ziel der Gewinnerzielung zu verstehen, **beispielsweise** in Form von Spareinlagen, Sparbriefen, Bausparverträgen und Investmentzertifikaten.

Nicht in den Anwendungsbereich der Richtlinie fallen darüber hinaus Dienstleis- 29
tungen im Zusammenhang mit **Zahlungen.** Dabei handelt es sich um sämtliche mit der Übermittlung von Geldbeträgen zusammenhängenden Tätigkeiten, **beispielsweise** Leistungen im Zusammenhang mit Überweisungen sowie der Übermittlung von Schecks, Wechseln oder Schuldverschreibungen.

Von der Richtlinie ausgenommen sind auch Dienstleistungen im Zusammenhang 30
mit der **Anlageberatung.** Im Unterschied zu den ausdrücklich ebenfalls ausgenommenen Dienstleistungen im Zusammenhang mit Geldanlagen (s. Rn 28), die unmittelbar auf den Erwerb, die Veräußerung oder Verwaltung von Geldanlagen gerichtet sind, sind darunter **beratende Tätigkeiten** zu verstehen, die mit Geldanlagen im Zusammenhang stehen.

Vom Anwendungsbereich der Richtlinie ausgenommen sind schließlich **die in** 31
Anhang I der RL 2006/48/EG aufgeführten Dienstleistungen. Diese Ausnahme verfolgt ebenso wie die anderen Ausnahmen unter lit. b den **Zweck,** Tätigkeiten, bei denen die Ausübung der Dienstleistungsfreiheit bereits durch andere Gemeinschaftsinstrumente sichergestellt ist, vom Anwendungsbereich der Richtlinie auszunehmen. Bei den in Anhang I der RL 2006/48/EG aufgeführten Dienstleistungen ist dies deshalb der Fall, weil für diese Tätigkeiten gemäß Art. 23 dieser Richtlinie die Einhaltung des Herkunftslandprinzips und damit sogar ein **über die Dienstleistungsrichtlinie hinausgehender Standard** sichergestellt ist.

Anhang I der RL 2006/48/EG nennt **folgende Dienstleistungen:** 32

„1. **Entgegennahme von Einnahmen und anderen rückzahlbaren Geldern**
2. **Ausleihungen, insbesondere Konsumentenkredite, Hypothekendarlehen, Factoring mit und ohne Rückgriff, Handelsfinanzierung (einschließlich Forfaitierung)**
3. **Finanzierungsleasing, nicht** hingegen das operative Leasing, das der Miete angenähert ist[23]
4. **Dienstleistungen zur Durchführung des Zahlungsverkehrs**
5. **Ausgabe und Verwaltung von Zahlungsmitteln (Kreditkarten, Reiseschecks und Bankschecks)**
6. **Garantien und Zusagen**
7. **Handel für eigene Rechnung oder im Auftrag der Kundschaft:**
   a) Geldmarktinstrumente (Schecks, Wechsel, Depositenzertifikate usw.)
   b) Geldwechselgeschäfte
   c) Termin-(„financial futures“) und Optionsgeschäfte
   d) Wechselkurs- und Zinssatzinstrumente, oder
   e) Wertpapiergeschäfte
8. **Teilnahme an der Wertpapieremission und den diesbezüglichen Dienstleistungen**

23 Kommissionshandbuch, Ziff. 2.1.2.

9. **Beratung von Unternehmen über die Kapitalstruktur, die industrielle Strategie und in damit verbundenen Fragen sowie Beratung und Dienstleistungen auf dem Gebiet der Zusammenschlüsse und Übernahme von Unternehmen**
10. **Geldmaklergeschäfte im Interbankenmarkt**
11. **Portfolioverwaltung und -beratung**
12. **Wertpapieraufbewahrung und -verwaltung**
13. **Handelsauskünfte**
14. **Schließfachverwaltungsdienste".**

33 Diese Bereiche sind weitestgehend bereits von den anderen Ausnahmen in lit. b umfasst. Eigenständige Bedeutung kommt dieser Liste nur hinsichtlich folgender Punkte zu:

- Die **Entgegennahme von Einnahmen und anderen rückzahlbaren Geldern** umfasst die Annahme sämtlicher für fremde Rechnung eingehender Gelder.
- Die **Ausgabe und Verwaltung von Zahlungsmitteln (Kreditkarten, Reiseschecks und Bankschecks)** umfasst sämtliche mit der Bereitstellung und Verwaltung der genannten Zahlungsmittel zusammenhängende Tätigkeiten.
- Eigenständige Bedeutung kommt daneben den Ausnahmen für **Garantien und Zusagen, Geldwechselgeschäfte, Unternehmensberatung auf dem Gebiet der Kapitalstruktur und der Unternehmenszusammenschlüsse, Geldmaklergeschäften im Interbankenmarkt, Portfolioverwaltung und -beratung, Handelsauskünften** und **Schließfachverwaltungsdiensten** zu.

c) Dienstleistungen und Netze der elektronischen Kommunikation sowie zugehörige Einrichtungen und Dienste in den Bereichen, die in den Richtlinien 2002/19/EG, 2002/20/EG, 2002/21/EG, 2002/22/EG und 2002/58/EG geregelt sind (lit. c)

34 Die Ausnahmeregelung ist **bereits im ersten Vorschlag der Kommission** enthalten gewesen und unverändert in die Richtlinie übernommen worden.

35 Der **Sinn und Zweck** der Ausnahmeregelung erschließt sich aus **Erwägungsgrund 19**. Danach werden die Netze und Dienstleistungen der elektronischen Kommunikation deswegen aus dem Anwendungsbereich der Richtlinie ausgenommen, weil für diese mit den genannten Richtlinien im Jahr 2002 (sog. „Telekom-Paket") bereits ein Rechtsrahmen geschaffen wurde, der u. a. die Erleichterung des Zugangs zu diesen Tätigkeiten im Binnenmarkt gewährleistet und damit ein wichtiges Anliegen der Richtlinie bereits erfüllt.

36 Für die Bestimmung der **Reichweite der Ausnahme** ist somit entscheidend auf die **genannten Richtlinien** abzustellen. Maßgebliche Bedeutung kommt damit den Definitionen in Art. 2 der RL 2002/21/EG über einen Gemeinsamen Rechtsrahmen für elektronische Kommunikationsnetze und -dienste (Rahmenrichtlinie) zu, auf die die anderen Richtlinien hinsichtlich ihres Anwendungsbereichs verweisen.

37 **Dienstleistungen der elektronischen Kommunikation** sind daher gemäß Art. 2 lit. c der Rahmenrichtlinie 2002/21/EG **gewöhnlich gegen Entgelt erbrachte Dienste, die ganz oder überwiegend in der Übertragung von Signalen über elektronische Kommunikationsnetze bestehen**, einschließlich Telekommunikations- und Übertragungsdienste in Rundfunknetzen. Elektronische Kommunikationsnetze sind gemäß Art. 2 lit. a der Rahmenrichtlinie 2002/21/EG Übertragungssysteme und ggf. Vermittlungs- und Leitwegeinrichtungen sowie anderweitige Ressourcen, die die Übertragung von Signalen über Kabel, Funk, optische oder andere elektro-

magnetische Einrichtungen ermöglichen. **Nicht** zu den elektronischen Kommunikationsdiensten zählen hingegen gemäß Art. 2 lit. c der Rahmenrichtlinie 2002/21/EG Dienste, die Inhalte über elektronische Kommunikationsnetze und -dienste anbieten oder eine redaktionelle Kontrolle über sie ausüben.

Ausgenommen vom Anwendungsbereich der Richtlinie sind somit **insbesondere** die Dienstleistungen der **Betreiber von Kabel-, Funk- und Satellitennetzen** einschließlich des Telefonnetzes,[24] von **leitungsvermittelten Netzen** einschließlich des **Internet** sowie von **Netzen für Hör- und Fernsehfunk** und von **Kabelfernsehnetzen, nicht** hingegen die **Anbieter von Rundfunk- und Fernsehdiensten** selbst. Letztere können allerdings unter die Ausnahme für audiovisuelle Dienste nach lit. g fallen (s. Rn 64 ff.). 38

Trotz der Einschränkung **„in den Bereichen, die in den Richtlinien 2002/19/EG, 2002/20/EG, 2002/21/EG, 2002/22/EG und 2002/58/EG geregelt sind"**, sind **sämtliche Dienstleistungen** dieser Unternehmen vom Anwendungsbereich der Dienstleistungsrichtlinie **ausgenommen**, ungeachtet dessen, inwieweit sie unmittelbar Gegenstand der Richtlinien sind oder nicht.[25] Dies ergibt sich aus Erwägungsgrund 20 der Richtlinie, wonach die Ausnahme vom Anwendungsbereich auch in den Bereichen gelten soll, bei denen die Richtlinien den Mitgliedstaaten ausdrücklich die Möglichkeit belassen, bestimmte Maßnahmen auf nationaler Ebene zu erlassen. 39

Durch die Einbeziehung von **„zugehörigen Einrichtungen und Dienste"** in den Ausnahmebereich werden gemäß Art. 2 lit. e der Rahmenrichtlinie 2002/21/EG auch diejenigen mit einem elektronischen Kommunikationsnetz und/oder einem elektronischen Kommunikationsdienst verbundenen Einrichtungen aus dem Anwendungsbereich der Richtlinie ausgenommen, welche die Bereitstellung von Diensten über das Netz oder den Dienst ermöglichen bzw. unterstützen. Erfasst sind davon auch **Zugangsberechtigungssysteme** und **elektronische Programmführer**. 40

d) Verkehrsdienstleistungen einschließlich Hafendienste, die in den Anwendungsbereich von Titel V des Vertrags fallen (lit. d)

Nach dem ersten Kommissionsentwurf sollten nur solche Verkehrsdienstleistungen aus dem Anwendungsbereich der Richtlinie ausgenommen werden, die bereits durch andere, auf Art. 71 oder Art. 80 Abs. 2 EGV gestützte Gemeinschaftsrechtsakte geregelt sind. Auf die Stellungnahme des Europäischen Parlaments hin wurden hingegen bereits im zweiten Vorschlag der Kommission sämtliche Verkehrsdienstleistungen einschließlich der Hafendienste aus dem Anwendungsbereich der Richtlinie ausgenommen, gleich ob sie bereits durch Sekundärrecht geregelt sind oder nicht. 41

Hintergrund dieser Ausnahme ist, dass die Regelung der Verkehrsdienste eigenständigen, auf die weitergehende Harmonisierungskompetenz nach Titel V (Art. 70 ff.) EGV gestützten Regelungen vorbehalten bleiben soll. 42

Verkehrsdienstleistungen sind Dienstleistungen, die auf den **Verkehr im Sinne des Gemeinschaftsrechts** bezogen sind, also auf die internationale, gewerbsmäßige 43

24 Kommissionshandbuch, Ziff. 2.1.2.
25 Anders indessen Kommissionshandbuch, Ziff. 2.1.2.

Beförderung von Personen und Gütern von Ort zu Ort durch ein oder mehrere Verkehrsmittel auf eigene oder fremde Rechung.[26] Umfasst sind davon **insbesondere der Bus-, Schienen-, Schiffs- und Flugtransport** von Personen und Gütern[27] einschließlich des **Taxigewerbes** und der **Krankentransporte.**[28]

44 **Nicht** von der Ausnahme und somit von der Richtlinie umfasst sind hingegen Dienstleistungen, die **nicht in dem o. a. engeren Sinne Verkehrsdienstleistungen** sind, wie **beispielsweise** das **Fahrschulgewerbe**, die Tätigkeit von **Umzugsunternehmen**, das **Mietwagengewerbe, Bestattungs- einschließlich Überführungsdienstleistungen** und das **Anfertigen von Photographien aus der Luft.**[29]
Nicht ausgenommen sind darüber hinaus auch **gewerbliche Dienstleistungen in Häfen und Flughäfen**, soweit sie nicht im engeren Sinne mit dem Flugbetrieb zusammenhängen, wie Flughafenshops und -restaurants.[30]

45 Unter die Ausnahme fallen nur solche Dienstleistungen, die **in den Anwendungsbereich des Titel V EGV fallen.** Titel V EGV gewährt der Gemeinschaft nur insoweit eine Kompetenz zur Regelung der Verkehrsdienstleistungen, als der **internationale Verkehr aus oder nach dem Hoheitsgebiet eines Mitgliedstaats** oder der **Durchgangsverkehr durch einen Mitgliedstaat** (Art. 71 lit. a) bzw. die **Zulassung von Verkehrsunternehmen aus einem Mitgliedstaat auf dem Gebiet eines anderen Mitgliedstaats** (Art. 71 lit. b) betroffen ist. **Auf den rein nationalen Verkehr bezogene Dienstleistungen** werden daher, vorausgesetzt die übrigen Voraussetzungen der Dienstleistungsrichtlinie liegen vor, grundsätzlich von der Richtlinie umfasst.

46 Die Verkehrsdienstleistungen umfassen auch die **Hafendienste.** Bei der Definition der Hafendienste wird man sich weitgehend an dem Vorschlag der Kommission für eine Richtlinie des Europäischen Parlaments und des Rates vom 13. Oktober 2004 über den Zugang zum Markt für Hafendienste[31] orientieren können, weil diese eine die Ausnahme von der Richtlinie rechtfertigende Spezialregelung zur Liberalisierung der Hafendienste vorsieht. Danach umfassen die Hafendienste die **technisch-nautischen Dienste** Lotsen, Schleppen und Festmachen, sämtliche Tätigkeiten des **Ladungsumschlags** (einschließlich Löschen und Laden, Umladen und andere Transporttätigkeiten am Terminal) sowie **Fahrgastdienste** (einschließlich Ein- und Ausschiffen), die entweder innerhalb des Hafengebiets oder auf der Wasserstraße, die den Zugang zu dem unter diese Richtlinie fallenden Hafen oder Hafensystem darstellt, erbracht werden.

e) Dienstleistungen von Leiharbeitsagenturen (lit. e)

47 Die im ersten Vorschlag der Kommission noch nicht vorgesehene Herausnahme von Leiharbeitsagenturen aus dem Anwendungsbereich der Richtlinie beruht auf der Stellungnahme des Europäischen Parlaments. Hintergrund war die Auffassung des Parlaments, dass die Regelungen der Mitgliedstaaten über Leiharbeitsagenturen einer vollständigen Harmonisierung bedürften. Die Kommission hat die Aus-

26 Vgl. Schäfer in: Streinz EUV/EGV, Art. 70 EGV Rn 12.
27 Kommissionshandbuch, Ziff. 2.1.2., Schweitzer/Hummer, Europarecht, Rn 1385.
28 Vgl. zu Letzteren Erwägungsgrund 21.
29 Kommissionshandbuch, Ziff. 2.1.2.
30 Kommissionshandbuch, Ziff. 2.1.2.
31 ABl. 2005 Nr. C 24, S. 9.

nahme in ihrem zweiten Vorschlag übernommen, ohne sich indessen der Begründung des Europäischen Parlaments anzuschließen. Ein Erwägungsgrund zu dieser Ausnahme findet sich daher in der Richtlinie nicht.

Ziel und Zweck der Ausnahme ist angesichts der Gesetzgebungsgeschichte (s. 48
Rn 47) die Erwartung, dass die Dienstleistungen der Leiharbeitsagenturen einer weitergehenden Regelung auf Gemeinschaftsebene im Sinne einer Vollharmonisierung unterworfen würden.

Eine gemeinschaftsrechtliche Definition der **Leiharbeitsagenturen** fehlt bislang. 49
Der Vorschlag für eine Richtlinie des Europäischen Parlaments und des Rates über die Arbeitsbedingungen von Leiharbeitnehmern vom 20. März 2002[32] geht davon aus, dass Leihagenturen **Unternehmen** sind, **die Arbeitnehmer zur Verfügung stellen, um für ein entleihendes Unternehmen unter dessen Aufsicht zu arbeiten.**

f) Gesundheitsdienstleistungen (lit. f)

Von der Richtlinie ausgenommen sind ferner **Gesundheitsdienstleistungen.** 50

Mit der in dem ersten Kommissionsentwurf noch nicht enthaltenen Ausnahme 51
wurde von der Kommission in ihrem zweiten Vorschlag ein Änderungswunsch des Europäischen Parlaments aus der ersten Lesung übernommen.

Der mit der Ausnahme verfolgte **Zweck** ergibt sich nicht aus den Erwägungs- 52
gründen, insbesondere nicht aus Erwägungsgrund 22, der lediglich den Umfang, nicht aber den Sinn der Ausnahme beschreibt. Aufschluss kann hier allerdings die Stellungnahme des Parlaments in erster Lesung bieten, auf die die Ausnahme zurückgeht (s. Rn 51). Der Ausschuss für Umweltfragen, Volksgesundheit und Lebensmittelrecht des Parlaments, der die Herausnahme der Gesundheitsdienste aus dem Anwendungsbereich der Dienstleistungsrichtlinie angeregt hatte, begründete sie mit der Erwägung, dass eine horizontale Rahmenrichtlinie wie die Dienstleistungsrichtlinie kein geeignetes Instrument zur Behandlung von Gesundheitsdienstleistungen sei. Deshalb sei der Annahme spezifischer Rechtsvorschriften über Gesundheitsdienstleistungen und die Verbesserung der Mobilität von Patienten der Vorzug zu geben. Gesundheitsdienstleistungen unterschieden sich grundlegend von anderen Dienstleistungen von allgemeinem Interesse. Mit der Rechtsprechung des Europäischen Gerichtshofes sei bereits ein Recht für Patienten begründet worden, unter bestimmten Bedingungen Zugang zur ärztlichen Behandlung in einem anderem Mitgliedstaat zu erhalten (z.B. wenn die medizinische Behandlung innerhalb eines angemessenen Zeitrahmens in ihrem Wohnsitzland nicht verfügbar ist). Es erscheine verfrüht, Rechtsvorschriften über die freie Erbringung von Gesundheitsdienstleistungen zu erlassen, ehe die Schlussfolgerungen der Überprüfung der Rechtsvorschriften über die Mobilität von Patienten untersucht worden seien. Danach soll mit der Ausnahme also den **Besonderheiten des Gesundheitswesens** Rechnung getragen werden.

Gesundheitsdienstleistungen sind nach Erwägungsgrund 22 **Dienstleistungen,** die 53
von Angehörigen eines Berufs im Gesundheitswesen gegenüber **Patienten** erbracht werden, um deren **Gesundheitszustand** zu **beurteilen,** zu **erhalten** oder **wiederherzustellen,** wenn diese Tätigkeiten **in dem Mitgliedstaat,** in dem sie erbracht werden, **einem reglementierten Gesundheitsberuf vorbehalten** sind.

32 KOM(2002) 149 endg.

54 Nur solche Dienstleistungen sind von der Richtlinie ausgenommen, die **gegenüber dem Patienten** erbracht werden. Nicht umfasst sind damit Leistungen, die nicht dem Patienten, sondern den Angehörigen der Heilberufe erbracht werden, wie **beispielsweise Rechnungserstellungs-** und **Inkassoleistungen** für das Gesundheitswesen, sonstige **Verwaltungsleistungen** und der **Reinigungsservice** von und in Krankenhäusern oder Arztpraxen, das Zurverfügungstellen und die Pflege der **medizinischen Ausrüstung** ebenso wie die Dienstleistungen der **medizinischen Labors und Forschungszentren.**[33]

55 Die Ausnahme erfasst zudem nur solche Dienstleistungen, die dazu dienen, die **Gesundheit** zu **beurteilen,** zu **erhalten** oder **wiederherzustellen.** Darunter fallen **nicht** Leistungen, die lediglich dem **Wohlbefinden** oder der **Entspannung** dienen wie die der **Sport- oder Fitnessvereine und -Clubs.**[34]

56 Nur solche Dienstleistungen fallen aus dem Anwendungsbereich der Richtlinie heraus, die nach nationalem Recht **Angehörigen eines reglementierten Gesundheitsberufs vorbehalten** sind. Nach Art. 4 Nr. 11 der Richtlinie i. V. m. Art. 3 Abs. 1 lit. a der RL 2005/36/EG vom 7. September 2005 über die Anerkennung von Berufsqualifikationen sind reglementierte Berufe berufliche Tätigkeiten, bei denen die **Aufnahme oder Ausübung durch Rechts- und Verwaltungsvorschriften an den Besitz bestimmter Berufsqualifikationen gebunden** ist. Ob bestimmte **Tätigkeiten einem Gesundheitsberuf vorbehalten** sind und ob dessen Aufnahme oder Ausübung an eine Berufsqualifikation geknüpft ist, bestimmt sich nach dem jeweils einschlägigen **nationalen Recht.** Der Anwendungsbereich der Ausnahme hängt also in gewissem Umfang vom nationalen Recht des Staats, in dem die Dienstleistung erbracht wird, insbesondere vom Grad der Reglementierung von Dienstleistungen im Gesundheitsbereich, ab. Nur insoweit, als der nationale Gesetzgeber selbst eine Notwendigkeit zur Reglementierung der Gesundheitsleistungen sieht, soll die Dienstleistungsrichtlinie nicht greifen.

57 Für **Deutschland** sind insoweit maßgeblich § 2 Abs. 1 BÄrztO[35] sowie § 1 HeilprG,[36] wonach die Ausübung der Heilkunde entweder die Approbation als Arzt oder eine besondere Erlaubnis voraussetzt. „Ausübung der Heilkunde" ist dabei nach § 1 Abs. 2 HeilprG jede berufs- oder gewerbsmäßig vorgenommene Tätigkeit zur Feststellung, Heilung oder Linderung von Krankheiten, Leiden oder Körperschäden bei Menschen, auch wenn sie im Dienste von anderen ausgeübt wird.

58 Besondere Erlaubnisse werden in Deutschland für bestimmte Berufe erteilt, deren Ausübung durch Rechtsvorschrift an eine Berufsqualifikation geknüpft ist. Die diesen Berufen vorbehaltenen Tätigkeiten unterfallen damit nicht der Richtlinie. Danach sind in Deutschland **insbesondere** die Gesundheitsdienstleistungen der **Ärzte, Zahnärzte** sowie der **Heilpraktiker** von der Ausnahme umfasst. **Nicht** erfasst ist dagegen nach Ansicht der Kommission die Tätigkeit der **Tierärzte,** da

33 Kommissionshandbuch, Ziff. 2.1.2.
34 Kommissionshandbuch, Ziff. 2.1.2.
35 Bundesärzteordnung i. d. F. d. Bek. v. 16.4.1987 (BGBl. I, 1219), zul. geänd. durch Art. 1 des Gesetzes zur Änderung der Bundesärzteordnung und anderer Gesetze v. 21.7.2004 (BGBl. I, 1776).
36 Gesetz über die berufsmäßige Ausübung der Heilkunde ohne Bestellung v. 17.2.1939 (BGBl. III, Gliederungsnummer 2122-2), zul. geänd. durch Gesetz v. 23.10.2001 (BGBl. I, 2702).

diese keine Dienstleistungen gegenüber menschlichen Patienten erbringen.[37] Unter die Ausnahme fallen auch die den **Psychotherapeuten** (geschützt durch § 1 PsychThG[38]) vorbehaltenen Leistungen, nachdem unter dem Begriff der Gesundheit im Sinne der Weltgesundheitsorganisation auch das geistige Wohl zu verstehen ist. Grundsätzlich dürfte auch der Beruf des **Psychologen**, da in Deutschland geschützt, unter die Ausnahme fallen, jedoch sind keine Tätigkeiten ersichtlich, die nach deutschem Recht ausschließlich von Psychologen vorgenommen werden dürfen. **Auch** die über 50 **sonstigen** in Deutschland gesetzlich geschützten **Berufsbezeichnungen** im Bereich der **speziellen Heilberufe** sind **von der Ausnahme** umfasst.

Die **Pflegeberufe** fallen ebenfalls unter den Ausnahmetatbestand. Das gilt insbesondere für den **Gesundheits- und Krankenpfleger** bzw. **Gesundheits- und Kinderkrankenpfleger** (geschützt durch § 1 KrPflG[39]). Nicht anders zu behandeln dürfte auch der Beruf des **Altenpflegers** sein: Auch in diesem Beruf werden Gesundheitsdienstleistungen erbracht, denn zur Tätigkeit des Altenpflegers gehört zumindest *auch* die **Erhaltung** eines Gesundheitszustandes der zu pflegenden älteren Menschen (s. Rn 53). Zudem ist der Beruf des Altenpflegers in Deutschland gesetzlich geschützt (vgl. § 1 AltPflG[40]). 59

Auch **sonstige Heilhilfsberufe,** etwa die Berufe der **Hebammen bzw. Entbindungspfleger** (geschützt durch § 1 HebG,[41] des **Ergotherapeuten** (geschützt durch § 1 ErgThG[42]), des **Podologen** (geschützt durch § 1 PodG[43]), des **Logopäden** (geschützt durch § 1 LogopG[44]) und des **Physiotherapeuten** (geschützt durch das MPhG[45]) sowie des **Rettungsassistenten** (geschützt durch § 1 RettAssG[46]) sind von der Ausnahme erfasst, **soweit dort Gesundheitsdienstleistungen im Sinne von oben Rn 53 erbracht werden.** 60

Darüber hinaus fallen nur solche Dienstleistungen unter die Ausnahme, welche erbracht werden, **um den Gesundheitszustand des Patienten zu beurteilen, zu erhalten oder wiederherzustellen.** Leistungen der **Krankenversicherungen**, die nur mittelbar diesem Ziel dienen, sind daher **nicht** von der Ausnahme umfasst. Allerdings fallen die Krankenversicherungen bereits nach **lit. b** nicht unter die Richtlinie (s. Rn 25). 61

37 Kommissionshandbuch, Ziff. 2.1.2.
38 Gesetz über die Berufe des Psychologischen Psychotherapeuten und des Kinder- und Jugendlichenpsychotherapeuten v. 16.6.1998 (BGBl. I, 1311).
39 Gesetz über die Berufe in der Krankenpflege v. 16.7.2003 (BGBl. I, 1442), zul. geänd. durch VO v. 31.10.2006 (BGBl. I, 2407).
40 Gesetz über die Berufe in der Altenpflege i. d. F. d. Bek. v. 25.8.2003 (BGBl. I, 1690), zul. geänd. durch VO v. 31.10.2006 (BGBl. I, 2407).
41 Gesetz über den Beruf der Hebamme und des Entbindungspflegers v. 4.6.1985 (BGBl. I, 902), zul. geänd. durch VO v. 31.10.2006 (BGBl. I, 2407).
42 Gesetz über den Beruf der Ergotherapeutin und des Ergotherapeuten v. 25.5.1976 (BGBl. I, 1246), zul. geänd. durch VO v. 31.10.2006 (BGBl. I, 2407).
43 Gesetz über den Beruf der Podologin und des Podologen v. 4.12.2001 (BGBl. I, 3320), zul. geänd. durch VO v. 31.10.2006 (BGBl. I, 2407).
44 Gesetz über den Beruf des Logopäden v. 7.5.1980 (BGBl. I, 529), zul. geänd. durch VO v. 31.10.2006 (BGBl. I, 2407).
45 Gesetz über die Berufe in der Physiotherapie v. 26.5.1994 (BGBl. I, 1084), zul. geänd. durch VO v. 31.10.2006 (BGBl. I, 2407).
46 Gesetz über den Beruf der Rettungsassistentin und des Rettungsassistenten v. 10.7.1989 (BGBl. I, 1384), zul. geänd. durch VO v. 31.10.2006 (BGBl. I, 2407).

62 Wie sich aus Erwägungsgrund 22 ergibt, fallen auch **pharmazeutische Dienstleistungen**, die von Angehörigen des Gesundheitswesens erbracht werden, unter den Ausnahmetatbestand. Auch die Dienstleistungen der **Apotheker,** soweit diese überhaupt unter den Tatbestand der Dienstleistung fallen (Erstellen von Rezepturen als Hauptleistung etc.), sind damit nicht von der Dienstleistungsrichtlinie umfasst.

63 Die Gesundheitsdienstleistungen, die die genannten Anforderungen erfüllen, fallen aus dem Anwendungsbereich der Richtlinie heraus, **unabhängig davon**, ob sie durch **Einrichtungen der Gesundheitsversorgung** oder durch Private erbracht werden, wie sie **organisiert** oder **finanziert** sind und ob es sich um **öffentliche** oder **private** Dienstleistungen handelt. Gesundheitsdienstleistungen, die von **Krankenhäusern** erbracht werden, unterfallen daher ebenso wenig der Richtlinie wie Leistungen niedergelassener Ärzte, die Leistungen von **Privatkliniken** ebenso wenig wie die öffentlich-rechtlich getragener Krankenhäuser.

g) Audiovisuelle Dienste und Rundfunk (lit. g)

64 Die Ausnahme für **audiovisuelle Dienste** war im ersten Entwurf der Kommission noch nicht vorgesehen. Sie geht auf einen Vorschlag des Europäischen Parlaments in erster Lesung zurück, die von der Kommission in ihrem zweiten Vorschlag übernommen wurde.

65 Der **Sinn und Zweck** der Ausnahme für die audiovisuellen Dienste besteht nach der Begründung des Europäischen Parlaments, der sich die Kommission nicht widersetzte, in folgenden Überlegungen: Die audiovisuellen Dienstleistungen sind bereits Gegenstand eines spezifischen Ansatzes auf der Ebene der Gemeinschaft mithilfe der Richtlinie „Fernsehen ohne Grenzen".[47] Die Dienstleistungsrichtlinie könnte Auswirkungen auf die nationalen Regelungen haben, insbesondere auf die Verpflichtungen betreffend den Inhalt, die Regeln für das Eigentum und die Konzentration der Medien, die Anforderungen für die Vergabe der Lizenzen, die Bestimmungen betreffend die Weiterleitungspflicht („must carry") und die Regelungen betreffend die chronologische Abfolge der Medien. Würde man die audiovisuellen und kulturellen Dienstleistungen der allgemeinen Regelung der Richtlinie unterwerfen, würde dies nach Auffassung des Parlaments gegen das Subsidiaritätsprinzip und gegen die Positionen verstoßen, die im Rahmen der Verhandlungen in der UNESCO verteidigt werden.

66 Umfasst von der Ausnahme sind sämtliche **audiovisuelle Dienste**, also Dienstleistungen, die in der **Zurverfügungstellung von Bild und Ton** bestehen. Dies betrifft insbesondere die **Fernsehtätigkeiten**, wie sie in der RL 89/552/EWG (s. Rn 62) über Fernsehen ohne Grenzen festgelegt werden, die **Hörfunkdienste**, die **Kinodienste** und die **Pressedienste.** Umfasst ist darüber hinaus der **Rundfunk**, der üblicherweise definiert wird als Übertragung von für die Öffentlichkeit bestimmten Informationen jeglicher Art über elektromagnetische Wellen.

67 **Nicht** erfasst sind von der Ausnahme solche Dienstleistungen, die **mit audiovisuellen Diensten und dem Rundfunk lediglich verbunden sind** wie beispiels-

47 RL 89/552/EWG v. 3.10.1989 zur Koordinierung bestimmter Rechts- und Verwaltungsvorschriften der Mitgliedstaaten über die Ausübung der Fernsehtätigkeit (ABl. 1989 Nr. L 298, S. 23 ff.).

weise die **Fernsehwerbung** oder der **Verkauf von Speisen und Getränken im Kino.**[48]

h) Glücksspiele (lit. h)

Die im ersten Entwurf der Kommission nicht enthaltene Ausnahme für Glücksspiele geht auf eine Forderung des Europäischen Parlaments zurück, die von der Kommission in ihrem zweiten Vorschlag übernommen wurde. **68**

Der **Zweck** der Ausnahme besteht nach Erwägungsgrund 25 darin, der **Kompetenz der Mitgliedstaaten für das Sicherheits- und Ordnungsrecht sowie das Verbraucherschutzrecht Rechnung zu tragen**, als dessen Gegenstand Glücksspiele in erster Linie betrachtet werden. Ob diese Begründung angesichts der Entscheidung des EuGH „Placanica" vom 6. März 2007,[49] in der Beschränkungen der Dienstleistungsfreiheit von Glücksspielanbietern durch die Mitgliedstaaten strengen Anforderungen unterworfen wurden, nach wie vor tragfähig sein kann, darf allerdings bezweifelt werden. Aus der Begründung des Europäischen Parlaments ergibt sich allerdings, dass auch angesichts der *steuerrechtlichen* Auswirkungen eine Regelung der Rahmenbedingungen für die Veranstaltung von Glücksspielen auf Gemeinschaftsebene als inopportun angesehen wurde. **69**

Glückspiele sind solche, bei denen Gewinn und Verlust ausschließlich oder vorwiegend vom Zufall abhängen. Umfasst von der Ausnahme sind nur Glücksspiele, die **einen geldwerten Einsatz verlangen.** Nicht unter die Richtlinie fallen auch **Lotterien.** Eine Lotterie ist eine Sonderform des Glücksspiels, bei der einer Mehrzahl von Personen vertragsgemäß die Möglichkeit eröffnet wird, nach einem bestimmten Lotterieplan gegen ein bestimmtes Entgelt die Chance auf einen Geldgewinn zu erlangen.[50] Weitere **Beispiele** für Glücksspiele, die nicht von der Richtlinie erfasst werden, sind etwa Rubbelkartenspiele mit Einsatz („**Scratch Cards**"), **Automatenspiele** in Spielotheken und Spielcasinos, **Roulette** und **Bingo,** auch wenn sie im Rahmen einer Wohltätigkeitsveranstaltung gespielt werden.[51] **Wetten** sind ebenfalls eine Sonderform des Spiels, bei denen die Besonderheit darin besteht, dass der Zweck des Vertrags nicht allein das Unterhaltungs- oder Gewinninteresse, sondern zumindest auch die Erledigung eines Meinungsstreits ist. **70**

Gegenbegriff zu den Glücksspielen und damit **nicht** von der Ausnahme umfasst sind **Geschicklichkeitsspiele**, bei denen der Gewinn ganz oder teilweise vom persönlichen Geschick des Spielers abhängt, **Spiele**, bei denen **kein materieller Gewinn** oder **lediglich ein Gewinn in Form einer weiteren Spielchance** erzielt wird, sowie **Spiele**, deren **ausschließlicher Zweck in der Werbung** für bestimmte Produkte oder Dienstleistungen besteht.[52] Nicht umfasst sind auch andersartige Dienstleistungen, die **lediglich an Spielstätten erbracht** werden, wie etwa der **Verkauf von Speisen und Getränken im Spielcasino.**[53] **71**

---

48 Kommissionshandbuch, Ziff. 2.1.2.
49 EuGH, verb. Rs C-338/04, C-359/04 und C-360/04 (Placanica), Urt. v. 6.3.2007.
50 Vgl. § 3 Abs.3 S. 1 Lotterie-Staatsvertrag.
51 Kommissionshandbuch, Ziff. 2.1.2.
52 Kommissionshandbuch, Ziff. 2.1.2.
53 Kommissionshandbuch, Ziff. 2.1.2.

i) Tätigkeiten, die mit der Ausübung öffentlicher Gewalt verbunden sind (lit. i)

72 Vom Anwendungsbereich der Richtlinie ausgenommen sind Tätigkeiten, die i. S. d. Art. 45 EGV mit der Ausübung öffentlicher Gewalt verbunden sind.

73 Die im ersten Entwurf der Kommission noch nicht vorgesehene Ausnahme geht zurück auf eine Forderung des Europäischen Parlaments in seiner Stellungnahme in erster Lesung. Das Petitum des Europäischen Parlaments ging allerdings weiter: Danach sollten nicht nur Tätigkeiten, sondern auch Berufe, die mit der Ausübung öffentlicher Gewalt verbunden sind, aus dem Anwendungsbereich der Richtlinie ausgenommen werden, und zwar auch dann, wenn diese Verbindung nur „zeitweise" besteht. Im **Kompromisswege** einigte man sich auf eine Ausnahme nur für die konkrete Tätigkeit, die mit der Ausübung öffentlicher Gewalt verbunden ist.

74 Die **Ratio** der Ausnahme liegt darin, dass die **Richtlinie** nach ihren Erwägungsgründen und nach ihrer Rechtsgrundlage das **Ziel** verfolgt, die **Ausübung der Dienstleistungs- und der Niederlassungsfreiheit zu fördern.** Damit müssen **auch die Schranken** der Dienstleistungs- und Niederlassungsfreiheit für sie gelten, u. a. die Ausnahmen nach Art. 45 EGV bzw. Art. 5 EGV i. V. m. Art. 45 EGV für Tätigkeiten, die mit der Ausübung öffentlicher Gewalt verbunden sind. Der Ausnahmetatbestand muss deshalb auch **konform mit Art. 45 EGV ausgelegt** werden. Dementsprechend stellt auch der für die Ausnahmebestimmung maßgebliche Erwägungsgrund 26 in einem schlichten Verweis auf Art. 45 EGV fest, dass dessen Anwendung unberührt bleibt.

75 Der **Begriff** der **Ausübung öffentlicher Gewalt** ist als Begriff des Primärrechts **gemeinschaftsrechtlicher Natur.**[54] Allerdings richtet es sich zunächst nach **nationalem Recht**, ob eine Tätigkeit hoheitlich ist.[55] Anschließend gibt das **Gemeinschaftsrecht** einen **Rahmen für mögliche hoheitliche Tätigkeiten** vor.[56]

76 Eine **allgemeine Definition** des Begriffs der öffentlichen Gewalt auf Gemeinschaftsrechtsebene durch den EuGH **fehlt** bislang.[57] Soweit Entscheidungen vorliegen, wird man ihnen aber folgende wesentliche **Indizien** für die Annahme hoheitlicher Tätigkeit entnehmen können: Ausübung öffentlicher Gewalt liegt in der Regel vor, wenn ein Mitgliedstaat dem Bürger **nicht auf Ebene der Gleichordnung** begegnet, sondern von **Sonderrechten, Hoheitsprivilegien** und **Zwangsbefugnissen** Gebrauch macht.[58] Maßgeblich ist also, ob der Handelnde nach dem nationalen Recht die Möglichkeit hat, eine Vollstreckung seiner Handlungen selbst anzuordnen oder durchzuführen.[59] Ein mögliches Indiz für die Ausübung öffentlicher

54 Müller-Graf in: Streinz EUV/EGV, Art. 45 EGV Rn 4; Randelzhofer/Forsthoff in: Grabitz/Hilf EU, Art. 45 EGV Rn 5; anders, im Ergebnis aber ähnlich Tiedje/Troberg in: GS EUV/EGV, Art. 45 EGV Rn 5.

55 Müller-Graf in: Streinz EUV/EGV, Art. 45 EGV Rn 4; Tiedje/Troberg in: GS EUV/EGV, Art. 45 EGV Rn 5; anders, im Ergebnis aber ähnlich Randelzhofer/Forsthoff in: Grabitz/Hilf EU, Art. 45 EGV Rn 5.

56 Tiedje/Troberg in: GS EUV/EGV, Art. 45 EGV Rn 6; Müller-Graf in: Streinz EUV/EGV, Art. 45 EGV Rn 4, Bleckmann, Europarecht, Rn 552; anders, im Ergebnis aber ähnlich Randelzhofer/Forsthoff in: Grabitz/Hilf EU, Art. 45 EGV Rn 5; EuGH, Rs 2/74 (Reyners), Slg. 1974, 631, Rn 48 ff.

57 Müller-Graf in: Streinz EUV/EGV, Art. 45 EGV Rn 5.

58 EuGH, Rs 2/74 (Reyners), Slg. 1974, 631, Rn 37; Rs C-114-97 (Kommission/Spanien), Slg. 1998, I-6717; Bröhmer in: Calliess/Ruffert EUV/EGV, Art. 45 EGV Rn 6; Roth in: Hb. EUWirtR, E I Rn 41.

59 Tiedje/Troberg in: GS EUV/EGV, Art. 45 EGV Rn 7.

Gewalt ist auch, ob nationale Vorschriften bei der in Frage stehenden Tätigkeit von einer privaten Rechtsbeziehung ausgehen, für die keinerlei **Kontrahierungszwang** auf beiden Seiten besteht.[60] Ob und inwieweit **schlichthoheitliches Handeln** von Art. 45 EGV erfasst wird, ist umstritten. Nach wohl herrschender Auffassung[61] ist dies nicht der Fall. Maßgeblich dürfte stattdessen der Grad der Verbindung des schlicht-hoheitlichen Verwaltungshandelns mit der abschließenden Entscheidung im Verwaltungsverfahren sein.[62]

Ist eine Tätigkeit diesen Kriterien folgend nach nationalem Recht als Ausübung **77** öffentlicher Gewalt anzusehen, so muss in einem zweiten Schritt weiter geprüft werden, **ob diese Einordnung vom Gemeinschaftsrecht anerkannt werden kann.** Sinn dieser Schranke ist es sicherzustellen, dass die Mitgliedstaaten selbstständige Tätigkeiten nicht grenzenlos der Dienstleistungsfreiheit entziehen.[63] Nach dem Gemeinschaftsrecht dürfen diesem Ziel entsprechend Tätigkeiten nur insoweit durch Qualifikation als öffentliche Gewalt von der Dienstleistungsfreiheit ausgenommen werden, als dies zur Wahrung der Interessen, die die jeweilige nationale Bestimmung zu schützen erlaubt, unbedingt erforderlich ist.[64] Insbesondere muss aufgrund Gemeinschaftsrechts geprüft werden, ob die Wahrung der öffentlichen Interessen nicht ebenso wirksam durch Kontrollinstrumente erfolgen könnte.[65]

Ist nach diesen Kriterien eine Ausübung öffentlicher Gewalt anzunehmen, so ist **78** damit **nur die jeweilige mit der Ausübung der öffentlichen Gewalt verbundene Tätigkeit** von Art. 45 EGV umfasst und somit vom Anwendungsbereich der Richtlinie ausgenommen, **nicht** der **gesamte Beruf.**[66] Dies ergibt sich aus dem Wortlaut des Art. 45 EGV, der sich nur auf die jeweilige Tätigkeit beschränkt, nicht aber ganze Berufe mit einbezieht.[67] **Anders** liegt es aber, wenn die sonstigen Tätigkeiten des betreffenden Berufs so **eng mit den hoheitlichen Tätigkeiten verknüpft** sind, dass „die Liberalisierung der Niederlassung für den betreffenden Mitgliedstaat die Verpflichtung mit sich bringen würde, die – wenn auch nur zeitweise – Ausübung öffentlicher Gewalt durch Ausländer zuzulassen“.[68]

Als **Ausübung öffentlicher Gewalt** anzusehen und damit **vom Anwendungsbereich** **79** **der Richtlinie ausgenommen** dürften für Deutschland danach **beispielsweise** sein: die **Beurkundungstätigkeit der Notare,**[69] auch wenn dies von der Kommission neuerdings in einem Vertragsverletzungsverfahren in Zweifel gezogen wird. Der Notar ist nach deutschem Recht Inhaber eines öffentlichen Amtes (§ 1 BNotO).[70] Seine Urkunden genießen öffentlichen Glauben. Zudem besteht für die Beurkun-

60 Tiedje/Troberg in: GS EUV/EGV, Art. 45 EGV Rn 7.
61 Jarass, RIW 1993, 1, 4; Lackhoff, S. 157.
62 In diese Richtung vgl. Randelzhofer/Forsthoff in: Grabitz/Hilf EU, Art. 45 EGV Rn 8.
63 Nicolaysen, Europarecht 2, S. 174.
64 EuGH, Rs 147/86 (Kommission/Griechenland), Slg. 1988, 349; Scheuer in: Lenz/Borchardt, Art. 45 EGV Rn 3.
65 Müller-Graf in: Streinz EUV/EGV, Art. 45 EGV Rn 5.
66 Kommissionshandbuch, Ziff. 2.1.2.
67 Vgl. auch Schlag in: Schwarze EU-Kommentar, Art. 45 EGV Rn 7; Bröhmer in: Calliess/Ruffert EUV/EGV, Art. 45 EGV Rn 2.
68 EuGH, Rs 2/74 (Reyners), Slg. 1974, 631, Rn 46/47.
69 Müller-Graf in: Streinz EUV/EGV, Art. 45 EGV Rn 8; Schlag in: Schwarze EU-Kommentar, Art. 45 EGV Rn 8; Frenz, Hb.EuR, Bd. 1, Rn 1997; Oppermann, Europarecht, § 26 Rn 55; zweifelnd bis ablehnend Bröhmer in: Calliess/Ruffert EUV/EGV, Art. 45 EGV Rn 3.
70 Bundesnotarordnung v. 24.2.1961 (BGBl. I, 98), zul. geänd. durch Gesetz v. 15.7.2006 (BGBl. I, 1531).

dung beim Notar eine Art auf den Beruf bezogener Kontrahierungszwang (vgl. zu diesem Kriterium oben Rn 71), so dass insgesamt davon auszugehen ist, dass der Notar jedenfalls im Rahmen der Beurkundung öffentliche Gewalt ausübt. Aber auch die sonstigen Tätigkeiten des Notars dürften überwiegend so eng mit der Beurkundung verbunden sein, dass die Einordnung des gesamten Berufs als hoheitlich i. S. v. Art. 45 EGV nach den oben (s. Rn 78) genannten Kriterien gerechtfertigt erscheint. Der Frage kommt für die Dienstleistungsrichtlinie im Ergebnis keine praktische Bedeutung zu, weil die gesamte Tätigkeit der Notare jedenfalls nach lit. l vom Anwendungsbereich der Richtlinie ausgenommen ist (vgl. Rn 93 ff.). Als öffentliche Gewalt anzusehen sind **auch** die Ausübung hoheitlicher Funktionen durch **Rechtsanwälte,**[71] die Notschlachtungsbefugnisse speziell bestellter **Tierärzte,**[72] die amtliche Kursfeststellung durch **Kursmakler**[73] sowie die Verleihung der Prüfplakette durch den **TÜV.**[74] Allgemein kann auch die Tätigkeit der nach deutschem Recht **beliehenen Unternehmer** unter den Ausnahmetatbestand fallen, soweit damit nach den o. a. Kriterien (vgl. Rn 76) öffentliche Gewalt ausgeübt wird: Der rechtliche Status desjenigen, der die Tätigkeit ausübt, ist für die Qualifikation als Ausübung öffentlicher Gewalt ohne Belang. Maßgeblich ist vielmehr allein, wie die ausgeübte **Tätigkeit** zu qualifizieren ist.[75]

80 **Nicht** als **Ausübung öffentlicher Gewalt** anzusehen und damit **dem Anwendungsbereich der Richtlinie unterworfen** sind hingegen bloße **Hilfs-** und **Vorbereitungstätigkeiten** im Hinblick auf die Ausübung hoheitlicher Tätigkeiten[76] sowie Tätigkeiten, die zwar mit hoheitlichen Tätigkeiten im Zusammenhang stehen, aber **ausschließlich technischer Natur** sind, wie das Programmieren von der Verwaltung genutzter Computersysteme.[77] Dem Anwendungsbereich der Richtlinie unterfallen auch die rechtsberatende Tätigkeit der **Rechtsanwälte,**[78] der **Wirtschaftsprüfer,**[79] der Beschulungsdienste von **Privatschulen** und **Hauslehrern,**[80] der **Sachverständigen** in Verkehrsunfallsachen,[81] der **Arbeitsvermittlung**[82] sowie die **technische Normung.**[83]

j) Soziale Dienstleistungen (lit. j)

81 Von der Richtlinie nicht erfasst sind ferner **bestimmte soziale Dienstleistungen.**

82 Die im ersten Vorschlag der Kommission nicht enthaltene Ausnahme geht auf eine Forderung des Europäischen Parlaments in erster Lesung zurück, wonach aller-

71 EuGH, Rs 2/74 (Reyners), Slg. 1974, 631, Rn 44/45; Müller-Graf in: Streinz EUV/EGV, Art. 45 EGV Rn 8; Schlag in: Schwarze EU-Kommentar, Art. 45 EGV Rn 8; Frenz, Hb. EuR, Bd. 1 Rn 1998.

72 Müller-Graf in: Streinz EUV/EGV, Art. 45 EGV Rn 8; vorsichtiger Schlag in: Schwarze EU-Kommentar, Art. 45 EGV Rn 8.

73 Müller-Graf in: Streinz EUV/EGV, Art. 45 EGV Rn 8.

74 Müller-Graf in: Streinz EUV/EGV, Art. 45 EGV Rn 8; Randelzhofer/Forsthoff in: Grabitz/Hilf EU, Art. 45 EGV Rn 8.

75 Frenz, Hb.EuR, Bd. 1 Rn 1997.

76 EuGH, Rs 42/92 (Thijssen), Slg. I-1993, 4047.

77 EuGH, Rs 3/88 (Kommission/Italien), Slg. 1989, 4035.

78 Müller-Graf in: Streinz EUV/EGV, Art. 45 EGV Rn 9; Frenz, Hb.EuR, Bd. 1 Rn 1997.

79 EuGH, Rs 42/92 (Thijssen), Slg. I-1993, 4047; Müller-Graf in: Streinz, EUV/EGV, Art. 45 EGV Rn 9; Schlag in: Schwarze EU-Kommentar, Art. 45 EGV Rn 8.

80 EuGH, Rs 147/86 (Kommission/Griechenland), Slg. 1988, 1637, Rn 9 f.

81 EuGH, Rs C-306/89 (Kommission/Griechenland), Slg. 1991, I-5863, Rn 7.

82 Müller-Graf in: Streinz EUV/EGV, Art. 45 EGV Rn 9.

83 Müller-Graf in: Streinz EUV/EGV, Art. 45 EGV Rn 9.

dings *sämtliche* soziale Dienstleistungen von der Richtlinie ausgenommen werden sollten und es auch nicht darauf ankommen sollte, *von wem* die Dienstleistungen erbracht werden. Die Kommission hat diesen Vorschlag übernommen, die Ausnahme allerdings auf bestimmte soziale Dienstleistungen beschränkt. Auf den Gemeinsamen Standpunkt des Rates hin schließlich wurde die Ausnahme weiter auf Dienstleistungen beschränkt, die durch den Staat und staatlich anerkannte Einrichtungen erbracht werden.

Der **Sinn** der Ausnahme liegt nach Erwägungsgrund 27 darin begründet, dass soziale Dienstleistungen entscheidend dazu beitragen, das **Grundrecht auf Schutz der Würde und Integrität des Menschen** zu garantieren und Ausfluss des **Grundsatzes des sozialen Zusammenhalts und der Solidarität** sind. 83

Die **Definition** der sozialen Dienstleistungen wird sich an diesem Zweck zu orientieren haben: Soziale Dienstleistungen sind danach solche, die ausschließlich oder hauptsächlich den Zweck verfolgen, **dem Menschen ein menschenwürdiges Dasein zu ermöglichen** und durch den Gesichtspunkt der **Solidarität** motiviert sind. **Konkretisierend** wird man **Art. 14 der Europäischen Sozialcharta** heranziehen können, der unter „Sozialen Diensten" Dienstleistungen versteht, die unter **Anwendung der Methoden der Sozialarbeit zum Wohlbefinden und zur Entfaltung des Einzelnen und der Gruppen innerhalb der Gemeinschaft beitragen**, sowie **zu ihrer Anpassung an die soziale Umgebung.** 84

Nur solche soziale Dienstleistungen sind indessen vom Anwendungsbereich der Richtlinie ausgenommen, die im Zusammenhang mit **Sozialwohnungen, Kinderbetreuung,** oder der **Unterstützung** von **Familien** und dauerhaft oder vorübergehend **hilfsbedürftigen Personen** erbracht werden. 85

Damit dürften in Deutschland beispielsweise unter die Sozialen Dienste sämtliche Leistungen der **Sozialhilfe** und des **Arbeitslosengeldes II** fallen, da diese definitionsgemäß[84] dazu beitragen sollen, dem Empfänger ein menschenwürdiges Leben bzw. den Lebensunterhalt zu sichern. Zugleich fallen darunter die Dienstleistungen **Kindergärten, Kinderkrippen** und **-horte,** jedenfalls soweit der Erwerbszweck nicht überwiegt. Gleiches gilt für **sonstige die Fürsorge für hilfsbedürftige Personen bezweckende Einrichtungen,** wie etwa Dienstleistungen zur **Integration (Schuldenhilfe, Arbeitslosenzentren, Drogenberatung, Sprachkurse für Zuwanderer); Wiedereingliederungsmaßnahmen** auf dem Arbeitsmarkt; **familienunterstützende Maßnahmen, Betreuung von pflegebedürftigen Personen** und **älteren Menschen,** etwa in **Altenheimen; Betreuung** und Eingliederungen von **behinderten Menschen** und **Menschen mit Gesundheitsproblemen** sowie die Vermittlung und die Zurverfügungstellung von **Sozialwohnungen.** 86

Erfasst sind nur solche soziale Dienstleistungen, die vom **Staat,** durch **von ihm beauftragte Dienstleistungserbringer** oder durch **von ihm als gemeinnützig anerkannte Einrichtungen** erbracht werden. Der Begriff des „Staates" ist hier im weiteren Sinne zu verstehen und umfasst insbesondere auch die **Kommunen.** Dass die von den Kommunen erbrachten Sozialleistungen ebenfalls von der Ausnahme nach lit. f erfasst sind, wird man zumindest in einem Erst-Recht-Schluss daraus entnehmen können, dass auch die einschlägigen Dienstleistungen als gemeinnützig anerkannter Einrichtungen unter die Ausnahmebestimmung fallen. Welche Insti- 87

84 § 1 S. 1 SGB XII bzw. § 1 Abs.1 S. 2 SGB II.

tute **als „gemeinnützig" anerkannte Einrichtungen** sind, richtet sich nach **nationalem Recht**, in Deutschland also nach §§ 51 ff. AO.[85] Um Missbrauch zu verhindern, wird man indessen – ähnlich wie bei der Ausübung öffentlicher Gewalt i. S. v. lit. i (vgl. Rn 77) – eine zweite Prüfungsebene auf Ebene des Gemeinschaftsrechts annehmen müssen, wonach nur solche Einrichtungen auch im Sinne der Richtlinie anzuerkennen sind, die nachvollziehbar einen gemeinnützigen Zweck verfolgen. Ein **Beispiel** ist etwa die soziale Tätigkeit der **Kirchen** und der **kirchlichen Organisationen.**[86] **Nicht** von der Ausnahme erfasst ist die **soziale Tätigkeit anderer Anbieter,** beispielsweise die der **Kinderfrauen** und **Kindermädchen** oder **sonstiger privater Kinderbetreuungsdienste** wie etwa **private Feriencamps,** die **private Familien-, Sozial- und Altenbetreuung** sowie **private Haushaltshilfen** für sozial Bedürftige.[87]

k) Private Sicherheitsdienste (lit. k)

88 Die im ersten Vorschlag der Kommission nicht enthaltene Ausnahme für private Sicherheitsdienste geht auf eine Forderung des Europäischen Parlaments in erster Lesung zurück. Hintergrund war die Auffassung des Parlaments, dass die Regelungen der Mitgliedstaaten über Sicherheitsdienste einer vollständigen Harmonisierung bedürften. Die Kommission hat die Ausnahme in ihrem zweiten Vorschlag übernommen, ohne sich indessen der Begründung des Europäischen Parlaments anzuschließen. Ein Erwägungsgrund zu dieser Ausnahme findet sich daher nicht.

89 **Ziel und Zweck** der Ausnahme ist angesichts der Gesetzgebungsgeschichte (s. Rn 88) die Erwartung, dass die Dienstleistungen der privaten Sicherheitsdienste einer weitergehenden Regelung auf Gemeinschaftsebene im Sinne einer Vollharmonisierung unterworfen würden.

90 **Private Sicherheitsdienste** sind aufgrund privatrechtlicher Vereinbarung erbrachte Dienstleistungen, die den Zweck der Sicherung einer Person oder eines Objekts verfolgen.

91 Dazu gehören **beispielsweise** Dienste des **Personenschutzes** („Bodyguards") ebenso wie das **Bewachungs-** und **Objektschutzgewerbe.** Umfasst sind auch der **gewerbliche Transport** und die **gewerbliche Aufbewahrung von Geld und Wertsachen.**[88]

92 **Nicht** zu den privaten Sicherheitsdiensten zählen Tätigkeiten, **die lediglich damit in Zusammenhang** stehen, wie etwa der **Verkauf** sowie die **Lieferung, Installation** und **Pflege** von **Sicherheitseinrichtungen** wie z. B. Sicherheitsschlössern, Alarmanlagen etc.[89]

l) Notare und Gerichtsvollzieher (lit. l)

93 Die Herausnahme der Notare und der Gerichtsvollzieher aus dem Anwendungsbereich der Richtlinie war **bis zuletzt umstritten.** Die Ausnahme wurde erstmals vom Europäischen Parlament in erster Lesung (als ausdrücklicher Fall einer Tätig-

---

85 Abgabenordnung i. d. F. d. Bek. v. 1. Oktober 2002 (BGBl. I, 3866; BGBl. I 2003, 61), zul. geänd. durch Art. 10 des Gesetzes v. 13.12.2006 (BGBl. I, 2878).
86 Kommissionshandbuch, Ziff. 2.1.2.
87 Kommissionshandbuch, Ziff. 2.1.2.
88 Kommissionshandbuch, Ziff. 2.1.2.
89 Kommissionshandbuch, Ziff. 2.1.2.

keit, die mit der Ausübung öffentlicher Gewalt verbunden ist, s. lit. i) gefordert, von der Kommission indessen in ihrem zweiten Vorschlag nicht akzeptiert. Erst durch den Gemeinsamen Standpunkt des Rates wurde die Ausnahme endgültig in den Text der Richtlinie eingefügt.

Sinn der Ausnahme ist es, die Tätigkeit von Notaren und Gerichtsvollziehern **wegen der engen, unlösbaren Verbindung von hoheitlicher und nicht hoheitlicher Tätigkeit** in den jeweiligen Berufsbildern **insgesamt** aus der Richtlinie auszunehmen, um eine **Aufspaltung des Berufsbilds zu verhindern.** 94

Soweit die Tätigkeit der Notare und Gerichtsvollzieher hoheitlicher Natur ist (öffentliche Beurkundung bzw. Vollstreckung), ist sie bereits gemäß lit. i vom Anwendungsbereich der Richtlinie ausgenommen (s. Rn 79). Die Ausnahme nach lit. l führt dazu, dass die Tätigkeit der Notare und Gerichtsvollzieher **insgesamt aus dem Anwendungsbereich der Richtlinie herausgenommen** wird, gleich ob sie im Einzelfall hoheitlicher Natur ist oder nicht.[90] 95

Die Ausnahme gilt nur für Notare und Gerichtsvollzieher, die **durch staatliche Stellen bestellt** werden, was in z. B. Deutschland der Fall ist. 96

III. Beschränkung des Anwendungsbereichs (Abs. 3)

1. Normstruktur

Abs. 3 sieht eine **Beschränkung des Anwendungsbereichs** der Richtlinie vor, die im Gegensatz zu Abs. 2 **nicht die Art der geregelten Dienstleistungen**, sondern die **Rechtsfolgen** der Richtlinie betrifft. Die Richtlinie soll danach keine Auswirkungen auf den Bereich der Steuern haben. 97

2. Absatzkommentierung

Eine Ausnahme für das Steuerwesen war bereits im ersten Kommissionsvorschlag vorgesehen, wobei allerdings bestimmte Verbote der Beschränkung der Dienstleistungsfreiheit auch für das Steuerrecht gelten sollten, wenn diese Beschränkungen sonst von keinem Gemeinschaftsrechtsakt zur Steuerharmonisierung erfasst würden. Die uneingeschränkte Herausnahme des Steuerwesens aus dem Anwendungsbereich der Richtlinie geht auf die von der Kommission akzeptierte Stellungnahme des Europäischen Parlaments in der ersten Lesung zurück. 98

Die Ausnahme verfolgt nach Erwägungsgrund 29 den **Zweck**, der Tatsache Rechung zu tragen, dass im EGV besondere Rechtsgrundlagen für den Bereich der Steuern enthalten und für diesen Bereich auch bereits vorrangige Sekundärrechtsinstrumente erlassen worden sind. 99

Die Richtlinie hat demnach keine Auswirkungen auf das **Steuerrecht.** Gemeint ist sowohl das **materielle** als auch das **Steuerverfahrensrecht.**[91] 100

Der **Begriff der „Steuer“** wird bislang im Gemeinschaftsrecht ausgesprochen heterogen gebraucht. Steuern sind an den unterschiedlichsten Stellen im primären Gemeinschaftsrecht angesprochen, der Begriff der „Steuer“ oder unter Verwendung des Steuerbegriffs zusammengesetzte Begriffe treten in völlig unterschied- 101

90 Kommissionshandbuch, Ziff. 2.1.2.
91 Kommissionshandbuch, Ziff. 2.1.2.

lichen Funktionszusammenhängen im europäischen Vertragswerk auf.[92] In Art. 90 EGV geht es bei den „inländischen Abgaben gleich welcher Art" um warenbezogene Abgaben, welche keine diskriminierenden Wirkungen haben dürfen. Art. 93 EGV betrifft die Harmonisierung der indirekten Steuern, insbesondere der Umsatzsteuer und sonstiger Verbrauchsteuern.[93] Der in Art. 92 EGV verwendete Steuerbegriff stellt dazu den Gegenbegriff auf, muss demgemäß gerade die direkten Steuern betreffen. Von den Abgaben nach Art. 90 EGV sind wiederum die Zölle (Art. 23 ff. EGV) abzugrenzen, wobei der gemeinschaftsrechtliche Zollbegriff gerade wegen des Zusammenspiels mit Art. 90 EGV enger zu verstehen ist als etwa die in Deutschland übliche Begriffsbestimmung.[94] Da der Ausnahmetatbestand der Richtlinie durch die Gesetzgebungskompetenzen der Gemeinschaft für das Steuerrecht motiviert ist, die sich ausschließlich in Art. 93 EGV finden, wird man den Steuerbegriff im dort verwandten weiten[95] Sinne verstehen müssen, der neben den Steuern im Sinne des deutschen Rechts **auch Abgaben und Gebühren** erfasst. All diese Bereiche dürften daher von der Dienstleistungsrichtlinie ausgenommen sein.

IV. Rechtsfolge des Art. 2 Abs. 2 und 3

102 **Rechtsfolge** von Art. 2 Abs. 2 und 3 ist, dass der betreffende Bereich **aus dem Anwendungsbereich der Richtlinie ausgenommen ist.** Die Bestimmungen der Richtlinie finden daher auf diese Bereiche keine Anwendung.

103 Dies **bedeutet** indessen **nicht**, dass gewisse Vorkehrungen der Richtlinie, nämlich deren Anforderungen an Beschränkungen der Dienstleistungs- und Niederlassungsfreiheit, nicht **materiell** in bestimmtem Umfang **auch für die ausgenommenen Bereiche gelten** würden: Es gibt Tätigkeiten bzw. Bereiche, die nach Art. 2 Abs. 2 und 3 vom Anwendungsbereich der Richtlinie nicht erfasst sind, aber **unmittelbar der Dienstleistungs- bzw. Niederlassungsfreiheit des Primärrechts unterfallen** und für die daher jene **Erfordernisse der Richtlinie gelten**, die lediglich **das Primärrecht konkretisieren.** Dies betrifft sämtliche Dienstleistungen bzw. Bereiche, die **aus einem anderen Grund als demjenigen des Gleichlaufs mit der Dienstleistungsfreiheit aus der Richtlinie ausgenommen** sind. Das sind **alle** Bereiche der Abs. 2 und 3 **mit Ausnahme** der nicht wirtschaftlichen Dienstleistungen von allgemeinem Interesse (lit. a, s. Rn 12) und der Tätigkeiten, die i. S. d. Art. 45 EGV mit der Ausübung öffentlicher Gewalt verbunden sind (lit. i, s. Rn 69). Für diese Bereiche gelten daher materiell insbesondere **wesentliche Vorkehrungen der Art. 5, 9, 10, 12-16, 19, 20 und 25,** soweit sich diese bereits aus dem Primärrecht ergeben.

Artikel 3 Verhältnis zu geltendem Gemeinschaftsrecht

(1) Widersprechen Bestimmungen dieser Richtlinie einer Bestimmung eines anderen Gemeinschaftsrechtsaktes, der spezifische Aspekte der Aufnahme oder Ausübung einer Dienstleistungstätigkeit in bestimmten Bereichen oder bestimmten

92 Eingehende Analyse bei Kreibohm, S. 69 ff.; ferner Schröer-Schallenberg in: Birk Hb SteuerR, § 16 Rn 3: „Steuerrecht zur Verwirklichung der Zielvorstellungen des EGV"; Waldhoff in: Calliess/Ruffert EUV/EGV, Art. 90 EGV Rn 1; Schön, EuR 2001, 216; Cordewener, S. 4 ff.; Mick, passim.

93 Vgl. statt vieler nur Waldhoff in: Calliess/Ruffert EUV/EGV, Art. 93 EGV Rn 1 ff., 4 ff.

94 Vgl. nur Waldhoff in: Calliess/Ruffert EUV/EGV, Art. 93 EGV Art. 25 EGV Rn 5 m. w. N.

95 Vgl. Kamann in: Streinz EUV/EGV, Art. 93 EGV Rn 3.

Berufen regelt, so hat die Bestimmung des anderen Gemeinschaftsrechtsaktes Vorrang und findet auf die betreffenden Bereiche oder Berufe Anwendung. Dies gilt insbesondere für:
a) die Richtlinie 96/71/EG;
b) die Verordnung (EWG) Nr. 1408/71;
c) die Richtlinie 89/552/EWG des Rates vom 3. Oktober 1989 zur Koordinierung bestimmter Rechts- und Verwaltungsvorschriften der Mitgliedstaaten über die Ausübung der Fernsehtätigkeit(1)
d) die Richtlinie 2005/36/EG.

(2) Diese Richtlinie betrifft nicht die Regeln des internationalen Privatrechts, insbesondere die Regeln des auf vertragliche und außervertragliche Schuldverhältnisse anzuwendenden Rechts, einschließlich der Bestimmungen, die sicherstellen, dass die Verbraucher durch die im Verbraucherrecht ihres Mitgliedstaats niedergelegten Verbraucherschutzregeln geschützt sind.

(3) Die Mitgliedstaaten setzen die Bestimmungen dieser Richtlinie in Übereinstimmung mit den Bestimmungen des Vertrags über die Niederlassungsfreiheit und den freien Dienstleistungsverkehr um.

Literatur: Siehe die Literaturhinweise zur Einleitung.

I. Überblick

Art. 3 regelt das Verhältnis der Dienstleistungsrichtlinie zum geltenden Gemeinschaftsrecht. Art. 3 Abs. 1 ordnet eine generelle Subsidiarität der Dienstleistungsrichtlinie gegenüber kollidierendem sekundärem Gemeinschaftsrecht an. Art. 3 Abs. 2 stellt klar, dass die Dienstleistungsrichtlinie das Internationale Privatrecht unberührt lässt. Und Art. 3 Abs. 3 weist die Mitgliedschaften auf ihre – sich ohnehin aus dem EGV ergebende – Verpflichtung hin, die Richtlinie in Übereinstimmung mit der Niederlassungsfreiheit (Art. 43 EGV) und der Dienstleistungsfreiheit (Art. 49 EGV) umzusetzen. **1**

Art. 3 hat im Gesetzgebungsverfahren grundlegende Änderungen erfahren. Der ursprüngliche Entwurf der Kommission[1] statuierte nicht die Subsidiarität der Dienstleistungsrichtlinie, sondern stellte lediglich fest, dass die Dienstleistungsrichtlinie die Anwendbarkeit anderer Gemeinschaftsrechtsakte nicht ausschließt.[2] **2**

(1) ABl. L 298 vom 17.10.1989, S. 23. Geändert durch Richtlinie 97/36/EG des Europäischen Parlaments und des Rates (ABl. L 202 v. 30.7.1997, S. 60).

1 Vorschlag für eine Richtlinie des Europäischen Parlaments und des Rates über Dienstleistungen im Binnenmarkt, KOM(2004) 2 endg.

2 Art. 3 hatte im ursprünglichen Richtlinienentwurf der Kommission folgenden Wortlaut: „Die Mitgliedstaaten setzen die Bestimmungen dieser Richtlinie in Übereinstimmung mit den Bestimmungen des EG-Vertrags über die Niederlassungs- und die Dienstleistungsfreiheit um.

Sofern eine Dienstleistungstätigkeit bereits von einem oder mehreren anderen Gemeinschaftsrechtsakten erfasst ist, sollten die Dienstleistungsrichtlinie und die konkurrierenden Rechtsakte grundsätzlich kumulativ angewandt werden, so dass sich die jeweiligen Anforderungen addiert hätten.[3] Aussagen zum Internationalen Privatrecht fehlten völlig.

II. Kollisionsregel

1. Subsidiarität der Dienstleistungsrichtlinie

3 Der horizontale Ansatz der Dienstleistungsrichtlinie führt zwangsläufig zu Überschneidungen mit speziellen Rechtsakten des Sekundärrechts. Daher ist eine Regelung, die das Verhältnis der Dienstleistungsrichtlinie zum übrigen Sekundärrecht in einer allgemeinen Kollisionsregel klärt, zweckmäßig. Art. 3 Abs. 1 löst den potentiellen Konflikt durch eine allgemeine Vorrangregelung für das sektorspezifische Sekundärrecht nach dem lex-specialis-Grundsatz.[4] Zu beachten ist freilich, dass sich auch in der Dienstleistungsrichtlinie selbst an einigen Stellen Kollisionsregeln finden, die im Fall möglicher Konflikte der Richtlinie mit anderen Akten des Sekundärrechts den Vorrang des jeweils spezielleren Gemeinschaftsrechts festschreiben (vgl. Art. 5 Abs. 3 i.V.m. Abs. 4, Art. 9 Abs. 3 und Art. 15 Abs. 2 lit. d). Art. 3 Abs. 1 dient als Auffangnorm für alle gleichwohl noch verbleibenden Konfliktfälle.[5]

4 Der ursprüngliche Kommissionsvorschlag verfolgte noch das Ziel, mögliche Konflikte zwischen einzelnen Vorschriften der Dienstleistungsrichtlinie und sonstigem Sekundärrecht durch gezielte Ausnahmeregelungen teils in der Dienstleistungsrichtlinie, teils in sonstigen Sekundärrechtsakten zu entschärfen.[6] Die dem zugrunde liegende Annahme der Kommission, alle in Betracht kommenden Problembereiche ex ante identifizieren und entsprechend regeln zu können, erschien freilich wenig realistisch. Vor allem aber hätte diese Regelungstechnik keine Lösung für potentielle zukünftige Konflikte gebracht. Denn bei jedem neuen Gesetzgebungsvorhaben, das in irgendeiner Form den sehr weiten Anwendungsbereich der Dienstleistungsrichtlinie tangiert, wäre die Frage nach dem Verhältnis beider Rechtsakte zueinander wieder akut geworden.

2. Verhältnis zu anderen Kollisions- und Abgrenzungsregeln

5 Auch wenn die Dienstleistungsrichtlinie das Bedürfnis nach einer generellen Kollisionsregel nunmehr ausdrücklich anerkennt,[7] ist der Ansatz des ursprünglichen

---

Diese Richtlinie schließt die Anwendung der Bestimmungen anderer Gemeinschaftsrechtsakte auf die von ihnen erfassten Dienstleistungen nicht aus."

3 Vorschlag für eine Richtlinie des Europäischen Parlaments und des Rates über Dienstleistungen im Binnenmarkt, KOM(2004) 2 endg., S. 15.

4 Lemor, Auswirkungen der Dienstleistungsfreiheit auf ausgesuchte reglementierte Berufe, EuZW 2007, 135, 136; Körner, EU-Dienstleistungsrichtlinie und Arbeitsrecht, NZA 2007, 233, 236.

5 Kommissionshandbuch, Ziff. 4.

6 Vorschlag für eine Richtlinie des Europäischen Parlaments und des Rates über Dienstleistungen im Binnenmarkt, KOM(2004) 2 endg., S. 15.

7 Vgl. Erwägungsgrund 30 der Dienstleistungsrichtlinie: „Kollisionen zwischen dieser Richtlinie und anderen Gemeinschaftsinstrumenten sind festgestellt worden und werden in dieser Richtlinie berücksichtigt, unter anderem durch Ausnahmeregelungen. Dennoch bedarf es

Kommissionsentwurfs, konkrete Normkonflikte durch Ausnahmeregelungen zu vermeiden, erhalten geblieben. Art. 3 Abs. 1 ist daher nicht die einzige Bestimmung, die das Verhältnis der Dienstleistungsrichtlinie zum sonstigen sekundären Gemeinschaftsrecht regelt. Vielmehr muss die Vorschrift im Zusammenhang mit den allgemeinen und speziellen Beschränkungen des Anwendungsbereichs der Dienstleistungsrichtlinie gelesen werden. Art. 2 Abs. 2 nimmt eine Reihe von Dienstleistungstätigkeiten komplett vom Anwendungsbereich der Dienstleistungsrichtlinie aus, so etwa die durch eine hohe gemeinschaftsrechtliche Regelungsdichte gekennzeichneten Finanz- und Telekommunikationsdienstleistungen.[8] Daneben beschränkt Art. 17 den Anwendungsbereich des die Dienstleistungsfreiheit ausgestaltenden Art. 16. Art. 16 findet infolgedessen keine Anwendung auf eine Reihe von Angelegenheiten, die von speziellen Sekundärrechtsakten erfasst sind. Wo aber die Dienstleistungsrichtlinie schon gar nicht anwendbar ist, kann es von vornherein nicht zu einer Normenkollision mit speziellerem Sekundärrecht kommen. Für Art. 3 Abs. 1 bleibt dann kein Raum. Die Zurücknahme des Anwendungsbereichs der Dienstleistungsrichtlinie ist folglich eine wesentlich radikalere Maßnahme als die Subsidiaritätsregel des Art. 3 Abs. 1. Denn Letztere führt nur dann zu einem Zurücktreten der Dienstleistungsrichtlinie, wenn tatsächlich ein Normkonflikt besteht. Ist dies nicht der Fall, bleibt es nach Art. 3 Abs. 1 dagegen bei der kumulativen Anwendbarkeit von Dienstleistungsrichtlinie und speziellem Sekundärrecht.

Ebenfalls kein Raum bleibt für Art. 3 Abs. 1, wenn die Dienstleistungsrichtlinie 6
ihrerseits speziellere Kollisionsregeln enthält. Eine solche findet sich z. B. für Genehmigungen der Aufnahme oder Ausübung einer Dienstleistungstätigkeit in Art. 9 Abs. 3. Danach gelten die Vorschriften über Genehmigungen (Art. 9 ff.) nicht für diejenigen Aspekte der Genehmigungsregelungen, die direkt oder indirekt durch andere Gemeinschaftsrechtsakte geregelt sind (näher dazu Art. 9 Rn 51 ff.). Daher gehen z. B. die Regelungen der RL 98/5/EG[9] über Zulassungsverfahren für Anwälte, die sich zur Berufsausübung in einem anderen Mitgliedstaat niederlassen möchten, gemäß Art. 9 Abs. 3 der Dienstleistungsrichtlinie insoweit vor.[10] Für alle anderen, nicht mit einer Genehmigung in Zusammenhang stehenden Fragen der grenzüberschreitenden Anwaltsniederlassung und natürlich für die von Art. 9 Abs. 3 ohnehin nicht erfasste grenzüberschreitende Erbringung von Anwaltsdienstleistungen ist bei Überschneidungen mit anderen Akten des Sekundärrechts hingegen auf Art. 3 Abs. 1 zurückzugreifen. Weitere spezielle Kollisionsnormen finden sich in Art. 5 Abs. i. V. m. Abs. 4 sowie in Art. 15 Abs. 2 lit. d.

3. Beispielkatalog

Neben der generellen Subsidiaritätsregel enthält Art. 3 Abs. 1 einen Katalog von 7
Sekundärrechtsakten, die im Konfliktfall der Dienstleistungsrichtlinie vorgehen.

---

einer Regelung für verbleibende Fälle und Ausnahmefälle für den Fall, dass eine Bestimmung dieser Richtlinie mit einer Bestimmung eines anderen Gemeinschaftsinstruments kollidiert."

8 Vgl. Erwägungsgrund 18 ff. der Dienstleistungsrichtlinie.

9 RL 98/5/EG des Europäischen Parlaments und des Rates v. 16.2.1998 zur Erleichterung der ständigen Ausübung des Rechtsanwaltsberufs in einem anderen Mitgliedstaat als dem, in dem die Qualifikation erworben wurde, ABl. 1998 Nr. L 77, S. 36.

10 Hatje, Die Dienstleistungsrichtlinie – Auf der Suche nach dem liberalen Mehrwert, NJW 2007, 2357, 2362.

Die Aufzählung ist, wie die Formulierung „insbesondere" deutlich macht, nicht abschließend. Explizit erwähnt werden:

- **Richtlinie 96/71/EG:**[11] Die Entsenderichtlinie betrifft die vorübergehende Entsendung von Arbeitnehmern in einen anderen Mitgliedstaat im Rahmen der länderübergreifenden Erbringung von Dienstleistungen. In diesem Fall gelten für die Arbeitnehmer verbindlich bestimmte Arbeits- und Beschäftigungsbedingungen des Mitgliedstaates, in dessen Hoheitsgebiet die Dienstleistung erbracht wird. Um die Vereinbarkeit mit der Entsenderichtlinie sicherzustellen, sah schon der ursprüngliche Kommissionsentwurf in Art. 17 Nr. 5 eine Ausnahme vom Herkunftslandprinzip vor.[12] Auch nach der Streichung des Herkunftslandprinzips aus der Dienstleistungsrichtlinie wurde an dieser Ausnahme festgehalten. Nunmehr bestimmt Art. 17 Nr. 2, dass die Regelungen zur Dienstleistungsfreiheit nach Art. 16 keine Anwendung auf Angelegenheiten finden, die unter die Entsenderichtlinie fallen. Angesichts dieser Ausnahmeregelung dürfte die praktische Relevanz der Subsidiaritätsregel des Art. 3 Abs. 1 lit. a sehr gering sein.
- **VO (EWG) Nr. 1408/71:**[13] Die Verordnung regelt die Anwendung der Systeme der sozialen Sicherheit auf Arbeitnehmer und Selbstständige sowie deren Familienangehörige, die innerhalb der Gemeinschaft zu- und abwandern. Gemäß Art. 17 Nr. 7 finden die Vorschriften über die Dienstleistungsfreiheit nach Art. 16 keine Anwendung auf Angelegenheiten, die unter die Verordnung fallen, so dass für Art. 3 Abs. 1 lit. b insofern kein Raum bleibt. Die Vorschrift bleibt aber im Bereich der Niederlassungsfreiheit von Relevanz.
- **RL 89/552/EWG:**[14] Die RL 89/552/EWG zur Koordinierung bestimmter Rechts- und Verwaltungsvorschriften der Mitgliedstaaten über die Ausübung der Fernsehtätigkeit folgt grundsätzlich dem Herkunftslandprinzip, sieht jedoch ein eigenes Regime von Ausnahmeregelungen vor.[15] Im ursprünglichen Richtlinienentwurf fand sich lediglich im 47. Erwägungsgrund eine vage Aussage zum Verhältnis von Fernseh- und Dienstleistungsrichtlinie. Danach sollte die im Kommissionsentwurf vorgesehene Möglichkeit für die Mitgliedstaaten, ausnahmsweise Maßnahmen gegenüber einem in einem anderen Mitgliedstaat niedergelassenen Diensterbringer zu ergreifen, nicht die in RL 89/552/EWG vorgesehenen Ausnahmeregelungen erweitern oder begrenzen. Durch die Aufnahme der Fernsehrichtlinie in Art. 3 Abs. 1 lit. c ist nun klargestellt, dass sich im Konfliktfall das spezifische Regime der Fernsehrichtlinie gegenüber der Dienstleistungsrichtlinie durchsetzt.

---

11 RL 96/71/EG des Europäischen Parlaments und des Rates v. 16.12.1996 über die Entsendung von Arbeitnehmern im Rahmen der Erbringung von Dienstleistungen, ABl. 1997 Nr. L 18, S. 1.

12 Vgl. auch Vorschlag für eine Richtlinie des Europäischen Parlaments und des Rates über Dienstleistungen im Binnenmarkt, KOM(2004) 2 endg., S. 16.

13 VO 1408/71/EWG des Rates v. 14.6.1971 zur Anwendung der Systeme der sozialen Sicherheit auf Arbeitnehmer und Selbständige sowie deren Familienangehörige, die innerhalb der Gemeinschaft zu– und abwandern, ABl. 1971 Nr. L 149, S. 2, zul. geänd. durch die VO 629/2006/EG des Europäischen Parlaments und des Rates v. 5.4.2006, ABl. 2006 Nr. L 114, S. 1.

14 RL 89/552/EWG des Rates v. 3.10.1989 zur Koordinierung bestimmter Rechts- und Verwaltungsvorschriften der Mitgliedstaaten über die Ausübung der Fernsehtätigkeit, ABl. 1989 Nr. L 298, S. 23, geänd. durch RL 97/36/EG des Europäischen Parlaments und des Rates v. 30.6.1997, ABl. 1997 Nr. L 202, S. 60.

15 Vgl. Art. 2 a Abs. 2 RL 89/552/EWG.

- RL 2005/36/EG:[16] Die Berufsanerkennungsrichtlinie regelt die wechselseitige Anerkennung von Berufsqualifikationen durch die Mitgliedstaaten. Anders als die Dienstleistungsrichtlinie folgt die Berufsanerkennungsrichtlinie dem klassischen Muster der Verknüpfung von Rechtsangleichung und gegenseitiger Anerkennung.[17] Art. 17 Nr. 6 bestimmt, dass die Regelungen der Dienstleistungsrichtlinie zur Dienstleistungsfreiheit nicht auf Angelegenheiten anzuwenden sind, die unter den mit „Dienstleistungsfreiheit" überschriebenen Titel II der Berufsanerkennungsrichtlinie fallen. Art. 3 Abs. 1 lit. d kommt also nur im Anwendungsbereich der Niederlassungsfreiheit Relevanz zu.

4. Voraussetzungen

8 Art. 3 Abs. 1 verlangt einen Widerspruch zwischen Bestimmungen der Dienstleistungsrichtlinie und einer Bestimmung eines anderen Gemeinschaftsrechtsaktes, der spezifische Aspekte der Aufnahme oder Ausübung einer Dienstleistungstätigkeit in bestimmten Bereichen oder bestimmten Berufen regelt. Die Verwendung des Terminus „Aufnahme oder Ausübung einer Dienstleistungstätigkeit" macht deutlich, dass damit sowohl sekundärrechtliche Regelungen zur Ausgestaltung der Niederlassungs- als auch der Dienstleistungsfreiheit gemeint sind. Zu beachten bleibt freilich stets die vorrangige Prüfung des Anwendungsbereichs der Dienstleistungsrichtlinie bzw. der durch sie ausgestalteten Dienstleistungsfreiheit (Rn 5) sowie speziellerer Kollisionsnormen in der Dienstleistungsrichtlinie (Rn 6).

9 Allein die Tatsache, dass sich in einem anderen Gemeinschaftsrechtsakt ebenfalls Regelungen bestimmter Aspekte der Aufnahme oder Ausübung einer Dienstleistungstätigkeit finden, genügt für einen Rückgriff auf die Subsidiaritätsregel des Art. 3 Abs. 1 noch nicht. Es bedarf vielmehr der Feststellung eines Widerspruchs zwischen beiden Regelungen. Das setzt eine vorherige Auslegung der miteinander konkurrierenden Regelungen im Lichte der den jeweiligen Rechtsakten zugrunde liegenden Ermächtigungsnormen und der Grundfreiheiten, insbesondere der Dienstleistungs- und Niederlassungsfreiheit, voraus.[18] Erst wenn auch dann noch eine Konfliktlage besteht, greift Art. 3 Abs. 1 und macht den Weg für die Regelung in dem spezielleren Gemeinschaftsrechtsakt frei.

5. Wirkung

10 Im Konfliktfall „hat die Bestimmung des anderen Gemeinschaftsrechtsaktes Vorrang und findet auf die betreffenden Bereiche oder Berufe Anwendung". Die in der Dienstleistungsrichtlinie vorgesehene Regelung steht dann zurück. Im Übrigen bleibt die Dienstleistungsrichtlinie aber selbstverständlich anwendbar.[19] Denn Art. 3 Abs. 1 statuiert keinen allgemeinen Vorrang speziellerer Richtlinien, sondern verleiht nur konfligierenden Normen in spezielleren Richtlinien den Vorrang.

---

16 RL 2005/36/EG des Europäischen Parlaments und des Rates v. 7.9.2005 über die Anerkennung von Berufsqualifikationen, ABl. 2005 Nr. L 255, S. 22, geänd. durch RL 2006/100/EG des Rates v. 20.11.2006, ABl. 2006 Nr. L 363, S. 141.

17 Körner, NZA 2007, 233, 236.

18 Kommissionshandbuch, Ziff. 4.

19 Kommissionshandbuch, Ziff. 4.

III. Internationales Privatrecht

1. Grundsatz

11 Art. 3 Abs. 2 stellt klar, dass die Regelungen des Internationalen Privatrechts von den Bestimmungen der Dienstleistungsrichtlinie unberührt bleiben[20]. Dies ist eine deutliche Abkehr vom ursprünglichen Kommissionsentwurf, der von einem nahezu uneingeschränkten und grundsätzlich auch das Internationale Privatrecht erfassenden Herkunftslandprinzip ausging. Rechnung getragen wurde so der im Gesetzgebungsverfahren geäußerten, teilweise sehr heftigen Kritik. Art. 3 Abs. 2 vermeidet vor allem einen Konflikt mit der jüngst erlassenen Rom II-Verordnung[21] und der in Bälde zu erwartenden Rom I-Verordnung,[22] die Vorschriften über das auf vertragliche und außervertragliche Schuldverhältnisse anzuwendende (Privat-)Recht enthalten und damit (auch) den Inhalt von Verträgen zwischen Dienstleistungserbringern und ihren Abnehmern determinieren.[23] Tatsächlich garantiert wird die „Unberührtheit" des Internationalen Privatrechts allerdings erst durch Art. 17 Nr. 15.[24] Danach sind „Bestimmungen betreffend vertragliche und außervertragliche Schuldverhältnisse, einschließlich der Form von Verträgen, die nach den Vorschriften des internationalen Privatrechts festgelegt werden", vom Anwendungsbereich des Art. 16 ausgenommen. Erst diese Regelung erfüllt das Lippenbekenntnis des Art. 3 Abs. 1 mit Leben, indem sie die durch kollisionsrechtliche Anknüpfung zur Anwendung berufenen nationalen Normen des zivilrechtlichen Verbraucherschutzes von dem durch Art. 16 statuierten, wenngleich sehr beschränkten Herkunftslandprinzip ausnimmt.[25]

2. Bewertung

12 Mit Einfügung der Unberührtheitsklausel des Art. 3 Abs. 2 wurde im Gesetzgebungsverfahren eine 180-Grad-Wende vollzogen. Das im ursprünglichen Kommissionsentwurf vorgesehene Herkunftslandprinzip sollte als umfassende, auf das Sachrecht des Herkunftsland verweisende Kollisionsregel gelten. Dies ergab sich zum einen direkt aus dem vorgeschlagenen Richtlinientext. Denn nach Art. 17 Nr. 20 des Richtlinienentwurfs hätte das Herkunftslandprinzip die Freiheit der Rechtswahl für Parteien eines Vertrages nicht ausgeschlossen. Daraus folgt im Umkehrschluss, dass das Herkunftslandprinzip im Bereich der objektiven An-

---

20 Vgl. dazu auch Kampf, EU-Dienstleistungsrichtlinie und Kollisionsrecht, IPRax 2008, 101.

21 VO (EG) Nr. 864/2007 des Europäischen Parlaments und des Rates v. 11.7.2007 über das auf außervertragliche Schuldverhältnisse anzuwendende Recht („Rom II"), ABl. 2007 Nr. L 199, S. 40; vgl. dazu Leible/Lehmann, Die Verordnung über das auf außervertragliche Schuldverhältnisse anzuwendende Recht („Rom II"), RIW 2007, 721.

22 Vgl. den Vorschlag für eine Verordnung des Europäischen Parlaments und des Rates über das auf vertragliche Schuldverhältnis anzuwendende Recht (Rom I), KOM(2005) 650 endg., und dazu Ferrari/Leible (Hg.). Rat und Parlament haben sich inzwischen auf einen Gemeinsamen Standpunkt geeinigt, vgl. dazu den Standpunkt des Europäischen Parlaments festgelegt in erster Lesung am 29. 11. 2007 im Hinblick auf den Erlass der Verordnung (EG) Nr. ... /2007 des Europäischen Parlaments und des Rates über das auf vertragliche Schuldverhältnisse anzuwendende Recht (Rom I), P6_TC1-COD(2005)0261 – A6-0450/2007. Diese Fassung befindet sich derzeit zur Revision im Sprachendienst. Mit einer Veröffentlichung im ABl. soll im April oder Mai 2008 zu rechnen sein.

23 Kommissionshandbuch, Ziff. 3.4.

24 Zutr. Kommissionshandbuch, Ziff. 3.4.

25 Vgl. auch W.-H. Roth, Freier Dienstleistungsverkehr und Verbraucherschutz, VuR 2007, 161, 170; ders. in: Leible (Hg.), Umsetzung, S. 205, 234.

knüpfung Geltung entfalten sollte. Vor allem aber hatte die Kommission in ihrer Begründung zum Richtlinienentwurf ausdrücklich den Vorrang des Herkunftslandprinzips vor den Gesetzgebungsvorhaben der Gemeinschaft im Bereich des Internationalen Privatrechts herausgestellt.[26] Lediglich das Internationale Zivilprozessrecht sollte von der Dienstleistungsrichtlinie nicht betroffen sein.[27] Das Herkunftslandprinzip im Kommissionsentwurf war dabei als einseitige Verweisungsnorm konzipiert, da es nur regelte, wann das Recht des Herkunftslandes anwendbar ist, nicht aber, welches Recht gilt, wenn dieses nicht anwendbar ist.[28]

Der vorgesehene kollisionsrechtliche Gehalt des Herkunftslandprinzips ist auf heftige und berechtigte Kritik gestoßen (vgl. bereits Einf. Rn 31). Zahlreiche Stimmen in der Literatur forderten eine Herausnahme des Internationalen Privatrechts aus dem Anwendungsbereich der Dienstleistungsrichtlinie.[29] Hauptkritikpunkt war die fehlende Abstimmung mit den laufenden Gesetzgebungsvorhaben zum Erlass einer Rom I- und einer Rom II-Verordnung.[30] Gegenstand des Rom I-Projektes ist die Überführung des Übereinkommens von Rom aus dem Jahr 1980 über das auf vertragliche Schuldverhältnisse anzuwendende Recht[31] in eine EG-Verordnung. Ziel des mittlerweile verwirklichten Rom II-Projektes ist es, mittels einer EG-Verordnung die bislang rein nationalen Kollisionsnormen im Bereich der außervertraglichen Schuldverhältnisse zu vereinheitlichen. Nach dem Kommissionsentwurf sollte das kollisionsrechtliche Herkunftslandprinzip beiden Rechtsakten vorgehen.[32] Im Vorschlag für eine Rom II-Verordnung war in Art. 23 Abs. 2 bereits eine entsprechende Vorrangregel zugunsten der Dienstleistungsrichtlinie vorgesehen.[33] 13

Diese Regelungstechnik hätte dazu geführt, dass paradoxerweise der nationale Umsetzungsakt zur Dienstleistungsrichtlinie Vorrang vor den speziell das Internationale Privatrecht betreffenden Rom I- und Rom II-Verordnungen gehabt hätte.[34] Warum die Kommission den „grobschlächtigen“[35] kollisionsrechtlichen Regelun- 14

26 Vorschlag für eine Richtlinie des Europäischen Parlaments und des Rates über Dienstleistungen im Binnenmarkt, KOM(2004) 2 endg., S. 19 f.

27 Vorschlag für eine Richtlinie des Europäischen Parlaments und des Rates über Dienstleistungen im Binnenmarkt, KOM(2004) 2 endg., S. 20.

28 Deinert, Das Herkunftslandprinzip und seine Bedeutung für das Internationale Deliktsrecht, EWS 2006, 445, 449.

29 Basedow, Dienstleistungsrichtlinie, Herkunftslandprinzip und internationales Privatrecht, EuZW 2004, 423, 424.

30 Mankowski, Wider ein Herkunftslandprinzip für Dienstleistungen im Binnenmarkt, IPRax 2004, 385, 390; Sonnenberger, Kommissions-Vorschlag für eine Rahmenrichtlinie des Europäischen Parlaments und des Rates über Dienstleistungen im Binnenmarkt, KOM (2004) 2 – Stellungnahme, RIW 2004, 321, 323; Basedow, EuZW 2004, 423, 423.

31 BGBl. II 1986, 810 i.d.F. des 4. Beitrittsübereinkommens v. 14.4.2005, BGBl. II 2006, 348.

32 Vorschlag für eine Richtlinie des Europäischen Parlaments und des Rates über Dienstleistungen im Binnenmarkt, KOM(2004) 2 endg., S. 19 f.

33 Art. 23 Abs. 2 des Vorschlag für eine Verordnung des Europäischen Parlaments und des Rates über das auf außervertragliche Schuldverhältnisse anzuwendende Recht („Rom II“), KOM(2003) 427 endg., lautete: „Diese Verordnung berührt nicht die Gemeinschaftsrechtsakte für besondere Bereiche, die in dem jeweils koordinierten Bereich die Erbringung von Dienstleistungen und die Lieferung von Waren den nationalen Bestimmungen unterwerfen, die im Hoheitsgebiet des Mitgliedstaats anwendbar sind, in dem der Dienstleistende niedergelassen ist, und die in dem koordinierten Bereich eine Beschränkung des freien Verkehrs von Dienstleistungen und Waren aus einem anderen Mitgliedstaat gegebenenfalls nur unter bestimmten Bedingungen erlauben.“

34 Basedow, EuZW 2004, 423, 423.

gen der Dienstleistungsrichtlinie den Vorzug gegenüber den detaillierten Regelungen der Rom I- und Rom II-Verordnung geben wollte, ist nicht nachvollziehbar. Es ist umso weniger nachvollziehbar, als im Internationalen Vertragsrecht die Anknüpfung von Verträgen – unter Ausnahme von Verbraucherverträgen – ohnehin in der Regel zum Recht des Dienstleistungserbringers führt (Art. 4 Abs. 2 EVÜ), für die objektive Anknüpfung außervertraglicher Schuldverhältnisse aufgrund ihrer akzessorischen Anknüpfung (vgl. Art. 4 Abs. 3, 10 Abs. 4, 11 Abs. 4, 12 Abs. 2 lit. c Rom II-VO) meist das Gleiche gilt und die Rechtswahlfreiheit von vornherein vom Herkunftslandprinzip ausgenommen war.

15 Bei einer Verwirklichung des Kommissionsentwurfs wäre das Kollisionsrecht zudem in zwei Teilregime gespalten worden.[36] Für Binnenmarktssachverhalte hätte das Herkunftslandprinzip gegolten, während die Rom I- und Rom II-Verordnungen, die einen universellen Ansatz verfolgen,[37] nur auf Drittstaatensachverhalte anwendbar gewesen wären.[38] Zu einer weiteren Erhöhung der Komplexität hätte außerdem der Umstand geführt, dass der Kommissionsentwurf einerseits nicht für alle Dienstleistungen gelten sollte[39] und andererseits vom Herkunftslandprinzip selbst zahlreiche spezielle Ausnahmen bestanden. Die Kommission sah darin kein Problem, sondern begrüßte im Gegenteil die vorgesehene komplizierte Verschachtelung der Dienstleistungsrichtlinie mit der Rom I- und der Rom II-Verordnung, weil dadurch für Letztere ein „wichtiger" Anwendungsbereich erhalten geblieben wäre.[40]

16 Da die Dienstleistungsrichtlinie – anders als die unmittelbar geltenden Rom I- und Rom II-Verordnungen – eines nationalen Umsetzungsaktes bedarf, hätte, wie die bisherigen Erfahrungen mit Richtlinienkollisionsrecht lehren,[41] bei der Beibehaltung eines kollisionsrechtlichen Herkunftslandprinzips zudem die Gefahr einer uneinheitlichen Umsetzung bestanden.[42] Vor allem aber war die kollisionsrechtliche Regelung im Kommissionsentwurf mehr als lückenhaft. Denn die einzige Aussage des Herkunftslandprinzips wäre ein einseitiger Verweis auf das Sachrecht des Herkunftslandes des Dienstleistungserbringers gewesen. Diese scheinbar so einfache und klare Regelung hätte bereits bei Verträgen versagt, bei denen auf der Anbieterseite mehrere Dienstleistungsunternehmen mit Sitz in verschiedenen Mitgliedstaaten beteiligt sind. Das von der Kommission favorisierte kollisionsrechtliche Herkunftslandprinzip ist daher ein beredtes Beispiel dafür, wie der Wunsch nach einer (vermeintlich) simplen Regelung durch Übervereinfachung letztlich zum Gegenteil führen kann. Die Einführung eines kollisionsrechtlichen Herkunftslandprinzips hätte keine klare und einfache Regelung, sondern erhebliche Rechtsunsicherheit zur Folge gehabt.[43]

---

35 Basedow, EuZW 2004, 423, 424.
36 Leible/Lehmann, RIW 2007, 721, 722; Mankowski, IPRax 2004, 385, 391.
37 Leible/Lehmann, RIW 2007, 721, 724.
38 Sonnenberger, RIW 2004, 321, 323.
39 Sonnenberger, RIW 2004, 321, 322.
40 Vorschlag für eine Richtlinie des Europäischen Parlaments und des Rates über Dienstleistungen im Binnenmarkt, KOM(2004) 2 endg., S. 20.
41 Vgl. dazu Leible in: Schulte-Nölke/Schulze (Hg.), Rechtsangleichung und nationale Privatrechte, Baden-Baden, 1999, S. 353, 361.
42 Sonnenberger, RIW 2004, 321, 323.
43 Sonnenberger, RIW 2004, 321, 323.

Im Ergebnis ist daher die Herausnahme des Internationalen Privatrechts aus dem Anwendungsbereich der Dienstleistungsrichtlinie mittels der Unberührtheitsklausel des Art. 3 Abs. 2 uneingeschränkt zu begrüßen. Nachdem das Herkunftslandprinzip insgesamt gescheitert war bzw. von dem ursprünglich sehr ambitionierten Ansatz nur ein sehr eingeschränktes Herkunftslandprinzip geblieben ist (vgl. Art. 16 Abs. 3), war dieser Schritt letztlich auch unvermeidlich. Effektuiert wird Art. 3 Abs. 2 freilich erst durch Art. 17 Nr. 15, der „Bestimmungen betreffend vertragliche und außervertragliche Schuldverhältnisse, einschließlich der Form von Verträgen, die nach den Vorschriften des internationalen Privatrechts festgelegt werden“, vom Anwendungsbereich des Art. 16 ausnimmt. Damit können insbesondere auch mitgliedstaatliche Normen des zivilrechtlichen Verbraucherschutzes, die nach Art. 5 Abs. 2 EVÜ bzw. Art. 6 Abs. 1 Rom I-Verordnung zur Anwendung gelangen, entgegen Art. 16 Abs. 3 gerechtfertigt werden. Eine uneingeschränkte Durchsetzung der im Staat des Dienstleistungserbringers geltenden zivilrechtlichen Verbraucherschutznormen ist damit ausgeschlossen. 17

3. Reichweite

Art. 3 Abs. 2 erfasst Kollisionsnormen sowohl nationalen als auch gemeinschaftlichen Ursprungs. Zu beachten bleibt freilich, dass mit „Regeln des internationalen Privatrechts“ zunächst einmal nur solche Normen gemeint sind, die festlegen, welche zivilrechtlichen Vorschriften auf Rechtsverhältnisse zwischen Privaten Anwendung finden. Kollisionsregeln des Öffentlichen Rechts werden von Art. 3 Abs. 2 hingegen nicht erfasst. Ob etwa dem Öffentlichen Recht zuzurechnende und im Aufenthaltsstaat des Dienstleistungsempfängers geltende Regeln des Verbraucherschutzes bei der Dienstleistungserbringung durch Anbieter aus anderen Mitgliedstaaten zu beachten sind, ist weiterhin eine von der Dienstleistungsrichtlinie und insbesondere deren Art. 16 zu beantwortende Frage.[44] 18

Der englische Begriff des „Private International Law” umfasst sowohl privatrechtliche Rechtsbeziehungen als auch Zivilverfahren mit grenzüberschreitenden Bezügen.[45] Dieses Begriffsverständnis liegt auch Art. 3 Abs. 2 zugrunde. Das Kommissionshandbuch hebt deshalb zu Recht hervor, dass die Dienstleistungsrichtlinie z. B. auch die Regelungen über die internationale Zuständigkeit nicht berührt, wie sie sich etwa in der VO (EG) Nr. 44/2001 des Rates vom 22. Dezember 2000 über die gerichtliche Zuständigkeit und die Anerkennung und Vollstreckung von Entscheidungen in Zivil- und Handelssachen (EuGVO)[46] finden.[47] 19

IV. Beachtung der Grundfreiheiten bei der Umsetzung der Dienstleistungsrichtlinie

Art. 3 Abs. 3 verpflichtet die Mitgliedstaaten, die Dienstleistungsrichtlinie in Übereinstimmung mit den Bestimmungen des Vertrags über die Niederlassungsfreiheit und den freien Dienstleistungsverkehr umzusetzen. Dabei handelt es sich freilich nur um narratives Gemeinschaftsrecht. Denn da ein Sekundärrechtsakt die Mitgliedstaaten ohnehin nicht von ihrer Bindung an das Primärrecht freistellen kann 20

44 Kommissionshandbuch, Ziff. 3.4.
45 Vgl. z. B. Hellner, S. 3.
46 ABl. 2001 Nr. L 12, S. 1.
47 Kommissionshandbuch, Ziff. 3.4.

(vgl. Einl. Rn 89), reduziert sich der Bedeutungsgehalt der Norm auf den eines lediglich deklaratorischen Appells. Auch ohne derartige Vorschriften bleiben die Mitgliedstaaten bei der Umsetzung einer Richtlinie in nationales Recht stets an die Bestimmungen des EGV und insbesondere an die Grundfreiheiten gebunden.

Artikel 4 Begriffsbestimmungen

Für die Zwecke dieser Richtlinie bezeichnet der Ausdruck:

1. **„Dienstleistung" jede von Artikel 50 des Vertrags erfasste selbstständige Tätigkeit, die in der Regel gegen Entgelt erbracht wird;**
2. **„Dienstleistungserbringer" jede natürliche Person, die die Staatsangehörigkeit eines Mitgliedstaats besitzt, und jede in einem Mitgliedstaat niedergelassene juristische Person im Sinne des Artikels 48 des Vertrags, die eine Dienstleistung anbietet oder erbringt;**
3. **„Dienstleistungsempfänger" jede natürliche Person, die die Staatsangehörigkeit eines Mitgliedstaats besitzt oder die in den Genuss von Rechten aus gemeinschaftlichen Rechtsakten kommt, oder jede in einem Mitgliedstaat niedergelassene juristische Person im Sinne des Artikels 48 des Vertrags, die für berufliche oder andere Zwecke eine Dienstleistung in Anspruch nimmt oder in Anspruch nehmen möchte;**
4. **„Niederlassungsmitgliedstaat" den Mitgliedstaat, in dessen Hoheitsgebiet der Dienstleistungserbringer niedergelassen ist;**
5. **„Niederlassung" die tatsächliche Ausübung einer von Artikel 43 des Vertrags erfassten wirtschaftlichen Tätigkeit durch den Dienstleistungserbringer auf unbestimmte Zeit und mittels einer festen Infrastruktur, von der aus die Geschäftstätigkeit der Dienstleistungserbringung tatsächlich ausgeübt wird;**
6. **„Genehmigungsregelung" jedes Verfahren, das einen Dienstleistungserbringer oder -empfänger verpflichtet, bei einer zuständigen Behörde eine förmliche oder stillschweigende Entscheidung über die Aufnahme oder Ausübung einer Dienstleistungstätigkeit zu erwirken;**
7. **„Anforderungen" alle Auflagen, Verbote, Bedingungen oder Beschränkungen, die in den Rechts- oder Verwaltungsvorschriften der Mitgliedstaaten festgelegt sind oder sich aus der Rechtsprechung, der Verwaltungspraxis, den Regeln von Berufsverbänden oder den kollektiven Regeln, die von Berufsvereinigungen oder sonstigen Berufsorganisationen in Ausübung ihrer Rechtsautonomie erlassen wurden, ergeben; Regeln, die in von den Sozialpartnern ausgehandelten Tarifverträgen festgelegt wurden, sind als solche keine Anforderungen im Sinne dieser Richtlinie;**
8. **„zwingende Gründe des Allgemeininteresses" Gründe, die der Gerichtshof in ständiger Rechtsprechung als solche anerkannt hat, einschließlich folgender Gründe: öffentliche Ordnung; öffentliche Sicherheit; Sicherheit der Bevölkerung; öffentliche Gesundheit; Erhaltung des finanziellen Gleichgewichts der Systeme der sozialen Sicherung; Schutz der Verbraucher, der Dienstleistungsempfänger und der Arbeitnehmer; Lauterkeit des Handelsverkehrs; Betrugsbekämpfung; Schutz der Umwelt und der städtischen Umwelt; Tierschutz; geistiges Eigentum; Erhaltung des nationalen historischen und künstlerischen Erbes; Ziele der Sozialpolitik und Ziele der Kulturpolitik;**
9. **„zuständige Behörde" jede Stelle oder Behörde, die in einem Mitgliedstaat eine Kontroll- oder Regulierungsfunktion für Dienstleistungstätigkeiten innehat, insbesondere Verwaltungsbehörden, einschließlich der als Verwaltungsbehörden fungierenden Gerichte, Berufsverbände und der Berufsvereinigungen oder sonstigen Berufsorganisationen, die im Rahmen ihrer Rechtsautonomie die Aufnahme oder Ausübung einer Dienstleistungstätigkeit kollektiv regeln;**

10. „Mitgliedstaat der Dienstleistungserbringung" den Mitgliedstaat, in dem die Dienstleistung von einem in einem anderen Mitgliedstaat niedergelassenen Dienstleistungserbringer erbracht wird;
11. „Reglementierter Beruf" eine berufliche Tätigkeit oder eine Gruppe beruflicher Tätigkeiten im Sinne des Artikels 3 Absatz 1 Buchstabe a der Richtlinie 2005/36/EG;
12. „kommerzielle Kommunikation" alle Formen der Kommunikation, die der unmittelbaren oder mittelbaren Förderung des Absatzes von Waren und Dienstleistungen oder des Erscheinungsbildes eines Unternehmens, einer Organisation oder einer natürlichen Person dienen, die eine Tätigkeit in Handel, Gewerbe oder Handwerk oder einen reglementierten Beruf ausübt. Folgende Angaben stellen als solche keine Form der kommerziellen Kommunikation dar:
   a) Angaben, die direkten Zugang zur Tätigkeit des Unternehmens, der Organisation oder der Person ermöglichen, wie insbesondere ein Domain-Name oder eine E-Mail-Adresse,
   b) Angaben in Bezug auf Waren und Dienstleistungen oder das Erscheinungsbild eines Unternehmens, einer Organisation oder einer Person, die unabhängig und insbesondere ohne finanzielle Gegenleistung zusammengestellt werden.

Literatur: Siehe die Literaturhinweise zur Einleitung.

Art. 4 enthält grundlegende Definitionen zentraler Begriffe der Dienstleistungsrichtlinie „für die Zwecke dieser Richtlinie". Ihre Tragweite bleibt somit auf die Dienstleistungsrichtlinie beschränkt und ist nicht präjudiziell (allenfalls als Auslegungsgesichtspunkt) für andere Bereiche des Gemeinschaftsrechts. Allerdings orientieren sich die Definitionen, zum Teil ausdrücklich (vgl. Art. 4 Nr. 1, 2, 5; Art. 4 Nr. 8), an den Bestimmungen des EG-Vertrages und an der Rechtsprechung des EuGH. Art. 4 Nr. 11 verweist auf die Definition in Art. 3 Abs. 1 lit. a der RL 2005/36/EG. 1

I. „Dienstleistung"

Art. 4 Nr. 1 verweist auf die von Art. 50 EGV erfassten selbstständigen Tätigkeiten, die in der Regel gegen Entgelt erbracht werden. Art. 50 EGV grenzt zur Freizügigkeit der Arbeitnehmer ab[1] und stellt damit bereits selbst auf selbstständige Tätigkeiten ab. Die Abgrenzung zur Niederlassungsfreiheit (Art. 50 Abs. 3 EGV) ist hier unerheblich, weil die Dienstleistungsrichtlinie auch diese erfasst (Art. 1 Abs. 1). Art. 50 Abs. 2 EGV führt nicht erschöpfend („insbesondere") gewerbliche, kaufmännische, handwerkliche und freiberufliche Tätigkeiten auf. Wegen der Normverankerung im Binnenmarktkonzept wird grundsätzlich jede im Marktgeschehen („Teil des Wirtschaftslebens") werthaltige zweckgerich- 2

1 Vgl. Müller-Graff in: Streinz EUV/EGV, Art. 50 EGV Rn 2, Art. 49 EGV Rn 18.

tete Tätigkeit erfasst.[2] Dem entspricht das Erfordernis der Entgeltlichkeit. Entgelt ist eine wirtschaftliche Gegenleistung und daher aus wirtschaftlicher Sicht zu betrachten.[3] Da sie nur „in der Regel" gegeben sein muss, nimmt die gelegentliche Unentgeltlichkeit einer Leistung dieser nicht den Charakter einer Dienstleistung.[4] Die Entgeltlichkeit fehlt bei rein karitativen Leistungen, bei der Weitergabe von Informationen ohne wirtschaftliche Motivation und bei mit staatlichen Mitteln finanziertem Unterricht, selbst wenn gewisse marginale Beträge von den Benutzern bezahlt werden.[5] Private Lehranstalten sind dagegen Unternehmen. Ebenso stellen Fortbildungsanstalten, die (gegen Entgelt) von Verbänden oder Unternehmen oder z. B. von Kammern ausgerichtet werden, Erwerbstätigkeiten dar.[6] Wegen der gebotenen Einheitlichkeit des Gemeinschaftsrechts ist der Begriff gemeinschaftsrechtlich aus der Sicht des Binnenmarktes zu verstehen.[7] Liegen die Voraussetzungen der selbstständigen Leistungserbringung und der Entgeltlichkeit vor, so bestehen über Art. 45 EGV hinaus keine Bereichsausnahmen, selbst wenn die Tätigkeitsmaterie an sich (Sport, Kultur, Religion) nicht in die Kompetenz der EG fällt.[8] Einschränkungen für die Dienstleistungsrichtlinie ergeben sich aus den ausdrücklichen Ausnahmen von deren Anwendungsbereich (Art. 2 Abs. 2).

3 Erfasst werden somit gemäß dem Handbuch der Kommission die meisten **regulierten Berufe**[9] (z.B. Rechts- und Steuerberater, Architekten, Ingenieure, Buchhalter bzw. Wirtschaftsprüfer, Vermessungsingenieure), Handwerker, unternehmensbezogene Dienstleistungen (z.B. Gebäudeunterhalt, Unternehmensberatung, Organisation von Veranstaltungen, Forderungseinzug, Werbungs- und Personalagenturen), Handel (einschließlich Einzel- und Großhandel von Gütern und Dienstleistungen), Dienstleistungen im Bereich des Tourismus (z.B. Dienstleistungen von Reisebüros), Dienstleistungen im Freizeitbereich (z.B. Sportzentren und Vergnügungsparks), Dienstleistungen des Baugewerbes, Dienstleistungen hinsichtlich der Installation und Wartung von Ausrüstungen, Informationsdienstleistungen (z.B. Web-Portale, Nachrichtenagenturen, Verlagswesen, Computerprogrammierung), Beherbergungs- und Verpflegungsdienstleistungen (z.B. Hotels, Restaurants, Catering-Service), Dienstleistungen auf dem Gebiet der Ausbildung und Bildung, Vermietung (einschließlich der Vermietung von Fahrzeugen), Leasing, Immobilien, Zertifizierungs- und Prüfungstätigkeiten, Haushaltshilfen (z.B. Reinigungsdienste, private Kinderbetreuung oder Gartenpflege).[10]

4 Den Mitgliedstaaten wird daher empfohlen, bei der Umsetzung der Richtlinie in Rahmengesetzen demselben Ansatz zu folgen und den Anwendungsbereich auf

2 Müller-Graff in: Streinz EUV/EGV, Art. 50 EGV Rn 2, Art. 49 EGV Rn 16; ausführlicher Nachweis der Rspr. des EuGH ebd., Rn 22; Kluth in: Calliess/Ruffert EUV/EGV, Art. 49/50 EGV Rn 9 m. w. N. Zur Breite des sachlichen Anwendungsbereichs vgl. auch Tiedje/Troberg in: GS EUV/EGV, Art. 50 EGV Rn 24 ff. Vgl. auch das (jetzt auch auf Deutsch erschienene) Kommissionshandbuch, Ziff. 2.1.1. m. w. N. aus der Rspr. des EuGH.
3 Tiedje/Troberg in: GS EUV/EGV, Art. 50 EGV Rn 16 ff. m. w. N. aus der Rspr. des EuGH.
4 Vgl. Kluth in: Calliess/Ruffert EUV/EGV, Art. 49/50 EGV Rn 11.
5 Müller-Graff in: Streinz EUV/EGV, Art. 49 EGV Rn 23 m. w. N. aus der Rspr. des EuGH.
6 Tiedje/Troberg in: GS EUV/EGV, Art. 43 EGV Rn 64 m. w. N.
7 Tiedje/Troberg in: GS EUV/EGV, Art. 50 EGV Rn 19 ff.
8 St. Rspr. des EuGH, vgl. Kluth in: Calliess/Ruffert EUV/EGV, Art. 49/50 EGV Rn 9 m. w. N.
9 Soweit nicht die RL 2005/36/EG über die Anerkennung von Berufsqualifikationen v. 7.9.2005 spezielle Regelungen enthält, vgl. Art. 3 Abs. 1 lit. d.
10 Kommissionshandbuch, Ziff. 2.1.1.

alle Dienstleistungen zu erstrecken, die nicht ausdrücklich (gemäß Art. 2 Abs. 2) ausgeschlossen sind.[11]

II. „Dienstleistungserbringer"

Art. 4 Nr. 2 knüpft an den persönlichen Anwendungsbereich der Grundfreiheiten 5
der Niederlassungs- und der Dienstleistungsfreiheit[12] an. Berechtigt sind Unionsbürger (Art. 17 EGV) und in einem Mitgliedstaat niedergelassene juristische Personen i. S. v. Art. 48 EGV.

Von der Berechtigung aus der Grundfreiheit selbst zu unterscheiden ist die Frage, 6
ob der jeweilige selbst gegebenenfalls nicht aus der Grundfreiheit berechtigte (sondern allein mittelbar begünstigte) Vertragspartner Unionsbürger sein oder in der EU ansässig sein muss. So muss der Empfänger einer Dienstleistung, zu der der Erbringer aus der aktiven Dienstleistungsfreiheit berechtigt ist und daher Unionsbürger (bzw. eine gemäß Art. 48 i.V.m. Art. 55 EGV gleichgestellte Gesellschaft; s. dazu Rn 7) sein muss, nicht notwendig Berechtigter der passiven Dienstleistungsfreiheit und daher auch nicht Unionsbürger sein.[13] Davon zu trennen ist die Frage, ob er selbst Berechtigter aus der passiven Dienstleistungsfreiheit ist (s. dazu Rn 14).

Der Begriff des „Dienstleistungserbringers" wird in Erwägungsgrund 36 der 7
Dienstleistungsrichtlinie näher erläutert, wobei die Folgen der Erfassung sowohl der Dienstleistungsfreiheit (Art. 49 EGV) als auch der Niederlassungsfreiheit (Art. 43 EGV) deutlich gemacht werden. **Zweigniederlassungen** einer Gesellschaft aus einem Drittstaat in einem Mitgliedstaat werden aufgrund der Regelung in Art. 48 EGV nicht erfasst, da diese den satzungsmäßigen Sitz, die Hauptverwaltung oder die Hauptniederlassung der Gesellschaft selbst in der EG voraussetzt.[14]

Erwägungsgrund 38 stellt klar, dass der Begriff der „**juristischen Person**" i. S. d. 8
Art. 48 EGV sämtliche Einrichtungen erfasst, die nach dem Recht eines Mitgliedstaats gegründet wurden[15] oder diesem Recht unterstehen, unabhängig von der Rechtsform. Ob sie nach dem Recht des Mitgliedstaates Rechtspersönlichkeit haben oder nicht, ist unerheblich.[16] Eingeschlossen sind z. B. die Limited liability Company nach britischem Recht und die oHG gemäß § 105 HGB.[17] Somit steht es dem Marktteilnehmer frei, die Rechtsform zu wählen, die er für die Ausübung seiner Tätigkeit für geeignet hält (Erwägungsgrund 38, S. 1).

Dienstleistungen von natürlichen Personen, die nicht Staatsangehörige eines Mit- 9
gliedstaates (Unionsbürger) sind, oder von Einrichtungen, die außerhalb der EG ihren Sitz haben oder die nicht in Übereinstimmung mit dem Recht eines Mitgliedstaates gegründet wurden, werden von der Richtlinie nicht erfasst.[18] Drittstaats-

11 Ebd.
12 Vgl. dazu Müller-Graff in: Streinz EUV/EGV, Art. 49 EGV Rn 44 ff.
13 Vgl. Kluth in: Calliess/Ruffert: EUV/EGV Art. 49, 50 EGV Rn 35.
14 Vgl. zum Erfordernis institutioneller Gemeinschaftsverbindung Müller-Graff in: Streinz EUV/EGV, Art. 48 EGV Rn 10 f.
15 Vgl. dazu Müller-Graff in: Streinz EUV/EGV, Art. 48 EGV Rn 7 ff. Zur Frage der dem nationalen Recht vorbehaltenen Rechtsformwahl vgl. ebd. Rn 8 m. w. N.
16 A.A. Bröhmer in: Calliess/Ruffert EUV/EGV, Art. 48 EGV Rn 4, der allerdings einräumt, dass – soweit ersichtlich einhellig – davon ausgegangen wird, dass auch nicht-rechtsfähige Organisationsformen erfasst werden, ebd. Fn. 5 m. w. N.
17 So ausdrücklich Kommissionshandbuch, Ziff. 2.2.
18 Kommissionshandbuch, Ziff. 2.2.

angehörige können gemäß Erwägungsgrund 36 als Dienstleistungs**empfänger** erfasst werden (s. dazu Rn 14).

10 Gemäß Art. 49 Abs. 2 EGV könnte die aktive Dienstleistungsfreiheit durch Beschluss des Rates mit qualifizierter Mehrheit auf Vorschlag der Kommission auf innerhalb der EU ansässige Staatsangehörige von Drittstaaten erstreckt werden. Dazu lagen zwar Vorschläge der Kommission vor, ein entsprechender Beschluss des Rates wurde bislang aber nicht gefasst. [19]

11 Nicht von der Richtlinie erfasst werden drittstaatsangehörige Mitglieder der Familie eines Unionsbürgers, die aufgrund sekundären Gemeinschaftsrechts freien Zugang zu einer Erwerbstätigkeit haben.[20] Denn dies gilt nur für die Tätigkeit auf dem Hoheitsgebiet des Mitgliedstaates, in dem auch der Unionsbürger seiner Tätigkeit nachgeht (vgl. Art. 23 RL 2004/38/EG: „dort"). Ein Recht, grenzüberschreitende Dienstleistungen in anderen Mitgliedstaaten erbringen zu dürfen, wird hierdurch nicht begründet. Dieses könnte allein durch einen Beschuss gemäß Art. 49 Abs. 2 EGV erfolgen.[21] Dies erklärt auch, warum Erwägungsgrund 36 insoweit allein die Dienstleistungs**empfänger** behandelt.

12 Den Angehörigen von Drittstaaten wird z. T. die Dienstleistungsfreiheit in Handelsabkommen mit Drittstaaten zuerkannt.[22] Diese sollen aber von der Dienstleistungsrichtlinie wohl nicht erfasst werden.

13 Der Ort der Niederlassung des Dienstleistungserbringers soll gemäß Erwägungsgrund 37 nach der Rechtsprechung des EuGH bestimmt werden, die näher erläutert wird.[23]

III. „Dienstleistungsempfänger"

14 Die Dienstleistungsfreiheit erfasst auch die sog. passive oder negative Dienstleistungsfreiheit (vgl. Einleitung, Rn 4). Art. 4 Nr. 3 bezieht als „Dienstleistungsempfänger" jede natürliche Person ein, die die Staatsangehörigkeit eines Mitgliedstaates besitzt, sowie jede natürliche Person, die in den Genuss von Rechten aus gemeinschaftlichen Rechtsakten kommt. Damit soll der Begriff, wie Erwägungsgrund 36 klarstellt, nicht nur **Unionsbürger** (Art. 17 EGV), sondern auch **Drittstaatsangehörige**, die bereits in den Genuss von Rechten aus Gemeinschaftsrechtsakten kommen, erfassen. Genannt werden (nicht erschöpfend, vgl. „etwa") die VO (EWG) Nr. 1408/71,[24] die VO (EG) Nr. 859/2003 des Rates vom 14. Mai 2003 zur Ausdehnung der Bestimmungen der VO (EWG) Nr. 1408/71 und

19 Vgl. Kluth in: Calliess/Ruffert EUV/EGV, Art. 49/50 EGV Rn 34.

20 Vgl. Art. 23 RL 2004/38/EG des Europäischen Parlaments und des Rates v. 29.4.2004 über das Recht der Unionsbürger und ihrer Familienangehörigen, sich im Hoheitsgebiet der Mitgliedstaaten frei zu bewegen und aufzuhalten, der Art. 11 der VO (EWG) Nr. 1612/68 aufgehoben und ersetzt hat.

21 Vgl. Tiedje/Troberg in: GS EUV/EGV, Art. 50 EGV Rn 133.

22 Vgl. dazu Tiedje/Troberg in: GS EUV/EGV, Art. 50 EGV Rn 138.

23 Vgl. dazu auch z. B. Müller-Graff in: Streinz EUV/EGV, Art. 43 EGV Rn 16 ff.

24 VO (EWG) Nr. 1408/71 des Rates v. 14.6.1971 zur Anwendung der Systeme der sozialen Sicherheit auf Arbeitnehmer und Selbständige sowie deren Familienangehörige, die innerhalb der Gemeinschaft zu- und abwandern (ABl. 1971 Nr. L 149, S. 2). Diese Verordnung wurde bis auf einige befristet fortgeltende Bestimmungen aufgehoben und ersetzt durch die VO (EG) Nr. 883/2004 des Europäischen Parlaments und des Rates zur Koordinierung der Systeme der sozialen Sicherheit v. 29.4.2004, ABl. 2004 Nr. L 166, S. 1 (vgl. Art. 90 Abs. 1 VO (EG) Nr. 883/2004. Seither mehrmals Änderungen, zuletzt Anhänge der VO (EWG)

der VO (EWG) Nr. 574/72 auf Drittstaatsangehörige, die ausschließlich aufgrund ihrer Staatsangehörigkeit nicht bereits unter diese Bestimmungen fallen,[25] die RL 2003/109/EG des Rates vom 25. November 2003 betreffend die Rechtsstellung der langfristig aufenthaltsberechtigten Drittstaatsangehörigen[26] und die RL 2004/38/EG des Europäischen Parlaments und des Rates vom 29. April 2004 über das Recht der Unionsbürger und ihrer Familienangehörigen, sich im Hoheitsgebiet der Mitgliedstaaten frei zu bewegen und aufzuhalten.[27] Dadurch werden Drittstaatsangehörige nicht nur korrespondierend Begünstigte, sondern selbst Berechtigte der passiven Dienstleistung, die als solche ansonsten Unionsbürgern vorbehalten ist.[28]

Darüber hinaus können die Mitgliedstaaten den Begriff des Dienstleistungsempfängers auf andere Drittstaatsangehörige ausdehnen, die sich in ihrem Hoheitsgebiet aufhalten (Erwägungsgrund 36, letzter Satz). Dazu bedarf es im Gegensatz zur Erweiterung des Kreises der berechtigten Leistungserbringer auf Angehörige von Drittstaaten keines Sekundärrechtsaktes, wie ihn Art. 49 Abs. 2 EGV für diesen Fall vorsieht (s. Rn 9). Die Berechtigung erstreckt sich dann aber allein auf das Hoheitsgebiet des betreffenden Mitgliedstaats. **15**

Für Dienstleistungsempfänger im Sinne der Richtlinie sehen die Art. 19 ff. besondere Rechte vor. **16**

IV. „Niederlassungsmitgliedstaat“

Als „Niederlassungsmitgliedstaat“ definiert Art. 4 Nr. 4 lapidar „den Mitgliedstaat, in dessen Hoheitsgebiet der Dienstleistungserbringer niedergelassen ist“. Entscheidend dafür ist der Begriff der „**Niederlassung**“, den Art. 4 Nr. 5 definiert (s. Rn 19). **17**

Die Dienstleistungsrichtlinie erlegt dem Niederlassungsmitgliedstaat im Rahmen der Amtshilfe für den gemäß Art. 31 prinzipiell nach wie vor zur Kontrolle des Dienstleistungserbringers zuständigen Bestimmungsland als dem Mitgliedstaat, in dem die Dienstleistung erbracht wird (Definition in Art. 4 Nr. 10, s. Rn 32) Informations- und Kontrollpflichten auf (Art. 29, Art. 30). **18**

Nr. 1408/71 durch VO (EG) 1992/2006 des Europäischen Parlaments und des Rates v. 18.12.2006, ABl. 2006 Nr. L 392, S. 1.

25 ABl. 2003 Nr. L 124, S. 1.

26 ABl. 2004 Nr. L 16, S. 44.

27 ABl. 2004 Nr. L 158, S. 77.

28 H.M., vgl. z. B. Kluth in: Calliess/Ruffert EUV/EGV, Art. 49/50 EGV Rn 36: Der Empfänger müsse, worüber „Einigkeit“ bestehe, Unionsbürger sein, wobei umstritten sei, ob er innerhalb der Gemeinschaft ansässig sein muss. A. A. Müller-Graff in: Streinz EUV/EGV, Art. 49 EGV Rn 54: Die Staatsangehörigkeit des Empfängers sei für die passive Dienstleistungsfreiheit unerheblich, denn parallel spiele sie auch bei der aktiven Dienstleistungsfreiheit keine Rolle. Die von Müller-Graff, ebd., angesprochenen Differenzierungen beziehen sich auf die auch hier vorgenommene Unterscheidung zwischen Trägerschaft und mittelbarer Begünstigung (vgl. Rn 6). So deutlich Holoubek in: Schwarze EU-Kommentar, Art. 49 EGV Rn 25; vgl. auch Roth in: Hb.EUWirtR, E.I Rn 155 gegenüber Rn 156. Davon geht offenbar auch die Dienstleistungsrichtlinie aus, weil ansonsten der Begriff des Dienstleistungsempfängers nicht über Sekundärrecht und ggf. Recht der Mitgliedstaaten erweitert werden müsste.

V. „Niederlassung“

19 Die Definition der „Niederlassung“ in Art. 4 Nr. 5 knüpft an die durch Art. 43 EGV erfassten wirtschaftlichen Tätigkeiten und die zur Abgrenzung zur Dienstleistungsfreiheit ergangene Rechtsprechung des EuGH an. Dies bestätigt und erläutert durch mehrere Beispiele Erwägungsgrund 37.

20 Die relevanten Tätigkeiten können, da es um den Anwendungsbereich der Dienstleistungsrichtlinie geht (vgl. Rn 1), ungeachtet des Verweises auf Art. 43 EGV nur die in Art. 4 Nr. 1 definierten „Dienstleistungen“ (s. dazu Rn 2 f.) sein. Entscheidend sind für die Definition der Niederlassung somit die Abgrenzungskriterien „feste Einrichtung“ und „unbestimmte Zeit“, die der EuGH im Urteil Factortame festgehalten hat.[29] Im Fall Gebhard hat der EuGH das Element der Dauerhaftigkeit, das den Gegensatz zur „vorübergehenden“ Tätigkeit, die die Dienstleistungsfreiheit (Art. 49 EGV) kennzeichnet, näher präzisiert.[30] Das Bestehen einer festen Einrichtung allein genügt nicht, um auf die „Dauerhaftigkeit“ zu schließen, da diese eine für die Erbringung „vorübergehender“ Dienstleistungen erforderliche Infrastruktur sein kann.[31] Als Abgrenzungskriterium wird – wie auch in Erwägungsgrund 37 – zudem auf den Umfang und den Schwerpunkt der Tätigkeit abgestellt,[32] ohne dass dies die problematischen Fälle (dienstleistender selbstständiger Grenzpendler) zufrieden stellend löst.[33] Insoweit sind die Beispiele in Erwägungsgrund 37 zwar begrenzt, aber immerhin insoweit hilfreich.[34]

21 Die Abgrenzung von Niederlassungsfreiheit und Dienstleistungsfreiheit ist generell wegen der unterschiedlichen Zulässigkeit mitgliedstaatlicher **Beschränkungsmaßnahmen** von Bedeutung.[35] Dies zeigt sich auch in der Unterscheidung der Dienstleistungsrichtlinie zwischen den speziellen Bestimmungen für die Niederlassungsfreiheit (Art. 9 ff.) und für die Dienstleistungsfreiheit (Art. 16 ff.); s. dazu auch Einl. Rn 2.

22 Bei mehreren Niederlassungsorten, z. B. bei Zweigniederlassungen, ist die Bestimmung des Ortes, von dem aus die Dienstleistung erbracht wird, erforderlich, da daran die Kontrollzuständigkeiten für die Amtshilfe anknüpfen (vgl. Art. 29, Art. 30). Insoweit soll gemäß Erwägungsgrund 37 a.E. das Zentrum der Tätigkeiten in Bezug auf die konkret erbrachte Dienstleistung maßgeblich sein.

VI. „Genehmigungsregelung“

23 Art. 4 Nr. 6 definiert als „Genehmigungsregelung“ jedes **Verfahren**, das einen Dienstleistungserbringer (Art. 4 Nr. 2) oder Dienstleistungsempfänger (Art. 4 Nr. 3) verpflichtet, bei der zuständigen Behörde (Art. 4 Nr. 9) eine förmliche oder

29 EuGH, Rs C-221/89 (Factortame), Slg. 1991, I-3905, Rn 20.
30 Vgl. EuGH, Rs C-55/94 (Gebhard/Consiglio dell'ordine degli avocati e procuratori di Milano), Slg. 1995, I-4165, Rn 25 ff.
31 EuGH, Rs C-55/94 (Gebhard/Consiglio dell'ordine degli avocati e procuratori di Milano), Slg. 1995, I-4165, Rn 27.
32 Vgl. Tiedje/Troberg in: GS EUV/EGV, Art. 43 EGV Rn 7, 14 ff. m. w. N.
33 Zutreffend Bröhmer in: Calliess/Ruffert EUV/EGV, Art. 43 EGV Rn 15.
34 Vgl. im Übrigen zur Abgrenzung Niederlassungsfreiheit/Dienstleistungsfreiheit Tiedje/Troberg in: GS EUV/EGV, Art. 43 EGV Rn 5 ff.; Frenz, Hb.EuR, Bd. 1, Rn 1937 ff.; Pache in: Schulze/Zuleeg (Hg.), Europarecht, § 10 Rn 167; Roth in: Hb. EUWirtR, E. I. Rn 36.
35 Vgl. dazu Streinz, Europarecht, Rn 805.

stillschweigende Entscheidung über die Aufnahme oder Ausübung einer Dienstleistungstätigkeit (vgl. Art. 4 Nr. 1) zu erwirken.

Wie Erwägungsgrund 39 näher erläutert, erfasst der Begriff alle Verwaltungsverfahren (vgl. zum Begriff im deutschen Recht § 9 VwVfG), in denen Genehmigungen, Lizenzen, Zulassungen oder Konzessionen erteilt werden, ferner die Verpflichtung zur Eintragung bei einer Berufskammer oder in einem Berufsregister, einer Berufsrolle (vgl. z. B. §§ 4 ff. HwO: Handwerksrolle; zur Ausnahmebewilligung für EG-Angehörige vgl. z. B. § 9 HwO) oder einer Datenbank, die Zulassung durch eine Einrichtung oder den Besitz eines Ausweises, der die Zugehörigkeit zu einem bestimmten Beruf bescheinigt (vgl. z. B. § 55 GewO: Reisegewerbekarte), falls diese Voraussetzungen dafür sind, die Tätigkeit ausüben zu können. Die Erteilung einer Genehmigung kann durch eine förmliche Entscheidung,[36] aber auch stillschweigend erfolgen, z. B. durch fehlende Reaktion der Behörde (vgl. z. B. die Genehmigungsfiktion in Art. 13 Abs. 4) oder durch eine Empfangsbestätigung, was wohl einer qualifizierten Anzeigepflicht gleichkommt; vgl. z. B. §§ 14, 15 GewO; §§ 18, 20 HwO i. V. m. §§ 14, 15 GewO). 24

Art. 9 bestimmt, unter welchen Voraussetzungen Dienstleistungen überhaupt Genehmigungsregelungen unterworfen werden dürfen. Art. 13 setzt gemeinschaftsrechtliche Vorgaben für die Ausgestaltung des Genehmigungsverfahrens. Das Handbuch der Kommission enthält dazu weitere Erläuterungen.[37] Vgl. auch Erwägungsgrund 57. 25

Für Genehmigungsverfahren, die der Durchführung von Vorhaben im Rahmen einer wirtschaftlichen Unternehmung des Antragstellers dienen, enthalten die §§ 71 a-71e VwVfG bereits Beschleunigungsvorschriften. 26

VII. „Anforderungen"

„Anforderungen" sind gemäß Art. 4 Nr. 7 alle Auflagen (vgl. § 36 Abs. 2 Nr. 4 VwVfG), Verbote, Bedingungen (vgl. § 36 Abs. 2 Nr. 2 VwVfG) oder Beschränkungen, die in den Rechts- und Verwaltungsvorschriften der Mitgliedstaaten festgelegt sind oder sich aus der Rechtsprechung, der Verwaltungspraxis, den Regeln von Berufsverbänden oder den kollektiven Regeln, die von Berufsvereinigungen oder sonstigen Berufsorganisationen in Ausübung ihrer Rechtsautonomie erlassen wurden (vgl. § 55 HwO; § 59b BRAO), ergeben. 27
Deren Einbeziehung entspricht der Rechtsprechung des EuGH, wonach die Abschaffung von staatlichen Hindernissen nicht durch Hindernisse, die durch von Verbänden oder Organisationen im Zuge der Ausübung ihrer rechtlichen Selbstverwaltung geschaffene Vorschriften entstehen, neutralisiert werden soll.[38]

Die Dienstleistungsrichtlinie gibt im Einzelnen vor, welche Anforderungen generell unzulässig sind und welche auf ihre Vereinbarkeit mit den Vorgaben der Richtlinie zu prüfen sind (vgl. Art. 14 f., Art. 19 f.). 28

---

36 Gemäß § 10 VwVfG ist ein förmliches Verwaltungsverfahren (§§ 63 ff. VwVfG) nur erforderlich, wenn besondere Rechts-vorschriften dies anordnen. Zur Bekanntgabe von Verwaltungsakten vgl. § 41 VwVfG.
37 Kommissionshandbuch, Ziff. 6.1.
38 Vgl. dazu Kommissionshandbuch, Ziff. 2.3.1. m. w. N.

VIII. „zwingende Gründe des Allgemeininteresses"

29 Art. 4 Nr. 8 führt als „zwingende Gründe des Allgemeininteresses", die als Schranken der Grundfreiheiten die Einschränkung bis hin zur Versagung von Genehmigungen rechtfertigen können (Art. 10 Abs. 4; vgl. auch Erwägungsgrund 56 S. 2, der insoweit verallgemeinert werden kann), die Gründe auf, die der EuGH in ständiger Rechtsprechung als solche anerkannt hat, wobei die Gründe der öffentlichen Ordnung, Sicherheit oder Gesundheit zu den ausdrücklich in Art. 46 EGV (bzw. Art. 46 EGV i. V. m. Art 55 EGV) genannten Rechtfertigungsgründen gehören (vgl auch Erwägungsgrund 40). Letztere sind zusammen mit dem Schutz der Umwelt (nicht aber der Verbraucherschutz; vgl. dazu Einleitung Rn 64) abschließend als Rechtfertigungsgründe für Beschränkungen gemäß Art. 16 Abs. 3 S. 1 genannt (allein darauf bezieht sich speziell Erwägungsgrund 56). Die in Art. 4 Nr. 8 definierte, nicht abschließend konkretisierte („einschließlich") Schranke greift nur dort, wo exakt dieser Wortlaut gebraucht wird (Art. 10 Abs. 4).

30 Die namentlich genannten Rechtfertigungsgründe der Sicherheit der Bevölkerung, Erhaltung des finanziellen Gleichgewichts der Systeme der sozialen Sicherung, Schutz der Verbraucher, der Dienstleistungsempfänger und der Arbeitnehmer, Lauterkeit des Handelsverkehrs, Betrugsbekämpfung, Schutz der Umwelt und der städtischen Umwelt, Tierschutz, geistiges Eigentum, Erhaltung des nationalen, historischen und künstlerischen Erbes, Ziele der Sozialpolitik und Ziele der Kulturpolitik werden in Erwägungsgrund 40, ebenfalls nicht abschließend („zumindest") um die Wahrung der gesellschaftlichen Ordnung, Verhütung von unlauterem Wettbewerb, Stadt- und Raumplanung, Gläubigerschutz, Wahrung der ordnungsgemäßen Rechtspflege, Straßenverkehrssicherheit, Wahrung des Rechts auf freie Meinungsäußerung, soziale, kulturelle, religiöse und philosophische Werte der Gesellschaft, hohes Bildungsniveau, Wahrung der Pressevielfalt und Förderung der Nationalsprache und Veterinärpolitik erweitert. Für die meisten dieser Rechtfertigungsgründe finden sich entsprechende Urteile des EuGH, die diese Gründe ausdrücklich nennen, im Übrigen zumindest Ansatzpunkte in der Rechtsprechung.[39] Letztlich ist der Katalog aber lediglich **beispielhaft**, da ausdrücklich offen. Die Aufzählung relativ vieler und zum Teil relativ spezieller Rechtsfertigungsgründe erklärt sich aus entsprechenden Anregungen im Rechtsetzungsverfahren, die der Befürchtung entgegenwirken sollten, die Dienstleistungsrichtlinie ließe entsprechende Schutzmaßnahmen (z.B. zur Förderung der Nationalsprache) nicht zu. Dies kommt auch in der in Erwägungsgrund 41, Satz 1 enthaltenen Erläuterung des Begriffs der „öffentlichen Ordnung in der Auslegung des Gerichtshofs" zum Ausdruck, wonach diese nach der restriktiven Rechtsprechung des EuGH „den Schutz vor einer tatsächlichen und hinreichend erheblichen Gefahr, die ein Grundinteresse der Gesellschaft berührt"[40] umfasst, wozu aber auch („insbesondere") Fragen der menschlichen

39 Vgl. dazu Müller-Graff in: Streinz EUV/EGV, Art. 43 EGV Rn 76; Holoubek in: Schwarze EU-Kommentar, Art. 49 EGV Rn 100 ff.; Schlag ebd., Art. 43 EGV Rn 53. Vgl. aus der Rspr. z. B. die Auflistung in: EuGH, Rs C-288/89 (Collective Antennevoorziening Gouda), Slg. 1991, I-4007, Rn 14.

40 Vgl. z. B. EuGH, Rs 30/77 (Bouchereau), Slg. 1977, 1999, Rn 33/35. Vgl. dazu z. B. Lux in: Lenz/Borchardt EUV/EGV, Art. 30 EGV Rn 10 m. w. N. Vgl. speziell zur Niederlassungsfreiheit Frenz, Hb.EuR, Bd. 1, Rn 2236 ff., zur Dienstleistungsfreiheit ebd., Rn 2650.

Würde,[41] des Schutzes von Minderjährigen und hilfsbedürftigen Erwachsenen sowie der Tierschutz fallen soll. Der in Erwägungsgrund 41 S. 2 erläuterte Begriff der öffentlichen Sicherheit umfasst auch Fragen der nationalen Sicherheit und Fragen der Sicherheit der Bevölkerung.[42]

Letztlich kann, abgesehen von wirtschaftlich motivierten Maßnahmen,[43] jedes 31
vernünftige Interesse des Allgemeinwohls eine Beschränkungsmaßnahme rechtfertigen. Entscheidendes Korrektiv (Schranken-Schranke) ist zum einen das Verbot der Diskriminierung aus Gründen der Staatsangehörigkeit, zum anderen der Grundsatz der Verhältnismäßigkeit und hier insbesondere der Erforderlichkeit einer Maßnahme,[44] worauf Erwägungsgrund 56 S. 3 bzw. S. 4 hinweist und was bei den konkret zugelassenen Beschränkungsmaßnahmen eingehend betont wird (vgl. Art. 10 Abs. 2 lit. c; Art. 16 Abs. 1 UA 3).

IX. „zuständige Behörde"

Der Begriff der „zuständigen Behörde", der z. B. in Art. 7 Abs. 1 lit. b, Abs. 2, 4, 32
6 vorkommt, wird in Art. 4 Nr. 9 weit gefasst als jede Stelle oder Behörde,[45] die in einem Mitgliedstaat eine Kontroll- oder Regulierungsfunktion für Dienstleistungstätigkeiten innehat. Nicht erschöpfend („insbesondere") werden Verwaltungsbehörden genannt, einschließlich der als Verwaltungsbehörden fungierenden Gerichte,[46] aber auch Stellen der Berufsverbände und Berufsvereinigungen oder sonstiger Berufsorganisationen, die im Rahmen ihrer Rechtsautonomie die Aufnahme oder Ausübung einer Dienstleistungstätigkeit kollektiv regeln. In Deutschland sind dies insbesondere die **Kammern**, z. B. die Handwerkskammern (§§ 90 ff. HwO), denen u. a. die Führung der Handwerksrolle (§ 6 HwO) und die Einrichtung von Vermittlungsstellen zur Beilegung von Streitigkeiten zwischen den Inhabern eines Handwerksbetriebs und ihren Auftraggebern obliegt (§ 91 Abs. 1 Nr. 3 bzw. Nr. 11 HwO), die Industrie- und Handelskammern (vgl. § 1 Abs. 1, § 2 IHKG), sowie die Kammern der Freien Berufe, z. B. die Rechtsanwaltskammern (vgl. § 62 BRAO).

Entscheidend ist, dass die Stelle eine Kontroll- oder Regulierungsfunktion hat. 33
Daher fallen weitere Verbände und Organisationen, die Dienstleistungserbringer oder -empfänger praktisch unterstützen, nicht unter den Begriff (vgl. die Unterscheidung in Art. 7 Abs. 1 lit. e).

X. „Mitgliedstaat der Dienstleistungserbringung"

Der Begriff „Mitgliedstaat der Dienstleistungserbringung" bezieht sich ausschließ- 34
lich auf die Dienstleistungsfreiheit (Art. 49 EGV), da auf eine grenzüberschreiten-

41 So ausdrücklich EuGH, Rs C-36/02 (Omega-Spielhallen- und Automatenaufstellungs-GmbH/Oberbürgermeisterin der Bundesstadt Bonn), Slg. 2004, I-9606, Rn 32 ff.

42 Ebenso EuGH, Rs C-367/89 (Richardt), Slg. 1991, I-4621, Rn 22.

43 Vgl. Müller-Graff in: Streinz EUV/EGV, Art. 43 EGV Rn 75. Vgl. auch Einleitung Rn 11.

44 Vgl. dazu z. B. Müller-Graff in: Streinz EUV/EGV, Art. 43 EGV Rn 78 ff. m. w.N; Tiedje/Troberg in: GS EUV/EGV, Art. 43 EGV Rn 106 ff. m. w. N.

45 Vgl. zum weit gefassten Begriff der „Behörde" im deutschen Recht § 1 Abs. 4 VwVfG: „Behörde im Sinne dieses Gesetzes ist jede Stelle, die Aufgaben der öffentlichen Verwaltung wahrnimmt".

46 Damit dürfte vor allem die Funktion als Registergerichte (vgl. z. B. § 8 HGB) gemeint sein.

de Dienstleistungserbringung eines in einem anderen Mitgliedstaat niedergelassenen Dienstleistungserbringer abgestellt wird.

35 Der „Mitgliedstaat der Dienstleistungserbringung“ ist, nachdem insoweit vom sog. Herkunftslandprinzip abgegangen wurde (vgl. Einleitung Rn 7), für die Kontrolle solcher grenzüberschreitender Dienstleistungen zuständig (vgl. Art. 31).

XI. „reglementierter Beruf“

36 Art. 4 Nr. 11 verweist zur Definition des Begriffs **„reglementierter Beruf“** auf Art. 3 Abs. 1 lit. a der während des Gesetzgebungsverfahrens zur Dienstleistungsrichtlinie verabschiedeten Berufsanerkennungsrichtlinie.[47] Der ursprüngliche Kommissionsentwurf zur Dienstleistungsrichtlinie enthielt noch eine eigenständige Definition,[48] die zwar weniger ausführlich, jedoch im Wesentlichen inhaltsgleich mit der späteren Regelung in der Berufsanerkennungsrichtlinie war.

37 Nach Art. 3 Abs. 1 lit. a **Berufsanerkennungsrichtlinie**[49] gilt als reglementierter Beruf jede berufliche Tätigkeit, für deren Aufnahme oder Ausübung durch Rechts- und Verwaltungsvorschriften eine bestimmte **Berufsqualifikation** gefordert wird. Eine Art der Berufsausübung ist insbesondere das Führen einer Berufsbezeichnung, die durch Rechts- oder Verwaltungsvorschriften auf Inhaber einer bestimmten Berufsqualifikation beschränkt ist. Diese Definition ist sehr weit und erfasst neben den sog. freien Berufen vor allem handwerkliche Berufe,[50] aber auch Berufe aus Handel und Industrie.[51]

XII. „kommerzielle Kommunikation“

38 Art. 4 Nr. 12 verwendet die gleiche Definition des Begriffs der **kommerziellen Kommunikation** wie Art. 2 lit. f **E-Commerce-Richtlinie.**[52] Daher wäre auch ein einfacher Verweis auf die E-Commerce-Richtlinie möglich gewesen. Die einzige

---

47 RL 2005/36/EG des Europäischen Parlaments und des Rates v. 7.9.2005 über die Anerkennung von Berufsqualifikationen, ABl. 2005 Nr. L 255, S. 22, geänd. durch die RL 2006/100/EG des Rates v. 20.11.2006, ABl. 2006 Nr. L 363, S. 141.

48 Art. 4 Nr. 13 des Vorschlags für eine Richtlinie des Europäischen Parlaments und des Rates über Dienstleistungen im Binnenmarkt, KOM(2004) 2 endg. v. 25.2.2004, lautete: „reglementierter Beruf“ eine berufliche Tätigkeit oder eine Gesamtheit beruflicher Tätigkeiten deren Aufnahme, Ausübung oder Ausübungsweise direkt oder indirekt in Rechts- und Verwaltungsvorschriften vom Besitz bestimmter beruflicher Qualifikationen abhängig gemacht werden.“.

49 In Art. 3 Abs. 1 lit. a Berufsanerkennungsrichtlinie werden bestimmte Tätigkeiten den reglementierten Berufen gleichgestellt. Dies sind gemäß Art. 3 Abs. 2 Berufsanerkennungsrichtlinie Berufe, die von den Mitgliedern bestimmter staatlich besonders anerkannter Organisationen oder Verbände ausgeübt werden. Derartige Organisationen existieren derzeit nur in Irland und Großbritannien. Sie sind im Anhang I zur Berufsanerkennungsrichtlinie abschließend aufgezählt.

50 Möstl, Wirtschaftsüberwachung von Dienstleistungen im Binnenmarkt – Grundsätzliche Überlegungen aus Anlass der Pläne für eine EU-Dienstleistungsrichtlinie, DÖV 2006, 281, 285.

51 Vgl. Erwägungsgrund 18 der Berufsanerkennungsrichtlinie; Kluth/Rieger, Die neue EU-Berufsanerkennungsrichtlinie – Regelungsgehalt und Auswirkungen für Berufsangehörige und Berufsorganisationen, EuZW 2005, 486, 487, 490.

52 RL 2000/31/EG des Europäischen Parlaments und des Rates v. 8.6.2000 über bestimmte rechtliche Aspekte der Dienste der Informationsgesellschaft, insbesondere des elektronischen Geschäftsverkehrs, im Binnenmarkt („Richtlinie über den elektronischen Geschäftsverkehr“), ABl. 2000 Nr. L 178, S. 1.

Abweichung besteht darin, dass in der deutschen Fassung der noch in der E-Commerce-Richtlinie verwendete Terminus „Adresse der elektronischen Post" durch „E-Mail-Adresse" ersetzt wurde.

Die in der Dienstleistungsrichtlinie und der E-Commerce-Richtlinie enthaltene Definition des Begriffs der kommerziellen Kommunikation geht zurück auf das Grünbuch der Kommission „Kommerzielle Kommunikationen im Binnenmarkt"[53] und das Folgedokument zum Grünbuch über kommerzielle Kommunikationen im Binnenmarkt.[54] Inhaltlich ist die Definition zunächst sehr weit. Erfasst sind bereits Maßnahmen, die nur mittelbar der Förderung des Ansehens dienen. Damit fallen nicht nur **Werbung** und andere klassischen Formen der **Absatzförderung** unter den Begriff der kommerziellen Kommunikation, sondern faktisch sämtliche Formen der Außendarstellung eines Unternehmens, die beim Publikum einen positiven Eindruck hervorrufen können, mithin Werbung und Marketing eines Unternehmens insgesamt,[55] also einschließlich des Sponsorings und anderer Maßnahmen zur Imagepflege.[56] Dieses weite Begriffsverständnis ist bereits im erwähnten Grünbuch „Kommerzielle Kommunikation im Binnenmarkt" aus dem Jahr 1996 angelegt, das unter kommerzieller Kommunikation sämtliche Formen von Werbung, **Direktmarketing, Sponsoring, Verkaufsförderung** und **Öffentlichkeitsarbeit** versteht. 39

In einem zweiten Schritt grenzt Art. 4 Nr. 12 dann aber einige Angaben aus dem sehr weiten Begriff der kommerziellen Kommunikation aus. Dies sind zum einen Angaben, die überhaupt erst eine Kontaktaufnahme mit dem Dienstleistungsanbieter ermöglichen. Die Aufzählung der Beispiele **„Domain-Name"** und **„E-Mail-Adresse"** lässt sich vornehmlich auf die Übernahme der Definition aus der E-Commerce-Richtlinie zurückführen und schließt, wie vor allem der Terminus „insbesondere" deutlich macht, die Einbeziehung anderer Angaben über Zugangsmöglichkeiten in die Ausnahme nach lit. a nicht aus. Zu denken ist etwa an Einträge von **Telefonnummern** oder **Telefaxnummern** in Telefonbücher etc.[57] 40

Um keine kommerzielle Kommunikation handelt es sich nach lit. b außerdem bei Angaben über Waren, Dienstleistungen oder das Erscheinungsbild eines Unternehmens, einer Organisation oder einer Person, die unabhängig und insbesondere ohne finanzielle Gegenleistung zusammengestellt werden. Gedacht ist dabei u. a. an **vergleichende Warentests, Branchenübersichten** oder **Unternehmensrankings** (z.B.: „Die 100 besten Anwaltskanzleien"), die von unabhängigen Dritten, wie etwa Stiftungen („Stiftung Warentest"), Verbraucherschutzverbänden oder Zeitschriften, erstellt werden. Derartige Angaben werden auch dann nicht zu einer „kommerziellen Kommunikation", wenn sie zur Kennzeichnung der beschriebenen Produkte Unternehmenslogos oder Marken verwenden. Um keine kommerzielle Kommunikation handelt es sich daher, wenn in einem „Großen Test: Deutschlands beste Sprachschulen" die getesteten Unterrichtsinstitute namentlich erwähnt und ihre Unternehmenslogos abgedruckt werden. Bei einer Veröffentlichung von Testergebnissen oder sonstigen Zusammenstellungen im Internet soll 41

53 KOM(1996) 192 endg., S. 9.
54 KOM(1998) 121 endg., S. 6.
55 Micklitz in: MünchKommUWG, EGV E Rn 59.
56 Marly in: Grabitz/Hilf EU, A 4 Art. 2 Rn 28.
57 Marly in: Grabitz/Hilf EU, A 4 Art. 2 Rn 29.

selbst eine Verlinkung mit den Seiten der geprüften Anbieter zulässig sein[58] – selbstverständlich immer nur unter der Voraussetzung fehlender finanzieller Zuwendungen.

58 Marly in: Grabitz/Hilf EU, A 4 Art. 2 Rn 29.

Kapitel II Verwaltungsvereinfachung

Artikel 5 Vereinfachung der Verfahren

(1) Die Mitgliedstaaten prüfen die für die Aufnahme und die Ausübung einer Dienstleistungstätigkeit geltenden Verfahren und Formalitäten. Sind die nach diesem Absatz geprüften Verfahren und Formalitäten nicht einfach genug, so werden sie von den Mitgliedstaaten vereinfacht.

(2) Die Kommission kann nach dem in Artikel 40 Absatz 2 genannten Verfahren auf Gemeinschaftsebene einheitliche Formblätter einführen. Diese Formblätter sind Zeugnissen, Bescheinigungen und sonstigen vom Dienstleistungserbringer vorzulegenden Dokumenten gleichwertig.

(3) Verlangen die Mitgliedstaaten von einem Dienstleistungserbringer oder -empfänger ein Zeugnis, eine Bescheinigung oder ein sonstiges Dokument zum Nachweis der Erfüllung einer Anforderung, so erkennen die Mitgliedstaaten alle Dokumente eines anderen Mitgliedstaates an, die eine gleichwertige Funktion haben oder aus denen hervorgeht, dass die betreffende Anforderung erfüllt ist. Die Mitgliedstaaten dürfen nicht verlangen, dass Dokumente eines anderen Mitgliedstaates im Original, in beglaubigter Kopie oder in beglaubigter Übersetzung vorgelegt werden, außer in den Fällen, in denen dies in anderen Gemeinschaftsrechtsakten vorgesehen ist, oder wenn zwingende Gründe des Allgemeininteresses, einschließlich der öffentlichen Ordnung und Sicherheit, dies erfordern.

Unterabsatz 1 berührt nicht das Recht der Mitgliedstaaten, nicht beglaubigte Übersetzungen von Dokumenten in einer ihrer Amtssprachen zu verlangen.

(4) Absatz 3 gilt nicht für Dokumente im Sinne des Artikels 7 Absatz 2 und des Artikels 50 der Richtlinie 2005/36/EG, des Artikels 45 Absatz 3 und der Artikel 46, 49 und 50 der Richtlinie 2004/18/EG des Europäischen Parlaments und des Rates vom 31. März 2004 über die Koordinierung der Verfahren zur Vergabe öffentlicher Bauaufträge, Lieferaufträge und Dienstleistungsaufträge(1), des Artikels 3 Absatz 2 der Richtlinie 98/5/EG des Europäischen Parlaments und des Rates vom 16. Februar 1998 zur Erleichterung der ständigen Ausübung des Rechtsanwaltsberufs in einem anderen Mitgliedstaat als dem, in dem die Qualifikation erworben wurde(2), der Ersten Richtlinie 68/151/EWG des Rates vom 9. März 1968 zur Koordinierung der Schutzbestimmungen, die in den Mitgliedstaaten den Gesellschaften im Sinne des Artikels 58 Absatz 2 des Vertrages im Interesse der Gesellschafter sowie Dritter vorgeschrieben sind, um diese Bestimmungen gleichwertig zu gestalten(3) und der Elften Richtlinie 89/666/EWG des Rates vom 21. Dezember 1989 über die Offenlegung von Zweigniederlassungen, die in einem Mitgliedstaat von Gesellschaften bestimmter Rechtsformen errichtet wurden, die dem Recht eines anderen Staates unterliegen(4).

---

(1) ABl. L 134 vom 30.4.2004, S. 114. Zuletzt geändert durch die Verordnung (EG) Nr. 2083/2005 der Kommission (ABl. L 333 vom 20.12.2005, S. 28).
(2) ABl. L 77 vom 14.3.1998, S. 36. Geändert durch die Beitrittsakte von 2003.
(3) ABl. L 65 vom 14.3.1968, S. 8. Zuletzt geändert durch die Richtlinie 2003/58/EG des Europäischen Parlaments und des Rates (ABl. L 221 vom 4.9.2003, S. 13).
(4) ABl. L 395 vom 30.12.1989, S. 36.

Literatur: Böhret/Grunow/Ziekow (Hg.), Der Vorschlag zu einer Richtlinie des Europäischen Parlaments und des Rates über Dienstleistungen im Binnenmarkt, Speyer, 2005 (zitiert als: Bearbeiter in: Böhret/Grunow/Ziekow (Hg.)); Pfeiffer/Hess, Auswirkungen der EU-Dienstleistungsrichtlinie auf Regelungen im Geschäftsbereich des BMVEL, Heidelberg, 2005 (zitiert als: Pfeiffer/Hess).

I. Art. 5 Abs. 1

1. Normstruktur

1 Die Vorschrift enthält – systematisch in Kapitel II als einem sowohl die Niederlassungsfreiheit als auch den freien Dienstleistungsverkehr betreffenden „allgemeinen Teil" zur Verwaltungsvereinfachung verortet – einen generalklauselartigen Prüfungs- und Handlungsauftrag an die Mitgliedstaaten mit Blick auf die Vereinfachung von Verwaltungsverfahren. Dieser Auftrag wird in Abs. 2 und 3 sowie vornehmlich in Art. 6-13 spezifiziert, soweit diese verfahrensbezogene Vorgaben enthalten.

2. Prüfungs- und Vereinfachungspflicht der Mitgliedstaaten

2 Die Mitgliedstaaten sind gehalten, Verfahren und Formalitäten betreffend die Aufnahme und Ausübung einer Dienstleistungstätigkeit (s. Art. 6 Rn 8 ff.) daraufhin zu überprüfen, ob sie einfach genug sind. Wie Ziff. 5.1 des Kommissionshandbuchs klarstellt, erstreckt sich diese Pflicht auf **sämtliche Verfahren im Vorfeld, während und – sofern erforderlich – nach Durchführung der betroffenen Tätigkeit.** Fällt die Prüfung negativ aus, sind die Verfahren zu vereinfachen. Die Vorschrift bezieht sich nur auf die prozedurale Seite der angeordneten Normenprüfung, nicht hingegen auch auf die materiellen Kriterien für die Zulässigkeit der Tätigkeit, welche insbesondere Gegenstand der Art. 14-16 sind.

3 Die Generalklausel des Abs. 1 allein liefert mangels konkreter Ansatzpunkte und Kriterien noch keine hinreichend geeignete Handhabe für die Verfahrensvereinfachung. Sie ist daher stets im Zusammenhang mit Abs. 2 und 3 sowie den – freilich z. T. ebenfalls auf recht hohem Abstraktionsniveau befindlichen – Art. 9 (betreffend das „Ob" einer Genehmigungspflicht) und Art. 10-13 (betreffend das „Wie" der Verfahrensgestaltung und Entscheidungsfindung) zu betrachten, auf die auch Erwägungsgrund 43 inhaltlich Bezug nimmt. Einen Kriterienkatalog enthält ferner Erwägungsgrund 45, der sich ebenfalls in den spezielleren Vereinfachungsnormen widerspiegelt. Näherungsweise Aufschluss bietet in diesem Kontext außerdem die detaillierte Aufstellung von Hindernissen für Dienstleister im Kommissionsbericht KOM(2002) 441, auf den zahlreiche Bestimmungen der Richtlinie zurückgehen. Konkrete, parallel zur Normenprüfung durchzuführende Vereinfachungsmaßnahmen enthalten ferner Art. 6-8.

II. Art. 5 Abs. 2

1. Normstruktur

4 Vor dem Hintergrund der Zielsetzung des Abs. 1 ermächtigt die Vorschrift die Kommission zur Harmonisierung im Bereich der von den Dienstleistern vorzulegenden Dokumente.

2. Einführung einheitlicher Formblätter

5 Ziel der Harmonisierung ist die Einführung von der Kommission erstellter einheitlicher Formblätter in den Mitgliedstaaten, die dann anstelle von Zeugnissen, Bescheinigungen und sonstigen Dokumenten Verwendung finden können. Abs. 2 verweist über Art. 40 Abs. 2 auf das Komitologieverfahren nach Art. 5 und 7 des Beschlusses 1999/468/EG (Unterstützung der Kommission durch einen Regelungsausschuss).

III. Art. 5 Abs. 3

1. Normstruktur

6 Abs. 3 sieht spezielle Maßnahmen zur Erleichterung der Aufnahme und Ausübung von Dienstleistungstätigkeiten vor, nämlich die Vereinfachung der Anerkennung von Nachweisen über die Erfüllung von Anforderungen an Dienstleister und die Lockerung der Formerfordernisse bezüglich der hierfür vorzulegenden Dokumente. Sein Anwendungsbereich wird durch Abs. 4 in einigen wichtigen Bereichen begrenzt.

2. Anerkennung von Dokumenten (UA 1 S. 1)

7 Die Vorschrift beruht, vergleichbar der „allgemeinen Regelung zur Anerkennung von Ausbildungsnachweisen" nach Art. 10 ff. RL 2005/36/EG, auf dem **Prinzip der gegenseitigen Anerkennung.**[1] Dieses wird – freilich vorbehaltlich der bedeutsamen Ausnahmen gemäß Abs. 4 – generalisiert, indem es erstens für beide Grundfreiheiten gilt, zweitens unterschiedslos sämtliche Anforderungen an Dienstleister i. S. v. Art. 4 Nr. 7 betrifft und sich drittens sowohl auf Dokumente bezieht, die (formal) eine gleichwertige Funktion haben wie im Inland ausgestellte Bescheinigungen, als auch auf solche, aus denen sich kraft ihres materiellen Gehalts die Erfüllung der jeweiligen Anforderung ergibt. Beide Typen von Dokumenten, d. h. auch die funktional gleichwertigen Bescheinigungen, entbinden die zuständige Behörde allerdings nicht von der Pflicht zur – nach den vom EuGH aufgestellten Grundsätzen durchzuführenden[2] – **vergleichenden Prüfung**, ob die im Herkunftsland bescheinigten Tatsachen den nach inländischem Recht zu erfüllenden **Anforderungen entsprechen.**[3]

1 Hierzu ausführlich Schlag in: Schwarze EU-Kommentar, Art. 47 EGV Rn 5 ff.

2 EuGH, Rs C-340/89 (Vlassopoulou), NJW 1991, 2073, Rn 15 ff.; Rs C-164/94 (Aranitis), DVBl. 1996, 426, Rn 31 f.; vgl. für den Bereich der Berufsanerkennung auch Erwägungsgrund 11 zur RL 2005/36/EG sowie Art. 3 Abs. 1 der mittlerweile aufgehobenen RL 1999/42/EG.

3 Pfeiffer/Hess, S. 265; Ziekow, Die Auswirkungen der Dienstleistungsrichtlinie auf das deutsche Genehmigungsverfahrensrecht, GewArch 2007, 179, 181.

3. Formerfordernisse für Dokumente (UA 1 S. 2, UA 2)

8 Nach der Rechtsprechung des EuGH kann die mitgliedstaatliche Forderung nach Vorlage von **Originalen** oder **beglaubigten Kopien** als ausschließliche Qualifikationsnachweise eine unangemessene Beeinträchtigung der Niederlassungs- und der Dienstleistungsfreiheit bewirken.[4] Entsprechend lockert die Richtlinie die Formerfordernisse für Nachweisdokumente, wobei auch die vom EuGH nicht beanstandeten **beglaubigten Übersetzungen**[5] mit einbezogen werden; die Forderung der Vorlage nicht beglaubigter Übersetzungen ist demgegenüber weiterhin uneingeschränkt zulässig, wie auch UA 2 klarstellt. Von diesem grundsätzlichen Verbot sind **zwei Ausnahmen** vorgesehen. Zum ersten sind strengere Formvorgaben zu beachten, die gemeinschaftsrechtlich angeordnet bzw. zugelassen sind, so z. B. beglaubigte Übersetzungen in Art. 4 RL 89/866/EWG, der allerdings gemäß Abs. 4 ohnedies vom Anwendungsbereich des Abs. 3 ausgenommen ist. Zum zweiten können Originale etc. über diesen koordinierten Bereich hinaus gefordert werden, wenn dies aus zwingenden Gründen des Allgemeininteresses (Art. 4 Nr. 8) gerechtfertigt ist.[6] Der Normtext führt als solche Gründe beispielhaft die öffentliche Ordnung und Sicherheit an, Erwägungsgrund 47 außerdem die öffentliche Gesundheit sowie Arbeitnehmer-, Umwelt- und Verbraucherschutz; weitere Gründe nennt Erwägungsgrund 40.

9 Die dargestellte Reduzierung der Formerfordernisse ist von erheblicher praktischer Bedeutung, kann sie doch aufseiten des Dienstleisters u. U. eine signifikante Zeitersparnis nach sich ziehen. Zugleich senkt sie angesichts der heutigen technischen Möglichkeiten den Schwierigkeitsgrad erfolgreicher Urkundenfälschungen und erhöht in der Folge den Prüfaufwand auf Behördenseite, was auch den Zeitvorteil für den Dienstleister wieder kompensieren kann. Das Problem lässt sich im Endeffekt nur durch eine wirksame und zügige Behördenkooperation, unterstützt durch das Binnenmarkt-Informationssystem IMI, bewältigen.[7]

IV. Art. 5 Abs. 4

1. Normstruktur

10 Abs. 4 nimmt bestimmte in anderen Gemeinschaftsrechtsakten genannte Dokumente vom Anwendungsbereich des Abs. 3 aus.

2. Ausnahmen von Abs. 3

11 Die Erleichterungen im Bereich der Anerkennung und der Form von Nachweisdokumenten gemäß Abs. 3 finden in wesentlichen Bereichen keine Anwendung. Ausgenommen sind insbesondere Nachweise, die von den Mitgliedstaaten im Zuge der **Anerkennung von Berufsqualifikationen** verlangt werden können. Dies betrifft sowohl die bei erstmaliger Erbringung von Dienstleistungen im Rahmen des freien Dienstleistungsverkehrs nach Art. 7 Abs. 2 RL 2005/36/EG vorzulegenden Dokumente als auch die Unterlagen und Bescheinigungen gemäß Art. 50 RL 2005/36/EG i. V. m. Anhang VII, welche im Falle einer niedergelassenen Tätig-

4 EuGH, Rs C-298/99 (Kommission/Italien), Slg. 2002, I-3129, Rn 39.
5 EuGH, Rs C-167/01 (Inspire Art), NJW 2003, 3331, Rn 58.
6 Allgemein zur Rechtfertigung von Beschränkungen im Bereich der Art. 43 ff. und 49 ff. EGV Windoffer in: Böhret/Grunow/Ziekow (Hg.), S. 64 ff., 80.
7 Vgl. Kommissionshandbuch, Ziff. 5.1.

keit beizubringen sind. Eine weitere Ausnahme betrifft Nachweise nach Art. 45 Abs. 3 sowie Art. 46, 49 und 50 der **Vergabekoordinierungsrichtlinie** 2004/18/EG bezüglich des Fehlens von Ausschlussgründen, Befähigungen zur Berufsausübung, der Erfüllung von Qualitätssicherungsnormen und der Erfüllung von Normen für das Umweltmanagement. Ausgenommen sind ferner Bescheinigungen über die Eintragung von **Rechtsanwälten** (Art. 3 Abs. 2 RL 98/5/EG) sowie die gemäß den RL 68/151/EWG und 89/666/EWG zur Koordinierung der **Offenlegungsvorschriften** betreffend **Gesellschaften** mit auf das Gesellschaftsvermögen beschränkter Haftung zugelassenen Dokumente.

V. Verfahrenshinweise

Die Generalklausel des Abs. 1 umfasst gemeinsam mit Art. 9-13 die verfahrens- 12
rechtliche Seite des Auftrags an die Mitgliedstaaten, ihre gesamte Rechtsordnung auf Hindernisse für die Aufnahme und Ausübung grenzüberschreitender Dienstleistungstätigkeiten zu überprüfen und, soweit erforderlich und geboten, Abhilfe zu schaffen. Konkrete Ansatzpunkte für eine Verfahrensvereinfachung und entsprechende Auswirkungen auf das deutsche Verwaltungsverfahrensrecht lassen sich daher nicht aus Abs. 1 allein, sondern nur in einer Zusammenschau mit den speziellen Vorgaben der Art. 9-13 finden.

Direkte Konsequenzen für das deutsche Verfahrensrecht sind aus Abs. 3 ableitbar. 13
Um den Anforderungen an die Umsetzung von EU-Richtlinien in nationales Recht zu genügen, reicht eine entsprechende Verwaltungspraxis nicht aus.[8] Mit Blick auf UA 1 S. 2 und UA 2 müsste daher zunächst die Ausnahmevorschrift in § 23 Abs. 1 S. 2 VwVfG, der „in begründeten Fällen" zur Anforderung einer beglaubigten Übersetzung berechtigt, angepasst werden. Zwar ließe sich diese Bestimmung im Rahmen des Verfahrensermessens bereits in der bestehenden Fassung durchaus richtlinienkonform anwenden; dennoch dürfte sich eine Klarstellung im Gesetz empfehlen, dass beglaubigte Übersetzungen nur bei Vorliegen zwingender Gründe des Allgemeininteresses angefordert werden.[9] Entsprechende Regelungen wären in der Folge auch für Originale und beglaubigte Kopien zu treffen. In gleichem Sinne würde sich eine allgemeine Regelung zur Anerkennung von Dokumenten gemäß UA 1 S. 1 in den Verwaltungsverfahrensgesetzen empfehlen, da ansonsten eine Vielzahl von Rechtsakten (z.B. kommunalen Satzungen) ergänzt werden müsste, die derzeit zur Frage der Anerkennung schweigen.

Artikel 6 Einheitliche Ansprechpartner

(1) Die Mitgliedstaaten stellen sicher, dass Dienstleistungserbringer folgende Verfahren und Formalitäten über einheitliche Ansprechpartner abwickeln können:

(a) alle Verfahren und Formalitäten, die für die Aufnahme ihrer Dienstleistungstätigkeiten erforderlich sind, insbesondere Erklärungen, Anmeldungen oder die Beantragung von Genehmigungen bei den zuständigen Behörden, einschließlich der

8 EuGH, Rs C-131/88 (Kommission/Deutschland), NVwZ 1991, 973 Rn 8 f.; Rs C-361/88 (Kommission/Deutschland), NVwZ 1991, 866 Rn 24; von Danwitz, Normkonkretisierende Verwaltungsvorschriften und Gemeinschaftsrecht, VerwArch 84 (1993), 73, 76; Ziekow, GewArch 2007, 179, 181.

9 Ziekow, GewArch 2007, 179, 181.

Beantragung der Eintragung in Register, Berufsrollen oder Datenbanken oder der Registrierung bei Berufsverbänden oder Berufsorganisationen;
(b) die Beantragung der für die Ausübung ihrer Dienstleistungstätigkeit erforderlichen Genehmigungen.

(2) Die Schaffung einheitlicher Ansprechpartner berührt nicht die Verteilung von Zuständigkeiten und Befugnissen zwischen Behörden innerhalb der nationalen Systeme.

Literatur: Böhret/Grunow/Ziekow (Hg.), Der Vorschlag zu einer Richtlinie des Europäischen Parlaments und des Rates über Dienstleistungen im Binnenmarkt, Speyer, 2005 (zitiert als: Bearbeiter in: Böhret/Grunow/Ziekow (Hg.)); Pfeiffer/Hess, Auswirkungen der EU-Dienstleistungsrichtlinie auf Regelungen im Geschäftsbereich des BMVEL, Heidelberg, 2005 (zitiert als: Pfeiffer/Hess); Weber/Hausmann/Schäfer (Hg.), Praxishandbuch Public Private Partnership, München, 2006 (zitiert als: Bearbeiter in: Weber/Schäfer/Hausmann (Hg.)); Ziekow (Hg.), Beschleunigung von Planungs- und Genehmigungsverfahren, Berlin, 1998 (zitiert als: Bearbeiter in: Ziekow (Hg.)); Ziekow/Windoffer (Hg.), Ein einheitlicher Ansprechpartner für Dienstleister. Anforderungen des Vorschlags einer EU-Dienstleistungsrichtlinie und Gestaltungsoptionen im föderalen System der Bundesrepublik Deutschland, Baden-Baden, 2007 (zitiert als: Bearbeiter in: Ziekow/Windoffer (Hg.)).

I. Art. 6 Abs. 1

1. Normstruktur

1 Abs. 1 bestimmt den ersten Aufgabenkreis des einheitlichen Ansprechpartners, der darin besteht, Dienstleistungserbringern als Kontaktstelle für die Abwicklung aller Verfahren und Formalitäten betreffend die Aufnahme und Ausübung ihrer Tätigkeit zur Verfügung zu stehen, ohne zugleich – Abs. 2 – zwingend auch zuständige Stelle in der Sache zu sein. Die Vorschrift wird durch Art. 8 Abs. 1 und 2 um Vorgaben zu Ablauf (Abwicklung aus der Ferne) und Form (elektronische Abwicklung) dieser Verfahrensabwicklung ergänzt.

2. Abwicklung von Verfahren und Formalitäten

a) Persönlicher Anwendungsbereich

2 Der begünstigte Personenkreis umfasst **Dienstleistungserbringer** i. S. v. Art. 4 Nr. 2, d. h. Staatsangehörige eines Mitgliedstaats sowie in einem Mitgliedstaat nieder-

gelassene juristische Personen gemäß Art. 48 EGV, die Dienstleistungen anbieten oder erbringen. Zum Begriff „Dienstleistungen" verweist Art. 4 Nr. 1 auf Art. 50 EGV, der den Anwendungsbereich der Regelungen über den freien Dienstleistungsverkehr näher bestimmt (s. Art. 4 Rn 2 ff). Es handelt sich mithin um in selbständiger Tätigkeit regelmäßig entgeltlich erbrachte Leistungen, die mit einer vorübergehenden Grenzüberschreitung verbunden sind und nicht bereits durch speziellere Grundfreiheiten erfasst werden.[1]

Mit Blick auf das letztgenannte Kriterium der **Subsidiarität** der Art. 49 ff. EGV lässt sich der systematischen Verortung der Vorschriften über den einheitlichen Ansprechpartner in Kapitel II allerdings entnehmen, dass der Anwendungsbereich – anders als im ursprünglichen Vorschlag KOM(2004) 2 vorgesehen – **nicht** auf Dienstleistungstätigkeiten im Rahmen des **freien Dienstleistungsverkehrs beschränkt** ist, sondern **auch Dienstleister begünstigt**, die im Bestimmungsstaat i. S. v. Art. 43 EGV und Art. 4 Nr. 5 **niedergelassen** sind. Damit erübrigt sich eine Abgrenzung, welche Tätigkeiten noch als „vorübergehend" i. S. v. Art. 50 Abs. 3 anzusehen sind und welche bereits die für eine Niederlassung typische Dauerhaftigkeit und infrastrukturelle Verfestigung aufweisen. 3

Dagegen führt die Art. 49 Abs. 1 und Art. 50 Abs. 3 EGV zu entnehmende Voraussetzung, dass die Tätigkeit mit einer **Grenzüberschreitung** verbunden sein muss, dazu, dass **rein innerstaatliche Sachverhalte nicht erfasst** sind. Ein in Berlin ansässiger deutscher Handwerker, der Dienstleistungen im brandenburgischen Umland erbringen möchte, kann sich demnach, im Unterschied etwa zu seinem jenseits der Oder niedergelassenen polnischen Kollegen, nicht auf Art. 6 berufen, um die Leistungen des einheitlichen Ansprechpartners in Anspruch zu nehmen. Die damit verbundene **Inländerdiskriminierung** ist allerdings mangels Gemeinschaftsrechtsbezugs des innerstaatlichen Sachverhalts sowohl vor dem Hintergrund der Grundfreiheiten als auch des allgemeinen Diskriminierungsverbots des Art. 12 EGV **hinzunehmen.**[2] Auch ein Verstoß gegen deutsches Verfassungsrecht, konkret Art. 3 Abs. 1 GG, kommt nicht in Betracht, da die Inländerdiskriminierung in Umsetzung der Richtlinie auf die Gemeinschaftsrechtsordnung und auf die Maßnahme eines vom nationalen Gesetzgeber abweichenden Hoheitsträgers zurückzuführen ist; solche Ungleichbehandlungen können nicht dem nationalen Gesetzgeber zugerechnet werden, da dieser lediglich gemeinschaftsrechtliche Vorgaben in Erfüllung vertraglicher Verpflichtungen in die nationale Rechtsordnung zu übernehmen hat.[3] Im Ergebnis stellt die Einbeziehung auch der inländischen Dienstleister somit kein rechtliches Gebot, sondern eine nach **politischen**[4] **und wirtschaftlichen Kriterien** zu beantwortende Frage dar.[5] 4

1 Vgl. Windoffer in: Böhret/Grunow/Ziekow (Hg.), S. 44 ff.

2 Vgl. BVerwG v. 13.12.2001, 5 C 13/01, EzAÜG SGB IV Nr. 24; BVerwG v. 1.4.2004, 6 B 5/04, GewArch 2004, 488; BFH v. 15.7.2005, I R 21/04, BFHE 210, 43.

3 Vgl. instruktiv BFH v. 15.7.2005, I R 21/04, BFHE 210, 43.

4 Hierzu liegen auf Regierungsebene affirmative Stellungnahmen vor, vgl. Wuermeling, Die Dienstleistungsrichtlinie und ihre Bedeutung für die deutsche Verwaltungsorganisation, in: Aktuelle Stellungnahmen 4/06 des Instituts für Kammerrecht vom 12.10.2006; Beschluss der Wirtschaftsministerkonferenz am 4./5.6.2007 in Eisenach. Auch im Übrigen besteht hierüber weitgehend Konsens.

5 Die Frage ist praktisch überaus bedeutsam, da mit der Ausdehnung des Leistungsangebots auf Inländer die Fallzahlen um ein Vielfaches ansteigen, was bei der Schaffung der Infra-

b) Sachlicher Anwendungsbereich

aa) Verfahren und Formalitäten

5 Der Aufgabenkreis des einheitlichen Ansprechpartners erstreckt sich auf sämtliche **Verfahren und Formalitäten**, die für die Aufnahme und Ausübung von Dienstleistungstätigkeiten erforderlich sind. Gemeint sind Verfahren, die bei „zuständigen Behörden" gemäß Art. 4 Nr. 9 zu absolvieren sind, d. h. bei **Verwaltungsbehörden im funktionellen Sinne** (s. Art. 4 Rn 32 f.),[6] wozu neben den Stellen der unmittelbaren Staatsverwaltung auch solche der mittelbaren Staatsverwaltung zählen, so z. B. die Kammern, daneben aber auch Gerichte, soweit sie, etwa in Gestalt der Registergerichte, als Behörden tätig werden. Außerbehördliche, insbesondere privatrechtliche Vorgänge wie z. B. der (freiwillige) Beitritt zu einer beruflichen Interessenvereinigung, zählen nicht hierzu. Behördliche und gerichtliche Rechtsbehelfsverfahren, im deutschen Recht also insbesondere Widerspruch und verwaltungsgerichtliche Klage, sind nicht erfasst.[7]

6 Unbeschadet dieser Beschränkung auf (ausgangs-)behördliche Verfahren würde es die in **Art. 47 Abs. 2, 55 EGV** als Ermächtigungsgrundlagen der Richtlinie niedergelegte Zielvorgabe, die Aufnahme und Ausübung selbständiger Tätigkeiten zu erleichtern, nahe legen, den Kreis der von Abs. 1 erfassten Prozeduren **möglichst weit** zu ziehen, um das **One-Stop-Shop-Prinzip** des Abs. 1, d. h. die Idee der Bündelung der Abwicklung einer Vielzahl von Verfahren bei einer Kontaktstelle, in größtmöglichem Umfange zu verwirklichen.[8] Mit Blick auf diese Zielrichtung des Art. 6 erweisen sich daher die Ausnahmeregelungen bezogen auf bestimmte Rechtsmaterien wie etwa das Steuer- und Sozialversicherungsrecht, welche diverse Meldevorgänge vorsehen, als wenig zielführend. Dies gilt umso mehr, als die Ausnahmen vom Anwendungsbereich der Richtlinie vielfach erst im Laufe des Rechtsetzungsverfahrens eingefügt wurden und in erster Linie auf den Fortbestand materiellrechtlicher Anforderungen abzielten, nicht aber darauf, Dienstleistern im gleichen Atemzug die mit dem einheitlichen Ansprechpartner bezweckte, über die gesamte Entstehungsgeschichte hinweg unumstrittene (und in ihrem Inhalt unverändert gebliebene) Verfahrenserleichterung vorzuenthalten. Gleiches gilt für die im – ebenfalls nachträglich aufgenommenen – Erwägungsgrund 9[9] zum Ausdruck gebrachte Intention des EU-Gesetzgebers, den Anwendungsbereich der Richtlinie auf spezifisch dienstleistungsbezogene Anforderungen zu beschränken und Vorgaben, die von Dienstleistern im Zuge ihrer Wirtschaftstätigkeit genauso zu beachten sind wie von Privatpersonen, auszunehmen. Vor dem Hintergrund des Ziels einer wirklichen „Verwaltungsvereinfachung"[10] dadurch, dass der Antragsteller „sich nicht mehr an unterschiedliche Instanzen, Einrichtungen usw.

---

struktur, der personellen Besetzung der Kontaktstellen und der Kostenkalkulation zu berücksichtigen sein wird.

6 Art. 4 Nr. 9 stellt ähnlich wie § 1 Abs. 4 VwVfG auf ein funktionelles Verständnis des Behördenbegriffs ab; vgl. zu § 1 Abs. 4 VwVfG Ziekow VwVfG, § 1 Rn 31 ff.

7 So Kommissionshandbuch, Ziff. 5.2.1.

8 Hierzu und zum Folgenden auch Windoffer in: Ziekow/Windoffer (Hg.), S. 29 f.

9 Dieser wurde erst im Zuge der Festlegung des gemeinsamen Standpunkts vom 24.7.2006 eingefügt, was bemerkenswert ist, da zu diesem Zeitpunkt bereits eine Abkehr vom Herkunftslandprinzip stattgefunden hatte, welches die Ausnahme etwa des Bauordnungsrechts durchaus gerechtfertigt hätte.

10 S. die Überschrift des Kapitels II.

wenden" muss, „sondern in seiner Angelegenheit nur noch einen Ansprechpartner" hat,[11] läuft eine solche Beschränkung der Inanspruchnahme der Kontaktstellen **Art. 47 Abs. 2, 55 EGV** und dem **One-Stop-Shop-Gedanken zuwider**, da der Dienstleister für diese Vorgänge wieder den Gang zu jeder einzelnen zuständigen Behörde anzutreten hat. Es ließe sich daher für Art. 6 an eine **weite Auslegung** des Begriffs „Verfahren und Formalitäten" denken: Dieser würde dann **alle im Zusammenhang mit einer Dienstleistungserbringung stehenden**, d. h. kraft Rechtsvorschrift aus Anlass der Aufnahme und Ausübung dieser Tätigkeit bei einer Behörde im funktionellen Sinne abzuwickelnden Vorgänge, umfassen.[12] Dies würde zu einer teleologischen Reduktion der Ausnahmevorschriften bezogen auf bestimmte Rechtsmaterien wie etwa das Steuerrecht oder das Sozialversicherungsrecht insofern führen, als im einschlägigen Verfahrensrecht vorgesehene Anmeldungen ebenfalls über den einheitlichen Ansprechpartner abgewickelt werden können.

Gleichwohl steht eine solche Erweiterung nur optional zur Verfügung,[13] da der ausdrückliche Wortlaut der Richtlinie und ihrer Erwägungsgründe zu achten ist. So schließt die Herausnahme von sich aus „Baunormen" ergebenden Anforderungen aus dem Anwendungsbereich der Richtlinie durch Erwägungsgrund 9 das praktisch bedeutsame und etwa im Verhältnis zu einer Gewerbe- oder Kammeranmeldung deutlich komplexere Baugenehmigungsverfahren vom obligatorischen Angebot der Kontaktstellen aus, sofern keine gewerbespezifischen baulichen Anforderungen zu prüfen sind. Auch die – noch komplexeren – anlagen- und nicht dienstleistungsbezogenen umweltrechtlichen Genehmigungsverfahren sind nicht erfasst, ebenso etwa personenbezogene Anmeldungen. Im Übrigen muss jedes der insgesamt abzuwickelnden Verfahren im Einzelfall daraufhin untersucht werden, ob es den spezifisch dienstleistungsregelnden Bezug aufweist oder „Jedermann-Anforderungen" zum Gegenstand hat.[14] Unabhängig von den in Rn 6 genannten grundsätzlichen teleologischen Gesichtspunkten liegen die rechtlichen und praktischen Nachteile einer solchen Verengung des Kreises der abzuwickelnden Verfahren auf der Hand, zieht sie doch nicht nur vermeidbare Abgrenzungsprobleme nach sich, sondern auch eine schwerlich zu rechtfertigende Ungleichbehandlung von Dienstleistern je nachdem, ob sie z. B. spezifischen Bauvorschriften unterliegen (so etwa für Gaststätten) oder nicht (so etwa für schlichte Büroräume). Dass ferner mit Blick auf Art. 7 ein Hinweis des einheitlichen Ansprechpartners, seine Auskunft nur auf einen Teil der abzuwickelnden Verfahren erstrecken zu können, für den Rat suchenden Dienstleister kaum nachvollziehbar sein dürfte, bedarf keiner vertieften Erörterung. In der Sache führen Wortlaut und Erwägungsgründe der Richtlinie daher zu unbefriedigenden Lösungen. 7

11 So Nr. 7.c) der Begründung zu Vorschlag KOM(2004) 2.
12 So Windoffer in: Ziekow/Windoffer (Hg.), S. 30.
13 Ziff. 5.2. des Kommissionshandbuchs stellt den Mitgliedstaaten anheim, so zu verfahren und das Angebot überdies auch auf ausgeschlossene Dienstleistungstätigkeiten zu erstrecken.
14 Ziff. 2.3.2. des Kommissionshandbuchs bietet hinsichtlich der Abgrenzung keinen näheren Aufschluss.

bb) Aufnahme und Ausübung

8 Abs. 1 bezieht sich auf Vorgänge betreffend sowohl die Aufnahme als auch die Ausübung der Dienstleistungstätigkeit. Die Begriffe „Aufnahme" und „Ausübung" werden nicht definiert. Soweit sie mit dem „Ob" (= Aufnahme) und dem „Wie" (= Ausübung) der Dienstleistungserbringung gleichgesetzt werden,[15] greift dies etwas zu kurz, da z. B. nachträgliche Auflagenanordnungen sowohl durch das „Wie" veranlasst sind und auf dieses einwirken als letztlich auch das „Ob" der Tätigkeit berühren können. Zielführender erscheint es, die Abgrenzung „Aufnahme" und „Ausübung" im Wesentlichen anhand des zeitlichen Kriteriums vorzunehmen und unter „Aufnahme" den erstmaligen Marktzutritt, d. h. den Beginn der Tätigkeit des Dienstleisters im Bestimmungsstaat sowie diesem gleichzuachtende Vorgänge[16] zu verstehen, und die nach diesem Initialzeitpunkt anfallenden Vorgänge der „Ausübung" zuzuordnen.[17]

9 Die o. g. Abgrenzung ist jedoch letztlich nicht von Relevanz, da die Tätigkeit des einheitlichen Ansprechpartners – in zeitlicher Hinsicht – den **gesamten Zeitraum im Vorfeld, während und ggf. auch nach Abschluss der Dienstleistungstätigkeit** umfasst und der einheitliche Ansprechpartner hierbei – sachgegenständlich – für **sämtliche** (hierzu geeignete)[18] **Verfahrensschritte** in Anspruch genommen werden kann, unabhängig davon, ob das Verfahren der „Aufnahme" oder der „Ausübung" zuzuordnen ist. Über den einheitlichen Ansprechpartner lassen sich daher zum einen nicht nur die in lit. a genannten Verfahren der präventiven Kontrolle abwickeln, sondern z. B. auch nach Beginn der Tätigkeit anfallende weitere Genehmigungsverfahren (lit. b) sowie Vorgänge der nachträglichen Kontrolle, wie aus Art. 8 Abs. 1 („alle Verfahren und Formalitäten, die die Aufnahme oder die Ausübung einer Dienstleistungstätigkeit **betreffen**"), Art. 8 Abs. 2[19] und Art. 11 Abs. 3 lit. b deutlicher hervorgeht. Auch sind z. B. nach Abschluss der Tätigkeit anfallende Berichtspflichten erfasst.[20] Zum anderen stünde eine evtl. Beschränkung auf den Verfahrensschritt der Antragstellung, wie der Wortlaut „Beantragung" in lit. a und b suggerieren könnte, nicht nur gesetzessystematisch zur umfassenden Formulierung in Art. 8 Abs. 1 im Widerspruch, sondern wäre auch mit Sinn und Zweck des Abs. 1 vor dem Hintergrund der Art. 47 Abs. 2, 55 EGV nicht zu vereinbaren.

10 **Lit. a** enthält eine beispielhafte, nicht abschließende („insbesondere") Aufzählung von aufnahmebezogenen Prozeduren. Es handelt sich um typische Verfahren der präventiven Kontrolle, die von Dienstleistern vor Beginn der Tätigkeit im Bestimmungsstaat zu absolvieren sind. Als Beispiele für entsprechende Vorgänge nach deutschem Recht wären hier zu nennen:[21]

---

15 So Pfeiffer/Hess, S. 266 f.

16 So etwa die Substitution oder (qualitative) Erweiterung der Geschäftstätigkeit und die (quantitative) Ausweitung des Umfangs der Tätigkeit durch Gründung einer weiteren Niederlassung, nicht aber schon durch die (bauliche, personelle etc.) Erweiterung einer bestehenden Niederlassung, vgl. Windoffer in: Ziekow/Windoffer (Hg.), S. 55.

17 So auch Troberg/Tiedje in: GS EUV/EGV, Art. 47 EGV Rn 54.

18 Zum einschränkenden Kriterium der Eignung s. Rn 14.

19 Die explizite Ausnahme der Kontrollvorgänge von der elektronischen Abwicklung wäre nicht erforderlich, wenn diese dem Tätigkeitsfeld des einheitlichen Ansprechpartners von vornherein nicht unterfielen.

20 Kommissionshandbuch, Ziff. 5.1.

21 Für die folgende Aufstellung wird die (den Mitgliedstaaten zwar nicht vorgegebene, aber freigestellte) weite Auslegung des Verfahrensbegriffs zugrunde gelegt (s. Rn 6 f.).

- **Erklärungen und Anmeldungen:** Gewerbeanmeldung (§ 14 GewO), Meldung gemäß Art. 7 RL 2005/36/EG, Anzeige eines zulassungsfreien Handwerks (§ 18 HwO), Anmeldung beim Finanzamt (§ 138 AO), Mitteilung an die Berufsgenossenschaft (§ 192 SGB VII), Meldung der Arbeitnehmer bei der Krankenkasse als Einzugsstelle für den Gesamtsozialversicherungsbeitrag (§§ 28 a, 28 h, 28i SGB IV i. V. m. DEÜV);
- **Genehmigungen:** gewerberechtliche Erlaubnis, Ausnahmebewilligung nach § 9 Abs. 1 HwO, Baugenehmigung, umweltrechtliche Genehmigungen (z.B. nach BImSchG, Wassergesetzen);
- **Eintragungen in Register, Berufsrollen oder Datenbanken:** Eintragung in die Handwerksrolle, das Verzeichnis beratender Ingenieure, die Architektenliste, die Liste der Rechtsanwälte (§ 31 BRAO), das Handelsregister;
- **Registrierung bei Berufsverbänden/-organisationen:** IHK-Mitgliedschaft.

c) Abwicklung über den einheitlichen Ansprechpartner

Abs. 1 sind zwei Funktionen des einheitlichen Ansprechpartners im Zusammenhang mit der Verfahrensabwicklung zu entnehmen, die sich mit den Begriffen **Front Office** und **Verfahrenspartner** bezeichnen lassen. 11

aa) Front Office

Die Verfahrensabwicklung gemäß Abs. 1 verläuft im Rahmen einer sog. Front-Office-/Back-Office-Struktur, in welcher der einheitliche Ansprechpartner die Stellung des **Front Office** und die zuständigen Behörden diejenige der **Back Offices** einnehmen.[22] Beim Front Office handelt es um die Stelle, die, ohne selbst zugleich für die Bearbeitung der Verfahren in der Sache zuständig zu sein (s. Abs. 2), idealtypisch als einzige in unmittelbarem Kontakt zum Dienstleister steht, während die Back Offices im Hintergrund die Sachbearbeitung vornehmen und nur vermittelt über das Front Office gegenüber dem Dienstleister in Erscheinung treten. 12

Die **Inanspruchnahme** des einheitlichen Ansprechpartners ist **freiwillig**; wie namentlich Art. 7 Abs. 1 lit. b eindeutig zu entnehmen, steht dem Dienstleister der direkte Kontakt zu den zuständigen Behörden als Back Offices und die Entscheidung darüber, in welchem Umfang er Verfahren bei diesen selbst oder über den einheitlichen Ansprechpartner abwickeln möchte, unverändert offen.[23] Entscheidet sich der Dienstleister für die Einschaltung des einheitlichen Ansprechpartners, so kann er grundsätzlich[24] die **gesamte Verfahrenskorrespondenz** über diesen führen. Dies gilt sowohl für die an die Behörden gerichtete Korrespondenz (z.B. Antragstellung, Einreichung von Unterlagen, Stellungnahmen, Anfragen) als auch für den behördlichen Rücklauf (z.B. Eingangsbestätigung, Nachforderung von Unterlagen, Anhörungen und sonstige Schritte der Sachverhaltsermittlung, Bescheidentwurf, Genehmigungsbescheid), unabhängig davon, ob dies in schriftlicher, elektronischer (Art. 8 Abs. 1) oder ggf. auch (fern-)mündlicher Form erfolgt. 13

---

22 Hierzu Beck in: Ziekow/Windoffer (Hg.), S. 177 ff.; Franz in: Böhret/Grunow/Ziekow (Hg.), S. 246 ff.

23 Ziekow, Die Auswirkungen der Dienstleistungsrichtlinie auf das deutsche Genehmigungsverfahrensrecht, GewArch 2007, 179, 182; so auch Kommissionshandbuch, Ziff. 5.2.2.

24 Zur Einschränkung durch das Kriterium der Eignung s. nachfolgend Rn 14.

14 Die **Grenze** des Aufgabenbereichs des einheitlichen Ansprechpartners liegt freilich dort, wo die betreffenden Vorgänge für eine Einbeziehung desselben **nicht mehr geeignet** sind. Dies betrifft insbesondere **Realakte** wie etwa Vor-Ort-Kontrollen oder Zuverlässigkeitsprüfungen, bei denen die Fachbehörde zur Wahrnehmung ihres gesetzlichen Auftrags Personen oder Zustände unmittelbar in Augenschein nehmen muss und der einheitliche Ansprechpartner im Wesentlichen funktionslos wäre.[25] Das **Kriterium der Eignung** begrenzt gemäß Art. 8 Abs. 2 den Kreis der einer elektronischen Abwicklung über den einheitlichen Ansprechpartner bzw. bei den Fachbehörden zugänglich zu machenden Verfahren (s. Art. 8 Rn 6).[26] Allerdings stellt sich die Formfrage bei diesen Vorgängen letztlich gar nicht mehr, da sie von vornherein von einer Abwicklung über den einheitlichen Ansprechpartner und damit bereits vom Anwendungsbereich des Art. 6 Abs. 1 ausgenommen sind.

bb) Verfahrenspartner

15 Der Pflichtenkreis des einheitlichen Ansprechpartners erschöpft sich nicht in der Stellung eines schlichten Boten, der die Verfahrenskorrespondenz entgegennimmt und weiterleitet. Wie den Materialien zur Richtlinie zu entnehmen, soll er als **Unterstützer** des Dienstleisters und **(Ver-)Mittler** bzw. **Verbindungsstelle** zwischen Dienstleister und zuständigen Behörden tätig werden.[27] Um die grenzüberschreitende Aufnahme und Ausübung selbstständiger Dienstleistungstätigkeiten i. S. d. Art. 47 Abs. 2, 55 EGV und des Grundsatzes des effet utile tatsächlich wirksam zu erleichtern, ist dem einheitlichen Ansprechpartner daher zugleich die Funktion eines **„Verfahrenspartners"** des Dienstleisters zugewiesen.[28] Als solcher hat er sich zugunsten des Dienstleisters für eine ordnungsgemäße, insbesondere zeitangemessene[29] Verfahrenserledigung zu verwenden, freilich ohne hierbei die Schwelle eines Eingriffs in die Kompetenzen der zuständigen Behörden zu überschreiten (Abs. 2). Folglich ist die Stellung als Verfahrenspartner **nicht mit Eingriffsbefugnissen** gegenüber den Fachbehörden verbunden; wohl aber können dem einheitlichen Ansprechpartner **informelle Einwirkungsmöglichkeiten** ohne unmittelbare Rechtsfolgen eingeräumt werden, so etwa Erkundigungen nach dem Verfahrensstand, die Anmahnung einer zügigen Erledigung gegenüber Sachbearbeitern und Vorgesetzten, die Erinnerung an Fristen und evtl. Folgen einer Fristversäumung (s. Art. 13 Abs. 4), ggf. als ultima ratio auch die – regelmäßig vorher angekündigte – Anrufung der Rechts- oder auch Dienstaufsichtsbehörde.

25 Die aus diesen Realakten folgende Korrespondenz (z.B. bezüglich Anordnung von Auflagen) kann sich freilich wieder als für die Einbeziehung des einheitlichen Ansprechpartners geeignet erweisen.

26 S. dazu auch die Erwägungsgründe 52 und 53.

27 Vgl. Erwägungsgrund 48; Nr. 7.c) der Begründung zum Vorschlag KOM(2004) 2; Erwägungsgründe 10 und 12 der Kommissionsempfehlung 97/344/EG, auf die Erwägungsgrund 25 des Vorschlags KOM(2004) 2 Bezug nimmt.

28 Hierzu und zum Folgenden Windoffer in: Ziekow/Windoffer (Hg.), S. 32 ff.

29 In der Richtlinie kommt das Beschleunigungsziel an verschiedenen Stellen zum Ausdruck, so insbesondere in Art. 13 sowie darüber hinaus immanent in den Art. 5-8; s. ferner Erwägungsgrund 43.

II. Art. 6 Abs. 2

1. Normstruktur

Die Vorschrift schränkt den Umfang der gemäß Abs. 1 vorgesehenen Aufgabenübertragung auf den einheitlichen Ansprechpartner ein und grenzt die Zuständigkeitsbereiche zwischen einheitlichen Ansprechpartnern (Front Offices) und zuständigen Behörden (Back Offices)[30] ab. Sie ist bei der Auslegung sämtlicher den einheitlichen Ansprechpartner betreffenden Bestimmungen zu berücksichtigen, so außerhalb von Art. 6 insbesondere bei der Abgrenzung der Zuständigkeitsbereiche für die Erteilung von Informationen gemäß Art. 7 Abs. 1 und 2. 16

2. Zuständigkeitsverteilung bleibt unberührt

Abs. 2 stellt klar, dass mit der Einrichtung einheitlicher Ansprechpartner keine Änderung der bestehenden mitgliedstaatlichen Kompetenzordnungen betreffend die Sachbearbeitung der von Abs. 1 erfassten Verfahren und Formalitäten vorgegeben oder intendiert ist. Zugunsten des Dienstleisters muss lediglich die Möglichkeit einer Bündelung der Verfahrenskorrespondenz, mithin einer Abwicklung „aus einer Hand" geschaffen werden. Eine **Zuweisung** auch der jeweiligen **sachlichen Zuständigkeiten** an den einheitlichen Ansprechpartner ist damit **nicht zwingend** verbunden, wenngleich den Mitgliedstaaten eine solche Zuständigkeitskonzentration nach Maßgabe ihrer Rechtsordnung optional offen stünde.[31] 17

III. Organisations-, Verfahrens- und Gebührenhinweise

1. Institutionelle Verortung des einheitlichen Ansprechpartners

a) Organisatorische Rahmenvorgaben der Richtlinie

Der Schlüssel zur Beantwortung der Frage, welche organisatorischen Rahmenvorgaben der Richtlinie im Hinblick auf die Ansiedlung des einheitlichen Ansprechpartners in den Mitgliedstaaten zu entnehmen sind, liegt in der Interpretation des Begriffs **„einheitlich"**.[32] Aus den – auch durch teleologische Erwägungen gerechtfertigten – Willensbekundungen im Rechtsetzungsprozess geht deutlich hervor, dass dieser Begriff **subjektiv** zu verstehen ist.[33] Maßgeblich ist mithin die Perspektive des jeweiligen Dienstleisters in seiner konkreten Situation: Für diesen muss – erstens – aus der nationalen **Zuständigkeitsregelung eindeutig** ersichtlich sein, wer der für ihn zuständige einheitliche Ansprechpartner ist. Zweitens muss eine **kontinuierliche Betreuung** durch diese Stelle gewährleistet sein, d. h. der vom Dienstleister angesteuerte zuständige einheitliche Ansprechpartner muss über den gesamten Zeitraum im Vorfeld, während und ggf. nach Abschluss der Tätigkeit sowie für sämtliche von der Richtlinie erfassten Verfahren und Verfahrensschritte zur Verfügung stehen.[34] 18

30 Zum Begriff der „zuständigen Behörde" s. Art. 4 Nr. 9.
31 Vgl. Windoffer in: Ziekow/Windoffer (Hg.), S. 30 ff.; s. auch Kommissionshandbuch, Ziff. 5.2.1.
32 Hierzu und zum Folgenden Windoffer in: Ziekow/Windoffer (Hg.), S. 51 ff.
33 So bereits deutlich Nr. 7.c) der Begründung zum Vorschlag KOM(2004) 2: „einheitlich für den Dienstleistungserbringer", „in seiner Angelegenheit nur noch einen Ansprechpartner".
34 Eine nicht zuständige Kontaktstelle sollte zumindest bei der Suche nach dem richtigen Ansprechpartner unterstützend tätig werden, so zutreffend Kommissionshandbuch, Ziff. 5.2.1.

19 Infolge der Maßgeblichkeit der subjektiven Perspektive ist die Anzahl der Stellen, welche innerhalb eines Mitgliedstaats bzw. Verwaltungsbezirks die Aufgaben des einheitlichen Ansprechpartners wahrnehmen, durch die Richtlinie nicht begrenzt.[35] Auch besteht weder ein Homogenitätsgebot im Hinblick auf die für eine Ansiedlung der Kontaktstellen gewählte Gliederungsebene im Staatsaufbau (z. B. Bund, Länder, Bezirke, Kreise, Gemeinden) noch bezüglich einer bestimmten Institution (z.B. Verwaltungsbehörden, Kammern, Private).[36] Unzulässig wäre es allerdings, die Zuständigkeitsbereiche (z.B. für Information einerseits und Verfahrensabwicklung andererseits) aufzuspalten und auf mehrere Ansprechpartner zu verteilen, da hier Abgrenzungsprobleme und in der Folge Rechtsunsicherheiten hinsichtlich der Zuständigkeit der Kontaktstellen zu befürchten stünden.[37]

b) Ansiedlungsoptionen in Deutschland

20 Da die Richtlinie über die Forderung subjektiver Einheitlichkeit hinaus keine einschränkenden organisatorischen Rahmenvorgaben enthält, ergibt sich in der Bundesrepublik Deutschland ein breites Spektrum von Ansiedlungsoptionen. **Verfassungsrechtlich zulässige Alternativen** für die Übertragung sämtlicher Aufgaben des einheitlichen Ansprechpartners wären:[38]

- Verwaltungsbehörden auf Landesebene, z. B. bei den Wirtschaftsministerien, oder auf der Bezirksebene, falls vorhanden;
- Verwaltungsbehörden auf kommunaler Ebene, vornehmlich bei den Verwaltungen der Kreise, kreisfreien Städte und großen Kreisstädte;
- die Kammern (IHK, Handwerkskammern, Kammern der Freiberufler) jeweils für die ihrem Zuständigkeitsbereich unterfallenden Berufsgruppen;[39]
- private oder öffentlichen Stellen, die im Zuge einer mit den o. g. primären Aufgabenträgern der öffentlichen Hand eingegangenen Kooperation (öffentlich-private Partnerschaft/ÖPP bzw. öffentlich-öffentliche Partnerschaft/ÖÖP) tätig werden; eine ÖÖP läge beispielsweise vor, wenn die Kontaktstelle von mehreren Kammern oder in Zusammenarbeit von Kammern und Kommunen betrieben würde;
- Private, die ohne Bestehen eines solchen Kooperationsverhältnisses z. B. aufgrund einer Zertifizierung im Rahmen eines Qualitätssicherungssystems als einheitliche Ansprechpartner fungieren.

21 Verwaltungsbehörden auf **Bundesebene** wäre die **Abwicklung** sämtlicher Verfahren und Formalitäten (etwa durch selbständige Bundesoberbehörden) **verwehrt**, da dem Bund hierzu nach der Kompetenzverteilung in Art. 30, 83 ff. GG die

35 S. Erwägungsgrund 48.
36 S. Erwägungsgrund 48.
37 Hierzu Windoffer in: Ziekow/Windoffer (Hg.), S. 55 ff. Ebenso nunmehr auch Kommissionshandbuch, Ziff. 5.2.1. in Bezug auf eine Trennung der Berechtigten nach Art. 43 EGV und derjenigen nach Art. 49 EGV.
38 Hierzu und zum Folgenden mit Beispielen und ausführlicher Bewertung in rechtlicher und praktischer Hinsicht die Beiträge von Hermonies, Nesseldreher, Siegel und Windoffer in: Ziekow/Windoffer (Hg.), S. 63 ff.; s. auch die zusammenfassende Darstellung bei Windoffer, Einheitliche Ansprechpartner nach der EU-Dienstleistungsrichtlinie – Aufgabenprofil und Ansiedlungsoptionen, DVBl. 2006, 1210, 1214 ff.
39 In diesem Fall muss freilich ergänzend darüber befunden werden, wer als Kontaktstelle für die nicht kammerangehörigen Berufsgruppen fungiert, vgl. Windoffer in: Ziekow/Windoffer (Hg.), S. 107 f. und nunmehr auch Kommissionshandbuch, Ziff. 5.2.1.

Vollzugskompetenz fehlt.[40] Allerdings könnte der Bund im Rahmen der Pflichten gemäß Art. 7 und 8 ein **Portal** – quasi als „Einstiegsseite" für die Bundesrepublik – betreiben, sofern sich dieses auf allgemeine Informationen zu den einheitlichen Ansprechpartnern sowie zu bundeseinheitlichen Rechtsvorschriften beschränkte; auch könnten hier weiterführende Links (u.a. zu den entsprechenden Länderportalen) aufgenommen werden, nicht aber bereits Transaktionselemente wie z.B. Formulardownloads. Ferner wären rechtlich verbindliche Einwirkungen des Bundes auf die Ausgestaltung von Länderportalen und technischen Standards allenfalls im Rahmen von Art. 84 Abs. 1 und 2 GG bei Bestehen einer Gesetzgebungskompetenz für die jeweilige Sachmaterie zulässig, nicht aber im Rahmen eines globalen Transformationsgesetzes zur Dienstleistungsrichtlinie.[41]

Die **Bestimmung der Institution**, welche die Aufgaben des einheitlichen Ansprechpartners wahrnimmt, obliegt als Regelung zur „Einrichtung der Behörden" (Art. 84 Abs. 1 GG) auch beim Vollzug von Bundesgesetzen den **Ländern**. Auch soweit dem Bund die Gesetzgebungskompetenz zusteht, so z.B. im Bereich des Kammerrechts (IHKG, HwO), ist ihm eine Zuständigkeitsregelung (z.B. in § 1 IHKG, § 91 HwO) nur mittels Öffnungsklauseln, d.h. unter dem Vorbehalt einer entsprechenden Aufgabenübertragung durch die Länder gestattet; andernfalls würde der Bund über die bundesgesetzlich geregelte Einzelmaterie hinaus faktisch ein bestimmtes Modell (z.B. das Kammermodell) präjudizieren und damit indirekt in die Vollzugskompetenz der Länder im Übrigen (so insbesondere auch betreffend den Vollzug von Landesgesetzen) eingreifen. 22

2. Anpassung des Verfahrensrechts

a) Länder

Eine umfassende Regelung der Pflichten und Befugnisse des einheitlichen Ansprechpartners hinsichtlich der Abwicklung der von Art. 6 erfassten Verfahren treffen die **Länder als Träger der Vollzugskompetenz** gemäß Art. 30, 83 ff. GG. Die Anpassung des Verfahrensrechts[42] schließt die Umsetzung der Bestimmungen zur Informationspflicht des einheitlichen Ansprechpartners und der zuständigen Behörden (s. Art. 7 Rn 22 f.) sowie zur elektronischen Verfahrensabwicklung ein (s. Art. 8 Rn 9). 23

aa) LVwVfG

Im Sinne der Abstraktion und der flächendeckenden Erfassung einer Vielzahl von Verfahren erscheint es zweckmäßig, zunächst entsprechende Sondervorschriften in die **Landesverwaltungsgesetze** aufzunehmen, die als fachgebietsübergreifende Querschnittsgesetze das vor die Klammer gezogene allgemeine Verwaltungsverfahrensrecht enthalten.[43] Dies gilt angesichts der begrenzten Regelungskompetenz 24

40 Vgl. Nesseldreher in: Ziekow/Windoffer (Hg.), S. 65 ff. Soweit der Vollzug von Bundesgesetzen betroffen ist, mangelt es für die Einrichtung selbständiger Bundesoberbehörden gemäß Art. 87 Abs. 3 GG an der erforderlichen Zentralität der Aufgabe.

41 Vgl. Nesseldreher in: Ziekow/Windoffer (Hg.), S. 76 ff.

42 Näher zum Ganzen Windoffer, Die Implementierung einheitlicher Ansprechpartner nach der EU-Dienstleistungsrichtlinie. Problemfelder und Anpassungsbedarf im nationalen Recht, NVwZ 2007, 495, 497 ff.; Ziekow, GewArch 2007, 179, 182 ff.; 217, 224 f.

43 Vgl. Bonk in Stelkens/Bonk/Sachs VwVfG, § 1 Rn 1.

des Bundes (s. Rn 21) auch für diejenigen Länder, welche in weiten Teilen auf das VwVfG des Bundes verweisen. Als **Standort der Regelung** bietet sich Abschnitt 1 a des Teils V (**§§ 71 a ff. der LVwVfGe**) an, der bereits Beschleunigungsregelungen für Genehmigungsverfahren betreffend Vorhaben im Rahmen einer wirtschaftlichen Unternehmung enthält; dieser Abschnitt könnte auf sämtliche von Art. 6 betroffenen Verfahren und Formalitäten ausgedehnt werden.[44] Alternativ zur Ausdehnung der §§ 71 a ff. der LVwVfGe könnten für diese Verfahren aber auch spezielle Vorschriften innerhalb des Abschnitts 1 a oder in einem eigenständigen Abschnitt erlassen werden.

25 In der Sache müssten die LVwVfGe mit Blick auf die **Verfahrensabwicklung** zunächst um Bestimmungen folgenden Inhalts ergänzt werden:[45]

- die Verpflichtung der zuständigen Behörden, auf Antrag des Dienstleisters sämtliche Verfahren und Formalitäten gemäß Art. 6 über den einheitlichen Ansprechpartner abzuwickeln;
- die Verpflichtung des einheitlichen Ansprechpartners, die gesamte Verfahrenskorrespondenz zwischen Dienstleister und zuständigen Behörden entgegenzunehmen und weiterzuleiten;
- im Sinne des bereits in §§ 10 S. 2, 71 a ff. der LVwVfGe verankerten[46] und auch in der Dienstleistungsrichtlinie[47] zum Ausdruck gebrachten Zügigkeitsgebots die an den einheitlichen Ansprechpartner und die zuständigen Behörden gerichtete Verpflichtung zur unverzüglichen Weiterleitung der Korrespondenz;
- mit Blick auf Abs. 2 die Klarstellung, dass der einheitliche Ansprechpartner keine in der Sache zuständige Behörde ist und sich jeden Kompetenzeingriffs zu enthalten hat;
- dessen ungeachtet freilich die Verpflichtung des einheitlichen Ansprechpartners, sich als Mittler („Verfahrenspartner") zwischen dem Dienstleister und den zuständigen Stellen für eine ordnungsgemäße, insbesondere zügige Verfahrensabwicklung zu verwenden. Flankierend hierzu sollten die zuständigen Behörden gegenüber dem einheitlichen Ansprechpartner über den Stand des Verfahrens auskunftspflichtig sein und der einheitliche Ansprechpartner bei säumiger Verfahrensführung zur Anmahnung einer Beschleunigung unter Hinweis auf eventuelle Folgen eines Fristversäumnisses[48] sowie erforderlichenfalls zur – vorab angekündigten – Anrufung der Aufsichtsbehörden verpflichtet werden.

26 Mit der Zwischenschaltung des einheitlichen Ansprechpartners besteht die Gefahr von rechtswirksamen Verzögerungen in der Übermittlung der Korrespondenz, der durch spezielle Vorschriften betreffend den **Zugang** von Dokumenten (z.B. Antragsformularen) und die **Bekanntgabe** von Verwaltungsakten wie folgt Rechnung zu tragen ist:[49]

44 Freilich müsste dann § 71e VwVfG auf Fälle beschränkt werden, in denen eine Antragskonferenz „erforderlich" ist, was für Verfahren geringer Komplexität nicht zutrifft.
45 Vgl. Windoffer, NVwZ 2007, 495, 497.
46 Hierzu Ziekow in ders., S. 51, 52 ff.
47 So deutlich in Art. 13 und Erwägungsgrund 43, immanent aber insgesamt auch in den Art. 5-8.
48 So sieht Art. 13 Abs. 4 Dienstleistungsrichtlinie für Genehmigungsverfahren grundsätzlich eine Genehmigungsfiktion nach fruchtlosem Ablauf der vorab festgelegten (Art. 13 Abs. 3) Entscheidungsfristen vor.
49 Hierzu näher Nesseldreher in: Ziekow/Windoffer (Hg.), S. 150 ff.; Ziekow, GewArch 2007, 179, 182 f.

- Zum Schutz des Dienstleisters vor den Folgen eines Fristversäumnisses infolge verzögerter Weiterleitung an die zuständigen Behörden und zur Herstellung von Rechtssicherheit ist die Einführung einer **Zugangsfiktion** des Inhalts zu empfehlen, dass ab einem bestimmten Zeitpunkt nach Zugang einer Erklärung/Unterlage des Dienstleisters beim einheitlichen Ansprechpartner diese als der zuständigen Stelle zugegangen gilt. Dies ist erforderlich, da es nach deutschem Recht zur Fristwahrung analog § 130 Abs. 1 BGB entscheidend auf den Zugang bei der zuständigen Behörde und nicht bereits beim einheitlichen Ansprechpartner ankommt.[50] Ein Abweichen von der geltenden Rechtslage stünde in offenkundigem Widerspruch zur Trennung der Zuständigkeiten zwischen Fachbehörden und Kontaktstellen gemäß Abs. 2.[51]
- Umgekehrt ist die Einführung einer **Bekanntgabefiktion**[52] als Sondervorschrift zu § 41 Abs. 2 der LVwVfGe geboten, wonach ein Verwaltungsakt ab einem bestimmten Zeitpunkt nach Übergabe an den einheitlichen Ansprechpartner als bekannt gegeben gilt, es sei denn, der Zugang ist, wie von der Behörde zu beweisen, nicht oder später erfolgt. Hinsichtlich des maßgeblichen Zeitpunkts könnte danach differenziert werden, ob der Versand elektronisch oder postalisch erfolgt, in letzterem Fall zudem nach Inlands- und Auslandspost.[53]

Einer Lösung bedarf ferner die Problematik der **Überschreitung der Verbandskompetenz**, um dem Dienstleister z. B. bei Gründung einer weiteren Niederlassung in einem anderen Bundesland die Inanspruchnahme seiner bisherigen Kontaktstelle zu ermöglichen.[54] Da die Richtlinie dem nicht entgegensteht und das Territorialitätsprinzip auch im deutschen Recht nicht absolut gilt,[55] könnte ein Tätigwerden der einheitlichen Ansprechpartner außerhalb der Verbandskompetenz ihres Verwaltungsträgers kraft Gesetzes zugelassen werden.[56] Zu empfehlen wäre daher eine Regelung, wonach 27

- einheitliche Ansprechpartner aus anderen Bundesländern im eigenen Bundesland tätig werden dürfen,
- die Kontaktstellen des eigenen Bundeslandes in anderen Bundesländern tätig werden müssen, sofern der Dienstleister dies wünscht und das Recht des anderen Bundeslandes dies gestattet,
- die Verfahrensabwicklung im anderen Bundesland unter Beachtung der Rechtsvorschriften dieses Landes zu erfolgen hat und
- bei landesinternen Vorgängen (z.B. Verfahrensabwicklung in einem anderen Kreis) auf Wunsch des Dienstleisters eine generelle Verpflichtung zum Tätigwerden besteht.

bb) Besonderes Verwaltungsrecht

Darüber hinaus wird der Landesgesetzgeber zu erwägen haben, ob er auch die **Verfahrensvorschriften des besonderen Verwaltungsrechts** um Bestimmungen zur Verfahrensabwicklung über den einheitlichen Ansprechpartner erweitert oder es 28

50 Kopp/Ramsauer VwVfG, § 31 Rn 20; Ziekow VwVfG, § 22 Rn 7.
51 Gleichwohl befürwortet die Kommission den gegenteiligen Standpunkt, vgl. Kommissionshandbuch, Ziff. 5.2.2.
52 Gleiches gilt hinsichtlich einer entsprechend auszugestaltenden Zustellungsfiktion in den Verwaltungszustellungsgesetzen.
53 Ansätze für eine solche Differenzierung finden sich bereits in § 15 S. 2 VwVfG und § 9 Abs. 3 VwZG.
54 Hierzu und zum Folgenden Windoffer in: Ziekow/Windoffer (Hg.), S. 157 ff.
55 S. als Beispiele BVerfG v. 15.3.1960, 2 BvG 1/57, BVerfGE 11, 6, 19; BVerwG v. 30.1.2002, 9 A 20/01, BVerwGE 115, 373, 384 f.
56 So allgemein auch Bonk in Stelkens/Bonk/Sachs VwVfG, § 3 Rn 10.

bei der subsidiären Anwendung des im obigen Sinne geänderten LVwVfG belässt. Abgesehen von der Grundsatzfrage, ob der mit der Änderung einer Vielzahl von Gesetzen verbundene erheblich höhere Umsetzungsaufwand geleistet werden soll, könnte sich die Entscheidung an Kriterien wie z. B. der Kodifikationsdichte des Spezialgesetzes, der praktischen Relevanz für Dienstleister oder der Gewichtung der Signalwirkung einer Spezialregelung ausrichten. Alternativ zur Aufnahme detailliert ausformulierter Sondervorschriften käme freilich jeweils auch ein expliziter Pauschalverweis auf die einschlägigen Normen des LVwVfG in Betracht.

b) Bund

29 Dem Bund ist nicht nur verwehrt, die organisatorische Verortung des einheitlichen Ansprechpartners zu präjudizieren (s. Rn 22), sondern auch, Rechte und Pflichten desselben im Zusammenhang mit der Abwicklung bundesbehördlicher Verfahren zu begründen. Denn auch bei formaler Begrenzung auf ein bestimmtes Sachgebiet hätte eine solche gemäß Art. 84 Abs. 1 GG getroffene Regelung wiederum eine Ausstrahlungswirkung auf die Ausgestaltung von Verfahren, die außerhalb der Gesetzgebungskompetenz des Bundes lägen. Um einen solchen (mittelbaren) **Eingriff in die Vollzugskompetenz der Länder zu vermeiden**, dürfen Bestimmungen des Bundesrechts lediglich darauf abzielen, Verfahren der Bundesbehörden für eine Abwicklung über landesrechtlich eingerichtete einheitliche Ansprechpartner zu öffnen und eine effektive Mitwirkung der zuständigen Stellen des Bundes zu gewährleisten.[57]

30 Demgemäß wird sich die in das **VwVfG**[58] und – wo geboten (s. Rn 28) – auch in das **spezielle Verfahrensrecht des Bundes** aufzunehmende Öffnungsklausel darauf beschränken, die Bundesbehörden zur Abwicklung der gesamten Verfahrenskorrespondenz über den einheitlichen Ansprechpartner zu verpflichten, falls der Dienstleister einen solchen eingeschaltet und die Abwicklung über diesen beantragt hat. Zugleich sollten die Bundesbehörden zur unverzüglichen Weiterleitung der Korrespondenz an den einheitlichen Ansprechpartner sowie auf dessen Anfrage zur unverzüglichen und vollständigen Auskunft über den Stand des Verfahrens verpflichtet werden.

31 Ergänzend wären auch auf Bundesebene – inhaltlich der jeweiligen landesrechtlichen Regelung entsprechende (s. Rn 26) – **Zugangs- und Bekanntgabe- bzw. Zustellungsfiktionen** einzuführen.

3. Anpassung des Gebührenrechts

32 Wie aus Erwägungsgrund 49 hervorgeht, dürfen die Mitgliedstaaten für die Leistungen des einheitlichen Ansprechpartners gesonderte Gebühren erheben. Diese müssen in angemessenem Verhältnis zu den Kosten der über die Kontaktstellen abzuwickelnden Verfahren stehen. Insofern gilt Gleiches wie für die Erhebung von Gebühren für diese Verfahren selbst, die Art. 13 Abs. 2 ebenfalls dem Gebot der Angemessenheit und der Vermeidung einer abschreckenden Wirkung unterzieht. Auch für den Gebühreneinzug kann der einheitliche Ansprechpartner nach Maß-

57 Vgl., auch zum Folgenden, Windoffer, NVwZ 2007, 495, 498 f.
58 Zum Standort der Regelung gilt Gleiches wie für die LVwVfGe (s. Rn 24).

gabe von Abs. 1, d.h. als Front Office in Anspruch genommen werden. Zwar wäre es den Mitgliedstaaten gestattet, auch eine eigene Zuständigkeit zum Einzug für die zuständigen Stellen zu begründen; allerdings läge hierin dann eine bewusste Abkehr von der Trennung der Zuständigkeiten gemäß Abs. 2.

Je nach Ansiedlungsoption wird die Vergütung der Leistungen des einheitlichen Ansprechpartners in der Bundesrepublik Deutschland **entweder als Verwaltungsgebühr oder als privatrechtliches Entgelt** erhoben.[59] Für Verwaltungsbehörden, Kammern und ÖÖP gilt grundsätzlich das jeweils maßgebliche Gebührenrecht, zertifizierte Private erheben privatrechtliche Entgelte. Bei ÖPP-Modellen richtet sich die Zuordnung zum Öffentlichen oder zum privaten Recht nach der zwischen den Kooperationspartnern vereinbarten Ausgestaltung des Benutzungsverhältnisses.[60] 33

Die Anpassung der Gebührenverzeichnisse für die **öffentlichen Stellen** könnte dergestalt erfolgen, dass 34

- die Verfahrensabwicklung in einem oder in wenigen Gebührentatbeständen abgebildet wird, die entweder eine Rahmengebühr oder eine an den Kosten des Verwaltungsverfahrens anknüpfende Gebühr vorsehen; eine detaillierte Auflistung sämtlicher denkbarer Tatbestände wäre angesichts der Vielzahl möglicher Konstellationen (verschiedene Rechtsgebiete, Anzahl und Typen der abgewickelten Verfahren, Abwicklung des gesamten Verfahrens oder nur bestimmter Schritte) ein nahezu uferloses und auch fehleranfälliges Unterfangen;
- die Informationstätigkeit in die Gebühr für die Verfahrensabwicklung einfließt, wenn ein kontinuierliches Betreuungsverhältnis vorliegt; bereits erhobene Gebühren für erste Informationen sind anzurechnen;
- isolierte Informationsleistungen ohne nachfolgende Verfahrensabwicklung je einen gesonderten Tatbestand bilden, wobei hier außer der Festlegung einer globalen Rahmengebühr für Informationsleistungen angesichts der Überschaubarkeit des Leistungsspektrums in Anlehnung an die Gebührenordnungen des Informationsrechts durchaus einzelne Gebührentatbestände mit festen oder Rahmensätzen aufgenommen werden könnten.

Im Falle der Aufgabenübertragung auf **private Stellen**, z.B. im Rahmen des Zertifizierungsmodells, würde sich eine Regulierung über eine Honorarordnung in Anlehnung an das RVG bzw. die HOAI empfehlen, die allerdings gemäß Art. 15 Abs. 2 lit. g und Abs. 3 auf Diskriminierungsfreiheit, Erforderlichkeit und Verhältnismäßigkeit zu überprüfen wäre (s. Art. 15 Rn 21 ff). Aus Transparenzgründen erscheint angezeigt, eine solche Honorarordnung detaillierter auszugestalten als die Gebührenverzeichnisse der öffentlichen Stellen. Außerdem wäre ein angemessenes Gewinninteresse der Privaten zu berücksichtigen, womit deren Vergütung wohl höher ausfiele als die entsprechenden Verwaltungsgebühren für behördliche Kontaktstellen.[61] 35

Artikel 7 Recht auf Information

(1) Die Mitgliedstaaten stellen sicher, dass Dienstleistungserbringern und -empfängern über die einheitlichen Ansprechpartner folgende Informationen leicht zugänglich sind:

59 Hierzu und zum Folgenden Windoffer, NVwZ 2007, 495, 500.
60 Dies betrifft insbesondere das Konzessionsmodell, vgl. hierzu Karthaus/Schäfer in: Weber/Hausmann/Schäfer (Hg.), S. 223 ff.
61 Vgl. Windoffer in: Ziekow/Windoffer (Hg.), S. 128.

a) die Anforderungen, die für in ihrem Hoheitsgebiet niedergelassene Dienstleistungserbringer gelten, insbesondere bezüglich der Verfahren und Formalitäten für die Aufnahme und Ausübung von Dienstleistungstätigkeiten;
b) die Angaben über die zuständigen Behörden, einschließlich der für die Ausübung von Dienstleistungstätigkeiten zuständigen Behörden, um eine direkte Kontaktaufnahme mit diesen zu ermöglichen;
c) die Mittel und Bedingungen für den Zugang zu öffentlichen Registern und Datenbanken über Dienstleistungserbringer und Dienstleistungen;
d) die allgemein verfügbaren Rechtsbehelfe im Falle von Streitigkeiten zwischen den zuständigen Behörden und den Dienstleistungserbringern oder -empfängern oder zwischen Dienstleistungserbringern und -empfängern oder zwischen Dienstleistungserbringern;
e) die Angaben zu Verbänden oder Organisationen, die, ohne eine zuständige Behörde zu sein, Dienstleistungserbringer oder -empfänger praktisch unterstützen.

(2) Die Mitgliedstaaten stellen sicher, dass die Dienstleistungserbringer und -empfänger von den zuständigen Behörden auf Anfrage Unterstützung in Form von Informationen über die gewöhnliche Auslegung und Anwendung der maßgeblichen Anforderungen gemäß Absatz 1 Buchstabe a erhalten können. Sofern angebracht, schließt diese Beratung einen einfachen Schritt-für-Schritt-Leitfaden ein. Die Informationen sind in einfacher und verständlicher Sprache bereitzustellen.

(3) Die Mitgliedstaaten stellen sicher, dass die in den Absätzen 1 und 2 genannten Informationen und Unterstützung in einer klaren und unzweideutigen Weise erteilt werden, aus der Ferne und elektronisch leicht zugänglich sind sowie dem neuesten Stand entsprechen.

(4) Die Mitgliedstaaten stellen sicher, dass die einheitlichen Ansprechpartner und die zuständigen Behörden alle Auskunfts- oder Unterstützungsersuchen gemäß den Absätzen 1 und 2 so schnell wie möglich beantworten und den Antragsteller unverzüglich davon in Kenntnis setzen, wenn sein Ersuchen fehlerhaft oder unbegründet ist.

(5) Die Mitgliedstaaten und die Kommission ergreifen begleitende Maßnahmen, um die Bereitschaft der einheitlichen Ansprechpartner zu fördern, die in diesem Artikel genannten Informationen auch in anderen Gemeinschaftssprachen bereitzustellen. Dies berührt nicht die Rechtsvorschriften der Mitgliedstaaten über die Verwendung von Sprachen.

(6) Die Verpflichtung der zuständigen Behörden zur Unterstützung der Dienstleistungserbringer und -empfänger umfasst keine Rechtsberatung in Einzelfällen, sondern betrifft lediglich allgemeine Informationen darüber, wie Anforderungen gewöhnlich ausgelegt oder angewandt werden.

Literatur: Ziekow/Windoffer (Hg.), Ein einheitlicher Ansprechpartner für Dienstleister. Anforderungen des Vorschlags einer EU-Dienstleistungsrichtlinie und Gestaltungsoptionen im föderalen System der Bundesrepublik Deutschland, Baden-Baden 2007 (zitiert als: Bearbeiter in: Ziekow/Windoffer (Hg.)).

I. Art. 7 Abs. 1

1. Normstruktur

Die Norm regelt im Zusammenhang mit Abs. 2-6 den zweiten Aufgabenkreis des einheitlichen Ansprechpartners, nämlich die Erteilung von Informationen zur Rechtslage, zur Behördenzuständigkeit etc. im Inland an Dienstleistungserbringer und -empfänger aus dem EU-Ausland. Während diese Aufgaben zwingend vom einheitlichen Ansprechpartner wahrgenommen werden müssen, ist eine Übertragung der in Art. 21 zugunsten inländischer Verbraucher vorgesehenen Informationspflichten betreffend (auch) die Rechtslage in anderen EU-Staaten optional (s. Art. 21 Rn 6). 1

Art. 7 lässt hinsichtlich der Reichweite der sachlichen Zuständigkeiten ein **Stufenverhältnis** erkennen:[1] Auf der **ersten Stufe** sind die in Abs. 1 genannten formalen Informationen vom einheitlichen Ansprechpartner in eigener Zuständigkeit zu erteilen. Die **zweite Stufe** umfasst gemäß Abs. 2 an die Fachbehörden (Back Offices) gerichtete allgemeine Anfragen zur Auslegung der für Dienstleister geltenden Anforderungen. Hier fungiert der einheitliche Ansprechpartner ähnlich wie bei der Verfahrensabwicklung gemäß Art. 6 nur als Front Office und „Verfahrenspartner". Die Grenze der Informationspflichten liegt bei der auf der **dritten Stufe** angesiedelten Rechtsberatung im Einzelfall, die gemäß Abs. 6 von den zuständigen Behörden (und erst recht vom einheitlichen Ansprechpartner) nicht zu leisten ist. 2

Abs. 3-5 enthalten schließlich Vorgaben zu den Modalitäten der Informationsgewährung. 3

2. Zugang zu Informationen via einheitliche Ansprechpartner

a) Persönlicher Anwendungsbereich

Die Vorschrift begünstigt EU-ausländische Dienstleistungserbringer (s. Art. 6 Rn 2), daneben aber auch Dienstleistungsempfänger (Art. 4 Nr. 3) aus anderen Mitgliedstaaten, umfasst mithin Fälle sowohl der aktiven als auch der passiven Dienstleistungsfreiheit. Angesichts des auf grenzüberschreitende Vorgänge beschränkten 4

1 Vgl. Windoffer in: Ziekow/Windoffer (Hg.), S. 42.

Anwendungsbereichs beurteilt sich die Frage einer Ausdehnung auf inländische Dienstleister nach den gleichen Kriterien wie bei Art. 6 Abs. 1 (s Art. 6 Rn 4).

b) Sachlicher Anwendungsbereich

5 Gegenstand der Regelung sind **Informationen** über die Rechtslage im EU-Staat des einheitlichen Ansprechpartners. Der Katalog des Abs. 1 ist abschließend. Er umfasst

- Informationen zu den für niedergelassene Dienstleister geltenden **Anforderungen**, u. a. betreffend die in Art. 6 genannten **Verfahren und Formalitäten** (lit. a). Da der sachliche Zuständigkeitsbereich des einheitlichen Ansprechpartners (erste Stufe der Informationspflichten, s. Rn 2) dort endet, wo die rechtliche Auslegung der maßgeblichen Bestimmungen oder gar eine Rechtsberatung im Einzelfall beginnt, sind von ihm keine Angaben zu machen, die über eine Benennung der abzuwickelnden Verfahren, die Darstellung ihres Ablaufs in groben Zügen, die Benennung der einschlägigen Vorschriften und ggf. die schlichte Wiedergabe ihres Wortlauts hinausgehen; insbesondere hat sich der einheitliche Ansprechpartner einer rechtlichen Würdigung der konkreten Sachlage des Dienstleisters zu enthalten. Andernfalls läge nicht nur ein Verstoß gegen die Binnensystematik des Art. 7 vor, sondern auch ein Art. 6 Abs. 2 zuwiderlaufender Eingriff in die Kompetenzen der zuständigen Fachbehörden;
- die **Benennung der** für die Bearbeitung der Verfahren und Formalitäten in der Sache **zuständigen Behörden** (Back Offices) zwecks direkter Kontaktaufnahme mit diesen (lit. b), sei es zur Erteilung von Informationen gemäß Abs. 2 oder bereits zur Abwicklung von Verfahren;
- weitere Angaben betreffend den Zugang zu öffentlichen **Registern und Datenbanken**, z. B. die Handwerksrolle und vergleichbare Verzeichnisse, das Handelsregister etc. (lit. c), **Rechtsbehelfe** (lit. d) und **Beratungsinstitutionen** ohne die Eigenschaft einer zuständigen Behörde (lit. e).

6 Dieser Katalog weist mit Ausnahme von lit. e den für den einheitlichen Ansprechpartner typischen engen Bezug zu den abzuwickelnden Verwaltungsverfahren auf, die – betrachtet man einen Gründungs- oder Niederlassungsprozess als Ganzes – erst zu einem verhältnismäßig späten Zeitpunkt einsetzen, nämlich im unmittelbaren Vorfeld der Aufnahme der Tätigkeit. Sie bilden mithin den Abschluss der Planungsphase der Gründung bzw. Niederlassung. Die vielfältigen vorausgehenden (analytischen, organisatorischen, kapital- und kundenakquisitorischen, rechtlichen etc.) Prozesse der Planung, z. B. Marktanalyse, Standortsuche, Erstberatung, Businessplan, Finanzierung, Organisation, Kontakte, Werbung u. a. sind von Art. 7 nicht erfasst. Dies bietet zur Erwägung Anlass, die unterstützende Tätigkeit des einheitlichen Ansprechpartners mit entsprechenden Vorfeldleistungen zu verknüpfen und auf diese Weise einen „Gründerservice aus einer Hand" anzubieten.[2]

c) Leichte Zugänglichkeit über den einheitlichen Ansprechpartner

7 Die in Abs. 3 unter Hinzufügung von Modalitäten der Auskunftserteilung wiederholte Vorgabe, die Informationen gemäß Abs. 1 über den einheitlichen Ansprechpartner leicht zugänglich zu machen, weist diesem hier anders als im Zusammen-

2 Hierzu Windoffer in: Kluth (Hg.), Jahrbuch des Kammer- und Berufsrechts 2006, Baden-Baden, 2007, S. 230, 232 f., 240 f., 250 ff.; s. auch Arbeitspapier der Kommission SEK (2007) 129 v. 26.1.2007, Nr. 2.3; Kommissionshandbuch, Ziff. 5.2.

hang mit der Informationsgewährung gemäß Abs. 2 (s. Rn 10) nicht lediglich eine Mittler- oder Portalfunktion zu. Vielmehr hat der einheitliche Ansprechpartner individuelle Anfragen, d. h. solche, bei denen der Begünstigte sich nicht auf den Abruf standardisierter Informationen eines elektronischen Portals beschränkt, sondern sich direkt an ihn wendet, in **eigener sachlicher Zuständigkeit** (als funktionelles Back Office) „aktiv" zu beantworten,[3] und zwar im Wege eines sog. **Multikanalzugangs** (s. dazu Rn 15).

II. Art. 7 Abs. 2

1. Normstruktur

8 S. 1 enthält den Gegenstand der Informationspflichten der zuständigen Behörden, also derjenigen auf der 2. Stufe (s. Rn 2). S. 2 und 3 regeln die Art und Weise der Auskunftserteilung. Abs. 2 wird ebenfalls durch die weiteren Vorschriften zu den Modalitäten in den Abs. 3-5 ergänzt. Abs. 6 begrenzt die Auskunftspflicht der zuständigen Behörden.

2. Erteilung von Informationen durch die zuständigen Behörden (S. 1)

9 Die Vorschrift begünstigt denselben Personenkreis wie Abs. 1. In der Sache bezieht sie sich auf Informationen zu den Anforderungen an Dienstleister gemäß Abs. 1 lit. a (s. Rn 5). Die zuständigen Behörden müssen weitergehend als der einheitliche Ansprechpartner im Falle von Abs. 1 allgemeine Informationen über die **„gewöhnliche Auslegung und Anwendung"** der Rechtsvorschriften erteilen, was auch die rechtliche Würdigung des konkreten Sachverhalts nach Maßgabe von Rechtsprechung, Verwaltungsvorschriften, behördlicher Praxis etc. und die Subsumtion unter die betreffende Norm einschließt, nicht aber eine Rechts*beratung* im Einzelfall (Abs. 6, dritte Stufe, s. Rn 2).

3. Funktion des einheitlichen Ansprechpartners im Rahmen von S. 1

10 Der einheitliche Ansprechpartner darf Anfragen, die inhaltlich außerhalb des Katalogs des Abs. 1 liegen, nicht selbst in der Sache bearbeiten. Werden solche Informationsgesuche dennoch über ihn gestellt, nimmt er in diesem Fall – analog zur Situation bei der Verfahrensabwicklung (s. Art. 6 Rn 11 ff.) – die Stellung eines **Front Office** und **„Verfahrenspartners"** ein, leitet mithin die Korrespondenz weiter und wirkt auf eine ordnungsgemäße und zügige Erledigung durch die Fachbehörden hin.[4]

4. Modalitäten: Leitfäden, Verständlichkeit (S. 2 und 3)

11 Sofern von der Sache her geboten, z. B. bei komplexeren Verfahren, sind gemäß S. 2 die Informationen ergänzend mittels einfacher Leitfäden zu standardisieren, um die Begünstigten schrittweise anzuleiten. Sie enthalten Erläuterungen zu Begrifflichkeiten, Anforderungen und den verschiedenen Verfahrensschritten.[5] Es ist angebracht, die Leitfäden auch und gerade in elektronischer Form auf dem von

3 Hierzu im Einzelnen Windoffer in: Ziekow/Windoffer (Hg.), S. 45 ff.
4 Vgl. Windoffer in: Ziekow/Windoffer (Hg.), S. 44 f.
5 Kommissionshandbuch, Ziff. 5.3.2.

Abs. 3 und in Erwägungsgrund 50 intendierten Portal (s. Rn 15) zur Verfügung zu stellen.

12 Satz 3 enthält ähnlich wie auch Abs. 3 die Vorgabe der Verwendung einer einfachen und verständlichen Sprache.

III. Art. 7 Abs. 3

1. Normstruktur

13 Abs. 3 normiert wie auch Abs. 2 S. 2 und 3, Abs. 4 und 5 Modalitäten der Informationsgewährung. Er bezieht sich sowohl auf Auskünfte des einheitlichen Ansprechpartners (Abs. 1) als auch der Fachbehörden (Abs. 2).

2. Klarheit, Aktualität, Multikanalzugang

14 Die Vorschrift enthält ähnlich wie Abs. 2 S. 3 das Gebot der Klarheit und Eindeutigkeit der Angaben; dieses wird ergänzt durch das Gebot der Aktualität.

15 Wie Art. 8 Abs. 1 für die Verfahrensabwicklung (s. Art. 8 Rn 2 ff.), so gibt Abs. 3 hinsichtlich der **Informationswege** vor, dass ein Zugang aus der Ferne, d. h. vom Ausland aus, und elektronisch möglich sein muss. Zieht man zusätzlich Abs. 2 S. 2 („Beratung“, „Leitfaden“), Abs. 4 („beantworten“, „in Kenntnis setzen“) und Erwägungsgrund 50 („Website“) heran, so lässt sich dem insgesamt entnehmen, dass für die Informationsgewährung ein **Multikanalzugang** zu eröffnen ist, d. h. standardisierte Informationen auf einem Portal einzustellen und darüber hinaus individuelle Anfragen auf persönlichem, telefonischem, elektronischem und schriftlichem Wege zu bedienen sind.[6] Ein rein virtueller einheitlicher Ansprechpartner scheidet aus.[7]

IV. Art. 7 Abs. 4

1. Normstruktur

16 Abs. 4 regelt weitere Modalitäten der Informationserteilung durch den einheitlichen Ansprechpartner und die zuständigen Behörden.

2. Zügigkeit, Rückfragen

17 Dem Zügigkeitsgebot entsprechend ist vorgegeben, dass die Informationen so schnell wie möglich, d. h. unverzüglich zu erteilen sind. Desgleichen ist der Fragesteller unverzüglich über eine etwaige Fehlerhaftigkeit oder Unbegründetheit seines Ersuchens in Kenntnis zu setzen. Hieraus lässt sich die Verpflichtung der betreffenden Stelle ableiten, sich bei unverständlichen Eingaben durch Rückfragen Klarheit über deren Zielsetzung und Inhalt zu verschaffen, bei unvollständigen Anfragen auf Ergänzung hinzuwirken und den Fragesteller auf etwaige Unzuständigkeiten (etwa für Rechtsberatungen oder von Abs. 1 und 2 nicht erfasste Gegenstände) hinzuweisen.

---

6 Hierzu näher Windoffer in: Ziekow/Windoffer (Hg.), S. 45 f.

7 Die in Kommissionshandbuch Ziff. 5.2.1 geäußerte gegenteilige Vorstellung ist nicht nur praxisfern, sondern steht zudem im Widerspruch zu Art. 6 Abs. 1, wenn der Dienstleister sich gegen ein elektronisches Verfahren entscheidet, gleichwohl aber die Abwicklung über den einheitlichen Ansprechpartner wünscht.

V. Art. 7 Abs. 5

1. Normstruktur

Die Vorschrift ergänzt die Regelungen zu den Modalitäten der Informationsgewährung um den Aspekt der Fremdsprachigkeit. Sie bezieht sich nur auf den einheitlichen Ansprechpartner. 18

2. Informationen in anderen Gemeinschaftssprachen

Abs. 5, der den Mitgliedstaaten aufgibt, die Bereitschaft des einheitlichen Ansprechpartners zur Bereitstellung auch fremdsprachiger Informationen zu fördern, ist in mehrerer Hinsicht **einschränkend zu verstehen**. Erstens ist bereits nach dem Wortlaut der Bestimmung nicht vorgesehen, dass die Mitgliedstaaten den einheitlichen Ansprechpartner zu fremdsprachigen Auskünften zu verpflichten haben, sie sollen lediglich darauf hinwirken. Zweitens ist auch hier die in Abs. 1 und 2 sowie Art. 6 Abs. 2 getroffene **Kompetenzabgrenzung** zu beachten, infolge deren der einheitliche Ansprechpartner allenfalls Informationen gemäß Abs. 1 selbst in andere Gemeinschaftssprachen übertragen könnte, Auskünfte nach Abs. 2 aber in der Sprache zu übermitteln hätte, in der sie die zuständige Behörde formuliert hat; letzterer wäre mit Blick auf S. 2 eine Beschränkung auf die **Amtssprache** nicht zu verwehren. Aufgrund dieser Sprachenklausel sowie der generell sehr zurückhaltenden Formulierung des S. 1 können – drittens – aber auch betreffend den einheitlichen Ansprechpartner die Anforderungen an das Angebot fremdsprachiger Informationen gesenkt werden; den Mitgliedstaaten dürfte daher gestattet sein, sich auf standardisierte **Portalinformationen zu beschränken** und die aktive Beantwortung individueller Anfragen im Multikanalzugang auch im Falle von Abs. 1 unverändert nur in der Amtssprache vorzunehmen.[8] Viertens schließlich ist die Festlegung der Anzahl von Fremdsprachen den Mitgliedstaaten überlassen, wobei der Plural „Gemeinschaftssprachen" allerdings auf ein Minimum von zwei anderen Sprachen hindeutet; hier empfiehlt sich aus deutscher Sicht ein pragmatisches Vorgehen, etwa dahingehend, Englisch und Französisch flächendeckend und je nach Region ergänzend Sprachen der Nachbarstaaten auszuwählen.[9] 19

VI. Art. 7 Abs. 6

1. Normstruktur

Die Vorschrift begrenzt die Informationspflicht der zuständigen Behörden gemäß Abs. 2,[10] welche nicht die dritte Stufe der Unterstützung (s. Rn 2), nämlich eine Rechtsberatung im Einzelfall, umfasst. 20

2. Keine Rechtsberatung im Einzelfall

Abs. 6 entspricht der geltenden Rechtlage im deutschen Verwaltungsverfahrensrecht (§§ 25, 71 c Abs. 1 VwVfG), wonach die Fachbehörden trotz Auskunfts- und Unterstützungspflichten keine Rechtsberatung zu leisten haben.[11] Entspre- 21

8 Windoffer in: Ziekow/Windoffer (Hg.), S. 46 f.
9 In diesem Sinne auch Kommissionshandbuch, Ziff. 5.3.3.
10 Diese Einschränkung gilt a fortiori selbstverständlich auch für den einheitlichen Ansprechpartner.
11 Ziekow VwVfG, § 25 Rn 3, 8, 10.

chend verlangt auch Art. 7 nicht, dass die Fachbehörden (und erst recht der einheitliche Ansprechpartner) Ratschläge und Empfehlungen hinsichtlich des strategischen Vorgehens der Dienstleister bzw. Dienstleistungsempfänger erteilen und damit gezielt auf deren Entscheidung einwirken, wenngleich die bloße Darstellung von Handlungsalternativen und deren Konsequenzen je nach Situation durchaus von der Informationspflicht umfasst sein kann.[12]

VII. Verfahrenshinweise

1. Informationsansprüche der Dienstleister

22 Eine umfassende Regelungskompetenz zur Umsetzung ist auch bei Art. 7 nur den **Ländern** zugewiesen. Als Regelungsstandort bieten sich wiederum die modifizierten §§ 71a ff. der LVwVfGe an (s. Art. 6 Rn 24), beispielsweise in Ergänzung von § 71c LVwVfG. Inhaltlich sind Informationsansprüche gegen den einheitlichen Ansprechpartner gemäß Abs. 1 und gegen die verfahrensführenden Behörden gemäß Abs. 2 aufzunehmen, in letzterem Fall einschließlich eines Anspruchs gegen den einheitlichen Ansprechpartner auf Übermittlung der Informationen sowie Bestimmungen zur Effektuierung der Zusammenarbeit beider Stellen. Ergänzend sind die Vorgaben zu den Modalitäten der Informationsgewährung zu integrieren. Über die LVwVfGe hinaus ist zu erwägen, ob Informationsansprüche in das Verfahrensrecht des besonderen Verwaltungsrechts aufzunehmen sind (zu dieser Frage s. bereits Art. 6 Rn 28).

23 Dem **Bund** kommt infolge beschränkter Vollzugskompetenz auch hier nur eine Türöffnerfunktion (s. Art. 6 Rn 29 f.) insofern zu, als er Informationsansprüche gegen die Bundesbehörden im VwVfG und ggf. im besonderen Verwaltungsrecht normieren und den Bundesbehörden – über die Modalitäten der Auskunftserteilung hinaus – ein effektives Zusammenwirken mit dem einheitlichen Ansprechpartner aufgeben könnte.

2. Informationsansprüche der Dienstleistungsempfänger

24 Informationsansprüche der Verbraucher nach Art. 7 sind nebst Regelungen zu den Modalitäten der Auskunft unter Beachtung der Verteilung der Gesetzgebungskompetenzen (s. Rn 23) in bestehende oder neu zu schaffende (bzw. zu kodifizierende) Informationsgesetze des Bundes oder der Länder aufzunehmen (s. Art. 21 Rn 13). Mangels Bezugs zur Abwicklung von Verwaltungsverfahren im Inland kommt eine Integration in das Verfahrensrecht hier nicht in Betracht.

Artikel 8 Elektronische Verfahrensabwicklung

(1) Die Mitgliedstaaten stellen sicher, dass alle Verfahren und Formalitäten, die die Aufnahme oder die Ausübung einer Dienstleistungstätigkeit betreffen, problemlos aus der Ferne und elektronisch über den betreffenden einheitlichen Ansprechpartner oder bei der betreffenden zuständigen Behörde abgewickelt werden können.

12 So auch im deutschen Verwaltungsverfahrensrecht, vgl. Ziekow VwVfG, § 25 Rn 8.

(2) Absatz 1 betrifft nicht die Kontrolle des Ortes der Dienstleistungserbringung oder die Überprüfung der vom Dienstleistungserbringer verwendeten Ausrüstungsgegenstände oder die physische Untersuchung der Eignung oder persönlichen Zuverlässigkeit des Dienstleistungserbringers oder seiner zuständigen Mitarbeiter.

(3) Die Kommission erlässt nach dem in Artikel 40 Absatz 2 genannten Verfahren Durchführungsbestimmungen zu Absatz 1 des vorliegenden Artikels, um die Interoperabilität der Informationssysteme und die Nutzung der elektronischen Verfahren zwischen den Mitgliedstaaten zu erleichtern, wobei auf Gemeinschaftsebene entwickelte gemeinsame Standards berücksichtigt werden.

Literatur: Kunstein, Die elektronische Signatur als Baustein der elektronischen Verwaltung, Berlin, 2005 (zitiert als: Kunstein); Ziekow/Windoffer (Hg.), Ein einheitlicher Ansprechpartner für Dienstleister. Anforderungen des Vorschlags einer EU-Dienstleistungsrichtlinie und Gestaltungsoptionen im föderalen System der Bundesrepublik Deutschland, Baden-Baden, 2007 (zitiert als: Bearbeiter in: Ziekow/Windoffer (Hg.)).

I. Art. 8 Abs. 1

1. Normstruktur

1 Die Bestimmung ergänzt Art. 6 Abs. 1 im Hinblick auf den Ablauf („aus der Ferne") und die Form („elektronisch") der Verfahrensabwicklung über den einheitlichen Ansprechpartner, gilt darüber hinaus aber auch, wenn diese Verfahren direkt bei den Fachbehörden abgewickelt werden. Ihr Anwendungsbereich wird durch Abs. 2 eingeschränkt.

2. Abwicklung aus der Ferne und elektronische Abwicklung

2 Die von Art. 6 Abs. 1 erfassten Verfahren (s. Art. 6 Rn 5 ff.) müssen, unabhängig davon, ob der einheitliche Ansprechpartner in Anspruch genommen wird oder nicht, **aus der Ferne** erledigt werden können. Damit ist ausweislich des Erwägungsgrundes 52 eine grenzüberschreitende Abwicklung, d. h. eine solche vom Ausland aus gemeint. Der Dienstleister wird auf diese Weise (in den Grenzen des Abs. 2) vom Erfordernis persönlichen Erscheinens oder der Vorhaltung eines Sitzes bzw. einer Anschrift im Inland entbunden.

3 Ferner müssen die Mitgliedstaaten Dienstleistern auf deren Wunsch die **elektronische Abwicklung** aller Verfahren gemäß Art. 6 Abs. 1 sowohl beim einheitlichen Ansprechpartner als auch direkt bei den zuständigen Behörden ermöglichen. Anders als bei § 3a VwVfG[1] beruht die Eröffnung des elektronischen Kanals durch die Behörden und die Ersetzung der schriftlichen durch die elektronische Form bei diesen Verfahren somit künftig nicht mehr auf dem Prinzip der Freiwil-

1 Hierzu Ziekow VwVfG, § 3 a Rn 4.

ligkeit. Allerdings wird damit, wie auch Erwägungsgrund 52 klarstellt, **keinesfalls ein Exklusivitätsverhältnis zugunsten des elektronischen Verfahrens** begründet;[2] maßgeblich ist der Wille des Dienstleisters.

4 Den Erfordernissen des Abs. 1 wäre nach dessen Wortlaut bereits Genüge getan, wenn alle Verfahrensschritte im Verhältnis zwischen Dienstleister einerseits und Verwaltung (d.h. einheitlichem Ansprechpartner, federführender Behörde und sonstigen verfahrensbeteiligten Stellen) andererseits medienbruchfrei auf elektronischem Wege erledigt werden könnten; auf die Form der Korrespondenz zwischen Front Office und Back Offices sowie den Back Offices untereinander käme es nicht an. Eine solche Ausnahme der inner- und zwischenbehördlichen Korrespondenz vom System der elektronischen Abwicklung erscheint allerdings unter Berücksichtigung des mit der Richtlinie verfolgten Ziels der Verfahrensbeschleunigung[3] sowie des gemäß Art. 28 Abs. 6, 34 Abs. 1 und 36 S. 2 vorgesehenen transnationalen elektronischen Informationsaustauschs zwischen Behörden zweckwidrig; überdies wäre dann die Nutzung effizienter Client-Server-Systeme, welche sämtlichen beteiligten Stellen einen Zugriff auf den Vorgang ermöglichten,[4] nur rudimentär möglich. Insofern wird man unter teleologischen Gesichtspunkten eine **vollständige elektronische Abwicklung des gesamten Verwaltungsverfahrens** fordern müssen.[5]

II. Art. 8 Abs. 2

1. Normstruktur

5 Abs. 2 nimmt bestimmte Tatbestände von der Möglichkeit der elektronischen sowie Fernabwicklung gemäß Abs. 1 aus.

2. Ausnahmen von Abs. 1

6 Die Verpflichtungen gemäß Abs. 1 erstrecken sich nicht auf Verfahren und Verfahrensschritte, die für eine Abwicklung aus der Ferne und auf elektronischem Wege ungeeignet sind. Die Vorschrift trägt damit dem Umstand Rechnung, dass die zuständigen Behörden zur Wahrnehmung ihres gesetzlichen Auftrags u. U. auf die unmittelbare Inaugenscheinnahme von Sachen und Personen im Wege von Orts- und Ausrüstungskontrollen sowie Eignungs- und Zuverlässigkeitsprüfungen angewiesen sind. Legt man für die Anwendung von Abs. 1 das **Kriterium der Eignung** zugrunde, kann die Aufzählung der Ausnahmefälle in Abs. 2, wie implizit auch den Erwägungsgründen 52 und 53 zu entnehmen, nur beispielhaft und **nicht abschließend** verstanden werden. Abs. 2 gilt daher für die unterschiedlichsten Formen des **Realhandelns** der Verwaltung. Im Hinblick auf den einheitlichen Ansprechpartner führt das in Abs. 2 verankerte Eignungskriterium nicht nur zum Ausschluss der elektronischen sowie der Fernabwicklung, sondern bereits grundsätzlich zur Nicht-

2 Ebenso Kommissionshandbuch, Ziff. 5.4.1. Auch aus diesem Grunde kommt der ebd. Ziff. 5.2.1 angesonnene rein virtuelle einheitliche Ansprechpartner nicht in Betracht, da im Falle einer Entscheidung des Dienstleisters für ein konventionelles Verfahren eine (nicht elektronische) Abwicklung über die Kontaktstelle nicht möglich wäre; s. bereits oben Art. 7 Rn 15.

3 Dieses kommt insbesondere in Art. 13 zum Ausdruck, darüber hinaus immanent aber auch in den Art. 5-8; s. ferner Erwägungsgrund 43.

4 Hierzu Nesseldreher in: Ziekow/Windoffer (Hg.), S. 209 f.

5 So auch Kommissionshandbuch, Ziff. 5.4.1.

anwendung von Art. 6 Abs. 1 auf entsprechende Vorgänge (s. Art. 6 Rn 14), so dass Art. 8 Abs. 2 in diesem Rahmen keine eigenständige Bedeutung erfährt.

III. Art. 8 Abs. 3

1. Normstruktur

Die Norm enthält eine Ermächtigung der Kommission zum Erlass von Durchführungsbestimmungen zu Abs. 1. 7

2. Durchführungsbestimmungen

Um eine grenzüberschreitende elektronische Verfahrensabwicklung unter Vernetzung sämtlicher daran potentiell beteiligter Akteure in allen Mitgliedstaaten[6] zu ermöglichen, bedarf es der Entwicklung miteinander kompatibler technischer Standards.[7] Gefordert ist **Interoperabilität**, d. h. die Fähigkeit von Systemen der Informations- und Kommunikationstechnologie und der von ihnen unterstützten Geschäftsanwendungen, Daten auszutauschen und die gemeinsame Nutzung von Informationen und Kenntnissen zu ermöglichen.[8] Damit verbindet sich gleichwohl **nicht die Forderung nach gemeinschaftsweiter Uniformität**, vielmehr sind die Mitgliedstaaten frei, jeweils eigene Lösungen zu entwickeln.[9] Die Kommission ist bezüglich der Herstellung von Interoperabilität unter Berücksichtigung auf EU-Ebene bereits entwickelter gemeinsamer Standards[10] zum Erlass flankierender Bestimmungen befugt, wobei sie gemäß Art. 40 Abs. 2 im Verfahren der Komitologie nach Art. 5 und 7 des Beschlusses 1999/468/EG durch einen Regelungsausschuss unterstützt wird. Erklärtes Ziel der Kommission ist es, Synergieeffekte zwischen den im Rahmen der europäischen Strategie „i2010“ entwickelten mitgliedstaatlichen e-Government-Initiativen zu erzielen.[11] 8

IV. Verfahrenshinweise

Zur rechtlichen Umsetzung von Art. 8 ist **§ 3a (L)VwVfG** für die von Art. 6 betroffenen Verfahren anzupassen.[12] Unter Bezugnahme auf den zur Umsetzung von Art. 6 gewählten Regelungsstandort, z. B. die modifizierten §§ 71a ff. (s. Art. 6 Rn 24), ist in § 3a (L)VwVfG vorzusehen, dass diese Verfahren beim einheitlichen Ansprech- 9

---

6 Mit Blick auf die Informationsansprüche gemäß Art. 7 und 21 treten, von Art. 8 eigentlich nicht erfasst, aber bei der Umsetzung gleichermaßen zu berücksichtigen, über die potentiellen Beteiligten an Verfahren gemäß Art. 6 hinaus auch die Dienstleistungsempfänger und die zur Erfüllung dieser Ansprüche eingeschalteten Behörden im In- und Ausland sowie weitere für Beratung und Information zuständige Institutionen hinzu.

7 Zu den vielfältigen informationstechnischen Aspekten im Zusammenhang mit der Einführung der elektronischen Verfahrensabwicklung und Informationserteilung s. ausführlich Nesseldreher in: Ziekow/Windoffer (Hg.), S. 189 ff.

8 Vgl. die Definition in Art. 3 lit. f Beschluss 2004/387/EG.

9 Kommissionshandbuch, Ziff. 5.4.2.

10 Denkbar ist hier eine Anknüpfung an die im Rahmen des Programms IDABC (Interoperable Delivery of European eGovernment Services to public Administrations, Businesses and Citizens) erarbeiteten Empfehlungen, vgl. Nesseldreher in: Ziekow/Windoffer (Hg.), S. 212 f.

11 Kommissionshandbuch, Ziff. 5.4.2.

12 Vgl. Windoffer, Die Implementierung einheitlicher Ansprechpartner nach der EU-Dienstleistungsrichtlinie, NVwZ 2007, 495, 498; Ziekow, Die Auswirkungen der Dienstleistungsrichtlinie auf das deutsche Genehmigungsverfahrensrecht, GewArch 2007, 179, 183.

partner oder den zuständigen Behörden auf Wunsch des Dienstleisters zwingend elektronisch zu führen sind und die gesetzlich geforderte Schriftform durch die elektronische Form zu ersetzen ist. Umgekehrt wäre in den §§ 71a ff. (L)VwVfG hinsichtlich der Möglichkeit zur elektronischen Verfahrensführung ein Verweis auf den angepassten § 3 a vorzusehen. In den **Spezialgesetzen** empfiehlt sich u. U. die Aufnahme einer inhaltsgleichen Regelung oder eines Verweises auf § 3a (L)VwVfG.

10 Hinsichtlich der Verwendung **elektronischer Signaturen** wurde der europäische Rechtsrahmen für eine Harmonisierung mit der RL 1999/93/EG gesetzt. Elektronische Signaturen mit qualifiziertem Zertifikat aus anderen EU- (sowie EWR-) Staaten sind hierbei gemäß § 23 Abs. 1 S. 1 SigG inländischen qualifizierten Signaturen gleichgestellt. Infolge Art. 4 Abs. 1, 5 Abs. 1 RL 1999/93/EG gilt insofern das Herkunftslandprinzip; eine Kontrolle im Inland findet nicht statt, so dass der Sicherheitsstandard letztlich von der Effektivität des Kontrollsystems im anderen Mitgliedstaat abhängt.[13]

13 Zu dieser Problematik Kunstein, S. 60 ff. m. w. N.

Kapitel III Niederlassungsfreiheit der Dienstleistungserbringer

Abschnitt 1 Genehmigungen

Artikel 9 Genehmigungsregelungen

(1) Die Mitgliedstaaten dürfen die Aufnahme und die Ausübung einer Dienstleistungstätigkeit nur dann Genehmigungsregelungen unterwerfen, wenn folgende Voraussetzungen erfüllt sind:
a) die Genehmigungsregelungen sind für den betreffenden Dienstleistungserbringer nicht diskriminierend;
b) die Genehmigungsregelungen sind durch zwingende Gründe des Allgemeininteresses gerechtfertigt;
c) das angestrebte Ziel kann nicht durch ein milderes Mittel erreicht werden, insbesondere weil eine nachträgliche Kontrolle zu spät erfolgen würde, um wirksam zu sein.

(2) Die Mitgliedstaaten nennen in dem in Artikel 39 Absatz 1 genannten Bericht die in ihrer jeweiligen Rechtsordnung vorgesehenen Genehmigungsregelungen und begründen deren Vereinbarkeit mit Absatz 1 des vorliegenden Artikels.

(3) Dieser Abschnitt gilt nicht für diejenigen Aspekte der Genehmigungsregelungen, die direkt oder indirekt durch andere Gemeinschaftsrechtsakte geregelt sind.

Literatur: Böhret/Grunow/Ziekow (Hg.), Der Vorschlag zu einer Richtlinie des Europäischen Parlaments und des Rates über Dienstleistungen im Binnenmarkt. Regelungsgehalt – Problemfelder – Akteurspositionen, Speyer, 2005 (zitiert als: Bearbeiter in: Böhret/Grunow/Ziekow (Hg.); Leible (Hg.), Die Umsetzung der Dienstleistungsrichtlinien, Jena, 2008 (zitiert als: Bearbeiter in: Leible (Hg.)).

I. Regelungsgegenstand und -zusammenhang des III. Kapitels

1. Struktur der Art. 9-15

1 Das Regelungsgefüge des III. Kapitels gliedert sich in **zwei Abschnitte**, deren erster sich mit den **Genehmigungsregelungen** der Mitgliedstaaten hinsichtlich der Aufnahme oder Ausübung von Dienstleistungen durch einen niedergelassenen Dienstleistungserbringer befasst. Der zweite Abschnitt behandelt enumerativ bestimmte besonders problematische mitgliedstaatliche **Bedingungen für die Erbringung von Dienstleistungen** eines niedergelassenen Dienstleisters. Zu einem Teil werden diese Bedingungen durch die Richtlinie kategorisch verboten (Art. 14), zum anderen Teil der Prüfung durch den betreffenden Mitgliedstaat und nachfolgenden gegenseitigen Evaluation unterworfen (Art. 15). Diese Vorschriften des Zweiten Abschnittes beziehen sich also nicht nur auf Genehmigungsregelungen, sondern erfassen die in ihnen aufgeführten nationalen Bedingungen unabhängig davon, ob sie als Genehmigungsvoraussetzungen oder als sonstige Anforderungen an die berufliche Tätigkeit außerhalb eines präventiven Kontrollverfahrens gefasst sind.

a) Erster Abschnitt: Genehmigungsregelungen

2 Das Verhältnis der Vorschrift des **Art. 9** zu den **nachfolgenden Regelungen** des Ersten Abschnitts ist nicht ganz eindeutig, insbesondere weil die in Art. 9 genannten Anforderungen an Genehmigungsregelungen teilweise auch in den folgenden Normen angeführt werden, so etwa das Diskriminierungsverbot und die Erfordernisse der Begründbarkeit der Maßnahme durch einen zwingenden Grund des Allgemeininteresses sowie ihrer Verhältnismäßigkeit (vgl. Art. 10 Abs. 2 lit. a-c). Der erkennbaren Intention des Richtliniengebers entspricht indessen eine Interpretation, die von unterschiedlichen, gegeneinander **abgegrenzten Regelungsgegenständen** des Art. 9 und der nachfolgenden Vorschriften ausgeht. Danach beziehen sich die Anforderungen des Art. 9 nicht auf die Inhalte von Genehmigungsvoraussetzungen (die allein dem Art. 10 vorbehalten bleiben), sondern allein auf Genehmigungserfordernisse „als solche", namentlich auf die in Art. 9 Abs. 1 lit. c explizit angesprochene Problematik der Erforderlichkeit eines präventiven Zulassungsverfahrens im Verhältnis zu weniger stark belastenden Formen der Kontrolle (repressive Überwachung).

3 Für einen derartigen von Art. 10 ff. abgegrenzten und eingeschränkten Regelungsgegenstand des Art. 9 spricht Erwägungsgrund 58. Danach soll sich die **Berichtspflicht des Art. 9 Abs. 2** nur auf die **Existenz von Genehmigungsregelungen**, nicht hingegen auf die Voraussetzungen für die Erteilung von Genehmigungen beziehen. Es erscheint folgerichtig, von dieser – in der Sache nicht unproblematischen (s dazu gleich Rn 4 und 48) und erst in die Endfassung der Richtlinie aufgenommenen – Einschränkung der Berichtspflicht auf eine entsprechende Einschränkung des Bezugsgegenstandes der Anforderungen des Abs. 1 zu schließen: Art. 9 behandelt danach nur die Frage der Zulässigkeit von Genehmigungsvorbehalten schlechthin, erfasst hingegen nicht im Sinne einer den ganzen Abschnitt beherrschenden Grundsatznorm auch die Frage der Ausgestaltung derartiger Vorbehalte in materieller und verfahrensrechtlicher Hinsicht.

4 Allerdings kommt man nicht umhin, dieses Verständnis, das im Ausgangspunkt klar zwischen einer Rechtfertigung der Genehmigung als solchen und der Recht-

fertigung ihrer Voraussetzungen unterscheidet, doch wieder wesentlich zu relativieren: Auch die Rechtfertigung einer **Genehmigungsregelung „als solcher"**, also insbesondere die Begründung dafür, dass schon die präventive Kontrolle notwendig ist und nicht auch eine nachträgliche Kontrolle ausreichend gewesen wäre, lässt sich nur unter Berufung auf den (Schutz-)Zweck der Genehmigungsregelung leisten. Dieser kann sich aus besonderen, den Zweck explizit ausweisenden Bestimmungen oder aus dem Gesamtzusammenhang der gesetzlichen Regelung ergeben. Dies wird sehr häufig bedeuten, dass dafür auch die **Voraussetzungen der Genehmigungserteilung** in den Blick genommen werden müssen.

Gerade in den **Genehmigungsvoraussetzungen** spiegelt sich schließlich der **Genehmigungszweck**: Sofern ein Genehmigungserfordernis den Zweck verfolgt, vor Risiken zu schützen, die von der Person des Dienstleistungserbringers ausgehen können, so müssen die Eigenschaften oder Fähigkeiten dieser Person auch Gegenstand der präventiven Kontrolle sein (etwa durch eine Zuverlässigkeits-Anforderung). Sofern sich der Schutzzweck eher gegen anlagenverursachte Risiken richtet, müssen die Genehmigungsvoraussetzungen dies aufnehmen und entsprechende anlagenbezogene Anforderungen errichten. Andererseits kann ein im Gesetz bloß behaupteter oder vom Interpreten unterstellter **Genehmigungszweck keine Beachtlichkeit** beanspruchen, wenn er in den **Voraussetzungen der Genehmigung** oder den Versagungsgründen **keinen Niederschlag** gefunden hat, wenn also die präventive behördliche Prüfung in ihrem gesetzlich umschriebenen Gegenstand gar keinen Bezug zu dem behaupteten Genehmigungszweck hat. Daher kann die in Art. 9 Abs. 1 vorgeschriebene Rechtfertigung für die Genehmigungsregelungen nicht von den in der Genehmigungsregelung gefassten Voraussetzungen absehen. Die Rechtfertigung und der sie aufnehmende Bericht gemäß Art. 9 Abs. 2, Art. 39 müssen dartun, weshalb die Genehmigung um der in den Genehmigungsvoraussetzungen zum Ausdruck kommenden Schutzzwecke willen erforderlich ist. Art. 9 und Art. 10 der Richtlinie stehen also keineswegs unverbunden nebeneinander.[1] 5

Die je spezifische **Funktion der Art. 9 und 10** besteht indessen darin, dass die Rechtfertigung des Genehmigungserfordernisses als solchen (Art. 9) bereits dann gelingt, wenn ein zwingender, in den Genehmigungsvoraussetzungen zum Ausdruck gebrachter Grund für die präventive Kontrolle dargelegt werden kann, dass Art. 10 aber darüber hinaus eine Rechtfertigung auch für alle anderen Genehmigungsvoraussetzungen verlangt. Für die Vereinbarkeit einer Genehmigungsregelung mit **Art. 9** reicht es also aus, dass ein nicht diskriminierender und zwingender **Rechtfertigungsgrund**, der in eine entsprechende Genehmigungsvoraussetzung umgesetzt ist (Beispiel: personbezogene Zuverlässigkeit), gegeben ist. **Art. 10** verlangt demgegenüber, dass auch alle **weiteren** in der Genehmigungsregelung vorgesehenen **Voraussetzungen** für sich genommen erforderlich sind. Eine Befrachtung eines an sich zulässigen, da mit Blick auf einen bestimmten Schutzzweck erforderlichen Genehmigungsvorbehaltes mit weiteren, für sich genommen nicht erforderlichen (etwa weil insoweit ohne Schaden für das Schutzgut auch eine nachträgliche Kontrolle in Betracht käme) Kontrollgegenständen hat damit vor Art. 10 keinen Bestand. 6

Art. 9 greift den generell für Rechtfertigungen von Beschränkungen der Grundfreiheiten geltenden Maßstab auf, wie er in der Rechtsprechung des EuGH heraus- 7

1 Ähnlich auch Oertel in: Böhret/Grunow/Ziekow (Hg.), S. 152 f.

gearbeitet worden ist, also die Bindung derartiger Regelungen an das Diskriminierungsverbot, hinreichend tragfähige Beschränkungsgründe und den Grundsatz der Verhältnismäßigkeit im weiteren Sinne. **Art. 10** projiziert diesen Maßstab auf **alle Genehmigungsvoraussetzungen**, normiert in seinem Abs. 4 allerdings mit der Forderung nach territorial den gesamten Mitgliedstaat erfassender Geltung der Genehmigung auch eine Rechtsfolgenbestimmung. **Art. 11** betrifft die **zeitliche Dauer von Genehmigungen** und normiert insoweit den Grundsatz der Unbefristetheit. **Art. 12** behandelt das Problem der **Verteilungsgerechtigkeit** bei Konzessions- oder Lizenzvergaben in Knappheitssituationen und **Art. 13** schließlich **prozedurale Anforderungen** an die Genehmigungserteilung.

b) Zweiter Abschnitt: verbotene und zu prüfende Anforderungen

8 Die **Art. 14 und 15** beschreiben mitgliedstaatliche Anforderungen an die Aufnahme und Ausübung von Dienstleistungen, die in besonderer Weise problematisch unter dem Aspekt der Niederlassungsfreiheit (Art. 43 EGV), aber auch, erst recht (s. Rn 11 f.), unter dem Gesichtspunkt der Dienstleistungsfreiheit (Art. 49 EGV) sind. **Art. 14** stellt dabei einen **Verbotskatalog** schlechthin unzulässiger Anforderungen auf, während **Art. 15** grundsätzlich mögliche Bedingungen benennt, die jedoch eine **Prüfpflicht** der Mitgliedstaaten auslösen, welche ihrerseits prozedural in das Verfahren gegenseitiger Evaluierung eingebunden wird.

2. Bezug zur Niederlassungsfreiheit

a) Genereller Anwendungsbereich: Beschränkungen der Niederlassungsfreiheit

9 Die Richtlinie unterscheidet – auch wenn das im Text der Einzelbestimmungen nicht immer deutlich zum Ausdruck kommt – systematisch strikt zwischen mitgliedstaatlichen Regelungen, insoweit diese die **Dienstleistungsfreiheit** beschränken und insoweit sie die **Niederlassungsfreiheit** betreffen.[2] Die Vorschriften des dritten Kapitels enthalten Vorgaben für mitgliedstaatliche Maßnahmen, soweit diese die Niederlassungsfreiheit (Art. 43, 48 EGV) beschränken. Dem liegt die auf die Rechtsprechung des EuGH gestützte Annahme zugrunde, dass Einschränkungen beider Grundfreiheiten in unterschiedlich weit gehendem Maße zulässig sind.[3] Genehmigungsregelungen und sonstige mitgliedstaatliche Bedingungen einer Dienstleistungserbringung sind unter dem Aspekt der Niederlassungsfreiheit primärrechtlich eher vertretbar als unter dem Aspekt der Dienstleistungsfreiheit, da der sich in einem anderen Mitgliedstaat niederlassende Unternehmer sich **auf Dauer** in den Geltungsbereich der Rechtsordnung des aufnehmenden Mitgliedstaates begibt und ihm die Beachtung des dort für alle geltenden rechtlichen Rahmens grundsätzlich zumutbar ist.[4]

10 Während daher hinsichtlich der (vorübergehenden) Erbringung von Dienstleistungen, welche nicht mit der Niederlassung im Zielland verknüpft ist, namentlich **Genehmigungserfordernisse** grundsätzlich verboten sind (Art. 16 Abs. 2 lit. b),

2 Erwägungsgrund 77.

3 Besonders deutlich EuGH, Rs C-58/98 (Corsten), EuZW 2000, 76 Rn 43: „darf ein Mitgliedstaat die Erbringung von Dienstleistungen in seinem Hoheitsgebiet nicht von der Einhaltung aller Voraussetzungen abhängig machen, die für eine Niederlassung gelten".

4 EuGH, Rs C-55/94 (Gebhard), NJW 1996, 579, Rn 35 f.; Bröhmer in: Calliess/Ruffert EUV/EGV, Art. 43 EGV Rn 31.

treffen die Art. 9 ff. hinsichtlich der die Niederlassungen betreffenden Genehmigungen eine differenziertere, aber auch inhaltlich zurückhaltendere Regelung.[5] Danach sind Genehmigungsregelungen nicht schlechthin verboten, müssen allerdings den in Art. 9 und den folgenden Vorschriften festgelegten Bedingungen genügen.

Soweit die **Art. 14 und 15** verbotene bzw. zu prüfende mitgliedstaatliche **Anforderungen an eine Dienstleistungserbringung** ansprechen, die nicht niederlassungsspezifisch sind, sich vielmehr ebenso an Leistungserbringungen niedergelassener Unternehmen wie an vorübergehende Dienstleistungserbringungen i. S. d. Art. 49 EGV (Dienstleistungsfreiheit, s. dazu gleich Rn 13 ff.) wenden,[6] bleiben sie allerdings unter beiden Aspekten beachtlich. Der Grundsatz, wonach alle Vorschriften des dritten Kapitels nur mitgliedstaatliche Einschränkungen der Niederlassungsfreiheit betreffen,[7] bedarf insoweit einer gewissen Relativierung: So gilt etwa das Verbot des Art. 14 Nr. 1 lit. b, den Dienstleistungserbringer zur Wohnsitznahme im Erbringungsstaat zu verpflichten, selbstverständlich nicht nur dann, wenn der Dienstleistungserbringer dort eine Niederlassung hat, sondern erst recht auch dann, wenn er die Dienstleistung nur vorübergehend erbringt. Dementsprechend spricht Art. 14 S. 1 auch nur von der Aufnahme und Ausübung einer Dienstleistungstätigkeit, nicht von der Niederlassung. Eine derart universale, mitgliedstaatliche Regelungen sowohl in ihrer Beschränkungswirkung hinsichtlich der Niederlassungs- als auch der Dienstleistungsfreiheit erfassende Wirkung haben selbstredend nur diejenigen Bestimmungen der Art. 14 und 15, die nicht spezifisch niederlassungsbezogen sind. In Betracht kommen neben der genannten Residenzpflicht etwa die Bestimmungen des Art. 14 Nr. 7,[8] Art. 15 Abs. 2 lit. a-d, f-h.[9] 11

Die beschriebene **umfassende Geltung** einiger Verbote des Art. 14 bzw. Elemente des Kontrollauftrages des Art. 15 für mitgliedstaatliche Maßnahmen, unabhängig davon, ob sie Dienstleistungen, die unter die Niederlassungs- oder die Dienstleistungsfreiheit fallen, betreffen, rechtfertigt sich auch inhaltlich aus einem Erst-Recht-Schluss: Soweit die Richtlinie schon mitgliedstaatliche Beschränkungen der Niederlassungsfreiheit für unzulässig erklärt, müssen diese Schutzwirkungen erst recht gelten, insofern dieselben Beschränkungsmaßnahmen die **Dienstleistungsfreiheit** beeinträchtigen. Denn die Gewährleistung der Dienstleistungsfreiheit entfaltet nach der Konzeption des EGV und auch der Richtlinie, wie bemerkt, stärkere und kompromisslosere Schutzwirkung als diejenige der Niederlassungsfreiheit. 12

5 Vgl. Frenz, Grundfragen der Niederlassungs- und Dienstleistungsfreiheit im neuen Gewande, GewArch 2007, 98, 105.

6 Etwa: Staatsangehörigkeitserfordernis (Art. 14 Nr. 1 a), Gegenseitigkeitsbedingung (Art. 14 Nr. 4), wirtschaftliche Bedarfsprüfung (Art. 14 Nr. 5), Sicherheitsleistung (Art. 14 Nr. 7).

7 Vgl. Kommissionshandbuch, Ziff. 6.

8 Wenn diese Bestimmung dem Aufnahmestaat schon verbietet, von dem Dienstleistungserbringer, der sich in diesem Staat niederlässt, eine von einem Unternehmen in diesem Staat geleistete Sicherheit zu erbringen, so gilt dies erst recht gegenüber einem Dienstleistungserbringer, der seine Leistung nur vorübergehend ohne Niederlassung in dem Aufnahmestaat erbringt.

9 Art. 14 Nr. 5, 6 haben deswegen insoweit keine Bedeutung, weil der strengere Art. 16 Abs. 2 lit. b hinsichtlich vorübergehender Dienstleistungen Genehmigungsvorbehalte ganz verbietet.

b) Abgrenzung von Niederlassungs- und Dienstleistungsfreiheit

13 Die danach (insbesondere für die Anwendbarkeit der Art. 9-13) erforderliche **Abgrenzung** der Anwendungsbereiche beider Grundfreiheiten kann **schwierig** sein, vor allem weil der EuGH einerseits zwar bei der Niederlassung ein weites Begriffsverständnis zugrunde legt, andererseits aber auch bei den Dienstleistungen i. S. d. Art. 49 EGV Weiterungen vorgenommen hat, welche das Erscheinungsbild einer bloßen Dienstleistungserbringung gegenüber demjenigen einer Niederlassung im Aufnahmestaat im Einzelfall sehr ähnlich erscheinen lassen können.[10]

14 Grundsätzlich gilt: Eine Niederlassung im Aufnahmestaat liegt vor „bei tatsächlicher Ausübung einer wirtschaftlichen Tätigkeit mittels einer festen Einrichtung auf unbestimmte Zeit",[11] während die Dienstleistungserbringung durch das Element des Vorübergehenden gekennzeichnet ist. Allerdings kann die **zeitliche Dauerhaftigkeit** der Tätigkeit nur dann als Abgrenzungskriterium in Betracht kommen, wenn der Dienstleistungserbringer in dem Aufnahmestaat überhaupt eine **Einrichtung** (z.B. eine Kanzlei, ein Büro) errichtet hat, weil diese jedenfalls Voraussetzung einer Niederlassung ist.[12] Umgekehrt darf allerdings auch nicht vom Vorhandensein einer Einrichtung in jedem Fall auf eine Niederlassung geschlossen werden, da auch die Schaffung einer „gewissen Infrastruktur" im Aufnahmestaat „einschließlich eines Büros, einer Praxis oder einer Kanzlei" den vorübergehenden Charakter einer Dienstleistung nicht kategorisch ausschließt.[13] In einer **Gesamtbetrachtung** kommt es daher auf die zeitliche Dauer, die Häufigkeit, regelmäßige Wiederkehr oder Kontinuität einer mit einer Einrichtung verbundenen Dienstleistungserbringung an.[14] Erlauben diese Faktoren den Schluss, dass der Dienstleistungserbringer in **„stabiler und kontinuierlicher Weise** am Wirtschaftsleben eines anderen Mitgliedstaats als seines Herkunftsstaats teilnimmt",[15] so hat er sich dort „niedergelassen".

15 Bedeutung kann insbesondere auch dem Umstand zukommen, dass ein Unternehmen von der in dem Staat, in dem die Dienstleistung erbracht wird, belegenen Einrichtung aus **neue Geschäftsaktivitäten** entfaltet (etwa neue Aufträge akquiriert) und sich die Funktion der Einrichtung (also etwa des Büros) nicht nur darin erschöpft, einen schon im Herkunftsland angenommenen Auftrag vor Ort umzusetzen.

3. Entstehungsgeschichte: Veränderungen im Richtliniengebungsverfahren

16 Die das Niederlassungsrecht betreffenden Vorschriften über die Genehmigungsregelungen gehören zu denjenigen, die von der **rechtspolitischen Auseinandersetzung** während des Rechtsetzungsverfahrens kaum betroffen waren und bei denen

---

10 S. näher Randelzhofer/Forsthoff in: Grabitz/Hilf EU, Art. 43 EGV Rn 22 ff.; Frenz, GewArch 2007, 98 ff.

11 EuGH, Rs 221/89 (Factortame), EuZW 1991, 76, Rn 20.

12 EuGH, Rs C-215/01 (Schnitzer), EuZW 2004, 94, Rn 32; Randelzhofer/Forsthoff in: Grabitz/Hilf EU, Art. 43 EGV Rn 26 ff.

13 EuGH, Rs C-55/94 (Gebhard), NJW 1996, 579, Rn 27.

14 EuGH, Rs C-3/95 (Broede), EuZW 1997, 53, Rn 22; der EG-Gesetzgeber hat diese Umschreibungen sekundärrechtlich in Art. 5 Abs. 2 UA 2 der Berufsanerkennungsrichtlinie 2005/36/EG positiviert.

15 EuGH, Rs C-55/94 (Gebhard), NJW 1996, 579, Rn 25; Rs C-131/01 (Kommission/Italien), EuZW 2003, 344, Rn 22.

daher auch im Verhältnis zum ursprünglichen Richtlinienvorschlag der Kommission[16] **nur geringfügige Abweichungen** zu verzeichnen sind.[17] Diese Kontinuität erklärt sich wesentlich daraus, dass der Richtlinienvorschlag hinsichtlich der Vorschriften zur Niederlassungsfreiheit anders als im Bereich der Dienstleistungsfreiheit keinen neuartigen Übergang zum Herkunftslandprinzip vorsah, sondern sich überwiegend auf eine Festschreibung und Generalisierung der fallbezogen schon in der Rechtsprechung des Gerichtshofs entwickelten Kriterien und Maßstäbe zu Eingriffen in die Niederlassungsfreiheit beschränkte.

Neben redaktionellen Änderungen betreffen diese Abweichungen vor allem die **Erweiterung des mitgliedstaatlichen Handlungsspielraums,** soweit es um die Verfolgung sozial-, gesundheits-, umwelt- oder kulturpolitischer Ziele oder um Dienstleistungen von allgemeinem wirtschaftlichem Interesse geht.[18] An einigen Stellen haben auch klarstellende Vorbehalte zugunsten mitgliedstaatlicher Befugnisse Eingang in die Endfassung gefunden.[19] 17

II. Art. 9 Abs. 1

Die Vorschrift beschreibt die Rechtfertigungsanforderungen, die für die Errichtung oder Beibehaltung von Genehmigungsvorbehalten in den mitgliedstaatlichen Rechtsordnungen hinsichtlich der Leistungserbringung durch niedergelassene Unternehmen gelten. Sie bezieht sich nur auf die Existenz von **Genehmigungserfordernissen als solchen,** nicht auf den Inhalt aller einzelnen Genehmigungsvoraussetzungen oder die inhaltliche oder prozedurale Ausgestaltung der Genehmigungsregelungen, für die Art. 10-13 maßgeblich sind. Allerdings kann und wird häufig auch für die Rechtfertigung der Genehmigungsregelung als solcher der Rückgriff auf den in einer (oder auch mehreren) Genehmigungsvoraussetzung zum Ausdruck kommenden Genehmigungszweck erforderlich sein (s. Rn 4 ff.) 18

Einschränkungen der Niederlassungsfreiheit durch Genehmigungsregelungen sind anders als bei der Dienstleistungsfreiheit (Art. 16 Abs. 2 lit. b), nicht grundsätzlich ausgeschlossen. Sie sind jedoch nur zulässig, sofern von ihnen keine diskriminierenden Effekte gegenüber ausländischen Dienstleistungserbringern ausgehen, sie einem gemeinschaftsrechtlich anerkannten Zweck zu dienen bestimmt sind (zwingender Grund des Allgemeininteresses) und sie im Hinblick auf diesen Zweck verhältnismäßig sind. 19

1. Begriff der Genehmigungsregelungen

Genehmigungsregelungen im Sinne der Vorschrift sind alle Vorschriften, die einen Dienstleistungserbringer oder -empfänger verpflichten, bei einer zuständigen Behörde eine förmliche oder konkludente Entscheidung über die Aufnahme und Ausübung einer Dienstleistungstätigkeit zu erwirken (**Art. 4 Nr. 6**). Der Begriff ist 20

16 Dazu etwa Wiesner/Wiedmann, Die Dienstleistungsrichtlinie – Marktöffnung oder Abschottung?, ZIP 2005, 1210 ff.

17 Calliess, Europäischer Binnenmarkt und europäische Demokratie: Von der Dienstleistungsfreiheit zur Dienstleistungsrichtlinie – und wieder Retour?, DVBl. 2007, 336, 339 ff., 342.

18 Neu eingefügt sind etwa Art. 12 Abs. 3, der letzte Hs. in Art. 14 Nr. 5 sowie Art. 15 Abs. 4.

19 Beispiele: Art. 10 Abs. 7, Art. 11 Abs. 4 Art. 15 Nr. 6 letzter Hs., Nr. 7 S. 2.

denkbar umfassend und vor allem auch weiter als nach deutschem Begriffsverständnis: Erfasst sind nicht nur Regelungen, die eine behördliche Gestattung vorschreiben, sondern alle Vorschriften, die die rechtmäßige Aufnahme und Ausübung einer Tätigkeit an ein Tun oder Unterlassen der Behörde knüpfen (Erwägungsgrund 39). Dazu gehören also **auch Anzeigepflichten**, sofern die Ausübung der Tätigkeit ohne oder vor der Anzeige rechtswidrig ist, wenn also die Anzeige Rechtmäßigkeitsbedingung für die Ausübung der Tätigkeit ist (so etwa: Eintragung in ein Berufsregister, eine Berufsrolle oder Datenbank) und nicht „nur" Nebenpflicht (so die gewerberechtliche Anzeigepflicht, § 14 GewO).

21 Der Erlaubnis- oder Anzeigevorbehalt kann **betriebsstätten- oder tätigkeitsbezogen** sein; auf die Bezeichnung als Erlaubnis, Bewilligung, Gestaltung, Zulassung, Konzession, Befreiung, Verleihung kommt es nicht an. Erfasst sind insbesondere auch die Verpflichtung zur Eintragung in ein Berufsregister oder der Besitz eines Ausweises, mit dem die Zugehörigkeit zu einem Beruf bescheinigt wird, sofern dies Voraussetzung der Berufsausübung ist.[20]

22 In den Anwendungsbereich der Vorschrift fallen sowohl personenbezogene Erlaubnisse (**Personalgenehmigungen**),[21] mithin solche, deren Gestattungswirkung auf eine individuelle (natürliche oder juristische) Person bezogen ist und deren Voraussetzungen daher in persönlichen Eigenschaften oder Verhältnissen des Inhabers der Genehmigung bestehen, als auch **dingliche (Sach- oder Anlagen-) Genehmigungen**, mithin solche, die nicht auf die Person des Dienstleistungserbringers bezogen sind, sondern auf die objektive Einrichtung eines Betriebs (bzw. der Anlage). Gleiches gilt für **gemischte Konzessionen**, d. h. solche, die sowohl person- als auch sachbezogene Anforderungen stellen.

23 **Sachbezogene Genehmigungsvoraussetzungen und -regelungen** (etwa des Umweltrechts oder Anlagenzulassungsrechts) weisen allerdings typischerweise ein geringeres Konfliktpotenzial hinsichtlich der Niederlassungsfreiheit auf als solche, die bestimmte persönliche Eigenschaften des Leistungserbringers verlangen; sie stehen daher eher im Einklang mit den Anforderungen der Richtlinie. Derartige sachbezogene Anforderungen sind daher auch im Verbots- bzw. Prüfkatalog der Art. 14 f. nicht genannt.

2. Anwendungsbereich

24 Einer Rechtfertigung nach den in Art. 9 ff. niedergelegten Maßstäben grundsätzlich entzogen sind mitgliedstaatliche Genehmigungsregelungen, die bereits durch **andere Gemeinschaftsrechtsakte** untersagt sind. Die Richtlinie (Erwägungsgrund 54) führt insoweit beispielhaft die RL 1999/93/EG vom 13. Dezember 1999 über gemeinschaftliche Rahmenbedingungen für elektronische Signaturen[22] sowie die RL 2000/31/EG über den elektronischen Geschäftsverkehr[23] an. Generell ordnet Art. 9 Abs. 3 den Nachrang der genehmigungsbezogenen Regelungen der

20 Vgl. Erwägungsgrund 39.

21 Zum Problem der Konkurrenz mit anderen Gemeinschaftsrechtsakten, insbesondere der Berufsanerkennungsrichtlinie s. Rn 51 ff.

22 Richtlinie des Europäischen Parlaments und des Rates v. 13.12.1999, ABl. 2000 Nr. L 13, S. 12.

23 Richtlinie des Europäischen Parlaments und des Rates v. 8.6.2000, ABl. 2000 Nr. L 178, S. 1.

Dienstleistungsrichtlinie gegenüber anderen Gemeinschaftsrechtsakten an.[24] Diese Subsidiarität gilt freilich nur hinsichtlich derjenigen Aspekte, die in den anderen Gemeinschaftsrechtsakten auch tatsächlich geregelt sind.[25]

Vom Anwendungsbereich der Vorschriften ausgeschlossen sind des Weiteren mit- **25**
gliedstaatliche Entscheidungen über die Schaffung oder Erhaltung **öffentlicher Einrichtungen**, unabhängig von ihrer privatrechtlichen oder öffentlich-rechtlichen Rechtsform, zur Erbringung von Dienstleistungen.[26] Dies stimmt mit der grundsätzlichen Entscheidung des Richtliniengebers überein, den Anwendungsbereich nur auf solche Dienstleistungen zu beziehen, die in den mitgliedstaatlichen Rechtsordnungen für den Wettbewerb geöffnet sind.[27] Ein Privatisierungsanspruch oder ein Anspruch auf Abschaffung öffentlicher Monopole ergibt sich aus der Richtlinie nicht.

Ausgenommen sind schließlich **vergaberechtliche Verträge**, die den Vorschriften **26**
über das öffentliche Beschaffungswesen unterliegen.[28]

3. Generelle Rechtfertigungsanforderungen bei Beschränkungen der Niederlassungsfreiheit

Art. 9 Abs. 1 greift die zentralen in der **Rechtsprechung des EuGH** („Gebhard"- **27**
Formel)[29] entwickelten generellen Anforderungen an die **Rechtfertigung von Einschränkungen der Grundfreiheiten** auf. Die mitgliedstaatlichen Maßnahmen dürfen keinen diskriminierenden Charakter haben; sie müssen durch einen zwingenden Grund des Allgemeininteresses gerechtfertigt sein und dem Gebot der Verhältnismäßigkeit entsprechen, insbesondere erforderlich sein. Die Richtlinienbestimmung geht nicht über die bisher vom EuGH entwickelten Maßstäbe hinaus. Da der mit diesen primärrechtlichen Maßstäben errichtete Rechtfertigungsdruck künftig jedoch nicht mehr nur in den zufälligerweise vom Gerichtshof entschiedenen Einzelfällen zur Geltung kommt, vielmehr die flächendeckende Kontrolle der Kommission über das Screening-Verfahren des Art. 9 Abs. 2 erheblich erleichtert wird, ist mit einer erheblich steigenden Bedeutung dieser Maßstäbe auch für gegenwärtig noch bestehende Genehmigungsregelungen im deutschen Recht zu rechnen.[30]

---

24 Beispiel: Niederlassung von Rechtsanwälten nach der RL 98/5/EG v. 16.2.1998 zur Erleichterung der ständigen Ausübung des Rechtsanwaltsberufs in einem anderen Mitgliedstaat als dem, in dem die Qualifikation erworben wurde, ABl. 1998 Nr. L 77, S. 36 (insb.: Art. 3).

25 Beispiel: Da die Anwalts-Niederlassungsrichtlinie (s. vorst. Fn.) 98/5/EG keine Regelungen zur Verfahrensbeschleunigung (insbesondere Fristenregelung) enthält, bleiben Art. 13 Abs. 3 und 4 anwendbar, Hatje, Die Dienstleistungsrichtlinie – Auf der Suche nach dem liberalen Mehrwert, NJW 2007, 2357, 2363; s. zur Konkurrenzregelung des Art. 9 Abs. 3 noch Rn 51 ff.

26 Erwägungsgrund 57.

27 Erwägungsgrund 8.

28 Art. 9 Abs. 3 i.V.m. RL 2004/18/EG des Europäischen Parlaments und des Rates v. 31.3.2004 über die Koordinierung der Verfahren zur Vergabe der Bauaufträge, Lieferaufträge und Dienstleistungsaufträge, ABl. 2004 Nr. L 134, S. 114; s. auch Erwägungsgrund 57.

29 EuGH, Rs C-55/94 (Gebhard), NJW 1996, 579, Rn 37.

30 Ziekow, Die Auswirkungen der Dienstleistungsrichtlinie auf das deutsche Genehmigungsverfahrensrecht, GewArch 2007, 217.

a) Verbot diskriminierender Regelungen

28 Nach der ständigen Rechtsprechung des Gerichtshofs besteht die erste der insgesamt vier verschiedenen Rechtfertigungsvoraussetzungen für Beschränkungen der Niederlassungsfreiheit darin, dass die fragliche beschränkende Maßnahme **nicht in diskriminierender Weise** angewandt werden darf. Dieses Verbot zielt sowohl auf „offene" rechtliche Diskriminierungen der Dienstleistungserbringer aus anderen Mitgliedstaaten aus Gründen ihrer Staatsangehörigkeit als auch und praktisch vor allem auf rechtlich unterschiedslos beschränkende Maßnahmen, die sich aber auf ausländische Dienstleistungserbringer tatsächlich in besonderer Weise belastend auswirken (faktische Diskriminierungen). Für diskriminierende Maßnahmen kommt eine Rechtfertigung durch zwingende Gemeinwohlgründe also schlechthin nicht in Betracht. Indem Art. 9 Abs. 1 kategorisch eine (rechtlich unmittelbare) Differenzierung nach der Staatsangehörigkeit ausschließt, schränkt er die primärrechtlich zugelassenen Beschränkungsoptionen sekundärrechtlich ein, geht also insoweit über Art. 43 EGV hinaus:[31] Eine Rechtfertigung aus Gründen des Art. 46 EGV für Genehmigungsregelungen scheidet aus.

b) Zwingende Gründe des Allgemeininteresses

29 Mit dem Begriff der **zwingenden Gründe des Allgemeininteresses** als möglichen Rechtfertigungsgründen für Genehmigungsregelungen verweist die Vorschrift auf die Begriffsdefinition des **Art. 4 Nr. 8**, die ihrerseits an die Rechtsprechung des EuGH anknüpft. Danach kommt prinzipiell ein sehr weit gespannter Katalog von Rechtfertigungsgründen in Betracht – anders als bei der strikter gewährleisteten Dienstleistungsfreiheit, wo Art. 16 Abs. 1 lit. b, Abs. 3 die möglichen Rechtfertigungsgründe enumerativ begrenzt.[32] Ausgeschlossen sind indessen „wirtschaftliche Gründe" (Marktsteuerung, Konkurrenzschutz), weil sie dem auf Wettbewerbsfreiheit zielenden Grundgedanken der Grundfreiheiten diametral zuwiderlaufen.[33] Zu den zwingenden Gründen des Allgemeininteresses i. S. d. Art. 9 rechnen namentlich die öffentliche Ordnung, öffentliche Sicherheit, Sicherheit der Bevölkerung, öffentliche Gesundheit, Erhaltung des finanziellen Gleichgewichts der Systeme der sozialen Sicherung, Schutz der Verbraucher, der Dienstleistungsempfänger und der Arbeitnehmer, Lauterkeit des Handelsverkehrs, Betrugsbekämpfung, Schutz der Umwelt und der städtischen Umwelt, Tierschutz, geistiges Eigentum, Erhaltung des nationalen historischen und künstlerischen Erbes, Ziele der Sozialpolitik und Ziele der Kulturpolitik. Die Auflistung ist nicht abschließend.[34] In Erwägungsgrund 40 werden darüber hinaus zahlreiche weitere Gründe explizit genannt, etwa derjenige der Wahrung der ordnungsgemäßen Rechtspflege.

---

31 Ähnlich Korte, Mitgliedstaatliche Verwaltungskooperation und private Eigenverantwortung beim Vollzug des europäischen Dienstleistungsrechts, NVwZ 2007, 501, 504, für das absolute Verbot jedweder Differenzierung nach der Staatsangehörigkeit des Art. 14.

32 S. zu dieser Frage von für die Dienstleistungsfreiheit zentraler Bedeutung Korte, EWS 2007, 246, 250 ff.

33 EuGH, Rs C-288/91 (Antennevoorziening Gouda), EuZW 1991, 699, Rn 11; näher dazu Gundel, Die Mobilität der Unternehmen im Binnenmarkt – Der Beitrag der Grundfreiheiten, EuR 2006, Beiheft 2, 13, 29.

34 Vgl. Erwägungsgrund 40: dynamische Entwicklung der Rspr des EuGH; s. mit Beispielen aus der Rspr. Roth in: Hb.EuWirtR, E. I Rn 101.

In der Rechtsprechung des Gerichtshofs sind als Regelungsziele zur Rechtfertigung von Genehmigungsregelungen als Schranken der Niederlassungsfreiheit insbesondere gebilligt worden: 30

- **Verbraucherschutz** (Schutz der Dienstleistungsempfänger) vor unqualifizierten Dienstleistungserbringern; Sicherung der Qualität der Dienstleistungen)[35]
- **Gläubigerschutz**[36]
- **Versorgungssicherheit** im Hinblick auf lebenswichtige Daseinsvorsorgeleistungen[37]
- **Landwirtschaft**: Erhaltung der landwirtschaftlichen Bevölkerung, Wahrung einer die Entwicklung lebensfähiger Betriebe sowie die harmonische Pflege des Raumes und der Landschaft ermöglichenden Aufteilung des Grundeigentums; Förderung einer vernünftigen Nutzung der verfügbaren Flächen[38]
- Sicherstellung der Wirksamkeit der **Steueraufsicht**; Bekämpfung rechtswidriger Tätigkeiten (Steuerhinterziehung, Geldwäsche, Drogenhandel, Terrorismus, Art. 73 d Abs. 1b EGV)[39]
- Gewährleistung der **Zuverlässigkeit** sowie der Beachtung standesrechtlicher Grundsätze; Gewährleistung disziplinarischer Kontrolle der Tätigkeit (von Rechtsanwälten)[40]
- Schutz der Funktionsfähigkeit der **Rechtspflege**[41]
- Schutz der öffentlichen **Gesundheit** bzw. der Gesundheit der Bevölkerung[42]
- **Arbeitnehmerschutz**[43]

c) Verhältnismäßigkeitsgrundsatz

Die wichtigste und für die Mitgliedstaaten bei ihrer Überprüfung der Genehmigungsregelungen (Art. 9 Abs. 2, Art. 39) sicherlich heikelste Anforderung an den Fortbestand (oder die Neueinführung) derartiger Regelungen ist diejenige ihrer **Erforderlichkeit, Art. 9 Abs. 1 lit. c.** Danach sind Genehmigungsregelungen „als solche", also nicht nur einzelne Voraussetzungen der Genehmigung, nur haltbar, wenn der Schutzzweck des Genehmigungserfordernisses nicht auch auf andere, die Niederlassungsfreiheit weniger belastende Weise erreicht werden kann, insbesondere durch Instrumente **nachträglicher Kontrolle**. Art. 9 Abs. 1 erwähnt von den drei Grundsätzen des Verhältnismäßigkeitsprinzips anders als andere Regelungen der Dienstleistungsrichtlinie (vgl. Art. 10 Abs. 2 lit. c) nur diesen Erforderlichkeitsgrundsatz. Selbstverständlich ist damit aber auch die **Geeignetheit** einer Genehmigungsregelung mit gefordert, denn erforderlich können stets nur Maßnahmen sein, die auch geeignet im Hinblick auf den angestrebten Regelungserfolg sind. 31

Weniger eindeutig ist, ob trotz Fehlens eines expliziten textlichen Anhaltspunktes auch ein Verhältnis der **Angemessenheit** (Proportionalität) zwischen dem Geneh- 32

35 EuGH, Rs C-131/01 (Kommission/Italien), Slg. 2003, I-1659, Rn 29; Rs C-451/03 (Servizi Ausiliari), EWS 2006, 218, Rn 37; Rs C-58/98 (Corsten), EuZW 2000, 763, Rn 38; Rs C-215/01 (Schnitzer), EuZW 2004, 94, Rn 35.
36 EuGH, Rs C-514/03 (Kommission/Spanien), GewArch 2006, 117 – Sicherheitsgewerbe.
37 EuGH, Rs C-463/00 (Kommission/Spanien), Slg. 2003, I-4581.
38 EuGH, Rs C-452/01 (Ospelt), Slg. 2003, I-9743, Rn 39.
39 EuGH, Rs C-163/94 (Sanz de Lera), WM 1996, 1170, Rn 22.
40 EuGH, Rs C-292/86 (Gullung), Slg. 1988, 111, Rn 29.
41 EuGH, Rs C-3/95 (Broede), EuZW 1997, 53, Rn 31.
42 EuGH, Rs C-140/03 (Kommission/Hellenische Republik), Slg. 2005, 3177, Rn 35; Rs C-294/00 (Deutsche Paracelsus Schulen für Naturheilverfahren), EWS 2002, 473, Rn 42.
43 EuGH, Rs C-79/01 (Payroll), EuZW 2003, 94, Rn 31.

migungsvorbehalt als Beeinträchtigung der Niederlassungsfreiheit einerseits und den damit verfolgten Schutzzwecken (zwingende Gründe des Allgemeininteresses) andererseits verlangt ist. Diese Frage ist zu bejahen. Es kann nicht angenommen werden, dass die Anforderungen der Richtlinie hinter den Rechtfertigungsstandards, die der EuGH für Einschränkungen der Grundfreiheiten aus dem Primärrecht entwickelt hat, zurückbleiben. Gerade auch hinsichtlich der Rechtfertigung von Genehmigungsvorbehalten hat der Gerichtshof aber auch die Angemessenheit als dritte Teilforderung der Verhältnismäßigkeit mit in Anschlag gebracht,[44] wenngleich in der gemeinschaftsrechtlichen Verhältnismäßigkeitsargumentation der Schwerpunkt regelmäßig auf der Erforderlichkeit liegt.[45] In der Sache (gleichviel, ob unter dem Aspekt der Erforderlichkeit oder demjenigen der Angemessenheit) haben Angemessenheitsüberlegungen, die einerseits auf das Gewicht der mit dem Genehmigungsvorbehalt geschützten Interessen, andererseits auf die Intensität der durch den Genehmigungsvorbehalt bewirkten Beeinträchtigung der Grundfreiheiten abstellen, in der Rechtsprechung des Gerichtshofs ganz erhebliche Bedeutung.

d) Insbesondere: Die Anforderungen der Erforderlichkeit (Art. 9 Abs. 1 lit. c)

33 Das Gebot des geringstmöglichen Eingriffs (Erforderlichkeit) entfaltet seine Wirkung auf **drei Ebenen:** Zum einen bedarf es der Begründung, weshalb der das Genehmigungserfordernis tragende, in den Genehmigungsvoraussetzungen ausgedrückte Schutzzweck (gegebenenfalls auch mehrere Schutzzwecke, von denen jedenfalls einer tragfähig sein muss) gerade eine Vorab-Prüfung, von der die rechtmäßige Ausübung der Dienstleistung abhängig gemacht wird, zwingend notwendig macht.[46] Auf dieser Ebene geht es also um die Alternativität von **vorheriger und nachträglicher Kontrolle**. Dabei ist auch stets an die Alternative einer schlichten (nicht qualifizierten, s. dazu sogleich Rn 34) Anzeigepflicht zu denken. Eine Genehmigungsregelung, welche die Dienstleistungserbringung von einer behördlichen Gestattung abhängig macht, ist nur gerechtfertigt, wenn der – darlegungspflichtige! – Mitgliedstaat hinreichend dartun kann, dass sich der mit der Präventivkontrolle verfolgte Schutzzweck mit einer Anzeigepflicht nicht auch hätte erreichen lassen.[47] Dazu gehört auch der Nachweis, dass sogar die Bewehrung der Anzeigepflicht mit Bußgeld- oder Strafsanktionen nicht verlässlich genug dazu führt, dass die Pflichtigen die erforderlichen Informationen rechtzeitig zur Verfügung stellen werden, so dass die Behörde instand gesetzt ist, die Rechtmäßigkeit der Dienstleistungserbringung zu überprüfen.[48] Nur wenn dieser Nachweis gelingt, ist der Erlaubnisvorbehalt und damit eine Genehmigungsregelung (an Stelle der Anzeigepflicht) erforderlich.

34 Auf der zweiten Stufe muss unter dem Erforderlichkeitsaspekt auch die Art und der damit verbundene **Belastungsgrad** einer – grundsätzlich für legitim erachteten – Vorab-Kontrolle geprüft werden: Da der gemeinschaftsrechtliche Begriff der

44 EuGH, Rs C-452/01 (Ospelt), Slg. 2003, I-9743, Rn 41; Müller-Graff in: Streinz EUV/EGV, Art. 43 EGV Rn 78 („marktrechtliches Erfordernis des Gemeinschaftswohlgewinns").

45 Roth in: Hb.EuWirtR, E. I Rn 103.

46 EuGH, Rs C-205/99 (Analir), Slg. 2001, I-1271, Rn 35: gemeinwirtschaftlicher Zweck, zu dessen Verwirklichung „System behördlicher Genehmigungen" erforderlich sein muss.

47 EuGH, Rs C-302/97 (Konle), EuZW 1999, 635, Rn 45 ff.

48 EuGH, Rs C-358/93 (Bordessa), JZ 1995, 1007, Rn 27 ff.

Genehmigungsregelungen umfassend zu verstehen ist, insbesondere nicht nur Erlaubnisvorbehalte, sondern auch Anzeigepflichten umfasst, sofern die – insofern qualifizierte – Anzeige Bedingung einer rechtmäßigen Dienstleistungsausübung ist (s. Rn 20), muss sich die Erforderlichkeitsbetrachtung auch auf diese Unterschiede in der **Ausgestaltung einer Präventivkontrolle** beziehen.[49] So gelten Anzeigepflichten nach traditionellem gewerberechtlichen Grundverständnis in aller Regel als weniger belastend als Erlaubnisvorbehalte (Genehmigungsvorbehalte in der engeren deutschen Begrifflichkeit). Auf dieser zweiten Stufe geht es also nicht mehr um die Basisentscheidung zwischen ex-ante- (Eröffnungs-) und ex-post-Kontrolle: Auch ein qualifiziertes, als Rechtmäßigkeitsbedingung für die Gewerbeausübung gefasstes und durch Prüfpflichten der Behörde flankiertes Anzeigeerfordernis ist ein Instrument der Präventivkontrolle. Zu vergleichen sind hier indessen die (Belastungs-)Intensitäten der in Betracht kommenden Ausgestaltungen einer Genehmigungsregelung (im umfassenden Sinne).

Auch diese Frage ist schon ein **Thema des Art. 9** und nicht etwa erst ein Problem der nach Maßgabe des Art. 13 zu beurteilenden näheren Ausgestaltung des Genehmigungsverfahrens, wenngleich hier Berührungspunkte denkbar sind. So fordert zwar Art. 13 Abs. 2, dass das **Genehmigungsverfahren** dem jeweiligen Gegenstand der Genehmigung entsprechend möglichst einfach ausgestaltet sein muss, und Art. 13 Abs. 4 gebietet als Regel, von der nur aus besonderem Grund abgewichen werden darf, dass die Mitgliedstaaten eine Genehmigungsfiktion vorsehen müssen, wenn der Genehmigungsantrag nicht binnen einer Höchstfrist beschieden wird. Auch diese Anforderungen sind Ausprägungen des Erforderlichkeitsgebotes, indem sie auf eine möglichst wenig beeinträchtigende Ausgestaltung des Genehmigungsverfahrens sowie der Rechtsfolgen des Genehmigungserfordernisses drängen. Jedoch liegen sie auf einer niedrigeren Abstraktionsebene als die vorgelagerte Frage, **welcher Typus von Genehmigungsregelung** (qualifiziertes Anzeigeerfordernis oder Erlaubnisvorbehalt) erforderlich und damit gerechtfertigt ist: Diese Frage wird von Art. 13 Abs. 4 (fiktive Genehmigung), der sich nur mit den Fällen „echter" Erlaubnisvorbehalte befasst, beispielsweise gar nicht erfasst. Sie ist auch nicht nur eine Frage von Verfahrensmodalitäten i. S. d. Art. 13 Abs. 1-3. Sie hat vielmehr grundsätzlicheren Charakter, insofern sie eine Begründung dafür verlangt, weshalb es unverzichtbar sein soll, die Dienstleistungserbringung an eine wirkliche oder fingierte behördliche Gestattung zu binden, es also nicht ausreicht, der Behörde (mehr oder weniger weit reichende) Informationen über die Dienstleistungserbringung zu verschaffen und deren Rechtmäßigkeit an die Beibringung der Information durch den Dienstleistungserbringer zu knüpfen (qualifizierte, **bedingende Anzeige**). Gemeinschaftsrechtlich ist diese Frage durch Art. 9 Abs. 1 lit. c also ebenso aufgeworfen wie die auf der ersten Stufe sich stellende Frage, ob überhaupt eine Genehmigungsregelung erforderlich ist. 35

Drittens stellt sich die Erforderlichkeitsfrage hinsichtlich der tatbestandlichen **Reichweite von Genehmigungsregelungen**. Auch hier geht es nicht um die Zulässigkeit der einzelnen Genehmigungsvoraussetzungen (Art. 10), sondern darum, ob ein Genehmigungsvorbehalt hinsichtlich aller Fälle, die er der Genehmigungspflicht unterwirft, notwendig ist. Dass Genehmigungsvorbehalte zu weit oder zu pauschal geschnitten sind und damit auch Dienstleistungen niedergelassener Anbieter ein- 36

49 Vgl. etwa EuGH, Rs C-134/05 (Kommission/Italien), Slg. 2007, I-6251, Rn 26 ff.

schließen, bei denen die dem Genehmigungserfordernis zugrunde liegende Schutznotwendigkeit gar nicht greift, ist eine praktisch eminent bedeutsame Möglichkeit. Der EuGH hat solche Fälle mehrfach unter dem Aspekt fehlender Bestimmtheit der Genehmigungsvoraussetzungen behandelt (das ist in der Dienstleistungsrichtlinie Thema des Art. 10 Abs. 1, s. dazu zu Art. 10 Rn 10 ff.).[50] Sie sind aber auch bereits ein Problem der (Teil-)**Erforderlichkeit eines Genehmigungsvorbehalts**: Das Erforderlichkeitspostulat zwingt zur Differenzierung und Präzisierung von Genehmigungsvorbehalten im Hinblick auf diejenigen Fälle, in denen ein hinreichendes Gefährdungspotenzial und damit ein ausreichender Grund für die Präventivkontrolle besteht. Typisierungen und ein gewisses, schon aus praktischen Gründen unvermeidliches Maß an Pauschalierung sind damit nicht ausgeschlossen. Jede Genehmigungsregelung muss sich jedoch daraufhin befragen lassen, ob sie in ihrem tatbestandlichen Zuschnitt nicht **generell enger gefasst** werden kann und muss, weil bei einer bisher mit erfassten Teilklasse von Fällen, in denen nur eine relativ geringe Gefährlichkeit im Hinblick auf das Schutzgut nachweisbar ist, die Erforderlichkeit des Erlaubnisvorbehalts nicht mehr bejaht werden kann.

37 Die Erforderlichkeit einer Genehmigungsregelung ist nicht schon deswegen ausgeschlossen, weil im **Herkunftsland** eines niedergelassenen Dienstleistungserbringers bereits eine entsprechende – in der Regel personenbezogene – (Beispiel: Zuverlässigkeit) **Genehmigungsanforderung** besteht. Das Problem etwaiger **Doppelbelastungen**, das angesichts ganz unterschiedlicher Regelungen in den verschiedenen Herkunftsländern denkbarer Dienstleistungserbringer auch durchaus nicht pauschal durch Verzicht auf eine Genehmigungsregelung im Niederlassungsstaat zu lösen wäre, wird nicht in Art. 9, sondern erst in Art. 10 Abs. 3 aufgegriffen. Diese Vorschrift verbietet jedoch nicht die Durchführung eines weiteren Genehmigungsverfahrens, sondern gebietet nur die Anerkennung der im Herkunftsstaat bereits vorliegenden Prüfergebnisse, sofern diese in gleichwertigen Kontrollverfahren ermittelt worden sind (s. Art. 10 Rn 13 ff.).

e) Erforderlichkeit und „nützliche" Genehmigungsvorbehalte

38 Die Dienstleistungsrichtlinie geht offensichtlich davon aus, dass bloße Anzeigepflichten oder Instrumente einer nachträglichen Kontrolle grundsätzlich „mildere Mittel" zur Verwirklichung der im öffentlichen Interesse liegenden Überwachungszwecke gegenüber den Genehmigungsregelungen darstellen, also im Sinne des Erforderlichkeitspostulats Vorrang genießen, sofern nicht nachzuweisen ist, dass nur die Eröffnungskontrolle wirksamen Schutz garantiert.[51] Diese generelle Wertung der Richtlinie ist jedoch nicht in allen Fällen zweifelsfrei. Sie stellt nicht in Rechnung, dass **Genehmigungsvorbehalte** für den verpflichteten Dienstleistungserbringer nicht nur Beeinträchtigungseffekte haben, sondern auch **Vorteile** mit sich bringen können.[52] Der Verwaltungsakt Genehmigung verschafft nicht

50 EuGH, Rs C-163/94 (Sanz de Lera), WM 1996, 1170, Rn 23 ff.: pauschale Unterwerfung aller Bargeldausfuhren oberhalb eines bestimmten Betrages unter die Genehmigungspflicht; EuGH, Rs C-54/99 (Association Église de scientologie de Paris), Slg. 2000, I-1335, Rn 18 ff.

51 Siehe neben dem ausdrücklichen Hinweis in Art. 9 Abs. 1 lit. c auch Erwägungsgrund 54; ferner Kommissionshandbuch, Ziff. 6.1.1.

52 Mit Blick auf die Mitgliedschaft in einer berufsständischen Kammer so z. B. GA Mischo, Schlussanträge, Rs C-215/01 (Schnitzer), Slg. 2003, I-14847, Rn 43 f.; der Gerichtshof hat diesen Gedanken allerdings nicht aufgegriffen (Rn 34 des Urteils).

nur Dritten Rechtsschutzvorteile (Drittanfechtungsklage, vorläufiger Rechtsschutz nach § 80 VwGO), sondern auch dem Genehmigungsempfänger selbst eine in mancher Hinsicht **verbesserte Rechtsposition** im Vergleich mit der genehmigungsfreien Dienstleistungserbringung. Vorteile können insbesondere in der mit der Genehmigung ggf. verbundenen **Legalisierungswirkung**, der **Bestandskraft** (auch gegenüber Dritten), der **Verantwortungsübernahme durch den Staat** und dadurch geminderten privaten Haftungsrisiken, gegebenenfalls sogar in einem relativ einfacheren Genehmigungsverfahren gegenüber aufwändig ausgestalteten Anzeigeverfahren liegen. So ist etwa im Baurecht schon seit Jahren wieder eine „Flucht" der Bauherren und Architekten aus dem Genehmigungsfreistellungsverfahren in die Baugenehmigung beobachtet worden.[53]

Damit stellt sich die Frage, ob derartige Erwägungen, die aus Sicht des nieder- 39
gelassenen Dienstleistungserbringern sogar für ein Genehmigungsverfahren und gegen eine bloße Anzeigepflicht oder nachträgliche Kontrolle sprechen, in die gemeinschaftsrechtlich gebotene Erforderlichkeitsüberprüfung eingebracht werden können. Insoweit die Genehmigung für den Dienstleistungserbringer vorteilhaft ist, ist ihr Vorbehalt kein die Niederlassungsfreiheit stärker beeinträchtigender Eingriff und ergibt sich unter dem Aspekt der Erforderlichkeit daher auch **kein Rechtfertigungszwang** gegenüber der Alternative einer **nachträglichen Kontrolle**. Man kann kaum annehmen, dass das Gemeinschaftsrecht sich etwaigen Vorteilen, die mit einer expliziten behördlichen Feststellung der Rechtmäßigkeit einer Dienstleistungserbringung auch für den Genehmigungsempfänger verbunden sein können, völlig verschlösse, auch wenn der Rechtsprechung des EuGH und der Richtlinie offenkundig nur die Belastungswirkung der Genehmigungspflicht vor Augen gestanden hat. Soweit die Genehmigung (und damit das Genehmigungserfordernis) den Dienstleistungserbringer auch schützt, indem sie ihn entlastet und ihm eine stabilere Rechtsposition verschafft, müssen diese Vorteile mit dem Nachteil, der insbesondere in der Verzögerung der Aufnahme der Tätigkeit bis zur behördlichen Genehmigungsentscheidung liegt,[54] verrechnet werden. Allerdings müssen derartige **Vorteile** auch im konkreten Fall einer Genehmigungsregelung **hinreichend stichhaltig** sein. Bloße pauschale Behauptungen der Nützlichkeit eines Genehmigungsvorbehalts auch für den Empfänger der Genehmigung reichen nicht aus. Vielmehr kommt es für jedes Genehmigungserfordernis genau darauf an, ob und inwieweit die Genehmigung tatsächlich die Ausübung der Tätigkeit auch unabhängig von den gesetzlichen Anforderungen **legalisiert** und wie weit die Verantwortungsübernahme durch die Behörde reicht.

Hinzu kommt ein grundsätzliches Problem: Die Behauptung der Vorteilhaftigkeit 40
einer Genehmigungspflicht für den Verpflichteten trägt Züge paternalistischer Bevormundung, wenn die „auch im Interesse des Pflichtigen liegende" Genehmigung diesem obligatorisch **aufgedrängt** wird. Rechtfertigungsstrategien für Freiheitseinschränkungen, die darauf gerichtet sind, die Beschränkungen mit dem angeblichen Nutzen für den Beschränkten zu legitimieren, sind aus Sicht der individuell Betroffenen, die insoweit ja nicht gefragt werden, stets prekär. Die Spannung zur individualschützenden Freiheit der Niederlassung bleibt also auch

53 Eindringlich Schulte, Die Reform des Bauordnungsrechts in Deutschland, DVBl. 2004, 925, 928.
54 EuGH, Rs C-390/99 (Canal Satélite), DVBl. 2002, 459, Rn 41.

bei Anerkennung von Nutzeffekten einer Genehmigungsregelung für die Dienstleistungserbringer bestehen. Insofern ist unter dem Aspekt der Erforderlichkeit doch jedenfalls die Frage zu stellen, ob nicht gegenüber der unentrinnbaren Genehmigungspflicht als die Freiheit des Dienstleistungserbringers stärker wahrende Alternative ein **Wahlrecht** zwischen der Inanspruchnahme eines Genehmigungsverfahrens und der genehmigungsfreien Tätigkeit in Betracht käme – vergleichbar dem bauordnungsrechtlichen Modell.

f) Erforderlichkeit und Prognosekompetenz

41 Erforderlichkeitsbewertungen sind in besonderem Maße prognoseabhängig; sie hängen von der **Einschätzung von Nutzen und Risiken** ab, die sich bei der Wahl des einen oder aber des anderen denkbaren Regelungsinstruments möglicherweise ergeben werden. Was die Erforderlichkeit von Genehmigungsregelungen angeht, kommt es für deren Beurteilung daher maßgeblich darauf an, wie weit diese Prognosen der Beurteilung der Mitgliedstaaten überlassen sind oder ob sie voller gemeinschaftsrechtlicher Kontrolle (insbesondere durch die Kommission) unterliegen. Für die Beantwortung dieser schwierigen Frage der entweder gemeinschaftlichen oder aber mitgliedstaatlichen Beurteilungskompetenz gibt die Richtlinie in ihrer geltenden Fassung keinen spezifischen, auf eine Abweichung von den zum Primärrecht entwickelten Grundsätzen des EuGH hin deutenden Hinweis.

42 Insbesondere ist das noch im ursprünglichen Kommissionsentwurf in Art. 9 Abs. 1 lit. b enthaltene Attribut „objektiv" („durch zwingende Gründe des Allgemeininteresses **objektiv gerechtfertigt**") in die geltende Richtlinienfassung nicht mehr übernommen worden. Wenn man annimmt, dass die ungewöhnliche Begriffsverwendung im ersten Richtlinienentwurf eine bewusste Akzentverschiebung hin zu einer „objektiven" Auslegung aus der Kontrollperspektive der Kommission unter Versagung eines Beurteilungsspielraums der Mitgliedstaaten intendierte,[55] so spricht viel dafür, den Verzicht auf jenes Attribut so zu deuten, dass nunmehr wieder die tradierten, zum Primärrecht entwickelten Grundsätze zur Verhältnismäßigkeitsüberprüfung maßgebend sein sollen.

43 Allerdings ist die **Rechtsprechung des EuGH** gerade in diesem Punkt nur schwer berechenbar. Danach steht den Mitgliedstaaten zwar bei der Einschätzung der Geeignetheit und – wohl weniger weit gehend[56] – auch der Erforderlichkeit grundfreiheitsbeschränkender Maßnahmen zur Erreichung des gemeinschaftsrechtlich legitimen Beschränkungsgrundes ein gewisser Beurteilungsspielraum zu.[57] Dieser hat jedoch – nicht anders als im verfassungsrechtlichen Rahmen bei Art. 12 Abs. 1 GG[58] – schwer abschätzbare Grenzen. Zu Gunsten der Mitgliedstaaten hat der Gerichtshof immerhin anerkannt, dass sie bei der Wahl einer freiheitbeschränkenden Maßnahme nicht nur auf diejenigen Mittel beschränkt sind, die einer allen Mitgliedstaaten gemeinsamen Auffassung darüber entsprechen, wie das fragliche Interesse zu schützen ist.[59] Sie haben also in (un-)gewissen Grenzen durchaus die

55 So wohl Oertel in: Böhret/Grunow/Ziekow (Hg.), S. 140.
56 Kingreen in: Calliess/Ruffert EUV/EGV, Art. 28-30 EGV Rn 93.
57 Tiedje/Troberg in: GS EUV/EGV, Art. 46 EGV Rn 29; Müller-Graff in: Streinz EUV/EGV, Art. 43 EGV Rn 79.
58 Vgl. nur BVerfGE 110, 141, 157.
59 EuGH, Rs C-36/02 (Omega), EuZW 2004, 753, Rn 37 f.; explizit für Genehmigungsvorbehalte zum Gesundheitsschutz EuGH, Rs C-95/01 (Greenham), EuZW 2004, 442, Rn 37.

Möglichkeit, auch weitergehende Einschränkungen der Niederlassungsfreiheit (und der anderen Grundfreiheiten) als **andere Mitgliedstaaten** vorzusehen, wenn ihnen das mit der Einschränkung verfolgte Schutzgut besonders gewichtig erscheint. Für die Genehmigungsregelungen bedeutet das, dass die Erforderlichkeit einer derartigen Regelung im deutschen Recht nicht schon allein mit dem Hinweis auf das Fehlen entsprechender Regelungen in anderen Mitgliedstaaten durchgreifend bestritten werden kann.

Auf der anderen Seite ist jedoch nicht übersehen, dass gerade die mittlerweile 44 reichhaltige Judikatur zu Genehmigungsvorbehalten im Anwendungsbereich der verschiedenen Grundfreiheiten keineswegs Großzügigkeit bei der Zubilligung von kontrollfreien Beurteilungsspielräumen der Mitgliedstaaten erkennen lässt. Vielmehr spricht der EuGH derartige Spielräume in den Entscheidungsgründen, welche die Erforderlichkeit präventiver Genehmigungsregelungen betreffen, durchweg nicht an. Stattdessen tritt er ohne weiteres in eine Überprüfung der Tragfähigkeit der von den – darlegungspflichtigen – Mitgliedstaaten vorgebrachten Sachgründe für die Notwendigkeit derartiger Genehmigungsvorbehalte ein, und er tut dies in einigen Entscheidungen sogar sehr eingehend.[60] Inhaltlich muss die Rechtfertigungsargumentation einerseits dartun, dass die **präventive Kontrolle in besonderer Weise geeignet** ist, die jeweiligen Risiken, zu deren Begrenzung der Genehmigungsvorbehalt besteht, zu vermeiden. Sie muss andererseits und vor allem aber auch plausibel machen, dass eine **nachträgliche Kontrolle zu spät** käme, um diese Risiken wirkungsvoll bekämpfen zu können.[61]

Je gravierender die Schutzgutverletzung ist, die bei einer nur nachträglichen Kon- 45 trolle möglicherweise weniger gut vermieden werden kann, um so geringer sind die Anforderungen an die Erforderlichkeitsprognose.[62] Die Mitgliedstaaten haben also bei **Schutzgütern von herausragender Bedeutung** (insbesondere denjenigen des Art. 46 Abs. 1 EGV bzw. Art. 16 Abs. 3) und bei denkbaren **schwer wiegenden Beeinträchtigungen** dieser Güter durch eine nicht ordnungsgemäße Dienstleistungserbringung die Möglichkeit, einen Genehmigungsvorbehalt auch schon dann zu verteidigen, wenn dessen Mehrwert gegenüber einer nachträglichen Kontrolle nur plausibel oder wahrscheinlich, nicht aber eindeutig belegbar ist. Je geringfügiger oder inhaltlich weniger überzeugend die von einer gesetzwidrigen Dienstleistungserbringung ausgehenden Gefahren hingegen erscheinen, um so schärfer sind die Anforderungen an den Nachweis der angeblich unabdingbaren Präventivkontrolle. Ebenso steigen die Anforderungen an die „Unerlässlichkeit" der Präventivkontrolle mit dem Maß der Gefahr einer (mittelbaren) Diskriminierung oder der **Intensität der Beschränkung der Niederlassungsfreiheit**, die von dem Genehmigungsvorbehalt ausgeht.[63]

---

60 Besonders deutlich: EuGH, Rs C-452/01 (Ospelt), Slg. 2003, I-9743, Rn 41 ff.; s. auch EuGH, Rs C-163/94 u.a. (Sanz de Lera), WM 1996, 1170, Rn 26 ff. – Anmeldesystem anstelle Genehmigungsvorbehalt würde auch ausreichen.

61 EuGH, Rs C-390/99 (Canal Satélite), DVBl. 2002, 459, Rn 40; s. auch Kluth in: Leible (Hg.), 131, 137 f.

62 Kingreen in: Calliess/Ruffert EUV/EGV, Art. 28-30 EGV Rn 93.

63 EuGH, Rs C-302/97 (Konle), EuZW 1999, 635, Rn 49.

4. Konsequenzen für die deutsche Rechtsordnung

46 Ob nach diesen Grundsätzen sämtliche Genehmigungsvorbehalte des deutschen Wirtschaftsrechts – insbesondere auch in ihrer bisherigen tatbestandlichen Reichweite – aufrechterhalten werden können, kann bezweifelt werden. Derartige Zweifel werden insbesondere hinsichtlich der ohnehin schon verfassungsrechtlich nicht durchweg zweifelsfreien **Genehmigungserfordernisse des Gewerberechts** geäußert (§§ 30 ff. GewO, § 2, § 4 Abs. 1 Nr. 1 GastG). Dies betrifft insbesondere die diesen Genehmigungsvorbehalten zugrunde liegende gesetzgeberische Einschätzung, die persönliche Zuverlässigkeit des Gewerbetreibenden müsse zwingend vorab geprüft und die Aufnahme des Gewerbes dazu auch noch an eine behördliche Erlaubnis geknüpft werden. Hier bedarf es jedenfalls einer sehr genauer Prüfung, ob nicht eine hinreichend qualifizierte Anzeigepflicht, die die Aufsichtsbehörde mit ausreichenden Informationen ausstattet, und deren Erfüllung gegebenenfalls auch als Rechtsbedingung für den rechtmäßigen Beginn der Gewerbetätigkeit gefasst werden kann, ausreicht.[64]

5. Screening und Berichtspflicht (Art. 9 Abs. 2)

47 Die Berichtspflicht des Abs. 2 soll ausweislich des Erwägungsgrundes 58 der Richtlinie nur die **Existenz der Genehmigungsregelungen** als solche, nicht hingegen die Kriterien und Voraussetzungen für die Erteilung von Genehmigungen erfassen. Daraus ergibt sich zunächst eine Einschränkung der Reichweite der Evaluation: Regelt Art. 9 nur die gemeinschaftsrechtliche Zulässigkeit von Genehmigungserfordernissen schlechthin, ohne Rücksicht auf die in ihnen niedergelegten Erteilungsvoraussetzungen, so sind Letztere der gemeinschaftlichen Evaluation entzogen, sofern es dabei nicht ausnahmsweise zugleich um eine der in Art. 14 und 15 aufgeführten Anforderungen geht.

48 Tatsächlich hat diese Einschränkung aber weniger weit reichende Bedeutung, als es zunächst den Anschein hat. Auch die Erforderlichkeit einer Genehmigungsregelung „als solcher" wird sich häufig nicht ohne Rückgriff auf die **Genehmigungsvoraussetzungen** beurteilen lassen (s. Rn 4 ff.). Die Genehmigungsvoraussetzungen umreißen den Prüfungsgegenstand und -umfang des präventiven Kontrollverfahrens. In ihnen kommt zum Ausdruck, welche Güter der Gesetzgeber durch die Präventivkontrolle schützen will und vor welchen Gefahren oder Risiken diese Güter zu schützen sind (Beispiel: Schutz der Dienstleistungsempfänger, Arbeitnehmer oder auch Gläubiger vor einem in der Person des Dienstleistungserbringers liegenden Gefährdungspotenzial bei einer Zuverlässigkeitsanforderung). Damit geraten die Genehmigungsvoraussetzungen oder negativ formulierten Versagungsgründe aber auch für die Bewertung der Verhältnismäßigkeit der Genehmigungsregelungen als solchen in das Blickfeld. Ob ein Genehmigungsvorbehalt sich diskriminierend auswirkt oder unverhältnismäßig ist, hängt ganz maßgeblich von den für die Erteilung einer Genehmigung verlangten Anforderungen ab. Die im Evaluationsverfahren zu leistende Rechtfertigung für eine Genehmigungsregelung kann also nicht davon absehen, im Rahmen der Erläuterung der Gründe für die Präventivkontrolle auch auf die Genehmigungsvoraussetzungen zu verweisen und darzutun, weshalb es notwendig ist, die in diesen

64 Ziekow, GewArch 2007, 217; s. näher auch Kluth in: Leible (Hg.), S. 131, 149.

Voraussetzungen aufgeführten Anforderungen schon vorab und nicht erst nachträglich zu prüfen.

Sieht eine komplexer gestaltete Genehmigungsregelung verschiedene Genehmigungsvoraussetzungen vor, die entweder in ihrer Gesamtheit einem Schutzzweck zu dienen bestimmt sind oder mehrere Schutzzwecke verfolgen, so wäre es zwar denkbar, dass der rechenschaftspflichtige Mitgliedstaat im Evaluationsverfahren sich nur auf eine, den Genehmigungsvorbehalt schlechthin tragende Anforderung beschränkt. Die weiteren, gewissermaßen um den tragenden Kontrollgrund herum gelagerten Genehmigungsvoraussetzungen könnten so außerhalb des Evaluationsverfahrens bleiben. Ein um die Verteidigung seiner Genehmigungsregelung bemühter Mitgliedstaat wird sich allerdings in seiner Rechtfertigungsargumentation kaum derart beschränken und stattdessen alle Argumente aufführen, die für die Erforderlichkeit der Präventivkontrolle, so wie sie konkret ausgestaltet ist, sprechen. 49

Art. 39 regelt die Rahmendaten für das Evaluationsverfahren, insbesondere die Fristen für die Vorlage der mitgliedstaatlichen Berichte und Stellungnahmen.[65] 50

6. Konkurrenzen (Art. 9 Abs. 3)

Die umfassende Reichweite des Begriffs der Genehmigungsregelungen wirft die Frage nach der Abgrenzung zu anderen Gemeinschaftsrechtsakten auf, namentlich zur **Berufsanerkennungsrichtlinie** 2005/36/EG[66] und den sektoralen Anerkennungsrichtlinien.[67] Der Richtliniengeber der Dienstleistungsrichtlinie ist davon ausgegangen, dass diese Richtlinie und die RL 2005/36/EG in einem Ergänzungsverhältnis stehen, also **unterschiedliche Regelungsgegenstände** haben, so dass es allenfalls in Randbereichen zu Überschneidungen kommen kann.[68] Für den Konfliktfall normiert Art. 3 Abs. 1 lit. d den Vorrang der Berufsanerkennungsrichtlinie. Die Regelungen der Dienstleistungsrichtlinie sind also subsidiär und greifen nur ein, soweit ein Gegenstand nicht durch die Anerkennungsrichtlinie geregelt ist.[69] Hinsichtlich des Rechts der Genehmigungen betrifft dies insbesondere behördliche **Berufszulassungsentscheidungen**, soweit diese an die berufliche Qualifikation anknüpfen. Begrifflich sind auch derartige Entscheidungen Genehmigungsregelungen im Hinblick auf den Zugang und die Ausübung eines Berufes. Soweit es um das Verfahren der Anerkennung der im Herkunftsland erworbenen Berufsqualifikationen geht, trifft die Berufsanerkennungsrichtlinie jedoch abschließende Regelungen (hinsichtlich des Marktzugangs).[70] **Art. 9 Abs. 3** bekräftigt daher 51

65 Kritisch zur knappen Fristsetzung Oertel in: Böhret/Grunow/Ziekow (Hg.), S. 143 f.; näher dazu Cornils, Art. 39.

66 Art. 51 RL 2005/36/EG für Europäischen Parlament und des Rates v. 7.9.2005 über die Anerkennung von Berufsqualifikationen, ABl. 2005 Nr. L 255, S. 22.

67 Überblick bei Stumpf, Aktuelle Entwicklungen im europäischen Dienstleistungs- und Niederlassungsrecht, DZWIR 2006, 99 ff.

68 Erwägungsgrund 31: „behandelt andere Fragen als diejenigen im Zusammenhang mit Berufsqualifikationen".

69 S. dazu auch Kluth/Rieger, Die gemeinschaftsrechtlichen Grundlagen und berufsrechtlichen Wirkungen von Herkunftslandprinzip und Betimmungslandprinzip, GewArch 2006, 1, 6 f.; Lemor, Auswirkungen der Dienstleistungsrichtlinie auf ausgesuchte reglementierte Berufe, EuZW 2007, 135, 136 f.; Steggewentz, Die Bedeutung der Dienstleistungsrichtlinie für den steuerberatenden Berufsstand, DStR 2007, 271 f.

70 Näher Kluth/Rieger, EuZW 2005, 486, 487 ff.

noch einmal, dass die Vorschriften der Art. 9-13 nicht auf Genehmigungsregelungen anwendbar sind, soweit diese von anderen Gemeinschaftsrechtsakten, insbesondere der Berufanerkennungsrichtlinie, erfasst sind.

52 Die Art. 9 ff. sind damit jedoch auch bei Dienstleistungen niedergelassener Anbieter, die **reglementierten Berufen** vorbehalten sind, **nicht vollständig verdrängt**. Der Vorrang der Berufsanerkennungsrichtlinie bezieht sich nur auf die Regelung der Anerkennung der im Herkunftsstaat erlangten Ausbildungsnachweise und sonstigen Qualifikationen (vgl. Art. 4, Art. 13, Art. 21 Abs. 1 RL 2005/36/EG: Marktzugang, Anerkennungsverfahren). Diese Anerkennung kann aber ggf. durchaus in ein im Übrigen nach Art. 9 ff. zu beurteilendes, bestimmte Dienstleistungstätigkeiten erfassendes **Zulassungsverfahren** hinsichtlich der vom ausländischen Dienstleistungserbringer erstrebten Niederlassung im Aufnahmestaat eingebunden sein (s. auch Art. 10 Rn 26).

53 Allgemein gilt, dass die Subsidiarität der Dienstleistungsrichtlinie immer nur insoweit besteht, wie die vorrangige Gemeinschaftsrechtsnorm überhaupt eine Regelung hinsichtlich der Genehmigungsvorbehalte trifft, soweit also eine rechtliche **Konkurrenzlage** besteht.[71] So schließt die in einer Gemeinschaftsrechtsnorm angeordnete Genehmigungspflicht (die von der Rechtfertigungsprüfung des Art. 9 entbindet) nicht aus, dass die Vorschriften des Art. 10-13 hinsichtlich der näheren Ausgestaltung der Genehmigungsvoraussetzungen und des Genehmigungsverfahrens zur Anwendung kommen. Trifft jene andere Gemeinschaftsrechtsnorm darüber keine Regelung, so ist dies in der Tat der Fall.[72] Der Nachrang der Vorschriften der Dienstleistungsrichtlinie bedeutet insbesondere nicht, dass **Personalgenehmigungen** der Mitgliedstaaten vom Anwendungsbereich der Art. 9 ff. vollständig ausgenommen wären. Soweit die persönlichen Eigenschaften nicht in Berufsqualifikationen oder Ausbildungsnachweisen bestehen, sondern anderer Art sind, bleiben die Vorschriften der Richtlinie anwendbar. Dies gilt etwa für die Voraussetzung einer bestimmten Rechtsform des Dienstleistungserbringers oder für die gewerbe- und berufsrechtliche Zuverlässigkeit einschließlich der wirtschaftlichen Leistungsfähigkeit. Gerade derartige personbezogene Anforderungen können, mehr noch als sach- oder anlagenbezogene Voraussetzungen, in besonderem Maße diskriminierende Effekte erzeugen, weil hier die Gefahr von Doppelbelastungen des ausländischen Dienstleistungserbringers besonders nahe liegt.

54 Verdrängt sind die Vorschriften der Dienstleistungsrichtlinie über Genehmigungen auch schon durch **„indirekte" Regelungen** anderer Gemeinschaftsrechtsakte. Mit derartigen indirekten Regelungen sind nach Auffassung der Kommission solche gemeint, die, ohne selbst Bestimmungen über Genehmigungsvorschriften zu ent-

71 Weiteres Beispiel: Die grenzüberschreitende Tätigkeit der Versicherungsvermittler ist gemeinschaftsrechtlich durch die RL 2002/92/EG v. 9.12.2002 über Versicherungsvermittlung (ABl. 2003 Nr. L9, S. 3) geregelt. Die 2007 neu eingeführte Erlaubnispflicht des § 34d GewO der Versicherungsvermittler gilt deswegen für registrierte Versicherungsvermittler aus anderen Mitgliedstaaten nicht (§ 34 d Abs. 5 GewO), weil die Richtlinie Erlaubnisfreiheit im Erbringungsstaat vorsieht. Eine Rechtfertigung eines Genehmigungsvorbehalts auch für die EU-Ausländer am Maßstab des Art. 9 käme wegen des Vorrangs dieser Regelung der RL 2002/92/EG nicht in Betracht, s. dazu näher Schönleiter, Das neue Recht für Versicherungsvermittler, GewArch 2007, 265, 272.

72 Kommissionshandbuch, Ziff. 6.1. mit dem Beispiel der Abfallrichtlinie 75/442/EWG v. 15.7.1975, ABl. 1975, Nr. L194, S. 47 i.d.F. der RL 2006/12/EG v. 5.4.2006, ABl. 2006 Nr. L 1145.

halten, doch explizit auf solche Vorschriften Bezug nehmen. Fehlt es an einer solchen ausdrücklichen Bezugnahme, so bleiben die Bestimmungen der Dienstleistungsrichtlinie uneingeschränkt anwendbar.[73]

Artikel 10 Voraussetzungen für die Erteilung der Genehmigung

(1) Die Genehmigungsregelungen müssen auf Kriterien beruhen, die eine willkürliche Ausübung des Ermessens der zuständigen Behörden verhindern.

(2) Die in Absatz 1 genannten Kriterien müssen:
a) nicht diskriminierend sein;
b) durch einen zwingenden Grund des Allgemeininteresses gerechtfertigt sein;
c) in Bezug auf diesen Grund des Allgemeininteresses verhältnismäßig sein;
d) klar und unzweideutig sein;
e) objektiv sein;
f) im Voraus bekannt gemacht werden;
g) transparent und zugänglich sein.

(3) Die Voraussetzungen für die Erteilung der Genehmigung für eine neue Niederlassung dürfen nicht zu einer doppelten Anwendung von gleichwertigen oder aufgrund ihrer Zielsetzung im Wesentlichen vergleichbaren Anforderungen und Kontrollen führen, denen der Dienstleistungserbringer bereits in einem anderen oder im selben Mitgliedstaat unterworfen ist. Die in Artikel 28 Absatz 2 genannten Verbindungsstellen und der Dienstleistungserbringer unterstützen die zuständige Behörde durch Übermittlung der im Hinblick auf diese Anforderungen notwendigen Informationen.

(4) Die Genehmigung ermöglicht dem Dienstleistungserbringer die Aufnahme oder die Ausübung der Dienstleistungstätigkeit im gesamten Hoheitsgebiet des betreffenden Mitgliedstaats, einschließlich der Einrichtung von Agenturen, Zweigniederlassungen, Tochtergesellschaften oder Geschäftsstellen, sofern nicht zwingende Gründe des Allgemeininteresses eine Genehmigung für jede einzelne Betriebsstätte oder eine Beschränkung der Genehmigung auf einen bestimmten Teil des Hoheitsgebiets rechtfertigen.

(5) Die Genehmigung wird erteilt, sobald eine angemessene Prüfung ergibt, dass die Genehmigungsvoraussetzungen erfüllt sind.

(6) Abgesehen von dem Fall, in dem eine Genehmigung erteilt wird, sind alle anderen Entscheidungen der zuständigen Behörden, einschließlich der Ablehnung oder des Widerrufs einer Genehmigung, ausführlich zu begründen; sie sind einer Überprüfung durch ein Gericht oder eine andere Rechtsbehelfsinstanz zugänglich.

(7) Dieser Artikel stellt die Verteilung der lokalen oder regionalen Zuständigkeiten der mitgliedstaatlichen Behörden, die solche Genehmigungen erteilen, nicht in Frage.

Literatur: Böhret/Grunow/Ziekow (Hg.), Der Vorschlag zu einer Richtlinie des Europäischen Parlaments und des Rates über Dienstleistungen im Binnenmarkt. Regelungsgehalt – Problemfelder – Akteurspositionen, Speyer, 2005 (zitiert als: Bearbeiter in: Böhret/Grunow/Ziekow (Hg.)); Erichsen/Ehlers (Hg.), Allgemeines Verwaltungsrecht, 13. Aufl., Berlin, 2006 (zitiert als: Bearbeiter in: Erichsen/Ehlers (Hg.)); Leible (Hg.), Die Umsetzung der Dienstleistungsrichtlinie,

73 Kommissionshandbuch, Ziff. 6.1.

Jena, 2008 (zitiert als: Bearbeiter in: Leible (Hg.)); Wolff/Bachof/Stober/Kluth, Verwaltungsrecht I, 12. Aufl., München, 2007 (zitiert als: Wolff/Bachof/Stober/Kluth).

I. Überblick über die Vorschrift

1 Art. 10 stellt Anforderungen an die Rechtfertigungsfähigkeit der einzelnen **Voraussetzungen für die Erteilung einer Genehmigung.** Zwar spielen die Kriterien, die für die Genehmigungserteilung festgelegt sind, auch schon für die Rechtfertigung der Genehmigungsregelung „als solcher" (Art. 9) eine Rolle (s. Art. 9 Rn 4 ff.). Art. 10 Abs. 1 und 2 komplettieren jedoch den gemeinschaftsrechtlichen Rechtfertigungzwang, indem sie hinsichtlich komplexerer Genehmigungsvorschriften an jede einzelne Genehmigungsvoraussetzung die Maßstäbe der Nichtdiskriminierung und Verhältnismäßigkeit hinsichtlich eines gemeinschaftsrechtlich anerkannten Schutzzweckes anlegen. Auch wenn ein Genehmigungsvorbehalt und eine darin ausformulierte Genehmigungsvoraussetzung (etwa: persönliche Zuverlässigkeit) also mit Blick auf ein dadurch gewahrtes Schutzinteresse gerechtfertigt ist, so können doch andere materielle Erteilungsbedingungen für diese Genehmigung gemeinschaftsrechtswidrig sein, weil schon das mit einer solchen weiteren Voraussetzung erstrebte Regelungsziel sich als nicht hinreichend legitim erweist (kein anerkannter zwingender Grund des Allgemeininteresses) oder weil eine präventive Kontrolle in einem Genehmigungsverfahren insoweit nicht erforderlich ist, vielmehr ohne Schaden für das jeweilige Schutzgut auch durch eine nachträgliche Überwachung ersetzt werden könnte.

2 Art. 10 Abs. 3 statuiert als Maßstab für die Rechtfertigung mitgliedstaatlicher Genehmigungsvoraussetzungen das **Anerkennungsprinzip** (nicht: Herkunftslandprinzip). Danach muss eine im Herkunftsland bereits erlangte behördliche Bestätigung der Erfüllung von im Wesentlichen vergleichbaren Anforderungen einer Genehmigung im Genehmigungsverfahren des Niederlassungsstaats anerkannt werden – die Unterwerfung unter eine Doppelprüfung von identischen oder vergleichbaren Genehmigungsvoraussetzungen ist verboten. Art. 10 errichtet nicht nur Anforderungen an die Genehmigungsvoraussetzungen, sondern auch solche an die

Ausgestaltung der Rechtsfolgen einer Genehmigung (regelmäßig bundesweite Geltung einer Genehmigung: Abs. 4) bzw. des **Genehmigungsverfahrens** (Abs. 5-7).

II. Genehmigungsvoraussetzungen (Abs. 1 und 2)

Art. 10 Abs. 1 und 2 errichten Anforderungen an die positiv oder negativ (Versagungsgründe) gefassten Voraussetzungen für die Erteilung einer Genehmigung. Genehmigungsvoraussetzungen im Sinne dieser Vorschrift sind die **materiellen Bedingungen**, die der Dienstleistungserbringer erfüllen oder nachweisen muss, um die Genehmigung zu erhalten. Die Kommission nennt in ihren Erläuterungen[1] beispielhaft die auch in der Rechtsprechung des EuGH immer wieder behandelten Voraussetzungen einer Versicherungspflicht, einer Verpflichtung zum Nachweis der Solvenz des Dienstleistungserbringers[2] und schließlich Anforderungen an das Personal des Dienstleistungserbringers.[3] Verfahrenspflichten (etwa Fristen), denen der niederlassungswillige Dienstleistungserbringer unterworfen wird und von deren Erfüllung die Erteilung der Genehmigung abhängig gemacht wird, sind hingegen Thema des Art. 13. 3

1. Prinzip der Gesetzesbindung der Genehmigungsentscheidungen

Generelle Leitlinie für die Fassung dieser Voraussetzungen (Kriterien) ist, dass **willkürliche Entscheidungen** der Behörde über die Erteilung der Genehmigung **ausgeschlossen** werden müssen (Abs. 1). Diese Leitlinie – bekräftigt durch Abs. 5 – läuft auf das Postulat einer gesetzlichen Bindung der behördlichen Genehmigungsentscheidung – in den normativ niedergelegten Genehmigungsvoraussetzungen – hinaus,[4] auch wenn die Bestimmung nur von der Verhinderung der „willkürlichen Ausübung des Ermessens der zuständigen Behörde“ spricht, also selbst gewisse administrative Spielräume offenbar für zulässig hält.[5] Jedenfalls ein freies Versagungsermessen, wie es nach traditionellem deutschen wirtschaftsverwaltungsrechtlichen Verständnis bei den repressiven Verboten mit Befreiungsvorbehalt – mehr oder weniger weit gehend – (noch)[6] angenommen wird, ist damit 4

1 Kommissionshandbuch, Ziff. 6.1.2.

2 EuGH, Rs C-514/03 (Kommission/Spanien), GewArch 2006, 117, Rn 39 ff. (Sicherheitsleistung).

3 EuGH, Rs C-514/03 (Kommission/Spanien), GewArch 2006, 117, Rn 45 ff. (Mindestbeschäftigtenzahl, Erlaubnispflicht für Beschäftigte).

4 Hatje, Die Dienstleistungsrichtlinie – Auf der Suche nach dem liberalen Mehrwert, NJW 2007, 2357, 2359.

5 Dass hier eher (unvermeidliche und selbstverständliche) Auslegungsspielräume als ein weitergehendes Rechtsfolgeermessen gemeint sind, indiziert die englische Formulierung („power of assessment“, nicht: „discretion“) – ohnehin ist die in der deutschen Verwaltungsrechtsdogmatik eingeführte, wenngleich problematische (Jestaedt in: Erichsen/Ehlers (Hg.), S. 291 ff.) Unterscheidung von Beurteilungs- und Ermessenspielräumen im Gemeinschaftsrecht nicht ausgebildet; s. zur Zulässigkeit eines „gewissen Ermessens“ bei polizeilichen Genehmigungen (betreffend außergerichtliche Forderungseinziehungen) EuGH, Rs C-134/05 (Kommission/Italien), Slg. 2007, I-6251, Rn 35 ff.

6 Unter der verfassungsrechtlichen Annahme weitgehend lückenlos gewährleisteter Handlungsfreiheit (Art. 2 Abs. 1 GG) sind grundsätzlich verbotene und nur im Ausnahmefall nach Ermessen der Behörde („echtes Versagungsermessen“) zuzulassende Betätigungen allerdings auch im deutschen Recht heute allenfalls noch selten denkbar. Jedenfalls greifen auch hier sorgfältig zu beachtende Ermessensgrenzen und ist daher die Unterscheidung von gebundener und Ermessensverwaltung ohnehin mehr eine heuristische als strikt rechtlich-kategoriale, vgl. Jestaedt in: Erichsen/Ehlers (Hg.), S. 294 ff.

nicht vereinbar:[7] Die Gewährleistung der Niederlassungsfreiheit gibt ein **prinzipielles subjektives Recht auf Niederlassung**, das nicht einem von eindeutig fixierten und für sich genommen sachlich legitimen Beschränkungsgründen gelösten Verwaltungsermessen unterworfen werden darf.

2. Materielle Genehmigungsvoraussetzungen

5 Die in Abs. 2 aufgelisteten **Rechtmäßigkeitsanforderungen** an Genehmigungsvoraussetzungen lassen sich in solche materieller und formeller Art unterteilen: Die in den lit. a-c genannten materiellen Anforderungen reflektieren die zentralen, schon bei Art. 9 relevanten, aus der Rechtsprechung des Gerichtshofs entlehnten Rechtfertigungsbedingungen für Einschränkungen der Grundfreiheiten: **Nichtdiskriminierung**, Begründung durch einen **zwingenden Grund des Allgemeininteresses** und **Verhältnismäßigkeit**. Hinzu tritt die in lit. e gefasste Anforderung, wonach die Genehmigungsvoraussetzungen **„objektiv"** sein müssen. Auch diese Anforderung bezieht sich auf die Inhalte der Voraussetzungen, insofern sie nachprüfbare Gründe für die Erteilung bzw. Verweigerung der Genehmigung verlangt. Objektive Bedingungen einer Genehmigung schließen es aus, dass die Behörde einen sachlich ungebundenen, nicht überprüfbaren Entscheidungsspielraum hat. In der Anforderung der Objektivität wird also die Grundforderung des Art. 10 Abs. 1 nach der Gesetzesbindung der behördlichen Entscheidung präzisiert und verdeutlicht. Insbesondere muss durch die Objektivität der Genehmigungsbedingungen gewährleistet sein, dass die Antragsteller gerecht und unparteiisch behandelt sowie ihre Anträge jeweils nach den Umständen des individuellen Falles beurteilt werden.[8]

6 Genehmigungsregelungen, die für die Erteilung der Genehmigung die Erfüllung der in **Art. 14** genannten Anforderungen oder Merkmale verlangen, sind ohne weiteres gemeinschaftsrechtswidrig, da diese Anforderungen unter keinem Gesichtspunkt zu rechtfertigen, sondern **absolut verboten** sind. Dies betrifft also die dort genannten Kriterien, die sich für niederlassungswillige Anbieter von Dienstleistungen aus anderen Mitgliedstaaten diskriminierend auswirken (Art. 14 Nr. 1-4, 7, 8), ferner Regelungen, die die Genehmigung von einem wirtschaftlichen Bedarf (Nr. 5) oder von der Mitwirkung konkurrierender Dienstanbieter (Nr. 6) abhängig machen (s. dazu näher Art. 14 Rn 6 ff.).

7 Wie bei der Rechtfertigung der Genehmigungsregelung als solcher (Art. 9) ist die **Verhältnismäßigkeit** der einzelnen Voraussetzungen sowohl unter dem Aspekt zu prüfen, ob die Voraussetzung überhaupt **geeignet** ist, das mit ihr verfolgte Gemeinwohlinteresse zu schützen, als auch unter dem Aspekt, ob es notwendig ist, diesen Schutz gerade in einem Genehmigungsverfahren sicherzustellen – und ihn nicht einer laufenden, nachträglichen Gewerbeüberwachung überlassen (**Erforderlichkeit**). Aus dem Umstand, dass die Beschränkung der Niederlassungsfreiheit nur durch zwingende Gründe des Allgemeininteresses („overriding reason relating to the public interest") gerechtfertigt werden kann, ergibt sich zudem auch, dass der Schutzzweck der jeweiligen Genehmigungsvoraussetzungen in einem angemessenen Verhältnis zur Beeinträchtigungswirkung des Genehmigungsvorbehalts stehen muss (**Verhältnismäßigkeit im engeren Sinne**).

---

7 EuGH, Rs C-390/99 (Canal Satélite), DVBl. 2002, 459, Rn 35.
8 Kommissionshandbuch, Ziff. 6.1.2.

3. Rechtsprechung des Gerichtshofs

Der EuGH hat in seiner bisherigen Rechtsprechung, die auch für die Interpretation des Art. 10 und damit für den Umsetzungsbedarf im nationalen Recht beachtlich bleibt, eine Reihe von Genehmigungsanforderungen für unverhältnismäßig erklärt. Zu einem erheblichen Teil handelt es sich dabei um diejenigen Bedingungen, die **Art. 15** auch unabhängig davon, ob sie in eine Genehmigungsregelung eingelassen sind, einer Prüfungspflicht unterwirft. Diese Anforderungen stehen grundsätzlich, ob als Genehmigungsvoraussetzung in einem Genehmigungsvorbehalt oder als Anforderung außerhalb einer Genehmigungspflicht, unter einem Anfangsverdacht der Unverhältnismäßigkeit im Hinblick auf die verfolgten Schutzzwecke. Die Liste des Art. 15 hat daher, wie auch diejenige des Art. 14 für die absolut verbotenen Anforderungen, herausragende Bedeutung für die Verhältnismäßigkeit von Genehmigungsvoraussetzungen i. S. d. Art. 10 Abs. 2: Sie beschreibt die besonders wichtigen mitgliedstaatlichen, in der Rechtsprechung des EuGH schon in der Vergangenheit als gemeinschaftsrechtlich prekär und häufig unzulässig identifizierten Anforderungen an die Tätigkeit (niedergelassener) Dienstleistungserbringer. Geht es in einer mitgliedstaatlichen Genehmigungsregelung um eine in Art. 15 aufgelistete Voraussetzung, so ist also die Möglichkeit der Unvereinbarkeit einer derartigen Voraussetzungen mit dem Gemeinschaftsrecht besonders naheliegend – wenn auch nicht stets zwingend (die Rechtfertigung als verhältnismäßige Einschränkung ist, anders als in den Fällen des Art. 14, immerhin möglich). 8

Geradezu exemplarisch für die Prüfung von Genehmigungsvoraussetzungen durch den EuGH sind seine in den letzten Jahren ergangenen Urteile zum **privaten Sicherheitsgewerbe.**[9] Zu den beanstandeten Bedingungen für die Erteilung von Genehmigungen gehörten danach unter anderen: 9

- Im Bewachungsgewerbe (private Sicherheitsunternehmen) darf die Genehmigung nicht an die Bedingung geknüpft werden, dass das Unternehmen die **Rechtsform einer juristischen Person** (vgl. Art. 15 Abs. 2 lit. b) hat: Es fehlt schon an der Eignung eines solchen Rechtsformzwangs im Hinblick auf die mit dem Genehmigungsvorbehalt verfolgten Schutzinteressen (Verbraucherschutz, Aufrechterhaltung der öffentlichen Ordnung), weil zwischen der Rechtsform des Unternehmens und etwaigen Gefahren für diese genannten Güter kein Zusammenhang besteht.[10]
- Nicht geeignet und auch nicht erforderlich ist für die Sicherheitsunternehmen auch das **Erfordernis eines Mindestgesellschaftskapitals** (vgl. Art. 15 Abs. 2 lit. c), da auch insoweit kein Zusammenhang zwischen der Kapitalsumme und etwaigen Gefahren für die Allgemeinheit, die von Sicherheitsunternehmen ausgehen können, besteht und zudem weniger einschneidende Mittel bestehen, um den Verbraucherschutz zu gewährleisten, so etwa die Verpflichtung zu Sicherheitsleistungen oder Versicherungen.[11]

---

9 Zwar ist das Sicherheitsgewerbe aus dem Anwendungsbereich der Richtlinie ausgenommen (Art. 2 lit. k). Die Aussagen der einschlägigen Urteile bleiben gleichwohl relevant für das Verständnis der Art. 10, 14 und 15. Namentlich die Kataloge des Art. 14 und 15 lesen sich zu weiten Teilen wie eine Spiegelung der in dieser Rechtsprechung (insb.: EuGH, Rs C-514/03 (Kommission/Spanien), GewArch 2006, 117) behandelten Klauseln.

10 EuGH, Rs C-171/02 (Kommission/Portugal), GewArch 2004, 333, Rn 41 ff.; Rs C-514/03 (Kommission/Spanien), GewArch 2006, 117, Rn 32.

11 EuGH, Rs C-171/02 (Kommission/Portugal), GewArch 2004, 333, Rn 53 ff.; Rs C-514/03 (Kommission/Spanien), GewArch 2006, 117, Rn 36 f.

- Obwohl die Forderung einer **Sicherheitsleistung** im Verhältnis zum Erfordernis eines Mindestgesellschaftskapitals eine weniger intensive Belastung sei, so hat der EuGH doch auch diese Forderung für den Sachbereich des Sicherheitsgewerbes als unverhältnismäßig im engeren Sinne angesehen: Sie gehe in ihrer Strenge „beim gegenwärtigen Stand der Entwicklung der Mechanismen zur grenzüberschreitenden Einziehung von Forderungen und Vollstreckung ausländischer Urteile innerhalb der Europäischen Union über das hinaus, was zur Sicherstellung eines angemessenen Gläubigerschutzes erforderlich sei".[12]
- Die mitgliedstaatliche Genehmigungsbedingung, dass ein Sicherheitsunternehmen eine **Mindestzahl von Beschäftigten** (vgl. Art. 15 Abs. 2 lit. f) nachweisen muss, ist nur verhältnismäßig (insbesondere geeignet und erforderlich) hinsichtlich derjenigen Unternehmen, die sich mit der Beförderung von Sprengstoff befassen. Hinsichtlich anderer geltend gemachter Gründe (Beförderung von Wertgegenständen und gefährlichen Gegenständen, Einrichtung und Wartung von Sicherheits- und Alarmsystemen) hat der EuGH die Erforderlichkeit einer solchen Vorgabe hingegen nicht als ausreichend konkret nachgewiesen beurteilt.[13]
- Bei Sicherheitsunternehmen, die sich in einem anderen als ihrem Herkunftsstaat niederlassen, ist die Unterwerfung der Mitarbeiter des Unternehmens unter einen Vorbehalt der Erlaubnis durch die Behörde des Niederlassungsstaates – anders als bei bloß vorübergehender Dienstleistungserbringung – grundsätzlich zulässig. Jedoch ist die Erforderlichkeit einer solchen Genehmigungsvoraussetzung, die für das Personal **zusätzliche Erlaubnisse des Niederlassungsstaates** verlangt, nur gewahrt, wenn im Erlaubnisverfahren diejenigen vergleichbaren Anforderungen berücksichtigt werden, die die Mitarbeiter bereits in ihrem Herkunftsstaat erfüllt haben.[14] Diese Bedingung ist in Art. 10 Abs. 3 noch einmal explizit ausformuliert (dazu Rn 13 ff.). Sie ergibt sich indes bereits aus dem Erforderlichkeitsprinzip und spielt unter diesem Aspekt in der Rechtsprechung des Gerichtshofs eine erhebliche Rolle.[15]

4. Formelle Anforderungen: Vorhersehbarkeit und Bestimmtheit

10 Genehmigungsvoraussetzungen müssen neben ihrer Verhältnismäßigkeit auch klar und unzweideutig, transparent und zugänglich sein sowie im Voraus bekannt gemacht werden (**Art. 10 Abs. 2 lit. d, f, g**). Diese verschiedenen Umschreibungen des **rechtsstaatlichen Bestimmtheitsgebotes** haben keinen scharf voneinander zu unterscheidenden, je spezifischen Gehalt. Sie sind auf dieselben Schutzzwecke gerichtet und von diesen Zwecken her auch zu interpretieren: Zunächst geht es dabei um die **Verständlichkeit und Berechenbarkeit** der Genehmigungsregelung, insbesondere der darin niedergelegten Genehmigungsvoraussetzungen aus Sicht des niederlassungswilligen **Dienstleistungserbringers**, der einen Antrag auf Genehmigung stellt.[16] Allerdings kann diese Perspektive, die auf möglichst leichte Verständlichkeit für den Normunterworfenen hinausläuft, nicht die einzig maßgeb-

12 EuGH, Rs C-514/03 (Kommission/Spanien), GewArch 2006, 117, Rn 43.
13 EuGH, Rs C-514/03 (Kommission/Spanien), GewArch 2006, 117, Rn 50 f.
14 EuGH, Rs C-514/03 (Kommission/Spanien), GewArch 2006, 117, Rn 57.
15 EuGH, Rs C-390/99 (Canal Satélite), DVBl. 2002, 459, Rn 36.
16 Kommissionshandbuch, Ziff. 6.1.2.; s. auch EuGH, Rs C-205/99 (Analir), Slg. 2001, I-1271, Rn 38: „objektive und nicht diskriminiernde Kriterien müssen den betroffenen Unternehmen im Voraus bekannt sein" und ggf. „erläutert" werden; Kluth in: Leible (Hg.), S. 131, 150 f., leitet daraus die Verpflichtung der deutschen Gesetzgeber ab, die Einzelbegründungen für die gewerberechtliche Unzuverlässigkeit in den Genehmigungstatbeständen explizit zu fassen.

liche sein: Bestimmtheitsanforderungen müssen stets auch in ihrer Bedeutung für die **Kompetenzverteilung** zwischen Normgeber und normanwendender Exekutive gesehen werden: Präzise und insofern „bestimmtere" normative Regelungen lassen der – gerichtlich kontrollierten – Genehmigungsbehörde weniger Interpretationsspielraum, ohne doch deswegen auch zugleich stets allgemein verständlich zu sein. Fachlich-technische Präzision einer Regelung kann geradezu auf Kosten der Allgemeinverständlichkeit (aus der Sicht eines Dienstleistungserbringers) gehen.

Die Leitlinie des Art. 10 Abs. 1 und die Anforderung der Objektivität in Art. 10 Abs. 2 lit. e lassen indes keinen Zweifel, dass die Fassung der Genehmigungsvoraussetzungen vor allem darauf ausgerichtet sein muss, **nicht überprüfbare Ermessensspielräume** der Genehmigungsbehörden (Willkür) **auszuschließen** oder weitestmöglich einzudämmen. Dieser Maxime fügen sich auch die formalen Bestimmtheitsanforderungen ein: Zwar fordern sie Allgemeinverständlichkeit für den Dienstleistungserbringer; mehr noch aber fordern sie legislatorische Präzision (gegebenenfalls auch unter Inkaufnahme gewisser Defizite an Verständlichkeit) zur Begrenzung behördlicher Entscheidungsspielräume und zur Ermöglichung gerichtlicher Kontrolle.[17] Damit ist nicht gemeint, dass die Genehmigungsbestimmungen auf einer möglichst hohen Konkretisierungsebene und in kasuistischer Regelungstechnik die jeweilige Genehmigungsvoraussetzung textlich genau umschreiben müssen. Jedoch gebietet die Bestimmtheitsforderung, dass das Gesetz eine klare Orientierung für Behörden, Gerichte (und natürlich auch den Dienstleistungserbringer) hinsichtlich der inhaltlichen Reichweite des Genehmigungserfordernisses gibt, wobei dies auch durch unbestimmte Rechtsbegriffe in Verbindung mit einer klaren Zweckvorgabe geschehen kann. 11

Der **EuGH** hat in diesem Sinne einen Verstoß gegen den Grundsatz der Rechtssicherheit beispielsweise bei einer Regelung angenommen, die einen Genehmigungsvorbehalt allgemein für jede ausländische Direktinvestition anordnete, „die geeignet ist, die öffentliche Ordnung oder Sicherheit zu gefährden".[18] Zwar könne ein System der Präventivkontrolle für bestimmte Kapital-Transaktionen durchaus erforderlich und angemessen sein, um auf diese Weise wirksam Rechtsverstößen vorzubeugen. Ein nicht weiter eingegrenzter, nur an die potentielle Sicherheitsgefährdung geknüpfter Genehmigungsvorbehalt gebe jedoch dem Investor keinerlei Hinweis darauf, unter welchen besonderen Umständen eine vorherige Genehmigung erforderlich ist.[19] 12

III. Art. 10 Abs. 3: Verbot doppelter Anforderungen

Abs. 3 greift eine in der Rechtsprechung des Gerichtshofs entwickelte zentrale Rechtfertigungsanforderung für mitgliedstaatliche Beschränkungen aller Grundfreiheiten auf und setzt sie spezifisch für die Formulierung von Genehmigungsvoraussetzungen um. Danach können zwingende Gründe des Allgemeininteresses eine Einschränkung der Grundfreiheiten durch Regelungen eines Mitgliedstaates nur insoweit rechtfertigen, wie dieses Interesse nicht bereits durch Vorschriften geschützt wird, denen der Dienstleistende in dem Mitgliedstaat unterliegt, in dem er 13

17 Deutlich EuGH, Rs C-463/00 (Kommission/Spanien), Slg. 2003, I-4581, Rn 76, 79.
18 EuGH, Rs C-54/99 (Association Église de scientologie de Paris), Slg. 2000, I-1335, Rn 21 f.
19 Andere Beispiele aus der Rspr.: EuGH, Rs C-463/00 (Kommission/Spanien), Slg. 2003, I-4581, Rn 74 f.

ansässig ist.[20] Die Mitgliedstaaten sind daher verpflichtet, Anforderungen, denen niedergelassene Dienstleistungserbringer schon in ihrem **Herkunftsstaat** ausgesetzt waren und die sie dort erfüllt haben, **anzuerkennen** und insoweit auf eine erneute Prüfung anhand identischer oder gleichwertiger Anforderungen zu verzichten.

1. Inhalt der Berücksichtigungs- und Anerkennungspflicht

14 Diese Anerkennungspflicht darf **nicht** mit einem **Herkunftslandprinzip** verwechselt werden in dem (strengen) Sinne, dass für die Rechtmäßigkeit der Betätigung des Dienstleistungserbringers im Niederlassungsstaat nicht dessen Recht, sondern dasjenige des Herkunftsstaates maßgeblich wäre.[21] Vielmehr bleibt der im Niederlassungsstaat durch dessen Rechtsordnung aufgerichtete normative Standard Maßstab für die Zulässigkeit einer Tätigkeit. Anders als bei bloß vorübergehenden Dienstleistungen[22] ist im Schutzbereich der Niederlassungsfreiheit der Mitgliedstaat sogar prinzipiell (Verhältnismäßigkeit vorausgesetzt) berechtigt, ein **weiteres präventives Kontrollverfahren** durchzuführen, also den ausländischen niederlassungswilligen Dienstleister einem Genehmigungsvorbehalt zu unterwerfen, und zwar auch dann, wenn der Dienstleister schon im Herkunftsstaat einer Zulassungspflicht unterlag.[23]

a) Verbot der Anwendung von „Kontrollen"

15 Im Rahmen eines solchen Genehmigungsverfahrens muss die Behörde aber den Ergebnissen einer bereits im **Herkunftsstaat absolvierten Kontrolle** Rechnung tragen, diese Ergebnisse also zur Kenntnis nehmen und, wenn die bereits geprüften Anforderungen denjenigen im Wesentlichen entsprechen, welche die eigene Genehmigungsvoraussetzung im Recht des Niederlassungsstaates aufstellt, insoweit auf eine weitere Überprüfung verzichten. Die Vorlage der Erlaubnis im Herkunftsstaat und ggf. derjenigen Nachweise, die notwendig sind, um die Vergleichbarkeit der Anforderungen deutlich zu machen, ersetzt also gewissermaßen die Sachangaben für eine neue Prüfung.

b) Verbot der Anwendung von „Anforderungen"

16 Entsprechendes gilt für **Leistungen**, die der Dienstleistungserbringer in seinem Herkunftsstaat als **Voraussetzung** der Erteilung einer **Genehmigung** bereits erbracht hat, etwa die Stellung einer Sicherheit[24] oder die Zahlung von Sozialabgaben.[25] „Berücksichtigung" i. S. d. Art. 10 Abs. 3 bedeutet, dass derartige Vorleistungen nach dem Recht des Herkunftsstaates im Genehmigungsverfahren des Niederlassungsstaates anerkannt werden müssen und eine erneute, vergleichbare Leistung nicht mehr verlangt werden darf.

---

20 Vgl. EuGH Rs C-58/98 (Corsten), EuZW 2000, 763, Rn 35.

21 Missverständlich daher Oertel in: Böhret/Grunow/Ziekow (Hg.), S. 154; zutreffend Ziekow, Die Auswirkungen der Dienstleistungsrichtlinie auf das deutsche Genehmigungsverfahrensrecht, GewArch 2007, 217, 218; zur Unterscheidung näher Calliess, Europäischer Binnenmarkt und europäische Demokratie: Von der Dienstleistungsfreiheit zur Dienstleistungsrichtlinie – und wieder Retour?, DVBl. 2007, 336, 341.

22 EuGH, Rs C-58/98 (Corsten), EuZW 2000, 763, Rn 43 ff.

23 Vgl. Erwägungsgrund 61.

24 EuGH, Rs C-514/03 (Kommission/Spanien), GewArch 2006, 117, Rn 43.

25 EuGH, Rs C-393/99 (Inasti/Hervein), EuZW 2002, 699, Rn 48 f., 63 ff.

17 Allerdings kann dies nur gelten, wenn jene im Herkunftsland schon erbrachte **Vorleistung** ausreicht, auch den von der im Genehmigungstatbestand des Niederlassungsstaates vorgeschriebenen Leistung erwarteten **Garantieeffekt zu erreichen.** Dies ist beispielsweise im Fall der Sicherheitsleistung nicht gegeben, wenn die im Herkunftsland aufgrund der dort geltenden Anforderungen hinterlegte Sicherheit nur die geschäftliche Aktivität des Unternehmens im Herkunftsland wirtschaftlich abdeckt. In einem solchen Fall bleibt die Behörde des Niederlassungsstaates berechtigt, nach Evaluation der Sicherheitsleistung im Herkunftsstaat doch auch die im eigenen Genehmigungstatbestand vorgesehene Verpflichtung zur Sicherheitsleistung dem Antragsteller gegenüber zur Geltung zu bringen. Eine Doppelbelastung liegt in einem solchen Fall auch gar nicht vor: Hinsichtlich der neuen Niederlassung ist eine Belastung im Herkunftsstaat schließlich nicht erfolgt.

18 Auch die Auferlegung einer **zusätzlichen Sozialversicherungspflicht** im Niederlassungsstaat kann zulässig sein, wenn dem niedergelassenen Dienstleistungserbringer aus dieser Sozialversicherung im Gegenzug zusätzlicher sozialer Schutz gewährt wird.[26]

19 „**Berücksichtigung**" des Pflichtenstatus des Antragstellers im Herkunftsstaat bedeutet also keineswegs in jedem Fall den Verzicht auf die Durchsetzung der eigenen Bedingungen für die Erteilung einer Genehmigung nach dem Recht des Niederlassungsstaates. Ein solcher Verzicht ist nur und allerdings geboten, wenn und soweit die Anforderung oder Auflage des Herkunftsstaates den legitimen Schutzzweck der Genehmigungsbedingung im Niederlassungsstaat bereits miterfüllt.

2. Umsetzung im mitgliedstaatlichen Recht

20 Art. 10 Abs. 3 verlangt, dass die Mitgliedstaaten hinsichtlich jeder Genehmigungsvoraussetzung eine entsprechende **Berücksichtigungspflicht vorschreiben,** um so Doppelprüfungen in der Sache, von denen häufig eine diskriminierende Wirkung zulasten der ausländischen Dienstleistungserbringer ausgeht, zu vermeiden. Die Rechtsprechung des EuGH zeigt in diesem Punkt erhebliche Strenge: Wiederholt sind Genehmigungspflichten beanstandet worden, weil die mitgliedstaatliche Regelung alle Antragsteller denselben Genehmigungsvoraussetzungen unterwarf, ohne eine Möglichkeit der Berücksichtigung bereits in einem anderen Mitgliedstaat bestandener Kontrollen oder erbrachter Leistungen ausdrücklich vorzusehen.[27] Auch soweit mitgliedstaatliche Genehmigungsvoraussetzungen textlich flexibel genug gefasst sind, um Vorbelastungen und -leistungen eines ausländischen Antragstellers aus seinem Herkunftsstaat in die behördliche Prüfung einfließen zu lassen, ist der Umsetzungsgesetzgeber doch gut beraten, die sich aus der Rechtsprechung des Gerichtshofs und aus Art. 10 Abs. 3 ergebende Berücksichtigungspflicht **explizit** zum Ausdruck zu bringen, um jedes Risiko einer Beanstandung durch die Kommission oder den Gerichtshof zu vermeiden.[28]

21 Was die Regelungstechnik der **Umsetzung** angeht, so stellt sich damit wiederum die für die meisten Umsetzungserfordernisse auftretende Systemfrage: Die Prü-

26 EuGH, Rs C-393/99 (Inasti/Hervein), EuZW 2002, 699, Rn 48 f., 63 ff.
27 EuGH, Rs C-355/98 (Kommission/Belgien), DVBl. 2000, 891, Rn 38.
28 So auch Kommissionshandbuch, Ziff. 6.1.3.

fungs- und Berücksichtigungspflicht kann entweder in alle **fachrechtlichen Genehmigungsregelungen** je für sich eingefügt werden, oder sie kann als Anforderung des **allgemeinen Verwaltungsverfahrensrechts** (Einfügung in die Verwaltungsverfahrensgesetze) gefasst werden. Das Gemeinschaftsrecht ist im Hinblick auf diese beiden möglichen Wege zum geforderten Ergebnis indifferent.[29]

3. Vergleichbarkeit

22 Art. 10 Abs. 3 verbietet nur die Anwendung von **gleichwertigen oder aufgrund ihrer Zielsetzungen im Wesentlichen vergleichbaren** Anforderungen und Kontrollen. Weder die Erwägungsgründe noch das Kommissionshandbuch erläutern, was mit diesen Attributen genauer gemeint ist, insbesondere in ihrer Alternativität. Indem die Bestimmung auch im Wesentlichen vergleichbare Anforderungen genügen lässt, rückt sie von dem zunächst genannten Kriterium (strikter) Gleichwertigkeit offenbar selbst ab: „Aufgrund ihrer Zielsetzungen im Wesentlichen vergleichbar“ erscheint jedenfalls als weit weniger weitgehende Anforderung als die zunächst genannte „Gleichwertigkeit“.[30]

a) Prüfungspflicht

23 Zu beachten ist, dass die Frage, ob eine Anforderung des Herkunftsstaates mit der Genehmigungsvoraussetzung des Niederlassungsstaates vergleichbar ist, erst aufgrund einer **Überprüfung** und **Vergleichung** beider Anforderungen beantwortet werden kann. Die Antwort, die dann entweder zur Anwendung (bei Nichtvergleichbarkeit) oder zur Nichtanwendung (bei Vergleichbarkeit) der Bedingung des Niederlassungsstaates führt, kann erst nach der Berücksichtigung und Prüfung jener Anforderungen des Herkunftsstaates gegeben werden. Die Mitgliedstaaten bleiben also verpflichtet, in ihren Genehmigungsverfahren alle von der Sache her überhaupt in Betracht kommenden Kontrollen, Erlaubnisse und Vorleistungen, die ein Antragsteller in seinem Herkunftsstaat durchlaufen bzw. erworben bzw. erbracht hat, auf ihre Gleichwertigkeit/Vergleichbarkeit hin zu evaluieren.[31] Sehen die Genehmigungsregelungen eine solche **Pflicht zur Vergleichung** (Evaluation) nicht vor, sind sie schlechthin gemeinschaftsrechtswidrig, ohne dass es auf die Gleichwertigkeit einer Herkunftslandkontrolle in einem konkreten Einzelfall noch ankäme. Der EuGH hat in diesem Sinne wiederholt schon das Fehlen einer verfahrensrechtlichen Einbeziehung von Kontrollen und Vorleistungen im Herkunftsstaat in die Genehmigungsprüfung des Niederlassungsstaates (bzw. bei bloß vorübergehender Dienstleistungserbringung: des Erbringungsstaates) beanstandet.[32]

b) Beurteilung der Gleichwertigkeit/Vergleichbarkeit

24 Aussagen zur Beurteilung der Gleichwertigkeit in einem Prüfungsverfahren des Niederlassungsstaates und der daraus ggf. zu ziehenden Konsequenz einer Nicht-

29 Explizit Kommissionshandbuch, Ziff. 6.1.3.
30 Ziekow, GewArch 2007, 217, 218.
31 Hatje, NJW 2007, 2357, 2359; Roth in: Hb.EUWirtR, E. I Rn 106.
32 EuGH, Rs C-131/01 (Kommission/Italien), EuZW 2003, 344, Rn 30; Rs C-355/98 (Kommission/Belgien), DVBl. 2000, 891, Rn 38; Rs C-171/02 (Kommission/Portugal), GewArch 2004, 333, Rn 60.

anwendung der eigenen Anforderungen finden sich vor allem in den Entscheidungen des EuGH, die sich mit der Frage der **Anerkennung beruflicher Qualifikationen** und Diplome befassen.[33] Danach muss der Niederlassungsstaat Sorge tragen, dass im behördlichen Genehmigungsverfahren sowohl die **Kenntnisse und erworbenen Fähigkeiten**, die durch das in einem anderen Mitgliedstaat verliehene Diplom bescheinigt sind, als auch die dort oder schon im Niederlassungsstaat gewonnenen **Berufserfahrungen** gewürdigt und daraufhin geprüft werden, ob sie als Erfüllung der für die Aufnahme der betreffenden Tätigkeit im Niederlassungsstaat verlangten Voraussetzungen anzusehen sind. Gefordert ist also eine „**Gesamtbeurteilung** der akademischen und beruflichen Ausbildung" des Antragstellers. Die Prüfung muss sich an dem Ziel orientieren, „objektiv festzustellen", ob ein ausländisches Diplom (in Verbindung mit der praktischen Berufsausbildung und -erfahrung) seinem Inhaber die „gleichen oder zumindest gleichwertige Kenntnisse und Fähigkeiten wie das innerstaatliche Diplom bescheinigt".[34]

Dabei darf der Niederlassungsstaat jedoch, wie der Gerichtshof in seinem Urteil Vlassopoulou für den Rechtsanwaltsberuf entschieden hat, „objektiven Unterschieden Rechnung tragen, die sowohl hinsichtlich des im Herkunftsmitgliedstaat für den fraglichen Beruf bestehenden rechtlichen Rahmens als auch hinsichtlich des Tätigkeitsbereichs dieses Berufs vorhanden sind".[35] Die Gleichwertigkeitsprüfung darf und muss sogar also auch in Rechnung stellen, dass der Dienstleistungserbringer aufgrund **unterschiedlicher rechtlicher oder tatsächlicher Gegebenheiten** im Niederlassungsstaat mit anderen Herausforderungen konfrontiert ist als in dem Mitgliedstaat, in dem er das auf die dortigen Gegebenheiten zugeschnittene Diplom erworben hat. Es geht also nicht um formale Gleichwertigkeit, beurteilt nach quantitativen (Dauer der Ausbildung, Zahl der Prüfungsleistungen) oder abstrakten Standards (Prüfungsgegenstände, Fächer), sondern um die wirkliche Eignung der erworbenen Qualifikation, den im Niederlassungsstaat gestellten Anforderungen gerecht zu werden. 25

c) Anerkennung kraft Sekundärrechts: Berufsanerkennungsrichtlinie

Hinsichtlich der beruflichen Qualifikationen wird die Gleichwertigkeitsprüfung im Rahmen von Zulassungsverfahren für den Bereich der reglementierten Berufe durch die **Berufsanerkennungsrichtlinie** 2005/36/EG entlastet: Soweit danach Berufsqualifikationen anzuerkennen sind, ersetzt diese Pflicht zur Anerkennung eine individuelle Gleichwertigkeitsprüfung im Einzelfall. Die RL 2005/36/EG in Verbindung mit dem entsprechenden nationalen Umsetzungsrecht schafft also **Anerkennungstatbestände**, die im Rahmen von (neben der Anerkennung der Qualifikation noch zulässigen) Genehmigungsregelungen gemäß Art. 10 Abs. 3 zu beachten sind. Soweit jedoch in Genehmigungsregelungen berufliche Qualifikationen gefordert sind, die **keine reglementierten Berufe** im Sinne der Berufsanerkennungsrichtlinie betreffen, bleiben die von Art. 10 Abs. 3 aufgegriffenen, schon aus dem Primärrecht (hier: Niederlassungsfreiheit, Art. 43 EGV) folgenden Grund- 26

33 EuGH, Rs C-340/89 (Vlassopoulou), NJW 1991, 2073, Rn 16 ff.; Rs C-31/00 (Dreessen), EuZW 2002, 247, Rn 24 ff.; Rs C-313/01 (Morgenbesser), EuZW 2004, 61, Rn 62 ff.

34 EuGH, Rs C-313/01 (Morgenbesser), EuZW 2004, 61, Rn 66 ff.; s. hinsichtlich Hochschulabschlüssen Hailbronner, Akademische Grade ausländischer EU-Hochschulen im Fernstudienverband mit deutschen Ausbildungsaktiengesellschaften?, EuZW 2007, 39 ff.

35 EuGH, Rs C-340/89 (Vlassopoulou), NJW 1991, 2073, Rn 18.

sätze hinsichtlich der Anerkennung gleichwertiger Qualifikationen aus dem Herkunftsstaat maßgeblich.[36]

d) Mitwirkungspflichten (Art. 10 Abs. 3 S. 2)

27 Den Dienstleistungserbringer trifft im Genehmigungsverfahren die Obliegenheit, die für die Gleichwertigkeitsprüfung **erforderlichen Angaben** zu machen, soweit er dazu imstande ist. Die Genehmigungsbehörde kann nur solche im Herkunftsstaat durchlaufenen Kontrollen, erworbenen Qualifikationen oder erbrachten Leistungen berücksichtigen und auf ihre Gleichwertigkeit hin überprüfen, von denen sie Kenntnis hat. Allein der Leistungserbringer ist kraft seines insoweit bestehenden Sonderwissens in der Lage, der Behörde gerade diese Information zu vermitteln. Er steckt damit auch die gegenständliche Reichweite der Berücksichtigungspflicht in eigener Verantwortung ab. Allerdings ergibt sich aus dem Transparenzgebot des Art. 10 Abs. 2 wohl auch eine **Pflicht des Niederlassungsstaates**, den ausländischen Antragsteller von dieser Obliegenheit rechtzeitig in Kenntnis zu setzen.

28 Mitwirkungspflichtig (nicht nur im Sinne einer Obliegenheit mit der Sanktion materieller Beweislast wie bei dem Dienstleistungserbringer, sondern im Sinne einer echten Rechtspflicht) ist auch der **Herkunftsmitgliedstaat**, im Genaueren die dort eingerichteten **Verbindungsstelle(n)** i. S. d. Art. 28 Abs. 2. Art. 10 Abs. 3 S. 2 verweist also auf die Vorschriften über die **Amtshilfe** und insofern auf das neu einzurichtende, überaus anspruchsvolle System der Verwaltungskooperation mit den als Scharnier zwischen den Mitgliedstaaten fungierenden Verbindungsstellen (s. dazu Art. 28 Rn 38 ff). Diese Mitwirkungspflicht dient vor allem dazu, die für die Beurteilung der Gleichwertigkeit von Kontrollen, Qualifikationen und Vorleistungen erforderlichen Informationen zu erhalten,[37] nachdem deren Vorliegen (gewissermaßen auf einer ersten Stufe der notwendigen Mitwirkung) vom Dienstleistungserbringer mitgeteilt worden ist.

IV. Gesamtstaatliche Geltung von Genehmigungen (Abs. 4)

29 Abs. 4 verlangt prinzipiell, d. h. vorbehaltlich der im letzten Hs. vorgesehenen Abweichungsmöglichkeit aus zwingenden Gründen des allgemeinen Interesses, dass die Mitgliedstaaten ihre (gerechtfertigten) Genehmigungsregelungen mit einer regelmäßig **territorial** auf den **Gesamtstaat** ausgedehnten Geltungsreichweite ausstatten.

1. Keine Änderung der örtlichen Zuständigkeit

30 Diese Anforderung betrifft nicht die – daher unberührt bleibende – Befugnis der Mitgliedstaaten, die **Zuständigkeiten** zur Erteilung von Genehmigungen innerhalb des Staatsgebietes territorial oder sachlich zu **dekonzentrieren** (innerhalb eines Verwaltungsträgers) oder zu **dezentralisieren** (Verteilung auf mehrere Verwaltungsträger); dies macht der erst in die gegenüber dem ursprünglichen Entwurf geänderte Richtlinienfassung – zum deutlicheren Schutz der Organisationsautonomie der Mitgliedstaaten – hineingenommene **Abs. 7** noch einmal ausdrücklich

36 EuGH, Rs C-238/98 (Hocsman), EWS 2000, 20, Rn 24, 30 ff.; Rs C-31/00 (Dreessen), EuZW 2002, 247, Rn 25.
37 Kommissionshandbuch, Ziff. 6.1.3. mit Fn. 66.

deutlich.[38] Art. 10 Abs. 4 fordert mithin keine zentralisierte und konzentrierte Verwaltungszuständigkeit, sondern eine nötigenfalls zuständigkeitsübergreifende, grundsätzlich **gesamtstaats-territoriale Feststellungs- und Gestattungswirkung** von Genehmigungen, auch wenn diese von einer nur lokal oder regional zuständigen Behörde erlassen worden sind.

2. Grundsatz bundesweiter Geltung

Für die Umsetzung in Deutschland wirft die Anforderung des Art. 10 Abs. 4 je nach Gesetzgebungs- und Verwaltungszuständigkeit im föderalen Staatsaufbau **unterschiedliche Probleme** auf. 31

a) Vollzug von Bundesgesetzen

Die gemeinschaftsrechtliche Forderung bundesweiter Geltung harmoniert gut mit den **verfassungsrechtlichen Grundsätzen** zur Geltungsreichweite von Verwaltungsakten, soweit diese im **Vollzug von Bundesgesetzen**, entweder durch die Bundesverwaltung (Art. 86 f. GG) oder, wie zumeist, durch die Länder (Art. 30, 83-85 GG) erlassen werden. Schon die Dampfkessel-Entscheidung des Bundesverfassungsgerichts von 1960[39] hat herausgearbeitet, dass die Regelentscheidung des GG für den dezentralen Landesvollzug von Bundesgesetzen um der Verwaltungseffizienz willen voraussetzt, dass die in dem einen Bundesland dem dort ansässigen Hersteller gegenüber erlassene Typenzulassung im gesamten Bundesgebiet gelten muss. Verallgemeinert gilt dies für alle im Vollzug von Bundesgesetzen ergangenen Verwaltungsakte, sofern das Bundesgesetz explizit oder implizit – nach der Funktion der jeweiligen Verwaltungsakte – eine derartige bundesweite Geltung verlangt (**überregionale Verwaltungsakte**).[40] Beispiele bilden etwa die Bauartzulassung für Spielgeräte (§ 33e GewO) oder die Reisegewerbeerlaubnis (§ 55 GewO). 32

Soweit die genannten Voraussetzungen gegeben sind – bundesgesetzliche Grundlage und gesetzlich intendierter bundesweiter Geltungsbereich der zum Gesetzesvollzug erlassenen Verwaltungsakte –, entspricht die **gegebene deutsche Rechtslage** also bereits der Forderung des Art. 10 Abs. 4. Allerdings dürfte diese auf eine **deutlichere Formulierung** des Grundsatzes bundesweiter Geltung im Text der Genehmigungsregelungen (oder wiederum – vor die Klammer gezogen – im allgemeinen Verwaltungsverfahrensrecht) drängen. In der wichtigen Frage der territorialen Geltungsreichweite der Genehmigungen wird die im Richterrecht und der deutschen Verwaltungspraxis in funktionaler Auslegung der Art. 83 ff. GG entwickelte Antwort wohl nicht ausreichen. 33

Schwierigkeiten bereitet insofern vor allem die zweite genannte Voraussetzung der bundesweiten Geltung: Selbstverständlich haben nicht automatisch sämtliche auf bundesgesetzlicher Grundlage ergangenen Landes-Verwaltungsakte (oder auch Bundesverwaltungsakte bei territorial dekonzentrierten Bundesbehörden) immer auch bundesweite Geltung. Vielmehr kommt es dafür auf den – entweder auf bundesweite oder auf nur begrenzte territoriale Geltung zielenden – **Regelungs-** 34

38 S. auch Erwägungsgründe 59, 60.

39 BVerfGE 11, 6 Rn 40: „Es liegt aber im Wesen des landeseigenen Vollzugs von Bundesgesetzen, dass der zum Vollzug eines Bundesgesetzes ergangenen Verwaltungsakt eines Landes grundsätzlich im ganzen Bundesgebiet Geltung hat."

40 BVerwGE 115, 373, 385; Wolff/Bachof/Stober/Kluth, § 48 Rn 47.

gehalt des jeweiligen **Gesetzes** an. Die Geltungsreichweite ergibt sich aber häufig nicht aus ausdrücklicher Anordnung, sondern aus dem Sinn der Regelung – etwa der auf Verkehrsfähigkeit und überregionale Produktverbreitung zielenden Eigenart von **Bauart- oder Typenzulassungen. Betriebs- oder anlagenbezogene Genehmigungen**, auch auf bundesgesetzlicher Grundlage, sind demgegenüber in ihrer Wirkung regelmäßig auf den jeweiligen Betrieb oder die Anlage begrenzt. Allerdings kann das Gesetz auch bei personbezogenen Zulassungen gegebenenfalls eine nur mehr territorial begrenzte Erlaubniswirkung vorsehen mit der Folge, dass bei einer Tätigkeit in mehreren derart begrenzten Territorien mehrere Zulassungen erforderlich sind. Dies ist beispielsweise bei der Eintragung in die Handwerksrolle der Fall. Sie ist personbezogene Genehmigung im Sinne der Richtlinie (s. Art. 9 Rn 20 ff.); ihre Wirkung ist jedoch auf den Zuständigkeitsbereich der jeweiligen Handwerkskammer begrenzt, § 6 HwO.[41] Auch wenn derartige territoriale Begrenzungen der Geltungsreichweite von Genehmigungen in vielen Fällen als Abweichung vom Grundsatz bundesweiter Geltung sachlich gerechtfertigt sein können (s. dazu sogleich unter 3.), gebietet Art. 10 Abs. 4 doch jedenfalls mehr textliche Ausdrücklichkeit der entsprechenden Bestimmungen, schon damit der Rechtfertigungsbedarf bei Abweichungen vom Grundsatz der bundesweiten Geltung deutlich wird. Auch insoweit ist aber eine **Umsetzung im allgemeinen Verfahrensrecht** durchaus denkbar: So ließe sich hier der **Grundsatz bundesweiter Geltung** für Personalgenehmigungen und andererseits ein **Grundsatz lokaler Begrenztheit** bei Betriebs- oder Anlagengenehmigungen verankern. Abweichungen von diesen Grundsätzen (wie bei der Eintragung in die Handwerksrolle) müssten dann in den je einschlägigen Genehmigungsregelungen explizit markiert werden.

b) Vollzug von Landesgesetzen

35 In stärkeren Konflikt mit der territorial begrenzten Verbandskompetenz im föderalen Staatsaufbau gerät Art. 10 Abs. 4 in den Fällen des Vollzugs von Landesgesetzen. Sein auf föderale Dezentralität keine Rücksicht nehmendes (insoweit „landesblindes“) Prinzip ist auch insoweit eindeutig: Auch Genehmigungen auf der Grundlage von Landesgesetzen müssen grundsätzlich – vorbehaltlich der rechtfertigungsbedürftigen Ausnahmen – **Geltung für das gesamte Bundesgebiet** haben. Anders als beim Vollzug von Bundesgesetzen fehlen hier jedoch im nationalen Rechtsrahmen die verfassungsrechtliche Grundlage (Art. 83 ff. GG) und die normative Anknüpfung (**Bundes**gesetz) für eine überterritoriale Geltungserstreckung der Verwaltungsakte eines Landes. Die verfassungsrechtliche Verbandskompetenz des Landes endet an der Landesgrenze; diese begrenzt auch nicht nur die Reichweite der Sachzuständigkeit für den Erlass von Verwaltungsakten, sondern auch deren Rechtswirkungen (**Territorialitätsprinzip**). Da die Länder gleichwohl aus Art. 10 Abs. 4 verpflichtet sind, den aufgrund Landesrechts von anderen Ländern erlassenen Genehmigungs-Verwaltungsakten auch auf ihrem Territorium jeweils Wirkung zuzuerkennen, bleibt nur die „quasi-völkerrechtliche“ Lösung der **Geltungsanerkennung landesfremder Verwaltungsakte** im eigenen Land. Die **Länder** müssen also in ihrem allgemeinen Verwaltungsverfahrensrecht oder in den spezifischen landesrechtlichen Genehmigungsregelungen entsprechende **Anerken-**

41 BVerwG, GewArch 1994; 474; VGH BW, NVwZ-RR 2002, 113, 114; Honig, HwO, 3. Aufl., München, 2004, § 6 Rn 11.

nungsklauseln verankern. Soweit nach der Forderung des Art. 10 Abs. 4 eine aufgrund Landesrechts ergangene Genehmigung landesübergreifende Geltung haben muss, müssen die „aufnehmenden" Rechtsordnungen solchen Genehmigungen Geltung für ihr Territorium einräumen – und auf den Vorbehalt eigener zusätzlicher Genehmigungen verzichten.

3. Abweichungsmöglichkeit

Der Grundsatz staatsweiter Geltung des Art. 10 Abs. 4 ist gemeinschaftsrechtlich durchaus problematisch, weil er zu denjenigen sekundärrechtlichen Anforderungen gehört, für die sich **keinerlei Anknüpfungspunkt** mehr in der Schutzfunktion der Niederlassungsfreiheit als **Diskriminierungsverbot** finden lässt.[42] Er zielt vielmehr auf einen Abbau von möglichen Behinderungseffekten des mitgliedstaatlichen Verwaltungsrechts, ohne jede Rücksicht auf spezifische Belastungen, die gerade ausländischen, grenzüberschreitenden Dienstleistungserbringern aus diesen Regelungen entstehen können. Gerade bei den niedergelassenen Dienstleistungserbringern aus anderen Mitgliedstaaten, die schon im Besitz einer Genehmigung für diese Niederlassung sind, wird das sehr deutlich: Weshalb diese ausländischen Genehmigungsinhaber von Gemeinschaftsrechts wegen vom Vorbehalt weiterer, auf andere Teilterritorien (Betriebsstättenort, kommunale Gebietskörperschaft, Land, Kammerbezirk) des Mitgliedstaats bezogener Genehmigungen ausgenommen werden müssen, obwohl nach dem insoweit maßgeblichen mitgliedstaatlichen Recht die Genehmigungen generell, d. h. auch für die inländischen niedergelassenen Dienstleistungserbringer, nur territorial begrenzte Wirkung haben, ist aus der Perspektive des Diskriminierungsverbotes nicht zu begründen, vielmehr allenfalls aus der Perspektive des reinen **Beschränkungsverbots.** Irgendwelche spezifischen (wenn auch nur tatsächlichen oder mittelbaren) Belastungseffekte für den ausländischen Dienstleistungserbringer gehen von der für alle gleichermaßen geltenden territorialen Begrenztheit von Genehmigungen und der daraus folgenden Notwendigkeit mehrfacher Genehmigungen bei gebietsübergreifender Tätigkeit nicht aus. Auch wenn in der Rechtsprechung des EuGH schließlich auch die Gewährleistung der Niederlassungsfreiheit (Art. 43 EGV) als Beschränkungsverbot gedeutet worden ist[43] und sich einige Entscheidungen des Gerichtshofs wohl in der Tat nur bei Annahme eines derartigen Gewährleistungsgehalts (und eben nicht nur eines weit verstandenen Diskriminierungsverbot) begründen lassen,[44] bewegt sich doch die Richtlinienforderung staatsweiter Geltung damit gewissermaßen im **Randbereich des Schutzzwecks der Niederlassungsfreiheit.** 36

42 Das Urteil des EuGH, Rs C-134/05 (Italien/Kommission), Slg. 2007, I-6251 , Rn 57 f., das eine faktische Benachteiligung der ausländischen Anbieter annimmt, begründet diese nicht eigentlich aus der begrenzten territorialen Geltung der Genehmigung, sondern aus der zusätzlichen Pflicht, in den jeweiligen Territorien Räumlichkeiten zu unterhalten.

43 EuGH, Rs C-55/94 (Gebhard), NJW 1996, 579, Rn 37; Troberg/Tiedje in: GS EUV/EGV, Art. 43 EGV Rn 88; näher dazu und zu den Kriterien der Eingriffsrelevanz nicht diskriminierender Behinderungen Müller-Graff in: Streinz EUV/EGV, Art. 43 EGV Rn 57 ff.; anders wohl (immer auch faktische Diskriminierung) Bröhmer in: Calliess/Ruffert EUV/EGV, Art. 43 EGV Rn 32 f.

44 Insbesondere: EuGH, Rs C-442/02 (Caixa Bank), EuZW 2004, 701, Rn 12, s. dazu Roth in: Hb.EUWirtR, E. I. Rn 90; Gundel, Die Mobilität der Unternehmen im Binnenmarkt – Der Beitrag der Grundfreiheiten , EuR 2006, Beiheft 2, 13, 19 f.

37 Diese Einsicht gewinnt Bedeutung für die Interpretation des **Abweichungsvorbehalts** des **Art. 10 Abs. 4 Hs. 2.** Nach dieser Bestimmung können zwingende Gründe des Allgemeininteresses eine Beschränkung der Wirkungen einer Genehmigung auf die davon erfassten einzelnen Betriebsstätten oder auf einen bestimmten Teil des Hoheitsgebiets rechtfertigen. Weil der Grundsatz staatsweiter Geltung von Genehmigungen vom Kerngehalt der Garantie der Niederlassungsfreiheit nicht mehr erfasst ist, vielmehr ohne sich auf die Diskriminierungsabwehr zu beschränken, weit in die allgemein geltenden Regelungen der Mitgliedstaaten hinsichtlich der Geltungsreichweite ihrer Genehmigungsverwaltungsakte eindringt, liegt ein tendenziell **großzügiges Verständnis des Abweichungsvorbehalts** nahe: Grundsatz und Abweichung stehen nicht materiell in einem Regel-Ausnahme-Verhältnis, wenngleich die Abweichung eine besondere Rechtfertigung voraussetzt. Diese Rechtfertigung wird jedoch in vielen Fällen territorial begrenzter Genehmigungen ohne Schwierigkeiten gelingen.[45]

38 Insbesondere die **betriebs- und anlagenbezogenen Genehmigungen** werden in aller Regel auch künftig diesen Bezug behalten können, da der legitime Schutzzweck dieser Genehmigungen gerade auf die Kontrolle von Risiken gerichtet ist, die von den spezifischen **lokalen Besonderheiten der jeweiligen Niederlassung** abhängen (Standort, Bauausführung, technische Ausstattung).[46] Zwingende Gründe des Allgemeininteresses werden hier bei den (auch) niederlassungsbezogenen Sachgenehmigungen oder gemischten Konzessionen häufig die zentralen Gefahrenabwehrzwecke sein (Gesundheit, Lebensschutz); die Richtlinie nennt explizit den Umweltschutz (Erwägungsgrund 59). Ob ein Genehmigungsvorbehalt zum Schutz dieser Güter überhaupt erforderlich ist und nicht insoweit eine nachträgliche Kontrolle ausreicht, ist nicht mehr Thema des Art. 10 Abs. 4 und der territorialen Reichweite der Genehmigung,[47] sondern schon des Art. 10 Abs. 1, 2 (keine entsprechende Genehmigungsvoraussetzung erforderlich: sachliche Reichweite des Genehmigungsvorbehalts), ggf. sogar von Art. 9 Abs. 1 (überhaupt kein Genehmigungsvorbehalt erforderlich).

39 Schwierigkeiten werfen allerdings territoriale Begrenzungen der Geltungsreichweite von Genehmigungen auf, die sich nicht ohne weiteres aus dem ortsgebundenen Sachgegenstand der Genehmigung erklären lassen, die vielmehr eine Konsequenz aus der **begrenzten Zuständigkeit der genehmigenden Stelle** sind. Dies ist etwa bei der Eintragung in die **Handwerksrolle** der Fall, einer personbezogenen, nicht betriebsbezogenen „Genehmigung" im Sinne des Begriffsverständnisses der Richtlinie: Die Eintragung wirkt nur für den jeweiligen Kammerbezirk; bei Niederlassungen in mehreren Kammerbezirken ist jeweils eine weitere Eintragung erforderlich (s. Rn 34). Die Dezentralität des Kammersystems (verschiedene Kammern als Selbstverwaltungsträger) bildet hier den Hintergrund für die eingeschränkte,

45 Abgelehnt freilich in EuGH, Rs C-134/05 (Kommission/Italien), Slg. 2007, I-6251 , Rn 61 f. (betr. außergerichtliche Forderungseinziehung), wo aber in der Tat keinerlei Sachgrund für die territoriale Geltungsbegrenzung erkennbar war.

46 Ganz deutlich Kommissionshandbuch, Ziff. 6.1.5.: „Individual authorisations for each establishment will normally be justified in cases where the authorisation is linked to a physical infrastructure (for example a shop) because an individual assessment of each installation in question may be necessary.".

47 Vgl. Ziekow, GewArch 2007, 217, 219.

im Rahmen der Verbandskompetenz der jeweiligen Kammer verbleibende Geltungsreichweite der Eintragung.

Klar ist im Ausgangspunkt, dass die Begrenztheit der örtlichen Zuständigkeit einer Behörde für sich genommen **kein ausreichender Rechtfertigungsgrund** für eine entsprechend eingeschränkte Geltungsreichweite der Genehmigung ist.[48] Art. 10 Abs. 4 fordert ja gerade die ggf. auch über die Zuständigkeitsgrenzen hinausgehende Geltung, ohne indes die Zuständigkeitsverteilung als solche infrage zu stellen (s. Rn 30). Nicht kategorisch ausgeschlossen ist damit aber, dass der begrenzten Zuständigkeit (im Beispiel der Kammern zugleich: Verbandskompetenz) Sachgründe zugrunde liegen, die auch eine entsprechend **begrenzte Reichweite** der Wirkung von Genehmigungen jener Behörden rechtfertigen können.[49] Bei der Eintragung in die Handwerksrolle könnte etwa die **Informationsfunktion des Registers** durchgreifen (§ 6 Abs. 2, 3 HwO), die auf den jeweiligen Kammerbezirk beschränkt ist und so auch eine effektive Identifikation und Kontrolle der jeweiligen Betriebsinhaber im Bezirk ermöglicht. Naheliegend ist darüber hinaus aber auch, dass der **Selbstverwaltungsgedanke** bei den berufsständischen Körperschaften eine Begrenzung der Genehmigungswirkungen auf den Verband und seine Mitglieder rechtfertigen kann – und von der („binnendemokratischen“) Legitimationsidee der funktionalen Selbstverwaltung her, die grundsätzlich auf die Mitglieder bezogen bleibt, sogar erzwingt.[50] 40

V. Art. 10 Abs. 5-7

Die weiteren Bestimmungen des Art. 10 dürften aus Sicht des deutschen Umsetzungsgesetzgebers keine schwierigeren Probleme aufwerfen: Der bereits erwähnte, erst in die Endfassung der Richtlinie neu eingefügte **Abs. 7** stellt noch einmal klar, was an sich auch schon aus Abs. 4 herausgelesen werden kann, dass mithin die Richtlinienforderung nach staatsweiter Geltung der Genehmigungen nicht missverstanden werden darf als Forderung einer zentralen Behördenzuständigkeit für den Erlass der Genehmigungen: Die **mitgliedstaatliche Zuständigkeitsordnung**, auch wenn sie auf dezentrale Verwaltungseinheiten angelegt ist, bleibt **unberührt**. 41

Insoweit **Abs. 5** von den Mitgliedstaaten verlangt, dass sie bei Vorliegen der Genehmigungsvoraussetzungen die Genehmigung zu erteilen haben, hat die Bestimmung nur **deklaratorische Bedeutung**: Sie betont noch einmal die sich schon aus Abs. 1 ergebende Gebundenheit der Genehmigungsentscheidung, die Unzulässigkeit rechtlich ungebundener Ermessensspielräume. Insoweit die Bestimmung eine Entscheidung über die Genehmigung nach **angemessener Prüfung** verlangt, enthält sie bereits ein verfahrensrechtliches Element und steht daher im Zusammenhang mit Art. 13. Die Angemessenheit hat sowohl eine zeitliche als auch eine inhaltliche Komponente: In **zeitlicher Hinsicht** bedeutet sie, dass die Entscheidung so zügig vorzubereiten ist, als dies nach den Umständen der jeweiligen Entscheidungssituation bei sorgfältiger Prüfung möglich ist. Insofern hat die zeitliche Angemessenheit, 42

48 Explizit Kommissionshandbuch, Ziff. 6.1.5.

49 Skeptisch hinsichtlich der Eintragung in die Handwerksrolle Ziekow, GewArch 2007, 217, 218, der deshalb vorschlägt, die Eintragung nicht mehr nur personbezogen, sondern betriebsbezogen zu konstruieren.

50 Deutlich BVerfGE 111, 191 – Notarkasse; wie hier im Ergebnis Kluth in: Leible (Hg.), S. 131, 152.

die natürlich nicht pauschal für alle Genehmigungsverfahren und -entscheidungen von sehr unterschiedlicher Komplexität gleich zu bemessen ist, auch Bedeutung für die in Art. 13 Abs. 3 und 4 vorgesehene Bearbeitungsfrist (s. Art. 13 Rn 11 f.). In **inhaltlicher Hinsicht** geht es bei der Angemessenheit um das je geforderte Maß an Sorgfalt und Gründlichkeit der Prüfung. Für die in der mitgliedstaatlichen Rechtsordnung vorgesehenen Genehmigungsverfahren muss ein vernünftiges Maß an Prüfungsintensität eingestellt werden, das die prinzipiell gegenläufigen Interessen an einer zügigen Entscheidung einerseits, einer richtigen Entscheidung andererseits optimierend austariert. Maximale Gründlichkeit bei unzumutbar langer Verfahrensdauer verfehlt die Angemessenheit dabei ebenso wie die zwar prompte, aber in der Sache nachlässig oder oberflächlich vorbereitete Entscheidung.

43 Abs. 6 mit seiner Forderung nach einer **ausführlichen Begründung** ablehnender Genehmigungsbescheide bzw. von Aufhebungsbescheiden sowie nach Rechtsschutz ist im deutschen verwaltungsrechtlichen System **hinreichend verwirklicht** (vgl. § 39 VwVfG[51] und den schon kraft Verfassungsrechts lückenlosen, Art. 19 Abs. 4 GG, Gerichtsrechtsschutz der Verwaltungsgerichtsordnung). Insbesondere darf angenommen werden, dass die gemeinschaftsrechtliche Begründungsforderung, auch insoweit sie eine ausführliche Begründung verlangt, nicht über den Standard des **§ 39 VwVfG** hinausgeht.[52] Danach ist das formelle Begründungsgebot weder darauf gerichtet, dass die gegebene Begründung objektiv-inhaltlich richtig ist (also die Entscheidung sachlich trägt), noch verlangt es eine möglichst umfassende und detaillierte Begründung. Ausreichend, aber auch erforderlich ist, dass die Behörde alle wesentlichen tatsächlichen und rechtlichen Gründe für ihre Entscheidung in einer dem Bescheidadressaten verständlicher Weise angibt, wobei das jeweils anzulegende Maß für die Dichte der Begründung von den Sachgegebenheiten der Entscheidung abhängt, insbesondere vom Gewicht der betroffenen Rechtsgüter, der Komplexität der Entscheidung und ihrer Außergewöhnlichkeit (dann intensive Begründung gefordert) oder aber (umgekehrt) Regelmäßigkeit.[53]

Artikel 11 Geltungsdauer der Genehmigung

(1) Die dem Dienstleistungserbringer erteilte Genehmigung darf nicht befristet werden, es sei denn:
a) die Genehmigung wird automatisch verlängert oder hängt lediglich von der fortbestehenden Erfüllung der Anforderungen ab;
b) die Zahl der verfügbaren Genehmigungen ist durch zwingende Gründe des Allgemeininteresses begrenzt, oder
c) eine Befristung ist durch einen zwingenden Grund des Allgemeininteresses gerechtfertigt.

(2) Absatz 1 betrifft nicht die Höchstfrist, innerhalb derer der Dienstleistungserbringer nach Erteilung der Genehmigung seine Tätigkeit tatsächlich aufnehmen muss.

51 Nach zutreffender Auffassung ist § 39 als Ausdruck einer rechtsstaatlichen Mindestforderung über seinen Anwendungsbereich hinaus analog anwendbar, Kopp/Ramsauer VwVfG, § 39 Rn 8 m. w. N.

52 S. Kommissionshandbuch, Ziff. 6.1.7.: rein tautologische oder standardisierte Begründungsformeln sind unzureichend.

53 BVerwGE 81, 369 ff.; Kopp/Ramsauer VwVfG, § 39 Rn 18.

(3) Die Mitgliedstaaten verpflichten den Dienstleistungserbringer, den betreffenden in Artikel 6 genannten einheitlichen Ansprechpartner über folgende Änderungen zu informieren:
a) die Gründung von Tochtergesellschaften, deren Tätigkeiten der Genehmigungsregelung unterworfen sind;
b) Änderungen seiner Situation, die dazu führen, dass die Voraussetzungen für die Erteilung der Genehmigung nicht mehr erfüllt sind.

(4) Dieser Artikel lässt die Möglichkeit der Mitgliedstaaten unberührt, Genehmigungen zu widerrufen, wenn die Voraussetzungen für die Erteilung der Genehmigung nicht mehr erfüllt sind.

Literatur: Kupfer, Die Verteilung knapper Ressourcen im Wirtschaftsverwaltungsrecht, Baden-Baden, 2005 (zitiert als: Kupfer).

I. Art. 11 im Regelungsgefüge der Richtlinie

Da der Gemeinschaftsgesetzgeber Genehmigungsvorbehalte grundsätzlich als Beeinträchtigung der Niederlassungsfreiheit bewertet, ist es folgerichtig, eine Ausgestaltung der mitgliedstaatlichen Rechtsordnungen zu verlangen, welche die von den Genehmigungsregelungen ausgehenden Beeinträchtigungseffekte möglichst gering hält. Daraus resultiert insbesondere auch die Forderung nach einem Ausschluss doppelter oder mehrfacher Genehmigungserfordernisse. Während Art. 10 Abs. 3 insoweit die Anrechnung von Genehmigungen aus dem Herkunftsstaat verlangt, Art. 10 Abs. 4 grundsätzlich die staatsweite territoriale Geltung einer Genehmigung vorschreibt, ergänzt Art. 11 diesen **Grundsatz der „Einmal-Genehmigung"** um die **zeitliche Dimension**: Genehmigungsregelungen der Mitgliedstaaten, denen niedergelassene Dienstleistungserbringer aus anderen Mitgliedstaaten zulässigerweise unterworfen werden dürfen, müssen die **grundsätzlich unbefristete Geltung** der erteilten Genehmigungen vorsehen (Abs. 1). Eine (bisher fehlende) ausdrückliche textliche Fassung dieses Grundsatzes im deutschen allgemeinen 1

Verwaltungsverfahrensrecht oder bei den einzelnen Genehmigungsregelungen dürfte allerdings entbehrlich sein, wenn umgekehrt die Abweichung von diesem Grundsatz jeweils eindeutig festgeschrieben wird.

II. Der Grundsatz unbefristeter Genehmigung (Abs. 1)

2 Zweck der Forderung der Richtlinie nach grundsätzlich unbefristeter Geltung von Genehmigungen ist also zum einen die Vermeidung von grundsätzlich (das heißt vorbehaltlich der in der Bestimmung genannten Ausnahmen) als unangemessen und nicht gerechtfertigt beurteilten **Zusatzbelastungen** der Dienstleistungstätigkeit, die daraus entstehen, sich in den durch eine Frist gesetzten Zeitabständen immer wieder aufs Neue einem Genehmigungsverfahren unterwerfen zu müssen.

3 Darüber hinaus zielt das Befristungsverbot aber auch darauf, **Investitionssicherheit** für den niederlassungswilligen Dienstleistungserbringer zu schaffen:[1] Die unbefristete Erlaubnis schafft eine verlässlichere und sicherere Grundlage für ein längerfristiges Engagement des Unternehmens in einem anderen Mitgliedstaat als eine Genehmigung, die von vornherein nur für einen mehr oder weniger kurzen Zeitraum ausgesprochen ist. Dies gilt umso mehr dann, wenn die Erteilung der Genehmigung in – durch Art. 10 Abs. 1, 2 und 5 zwar stark eingegrenzte, aber schon wegen der Interpretationsbedürftigkeit der gesetzlichen Genehmigungsvoraussetzungen nie ganz ausgeschlossene – Spielräume der Genehmigungsbehörde fällt. Der Rechtssicherheitsvorteil, der mit langfristigen Genehmigungen verbunden ist, fällt schließlich um so gewichtiger aus, je mehr eine Genehmigung nach dem jeweiligen mitgliedstaatlichen Recht mit **Legalisierungswirkung** ausgestattet ist, die sich gegebenenfalls auch gegenüber einer sich ändernden gesetzlichen Rechtslage behaupten kann. In solchen Fällen kann die langfristige oder unbefristete Genehmigung eine besonders wertvolle, die Unternehmung auch gegenüber Rechtsänderungen partiell immunisierende Dispositionsgrundlage schaffen.

1. Rechtfertigungsfreie Befristung zur Überwachung der Genehmigungsvoraussetzungen (Art. 11 Abs. 1 lit. a)?

4 Allerdings scheint die Richtlinie die Stringenz des Grundsatzes unbefristeter Genehmigung gerade in diesem Punkt selbst wieder einzuschränken: Nach Art. 11 Abs. 1 lit. a beansprucht der genannte Grundsatz keine Geltung, sofern die Befristung „lediglich von der **fortbestehenden Erfüllung“ der Genehmigungsanforderungen** abhängt. Diese Bestimmung könnte man so verstehen, dass die Mitgliedstaaten ohne weiteres die Befugnis hätten, Genehmigungen grundsätzlich zu befristen, um so bei Fristende zu prüfen, ob die geprüfte Tätigkeit den nunmehr, im Zeitpunkt der erneuten Prüfung geltenden gesetzlichen Anforderungen entspricht, ob sie also jetzt noch genehmigungsfähig ist. Den Mitgliedstaaten wäre bei diesem Verständnis die Möglichkeit eingeräumt, mit dem Mittel der Befristung dafür zu sorgen, dass die erteilten Genehmigungen immer auf dem neuesten Stand bleiben, also etwaigen Verschärfungen betriebsbezogener Genehmigungsvoraussetzungen oder dynamischen Pflichten des Dienstleistungserbringers angepasst werden müssen.

1 Kommissionshandbuch, Ziff. 6.1.4.

a) Restriktive Auslegung

Eine solche Interpretation des Art. 11 Abs. 1 lit. a Var. 2 mäße der Vorschrift indessen eine zu weit gehende Bedeutung zu. Zwar ist diese zweite Variante der genannten Bestimmung erst in der Endfassung der Richtlinie der im ursprünglichen Richtlinienentwurf allein enthaltenen ersten Variante (automatische Genehmigungsverlängerung) an die Seite gestellt worden. Dies, wie auch den ebenfalls erst später hinzugefügten Abs. 4, muss man wohl so verstehen, dass die geltende Richtlinie **Spielräume der Mitgliedstaaten** hinsichtlich der Begrenzung von Genehmigungswirkungen stärker hervorheben will als der Ursprungsentwurf. Doch darf daraus doch nicht geschlossen werden, dass die neu eingefügte Bestimmung den Mitgliedstaaten nunmehr *carte blanche* für die Einführung oder Beibehaltung der Befristung von Genehmigungen zur effektiveren Überwachung der Einhaltung von Genehmigungsvoraussetzungen gäbe. Der Grundsatz unbefristeter Genehmigung wäre weitgehend entwertet, wenn die Mitgliedstaaten immer schon ohne Nachweis besonderer Rechtfertigungsgründe berechtigt wären, Genehmigungen zu befristen, um so die laufende Einhaltung der (statischen oder dynamischen) Genehmigungsvoraussetzungen zu sichern. 5

b) Insbesondere: Verhältnis zur Aufhebung der Genehmigung (Abs. 4)

Eine solche Auslegung passt im Übrigen auch gerade nicht zu Abs. 4, der für den Fall später eintretender Nichtmehrerfüllung der Genehmigungsvoraussetzungen ausdrücklich auf die Befugnis der Mitgliedstaaten zur **Aufhebung der Genehmigung** verweist. Die Aufhebung (Widerruf einer ursprünglich rechtmäßigen Genehmigung) ist etwas anderes als die Befristung: Sie verlangt ein Aktivwerden der Behörde und stellt nicht schon von vornherein die Geltung der Genehmigung unter die auflösende Bedingung des Fristablaufs. Sie ist regelmäßig an inhaltliche Voraussetzungen gebunden (Vertrauensschutz, Verhältnismäßigkeit etc.), die ihre Zulässigkeit im Einzelfall auch ausschließen können (vgl. § 49 VwVfG). Sie ist daher aus Sicht des niedergelassenen Dienstleistungserbringers, der im Besitz einer Genehmigung ist, ein schonenderes, einzelfalladäquateres Reaktionsmittel der Verwaltung, um die Einhaltung der Genehmigungsvoraussetzungen durchzusetzen. Der Grundsatz der Verhältnismäßigkeit fordert dementsprechend, dass eine Befristung zur Sicherung der Einhaltung der Genehmigungsvoraussetzungen nur zulässig ist, wenn das schonendere Mittel der Aufhebung der Genehmigung nicht imstande ist, für eine hinreichend effektive und angemessene Abschirmung der durch das Genehmigungserfordernis geschützten Interessen zu sorgen.[2] 6

Überdies unterliegt die Aufhebung der Genehmigung selbst dem **Verhältnismäßigkeitsprinzip**, kommt also nur in Betracht, wenn andere Möglichkeiten, die laufende Erfüllung der Genehmigungsvoraussetzungen sicherzustellen, versagen, etwa nachträgliche Kontrollen oder Auflagen gegenüber dem Dienstleistungserbringer. Mit diesem aus dem Verhältnismäßigkeitsprinzip folgenden Gebot möglichst schonender Behandlung des niedergelassenen Dienstleistungserbringers ist eine pauschale Rechtfertigung der Befristung von Genehmigungen allein aus dem Grund der fortlaufenden Gewährleistung der Einhaltung von Genehmigungs- 7

2 Unmissverständlich Kommissionshandbuch, Ziff. 6.1.4., unter Anführung des Beispiels, dass ein Dienstleistungserbringer zum Schutz des Verbrauchers verpflichtet ist, regelmäßig Weiterbildungskurse zu besuchen.

voraussetzungen unvereinbar. Art. 11 Abs. 1 lit. a deckt also ohne weitere Begründung (zwingendes Gemeinwohlinteresse, lit. c, Verhältnismäßigkeit) eine Befristung weder zum Zweck periodischer Kontrolle der laufenden Einhaltung der im Zeitpunkt des Genehmigungserlasses geltenden Genehmigungsvoraussetzungen noch zum Zweck der Durchsetzung dynamischer Genehmigungsvoraussetzungen (s. Rn 17). Befristungen sind vielmehr – in **einschränkender Interpretation der Bestimmung** – nur möglich, wenn der oder die Schutzzwecke des präventiven Kontrollverfahrens so gewichtig sind, dass eine repressive Überwachung der weiteren Einhaltung der Genehmigungsvoraussetzungen verbunden mit der Möglichkeit der Aufhebung der Genehmigung kein ausreichendes Maß an Sicherheit gewährleistet. Denkbar ist auch die Begründung, dass nach der Art der Tätigkeit und aufgrund bisherigen Erfahrungswissens die Risiken eines Zurückfallens der Unternehmen hinter die Genehmigungsvoraussetzungen typischerweise besonders hoch sind. Erst derartige **besondere Sachgründe** können Befristungen i. S. d. Art. 11 Abs. 1 lit. a als mit dem Grundsatz der Verhältnismäßigkeit vereinbar erscheinen lassen.

III. Die Umkehrung des Grundsatzes bei knappen Genehmigungen (Art. 11 Abs. 1 lit. b)

8 Art. 11 Abs. 1 lit. b lässt eine Befristung von Genehmigungen für den Fall zu, dass die **Zahl der verfügbaren Genehmigungen** durch zwingende Gründe des Allgemeininteresses **begrenzt** ist. Diese Durchbrechung des Grundsatzes der unbefristeten Genehmigungen ist tatsächlich als Umkehrung dieses Grundsatzes zu begreifen:[3] Sind Genehmigungen gerechtfertigterweise in ihrer Zahl begrenzt, so sind sie **regelmäßig zu befristen**, damit alle Nachfrager nach den limitierten Genehmigungen gleiche Verteilungschancen haben und der Zugang zu den Genehmigungen nicht bei Erschöpfung der verfügbaren Zahl für weitere Bewerber auf Dauer blockiert bleibt.

1. Knappheit der natürlichen Ressourcen oder technischen Kapazitäten

9 Dieser Grundsatz wird exemplarisch in **Art. 12 Abs. 2** für die Fälle ausformuliert, in denen die Gründe für die Begrenzung der Genehmigungen in der Knappheit natürlicher Ressourcen oder technischer Kapazitäten bestehen. Für diese Fälle beansprucht er sogar **strikte Geltung**, kann also nicht durch gegenläufige Gründe relativiert werden.

2. Kontingentierung von Genehmigungen aus anderen Gründen

10 Art. 11 Abs. 1 lit. b greift über diese, bereits durch Art. 12 Abs. 1 und 2 erfassten Fälle hinaus und gilt auch für sonstige Fälle einer Limitierung der Zahl von Genehmigungen aus anderen Gründen als denjenigen der Ressourcenknappheit.[4] Allerdings ist für diese Fälle jenseits des Art. 12 die Befristung von Genehmigungen nicht strikt vorgeschrieben. Gleichwohl ist es gerechtfertigt, auch hier von

---

3 Korte, Mitgliedstaatliche Verwaltungskooperation und private Eigenverantwortung beim Vollzug des europäischen Dienstleistungsrechts, NVwZ 2007, 501, 504.

4 Dass die Richtlinie derartige Fälle akzeptiert, also Genehmigungskontingente nicht nur auf die Knappheitssituationen des Art. 12 Abs. 1 begrenzt, ergibt sich klar aus Erwägungsgrund 62.

einem **Grundsatz der Befristung** (und nicht der unbefristeten Genehmigung!) auszugehen, da die Kontingentierung verfügbarer Genehmigungen theoretisch immer und praktisch häufig[5] zu einer Lage führen wird, in der dem (knappen) Angebot an verfügbaren Genehmigungen eine dieses übersteigende Nachfrage gegenübersteht, so dass Verteilungsentscheidungen notwendig werden, die auf der Grundlage der **Chancengleichheit aller Bewerber** getroffen werden müssen. Die Chancengleichheit kann jedoch – wie bei Art. 12 Abs. 1 und 2 – nur gewahrt werden, wenn die Genehmigungen auch für künftige Bewerber verfügbar gehalten werden, was eine unbefristete Geltungsdauer der einmal erteilten Genehmigung ausschließt.

Kontingentierte und dennoch unbefristete Genehmigungen kommen daher allenfalls in Betracht, wenn auf längere Sicht hin eindeutig ist, dass eine **Knappheitssituation nicht entstehen** kann, also alle Bewerber um eine Genehmigung, die die gesetzlichen Voraussetzungen erfüllen, befriedigt werden können. 11

3. Kontingentierung nur aus zwingenden Gründen des Allgemeininteresses

Art. 11 Abs. 1 lit. b fasst mit der – ebenfalls erst in den geänderten Vorschlag aufgenommenen – Formulierung, wonach sich eine mitgliedstaatliche Begrenzung der Zahl von Genehmigungen auf zwingende Gründe des Allgemeininteresses stützen können muss, eine Selbstverständlichkeit in Worte. Die inhaltliche Bedeutung dieses jetzt ausdrücklich gemachten Rechtfertigungszwanges liegt eher darin, dass damit die **Rechtfertigungsfähigkeit einer Kontingentierung** von Genehmigungen aus anderen Gründen als denjenigen der Knappheit der Ressourcen und technischen Kapazitäten (Art. 12 Abs. 1) bekräftigt wird: Aus Sicht der Niederlassungsfreiheit ist es in der Tat nicht selbstverständlich, dass eine Begrenzung der Zahl von Genehmigungen über die Knappheitsfälle, bei denen sie unvermeidlich ist, hinaus überhaupt gerechtfertigt werden kann, zumal es sich bei der Kontingentierung um einen außerordentlich gravierenden Eingriff in die wirtschaftliche Betätigungsfreiheit der Unternehmen handelt.[6] Wer zu spät kommt (wenn alle Genehmigungen schon vergeben sind), für den bedeutet die Kontingentierung eine **absolute (objektive) Marktzugangssperre**, also eine staatliche Behinderung derjenigen Kategorie, gegen die die Grundfreiheiten vornehmlich und mit höchster Wirkkraft gerichtet sind. 12

a) Zulässigkeit sämtlicher Gemeinwohlgründe, arg. Art. 12 Abs. 3

Umso dringender ist die Frage, **welche zwingenden Gründe des Allgemeininteresses** eine derartige Kontingentierung rechtfertigen können, insbesondere ob dafür sämtliche für die Errichtung von Genehmigungsvorbehalten (Art. 9 Abs. 1) und Genehmigungsvoraussetzungen (Art. 10 Abs. 1 und 2) relevanten Gründe herangezogen werden können. Art. 11 Abs. 1 verhält sich zu dieser Frage nicht. Jedoch deutet **Art. 12 Abs. 3** insoweit auf eine bemerkenswerte Großzügigkeit der Richtlinie zugunsten des Handlungsspielraums der Mitgliedstaaten hin: Diese, wiederum erst in die Endfassung der Richtlinie in der offensichtlichen Absicht, die Befugnisse der Mitgliedstaaten zu unterstreichen, aufgenommene Bestimmung betrifft 13

5 Vgl. Kommissionshandbuch, Ziff. 6.1.4.: „limitation […] may in many cases be necessary".
6 In der Eingriffs-Nomenklatur zu Art. 12 Abs. 1 GG: Objektive Berufszugangsbeschränkung als Grundrechtseingriff höchster Stufe.

zwar unmittelbar nur die Ausgestaltung des Verteilungsverfahrens bei knappen Genehmigungen (vgl. Art. 12 Rn 14 ff.). Die Aussage der Vorschrift, wonach die Mitgliedstaaten hierfür auf die in Art. 12 Abs. 3 explizit genannten Ziele (Gesundheitsschutz usw.) sowie „jeden anderen zwingenden Grund des Allgemeininteresses" zurückgreifen können, erfasst aber **mittelbar auch die Rechtfertigung der Kontingentierung** von Genehmigungen als solche: Die Kriterien für die Auswahlentscheidung müssen mit den Gründen für die Begrenzung der Zahl von Genehmigungen kompatibel sein; sie werden daher in der Regel auf **dieselben Regelungsziele** gerichtet sein.[7] Andernfalls würde die Verteilungsentscheidung nach sachfremden, nicht am Zweck des limitierenden Genehmigungsvorbehalts ausgerichteten Kriterien getroffen.[8] Wenn Art. 12 Abs. 3 sämtliche denkbaren Allgemeininteressen als Auswahlkriterien für die Verteilungsentscheidung zulässt, dann lässt das grundsätzlich den Schluss zu, dass sich die Mitgliedstaaten auch für die Verknappung der Genehmigungen auf den **gesamten Kreis denkbarer Gründe des Allgemeininteresses** berufen können.[9]

b) Strenger Verhältnismäßigkeitsmaßstab

14 Allerdings ist anzunehmen, dass an die Erforderlichkeit und sonstige Verhältnismäßigkeit eines derart scharfen Eingriffs in die Niederlassungsfreiheit, wie ihn die Kontingentierung von Genehmigungen darstellt, besonders **strenge Anforderungen** gestellt sind.

IV. Die Ausnahmen vom Grundsatz unbefristeter Genehmigung (Art. 11 Abs. 1 lit. c)

15 Auch soweit der Grundsatz der unbefristeten Genehmigung gilt, also bei den nicht knappen (bzw. durch Kontingentierungen normativ verknappten) Genehmigungen, bei denen sich kein Verteilungsproblem ergibt, sind die Mitgliedstaaten berechtigt, eine Befristung vorzusehen, wenn diese durch zwingende Gründe des Allgemeininteresses gerechtfertigt ist. „Zwingende" Gründe des Allgemeininteresses sind grundsätzlich **alle denkbaren nichtwirtschaftlichen Beschränkungsgründe** i. S. d. **Art. 4 Nr.** 8.

1. Rechtfertigung durch zwingende Gemeinwohlgründe

16 Zu beachten ist allerdings, dass keineswegs alle Gründe, die den Genehmigungsvorbehalt als solchen rechtfertigen können, dies auch für eine in der Regelung vorgesehene Befristung leisten: Die im Erfordernis der Gründe vorgeschriebene Rechtfertigung muss sich **gerade auf diese Befristung beziehen**; der Grund muss also fordern, dass die fragliche Dienstleistungstätigkeit nicht nur überhaupt unter einen Genehmigungsvorbehalt gestellt wird, sondern dass diese Genehmigung auch nur auf Zeit erteilt wird. Diese Rechtfertigung wird außerhalb der Fall-

---

7 Eingehend Kupfer, S. 535 ff.

8 Denkbar sind „externe" Hilfs-Auswahlkriterien jenseits der Gründe für die Verknappung der Genehmigungen allenfalls dann, wenn die Zahl der verfügbaren Genehmigungen noch hinter der Zahl der Bewerber zurückbleibt und diese sämtlich gleichermaßen geeignet sind, die Schutzzwecke des Genehmigungsvorbehalts zu erfüllen, s. dazu Art. 12 Rn 14 ff.

9 Im Ergebnis wohl ebenso Ziekow, Die Auswirkungen der Dienstleistungsrichtlinie auf das deutsche Genehmigungsverfahrensrecht, GewArch 2007, 217, 219.

gruppe der knappen Genehmigungen (Art. 11 Abs. 1 lit. b, Art. 12, dazu Rn 8 ff.) nur gelingen, wenn nachgewiesen werden kann, dass ein Schutzzweck des Genehmigungsvorbehalts nur bei von vornherein auf eine kurze Zeitdauer angelegter Genehmigung oder bei periodischer Wiederholung der Genehmigungsprüfung ausreichend effektiv verwirklicht werden kann.

2. Verhältnismäßigkeit der Befristung

Kaum die erstere, wohl aber die letztere Argumentation ist zwar denkbar, vor allem bei laufenden oder gar dynamischen (auf Weiterentwicklung angelegten) Pflichten eines Dienstleistungserbringers, die eine kontinuierliche Anstrengung des Dienstleistungserbringers voraussetzen.[10] Jedoch gebietet der im Erfordernis der **zwingenden** Gemeinwohlgründe enthaltene[11] Grundsatz der Verhältnismäßigkeit eine sorgfältige Prüfung, ob dieses Kontrollziel nicht auch ohne Befristung (mit dem Sinn eines von vornherein vorgesehenen periodische Wiederholung des Genehmigungsverfahrens) durch **weniger einschneidende wirkende Mittel** erreicht werden kann, insbesondere durch begleitende Aufsicht, verbunden mit der Sanktionsdrohung einer Aufhebung der Genehmigung bei Pflichtverstoß. In aller Regel wird sich der Mitgliedstaat unter dem Druck des Verhältnismäßigkeitsprinzips nicht auf die für ihn zur Durchsetzung des Kontrollziels bequemere, für den Dienstleistungserbringer aber belastendere Option der Befristung von Genehmigungen zurückziehen können. Das denkbare Argument, permanente Begleitkontrollen und gegebenenfalls repressive Aufsichtsverfahren bis hin zur Aufhebung der Genehmigung verursachten einen **höheren Kostenaufwand** als die mit der Befristung verbundene „Automatik" periodisch wiederholter Präventivkontrollen, kann den Mitgliedstaat allein nicht entlasten. 17

Immerhin erscheint eine Befristung **rechtfertigungsfähig**, wenn sie die Voraussetzung für ein unter erleichterten Bedingungen durchgeführtes Genehmigungsverfahren ist und ein solches Verfahren nach Lage der Umstände **im Interesse des Genehmigungsempfängers** ist. Hier wird der Nachteil, der in der Befristung liegt, durch den Vorteil einer raschen und „großzügigeren" Genehmigungsprüfung, die aber nur um den Preis zeitlicher Befristung hinzunehmen ist, ausgeglichen.[12] 18

V. Sonstige Bestimmungen des Art. 11

1. Art. 11 Abs. 2

Abs. 2 macht deutlich, dass das grundsätzliche Befristungsverbot des Abs. 1 nicht für diejenigen Fristen gilt, die in Genehmigungsregelungen der Mitgliedstaaten für das **Gebrauchmachen von einer Genehmigung** vorgesehen sind. Auch derartige, im deutschen Recht ganz übliche, mit der Genehmigung geradezu typischerweise 19

10 S. das Beispiel in Kommissionshandbuch, Ziff. 6.1.4.: Pflicht, periodisch Fortbildungskurse zu besuchen.

11 Art. 11 führt den Grundsatz der Verhältnismäßigkeit nicht mehr explizit auf; er ergibt sich aber selbstverständlich aus der Forderung, dass nur Gemeinwohlgründe, die im konkreten Fall zwingend sind, eine Befristung rechtfertigen können, s. auch ganz eindeutig Kommissionshandbuch, Ziff. 6.1.4.

12 Vgl. § 12 GastG: erleichterte Erteilung der „vorübergehenden" Gaststättenerlaubnis aus besonderem Anlass; dazu auch Oertel in: Böhret/Grunow/Ziekow (Hg.), Der Vorschlag zu einer Richtlinie des Europäischen Parlaments und des Rates über Dienstleistungen im Binnenmarkt. Regelungsgehalt – Problemfelder – Akteurspositionen, Speyer, 2005, S. 159.

verknüpfte Ausnutzungsfristen – bekannte Beispiele sind etwa § 49 GewO; § 77 BauO NW; § 18 BImSchG – begrenzen zwar die Geltungsdauer einer Genehmigung. Jedoch liegen die Gründe für das Erlöschen der Genehmigung in der **Verantwortungssphäre des Genehmigungsempfängers.**[13] Wer innerhalb angemessener Frist von der Genehmigung keinen Gebrauch macht, kann kein schutzwürdiges Interesse an einer Weitergeltung der Genehmigung geltend machen. Umgekehrt setzt sich dann das objektive Interesse an einer Vermeidung latent existierender, aber nicht ausgenutzter Erlaubnisse durch. Nicht ausgenutzte, aber weiterhin wirksame Genehmigungen weisen ein spezifisches Problempotenzial auf: Die Gefahr, dass sich die schließlich nach Jahren ins Werk gesetzte Tätigkeit von den in der Genehmigung umrissenen Anforderungen entfernt, wird mit wachsendem Zeitablauf immer größer. Latente Genehmigungen, denen kein Vorhaben in der Wirklichkeit korrespondiert, können zudem Kontrolldefizite begünstigen; sie erschweren überdies den Rechtsschutz möglicher Drittbetroffener, die von einer Genehmigung nichts wissen. Diesen Interessen trägt Abs. 2 Rechnung.

2. Informationspflicht des Dienstleistungserbringers (Abs. 3)

20 Abs. 3 betrifft nicht die Befristung von Genehmigungen, sondern den Eintritt von Gegebenheiten, die dazu führen können, dass eine alte, schon erteilte Genehmigung entweder **nicht mehr ausreicht** (lit. a) oder nicht mehr aufrechterhalten werden kann, weil die **Genehmigungsvoraussetzungen entfallen** sind (lit. b). Regelungsinhalt des an die Mitgliedstaaten gerichteten Gebots ist, eine Verpflichtung des Dienstleistungserbringers vorzusehen, den **einheitlichen Ansprechpartner** (**Art. 6**) über die in der Vorschrift genannten Änderungen zu informieren. Zweck der Informationspflicht ist es, die sachlich zuständige Behörde, an die die Informationen durch den Verfahrensmittler weitergereicht werden,[14] instand zu setzen, die sich aus der Änderung der Verhältnisse ergebenden Konsequenzen zu ziehen.

a) Gründung von Tochtergesellschaften

21 Für die Gründung von Tochtergesellschaften (lit. a) bedeutet dies keineswegs, dass diese notwendigerweise einem weiteren Genehmigungsverfahren unterworfen werden müssen. Vielmehr muss die durch den Dienstleistungserbringer (über den einheitlichen Ansprechpartner) informierte Behörde in erster Linie prüfen, ob die dem Dienstleistungserbringer **bereits erteilte Genehmigung** nicht die Tätigkeit der Tochtergesellschaft mit abdeckt – wie es **Art. 10 Abs. 4** hinsichtlich der Reichweite von Genehmigungen ja grundsätzlich verlangt. Nur in dem Fall, dass nach dem Recht des Niederlassungsstaates gerechtfertigterweise für die Tochtergesellschaft eine **weitere Genehmigung** verlangt werden kann, wird die Behörde den Dienstleistungserbringer in diesem Sinne bescheiden. Für den Dienstleistungserbringer hat die Regelung des Art. 11 Abs. 3 lit. a insofern entlastende Wirkung: Er kann die Prüfung, ob für die Tochtergesellschaft überhaupt eine **zusätzliche Genehmigung erforderlich** ist, den Behörden des Niederlassungsstaates überlassen. Er selbst ist auf die Informationspflicht, die auch nur gegenüber dem einheitlichen Ansprechpartner besteht, beschränkt. Weitergehende Pflichten, ins-

13 Vgl. BVerwG, NVwZ 1990, 464.

14 Dazu näher Windoffer, Die Implementierung einheitlicher Ansprechpartner nach der EU-Dienstleistungsrichtlinie, NVwZ 2007, 495, 498.

besondere die Pflicht zur Stellung von Genehmigungsanträgen, dürfen dem niedergelassenen Dienstleistungserbringer zunächst nicht auferlegt werden.

b) Wegfall der Genehmigungsfähigkeit aufgrund Tatsachenänderung

Die dem Dienstleistungserbringer aufzuerlegende Informationspflicht hinsichtlich 22
des Wegfalls tatsächlicher Genehmigungsvoraussetzungen erzeugt wohl mehr **Umsetzungsbedarf für das deutsche Recht**, als es zunächst den Anschein hat. Keineswegs alle Genehmigungsregelungen sehen nämlich eine allgemeine und umfassende Informationspflicht des Genehmigungsinhabers für alle Tatbestände nachträglich eingetretener Genehmigungsunfähigkeit vor; sie ergeben sich wegen der Eingriffsqualität der Informationsverpflichtung (**Gesetzesvorbehalt!**) auch nicht ohne ausdrückliche gesetzliche Anordnung gewissermaßen von selbst aus der Genehmigungspflicht.

Kein Problem stellen allerdings „Änderungen der Situation" des Genehmigungs- 23
empfängers dar, die darin bestehen, dass die tatsächlich ausgeübte Tätigkeit so geändert wird, dass sie sich von der genehmigten Tätigkeit (oder dem genehmigten Betrieb) wesentlich unterscheidet. In einem solchen Fall ist die Tätigkeit nicht mehr von der Genehmigung erfasst, also formell illegal und bedarf einer **Änderungsgenehmigung**.

Problematisch sind demgegenüber diejenigen Situationen, die lit. b wohl eigentlich 24
im Blick hat, mithin die Fälle, in denen zwar nach wie vor die genehmigte Tätigkeit ausgeübt wird, die dafür erforderlichen und ursprünglich vorliegenden **tatsächlichen Voraussetzungen** aber **entfallen** sind (etwa: Es sind Verhältnisse eingetreten, welche die gewerberechtliche Unzuverlässigkeit begründen). Wenn die Richtlinie hier eine umfassende und ausnahmslose Informationspflicht des Dienstleistungserbringers (gewissermaßen zur „Selbstanzeige") fordert, geht dies in vielen Fällen über die bisherige Gesetzeslage in Deutschland hinaus. Zwar dürfte die Selbstanzeigepflicht materiell mit der Gewerbefreiheit und dem Grundsatz der Verhältnismäßigkeit vereinbar sein; ohnehin ginge die Richtlinienforderung einem etwa weitergehenden Grundrechtsschutz des Gewerbetreibenden vor: Anwendungsvorrang des Gemeinschaftsrechts! Doch ist der **Gesetzgeber gefordert**, im allgemeinen Verwaltungsverfahrensrecht oder in den einzelnen Genehmigungsregelungen eine entsprechende **Informationspflicht ausdrücklich** zu verankern. Eine Verpflichtung im Einzelfall durch behördliche Auflagen wird der generellen Forderung der Richtlinie nicht gerecht.

Artikel 12 Auswahl zwischen mehreren Bewerbern

(1) Ist die Zahl der für eine bestimmte Dienstleistungstätigkeit verfügbaren Genehmigungen aufgrund der Knappheit der natürlichen Ressourcen oder der verfügbaren technischen Kapazitäten begrenzt, so wenden die Mitgliedstaaten ein neutrales und transparentes Verfahren zur Auswahl der Bewerber an und machen insbesondere die Eröffnung, den Ablauf und den Ausgang des Verfahrens angemessen bekannt.

(2) In den in Absatz 1 genannten Fällen wird die Genehmigung für einen angemessen befristeten Zeitraum gewährt und darf weder automatisch verlängert werden noch dem Dienstleistungserbringer, dessen Genehmigung gerade abgelau-

fen ist, oder Personen, die in besonderer Beziehung zu diesem Dienstleistungserbringer stehen, irgendeine andere Begünstigung gewähren.

(3) Vorbehaltlich des Absatzes 1 und der Artikel 9 und 10 können die Mitgliedstaaten bei der Festlegung der Regeln für das Auswahlverfahren unter Beachtung des Gemeinschaftsrechts Überlegungen im Hinblick auf die öffentliche Gesundheit, sozialpolitische Ziele, die Gesundheit und Sicherheit von Arbeitnehmern oder Selbstständigen, den Schutz der Umwelt, die Erhaltung des kulturellen Erbes sowie jeden anderen zwingenden Grund des Allgemeininteresses berücksichtigen.

Literatur: Böhret/Grunow/Ziekow (Hg.), Der Vorschlag zu einer Richtlinie des Europäischen Parlaments und des Rates über Dienstleistungen im Binnenmarkt. Regelungsgehalt – Problemfelder – Akteurspositionen, Speyer, 2005 (zitiert als: Bearbeiter in: Böhret/Grunow/Ziekow (Hg.)); Kupfer, Die Verteilung knapper Ressourcen im Wirtschaftsverwaltungsrecht, Baden-Baden, 2005 (zitiert als: Kupfer); Ruhland, Die Dienstleistungskonzession, Baden-Baden, 2006 (zitiert als: Ruhland).

I. Überblick über die Regelung

1 Art. 12 errichtet Vorgaben für die mitgliedstaatliche Gestaltung von Verfahren zur **Auswahl unter Bewerbern** um die Erteilung von Genehmigungen, wenn deren Zahl hinter der Zahl von Antragstellern zurückbleibt (**knappe Genehmigungen**). Abs. 1 und 2 beziehen sich nur auf solche Fälle, in denen die Begrenztheit verfügbarer Genehmigungen auf einer **Knappheit natürlicher Ressourcen oder technischer Kapazitäten** beruht. Für diese Fälle verpflichtet die Vorschrift die Mitgliedstaaten auf ein Verfahren, das den schon aus dem Primärrecht folgenden Grundsätzen der Gleichbehandlung und Transparenz verpflichtet ist (Abs. 1). Außerdem müssen die knappen Genehmigungen, um die Chancengleichheit anderer Bewerber zu wahren, in Umkehrung des ansonsten geltenden Grundsatzes unbefristeter Genehmigung (s. Art. 11 Rn 8 ff.) angemessen befristet werden (Abs. 2). Wird die Zahl verfügbarer Genehmigungen aus **anderen Gründen** als denjenigen natürlicher oder technischer Knappheit von den Mitgliedstaaten limitiert, so bindet **Abs. 3** die Auswahlentscheidung zwar an zwingende Gründe des Allgemeininteresses (und damit auch an den Grundsatz der Verhältnismäßigkeit). Die Abs. 1 und 2 mit den darin aufgestellten expliziten und strikten Anforderungen an das Auswahlverfahren und die Befristung der Genehmigungen finden jedoch keine Anwendung.

II. Anwendungsbereich der Abs. 1 und 2: knappe Ressourcen und technische Kapazitäten

2 Die unterschiedliche Behandlung zwischen aus **vorgefundenen natürlichen oder technischen Knappheitsgründen** limitierten Genehmigungen i. S. d. Abs. 1 und anderen, erst durch politische Entscheidung des mitgliedstaatlichen Gesetzgebers

zahlenmäßig begrenzten Genehmigungen ergibt sich daraus, dass die Knappheit verfügbarer Genehmigungen im erstgenannten Fall nicht gezielt gewähltes Instrument des Staates zur Verfolgung bestimmter Zwecke, sondern ein unbeabsichtigter, aus tatsächlichen Gründen jedoch unvermeidlicher Umstand ist. Resultiert die nicht für alle Bewerber ausreichende Zahl von Genehmigungen nicht aus einem normativen Regelungsziel des Gesetzgebers, sondern allein aus einem tatsächlichen Mangel an Ressourcen oder Kapazitäten, so kann die Verteilungsentscheidung auch grundsätzlich nicht von Gründen abhängen, die für ein solches Regelungsziel erheblich wären, etwa Gründe sozialpolitischer Art. Solche Gründe werden vielmehr in **Abs. 3 für die „normativ verknappten Genehmigungen"** explizit erwähnt und können hier eine ungleich behandelnde Auswahlentscheidung rechtfertigen.

Gemäß Abs. 1 und 2 indessen haben alle Genehmigungswerber, sofern sie die Voraussetzungen für die Erteilung einer Genehmigung erfüllen, einen **grundsätzlich gleichen Anspruch auf eine Genehmigung** – und in der Knappheitslage immerhin noch einen Anspruch auf strikt **chancengleiche Teilhabe** im Auswahlverfahren. Deswegen unterwerfen Abs. 1 und 2 derartige Genehmigungsregelungen besonders strengen, vom Gleichheitssatz her dirigierten Anforderungen. 3

Die dualistisch in Abs. 1 erfassten Knappheitssituationen – **natürliche Ressourcenknappheit und technischer Kapazitätsmangel** – werden weder in der Richtlinie noch in den Kommissionserläuterungen näher umschrieben. Die im ursprünglichen Entwurf noch enthaltenen Beispiele der Vergabe analoger Radiofrequenzen und des Betriebs eines Wasserkraftwerks (Erwägungsgrund 28 des Bolkestein-Entwurfs) sind aus der Endfassung herausgestrichen worden (vgl. jetzt Erwägungsgrund 62).[1] Beide Beispiele zeigen indessen, dass die Knappheit an nutzbaren Naturgütern oder Umweltbedingungen häufig auch gerade von einer begrenzten technischen Erschließungskapazität abhängt und beide Knappheitsgründe daher **nicht immer strikt voneinander geschiedenen** Fallgruppen zugewiesen werden können. Indessen kommt es darauf auch nicht an: Entscheidend für die Abgrenzung zu den sonstigen, „normativ verknappten" Genehmigungen i. S. d. Abs. 3 ist vielmehr, dass das („natürliche" oder „technische") Substrat, auf dessen Nutzung sich die Erlaubnis bezieht, vorfindlich knapp ist, also nicht ausreicht, sämtlichen Bewerbern die begehrte Nutzung zu ermöglichen. Die Knappheit der Genehmigungen folgt also der **gegebenen Knappheit der nutzbaren Güter**, nicht werden (wie bei Abs. 3) die Genehmigungen kontingentiert, obwohl sie auch über das Kontingent hinaus möglich wären. 4

Allerdings meint die Knappheit i. S. d. Art. 12 Abs. 1 nicht notwendigerweise nur einen Mangel an Ressourcen, deren Quantität oder Nutzbarkeit von den Mitgliedstaaten in keiner Weise beeinflusst werden können. Die Richtlinie nimmt die Knappheitsannahme (und die sich daraus ergebende Notwendigkeit einer Verteilungsentscheidung hinsichtlich der Genehmigungen) auch hinsichtlich solcher nutzbarer Ressourcen hin, die vom **Staat durch eigene Leistung** erst bereitgestellt werden und bei denen ein Kapazitätsausbau durchaus denkbar wäre. Beispiele dafür sind die staatlich errichtete Infrastruktur (Straßen und Wege) mit Blick auf etwaige genehmigungspflichtige Sondernutzungen oder Einrichtungen vergleich- 5

1 Gem. Art. 2 Abs. 2 lit. g sind die audiovisuellen Dienste vom Anwendungsbereich der Richtlinie ausgenommen.

barer Art (Gebäude, Plätze für Messen und Märkte).[2] Weder aus der Niederlassungsfreiheit noch aus der Dienstleistungsrichtlinie lässt sich ein Anspruch gegen die Mitgliedstaaten auf Bereitstellung von Leistungen, die für die Erbringung von Dienstleistungen erforderlich sind, folgern.

III. Anforderungen an das Auswahlverfahren (Abs. 1)

6 Abs. 1 verlangt, dass die Mitgliedstaaten ein die **Chancengleichheit aller Bewerber** um knappe Genehmigungen im Sinne dieser Vorschrift wahrendes Verfahren vorsehen. Die Vergabe knapper Genehmigungen fällt ebenso wenig wie diejenige von Dienstleistungskonzessionen unter die Vergaberichtlinien. Die gleichheitsrechtlichen Grundsätze, die sich für vergabeähnliche Verteilungsentscheidungen schon aus dem Primärrecht ergeben und vom EuGH und der Kommission für die Fallgruppen der **Auftragsvergabe** unterhalb der den Anwendungsbereich der Vergaberichtlinien eröffnenden Schwellenwerte[3] sowie der **Dienstleistungskonzessionen**[4] konkretisiert worden sind, beanspruchen indessen auch hier Geltung.[5]

7 Die Mitgliedstaaten sind mithin verpflichtet, einen Rahmen für ein Verfahren zu schaffen, das „**Transparenz und Neutralität**" bietet und überdies „mit Hilfe des freien Wettbewerbs **höchstmögliche Qualität** und optimale Angebotsbedingungen im Interesse der Dienstleistungsempfänger erzielt".[6] Während die „Neutralität" Zentralbegriff der Vorschrift für die geforderte Gleichbehandlung aller Bewerber ist, bringt die Forderung „optimaler Angebotsbedingungen" ein inhaltliches Leistungskriterium ins Spiel: Die Auswahlentscheidung muss auf Effizienz und Bestenauslese gerichtet sein und die Bewerber **primär anhand dieses Leistungskriteriums** bewerten. Gleichheit auf niedrigem Niveau entspräche zwar womöglich auch einem Neutralitätsgebot, nicht aber dem Optimierungsgebot hinsichtlich eines möglichst guten Dienstleistungsangebotes.

8 Die **Transparenzforderung** zieht aus dem Gleichbehandlungspostulat **verfahrensrechtliche Konsequenzen**, die wegen ihrer Bedeutung in Art. 12 Abs. 1 auch noch einmal ausdrücklich benannt werden: Der Ablauf des Entscheidungsverfahrens, insbesondere seine Eröffnung muss angemessen bekannt gemacht werden, damit einerseits gleiche Beteiligungschancen (vor Verfahrensbeginn), andererseits die Möglichkeit noch rechtzeitigen Rechtsschutzes (während und nach Abschluss des Verfahrens) gegen eine nachteilige Auswahlentscheidung gewahrt bleiben.

---

2 Vgl. Oertel in: Böhret/Grunow/Ziekow (Hg.), S. 162.

3 Kommission, Mitteilung v. 23.6.2006 zu Auslegungsfragen in Bezug auf das Gemeinschaftsrecht, das für die Vergabe öffentlicher Aufträge gilt, die nicht oder nur teilweise unter die Vergaberichtlinien fallen, ABl. 2006 Nr. C 179, S. 2; Himmelmann, Außenwirksame Anforderungen an die Vergabe von Aufträgen unterhalb der Schwellenwerte – insbesondere bei beschränkten Ausschreibungen und freihändigen Vergaben, VergabeR 2007, 342, 345.

4 Mitteilung der Kommission zu Auslegungsfragen im Bereich Konzessionen im Gemeinschaftsrecht, ABl. 2000 Nr. C 121, S. 2.

5 S. insbesondere Erwägungsgrund 62, der als Maßstab für die befristete Geltungsdauer von knappen Genehmigungen (Art. 12 Abs. 2) die aus den Bereichen der Dienstleistungskonzessionen und PPP-Modelle bekannte Formel von der „angemessenen Investitionsrendite" einführt; s. auch Ziekow, Die Auswirkungen der Dienstleistungsrichtlinie auf das deutsche Genehmigungsverfahrensrecht, GewArch 2007, 217, 219.

6 Erwägungsgrund 62.

1. Angemessenheit der Bekanntgabe

9 Was eine **„angemessene" Bekanntgabe** der wettbewerbserheblichen Entscheidungsbedingungen für eine Auswahl unter Genehmigungswerbern ist, lässt sich nicht für alle Fälle schematisch gleich beantworten. Auch die Rechtsprechung des EuGH zu den Dienstleistungskonzessionen hat bisher keine detaillierten Aussagen zur Ausgestaltung des Vergabeverfahrens geliefert.[7] Das je geforderte Maß von Transparenz hängt insbesondere davon ab, welche Bedeutung bestimmte Genehmigungen erfahrungsgemäß oder typischerweise für ausländische Dienstleistungserbringer mit Niederlassung in dem Erbringungsstaat haben. Genehmigungen, die von ausländischen Unternehmen überhaupt nie nachgefragt werden, weil sie Dienstleistungen betreffen, bei denen ein Interesse EU-ausländischer Bewerber zuverlässig ausgeschlossen werden kann, müssen nicht in einer gleichermaßen komfortablen Weise dem europäischen Publikum bekannt gemacht werden wie Auswahlentscheidungen von hoher grenzüberschreitender Wettbewerbsrelevanz.[8]

10 Immerhin lassen sich der Rechtsprechung des EuGH für die Vergabeverfahren im Unterschwellenbereich und für Dienstleistungskonzessionen einige **Grundsätze zur Neutralität und Transparenz** der Vergabeverfahren auch außerhalb der Vergaberichtlinien entnehmen, die in der Mitteilung der Kommission vom 23. Juni 2006[9] zusammengefasst worden sind. Diese Grundsätze können auf das durch Art. 12 geforderte Auswahlverfahren bei knappen Genehmigungen unter dem Vorbehalt übertragen werden, dass Besonderheiten, die den Genehmigungsentscheidungen im Unterschied zu den Vergabeentscheidungen eignen, berücksichtigt werden. Danach gilt Folgendes:

11 Die Bekanntmachung muss leisten, dass die Unternehmen aus einem anderen Mitgliedstaat vor der Auswahlentscheidung über die Vergabe knapper Genehmigungen **„Zugang zu angemessenen Informationen"** sowohl über das Auswahlverfahren und die dafür geltenden Auswahlkriterien als auch über die Genehmigungen selbst als Gegenstände der Verteilungsentscheidung sowie ihre Bedeutung für die Aufnahme von Dienstleistungen im Niederlassungsstaat haben. Die Bekanntmachung muss **allgemein zugänglich** und darf nicht von vornherein selektierend auf einen eingegrenzten Adressatenkreis beschränkt sein.[10] Als **Weg der Bekanntmachung** kommt – von Ausnahmefällen abgesehen – nur das **Internet** in Betracht.[11] An dieser Stelle greifen die Bestimmungen der Richtlinie über die Kommunikation zwischen den Behörden des Niederlassungsstaates und den aus-

7 EuGH, Rs C-324/98 (Telaustria), EuZW 2001, 90 ff., Rn 62; Rs C-231/03 (Coname), EuZW 2006, 176, Rn 16-19; Rs C-458/03 (Parking Brixen), EuZW 2005, 731, Rn 49.

8 Vgl. EuGH, Rs C-231/03 (Coname), EuZW 2006, 176, Rn 20; Kommission, Mitteilung v. 23.6.2006 zu Auslegungsfragen in Bezug auf das Gemeinschaftsrecht, das für die Vergabe öffentlicher Aufträge gilt, die nicht oder nur teilweise unter die Vergaberichtlinien fallen, ABl. 2006 Nr. C 179, Ziff. 2.1.2 („Binnenmarktrelevanz"); allgemein zum Fehlen der grenzüberschreitenden Bedeutung beschränkender Maßnahmen bei „ungewissen und indirekten" Wirkungen EuGH, Rs C-44/98 (BASF), EuZW 1999, 730, Rn 16.

9 Kommission, Mitteilung v. 23.6.2006 zu Auslegungsfragen in Bezug auf das Gemeinschaftsrecht, das für die Vergabe öffentlicher Aufträge gilt, die nicht oder nur teilweise unter die Vergaberichtlinien fallen, ABl. 2006 Nr. C 179, S. 2.

10 Ruhland, S. 205 f.

11 Kommission, Mitteilung v. 23.6.2006 zu Auslegungsfragen in Bezug auf das Gemeinschaftsrecht, das für die Vergabe öffentlicher Aufträge gilt, die nicht oder nur teilweise unter die Vergaberichtlinien fallen, ABl. 2006 Nr. C 179, S. 2, Ziff. 2.1.2.

ländischen Dienstleistungserbringern ein: Die Information über knappe Genehmigungen als notwendige Voraussetzung einer Dienstleistungserbringung gehört zu den essenziellen Informationen i. S. d. Art. 7 Abs. 1 lit. a, die über den **einheitlichen Ansprechpartner** (**Art. 6**) im Wege elektronischer Kommunikation (Art. 8) vermittelt werden müssen.[12] Andere, für die vergaberechtlichen Bekanntmachungen zulässige Kommunikationspfade (Amtsblätter, Zeitungen, andere Medien) sind für die Publikation relevanter Umstände für die Aufnahme von Dienstleistungen, darunter eben auch die Vergabe knapper Genehmigungen i. S. d. Art. 12, durch die eindeutige Entscheidung des Richtliniengebers für die elektronische Kommunikation wohl verschlossen.[13]

2. Inhalt der Bekanntmachung

12 **Inhaltlich** muss die Bekanntmachung die für die Wettbewerbsgleichheit potentieller Bewerber um Genehmigungen wesentlichen Parameter enthalten. Dies betrifft zum einen **Informationen** über die **Genehmigungen**, ihre Bedeutung für die Aufnahme bestimmter Dienstleistungstätigkeiten und die normativen **Voraussetzungen** für ihre Erteilung. Gerade bei kontingentierten und daher möglicherweise auch bei Erfüllung der Genehmigungsvoraussetzungen nicht verfügbaren Genehmigungen ist es für einen Dienstleistungserbringer von herausragender Bedeutung, möglichst frühzeitig über die **Erforderlichkeit** einer derartigen knappen **Genehmigung** für sein Vorhaben informiert zu sein, um an dem Auswahlverfahren rechtzeitig teilnehmen zu können. Das Genehmigungserfordernis, die für die Genehmigungserteilung erforderlichen Voraussetzungen für die Aufnahme der jeweiligen Tätigkeit und die Notwendigkeit einer behördlichen Auswahlentscheidung aus Knappheitsgründen müssen daher im internetbasierten „front office" deutlich und von außen leicht einsehbar eingestellt werden.

13 Die Bekanntmachung muss zum anderen Angaben zu den **relevanten Kriterien für die Auswahlentscheidung** nach Art. 12 Abs. 1 enthalten. Diese Angaben beziehen sich einerseits auf das **Verfahren**, insbesondere auf die vom Antragsteller einzuhaltenden Verfahrensanforderungen (Anträge, Begründungen, Fristen usw.). Sie müssen andererseits aber auch das **Kriterienprofil** ausweisen, an dem sich die Auswahlentscheidung inhaltlich ausrichtet. Dies ist Voraussetzung für die das Verfahren beherrschende Grundregel, dass die Vergabeentscheidung den zu Anfang festgelegten Verfahrensregeln entsprechen muss.[14]

3. Insbesondere: Eignungs- und Auswahlkriterien

14 Die Richtlinie grenzt die in Betracht kommenden und bekannt zu machenden **Auswahlkriterien** nicht ausdrücklich ein. Vielmehr bekräftigt **Art. 12 Abs. 3** sogar, dass die Mitgliedstaaten berechtigt sind, auch sozialpolitische Ziele und jeden anderen **zwingenden Grund des Allgemeininteresses** als Kriterium für die Aus-

---

12 Ohler, Der Binnenmarkt als Herausforderung an die Verwaltungsorganisation in den Mitgliedstaaten, BayVBl. 2006, 261, 264.

13 Denkbar allenfalls für eine Übergangszeit bis zur Errichtung und der vollen Funktionsfähigkeit der elektronischen Kommunikationssysteme.

14 Kommission, Mitteilung v. 23.6.2006 zu Auslegungsfragen in Bezug auf das Gemeinschaftsrecht, das für die Vergabe öffentlicher Aufträge gilt, die nicht oder nur teilweise unter die Vergaberichtlinien fallen, ABl. 2006 Nr. C 179, S. 2, Ziff. 2.2.2.

wahl zwischen den Genehmigungswerbern einzusetzen. Dies bedeutet grundsätzlich (s. aber die nachfolgenden Rn), dass auch bei der Auswahlentscheidung hinsichtlich von aus natürlichen oder technischen Gründen knappen Genehmigungen i. S. d. Art. 12 Abs. 1 **„vergabefremde" Kriterien** nicht von vornherein unzulässig sind,[15] d. h. solche, die nicht auf den Zweck des Genehmigungserfordernisses gerichtet sind.

Allerdings steht diese Anerkennung vergabefremder Kriterien unter dem Vorbehalt des Abs. 1 und der Art. 9 und 10 sowie allgemein der Bedingung, dass das „Gemeinschaftsrecht beachtet" bleibt (Art. 12 Abs. 3). Dies bedeutet zum einen, dass die eingeführten Auswahlkriterien **nicht** doch wieder zu einer **Diskriminierung** der ausländischen Genehmigungswerber führen dürfen. Das Differenzierungskriterium (etwa sozialpolitischer Art) muss also **binnenmarktneutral** sein, mithin von ausländischen niederlassungswilligen Dienstleistungserbringern in derselben Weise erfüllt werden können wie von inländischen Konkurrenten. 15

Bei den Auswahlentscheidungen des Abs. 1 dürfen sich die Hilfskriterien i. S. d. Abs. 3 zum anderen aber auch **nicht in Widerspruch zu den vorrangigen Zwecken des Genehmigungsvorbehalts** und der Verteilungsentscheidung unter Bedingungen vorgegebener Knappheit setzen.[16] Diese Zwecke – also der Rechtsgüterschutz, um dessentwillen die Eröffnungskontrolle überhaupt vorgeschrieben ist, sowie eine Auswahl, die primär deswegen notwendig ist, weil die Zahl der die Voraussetzungen für eine Genehmigung erfüllenden Nachfrager das objektiv mögliche Kontingent an Genehmigungen übersteigt – verlangen nach Auswahlkriterien, die ihnen entsprechen.[17] Daraus ergibt sich zunächst ein **Vorrang leistungsbezogener Kriterien (Eignungskriterien)**: Die Auswahl muss darauf gerichtet sein, dass diejenigen Antragsteller, die den Garantiezweck des Genehmigungsvorbehalts (etwa: Gefahrenabwehr, Verbraucherschutz, hohe Qualität der Dienstleistung) besser erfüllen als andere Bewerber, vorrangig zum Zuge kommen. Erst bei gleichermaßen bestehender Eignung im Hinblick auf die Erfüllung der Genehmigungsvoraussetzungen können ggf. zusätzliche, ihrerseits aber notwendig ebenfalls sachgerechte und transparent gemachte **Auswahlkriterien** herangezogen werden. 16

Besteht der Zweck des Genehmigungsvorbehalts allein darin, die knappe **Ressource** i. S. d. Art. 12 Abs. 1 zu **bewirtschaften**, ist die vergebende Stelle erst recht **nicht** frei, die Auswahl an **normativen Politikzielen** auszurichten und entsprechende Auswahlkriterien aufzustellen: Auswahlnotwendigkeit aus Knappheitsgründen i. S. d. Art. 12 Abs. 1 ist etwas anderes als Verteilung zur Verfolgung normativ gesetzter Ziele i. S. d. Art. 12 Abs. 3.[18] Zwar akzeptiert Art. 12 Abs. 3, dass die Mitgliedstaaten Genehmigungen um wichtiger Gemeinwohlinteressen willen kontingentieren und in diesen Fällen die Auswahlentscheidung darauf programmieren können.[19] Natürliche (oder technische) Knappheit i. S. d. Abs. 1 ist aber prin- 17

15 Zur Zulässigkeit vergabefremde Kriterien bei den Dienstleistungskonzessionen Bohne/Heinbuch, Die Dienstleistungskonzession als Privatisierungsmodell in der kommunalen Abwasserbeseitigung, NVwZ 2006, 489, 495.

16 Vgl. Ruhland, S. 240 mit zahlreichen Nachweisen aus der EuGH-Rspr.: objektiver, diskriminierungsfreier und sachgerechter Charakter der Zuschlagskriterien.

17 Vgl. allgemein zum Zusammenhang von Verteilungsentscheidungen und dem Sachzweck der Kontingentierung Kupfer, S. 537 f.

18 Kupfer, S. 535 ff.

19 Vgl. deutlich Erwägungsgrund 62 am Ende.

zipiell ein anderer, „unpolitischer" Grund für die Notwendigkeit einer Auswahlentscheidung, der nicht ohne weiteres ausgenutzt werden darf, um für die Auswahl normative Bewertungsmaßstäbe einzuführen.

18 Will der Mitgliedstaat in der Auswahlentscheidung neben der Bewältigung der natürlichen (oder technischen) Ressourcenknappheit auch noch sozialpolitische (oder andere) Ziele verfolgen, so muss er diese daher grundsätzlich in die **Genehmigungsvoraussetzungen** – unter dem Rechtfertigungsdruck von Art. 10 – einbringen und darf nicht diese Maßstäbe trotz insoweit offenem Genehmigungstatbestand erst in die Auswahlentscheidung verlagern. Geht es dem Mitgliedstaat mit dem Genehmigungserfordernis erkennbar nur um die Bewältigung von Knappheit, so muss jeder (ausländische) Bewerber eine gleiche Chance auf die Erteilung der Genehmigung haben und darf er nicht im Auswahlverfahren unter Berufung auf **Bewertungskriterien** ausgeschlossen werden, die **mit der Knappheit gar nichts zu tun** haben und sich weder aus dem Genehmigungszweck noch (dementsprechend) aus den Voraussetzungen für die Erteilung der Genehmigung ergeben. Für knappheitsbedingte Auswahlentscheidungen nach Abs. 1 werden daher für diejenigen Bewerber, die die Genehmigungsvoraussetzungen erfüllen, vorrangig **inhaltlich neutrale Auswahlkriterien** bestimmend sein müssen (Prioritätskriterium, turnusmäßige Bewilligung, Losverfahren).[20] Normative Auswahlkriterien werden allenfalls ergänzend hinzutreten dürfen, ohne dass damit aber der grundsätzliche Anspruch eines jeden die Voraussetzungen erfüllenden Bewerbers völlig vereitelt werden darf.

4. Bekanntgabe der Auswahlentscheidung

19 Um die **Rechtsschutzmöglichkeiten** unterlegener Bewerber zu sichern, muss auch das **Ergebnis einer Auswahlentscheidung** i. S. d. Art. 12 Abs. 1 ausreichend bekannt gemacht werden. Diese Anforderung wird allerdings durch die allgemein für abschlägige Entscheidungen im Genehmigungsverfahren geltende Pflicht des Mitgliedstaates, dem unterlegenen Bewerber die Nichtberücksichtigung (individuell) bekannt zu geben und hinreichend zu begründen (**Art. 10 Abs. 6**), überlagert. Eine Verpflichtung, die unterlegenen Bewerber schon vor der Erteilung der Genehmigung an die Konkurrenten zu informieren, um ihnen präventiven Rechtsschutz zu ermöglichen, besteht gemeinschaftsrechtlich nicht.[21] Der nach der Rechtsprechung des EuGH geforderte effektive gerichtliche Schutz gemeinschaftsrechtlich garantierter Rechte[22] kann im deutschen Rechtsschutzsystem auch noch durch Anfechtung der erteilten Genehmigungen, kombiniert mit einer (Verpflichtungs-)Klage auf Neubescheidung, verwirklicht werden.

IV. Abs. 2 Befristung knapper Genehmigungen

20 Genehmigungen, deren Knappheit sich aus natürlichem Ressourcenmangel oder technischen Kapazitätsgrenzen ergibt (Abs. 1), müssen **ausnahmslos befristet** wer-

20 S. z. B. Oertel in: Böhret/Grunow/Ziekow (Hg.), S. 163 (Prioritätskriterium) für die Rangfolge konkurrierender Anträge auf wasserrechtliche Zulassung.
21 Vgl. für die Dienstleistungskonzessionen Bohne/Heinbuch, NVwZ 2006, 489, 495.
22 Dazu Kommission, Mitteilung v. 23.6.2006 zu Auslegungsfragen in Bezug auf das Gemeinschaftsrecht, das für die Vergabe öffentlicher Aufträge gilt, die nicht oder nur teilweise unter die Vergaberichtlinien fallen, ABl. 2006 Nr. C 179, S. 2, Ziff. 2.3.3.

den (Abs. 2); bei aus sonstigen Gründen (Art. 12 Abs. 3) kontingentierten Genehmigungen besteht eine derartige Pflicht jedenfalls im Grundsatz (Art. 11 Abs. 1 lit. b), s. dazu Art. 11 Rn 10). Die Befristungspflicht, in Abs. 2 noch abgesichert durch das Verbot automatischer Verlängerung und das Verbot der Gewährung anderweitiger Vorteile über das Ende der Geltungsdauer der Genehmigung hinaus, ist, neben der gleichheitsgerechten und transparenten Gestaltung des Auswahlverfahrens, das entscheidende Element zur Herstellung von Teilhabe-Gleichheit unter den Bewerbern um knappe Genehmigungen. Auch derjenige Bewerber, der zunächst nicht zum Zuge gekommen ist, behält doch die Chance, in der Zukunft, nach Ablauf der Geltungsdauer einer der bereits erteilten Genehmigungen, in den Genuss einer Erlaubnis zu kommen.

Von erheblicher Bedeutung ist daher die **Laufzeit der knappen Genehmigungen.** 21
Die Forderung des Art. 12 Abs. 2 nach einer „angemessenen“ Befristung, wird in der Richtlinie dahingehend erläutert, dass die Geltungsdauer der Genehmigung so bemessen sein solle, „dass sie den freien Wettbewerb nicht über das für die **Amortisierung der Investitionen** und die Erwirtschaftung einer angemessenen **Investitionsrendite** notwendige Maß hinaus eingeschränkt oder begrenzt“.[23] Damit ist der Maßstab aufgegriffen, den die Kommission auch für die Laufzeit von Dienstleistungskonzessionen[24] und Public-Private-Partnership-Modellen[25] anwendet.[26]

Übertrieben strenge Anforderungen wird man an das Verfahren zur Berechnung 22
der (amortisationsfähigen) Kosten indes nicht stellen können. In diesem Zusammenhang ist im Schrifttum darauf hingewiesen worden, dass die genehmigungserteilende Behörde häufig nur über **unzulängliche Informationen** aus der Sphäre der privaten Unternehmen hinsichtlich der prognostizierten Amortisationsdauer und Erzielung einer Investitionsrendite verfügen werde.[27] Insoweit unterscheide sich die Situation bei der Vergabe knapper Genehmigungen auch von derjenigen bei den Dienstleistungskonzessionen oder PPP-Modellen, wo die öffentliche Verwaltung Erfahrungswissen sammeln könne. Ob diese Erwägungen in jeder Hinsicht durchgreifen, mag zwar zweifelhaft erscheinen: Erfahrungswissen hinsichtlich durchschnittlicher oder typischer Amortisationszeiten und angemessener Kapitalrenditen kann sich über eine längere Behördenpraxis auch bei der Vergabe knapper Genehmigungen herausbilden (insoweit wohl kaum anders als bei der Vergabe von Dienstleistungskonzessionen). Und was das Informationsdefizit angeht, so steht der Umstand, dass die Richtlinie keine spezifischen Verpflichtungsbefugnisse der mitgliedstaatlichen Behörden vorsieht, mit denen die potentiellen Genehmigungswerber ex ante zur Vorlage entsprechender Daten und Prognosen verpflichtet werden könnten, der Einführung derartiger **Mitwirkungsobliegenheiten** im mitgliedstaatlichen Verfahrensrecht nicht zwingend entgegen. Wer eine Genehmigung für einen bestimmten Zeitraum beantragt, könnte danach durchaus

23 Erwägungsgrund 62.
24 Mitteilung der Kommission zu Auslegungsfragen im Bereich Konzessionen im Gemeinschaftsrecht, ABl. 2000 Nr. C 121, S. 2, Ziff. 3.1.3.
25 Grünbuch der Kommission zu öffentlich-privaten Partnerschaften und den gemeinschaftsrechtlichen Rechtsvorschriften für öffentliche Aufträge und Konzessionen, KOM(2004) 327 endg. v. 30.4.2004, Nr. 46.
26 Ziekow, GewArch 2007, 217, 220.
27 Ziekow, GewArch 2007, 217, 220: unzureichende Information der Genehmigungsbehörde hinsichtlich der Amortisationsdauer und der Erzielung einer Investitionsrendite.

mit der Obliegenheit belastet werden, die wesentlichen wirtschaftlichen Grunddaten zur Verfügung zu stellen, auf denen die Prognose des Unternehmens beruht, dass der beantragte Zeitraum erforderlich ist, um genügend Einnahmen zur Deckung der Investitionskosten und einer angemessenen Gewinnmarge zu erwirtschaften.

23 Allerdings geht es bei dem nach Monaten oder Jahren zu bemessenden **Zuschnitt angemessener Laufzeiten** von der Sache her offensichtlich um deutlich **grobrasterigere Ergebnisse** als etwa bei der Bestimmung kostenorientierter Zugangsentgelte in den Netzwirtschaften oder bei der Berechnung von Ausgleichszahlungen für defizitäre Dienstleistungen von allgemeinem wirtschaftlichen Interesse.[28] Zudem können die **Prognosegrundlagen** bei den Genehmigungen i. S. d. Art. 12 Abs. 1, 2 insbesondere auf der Einnahmenseite unsicherer sein als etwa bei der Verpflichtung zu normativ definierten Leistungsstandards (zu regulierten Preisen) im Bereich der Dienstleistungen von allgemeinem wirtschaftlichen Interesse. Der im Vergleich zu den genannten anderen Referenzgebieten, in denen ein Kostenmaßstab zur Anwendung kommt, unterschiedliche Entscheidungsgegenstand (nur relativ grob bemessene Laufzeit, nicht präzise zu berechnende Geldleistung) sowie die jedenfalls nicht stets ex ante verlässlich einschätzbare Ertragssituation bei den gemäß Art. 12 zu genehmigenden Dienstleistungen rechtfertigen **keine** besonders **intensiven** und tief gehenden **Informationseingriffe** bei den Genehmigungswerbern. Deswegen sind die Mitgliedstaaten in der Tat wohl kaum aus Art. 12 verpflichtet, über die grundsätzlichen Elemente des Kostenmaßstabes hinaus (Investitionskosten und Kapitalrenditen) detaillierte Berechnungsvorgaben für die Bestimmung der Laufzeit in ihr Verfahrensrecht aufzunehmen.[29]

Artikel 13 Genehmigungsverfahren

(1) Die Genehmigungsverfahren und -formalitäten müssen klar, im Voraus bekannt gemacht und so ausgestaltet sein, dass eine objektive und unparteiische Behandlung der Anträge der Antragsteller gewährleistet ist.

(2) Die Genehmigungsverfahren und -formalitäten dürfen weder abschreckend sein noch die Erbringung der Dienstleistung in unangemessener Weise erschweren oder verzögern. Sie müssen leicht zugänglich sein, und eventuelle dem Antragsteller mit dem Antrag entstehende Kosten müssen vertretbar und zu den Kosten der Genehmigungsverfahren verhältnismäßig sein und dürfen die Kosten der Verfahren nicht übersteigen.

---

28 Vgl. dazu Entscheidung der Kommission v. 28.11.2005 über die Anwendung von Art. 86 Abs. 2 EGV auf staatliche Beihilfen, die bestimmten mit der Erbringung von Dienstleistungen von allgemeinem wirtschaftlichen Interesse betrauten Unternehmen als Ausgleich gewährt werden, ABl. 2005 Nr. L 312, S. 67 ff.

29 Hinsichtlich des gesetzlichen Verfahrensrechts würde wohl sogar eine wörtliche Übernahme der Formulierung des Art. 12 Abs. 2 (angemessen zu befristen) ausreichen, Ziekow, GewArch 2007, 217, 220. Eine Ausdifferenzierung der Berechnungsmaßstäbe nach Art des § 5 der Entscheidung der Kommission v. 28.11.2005 über die Anwendung von Art. 86 Abs. 2 EGV auf staatliche Beihilfen, die bestimmten mit der Erbringung von Dienstleistungen von allgemeinem wirtschaftlichen Interesse betrauten Unternehmen als Ausgleich gewährt werden, ABl. 2005 Nr. L 312, S. 67, 71 f., erscheint für die Laufzeitbestimmung überzogen und nicht gemeinschaftsrechtlich gefordert.

(3) Die Genehmigungsverfahren und -formalitäten müssen sicherstellen, dass Anträge unverzüglich und in jedem Fall binnen einer vorab festgelegten und bekannt gemachten angemessenen Frist bearbeitet werden. Die Frist läuft erst, wenn alle Unterlagen vollständig eingereicht wurden. Die zuständige Behörde kann die Frist einmal für eine begrenzte Dauer verlängern, wenn dies durch die Komplexität der Angelegenheit gerechtfertigt ist. Die Fristverlängerung und deren Ende sind ausreichend zu begründen und dem Antragsteller vor Ablauf der ursprünglichen Frist mitzuteilen.

(4) Wird der Antrag nicht binnen der nach Absatz 3 festgelegten oder verlängerten Frist beantwortet, so gilt die Genehmigung als erteilt. Jedoch kann eine andere Regelung vorgesehen werden, wenn dies durch einen zwingenden Grund des Allgemeininteresses, einschließlich eines berechtigten Interesses Dritter, gerechtfertigt ist.

(5) Für jeden Genehmigungsantrag wird so schnell wie möglich eine Empfangsbestätigung übermittelt. Die Bestätigung muss folgende Angaben enthalten:
a) die in Absatz 3 genannte Frist;
b) die verfügbaren Rechtsbehelfe;
c) gegebenenfalls eine Erklärung, dass die Genehmigung als erteilt gilt, wenn der Antrag nicht binnen der vorgesehenen Frist beantwortet wird.

(6) Im Falle eines unvollständigen Antrags wird der Antragsteller so schnell wie möglich darüber informiert, dass Unterlagen nachzureichen sind und welche Auswirkungen dies möglicherweise auf die in Absatz 3 genannte Frist hat.

(7) Wird ein Antrag wegen Nichtbeachtung der erforderlichen Verfahren oder Formalitäten abgelehnt, so ist der Antragsteller so schnell wie möglich von der Ablehnung in Kenntnis zu setzten.

Literatur: Böhret/Grunow/Ziekow (Hg.), Der Vorschlag zu einer Richtlinie des Europäischen Parlaments und des Rates über Dienstleistungen im Binnenmarkt. Regelungsgehalt – Problemfelder – Akteurspositionen, Speyer, 2005 (zitiert als: Bearbeiter in: Böhret/Grunow/Ziekow (Hg.)); Ziekow/Oertel/Windoffer, Dauer von Zulassungsverfahren, Köln, 2005 (zitiert als: Ziekow/Oertel/Windoffer).

I. Überblick über die Vorschrift

Art. 13 stellt Anforderungen an die **Ausgestaltung des Genehmigungsverfahrens** im Interesse des niedergelassenen Dienstleistungserbringers. In den **Abs. 1 und 2** werden **Effizienzkriterien** formuliert, die aus rechtsstaatlicher Perspektive vertraut und an sich selbstverständlich erscheinen: Die Verfahrensgestaltung muss klar, 1 berechenbar, auf Objektivität (Unparteilichkeit) angelegt, in Relation auf die Verfahrenszwecke möglichst einfach und kostengünstig sein. Bemerkenswerter und für den deutschen Umsetzungsgesetzgeber von weit größerer Bedeutung ist das auf Verfahrensbeschleunigung und Rechtssicherheit zielende **Fristregime der Abs. 3 und 4**: Danach muss für die Bearbeitung von Genehmigungsanträgen ausnahmslos (kein Abweichungsvorbehalt zugunsten der Mitgliedstaaten!) eine vorab bekannt gemachte Frist festgelegt werden. Entscheidet die Behörde binnen dieser Frist nicht, so wird die Genehmigung fingiert, sofern nicht die Mitgliedstaaten aus zwingenden Gründen des Allgemeininteresses von der Genehmigungsfiktion absehen (insoweit also Abweichungsvorbehalt). **Abs. 5 und 6** ergänzen das Fristregime um **verfahrensmäßige Konsequenzen**: Eine „Empfangsbestätigung" über den Genehmigungsantrag muss die festgelegte Bearbeitungsfrist bekannt machen, auf die Wirkungen der Genehmigungsfunktion hinweisen (sofern diese nicht ausgeschlossen ist) und eine Rechtsbehelfsbelehrung hinsichtlich der Fristfestlegung enthalten (Abs. 5). Da der Fristbeginn für die Bearbeitungsfrist nach Abs. 3 an den Zeitpunkt vollständiger Einreichung der erforderlichen Antragsunterlagen geknüpft ist, verlangt Abs. 6 die „schnellstmögliche Information" des Antragstellers durch die Behörde über etwa noch fehlende Unterlagen. Auch **Abs. 7** fordert eine möglichst schnelle **Unterrichtung des Antragstellers**, wenn ein Genehmigungsantrag wegen formeller Fehlerhaftigkeit abgelehnt wird.

II. Die allgemeinen rechtsstaatlichen Verfahrensanforderungen (Abs. 1 und 2)

2 Während Art. 10 Abs. 1 und 2 neben den materiellen auch formelle (etwa: Bestimmtheit) Anforderungen an die inhaltlichen Voraussetzungen der Erteilung einer Genehmigung stellen, betrifft Art. 13 die **Verfahrensgestaltung als solche**. Er stellt dafür vergleichbare verfahrensbestimmende Maßstäbe auf wie Art. 12 Abs. 1 für das Auswahlverfahren bei knappen Genehmigungen. Leitgedanken sind das **Gebot der Gleichbehandlung**, das sich insbesondere in den Forderungen der Unparteilichkeit und Vorhersehbarkeit des Verfahrensablaufs ausdrückt, sowie der **Grundsatz der Verhältnismäßigkeit**, der auf ein relativ zu den (mehr oder weniger komplexen) Verfahrenszwecken und tatsächlichen oder rechtlichen Bedingungen für die Entscheidung möglichst einfaches und für den Antragsteller (kosten-)günstiges Reglement drängt.

3 Die aus dem Gleichheitssatz und dem Rechtsstaatsprinzip fließenden Verpflichtungen zu **„objektiver und unparteiischer Behandlung"** sind aus der Sicht des deutschen Verfassungs- und Verwaltungsverfahrensrechts eine Selbstverständlichkeit. Insoweit stellen sich auch mit Sicherheit keine Umsetzungsfragen. Etwas mehr Überlegung verlangt die Antwort auf diese Frage hinsichtlich der Richtlinienforderung, wonach das Genehmigungsverfahren und die -formalitäten jeweils **im Voraus bekannt gemacht** werden müssen. Man könnte auf den Gedanken kommen, aus diesem Transparenzgebot eine Verpflichtung zur Formalisierung sämtlicher Genehmigungsverfahren zu schließen, um auf diese Weise überhaupt einen verfahrensbezogenen Inhalt einer vorherigen Unterrichtung potentieller Antragsteller zu haben: Da bei den nicht förmlichen Verwaltungsverfahren im Sinne der Regelentscheidung des deutschen Verwaltungsverfahrensrechts (§ 10 VwVfG) eine abstrakte Formalisierung einzelner Verfahrensschritte gerade fehlt, kann über derartige (fehlende) Festlegungen auch nichts mitgeteilt werden. Der Zusammenhang des Art. 13 Abs. 1 und 2 macht jedoch klar, dass sich die Bekanntgabepflicht **nur auf**

existierende Verfahrensformalitäten, darunter vor allem Mitwirkungsobliegenheiten des Antragstellers, bezieht, solche Formalitäten und damit eine äußerliche Verrechtlichung des Verfahrens jedoch nicht fordert (kein **„Verrechtlichungsgebot"**).

Ob in der Sache verfahrensrechtliche Bindungen der Behörde erforderlich sind – die dann vorab bekannt gegeben werden müssen –, bestimmt sich erst nach der zweiten Forderung des Art. 13 Abs. 1 nach einer dem Neutralitätsprinzip verpflichteten Ausgestaltung des Verfahrens. Abs. 2 macht überdies ganz deutlich, dass eine möglichst weit gehende Formalisierung der Genehmigungsverfahren gemeinschaftsrechtlich keineswegs erstrebt ist, vielmehr die **„Formalitäten"** selbst gegenüber den Zielvorgaben möglichster Einfachheit und Zügigkeit des Verfahrens **rechtfertigungsbedürftig** sind. Die (ohnehin häufig komplexe und nicht einfach nur bipolare) Spannung zwischen der Rechtssicherheit verbürgenden Formalisierung von Verwaltungsverfahren einerseits und der Effizienz, Geschwindigkeit und Einfachheit nichtförmlicher Verwaltungsverfahren andererseits[1] ist also in Art. 13 nicht einseitig zugunsten des einen oder des anderen Postulats aufgelöst. 4

Hinsichtlich des **Maßes an Formalisierung** der Genehmigungsverfahren und der je gewählten Gestaltung der formalisierten Verfahrensschritte genießen die Mitgliedstaaten mithin einen **weiten Gestaltungsspielraum.** Dieser stößt an seine Grenze erst bei offensichtlicher Nichteignung des Verfahrens zur Gewährleistung gleichheitsgerechter Entscheidungen (Abs. 1) und bei offenkundig unangemessener Erschwerung des Verfahrens für den Antragsteller (Abs. 2). Es darf davon ausgegangen werden, dass diese Grenzen des Ausgestaltungsspielraums im deutschen Verfahrensrecht, das je nach Sachlage sehr unterschiedliche Formalisierungsgrade kennt, eingehalten sind.[2] Gleiches gilt für die Bekanntgabepflicht des Abs. 1, die teilweise schon durch die formell-gesetzlichen Kodifizierungen der Verfahrensregelungen für die förmlichen Verwaltungsverfahren (etwa: §§ 63 ff., §§ 72 ff. VwVfG) erfüllt, teilweise auch durch in den Gesetzen vorgesehene Instruktionspflichten der Behörde (§§ 71a ff. VwVfG) umgesetzt ist. 5

III. Frist (Abs. 3)

Art. 13 Abs. 3 ff. errichten ein bemerkenswertes **Regime zur Verfahrensbeschleunigung,**[3] das im deutschen Recht bislang nur vereinzelt (partielle) Entsprechungen vorfindet. Die Vorschriften erzeugen damit erheblichen **Umsetzungsbedarf.** Hauptinstrumente der erstrebten Verfahrensbeschleunigung sind die **Frist** für Genehmigungsentscheidungen (Abs. 3) und die die Fristeinhaltung sanktionierende **Genehmigungsfiktion** des Abs. 4. Im Unterschied zu Letzterer, von der Abs. 4 S. 2 eine Abweichungsmöglichkeit der Mitgliedstaaten einräumt, ist die Pflicht zur Setzung einer Frist unbedingt und vorbehaltlos. Die Fristregelung hat also gegenüber der an sie anschließenden Fiktionsregelung einen überschießenden Gehalt mit der Folge, dass Situationen denkbar sind, in denen zwar (wie immer) eine Frist festgelegt sein muss, ihre Überschreitung jedoch nicht zur Genehmigungsfiktion führt (s. Rn 34). 6

1 Vgl. Kopp/Ramsauer, VwVfG, § 10 Rn 2 ff.
2 Oertel in: Böhret/Grunow/Ziekow (Hg.), S. 165.
3 Vgl. Erwägungsgrund 43: Beseitigung „vager oder überlanger Fristen".

1. Bearbeitungs- und Entscheidungsfrist

7 Die Frist des Abs. 3 trägt Züge sowohl einer Bearbeitungs- als auch einer Entscheidungsfrist.[4] **Bearbeitungsfrist** ist sie insofern, als die Bearbeitung des Genehmigungsantrags in die bereits laufende Frist fällt, wobei zur Bearbeitung insbesondere auch noch die **Ermittlung und Sammlung entscheidungserheblicher Tatsachen** gehören kann, soweit die Beibringung dieser Tatsachen nicht in die Verantwortungssphäre des Antragstellers fällt, die Tatsachen also nicht mit den Antragsunterlagen beigebracht werden müssen. Die Frist läuft also nicht wie eine reine Entscheidungsfrist erst ab Entscheidungsreife des jeweiligen Sachverhalts (Beispiel: § 48 Abs. 4 VwVfG). Welche Tatsachen und damit Unterlagen zu denjenigen gehören, die vom Antragsteller beigebracht werden müssen (Mitwirkungspflicht des Antragstellers) und welche in die Zuständigkeit der Behörde fallen (Untersuchungsgrundsatz!), ist eine Frage des jeweiligen Fachrechts und hängt insbesondere davon ab, ob die fragliche Tatsache überhaupt im Wissens- und Herrschaftsbereich des Antragstellers liegt.[5]

8 In Hinsicht auf die vom **Antragsteller beizubringenden Unterlagen** ist die Frist jedoch auch (partiell) **Entscheidungsfrist.** Diese Qualifizierung folgt aus dem Umstand, dass Abs. 3 S. 2 den Fristbeginn auf den Zeitpunkt legt, in dem alle Unterlagen vollständig eingereicht wurden. Die erst in die Neufassung der Richtlinie eingefügte Anknüpfung des Fristlaufs an die Vollständigkeit der Unterlagen entlastet die Genehmigungsbehörden erheblich, nimmt der Frist als Mittel zur Beschleunigung der Genehmigungsverfahren aber auch zum Teil ihre Schärfe.

2. Vollständigkeit der Antragsunterlagen

9 Rechtspolitisch ist diese Regelung auf **Kritik** gestoßen: Das Instrument der Frist solle der Verfahrensbeschleunigung dienen, setze jedoch, indem die Frist an die vollständige Antragsunterlagen-Einreichung gebunden sei, an der falschen Stelle an, da eine empirisch nachgewiesene[6] Hauptursache für Verfahrensverzögerungen die **Unvollständigkeit der Antragsunterlagen** sei.[7] In der Tat bildet der durch die Vollständigkeit der Unterlagen bedingte Fristbeginn eine Schwachstelle der Frist als Disziplinierungsmittel: Der Disziplinierungsdruck gegenüber der Behörde wird offensichtlich relativiert, wenn der Fristlauf von der Tatsache der vollständigen Unterlagen abhängig gemacht wird, zumal diese Tatsache von der **Behörde nicht** stets **aus eigener Sachkenntnis** zu beurteilen ist. Die Behörden können, wie die erwähnte empirische Untersuchung erwiesen hat, in bestimmten Genehmigungsverfahren bei Eingang der Unterlagen deren Unvollständigkeit selbst gar nicht feststellen, sondern sind dafür auf andere öffentliche Stellen angewiesen[8] oder

4 Vgl. zu den Begriffen im geläufigen Zusammenhang des § 48 Abs. 4 VwVfG BVerwGE 70, 356, 363; Kopp/Ramsauer, VwVfG, § 48 Rn 154 ff.

5 Dies wird regelmäßig bei denjenigen Daten der Fall sein, die den Genehmigungsgegenstand selbst (etwa eine Anlage oder Art und Umfang der angestrebten Dienstleistung) sowie persönliche Eigenschaften des Antragstellers (Zuverlässigkeit) betreffen, nicht hingegen hinsichtlich solcher Daten, die Interessen Dritter (Nachbarn!) oder der Allgemeinheit betreffen.

6 Ziekow/Oertel/Windoffer, S. 96 f.

7 Ziekow, Die Auswirkungen der Dienstleistungsrichtlinie auf das deutsche Genehmigungsverfahrensrecht, GewArch 2007, 217, 220.

8 Bei immissionsschutzrechtlichen Genehmigungen sind in 82% der Fälle die Genehmigungsbehörden schon für die Prüfung der Vollständigkeit der Antragsunterlagen auf die Mitwir-

müssen zunächst in die eigentliche Sachprüfung eintreten. Soweit in diesem Sinne Wissensdefizite der Behörde bestehen, entschärft daher auch die flankierende Pflicht, den Antragsteller über unvollständige Antragsunterlagen so schnell wie möglich zu informieren (**Abs. 6**), das Problem kaum. Ein derartiger, im deutschen Verfahrensrecht bereits vorgesehener (§ 71 c Abs. 3 VwVfG)[9] Hinweis der Behörde ist nicht möglich, wenn sie selbst die Unvollständigkeit nicht erkennen kann.

Allerdings zeigt die erwähnte empirische Untersuchung auch, dass die Bedeutung unvollständiger Antragsunterlagen für die Verzögerung von Genehmigungsverfahren **nicht in allen Regelungszusammenhängen**, in denen Genehmigungsvorbehalte vorkommen, gleichermaßen hoch ist.[10] Unabhängig davon müssen **Beschleunigungsziele** und dafür eingesetzte Fristbindungen immer in einer vernünftigen Weise austariert werden mit der jedenfalls nicht weniger wichtigen Leitvorgabe möglichst hoher **Richtigkeitsgewähr** der Entscheidungen. Gerade in den Fällen, in denen die Unvollständigkeit der Antragsunterlagen und damit der tatsächlichen Entscheidungsgrundlagen nicht in die Verantwortungssphäre der Behörde fällt, von ihr auch gar nicht allein geprüft werden kann, wäre eine Fristbindung, die sich darüber hinwegsetzen und die Behörde gleichwohl zu einer Entscheidung zwingen würde, fragwürdig.[11] Zu scharfe Bearbeitungsfristen, die ungeachtet möglicherweise noch fehlender Entscheidungsgrundlagen laufen, geraten wegen des zu hohen Risikos unsorgfältig begründeter und inhaltlich fehlerhafter Entscheidungen in eine Spannung zum rechtsstaatlichen Grundsatz gesetzmäßiger Verwaltung. Insofern repräsentiert die in der Richtlinie gefundene Lösung einen **plausiblen Kompromiss**: Soweit die Tatsachenermittlung in die Verantwortung der Behörde fällt, muss sie von ihr innerhalb der laufenden Frist erledigt werden; soweit sie in die Sphäre des Antragstellers fällt, ist sie von dem durch die Frist errichteten Entscheidungsdruck entlastet und trägt der Antragsteller, unterstützt durch die Aufklärung gemäß Art. 13 Abs. 6, das Risiko eines verzögerten Fristbeginns und damit einer verzögerten Genehmigungsentscheidung. Immerhin verlangt Abs. 3 von den Mitgliedstaaten mit der unabdingbaren Pflicht zur Festlegung einer Frist eine **zeitliche Vorab-Festlegung des Entscheidungsprozesses** in jedem Genehmigungsverfahren und geht damit hinsichtlich der Rechtslage in Deutschland **weit über den geltenden Standard hinaus.** Insbesondere bindet die ausnahmslos vorgesehene Frist die Verwaltung weitergehend als die schon in § 71 c Abs. 3 VwVfG vorgesehene Pflicht zur Information des Antragstellers über die voraussichtliche Verfahrensdauer. 10

3. Dauer und Festsetzung der Frist

Die Frist muss **vorab bekannt** gemacht und in ihrer Länge der jeweiligen Genehmigungssituation **angemessen** sein. Angesichts höchst unterschiedlich komplexer 11

kung anderer Träger öffentlicher Belange angewiesen sind, Ziekow/Oertel/Windoffer, S. 96; s. zusammenfassend auch dies., Evaluation von Regelungen zur Beschleunigung von Genehmigungsverfahren – Ein Ansatz zur Schließung einer Forschungslücke, DVBl. 2006, 1469, 1477.

9 S. auch als spezialgesetzliches Beispiel § 10 Abs. 4 GenTG.

10 So spielt das Problem im Baurecht und bei wasserrechtlichen Genehmigungen offenbar eine sehr viel geringere Rolle als im Immissionsschutzrecht, Ziekow/Oertel/Windoffer, S. 190 f., 271 f.

11 Vgl. die parallele Überlegung zu § 48 Abs. 4 VwVfG bei BVerwGE 70, 356, 363.

Entscheidungssituationen, die von dem Richtliniengebot des Art. 13 Abs. 3 erfasst sind, ist eine generalisierende Aussage zur Angemessenheit der Frist naturgemäß unmöglich. Vielmehr muss die Fristlänge auf die jeweils zu prognostizierende Dauer einer sowohl zügigen als auch sorgfältigen Entscheidungsfindung ab (durch das Vorliegen sämtlicher tatsächlicher Entscheidungsgrundlagen bedingter) Entscheidungsreife zugeschnitten sein.[12]

12 Nicht unvereinbar mit diesem Gebot situationsadäquater Entscheidungsfristen sind **gesetzliche Festlegungen** der Frist.[13] Die Richtlinie verlangt keine derart feine Einstellung der jeweils angemessenen Frist, dass sie nur von der Behörde unmittelbar nach Antragstellung in einem konkreten Genehmigungsverfahren festgesetzt werden könnte. Vielmehr können **typischerweise erforderliche und ausreichende Entscheidungsfristen** auch abstrakt im jeweiligen Fachgesetz normiert werden.[14] Dafür spricht zum einen der besondere Gewinn an Rechtssicherheit und Berechenbarkeit, der mit einer gesetzlich fixierten und entsprechend publizierten Fristbestimmung für den Antragsteller verbunden ist: Dem Bekanntgabeerfordernis des Abs. 3 ist bei gesetzlicher Fristfestsetzung sogar in hervorragender Weise entsprochen. Zum anderen muss der **Zusammenhang mit der Genehmigungsfiktion** des Abs. 4 in die Betrachtung einbezogen werden: Relativ abstrakte, gesetzlich normierte Fristen, die mit der Genehmigungsfiktion bei Ablauf der Frist verkoppelt sind, können für den Antragsteller auch einen Vorteil bedeuten: Sie bringen ihn jedenfalls mit Fristablauf und damit verlässlich in den Besitz der fingierten Genehmigung, auch wenn im Einzelfall sogar eine längere Fristfestsetzung noch angemessen hätte sein können.

4. Angabe der Fristdauer, nicht des Fristendes

13 Die Pflicht zu vorheriger Bekanntmachung der Frist wirft die Frage auf, ob nur die **Fristlänge als solche** oder der tatsächliche Fristlauf unter Angabe des Anfangs- oder **Enddatums der Frist** angegeben werden muss. Der Unterschied scheint beträchtlich: Muss die Behörde nur die angemessene Entscheidungsdauer benennen, bleibt der an die vollständige Unterlageneinreichung gebundene Fristbeginn und damit der Endtermin der Frist für den Antragsteller offen. Die vorab bekannt gegebene Frist kann mithin auch noch Wochen oder Monate nach Antragstellung (ggf. wiederum neu) zu laufen beginnen, wenn die Behörde feststellt, dass erst jetzt sämtliche für notwendig erkannte Entscheidungstatsachen beigebracht worden sind. Ist die Behörde hingegen kraft der Bekanntgabe auf einen bestimmten verbindlichen Endtermin verpflichtet, so scheint auch die spätere Erkenntnis der Lückenhaftigkeit der Antragsunterlagen den Fristlauf nicht mehr unterbrechen zu können. Es bliebe dann allenfalls noch die Verlängerung gemäß Art. 13 Abs. 3 S. 3, sofern eine solche Verlängerungsmöglichkeit durch das mitgliedstaatliche Verfahrensrecht überhaupt eingeräumt ist.

14 Die besseren Gründe sprechen für die zurückhaltendere Deutung, derzufolge die Bekanntgabepflicht nur darauf gerichtet ist, den **Entscheidungszeitraum** als solchen – ab Vollständigkeit der Antragsunterlagen – anzugeben, ohne sich aber

---

12 Kommissionshandbuch, Ziff. 6.1.8.

13 Z.B.: § 31 Abs. 6 S. 3 TKG: Entgeltgenehmigung (Zehn-Wochen-Frist); § 10 Abs. 5, 6 GenTG (90 bzw. 45 Tage).

14 Ziekow, GewArch 2007, 217, 221.

auf einen bestimmten Fristbeginn festlegen zu müssen. Nimmt man an, dass die Frist auch gesetzlich bestimmt werden kann (o. Rn 12), ist dieses Ergebnis ohnehin (jedenfalls für diese Fälle) unausweichlich, da das abstrakte Gesetz keine konkreten Termine nennen kann. Zwar ergibt sich daraus für den Antragsteller kein gesicherter Endtermin und verschafft ihm die Bekanntgabe daher nur bedingt Planungssicherheit. Jedoch ergeben sich diese Unsicherheiten zulasten des Antragstellers aus der Entscheidung des Richtliniengebers für eine (partielle) Entscheidungsfrist, die zeitlich an die Einreichung vollständiger Antragsunterlagen anknüpft. Wenn Abs. 3 den Fristbeginn ganz eindeutig an dieses Ereignis knüpft, so kann ihn auch die Bekanntgabe nicht wieder davon lösen und ihn also eintreten lassen, auch wenn sich später herausstellt, dass die Unterlagen noch gar nicht vollständig waren oder sind. Die Frist beginnt nach der textlich völlig eindeutigen Formulierung des Abs. 3 mit Erfüllung des objektiven Tatbestandes vollständiger Antragsunterlagen zu laufen, nicht aufgrund ihrer Bekanntgabe.

Denkbar wäre zwar, dass die Behörde (bei behördlicher Fristsetzung) eine kon- 15
krete Terminierung der Entscheidung jeweils mit dem **Vorbehalt der Fristunterbrechung** für den Fall unvollständig eingereichter Antragsunterlagen vornimmt. Eine solche, durch den Tatbestand unvollständiger Unterlageneinreichung auflösend bedingte Terminierung läuft indes auf das Gleiche hinaus wie eine von vornherein nur die Bearbeitungszeit benennende Fristbestimmung. Im Übrigen hat diese Deutung durchaus auch **Vorteile für den Antragsteller**: Sie verschafft ihm bei behördlicher Festlegung der Frist frühzeitig Klarheit über den veranschlagten Zeitbedarf für die Bearbeitung des Antrags, auch wenn der konkrete Fristbeginn noch unsicher sein mag. Würde die Bekanntmachung hingegen auch den Fristbeginn festsetzen müssen, so wäre die Behörde gezwungen, die Bekanntgabe nach Antragstellung solange zu verzögern, bis alle Unterlagen eingereicht oder die vollständige Einreichung jedenfalls absehbar ist, da eine verbindliche Terminfestsetzung „ins Blaue hinein“ durch Art. 13 Abs. 3 nicht gewollt sein kann. Den Vorteil des definitiven Entscheidungstermins für den Antragsteller wäre dann aber erkauft mit einem verzögerten Bekanntgabedatum, womit dem Antragsteller im Ergebnis kaum gedient wäre.

Die Möglichkeit der **Fristverlängerung gemäß Art. 13 Abs. 3 S. 3** spricht nicht 16
gegen die hier vertretene Ansicht: Diese Möglichkeit behält auch dann ihren eigenen Sinn, wenn man den in Abs. 2 S. 2 angelegten Charakter der Frist als einer (partiellen) Entscheidungsfrist, die erst bei Vorliegen der vom Antragsteller beizubringenden entscheidungserheblichen Tatsachen zu laufen beginnt, ernst nimmt: Auch bei vollständigen Antragsunterlagen kann es Grade an **Komplexität einer Entscheidungssituation** geben (etwa bei schwierigeren Rechtsfragen oder Ermessensbeurteilungen), die eine atypisch lange Entscheidungsdauer erfordern. Außerdem fällt die Ermittlung der vom **Untersuchungsgrundsatz** erfassten Tatsachen (Belange Dritter und der Allgemeinheit) in die laufende Frist und kann bei schwieriger Ermittlungslage eine Fristverlängerung rechtfertigen. Für diese Fälle ist die Ausnahmeoption der einmaligen Verlängerung gedacht, nicht hingegen als Notnagel in Situationen, in denen die Frist kraft Bekanntgabe schon läuft, obwohl die Antragsunterlagen noch gar nicht vollständig waren. Solche Situationen darf es wegen Art. 13 Abs. 3 S. 2 nicht geben.

5. Fristverlängerung

17 Art. 13 Abs. 3 S. 3 und 4 sehen die Möglichkeit einer **behördlichen Fristverlängerung** für besonders „komplexe Angelegenheiten" vor. Diese Bestimmung gewährt den Mitgliedstaaten eine **Befugnis,** sie verpflichtet sie nicht etwa zu der darin vorgesehenen Möglichkeit. Ob der jeweiligen Behörde eine Fristverlängerungsmöglichkeit eingeräumt ist, kann sich also nur aus dem mitgliedstaatlichen Umsetzungsrecht ergeben. Versteht man die Fristverlängerungsoption entsprechend den vorstehenden Ausführungen als Ergänzung zur Regelung des Fristbeginns in S. 2, also so, dass nur diejenigen Fälle erfasst sind, in denen schon bei Beginn der ursprünglichen Frist die vom Antragsteller zu verantwortenden Tatsachen in den Antragsunterlagen vollständig beigebracht sind, muss sich die Fristverlängerung auf **Rechtfertigungsgründe** stützen, die **außerhalb des Genehmigungsantrages** liegen. Wie schon bemerkt (s. Rn 16) kann es sich dabei sowohl um die einen längeren Zeitraum beanspruchende **Amtsermittlung von Tatsachen** handeln, die nicht vom Antragsteller beizubringen sind, als auch (wohl eher selten) um **komplizierte Rechtsfragen,** für deren Beantwortung die einfache Frist entgegen der typisierenden gesetzlichen Festlegung (bei gesetzlicher Frist) bzw. der behördlichen Prognose (bei behördlicher Frist) nicht ausreicht.

18 Besonderer Rechtfertigung bedarf die Berufung auf Verzögerungen, die sich aus der **Beteiligung anderer mitwirkungsberechtigter Behörden** ergeben (etwa Einvernehmenserfordernisse). Grundsätzlich werden solche gesetzlich vorgesehenen Verfahrensbeteiligungen in die Fristberechnung von vornherein mit aufgenommen werden müssen. Sie können nicht herangezogen werden, die einmal gesetzte Frist durch eine Verlängerung zu entwerten. Dies gilt auch dann, wenn die entscheidende Behörde auf die von der mitwirkungsberechtigten Behörde verursachte Verzögerung keinen Einfluss hat. Vermeidbare Verzögerungen – auf welcher Mitwirkungsstufe im administrativen Entscheidungsprozess auch immer – sind **keine Gründe für eine Fristverlängerung.** Kommt es wegen der zurechenbar verzögerten Mitwirkung einer anderen Stelle nicht zu einer rechtzeitigen Entscheidung, muss dies zur Genehmigungsfiktion des Abs. 4 führen.[15]

IV. Genehmigungsfiktion (Abs. 4)

19 Abs. 4 verlangt, dass die Mitgliedstaaten grundsätzlich für jedes Genehmigungsverfahren die Folge einer fingierten Genehmigung einführen müssen, wenn innerhalb der gesetzten Frist gemäß Abs. 3 keine Entscheidung über den Genehmigungsantrag ergeht. Entscheidung in diesem Sinne kann **nur die zusprechende Erteilung** der Genehmigung **oder deren Versagung** sein, nicht etwa eine bloße Ankündigung der Entscheidung, die in der Sache auf eine Verlängerung der Frist hinausläuft, oder vorläufige Entscheidungen unter Vorbehalt u.Ä. **Nebenbestimmungen zur Genehmigung,** die sich per definitionem einschränkend relativ zum Genehmigungsantrag auswirken, sind damit (ebenso wie die völlige Ablehnung des Antrages) keineswegs ausgeschlossen, sofern nicht die „Nebenbestimmung" doch nur darauf zielt, die endgültige Genehmigungsentscheidung weiter zu vertagen, um so die Frist zu unterlaufen.

15 Ziekow, GewArch 2007, 217, 223.

Die Genehmigungsfiktion ist im **deutschen Verwaltungsrecht** ein vertrautes Instrument,[16] das im Zuge der Beschleunigungsgesetzgebung der letzten Jahre zunehmend eingesetzt wird.[17] Die von der Richtlinie geforderte **flächendeckende Einführung** geht indes **weit darüber hinaus** und legt für den deutschen Umsetzungsgesetzgeber nahe, die **Fiktion als generelle Regel** in das allgemeine Verwaltungsverfahrensrecht einzufügen. Abweichungen vom Fiktionsgrundsatz entsprechend der in Abs. 4 S. 2 vorgesehenen Abweichungsmöglichkeit könnten dann sinnvollerweise im jeweiligen fachrechtlichen Zusammenhang einer Genehmigungsregelung normiert werden. 20

1. Wirkung der Genehmigungsfiktion

Besondere Aufmerksamkeit hat die Frage gefunden, ob die Genehmigungsfiktion gem. der Richtlinienforderung des Art. 13 Abs. 4 nur **formelle oder auch materielle Legalisierungswirkung** entfalten muss. Gemeint ist damit, ob sich die Fiktion nur darauf erstrecken muss, die Wirkungen der nicht innerhalb der Frist ergangenen Genehmigung zu ersetzen – das ist unstreitig, oder ob darüber hinaus auch die materielle Rechtmäßigkeit des Genehmigungsgegenstandes „fingiert" wird, das **fiktiv genehmigte Vorhaben** also **als rechtmäßig zu gelten** hat. Trifft Letzteres zu, hat dies insbesondere Bedeutung für die Aufhebbarkeit der fiktiven Genehmigung sowie ihre Anfechtbarkeit durch belastete Dritte: Eine Aufhebung (in der deutschen Kategorisierung: Rücknahme) der mit den gesetzlichen Maßstäben nicht übereinstimmenden fingierten Genehmigung wäre dann ausgeschlossen, weil es der Behörde sonst möglich wäre, die Fiktionswirkung durch sofortige Aufhebung wieder zu beseitigen und so den Zweck der Genehmigungsfiktion, die Bearbeitungsfrist des Abs. 3 zu sanktionieren, zu unterlaufen.[18] 21

Diese These einer **absoluten** (nicht nur relativ über den Vertrauensschutz vermittelten) **materiellen Legalisierungswirkung** der Genehmigungsfiktion durch Ausschluss ihrer Aufhebbarkeit vermag **nicht zu überzeugen**. Die Genehmigungsfiktion ersetzt die Genehmigung, indem sie deren Wirkungen fingiert. Sie soll und kann aber in ihren Wirkungen **nicht mehr leisten als die Genehmigung selbst.**[19] Sie kann insbesondere keine „Rechtmäßigkeit fingieren", die sie unanfechtbar stellen und mit einer quasi ewigen und unantastbaren Bestandskraft ausstatten würde, welche weit über das hinausginge, was die nur relative und nach Maßgabe der §§ 48 ff. VwVfG revisible Bestandskraft von Verwaltungsakten kennzeichnet. Eine 22

---

16 Vgl. § 22 Abs. 5 S. 4 BauGB; zur Teilungsgenehmigung nach § 19 Abs. 4 BBauG BVerwGE 31, 276; s. auch BVerwG, NJW 1988, 275; § 145 Abs. 1 BauGB (sanierungsrechtliche Genehmigung), dazu (zu § 15 Abs. 6 StBauFG) BVerwG, NJW 1982, 2788; OVG Berlin, NVwZ 2001, 1068; § 91 Abs. 3 SGB IX (Zustimmung des Integrationsamts bei Kündigung Schwerbehinderter), s. zur Vorgängernorm (§ 18 Abs. 3 SchwbG) BVerwGE 91, 7.

17 § 23 a Abs. 4 S. 2 EnWG 2005: Netzzugangsentgeltgenehmigung, dazu Säcker/Schönborn/Wolf, Die Anordnung der aufschiebenden Wirkung der Beschwerde im Preisgenehmigungsverfahren nach § 23a EnWG, NVwZ 2006, 865; § 57 Abs. 2 S. 3 HessBauO (fiktive Baugenehmigung), dazu HessVGH, NVwZ-RR 2007, 453; § 13 Abs. 4 S. 1 SächsDSchG (fiktive denkmalschutzrechtliche Genehmigung), dazu OVG Sachsen, DÖV 2006, 921; s. auch Peter, Das neue Thüringer Denkmalschutzgesetz und seine wesentlichen Neuerungen, LKV 2006, 449, 451; § 15 Abs. 1 S. 4 PBefG, dazu BayVGH v. 7.4.2004, Az. 11 B 01.3188, juris; § 8 Abs. 5a TierschutzG, dazu VG Gießen, NuR 2004, 64.

18 Ziekow, GewArch 2007, 217, 222 f.

19 Zutreffend Caspar, Der fiktive Verwaltungsakt – Zur Systematisierung eines aktuellen verwaltungsrechtlichen Instituts, AöR 125 (2000), 131, 137 f.

gesetzliche Ausgestaltung der Handlungsform Verwaltungsakt, mit der dessen Vertrauensschutz begründende Wirkung (Verlässlichkeitsgrundlage) so verabsolutiert würde, dass der Verwaltungsakt trotz inhaltlicher Unvereinbarkeit mit dem maßstäblichen Gesetzesrahmen überhaupt nicht mehr aufgehoben werden könnte, wäre in ihrer Einseitigkeit **verfassungswidrig**, weil sie die rechtsstaatliche Forderung der Gesetzesbindung missachten würde. Erst recht kann für die **bloß fingierte Genehmigung nichts anderes** gelten. Dementsprechend nimmt die Rechtsprechung auch zu den im deutschen Recht schon existierenden Genehmigungsfiktionen deren Aufhebbarkeit an.[20]

2. Insbesondere: Rücknehmbarkeit der (rechtswidrigen) Genehmigungsfiktion

23 Ob und inwieweit die Wirkungen einer Genehmigung oder einer fingierten Genehmigung trotz materieller Illegalität des Vorhabens bestehen bleiben können, ist eine **Frage des angemessenen Vertrauensschutzes**, dem indessen kein pauschaler und absoluter Vorrang vor der Gesetzesbindung eingeräumt werden darf. Ob ein Vertrauen in den Bestand der Genehmigung oder der Genehmigungsfiktion schutzwürdig ist oder nicht, ist daher im Rahmen einer Aufhebungsentscheidung unter Beachtung der jeweiligen Umstände des Falles zu würdigen.

24 Dass auch **§ 48 Abs. 4 VwVfG** mit der Rücknahmefrist eine **zeitliche absolute Rücknahmesperre** errichtet, spricht angesichts der Unterschiede beider Fristen nicht für, sondern eher gegen die These von der Unaufhebbarkeit der fiktiven Genehmigung. Die Jahresfrist des § 48 Abs. 4 VwVfG ist, anders als die Genehmigungsfrist des Art. 13 Abs. 3, eine **reine Entscheidungsfrist**, die erst ab Kenntnis sämtlicher entscheidungserheblicher Tatsachen und sogar Rechtsanwendungsfehler zu laufen beginnt. Zudem liegt die Dauer dieser Entscheidungsfrist von einem Jahr weit über derjenigen, die in aller Regel bei den Genehmigungsfristen in Betracht kommen wird. Hierin wird auch sichtbar, dass die äußere zeitliche Rücknehmbarkeitsgrenze des § 48 Abs. 4 VwVfG ganz andere Zwecke verfolgt als die mit der Fiktion bewehrte Genehmigungsfrist der Richtlinie. Diese zielt auf **Verfahrensbeschleunigung**, auch auf **Disziplinierung** der Behörde. Jene zielt – gerade ohne Disziplinierungsdruck (Entscheidungsfrist!) – allein darauf, das gesteigerte Vertrauen des Begünstigten auf eine im Verwaltungsakt verbriefte Rechtsposition im Interesse des Rechtsfriedens endgültig zu schützen,[21] gesteigertes Vertrauen deswegen, weil die Position über lange Zeit unbeanstandet geblieben ist, obwohl der Behörde längst alle Voraussetzungen bekannt waren, sie aufzuheben. Außerdem gilt die Jahresfrist nicht für alle Fälle,[22] insbesondere auch nicht bei unbedingter gemeinschaftsrechtlicher Rücknahmepflicht.[23]

25 Auch aus der allgemeinen **gemeinschaftsrechtlichen Auslegungsmaxime**, wonach gemeinschaftsrechtlich verliehene Rechtspositionen so ausgelegt werden müssten, dass sie **möglichst weitgehende Wirksamkeit** entfalten, folgt nicht, dass der in Art. 13 Abs. 4 vorgesehenen Genehmigungsfiktion absolute materielle Legalisierungswir-

---

20 BVerwGE 48, 87; BayVGH, NVwZ 1992, 992; SächsOVG, DÖV 2006, 921, 922; BayVGH v. 7.4.2004, Az. 11 B 01.3188, juris; VG Gießen, NuR 2004, 64; Sachs in: Stelkens/Bonk/Sachs, VwVfG, § 48 Rn 49.

21 Kopp/Ramsauer, VwVfG, § 48 Rn 146.

22 S. etwa § 48 Abs. 4 S. 2 VwVfG.

23 BVerwGE 106, 328.

kung zukommen müsste. Das Gebot effektiver Auslegung fordert nicht die Perpetuierung rechtswidriger Zustände um jeden Preis. Das rechtsstaatliche Grundelement der Gesetzesbindung der Verwaltung gehört ebenso zum Kernbestand der gemeinschaftsrechtlichen Leitprinzipien wie im Rahmen der grundgesetzlichen Ordnung. Dies hat in anderen Zusammenhängen, in denen es um die Durchsetzung des Gemeinschaftsrechts gegen eine im Widerspruch dazu erteilte Genehmigung ging, umgekehrt sogar dazu geführt, den nach mitgliedstaatlichem Recht gewährten Vertrauensschutz einzuschränken und die Aufhebung der Genehmigung zu verlangen.[24]

3. Eingeschränktes Aufhebungsermessen

Schließlich liefert auch der Umstand, dass Art. 13 Abs. 4 S. 2 den Mitgliedstaaten die Möglichkeit einräumt, aus zwingenden Gemeinwohlgründen **von der Genehmigungsfiktion abzusehen**, kein Argument für die These von der Unaufhebbarkeit der fingierten Genehmigung.[25] Dass es angesichts dieser Abweichungsbefugnis der Mitgliedstaaten nur die Alles-oder-Nichts-Alternative entweder einer absolut geltenden Genehmigungsfiktion oder gar keiner Genehmigungsfiktion geben könnte, ist eine ebenso wenig zwingende wie plausible Annahme. Die Option, eine Genehmigungsfiktion aus besonders wichtigen Gemeinwohlgründen überhaupt nicht vorzusehen, hat ihren guten Sinn, auch wenn die Genehmigungsfiktion keine absolute Wirkung hat, sondern gegebenenfalls zurückgenommen werden kann. Denn eine ermessensfehlerfreie **Rücknahme der Fiktion** ist bei entgegenstehendem überwiegend **schutzwürdigem Vertrauen** entweder gar nicht (§ 48 Abs. 1 VwVfG) oder jedenfalls nicht entschädigungslos (§ 48 Abs. 3 VwVfG) möglich. 26

Hier, bei der **Abwägung** des auf den Bestand der Genehmigung gerichteten Interesses des Begünstigten mit dem Rücknahmeinteresse der Verwaltung, kommt auch den **Umständen** erhebliche Bedeutung zu, die zum **Verstreichen der Frist** und damit zum Eintritt der Genehmigungsfiktion geführt haben. Grundsätzlich, sofern nicht ausnahmsweise doch besonders schwerwiegende Gründe des Rechtsgüterschutzes oder Rechte Dritter eine Aufhebung fordern, wird sich die **Behörde** auf von ihr zu verantwortende **Versäumnisse** (bei der Tatsachenermittlung oder rechtlichen Würdigung) während der Bearbeitung des Genehmigungsantrages, also während des Fristlaufs nach Abs. 3, **nicht mehr berufen** können. Daher ist die Befürchtung, die Genehmigungsfiktion werde dadurch entwertet, dass bei Anerkennung eines Aufhebungsrechts die Genehmigung jederzeit und sofort wieder zurückgenommen werden könne, gegenstandslos. Die gemeinschaftsrechtlich vorgegebene normative Wertung, wonach der Behörde grundsätzlich nur die einmal gesetzte (gegebenenfalls einmal verlängerbare) **Frist des Abs. 3** zur Prüfung der Genehmigungsvoraussetzungen zur Verfügung stehen soll, ist bei der **Ausübung des Rücknahmeermessens nach § 48 Abs. 1 VwVfG** zu berücksichtigen. Für einen kategorialen Ausschluss der Aufhebbarkeit gibt es danach auch unter dem Aspekt der Effektivität der Richtlinienbestimmung keinen Grund. 27

Noch eindeutiger ist, dass die Genehmigungsfiktion nicht dadurch belasteten **Dritten die Anfechtungsmöglichkeit nehmen** kann.[26] Dem Dritten kann wegen 28

24 EuGH, Rs C-24/95 (Alcan), NJW 1998, 47; BVerwGE 106, 328.
25 So aber Ziekow, GewArch 2007, 217, 223.
26 Dies gesteht auch Ziekow zu, GewArch 2007, 217, 222; dazu passt aber nicht, dass er dann (S. 223) Art. 13 Abs. 4 S. 2 (mitgliedstaatliches Absehen von der Genehmigungs-

Art. 19 Abs. 4 GG schon gar keine mit dem Verlust des Rechtsschutzes sanktionierte Verantwortung dafür aufgebürdet werden, dass die Behörde die Frist hat verstreichen und die Fiktionswirkung hat eintreten lassen.

4. Abweichungsvorbehalt

29 Art. 13 Abs. 4 S. 2 gewährt den Mitgliedstaaten die Befugnis, von der Genehmigungsfiktion aus zwingenden Gründen des Allgemeininteresses, insbesondere berechtigten Interessen Dritter, abzusehen und stattdessen eine „andere Regelung“ vorzusehen.

a) Besonders gewichtige Gemeinwohlgründe

30 Der Kreis denkbarer **zwingender Gemeinwohlinteressen** ist auch hier thematisch grundsätzlich offen und so zu verstehen, wie der Begriff sonst in der Richtlinie verwendet wird. Vom Gewicht her können allerdings „zwingende“ Interessen, um das Absehen von der Fiktion zu rechtfertigen, nur **Gründe von herausragender Bedeutung** sein, um derentwillen auf die explizite Freigabe der Dienstleistung durch die Behörde auf keinen Fall verzichtet werden darf. Dies folgt aus dem Beschleunigungsziel des Art. 13 Abs. 4 und insbesondere auch dem Zusammenhang mit der **unbedingten Fristsetzungspflicht des Abs. 3.** Ist keine Fiktion vorgesehen, so entfällt die Sanktion für die zwingend vorgesehene Frist; das Verstreichenlassen der Frist bleibt ohne unmittelbare Folge.[27]

31 Besonders wichtige Gründe, die das Festhalten der Mitgliedstaaten an einer expliziten Genehmigung rechtfertigen können, werden danach – neben der in Art. 13 Abs. 4 angeführten Betroffenheit von Rechten Dritter – im wesentlichen Ziele des **Individualrechtsgüterschutzes** (vor allem Leben und Gesundheit) sein. Auch derartige Gründe reichen aber nur aus, wenn zudem der Nachweis gelingt, dass bei bloß fingierter Genehmigung ein **Risiko** für diese Güter, welches von der genehmigungspflichtigen Dienstleistung ausgehen kann, **zu hoch** bliebe (**Verhältnismäßigkeit des Absehens von der Genehmigungsfiktion**) – etwa weil wegen besonderer Umstände des jeweiligen Sachbereichs die einmal gesetzte und verlängerte Frist doch nicht stets ausreicht, die Genehmigungsvoraussetzung gründlich zu prüfen, oder weil auch bei schuldhafter Verzögerung der Antragsbearbeitung die Erlaubniswirkung einer fingierten Genehmigung mit Blick auf das hohe Gefahrenpotenzial der fraglichen Tätigkeit auf keinen Fall hingenommen werden kann.

32 Kein zwingender Grund sind **organisatorisch** bedingte Schwerfälligkeiten des Entscheidungsprozesses.[28] Auch die im mitgliedstaatlichen Verfahrensrecht geforderte **Mitwirkung anderer Stellen** oder Behörden (Einvernehmen, Stellungnahme) kann ein Absehen von der Fiktionswirkung nicht rechtfertigen. Die Mitgliedstaaten müssen in solchen Fällen dafür sorgen, dass die internen Mitwirkungsbeiträge

---

fiktion zum Schutze eines berechtigten Interesses Dritter) als Argument für eine absolute Genehmigungsfiktionswirkung (die doch Dritten demgegenüber gerade nicht bestehen soll) auswerten will.

27 Haftungsansprüche wegen verzögerten Amtshandelns sind freilich nicht generell ausgeschlossen, praktisch aber wegen der strengen Anforderungen der Amtshaftung (Verschulden) wohl nur selten durchsetzbar.

28 Ziekow, GewArch 2007, 217, 223.

ihrerseits in ausreichend kurzer Zeit erbracht werden (etwa durch Fiktion eines geforderten Einvernehmens).[29]

b) Schutz der Interessen Dritter

Ein von der Richtlinie ausdrücklich hervorgehobener Grund ist der Schutz der **Interessen Dritter.** Zwar kann auch die Genehmigungsfiktion den Rechtsschutz Dritter nicht völlig vereiteln: Die Fiktion muss anfechtbar sein wie die Genehmigung selbst (s. Rn 26). Die besondere Bedeutung dieses Rechtfertigungsgrundes für ein Absehen von der Genehmigungsfiktion liegt indes darin, dass nur der **Genehmigungsbescheid bekanntgabefähig** ist (auch dem Dritten gegenüber) und damit den (rechtzeitigen) **Rechtsschutz der Drittbetroffenen erleichtert,** weil diese über den Genehmigungsinhalt und die Gründe für die behördliche Entscheidung informiert werden. Mittelbar vermag eine den Drittbetroffenen gegenüber bekannt gegebene Genehmigung umgekehrt aber auch die **Rechtsposition des Begünstigten** zu stabilisieren: Eine ordnungsgemäß gegenüber allen potentiell Betroffenen bekannt gemachte Genehmigung erwächst nach Ablauf der Anfechtungsfrist in formelle Bestandskraft, während die Genehmigungsfiktion, von der die Dritten unter Umständen erst nach Aufnahme der Dienstleistungstätigkeit Kenntnis bekommen, zeitlich länger einem Anfechtungsrisiko unterliegt. Werden durch eine Genehmigung also typischerweise Dritte betroffen, ist dies ein hinreichender Grund, den Eintritt der Genehmigungswirkungen weiterhin von dem Erlass einer Genehmigung abhängig zu machen. 33

c) „andere Regelung"

Sieht der Mitgliedstaat gerechtfertigterweise von der Genehmigungsfiktion ab, so hat er eine **„andere Regelung"** zu treffen. Eine solche Regelung kann auch darin bestehen, dass vorgesehen wird, dass die Genehmigung mit Ablauf der Frist als versagt gilt (**Ablehnungsfiktion**).[30] Indessen verlangt Art. 13 Abs. 4 S. 2 eine solche Ablehnungsfiktion nicht. Der Abweichungsvorbehalt gibt auch die Möglichkeit, auf eine fingierte verfahrensabschließende Entscheidung (entweder Genehmigung oder Ablehnung) **ganz zu verzichten**, wenn der rechtfertigende Grund dies trägt. Fristbindungen können durchaus auch ohne sanktionierende Genehmigungs- oder Ablehnungsfiktion ihren auf Verfahrensbeschleunigung zielenden Sinn entfalten.[31] 34

Abschnitt 2 Unzulässige oder zu prüfende Anforderungen

Artikel 14 Unzulässige Anforderungen

Die Mitgliedstaaten dürfen die Aufnahme oder Ausübung einer Dienstleistungstätigkeit in ihrem Hoheitsgebiet nicht von einer der folgenden Anforderungen abhängig machen:

---

29 Vgl. § 36 Abs. 2 S. 2 BauGB; § 72 Abs. 2 S. 1 BauO NW.
30 S. Erwägungsgrund 63.
31 S. als Beispiel für eine „unbewehrte" gesetzliche Frist im deutschen Recht noch einmal § 10 Abs. 5, 6 GenTG.

1. diskriminierenden Anforderungen, die direkt oder indirekt auf der Staatsangehörigkeit oder – für Unternehmen – dem satzungsmäßigen Sitz beruhen, insbesondere:
   a) einem Staatsangehörigkeitserfordernis für den Dienstleistungserbringer, seine Beschäftigten, seine Gesellschafter oder die Mitglieder der Geschäftsführung oder Kontrollorgane;
   b) einer Residenzpflicht des Dienstleistungserbringers, seiner Beschäftigten, der Gesellschafter oder der Mitglieder der Geschäftsführung oder Kontrollorgane im betreffenden Hoheitsgebiet;
2. einem Verbot der Errichtung von Niederlassungen in mehr als einem Mitgliedstaat oder der Eintragung in Register oder der Registrierung bei Berufsverbänden oder -vereinigungen in mehr als einem Mitgliedstaat;
3. Beschränkungen der Wahlfreiheit des Dienstleistungserbringers zwischen einer Hauptniederlassung und einer Zweitniederlassung, insbesondere der Verpflichtung für den Dienstleistungserbringer, seine Hauptniederlassung in ihrem Hoheitsgebiet zu unterhalten, oder Beschränkungen der Wahlfreiheit für eine Niederlassung in Form einer Agentur, einer Zweigstelle oder einer Tochtergesellschaft;
4. Bedingungen der Gegenseitigkeit in Bezug auf den Mitgliedstaat, in dem der Dienstleistungserbringer bereits eine Niederlassung unterhält, mit Ausnahme solcher, die durch Gemeinschaftsrechtsakte im Bereich der Energie vorgesehen sind;
5. einer wirtschaftlichen Überprüfung im Einzelfall, bei der die Erteilung der Genehmigung vom Nachweis eines wirtschaftlichen Bedarfs oder einer Marktnachfrage abhängig gemacht wird, oder der Beurteilung der tatsächlichen oder möglichen wirtschaftlichen Auswirkungen der Tätigkeit oder der Bewertung ihrer Eignung für die Verwirklichung wirtschaftlicher, von der zuständigen Behörde festgelegter Programmziele; dieses Verbot betrifft nicht Planungserfordernisse, die keine wirtschaftlichen Ziele verfolgen, sondern zwingenden Gründen des Allgemeininteresses dienen;
6. der direkten oder indirekten Beteiligung von konkurrierenden Marktteilnehmern, einschließlich in Beratungsgremien, an der Erteilung von Genehmigungen oder dem Erlass anderer Entscheidungen der zuständigen Behörden, mit Ausnahme der Berufsverbände und -vereinigungen oder anderen Berufsorganisationen, die als zuständige Behörde fungieren; dieses Verbot gilt weder für die Anhörung von Organisationen wie Handelskammern oder Sozialpartnern zu Fragen, die nicht einzelne Genehmigungsanträge betreffen, noch für die Anhörung der Öffentlichkeit;
7. der Pflicht, eine finanzielle Sicherheit zu stellen oder sich daran zu beteiligen, oder eine Versicherung bei einem Dienstleistungserbringer oder einer Einrichtung, die in ihrem Hoheitsgebiet niedergelassen sind, abzuschließen. Dies berührt weder die Möglichkeit der Mitgliedstaaten, Versicherungen oder finanzielle Sicherheiten als solche zu verlangen, noch Anforderungen, die sich auf die Beteiligung an einem kollektiven Ausgleichsfonds, z. B. für Mitglieder von Berufsverbänden oder -organisationen, beziehen;
8. der Pflicht, bereits vorher während eines bestimmten Zeitraums in den in ihrem Hoheitsgebiet geführten Registern eingetragen gewesen zu sein oder die Tätigkeit vorher während eines bestimmten Zeitraums in ihrem Hoheitsgebiet ausgeübt zu haben.

I. Zweck der Vorschrift

1 Die Vorschrift **verbietet bestimmte Anforderungen**, die vor allem nach der Rechtsprechung des EuGH eindeutig gegen die Niederlassungsfreiheit verstoßen, insbesondere aufgrund ihrer diskriminierenden Wirkung. In den Fällen derartiger Genehmigungsvoraussetzungen steht daher von vornherein fest, dass sie **keiner Rechtfertigung zugänglich** sind. Die Mitgliedstaaten werden aufgrund der Vorschrift verpflichtet, während des Umsetzungszeitraums systematisch zu **prüfen**, ob derartige Regelungen in ihrer Rechtsordnung bestehen, und sie gegebenenfalls abzuschaffen.[1]

2 Art. 14 und ebenso Art. 15 stehen systematisch im III. Kapitel der Richtlinie, der an sich nur **Einschränkungen der Niederlassungsfreiheit** behandelt. Der Regelungsgehalt beider Vorschriften betrifft jedoch nationale Regelungen auch insofern, als diese nicht nur Beschränkungen der Niederlassungsfreiheit, sondern auch der **Dienstleistungsfreiheit** bewirken. Natürlich gilt dies nur für diejenigen Verbote (des Art. 14) und Prüfpflichten (des Art. 15), die nicht spezifisch auf Niederlassungen bezogen sind, sondern thematisch auch vorübergehende Dienstleistungen erfassen können. Soweit dies jedoch der Fall ist, dürfen mitgliedstaatliche Anforderungen, wenn sie schon im Hinblick auf niedergelassene Dienstleistungserbringer gemeinschaftsrechtlich verboten sind, erst recht nicht auf nur vorübergehende Dienstleistungserbringungen angewandt werden (s. dazu näher Art. 9 Rn 11 f.).

3 Die aus der Richtlinie fließende **Screening-Verpflichtung** der Mitgliedstaaten hindert die Kommission nicht daran, ihre Befugnisse hinsichtlich der Einleitung eines **Vertragsverletzungsverfahrens** (Art. 226 EGV) auch während der Umsetzungszeit wahrzunehmen. Die auf Einzelfälle bezogene Hüterrolle der Kommission gemäß Art. 226 EGV wird also durch die auf generelle Anpassung der nationalen Rechtsordnungen bezogenen Richtlinienaufträge nicht verdrängt.[2] Auch inhaltlich markieren die **Kataloge der Art. 14 und 15 nicht** etwa **abschließend** die Fälle, in denen mitgliedstaatliche Genehmigungsregelungen gegen die Niederlassungsfreiheit verstoßen (bzw. – bei Art. 15 – im Verdacht der Unzulässigkeit stehen). Es handelt sich dabei nur um besonders markante, namentlich auch in der bisherigen **Fallpraxis** bereits aufgetretene Hindernisse, die in besonderer Weise einem Verfahren der Bereinigung (Art. 14) bzw. Überprüfung (Art. 15) unterzogen werden müssen. Ausgeschlossen ist also nicht, dass andere mitgliedstaatliche Anforderungen mit Beschränkungswirkung hinsichtlich der Niederlassungsfreiheit als nicht mit Art. 43 GG vereinbar angesehen und in einem Vertragsverletzungsverfahren zur Prüfung gestellt werden können.[3]

---

1 Begründung der Kommission im ursprünglichen Richtlinienvorschlag, KOM(2004) 2 endg., S. 25.
2 Begründung der Kommission im ursprünglichen Richtlinienvorschlag, KOM(2004) 2 endg., S. 26.
3 Begründung der Kommission im ursprünglichen Richtlinienvorschlag, KOM(2004) 2 endg., S. 26.

II. Die Verbotstatbestände

4 Eine wichtige Erkenntnisquelle zum näheren Verständnis der einzelnen Verbotstatbestände im Katalog des Art. 14 bildet das von der **Kommission** herausgegebene **Handbuch** zur Durchführung der Dienstleistungsrichtlinie. Insbesondere werden hier die in der Rechtsprechung des Gerichtshofs entschiedenen Konstellationen von mitgliedstaatlichen Anforderungen an die Dienstleistungstätigkeit, die mit der Garantie der Niederlassungsfreiheit für unvereinbar erklärt wurden, zusammengetragen. Die folgende Darstellung greift für die Erläuterung der einzelnen Verbotstatbestände wesentlich auf diese Quelle zurück.

5 **„Anforderungen"** i. S. d. Art. 14 und 15 sind nach der Legaldefinition des **Art. 4 Nr.** 7 alle Auflagen, Verbote, Bedingungen oder Beschränkungen, gleich ob diese in staatlichen Rechtsvorschriften oder Verwaltungsvorschriften oder in Regeln von mit Selbstverwaltungsbefugnissen ausgestatteten Berufsverbänden oder sonstigen Berufsorganisationen enthalten sind.[4] Tarifnormen sind nach der Begriffsbestimmung der Richtlinie ausdrücklich ausgeschlossen.

1. Diskriminierung aufgrund der Staatsangehörigkeit bzw. des Firmensitzes

6 Art. 14 Nr. 1 verbietet **direkt oder indirekt diskriminierend** sich auswirkende Anforderungen, die an die **Staatsangehörigkeit** oder den **satzungsmäßigen Sitz** des Unternehmens anknüpfen.

7 **Direkt diskriminierend** und daher verboten sind das Erfordernis der Staatsangehörigkeit des Niederlassungsstaats für den Dienstleistungserbringer selbst oder die mit dem Unternehmen verbundenen Personen (Arbeitnehmer, Gesellschafter, Leitungspersonal),[5] desgleichen eine Vorgabe, die die Dienstleistungserbringung davon abhängig macht, dass das Unternehmen seinen satzungsmäßigen Sitz im Erbringungsstaat hat.[6] Zu den direkt diskriminierenden Bedingungen gehören auch Regelungen, die den Zugang zu Grundeigentum, Wohnungen oder anderer Ausstattung – auch öffentlichen Fördermitteln –, die für die Ausübung der Tätigkeit erforderlich ist, von der Staatsangehörigkeit des Niederlassungsstaates abhängig machen.[7]

8 **Indirekte Diskriminierung** liegt vor, wenn der Niederlassungsstaat dem Dienstleistungserbringer oder den anderen mit dem Unternehmen verbundenen Personen vorschreibt, in diesem Staat Wohnsitz nehmen zu müssen (**Residenzpflicht**, Art. 14 Nr. 1 lit. b).[8] Dahinter steht der Gedanke, dass derartige Anforderungen von den

---

4 Vgl. EuGH, Rs 36/74 (Walrave), Slg. 1974, 1405, Rn 17, 23, 24; Rs C-415/93 (Bosman), NJW 1996, 505, Rn 82 ff.; Kommissionshandbuch, Ziff. 10.2.1.

5 EuGH, Rs C-38/87 (Kommission/Griechenland), Slg. 1988, 4415, Rn 3 ff.; Rs C-62/96 (Kommission/Griechenland), Slg. 1997, I-6725, Rn 18 ff.; Rs C-114/97 (Kommission/Spanien), Slg. 1998, I-6717, Rn 31 ff.; Rs C-172/98 (Kommission/Belgien), Slg 1999, I-3999, Rn 13 f.; zum Leitungspersonal Erdmann, Ausländische Staatsangehörige in Geschäftsführungen und Vorständen deutscher GmbHs und AGs, NZG 2002, 503 ff.

6 EuGH, Rs C-334/94 (Kommission/Frankreich), Slg. 1996, I-1307, Rn 19; Troberg/Tiedje in: GS EUV/EGV, Art. 43 EGV Rn 79.

7 EuGH, Rs 63/86 (Kommission/Italien), Slg. 1988, 29, Rn 14 ff.; Rs 197/84 (Steinhauser/Biarritz), Slg.1985, 1819, Rn 14 ff.; Rs 305/87 (Kommission/Griechenland), Slg. 1989, 1461, Rn 20 ff.

8 EuGH, Rs C-114/97 (Kommission/Spanien), Slg. 1998, I-6717, Rn 44 ff.; Rs C-355/98 (Kommission/Belgien), DVBl. 2000, 891, Rn 31 ff.; Rs C-145/99 (Kommission/Italien),

inländischen Dienstleistungserbringern leichter erfüllt werden können als von Unternehmen aus anderen Mitgliedstaaten.[9] Aus ihnen ergibt sich daher ein faktischer (indirekter) Diskriminierungseffekt von häufig hoher, die Niederlassung tatsächlich unmöglich machender Intensität.[10]

Art. 14 Nr. 1 bezieht mit den indirekt diskriminierenden Anforderungen nicht nur die Residenzpflicht oder Sitzerfordernisse, sondern auch **weitere Kriterien** ein, die faktisch auf eine **Benachteiligung** ausländischer niedergelassener Anbieter hinauslaufen, beispielsweise die Vorgaben, dass die Dienstleistung **hauptsächlich im Niederlassungsstaat** erbracht werden müsse, das Unternehmen nach dem **Recht des Niederlassungsstaates** verfasst sein müsse[11] oder dass das Unternehmen direkt oder indirekt im **Eigentum des Staates** und anderer öffentlicher Träger stehen müsse.[12] Wie bei den direkt an die Staatsangehörigkeit anknüpfenden Diskriminierungen (s. Rn 7) sind auch indirekte, etwa den Wohnsitz im Niederlassungsstaat verlangende Diskriminierungen erfasst, soweit sie zwar nicht unmittelbar die Dienstleistungstätigkeit, wohl aber den dafür erforderlichen **Zugang zu Betriebsmitteln** oder Kapital betreffen.[13] 9

Den verbotenen Residenzpflichten nicht gleichgestellt sind **Präsenzpflichten** für den Dienstleistungserbringer oder „einen seiner Arbeitnehmer oder Vertreter" bei Ausübung der Tätigkeit. Eine Anwesenheitspflicht am Ort der Dienstleistungserbringung kann vielmehr aus zwingenden Gründen des Allgemeininteresses **gerechtfertigt** sein.[14] Die im zitierten Erwägungsgrund gewählte Formulierung macht jedoch deutlich, dass insoweit ein **strenger Erforderlichkeitsmaßstab** greift: Die Anwesenheit darf nur von einzelnen Beschäftigten gefordert werden (nicht etwa von der ganzen Belegschaft), soweit sie für die Sicherheit der Niederlassung der Dienstleistungserbringung unbedingt notwendig ist. Dass die Präsenzpflicht danach allerdings zwingend immer nur auf eine einzige Person beschränkt bleiben muss, wie das die genannte Formulierung nahe legt, erscheint zu eng. Die Erforderlichkeit persönlicher Anwesenheit möglicherweise auch mehrerer Betriebsangehöriger kann für bestimmte Dienstleistungen nicht von vornherein ausgeschlossen werden und darf dann auch rechtlich eingefordert werden. 10

2. Niederlassungs- oder Registrierungsbeschränkungen

Art. 14 Nr. 2 verbietet Regelungen der Mitgliedstaaten, mit denen **Niederlassungen** oder Registereintragungen **in mehr als einem Mitgliedstaat** ausgeschlossen werden. Regelungen dieser Art bedeuten in der Sache nichts anderes als ein Niederlassungsverbot im Niederlassungsstaat für das ausländische Unternehmen, sofern 11

EuGRZ 2002, 149, Rn 27 f.; Rs C-131/01 (Kommission/Italien), EuZW 2003, 344, Rn 40 ff.

9 EuGH, Rs C-107/94 (Asscher), Slg. 1996, I-3089, Rn 38; Rs C-221/89 (Factortame), EuZW 1991, 764, Rn 32; Rs C-330/91 (Commerzbank), Slg. 1993, I-4017, Rn 15.

10 Troberg/Tiedje in GS EUV/EGV, Art. 43 EGV Rn 76 f.

11 Akzeptiert werden muss danach auch die Rechts- und Parteifähigkeit eines nach dem Recht eines anderen Mitgliedstaates gegründeten Unternehmens, wenn es danach seinen tatsächlichen Verwaltungssitz in den Niederlassungsstaat verlagert, EuGH, Rs C-208/00 (Überseering), NJW 2002, 3614, Rn 52 ff.

12 S. Kommissionshandbuch, Ziff. 6.2.1., s. zu letztgenannter Vorgabe EuGH, Rs 3/88 (Kommission/Italien), Slg. 1989, 4035, Rn 9 f.

13 EuGH, Rs C-203/98 (Kommission/Belgien), Slg. 1999, I-4899, Rn 11 ff.

14 Erwägungsgrund 65.

nicht dieses seine berufliche Tätigkeit im Herkunftsstaat aufgeben will. Derartige Exklusivitätsvorbehalte sind also – auch wenn sie unterschiedslos auch für Inländer gelten (Verbot jeglicher Zweitniederlassung) – besonders eindeutige und schlechterdings nicht rechtfertigungsfähige Beschränkungen der Niederlassungsfreiheit.[15] Nur ein Unterfall des direkten Verbots mehrfacher Niederlassungen ist der **Vorbehalt exklusiver Registereintragung,** zumeist in die Register von Berufsvereinigungen: Die Registereintragung ist regelmäßig Voraussetzung der beruflichen Tätigkeit (Genehmigungswirkung!); ihre Versagung aus dem Grund einer schon anderweitig bestehenden Eintragung steht also dem Niederlassungsverbot gleich.[16]

3. Einschränkungen der Wahl zwischen Haupt- und Nebenniederlassung

12 In der beschränkenden Wirkung ähnlich wie das Verbot mehrfacher Niederlassungen stellen sich mitgliedstaatliche Einschränkungen der **Freiheit der Ausgestaltung der beabsichtigten Niederlassung** insbesondere im Verhältnis zur Niederlassung im Herkunftsstaat dar. Derartige, eine Form, Größe oder rechtliche Bedeutung der Niederlassung im Niederlassungsstaat vorschreibende Regelungen sind wegen ihres indirekt diskriminierenden Charakters nach der Richtlinie verboten. Wichtigstes, aber nicht ausschließliches Beispiel ist die Forderung, die **Hauptniederlassung im Niederlassungsstaat** wählen zu müssen. Sie kann in vielen Fällen darauf hinauslaufen, den Unternehmer zu zwingen, entweder die ursprüngliche Niederlassung oder aber die beabsichtigte Zweitniederlassung aufzugeben. Soweit eine solche mitgliedstaatliche Forderung dahingehend formuliert ist, den **satzungsmäßigen Sitz im Niederlassungsstaat** nehmen zu müssen,[17] überschneidet sich das Verbot des Art. 14 Nr. 3 mit demjenigen der Nr. 1 (s. Rn 7 mit den Beispielen aus der Rechtsprechung des Gerichtshofs).

13 Art. 14 Nr. 3 verbietet auch subtilere Einschränkungen der Gestaltungsfreiheit des niederlassungswilligen Unternehmens,[18] so etwa die Vorgabe, eine **Zweitniederlassung durch eine Tochtergesellschaft** betreiben zu müssen und sich nicht für eine bloße Zweigstelle oder Agentur entscheiden zu dürfen. Mit von dem Verbot erfasst sind darüber hinaus die Regelungen, die die verschiedenen Gestaltungsoptionen für Niederlassungen unterschiedlich (also für jedenfalls eine Gestaltung benachteiligend) behandeln, ohne sie direkt zu verbieten.[19]

---

15 Troberg/Tiedje in: GS EUV/EGV, Art. 43 EGV Rn 91 f.

16 Vgl. EuGH, Rs 107/83 (Klopp), NJW 1985,1275, Rn.17 ff.; Rs 96/85 (Kommission/Frankreich), Slg. 1986, 1474, Rn 10 ff.

17 EuGH, Rs C-101/94 (Kommission/Italien), Slg. 1996, I-2691, Rn 20 ff.; Rs C-212/97 (Centros), EuZW 1999, 216, Rn 14 ff.

18 Zur streitigen Frage der Eintragungsfähigkeit Europäischer Auslandsgesellschaften mit einer Zweig- oder Hauptniederlassung in deutsche Handelsregister Liese, Die Handelsregistereintragung Europäischer Auslandsgesellschaften in Deutschland – oder – Ceci n'est pas une pipe?, NZG 2006, 201 ff.; Schmidt, Innovation durch „Innoventif"?, NZG 2006, 899 ff.; dazu auch EuGH, Rs C-453/04 (innoventif), EuZW 2006, 537, Rn 33 f. (insoweit auf der Grundlage der 11. gesellschaftsrechtlichen RL 89/666/EWG v. 21.12.1989, ABl. Nr. L 395, S. 36).

19 EuGH, Rs 270/83 (Kommission/Frankreich), Slg. 1986, 273, Rn 14 ff.: steuerliche Ungleichbehandlung von Tochtergesellschaften und Agenturen; Rs C-307/97 (St. Gobain), Slg. 1999, I-6161, Rn 34 ff.: steuerliche Besserbehandlung von unbeschränkt steuerpflichtigen Tochtergesellschaften gegenüber Betriebsstätten ausländischer Gesellschaften; Rs C-1/93 (Halliburton), Slg. 1994, I-1137, Rn. 19 ff.: Befreiung von der Grunderwerbsteuer nur für Gesellschaften inländischen Rechts.

4. Reziprozitätsforderungen

Bedingungen, die die Niederlassungsfreiheit eines ausländischen Unternehmens in einem Mitgliedstaat von gleichartigen Möglichkeiten im Herkunftsstaat abhängig machen („quasi-völkerrechtliche" **Gegenseitigkeitsklauseln**), sind mit dem Binnenmarkt schlechthin unvereinbar und damit verboten.[20] Hinsichtlich der Dienstleistungs- oder Niederlassungsfreiheit sind vom EuGH insbesondere Gegenseitigkeitsbedingungen beanstandet worden, welche die Möglichkeit der **Eintragung in Berufsregistern** als Voraussetzung der Berufsausübung betrafen, so etwa bei der Eintragung in das Verzeichnis für Patentanwälte.[21] 14

Mit den in der Richtlinie angesprochenen gemeinschaftsrechtlichen **Ausnahmebestimmungen** im Bereich der **Energie** sind die Erlaubnisse gemeint, den Netzzugang ggf. von entsprechenden Zugangsmöglichkeiten im Netz des Herkunftsstaats abhängig zu machen.[22] 15

5. Bedarfsprüfungen

Art. 14 Nr. 5 verbietet es, die Aufnahme einer Dienstleistungstätigkeit eines niedergelassenen Unternehmens von einer Genehmigung abhängig zu machen, soweit entweder die Voraussetzung für die Erteilung der Genehmigung darin besteht, dass im Einzelfall ein **wirtschaftlicher Bedarf** oder eine Marktnachfrage nach der fraglichen Leistung nachgewiesen wird, oder die Genehmigung nur gemäß einer **Bewertung** der Leistung oder ihrer Auswirkungen nach **wirtschaftspolitischen Zielvorgaben** erteilt wird. Derartige Konditionen sind ganz grundsätzlich schon deswegen mit den Grundfreiheiten (auch, aber nicht nur der Niederlassungsfreiheit) unvereinbar, weil sie auf die Verfolgung von im engeren Sinne **wirtschaftlichen Zielen** gerichtet sind, namentlich die „Stabilisierung" der Anbieterpositionen in einem Markt durch Abwehr von für schädlich erachteter **Konkurrenz.** Derartige wirtschaftliche Ziele der Marktsteuerung mit dem Mittel der Wettbewerbsbeschränkung sind aber generell keine zulässigen Rechtfertigungsgründe für Einschränkungen der Grundfreiheiten.[23] 16

Die etwas unübersichtliche Formulierung der Vorschrift nennt **drei** verschiedene **Ausprägungen** derartiger Marktsteuerung: Bedarfsprüfungen,[24] Bewertung der wirtschaftlichen Auswirkungen einer Tätigkeit, Bewertung der Tätigkeit im Hinblick auf vorher festgelegte wirtschaftliche Programmziele. In den ersten beiden Varianten werden nur die Steuerungsinstrumente, nicht die regelmäßig dahinter stehenden eigentlich verbotenen (weil protektionistischen) Ziele bezeichnet. Erst die dritte Variante spricht die verpönten „wirtschaftlichen Programmziele" selbst an. 17

20 EuGH, Rs 325/82 (Kommission/Deutschland), Slg. 1984, 777, Rn 11.
21 EuGH, Rs C-131/01 (Kommission/Italien), EuZW 2003, 344, Rn 46 (Dienstleistungsfreiheit); Rs C-101/94 (Kommission/Italien), Slg. 1996, I-2691, Rn 27.
22 Vgl. Art. 21 der RL 2003/54/EG v. 26.6.2003 über gemeinsame Vorschriften für den Elektrizitätsbinnenmarkt und zur Aufhebung der RL 96/92/EG; Art. 23 der RL 2003/55/EG v. 26.6.2003 über gemeinsame Vorschriften für den Erdgasbinnenmarkt und zur Aufhebung der RL 98/30/EG.
23 EuGH, Rs C-367/98 (Kommission/Portugal), Slg. 2002, I-4731, Rn 52; Roth in: Hb.EU-WirtR, E. I Rn 100.
24 Vgl. EuGH, Rs C-255/04 (Kommission/Frankreich), Slg. 2006, I-5251, Rn 29 – Künstlervermittlung.

18 Auch wenn dieser (überwiegend) **instrumentenbezogene Regelungsansatz** regelmäßig die prekären und vor der Niederlassungsfreiheit nicht haltbaren, protektionistisch motivierten Vorschriften treffen wird, ist er doch zu absolut und **„zielblind"** gefasst. Es kann Bedarfsprüfungen geben, die weder offen noch verdeckt auf Konkurrenzschutzerwägungen gründen, sondern tatsächlich anderen, gemeinschaftsrechtlich anerkannten Gemeinwohlinteressen zu dienen bestimmt sind. Dementsprechend nimmt **Art. 14 Nr. 5** in seinem letzten Halbsatz die Rigidität des Verbots zurück, indem er ausdrücklich mitgliedstaatliche Bedingungen der in der Vorschrift genannten Art ausnimmt, sofern sie andere als wirtschaftliche und für sich genommen **gerechtfertigte Ziele** verfolgen. Die Erwägungsgründe unterstreichen diesen Vorbehalt und nennen als zwingende Gemeinwohlgründe beispielhaft den Schutz der städtischen Umwelt, die Sozialpolitik und Ziele der öffentlichen Gesundheit.[25] Bedarfsprüfungen und darauf aufbauende Kontingentierungen von Erlaubnissen können also etwa gerechtfertigt sein, soweit die Begrenzung eines Dienstleistungsangebots auf ein die Nachfrage nicht zu sehr übersteigendes Maß erforderlich ist, um (beispielsweise im Gesundheitsbereich) die **Sicherheit des Angebots** hinsichtlich **wichtiger Rechtsgüter der Dienstleistungsempfänger** (Leben und Gesundheit) zu garantieren. Ähnliches gilt beispielsweise für bedarfsgerechte Kontingentierungen von Anbietern von Verkehrsleistungen, soweit damit ein ruinöser Wettbewerb auf Kosten der Verkehrssicherheit vermieden werden soll.[26]

6. Mitwirkung von Konkurrenten

19 Unzulässig sind mitgliedstaatliche Regelungen, die **konkurrierenden Marktteilnehmern** des Dienstleistungserbringers **Einfluss auf die Entscheidung** einräumen, ob dieser im Erbringungsstaat die erwünschte Tätigkeit ausüben darf. Der nahe liegenden Gefahr einer Marktabschottung gegenüber unerwünschter Konkurrenz durch die im Markt bereits tätigen Unternehmen soll dadurch begegnet werden.[27] Die Vorschrift erfasst verschiedene Formen gleichermaßen verbotener Mitwirkung der Konkurrenten, insbesondere die **Mitentscheidung**, aber auch bloße **Mitberatung** in Genehmigungsverfahren, darüber hinaus aber auch die Einbindung in andere Einzelfallentscheidungen, die für die Dienstleistungstätigkeit Bedeutung haben. Zu denken wäre etwa an Verbotsverfügungen oder andere aufsichtliche Maßnahmen.

20 Das Verbot des Art. 14 Nr. 6 könnte Auslegungsprobleme hinsichtlich der Abgrenzung der verbotenen zu den **vom Verbot ausgenommenen Mitwirkungshandlungen** aufwerfen. Die Regelung nennt zwei Ausnahmen: Erstens betrifft das Verbot nicht **berufsständische Organisationen**, soweit diesen (gerechtfertigterweise) Verwaltungsbefugnisse übertragen sind, und zwar auch, wenn damit Entscheidungsgewalt hinsichtlich der Dienstleistungstätigkeit des ausländischen Dienstleistungserbringers verbunden ist (z.B.: Eintragung in die Handwerksrolle). Die andere Ausnahme bezieht sich auf die Beteiligung der berufsständischen Organisationen und auch sonstiger Interessengruppen, in denen potentielle Konkurrenten

25 Erwägungsgrund 66.
26 Kommissionshandbuch, Ziff. 6.2.5.; vgl. § 13 Abs. 2, 3 PBefG: Versagung der Linienverkehrs-Genehmigung bei befriedigenden Bedienung des Verkehrs mit den vorhandenen Verkehrsmitteln; Versagung der Taxengenehmigung bei Bedrohung der Funktionsfähigkeit des örtlichen Taxengewerbes.
27 Vgl. EuGH, Rs C-439/99 (Kommission/Italien), Slg. 2002, I-305, Rn 39 ff.

des Dienstleistungserbringers vertreten sind (z.B.: „Sozialpartner“, also auch Gewerkschaften und Arbeitgeberverbände), in Verfahren, die **nicht den Einzelfall** betreffen, sondern die **Normsetzung**. Die Richtlinie verbietet den Mitgliedstaaten nicht, zur Vorbereitung normativer wirtschaftsrechtlicher Regelungen die jeweiligen Lobbygruppen anzuhören; dies gilt auch, soweit sie Schutzinteressen schon etablierter Unternehmen vertreten.

7. Sicherheiten im Erbringungsstaat

Art. 14 Nr. 7 verbietet den Mitgliedstaaten, von den ausländischen Dienstleistungserbringern zu verlangen, dass eine eventuell zu leistende **Sicherheit** oder abzuschließende **Versicherung** von einem Sicherungsgeber oder Versicherer (Finanzinstitut) des Erbringungsstaates stammen muss.[28] Die Vorschrift betrifft also nicht etwaige Verpflichtungen, überhaupt eine Sicherheit oder Versicherung beibringen zu müssen, sondern schließt nur aus, dass der Dienstleistungserbringer sich dazu eines Anbieters aus dem **Erbringungsstaat** bedienen muss, weil ein derartiges Verlangen auf eine **diskriminierend** wirkende Pflicht zur Doppelversicherung (im Herkunfts- und Erbringungsstaat) hinauslaufen kann und außerdem eine **Privilegierung** der einheimischen Finanzinstitute bewirkt.[29] Dies stellt der gegenüber dem ursprünglichen Richtlinienentwurf neu eingefügte S. 2 explizit klar.[30] 21

Die Bestimmung des Art. 14 Nr. 7 hindert die Mitgliedstaaten nicht daran, **kollektive finanzielle Sicherungssysteme** (Fonds) zu errichten und ausländische Dienstleistungserbringer zur Teilnahme daran zu verpflichten (S. 2). Das Kommissionshandbuch erwähnt beispielhaft Schadensersatzfonds einer Rechtsanwaltsvereinigung zur Deckung von Haftungsfällen.[31] Dieses Beispiel macht überdies deutlich, dass mit den Sicherheiten oder Versicherungen im Sinne der Richtlinienbestimmung überhaupt nur solche gemeint sind, die gegenständlich und von ihrer Sicherungswirkung her nicht notwendigerweise im Erbringungsstaat radiziert sind, sondern genauso gut in anderen Mitgliedstaaten (insbesondere im Herkunftsstaat) aufgebracht werden können. 22

8. Voraussetzung vorgängiger Eintragung oder vorhergehender Praxis

Unzulässig sind schließlich mitgliedstaatliche Regelungen, welche die Zulassung einer Dienstleistungstätigkeit davon abhängig machen, dass der Dienstleistungserbringer schon in einem **inländischen Register eingetragen** gewesen ist oder die fragliche Tätigkeit schon für einen bestimmten Zeitraum im **Erbringungsstaat ausgeübt** hat.[32] Derartige Hürden haben offensichtlich für ausländische Dienstleis- 23

28 EuGH, Rs C-410/96 (Ambry), Slg. 1998, I-7875, Rn 28 ff.; Rs C-279/00 (Kommission/Italien), Slg. 2002, I-1425 Rn 36 ff.
29 Kommissionshandbuch, Ziff. 6.2.7.
30 Ebenso auch noch Erwägungsgrund 67.
31 Kommissionshandbuch, Ziff. 6.2.7.; § 51 Abs. 1 BRAO betreffend die Pflicht der Rechtsanwälte, eine Berufshaftpflichtversicherung abzuschließen, fällt dagegen grundsätzlich in den Anwendungsbereich der Richtlinienbestimmung. Allerdings verlangt die Vorschrift nur, dass die Versicherung bei einem im Inland zum Geschäftsbetrieb befugten Versicherungsunternehmen nach Maßgabe der allgemeinen Versicherungsbedingungen genommen werden muss. Dies ist nicht gleichbedeutend mit einer Verpflichtung zur Wahl einer Versicherung eines inländischen Instituts. Anforderungen an den Inhalt der Versicherung, welche die Erfüllung des Versicherungszwecks gewährleisten sollen, sind durch Art. 14 Nr. 7 nicht ausgeschlossen.
32 Beispiel: EuGH, Rs C-203/98 (Kommission/Belgien), Slg. 1999, I-4899, Rn 13.

tungserbringer, die neu im Markt des Erbringungsstaates tätig werden wollen, zugangsversperrende Wirkung und stellen damit besonders schwer wiegende Beschränkungen des freien Dienstleistungsverkehrs und der Niederlassungsfreiheit dar.

Artikel 15 Zu prüfende Anforderungen

(1) Die Mitgliedstaaten prüfen, ob ihre Rechtsordnungen die in Absatz 2 aufgeführten Anforderungen vorsehen, und stellen sicher, dass diese Anforderungen die Bedingungen des Absatzes 3 erfüllen. Die Mitgliedstaaten ändern ihre Rechts- und Verwaltungsvorschriften, um sie diesen Bedingungen anzupassen.

(2) Die Mitgliedstaaten prüfen, ob ihre Rechtsordnung die Aufnahme oder Ausübung einer Dienstleistungstätigkeit von folgenden nicht diskriminierenden Anforderungen abhängig macht:

a) mengenmäßigen oder territorialen Beschränkungen, insbesondere in Form von Beschränkungen aufgrund der Bevölkerungszahl oder bestimmter Mindestentfernungen zwischen Dienstleistungserbringern;

b) der Verpflichtung des Dienstleistungserbringers, eine bestimmte Rechtsform zu wählen;

c) Anforderungen im Hinblick auf die Beteiligungen am Gesellschaftsvermögen;

d) Anforderungen, die die Aufnahme der betreffenden Dienstleistungstätigkeit aufgrund ihrer Besonderheiten bestimmten Dienstleistungserbringern vorbehalten, mit Ausnahme von Anforderungen, die Bereiche betreffen, die von der Richtlinie 2005/36/EG erfasst werden, oder solchen, die in anderen Gemeinschaftsrechtsakten vorgesehen sind;

e) dem Verbot, in ein und demselben Hoheitsgebiet mehrere Niederlassungen zu unterhalten;

f) Anforderungen, die eine Mindestbeschäftigtenzahl verlangen;

g) der Beachtung von festgesetzten Mindest- und/oder Höchstpreisen durch den Dienstleistungserbringer;

h) der Verpflichtung des Dienstleistungserbringers, zusammen mit seiner Dienstleistung bestimmte andere Dienstleistungen zu erbringen.

(3) Die Mitgliedstaaten prüfen, ob die in Absatz 2 genannten Anforderungen folgende Bedingungen erfüllen:

a) Nicht-Diskriminierung: die Anforderungen dürfen weder eine direkte noch eine indirekte Diskriminierung aufgrund der Staatsangehörigkeit oder – bei Gesellschaften – aufgrund des Orts des satzungsmäßigen Sitzes darstellen;

b) Erforderlichkeit: die Anforderungen müssen durch einen zwingenden Grund des Allgemeininteresses gerechtfertigt sein;

c) Verhältnismäßigkeit: die Anforderungen müssen zur Verwirklichung des mit ihnen verfolgten Ziels geeignet sein; sie dürfen nicht über das hinausgehen, was zur Erreichung dieses Ziels erforderlich ist; diese Anforderungen können nicht durch andere weniger einschneidende Maßnahmen ersetzt werden, die zum selben Ergebnis führen.

(4) Die Absätze 1, 2 und 3 gelten für Rechtsvorschriften im Bereich der Dienstleistungen von allgemeinem wirtschaftlichem Interesse nur insoweit, als die Anwendung dieser Absätze die Erfüllung der anvertrauten besonderen Aufgabe nicht rechtlich oder tatsächlich verhindert.

(5) In dem in Artikel 39 Absatz 1 genannten Bericht für die gegenseitige Evaluierung geben die Mitgliedstaaten an:
a) welche Anforderungen sie beabsichtigen beizubehalten und warum sie der Auffassung sind, dass diese die Bedingungen des Absatzes 3 erfüllen;
b) welche Anforderungen sie aufgehoben oder gelockert haben.

(6) Ab dem 28. Dezember 2006 dürfen die Mitgliedstaaten keine neuen Anforderungen der in Absatz 2 genannten Art einführen, es sei denn, diese neuen Anforderungen erfüllen die in Absatz 3 aufgeführten Bedingungen.

(7) Die Mitgliedstaaten teilen der Kommission alle neuen Rechts- und Verwaltungsvorschriften mit, die die in Absatz 6 genannten Anforderungen vorsehen, sowie deren Begründung. Die Kommission bringt den anderen Mitgliedstaaten diese Vorschriften zur Kenntnis. Die Mitteilung hindert die Mitgliedstaaten nicht daran, die betreffenden Vorschriften zu erlassen. Binnen drei Monaten nach Erhalt der Mitteilung prüft die Kommission die Vereinbarkeit aller neuen Anforderungen mit dem Gemeinschaftsrecht und entscheidet gegebenenfalls, den betroffenen Mitgliedstaat aufzufordern, diese neuen Anforderungen nicht zu erlassen oder aufzuheben. Die Mitteilung eines Entwurfs für einen nationalen Rechtsakt gemäß der Richtlinie 98/34/EG erfüllt gleichzeitig die in der vorliegenden Richtlinie vorgesehene Verpflichtung zur Mitteilung.

Literatur: Leible (Hg.), Die Umsetzung der Dienstleistungsrichtlinie – Chancen und Risiken für Deutschland, Jena, 2008 (zitiert als: Bearbeiter in: Leible (Hg)).

I. Prüfauftrag (Abs. 1) am Maßstab der Verhältnismäßigkeit (Abs. 3)

Bei den in Art. 15 genannten Anforderungen des mitgliedstaatlichen Rechts an die Dienstleistungstätigkeit handelt es sich um solche, die die Niederlassungsfreiheit (und auch die Dienstleistungsfreiheit, s. Art. 9 Rn 11 f., Art. 14 Rn 2) erheblich einschränken können, jedoch, anders als diejenigen des Art. 14, gegebenenfalls **gerechtfertigt** sein können. Auch hier geht es um Kautelen, die wiederholt Gegenstand von Entscheidungen des EuGH gewesen und so schon in den Rang gewissermaßen klassischer Beschränkungen der Niederlassungs- und Dienstleistungsfreiheit aufgewachsen sind. Die Mitgliedstaaten sind verpflichtet, während des Umsetzungszeitraums zu überprüfen, ob derartige Anforderungen in ihren Rechtsvorschriften bestehen („**Screening**") und ob sie, wenn ja, die in Abs. 3 wiederholten Bedingungen der „Gebhard-Formel" erfüllen, d.h. nicht diskriminierend wirken und durch ein zwingendes Erfordernis des Allgemein- 1 interesses gerechtfertigt sowie verhältnismäßig sind.[1] Halten die Anforderungen dieser Prüfung nicht stand, sind sie abzuschaffen. Die Mitgliedstaaten haben die Ergebnisse der Überprüfung in den **Evaluations-Bericht** nach Art. 39 aufzunehmen. Dies betrifft sowohl die aufrechterhaltenen als auch die aufgehobenen oder durch andere, für gemeinschaftsrechtskonform erachteten Bedingungen ersetzten Anforderungen (Art. 15 Abs. 5). Bei ersteren müssen die Mitgliedstaaten begründen, inwiefern sie mit dem Verhältnismäßigkeitsgrundsatz des Abs. 3 vereinbar sind.[2]

II. Dienstleistungen von allgemeinem wirtschaftlichem Interesse (Abs. 4)

2 Abs. 4 beschränkt die Reichweite der Screening-Pflicht hinsichtlich der Dienstleistungen von allgemeinem wirtschaftlichem Interesse (vgl. Art. 16 EGV). Derartige Qualität haben, wie die Richtlinie klarstellt, nur Dienstleistungen, die der „**Erfüllung eines besonderen Auftrags von öffentlichem Interesse**" dienen. „Besonderer Auftrag" meint eine spezifische (den Auftragsinhalt genau benennende) Beauftragung des Dienstleistungserbringers durch den Mitgliedstaat entweder durch Gesetz oder Einzelakt.[3] Es reicht also nicht aus, dass bestimmte Arten von Dienstleistungen inhaltlich als besonders gemeinwohlnützlich beschrieben werden können.

3 Die Relativierung der Geltung des Art. 15 durch Abs. 4 bedeutet nicht, dass der Katalog zu prüfender Anforderungen (Abs. 2) sowie die Prüfpflicht der Mitgliedstaaten auf derartige Dienstleistungen schlechthin keine Anwendung finden.[4] Soweit nicht bestimmte Dienste von allgemeinem wirtschaftlichem Interesse ganz vom Anwendungsbereich der Richtlinie ausgeschlossen sind (etwa Verkehrsdienstleistungen: Art. 2 Abs. 2 lit. d),[5] bleibt die Richtlinie beachtlich, wenn nicht wiederum partielle Anwendungsausschlüsse greifen (etwa Art. 17 Nr. 1). Art. 15 Abs. 4 stellt wirtschaftliche Dienstleistungen von allgemeinem Interesse allerdings, eben aber auch **nur insoweit** von den Kriterien des Art. 15 frei, als ihre Anwendung die Erbringung des übertragenen Dienstes **unmöglich** machen würde.

4 Die Bedeutung dieser Einschränkung scheint gering und von im Wesentlichen **deklaratorisch-bekräftigender Natur**. Sie führt nicht zu einer Befreiung mitgliedstaatlicher Beschränkungen der Niederlassungsfreiheit i.S.d. Abs. 2 von dem Rechtfertigungszwang des Art. 15 Abs. 3. Vielmehr muss in jedem Einzelfall einer derartigen Anforderung geprüft werden, ob die im öffentlichen Interesse liegende Dienstleistung nur unter dem Schutz dieser Anforderung erbracht werden kann, diese also für die Befriedigung des öffentlichen Interesses unverzichtbar ist.[6] Dies ist aber nichts anderes als der Kern der ohnehin in Abs. 3 vorgeschriebenen **Verhältnismäßigkeitsprüfung**: Mit dem „allgemeinen Interesse" ist ein gemeinschaftsrechtlich anerkannter (Art. 16, Art. 86 Abs. 2 EGV), i.S.d. Art. 15 Abs. 3

1 EuGH, Rs C-19/92 (Kraus), DVBl. 1993, 1307, Rn 32; Rs C-55/94 (Gebhard), NJW 1996, 579, Rn 37 f., zum Inhalt des Verhältnismäßigkeitsmaßstabes näher Art. 9 Rn 27 ff.).
2 Begründung der Kommission im ursprünglichen Richtlinienvorschlag, KOM(2004) 2 endg, S. 25.
3 Erwägungsgrund 70.
4 S. auch Kommissionshandbuch, Ziff. 10.2.4.
5 Vgl. auch Erwägungsgrund 17.
6 Vgl. (zu Art. 86 Abs. 2 EGV) EuGH, Rs C-179/90 (Port of Genova), Slg. 1991, I-5889, Rn 26; Rs C-320/91 (Corbeau), Slg. 1993, I-2533, Rn 14, 16.

tragfähiger Gemeinwohlgrund dargetan. Ist die Anforderung aus dem Katalog des Art. 15 Abs. 2 notwendig, um die „Sozialbindung" der fraglichen Dienstleistung zu sichern, so ist sie eben auch **erforderlich** im Sinne des Verhältnismäßigkeitsgrundsatzes.[7]

Dispensierende Wirkung kann die Relativierung des Abs. 4 mithin allenfalls noch im Hinblick auf den **Angemessenheitsgrundsatz** (Verhältnismäßigkeit im engeren Sinne) entfalten (Art. 15 Abs. 3 lit. c).[8] Immerhin wäre sonst nicht völlig ausgeschlossen, dass Anforderungen gemäß Art. 15 Abs. 2 am Grundsatz der Verhältnismäßigkeit im engeren Sinne scheitern könnten, obwohl sie zur Sicherung des Gemeinwohlinteresses an der Dienstleistung erforderlich sind. Ein solches Ergebnis schließt Abs. 4 für die Dienstleistungen von allgemeinem wirtschaftlichem Interesse aus. Dies lässt sich daraus schließen, dass Abs. 4 die fragliche Anforderung schon dann immer für gerechtfertigt erklärt, wenn ohne diese Anforderung die Aufgabe nicht erfüllt werden kann. Rechtlich bedeutet dies, dass die (im öffentlichen Interesse liegende) Aufgabe in jedem Fall als so gewichtig gewertet wird, dass die Niederlassungsfreiheit immer dahinter zurückstehen muss – sofern nur die freiheitsbeschränkende Anforderung **erforderlich** ist für die Erfüllung jener Aufgabe. 5

In der Sache weisen einige der im Katalog des Abs. 2 aufgeführten Anforderungen tatsächlich eine besondere Nähe zu den Dienstleistungen von allgemeinem wirtschaftlichem Interesse auf, so etwa die Anforderungen nach Abs. 2 lit. b, c, d, g, h. 6

III. Die Einzeltatbestände zu prüfender Anforderungen (Abs. 2)

1. Quantitative oder territoriale Beschränkungen (lit. a)

Lit. a erfasst Regelungen, die **kontingentierende Wirkung** auf die Dienstleistungserbringer entfalten. Die Bestimmung steht damit in inhaltlicher Nähe zu den Vorschriften der Art. 11 Abs. 1 lit. b, Art. 12 Abs. 3 und Art. 14 Abs. 5 Nr. 5 und betrifft Anforderungen, die sehr empfindliche Beeinträchtigungswirkung auf die Freiheit der Niederlassung haben und deswegen nur ausnahmsweise unter strenger Beachtung der Verhältnismäßigkeitsanforderungen gerechtfertigt sein können. Inhaltlich kann es sich entweder um Regelungen handeln, welche die **Zahl der Dienstleistungserbringer** limitieren, insbesondere eine bestimmte Höchstzahl im Verhältnis zur Bevölkerungszahl vorgeben,[9] oder um solche, die eine bestimmte **geographische Mindestentfernung** zwischen den Niederlassungen vorschreiben, um so die territoriale Maximaldichte eines Dienstleistungsangebots festzulegen.[10] 7

Besonders kritisches Augenmerk muss bei der Prüfung derartiger unmittelbarer (Diensteanbieterzahl) oder mittelbarer (geographische höchste Dichte) Kontingente schon der Qualität des jeweils verfolgten **Gemeinwohlziels** zugewendet werden. Kontingente stehen immer im Verdacht, illegitime Interessen des **Konkurrenzschutzes** etablierter (hier: alteingesessener) Dienstanbieter zu verfolgen. Solche 8

7 So auch Erwägungsgrund 71.

8 Insofern nicht ganz eindeutig ist Erwägungsgrund 71, der auch Art. 15 Abs. 3 lit. c als Maßstab anführt.

9 Beispiel im Kommissionshandbuch, Ziff. 6.3.1.: ein Zeitschriftenladen oder eine Fahrschule je 2000 Einwohner.

10 Beispiel im Kommissionshandbuch, Ziff. 6.3.1.: Mindestentfernung zwischen zwei Tankstellen von 5 km.

Regelungsziele, wie überhaupt wirtschaftliche Marktsteuerungsinteressen, scheiden als Rechtfertigungsgründe von vornherein aus (s. Art. 9 Rn 29), auch wenn sie sich hinter vorgeblichen Gründen anderer Art verbergen.

2. Rechtsformzwang (lit. b)

9 Die Niederlassungsfreiheit wird auch durch mitgliedstaatliche Normen, die dem dienstleistungserbringenden Unternehmen eine **bestimmte Rechtsform** vorschreiben, in prekärer Weise eingeschränkt. Derartige Regelungen unterliegen daher der Screening-Pflicht des Art. 15. Ein offensichtlicher Fall eines Rechtsformzwangs ist etwa die Vorgabe, dass eine bestimmte Dienstleistung nur von Unternehmen in der Form einer **juristischen Person** angeboten werden dürfe mit der Folge, dass natürliche Personen (Einzelkaufleute) vom jeweiligen Markt ausgeschlossen sind. Den von Mitgliedstaaten in der Vergangenheit angeführten Rechtfertigungsgrund für derartige Regelungen, wonach die Verfasstheit als juristische Person zum **Schutz der Gläubiger** notwendig sei, ist vom EuGH zurückgewiesen worden. Maßgebliche Erwägung dafür war, dass die Stellung einer Sicherheit oder der Abschluss einer Versicherung als milderes Mittel für den Gläubigerschutz ausgereicht hätte, der Rechtsformzwang also nicht erforderlich war.[11] Versuche, die Bedingung der Rechtsform „juristische Person" auf **Gründe des Verbraucherschutzes** und des **Schutzes der sonstigen Bevölkerung** zu stützen, sind sogar schon als ungeeignet (erste Stufe des Verhältnismäßigkeitsgrundsatzes) zurückgewiesen worden, weil die Rechtsform eines Unternehmens für den behaupteten Rechtsgüterschutz überhaupt keine Rolle spiele.[12]

10 Problematisch ist auch die Rechtfertigungsfähigkeit umgekehrt wirkender Regelungen, die **Kapitalgesellschaften** von bestimmten Dienstleistungsmärkten ausschließen. Insbesondere hat der EuGH Anstoß genommen an der Rigidität eines solchen Ausschlusses, auch wenn er das an sich legitime Ziel verfolgt, kriminelle Tätigkeiten durch Kontrolle der jeweiligen Akteure besser überwachen zu können. Um dieses Ziel zu erreichen, stünden auch andere, die Niederlassungsfreiheit weniger stark beeinträchtigende Mittel zu Verfügung, etwa die Einholung von Informationen über die Anteilseigner einer Gesellschaft.[13]

11 Die Bestimmung des Art. 15 Abs. 2 lit. b betrifft darüber hinaus auch noch andere die Rechtsformwahl der Dienstleistungserbringer **einschränkende** mitgliedstaatliche **Vorgaben**, so etwa Regelungen, die für ein Unternehmen, das eine bestimmte Dienstleistung erbringen will, vorschreiben, dass Eigentümer des Unternehmens nur natürliche Personen (oder bestimmte Arten von Gesellschaften), nicht aber (ggf. bestimmte andere Arten von) Gesellschaften sein dürfen. Ein Beispiel dafür bildet das **Verbot der Beteiligung juristischer Personen** an Rechtsanwaltssozietäten (§ 59 a, § 59 c, § 59e BRAO). Ob dieses kategorische Verbot (wie auch die sonstigen beteiligungsbezogenen Restriktionen freiberuflicher Tätigkeit)[14] mit Blick

---

11 EuGH, Rs C-171/02 (Kommission/Portugal), GewArch 2004, 333, Rn 41 ff.

12 EuGH, Rs C-514/03 (Kommission/Spanien), GewArch 2006, 117 Rn 31 f.

13 EuGH, verb. Rs C-338/04, C-359/04 und C-360/04 (Placanica) – Glücksspielunternehmen, EuZW 2007, 209. Rn 62.

14 Vgl. Kleine-Cosack, Liberalisierung des Gesellschaftsrechts der Freiberufler, DB 2007, 1851; Henssler, Die Kapitalbeteiligung an Anwaltsgesellschaften, BRAK-Mitt 2007, 186; s. auch Rn 15 f. zu Art. 15 Abs. 2 lit. c; Grunewald in: Leible (Hg.), S. 175, 177 ff.

auf die dahinter stehenden, schon ihrerseits nicht unumstrittenen Schutzzwecke noch verhältnismäßig ist, ist zumindest zweifelhaft. Dass aus den Vorschriften der §§ 59e ff. BRAO ein Exklusiv-Vorbehalt der Rechtsanwaltsgesellschaft zugunsten der Rechtsform der GmbH abzuleiten wäre, **Rechtsanwalts-Aktiengesellschaften** also nicht zugelassen wären, hat der BGH indes schon durch verfassungskonforme Interpretation (Art. 12 i.V.m. Art. 3 Abs. 1 GG) des einfachen Rechts zurückgewiesen.[15]

Rechtfertigungspflichtig und nur ausnahmsweise – wenn der im Allgemeininteresse liegende Zweck der Dienstleistung eine solche Zuweisung zwingend erfordert – rechtfertigungsfähig sind auch Regelungen, die bestimmte Dienstleistungen **nichtwirtschaftlichen Unternehmen** (ohne Gewinnerzielungsabsicht) vorbehalten.[16] 12

3. Vorgaben hinsichtlich der Gesellschaftsanteile oder Aktionäre (lit. c)

Die Bestimmung unter lit. c erfasst mitgliedstaatliche Regelungen, die die Ausübung von Dienstleistungen durch Kapitalgesellschaften an bestimmte Charakteristika des **Gesellschaftsvermögens** oder der **Gesellschaftseigner** binden. Ein in der Rechtsprechung des EuGH erörterter und nicht für gerechtfertigt befundener Fall ist die Vorgabe einer **Mindestkapitalausstattung.**[17] Auch hier, wie schon beim Rechtsformzwang, war wiederum das Argument entscheidend, dass der mit der Mindestkapitalsumme bezweckte **Gläubigerschutz** in weniger belastender Weise auch durch die Verpflichtung zu einer Sicherheitsleistung oder Versicherung hätte gewährleistet werden können. 13

Auf die **Anteilseigner** zielen Vorschriften, die das Recht, Aktien eines Unternehmens, das bestimmte Dienstleistungen ausübt, zu besitzen, an bestimmte **berufliche Qualifikationen** bindet. Auch hier hat der EuGH in seiner bisherigen Rechtsprechung wenig Großzügigkeit gezeigt: Insbesondere folgt daraus, dass bestimmte Tätigkeiten besonderen Qualifikationsanforderungen unterworfen werden dürfen – zumal im Anwendungsbereich der Berufsanerkennungsrichtlinie 2005/36/EG –, noch lange nicht, dass die so qualifizierten Personen auch ausschließlich oder mehrheitlich Eigentümer des Unternehmens sein müssen, das die Dienstleistung anbietet. Vielmehr kommen auch hier **freiheitsschonendere Instrumente** in Betracht, um die Qualität der Dienstleistung und den Verbraucherschutz zu sichern, etwa Haftungs- und Versicherungsregelungen oder Präsenzpflichten von qualifizierten Personen bei der Dienstleistungserbringung.[18] 14

Rechtfertigungsprobleme werfen aus Sicht dieser Richtlinienvorgabe insbesondere **Einschränkungen der Assoziierungsfreiheit**, wie sie in Deutschland trotz der verfassungsrechtlich erzwungenen Lockerungen der letzten Jahre[19] etwa im Rechts- 15

15 BGHZ 161, 376 ff.

16 Rechtfertigung verneint in EuGH, Rs C-439/99 (Kommission/Italien) Slg. 2002, I-305, Rn 32 – Veranstaltung von Messen; Rechtfertigung bejaht in EuGH, Rs C-70/95 (Sodemare), Slg. 1997, I-3395, Rn 23 ff. – Sozialhilfe.

17 EuGH, Rs C-171/02 (Kommission/Portugal), GewArch 2004, 333, Rn 53 ff., Rs C-514/03 (Kommission/Spanien), GewArch 2006, 117, Rn 36 f.; Rs C-167/01 (Inspire Art), NJW 2003, 3331, Rn 104 ff.

18 EuGH, Rs C-140/03 (Kommission/Griechenland), Slg. 2005, I-3177, Rn 34 f. – Optikerberuf.

19 Etwa: BVerfG, NJW, 2269: Verfassungswidrigkeit des Sozietätsverbots für Anwaltsnotare und Wirtschaftsprüfer.

anwaltsberuf[20] immer noch bestehen (§ 59a BRAO: **Sozietätsverbot** über die in der Vorschrift genannten Verbindungen hinaus; **Fremdbesitzverbot**, § 59e Abs. 1 BRAO, **Verbot der Sternsozietät**, § 59e Abs. 2 BRAO), auf. Ob die gängigen Rechtfertigungsargumente der Qualitätssicherung, der Sicherung der Unabhängigkeit der Rechtsanwälte, der Verhinderung völliger Kommerzialisierung des Rechtsanwaltsberufs usw. insoweit vor dem EuGH eher Gehör finden würden als die analoge Argumentation in dem vom Gerichtshof entschiedenen Fall der Optiker,[21] ist fragwürdig.[22]

16 Immerhin akzeptiert **Art. 25 S. 2 lit. a** grundsätzlich die Möglichkeit derartiger Rechtfertigungsargumentationen.[23] Allerdings deckt auch Art. 25 S. 2 Einschränkungen der Freiheit zu partnerschaftlicher und gemeinschaftlicher Ausübung einer Dienstleistungstätigkeit (Art. 25 S. 1) nur, soweit diese Einschränkungen zur Sicherung der Unabhängigkeit und Unparteilichkeit der Berufsausübung wirklich „nötig ist“[24] – und diese **Erforderlichkeit** ist, wenn man die strengen Maßstäbe der Optiker-Entscheidung anlegt, eben erneut zweifelhaft geworden. Entsprechendes gilt für andere freie Berufe, etwa den Apothekerberuf.[25]

4. Vorbehalt zugunsten bestimmter Dienstleistungserbringer (lit. d)

17 Art. 15 Abs. 2 lit. d stellt mitgliedstaatliche Regelungen unter Rechtfertigungszwang, die Dienstleistungstätigkeiten **bestimmten Dienstleistungserbringern vorbehalten**. Funktion und Anwendungsbereich dieser Vorschrift sind begrenzt: Sie betrifft zum einen nur solche personbezogenen Vorbehalte, die nicht schon in anderen, spezielleren Verbots- bzw. Prüfungstatbeständen des Art. 14 bzw. 15 gefasst sind und hat insofern subsidiäre Bedeutung (**Auffangfunktion**). Sie betrifft zum anderen nur Fälle, in denen der Vorbehalt nicht in der Forderung von **Berufsqualifikationen** besteht, die in der Anerkennungsrichtlinie 2005/36/EG oder ande-

20 Die Anwaltsniederlassungsrichtlinie 98/5/EG v. 16.2.1998 (ABl. 1998 Nr. L 77, S. 36) trifft insoweit wohl keine abschließende, die Dienstleistungsrichtlinie verdrängende Regelung, auch wenn sie den Mitgliedstaaten in Art. 11 Nr. 3 und 5 Spielräume hinsichtlich der Gestattung gemeinschaftlicher Berufsausübung einräumt; zur RL 98/5/EG näher Ewig, Verwirklichung der Niederlassungsfreiheit für Rechtsanwälte in der EU und im EWR, NJW 1999, 248 ff.

21 EuGH, Rs C-140/03 (Kommission/Griechenland), Slg. 2005, I-3177, Rn 34 f. – Optikerberuf.

22 Kleine-Cosack, DB 2007, 1851; Grunewald in: Leible (Hg.), S. 175, 177 ff.; die geplante Erweiterung der Möglichkeiten beruflicher Zusammenarbeit im Entwurf eines Gesetzes zur Neuregelung des Rechtsberatungsrechts (hier § 59a Abs. 4, Abschaffung des Verbots der Sternsozietät in § 59e Abs. 2 BRAO, BR-Dr. 623/06, S. 20), tragen diesen Einwänden teilweise Rechnung; vgl. dazu auch die Begründung des Reg.-Entwurfs, BT-Dr. 16/3655 S. 83 f.

23 Die Vorschrift entspricht damit der relativ „mitgliedstaats-freundlichen“ Argumentation des EuGH in der Rs C-309/99 (Wouters), NJW 2002, 877, Rn 99 ff.; s. dazu auch Fleischhauer, Europäisches Gemeinschaftsrecht und notarielles Berufsrecht, DNotZ 2002, 325, 341 f.

24 Vgl. auch Kommissionshandbuch, Ziff. 8.4.3. (zu Art. 25): „[...] Member States have to assess, whether existing prohibitions [...] could not be replaced by less restrictive means [...]"; ablehnend für die umstrittenen Verbote des deutschen Anwaltsberufsrechts (interprofessionelle Sozietätsverbote, Fremdbesitzverbot, Kapitalgesellschaftsbeteiligung, Sternsozietätsverbot) z. B. Römermann in: Hartung (Hg.), Anwaltliche Berufsordnung, 3. Aufl., München, 2006, § 59a BRAO Rn 21; § 59e BRAO Rn 2 f., 16 f.; Schautes, Anwaltliche Unabhängigkeit, Bonn, 2005, S. 288.

25 Vgl. Vorlagebeschluss des OVG Saarland zum Fremdbesitzverbot für Apotheken v. 20.3.2007 – Doc Morris, Az.: 3 K 361/06, juris: §§ 7 f. ApoG unvereinbar mit Art. 43 EGV.

ren Gemeinschaftsrechtsakten behandelt werden. Dahinter steht die Wertung, dass die in den Gemeinschaftsrechtsakten behandelten Qualifikationen als subjektive Berufszugangsvoraussetzungen grundsätzlich **legitime Anforderungen** an die Berufstätigkeit sind. Gemeinschaftsrechtlich geht es nicht darum, derartige notwendige Qualifikationen nach Möglichkeit zu vermeiden, sondern ein Anerkennungsregime zu errichten, dass die grenzüberschreitende Ausübung auch und gerade auch solcher Berufe ermöglicht.

Subjektive Eigenschaften oder Qualifikationen in der Person des Dienstleistungs- 18
erbringers, die zur Voraussetzung für die Aufnahme einer Dienstleistungstätigkeit gemacht werden, ohne Gegenstand der gemeinschaftsrechtlichen Anerkennungs- oder auch Harmonisierungsregelungen zu sein, stehen hingegen in einem **prima-facie-Verdacht der Unzulässigkeit** – weil sie nicht zu den klassischen Qualifikationen im Rahmen reglementierter Berufe gehören und deswegen auch nicht in die Reichweite der Gemeinschaftsregelungen zur Bewältigung der daraus resultierenden Probleme für den Binnenmarkt einbezogen worden sind. Dies bedeutet nicht, dass eine Rechtfertigung derartiger gewissermaßen atypischer Exklusivregelungen zugunsten von Personen oder Unternehmen mit bestimmten Merkmalen oder Eigenschaften schlechthin ausscheidet. Als Marktzugangsbeschränkung für andere Personen, die die geforderten Merkmale nicht aufweisen, stehen sie aber unter besonders starkem Rechtfertigungszwang.[26]

5. Verbot mehrfacher Niederlassung im Erbringungsstaat (lit. e)

Diese Bestimmung ergänzt Art. 14 Nr. 2, der das Verbot von Niederlassungen in 19
mehr als einem Mitgliedstaat (also insbesondere im Herkunftsstaat) betrifft und für unzulässig erklärt. Art. 15 Abs. 2 lit. e betrifft hingegen allein **Mehrfachniederlassungen im selben Hoheitsgebiet,** womit regelmäßig der Erbringungsstaat, ggf. auch territoriale Teileinheiten des Erbringungsstaates (Länder, Provinzen, Kommunen) gemeint sind. Wie das schon von Art. 14 Nr. 2 erfasste absolute Verbot jeglicher Zweitniederlassung berührt auch das nur auf den Aufnahmestaat bezogene Zweitniederlassungsverbot die Niederlassungsfreiheit nicht in ihrer Garantiefunktion als Diskriminierungsverbot, sondern als Beschränkungsverbot, da sie die ausländischen Anbieter auch faktisch nicht schlechter stellt als die inländischen Anbieter.[27] Anders als jenes Verbot grenzüberschreitender Mehrfachniederlassungen sind bloß inlandsbezogene Verbote immerhin rechtfertigungsfähig. In der Rechtsprechung des EuGH sind jedoch die Maßstäbe der **Verhältnismäßigkeit** in derartigen Fällen **streng interpretiert** worden, so dass der Mitgliedstaat regelmäßig auf andere, die Niederlassungsfreiheit weniger stark beeinträchtigende Maßnahmen verwiesen sein wird. Insbesondere ist eine Zielsetzung, die eine persönliche Verbindung zwischen dem Unternehmer und dem Ort der Dienstleistungserbringung (insbesondere: Betriebsstätte) erzwingen will, weil z. B. der „Kontakt zum Kunden“ so wichtig sei, vom Gerichtshof zurückgewiesen worden.[28] Dem Mit-

26 Rechtfertigung verneint für „Steuerbeistandszentren“ in EuGH, Rs C-451/03 (Servizi Ausiliari Dottori Commercialisti), EWS 2006, 218, Rn 37 ff.

27 Müller-Graff in: Streinz EUV/EGV, Art. 43 EGV Rn 67.

28 EuGH, Rs C-140/03 (Kommission/Griechenland), Slg. 2005, I-3177, Rn 34 – Optiker; Rs C-117/05 (Seidl), nicht in amtl. Slg., Rn 12 ff. – Fahrschule; dazu (aus der Perspektive der Warenverkehrsfreiheit) auch EuGH, Rs C-322/01 (DocMorris), EuZW 2004, 21, Rn 102 ff.; dazu Streinz/Herrmann, Und wieder DocMorris: Das apothekenrechtliche

gliedstaat wird es in aller Regel nicht gelingen nachzuweisen, dass die Anforderung, **qualifiziertes Personal** in jeder der Niederlassungen vorzuhalten, nicht genauso geeignet ist, die legitimen Ziele des Verbraucherschutzes und der Qualitätssicherung zu erreichen.[29] Insoweit gilt für das Verbot mehrfacher Niederlassungen nichts anderes als für die personenbezogenen Anforderungen an die Anteilseigner (Art. 15 Abs. 2 lit. c) oder ein Wohnsitzerfordernis (Art. 14 Nr. 1 lit. b).

6. Mindestbeschäftigtenzahl (Art. 15 Abs. 2 lit. f)

20 Die Mitgliedstaaten müssen sich gemäß dieser Bestimmung für Regelungen verantworten, die von Dienstleistungserbringern eine Mindestzahl von Beschäftigten verlangen. Derartige Regelungen stellen insbesondere für kleine und mittlere Unternehmen gegebenenfalls unüberwindliche Hindernisse dar und sind daher schwerwiegende Einschränkungen der Niederlassungsfreiheit. Wegen dieser unter Umständen sogar als Marktsperre, jedenfalls aber als erheblicher Kostenfaktor sich entfaltenden Beeinträchtigungswirkung hat der EuGH auch solche Beschäftigtenzahl-Erfordernisse einer **strengen Prüfung** unterworfen, sie allerdings nicht in jedem Fall verworfen,[30] sondern in **Ausnahmesituationen** akzeptiert. Aufschlussreich für die Genauigkeit der Prüfung ist insofern eine Entscheidung zum privaten Sicherheitsgewerbe,[31] in der der EuGH die pauschale Anforderung einer Mindestbeschäftigtenzahl zwar für unzulässig erklärte, jedoch betonte, dass eine solche Anforderung für **bestimmte Arten von Tätigkeiten** des Sicherheitsgewerbes (Transport von Explosivstoffen) durchaus **gerechtfertigt** sein könne.[32]

7. Mindest- oder Höchstpreise (Art. 15 Abs. 2 lit. g)

21 **Hoheitliche Preisregelungen** sind schwerwiegende Eingriffe in die Privatautonomie und die Wettbewerbsfreiheit der Unternehmen. Sie beeinträchtigen damit auch die Niederlassungsfreiheit und sind deswegen durch Art. 15 Abs. 2 lit. g rechtfertigungspflichtig gestellt. Indem die Richtlinienbestimmung Mindest- oder Höchstpreise nennt, sind selbstverständlich **auch punktgenaue Preisfestsetzungen** einbezogen.

22 Ausweislich Erwägungsgrund 73 erfasst der Prüfauftrag nur Preisfestsetzungen, die „**spezifisch** für die Erbringung bestimmter Dienstleistungen" vorgenommen werden, **nicht allgemeine Vorschriften** über die Festlegung von Preisen (etwa: Mietpreisbindungen). Diese Einschränkung ist offensichtlich eine Ausprägung des die Richtlinie beherrschenden Generalvorbehalts, dass „allgemeine", nicht dienstleistungs- bzw. niederlassungsspezifische Gesetze vom Anwendungsbereich der Richtlinie nicht erfasst sind (Erwägungsgrund 9). Auf die Schwierigkeiten, die bei

---

Mehr- und Fremdbesitzverbot aus der Perspektive des Gemeinschaftsrechts, EuZW 2006, 455, 456 ff. Das frühere apothekenrechtliche Mehrbesitzverbot ist inzwischen gelockert worden (§ 2 Abs. 4 ApoG).

29 Kommissionshandbuch, Ziff. 6.3.5.; Frenz, Grundfragen der Niederlassungs- und Dienstleistungsfreiheit im neuen Gewande, GewArch 2007, 98, 105.

30 S. aber EuGH, C-79/01 (Payroll), EuZW 2003, 94, Rn 37 betreffend eine Mindestzahlbeschäftigtenzahl-Bedingung für den Dienstleistungsempfänger.

31 Vom Geltungsbereich der Richtlinie ausgenommen gemäß Art. 2 lit. k; die Argumentation bleibt jedoch für andere, von der Richtlinie erfasste Fälle beachtlich.

32 EuGH, Rs 514/03 (Kommission/Spanien), GewArch 2006, 117, Rn 48 ff.

der damit erzwungenen Abgrenzung von allgemeinen und spezifischen Regelungen grundsätzlich zu bewältigen sind, kann hier nur aufmerksam gemacht werden (s. dazu noch Art. 39 Rn 8).[33]

Die Bestimmung des Art. 15 Abs. 2 lit. g ist vor allem von Interesse hinsichtlich staatlicher Regelungen über **Mindesthonorare** oder Honorarvereinbarungen der Angehörigen freier Berufe, insbesondere von Rechtsanwälten. So hat der EuGH im Jahr 2006 über eine staatliche Mindesthonorar-Vorgabe für **Rechtsanwälte** entschieden und dazu in relativ differenzierter Weise entscheidungserhebliche Gesichtspunkte formuliert.[34] Danach sind Mindesthonorarvorgaben für Rechtsanwälte jedenfalls Beschränkungen der Dienstleistungsfreiheit. Ihre Rechtfertigungsfähigkeit ist problematisch; allerdings hat sich der Gerichtshof insoweit einer abschließenden Beurteilung enthalten und dem vorlegenden Gericht nur Hinweise für diese Beurteilung unter Berücksichtigung der konkreten Regelungssituation im Mitgliedstaat (hier Italien) gegeben. Diese Hinweise des Gerichtshofs gehen zunächst davon aus, dass die von einer Mindesthonorarregelung für Rechtsanwälte verfolgten Ziele – der **Schutz der Verbraucher** und die **geordnete Rechtspflege** – für sich genommen gemeinschaftsrechtlich legitim, also anzuerkennende zwingende Gründe des Gemeinwohls sind. Prüfungsbedürftig bleiben jedoch die **Geeignetheit und Erforderlichkeit** einer Honorarregelung für die Förderung dieser Ziele. Der EuGH mochte sich der Argumentation der Kommission, wonach zwischen der Honorarhöhe und der Qualität der rechtsanwaltlichen Dienstleistungen überhaupt kein Zusammenhang bestehe, die Qualitätssicherung und der Mandantenschutz vielmehr überhaupt nur, jedenfalls aber besser und weniger eingriffsintensiv durch andere Vorgaben (insbesondere: Zugang zum Beruf, disziplinarrechtliche Regelungen, Schadensersatzhaftung) gewährleistet werden könnten, nicht einfach anschließen. Allerdings müssen die Mitgliedstaaten, so der EuGH, diesem Einwand nachgehen und, wenn sie die Erforderlichkeit einer Honorar-Untergrenze dennoch aufrechterhalten wollen, die Geeignetheits- und Erforderlichkeits**prognose** entgegen diesen Einwänden **plausibel begründen.** Ansatzpunkte für eine solche Begründung können nach dem Urteil ggf. in tatsächlichen Verhältnissen gefunden werden, die einen ruinösen Preis-Konkurrenzkampf zwischen Anwälten begünstigen (Billigangebote), ferner in dem Informationsgefälle hinsichtlich der Qualität anwaltlicher Leistungen, das zwischen den anbietenden Anwälten und den Mandanten, die häufig nicht beurteilen können, ob eine anwaltliche Beratung oder Vertretung standardgerecht ist oder nicht, typischerweise besteht. 23

Die Diskussion darüber, ob die **deutsche Vergütungsregelung für die Honorare der Rechtsanwälte** in § 49b BRAO einer Prüfung am Maßstab des Gemeinschaftsrechts standhält, ist danach weder durch die Entscheidung des EuGH noch durch Art. 15 Abs. 2 lit. g definitiv entschieden: Der Gesetzgeber wird allerdings sehr genau im Lichte der o. g. Hinweise[35] zu prüfen haben, ob die von der Kommission 24

33 Vergleichbare Probleme stellen sich im Zusammenhang der Grundrechtsinterpretation bei Art. 5 Abs. 2 GG und Art. 12 Abs. 1 GG (Eingriffe nur solche Maßnahmen, die „berufsregelnde Tendenz" aufweisen, vgl. etwa BVerfGE 106, 275, 298 ff., 110, 370, 393 f., 113, 128).

34 EuGH, verb. Rs C-94/04, C-202/04 (Cipolla), NJW 2007, 281, Rn 55 ff.

35 Hinzu kommen die Erwägungen, die das BVerfG in seiner Entscheidung v. 12.12.2006 zum Erfolgshonorar angestellt hat (BVerfG, NJW 2007, 979). Danach ist das Verbot eines jeglichen Erfolgshonorars (§ 49 b Abs. 2 BRAO) auch für die Fälle, in denen nur bei

favorisierten anderweitigen Schutzvorkehrungen nicht die Honorarregelungen entbehrlich machen können (fehlende Erforderlichkeit).

8. Zwangsweise Bündelung von Dienstleistungen (Art. 15 Abs.2 lit. h)

25 Der letzte Einzeltatbestand des Art. 15 Abs. 2 stellt Regelungen zur Prüfung, die Bündelungsverpflichtungen hinsichtlich des Angebots von Dienstleistungen aufstellen, also von Dienstleistungserbringern verlangen, neben der eigentlich angestrebten Dienstleistung auch noch **andere Leistungen mit anzubieten**. Das Kommissionshandbuch nennt als Beispiel die Verpflichtung von Tankstellenbetreibern, auch noch bestimmte andere Produkte oder Leistungen in ihrem Geschäftsbetrieb anzubieten (Autozubehör, Lebensmittel und Getränke).[36] Die Kommission bringt gravierende Zweifel an der Verhältnismäßigkeit solcher Regelungen zum Ausdruck, insbesondere wenn die Regelungen keine Ausnahmen zulassen für die Fälle, in denen die auferlegte Zusatzleistung nach den lokalen Gegebenheiten in der Nähe der Betriebsstätte freiwillig angeboten wird.

IV. Die Verfahrensbestimmungen der Art. 15 Abs. 5-7

26 Die in den Abs. 5-7 errichteten Verfahrensanforderungen an die Mitgliedstaaten werfen keine großen Interpretationsprobleme auf. **Abs. 5** konkretisiert die **Gegenstände der Berichtspflicht** aus Art. 39 Abs. 1 lit. b. Das sind nicht nur, was selbstverständlich wäre, diejenigen rechtlichen Anforderungen aus dem Katalog des Art. 15 Abs. 2, die den Verhältnismäßigkeits-Test bestanden haben und aufrechterhalten werden sollen, sondern auch diejenigen, die von den Mitgliedstaaten **aufgehoben oder modifiziert** worden sind. Was die Modifizierung („Lockerung") angeht, überschneidet sich der Evaluationsauftrag mit der **Notifizierungspflicht des Abs. 7**: Geänderte Regelungen sind immer auch andere und damit neue Vorschriften i. S. d. Abs. 6, die nach Abs. 7 bei der Kommission angemeldet werden müssen (vgl. in diesem Sinne auch Art. 39 Abs. 5 UA 2).

Vereinbarung eines derartigen Honorars überhaupt anwaltliche Beratung in Anspruch genommen werden kann, unverhältnismäßig im engeren Sinne. Die in dem Beschluss des BVerfG formulierten Ausführungen sind auch über den Gegenstand des Erfolgshonorar-Verbots hinaus von erheblicher Bedeutung für die Beurteilung der Eignung, Erforderlichkeit und Angemessenheit der Vergütungsregelungen des § 49b BRAO – auch vor dem Maßstab des Art. 15 der Richtlinie. Soweit das BVerfG die Eignung und Erforderlichkeit der Verbotsregelung zur Verfolgung der legitimen Regelungsziele (anwaltliche Unabhängigkeit, finanzielle Überforderung des Mandanten, prozessuale Waffengleichheit) geprüft und bejaht hat, vermag diese Argumentation dem Gesetzgeber – wenn er an der Honorarreglementierung festhalten will – teilweise auch im Hinblick auf Art. 15 Abs. 2 lit. g eine gewisse Rückendeckung zu geben. Allerdings hat sich das BVerfG für die Bejahung der Geeignetheit und Erforderlichkeit wesentlich auf den für weit erachteten Einschätzungs- und Prognosespielraum des Gesetzgebers zurückgezogen – und außerdem die Angemessenheit des absoluten, keine Ausnahmen zulassenden Verbots des Erfolgshonorars verneint. Die sachlichen Zweifel an der Verhältnismäßigkeit des Verbots einer erfolgsabhängigen Vergütung sind durch diese Argumentation des Gerichts also, wenn überhaupt, nur sehr eingeschränkt widerlegt. Stellt man in Rechnung, dass die Rechtsprechung des EuGH derart weitreichende Prognosespielräume der mitgliedstaatlichen Gesetzgeber bei der Einschränkung der Grundfreiheiten wohl nicht anerkennt, ist also nicht ausgeschlossen, dass der gemeinschaftsrechtliche Maßstab des Art. 43 EGV, Art. 15 Abs. 2 lit. g i. V. m. Abs. 3 schärfer wirkt als Art. 12 GG und derartige Preisregelungen – nicht nur das Verbot des Erfolgshonorars, sondern auch Mindestvergütungssätze – doch verbietet.

36 Kommissionshandbuch, Ziff. 6.3.8.

Die **Notifizierungspflicht des Abs.** 7 hinsichtlich der neu eingeführten (oder modifizierten alten) Anforderungen i. S. d. Abs. 6 ist bemerkenswert, weil sie zeitlich unmittelbar ab Inkrafttreten der Richtlinie (28. Dezember 2006), also schon seit **Beginn des Umsetzungszeitraums** wirkt. Diese frühe Wirkung ist Ausfluss der Pflicht zur **Gemeinschaftstreue** (Art. 10 EGV); die Mitgliedstaaten sind damit auch schon vor Ablauf der Umsetzungsfrist gehindert, in ihren Rechtsordnungen Regelungen zu schaffen, die das in der Richtlinie vorgesehene Ziel „ernstlich in Frage stellen“.[37] 27

Das Notifizierungsverfahren ist **kein Genehmigungsverfahren:** Insbesondere sind die Mitgliedstaaten nicht gehindert, nach erfolgter Mitteilung die beabsichtigten Regelungen sofort zu verabschieden und in Kraft zu setzen, wenngleich die Kommission bei zweifelhafter Vereinbarkeit mit dem Gemeinschaftsrecht empfiehlt, davon zunächst abzusehen.[38] 28

Abs. 7 UA 3 stellt auf die Übermittlung der **Entwürfe technischer Vorschriften** an die Kommission gemäß Art. 8 RL 98/34/EG v. 22. Juni 1998 über ein Informationsverfahren auf dem Gebiet der Normen und technischen Vorschriften ab.[39] Der Anwendungsbereich der Richtlinie ist durch die Transparenzrichtlinie 98/48/EG auf Regelungen über elektronische Dienstleistungen erweitert worden.[40] Die verfahrensrechtlichen Bestimmungen dieser Richtlinie wirken insofern schärfer als Art. 15 Abs. 7, als sie dem Mitgliedstaat untersagen, die technische Vorschrift vor Ablauf der dreimonatigen Prüfungsfrist zu verabschieden und – erst recht – in Kraft zu setzen (Art. 9 Abs. 1 RL 98/34/EG). 29

37 EuGH, Rs C-129/96 (Inter-Environnement Wallonie), Slg. 1997, I-7411, Rn 45.
38 Kommissionshandbuch, Ziff. 10.2.5.
39 ABl. 1998 Nr. L 204, S. 37.
40 RL 98/48/EG v. 20.7.1998 zur Änderung der RL 98/34/EG über ein Informationsverfahren auf dem Gebiet der Normen und technischen Vorschriften, ABl. 1998 Nr. L 217, S. 18.

Kapitel IV Freier Dienstleistungsverkehr

Abschnitt 1 Dienstleistungsfreiheit und damit zusammenhängende Ausnahmen

Artikel 16 Dienstleistungsfreiheit

(1) Die Mitgliedstaaten achten das Recht der Dienstleistungserbringer, Dienstleistungen in einem anderen Mitgliedstaat als demjenigen ihrer Niederlassung zu erbringen. Der Mitgliedstaat, in dem die Dienstleistung erbracht wird, gewährleistet die freie Aufnahme und freie Ausübung von Dienstleistungstätigkeiten innerhalb seines Hoheitsgebiets. Die Mitgliedstaaten dürfen die Aufnahme oder Ausübung einer Dienstleistungstätigkeit in ihrem Hoheitsgebiet nicht von Anforderungen abhängig machen, die gegen folgende Grundsätze verstoßen:

a) Nicht-Diskriminierung: die Anforderung darf weder eine direkte noch eine indirekte Diskriminierung aufgrund der Staatsangehörigkeit oder – bei juristischen Personen – aufgrund des Mitgliedstaats, in dem sie niedergelassen sind, darstellen;
b) Erforderlichkeit: die Anforderung muss aus Gründen der öffentlichen Ordnung, der öffentlichen Sicherheit, der öffentlichen Gesundheit oder des Schutzes der Umwelt gerechtfertigt sein;
c) Verhältnismäßigkeit: die Anforderung muss zur Verwirklichung des mit ihr verfolgten Ziels geeignet sein und darf nicht über das hinausgehen, was zur Erreichung dieses Ziels erforderlich ist.

(2) Die Mitgliedstaaten dürfen die Dienstleistungsfreiheit eines in einem anderen Mitgliedstaat niedergelassenen Dienstleistungserbringers nicht einschränken, indem sie diesen einer der folgenden Anforderungen unterwerfen:

a) der Pflicht, in ihrem Hoheitsgebiet eine Niederlassung zu unterhalten;
b) der Pflicht, bei ihren zuständigen Behörden eine Genehmigung einzuholen; dies gilt auch für die Verpflichtung zur Eintragung in ein Register oder die Mitgliedschaft in einem Berufsverband oder einer Berufsvereinigung in ihrem Hoheitsgebiet, außer in den in dieser Richtlinie oder anderen Rechtsvorschriften der Gemeinschaft vorgesehenen Fällen;
c) dem Verbot, in ihrem Hoheitsgebiet eine bestimmte Form oder Art von Infrastruktur zu errichten, einschließlich Geschäftsräumen oder einer Kanzlei, die der Dienstleistungserbringer zur Erbringung der betreffenden Leistungen benötigt;
d) der Anwendung bestimmter vertraglicher Vereinbarungen zur Regelung der Beziehungen zwischen dem Dienstleistungserbringer und dem Dienstleistungsempfänger, die eine selbstständige Tätigkeit des Dienstleistungserbringers verhindert oder beschränkt;
e) der Pflicht, sich von ihren zuständigen Behörden einen besonderen Ausweis für die Ausübung einer Dienstleistungstätigkeit ausstellen zu lassen;
f) Anforderungen betreffend die Verwendung von Ausrüstungsgegenständen und Materialien, die integraler Bestandteil der Dienstleistung sind, es sei denn, diese Anforderungen sind für den Schutz der Gesundheit und die Sicherheit am Arbeitsplatz notwendig;
g) der in Artikel 19 genannten Beschränkungen des freien Dienstleistungsverkehrs.

(3) Der Mitgliedstaat, in den sich der Dienstleistungserbringer begibt, ist nicht daran gehindert, unter Beachtung des Absatzes 1 Anforderungen in Bezug auf die Erbringung von Dienstleistungen zu stellen, die aus Gründen der öffentlichen Ordnung, der öffentlichen Sicherheit, der öffentlichen Gesundheit oder des Schut-

zes der Umwelt gerechtfertigt sind. Dieser Mitgliedstaat ist ferner nicht daran gehindert, im Einklang mit dem Gemeinschaftsrecht seine Bestimmungen über Beschäftigungsbedingungen, einschließlich derjenigen in Tarifverträgen, anzuwenden.

(4) Bis zum 28. Dezember 2011 unterbreitet die Kommission nach Konsultation der Mitgliedstaaten und der Sozialpartner auf Gemeinschaftsebene dem Europäischen Parlament und dem Rat einen Bericht über die Anwendung dieses Artikels, in dem sie prüft, ob es notwendig ist, Harmonisierungsmaßnahmen hinsichtlich der unter diese Richtlinie fallenden Dienstleistungstätigkeiten vorzuschlagen.

Literatur: Calliess, Europäischer Binnenmarkt und europäische Demokratie: Von der Dienstleistungsfreiheit zur Dienstleistungsrichtlinie – und wieder Retour? DVBl. 2007, 336; Frenz, Grundfragen der Niederlassungs- und Dienstleistungsfreiheit im neuen Gewande, GewArch 2007, 98; Hatje, Die Dienstleistungsrichtlinie – Auf der Suche nach dem liberalen Mehrwert, NJW 2007, 2357; Kopp, Anwaltsdienstleistungen und die Dienstleistungsrichtlinie, Auswirkungen der Richtlinie 2006/123/EG auf den Berufsstand der Rechtsanwaltschaft, GPR 2008, 54; Korte, Mitgliedstaatliche Verwaltungskooperation und private Eigenverantwortung beim Vollzug des europäischen Dienstleistungsrechts, NVwZ 2007, 501; Leible (Hg.), Die Umsetzung der Dienstleistungsrichtlinie, Jena, 2008 (zitiert als: Bearbeiter in: Leible (Hg.)); Lemor, Auswirkungen der Dienstleistungsrichtlinie auf ausgesuchte reglementierte Berufe, EuZW, 2007, 135; Maydell, Vom Neuregelungsversuch der Dienstleistungserbringung im Binnenmarkt, JRP 2006, 122; Reichelt/Rechberger/Jud, Kollisionsrecht, Zivilrecht und Zivilverfahrensrecht im Lichte der gemeinschaftsrechtlichen Reformen (in Vorbereitung) (zitiert als: Bearbeiter in: Reichelt/ Rechberger/Jud); W.-H. Roth, Freier Dienstleistungsverkehr und Verbraucherschutz, VuR 2007, 161.

I. Überblick

Die Vorschrift enthält das rechtspolitische **Herzstück der Richtlinie. Zweck** ist die 1
Verbesserung der rechtlichen Rahmenbedingungen für grenzüberschreitende

Dienstleistungen.[1] Dazu werden die Wirkungen der Dienstleistungsfreiheit ausgedehnt und die Eingriffsbefugnisse des Staates der Leistungserbringung erheblich eingeschränkt. Mit diesem speziellen Regelungszweck hat die Richtlinie zugleich Teil an der allgemeinen **Binnenmarktfinalität** des Gemeinschaftsrechts.

2 Art. 16 war in seiner **Entstehungsgeschichte** sehr umkämpft. Die Kommission hatte in ihrem ersten Entwurf noch ein ganz allgemeines **Herkunftslandsprinzip** verankern wollen, war damit aber am politischen Widerstand der Mitgliedstaaten und der Parlamentsmehrheit gescheitert. Das Herkunftslandprinzip hätte die Setzung materieller Standards sowie deren verwaltungsmäßigen Vollzug einheitlich dem jeweiligen Niederlassungsstaat (Herkunftsstaat) zugewiesen und Eingriffsbefugnisse des Staats der Leistungserbringung (Zielstaat) nur ganz ausnahmsweise gewährt.[2] Die auf einem Kompromiss in Rat und Parlament beruhende endgültige Fassung belässt dem jeweiligen Zielstaat erheblich mehr Eingriffsmöglichkeiten, für deren Vollzug er auch zuständig ist.

3 Die äußere **Systematik** der Vorschrift entspricht nicht ganz dem inneren System: Die nach wie vor gültige **Grundregel**, dass der Dienstleistungserbringer dem **Recht seines Herkunftsstaates** unterliegt (zur Einordnung von Art. 16 als öffentlichrechtliche Kollisionsnorm in diesem Sinne s. Rn 22-27), wird nicht ausdrücklich formuliert, sondern vorausgesetzt. Die regelmäßige Vollzugszuständigkeit ist nunmehr andernorts, nämlich in Art. 30, den Behörden des Herkunftsstaates zugewiesen und nicht mehr Teil der Grundregel. Art. 16 regelt nun ausdrücklich die **verbleibende Rechtsetzungszuständigkeit des** jeweiligen **Zielstaats** und knüpft diese an Voraussetzungen, die den zu Art. 49 EGV entwickelten nachgebildet sind, in der Sache jedoch erheblich strengere Anforderungen stellen (zu den Einzelheiten Rn 31-63).

4 Art. 16 stellt hohe Anforderungen an die mitgliedstaatliche **Umsetzung:** Richtigerweise ist eine horizontale Umsetzungsnorm erforderlich.[3] Diese sollte als **Kollisionsnorm** formuliert sein und zunächst die Anwendbarkeit des Rechts des Herkunftsstaats aussprechen und dann – im Ansatz der Regelung in Art. 9 Rom I-VO und Art. 34 EGBGB vergleichbar – die Voraussetzungen für ein ausnahmsweises Eingreifen der Standards des Ziellands formulieren. Diese Voraussetzungen haben dann denjenigen zu entsprechen, welche die Richtlinie in Art. 16 Abs. 1, 3 nennt; es muss außerdem – anders als bei den Befugnissen unter Art. 18, 35 – eine gebundene Entscheidung der handelnden Behörde herbeigeführt werden. Zur Klarstellung empfiehlt sich die ausdrückliche Übernahme des Katalogs aus Abs. 2 als Hinweis, wann eine Anwendbarkeit des Rechts des Ziellandes nicht in Betracht kommt.

II. Anwendungsbereich

1. Begriff der Dienstleistung und Abgrenzung von den Regelungen zur Niederlassungsfreiheit (Art. 9-15)

5 Die Richtlinie übernimmt die Begrifflichkeit der Art. 43, 49 EGV durch die Definitionen in Art. 4 Nr. 1, 5.[4] Damit wird zugleich die mit **Art. 50 EGV** – von

1 Erwägungsgrund 5; Roth, VuR 2007, 161, 167.
2 Siehe etwa die Nachweise bei Calliess, DVBl. 2007, 336, 340 f.
3 Vorsichtiger Kommissionshandbuch, Ziff. 7.1.2: zur Vermeidung von Lücken empfehlenswert.
4 Kommissionshandbuch, Ziff. 7.1.1.

der Selbstständigkeit und der regelmäßigen Entgeltlichkeit abgesehen – traditionell **negative Definition der Dienstleitungen** fortgeführt. Im Grundsatz gilt Folgendes: Die **Niederlassung** übt eine wirtschaftliche Tätigkeit auf unbestimmte Zeit[5] ausgehend von einer festen Infrastruktur aus (Art. 4 Nr. 5) und ist mit einer Integration in das Wirtschaftsleben des Niederlassungsstaats verbunden.[6] Die **Dienstleistungsfreiheit** und damit Art. 16 der Richtlinie sind hingegen angesprochen, wenn die Dienstleitung ohne eine stabile und kontinuierliche Beteiligung am Wirtschaftsleben des Zielstaates erbracht wird.[7]

6 Die Abgrenzungsfrage ist jeweils für den **Einzelfall** zu entscheiden, wobei Dauer, Häufigkeit, Regelmäßigkeit und Kontinuität der Leistungserbringung zu berücksichtigen sind.[8] Das gilt auch für den Fall, dass eine missbräuchliche Ausnutzung der Dienstleistungsfreiheit in Betracht kommt.[9] Eine **allgemeingültige Frist**, nach deren Ablauf aus einer im Zielland erbrachten Dienstleistung einer dortige Niederlassung wird, lässt sich **nicht** benennen.[10] Die Verwendung von Infrastruktur bei Dienstleistungen im Zielstaat führt auch bei langfristigen Dienstleistungen nicht notwendig zur Anwendung der Niederlassungsfreiheit,[11] wenn kein stabiler professioneller Sitz entsteht. Für Art. 16 ergibt sich dies bereits aus Abs. 2 lit. a und c, welche die Möglichkeit von **Infrastrukturen unterhalb der Niederlassungsschwelle** voraussetzen (dazu Rn 53, 57).

2. Freiheit des grenzüberschreitend tätigen Dienstleisters

7 Anders als Art. 49 EGV schützt Art. 16 zunächst nur die Freiheit des Erbringers der Dienstleistung, **nicht** aber die Freiheit der **Leistungsempfänger.** Für diese gelten Art. 19-21. Durch Art. 16 Abs. 2 lit. g wird freilich die Freiheit des Empfängers mittelbar als eine solche des Erbringers der Dienstleistung geschützt (s. Rn 63).

8 Geschützt ist die Erbringung der Dienstleistung **in einem anderen Staat** als dem der Niederlassung. Wie unter Art. 49 EGV genügt dafür eine Korrespondenzdienstleistung, die erbracht wird, ohne dass eine Partei eine Grenze überschreiten muss.[12] Art. 16 zwingt die Mitgliedstaaten nicht zur Abschaffung eigener Anforderungen, sondern hindert – als kollisionsrechtliche Regelung – lediglich deren Anwendung auf ausländische Dienstleister.[13] Für die im Inland niedergelassenen Dienstleister verlangt die Vorschrift keine Änderungen.[14]

9 Art. 16 ist **an die Mitgliedstaaten gerichtet.** Im Unterschied zu Art. 49 EGV spricht der Text der Richtlinienbestimmung ausdrücklich die Mitgliedstaaten an.

---

5 EuGH, Rs C-221/89 (Factortame), Slg. 1991, I-3905, Rn 20.
6 EuGH, Rs C-215/01 (Schnitzer), Slg. 2003, I-14847, Rn 29.
7 EuGH, Rs C-131/01 (Kommission/Italien), Slg. 2003, I-1659, Rn 23.
8 EuGH, Rs C-55/94 (Gebhard), Slg. 1995, I-4165, Rn 25-27; Rs C-215/01 (Schnitzer), Slg. 2003, I-14847, Rn 28.
9 Erwägungsgrund 79; Frenz, GewArch 2007, 98, 99.
10 Zur Debatte um einen entsprechenden Vorschlag der Kommission s. Kluth in: Leible (Hg.), S. 138 f. (sub III 1). Wie hier zu Art. 43, 49 EGV EuGH, Rs C-215/01 (Schnitzer), Slg. 2003, I-14847, Rn 31.
11 EuGH, Rs C-55/94 (Gebhard), Slg. 1995, I-4165, Rn 27; Rs C-215/01 (Schnitzer), Slg. 2003, I-14847, Rn 28.
12 Vgl. Müller-Graff in: Streinz EUV/EGV Art. 49 EGV Rn 40 ff.
13 Kommissionshandbuch, Ziff. 7.1.2. Zur Einordnung der Vorschrift als Kollisionsrecht s. Rn 22-27.
14 Kommissionshandbuch, Ziff. 7.1.2.

Erfasst wird daher jede mitgliedstaatliche Tätigkeit, ohne dass es darauf ankommt, welcher staatlichen Teilgewalt ein Träger funktionell, territorial oder der Organisation nach zugehört.[15] Adressaten sind damit insbesondere auch die Kommunen sowie die **Träger funktionaler Selbstverwaltung** wie die berufsständischen Kammern.[16] Die **Zurechenbarkeit** ist entsprechend den Regeln bei den Grundfreiheiten, bei der Begünstigung durch staatliche Beihilfen und bei der ausnahmsweisen unmittelbaren Anwendbarkeit von Richtlinien zu bestimmen.[17]

10 Ob darüber hinaus auch **Private** durch die Richtlinie verpflichtet werden, ist **zweifelhaft.** Die Sachfrage stellt sich bei Art. 16 nicht anders als bei Art. 49 EGV und beruht auf der Erwägung, dass die Beseitigung staatlicher Schranken der Dienstleistungsfreiheit dadurch in ihrer Wirkung aufgehoben würde, „dass privatrechtliche **Vereinigungen** oder Einrichtungen kraft ihrer rechtlichen Autonomie derartige Hindernisse aufrichteten";[18] entsprechende Erwägungen sind hinsichtlich **Einzelner** anzustellen.[19] Diese teleologischen Erwägungen lassen sich auch hier anführen. Hingegen sprechen der Wortlaut von Art. 16 sowie der durch die Tätigkeit von Verwaltungsbehörden bestimmte systematische Zusammenhang für ein erheblich engeres Verständnis. Ausschlaggebend ist letztlich **Art. 16 Abs. 1 UA 2,** welcher von der Gewährleistung der freien Aufnahme und Ausübung von Dienstleistungstätigkeiten durch die Mitgliedstaaten spricht: In Umsetzung der Richtlinie sind die Mitgliedstaaten zu dieser Gewährleistung auch gegenüber Privaten verpflichtet; Art. 16 begründet eine **Schutzpflicht des Zielstaates.**[20] Die Mitgliedstaaten dürfen daher ungerechtfertigte Eingriffe Privater in die Dienstleistungsfreiheit grundsätzlich nicht dulden. Allerdings findet diese Schutzpflicht ihre **immanente Schranke in der Privatautonomie** der Dritten.[21] Schutzpflicht wie immanente Schranke stehen dabei in einem Spannungsverhältnis zur weitgehenden Herausnahme des Privatrechts aus dem Anwendungsbereich der Richtlinie und der in Art. 16 enthaltenen Gewährleistung der Dienstleistungsfreiheit durch Art. 3 Abs. 2, 17 Nr. 15.

3. Beschränkung auf materielle und formelle Rechtmäßigkeitsanforderungen

11 Anders als nach dem ersten Kommissionsvorschlag ist der Anwendungsbereich von Art. 16 auf materielle und formelle Anforderungen an die Rechtmäßigkeit des Verhaltens des Dienstleisters beschränkt. Insbesondere regelt die Norm **nicht die Zuständigkeit der Verwaltungsbehörden** der verschiedenen beteiligten Staaten. Für diese gilt nunmehr das Zuständigkeitsregime der Art. 30, 31 sowie die Ausnahmezuständigkeit in Eilfällen nach Art. 18, 35.

12 Auch **Befugnisnormen fallen** richtigerweise **nicht in den Anwendungsbereich** von Art. 16; vielmehr werden sie von den Zuständigkeitsregeln der Art. 30ff. mit

---

15 Entsprechend für Art. 49 EGV Müller-Graff in: Streinz EUV/EGV Art. 49 EGV Rn 61.
16 S. Kluth in: Calliess/Ruffert EUV/EGV, Art. 49 EGV Rn 38.
17 Entsprechend für Art. 49 EGV Müller-Graff in: Streinz EUV/EGV Art. 49 EGV Rn 61.
18 EuGH, Rs 36/74 (Walrave), Slg. 1974, 1405, Rn 16/19; weitere Nachweise bei Müller-Graff in: Streinz EUV/EGV Art. 49 EGV Rn 67.
19 Müller-Graff in: Streinz EUV/EGV Art. 49 EGV Rn 68.
20 Vgl. zur entsprechenden Lage bei den Grundfreiheiten Schwarze, Anmerkung zu EuGH, Rs C-265/95, EuR 1998, 53 ff.; Szczekalla, Grundfreiheitliche Schutzpflichten – eine neue „Funktion" der Grundfreiheiten des Gemeinschaftsrechts, DVBl. 1998, 219 ff.
21 S. Müller-Graff in: Streinz EUV/EGV Art. 49 EGV Rn 69.

erfasst. Dies ergibt sich zunächst aus den in den Art. 16 ff., 30 ff. verwandten Begrifflichkeiten: Die Vorschriften unterscheiden zwischen Anforderungen (Art. 16) und Maßnahmen (Art. 18, 30, 31, 35). Sie nehmen damit eine dem Europäischen Verwaltungsrecht jedenfalls nicht gänzlich unbekannte Begrifflichkeit auf.[22] Ein Blick in die weiteren – zumindest auch – auf die Dienstleistungsfreiheit anwendbaren Regeln der Art. 22-27 macht deutlich, dass unter Anforderungen lediglich die materiellen und formellen Bedingungen der Rechtmäßigkeit zu verstehen sind, während Maßnahmen ein konkretes hoheitliches – auch gesetzgeberisches – Tätigwerden ansprechen: Die Regeln über Informationen, Haftpflichtversicherungen und Sicherheiten, kommerzielle Kommunikation sowie multidisziplinäre Tätigkeiten (Art. 22-25) etwa beschäftigen sich allein mit den materiellen und formellen Standards, an welchen Dienstleister gemessen werden. Dasselbe gilt für die in Art. 16 Abs. 2 genannten Regelungen, für die der Vollzug in Art. 31 gesondert angesprochen wird. Hingegen sprechen die Art. 26, 27 überwiegend davon, dass die Mitgliedstaaten – begleitende oder allgemeine – Maßnahmen ergreifen: Damit ist zwar nicht allein der hoheitliche Normvollzug, sondern zumindest auch die Normsetzung gemeint; insoweit geht es aber weitgehend um die den Mitgliedstaaten gestatteten oder aufgegebenen Anforderungen an Dienstleister. Wenn also Art. 16 von solchen Anforderungen spricht, handelt es sich allein um die materiellen und formellen Voraussetzungen der Rechtmäßigkeit des Handelns des Dienstleisters; Normen, welche die Befugnisse zu konkreten Vollzugshandlungen begründen, kommen allein als Folge der Zuständigkeitszuweisung der Art. 30 ff. als Recht der zuständigen Behörde zur Anwendung.

Materielle Rechtmäßigkeitsanforderungen des **Schuldrechts** fallen ebenfalls **nicht in den Anwendungsbereich** von Art. 16. Dies ergibt sich aus den die Abgrenzung der Vorschrift zum Internationalen Privatrecht regelnden Bestimmungen der Art. 3 Abs. 2, 17 Nr. 15 (s. Art. 3 Rn 11-19 sowie Art. 17 Rn 46-48). Allerdings kann Art. 16 insoweit Wirkungen entfalten, als Privatrecht **auf öffentlichrechtliche Vorschriften** verweist (s. Rn 27 sowie Art. 17 Rn 53-58). Außerdem begründet die Vorschrift ein besonderes **Qualifikationsproblem**, weil sie die Einordnung einzelner Rechtmäßigkeitsanforderungen in die Kategorien öffentlichrechtlich und privatrechtlich verlangt; in manchen Fällen kann es aufgrund einer Doppelnatur der betreffenden Normen auch zur Spaltung kommen (zum Qualifikationsproblem Art. 17 Rn 50-5). 13

Schwierigkeiten bereitet die Abgrenzung der von Art. 16 erfassten Rechtmäßigkeitsanforderungen vom **Strafrecht**. Zwar wird dieses nach der Generalausnahme in Art. 1 Abs. 5 (s. Art. 1 Rn 23-25) von der Richtlinie nicht berührt und damit klargestellt, dass ein bei Gelegenheit der Dienstleistung begangener Betrug nicht aufgrund der Richtlinie straffrei bleibt. Jedoch darf die Anwendung strafrechtlicher Normen nicht zur Umgehung der Freiheitsgarantien der Richtlinie führen.[23] Das führt zur Infragestellung einer Vielzahl **verwaltungsrechtsakzessorischer Straf-** 14

---

22 Schwarze, EuVerwR, S. 795 f. Eine über Art. 294 EGV und dessen Auslegung hinausgehende Strukturierung der Handlungsformen von Verwaltung im Europäischen Verwaltungsrecht steht freilich – soweit ersichtlich – noch aus; vgl. die Beiträge bei Schmidt-Aßmann/Hoffmann-Riem (Hg.), Strukturen des Europäischen Verwaltungsrechts, Baden-Baden, 1999 und Schmidt-Aßmann/Schöndorf-Haubold (Hg.), Der Europäische Verwaltungsverbund, Tübingen, 2005.

23 Kommissionshandbuch, Ziff. 3.1.

tatbestände und zur Begründung erheblicher **Strafbarkeitslücken**, weil die Regeln des strafrechtlichen Rechtsanwendungsrechts (etwa §§ 3-7 StGB) regelmäßig keinen Gleichlauf mit den Regelungen des Art. 16 der Richtlinie herbeiführen.

4. Ausnahmen vom Anwendungsbereich

15 Art. 16 findet keine Anwendung, soweit der in Art. 2 beschriebene **Anwendungsbereich der Richtlinie** wegen der Ausnahmen nach Art. 1, 2 Abs. 2 **nicht berührt** wird (zu den Einzelheiten des dortigen Katalogs s. Art. 2 Rn 9-95) oder steuerrechtliche Fragen in Rede stehen (Art. 2 Abs. 3). Auch die **Subsidiaritätsklausel** in Art. 3 Abs. 1 schränkt den Anwendungsbereich von Art. 16 ein, soweit Aufnahme oder Ausübung der Dienstleistungstätigkeit für bestimmte Bereiche oder bestimmte Berufe durch sekundäres Gemeinschaftsrecht speziell geregelt wird. Die Abgrenzung zum Internationalen Privatrecht (Art. 3 Abs. 2) bereitet hingegen Schwierigkeiten (dazu Rn 23 sowie Art. 3 Rn 11-19 und Art. 17 Rn 42 ff.).

16 Konkret benannte Ausnahmen von Art. 16 finden sich vor allem in **Art. 17** (s. dort) sowie in **Art. 16 Abs. 3 S. 2**: Die Vorschrift enthält einen allgemeinen Vorbehalt zugunsten nationalen **Arbeitsrechts**, welcher unabhängig davon eingreift, ob dieses als öffentlich-rechtlich – etwa Arbeitsschutzrecht – oder privatrechtlich zu qualifizieren ist; im letzteren Fall greifen parallel die Abgrenzungsregeln zum Internationalen Privatrecht (Art. 3 Abs. 2, 17 Nr. 15), wobei Abs. 3 S. 2 die genaue Bestimmung des Grenzverlaufs hier entbehrlich macht (s. Rn 23 sowie Art. 3 Rn 11-19 und Art. 17 Rn 50-52).

III. Wirkungen

1. Diskriminierungs- und Beschränkungsverbot

17 Art. 16 verlangt von den Mitgliedstaaten, dass sie die **Anwendung eigener** materieller und formeller **Anforderungen** an das Handeln des Dienstleisters **unterlassen**, es sei denn, dass diese nach den in Abs. 1 und 3 benannten Voraussetzungen gerechtfertigt sind. Zu diesen Voraussetzungen zählt nach Abs. 1 UA 3 lit. a die Nicht-Diskriminierung. Die Vorschrift enthält also ein – auf materielle und formelle Bestimmungen beschränktes (s. Rn 11-14) – Diskriminierungs- und Beschränkungsverbot, welches unter bestimmten Voraussetzungen Ausnahmen für nicht-diskriminierende Beschränkungen zulässt.

18 Die Vorschrift knüpft dabei technisch allein an die **Beschränkung** (Einschränkung durch Anforderungen) an, während die Nicht-Diskriminierung lediglich eine Voraussetzung der Rechtfertigung einer Beschränkung ist (zu den Folgen dieser Einordnung für die Rechtfertigungsfähigkeit s. Rn 45). Entsprechend Art. 49 EGV genügt als Beschränkung jede Anforderung, welche **geeignet** ist, die Leistung für den Dienstleister **weniger attraktiv zu machen oder zu erschweren.**[24] Auf eine Spürbarkeit dieser Beeinträchtigung kommt es nicht an, sondern nur auf eine hinreichende Substantiierung der Behinderungseignung.[25] Wegen der Anwendbarkeit des Rechts des Herkunftsstaates sind – nur im Ergebnis wie unter Art. 49 EGV – die unterschiedlichen Regelungsniveaus der Mitgliedstaaten unschädlich: Das

24 S. die Nachweise bei Müller-Graff in: Streinz EUV/EGV, Art. 49 EGV Rn 87.
25 Ebenso für Art. 49 Müller-Graff in: Streinz EUV/EGV, Art. 49 EGV Rn 87.

Recht des Ziellandes ist, soweit es überhaupt zur Anwendung gelangt, ohnehin im Einzelnen rechfertigungsbedürftig.

Erfasst werden objektive Sperren wie Tätigkeitsverbote, Zulassungsvoraussetzungen, etwa Rechtsträgervorbehalte, sowie Ausübungsmodalitäten: Soweit **objektive Sperren** freilich aus Dienstleistungsmonopolen resultieren, bleiben diese wegen Art. 1 Abs. 3 unkontrolliert (s. Art. 1 Rn 17). Zu den **subjektiven Zulassungsmodalitäten** zählen insbesondere die von Abs. 2 lit. b verbotenen Erfordernisse einer behördlichen Genehmigung oder Registrierung oder der Mitgliedschaft in einem Berufsverband oder einer Kammer (dazu Rn 54-56), weitere Berufs- und Tätigkeitsvoraussetzungen wie Qualifikationsnachweise[26] sowie ein generelles Erfordernis zur Sicherheitenstellung als Genehmigungs- oder Tätigkeitsvoraussetzung, wie es nunmehr in Art. 23 der Richtlinie näher geregelt ist. Für Zulassungserfordernisse im Herkunftsstaat ist eine Beschränkung freilich verneint worden.[27] 19

Während objektive Sperren und subjektive Zulassungsvoraussetzungen in der Richtlinie weitgehend Gegenstand von Ausnahmen oder von Sonderregelungen sind, liegt der **Hauptanwendungsbereich** bei den **Ausübungsmodalitäten**. Die für Art. 49 EGV viel diskutierte[28] Übernahme der Keck-Rechtsprechung[29] und damit verbundene Herausnahme des Dienstleistungsäquivalents zu „Verkaufsmodalitäten" aus dem Schutzbereich der Grundfreiheit hat in der Richtlinie keinerlei Niederschlag gefunden. Im Gegenteil machen der Wortlaut sowie die zahlreichen ausübungsbezogenen Regelungen der Art. 22 ff. deutlich, dass die Richtlinie eine solche Unterscheidung nicht trifft. Auch Ausübungsregelungen kommt daher Eingriffsqualität zu.[30] Als solche kommen zunächst die in der Richtlinie selbst angesprochenen Regelungen zur Qualität von Dienstleistungen in Frage: **Informationspflichten** (Art. 22), **Sicherungspflichten** (Art. 23) und Anforderungen an erlaubte **multidisziplinäre Tätigkeit** (Art. 25 Abs. 2). Ferner sind zu nennen: Aktenführungs- und Aktenaufbewahrungspflichten,[31] Werbe- und Werbezeitbeschränkungen sowie öffentlich-rechtliche Anforderungen an die Abwicklung eines synallagmatischen Vertrages, etwa bei Bauträgerverträgen. Im Anwendungsbereich der Berufsanerkennungsrichtlinie 2005/36/EG ist freilich zu beachten, dass die Wirkungen von Art. 16 nach – unrichtiger – Auffassung mancher Autoren teilweise durch den in Art. 17 Nr. 6 mit privilegierten **Art. 5 Abs. 3 der RL 2005/36/EG** konterkariert werden.[32] 20

Schwierigkeiten bereitet die Erstreckung von Art. 16 auf Ausübungsmodalitäten dort, wo nicht allein die **Tätigkeit des Dienstleisters**, sondern auch das von ihm **geschuldete Ergebnis** öffentlich-rechtlich reguliert werden. Die Richtlinie betrifft daher etwa nicht die durch das deutsche Bauordnungsrecht definierten Anforde- 21

---

26 S. insbesondere die Rechtsprechung zu Qualifikationsnachweisen von Fremdenführern: EuGH, Rs C-154/89 (Kommission/Frankreich), Slg. 1991, I-659, Rn 13; Rs C-180/89 (Kommission/Italien), Slg. 1991, I-709, Rn 16; Rs C-198/89 (Kommission/Griechenland), Slg. 1991, I-727, Rn 17; Rs C-375/92 (Kommission/Spanien), Slg. 1994, I-923, Rn 21.

27 S. EuGH, verb. Rs C-51/96 und C-191/97 (Deliège), Slg. 2000, I-2549, Rn 69.

28 S. die Nachweise bei sowie Calliess, DVBl. 2007, 336, 338.

29 Leitentscheidung: EuGH, verb. Rs C-267/91 und Rs C-268/91 (Keck und Mithouard), Slg. 1993, I-6097.

30 Maydell, JRP 2006, 122; ebenso wohl auch Ohler Art. 18 Rn 7; Korte, NVwZ 2007, 501, 504.

31 Vgl. EuGH, verb. Rs C-369/96 und C-376/96 (Arblade und Leloup), Slg. 1999, I-8453.

32 Vgl. Frenz, GewArch 2007, 98, 107.

rungen an die Rechtmäßigkeit eines Bauwerks.[33] Die **Abgrenzung** wird große Schwierigkeiten bereiten. Sie ist wohl danach zu treffen, ob das Verhalten des Dienstleisters allgemein oder ein jenseits seiner Tätigkeit liegender Erfolg zu beurteilen sind. Soweit der Dienstleister schon nicht in seiner Funktion als Wirtschaftsteilnehmer betroffen ist, schützt ihn Art. 16 ohnehin nicht (vgl. Art. 18 Rn 8).

2. Berufung ausländischen Öffentlichen Rechts

22 Soweit inländisches Öffentliches Recht von einer Anwendung ausgeschlossen ist, beruft Art. 16 richtigerweise das Sachrecht des Niederlassungsstaats des Dienstleisters zur Anwendung, soweit dieser Mitgliedstaat ist.[34] Die Vorschrift enthält daher über das Diskriminierungs- und Beschränkungsverbot hinaus eine **unvollkommene allseitige Kollisionsnorm**[35] und ist auch im Blick auf die Entstehungsgeschichte Trägerin eines – auf die materielle und formelle Rechtmäßigkeit beschränkten – **Herkunftslandprinzips.**[36] Soweit der Herkunftsstaat keine öffentlichrechtlichen Standards für die betreffende Dienstleistung aufstellt, bleibt diese grundsätzlich unkontrolliert.[37] Maßgebend ist die Rechtmäßigkeit der Leistung nach dem Recht des Herkunftsstaates;[38] auf ein dort tatsächlich erfolgendes Angebot der Leistung kommt es jedoch richtigerweise nicht an[39] – etwas anderes kann nur in Fällen des Missbrauchs gelten (dazu Rn 6).

23 Der **Wortlaut** der Vorschrift gibt für die Beantwortung der gestellten Frage nichts her, weil dieser auf die Grenzen der Anwendbarkeit der materiellen und formellen Standards des Ziellandes ausgerichtet ist. Für die Berufung des Öffentlichen Rechts des Herkunftsstaates spricht hingegen der **Regelungszweck**: Die Richtlinie dient an dieser Stelle der Erleichterung grenzüberschreitend erbrachter Dienstleistungen durch Zurückdrängen der Anwendung des Rechts, welches im Zielland Dienstleistungen derselben Art steuert; die Regeln des Herkunftslandes sollen hiervon jedoch nicht berührt werden: Die Richtlinie verlangt insoweit keine Liberalisierung. Die Anwendung der Bestimmungen des Herkunftslands entspricht zudem der in Erwägungsgrund 1 betonten **Binnenmarktfinalität** der Richtlinie insgesamt. Wichtiger noch ist die **Systematik**: Art. 3 Abs. 2, 17 Nr. 15 sowie Erwägungsgrund 90 betonen, dass die Regeln des Internationalen Privatrechts von der Richtlinie und insbesondere von Art. 16 nicht berührt werden. Auch

---

33 Vgl. Roth in: Leible (Hg.), S. 205, 215.

34 Im Grundsatz ebenso (wenn auch ohne die sachlichen Differenzierungen nach dem Umfang der Verweisung) Streinz/Leible Art. 3 Rn 11; Calliess, DVBl. 2007, 336, 344; wohl auch Lemor, EuZW 2007, 135, 138; Roth, VuR 2007, 161, 171; ders. in: Leible (Hg.), S. 205, 216; Steggewentz, Die Bedeutung der Dienstleistungsrichtlinie für den steuerberatenden Berufsstand, DStR 2007, 271, 272; sowie demnächst Schmidt-Kessel in: Reichelt/Rechberger/Jud. Abweichend Korte, NVwZ 2007, 501, 504 (ohne Begründung); Maydell, JRP 2006, 122.

35 Grundlegend zur Möglichkeit solcher Kollisionsnormen im Bereich des öffentlichen Rechts – wenngleich unter der etwas unglücklichen Bezeichnung „Anerkennung" – Ohler, Die Kollisionsordnung des allgemeinen Verwaltungsrechts, Tübingen, 2005, insbes. S. 63 ff.

36 Ebenfalls von einem Herkunftslandprinzip sprechen Streinz/Leible in Art. 3 Rn 11; Calliess, DVBl. 2007, 336, 344; Roth, VuR 2007, 161, 170; ders. in: Leible (Hg.), S. 205, 216; Streinz ebd., S. 95, 110. Abweichend Frenz, GewArch 2007, 98, 104 (Bestimmungslandsprinzip als Ausgangspunkt).

37 S. Roth in: Leible (Hg.), S. 205, 214 f.

38 Insoweit zutreffend Roth in: Leible (Hg.), S. 205, 217.

39 Anders Roth in: Leible (Hg.), S. 205, 217 f.

wenn dies nicht vollständig zutrifft (s. Rn 27), zeigt die Notwendigkeit einer solchen Regelung insbesondere des Art. 17 Nr. 15, dass Art. 16 eine konkurrierende Kollisionsnorm enthält. Zudem ist darauf zu verweisen, dass die Vorschrift – anders als die Rechtsprechung zu Art. 49 EGV – nicht darauf Bezug nimmt, inwieweit das geschützte Interesse im Herkunftsstaat des Dienstleisters geschützt ist.[40] Auch die – im Gemeinschaftsrecht in ihren Auswirkungen üblicherweise überwindbare[41] – **Entstehungsgeschichte** spricht für einen Verweis auf ausländisches Öffentliches Recht: Ziel der während des Gesetzgebungsverfahrens vorgenommenen Abschwächungen des ursprünglich vorgesehenen umfassenden Herkunftslandsprinzips war es nicht, die Anwendbarkeit des Herkunftslandrechts gänzlich auch dort auszuschließen, wo das Zielland Regelungen nicht erlassen darf.

Enthält Art. 16 also eine unvollkommen allseitige Kollisionsnorm, umschreibt die Vorschrift im Übrigen den Kern der vom Zielstaat für unverzichtbar erklärbaren Rechtsgrundsätze; der **Funktion** nach entspricht dies dem *ordre public* des Internationalen Privatrechts. Die Auswirkungen dieses Kernbereichs des Öffentlichen Rechts und seiner durch Art. 16 gemeinschaftsrechtlich festgeschriebenen Höchstgrenzen auf privatrechtliche Rechtsverhältnisse sind freilich andere (s. Rn 27). Das so anwendbare Öffentliche Recht ist also von den Behörden des Zielstaates anzuwenden, soweit es um die materielle und formelle Rechtmäßigkeit des Verhaltens des Dienstleisters geht; deren Zuständigkeit dafür ist freilich sehr begrenzt. 24

Der **Anwendungsbereich der Kollisionsnorm** ist aufgrund des Zuständigkeitsregimes der Richtlinie sehr eingeschränkt: Im Kernbereich kommt es auf die Frage nach der allseitigen Kollisionsnorm kaum einmal an, weil den Behörden des Zielstaats in aller Regel die – an Rechtssetzungen nach Art. 16, 17 gebundene – Zuständigkeit nach Art. 31 fehlt. Entscheidungen, deren Maßstab ausländischem Recht zu entnehmen ist, kommen daher nur in den Fällen der **Eilzuständigkeit nach Art. 18, 35** in Betracht. Nur dort kommt es im – auf Verwaltungshandeln ausgerichteten – Kernbereich der Richtlinie auf die Frage der Anwendung ausländischen Öffentlichen Rechts an.[42] 25

Nicht beschränkt wird die Kollisionsnorm hingegen durch einen **mangelnden extraterritorialen Anwendungsanspruch** der öffentlich-rechtlichen Bestimmungen des Herkunftsstaats.[43] Ein solcher Anspruch wäre – bei Nichtvorliegen einer entsprechenden Kollisionsnorm – nämlich völkerrechtswidrig und ist daher derzeit bei Sachnormen der Mitgliedstaaten ohnehin nicht zu erwarten. Das gilt insbesondere für die nationalen Zuständigkeits- und Befugnisordnungen, für die es dann auch – zumindest in aller Regel – an einer Kollisionslage fehlt.[44] Anders steht es freilich mit dem Regeln der materiellen und formellen Rechtmäßigkeit von Bürgerverhalten, 26

---

40 So auch Calliess, DVBl. 2007, 336, 344 (mit dem Hinweis, das Prinzip der gegenseitigen Anerkennung verliere dadurch seinen dogmatischen Anknüpfungspunkt).

41 S. Baldus in: ders./Müller-Graff (Hg.), Die Generalklausel im Europäischen Privatrecht, München, 2006, S. 1, 7 ff.

42 So demnächst Schmidt-Kessel in: Reichelt/Rechberger/Jud, gegen die offenbar hier von Ohler Art. 18 Rn 1, 5 vertretene Auffassung.

43 Zu undifferenziert daher insoweit Roth in: Leible (Hg.), S. 205, 215.

44 Nur insoweit zutreffend Ohler in: Leible/Ruffert (Hg.), Völkerrecht und IPR, Jena, 2006, S. 131, 145 f.

die regelmäßig gerade unabhängig vom betroffenen Territorium formuliert sind und dementsprechend durchaus eine – unter dem Vorbehalt eines völkerrechtskonformen Zugangs dazu – **Anwendungsbereitschaft** auch jenseits des Territoriums des Erlassstaats aufweisen; mag diese **Kollisionslage** auch bislang regelmäßig mittels einer – richtigerweise kaum ausgesprochenen und in Art. 20 Abs. 3 GG mit verschlüsselten[45] – einseitigen Kollisionsnorm gelöst worden sein, schließt dies die Bildung allseitiger Kollisionsnormen nicht aus. Allerdings ist *W.-H. Roth* zuzugeben, dass die Anwendung etwa von Bestimmungen des französischen Bauordnungsrechts auf ein Bauvorhaben in Deutschland von der Richtlinie nicht verlangt wird. Richtigerweise ist hier danach abzugrenzen, ob die Tätigkeit des Dienstleisters oder das von ihm geschuldete Resultat reguliert werden (s. Rn 21).

27 Außerdem hat Art. 16 als unvollkommen allseitige Kollisionsnorm des Öffentlichen Rechts für Dienstleister erhebliche Auswirkungen auf die Eingriffsnormen als auch auf die wettbewerbsrechtlichen Tatbestände des Vorsprungs durch Rechtsbruch, soweit es um Verstöße gegen öffentlich-rechtliche Bestimmungen geht. Neben der Geltung der Rechtfertigungsvoraussetzungen des Art. 16 für Eingriffsnormen des Ziellandes (dazu Art. 17 Rn 54 f.) wirkt Art. 16 als *lex specialis* zu Art. 9 Abs. 3 Rom I-VO, in dem er die öffentlich-rechtlichen **Eingriffsnormen des** zur Gemeinschaft gehörenden **Herkunftslandes** kraft kollisionsrechtlicher Verweisung zur Anwendung beruft: Anders als nach der allgemeinen Regel der Rom I-VO sind die **Mitgliedstaaten** daher **verpflichtet**, die Eingriffsnormen des Herkunftsmitgliedstaats **anzuwenden.** Dasselbe gilt für solche öffentlich-rechtliche Normen, auf deren Verletzung das nach Art. 6 Rom II-VO anwendbare Lauterkeitsrecht die Haftung wegen **Vorsprungs durch Rechtsbruch** sowie deren Funktionsäquivalente stützt: Die Anwendbarkeit der verletzten Norm wird ohnehin mittels gesonderter Anknüpfung bestimmt.[46] Das Regime von Art. 16 führt nun regelmäßig dazu, dass das Öffentliche Recht des Herkunftslandes die maßgebenden öffentlich-rechtlichen Standards liefert. Allerdings gilt dies jeweils nur für solche Eingriffsnormen und wettbewerberschützende Bestimmungen, die nicht wegen ihrer Qualifikation als privatrechtlich durch Internationales Privatrecht zur Anwendung berufen werden und damit durch Art. 17 Nr. 15 vom Anwendungsbereich des Art. 16 ausgeschlossen sind (zur Qualifikationsfrage s. Art. 17 Rn 50-52). Insbesondere **für** den Bereich des **verbraucherschützenden Privatrechts gilt die** beschriebene **Kollisionsnorm** also **nicht;**[47] wegen des Ausschlusses des Verbraucherschutzes aus den Rechtfertigungsgründen nach Art. 16 Abs. 1, 3 kann es hierdurch zu massiven Wertungswidersprüchen kommen.

3. Zusammenspiel mit Art. 50 Abs. 3 EGV

28 Eine primärrechtliche Ausnahme zum Regime des Art. 16 ergibt sich aus Art. 50 Abs. 3 EGV: Die Vorschrift eröffnet jedem ausländischen Dienstleister die Mög-

---

45 Die Notwendigkeit der Bestimmung des internationalen Anwendungsbereichs von Art. 20 Abs. 3 GG könnte auch Ohler nicht verneinen, insoweit greift sein Hinweis auf diese Vorschrift (Ohler in: Leible/Ruffert (Hg.), Völkerrecht und IPR, Jena, 2006, S. 131, 145 f.) zu kurz. Dass die Frage regelmäßig – zu Recht – ignoriert wird, wo es um rein innerstaatliche Sachverhalte geht, ändert an ihrer grundsätzlichen Berechtigung nichts.

46 Mankowski in: Münchener Kommentar zum Lauterkeitsrecht, Bd. 1, München, 2006, IntWettbR, Rn 309 ff.

47 Ebenso ausdrücklich Streinz/Leible Art. 3 Rn 17; Roth in: Leible (Hg.), S. 205, 234.

lichkeit, seine **Leistung nach dem Recht des Zielstaats** zu erbringen. Die Richtlinie sieht eine solche Einschränkung nicht vor, so dass die primärrechtliche Bestimmung unmittelbar zur Anwendung gelangt.

Mangels – bislang – größerer praktischer Bedeutung von Art. 50 Abs. 3 EGV in einem kollisionsrechtlichen Kontext ist ungeklärt, **in welcher Weise** die Vorschrift zur Anwendung des Rechts des Zielstaats führt: In Betracht kommt einerseits ein (objektiver) Günstigkeitsvergleich, welcher zur Anwendung des für den Dienstleister günstigeren Rechts führen würde oder eine (subjektive) Option des Dienstleisters, wobei dann nach der Form der Ausübung (Rechtswahl) sowie der Beteiligung des Dienstleistungsempfängers daran zu fragen wäre. Bereits Letzteres zeigt, dass richtigerweise ein **objektiver Günstigkeitsvergleich** gefordert ist, ohne dass es auf eine Rechtswahl ankommt. Dieser Günstigkeitsvergleich ist nach dem Wortlaut von Art. 50 Abs. 3 EGV, dessen Inländergleichbehandlungsgebot[48] eine Differenzierung nach Einzelregelungen nicht erkennen lässt, ein **Gesamtvergleich**, der sich am **Tätigkeitsbild im Zielland** orientiert. Gegenstand des Vergleichs ist das allgemeine Regime im Zielland mit dem des nach den Regeln des Art. 16 beschränkten Herkunftslandregime. 29

Die durch den – vom Gemeinschaftsgesetzgeber offenbar übersehenen und sekundärrechtlich auch nicht überspielbaren – Art. 50 Abs. 3 EGV entstehende **Zuständigkeitslücke** ist richtigerweise nach dem der Richtlinie innewohnenden Grundprinzip des Gleichlaufs von anwendbarem Recht und Zuständigkeit, also in entsprechender Anwendung von Art. 31 der Richtlinie, zugunsten einer Zuständigkeit des Ziellandes zu schließen. 30

IV. Beschränkungsvoraussetzungen

Das **äußere System** der in Art. 16 aufgeführten Beschränkungsvoraussetzungen ist **misslungen**, weil einerseits eine Abgrenzung zwischen Abs. 1 lit. b und Abs. 3 S. 1 nicht möglich ist und andererseits die rechtfertigenden Gründe einer Beschränkung (s. Rn 33 ff.) mit den Anforderungen an die Modalitäten einer solchen (s Rn 44 ff.) vermischt werden. Das **innere System** lässt sich wie folgt zusammenfassen: Art. 16 Abs. 1 lit. b, Abs. 3 S. 1 nennen vier Gründe, welche im Anwendungsbereich der Vorschrift eine Beschränkung der Dienstleistungsfreiheit rechtfertigen können, nämlich die öffentliche Ordnung, die öffentliche Sicherheit, die öffentliche Gesundheit und den Schutz der Umwelt. Diese Liste ist abschließend und weicht von der unter Art. 49 EGV entwickelten signifikant ab (s. Rn 42). Auch soweit materielle oder formelle Rechtmäßigkeitsanforderungen nach dem Recht des Zielstaates danach grundsätzlich gerechtfertigt sein können, setzt die Richtlinie ferner voraus, dass sie weder direkt noch indirekt diskriminierend wirken und dass sie zur Erreichung des Ziels geeignet und erforderlich sind. 31

Die Anforderungen des Art. 16 gelten für jede Art von Anforderungen an das Verhalten des Dienstleisters unabhängig von ihrem Typ, der Art der Rechtsquelle und der sie erlassenen staatlichen Ebene.[49] Der dadurch auftretende Konflikt mit dem Internationalen Privatrecht wird durch Art. 3 Abs. 2, 17 Nr. 15 entschärft (dazu Rn 43 sowie Art. 3 Rn 11-19 und Art. 17 Rn 42 ff.). 32

---

48 Müller-Graff in: Streinz EUV/EGV, Art. 50 EGV Rn 5.
49 Kommissionshandbuch, Ziff. 7.1.2.

1. Rechtfertigungsgründe (Abs. 1 lit. b, Abs. 3 S. 1)

33 Art. 16 Abs. 1 lit. b, Abs. 3 S. 1 enthalten eine **abschließende Liste** von Rechtfertigungsgründen (s. Rn 42). Diese sind vom Gesetzgeber bewusst **aus dem Primärrecht** und insbesondere Art. 55, 46 EGV **übernommen** worden.[50] Daher entsprechen sie sowohl hinsichtlich ihrer allgemeinen Funktion als auch hinsichtlich ihrer konkreten Ausgestaltung weitgehend den zu diesem entwickelten Regeln; **insoweit** kommt es zu einem **Gleichlauf von Richtlinie und Primärrecht**.

34 Die Begriffe der öffentlichen Ordnung, der öffentlichen Sicherheit, der öffentlichen Gesundheit und des Schutzes der Umwelt sind daher vor allem für das Gemeinschaftsrecht **autonom auszulegen**; eine einseitige Begriffsbestimmung durch die Mitgliedstaaten ist damit ausgeschlossen.[51] Ferner sind die Rechtfertigungsgründe im Blick auf die Binnenmarktfinalität der Gesamtregel und die Systematik der Grundfreiheit wie der Richtlinie **eng auszulegen.**[52] Die erforderliche tatsächliche und hinreichend schwere Gefährdung des jeweiligen Rechtsguts ist daher **von dem Mitgliedstaat nachzuweisen**, der sich auf die Rechtfertigung beruft.[53] Außerdem ist den Mitgliedstaaten nicht gestattet, ganze Wirtschaftssektoren oder Berufe auszunehmen.[54]

a) Öffentliche Ordnung

35 Die öffentliche Ordnung der Mitgliedstaaten kann Beschränkungen der Dienstleistungsfreiheit rechtfertigen, wenn das Bestehen einer tatsächlichen und hinreichend **schweren Gefährdung eines Grundinteresses der Gesellschaft** diese erfordert.[55] Damit ist eine **doppelte Schwelle** zu überwinden, nämlich das hinreichende Gewicht des betreffenden Gutes und das hinreichende Ausmaß seiner Gefährdung. Bei der näheren Ausfüllung dieses Begriffs besteht ein **Konkretisierungs- und Beurteilungsspielraum** der Mitgliedstaaten,[56] wobei die Werte, die in einer Gesellschaft von grundlegendem Charakter sind, divergieren können.[57]

36 Jedenfalls ist der Begriff wegen seiner Funktion als Teil eines Ausnahmetatbestands zu der durch Art. 16 (mit) garantieren Freiheit **eng auszulegen.**[58] Insbesondere entspricht der Begriff in keiner Weise dem weiten Verständnis der öffentlichen Ordnung in den Polizeigesetzen der deutschen Bundesländer.[59] In die Bewertung ist – jenseits aller Diskriminierungsaspekte – auch der Umstand ein-

50 Kommissionshandbuch, Ziff. 7.1.3.1.
51 Vgl. EuGH, Rs 41/74 (Van Duyn), Slg. 1974, 1337, Rn 18.
52 Kommissionshandbuch, Ziff. 7.1.3.1.
53 S. EuGH, Rs C-54/99 (Église de Scientologie), Slg. 2000, I-1335, Rn 17; Rs C-36/02 (Omega), Slg. 2004, I-9609, Rn 30.
54 S. EuGH, Rs C-355/98 (Kommission/Belgien), Slg. 2000, I-1221, Rn 24.
55 Kommissionshandbuch, Ziff. 7.1.3.1; ebenso die Rechtsprechung zu Art. 46 EGV: EuGH, Rs 36/75 (Rutili), Slg. 1975, 1219, Rn. 26/28; Rs C-355/98 (Kommission/Belgien), Slg. 2000, I-1221, Rn 28.
56 S. EuGH, Rs 41/74 (van Duyn), Slg. 1974, 1337, Rn 18/19; Müller-Graff in: Streinz EUV/EGV, Art. 46 EGV Rn 8.
57 EuGH, Rs C-36/02 (Omega), Slg. 2004, I-9609, Rn 31.
58 S. EuGH, Rs C-260/89 (ERT), Slg. 1991, I-2925, Rn 24; Rs C-355/98 (Kommission/Belgien), Slg. 2000, I-1221, Rn 28.
59 Übersehen von EuGH, Rs C-36/02 (Omega), Slg. 2004, I-9609, Rn 28.

zustellen, dass ein Mitgliedstaat entsprechendes Verhalten durch Inländer tatsächlich nicht oder nicht konsequent verfolgt.[60]

Bei der Beurteilung mitgliedstaatlicher Konkretisierungen der entsprechenden Schranken der Dienstleistungs- und Niederlassungsfreiheit hat der Gerichtshof bislang etwa Beschränkungen für **gerechtfertigt** gehalten, welche die Ausübung von Grundfreiheiten im Blick auf früheres persönliches Verhalten (Straftaten, Drogenmissbrauch) untersagen.[61] Ebenso sind für Beschränkungen von Glücksspiel sowie solcher Spiele, bei denen das Töten von Menschen simuliert wird, relevante Grundinteressen der Gesellschaft eines Mitgliedstaats anerkannt worden.[62] Insgesamt ist die **Rechtsprechung** des Gerichtshofs allerdings **sehr restriktiv.** 37

Die Zurückhaltung des Gerichtshofs gestattet insbesondere **keine allgemeine gewerberechtliche Prüfung der persönlichen Zuverlässigkeit** des Dienstleisters, soweit sich diese nicht auf vergleichbar schwerwiegende Gründe beschränkt. Insbesondere genügt der Verstoß gegen Formalitäten des Ausländer- oder Melderechts für sich genommen nicht, um die öffentliche Ordnung des betreffenden Mitgliedstaates als gefährdet anzusehen.[63] Entsprechendes gilt regelmäßig, soweit ganze Branchen als mögliche Gefährdung der öffentlichen Ordnung eingeordnet werden.[64] 38

b) Öffentliche Sicherheit

Die öffentliche Sicherheit hat genau genommen keinen eigenständigen Anwendungsbereich neben der öffentlichen Ordnung; sie betrifft denjenigen **Teil der öffentlichen Ordnung**, der auf die physische und psychische **Gewaltfreiheit**[65] sowie auf den **Schutz vor technischen Risiken**[66] gerichtet ist. Erfasst wird die innere wie die äußere Sicherheit.[67] 39

c) Öffentliche Gesundheit

Die öffentliche Gesundheit ist nach herrschender Lehre der von einem Mitgliedstaat angestrebte **qualitative Standard der Gesundheitslage** in seinem Hoheitsgebiet.[68] Eine Definition durch den Gerichtshof fehlt bislang.[69] Auch insoweit bedarf es einer tatsächlichen und hinreichend schwerwiegenden Bedrohung dieses Rechtsguts.[70] Die öffentliche Gesundheit ist ebenfalls eines der von der 40

60 Vgl. EuGH, verb. Rs 115/81 und 116/81 (Adoui und Cournaille), Slg. 1982, 1665, Rn 8 (bestimmte Formen von Prostitution).
61 EuGH, Rs C-348/96 (Calfa), Slg. 1999, I-11, Rn 22.
62 EuGH, Rs C-124/97 (Läära), Slg. 1999, I-6067, Rn 33 (Glücksspiel); Rs C-36/02 (Omega), Slg. 2004, I-9609, Rn 35 (Killerspiele).
63 EuGH, Rs 48/75 (Royer), Slg. 1976, 497, Rn 38/40.
64 S. EuGH, Rs C-355/98 (Kommission/Belgien), Slg. 2000, I-1221, Rn 30 (private Sicherheitsdienste).
65 EuGH, Rs C-367/89 (Richard), Slg. 1991, I-4621, Rn 22 ff. (zu Art. 30 EGV).
66 EuGH, Rs C-266/96 (Corsica Ferries France II), Slg. 1998, I-3949, Rn 61 (Dienstleistungen von Festmachern in Häfen als Schutz vor Havarien); im Grundsatz bestätigend EuGH, Rs C-257/05 (Kommission/Österreich), Slg. 2006, I-134, Rn 25 (jedoch mangels Erforderlichkeit keine Rechtfertigung eines Niederlassungserfordernisses für Prüfstellen für Druckkessel).
67 EuGH, Rs C-367/89 (Richard), Slg. 1991, I-4621, Rn 22.
68 Müller-Graff in: Streinz EUV/EGV Art. 46 EGV Rn 11.
69 So ausdrücklich Kommissionshandbuch, Ziff. 7.1.3.1.
70 EuGH, Rs C-257/05 (Kommission/Österreich), Slg. 2006, I-134, Rn 25.

öffentlichen Ordnung erfassten Rechtsgüter. **Gesundheitsdienstleistungen** sind freilich nach **Art. 2 Abs. 2 lit. f** vom Anwendungsbereich der Richtlinie ausgenommen;[71] soweit **soziale Sicherungssysteme** betroffen sind, sehen **Art. 1 Abs. 6 S. 1** eine Generalausnahme und **Art. 17 Nr. 7** für den Anwendungsbereich der VO (EWG) Nr. 1408/71 eine weitere Ausnahme von Art. 16 vor. Für den Rechtfertigungsgrund der öffentlichen Gesundheit verbleibt daher nur ein **kleiner Anwendungsbereich** (zur Abgrenzung s. Art. 2 Rn 51 ff. sowie Art. 17 Rn 67). Insbesondere die Aufrechterhaltung einer ausgewogenen medizinischen Versorgung der Bevölkerung[72] wird kaum einmal in den Anwendungsbereich der von Art. 16 geschützten Freiheit fallen. In Betracht kommen insbesondere allgemeine Regelungen des Gesundheits- und insbesondere des Seuchenschutzes, die unabhängig von der Tätigkeit des Dienstleisters freiheitsbeschränkende Wirkungen entfalten.[73]

d) Schutz der Umwelt

41 Außer den über Art. 55, 46 EGV auch primärrechtlich berufenden Rechtfertigungsgründen nennt die Richtlinie allein noch den Schutz der Umwelt. Dieser ist auch unter Art. 49 EGV als zwingendes Allgemeininteresse anerkannt.[74] Unter Art. 16 der Richtlinie lassen sich dementsprechend umweltschützende Vorschriften des Zielstaates rechtfertigen, falls die weiteren Voraussetzungen (Nicht-Diskriminierung, Verhältnismäßigkeit etc.) vorliegen. Genannt werden etwa Lärmschutzvorschriften, Bestimmungen über Gefahrstoffe und Vorschriften über die Abfallentsorgung.[75]

e) Durch Art. 16 ausgeschlossene Rechtfertigungsgründe

42 Die Liste der Rechtfertigungsgründe in Art. 16 Abs. 1 lit. b, Abs. 3 ist abschließend.[76] Sie gilt – richtigerweise – auch für Art. 18, der lediglich eine besondere Vollzugszuständigkeit nebst Berufung der Befugnisnormen des Zielstaates herbeiführt.[77] Im Anwendungsbereich von Art. 16 sind daher weitere Rechtfertigungsgründe für Beschränkungen vollständig ausgeschlossen. Das gilt vor allem für den gesamten übrigen Katalog der bislang zu Art. 49 EGV anerkannten und in Art. 4 Nr. 8 aufgeführten **zwingenden Allgemeininteressen:**[78] Keinen eigenen Rechtfertigungsgrund liefern daher nunmehr der Schutz des geistigen Eigentums (s. aber Art. 17 Nr. 11), der Schutz der Arbeitnehmer, die Kulturpolitik, die Erhaltung des nationalen historischen und künstlerischen Erbes sowie die Aufwertung der ar-

---

71 Dazu Kröll, RdM 2007/63, 101.
72 S. EuGH, Rs C-372/04 (Watts), Slg. 2006, I-4325, Rn 105.
73 S. die Aufzählung bei Müller-Graff in: Streinz EUV/EGV Art. 46 EGV Rn 13.
74 S. EuGH, Rs C-451/91 (Cura/ASL), Slg. 2002, I-3193, Rn 68 (Rechtfertigung in concreto jedoch verneint).
75 Kommissionshandbuch, Ziff. 7.1.3.1.
76 Kommissionshandbuch, Ziff. 7.1.3.1. Ebenso die ganz herrschende Meinung: Calliess, DVBl. 2007, 336, 343; Hatje, NJW 2007, 2357, 2362; Korte, NVwZ 2007, 501, 504 f.; Lemor, EuZW 2007, 135, 139; Roth, VuR 2007, 161, 170 f.; ders. in: Leible (Hg.), S. 205, 207; Streinz ebd. S. 95, 112.
77 S. Rn 25 sowie demnächst Schmidt-Kessel in: Reichelt/Rechberger/Jud. A. A. Kommissionshandbuch, Ziff. 7.1.3.1 (Fn 107); Ohler Art. 18 Rn 1, 5.
78 Vgl. die Listen bei Müller-Graff in: Streinz EUV/EGV, Art. 49 EGV Rn 107; Kluth in: Callies/Ruffert EUV/EGV, Art. 49 EGV Rn 78 ff.

chäologischen, historischen und künstlerischen Reichtümer und die bestmögliche Verbreitung von Kenntnissen über das künstlerische und kulturelle Erbe des Landes. Zu beachten ist freilich, dass durch die Herausnahme nationaler Maßnahmen des Schutzes und der Förderung kultureller und sprachlicher Vielfalt und des Medienpluralismus durch Art. 1 Abs. 4 sowie durch die zahlreichen weiteren Ausnahmen vom Anwendungsbereich in Art. 2 der Richtlinie **viele Konflikte** mit nationalen zwingenden Gründen des Allgemeininteresses **von vornherein vermieden** werden. Soweit dies nicht gelingt, sind Regelungen mit entsprechenden Schutzzwecken nur rechtfertigungsfähig, soweit zugleich mit dem nationalen zwingenden Grund des Allgemeininteresses einer der vier genannten Rechtfertigungsgründe – also vor allem die öffentliche Ordnung – betroffen ist.

Von besonderer übergreifender Bedeutung für alle Arten und Formen von Dienstleistungen ist damit vor allem, dass Art. 16 keine Anforderungen zur Aufrechterhaltung von **Berufs- und Standesregeln** sowie zum Zwecke des **Verbraucherschutzes**[79] rechtfertigt. Für Letzteren entsteht ein nicht unerheblicher **Wertungswiderspruch zur Rom I-Verordnung** über das internationale Vertragsrecht, die in Art. 6 gerade verbraucherschützende Normen privilegiert.[80] Die Mitgliedstaaten sind – derzeit – gut beraten, ihren Verbraucherschutz privatrechtlich zu organisieren. Öffentlichrechtliche Beschränkungen lassen sich nur rechtfertigen, soweit die öffentliche Ordnung oder ihre Ausprägungen der öffentlichen Sicherheit und Gesundheit oder der Schutz der Umwelt tangiert sind. Die richtigerweise anzunehmende Beschränkung der – nicht auf Verbraucherschutz begrenzten[81] – Art. 18, 35 auf Befugnis- und Zuständigkeitsregeln bei gleichzeitiger Maßgeblichkeit des Rechts des Herkunftslandes verschärft diese Situation noch. **43**

2. Modalitäten des Eingriffs

Außer dem die Rechtfertigung tragenden Schutzgut stellt Art. 16 Abs. 1 UA 3 lit. a-c für die Rechtmäßigkeit der Beschränkung erhebliche Anforderungen an die Modalitäten des Eingriffs in die Dienstleistungsfreiheit. Dabei ist zu beachten, dass **lit. b keinen eigenständigen Regelungsgehalt** ausweist, sondern wie Abs. 3 allein die Schutzgüter benennt. Wie unter Art. 49 EGV entwickelt, teilen sich die Anforderungen im Übrigen in das Verbot der Diskriminierung aufgrund der Staatsangehörigkeit respective des Satzungssitzes (lit. a) und der Verhältnismäßigkeit (lit. c). Bei der Konkretisierung beider Anforderungen ist **Rücksicht auf die Wertungen von Abs. 2** zu nehmen. Außerdem lässt die erheblich geringere Beschränkbarkeit grenzüberschreitender Dienstleistungen gegenüber der Niederlassung von Dienstleistern[82] den Schluss zu, dass die nach Art. 14 verbotenen Anforderungen generell und die nach Art. 15 zu überprüfenden regelmäßig auch unter Art. 16 unzulässig sein werden.[83] **44**

79 Allgemeine Auffassung, s. Roth in: Leible (Hg.), S. 205, 207 f.
80 Vgl. Roth, VuR 2007, 161, 170.
81 Missverständlich insoweit Kluth in: Leible (Hg.), S. 131, 146.
82 Korte, NVwZ 2007, 501, 505.
83 Wie hier grundsätzlich auch Korte, NVwZ 2007, 501, 505.

a) Nicht-Diskriminierung (Abs. 1 UA 3 lit. a)

45 Art. 16 Abs. 1 UA 3 lit. a verbietet den Mitgliedstaaten jede direkte oder indirekte Diskriminierung aufgrund der Staatsangehörigkeit respective des Satzungssitzes. Tatbestandlich sind Ungleichbehandlungen in vergleichbarer Situation wie auch Gleichbehandlungen in unterschiedlicher Lage; diese Behandlung muss zugleich eine **Belastung** für den ausländischen Dienstleister begründen.[84] Anders als nach der allgemeinen Grundfreiheitendogmatik ist das Diskriminierungsverbot kein eigenständiger Ausfluss der Dienstleistungsfreiheit, welches neben dem Beschränkungsverbot steht, sondern Teil der Rechtfertigung der Beschränkung. Eine wesentliche Konsequenz aus dieser dogmatischen Differenz ist, dass Diskriminierungen unter Art. 16 **keinesfalls rechtfertigungsfähig** sind.[85] Insoweit weicht die Richtlinie jedenfalls für verdeckte Diskriminierungen von der Rechtslage unter Art. 49 EGV[86] ab.

46 Die zeitlich begrenzte Tätigkeit des Dienstleisters unter Art. 16 zieht wie unter Art. 49 EGV[87] ein **generelles Differenzierungsgebot** nach sich, wonach auf das Fehlen einer inländischen Dauertätigkeit des ausländischen Dienstleisters Rücksicht zu nehmen ist und dieser daher nicht ohne weiteres sämtlichen Vorgaben für Dienstleister mit Niederlassung im Inland unterworfen werden kann.[88] Dies fordert – anders als die Kommission in ihrem Handbuch meint[89] – nachgerade spezielle Sonderregelungen, welche für ausländische Dienstleister die für die im Inland niedergelassenen Personen geltenden Regeln abschwächen.

47 Verboten ist zunächst die direkte, also **offene Diskriminierung** in Anknüpfung an die genannten Differenzierungskriterien. Das gilt zunächst für **Inländervorbehalte** und Genehmigungsvorbehalte für Ausländer, wie sie vom Gerichtshof in der Vergangenheit bereits für Unterrichtstätigkeiten, Fremdenführer und die – von der Richtlinie wegen Art. 2 Abs. 2 lit. k nicht erfassten – privaten Sicherheitsdienste verworfen worden sind.[90] Verboten sind ferner benachteiligende Ausübungsmodalitäten und Umfeldregelungen.[91]

48 Auch indirekte oder **verdeckte Diskriminierungen** nach Staatsangehörigkeit respektive Satzungssitz sind ausgeschlossen. Dabei handelt es sich um (scheinbar) neutrale Anforderungen, welche trotz unterschiedsloser Anwendbarkeit ausländische Dienstleister benachteiligen. Verboten ist daher das in Art. 16 Abs. 2 lit. a

84 Ebenso für Art. 49 Müller-Graff in: Streinz EUV/EGV, Art. 49 EGV Rn 71.
85 Wie hier Korte, NVwZ 2007, 501, 504 f.
86 Vgl. EuGH, Rs C-279/00 (Kommission/Italien), Slg. 2002, I-1425, Rn 18: „nur zulässig, wenn nachgewiesen wird, dass es eine unerlässliche Voraussetzung für die Erreichung des verfolgten Zieles ist“ (für das – diskriminierende – Niederlassungserfordernis von Zeitarbeitsfirmen).
87 St. Rspr.: EuGH, Rs 279/80 (Webb), Slg. 1981, 3305, Rn 16; Rs C-76/90 (Säger), Slg. 1991, I-4221, Rn 13; C-58/98 (Corsten), Slg. 2000, I-7919, Rn 44 ff.; Rs C-49/98 (Finalarte), Slg. 2001, I-7831, Rn 29.
88 S. Korte, NVwZ 2007, 501, 505.
89 Kommissionshandbuch, Ziff. 7.1.3.2.
90 EuGH, Rs 147/86 (Kommission/Griechenland), Slg. 1988, 1637 (Gründung privater Nachhilfeschulen, privater Musik- und Tanzschulen sowie die Tätigkeit eines Hauslehrers); Rs C-375/92 (Kommission/Spanien), Slg. 1994, I-923, Rn 10 (Fremdenführer); Rs C-114/97 (Kommission/Spanien), Slg. 1998, I-6717, Rn 43, 47 f. (privater Sicherheitsdienst); Rs C-283/99 (Kommission/Italien), Slg. 2001, I-923, Rn 28 (privater Sicherheitsdienst).
91 S. die Beispiele bei Müller-Graff in: Streinz EUV/EGV Art. 49 EGV Rn 71.

ausdrücklich angesprochene Gebot der **Inlandsniederlassung** (s. Rn 53) oder eines **Wohnsitzes im Inland**. Auch das nach Art. 16 Abs. 2 lit. c unzulässige Verbot der Errichtung inländischer Infrastruktur (s. Rn 57) weist diskriminierende Wirkungen auf. Weitere verdeckte Diskriminierungen können sich aus besonders kurzen Verfahrensfristen[92] oder unterschiedlichen öffentlichen Gebühren für Sachverhalte mit Inlands- und mit Auslandsbezug[93] ergeben. Einschränkungen bei der Nutzung von Infrastrukturen[94] sowie die – von Art. 16 Abs. 2 lit. e erfassten – Ausweiserfordernisse können ebenfalls eine verdeckte Diskriminierung bewirken. Dasselbe gilt – entsprechend Art. 14 Nr. 7 – für das Gebot, eine Sicherheit dergestalt zu bestellen, dass sie im Zielstaat belegen oder bei einem zielstaatlichen Sicherungsgeber oder Versicherer abgeschlossen wird.[95]

b) Verhältnismäßigkeit (Abs. 1 UA 3 lit. c)

Die Verhältnismäßigkeitsprüfung nach Art. 16 Abs. 1 UA 3 lit. c der Richtlinie ist zweiteilig. Einerseits bedarf es der **Eignung** zur Verwirklichung des verfolgten Ziels und andererseits darf die vom Zielland gestellte Anforderung nicht über das hinausgehen, was zur Erreichung dieses Ziels **erforderlich** ist. Eine darüber hinausgehende **Angemessenheitsprüfung** sieht die Richtlinie – anders als für Art. 49 EGV allgemeine Ansicht[96] – nicht vor. Ob sich aus dem Text von Art. 16 Abs. 1 UA 3 lit. c ein solches wird entwickeln lassen, ist **derzeit offen**. Durch das drastische Zurückschneiden der Rechtfertigungsgründe und das damit verbundene besondere Gewicht der verbleibenden wird sich die Frage eines unangemessenen Übermaßes allerdings vermutlich nur selten stellen. In Betracht kommen vor allem Fälle minderer Gefährdung eines die Rechtfertigung eines Eingriffs ermöglichenden Rechtsgutes. 49

Beim Erfordernis der **Eignung** besteht notwendigerweise ein weiter **mitgliedstaatlicher Prognosespielraum**. Dementsprechend ist dieses Erfordernis weitgehend auf die Funktion einer Bekämpfung (nahezu) offensichtlicher Umgehungsversuche beschränkt. 50

Die Voraussetzung der **Erforderlichkeit** der Anforderung des Zielstaats realisiert das **Prinzip des mildesten Mittels**. Bei dessen Konkretisierung ist zu beachten, dass Art. 16 durch seinen impliziten Verweis auf das **Recht des Herkunftslandes** dieses **prinzipiell** als **gleichwertig** angesehen wissen will. Flankiert wird diese Gleichwertigkeit einerseits durch Mindeststandards bei den Informationspflichten des Dienstleisters (Art. 22) sowie den weiteren Regelungen betreffend die Qualität seiner Leistung (Art. 23 ff.) sowie die detailliert geregelte Verwaltungskooperation (Art. 28 ff.). In weiten Bereichen kommt zusätzlich die RL 2005/36/EG über die Anerkennung von Berufsqualifikationen zum Tragen. Der Gemeinschaftsgesetzgeber hat damit die **Spielräume des Mitgliedstaates** bewusst **eng gezogen**. Im Regelfall wird die Anwendung des Rechts des Herkunftsstaates schlicht das mildeste Mittel sein. Jedenfalls sind dessen Standards vom Zielstaat mit einzube- 51

---

92 EuGH, Rs C-225/98 (Kommission/Frankreich), Slg. 2000, I-7445, Rn 82 (öffentliche Auftragsvergabe); Rs C-451/99 (Cura/ASL), Slg. 2002, I-3193, Rn 46 f. (Erfordernis kurzfristiger KfZ-Zulassung).
93 EuGH, Rs C-49/89 (Corsica Ferries France I), Slg. 1989, 4441, Rn 7 (Hafengebühren).
94 Kommissionshandbuch, Ziff. 7.1.3.2.
95 A.A. offenbar Korte, NVwZ 2007, 501, 505.
96 EuGH, verb. Rs C-34/95 bis 36/95 (De Agostini), Slg. 1997, I-3843, Rn 54.

ziehen und dessen **zusätzliche Anforderungen** auf eine mögliche Differenz zu begrenzen; auch die Richtlinie verbietet **Doppelbeschränkungen und -kontrollen** als **nicht erforderlich.**[97] Außerdem sind Wertungswidersprüche zu Art. 14, 15 zu vermeiden: Was dort für die Niederlassung nicht gefordert werden darf, wird erst recht für die grenzüberschreitende Dienstleistung nicht akzeptabel sein (s. Rn 44). Die Herausnahme des Schuldrechts aus dem Anwendungsbereich von Art. 16 durch Art. 17 Nr. 15 (s. Art. 17 Rn 46-48) trägt zudem die Wertung in sich, dass die Zielstaaten **zunächst** die ihnen offenstehenden **schuldrechtlichen Mittel ausschöpfen** müssen, bevor sie regulierend tätig werden dürfen.

V. Schwarze Liste nach Abs. 2

52 Art. 16 Abs. 2 enthält eine schwarze Liste von Anforderungen an nicht niedergelassene Dienstleister, welche die Richtlinie **unabhängig vom Schutzgut** verbietet. Anders als es das Kommissionshandbuch andeutet,[98] lässt der Wortlaut des Absatzes Ausnahmen nicht zu. Es handelt sich letztlich um Konkretisierungen des Diskriminierungsverbots und des Verhältnismäßigkeitstests. Einschränkungen der genannten Art sind – in dem durch Art. 1, 2, 17, 18 eingeschränkten Anwendungsbereich der Vorschrift – **stets** diskriminierend oder unverhältnismäßig und damit **unzulässig.**[99]

1. Niederlassungsgebot (lit. a)

53 Die Mitgliedstaaten dürfen den Dienstleister nicht zur Errichtung einer Niederlassung zwingen (Art. 16 Abs. 2 lit. a). Ein derartiges Gebot, dass auch primärrechtlich mit Art. 49 EGV regelmäßig nicht vereinbar ist,[100] würde die **Dienstleistungsfreiheit** als solche **aushöhlen**. Nach lit. a ist es daher **ausnahmslos verboten.**[101] Zu beachten ist freilich, dass die Vorschrift nicht jegliche inländische Infrastrukturanforderung verbietet. Unterhalb der Schwelle zur Niederlassung (zur Abgrenzung s. Rn 5 f.) gelten vielmehr die allgemeinen Regelungen von Art. 16 Abs. 1, 3, so dass insoweit eine Rechtfertigung in Betracht kommen kann.

2. Genehmigungs- und Registrierungspflichten sowie Pflichtmitgliedschaften (lit. b)

54 Auch lit. b bringt eine **Verschärfung gegenüber** der Rechtsprechung des EuGH zu **Art. 49 EGV**: Während nach dieser Rechtsprechung die Vorabkontrolle durch Genehmigungs- und Registrierungserfordernisse als in Ausnahmefällen rechtfertigungsfähig angesehen wurde, wenn eine begleitende Überwachung oder nachträgliche Überprüfung im Blick auf schwerwiegende Schadensrisiken ungeeignet war,[102]

97 Korte, NVwZ 2007, 501, 505.
98 S. Kommissionshandbuch, Ziff. 7.1.3.4 („normalerweise“, „erhebliche Vermutung“).
99 Wie hier Roth in: Leible (Hg.), S. 205, 215; ebenso wohl auch Calliess, DVBl. 2007, 336, 343.
100 EuGH, Rs 76/81 (Transporoute), Slg. 1982, 417, Rn 14; Rs C-439/99 (Kommission/Italien), Slg. 2002, I-305, Rn 30; Rs C-279/00 (Kommission/Italien), Slg. 2002, I-1425, Rn 17-20; Frenz, GewArch 2007, 98, 106.
101 Frenz, GewArch 2007, 98, 106.
102 EuGH, Rs C-264/99 (Kommission/Italien), Slg. 2000, I-4417, Rn 13; C-58/98 (Corsten), Slg. 2000, I-7919, Rn 40 ff.; Rs C-390/99 (Canal Satélite), Slg. 2002, I-607, Rn 39; Rs C-131/01 (Kommission/Italien), Slg. 2003, I-1659, Rn 45.

lässt die Vorschrift derartige **Ausnahmen** nun **nicht mehr zu,** wenn sie sich nicht ausdrücklich aus dem Gemeinschaftsrecht ergeben.[103]

Die Vorschrift erfasst zwar neben Genehmigungserfordernissen und Registrierungspflichten richtigerweise keine **Anzeigepflichten,**[104] sie macht jedoch deutlich, dass Formen der präventiven Kontrolle im Zielstaat dem Zweck der Richtlinie regelmäßig zuwiderlaufen. Regelmäßig wird daher auch eine Anzeigepflicht nicht rechtfertigungsfähig sein; das gilt jedenfalls dann, wenn vor deren Erfüllung mit der Tätigkeit nicht begonnen werden kann, anderweitige Erschwerungen eintreten oder besondere Kosten verursacht werden. 55

Die Wirkung der Bestimmung ist freilich begrenzt durch Art. 17 Nr. 6, welche den Regelungen der **RL 2005/36/EG** zur Anerkennung von Berufsqualifikationen einen Vorrang verschafft; das gilt insbesondere für die Meldepflicht nach Art. 7 und die pro-forma-Mitgliedschaft nach Art. 6 lit. a der RL 2005/36/EG; letztere darf freilich weder dem Dienstleister Kosten verursachen noch die Leistung selbst verzögern oder erschweren.[105] Für weitere gemeinschaftsrechtlich vorgegebene Genehmigungs- oder Registrierungserfordernisse gilt der in lit. b ausdrücklich betonte Grundsatz der Spezialität.[106] 56

3. Errichtung eigener Infrastruktur im Zielstaat (lit. c)

Die Mitgliedstaaten dürfen den ausländischen Dienstleistern nach Art. 16 Abs. 2 lit. c nicht verbieten, im Zielstaat eine eigene Infrastruktur zu errichten. Die Vorschrift ergänzt lit. a, womit weder eine Infrastruktur in Form einer Niederlassung vorgeschrieben noch eine unter dieser Schwelle liegende Einrichtung verboten werden kann. Errichtet der Dienstleister freilich eine Infrastruktur, die als Niederlassung zu qualifizieren ist, verliert er den Schutz von Art. 16 und ist nunmehr nach den Art. 9 ff. zu beurteilen. Erfasst von lit. c werden **Geschäftsräume** wie auch Räumlichkeiten zum Empfang von Kunden und zur **Lagerung** von Material und Ausrüstungsgegenständen.[107] Irreführend ist freilich der im Text der Richtlinie enthaltene Verweis auf eine **Kanzlei**, da diese regelmäßig den Tatbestand einer Niederlassung erfüllen wird. 57

4. Ausschluss selbstständiger Tätigkeit (lit. d)

Die ihrem Wortlaut nach dunkle Regelung des Art. 16 Abs. 2 lit. d verbietet es den Mitgliedstaaten, Dienstleistungen bestimmter Art nur als unselbstständige erbringen zu lassen und damit der Dienstleistungsfreiheit zu entziehen. Pate steht die vom EuGH als Verstoß gegen Art. 49 EGV bewertete frühere griechische Regelung, nach der Leistungen als Reiseführer qua gesetzlicher Qualifikation nur im Rahmen eines **Arbeitsverhältnisses** erbracht werden konnten.[108] Die Vorschrift macht daher die nach Art. 1 Abs. 6 zu stellende **Qualifikationsfrage** für den durch Art. 1, 2, 17 beschriebenen Anwendungsbereich ausnahmslos zur **gemeinschaftsrechtlichen** Frage. Eine durch mitgliedstaatliches Gesetzes- oder Richterrecht 58

103 Calliess, DVBl. 2007, 336, 342.
104 Anders offenbar Korte, NVwZ 2007, 501, 507.
105 Frenz, GewArch 2007, 98, 106.
106 Vgl. Kommissionshandbuch, Ziff. 7.1.3.4.
107 S. Kommissionshandbuch, Ziff. 7.1.3.4.
108 EuGH, Rs C-398/95 (Griechische Touristenführer), Slg. 1997, I-3091, Rn 17, 25.

erfolgende Qualifikation eines Vertragsverhältnisses als arbeitsrechtlich ist unbeachtlich, soweit die Richtlinie das Verhältnis nicht ebenso einordnet.

5. Ausweiserfordernis (lit. e)

59 Art. 16 Abs. 2 lit. e verbietet es den Mitgliedstaaten, von ausländischen Dienstleistern zu verlangen, dass sie sich einen besonderen Ausweis für ihre Tätigkeit ausstellen lassen. Dies entspricht der bisherigen Rechtsprechung des Gerichtshofs zu Art. 49 EGV.[109] Wegen der im Rahmen der Freizügigkeit ohnehin bestehenden Ausweispflicht ist eine solche Anforderung auch im Blick auf die damit verbundenen zusätzlichen Kosten nicht erforderlich.[110]

6. Anforderungen an Ausrüstungsgegenstände und Materialien (lit. f)

60 Die Richtlinie verbietet ferner Anforderungen betreffend die Verwendung von Ausrüstungsgegenständen und Materialien, die integraler Bestandteil der Dienstleistung sind (Art. 16 Abs. 2 lit. f). **Ausnahmen** hiervon sind nur zum Schutz der **Gesundheit** sowie der **Arbeitssicherheit** möglich. Für die Arbeitssicherheit ergibt sich dies bereits aus der Generalausnahme in Art. 1 Abs. 6 S. 1 sowie für entsandte Arbeitnehmer zusätzlich aus Art. 17 Nr. 2 i.V.m. Art. 3 Abs. 1 lit. e der Entsenderichtlinie 96/71/EG. Beim Gesundheitsschutz bleibt es damit bei den allgemeinen Regeln nach Art. 16 Abs. 1, 3. Für die übrigen Rechtfertigungsgründe – öffentliche Ordnung und Sicherheit sowie Umweltschutz – bleibt es beim Verbot entsprechender Anforderungen nach Art. 16 Abs. 2 lit. f.

61 Die Vorschrift erfasst zunächst **Ausrüstungsgegenstände**. Der Dienstleister soll seine gewöhnliche Ausrüstung verwenden dürfen,[111] soweit diese nach seinem Heimatrecht zulässig ist. Dies betrifft einerseits Gebote der Verwendung bestimmter Ausrüstungen (etwa Typen oder Marken) wie auch umgekehrt spezifische Verbote und ferner Erfordernisse von Genehmigungen oder ähnlichen Verfahren zur Verwendung dieser Ausrüstungen.[112] Der Begriff Ausrüstungsgegenstände umfasst etwa Werkzeuge (auch Messinstrumente), Maschinen, Arbeitsausrüstungen, die vom Dienstleister bei seiner Tätigkeit eingesetzt werden.[113] Das Kommissionshandbuch spricht ausdrücklich die von einem Bauunternehmen eingesetzten Kräne an. Gleiches gilt zweifellos auch für die von einem Kammerjäger eingesetzten Gerätschaften und Giftstoffe.

62 **Unklar** ist das richtige Verständnis des Begriffs **Materialien**: Ein allgemein-sprachliches Verständnis würde darunter ohne weiteres auch Baumaterialien verstehen, die etwa ein Bauträger zur Errichtung eines Gebäudes verwendet. Nach Auffassung der Kommission sollen hingegen Verbrauchsmaterialien (wohl auch Treibstoffe) und Material, welches nach Abschluss der Dienstleistung beim Empfänger verbleibt (genannt werden Baustoffe), nicht unter Art. 16 Abs. 2 lit. f fallen.[114] Dem korrespondiert der Hinweis in Erwägungsgrund 81 der Richtlinie, wonach sich der Begriff Ausrüstungsgegenstände nicht bezieht auf „materielle Gegenstän-

109 EuGH, Rs C-355/98 (Kommission/Belgien), Slg. 2000, I-1221, Rn 39 ff.
110 EuGH, Rs C-355/98 (Kommission/Belgien), Slg. 2000, I-1221, Rn 40.
111 Kommissionshandbuch, Ziff. 7.1.3.4.
112 Vgl. EuGH, Rs C-390/99 (Canal Satélite), Slg. 2002, I-607, Rn 42.
113 Kommissionshandbuch, Ziff. 7.1.3.4.
114 Kommissionshandbuch, Ziff. 7.1.3.4.

de, die entweder vom Dienstleistungserbringer an den -empfänger geliefert werden oder die – wie beispielsweise Baustoffe oder Ersatzteile – aufgrund der Dienstleistungstätigkeit Teil eines materiellen Gegenstands werden oder – wie beispielsweise Brennstoffe, Sprengstoffe, pyrotechnische Erzeugnisse, Pestizide, Giftstoffe oder Arzneimittel – im Zuge der Erbringung der Dienstleistung verbraucht oder vor Ort belassen werden." Dieser Erwägungsgrund stammt aus dem geänderten Entwurf der Kommission, während diese sich zugleich die Einfügung der „Materialien" durch den Abänderungsantrag des Parlaments zu eigen gemacht hatte.[115] Text wie innere Systematik der Richtlinie werden durch diese Mischung widersprüchlich; da auch die Entstehungsgeschichte mangels Publikation wesentlicher Dokumente, darunter der Änderungsantrag 293/rev. 4 aus der 1. Lesung des Parlaments, auf welchem die heutige Fassung von Art. 16 weitgehend beruht, keine Aufschlüsse gibt, bleibt nur der Rückgriff auf das Telos: Die Förderung grenzüberschreitender Dienstleistungen wie auch der Binnenmarkt insgesamt werden zweifellos durch die Annahme einer eigenständigen Bedeutung der in Art. 16 Abs. 2 lit. f erwähnten Materialien stärker gefördert als durch die Annahme eines – historisch nicht nachweisbaren und auch zu einem zweckwidrigen Ergebnis führenden – Redaktionsversehens. Richtigerweise **erstreckt sich Art. 16 Abs. 2 lit. f** sowohl **auf** die Materialien, die Teil eines beim Empfänger verbleibenden Produkts werden, kurz **Materialien für die Produktion**, insbesondere also Baumaterialien, als auch auf **Verbrauchsmaterialien.**

7. Beschränkung der Leistungsempfänger (lit. g)

Schließlich verbietet Art. 16 Abs. 2 lit. g den Mitgliedstaaten die Einführung oder 63
Beibehaltungen von Anforderungen, welche entgegen Art. 19 den Dienstleistungsempfänger beschränken. Damit wird die Umgehung von Art. 16 durch Beschränkungen auf Empfängerseite zusätzlich zu Art. 19 in einer Weise ausgeschlossen, welche auch dem Dienstleister ein subjektives Recht auf Unterlassung derartiger Beschränkungen gewährt.

Artikel 17 Weitere Ausnahmen von der Dienstleistungsfreiheit

Artikel 16 findet keine Anwendung auf:

1. Dienstleistungen von allgemeinem wirtschaftlichem Interesse, die in einem anderen Mitgliedstaat erbracht werden, unter anderem:
  a) im Postsektor die von der Richtlinie 97/67/EG des Europäischen Parlaments und des Rates vom 15. Dezember 1997 über gemeinsame Vorschriften für die Entwicklung des Binnenmarktes der Postdienste der Gemeinschaft und die Verbesserung der Dienstqualität[(1)] erfassten Dienstleistungen;
  b) im Elektrizitätssektor die von der Richtlinie 2003/54/EG[(2)] des Europäischen Parlaments und des Rates vom 26. Juni 2003 über gemeinsame Vorschriften für den Elektrizitätsbinnenmarkt erfassten Dienstleistungen;

115 S. KOM(2006) 160 endg., S. 12 f. sowie Art. 21 Abs. 2 lit. f der konsolidierten Fassung der Abänderungen durch das Parlament.

(1) ABl. L 15 vom 21.1.1998, S. 14. Zuletzt geändert durch die Verordnung (EG) Nr. 1882/2003 (ABl. L 284 vom 31.10.2003, S. 1).

(2) ABl. L 176 vom 15.7.2003, S. 37. Zuletzt geändert durch die Entscheidung 2006/653/EG der Kommission (ABl. L 270 vom 29.9.2006, S. 72).

c) im Gassektor die von der Richtlinie 2003/55/EG des Europäischen Parlaments und des Rates vom 26. Juni 2003 über gemeinsame Vorschriften für den Erdgasbinnenmarkt(3) erfassten Dienstleistungen;
d) die Dienste der Wasserverteilung und -versorgung sowie der Abwasserbewirtschaftung;
e) Dienste der Abfallbewirtschaftung;
2. die Angelegenheiten, die unter die Richtlinie 96/71/EG fallen;
3. die Angelegenheiten, die unter die Richtlinie 95/46/EG des Europäischen Parlaments und des Rates vom 24. Oktober 1995 zum Schutz natürlicher Personen bei der Verarbeitung personenbezogener Daten und zum freien Datenverkehr(4) fallen;
4. die Angelegenheiten, die unter die Richtlinie 77/249/EWG des Rates vom 22. März 1977 zur Erleichterung der tatsächlichen Ausübung des freien Dienstleistungsverkehrs der Rechtsanwälte(5) fallen;
5. die gerichtliche Beitreibung von Forderungen;
6. die Angelegenheiten, die unter Titel II der Richtlinie 2005/36/EG fallen, sowie Anforderungen im Mitgliedstaat der Dienstleistungserbringung, die eine Tätigkeit den Angehörigen eines bestimmten Berufs vorbehalten;
7. die Angelegenheiten, die unter die Verordnung (EWG) Nr. 1408/71 fallen;
8. bezüglich Verwaltungsformalitäten betreffend die Freizügigkeit von Personen und ihren Wohnsitz die Angelegenheiten, die unter diejenigen Bestimmungen der Richtlinie 2004/38/EG fallen, die Verwaltungsformalitäten vorsehen, die die Begünstigten bei den zuständigen Behörden des Mitgliedstaates, in dem die Dienstleistung erbracht wird, erfüllen müssen;
9. in Bezug auf Drittstaatsangehörige, die sich im Rahmen einer Dienstleistungserbringung in einen anderen Mitgliedstaat begeben, die Möglichkeit der Mitgliedstaaten, Visa oder Aufenthaltstitel für Drittstaatsangehörige zu verlangen, die nicht dem in Artikel 21 des Übereinkommens zur Durchführung des Übereinkommens von Schengen vom 14. Juni 1985 betreffend den schrittweisen Abbau der Kontrollen an den gemeinsamen Grenzen(6) vorgesehenen System der gegenseitigen Anerkennung unterfallen, oder die Möglichkeit, Drittstaatsangehörige zu verpflichten, sich bei oder nach der Einreise in den Mitgliedstaat der Dienstleistungserbringung bei den dortigen zuständigen Behörden zu melden;
10. bezüglich der Verbringung von Abfällen die Angelegenheiten, die von der Verordnung (EWG) Nr. 259/93 des Rates vom 1. Februar 1993 zur Überwachung und Kontrolle der Verbringung von Abfällen in der, in die und aus der Europäischen Gemeinschaft(7) erfasst werden;
11. die Urheberrechte, die verwandten Schutzrechte, Rechte im Sinne der Richtlinie 87/54/EWG des Rates vom 16. Dezember 1986 über den Rechtsschutz der Topographien von Halbleitererzeugnissen(8) und der Richtlinie 96/9/EG des Europäischen Parlaments und des Rates vom 11. März 1996 über den rechtlichen Schutz von Datenbanken(9) sowie die Rechte an gewerblichem Eigentum;
12. die Handlungen, für die die Mitwirkung eines Notars gesetzlich vorgeschrieben ist;

(3) ABl. L 176 vom 15.7.2003, S. 57.
(4) ABl. L 281 vom 23.11.1995, S. 31. Geändert durch die Verordnung(EG) Nr. 1882/2003.
(5) ABl. L 78 vom 26.3.1977, S. 17. Zuletzt geändert durch die Beitrittsakte von 2003.
(6) ABl. L 239 vom 22.9.2000, S. 19. Zuletzt geändert durch die Verordnung (EG) Nr. 1160/2005 des Europäischen Parlaments und des Rates (ABl. L 191 vom 22.7.2005, S. 18).
(7) ABl. L 30 vom 6.2.1993, S. 1. Zuletzt geändert durch die Verordnung (EG) Nr. 2557/2001 der Kommission (ABl. L 349 vom 31.12.2001, S. 1).
(8) ABl. L 24 vom 27.1.1987, S. 36.
(9) ABl. L 77 vom 27.3.1996, S. 20.

13. die Angelegenheiten, die unter die Richtlinie 2006/43/EG des Europäischen Parlaments und des Rates vom 17. Mai 2006 über die Prüfung des Jahresabschlusses und des konsolidierten Abschlusses[10] fallen;
14. die Zulassung von Fahrzeugen, die in einem anderen Mitgliedstaat geleast wurden;
15. Bestimmungen betreffend vertragliche und außervertragliche Schuldverhältnisse, einschließlich der Form von Verträgen, die nach den Vorschriften des internationalen Privatrechts festgelegt werden.

Literatur: Siehe die Literaturhinweise zu Art. 16.

I. Allgemeines

Die Vorschriften über die Dienstleistungsfreiheit standen im Brennpunkt der öffentlichen Diskussion um die Richtlinie. Neben einer Abschwächung des ursprünglich radikaleren Ansatzes bei Art. 16 sind daher die **Ausnahmetatbestände** von besonderer Bedeutung. Diese finden sich vor allem in Art. 2, 3 sowie in Art. 17 der Richtlinie. Auf sehr unterschiedlichen Ebenen wird dabei die Anwen- 1

(10) ABl. L 157 vom 9.6.2006, S. 87.

dung des Herkunftslandprinzips beschnitten. Art. 17 enthält dabei – seinem Regelungsansatz nach – diejenigen Ausnahmetatbestände mit der **geringsten Reichweite**.

1. Regelungszweck und Regelungsstruktur

2 Art. 17 dient dem Zweck, die **Anwendung von Art. 16** für bestimmte Bereiche **auszuschließen**. Allerdings verlangt der für Art. 16 zu bestimmende Richtlinienzweck (s. Art. 16 Rn 1), dass die Ausnahmevorschriften sowohl hinsichtlich des sachlichen Umfangs der Ausnahme als auch hinsichtlich ihrer Wirkungen **grundsätzlich eng auszulegen** sind.[1] Allerdings ist zu beachten, dass einige der in Bezug genommenen Regelungen die Dienstleistungsfreiheit weitgehender schützen als Art. 16, so dass insoweit eine weite Auslegung des Ausnahmetatbestands dem Regelungszweck angemessen ist. Außerdem kann eine weite Auslegung im Blick auf primärrechtliche Vorgaben geboten sein (siehe etwa Rn 11 für die Dienstleistungen von allgemeinem wirtschaftlichem Interesse).

3 Die **Regelungsstruktur** der auf 15 Nummern verteilten Ausnahmen von Art. 16 ist durchaus **uneinheitlich**: Teilweise erfolgt die Ausnahme für eine **gesamte Dienstleistungsart** (Nr. 1, 5), wobei den sog. Dienstleistungen von allgemeinem wirtschaftlichem Interesse besondere Bedeutung zukommt (s. Rn 10-21). Teilweise wird Art. 16 nur für bestimmte „Angelegenheiten" ausgeschlossen, die anderen Gemeinschaftsrechtsakten oder Teilen davon unterfallen (Nr. 2-4, 6-8, 10, 13), ohne dass damit notwendig jeweils eine gesamte Dienstleistungsart von der Anwendung ausgeschlossen wäre; diese Normen weisen – jedenfalls auch – den Charakter von **Kollisionsnormen** auf. Die aus Sicht des Gesamtsystems wichtigste ist die Ausnahme zugunsten der Berufsanerkennungsrichtlinie 2005/36/EG (s. Rn 22-39). Die dritte Gruppe beseitigt die Anwendung von Art. 16 für **bestimmte Sachfragen** (Nr. 9, 11, 12, 14, 15), so dass die einschlägigen Regelsetzungen der Mitgliedstaaten insoweit nicht am Maßstab der Richtlinie zu messen sind. Das gilt insbesondere für die Bestimmungen betreffend vertragliche und außervertragliche Schuldverhältnisse sowie das ihren internationalen Anwendungsbereich bestimmende Internationale Privatrecht (s. Rn 42-58); insoweit wirkt Art. 17 Nr. 15 auch als Kollisionsnorm zu den Verordnungen Rom I und Rom II.

2. Verhältnis zum Katalog in Art. 2 Abs. 2

4 Die Eröffnung des **Anwendungsbereichs der Richtlinie** insgesamt ist Voraussetzung einer Anwendung der Regeln über die Dienstleistungsfreiheit. Die Maßgeblichkeit der Ausnahmen des Art. 17 setzt daher voraus, dass keine der von Art. 2 Abs. 2 genannten Dienstleistungsarten betroffen ist; **Art. 2 Abs. 2** ist daher **vorab zu prüfen**.

5 Allerdings bleibt die – in der Regel **systematische** – **Auslegung** von Art. 2 Abs. 2 von den Wertungen des Art. 17 nicht unbeeinflusst: So zeigt Art. 17 Nr. 1, dass die Ausnahme „nicht-wirtschaftlicher" Dienstleistungen von allgemeinem Interesse nur solche Dienstleistungen betrifft, die – wie etwa die Leistungen des deutschen Schulwesens – nicht in der Regel gegen Entgelt erbracht werden (s. Art. 2 Rn 13).

---

1 Kommissionshandbuch, Ziff. 7.1.4.

3. Verhältnis zu den Kollisionsregeln in Art. 3

Mit der **allgemeinen Subsidiaritätsregel** des Art. 3 Abs. 1, 2 hat Art. 17 gemeinsam, dass beide Vorschriften voraussetzen, dass die Anwendbarkeit der Richtlinie überhaupt gegeben ist (s. ebenso Art. 3 Rn 5). Im Übrigen kommt Art. 3 Abs. 1, 2 allerdings nur eine **Auffangfunktion** (s. Art. 3 Rn 3) zu, so dass seine Wirkungen in aller Regel hinter denen von Art. 17 zurückbleiben. Technischer Grund dafür ist freilich überwiegend nicht die Spezialität von Art. 17,[2] sondern der Umstand, dass Art. 3 Abs. 1 in seinem Tatbestand einen Widerspruch zwischen der Richtlinie und den Bestimmungen eines anderen Gemeinschaftsrechtsaktes voraussetzt (s. Art. 3 Rn 9 f.). Allein im Blick auf Art. 3 Abs. 2 lässt an eine Spezialität von Art. 17 Nr. 15 denken, an der es freilich ebenfalls fehlt (dazu Rn 44). 6

Zu beachten ist ferner, dass die **Rechtfolgenseite** von Art. 3 Abs. 1 der von Art. 17 nicht durchgehend entspricht. Zu einem – jedenfalls annähernden – Gleichlauf kommt es nur bei den echten Kollisionsregeln der Nr. 2-4, 6-8, 10, 13. Sowohl bei den spezifisch benannten Dienstleistungen als auch bei den einzeln angesprochenen Sachfragen kommt Art. 16 hingegen gar nicht und nicht etwa nur subsidiär zur Anwendung. Hinsichtlich der Kollisionsregeln gilt freilich sowohl für Art. 3 Abs. 1 wie auch für Art. 17 das Gebot der Auslegung zugunsten der Dienstleistungs- und bei Art. 3 auch der Niederlassungsfreiheit, was überwiegend zu einer **engen Auslegung** des kollidierenden Rechtsaktes führen muss (s. Rn 2). Trotz des damit bestehenden weitgehenden Gleichlaufs ist Art. 17 nicht bedeutungslos, weil er – anders als Art. 3 Abs. 1, 2 – über Art. 31 zuständigkeitsbegründend wirkt (s. Rn 9). 7

4. Verhältnis zum Primärrecht

Das Regime der **Richtlinie tritt** insgesamt **neben die** betroffenen **Grundfreiheiten** der Art. 43, 49 EGV.[3] Die primärrechtlichen Bestimmungen zur Dienstleistungsfreiheit werden durch Art. 16 ff. weder beschränkt noch konkretisiert. Bereits aus Gründen der Regelungssystematik begründet Art. 17 dementsprechend **keine Beschränkung** des primärrechtlichen Regimes **der Art. 49 ff. EGV.**[4] Gegen die vereinzelt geäußerte abweichende Auffassung[5] sprechen zudem der nur auf Art. 16 verweisende Wortlaut von Art. 17 sowie das Gebot der primärrechtskonformen Auslegung der Richtlinie. 8

5. Vollzugszuständigkeiten

Zuständig für den verwaltungsmäßigen Vollzug der nach Art. 17 nicht der Kollisionsnorm des Art. 16 unterfallenden Normgruppen sind nach Art. 31 der Richtlinie die **Behörden des Zielstaates**. Aus deren Recht ergeben sich auch die einschlägigen Befugnisnormen (s. Art. 16 Rn 12). Über den Anwendungsbereich von Art. 16 hinaus **wirkt Art. 17** damit **zuständigkeitsbegründend**. Diese Rechtsfolge 9

2 So Korte, NVwZ 2007, 501, 503.
3 Kommissionshandbuch, Ziff. 1.1.
4 Ganz herrschende Auffassung: Kommissionshandbuch, Ziff. 7.1.4.; Hatje, NJW 2007, 2357, 2362; Roth, VuR 2007, 161, 170; ders. in: Leible (Hg.), S. 205, 223.
5 Soweit ersichtlich nur Editorial Comments, CMLR 43 (2006), 307, 310.

unterscheidet die Vorschrift von Art. 3 Abs. 1, 2. Im Anwendungsbereich der Richtlinie, also unter dem Vorbehalt der Ausschlüsse durch Art. 1, 2, wird daher durch Art. 30f. – ergänzt durch Art. 18, 35 – ein vollständiges Regime der internationalen Verwaltungszuständigkeit für Art. 49ff. EGV etabliert. Art. 3 Abs. 1 bewahrt allerdings etwaige besonderen Zuständigkeitsregime und Art. 3 Abs. 2 schützt die international-zivilverfahrensrechtliche Zuständigkeitsordnung,[6] auch soweit diese nicht Gegenstand der verschiedenen Verordnungen unter Art. 68 EGV ist. Die Zuständigkeit nach Art. 31 ist damit lediglich eine **Auffangzuständigkeit.**

II. Dienstleistungen von allgemeinem wirtschaftlichem Interesse (Nr. 1)

1. Grundregel

10 Art. 17 Nr. 1 enthält die rechtspolitisch besonders bedeutsame Ausnahme für Dienstleistungen von allgemeinem wirtschaftlichem Interesse. Diese Dienstleistungen werden **der Anwendung von Art. 16 vollständig entzogen**. Damit nimmt die Richtlinie den in Art. 16 EGV niedergelegten Grundsatz der **besonderen Verantwortung der Gemeinschaft wie der Mitgliedstaaten** für das mit dieser Art Dienstleistungen verbundene besondere Element des europäischen Gesellschaftsmodells[7] auf. Art. 16 EGV sowie der – heute – darauf basierende Art. 86 Abs. 2 EGV privilegieren Dienstleistungen von allgemeinem wirtschaftlichem Interesse gegenüber den Anforderungen der Art. 49ff. EGV.[8] Die Herausnahme dieser Dienstleistungen aus dem Anwendungsbereich von Art. 16 dient daher auch dem Zweck, die Primärrechtskonformität der Regelung sicherzustellen.

11 Der **Begriff** der Dienstleistungen von allgemeinem wirtschaftlichem Interesse ist gemeinschaftsrechtlich **offen**. Die Kommission spricht von „marktbezogenen Tätigkeiten, die im Interesse der Allgemeinheit erbracht und daher von den Mitgliedstaaten mit besonderen Gemeinwohlverpflichtungen verbunden werden".[9] Eine umfassende Definition seitens der Rechtsprechung fehlt bislang.[10] Einigkeit besteht aber darüber, dass der Begriff weit zu verstehen sei;[11] das gilt entgegen der Grundregel zu Art. 17(s. Rn 2) auch für dessen Nr. 1. Primärrechtlich wird die Entscheidung der Mitgliedstaaten, bestimmte Leistungen i.S.v. Art. 16, 86 Abs. 2 EGV zu qualifizieren, von den Gemeinschaftsorganen **nur** auf **„offenkundige Fehler"**[12] und **Missbräuche** (s. Art. 1 Rn 14) überprüft. Von einzelnen gemeinschaftsrechtlichen Festlegungen abgesehen, bestimmen daher im Kern die Mitgliedstaaten darüber, welche Tätigkeiten im Einzelnen unter Dienstleistungen von allgemeinem wirtschaftlichem Interesse zu verstehen sind.[13] Die Richtlinie hat dies

6 Kommissionshandbuch, Ziff. 3.4; s. auch Art. 3 Rn 19.
7 Kallmayer/Jung in: Calliess/Ruffert EUV/EGV, Art. 16 EGV Rn 7.
8 EuGH, C-266/96 (Corsica Ferries France II), Slg. 1998, I-3949, Rn 59; Koenig/Kühling in: Streinz EUV/EGV Art. 16 EGV Rn 8; Müller-Graff ebd., Art. 49 EGV Rn 120.
9 Europäische Kommission, Leistungen der Daseinsvorsorge in Europa, KOM(2000) 580 endg. v. 20.9.2000, Anhang II.
10 Koenig/Kühling in: Streinz EUV/EGV Art. 86 EGV Rn 45.
11 GA Dutheillet de Lamothe zu EuGH, Rs 10/71 (Staatsanwaltschaft Luxemburg/Muller), Slg. 1971, 723, 739.
12 Europäische Kommission, Leistungen der Daseinsvorsorge in Europa, KOM(2000) 580 endg. v. 20.9.2000, Rn 22.
13 Koenig/Kühling in: Streinz EUV/EGV Art. 86 EGV Rn 47; Kallmayer/Jung in: Calliess/Ruffert EUV/EGV, Art. 16 EGV Rn 8.

nunmehr auch in Art. 1 Abs. 2 UA 2 festgeschrieben (s. Art. 1 Rn 14). Gleichwohl handelt es sich formal um einen autonomen Begriff des Gemeinschaftsrechts.[14]

Ausweislich des Erwägungsgrunds 70 stellt der Gemeinschaftsgesetzgeber **zusätzlich formale Anforderungen** an die Qualifikation,[15] die sich aus dem Erfordernis ergeben, dass der Dienstleister von dem betreffenden Mitgliedstaat mit **besonders betraut** worden ist. Diese Betrauung soll durch einen rechtlichen Akt erfolgen, der auch die genaue Art der übertragenen Aufgabe angibt. Beides entspricht – einschließlich der Offenheit hinsichtlich der Aufgabenkonkretisierung – im Kern den zu Art. 86 Abs. 2 EGV bereits bislang entwickelten Anforderungen.[16] Die Primärrechtskonformität dieser zusätzlichen Anforderungen wird überdies durch einen Vorbehalt zugunsten von Art. 16 EGV sichergestellt. Bei den in lit. a-e aufgezählten Dienstleistungen werden diese formalen Voraussetzungen in aller Regel erfüllt sein; allerdings gelten sie auch für diesen Fall, so dass auch in diesen Bereichen es einer Betrauung bedarf, um der Anwendung von Art. 16 auszuweichen. 12

Wegen der generellen Ausnahme von **nicht-wirtschaftlichen Dienstleistungen** von allgemeinem Interesse aus dem Anwendungsbereich der Richtlinie insgesamt durch **Art. 2 lit. a** spielen diese bei der Konkretisierung des Begriffs in Art. 17 Nr. 1 nur eine untergeordnete – systematische Argumente liefernde – Rolle. Entsprechend dem mit dieser generellen Ausnahme verfolgten Ziel eines Gleichlaufs mit Art. 50 EGV[17] geht es um solche Dienstleistungen, die **unentgeltlich** erbracht werden (s. Art. 2 Rn 13). Allerdings ist das Kriterium in Art. 2 lit. a nicht identisch mit dem in Art. 50 EGV, so dass Art. 2 lit. a richtigerweise sowohl Leistungen herausnimmt, die **nicht in der Regel gegen Entgelt** erbracht werden – etwa karitative Leistungen –, als auch solche, die **im Einzelfall unentgeltlich** erfolgen (offenbar nur für die erstere Gruppe Art. 2 Rn 13). **Pro bono-Leistungen** – mögen sie auch generell wirtschaftlicher und nicht karitativer Natur sein – fallen damit bereits aus dem Anwendungsbereich der Richtlinie und sind daher weder an den Maßstäben von Art. 16 noch an denen von Art. 17 Nr. 1 zu messen; für sie gilt freilich das Regime der Art. 49 ff. EGV.[18] 13

Der Verweis auf Art. 16 EGV zeigt zugleich, dass die Richtlinie im Übrigen das bisherige **Begriffsverständnis des Primärrechts** unverändert übernimmt. Neben den in der nicht abschließenden (s. Rn 15) Liste der lit. a-e genannten hat der Gerichthof die folgenden Dienstleistungen in der Vergangenheit bereits als Leistungen von allgemeinem wirtschaftlichem Interesse akzeptiert: Forschung und Entwicklung,[19] öffentliche Rundfunkanstalten,[20] Arbeitsvermittlung und Arbeits- 14

14 Streinz/Leible Art. 1 Rn 14; Koenig/Kühling in: Streinz EUV/EGV, Art. 86 EGV Rn 47.
15 Kommissionshandbuch, Ziff. 7.1.4.
16 Weiß in: Calliess/Ruffert EUV/EGV Art. 86 EGV Rn 39; Koenig/Kühling in: Streinz EUV/EGV Art. 86 EGV Rn 52-54.
17 S. Erwägungsgrund 17.
18 Für die herrschende Auffassung, dass nur im Einzelfall unentgeltliche Leistungen von der primärrechtlichen Dienstleistungsfreiheit geschützt sind s. Müller-Graff in: Streinz EUV/EGV, Art. 49 EGV Rn 19.
19 EuGH, Rs 258/78 (Nungesser), Slg. 1982, 2015, Rn 9.
20 EuGH, Rs 155/73 (Sacchi), Slg. 1974, 409, Rn 15; siehe auch das Protokoll Nr. 9 der Schlussakte von Amsterdam.

förderung[21] sowie Betriebsrentenfonds.[22] Die in ihrer Einordnung umstrittenen öffentlichen Banken[23] fallen nach Art. 2 Abs. 2 lit. b aus dem Anwendungsbereich der Richtlinie (s. Art. 2 Rn 17-22). Dasselbe gilt für die flächendeckende Versorgung mit Apotheken durch den Großhandel[24] sowie für die flächendeckende Versorgung mit Notfalltransporteinrichtungen,[25] die von der Ausnahme des Art. 2 lit. f erfasst werden (s. Art. 2 Rn 53 ff.). Nicht anerkannt sind hingegen die – auch von Nr. 11 nicht ausgeschlossenen (s. Rn 70) – Urheberverwertungsgesellschaften.[26]

2. Benannte Dienstleistungen

15 In Art. 17 Nr. 1 **lit. a-e** führt die Richtlinie eine Reihe von Fällen auf, in welche die **materielle Einordnung** als Dienstleistungen von allgemeinem wirtschaftlichem Interesse **gemeinschaftsrechtlich festgelegt** wird. Das Erfordernis der besonderen Betrauung (s. Rn 12) entfällt dadurch freilich nicht. Die **Liste** ist **nicht abschließend**; das ergibt sich bereits aus dem Wortlaut: „unter anderem". Das gilt auch für die unter lit. a-e genannten Sektoren: Nr. 1 kann auch dann eingreifen, wenn die betreffende Dienstleistung zwar zu diesen Sektoren gehört, jedoch durch die Formulierungen lit. a-e nicht erfasst wird.

a) Postdienstleistungen

16 Nr. 1 **lit. a** nimmt ausdrücklich Postdienstleistungen vom Anwendungsbereich des Art. 16 aus; dies entspricht der primärrechtlichen Einordnung dieser Leistungen.[27] Für die nähere Beschreibung wird auf die RL 97/67/EG[28] verwiesen. Damit findet Art. 16 auf die durch **Art. 2 lit. a RL 97/67/EG** abgedeckten Postdienste, also „Dienste im Zusammenhang mit der Abholung, dem Sortieren, dem Transport und der Zustellung von Postsendungen" keine Anwendung; das gilt auch dort, wo die RL 97/67/EG keine Harmonisierung der mitgliedstaatlichen Rechtsordnungen vorsieht. Wegen der in Art. 1 RL 97/67/EG beschrieben Breite der Regelung dürfte dies praktische Schwierigkeiten kaum nach sich ziehen. **Andere Dienstleistungen von Postdienstleistern**, etwa die Organisation von Werbeaktionen oder Adresssammlungen (Adressbereinigung und Adressanreicherung) sind von lit. a nicht erfasst; die von lit. a nicht ausgeschlossene („unter anderem") Anwendung der allgemeinen Kriterien von Nr. 1 wird in der Regel auch nicht zur Herausnahme aus dem Anwendungsbereich von.

---

21 EuGH, Rs C-41/90 (Höfner u. Elser/Macrotron), Slg. 1991, I-1979, Rn 24; Rs C-55/96 (Job Centre), Slg. 1997, I-7119, Rn 26.

22 EuGH, Rs C-219/97 (Maatschappij Drijvende Bokken BV), Slg. 1999, I-6121, Rn 92 ff.; Rs C-67/96 (Albany), Slg. 1999, I-5751, Rn 107; verb. Rs C-115/97-C-117/97 (Brentjens' Handelsonderneming BV), Slg. 1999, I-6025, Rn 107.

23 S. Weiß in: Calliess/Ruffert EUV/EGV Art. 86 EGV Rn 40; Koenig/Kühling in: Streinz EUV/EGV, Art. 86 EGV Rn 49. Außerdem Erklärung Nr. 37 der Schlussakte von Amsterdam zu den öffentlichrechtlichen Kreditinstituten in Deutschland.

24 EuGH, Rs C-53/00 (Ferring), Slg. 2001, I-9067, Rn 32 f.

25 EuGH, Rs C-475/99 (Ambulanz Glöckner), Slg. 2001, I-8089, Rn 55.

26 EuGH, Rs 127/73 (BRT II), Slg. 1974, 313, Rn 19/22.

27 EuGH, Rs C-320/91 (Corbeau), Slg. 1993, I-2533, Rn 14.

28 RL 97/67/EG des Europäischen Parlaments und des Rates v. 15.12.1997 über gemeinsame Vorschriften für die Entwicklung des Binnenmarktes der Postdienste der Gemeinschaft und die Verbesserung der Dienstqualität, ABl. 1998 Nr. L 15, S. 14. Zul. geänd. durch die VO (EG) Nr. 1882/2003 (ABl. 2003 Nr. L 284, S. 1).

b) Elektrizitätssektor

Auch für den in **lit. b** angesprochenen und bereits primärrechtlich bei Art. 86 Abs. 2 EGV anerkannten[29] Elektrizitätssektor wird auf bestehendes Gemeinschaftsrecht, nämlich die RL 2003/54/EG[30] verwiesen. Die Richtlinie erfasst die Elektrizitätserzeugung, -übertragung, -verteilung und -versorgung, also nach den Definitionen in Art. 2 RL 2003/54/EG die Produktion von Elektrizität (**Erzeugung**, Nr. 1), den Transport von Elektrizität über ein Höchstspannungs- und Hochspannungsverbundnetz zum Zwecke der Belieferung von Endkunden oder Verteilern, jedoch mit Ausnahme der Versorgung (**Übertragung**, Nr. 3), den Transport von Elektrizität mit hoher, mittlerer oder niedriger Spannung über Verteilernetze zum Zwecke der Belieferung von Kunden, jedoch mit Ausnahme der Versorgung (**Verteilung**, Nr. 5) sowie den Verkauf einschließlich des Weiterverkaufs von Elektrizität an Kunden (**Versorgung**, Nr. 19). Lit. b ist freilich nicht abschließend (s. Rn 15), so dass – jedenfalls theoretisch – weitere Dienstleistungen im Elektrizitätssektor ebenfalls durch Nr. 1 aus dem Anwendungsbereich von Art. 16 herausfallen können. **17**

c) Gassektor

Lit. c enthält eine entsprechende Ausnahme für den **Gassektor**, die ebenfalls die bisherige Rechtsprechung widerspiegelt.[31] Die Ausnahme gilt kraft ausdrücklichen Verweises für die von der RL 2003/55/EG[32] erfassten Dienstleistungen. Diese nennt in Art. 1 Abs. 1 die Fernleitung, die Verteilung, die Lieferung und die Speicherung von Erdgas als ihre Regelungsgegenstände. Darunter wird verstanden nach den Definitionen in Art. 2 der Transport von Erdgas durch ein Hochdruckfernleitungsnetz, mit Ausnahme von vorgelagerten Rohrleitungsnetzen, zum Zweck der Belieferung von Kunden, jedoch mit Ausnahme der Versorgung (**Fernleitung**, Nr. 3) und der Transport von Erdgas über örtliche oder regionale Leitungsnetze zum Zweck der Belieferung von Kunden, jedoch mit Ausnahme der Versorgung (**Verteilung**, Nr. 5). Eine Definition der **Lieferung** enthält die Richtlinie nicht, wohl aber eine für den Begriff der Versorgung in Art. 2 Nr. 7, worunter der Verkauf einschließlich des Weiterverkaufs von Erdgas, einschließlich verflüssigten Erdgases, an Kunden verstanden wird; hierin spiegelt sich die generell unscharfe Terminologie des Gemeinschaftsrechts, welche beide Begriffe – wie auch hier – häufig synonym verwendet. Auch die **Speicherung** bleibt undefiniert, während die Speicheranlage in Art. 2 Nr. 9 erklärt wird als eine einem „Erdgasunternehmen gehörende und/oder von ihm betriebene Anlage zur Speicherung von Erdgas, einschließlich des zu Speicherzwecken genutzten Teils von Flüssiggas-Anlagen, jedoch mit Ausnahme des Teils, der für eine Gewinnungstätigkeit genutzt wird; ausgenommen sind auch Einrichtungen, die ausschließlich Fernleitungsnetzbetreibern bei der Wahrnehmung ihrer Funktionen vorbehalten sind". **18**

---

29 EuGH, Rs C-159/94 (Kommission/Frankreich), Slg. 1997, I-5815, Rn 43 ff.; Rs C-158/94 (Kommission/Italien), Slg. 1997, I-5789, Rn 54.

30 RL 2003/54/EG des Europäischen Parlaments und des Rates v. 26.6.2003 über gemeinsame Vorschriften für den Elektrizitätsbinnenmarkt, ABl. 2003 Nr. L 176, S. 37. Zul. geänd. durch die Entscheidung 2006/653/EG der Kommission (ABl. 2006 Nr. L 270, S. 72).

31 EuGH, Rs C-159/94 (Kommission/Frankreich), Slg. 1997, I-5815, Rn 43 ff.

32 RL 2003/55/EG des Europäischen Parlaments und des Rates v. 26.6.2003 über gemeinsame Vorschriften für den Erdgasbinnenmarkt, ABl. 2003 Nr. L 176, S. 57.

19 **Nicht erfasst von** Art. 17 Nr. 1 **lit. c** ist damit vor allem die **Erdgasgewinnung**; auch wenn diese durch die RL 2003/55/EG mehrfach in Bezug genommen wird, bleibt sie selbst ungeregelt. Insoweit ergibt sich eine markante Abweichung von den Regelungen im Elektrizitätssektor (s. Rn 17). Auch weitere mögliche Dienstleistungen – etwa Energieberatungen oder Dienstleistungen im Zusammenhang mit der Verfeuerung von Gas – werden von lit. c nicht erfasst. Insoweit bleibt es bei der Anwendung der **allgemeinen Kriterien von Nr. 1**. Für die Erdgasgewinnung lässt sich eine entsprechende Betrauung durchaus vorstellen. Soweit die generellen Kriterien für Dienstleistungen von allgemeinem wirtschaftlichem Interesse nicht eingreifen, kommt Art. 16 dann auch auf Gasversorger zur Anwendung.

d) Wasserwirtschaft

20 Dienstleistungen der **Wasserverteilung und -versorgung** sowie der **Abwasserbewirtschaftung** werden durch **lit. d** ebenfalls zu Dienstleistungen von allgemeinem wirtschaftlichem Interesse erklärt. Auch dies entspricht der bisherigen primärrechtlichen Praxis.[33] Anders als lit. a-c verweist lit. d nicht auf den vorhandenen gemeinschaftsrechtlichen Acquis; dieser ist im Kern umweltrechtlich orientiert.[34] Gleichwohl erlauben dessen Bestimmungen einen aufschlussreichen Blick auf lit. d: Von den in Art. 2 Nr. 38 RL 2000/60/EG definierten **Wasserdienstleistungen** Entnahme, Aufstauung, Speicherung, Behandlung und Verteilung von Oberflächen- oder Grundwasser sowie Sammlung und Behandlung von Abwasser, die anschließend in Oberflächengewässer einleiten, sind freilich nicht alle vom Wortlaut von lit. d erfasst: Gesichert ist die Unanwendbarkeit von Art. 16 nur für die vom Wortlaut von **lit. d** erfassten Vorgänge der **Abwasserbewirtschaftung** insgesamt **und** für die Verteilung und Versorgung von Wasser, also den **regionalen Leitungs- und Lieferungsbetrieb**. Für die übrigen, vom Wortlaut von Art. 17 Nr. 1 lit. d nicht gedeckten Dienstleistungen **Entnahme, Aufstauung, Speicherung und Behandlung,** kommt es auf die **allgemeinen Kriterien der Nr. 1** an. Entsprechend dem Zweck von Art. 17 Nr. 1 lit. d, einer künftigen Liberalisierung des Wassersektors[35] nicht vorzugreifen, dürfte aber auch hier großzügig zu verfahren sein.

e) Abfallbewirtschaftung

21 Aus ähnlichen Gründen ist die Ausnahme für die Abfallbewirtschaftung in **lit. e** noch erheblich breiter ausgefallen, weil sie **nicht auf bestimmte Bereiche** des Umgangs mit Abfall **begrenzt** ist. Auch diese Ausnahme ist bereits – teilweise – primärrechtlich anerkannt[36] und auch hier wird auf bereits bestehendes Sekundär-

---

33 Europäische Kommission, Entscheidung v. 17.12.1981 (NAVEWA-ANSEAU), ABl. 1982 Nr. L 167, S. 39, Rn 65.

34 S. insbesondere die RL 2000/60/EG zur Schaffung eines Ordnungsrahmens für Maßnahmen der Gemeinschaft im Bereich der Wasserpolitik, ABl. 2000 Nr. L 327, S. 1 sowie den im Gesetzgebungsverfahren befindlichen Vorschlag für eine Richtlinie über Umweltqualitätsnormen im Bereich der Wasserpolitik und zur Änderung der RL 2000/60/EG, KOM (2006) 398 endg., der nach der politischen Einigung über den Gemeinsamen Standpunkt im Rat im Sommer 2007 einer baldigen Verabschiedung entgegen sieht.

35 Dazu das Grünbuch der Kommission über Dienstleistungen von allgemeinem Interesse, KOM(2003) 270 endg. v. 21.5.2003, Nr. 32, 83.

36 EuGH, Rs C-209/98 (Sydhavnens Sten Grus), Slg. 2000, I-3743, Rn 75 f. (für die Abfallentsorgung).

recht nicht verwiesen. Auch für den Abfallsektor finden sich Vorüberlegungen für eine Marktöffnung,[37] denen freilich der umweltrechtliche **Grundsatz der Nähe** entgegenwirkt.[38] Jedenfalls aus dem Anwendungsbereich von Art. 16 herausgenommen sind die in Art. 1 lit. d RL 2006/12/EG genannten und in lit. e-g sowie den Anhängen II A und II B näher beschriebenen Tätigkeiten, also das **Einsammeln**, die **Beförderung** (insoweit besteht für grenzüberschreitende Beförderungen eine Überschneidung mit Art. 2 lit. d; s. Art. 2 Rn 41 ff.), die **Verwertung** und die **Beseitigung** der Abfälle einschließlich der **Überwachung** dieser Vorgänge sowie der **Überwachung der Deponien** nach deren Schließung. Dies gebietet – trotz des fehlenden Querverweises – das Gebot einer rechtsaktübergreifenden systematischen Auslegung des Gemeinschaftsrechts.

III. Ausnahme zugunsten der Berufsanerkennungsrichtlinie und von einer Berufsgruppe vorbehaltenen Dienstleistungen (Nr. 6)

Die Ausnahme zugunsten der Berufsanerkennungsrichtlinie 2005/36/EG und zugunsten solcher Anforderungen, die im Zielstaat eine Tätigkeit den Angehörigen eines bestimmten Berufs vorbehalten, durch **Art. 17 Nr. 6 beseitigt – je nach Auslegung – weitgehend** die **Anwendbarkeit von Art. 16** auf den **größten Teil der klassischen Dienstleistungsberufe**: Für alle reglementierten und diesen gleichgestellten Berufe i. S. v. Art. 3 Abs. 1 lit. a, Abs. 2 RL 2005/36/EG richten sich die in Titel II dieser Richtlinie behandelten Angelegenheiten nicht nach Art. 16 (Alt. 1). Art. 17 Nr. 6 Alt. 2 vervollständigt die Abschirmung der Bestimmungen der Berufsanerkennungsrichtlinie, soweit bestimmte Dienstleistungen den Angehörigen eines bestimmten Berufs vorbehalten sind; dadurch wird sichergestellt, dass entsprechende Monopolisierungen – soweit sie nicht auf der Berufsqualifikation beruhen[39] und primärrechtlich zulässig sind[40] – nicht auf dem Umweg über die Dienstleistungsfreiheit i. S. v. Art. 16 durchbrochen werden können. 22

1. Verhältnis zur Berufsanerkennungsrichtlinie 2005/36/EG (Alt. 1)

Art. 17 Nr. 6 Alt. 1 konkretisiert das Verhältnis von Art. 16 zur Berufsanerkennungsrichtlinie 2005/36/EG und räumt deren **Titel II verdrängende Wirkung** ein. Schlüsselfrage für die Reichweite dieser Vorrangregel ist, welche Angelegenheiten unter Titel II der RL 2005/36/EG fallen. Hinsichtlich der übrigen Angelegenheiten greift Art. 3 Abs. 1 ein, so dass Art. 16 nur im Konfliktfalle zurücktritt (s. Rn 6). 23

a) Erfasste Berufe

Titel II der RL 2005/36/EG gilt zunächst für **reglementierte Berufe** i. S. v. Art. 3 Abs. 1 lit. a dieser Richtlinie. Nach der dort niedergelegten Definition ist ein reglementierter Beruf „eine berufliche Tätigkeit oder eine Gruppe beruflicher 24

37 Grünbuch der Kommission über Dienstleistungen von allgemeinem Interesse, KOM (2003) 270 endg. v. 21.5.2003, Nr. 32.
38 S. insbesondere RL 2006/12/EG über Abfälle, ABl. Nr. L 114, S. 9 und VO (EWG) Nr. 259/93 des Rates zur Überwachung und Kontrolle der Verbringung von Abfällen in der, in die und aus der Europäischen Gemeinschaft, ABl. Nr. L 30, S. 1.
39 Sonst nämlich greift Art. 5 Abs. 1 RL 2005/36/EG.
40 Dazu EuGH, Rs C-67/98 (Zenatti), Slg. 1999, I-7289, Rn 35; Rs C-6/01 (Anomar), Slg. 2003, I-8621, Rn 69-75.

Tätigkeiten, bei der die Aufnahme oder Ausübung oder eine der Arten der Ausübung direkt oder indirekt durch Rechts- und Verwaltungsvorschriften an den Besitz bestimmter Berufsqualifikationen gebunden ist". Als Ausübung genügt auch die Führung einer Berufsbezeichnung, die auf Personen beschränkt ist, die über eine bestimmte Berufsqualifikation verfügen. Berufsqualifikationen sind dabei – nach der sehr unübersichtlichen Regelung der Art. 3 Abs. 1 lit. b, Abs. 3, Art. 11 RL 2005/36/EG – solche, die einem der sechs Qualifikationsniveaus des Art. 11 RL 2005/36/EG entsprechen. Diese reichen vom schlichten behördlichen Befähigungsnachweis bis zur Absolvierung eines Universitätsstudiums.[41]

25 Einem reglementierten Beruf **gleichgestellt** ist ein Beruf, der von Mitgliedern von Verbänden oder Organisationen im Sinne des Anhangs I zur RL 2005/36/EG ausgeübt wird (Art. 3 Abs. 2 UA 1 der Richtlinie). Die Regelung dient der Gleichstellung bestimmter Berufsgruppen aus **Irland** und aus dem **Vereinigten Königreich,** die von Art. 3 Abs. 1 RL 2005/36/EG nicht erfasst werden, den dort behandelten Berufsgruppen aber funktionsäquivalent sind.[42]

26 **Art. 2 Abs. 3** RL 2005/36/EG enthält einen wichtigen **Vorbehalt zugunsten spezieller gemeinschaftsrechtlicher Regelungen:** Wurden für einen bestimmten reglementierten Beruf in einem gesonderten gemeinschaftlichen Rechtsakt andere spezielle Regelungen unmittelbar für die Anerkennung von Berufsqualifikationen festgelegt, so finden die entsprechenden Bestimmungen der RL 2005/36/EG keine Anwendung. Die wichtigsten Nutznießer dieser Regelung sind die **Rechtsanwälte** (dazu Rn 63-65). Entsprechendes gilt für verschiedene Verkehrsdienstleister, Verkehr, Versicherungsvermittler und gesetzlich zugelassene Abschlussprüfer.[43]

27 Die **Entscheidung über die Reglementierung** liegt – weitestgehend – bei den **Mitgliedstaaten.**[44] Damit besteht ein nicht unbeträchtlicher rechtspolitischer Spielraum für sie.[45] Aus **deutscher Perspektive** ist insbesondere eine Vielzahl **freier Berufe** von der RL 2005/36/EG erfasst. Von den etwa in § 8 EStG und § 1 Abs. 2 S. 2 PartGG aufgelisteten sind dies etwa Ärzte, Zahnärzte, Tierärzte, Heilpraktiker, Krankengymnasten, Hebammen, Heilmasseure, Diplom-Psychologen, Patentanwälte, Wirtschaftsprüfer, Steuerberater, Ingenieure, Architekten und Lotsen. Ferner sind viele Berufe aus den Bereichen Handwerk, Handel und Gewerbe im Übrigen erfasst. Im Handwerk handelt es sich dabei nach deutschem Recht um die **zulassungspflichtigen Handwerke** nach § 1 HwO i. V. m. Anlage A zur HwO. Hingegen findet die RL 2005/36/EG keine Anwendung auf die zulassungsfreien Handwerke und handwerksähnlichen Gewerbe nach § 18 HwO i. V. m. Anlage B zur HwO.[46] Des Weiteren werden einige **Gewerbe** erfasst, etwa Bewachungsgewerbe[47] sowie nach § 34 b Abs. 5 GewO öffentlich bestellte Ver-

41 Kluth in: Calliess/Ruffert EUV/EGV Art. 52 EGV Rn 64.
42 Kluth in: Leible (Hg.), S. 131, 135.
43 Erwägungsgrund 42 der RL 2005/36/EG.
44 Einprägsam Kluth/Rieger, Die neue EU-Berufsanerkennungsrichtlinie – Regelungsgehalt und Auswirkungen für Berufsangehörige und Berufsorganisationen, EuZW 2005, 486, 491 („Schalthebel").
45 S. Hatje, NJW 2007, 2357, 2362.
46 Wie hier Kluth in: Leible (Hg.), S. 131, 135.
47 Der Unterrichtungsnachweis gem. § 34 a Abs. 1 S. 1 Nr. 3 GewO unterfällt Art. 11 lit. a RL 2005/36/EG. Allerdings fehlt es insoweit an der Kollision mit der Dienstleistungsrichtlinie, s. Art. 2 Abs. 2 lit. k.

steigerer.[48] Die jeweiligen Sachkundeprüfungen genügen den Anforderungen von Art. 11 lit. a RL 2005/36/EG, wo eine geregelte Ausbildung in Nr. i Var. 2 und 3 nicht gefordert wird.[49] Für die nach § 36 GewO öffentlich bestellten Sachverständigen kommt es darauf an, welche Anforderungen die Bestellungsbehörde an den Nachweis der Sachkunde stellt.[50]

b) Erfasste Angelegenheiten

Titel II der RL 2005/36/EG enthält die Regelung dieser Richtlinie zur Dienstleistungsfreiheit: **Art. 5 Abs. 1** RL 2005/36/EG enthält die **Grundnorm**; danach können die Mitgliedstaaten die Freiheit eines in einem anderen Mitgliedstaat, dem Niederlassungsmitgliedstaat, niedergelassenen Dienstleisters zur Leistungserbringung grundsätzlich nicht aufgrund der Berufsqualifikation beschränken. Darin verwirklicht sich das **Prinzip der gegenseitigen Anerkennung** von Berufsqualifikationen für die Dienstleistungsfreiheit.[51] Das Beschränkungsverbot ist allerdings nicht frei von **Voraussetzungen**: Der Beruf muss nämlich entweder im Niederlassungsmitgliedstaat reglementiert sein oder der Dienstleister eines dort nichtreglementierten Berufs muss den Beruf innerhalb der letzten zehn Jahre mindestens zwei Jahre im Niederlassungsmitgliedstaat ausgeübt haben. Freier Marktzugang besteht danach unabhängig vom Qualifikationsniveau im Niederlassungsmitgliedstaat, und eine dort fehlende Reglementierung wird durch entsprechende Berufspraxis ersetzt;[52] es muss sich nur um denselben Beruf handeln, was nach Art. 4 Abs. 2 RL 2005/36/EG bedeutet, dass die Tätigkeiten vergleichbar sein müssen. Daraus ist im **Umkehrschluss** zu folgern, dass die Mitgliedstaaten nach der RL 2005/36/EG grundsätzlich befugt sind, weniger erfahrenen Dienstleistern Beschränkungen aufzuerlegen. Diese dürfen freilich nicht außer Verhältnis zu den in Art. 5 Abs. 1 RL 2005/36/EG genannten stehen. 28

Die Grundregel wird durch **Art. 6** durch zwei Befreiungen konkretisiert: Zum einen bedarf der Dienstleister keiner **Zulassung, Eintragung** oder **Mitgliedschaft** bei einer Berufsorganisation im Zielstaat (lit. a); entsprechende nationale Anforderungen dürfen folglich nicht angewandt werden. Außerdem wird der Dienstleister nicht **Mitglied bei** einem körperschaftlich organisierten zielstaatlichen **Sozialversicherer** (lit. b); allerdings besteht insoweit einem zuständigen Sozialversicherer gegenüber eine Anzeigepflicht. 29

Der Ausschluss der Anwendbarkeit von Art. 16 der Dienstleistungsrichtlinie gilt auch für die vier **Ausnahmen von der Grundregel** des Art. 5 Abs. 1 RL 2005/36/EG: Diese finden sich zunächst in der Unterwerfung des Dienstleisters unter bestimmte Berufs- und Disziplinarregeln des Zielstaats (Art. 5 Abs. 3 RL 2005/36/EG), der Möglichkeit der Anordnung einer Pro-Forma-Mitgliedschaft bei einer 30

48 Der nach § 34 b Abs. 5 GewO erforderliche Sachkundenachweis (s. Bleutge in Landmann/Rohmer GewO, Loseblatt, München, Stand 2007, § 34 b Rn 27 c) unterfällt Art. 11 lit. a RL 2005/36/EG.

49 Unrichtig Kluth in: Leible (Hg.), S. 131, 136. Zum Begriff der reglementierten Ausbildung s. Art. 3 Abs. 1 lit. e RL 2005/36/EG.

50 Vgl. Bleutge in: Landmann/Rohmer GewO, Loseblatt, München, Stand 2007, § 36 Rn 64 mit Art. 11 lit. a RL 2005/36/EG.

51 Calliess, DVBl 2007, 336, 346. Der Begriff „Herkunftslandprinzip“ (Lemor, EuZW 2007, 135, 136) ist hier zumindest unpräzise.

52 Kluth in: Calliess/Ruffert EUV/EGV Art. 52 EGV Rn 65.

Berufsorganisation (Art. 6 lit. a RL 2005/36/EG), die mögliche Anzeigepflicht des Dienstleisters (Art. 7 RL 2005/36/EG) sowie die ihm auferlegten Informationspflichten (Art. 9 RL 2005/36/EG). Letztere sind in vielen Punkten deckungsgleich mit denjenigen aus Art. 22 Dienstleistungsrichtline und werden daher in diesem Zusammenhang behandelt (s. Art. 22 Rn 7).

31 **Art. 5 Abs. 3 RL 2005/36/EG** etabliert ein **Bestimmungslandprinzip.**[53] Einerseits unterliegt der Dienstleister den „berufsständischen, gesetzlichen oder verwaltungsrechtlichen Berufsregeln, die dort in unmittelbarem Zusammenhang mit den Berufsqualifikationen für Personen gelten, die denselben Beruf wie er ausüben". Andererseits kommen die im Zielstaat geltenden „Disziplinarbestimmungen" zur Anwendung. Was mit beiden Regelungen gemeint ist, wird auch nicht klarer durch den Zusatz, dass hierzu etwa Regelungen gehören „für die Definition des Berufs, das Führen von Titeln und schwerwiegende berufliche Fehler in unmittelbarem und speziellem Zusammenhang mit dem Schutz und der Sicherheit der Verbraucher." Das gilt umso mehr, als der Bezug dieses letzten Halbsatzes in der deutschen Fassung geradezu irreführend ist: In der deutschen Sprachfassung bezieht er sich möglicherweise ausschließlich, aber zumindest auch auf die Disziplinarbestimmungen, während in der weit überwiegenden Mehrzahl der Fassungen der Halbsatz an anderer Stelle steht und dadurch allein auf die in unmittelbarem Zusammenhang mit der Berufsqualifikation stehenden Berufsregeln bezogen ist.[54] Richtigerweise ist die **deutsche Fassung** damit als **Redaktionsversehen** einzuordnen.

32 Das **Bestimmungslandprinzip** ist damit entgegen der überwiegenden Auffassung in der Literatur[55] **sehr beschränkt**: Es gilt materiell nur für diejenigen Berufsregeln, die in **unmittelbarem Zusammenhang mit der Berufsqualifikationen** stehen. Dem entspricht auch das Verständnis der Kommission.[56] Die in dem – nur in der deutschen Fassung zweiten – Halbsatz genannten Beispiele betreffen die Definition des Berufs, die Führung von Titeln sowie schwerwiegende berufliche Fehler, soweit sie in unmittelbarem und speziellem Zusammenhang mit dem Schutz und der Sicherheit der Verbraucher stehen. Auch für die letztgenannte Kategorie der schwerwiegenden beruflichen Fehler ist nur relevant, soweit der geforderte unmittelbare Zusammenhang mit der Berufsqualifikation besteht.[57] Der Verweis auf die **Disziplinarbestimmungen** ist richtigerweise auf die zuvor angesprochenen materiellen Standards zu beziehen und erhält dem Zielstaat lediglich seine Zuständigkeit und Befugnisse, für deren Ausübung er sich u. a. auf die Kooperationspflichten des Niederlassungsmitgliedstaates nach Art. 8 RL 2005/36/EG stützen kann.

33 Dem Zielstaat ist ferner nach **Art. 7 RL 2005/36/EG** die Möglichkeit eröffnet, den in einem anderen Mitgliedstaat niedergelassnen Dienstleistern eine **Anzeige-**

53 Kluth in: Calliess/Ruffert EUV/EGV Art. 52 EGV Rn 67; Kluth in: Leible (Hg.), S. 131, 135 f.; Lemor, EuZW 2007, 135, 136.

54 So insbesondere die englische, die französische, die spanische, die italienische, die niederländische, die polnische, die portugiesische und die rumänische Sprachfassung. Noch anders die dänische und die schwedische Fassung, welche sogar die Disziplinarbestimmungen inkludieren („samt").

55 S. etwa Frenz, GewArch 2007, 98, 107; Kluth in: Calliess/Ruffert EUV/EGV, Art. 52 EGV Rn 67; Kluth/Rieger, EuZW 2005, 486, 487, 489; Kluth in: Leible (Hg.), S. 131, 135 f.; Lemor, EuZW 2007, 135, 136.

56 Kommissionshandbuch, Ziff. 7.1.4.

57 Vgl. aber Kluth/Rieger, EuZW 2005, 486, 489 f.

pflicht aufzuerlegen. Außer Schriftlichkeit darf der Zielstaat keine weitere Form verlangen, jedoch – bei andauernder Tätigkeit – die jährliche Erneuerung der Anzeige vorsehen. Die Anzeigepflicht kann der Zielstaat mit einer Informationspflicht über eine bestehende Berufshaftpflichtversicherung oder entsprechende Sicherungsinstrumente verbinden (Abs. 1). Bei erstmaliger Tätigkeit im Zielstaat oder bei wesentlichen Änderungen seitens des Dienstleisters kann der Zielstaat zudem nach Abs. 2 eine Reihe von Nachweisen verlangen, nämlich solche über die Staatsangehörigkeit des Dienstleisters, über die rechtmäßige Niederlassung im Herkunftsland und das Fehlen dortiger Untersagungen, über die Berufsqualifikation, gegebenenfalls über die nach Art. 5 Abs. 1 lit. b RL 2005/36/EG erforderliche Berufserfahrung und bei Berufen im Sicherheitssektor der Nachweis, dass keine Vorstrafen vorliegen, soweit der Mitgliedstaat diesen Nachweis auch von den eigenen Staatsangehörigen verlangt.

Die Dienstleistung ist außerdem nach Abs. 3 grundsätzlich unter der **Berufsbezeichnung des Herkunftsstaats** zu erbringen, wobei der Absatz einerseits eine Ausnahme für die in den Art. 21 ff. RL 2005/36/EG geregelten Berufe (Arzt, Krankenschwester und -pfleger, Zahnarzt, Tierarzt, Hebamme, Apotheker und Architekt) macht und andererseits Hilfsregeln für den Fall des Fehlens einer Berufsbezeichnung im Herkunftsstaat vorsieht. 34

Ein **eigenes Nachprüfungsrecht** der Behörden des Zielstaats bezüglich der Qualifikation des Dienstleisters **besteht grundsätzlich nicht**. Völlig ausgeschlossen ist es für die in Art. 21 ff. RL 2005/36/EG geregelten Berufe (Arzt, Krankenschwester und -pfleger, Zahnarzt, Tierarzt, Hebamme, Apotheker und Architekt). Für sonstige Berufe regelt Art. 7 Abs. 4 RL 2005/36/EG die Befugnisse des Zielstaates in einem sehr beschleunigten Verfahren, das freilich nur für solche Berufe besteht, welche die **öffentliche Sicherheit oder Gesundheit** berühren, und nur durchgeführt werden darf, soweit der Schutz des individuellen Dienstleistungsempfängers vor einem mangelhaft qualifizierten Dienstleister dies erfordert. 35

Gestützt auf die Anzeigepflicht erlaubt **Art. 6 lit. a RL 2005/36/EG** den Mitgliedstaaten zur Durchsetzung der in Art. 5 Abs. 3 RL 2005/36/EG genannten Disziplinarbestimmungen die automatische vorübergehende Begründung einer **Pro-Forma-Mitgliedschaft** oder Eintragung bei der zuständigen Berufsorganisation. Vorausgesetzt ist freilich, dass „diese Eintragung oder Mitgliedschaft die Erbringung der Dienstleistungen in keiner Weise verzögert oder erschwert und für den Dienstleister keine zusätzlichen Kosten verursacht". Dabei stellt die Vorschrift klar, dass die Mitgliedschaft oder Eintragung ohne Mitwirkung des Dienstleisters durch Kommunikation innerhalb respektive zwischen den zuständigen Behörden zu erfolgen hat und im Kern durch die Weitergabe der nach Art. 7 RL 2005/36/EG vorzulegenden Unterlagen geschieht. Damit stellt sich in der Tat die Frage, ob in der Regelung dann überhaupt noch eine Beschränkung der Dienstleistungsfreiheit gesehen werden kann.[58] 36

58 So die Frage von Frenz, GewArch 2007, 98, 106.

c) Regelungen in sonstigen Titeln der RL 2005/36/EG

37 Die Regelung von Art. 17 Nr. 6 Dienstleistungsrichtlinie verdeckt den Umstand, dass die Konkurrenzproblematik zur RL 2005/36/EG weiter reicht als deren Titel II. Maßgebend ist insoweit Art. 3 Abs. 1 lit. d Dienstleistungsrichtlinie, so dass diese im Konfliktfalle – auch mit Art. 16 – hinter die Regelungen der RL 2005/36/EG zurücktritt (vgl. Art. 3 Rn 7). Dienstleistungsrelevant sind insoweit vor allem die in Art. 53, 54 RL 2005/36/EG enthaltenen Regeln über **Sprachkenntnisse** und **Titelführung**. Diese Bestimmungen wirken als zusätzliche **sekundärrechtliche Rechtfertigungsgründe** für Beschränkungen der Dienstleistungsfreiheit. Die Regelung über Vorbereitungslehrgänge und Berufserfahrungsanforderungen für ärztliche Kassenzulassungen durch Art. 55 RL 2005/36/EG bereitet im Blick auf die Dienstleistungsrichtlinie keine Schwierigkeiten. Schließlich sind auch die besonderen Regeln der Verwaltungszusammenarbeit in den Art. 56-59 RL 2005/36/EG zu nennen, welche dem Auffangregime in Art. 31 Dienstleistungsrichtlinie im Konfliktfalle vorgehen.

d) Übriger verbleibender Anwendungsbereich von Art. 16

38 Der **Anwendungsbereich von Art. 16** wird danach durch Art. 17 Nr. 6 **nur wenig eingeschränkt**. Nicht etwa werden die von der RL 2005/36/EG erfassten regulierten Berufe von der Anwendung des Art. 16 insgesamt ausgeschlossen.[59] Neben den über Art. 3 Abs. 1 lit. d erzeugten Rechtfertigungsgründen für bestimmte Anforderungen an die Sprachkenntnisse und die Titelführung des Dienstleisters wird Art. 16 **nur bei Marktzugangsfragen** unanwendbar. Als Angelegenheiten nach Titel II der RL 2005/36/EG sind danach die Fragen der für den Markzutritt erforderlichen **Berufsqualifikation** sowie der **Zulassung, Eintragung oder Mitgliedschaft** – auch unterhalb der Erfahrungsschwelle nach Art. 5 Abs. 1 RL 2005/36/EG – ausgeschlossen.[60] Dasselbe gilt für die Unterwerfung des Dienstleisters unter die auf seine Qualifikation bezogenen Berufs- und Disziplinarregeln des Zielstaats (Art. 5 Abs. 3 RL 2005/36/EG), für die Anordnung einer Pro-Forma-Mitgliedschaft bei einer Berufsorganisation (Art. 6 lit. a RL 2005/36/EG), die mögliche Anzeigepflicht des Dienstleisters einschließlich der damit verbundenen Nachweispflichten und Nachprüfungsrechte (Art. 7 RL 2005/36/EG) sowie die ihm auferlegten Informationspflichten (Art. 9 RL 2005/36/EG).

39 **Anwendbar** bleibt **Art. 16** hingegen weitestgehend im Schlüsselbereich der **Ausübungsregeln**.[61] Das gilt insbesondere für Vorgaben für **Vertragsinhalte** und **Tarife**.[62] Auch bei Regelungen für die **kommerzielle Kommunikation** sowie für **multidisziplinäre Tätigkeiten** gelangt Art. 16 zur Anwendung; zu beachten ist freilich, dass hier gerade für die von der RL 2005/36/EG erfassten reglementierten Berufe spezielle Regelungen in den Art. 24, 25 Dienstleistungsrichtlinie vorgesehen sind.[63]

59 Dieses Missverständnis findet sich etwa bei Steggewentz, Die Bedeutung der Dienstleistungsrichtlinie für den steuerberatenden Berufsstand, DStR 2007, 271, 272 (für Steuerberater) und Grunewald in: Leible (Hg.), S. 175, 182 (für Steuerberater) und S. 184 (für Wirtschaftsprüfer).

60 S. Roth in: Leible (Hg.), S. 205, 220 f.

61 Ebenso offenbar Kommissionshandbuch, Ziff. 7.1.4. Zu eng möglicherweise Roth in: Leible (Hg.), S. 205, 220 f.

62 Nur insoweit zutreffend Kommissionshandbuch, Ziff. 7.1.4.

63 Ein entsprechender Hinweis fehlt im Kommissionshandbuch, Ziff. 7.1.4.

Eine auf Art. 17 Nr. 6 gestützte Ausnahme von der Anwendbarkeit gilt allein für die Informationspflichten gem. Art. 9 RL 2005/36/EG, deren Auferlegung im Blick auf Art. 22 aber ohnehin nicht an Art. 16 scheitert. Diese Ausnahme wird auch nicht in dem Sinne relevant, dass die Regelung in Art. 9 RL 2005/36/EG in dem Sinne abschließend sei, dass weitere Informationspflichten dem Dienstleister nicht auferlegt und daher auch nicht am Maßstab des Art. 16 kontrolliert werden dürften.

2. Einer Berufsgruppe vorbehaltene Dienstleistungen (Alt. 2)

Die Zahl der verbleibenden Fälle der den Angehörigen eines Berufs ausschließlich 40 zugewiesenen Dienstleistungen ist demnach denkbar gering. Erforderlich ist zunächst die **Monopolisierung** der betreffenden Dienstleistung. Diese muss außerdem den Angehörigen **eines bestimmten Berufs** vorbehalten sein. Der Beruf muss kein reglementierter Beruf i. S. v. Art. 4 Nr. 11 sein;[64] das zeigt bereits der Wortlaut. Bis auf die bereits erwähnte – eher kleine – Abrundung des Schutzes der RL 2005/36/EG (s. Rn 22) bliebe der Regelung sonst kein eigener Anwendungsbereich. Anwendbar ist die Vorschrift daher auch etwa bei den zulassungspflichtigen Gewerben der §§ 29 ff. GewO, soweit diese eigene Berufsbilder entwickeln (für Letzteres Rn 41).

Die Voraussetzungen sind – wegen des Ausnahmecharakters der Bestimmung – 41 streng anzuwenden: Die Zuweisungen an die Angehörigen eines Berufs setzen voraus, dass dieser einem **bestimmten Berufsbild** folgt.[65] Bloße Einzeltätigkeiten, die gegebenenfalls der Zulassung bedürfen, genügen nicht. Ferner zeigt ein Mitgliedstaat die nur nachgeordnete Bedeutung eines entsprechendes Monopols, wenn dieses nicht einem, sondern mehreren Berufen anvertraut wird. **Auflockerungen des Monopols** begründen daher die Anwendung von Art. 16. Dementsprechend passt das Beispiel des Rechtsberatungsmonopols, welches die Kommission in ihrem Handbuch anführt,[66] für das deutsche Recht nicht.

IV. Ausnahme zugunsten des Privatrechts (Nr. 15)

Die in Art. 17 Nr. 15 enthaltene Ausnahme war Gegenstand eines langen Rin- 42 gens, welche insbesondere das **Verhältnis von Herkunftslandprinzip** (in der Fassung des Kommissionsentwurfs) und **Internationalem Privatrecht** zum Gegenstand hatte (zur Vorgeschichte s. Art. 3 Rn 12-17 mit umfangreichen Nachweisen). Die hier zu behandelnde Ausnahmeregelung zu Art. 16 hat – zusammen mit Art. 3 Abs. 2 (zum Verhältnis beider Normen s. Rn 44 f. sowie Art. 3 Rn 11, 17) – diesen Konflikt weitgehend beseitigt, obwohl das Herkunftslandprinzip in Art. 16 materiell erhalten geblieben ist (s. Art. 16 Rn 22). Die Wirkung der Vorschrift ist allerdings erheblich weiter, weil über das Internationale Privatrecht der Schuldverhältnisse hinaus auch das Sachrecht der Schuldverhältnisse vom Anwendungsbereich des Art. 16 ausgenommen wird (s. Rn 46-48). Außerdem beschert Art. 17 Nr. 15 dem Anwender und dem nationalen Gesetzgeber die überaus schwierige Qualifikationsfrage, welche die Unterscheidung nach Privatrecht und Öffentlichem Recht anspricht (s. Rn 50-52). Schließlich verbleibt trotz der Ausnahme-

64 Anders Kommissionshandbuch, Ziff. 7.1.4.

65 Vgl. die entsprechende Wertung in Art. 4 Abs. 2 RL 2005/36/EG.

66 Kommissionshandbuch, Ziff. 7.1.4. Zu der ohnehin richtigerweise erforderlichen Beurteilung dieses Monopols unter dem spezielleren Art. 17 Nr. 4 s. unten Rn 64 f.

regelung ein ganz erheblicher Einfluss von Art. 16 auf privatrechtliche Schuldverhältnisse.

43 Das **Verhältnis zu Art. 3 Abs. 2** ist nicht vollständig klar. Das liegt vor allem an der eher zu Art. 1 denn zu Art. 3 passenden Formulierung der Vorschrift, die sich eine Generalausnahme zugunsten der Bestimmungen des Internationalen Privatrechts liest. Tatsächlich geht es – entsprechend der systematischen Stellung des Absatzes – auch insoweit nur um eine vorzeitige Konkurrenzregel, welche den Vorrang des bislang nur unvollständig vereinheitlichten Internationalen Privatrechts in einer Weise sicherstellt, die bereits in den Kategorien der gemeinschaftsrechtlichen IPR-Kodifikation denkt; die Privilegierung nationalen Kollisionsrechts erscheint demgegenüber nur als Übergangsphänomen. Es geht folglich bei Art. 3 Abs. 2 nicht um eine Ausnahme vom Anwendungsbereich, sondern um eine weitere – und auf die Zukunft gerichtete und daher rechtstechnisch anders gefasste – Betonung des Subsidiaritätsprinzips der Richtlinie gegenüber dem übrigen Gemeinschaftsrecht. Erforderlich ist daher auch für Art. 3 Abs. 2 der nach Abs. 1 erforderliche Konflikt mit bestehenden Kollisionsnormen des Privatrechts. Soweit **Art. 17 Nr. 15** einen solchen Konflikt vermeidet, kommt ihr daher ein **Vorrang** vor Art. 3 Abs. 2 zu. Allerdings ist zu beachten, dass Art. 17 Nr. 15 lediglich das **Internationale Privatrecht der Schuldverhältnisse** immunisiert. Für sonstige Kollisionsnormen – etwa des internationalen Erb-, Personen- und Gesellschaftsrechts – ergibt sich die Subsidiarität der Richtlinie – einschließlich Art. 16 – aus Art. 3 Abs. 2.

44 Ebenfalls nicht aus Art. 17 Nr. 15 sondern aus Art. 3 Abs. 2 ergibt sich der Vorrang des **internationalen Zivilverfahrensrechts** (Rn 9 sowie Art. 3 Rn 19). Die allgemeine Regel, wonach die Ausnahmen des Art. 17 eine (Auffang-)Zuständigkeit nach Art. 31 begründet, wird insoweit verdrängt (s. Rn 9).

1. Ausnahme zugunsten des Schuldrechts

45 Angesichts der vorherigen Diskussion zum Verhältnis von Internationalem Privatrecht und Herkunftslandsprinzip ist leicht zu übersehen, dass Art. 17 Nr. 15 **im Kern** einen **Vorbehalt zugunsten** von Sachrecht darstellt. Sämtliche Bestimmungen über vertragliche und außervertragliche Schuldverhältnisse, also des **Obligationenrechts,** sind daher nicht nach Art. 16 kontrollierbar. Das gilt etwa für die im Blick auf die Dienstleistungsfreiheit diskutierten Verbote bestimmter Vertragsinhalte etwa bei Leihmutterschaften oder Angehörigenbürgschaften, Durchsetzungsbeschränkungen wie bei der Ehe- oder Partnerschaftsvermittlung oder Spiel und Wette oder Beschränkungen der vertraglichen Bindung durch unabdingbare Kündigungsrechte. Diese sind daher nach wie vor am Maßstab der Art. 49 ff. EGV zu messen.[67]

46 Die Beschränkung von Art. 17 Nr. 15 auf das Schuldrecht macht eine **Abgrenzung von anderen privatrechtlichen Rechtgebieten** erforderlich. Positiv schließt die Wendung in Nr. 15 vertragliche zivil- und handelsrechtliche Schuldverhältnisse[68] sowie außervertragliche Schuldverhältnisse aus unerlaubter Handlung, einer ungerechtfertigten Bereicherung, einer Geschäftsführung ohne Auftrag („Negotiorum ge-

67 Dazu grundlegend die Darstellung bei Remien, Zwingendes Vertragsrecht und Grundfreiheiten des EG-Vertrags, Tübingen 2003, S. 342 ff.
68 S. Art. 1 Abs. 1 Rom I-VO.

stio“) oder eines Verschuldens bei Vertragsverhandlungen („Culpa in contrahendo“).[69] Negativ gewendet ist zu beachten, dass die abgegrenzten Bereiche nach den Maßstäben des Art. 16 zu kontrollieren sind. Damit scheidet insbesondere eine unmodifizierte Übernahme der Ausschlusslisten in Art. 1 Abs. 2 Rom I-VO und Art. 1 Abs. 2 Rom II-VO aus. Allerdings ist es richtigerweise – auch angesichts der Regelungssystematik des Gemeinschaftsrechts – ausgeschlossen, die Vorschrift auf familien-, güter- und erbrechtliche Schuldverhältnisse anzuwenden. Im Blick auf die im Akademischen Entwurf eines Gemeinsamen Referenzrahmens für ein Europäisches Vermögensrecht, DCFR, angesprochenen Gegenstände werden hingegen Regeln der Geschäftsfähigkeit ebenso wenig an Art. 16 geprüft werden können wie solche über die Stellvertretung im Allgemeinen. Hingegen werden, wie auch die gesonderte Erwähnung der Immaterialgüterrechte in Art. 17 Nr. 11 zeigt, **dingliche Rechte und deren Übertragung** der Prüfung am Maßstab von Art. 16 nicht entzogen. Trotz der kollisionsrechtlichen Regelung in Art. 14, 15 Rom I-VO sind daher die Regeln des Zessionsrechts an der dort niedergelegten Dienstleistungsfreiheit zu messen; das gilt auch für Beschränkungen vertraglicher Abtretungsverbote.

Besondere Schwierigkeiten bereitet die Anwendung von Art. 17 Nr. 15 auf die **47** *trustees* des Common Law sowie – kontinental – auf die Rechtsverhältnisse von Personen, die als **amtliches Organ** oder als **Träger eines privaten Amtes** gegen Entgelt tätig werden wie der Vormund (§§ 1773, 1836-1836e BGB), der Betreuer (§§ 1896, 1908 e, 1908i BGB), der Nachlassverwalter (§§ 1975, 1987 BGB), der Testamentsvollstrecker (§§ 2197, 2221 BGB) sowie der Insolvenzverwalter (§§ 56, 63 InsO). Diesen Personen ist gemein, dass sie nicht aufgrund eines Vertrags tätig werden, jedoch Dienstleister im Sinne des Gemeinschaftsrechts sind.[70] Die Systematik des gemeinschaftsrechtlichen Kollisionsrechts spricht eher gegen die Erfassung dieser Rechtsverhältnisse durch Art. 17 Nr. 15.

2. Ausnahme zugunsten des internationalen Schuldrechts

Art. 17 Nr. 15 ist nicht auf das Sachrecht beschränkt, sondern enthält auch eine **48** Ausnahme zugunsten des internationalen Schuldrechts. Diese ist in erster Linie auf die Regime der Verordnungen **Rom I** und **Rom II** gemünzt,[71] wenngleich diese nicht vollständig freigestellt werden.[72] Hinzu treten aber die zahlreichen kollisionsrechtlichen Sonderbestimmungen etwa des Verbraucherschutzrechts, soweit diese gemeinschaftsintern zur Anwendung gelangen. Die Grenze zu anderen Statuten muss dabei richtigerweise derjenigen des Sachrechts entsprechen.

3. Die privatrechtliche Qualifikation der betroffenen Normen

Jenseits der (inner-)privatrechtlichen Qualifikationsfragen ist jedoch auch die **49** Frage nach der privatrechtlichen **Qualifikation** der einschlägigen Normen überhaupt zu stellen. Art. 17 Nr. 15 macht es erforderlich, zwischen **privatrechtlichen**

69 S. Art. 2 Abs. 1 Rom II-VO.
70 Zum Parallelproblem bei der Verzugsrichtlinie siehe Schmidt-Kessel in: Gebauer/Wiedmann (Hg.), Zivilrecht unter Europäischem Einfluss. Die richtlinienkonforme Auslegung des BGB und anderer Gesetze – Erläuterung der wichtigsten EG-Verordnungen, Stuttgart, 2005, § 280 Abs. 1 und 2, §§ 286, 288 BGB Rn 15.
71 S. Kommissionshandbuch, Ziff. 3.4.
72 Für das internationale Zessionsrecht (s. Rn 47) ergibt sich der Vorrang vor der Richtlinie daher nur aus Art. 3 Abs. 2.

und **öffentlich-rechtlichen** Bestimmungen zu unterscheiden. Die Frage ist **insbesondere** für **verbraucherschützende Normen des Zielstaats** entscheidend, da diese regelmäßig nur dann auf den Dienstleister angewandt werden können, wenn sie nicht als öffentlich- sondern als privatrechtlich zu qualifizieren sind.

50 Zu qualifizieren ist richtigerweise nach dem **Schwerpunkt** der betreffenden Norm.[73] Kriterium für die Einordnung einer Norm als öffentlich-rechtlich ist ihre reguläre Durchsetzung durch eine eigens zuständige Behörde,[74] während die privatrechtlichen Konsequenzen lediglich den Charakter einer Nebenfolge haben. Erst recht ist eine Norm als öffentlich-rechtlich zu qualifizieren, wenn die Auswirkungen auf das Rechtsverhältnis ausschließlich im öffentlichen Interesse eintreten. Formale Kriterien sind hingegen eher die Ausnahme; sie können sich aber – wie etwa bei der deutschen Makler- und Bauträgerverordnung[75] – aus Beschränkungen der Erlasskompetenz ergeben. Gegen eine öffentlich-rechtliche und für eine privatrechtliche Qualifizierung spricht regelmäßig die Dispositivität der betreffenden Norm. Hingegen schließt die Durchsetzung auch durch Private die Qualifikation als öffentlich-rechtlich nicht von vornherein aus.

51 Vielfach wird einschlägigen Regeln eine **Doppelfunktion** zuzubilligen sein, so dass eine **Doppelqualifikation** jedenfalls in Betracht kommt.[76] Das wird insbesondere dort der Fall sein, wo staatliche Behörden über ordnungspolitisch legitimierte Aufgaben hinaus dem Schutz individueller Interessen zu dienen haben oder umgekehrt ordnungspolitische Anliegen durch die Begründung privatrechtlicher Rechtspositionen durchgesetzt werden. Die Folge solch einer Doppelqualifikation ist die dépeçage, so dass die betreffende Norm hinsichtlich ihrer öffentlich-rechtlichen Funktion Art. 16 und im Übrigen dem einschlägigen privatrechtlichen Statut unterfällt.

4. Verbleibender Anwendungsbereich von Art. 16 im Bereich des Privatrechts

52 Auch jenseits der Fälle der Doppelqualifikation darf Art. 17 Nr. 15 nicht dahingehend verstanden werden, dass die Vorschrift Auswirkungen von Art. 16 auf privatrechtliche Rechtsverhältnisse gänzlich ausschließt. Das gilt insbesondere dort, wo privatrechtliche Bestimmungen **an öffentlich-rechtliche Normen anknüpfen.** Deren Anwendbarkeit richtet sich nämlich trotz Art. 17 Nr. 15 nicht nach Internationalem Privatrecht, sondern nach den Normen des internationalen Öffentlichen Rechts, also nach Art. 16.

a) Öffentlich-rechtliche Eingriffsnormen des Zielstaates

53 Art. 16 findet demnach zunächst auf öffentlich-rechtliche Eingriffsnormen des Zielstaates Anwendung. Diese sind daher **nur unter den eingeschränkten Bedingungen** der Richtlinie **rechtfertigungsfähig.** Insbesondere lässt sich eine solche

73 Vgl. das entsprechende Vorgehen zur Bestimmung von Eingriffsnormen bei von Bar/Mankowski, Internationales Privatrecht, Bd. 1, 2. Aufl., München, 2003, S. 266.

74 Von Bar/Mankowski, Internationales Privatrecht, Bd. 1, 2. Aufl., München, 2003, S. 266 f.

75 S. BGH v. 22.12.2000, VII ZR 310/99, NJW 2001, 818 (keine privatrechtlichen Wirkungen da Ermächtigungsgrundlage in § 34 c Abs. 3 GewO).

76 Sehr zurückhaltend gegenüber Doppelqualifikationen allerdings von Bar/Mankowski, Internationales Privatrecht, Bd. 1, 2. Aufl., München, 2003, S. 267 ff., 662.

Rechtfertigung nicht unter Hinweis auf den Verbraucherschutz begründen. Soweit sich öffentlich-rechtliche Eingriffsnormen des Zielstaates nicht rechtfertigen lassen, bleiben sie außer Anwendung. Das gilt etwa für die Regelungen der Makler- und Bauträgerverordnung,[77] welche auf Bauträger mit Niederlassung im EG-Ausland keine Anwendung finden. Privatrechtlich zu qualifizierende Eingriffsnormen bleiben hingegen aufgrund von Art. 17 Nr. 15 unkontrolliert

Die dadurch bewirkte Unanwendbarkeit zahlreicher inländischer Eingriffsnormen **kollidiert nicht mit Art. 9 Abs. 2 Rom I-VO.** Dies ist schon wegen der technischen Ausgestaltung der Vorschrift nicht der Fall, die nämlich die Anwendung der Eingriffsnormen des Forums schlicht unberührt lässt. 54

b) Öffentlich-rechtliche Eingriffsnormen des Herkunftsstaates

Wesentliche Folgen hat Art. 16 ferner für die Anwendung ausländischer Eingriffsnormen. Entgegen einer gelegentlich vertretenen Auffassung[78] wird eine Anwendungspflicht bezüglich der Eingriffsnormen anderer Mitgliedstaaten bislang überwiegend verneint.[79] Eine solche **Anwendungspflicht** begründet nun aber Art. 16 für **öffentlich-rechtliche Eingriffsnormen.** Sie ergibt sich aus dem Charakter der Vorschrift als allseitige öffentlich-rechtliche Kollisionsnorm. Sie **überlagert** damit **Art. 9 Abs. 3 Rom I-VO.** Ihre Grenze findet die Anwendungspflicht in Art. 50 Abs. 3 EGV (Art. 16 Rn 28-30). 55

Art. 16 wird insoweit auch **nicht durch Art. 17 Nr. 15** oder Art. 3 Abs. 2 **ausgeschlossen.** Der Grund dafür ergibt sich aus der richtigen Qualifikation von **Art. 9 Abs. 3 Rom I-VO.** Diese Vorschrift ist nämlich, soweit sie die Verleihung von Wirkungen an öffentlich-rechtliche Eingriffsnormen ausländischen Rechts steuert, **keine Norm des Internationalen Privatrechts** und unterfällt damit nicht der Ausnahmeregelung. 56

c) Sonstige Anwendung öffentlich-rechtlicher Normen

Die Anwendung von öffentlich-rechtlichen Eingriffsnormen ist letztlich nur ein Sonderfall der Anwendung von Normen ausländischen Öffentlichen Rechts. Andere Verweisungen finden sich etwa bei der deliktischen Haftung für **Verletzung von Schutzgesetzen,** § 823 Abs. 2 BGB, sowie bei der lauterkeitsrechtlichen Fallgruppe **Vorsprung durch Rechtsbruch,** § 4 Nr. 11 UWG. Für Letztere ist eine gesonderte Anknüpfung der verletzten Norm anerkannt.[80] Richtigerweise muss dies auch für die Fälle der Verletzung von Schutzgesetzen gelten. Der entsprechende Verweis liegt jeweils in der anknüpfenden Norm, also § 823 Abs. 2 respektive § 4 Nr. 11 UWG begründet. Für **öffentlich-rechtliche Normen** ergibt sich die Kollisionsnorm aus **Art. 16,** soweit dadurch auf mitgliedstaatliches Recht verwiesen wird. Da es sich insoweit um öffentlich-rechtliche Kollisionsnormen handelt, 57

---

77 Sofern man diese überhaupt als Eingriffsnormen einordnet; in diesem Sinne allerdings schon früh OLG Hamm v. 7.2.1977, 22 U 93/76, NJW 1977, 2032.

78 Grundlegend insbesondere Fetsch, Eingriffsnormen und EG-Vertrag, Tübingen, 2002, S. 379 ff.

79 Nachdrücklich etwa von Bar/Mankowski, Internationales Privatrecht, Bd. 1, 2. Aufl., München, 2003, S. 282 f.

80 Mankowski in: Münchener Kommentar zum Lauterkeitsrecht, Bd. 1, München, 2006, IntWettbR, Rn 309 ff.

wird diese Lösung weder durch die Regel der Sachnormverweisung in Art. 24 Rom II-VO noch durch Art. 3 Abs. 2, 17 Nr. 15 ausgeschlossen.

V. Katalog im Übrigen

58 Der Katalog der übrigen Ausnahmen hat bei weitem nicht dieselbe Bedeutung wie die bereits behandelten. Dies folgt teilweise auch daraus, dass Gegenstände geregelt werden, die ohnehin nicht in den Anwendungsbereich der Richtlinie oder von Art. 16 fallen.

1. Vorbehalt zugunsten der Entsenderichtlinie 96/71/EG (Nr. 2)

59 In Art. 17 Nr. 2 werden die unter die Entsenderichtlinie 96/71/EG[81] fallenden Angelegenheiten von der Anwendung des Art. 16 ausgeschlossen. Die RL 96/71/EG gilt nach ihrem Art. 1 Abs. 1 für Unternehmen, die im Rahmen der länderübergreifenden Erbringung von Dienstleistungen Arbeitnehmer in das Hoheitsgebiet eines anderen Mitgliedstaats entsenden. Die in Art. 1 Abs. 3 RL 96/71/EG näher definierte Entsendung hat vor allem die in Art. 3 RL 96/71/EG beschriebenen arbeitsrechtlichen Folgen und zieht Fragen der behördlichen und gerichtlichen Behandlung der entsprechenden Rechtsverhältnisse nach sich. Die Richtlinie gilt freilich nicht für Schiffsbesatzungen von Unternehmen der Handelsmarine (Art. 1 Abs. 1), so dass darauf Art. 16 zur Anwendung gelangen könnte.

60 Richtigerweise ist die **Vorschrift** allerdings **überflüssig** und nicht weiter umsetzungsbedürftig: Art. 1 Abs. 4 enthält nämlich eine Generalausnahme zugunsten des Arbeitsrechts; außerdem begründet Art. 16 Abs. 3 S. 2 die Unanwendbarkeit der Rechtfertigungsanforderungen von Art. 16 auf „Bestimmungen über Beschäftigungsbedingungen". Für Art. 17 Nr. 2 verbleibt damit kein eigenständiger Anwendungsbereich. Zudem benennt Art. 3 Abs. 1 lit. a die RL 96/71/EG zusätzlich ausdrücklich als vorrangig.

2. Vorbehalt zugunsten der Datenschutzrichtlinie 95/46/EG (Nr. 3)

61 Die unter die Datenschutzrichtlinie 95/46/EG[82] fallenden Angelegenheiten sind nach Art. 17 Nr. 3 vom Anwendungsbereich des Art. 16 ausgenommen. Nach Art. 1 Abs. 1 dieser Richtlinie gewährleisten die Mitgliedstaaten den Schutz der Grundrechte und Grundfreiheiten und insbesondere den Schutz der Privatsphäre natürlicher Personen bei der Verarbeitung personenbezogener Daten entsprechend den Richtlinievorgaben. Zugleich wird den Mitgliedstaaten durch Art. 1 Abs. 2 verboten, den freien Verkehr personenbezogener Daten zwischen Mitgliedstaaten aus diesen Gründen zu beschränken oder zu untersagen. Damit enthält die Richtlinie ein **gänzlich eigenes Regime**, welches auch die Freiheit von Dienstleistungen in diesem Bereich schützt.[83] Dieses Sonderregime wird als abschließend angesehen;

---

81 RL 96/71/EG des Europäischen Parlaments und des Rates v. 16.12.1996 über die Entsendung von Arbeitnehmern im Rahmen der Erbringung von Dienstleistungen, ABl. Nr. L 18, S. 1.

82 RL 95/46/EG des Europäischen Parlaments und des Rates v. 24.10.1995 zum Schutz natürlicher Personen bei der Verarbeitung personenbezogener Daten und zum freien Datenverkehr, ABl. Nr. L 281, S. 31.

83 Vgl. Kommissionshandbuch, Ziff. 7.1.4.

auch eine – nach Art. 3 Abs. 1 mögliche – **subsidiäre Anwendung von Art. 16 scheidet** daher **aus.**

3. Besonderheiten bei Rechtsanwälten (Nr. 4)

Besonders kompliziert ist die Lage bei den **Rechtsanwälten**: Bei diesen handelt es sich eigentlich um einen reglementierten Beruf, so dass an sich die Vorrangregel zur Berufsanerkennungsrichtlinie 2005/36/EG, also Art. 17 Nr. 6 (dazu Rn 23-39), zur Anwendung kommen müsste. Allerdings lässt – wenn auch nur ausweislich eines Erwägungsgrundes – die Berufsanerkennungsrichtlinie sowohl die RL 77/249/EWG[84] als auch die RL 98/5/EG[85] unberührt.[86] Die Rechtsanwälte fallen damit nicht unter den Vorbehalt zugunsten der RL 2005/36/EG. **62**

Damit hat die Sonderregelung in **Art. 17 Nr. 4 eigene Bedeutung.** Diese nimmt sämtliche Angelegenheiten von der Anwendung des Art. 16 aus, die unter die sog. Anwaltsdienstleistungsrichtlinie 77/249/EWG[87] fallen. Die Richtlinie erfasst nach ihrem Art. 4 Abs. 1 zunächst die „mit der Vertretung oder der Verteidigung eines Mandanten im Bereich der Rechtspflege oder vor Behörden zusammenhängenden Tätigkeiten des Rechtsanwalts“, auf die nach Abs. 2 sowohl das Recht des Herkunftslandes als auch das des Zielstaates Anwendung finden. Zusätzliche Anforderungen und Ausschlüsse des Zielstaats erlauben Art. 3, 5 und 6 RL 77/249/EWG, während Art. 7 RL 77/249/EWG die Aufsichtszuständigkeit behandelt. Außer der **forensischen Tätigkeit** des Anwalts werden durch Art. 4 Abs. 4 RL 77/249/EWG **andere Tätigkeiten** dem Recht des Herkunftslandes unterworfen, dem der Zielstaat nur in beschränktem Umfang seine eigenen Anforderungen zur Seite stellen darf. **63**

Die von der RL 77/249/EWG erfassten Angelegenheiten umfassen damit das **komplette Tätigkeitsspektrum** eines in einem Mitgliedstaat niedergelassenen Rechtsanwalts. **Für** eine Anwendung von **Art. 16** bleibt daher **kein Raum.**[88] Das gilt auch und gerade für das anwaltliche Beratungsgeschäft.[89] Etwas anderes kann allenfalls dann gelten, soweit die Tätigkeit nicht mehr als anwaltliche zu qualifizieren ist, was etwa in den Fällen der Einsetzung als *trustee* als amtliches Organ oder als Träger eines privaten Amtes in Betracht kommen kann. **64**

---

84 RL 77/249/EWG des Rates v. 22.3.1977 zur Erleichterung der tatsächlichen Ausübung des freien Dienstleistungsverkehrs der Rechtsanwälte, ABl. Nr. L 78, S. 17. Zul. geänd. durch RL 2006/100/EG des Rates v. 20.11.2006, ABl. Nr. L 363, S. 141 (Beitritt Bulgariens und Rumäniens).

85 RL 98/5/EG des Europäischen Parlaments und des Rates v. 16.2.1998 zur Erleichterung der ständigen Ausübung des Rechtsanwaltsberufs in einem anderen Mitgliedstaat als dem, in dem die Qualifikation erworben wurde, ABl. 1998 Nr. L 77, S. 36. Geänd. durch die Beitrittsakte von 2003.

86 Erwägungsgrund 42 der RL 2005/36/EG. S. aber die berechtigten Hinweise bei Kopp, GPR 2008, 54, 56.

87 RL 77/249/EWG des Rates v. 22.3.1977 zur Erleichterung der tatsächlichen Ausübung des freien Dienstleistungsverkehrs der Rechtsanwälte, ABl. Nr. L 78, S. 17. Zul. geänd. durch die RL 2006/100/EG des Rates v. 20.11.2006 zur Anpassung bestimmter Richtlinien im Bereich Freizügigkeit anlässlich des Beitritts Bulgariens und Rumäniens, ABl. Nr. L 363, S. 141.

88 Richtig Kopp, GPR 2008, 54, 60. Im Ergebnis zutreffend auch Grunewald in: Leible (Hg.), S. 175, 176.

89 Anders Kommissionshandbuch, Ziff. 7.1.4.

4. Gerichtliche Beitreibung von Forderungen (Nr. 5)

65 Nach Art. 17 Nr. 5 findet Art. 16 auf die gerichtliche Beitreibung von Forderungen keine Anwendung. Diese Norm ist **überflüssig**, weil es sich dabei um die **Ausübung öffentlicher Gewalt** i. S. v. Art. 45 EGV handelt. Auf diese findet die Richtlinie nach **Art. 2 lit.** i keine Anwendung (vgl. Art. 2 Rn 72-80).

5. Vorbehalt zugunsten der VO (EWG) 1408/71 (Nr. 7)

66 Art. 16 findet nach Art. 17 Nr. 7 keine Anwendung auf Angelegenheiten, die unter die VO (EWG) 1408/71[90] fallen. Die Verordnung koordiniert die mitgliedstaatlichen **Systeme der sozialen Sicherheit.**[91] Ihr gegenüber ist die Dienstleistungsrichtlinie insgesamt nach Art. 3 Abs. 1 lit. b subsidiär. Da es lediglich um eine Koordinierung geht und keine mitgliedstaatlichen Regelungen in Frage stehen, wird die Verordnung auch nicht durch die Generalausnahme in Art. 1 Abs. 6 S. 2 berührt. Entsprechend der Lage beim Internationalen Privatrecht kann Art. 16 mittelbar Wirkungen entfalten, soweit die durch die Verordnung berufenen mitgliedstaatlichen Sozialrechte auf nicht-sozialrechtliche, aber öffentlich-rechtliche Normen verweisen, die von der Vorschrift erfasst sind (s. Rn 53 ff.).

6. Freizügigkeit von Unionsbürgern und Anforderungen an Drittstaater (Nr. 8, 9)

67 Art. 17 Nr. 8 stellt klar, dass Art. 16 die in der RL 2004/38/EG[92] geregelten Formalitäten für die Freizügigkeit von Unionsbürgern nicht berührt.[93] Entsprechend hält Art. 17 Nr. 9 das Schengenregime für Drittstaater vom Einfluss des Art. 16 frei.[94]

7. Verbringung von Abfällen (Nr. 10)

68 Art. 17 Nr. 10 ist richtigerweise ebenfalls **überflüssig**: Die hier der Anwendung von Art. 16 entzogene VO (EWG) Nr. 259/93 über die Verbringung von Abfällen[95] ist bereits von der Ausnahme der Abfallbewirtschaftung nach Art. 17 Nr. 1

90 VO (EWG) Nr. 1408/71 des Rates v. 14.6.1971 zur Anwendung der Systeme der sozialen Sicherheit auf Arbeitnehmer und deren Familien, die innerhalb der Gemeinschaft zu- und abwandern, ABl. Nr. L 149, S. 2. Zul. geänd. durch die VO (EG) Nr. 1992/2006 des Europäischen Parlaments und des Rates v. 18.12.2006 zur Änderung der VO (EWG) Nr. 1408/71 des Rates zur Anwendung der Systeme der sozialen Sicherheit auf Arbeitnehmer und Selbständige sowie deren Familienangehörige, die innerhalb der Gemeinschaft zu- und abwandern, ABl. Nr. L 392, S. 1.

91 Zu Einzelheiten Steinmeyer in: Schulze/Zuleeg (Hg.), Europarecht, § 40 Rn 23 ff.

92 RL 2004/38/EG des Europäischen Parlaments und des Rates v. 29.4.2004 über das Recht der Unionsbürger und ihrer Familienangehörigen, sich im Hoheitsgebiet der Mitgliedstaaten frei zu bewegen und aufzuhalten, zur Änderung der VO (EWG) Nr. 1612/68 und zur Aufhebung der RL 64/221/EWG, 68/360/EWG, 72/194/EWG, 73/148/EWG, 75/34/EWG, 75/35/EWG, 90/364/EWG, 90/365/EWG und 93/96/EWG, ABl. L 158, S. 77.

93 S. Kommissionshandbuch, Ziff. 7.1.4.

94 Kommissionshandbuch, Ziff. 7.1.4.

95 VO (EWG) Nr. 259/93 des Rates v. 1.2.1993 zur Überwachung und Kontrolle der Verbringung von Abfällen in der, in die und aus der Europäischen Gemeinschaft, ABl. L 30, S. 1. Zul. geänd. durch die VO (EG) Nr. 2557/2001 der Kommission v. 28.12.2001 zur Änderung des Anhangs V der VO (EWG) Nr. 259/93 des Rates zur Überwachung und Kontrolle der Verbringung von Abfällen in der, in die und aus der Europäischen Gemeinschaft, ABl. L 349, S. 1.

erfasst (s. Rn 21). Außerdem betrifft sie mit dem Transport einen Bereich, der nach Art. 2 lit. d ohnehin vom Anwendungsbereich der Richtlinie ausgenommen ist.

8. Immaterialgüterrechte (Nr. 11)

Art. 17 Nr. 11 ergänzt die Ausnahme für das Schuldrecht in Art. 17 Nr. 15 um einen Fall der dort nicht erfassten dinglichen Rechte, nämlich gewerbliche Schutzrechte jeder Art sowie Urheberrechte und verwandte Schutzrechte einschließlich derjenigen zum Rechtsschutz der Topographien von Halbleitererzeugnissen[96] und zum rechtlichen Schutz von Datenbanken.[97] Die Ausnahme gilt freilich nicht für Dienstleistungen, welche die Verwaltung von Immaterialgüterrechten betreffen etwa durch Patentanwälte oder Rechteverwertungsgesellschaften.[98] 69

9. Handlungen von Notaren (Nr. 12)

Eine weitere Ausnahme betrifft Handlungen, für welche die Mitwirkung eines Notars gesetzlich vorgeschrieben ist. Nicht diese Handlungen, sondern das Erfordernis der Mitwirkung des Notars fällt wegen Art. 17 Nr. 12 nicht unter Art. 16. Daran ist zunächst bemerkenswert, dass die Vorschrift trotz Art. 2 Abs. 2 lit. i und l für notwendig erachtet wurde (vgl. Art. 2 Rn 79, 92-95). Diese Notwendigkeit ergibt sich aus den unterschiedlichen Wirkungen: Während Art. 2 Abs. 2 lit. i und l die Dienstleistung des Notars selbst betrifft, geht es in Art. 17 Nr. 12 um **Erfordernisse einer notariellen Beurkundung** und Ähnliches mehr. Für Formerfordernisse für Verträge ergibt sich dies allerdings aus Art. 17 Nr. 15, wo die Formerfordernisse sogar ausdrücklich erwähnt werden.[99] Bedeutung hat die Ausnahme daher nur außerhalb des Schuldrechts (zum sachlichen Anwendungsbereich von Art. 17 Nr. 15 s. Rn 47 f.), etwa bei der Errichtung von Gesellschaften.[100] 70

10. Sonderregeln für Pflichtprüfer (Nr. 13)

Das Recht der **Wirtschaftsprüfer** ist in mehreren Teilbereichen der Anwendung von Art. 16 entzogen. Einerseits handelt es sich regelmäßig um einen reglementierten Beruf, für den daher nach Art. 17 Nr. 6 die Sonderregeln des Titels II der **RL 2005/36/EG** gelten (s. Rn 23-29). Andererseits werden die besonderen Regeln über die gesellschaftsrechtliche Pflichtprüfung der **RL 2006/43/EG**[101] nach Art. 17 Nr. 13 von der Kontrolle nach Art. 16 freigestellt. Dabei genießen die Regelungen der RL 2006/43/EG als dem späteren und spezielleren Rechtsakt richtigerweise **Vorrang** vor den Bestimmungen der RL 2005/36/EG.[102] 71

---

96 RL 87/54/EWG des Rates v. 16.12.1986 über den Rechtsschutz der Topographien von Halbleitererzeugnissen, ABl. L 24, S. 36.

97 RL 96/9/EG des Europäischen Parlaments und des Rates v. 11.3.1996 über den rechtlichen Schutz von Datenbanken, ABl. L 77, S. 20.

98 Kommissionshandbuch, Ziff. 7.1.4.

99 Übersehen im Kommissionshandbuch, Ziff. 7.1.4.

100 Zutreffend Kommissionshandbuch, Ziff. 7.1.4.

101 RL 2006/43/EG des Europäischen Parlaments und des Rates v. 17.5.2006 über Abschlussprüfungen von Jahresabschlüssen und konsolidierten Abschlüssen, zur Änderung der RL 78/660/EWG und 83/349/EWG des Rates und zur Aufhebung der RL 84/253/EWG des Rates, ABl. L 157, S. 87.

102 Insoweit zutreffend Grunewald, in: Leible (Hg.), S. 175, 184. Pikanterweise verweist Art. 14 RL 2006/43/EG noch auf die zum Erlasszeitpunkt bereits durch die RL 2005/36/

Nur soweit keine der beiden Richtlinien eingreift, kommt Art. 16 zur Anwendung.[103]

11. Zulassung von Leasingfahrzeugen (Nr. 14)

72 Art. 16 findet keine Anwendung auf die Zulassung von Fahrzeugen, die in einem anderen Mitgliedstaat geleast wurden. Damit wird die **bisherige Rechtsprechung** des Gerichtshofs zu den mit der Zulassung verbundenen Gebühren und Steuern[104] schlicht **beibehalten**. Die Vorschrift gilt nicht für die kurzfristige Fahrzeugvermietung.[105]

Artikel 18 Ausnahmen im Einzelfall

(1) Abweichend von Artikel 16 und nur in Ausnahmefällen können die Mitgliedstaaten Maßnahmen gegenüber einem in einem anderen Mitgliedstaat niedergelassenen Dienstleistungserbringer ergreifen, die sich auf die Sicherheit der Dienstleistungen beziehen.

(2) Die in Absatz 1 genannten Maßnahmen können nur unter Einhaltung des in Artikel 35 genannten Amtshilfeverfahrens und bei Vorliegen aller folgenden Voraussetzungen ergriffen werden:
a) die nationalen Rechtsvorschriften, aufgrund deren die Maßnahme getroffen wird, waren nicht Gegenstand einer Harmonisierung auf Gemeinschaftsebene im Bereich der Sicherheit von Dienstleistungen;
b) die Maßnahmen bewirken für den Dienstleistungsempfänger einen größeren Schutz als die Maßnahmen, die der Niederlassungsmitgliedstaat aufgrund seiner nationalen Vorschriften ergreifen würde;
c) der Niederlassungsmitgliedstaat hat keine bzw. im Hinblick auf Artikel 35 Absatz 2 unzureichende Maßnahmen ergriffen;
d) die Maßnahmen sind verhältnismäßig.

(3) Die Absätze 1 und 2 lassen die in den Gemeinschaftsrechtsakten festgelegten Bestimmungen zur Gewährleistung der Dienstleistungsfreiheit oder zur Gewährung von Ausnahmen von dieser Freiheit unberührt.

I. Ausnahmetatbestand: Sicherheit der Dienstleistung (Abs. 1)

1 Art. 18 bezieht sich, wie alle Vorschriften des Kapitels IV auf die Situation, in der ein Dienstleistungserbringer außerhalb des Mitgliedstaats seiner Niederlassung eine Dienstleistung erbringt, mithin die Konstellation der aktiven Dienstleistungsfreiheit i. S. v. Art. 49 EGV. Nach ihrem ausdrücklichen Wortlaut versteht sich die

EG aufgehobene RL 89/48/EWG über die Anerkennung von Hochschuldiplomen, die eine mindestens dreijährige Berufsausbildung abschließen.

103 Einen verbleibenden Anwendungsbereich sieht Grunewald in: Leible (Hg.), S. 175, 184 offenbar nicht.

104 S. EuGH, Rs C-451/99 (Cura-Anlagen), Slg. 2002, I-3193, Rn 67-69; Rs C-242/05 (van de Coevering), Slg. 2006, I-5843.

105 Kommissionshandbuch, Ziff. 7.1.4.

Vorschrift als Ausnahme zu Art. 16. Sie ist es insoweit, als Art. 16 Abs. 2 das Recht des Mitgliedstaats der Dienstleistungserbringung ausschließt, gegenüber dem Dienstleistungserbringer die eigenen Rechtsvorschriften anzuwenden und ggf. durchzusetzen. Aber auch die dem Mitgliedstaat der Dienstleistungserbringung nach Art. 16 Abs. 3 belassene Zuständigkeit zur Verfolgung der dort genannten Gemeinwohlziele geht dem Art. 18 vor.

Als einziges legitimes Handlungs- bzw. Regelungsziel einer mitgliedstaatlichen Maßnahme darf im Rahmen des Art. 18 die **Sicherheit der Dienstleistung** verfolgt werden. Die Richtlinie definiert an keiner Stelle, was sie unter diesem Begriff versteht. Negativ lässt sich zunächst insoweit eine Abgrenzung vornehmen, dass der in Art. 18 verwendete Begriff der Sicherheit anders als der Begriff der öffentlichen Sicherheit i. S. v. Art. 16 Abs. 3 verstanden werden muss,[1] da ansonsten der Ausnahmecharakter des Art. 18 nicht sinnvoll wäre. Auch aus der englischen Sprachfassung ergibt sich, dass ein spezifischer Sicherheitsbegriff gemeint ist („safety“ und nicht „security“). Als positive Ansatzpunkte einer Konkretisierung bestehen die Erwägungsgründe 91 und 98 sowie die Erwähnung des Ziels „Sicherheit der Bevölkerung“ in Art. 4 Nr. 8. Erwägungsgrund 91 führt den Begriff aber nicht weiter aus. In Erwägungsgrund 98 ist davon die Rede, dass Dienstleistungen ein Risiko für die Gesundheit, Sicherheit oder die finanzielle Lage eines Dienstleistungsempfängers oder Dritten darstellen können. Hieraus den Schluss zu ziehen, dass Sicherheitsfragen nicht auch den Gesundheits- oder den Vermögensschutz betreffen können, wäre aber verfehlt. Aus einem Vergleich mit anderen Dokumenten des Binnenmarktprogramms lässt sich ableiten, dass die Sicherheit von Dienstleistungen im Ausgangspunkt analog zur Produktsicherheit verstanden werden soll.[2] Insofern geht es zunächst um von Dienstleistungen ausgehende Risiken für **Gesundheit und körperliche Unversehrtheit** von Verbrauchern, die nach Art. 18 verhindert werden können. Darüber hinaus muss aber eine umfassendere Konzeption zugrunde gelegt werden, da Sicherheitsrisiken nicht nur vom „Produkt“ Dienstleistung, sondern auch vom Verhalten des Dienstleistungserbringers ausgehen können. So heißt es in einer Entschließung des Rates vom 1. Dezember 2003 über die Sicherheit von Dienstleistungen für Verbraucher,[3] dass der Rat von dem beträchtlichen Ausmaß und der großen Komplexität der in den Mitgliedstaaten bereits bestehenden Rechtsvorschriften und Politiken zur Regelung der verschiedenen Sicherheitsaspekte von Dienstleistungen Kenntnis nimmt. Im Übrigen ergibt sich aus der Entschließung des Rates, dass keine kohärente Vorstellung über Inhalt und Grenzen des Begriffs Sicherheit von Dienstleistungen besteht. In einem Bericht der Kommission an Rat und Parlament über die Sicherheit von Dienstleistungen für Verbraucher aus dem Jahr 2003[4] wird dagegen allein auf die Schutzgüter der Gesundheit und körperlichen Unversehrtheit abgestellt. Die Nichtberücksichtigung anderer, gemeinschaftsrechtlich anerkannter Schutzgüter, insbesondere **Eigentum und Vermögen**,[5] beruhte dagegen allein auf politischen Erwägungen der Kommission. 2

1 Letzterer entspricht dem Begriff der öffentlichen Sicherheit in Art. 4 Nr. 8., der wiederum mit Art. 46 EGV identisch ist.
2 Siehe Art. 20 RL 2001/95, ABl. 2002 Nr. L 11, S. 4.
3 ABl. 2003 Nr. C 299, S. 1.
4 KOM(2003) 313 endg. v. 6.6.2003.
5 Siehe z. B. EuGH, Rs C-451/03 (Servizi Ausiliari), Slg. 2006, I-2941, Rn 38.

3 Die Antwort auf die Frage, was nun unter Sicherheit der Dienstleistung in Art. 18 zu verstehen ist, kann allein im Lichte des Regelungskonzepts der Richtlinie gegeben werden. Insofern ist zunächst zu berücksichtigen, dass der Mitgliedstaat der Dienstleistungserbringung grundsätzlich nur zum Schutz der Rechtsgüter des Art. 16 Abs. 3 aufgrund eigener Zuständigkeit gegenüber dem Dienstleistungserbringer tätig werden darf. Diese Schutzgüter, insbesondere die öffentliche Ordnung und Sicherheit, sind nach der Rechtsprechung aber eng zu verstehen.[6] Vor diesem Hintergrund käme es zu einer schwer erträglichen Verkürzung des Rechtsgüterschutzes, wenn es dem Mitgliedstaat der Dienstleistungserbringung verwehrt würde, zum Schutz der auf seinem Hoheitsgebiet ansässigen Bevölkerung Maßnahmen gegenüber dem Dienstleistungserbringer zu ergreifen. Bestätigt wird diese Konzeption auch durch die zu Art. 18 korrespondierende Verfahrensnorm des Art. 35. Sinnvoll ist dieses Konzept nur dann, wenn ein umfassender Rechtsgüterschutz möglich ist, um Sicherheitsgefahren abzuwehren, die im Einzelfall von der Dienstleistung oder dem Dienstleistungserbringer ausgehen. Dabei muss der Sicherheitsbegriff so verstanden werden, dass er die Abwehr von Schäden an Rechtsgütern einzelner Personen umfasst. Hierzu gehören neben Leben, Gesundheit, körperlicher Unversehrtheit auch Eigentum und andere vermögenswerte Positionen.

4 Was die dadurch **begünstigten Personen** angeht, scheint Art. 18 Abs. 2 lit. b nur Maßnahmen zum Schutz des Dienstleistungsempfängers zuzulassen. Es ist aber kein Grund ersichtlich, warum nicht auch Dritte, z. B. Arbeitnehmer des Dienstleistungserbringers und andere durch die Dienstleistungserbringung unmittelbar betroffene Personen, vor Gefahren geschützt werden dürfen, die von „unsicheren" Dienstleistungen ausgehen.

5 Grundsätzlich ist jeder Mitgliedstaat frei, selbst zu bestimmen, auf welchem Niveau und mit welchen Mitteln er die Sicherheit von Dienstleistungen gewährleisten will.[7] Einer gemeinschaftsrechtlichen Bindung unterliegt er allerdings insofern, als er sein Recht nach Art. 18 i.V.m. Art. 35 nur im Ausnahmefall (Rn 6) durchsetzen kann und zudem das gemeinschaftsrechtliche Verhältnismäßigkeitsgebot beachten muss (Rn 9).

6 Der Mitgliedstaat der Dienstleistungserbringung darf von Art. 18 nur in **Ausnahmefällen** Gebrauch machen. Das bedeutet, dass Art. 18 nicht automatisch auf eine bestimmte Art von Dienstleistungen oder Dienstleistungserbringer angewendet werden darf, sondern nur im konkreten, begründeten Einzelfall.[8] Ob der Ausnahmecharakter des Art. 18 auch systematische Kontrollen und sonstige regelmäßige Maßnahmen ausschließt, wird nicht ausdrücklich geregelt, dürfte aber zu bejahen sein. Stichprobenartige Kontrollen wären demnach zulässig, was auch durch Art. 31 Abs. 4 bestätigt wird. Welche konkreten Maßnahmen der Mitgliedstaat ergreift, um die Sicherheit der Dienstleistung herzustellen, liegt in seinem Ermessen, solange die Verhältnismäßigkeit nach Abs. 2 gewahrt ist. Sachlich sind alle präventiven und repressiven Maßnahmen denkbar,[9] was im äußersten Fall auch Tätigkeitsverbote und vergleichbare Untersagungen zulasten des Dienstleistungserbringers einschließt.

6 Zuletzt EuGH, Rs C-168/04 (Kommission/Österreich), Slg. 2006, I-9041, Rn 64.
7 EuGH, Rs C-255/04 (Kommission/Frankreich), Slg. 2006, I-5251, Rn 44.
8 Kommissionshandbuch, Ziff. 7.1.5.
9 Kommissionshandbuch, Ziff. 7.1.5.

Sieht man den Befund des Art. 18 in Verbindung mit der Tatsache, dass die von Art. 16 Abs. 3 zugelassenen Ausnahmetatbestände der öffentlichen Sicherheit bzw. öffentlichen Ordnung vom EuGH seit jeher eng zu verstehen sind, stellt sich die Frage, ob sicherheitsrechtliche Aspekte gegenüber der grenzüberschreitenden Erbringung von Dienstleistungen nicht zu kurz kommen könnten. Die Antwort ergibt sich zunächst vor dem Hintergrund des **Erwägungsgrunds 9**, der vorsieht, dass die Richtlinie nicht auf die mitgliedstaatlichen Vorschriften Anwendung findet, die allgemein gelten und den Dienstleistungserbringer wie eine Privatperson treffen. Freilich ist das im Erwägungsgrund 9 vorgestellte Konzept rechtlich bislang noch nicht eindeutig geklärt. Die Antwort dürfte zudem von der (vorrangigen) primärrechtlichen Vorgabe abhängen, wie weit man den **Beschränkungsbegriff** der Dienstleistungsfreiheit versteht. Wenn mit anderen Worten eine innerstaatliche Maßnahme überhaupt keine Beschränkung der Dienstleistungserbringung darstellt, fällt sie nicht in den Anwendungsbereich des Art. 16 Abs. 1 und im Ergebnis auch nicht in den Anwendungsbereich des Art. 18. Im Sinne der Dogmatik der Grundfreiheiten lässt sich dies über eine sachliche Einschränkung des Beschränkungsbegriffes erreichen. Hierfür kommt zum einen ein Rückgriff auf die Keck-Rechtsprechung in Betracht.[10] Ihre Interpretation und die Frage der Übertragbarkeit auf die Dienstleistungsfreiheit sind freilich nach wie vor umstritten.[11] Im Ergebnis dürfte vor allem eine generelle Abgrenzung zwischen Marktzutritts- und Ausübungsregelungen kaum mit der Konzeption des Art. 16 Abs. 1 UA 2 zu vereinbaren sein, die neben der Aufnahme ausdrücklich auch die freie Ausübung von Dienstleistungstätigkeiten schützt.[12] Denkbar ist zum anderen eine Reduktion des Beschränkungsbegriffs unter Kausalitätsgesichtspunkten. So hat der EuGH eine Beschränkung verneint, wenn die mitgliedstaatliche Maßnahme eine „zu ungewisse und zu mittelbare Wirkung" auf die Grundfreiheiten entfaltet.[13] Die mit der Formel verbundene wertende Kausalitätsprüfung[14] ist damit durchaus geeignet, brauchbare Ergebnisse zu liefern. Problematisch bleibt jedoch, welche konkreten Wertungsgesichtspunkte der EuGH einzustellen bereit ist.[15] 7

Die Frage bleibt, wie diese EuGH-Rechtsprechung auf die Situation des Art. 18 übertragen werden kann. Geht man davon aus, dass die innerstaatliche Maßnahme sich unmittelbar auf die Dienstleistung bezieht, bleibt es bei der Anwendbarkeit des Art. 18. Soweit dagegen die Maßnahme den Dienstleistungserbringer nicht spezifisch in seiner Funktion als Wirtschaftsteilnehmer trifft, ist Art. 18 nicht anwendbar. Beispielsweise würde die Richtlinie nicht eingreifen, wenn die Polizei eine Trunkenheitsfahrt des Dienstleistungserbringers aus sicherheitsrechtlichen Gründen beendet. Hier ist der Zusammenhang mit der Dienstleistungserbringung nur zufällig. 8

10 EuGH, verb. Rs C-267/91 und C-268/91 (Keck und Mithouard) Slg. 1993, I-6097, Rn 15.
11 Siehe Ohler, Das Beschränkungsverbot der Grundfreiheiten, JA 2006, 839, 842 f. m. w. N.
12 Korte, Was bleibt vom herkömmlichen Verständnis der Dienstleistungsfreiheit?, EWS 2007, 246, 249.
13 EuGH, Rs C-93/92 (CMC Motorradcenter), Slg. 1993, I-5009, Rn 12; Rs C-190/98 (Graf), Slg. 2000, I-493, Rn 25.
14 Vgl. Deckert/Schroeder, Zur Reichweite der Grundfreiheiten, JZ 2001, 88, 91.
15 Streinz, Europarecht, Rn 809.

II. Anwendungsvoraussetzungen (Abs. 2)

9 Art. 18 Abs. 2 schränkt die Ausübung der Befugnisse des Mitgliedstaats der Dienstleistungserbringung in prozeduraler und materiell-rechtlicher Hinsicht ein. Prozedural ist das Verfahren des Art. 35 zu beachten. Materiell-rechtlich müssen kumulativ die Anforderungen der lit. a-d eingehalten werden.

10 Lit. a verlangt, dass die Maßnahme auf einer **nicht-harmonisierten Rechtsgrundlage** beruhen muss. Damit soll ausgeschlossen werden, dass die Ausnahme des Art. 18 in einem gemeinschaftsrechtlich harmonisierten Regelungsbereich in Anspruch genommen wird, obwohl sie dort nicht vorgesehen ist. Damit wird der Vorrang spezieller sekundärrechtlicher Regelungen gesichert.[16] Lit. b verpflichtet den Mitgliedstaat zu einer **Abwägungsentscheidung**, bei der er beurteilen muss, ob die von ihm beabsichtigte Maßnahme einen größeren Schutz bewirkt als eine Maßnahme des Niederlassungsmitgliedstaats. Dies kann freilich nicht abstrakt-generell im Sinne eines Vergleichs der Regelungsgrundlagen entschieden werden. Vielmehr muss eine konkrete Betrachtung vorgenommen werden, bei der die Frage der Effektivität des Schutzes im Vordergrund steht.[17] Überflüssig ist dagegen die Regelung des lit. c. Ohnehin muss das Verfahren des Art. 35 eingehalten werden, damit der Mitgliedstaat der Dienstleistungserbringung überhaupt tätig werden darf. Über den Wortlaut des lit. c hinaus darf der Mitgliedstaat aber auch in dringenden Fällen Maßnahmen ergreifen, ohne zuvor dem Niederlassungsmitgliedstaat eine Möglichkeit zum Einschreiten gegeben zu haben, Art. 35 Abs. 6.

11 Schließlich verlangt lit. d, dass die **Maßnahme verhältnismäßig** ist. Hierunter ist in Übereinstimmung mit Art. 16 Abs. 1 lit. c sowie dem allgemeinen Verhältnismäßigkeitsprinzip des Gemeinschaftsrechts zu verstehen, dass die Maßnahme geeignet und erforderlich ist. Geeignetheit bedeutet, dass die Maßnahme nicht unwirksam in Hinblick auf die Verfolgung des Ziels sein darf. Mindestens vorausgesetzt wird daher ein im konkreten Fall nachweisbarer Kausalzusammenhang zwischen verfolgtem Regelungsziel und der Maßnahme.[18] Erforderlich ist eine Maßnahme nur dann, wenn kein weniger einschneidendes Mittel besteht, um das Ziel zu erreichen. Im gemeinschaftsrechtlichen Zusammenhang ist eine Maßnahme dann nicht erforderlich, wenn bereits die Rechtsordnung des Herkunftsmitgliedstaats die von dem Aufnahmemitgliedstaat verlangten Anforderungen vorsieht.[19] Soweit die Maßnahme spezifisch dem Verbraucherschutz dient, können Informations- und Aufklärungspflichten des Dienstleistungserbringers gegenüber dem Empfänger der Dienstleistung weniger einschneidend sein als Vermarktungsverbote.[20] Eine Angemessenheitsprüfung im Sinne einer Zweck-Mittel-Relation findet gemeinschaftsrechtlich regelmäßig nicht statt, auch wenn in der Rechtsprechung einzelne Ausnahmen nachweisbar sind.[21]

16 Vgl. EuGH, Rs C-255/04 (Kommission/Frankreich), Slg. 2006, I-5251, Rn 43, 48 f.
17 Vgl. Kommissionshandbuch, Ziff. 7.1.5.
18 Vgl. EuGH, Rs C-451/03 (Servizi Ausiliari), Slg. 2006, I-2941, Rn 39 f.
19 St. Rspr., siehe EuGH, Rs C-244/04 (Kommission/Deutschland), Slg. 2006, I-885, Rn 31, 48; Kommissionshandbuch, Ziff. 7.1.3.3.; Müller-Graff in: Streinz EUV/EGV, Art. 49 EGV Rn 113 m. w. N.
20 Müller-Graff in: Streinz EUV/EGV, Art. 49 EGV Rn 112.
21 Vgl. EuGH, Rs C-168/04 (Kommission/Österreich), Slg. 2006, I-9041, Rn 65.

III. Vorrang von lex specialis Regeln (Abs. 3)

Abs. 3 enthält die selbstverständliche Regelung, dass spezielle gemeinschaftsrechtliche Vorschriften dem Art. 18 in seiner Gesamtheit vorgehen. Das soll insbesondere für die E-Commerce-Richtlinie[22] gelten.[23] 12

Abschnitt 2 Rechte der Dienstleistungsempfänger

Vor Artikel 19 Grenzüberschreitende Dienstleistungen und das Arbeitsrecht

Literatur: Annuß/Picker/Wißmann (Hg.), Festschrift für Reinhard Richardi zum 70. Geburtstag, München, 2007 (zitiert als: Bearbeiter in: FS Richardi); Basedow, Dienstleistungsrichtlinie, Herkunftslandprinzip und Internationales Privatrecht, EuZW 2004, 423; Fuchs, Die Beschränkung des Arbeitsmarktzugangs für Angehörige aus den EU-8-Staaten, ZESAR 2007, 97; Knöfel, Ausländische Scheinselbständige, Grundfreiheiten und Qualifikation, IPRax 2006, 552; Körner, EU-Dienstleistungsrichtlinie und Arbeitsrecht, NZA 2007, 233; Konzen, Europäische Dienstleistungsfreiheit und nationaler Arbeitnehmerschutz, NZA 2002, 781; Kohte/Dörner/Anzinger (Hg.), Arbeitsrecht im sozialen Dialog, Festschrift für Hellmut Wißmann zum 65. Geburtstag, München, 2005 (zitiert als: Bearbeiter in: FS Wißmann); Krebber, Zur Anwendung des Arbeitsrechts eines EU-Mitgliedstaates auf Arbeitsverhältnisse der in sein Gebiet vorübergehend aus anderen Mitgliedstaaten entsandten Arbeitnehmer, ZEuP 2001, 365; Lörcher, Die Dienstleistungsrichtlinie und die Stellungnahme des Ausschusses für Beschäftigung und soziale Angelegenheiten, EuroAS 2005, 133; Lemor, Auswirkungen der Dienstleistungsrichtlinie auf ausgesuchte reglementierte Berufe, EuZW 2007, 135; Mankowski, Wider ein Herkunftslandprinzip für Dienstleistungen im Binnenmarkt, IPRax 2004, 385; Preis/Temming, Die Urlaubs- und Lohnausgleichskasse im Kontext des Gemeinschaftsrechts, Frankfurt a. M., 2006 (zitiert als: Preis/Temming); Schlachter, Der Kommissionsentwurf für eine Richtlinie über Dienstleistungen im Binnenmarkt, GPR 2004, 245; dies., Grenzüberschreitende Dienstleistungen: Die Arbeitnehmerentsendung zwischen Dienstleistungsfreiheit und Verdrängungswettbewerb, NZA 2002, 1242; Wiesner/Wiedmann, Die Dienstleistungsrichtlinie – Marktöffnung oder Abschottung, ZiP 2005, 1210.

I. Die Dienstleistungs-Richtlinie im Verhältnis zum Arbeitsrecht

Dem Wortlaut der Erwägungsgründe 14, 82 und 86 sowie Art. 1 Abs. 6, 3 Abs. 1, 17 Nr. 2 zufolge will die Richtlinie das Arbeitsrecht unberührt lassen. Das könnte so verstanden werden, als ob beide Regelungsbereiche unverbunden nebeneinander stehen. Eine solche Annahme ist jedoch wegen inhaltlicher Überschneidungen eher fern liegend. Ein Dienstleistungserbringer wird nur in seltenen Fällen die angebotene Leistung selbst und allein ausführen, sondern sich dazu der Hilfe seiner Beschäftigten bedienen, die für die Dauer des Auftrages in das Aufnahmeland entsandt werden. Unter solchen Umständen ist es unvermeidlich, dass das Angebot einer grenzüberschreitenden Dienstleistung arbeitsrechtliche Probleme aufwirft. Im Richtlinien**entwurf**[1] war dies noch besonders augenfällig, weil er 1

22 RL 2000/31/EG, ABl. 2000 Nr. L 178, S. 1.

23 Kommissionshandbuch, Ziff. 7.1.5.

1 Hierzu Wiesner/Wiedmann, Die Dienstleistungsrichtlinie – Marktöffnung oder Abschottung, ZIP 2005, 1210; Mankowski, Wider ein Herkunftslandprinzip für Dienstleistungen im Binnenmarkt, IPRax 2004, 385; Sonnenberger, Kommissions-Vorschlag für eine Rahmenrichtlinie des Europäischen Parlaments und des Rates über Dienstleistungen im Binnenmarkt, RIW 2004, 321; Lörcher, Die Dienstleistungsrichtlinie und die Stellungnahme des Ausschusses für Beschäftigung und soziale Angelegenheiten, EuroAS 2005, 133; Schlachter, Der Kommissionsentwurf für eine Richtlinie über Dienstleistungen im Binnenmarkt,

im Grundsatz das Herkunftslandprinzip durchsetzen wollte, das alle Dienstleistungen allein den am Unternehmenssitz geltenden Vorschriften unterstellt. Gerade umgekehrt ist dagegen das Arbeitnehmerentsenderecht angelegt, das einen Kernbereich von Arbeitsbedingungen ausschließlich den am Ort der Leistungserbringung geltenden Regeln unterstellt. Der Entwurf versuchte zwar, den Konflikt dadurch zu entschärfen, dass diejenigen Dienstleistungen vom Herkunftslandprinzip ausgenommen wurden, die in den Anwendungsbereich der Entsenderichtlinie fallen. Diese Ausnahme wurde jedoch nicht konsequent durchgeführt, denn ein Teil der notwendigen Kontrollen über die Einhaltung zwingender Arbeitsbedingungen des Leistungsortes wurde dem Herkunftsmitgliedstaat ausschließlich übertragen,[2] d.h. insoweit auch für Entsendefälle am Herkunftslandprinzip festgehalten. Dies hatte sehr kritische Stellungnahmen ausgelöst.[3] Daher enthält die endgültige Fassung von Art. 31 Abs. 1 keine vermischte Zuständigkeit mehr, sondern entscheidet eindeutig, dass nicht nur die von der Entsenderichtlinie normierten zwingenden Arbeitsbedingungen von der Dienstleistungsrichtlinie unberührt bleiben, sondern auch die Überwachungszuständigkeit bei dem Aufnahmestaat liegt, der allein ein Interesse an der materiellen Beachtung dieser Standards haben kann. Obwohl damit das Arbeitsrecht der zur Erbringung der Dienstleistung entsandten Arbeitnehmer von der Dienstleistungsrichtlinie nicht berührt zu werden scheint, ist der Lebenssachverhalt grenzüberschreitender Dienstleistungen ohne Beachtung arbeitsrechtlicher Rahmenbedingungen nicht zu erfassen.

2 Seit Veröffentlichung der Richtlinie sind Vermutungen angestellt worden, ob nicht Bereiche verbleiben, in denen arbeitsrechtliche Standards durch die Dienstleistungsrichtlinie beschnitten werden. Im Ergebnis ist dem zu widersprechen, obwohl einige unklare Formulierungen diese Bedenken nahelegen: In Art. 16 Abs. 1 lit. b wird die Befugnis des Aufnahmestaates, die Dienstleistungsfreiheit auf seinem Hoheitsgebiet einzuschränken, an vier ausdrücklich benannte Rechtfertigungsgründe geknüpft: eine Gefährdung der öffentlichen Sicherheit, der öffentlichen Ordnung, der öffentlichen Gesundheit oder der Umwelt.[4] Die bisherige Rechtsprechung,[5] die neben dem Verbraucherschutz auch die Verwirklichung sozialer Ziele hatte genügen lassen, wird damit deutlich eingeschränkt.[6] Für das Arbeitsrecht ist allerdings in Art. 16 Abs. 3 S. 2 bestimmt, dass jeder Mitgliedstaat seine Bestimmungen über Beschäftigungsbedingungen (auch in Tarifverträgen) auf grenzüberschreitende Dienstleistungserbringer anwenden darf; dies allerdings nur „im Einklang mit dem Gemeinschaftsrecht". Damit bleibt offen, ob die Regelungen der Arbeitsbedingungen nur dann angewendet werden dürfen, wenn sie zugleich den eingeschränkten Rechtfer-

---

GPR 2004, 245; Basedow, Dienstleistungsrichtlinie, Herkunftslandprinzip und Internationales Privatrecht, EuZW 2004, 423; Lorenz, EU-Dienstleistungsrichtlinie und gesetzlicher Mindestlohn – rechtliche Bewertungen und mögliche Schlussfolgerungen, AuR 2006, 91.

2 Art. 24 Abs. 1 lit. a-d des Entwurfs (KOM(2004) 2 endg.) verwendete dafür die Technik, dem Aufnahmestaat bestimmte Kontrollmaßnahmen zu verbieten.

3 Europäischer Wirtschafts- und Sozialausschuss v. 16.2.2005, ABl. 2005 Nr. C 221, S. 113, 117 f.; Nachweise bei Schlachter, GPR 2004, 245; Lorenz, AuR 2006, 91; Koberski in: FS Richardi, S. 1051; Deinert, Das Herkunftslandprinzip und seine Bedeutung für das Internationale Deliktsrecht, EWS 2006, 445, 447 f.

4 Kommissionshandbuch, Ziff. 7.1.3.1.

5 Vgl. EuGH, Rs C-94/04 und C-202/04 (Cipolla), BB 2007, 462, Rn 57, 61.

6 Körner, EU-Dienstleistungsrichtlinie und Arbeitsrecht, NZA 2007, 233, 234; Lemor, Auswirkungen der Dienstleistungsrichtlinie auf ausgesuchte reglementierte Berufe, EuZW 2007, 135, 138.

tigungsmöglichkeiten der Dienstleistungsrichtlinie genügen können oder umgekehrt dieser vorgehen. Für eine Vorrangregelung spricht grundsätzlich Art. 1 Abs. 6, demzufolge diese Richtlinie das Arbeitsrecht „nicht berührt".[7] Aber auch hier wird den Mitgliedstaaten dieser Vorrang nur zugestanden, wenn die Bestimmungen „unter Wahrung des Gemeinschaftsrechts" angewendet werden. Zusammen mit den Erwägungsgründen 82 und 86 sollten sich diese Anforderungen allerdings dahingehend konkretisieren lassen, dass das Arbeitsrecht der Mitgliedstaaten auf Dienstleistungserbringer aus anderen Staaten angewendet werden darf,[8] solange dies diskriminierungsfrei[9] und auf verhältnismäßige Weise[10] geschieht. Für den speziellen Fall der Arbeitnehmerentsendung ist in Art. 17 Nr. 2 ausdrücklich der Vorrang der Entsenderichtlinie 96/71/EG festgeschrieben worden. Werden zur Ausübung der Dienstleistungsfreiheit also Arbeitnehmer benötigt, richtet sich die Zulässigkeit ihrer Entsendung auch künftig nach den Bedingungen der Entsenderichtlinie.

1. Arbeitsrechtliche Probleme in Entsendungsfällen

Werden in einen Staat besonders viele Beschäftigte entsandt, kann dies am Arbeitsmarkt des Aufnahmestaates zu schweren Verwerfungen führen. Dies ist die Folge unterschiedlicher Arbeitskosten in den Mitgliedstaaten, die es für Unternehmen mit Sitz in Niedriglohnländern attraktiv machen, die Leistung ihrer Arbeitnehmer in Hochlohnländern anzubieten.[11] Der Wettbewerbsnachteil von Anbietern aus dem Aufnahmestaat beruht vertragsrechtlich auf dem Zusammenspiel vieler Regelungen: Richtet sich das Arbeitsverhältnis nach den Bestimmungen des „gewöhnlichen Arbeitsortes", so werden diese durch eine vorübergehende Entsendung in einen anderen Mitgliedstaat nicht beeinflusst.[12] Der Arbeitgeber kann also zu heimischen Arbeitskosten kalkulieren, selbst wenn er seine Leistung mitsamt dem zur Erbringung notwendigen Personal über die Grenze exportiert. Sind die Arbeitskosten im Aufnahmestaat weit höher als am Betriebssitz und ist der Anteil der Arbeitskosten an den Gesamtkosten der Dienstleistung hoch, erhält der Anbieter auf diese Weise einen komparativen Kostenvorteil gegenüber Konkurrenten aus dem Aufnahmestaat. Gewinner ist dieser Anbieter, weil er Aufträge zusätzlich einwerben kann; auch die bei ihm Beschäftigten können Gewinner sein, sofern sie wegen niedriger Lohnkosten einen Arbeitsplatz erhalten, den sie anderenfalls nicht erhalten hätten; bei schlechter Arbeitsmarktlage kompensiert dies auch die Unannehmlichkeiten der Entsendesituation. Verlierer sind die konkurrierenden Unternehmen im Aufnahmestaat, die ihre Personalkosten nur in begrenztem Maße drücken können, sowie deren Beschäftigte, die entweder mit Lohneinbußen oder mit Arbeitsplatzverlust zu rechnen haben. Da sich dieser Nachteil negativ auf die Steuereinnahmen und die Beiträge der Sozialkassen des Aufnahmestaates auswirkt, haben die potenziellen Aufnahmestaaten ein offensichtliches wirtschaftli- 3

7 Kommissionshandbuch, Ziff. 3.2.
8 Kommissionshandbuch, Ziff. 7.1.4.
9 Kommissionshandbuch, Ziff. 7.1.3.2.
10 Kommissionshandbuch, Ziff. 7.1.3.3.
11 v. Danwitz, Die Rechtsprechung des EuGH zum Entsenderecht, EuZW 2002, 237; Junker, Arbeitnehmerentsendung aus deutscher und europäischer Sicht, JZ 2005, 481.
12 Schlachter, Grenzüberschreitende Arbeitsverhältnisse, NZA 2000, 57; dies., Grenzüberschreitende Dienstleistungen: Die Arbeitnehmerentsendung zwischen Dienstleistungsfreiheit und Verdrängungswettbewerb, NZA 2002, 1242; Wank/Börgmann, Die Einbeziehung ausländischer Arbeitnehmer in das deutsche Urlaubskassenverfahren, NZA 2001, 177.

ches Interesse an der Eindämmung des Lohnkostenwettbewerbs, selbst wenn dies nur um den Preis zu haben ist, den einheimischen Verbrauchern die Wohltaten billigerer Dienstleistungen vorzuenthalten.

4 Den politisch schwierigen Kompromiss zwischen diesen Interessen spiegeln die Auseinandersetzungen um die Entsenderichtlinie, die im Ergebnis für einige zentrale Arbeitsbedingungen nicht das Recht des gewöhnlichen Arbeitsorts, sondern das des aktuellen Arbeitsorts zur Anwendung bringt.[13] Das führt zu einer teilweisen Überlagerung zweier anwendbarer Rechtsordnungen: Am Arbeitsvertragsstatut, also derjenigen Rechtsordnung, der das Arbeitsverhältnis insgesamt unterliegt, ändert sich durch eine vorübergehende Entsendung des Arbeitnehmers ins Ausland nichts. Dasselbe gilt grundsätzlich auch für die Sozialversicherung, für die die VO 1408/71/EWG den Fortbestand der bisherigen Versicherungsverhältnisse im Rahmen zeitlicher Höchstgrenzen vorsieht. Die maximal zulässige versicherungstechnisch unschädliche Entsendedauer beträgt grundsätzlich ein Jahr, die Nachfolgeregelung gemäß VO 883/2004 EG erlaubt künftig einheitlich zwei Jahre. Insoweit bleiben also während der Entsendesituation die im Heimatstaat maßgeblichen arbeits- und sozialrechtlichen Rahmenbedingungen aufrecht erhalten. Diejenigen Arbeitsbedingungen, die die Entsenderichtlinie für die Gewährleistung eines angemessenen Arbeitnehmerschutzes als zentral ansieht,[14] unterliegen dagegen für die Dauer der Entsendung den am aktuellen Arbeitsort geltenden Bestimmungen.

5 Besonderheiten sind dagegen zu beachten, wenn die entsandten Personen nur nach deutschem Recht Arbeitnehmer sind, nach den Regeln des Entsendestaates dagegen als Selbstständige beschäftigt werden. Solche Vertragskonstruktionen dienen in jüngerer Zeit nicht mehr nur zur Vermeidung der Mindestentgelte in den vom AEntG erfassten Tarifgebieten, sondern auch der Zutrittsschranken für Arbeitnehmer aus Mittel- und Osteuropa,[15] die in den Beitrittsverträgen für eine Übergangszeit vereinbart worden sind. Unternehmen aus den Altmitgliedstaaten schließen mit Staatsangehörigen der Beitrittsstaaten „Werkverträge“ zur Erbringung von Dienstleistungen in Deutschland, um ihnen die Betätigung dort zu ermöglichen, die sie weder als Beschäftigte deutscher Unternehmen (wegen Einschränkung der Freizügigkeit) noch als entsandte Beschäftigte ausländischer Unternehmen (wegen teilweise eingeschränkter Dienstleistungsfreiheit)[16] erlangen könnten. Wäre der Aufnahmestaat verpflichtet, diese Personen als Selbstständige anzuerkennen, könnte dies das Entsenderecht aushebeln. Ob ein Dienstleistungserbringer Arbeitnehmer oder Selbstständiger ist, muss sich nach den Kriterien des Inlandsmarktes bestimmen, dessen Arbeitsmarkt und Sozialversicherungssystem von der Dienstleistung betroffen wird; der Arbeitnehmerschutz muss sich nach den Maßstäben des zu schützenden Arbeitsmarktes bestimmen. Dies erkennt etwa Art. 2 Abs. 2 Entsenderichtlinie an, der zur Bestimmung des Arbeitnehmerbegriffes auf das Recht des Aufnahmemitgliedstaates verweist.[17] Damit kann die Arbeitnehmer-

13 Schlachter in: Müller-Glöge/Preis/Schmidt (Hg.), Erfurter Kommentar zum Arbeitsrecht, 8. Aufl., München, 2008, § 1 AEntG Rn 2.

14 Vgl. unten Ziff. 3.b.

15 Knöfel, Ausländische Scheinselbständige, Grundfreiheiten und Qualifikation, IPRax 2006, 552 ff.

16 Vgl. unten Ziff. 3.c.cc.

17 Schlachter in: Müller-Glöge/Preis/Schmidt (Hg.), Erfurter Kommentar zum Arbeitsrecht, 8. Aufl., München, 2008, § 1 AEntG Rn 6.

eigenschaft von Dienstleistenden nach deutschem Recht bestimmt werden; ein Ausweichen in die Scheinselbstständigkeit wird erschwert.

Die Verpflichtung zur Gewährung der am Arbeitsort geltenden Bedingungen lässt sich nicht dadurch vermeiden, dass eine Tätigkeit der Beschäftigten sozialversicherungsrechtlich als selbstständige Dienstleistung eingestuft wird. Der weitere Fortbestand des bisherigen Sozialversicherungsverhältnisses wird für den Zeitraum der Entsendung durch eine Bescheinigung des Mitgliedstaates nachgewiesen werden, dessen Versicherungsvorschriften weiterhin gelten sollen (sog. Bescheinigung E-101). Mit der Ausstellung dieser Bescheinigung erklärt der Heimatstaat mit Wirkung für die Sozialversicherungsträger auch des Aufnahmestaates verbindlich,[18] dass die eigenen Sozialversicherungssysteme während der Entsendedauer maßgeblich bleiben. Das gibt dem Entsendeunternehmen durchaus gewisse Gestaltungsoptionen, denn der EuGH[19] hat festgestellt, dass dem Bindungswirkung für die ausländischen Sozialversicherungsträger zukommt. Begründet wird dies damit, dass der Aussteller dem Grundsatz der vertrauensvollen Zusammenarbeit unter den Mitgliedstaaten entsprechend (Art. 10 EGV) zu einer ordnungsgemäßen Beurteilung des fraglichen Sachverhalts verpflichtet ist, so dass seiner Entscheidung eine positive Vermutungswirkung beizumessen ist. Bei Vorlage dieser Bescheinigung wird das Entsendeunternehmen also für seine entsandten Beschäftigten nicht beitragspflichtig zu den Sozialversicherungen des Aufnahmestaates. Auf die Nichtanwendbarkeit des **Arbeitsrechts** erstreckt sich diese Vermutung jedoch nicht.[20] Zwar kann sich auch ein grenzüberschreitend tätiger Selbstständiger durch Vordruck E-101 bescheinigen lassen, im Herkunftsland den sozialversicherungsrechtlichen Status eines Selbstständigen zu genießen; doch ist dies für die arbeitsrechtliche Einstufung im Aufnahmestaat irrelevant. Deutsche Gerichte bzw. Aufsichtsbehörden qualifizieren nach eigenem Recht, ob ein Dienstleistungserbringer Arbeitnehmer ist oder nicht. Werden die Voraussetzungen eines selbstständigen Dienstvertrages nach deutschem Recht nicht erfüllt, unterliegt der Entsandte als sog. Scheinselbstständiger in Deutschland den nach der Entsenderichtlinie geltenden Arbeitsbedingungen. Der EuGH hat hierin keine unzulässige Beeinträchtigung gesehen, sondern anerkannt, dass für die Belange der Entsenderichtlinie der Begriff des Arbeitnehmers nicht gemeinschaftsrechtsautonom ausgelegt wird,[21] sondern sich nach dem Recht des Aufnahmestaates bestimmt.[22] Mithin lässt sich selbst mithilfe der gemeinschaftsrechtlich abgesicherten Bindungswirkung sozialversicherungsrechtlicher Statusfestlegung nicht erreichen, dass die von der Entsenderichtlinie vorgeschriebenen Kernarbeitsbedingungen durch Ausweichen in die (Schein)Selbstständigkeit vermieden werden können. Dadurch wird den Dienstleistungsanbietern gezielt die Wahrnehmung einer für sie günstigen Rechtslage verwehrt. Darin könnte eine Einschränkung der Grundfreiheiten der EG liegen, die besonderer Rechtfertigung bedürfte. 6

18 Zur Erstreckung der Bindungswirkung auch auf die Strafverfolgung gem. § 266 a Abs. 1 StGB vgl. BGH v. 24.10.2006, 1 StR 44/06, NJW 2007, 233.
19 EuGH, Rs C-202/97 (Fitzwilliam), ZIP 2000, 468.
20 Mankowski, Ausländische Scheinselbstständige und Internationales Privatrecht, BB 1997, 465, 471; Steinmeyer, Sozialdumping in Europa, DVBl. 1995, 962, 968.
21 EuGH, Rs 66/85 (Lawrie Blum), Slg. 1986, 2121; Streinz, Europarecht, Rn 572.
22 Birk in: Richardi/Wlotzke (Hg.), Münchener Handbuch zum Arbeitsrecht, 2. Aufl., München, 2000, § 19 Rn 123; Schlachter in: Müller-Glöge/Preis/Schmidt (Hg.), Erfurter Kommentar zum Arbeitsrecht, 8. Aufl., München, 2008, § 1 AEntG Rn 6.

7 Zur Dienstleistungsfreiheit grenzüberschreitend tätiger Unternehmen gehört es zweifellos, zwecks Ausführung angebotener Dienstleistungen ihre Arbeitnehmer in den Aufnahmemitgliedstaat mitzubringen, Art. 49 EGV. Auf die Anforderungen dieser Norm wird die Diskussion daher auch konzentriert. Daneben kann aber auch die Freizügigkeit der entsandten Beschäftigten gem. Art. 39 EGV betroffen sein, die allen Arbeitnehmern aus den Mitgliedstaaten freien Zugang zu Arbeitsplätzen in anderen Mitgliedstaaten garantiert.[23] Das umfasst nicht nur das Recht der Arbeitnehmer, beim Zugang zur Beschäftigung und den Arbeitsbedingungen nicht diskriminiert zu werden, sondern gibt ihnen auch das Recht, sich um in anderen Mitgliedstaaten angebotene Stellen zu bewerben, und sich zu diesem Zweck dort aufzuhalten. Dass sich auch zwecks Ausführung einer Dienstleistung in den Aufnahmestaat entsandte Arbeitnehmer auf Art. 39 EGV berufen können, ist daher nicht fern liegend. Die Anwendbarkeit von Art. 39 EGV auf diese Konstellation wird allerdings von der überwiegenden Ansicht abgelehnt,[24] weil die entsandten Arbeitnehmer keinen Zutritt zum Arbeitsmarkt des Aufnahmemitgliedstaates beanspruchten, sondern nach Erledigung ihres Auftrages in den Herkunftsmitgliedstaat zurückkehren und dort tätig bleiben wollten. Die Entscheidung, Dienste im Aufnahmemitgliedstaat zu erbringen, hätten sie zudem nicht selbst getroffen, sondern sie hätten in Erfüllung ihrer arbeitsvertraglichen Leistungspflicht die entsprechende Weisung ihres Arbeitgebers befolgt. Überzeugend sind diese Einwände jedoch nicht, weil jede Tätigkeit entsandter Arbeitnehmer den Arbeitsmarkt des Aufnahmemitgliedstaates ebenso wie diejenige arbeitsuchender Personen berührt.[25] Schließlich gibt es keine untere zeitliche Grenze der Beschäftigung, die überschritten werden müsste, um das Freizügigkeitsrecht beanspruchen zu können; selbst kurzfristige Tätigkeiten genügen.[26] Würde die entsprechende Aufgabe nicht von einem ausländischen Arbeitnehmer übernommen, könnte sie ebenso gut einem einheimischen Beschäftigten übertragen werden. Entsprechend wird der Arbeitsmarkt des Aufnahmestaates selbst dann berührt, wenn der entsandte Beschäftigte nach Abschluss der Tätigkeit in sein Herkunftsland zurückkehrt. Ist damit auch Art. 39 EGV auf die entsandten Arbeitnehmer anwendbar, müssen Regelungen des Aufnahmestaates, die diese Freiheit begrenzen, gerechtfertigt werden. Die hierfür maßgeblichen Voraussetzungen, zwingende Gründe des Allgemeinwohls, entsprechen grundsätzlich den unten näher behandelten Gründen zur Rechtfertigung der Beschränkung der Dienstleistungsfreiheit der Entsendeunternehmen.

23 EuGH, Rs C-415/93 (Bosman), DZWiR 1996, 59, Rn 92; Rs C-281/98 (Angonese), Slg. 2000, I-4139.

24 EuGH, Rs C-113/89 (Rush Portuguesa), NZA 1990, 653, Rn 15; Rs 49/98 (Finalarte), NZBau 2002, 48, Rn 22; Rs C-445/03, NZA 2005, 99, Rn 38; zustimmend: Krebber, Zur Anwendung des Arbeitsrechts eines EU-Mitgliedstaates auf Arbeitsverhältnisse der in sein Gebiet vorübergehend aus anderen Mitgliedstaaten entsandten Arbeitnehmer, ZEuP 2001, 365, 366; Franzen, Gleicher Lohn für gleiche Arbeit am gleichen Ort?, DZWiR 1996, 89, 96.

25 Hanau, Das Arbeitnehmer-Entsendegesetz, NJW 1996, 1369, 1371; Birk in: FS Wißmann, S. 527 m. w. N.; Konzen, Europäische Dienstleistungsfreiheit und nationaler Arbeitnehmerschutz, NZA 2002, 781; Rieble/Lessner, Arbeitnehmer-Entsendegesetz, Nettolohnhaftung und EG-Vertrag, ZfA 2002, 44 ff.

26 EuGH, Rs C-357/89 (Raulin), Slg. 1992, I-1027, Rn 9, 11.

2. Verhältnis des Entsenderechts zum Kollisionsrecht

Welcher Rechtsordnung das Arbeitsverhältnis insgesamt unterliegt, richtet sich nicht nach der Dienstleistungsrichtlinie,[27] sondern nach dem anwendbaren Kollisionsrecht. Dieses lässt sich grundsätzlich auch in Entsendefällen durch Rechtswahl der Parteien beeinflussen, deren Auswirkungen allerdings durch Arbeitnehmerschutzgrundsätze eingeschränkt werden: Dem Arbeitnehmer darf durch die Rechtswahl nicht der Schutz entzogen werden, den ihm die zwingenden Bestimmungen des ohne eine Rechtswahl objektiv für das Arbeitsverhältnis maßgeblichen Rechts gewähren, Art. 6 Abs. 1 EVÜ.[28] Bei dieser objektiv anwendbaren Rechtsordnung handelt es sich grundsätzlich entweder um das Recht des gewöhnlichen Arbeitsortes, der durch eine vorübergehende Entsendung nicht beeinflusst wird, oder um das Recht am Ort der einstellenden Niederlassung, falls der Arbeitnehmer seine Tätigkeit gewöhnlich nicht in ein und dem selben Staat verrichtet. Etwas anderes gilt nur, falls das Arbeitsverhältnis unter Berücksichtigung aller konkreten Umstände eine engere Verbindung zu einem anderen Staat aufweist.[29] 8

Für den Entsendefall führen alle diese Anknüpfungsmomente üblicherweise zum Recht des Herkunftslandes: Bei einer Rechtswahl würde die für das Unternehmen kostengünstigere heimische Ordnung berufen. Eine Korrektur durch zwingende Bestimmungen des Arbeitsrechts im Aufnahmestaat kommt nur in Betracht, falls es objektiv anwendbar wäre, also unter denselben Bedingungen wie bei einem Arbeitsverhältnis ohne Rechtswahlklausel.[30] Auch in dieser Situation weisen aber wichtige Indizien auf den Herkunftsstaat: Der gewöhnliche Arbeitsort als Anknüpfungsmoment bestimmt sich ausdrücklich ohne Rücksicht auf eine vorübergehende Entsendung, entspricht also dem Herkunftsstaat. Sollte die zweite Alternative einschlägig sein, weil der Arbeitnehmer zum Zweck einer Beschäftigung in verschiedenen ausländischen Staaten eingestellt wurde und gerade über keinen überwiegenden Arbeitsort verfügt, ist als die gem. Art. 6 Abs. 1 EVÜ maßgebende „einstellende Niederlassung“ wiederum das Herkunftsland berufen. Nicht einmal die Ausweichklausel führt hier weiter, da eine Gesamtabwägung aller Umstände des Einzelfalles im Regelfall zahlreiche Indizien zu beachten hätte,[31] die auf das Herkunftsland verweisen: Oft dürften beide Vertragsparteien die Staatsangehörigkeit des Herkunftslandes gemeinsam haben; dort liegt auch der Betriebssitz des Arbeitgebers. Auch die Vertragssprache, die für die Entgeltleistung maßgebliche Währung, der Ort des Vertragsschlusses und andere Aspekte werden typischerweise gerade keine engere Verbindung des Arbeitsverhältnisses zum Aufnahmestaat begründen. Daher können dessen Arbeitsbedingungen nur noch als international zwingende Normen[32] gegen das grundsätzlich als Vertragsstatut berufene Recht des Herkunftslandes durchgesetzt werden. 9

---

27 Vgl. Art. Abs. 2 Dienstleistungsrichtlinie. Dazu: Kommissionshandbuch, Ziff. 3.4.

28 Entspricht Art. 30 EGBGB.

29 Schlachter in: Müller-Glöge/Preis/Schmidt (Hg.), Erfurter Kommentar zum Arbeitsrecht, 8. Aufl., München, 2008, § 1 AEntG Rn 6.

30 Schlachter, NZA 2000, 57; Wank/Börgmann, NZA 2001, 177.

31 BAG v. 29.10.1992, 2 AZR 267/92, NZA 1993, 743.

32 Birk in: Richardi/Wlotzke (Hg.), Münchener Handbuch zum Arbeitsrecht, 2. Aufl., München, 2000, § 20 Rn 84 ff.; Schlachter in: Müller-Glöge/Preis/Schmidt (Hg.), Erfurter Kommentar zum Arbeitsrecht, 8. Aufl., München, 2008, Art. 30, 34 EGBGB Rn 16; Wimmer, Neuere Entwicklungen im internationalen Arbeitsrecht, IPRax 1995, 207, 211; Knöfel, Kommendes Internationales Arbeitsrecht, RdA 2005, 269, 275.

10 Dieser Option bedient sich nach h. M. die Entsenderichtlinie, die es den Mitgliedstaaten ermöglicht, ihre Kernarbeitsbedingungen in den Rang international zwingender Normen zu erheben, um aus wirtschaftlichen oder sozialpolitischen Gründen ihren Geltungsanspruch im Inland gegen ausländisches Vertragsstatut durchzusetzen. Das lässt darauf schließen, dass die Richtlinie ein Instrument i. S. v. Art. 7 Abs. 2 EVÜ schaffen will, mit dem international zwingende Normen des eigenen Rechts gegenüber jedem berufenen Vertragsstatut durchgesetzt werden können. Eine solche Konkretisierung des europäischen Schuldvertragsübereinkommens[33] ist von Art. 20 EVÜ gedeckt, also zulässig. Eine andere Argumentationslinie sieht die Richtlinie selbst als international zwingende Norm an,[34] die dem künftigen Umsetzungsgesetz durch gemeinschaftsrechtliche Anordnung zwingende Wirkung in den Mitgliedstaaten verleiht. Kraft ihres Anwendungsvorrangs kann sie sich gegen jedes mitgliedstaatliche Kollisions- oder Sachrecht durchsetzen und verlangen, dass die Bestimmungen des nationalen Umsetzungsgesetzes unabhängig von ihrem Regelungsgehalt gemeinschaftsrechtskonform so ausgelegt werden, dass sie international zwingende Standards vorschreiben. Eine solche Auslegung der Bestimmungen in §§ 3, 7 AEntG wäre durchaus möglich, ist aber unnötig, da der Gesetzgeber ihnen bereits ihrem Wortlaut zufolge eine international zwingende Wirkung zuerkennen wollte. Ob ihm die Entscheidung darüber gemeinschaftsrechtlich vorgegeben war oder ob er sich für seine Entscheidung eines Instruments des EVÜ bedienen wollte, kann offen bleiben, da tatsächlich eine Eingriffsnorm geschaffen worden ist.

3. Entsenderichtlinie als Instrument der Problemlösung

a) Richtlinienziele

11 Wegen der gegenläufigen Interessen von Mitgliedstaaten, die als Empfänger grenzüberschreitender Dienstleistungen ihren Arbeitsmarkt schützen, und der anderen Staaten, die als Sitz der Dienstleistungserbringer diesen Exportchancen eröffnen wollen, hat die Richtlinie nicht einmal den Versuch unternommen, materielle Inhalte der Arbeitsbedingungen in den Mitgliedstaaten zu harmonisieren oder gar zu vereinheitlichen.[35] Ihnen bleibt vielmehr überlassen, insbesondere unter Beachtung der Grundfreiheiten des Vertrages die Inhalte der Arbeitsbedingungen selbst zu bestimmen.[36] Eine Beachtung aller Grundsätze des Vertrages bedingt allerdings Kompromisse, die bereits die Entsenderichtlinie vorgezeichnet hat. In ihren ersten vier Erwägungsgründen betont sie daher die hohe Bedeutung der Dienstleistungsfreiheit für die Verwirklichung des Binnenmarktes; dass die Ausübung dieser Grundfreiheit besondere Förderung verdient, Art. 3 lit. c EGV, steht mithin nicht erst seit Erlass der Dienstleistungsrichtlinie im Fokus gemeinschaftsrechtlicher Instrumente. Im Anschluss wird jedoch im 5. Erwägungsgrund deutlich auf die notwendige Begrenzung dieser Freiheit verwiesen, um einen fairen Wettbewerb

33 Übereinkommen von Rom über das auf vertragliche Schuldverhältnisse anzuwendende Recht v. 19.6.1980, ABl. 1980 Nr. L 206, S. 1; vgl. auch BGBl. II 1986, 810 ff. Zur Überführung des EVÜ in eine „Rom-I-VO" vgl. das Grünbuch: KOM(2002) 654 endg. v. 14.1.2003; Leible, Das Grünbuch zum internationalen Vertragsrecht, München, 2004.

34 Preis/Temming, S. 77 ff.

35 Mitteilung der Kommission v. 25.7.2003 über die Durchführung der RL 96/71/EG in den Mitgliedstaaten, KOM(2003) 458 endg., Ziff. 2.3.1.3.

36 EuGH, Rs C-490/04 (KOM/Deutschland), NZA 2007, 917.

zwischen den Unternehmen aus beiden von einer Entsendesituation betroffenen Staaten zu gewährleisten und zugleich den sozialen Schutz der entsandten Arbeitnehmer sicherzustellen. Dabei steht der Terminus des „fairen Wettbewerbs" zwischen Unternehmen unausgesprochen für den Schutzbedarf der Arbeitgeber und Arbeitnehmer des Aufnahmestaates, deren Betätigungsmöglichkeiten stabilisiert werden, sobald der ausländischen Konkurrenz ein Teil ihrer Lohnkostenvorteile entzogen wird.[37]

b) Kernarbeitsbedingungen

12 Die Arbeitsbedingungen der entsandten Arbeitnehmer müssen gem. Art. 3 Entsenderichtlinie den jeweils im Aufnahmestaat geltenden nationalen Standards zwingend entsprechen, solange ihr Heimatrecht nicht im konkreten Falle günstigere Bedingungen gewährt, Art. 3 Abs. 7 Entsenderichtlinie. Regelungsziel ist es damit nicht, einen gemeinschaftsweit einheitlichen oder auch nur angeglichenen Standard vorzuschreiben. Maßgeblich für die Entsendesituation sind lediglich die jeweils im Aufnahmestaat geltenden Kernarbeitsbedingungen als Mindeststandard für die Dauer des Auslandseinsatzes. Der Aufnahmestaat muss gewährleisten, dass diese Normen am Arbeitsort unterschiedslos für alle Arbeitgeber gelten. Ließe er irgendwelche Ausnahmen zu, und sei es auch nur für streng abgegrenzte Sondergruppen, könnte die fragliche Norm als Mindestnorm auf ausländische Arbeitgeber nicht mehr erstreckt werden. Grundsätzlich müssen die auf Entsendeunternehmen erstreckten Mindestnormen gesetzlich oder durch Verwaltungsvorschriften geregelt sein. Lediglich für die im Anhang zur Entsenderichtlinie aufgeführten Tätigkeiten des Baugewerbes kommen auch allgemeinverbindliche Tarifverträge oder Schiedssprüche als Rechtsquelle in Betracht, Art. 3 Abs. 8 Entsenderichtlinie. Für die deutsche Bauwirtschaft wird diese Voraussetzung durch Allgemeinverbindlicherklärung gem. § 5 TVG erfüllt oder durch spezielle Verordnungen des § 1 Abs. 3 AEntG.

13 Inhaltlich dürfen die erstreckbaren Mindestregelungen folgende Gegenstände erfassen: Höchstarbeitszeit und Mindestruhezeit; bezahlter Mindestjahresurlaub; Mindestlohnsätze einschließlich Überstundensätze; Bedingungen für die Überlassung von Arbeitskräften; Sicherheit, Gesundheitsschutz und Hygiene am Arbeitsplatz; Schutzmaßnahmen bei Arbeits- und Beschäftigungsbedingungen von Schwangeren, Kindern und Jugendlichen; Gleichbehandlung von Männern und Frauen sowie andere „Nichtdiskriminierungsbestimmungen".

14 Diese Arbeitsbedingungen sind im Entsendefall grundsätzlich vom ersten Tag der Entsendung an zu gewähren. Ausnahmen sind lediglich unter Praktikabilitätsgesichtspunkten vorgesehen: Mindestlohn und Mindesturlaub werden für Dienstleistungen bei der Erstmontage und bei Einbauarbeiten, die als Teil eines Liefervertrages zugesagt worden sind, grundsätzlich nur geschuldet, falls die Entsendung länger als acht Tage dauert.[38] Zusätzlich dürfen Mitgliedstaaten oder Tarifvertragsparteien auf die Regelung von Mindestlohnsätzen ganz verzichten,[39]

37 Kritisch: Krebber, Die Bedeutung von Entsenderichtlinie und Arbeitnehmer-Entsendegesetz für das Arbeitskollisionsrecht, IPRax 2001, 22, 23 f.

38 Zu den von Art. 3 Abs. 2 S. 2 Entsenderichtlinie vorgesehenen Rückausnahmen für bestimmte Bauarbeiten vgl. den Anhang zur Entsenderichtlinie.

39 Zulässig sind diese Ausnahmen nur für Fälle der „regulären" sowie der konzerninternen Entsendung, nicht aber für grenzüberschreitende Entleihe.

falls die Entsendedauer unterhalb eines Monats bleibt, Art. 3 Abs. 3, 4 Entsenderichtlinie; vergleichbare Ausnahmelösungen bestehen für die übrigen Kernarbeitsbedingungen nicht. Daneben sieht die Entsenderichtlinie Möglichkeiten zur Erweiterung ihres Geltungsbereichs vor: Gemäß Art. 3 Abs. 9 kann für entsandte Arbeitnehmer gesetzlich ein Equal-Pay-Grundsatz vorgeschrieben werden, mit dem die Mitgliedstaaten für Leiharbeitnehmer sogar eine vollständige Gleichbehandlung zwischen Entsandten und Festangestellten bei allen Entgeltbedingungen vorschreiben dürfen, die in ihrem Hoheitsgebiet für derartige Dienstleistungen gelten. Zudem erlaubt Art. 3 Abs. 10 Entsenderichtlinie, dass im Aufnahmestaat Arbeitsbedingungen, die auf Regeln der „öffentlichen Ordnung" beruhen, zwingend ausländischen Unternehmen vorgeschrieben werden. Dabei ist allerdings der Begriff der öffentlichen Ordnung nicht etwa durch die Mitgliedstaaten definierbar, sondern gemeinschaftsrechtsautonom auszulegen. Das gebietet eine Orientierung an der Rechtsprechung zu Art. 30, 39 Abs. 3, 46, 55 EGV, die es den Mitgliedstaaten erschweren soll, das Schutzanliegen der Entsenderichtlinie durch einen zu weit verstandenen Ausnahmetatbestand zu unterlaufen. Dagegen wird ihnen ausdrücklich zugestanden, die Kernarbeitsbedingungen durch eine Allgemeinverbindlicherklärung auch solcher Tarifverträge zu erweitern, die nicht die im Richtlinienanhang aufgenommenen Bereiche der Bauwirtschaft betreffen. Daher kann Deutschland Tarifverträge über branchenspezifische Mindestlöhne in das AEntG aufnehmen[40] und sie dadurch auch EG-ausländischen Unternehmen verbindlich vorschreiben.

c) Geltungsbereich

15 Zur Bereinigung des Interessenkonflikts zwischen Unternehmen des Entsende- und des Aufnahmestaates wurde der Entsenderichtlinie ein weiter Anwendungsbereich zugelegt. Verpflichtet werden alle Unternehmen mit Sitz in einem Mitgliedstaat, die zur Erbringung grenzüberschreitender Dienstleistungen Mitarbeiter in das Hoheitsgebiet eines anderen Mitgliedstaates entsenden, Art. 1 Abs. 1 Entsenderichtlinie.[41] Unanwendbar ist die Richtlinie auf Unternehmen mit Sitz in Drittstaaten, die allerdings von den Mitgliedstaaten nicht bevorzugt werden dürfen, Art. 1 Abs. 4 Entsenderichtlinie. Daher müssen sie, kraft ihrer Regelungskompetenz auf ihrem Hoheitsgebiet, die Anforderungen an die Kernarbeitsbedingungen entsandter Arbeitnehmer, die die EU nur mit Wirkung für die Mitgliedstaaten festlegen kann, gleichlautend auch für Drittstaatsangehörige vorschreiben.

aa) Persönlicher Geltungsbereich

16 Einen Anspruch auf die Kernarbeitsbedingungen des aktuellen Arbeitsortes erhalten nach der Richtlinie die entsandten Arbeitnehmer, d.h. solche, die für einen begrenzten Zeitraum ihre vertragliche Arbeitsleistung in einem anderen Mitglied-

40 Vgl. das Änderungsgesetz zum AEntG v. 25.4.2007, BGBl. I, 576 zur Einbeziehung des Gebäudereinigerhandwerks in das AEntG.

41 Lediglich Schiffsbesatzungen der Handelsmarine wurden auf Wunsch Griechenlands vom Geltungsbereich ausgenommen (vgl. Piffl-Pavelec, Entsendung von Arbeitnehmern im Rahmen der Dienstleistungsfreiheit (Richtlinien-Entwurf), DRdA 1995, 292, 294); dasselbe gilt für Beschäftigte im Kultursektor, von Presse-, Rundfunk- und Fernsehunternehmen, sowie für fahrendes bzw. fliegendes Personal von Transportunternehmen, das seine Arbeitsleistung regelmäßig in mindestens zwei Mitgliedstaaten erbringt.

staat erbringen als ihrem gewöhnlichen Arbeitsort. Die Staatsangehörigkeit der Beschäftigten ist unerheblich, auch Drittstaatsangehörige sind einbezogen. Dafür ist nicht vorausgesetzt, dass vor oder nach der Entsendung ein Arbeitsverhältnis zwischen dem entsandten Arbeitnehmer und dem entsendenden Unternehmen bestanden hat oder bestehen wird. Das Entsendeunternehmen kann Personal allein zum Zweck der Ausführung eines Projektes im Ausland rekrutieren. Zeitlich begrenzt die Richtlinie die zulässige Dauer einer Entsendesituation nicht. Anders als die Regelung zur Beibehaltung des Versicherungsstatus in der Sozialversicherung, Art. 14 VO 1408/71/EWG, ist die Entsenderichtlinie grundsätzlich so lange anwendbar, wie die Entsendesituation dauert. Den Mitgliedstaaten steht es allerdings frei, Ausnahmen hiervon vorzusehen. Die maßgeblichen zeitlichen Grenzen setzt mithin das nationale Recht. In Deutschland sind ausdrückliche Grenzen nicht formuliert, doch wird von der Notwendigkeit zeitlicher Schranken ausgegangen: Der faktisch unbegrenzte Einsatz eines Arbeitnehmers im Aufnahmestaat entspricht der Richtliniensituation nicht mehr, und zwar selbst dann nicht, wenn der Betreffende dabei von Projekt zu Projekt versetzt wird.[42] Nähere Eingrenzungen sind allerdings strittig; der typische Anwendungsfall ist der projektbezogene Einsatz im Ausland, wie er insbesondere im Baugewerbe üblich ist. Die unausgesprochene Mindestanforderung liegt darin, dass es sich um eine **vorübergehende** Entsendung handeln muss, bei der sich die Beteiligten darüber einig sind, dass der entsandte Arbeitnehmer an den Ausgangsort zurückkehrt. Diese Einigkeit kann entweder dadurch dokumentiert werden, dass sich die Parteien auf eine kalendermäßig bestimmte bzw. bestimmbare Dauer der Entsendung einigen oder auf die Verwirklichung eines konkret benannten Zweckes, mit dessen Erreichen der Bedarf für den Auslandseinsatz entfallen soll. Beide Voraussetzungen sind gleichermaßen geeignet, eine Entsendesituation zu begründen. Ob es sich dabei um Vereinbarungen innerhalb oder außerhalb eines Arbeitsverhältnisses handelt, wird nach den Kriterien des Aufnahmestaates beurteilt. Behandelt das deutsche Recht eine vertragliche Beziehung als Arbeitsverhältnis, weil die hierfür vorausgesetzten Umstände, namentlich die Erbringung von Diensten in persönlich weisungsabhängiger Position, erfüllt sind, kann sich der ausländische Unternehmer nicht darauf berufen, nach seinem Heimatrecht handele es sich bei der entsandten Person um einen freien Mitarbeiter,[43] auf den die Entsenderichtlinie nicht anwendbar ist.

bb) Sachlicher Geltungsbereich

Sachlich regelt die Entsenderichtlinie umfassend die Fälle, in denen mit einer **17**
Entsendung von Mitarbeitern ins Ausland Kostenvorteile realisiert werden können, besonders durch Entsendung zur Erfüllung von Verpflichtungen des Unternehmens aus einem Dienst- oder Werkvertrag im Ausland, Art. 1 Abs. 3 lit. a Entsenderichtlinie. Die vertraglichen Verpflichtungen geht das Unternehmen dabei selbst ein, zu ihrer Erfüllung bedient es sich der entsandten Arbeitnehmer als Hilfspersonen.

42 Birk in: Richardi/Wlotzke (Hg.), Münchener Handbuch zum Arbeitsrecht, 2. Aufl., München, 2000, § 19 Rn 26; vgl. auch Binder, Die Arbeitnehmerentsendung aus EU-/EWR-Staaten nach Österreich unter besonderer Berücksichtigung eines möglichen Sozialdumpings, DRdA 1999, 1, 8.

43 Birk in: Richardi/Wlotzke (Hg.), Münchener Handbuch zum Arbeitsrecht, 2. Aufl., München, 2000, § 19 Rn 123; Däubler, Die Entsende-Richtlinie und ihre Umsetzung in das deutsche Recht, EuZW 1997, 613, 618; Franzen, DZWiR 1996, 89, 99; Mankowski, BB 1997, 465 ff.; Binder, DRdA 1999, 1, 11.

Weiter wird die konzerninterne Entsendung erfasst, Art. 1 Abs. 3 lit. b Entsenderichtlinie, in der die Beschäftigten zwar gleichfalls an einem ausländischen Einsatzort tätig werden müssen, doch handelt es sich dabei um eine dem Entsendeunternehmen oder der Unternehmensgruppe zugehörige Betriebsstätte. Zweck der Entsendung ist in diesem Falle nicht allein die Ausführung vertraglich vom Arbeitgeber zugesagter Leistungen, sondern zugleich werden übergreifende Unternehmens- bzw. Konzerninteressen mitverfolgt,[44] wie die Vermittlung von Auslandserfahrung und interkultureller Managementkompetenz auf der mittleren und höheren Führungsebene oder die Möglichkeit zur Konzentration hochspezialisierter Fachleute an nur einigen Standorten. Als letzte Gruppe wird die grenzüberschreitende Leiharbeit durch gewerbsmäßige Anbieter im Ausland von Art. 1 Abs. 3 lit. c Entsenderichtlinie mit einbezogen. Damit werden Arbeitnehmer erfasst, die zur Erfüllung des Betriebszweckes ihres Arbeitgebers in Drittbetrieben im Ausland tätig werden, ohne dadurch ein neues Arbeitsverhältnis zum Weisungsgeber zu begründen. Die Entsendesituation setzt vielmehr stets den Fortbestand des Arbeitsverhältnisses zum entsendenden Unternehmen voraus. Wird stattdessen ein Arbeitsvertrag mit dem Auftraggeber im Aufnahmestaat begründet, macht der Arbeitnehmer dadurch von seinem Recht auf Freizügigkeit aus Art. 39 EGV Gebrauch. Der Regelungsbedarf aufgrund der Entsendesituation ist entfallen: Der nunmehr im Aufnahmestaat vertraglich gebundene Arbeitnehmer dürfte von seinem dortigen Arbeitgeber nicht wegen der Staatsangehörigkeit oder aus anderen Gründen im Vergleich zu den übrigen Beschäftigten des Aufnahmebetriebes schlechter gestellt werden, da das einzig gültige Bezugssystem nunmehr das Ortsrecht am Sitz des neuen Arbeitgebers wäre. Ohne Entsendesituation wird der Beschäftigungsort vom „vorübergehenden" zum „regulären" Arbeitsort, der das für das Arbeitsverhältnis maßgebliche Rechtssystem bestimmt. Eine Rechtfertigung, ausländischen Beschäftigten schlechtere Arbeitsbedingungen zu gewähren als den übrigen Arbeitnehmern des Betriebes, wird dem Unternehmen nicht gelingen.

cc) Räumlicher Geltungsbereich

18 Der räumliche Geltungsbereich der Richtlinie umfasst das gesamte Gebiet der Gemeinschaft. Besonderheiten gelten allerdings für die beigetretenen Mitgliedstaaten in Mittel- und Osteuropa,[45] für die in den Beitrittsverhandlungen befristete Einschränkungen bei der Arbeitnehmerfreizügigkeit vereinbart worden sind, Art. 24 der Beitrittsakte.[46] Die Beitrittsverträge[47] mit Rumänien und Bulgarien enthalten dieselben Schutzklauseln.[48] Einschränkungen der Freizügigkeit und der Dienstleistungsfreiheit verhindern zwar die Anwendbarkeit der Entsenderichtlinie nicht, haben aber tatsächliche Auswirkungen darauf: Dürfen Arbeitnehmer aus den Beitrittsstaaten in Altmitgliedstaaten nicht beschäftigt werden, kommt es insoweit nicht zur Entsendung.

44 Birk in: Richardi/Wlotzke (Hg.), Münchener Handbuch zum Arbeitsrecht, 2. Aufl., München, 2000, § 19 Rn 128.

45 Beigetreten sind zum 1.5.2004: Tschechien, Estland, Lettland, Litauen, Ungarn, Polen, Slowenien, die Slowakei, Zypern und Malta.

46 ABl. 2003 Nr. L 236, S. 40, in Verbindung mit den jeweils einschlägigen Anhängen, S. 803; 812; 819; 824; 836; 846; 859; 875; 906; 915.

47 ABl. 2005 Nr. L 157, S. 138 ff., mit Anhang S. 278 ff., S. 311 ff.

48 Tegebauer, Die „Eckpunkteregelung Saisonarbeiter" – eine unwirksame Beschränkung des Arbeitsgenehmigungsrechts nach § 284 SGB III, NZA 2007, 533, 534.

Die für alle Beitrittsstaaten (außer Zypern und Malta) im Wesentlichen gleichlautenden Vereinbarungen sehen vor, dass der freie Zugang von Arbeitnehmern zum Arbeitsmarkt der Altmitglieder in Ausübung ihrer Freizügigkeit bis maximal sieben Jahre beschränkt werden kann, aufgeteilt in Zeiträume von 2+3+2 Jahren: Dabei ist die Arbeitnehmerfreizügigkeit im ersten Zeitabschnitt ganz ausgeschlossen, die Art. 1-6 der Freizügigkeitsverordnung 1612/68/EWG gelten noch nicht, sondern weiterhin die völkerrechtlichen Vereinbarungen zum Arbeitsmarktzugang. Eine Schlechterstellung von Wanderarbeitnehmern gegenüber der Situation vor dem Beitritt darf dadurch nicht bewirkt werden, günstigere bilaterale Abkommen werden also nicht verdrängt. Diesen Anforderungen entspricht die deutsche Regelung über den Arbeitsmarktzugang im Rahmen der EU-Erweiterung vom 11. März 2004.[49] Danach benötigten die Wanderarbeitnehmer weiterhin eine vor Aufnahme der Beschäftigung einzuholende Arbeitsgenehmigung. Diese wird entweder als „befristete Arbeitserlaubnis – EU" erteilt oder als „unbefristete Arbeitsberechtigung – EU", § 284 Abs. 2 SGB III. Abhängig ist die Gewährung insbesondere von der Qualifikation der Antragsteller: Während eine Beschäftigung ohne qualifizierte Berufsausbildung nur aufgrund besonderer zwischenstaatlicher Vereinbarungen gestattet wird, sind die Voraussetzungen für die Aufnahme qualifizierter Tätigkeiten deutlich günstiger.[50] In der zweiten Phase müssen die Altmitgliedstaaten die EG-Kommission förmlich davon unterrichten, ob sie Freizügigkeit gewähren wollen oder von der im Beitrittsvertrag enthaltenen Option Gebrauch machen, nationale Beschränkungen[51] auch weiterhin vorzusehen. Die Möglichkeit zur Beschränkung hat Deutschland zum 1. Mai 2006[52] für die zweite Phase in Anspruch genommen. Nach Ablauf dieser zweiten Phase ist eine abermalige Verlängerung auf demselben Wege möglich, sofern dies für einen Mitgliedstaat wegen einer schwierigen Lage des nationalen Arbeitsmarkts erforderlich ist. 19

Die Einschränkungen gelten für die Freizügigkeit von Arbeitnehmern aus den Beitrittsstaaten; Sonderregelungen zur Dienstleistungsfreiheit der Unternehmen haben nur die Altmitgliedstaaten Deutschland und Österreich ausgehandelt, die wegen ihrer Grenzlage befürchtet hatten, besonders betroffen zu sein. Zum Schutz des Arbeitsmarktes können diese beiden Mitgliedstaaten für spezielle Wirtschaftszweige grenzüberschreitende Dienstleistungen verhindern, die zu den in Art. 1 Entsenderichtlinie geregelten Entsendefällen zählen. Deutschland hat gegenüber der EG-Kommission mit Schreiben vom 27. April 2004 für die Einführung von Beschränkungen optiert[53] mit Wirkung für das Baugewerbe, die Gebäudereinigung sowie die Innendekoration. Übergangsweise kann damit Personal aus den Beitrittsstaaten nur unter den Voraussetzungen des Arbeitsgenehmigungsrechts bzw. etwaiger zwischenstaatlicher Werkvertragsabkommen entsandt werden. In allen 20

---

49 BGBl. I 2004, 602 ff.

50 Fuchs, Die Beschränkung des Arbeitsmarktzugangs für Angehörige aus den EU-8-Staaten, ZESAR 2007, 97, 100 f.

51 Keinerlei Beschränkungen ab 1.5.2006 verwenden Schweden, Finnland, Griechenland, Italien, Portugal und Spanien; Deutschland und Österreich halten an den vorherigen Zulassungsbeschränkungen fest. Für teilweise Beschränkungen haben sich das Vereinigte Königreich und Irland, Frankreich und die Benelux-Staaten entschieden.

52 Für Rumänien und Bulgarien steht die Entscheidung zur Inanspruchnahme der zweiten Phase erst zum 1.5.2009 an.

53 Veröffentlicht im BAnz Nr. 199 v. 20.12.2004, S. 2231.

anderen Bereichen wie etwa der Lebensmittelindustrie oder Schlachthöfen gilt die Entsendefreiheit innerhalb der Dienstleistungsfreiheit uneingeschränkt.

d) Kontroll- und Überwachungsrechte, Rechtsdurchsetzung

21 Ähnlich wie jetzt Art. 28 ff. sieht bereits Art. 4 der Entsenderichtlinie einen Informationsaustausch unter den Mitgliedstaaten vor. Dazu müssen sie Verbindungsbüros schaffen und Behörden benennen, die die Einhaltung der Arbeitsbedingungen überwachen und als Ansprechpartner für Behörden der übrigen Mitgliedstaaten dienen, aber auch für ausländische Unternehmen und entsandte Arbeitnehmer. Dadurch soll sichergestellt werden, dass Informationen über Art und Umfang der Kernarbeitsbedingungen verfügbar sind, dass die Einhaltung dieser Vorschriften auf dem Hoheitsgebiet des Mitgliedstaates überwacht wird und dass Behördenanfragen aus dem Ausland rasch und zuverlässig beantwortet werden. In Deutschland hat diese Aufgabe die Finanzkontrolle Schwarzarbeit der Oberfinanzdirektion Köln übernommen.[54] Art. 5 der Entsenderichtlinie verpflichtet die Mitgliedstaaten weiterhin, für den Fall einer Rechtsverletzung geeignete Maßnahmen vorzusehen, insbesondere Verfahren zur Rechtsdurchsetzung zu schaffen. Zu den Vorgaben für einen effektiven Rechtsschutz rechnet Art. 6 der Richtlinie die Begründung eines besonderen internationalen Gerichtsstands im Aufnahmestaat. Gerichte des Aufnahmestaates können über die Verpflichtungen, die aus ihrem nationalen Recht herrühren, am sachkundigsten entscheiden.[55] Daneben wird der Besorgnis begegnet, ein ausländisches Gericht könne sich für die Durchsetzung der Bestimmungen des Aufnahmestaates gegenüber einem Unternehmen mit Sitz im Gerichtsstaat nicht einsetzen, um diesem Unternehmen seine Wettbewerbsvorteile zu erhalten.[56] Auf die problematische Frage, ob ausländische Gerichte jedenfalls die international zwingenden Eingriffsnormen des Aufnahmestaates auch gegen ihr eigenes nationales Recht durchsetzen müssten (vgl. Art. 7 Abs. 1 EVÜ),[57] kommt es damit nicht mehr an. Ebenso wenig käme es auf die Kontroverse an, ob bereits nach bestehendem Zivilprozessrecht für entsandte Arbeitnehmer ein Gerichtsstand im Aufnahmestaat besteht. Grundlage dafür könnte Art. 19 Nr. 2 lit. a EuGVVO sein, der allerdings voraussetzt, dass der entsandte Arbeitnehmer seine Arbeit im Aufnahmestaat „zuletzt gewöhnlich verrichtet hat". Dass aber durch eine bloße Entsendesituation der „gewöhnliche" Arbeitsort verlagert wird, ist angesichts der typischerweise gegenteilig lautenden Einsatzvereinbarungen eher fern liegend. Der entsandte Arbeitnehmer müsste dafür immerhin den tatsächlichen Mittelpunkt seiner Berufstätigkeit verlagert haben,[58] was bei einem von vornherein als vor-

54 Alle wesentlichen Informationen zur grenzüberschreitenden Arbeitnehmerentsendung sind veröffentlicht auf der Homepage: http://www.zoll.de/d0_zoll_im_einsatz/b0_finanzkontrolle/e0_aentg/index.html.

55 Schlachter in: Müller-Glöge/Preis/Schmidt (Hg.), Erfurter Kommentar zum Arbeitsrecht, 8. Aufl., München, 2008, § 8 AEntG Rn 1.

56 Jayme/Kohler, Europäisches Kollisionsrecht 1996 – Anpassung und Transformation der nationalen Rechte, IPRax 1996, 377, 382; Birk in: Richardi/Wlotzke (Hg.), Münchener Handbuch zum Arbeitsrecht, 2. Aufl., München, 2000, § 23 Rn 33 ff.

57 Hanau, NJW 1996, 1369, 1371; Franzen, DZWiR 1996, 89, 99 f.

58 Noch zu Art. 5 Nr. 1 EuGVÜ, dem sog. „hauptsächlichen Arbeitsort", vgl. EuGH, Rs C-383/95 (Rutten), IPRax 1999, 365; Mankowski, Der gewöhnliche Arbeitsort im Internationalen Privat- und Prozessrecht, IPRax 1999, 332, 334.

übergehend geplanten Auslandseinsatz kaum begründbar wäre. Ohne Schaffung eines besonderen Gerichtsstands durch die Entsenderichtlinie selbst wäre mithin die erleichterte Rechtsdurchsetzung vor einem Gericht des Aufnahmestaates nur schwer möglich gewesen.

4. Vereinbarkeit der Entsendebestimmungen mit der Dienstleistungsfreiheit

Die Entsenderichtlinie normiert Vorgaben, die die Ausübung der aktiven Dienstleistungsfreiheit gem. Art. 49, 50 EGV regeln. Soweit Unternehmen zur Ausübung dieser Freiheit notwendig auf den Einsatz von Arbeitnehmern angewiesen sind, ist auch die Möglichkeit zur grenzüberschreitenden Entsendung Teil dieser Freiheit. Jede Regulierung mit Begrenzungswirkung muss sich mithin auf ihre Vereinbarkeit mit der Dienstleistungsfreiheit überprüfen lassen.[59] Dabei genießen die Grundfreiheiten Vorrang gegenüber allem entgegenstehenden nationalen Recht, beschränkt allerdings auf den bloßen Anwendungsvorrang, der das nationale Recht überlagert, aber nicht vernichtet. 22

a) Arbeitsortsrecht als „Beschränkung“

Inhaltlich normiert die Dienstleistungsfreiheit nicht nur ein Diskriminierungsverbot, sondern enthält – über den Gleichbehandlungsanspruch hinausgehend – ein Freiheitsrecht. Die Dienstleistungsfreiheit kann bei grenzüberschreitenden Sachverhalten als Kontrollmaßstab herangezogen werden, selbst wenn die angegriffene Maßnahme Inländer und Ausländer gleich behandelt.[60] Dieses Beschränkungsverbot ist bei der Überprüfung der Entsenderichtlinie maßgebend, weil sie gerade keine Diskriminierung schafft, sondern eine zuvor bestehende Differenzierung beseitigt und – für den Kernbereich der Arbeitsbedingungen – Gleichbehandlung aller am selben Arbeitsort eingesetzten in- und ausländischen Arbeitnehmer gegen die Interessen des Entsendeunternehmens durchsetzt. Eine Beschränkung ist grundfreiheitswidrig, wenn sie die Ausübung der Freiheit unterbindet, behindert oder weniger attraktiv macht.[61] Dass eine Regelung einen darauf gerichteten Erfolg geradezu bezweckt, wie dies in Entsendefällen geschieht, wird nicht verlangt; nicht einmal auf die Vorhersehbarkeit der Beeinträchtigung kommt es an. 23

Unzulässig sind Beschränkungen jedoch nur, wenn sie nicht gerechtfertigt werden können. Der EuGH erlaubt eine Rechtfertigung nicht diskriminierender Beschränkungsmaßnahmen bei Vorliegen „zwingender Gründe des Allgemeinwohls“.[62] Geht die Beschränkung von Privaten, z. B. Verbänden[63], aus, kann kein strengerer Maßstab gelten. Die schlichte Übernahme der „Gründe des Allgemeinwohls“ taugt als Rechtfertigungsmöglichkeit dann freilich wenig, weil Maßnahmen Privater typischerweise weniger allgemeinwohl- als gewinnorientiert ausfallen werden. Lediglich wirtschaftliche Gründe reichen zur Rechtfertigung staatlicher 24

59 EuGH, Rs C-76/90 (Säger), NJW 1991, 2693, Rn 12; Rs C-272/94 (Guiot), EuZW 1996, 399, Rn 10.
60 EuGH, Rs 33/74 (van Binsbergen), Slg. 1974, 1299, Rn 10; Rs C-244/04 (KOM/Deutschland), NZA 2006, 199, Rn 30.
61 EuGH, Rs C-79/01 (Payroll-Data), EuZW 2003, 94, Rn 26.
62 EuGH, Rs 33/74 (van Binsbergen), Slg. 1974, 1299, Rn 10; Rs C-76/90 (Säger), EuZW 1991, 542, Rn 15; Rs C-275/92 (Schindler), EuZW 1994, 311, Rn 54.
63 EuGH, Rs C-438/05 (Viking Line), NZA 2008, 124, Rn 57ff.

Maßnahmen grundsätzlich nicht aus;[64] dass Maßnahmen Privater anderen Anforderungen unterliegen können, ist nicht anzunehmen[65]. Jedoch hat der Gerichtshof zuvor seine Prüfungsmaßstäbe abgewandelt: Die Maßnahmen müssen auf sachlichen Gründen beruhen, nicht diskriminierend sein und verhältnismäßig angewendet werden.[66] Das Erfordernis eines bloß sachlichen Grundes ist weniger streng als das eines „zwingenden Grundes des Allgemeinwohls", unterliegt aber weiterhin den Anforderungen des Verhältnismäßigkeitsgrundsatzes.[67]

b) Zulässigkeit der Beschränkung

25 Wird die Entsenderichtlinie an diesem Maßstab überprüft, ist eine freiheitsbeschränkende Wirkung gegenüber Unternehmen aus anderen Mitgliedstaaten unverkennbar:[68] Art. 49 EGV schützt die Leistungserbringer vor allen Beschränkungen, die sie treffen, weil sie in einem anderen Staat als dem Leistungsort niedergelassen sind. Das umfasst Maßnahmen, die bewirken, dass eine Leistung verteuert oder die Verbraucher davon abgehalten werden, sich für diese Leistung zu entscheiden. All dies ist ohne weiteres gegeben, da die Entsenderichtlinie die Kosten des Entsendeunternehmens gerade erhöhen soll,[69] um ihm seine Wettbewerbsvorteile im Aufnahmestaat teilweise zu entziehen und damit sein Angebot für die Kunden weniger attraktiv zu machen. In einer Serie von Entscheidungen[70] hat der EuGH die Zulässigkeit dennoch bejaht, dabei aber auch eine Reihe von Schranken-Schranken errichtet.

26 Als „zwingende Gründe des Allgemeinwohls" erkennt der Gerichtshof neben dem lauteren Wettbewerb auch Arbeitnehmerschutz, die Kohärenz des Steuersystems, das Recht auf Arbeitskampfmaßnahmen und ähnliches an, komplettiert durch eine Verhältnismäßigkeitsprüfung, die insbesondere das Verbot der Doppelkontrolle zur Folge hat: Kann das maßgebliche Allgemeinwohlinteresse des Aufnahmestaates ebenso gut, aber für den Dienstleister weniger nachteilig durch Maßnahmen gewährleistet werden, denen er in seinem Niederlassungsstaat ohnehin unterliegt, dürfen die Maßnahmen vom Aufnahmestaat nicht wiederholt werden.[71] Im Grundsatz stellt der EuGH jedoch Dienstleistungsfreiheit und Arbeitnehmerschutz sowie den Schutz des fairen Wettbewerbs gleichrangig in eine

64 EuGH, Rs C-158/96 (Kohll), EuZW 1998, 345, Rn 41; Rs C-398/95 (SETTG), InfAuslR 1997, 339, Rn 23.

65 EuGH, Rs C-438/05 (Viking Line), NZA 2008, 124, Rn 75.

66 EuGH, Rs C-281/98 (Angonese), Slg. 2000, I-4139, Rn 42.

67 EuGH, Rs C-76/90 (Säger), EuZW 1991, 542, Rn 15; Rs C-55/94 (Gebhard), NJW 1996, 579, Rn 38.

68 Hailbronner, Die Kontrolle der Entsendung ausländischer Arbeitnehmer und die Dienstleistungsfreiheit, EWS 1997, 401, 404; Franzen, DZWiR 1996, 89, 93; Wank/Borgmann, NZA 2001, 177, 180; Schlachter, Grenzüberschreitende Dienstleistungen: Die Arbeitnehmerentsendung zwischen Dienstleistungsfreiheit und Verdrängungswettbewerb, NZA 2002, 1242, 1245.

69 EuGH, Rs C-490/04 (KOM/Deutschland), NZA 2007, 917, Rn 69.

70 Ausgehend von EuGH, Rs 62/81 (Seco), Slg. 1982, 223; Rs C-113/89 (Rush Portuguesa), NZA 1990, 653; Rs C-43/93 (van der Elst), EuZW 1994, 600; Rs C-272/94 (Guiot), AP EWG-Vertrag Art. 59 Nr. 2; Rs C-369/96 und 376/96 (Arblade und Leloup), Slg. 1999, I-8543; Rs C-165/98 (Mazzoleni), ZIP 2001, 581; Rs C-49/98 (Finalarte), NZBau 2002, 48; Rs C-164/99 (Portugaya), NZA 2002, 207; Rs C-60/03 (Wolff Müller), Slg. 2004, I-9553; Rs C-445/03 (KOM/Luxemburg), Slg. 2004, I-10191; Rs C-341/02 (KOM/Deutschland), DVBl. 2005, 838.

71 EuGH, Rs C-390/99, (Canal Satélite Digital), Slg. 2002, I-607, Rn 38.

Abwägung ein. Unter dem Arbeitnehmerschutzaspekt ist es erforderlich, dass die Regelungen den entsandten Arbeitnehmern einen tatsächlichen Vorteil bringen. Einen fairen Wettbewerb fördern können sie nur, wenn die entstehenden wirtschaftlichen und administrativen Zusatzbelastungen für Unternehmen nicht außer Verhältnis stehen zum gewonnenen Arbeitnehmerschutz; dabei ist auch das Doppelbelastungsverbot zu beachten. Allerdings billigt der Gerichtshof dem Gemeinschaftsgesetzgeber einen weiten Einschätzungsspielraum bei Entscheidungen zu, die sozialpolitisch oder wirtschaftlich komplexe Abwägungen erfordern.[72] Die wettbewerbspolitischen Implikationen des Herkunftslandprinzips oder die Bedeutung einer Begrenzung der Verlagerung von Nachfrage infolge unterschiedlicher Produktions- und Arbeitsbedingungen zu bewerten, nimmt die Rechtsprechung den Mitgliedstaaten nicht ab. Den Anforderungen der Rechtsprechung ist die Entsenderichtlinie insoweit bereits nachgekommen, dass sie nicht das Herkunftslandprinzip vollständig durch das Arbeitsortprinzip ersetzt, sondern lediglich die Auferlegung bestimmter Arbeitsbedingungen des Arbeitsortes vorgeschrieben hat.

II. Das Arbeitnehmerentsendegesetz

1. Wirkungsweise

Obwohl das AEntG[73] bereits vor der Entsenderichtlinie erlassen worden ist, setzt 27
es ihre Vorgaben um und ist mehrfach den Anforderungen der Entsenderichtlinie angepasst worden.[74] Es schränkt mithin mit derselben Zielrichtung wie die Richtlinie die regelmäßige Fortgeltung ausländischer Vertragsbedingungen bei lediglich vorübergehender Entsendung nach Deutschland[75] ein. Die inländischen Unternehmen erlitten Wettbewerbsnachteile, die inländischen Arbeitnehmer waren in typischen Entsendebranchen überproportional von Arbeitslosigkeit betroffen[76], und die ausländischen Arbeitnehmer erhielten für gleiche Arbeit ungünstigere Bedingungen als einheimische Kollegen. Einheimische Kernarbeitsbedingungen setzt das Gesetz gegen ausländisches Vertragsstatut durch, weil der Gesetzgeber des Gerichtsstaats sie für sein Hoheitsgebiet als zum Schutz wichtiger öffentlicher Interessen unverzichtbar ansieht.[77] § 7 AEntG erklärt die gem. Art. 3 Entsenderichtlinie zu Kernarbeitsbedingungen erhobenen Regelungen auf alle Rechtsverhältnisse zwischen einem im Ausland ansässigen Arbeitgeber und seinen ins Inland entsandten Arbeitnehmern für anwendbar, soweit solche Bedingungen in deut-

72 EuGH, Rs C-233/94, Slg. 1997, I-2405, Rn 54.
73 Vom 26.2.1996, BGBl. I, 227.
74 Text dazu Marschall, Ergebnisse der Novellierung des Arbeitnehmer-Entsendegesetzes (AEntG), NZA 1998, 633 ff.; Däubler, Das Gesetz zu Korrekturen in der Sozialversicherung und zur Sicherung der Arbeitnehmerrechte, NJW 1999, 601 ff.; von Danwitz, Das neugefaßte Arbeitnehmer-Entsendegesetz auf dem Prüfstand: Europa- und verfassungsrechtliche Schranken einer Neuorientierung im Arbeitsrecht, RdA 1999, 322; Preis/Temming, S. 150 ff.
75 Schlachter, NZA 2002, 1242, 1243 ff.
76 So die Gesetzesbegründung der Bundesregierung in BT-Dr. 13/2418, 6; vgl. auch Hickl, Auswirkungen und Probleme des Entsendegesetzes, NZA 1997, 513; Hailbronner, EWS 1997, 401.
77 Birk in: Richardi/Wlotzke (Hg.), Münchener Handbuch zum Arbeitsrecht, 2. Aufl., München, 2000, § 20 Rn 19 ff.; vgl. auch BAG v. 24.8.1989, 2 AZR 3/89, AP IPR-AR Nr. 30; v. 29.10.1992, 2 AZR 267/92, AP IPR-AR Nr. 31; v. 3.5.1995, 5 AZR 15/94, AP IPR-AR Nr. 32.

schen **Rechts- oder Verwaltungsvorschriften** geregelt sind. Anders als Tarifnormen, die von § 1 AEntG nur für einzelne Branchen[78] auf ausländische Unternehmen erstreckt werden, gilt § 7 AEntG für alle Branchen gleichermaßen. Allerdings gibt es gerade für eine besonders wichtige Arbeitsbedingung, nämlich die „Mindestentgeltsätze einschließlich der Überstundensätze", keinerlei erstreckungsfähige gesetzliche Regelung, da kein gesetzlicher Mindestlohn besteht. Die Regelung des § 7 Nr. 3 AEntG bleibt weitgehend[79] ohne Anwendungsbereich.[80]

28 Mindestentgelte werden Entsendeunternehmen daher nur dort vorgeschrieben, wo das AEntG die Geltung inländischer Tarifverträge auf sie erstreckt. Das trifft gem. § 1 AEntG die Bauindustrie, das Gebäudereinigerhandwerk und Briefdienstleistungen, deren Tarifverträgen teilweise international zwingende Wirkung[81] beigelegt wurde. Damit erklärt das AEntG nicht die gesamten Tarifinhalte dieser Branchen auf in- und ausländische Unternehmen für anwendbar, sondern nur solche Bestimmungen, für deren Inhalte dies nach der Entsenderichtlinie zulässig ist, Art. 3 Abs. 1, Art. 5 und 6 Entsenderichtlinie.

2. Abgrenzung zum nicht geregelten Bereich

29 Nicht vom AEntG berührt wird die Sozialversicherungspflicht der entsandten Arbeitnehmer, die grundsätzlich weiterhin im Herkunftsland sozialversichert bleiben sollen, Art. 14 Abs. 1 lit. a VO 1408/71/EWG. Besitzt der Arbeitnehmer die Staatsangehörigkeit eines Drittstaates, ist also diese Verordnung auf ihn nicht anwendbar, kommt es auf etwaige zwischenstaatliche Abkommen an, § 6 SGB IV, und bei deren Fehlen auf die Ausstrahlungsmerkmale des § 5 SGB IV, die die grundsätzlich bestehende Versicherungspflicht von in Deutschland beschäftigten Personen ausschließen können. Ebenso wenig wird in das Arbeitserlaubnisrecht für Drittstaatsangehörige gem. § 39 AufenthG und § 284 SGB III eingegriffen: Besitzt der entsandte Arbeitnehmer eine Arbeitserlaubnis, erfüllt er damit die Voraussetzung für die Aufnahme einer Beschäftigung in Deutschland. Ansprüche auf Leistung gegen den Arbeitgeber vermittelt diese Erlaubnis nicht, diese müssen sich aus dem Arbeitsverhältnis und den darauf anwendbaren Tarifverträgen ergeben. Erfolgt die Entsendung auf der Grundlage eines sog. „Werkvertragsabkom-

78 Ergänzung durch das AEntG-Änderungsgesetz v. 25.4.2007, BGBl. I, 576.

79 Die von der Rechtsprechung entwickelte Wucherlohngrenze bildet keinen vollwertigen Ersatz, vgl. BGH v. 22.4.1997, 1 StR 701/96, NJW 1997, 2689 (zu § 302 StGB a. F. = § 291 StGB).

80 Schlachter in: Müller-Glöge/Preis/Schmidt (Hg.), Erfurter Kommentar zum Arbeitsrecht, 8. Aufl., München, 2008, § 7 AEntG Rn 2.

81 Vgl. einerseits BAG v. 25.6.2002, 9 AZR 405/00, AP AEntG § 1 Nr. 12; v. 9.7.2003, 10 AZR 593/02, AP TVG § 1 Tarifverträge: Bau Nr. 261; v. 20.7.2004, 9 AZR 343/03, AP AEntG § 1 Nr. 18; v. 20.7.2004, 9 AZR 345/03, AP AEntG § 1 Nr. 19; Junker/Wichmann, Das Arbeitnehmer-Entsendegesetz – Doch ein Verstoß gegen Europäisches Recht?, NZA 1996, 505, 506; Mankowski, Entwicklungen im Internationalen Privat- und Prozessrecht 2003/2004 (Teil 1), RiW 2004, 481, 490; Richardi, Arbeitsvertrag und Tarifgeltung, ZfA 2003, 655, 669. Dagegen jedoch BAG v. 6.11.2002, 5 AZR 617/01 (A), NZA 2003, 490; v. 12.1.2005, 5 AZR 617/01, AP AEntG § 1 a Nr. 2; Däubler, Tarifvertragsrecht: ein Handbuch, 3. Aufl., Baden-Baden, 1993, Rn 1698; Birk in: Richardi/Wlotzke (Hg.), Münchener Handbuch zum Arbeitsrecht, 2. Aufl., München, 2000, § 20 Rn 94; Franzen, DZWiR 1996, 89, 91; Schlachter, NZA 2002, 1242, 1244; Schlachter in: Müller-Glöge/Preis/Schmidt (Hg.), Erfurter Kommentar zum Arbeitsrecht, 8. Aufl., München, 2008, Art. 30, 34 EGBGB Rn 19, 27.

mens", treten etwa entgegenstehende Inhalte hinter das AEntG zurück, da es sich dabei um Verwaltungsabkommen i. S. d. Art. 59 Abs. 2 S. 2 GG handelt, die einem Bundesgesetz gegenüber nachrangig sind.[82]

3. Richtlinienkonforme Umsetzung

Ein Umsetzungsgesetz muss den Vorgaben der umzusetzenden Richtlinie entsprechend, darf also weder Diskriminierungen noch unzulässige Beschränkungen für Entsendeunternehmen schaffen. Ob das AEntG diesen Anforderungen gerecht wird, war in verschiedenen Punkten strittig. Zunächst ging es um die Anwendbarkeit des Gesetzes auf „Betriebe des Baugewerbes", die zwar selbst nicht unzulässig zwischen inländischen und ausländischen Arbeitgebern unterscheidet, aber im Ergebnis eine unterschiedliche Behandlung ermöglichte. Denn dieser Begriff meinte dem Anhang zur Entsenderichtlinie entsprechend solche Betriebe und selbstständige Betriebsabteilungen, die überwiegend Bauleistungen erbringen. Würde für deutsche Unternehmen auf den hergebrachten Betriebsbegriff zurückgegriffen, könnten sie durch entsprechenden Zuschnitt ihrer Abteilungen beeinflussen, ob ein Bereich „überwiegend" Bauleistungen erbringt und daher vom Tarifvertrag erfasst wird oder nicht. Da Entsendeunternehmen regelmäßig bei ihrer Tätigkeit im Aufnahmestaat weniger Manövriermasse zur Verfügung steht, hätten sie diese Gestaltungsmöglichkeit nicht, wären also benachteiligt. Erforderlich ist deswegen eine Auslegung des Begriffs „Betrieb/Betriebsabteilung", die diese Benachteiligung vermeidet,[83] indem sie den sachlichen Geltungsbereich der anwendbaren Tarifverträge übernimmt.[84] 30

Die auf ausländische Betriebe erstreckten Tarifinhalte müssen zur Vermeidung einer Diskriminierung in allen Unternehmen des räumlichen Geltungsbereichs gelten. Weder ausländische noch inländische Arbeitgeber können diese Mindestarbeitsbedingungen vermeiden. Das AEntG verwirklicht damit das Arbeitsortsprinzip, das einheitliche (Kern-)Bedingungen für alle Arbeitsverhältnisse am selben Arbeitsort garantiert. Dafür bedurfte es allerdings eines Korrekturgesetzes,[85] da die Rechtsprechung[86] es den inländischen Unternehmen zunächst ermöglicht hatte, sich durch Vereinbarung eines speziellerwirkenden Firmentarifvertrages der Anwendung des allgemeinverbindlichen Tarifvertrages zu entziehen.[87] Eine vergleichbare Möglichkeit, den Anforderungen des allgemeinverbindlichen Tarifvertrages zu entkommen, besitzen ausländische Unternehmen bereits aus praktischen Gründen kaum, da sie sowohl rechtlich wie faktisch Schwierigkeiten hätten, mit deutschen Gewerkschaften speziellere Tarifverträge abzuschließen. Unter diesen Umständen entstünde jedoch eine für die Entsendeunternehmen nachteilige Differenzierung, die vom EuGH als ungerechtfertigt angesehen wurde.[88] Ein 31

82 Vgl. die der Entscheidung zugrunde liegende Konstellation in BAG v. 25.6.2002, 9 AZR 439/01, AP AEntG § 1 Nr. 15.

83 Vgl. die Vorgaben des EuGH, Rs C-49/98 (Finalarte), NZBau 2002, 48.

84 Vgl. Art. 92 Nr. 1 a und 1 b des Dritten Gesetzes für moderne Dienstleistungen am Arbeitsmarkt v. 23.12.2003, BGBl. I, 2848, 2909.

85 Vgl. die Gesetzesbegründung im Gesetz zu Korrekturen in der Sozialversicherung und zur Sicherung der Arbeitnehmerrechte v. 19.12.1998, BT-Dr. 14/45, 25.

86 Vgl. OLG Düsseldorf v. 3.7.1998, 5 Ss (OWi) 224/98 – (OWi) 98/98 I, NZA 1998, 1286; BGH v. 21.3.2000, 4 StR 287/99, NZA 2000, 558.

87 BAG v. 25.7.2001, 10 AZR 599/00, AP TVG § 1 Tarifverträge: Bau Nr. 242; v. 4.12.2002, 10 AZR 113/02, AP TVG § 4 Tarifkonkurrenz Nr. 28.

solches Ergebnis widerspricht dem Regelungsplan des AEntG, aber auch der Verpflichtung zur richtlinienkonformen Auslegung, der alle Gerichte in den Mitgliedstaaten unterliegen.

a) Zwingend anwendbares Ortsrecht

32 Der Katalog zwingend anwendbarer **gesetzlicher** Arbeitsbedingungen, § 7 AEntG, übernimmt wortgetreu die in der Entsenderichtlinie geregelte Liste. Auch der Umfang in **Tarifverträgen** niedergelegter Mindestarbeitsbedingungen überschreitet die von der Richtlinie geschaffenen Befugnisse grundsätzlich nicht. Die nach früherer Rechtslage vorgeschriebene Beschränkung der zwingenden Wirkung lediglich auf die Entgeltvereinbarung für die unterste Lohngruppe ist später entfallen. Richtlinienwidrig ist das nicht, da Art. 3 Abs. 1 lit. c Entsenderichtlinie die Festlegung von „Mindestlohnsätzen" (im Plural) erlaubt, also gerade keinen einheitlich für alle Gruppen vorgeschriebenen Mindestsatz verlangt. Belastungen in diesem Umfang dürfen Arbeitgebern jedoch nicht für den Einsatz von Grenzgängern auferlegt werden,[89] weil deren Situation sich von derjenigen zeitweilig im Aufnahmestaat verbleibender entsandter Arbeitnehmer grundlegend unterscheiden kann. Soweit solche Besonderheiten bestehen, wäre die Auferlegung der am Arbeitsort geltenden Kernarbeitsbedingungen eine unverhältnismäßige Belastung. Diese Problematik war solange für Deutschland nicht einschlägig, wie vom AEntG erfasste Tarifverträge allein für die Baubranche existierten, für die die Entsenderichtlinie selbst die gleichmäßige Belastung aller in- und ausländischen Unternehmen vorschreibt, während nationale gesetzliche Mindestlöhne, die Grenzgänger anderer Branchen erfassen könnten, nicht existieren. Wegen der mittlerweile gesetzlich geregelten Erstreckung des AEntG auf das Gebäudereinigerhandwerk und die Briefdienstleistungen könnte die Begrenzung von Entgeltregelungen speziell für Grenzgänger jedoch notwendig werden. Zwar wurde eine entsprechende Einschränkung nicht gesetzlich geregelt, könnte aber auch durch richtlinienkonforme Reduktion des § 1 Abs. 1 AEntG verwirklicht werden.

33 Für eine der tariflich geregelten Mindestarbeitsbedingungen, das Urlaubskassenverfahren der Bauwirtschaft, war die Vereinbarkeit mit der Entsenderichtlinie stark umstritten. In die zwingend auf Arbeitgeber der Baubranche zu erstreckenden Arbeitsbedingungen schließt § 1 Abs. 3 AEntG das deutsche Urlaubskassenverfahren ein, obwohl eine ausdrückliche Regelung in der Entsenderichtlinie fehlt. Im Ergebnis dürfte sich die Befugnis hierzu aber aus dem Richtlinientext „bezahlter Mindestjahresurlaub" ableiten lassen.[90] Die Begründung dafür entspricht den Überlegungen, die für die Einführung des Urlaubskassenverfahrens in Deutschland überhaupt ausschlaggebend gewesen sind: Vornehmlich geht es um die Besonderheit der Baubranche, den Urlaub nicht betriebsbezogen, sondern wegen des üblichen häufigen Arbeitsplatzwechsels branchenbezogen zu organisieren. Da

88 EuGH, Rs C-164/99 (Portugaya), NZA 2002, 207.

89 EuGH, Rs C-165/98 (Mazzoleni), ZIP 2001, 581.

90 Dafür spricht auch ein Protokoll der Sitzung des Rats der Arbeits- und Sozialminister v. 24.9.1996, wonach Beträge zu tarifvertraglich oder gesetzlich geregelten einzelstaatlichen Sozialkassen zum „bezahlten Mindestjahresurlaub" und den „Mindestlohnsätzen einschließlich der Überstundensätze" zählen, sofern sie nicht in den Bereich der sozialen Sicherheit fallen. Diese Passage ist abgedruckt bei: Koberski/Asshoff/Hold, Arbeitnehmer-Entsendegesetz, 2. Aufl., München, 2002, § 1 AEntG Rn 359.

dieses Verfahren zur Durchführung von Urlaubsansprüchen etabliert ist und die Tarifparteien entsprechende Standards vereinbart haben, ist auch deren spezifische Verfahrensweise zulässig.[91] Sieht Art. 3 Abs. 1 Entsenderichtlinie vor, dass für die Baubranche Arbeitsbedingungen durch allgemeinverbindliche Tarifverträge festgelegt werden können, muss den Tarifparteien auch die Bestimmung des Urlaubsumfangs und der Verwirklichung der Urlaubsansprüche überlassen bleiben; eine Bindung an Art und Umfang des Anspruchs entsprechend dem gesetzlichen Mindesturlaub schreibt die Richtlinie nicht vor.

b) Doppelbelastungsverbot

Ein wichtiges Element für die Vereinbarkeit des Umsetzungsgesetzes mit der Richt- **34** linie ist die Beachtung des Doppelbelastungsverbotes als Ausdruck des Verhältnismäßigkeitsgrundsatzes. Dem hat das AEntG zum einen dadurch entsprochen, dass § 1 Abs. 1 S. 2 einen Günstigkeitsvergleich vorschreibt, wonach „mindestens" die Bedingungen des allgemeinverbindlichen Tarifvertrages zu gewähren sind. Sollte eine Bestimmung des Herkunftslandes dem Arbeitnehmer günstigere Bedingungen gewähren, können diese nicht unter Berufung auf den deutschen Tarifvertrag unterschritten werden. Umgekehrt kann aber auch der ausländische Arbeitgeber solche Leistungen auf seine tarifliche Verpflichtung anrechnen, die er bereits im Herkunftsland erbracht hat. Dies müssen die tariflichen Regelungen ausdrücklich festlegen, § 1 Abs. 3 Nr. 2 AEntG. Weiterhin müssen sie sicherstellen, dass der ausländische Arbeitgeber nicht gleichzeitig zu Beiträgen für eine vergleichbare Einrichtung im Sitzstaat herangezogen wird, dass also Doppelbelastungen effektiv ausgeschlossen sind. Dieses Ergebnis kann durch tarifliche Freistellungsregelungen geschaffen werden, durch bilaterale Abkommen der fraglichen Einrichtungen oder auf jede andere Weise, die den Beteiligten geeignet erscheint.[92] Das Gesetz schreibt lediglich das nach der Entsenderichtlinie auf jeden Fall zu gewährleistende Regelungsziel fest, das Verbot der Doppelbelastung. Dieses Ziel kann es gegebenenfalls erfordern, die Heranziehung zu Beiträgen „zu einer vergleichbaren Einrichtung" im Herkunftsland großzügig auszulegen. Eine der deutschen Urlaubs- und Lohnausgleichskasse des Baugewerbes institutionell entsprechende Einrichtung wird dadurch nicht vorausgesetzt. Im Wege der Auslegung ist daher auch der Fall zu lösen, dass der Urlaubsanspruch nach ausländischem Recht materiell hoch ist, aber keinerlei institutionelle Verfestigung in Richtung auf eine „Einrichtung" erkennbar ist. Eine lediglich materielle Vergleichbarkeit ist zwar im Wortlaut des Doppelbelastungsverbots des § 1 Abs. 3 Nr. 1 AEntG nicht enthalten,[93] doch wird das gesetzgeberische Ziel in der Anrechnungsbestimmung der Nr. 2 hinreichend deutlich, um eine vergleichbare Grenze auch in Nr. 1 hineinlesen zu können.[94] Ein Verstoß gegen die Vorgaben der Entsenderichtlinie in der Auslegung durch den EuGH[95] kann damit vermieden werden.

---

91 Anderer Ansicht ArbG Wiesbaden v. 10.2.1998, 1 Ca 1672/97, AP AEntG § 1 Nr. 1, Görres, Grenzüberschreitende Arbeitnehmerentsendung in der EU, Wien, 2003, S. 284.
92 EuGH, Rs C-490/04 (KOM/Deutschland), NZA 2007, 917, Rn 53.
93 Preis/Temming, S. 189 f.
94 Die kritische Einschätzung der EG-Kommission ergibt sich aus dem Vertragsverletzungsverfahren gegen die Bundesrepublik, Rs C-490/04, ABl. 2005 Nr. C 45, S. 12.
95 EuGH, Rs C-49/98 (Finalarte), NZBau 2002, 48.

c) Kontrollen und Meldepflichten

35 Art. 5 der Entsenderichtlinie gestattet dem Aufnahmestaat die Einführung geeigneter Maßnahmen zur Durchsetzung aller gemeinschaftsrechtlich zulässigen Verpflichtungen gegenüber Entsendeunternehmen. Dies wird insbesondere durch Melde- und Kontrollvorschriften gem. §§ 2, 3 AEntG umgesetzt, die aber für die Unternehmen mit einigem Verwaltungsaufwand verbunden sind. Diese Maßnahmen sind daher nur richtlinienkonform, solange sie erforderlich und angemessen sind. Dies kann im Einzelfall schwierig zu beurteilen sein, etwa dann, wenn das Unternehmen nach den Bestimmungen des Herkunftslandes bereits Dokumentationspflichten zu erfüllen hat oder Personalunterlagen bereitstellen muss. Einen gleichwertigen Ersatz für entsprechende Kontrollen im Aufnahmestaat bietet das nicht,[96] schon wegen der tatsächlichen Schwierigkeit einer effektiven Kontrolle vom Sitzstaat aus. Die Errichtung eines europaweiten Netzes von Verbindungsbüros gemäß Art. 4 Entsenderichtlinie verbessert diesen Befund nicht,[97] da eine praktisch wirksame Verwaltungszusammenarbeit zur effektiven Durchsetzung von Mindestarbeitsbedingungen auf diesem Wege nicht zustande gekommen ist. Zwar werden allgemeine Rechtsauskünfte über die Rechtsordnungen der Mitgliedstaaten erteilt. Eine auf den Einzelfall bezogene Auskunft darüber, ob ein konkretes Unternehmen die Kernarbeitsbedingungen aller anderen Mitgliedstaaten einhält, in die es Arbeitnehmer entsendet, ist jedoch nicht möglich,[98] schon weil Behörden des Herkunftsstaates nicht jederzeit auf die Unterlagen eines Unternehmens über dessen aktuelle Entsendesituation zugreifen können. Zudem beantworteten ausländische Verbindungsbüros die Anfragen deutscher Behörden im Schnitt innerhalb von zwei bis vier Monaten.[99] Insoweit unterscheidet sich der Gegenstand notwendiger Kontrollen in Entsendefällen von demjenigen der bloßen Dienstleistungserbringung, die gemäß Art. 28-36 durch Mittel der Verwaltungszusammenarbeit[100] durchgeführt werden soll. Daher setzt eine zeitnahe und wirksame Kontrolle der Einhaltung tariflicher Arbeitsbedingungen durch das Entsendeunternehmen die Bereitstellung von Unterlagen im Aufnahmestaat voraus.[101] Obwohl die Pflicht des § 2 Abs. 3 und § 3 AEntG nur ausländischen Unternehmern und Verleihern auferlegt ist, sind vergleichbare Pflichten für inländische Unternehmen gewerberechtlich geregelt; eine materiell ungünstigere Behandlung liegt damit nicht vor.

36 Weiter ist die Anforderung, Unterlagen wie Arbeitsvertrag, Arbeitszeitnachweis und Lohnabrechnung in deutscher Sprache bereitzustellen, nicht unverhältnismäßig belastend.[102] Das Verfahren der Zusammenarbeit gemäß Art. 4 Entsende-

96 Mankowski, IPRax 2004, 385, 388; Schlachter, GPR 2004, 245.
97 Hailbronner, EWS 1997, 401, 409.
98 Kommissionshandbuch, Ziff. 9.3.1.1. geht dagegen davon aus, dass die nach der Dienstleistungsrichtlinie errichtenden Anlaufstellen die Dienstleistungserbringer in ihrem Hoheitsgebiet zu überwachen hätten und daher normalerweise alle Informationen bereits zur Verfügung stünden. Diese Einschätzung scheint nach den bisherigen Erfahrungen der Entsendefälle übermäßig optimistisch zu sein.
99 Stellungnahme der BDA zur Kommissionsmitteilung „Entsendung von Arbeitnehmern im Rahmen der Erbringung von Dienstleistungen" (KOM(2007) 304 endg. v. 30.8.2007, Punkt 3: Verwaltungszusammenarbeit.
100 Kommissionshandbuch, Ziff. 9.2.1.
101 EuGH, Rs C-369/96 (Arblade), Slg. 1999, I-8453, Rn 76; Rs C-490/04 (KOM/Deutschland), NZA 2007, 917, Rn 71.
102 Anders aber die EG-Kommission im Vertragsverletzungsverfahren gegen die Bundesrepublik, Rs C-490/04, ABl. 2005 Nr. C 45, S. 13 f.

richtlinie begründet kein Gegenargument, weil der damit erreichbare Informationsaustausch tatsächlich den Kontrollbedarf nicht entfallen lässt. Eine Kontrolle anhand von Dokumenten in der Originalsprache wird den Behörden des Aufnahmelandes in den meisten Fällen faktisch unmöglich sein.[103] Entsprechende Schulungen der Mitarbeiter auch nur für die wichtigsten Amtssprachen der Gemeinschaft wären dem Aufnahmestaat nicht zumutbar. Damit ist insgesamt von der Rechtmäßigkeit der Beschränkung der Dienstleistungsfreiheit grenzüberschreitend tätiger Unternehmen durch sowohl die Entsenderichtlinie wie auch durch das deutsche AEntG auszugehen.

d) Kontrollen gegenüber entsandten Drittstaatsangehörigen

Die Entsendung von Arbeitnehmern aus Drittstaaten unterliegt den Anforderungen 37 des Aufenthaltsrechts des Aufnahmenstaates, da diese Beschäftigten über kein gemeinschaftsrechtlich begründetes Freizügigkeitsrecht verfügen; grundsätzlich ändert daran auch die Entsendesituation nichts. Wenn die Entsendung aber zur Ausübung der Dienstleistungsfreiheit eines in der Gemeinschaft ansässigen Unternehmens dient, verletzt eine Kontrolle unter Umständen dessen Grundfreiheit, selbst wenn sie der Gewährleistung einer Beachtung nationaler Zuwanderungsgesetze dienen soll. Der Aufnahmestaat kann somit die Entsendung als solche nicht verhindern, und befürchtet daher, dass bereits eingereiste Drittstaatsangehörige sich Zugang zum Arbeitsmarkt verschaffen könnten.[104] Dieser Gesichtspunkt wird besonders wichtig für das Verhältnis zu den Beitrittsländern, denen gegenüber zwar die Geltung der Arbeitnehmerfreizügigkeit hinausgeschoben werden konnte, während Einschränkungen der Dienstleistungsfreiheit nur in begrenztem Umfang zulässig sind. Einer Kontrolle der Entsendebedingungen, insbesondere einer rechtmäßigen Beschäftigung beim Entsendeunternehmen,[105] kommt daher aus Sicht des Aufnahmestaates hohe Bedeutung zu, um sicherzustellen, dass die Einreise Drittstaatsangehöriger tatsächlich nur zu dem vorübergehenden Zweck erfolgt, die Dienstleistung des ausländischen Unternehmens im Inland zu erbringen. Ein aussagekräftiges Indiz für die Absicht des Mitarbeiters, nach erbrachter Dienstleistung aus dem Aufnahmestaat wieder auszureisen, besteht in einem längerfristig vollzogenen Arbeitsverhältnis zum ausländischen Entsendeunternehmen.[106] Eine dahingehende Anforderung hat der EuGH jedoch als unverhältnismäßige Beschränkung der Dienstleistungsfreiheit des Entsendeunternehmens gewertet.[107] Ob eine „ordnungsgemäße" Beschäftigung beim Entsendeunternehmen vorliegt, richtet sich demnach nach den (ausländerrechtlichen) Bestimmungen des Sitzstaates. Die zulässigen Anforderungen an eine Vorbeschäftigungsdauer im Ausland sind nicht konkret überprüfbar;[108] fest steht, dass aber jedenfalls sechs Monate nicht gefordert werden dürfen.[109] Weitergehend war die Kommission sogar der Auffassung, dass jede Kontrolle vor der Entsendung schlechthin unzulässig[110] und allein eine

103 EuGH, Rs C-490/04 (KOM/Deutschland), NZA 2007, 917, Rn 78.
104 EuGH, Rs C-113/89 (Rush Portuguesa), NZA 1990, 653, Rn 19.
105 EuGH, Rs C-43/93 (Van der Elst), EuZW 1994, 600, Rn 15.
106 EuGH, Rs C-244/04 (KOM/Deutschland), EuZW 2006, 145; Rs C-168/04 (KOM/Österreich), EuZW 2007, 89.
107 EuGH, Rs C-244/04 (KOM/Deutschland), EuZW 2006, 145.
108 Koberski in: FS Richardi, S. 1051 Fn. 17.
109 EuGH, Rs C-445/03 (KOM/Luxemburg), Slg. 2004, I-10191, Rn 38.
110 Wiedergegeben in EuGH, RsC-244/04 (KOM/Deutschland), EuZW 2006, 145, Rn 15.

nachträgliche Überprüfung verhältnismäßig sei. Dies hat der EuGH im Vertragsverletzungsverfahren gegen Deutschland jedoch dahingehend abgeschwächt, dass eine „einfache vorherige Erklärung" im Sinne einer Anzeige durch das Entsendeunternehmen gefordert werden darf,[111] die auch eine Übersendung der erforderlichen Schriftstücke einschließt. Mit diesem Verfahren dürften über den Nachweis einer „ordnungsgemäßen und dauerhaften" Vorbeschäftigung hinaus auch „Angaben zum Arbeitsentgelt und den Beschäftigungsbedingungen"[112] verlangt werden. Damit lässt sich eine Meldepflicht nicht nur für Drittstaatsangehörige, sondern für entsandte Arbeitnehmer generell rechtfertigen, die den Behörden des Aufnahmestaates eine Kontrolle der Rechtmäßigkeit der Entsendung ermöglicht.

Artikel 19 Unzulässige Beschränkungen

Die Mitgliedstaaten dürfen an den Dienstleistungsempfänger keine Anforderungen stellen, die die Inanspruchnahme einer Dienstleistung beschränken, die von einem in einem anderen Mitgliedstaat niedergelassenen Dienstleistungserbringer angeboten wird; dies gilt insbesondere für folgende Anforderungen:
a) die Pflicht, bei den zuständigen Behörden eine Genehmigung einzuholen oder diesen gegenüber eine Erklärung abzugeben;
b) diskriminierende Beschränkungen der Möglichkeit zur Erlangung finanzieller Unterstützung, die auf der Tatsache beruhen, dass der Dienstleistungserbringer in einem anderen Mitgliedstaat niedergelassen ist, oder aufgrund des Ortes, an dem die Dienstleistung erbracht wird.

Literatur: Frenz, Handwerkliche Qualifikation und EU-Recht, Alfeld, 2006 (zitiert als: Frenz); Herresthal, Rechtsfortbildung im europarechtlichen Bezugsrahmen, München, 2006 (zitiert als: Herresthal); Körber, Grundfreiheiten und Privatrecht, Tübingen, 2004 (zitiert als: Körber); Müller-Graff, Dienstleistungsfreiheit und Erbringungsformen grenzüberschreitender Dienstleistungen, in: Leßmann (Hg.), Festschrift für Rudolf Lukes zum 65. Geburtstag, Köln, 1989 (zitiert als: Müller-Graff in: FS Lukes); Reindl, „Negative Dienstleistungsfreiheit" im EWG-Vertrag, München, 1992 (zitiert als: Reindl); Rolshoven, „Beschränkungen" des freien Dienstleistungsverkehrs, Berlin, 2002 (zitiert als: Rolshoven); Schöne, Dienstleistungsfreiheit in der EG und deutsche Wirtschaftsaufsicht, Köln, 1989 (zitiert als: Schöne); Schwarze (Hg.), Der Gemeinsame Markt: Bestand und Zukunft in wirtschaftsrechtlicher Perspektive, Baden-Baden, 1987 (zitiert als: Bearbeiter in: Schwarze (Hg.)); Völker, Passive Dienstleistungsfreiheit im Europäischen Gemeinschaftsrecht, Berlin, 1990 (zitiert als: Völker).

111 EuGH, Rs C-244/04 (KOM/Deutschland), EuZW 2006, 145, Rn 41.
112 EuGH, Rs C-244/04 (KOM/Deutschland), EuZW 2006, 145, Rn 62.

I. Normzweck und Normstruktur

Art. 19 schützt die **Empfangsfreiheit.** Die Norm untersagt den Mitgliedstaaten, die Freiheit des Dienstleistungs*empfängers* beim Binnengrenzen überschreitenden Austausch von Dienstleistungen zu verkürzen, indem die Inanspruchnahme einer solchen Dienstleistung beschränkt wird. Nach der Richtlinie unterfällt dem in Kapitel IV geregelten freien Dienstleistungsverkehr auch das Recht des Dienstleistungsempfängers zur Inanspruchnahme einer grenzüberschreitenden Dienstleistung als **Komplementärgewährleistung zu Art. 16.**[1] Der freie Dienstleistungsverkehr wird folglich vor Beschränkungen der *Erbringung* von Dienstleistungen und vor Beschränkungen ihrer *Inanspruchnahme* geschützt und somit **umfassend gewährleistet.** 1

Das in Art. 19 kodifizierte Verbot wird auf der Ebene des Primärrechts (Art. 49 f. EGV) als **„passive"**[2] oder **„negative"**[3] **Dienstleistungsfreiheit** bezeichnet.[4] Indes ist die Begriffsbildung dort uneinheitlich.[5] Der Wortlaut der Richtlinie greift diese 2

1 Die eigenständige und gleichwertige Bedeutung des Art. 19 kommt durch die Abschnittsüberschrift „Rechte der Dienstleistungsempfänger" zum Ausdruck; s. a. Kommissionshandbuch, Ziff. 7.2. („equally important") und 7.2.1. mit Fn. 142.

2 So Kluth in: Calliess/Ruffert EUV/EGV, Art. 49, 50 EGV Rn 27; ders./Rieger, Die gemeinschaftsrechtlichen Grundlagen und beruflichen Wirkungen von Herkunftslandprinzip und Bestimmungslandprinzip, DVBl. 2006, 1, 4; Müller-Graff in: Streinz EUV/EGV, Art. 49 EGV Rn 53; Völker, S. 23, 61 f. passim; Rolshoven, S. 276 passim; Becker, Gesetzliche Krankenversicherung im Europäischen Binnenmarkt, NJW 2003, 2272, 2273; Fuchs, Luxemburga locuta – causa finita – quaestio non soluta, NZS 2002, 337; mit einer deutlichen Unterscheidung zwischen dieser und Korrespondenzdienstleistungen als dritter Kategorie u. a. Pechstein/Kubicki, Dienstleistungsfreiheit im Baugewerbe für polnische Handwerker, EuZW 2004, 167; Hailbronner/Nachbaur, Die Dienstleistungsfreiheit in der Rechtsprechung des EuGH, EuZW 1992, 105, 108; zu Art. 19: Korte, Was bleibt vom herkömmlichen Verständnis der Dienstleistungsfreiheit?, NVwZ 2007, 501, 505.

3 So Schweitzer/Hummer, Europarecht, Rn 1189; Reindl, S. 2 passim; Schwarze, Schutz der Grundrechte in der Europäischen Gemeinschaft, EuGRZ 1986, 293, 296; Oppermann, Europarecht, § 26 Rn 20 („passive oder negative Dienstleistungsfreiheit").

4 Für eine ausführliche Darstellung der Rechtsprechung des EuGH zur „passiven" bzw. „negativen" Dienstleistungsfreiheit bei Art. 49 f. EGV vgl. Reindl, S. 11-35; Völker, S. 62-83; Rolshoven, S. 276-288.

5 Vgl. zum einen Kluth in: Calliess/Ruffert EUV/EGV, Art. 49, 50 EGV Rn 28 und Müller-Graff in: Streinz EUV/EGV, Art. 49 EGV Rn 53 (Berechtigung eines in einem Mitgliedstaat

Termini daher zu Recht nicht auf, sondern unterscheidet beschränkende mitgliedstaatliche Maßnahmen präziser anhand ihrer Einwirkung auf die beiden Parteien einer grenzüberschreitenden Dienstleistung, also das Angebot bzw. die Erbringung der Dienstleistung durch den Erbringer einerseits (Art. 16) und die Möglichkeit zu ihrer Inanspruchnahme durch den Empfänger andererseits (Art. 19). Art. 19 gewährleistet also die **Dienstleistungsempfangsfreiheit, Freiheit zum Empfang einer Dienstleistung** bzw. **Freiheit des Dienstleistungsempfängers.**

1. Das Regelungsziel

3 Art. 19 hat – parallel zu Art. 16 – den **Zweck, den freien Dienstleistungsverkehr zu sichern und auszuweiten.**[6] Die mitgliedstaatlichen Märkte sollen für Binnengrenzen überschreitende Dienstleistungen geöffnet, der insoweit noch fragmentierte Binnenmarkt soll durch eine horizontale Harmonisierung vervollständigt werden. Zugleich ist intendiert, die wirtschaftliche Bedeutung des Dienstleistungssektors zu steigern, so dass ein wettbewerbsfähiger Dienstleistungs*binnenmarkt* entsteht. Die Norm fördert also die wirtschaftliche Integration der EU. Der freie Dienstleistungsverkehr soll bei grenzüberschreitenden Dienstleistungen eine **wettbewerbsbasierte Nutzung komparativer Kostenvorteile** ermöglichen, d.h. durch den Abbau von Beschränkungen eine größere Zahl an Dienstleistungsangeboten und bessere Dienstleistungen zu niedrigeren Preisen bewirken. Dieser Zweck kommt **gerade auch kleinen und mittleren Unternehmen** sowie **Verbrauchern** als Empfänger einer Dienstleistung zugute, ohne dass der Verbraucherschutz hierdurch zum Primärzweck der Norm wird.[7]

4 Zu diesem allgemeinen Normzweck tritt der **spezifische Zweck eines Beschränkungsverbotes** gerade zugunsten des Dienstleistungs*empfängers* hinzu. Die Norm soll dem *Empfänger* ermöglichen, im Binnenmarkt Dienstleistungen seinen Bedürfnissen entsprechend nachzufragen, ohne hieran durch ungerechtfertigte Beschränkungen gehindert zu werden. Die **Wettbewerbsposition des Empfängers** wird deutlich gestärkt, indem mitgliedstaatliche Beschränkungen der Inanspruchnahme grenzüberschreitender Dienstleistungen grundsätzlich untersagt werden. Der Empfänger erhält eine **geschützte Rechtsposition gegenüber dem Herkunfts- und dem Bestimmungsstaat** (s. Rn 21); diese eigenständige, zum Erbringer **gleichwertige Rechtsposition des Empfängers** erstreckt den Schutz der Binnengrenzen überschreitenden Liberalisierung des Dienstleistungsmarktes auf die Nachfrageseite. Dies ist sachgerecht, da sich **Beschränkungen des Empfängers in der Regel auch**

---

ansässigen Leistungsempfängers, der an einer Binnengrenzen überschreitenden Dienstleistung beteiligt ist); Tiedje/Troberg in: GS EUV/EGV, Art. 49 EGV Rn 8 (Entgegennahme einer Leistung aus einem anderen Mitgliedstaat); zum anderen Völker, S. 23, 61 f. passim; Randelzhofer/Forsthoff in: Grabitz/Hilf EU, Art. 49/50 EGV Rn 43; Schweitzer/Hummer, Europarecht, Rn 1189; Hatje, Die Dienstleistungsrichtlinie – Auf der Suche nach dem liberalen Mehrwert, NJW 2007, 2357, 2360; Pache in: Ehlers (Hg.), GuG, § 11 Rn 28 (Dienstleistungsempfänger begibt sich vorübergehend in Mitgliedstaat des Erbringers); wohl auch Reindl, S. 2 f.; wieder anders Rolshoven, S. 276 f. (passive Dienstleistungsfreiheit durch Verbleiben des Erbringers im eigenen Mitgliedstaat gekennzeichnet).

6 So auch Erwägungsgründe 1-5.

7 Dazu die Erwägungsgründe 2, 92; s.a. Reich, Die Freiheit des Dienstleistungsverkehrs als Grundfreiheit, ZHR 153 (1989), 571, 575 f., der Art. 49 EGV als ein Grundrecht des EG-Verbrauchers bezeichnet; ähnlich Kort, Die Schranken der Dienstleistungsfreiheit im europäischen Recht, JZ 1996, 132, 133.

als Beschränkung des Erbringers erweisen[8] und beide Beschränkungen identisch den freien Dienstleistungsverkehr behindern.

Schließlich hat Art. 19 – wie auch Art. 16 – erhebliche **Bedeutung für die Harmonisierung mitgliedstaatlichen Rechts**: Die Ausdifferenzierung dieser Freiheitsgewährleistung in der Richtlinie lässt die judikative, fallweise Konkretisierung des Primärrechts in den Hintergrund treten,[9] denn die (primärrechtskonform ausgelegten) Richtlinienvorgaben sind nunmehr die sachnähere **Primärreferenz als Maßstab für das mitgliedstaatliche Recht.**[10] Dies ist bei der Freiheit zum Dienstleistungs*empfang* besonders bedeutsam, da der EuGH die Berechtigung auch des Empfängers einer Dienstleistung aus Art. 49 EGV erst spät in teleologischer Extension der Art. 49 f. EGV rechtsfortbildend anerkannt hat.[11] Zwar hat sich die herrschende Literatur diesem angeschlossen,[12] gleichwohl bestehen zum Primärrecht neben terminologischen auch gewichtige inhaltliche Streitfragen in Bezug auf den Gewährleistungsumfang (s. Rn 2 zur Terminologie; s. Fn. 5 zu möglichen Inhaltsdivergenzen). Anders als das Primärrecht **erkennt** Art. 19 sekundärrechtlich die **Empfangsfreiheit nun ausdrücklich an** und **konkretisiert ihren Umfang.** Hieraus folgt eine größere Rechtssicherheit. 5

2. Systematik und Anwendungsbereich.

a) Die systematische Stellung der Norm in der Richtlinie

Die **Systematik der Regelung** ist wenig geglückt: Obwohl Art. 19 die Komplementärgewährleistung zur Freiheit in Art. 16 enthält und *in der Regel* beide Freiheiten durch dieselbe (mitgliedstaatliche) Maßnahme beschränkt werden (dazu bei und in Fn. 8), ist Art. 19 von Art. 16 nicht nur systematisch abgegrenzt, sondern auch strukturell sowie dem Wortlaut nach inhaltlich verschieden. Als Folge stellt sich die Frage nach einem **kongruenten Anwendungsbereich, also den allgemeinen Bereichsausnahmen des Art. 17** (s. Rn 8), nach möglichen **Ausnahmen im Einzelfall gem. Art. 18** (s. Rn 46), nach **unzulässigen Beschränkungen i. S. v. Art. 16 Abs. 2** (s. Rn 42) sowie nach **Rechtfertigungsgründen bei einer Beschränkung entsprechend Art. 16 lit. a-c** (s. Rn 52 f.). Auch die **Beispiele unzulässiger Beschränkungen in Art. 19 lit. a, b** weisen keine innere Stringenz auf und sind angesichts der Aufzählung in Art. 16 Abs. 2 und des Verweises in Art. 16 Abs. 2 6

---

8 Noch weitergehend Müller-Graff in: Streinz EUV/EGV, Art. 49 EGV Rn 37 („stets" beide einschlägig); so i. E. auch Tiedje/Troberg in: GS EUV/EGV, Art. 49 EGV Rn 10; Korte, Was bleibt vom herkömmlichen Verständnis der Dienstleistungsfreiheit?, EWS 2007, 246, 247. Überschneidungen anerkennt auch Kluth in: Calliess/Ruffert EUV/EGV, Art. 49, 50 EGV Rn 27; paradigmatisch für die Parallelität EuGH, Rs C-94/04 und 202/04 (Cipolla und Macrino), NJW 2007, 281 Rn 59 f. (zu Art. 49 EGV).

9 So auch Erwägungsgründe 6 f.

10 Vgl. EuGH, Rs C-324/99 (DaimlerChrysler), Slg. 2001, I-9897, Rn 32; v. Bogdandy, Grundrechtsgemeinschaft als Integrationsziel?, JZ 2001, 157, 166.

11 Grundlegend EuGH, verb. Rs 286/82 und 26/83 (Luisi und Carbone), NJW 1984, 1288, Rn 10; Rs 186/87 (Cowan), NJW 1989, 2183, Rn 15; Rs C-43/93 (Van der Elst), Slg. 1994 I-3803, Rn 15; verb. Rs C-120/95 und C-158/96 (Decker und Kohll), NJW 1998, 1769, Rn 29 ff.; Rs C-274/96 (Bickel und Franz), Slg. 1998, I-7637, Rn 15; dazu Streinz, JuS 1999, 490; zur Einbeziehung von Korrespondenzdienstleistungen vgl. EuGH, Rs 15/78 (Koestler), Slg. 1978, 1971, Rn 3; s. a. auch die Nachweise in Fn. 4.

12 Statt aller nur Tiedje/Troberg in: GS EUV/EGV, Art. 49 EGV Rn 8 f.; Kluth in: Calliess/Ruffert Art. 49, 50 EGV, Rn 27; Müller-Graff in: Streinz EUV/EGV, Art. 49 EGV Rn 53-55; ausf. zur Entwicklung Völker, S. 62-83 sowie S. 57 mit Fn. 19; zur Kritik näher Reindl, S. 87 ff.

lit. g auf Art. 19 gesetzestechnisch nicht überzeugend und keinesfalls spezifisch für die Empfangsfreiheit.

b) Der Anwendungsbereich der Regelung

7 Der Schutz der Empfangsfreiheit durch Art. 19 setzt selbstverständlich voraus, dass der **Anwendungsbereich der Richtlinie** eröffnet ist. Dabei sind die Klarstellungen in **Art. 1** zu beachten. Ausgenommen sind die in **Art. 2 Abs. 2 genannten Tätigkeiten**, einschließlich der in der Rechtsprechung zur Empfangsfreiheit nach Art. 49 EGV bedeutsamen Gesundheitsdienstleistungen (lit. f) und der **Bereich der Steuern** (**Art. 2 Abs. 3**).[13] Zudem ist die Richtlinie insgesamt auf die **Regeln des internationalen Privatrechts** nicht anwendbar (**Art. 3 Abs. 2**).

8 Die **Bereichsausnahmen des Art. 17** sind **in teleologischer Extension**[14] **auf Art. 19 anwendbar**. Diese Ausnahmen sollen der vor allem durch Gemeinschaftsrechtsakte bereits erfolgten Rechtsvereinheitlichung im Binnenmarkt Rechnung tragen. Nach ihr sind bestimmte Dienstleistungs*erbringer* einem anderen Recht als dem des Mitgliedstaates ihrer Niederlassung unterworfen.[15] Der Zweck dieser spezifischen Vereinheitlichung wird nicht erreicht, wenn gleichwohl eine unzulässige Beschränkung der *Empfangsfreiheit* des Dienstleistungs*empfängers* i. S. v. Art. 19 bejaht würde. Nur wenn auch die *Empfangsfreiheit* von den Bereichsausnahmen des Art. 17 umfasst wird, findet die Gewährleistung des freien Dienstleistungsverkehrs umfassend in den genannten Bereichen bzw. auf die genannten Tätigkeiten keine Anwendung, denn in der Regel beschränken mitgliedstaatliche Maßnahmen Erbringungs- *und* Empfangsfreiheit (s. bei und in Fn. 8). Anderenfalls wäre es zufällig, also sachlich nicht gerechtfertigt, ob eine Maßnahme auch die *Empfangsfreiheit* beschränkt und Art. 19 sich in die Bereiche des Art. 17 erstreckt. Das Telos des Art. 17 wird also nur erreicht, wenn die Norm auch Art. 19 erfasst. Auch die betreffenden Erwägungsgründe (Ziff. 84 f., 87-90) unterscheiden ebenso wenig zwischen beiden Freiheitsgewährleistungen, sondern stellen auf die Dienstleistungsfreiheit insgesamt ab.

9 Im **Kern des Anwendungsbereichs** des Art. 19 stehen demnach unternehmensbezogene Leistungen (Unternehmensberatung, Werbe- und Personalagenturen), Dienstleistungen wie z. B. (Immobilien-)Maklerdienste, Rechtsberatung, Vertriebsservices, Zertifizierung und Prüfungstätigkeit, Konstruktionsdienstleistungen, Vermietung von Kfz sowie Leistungen im Fremdenverkehr (Freizeitangebote, Skilehrer, Bergführer etc.).

3. Die Bedeutung der Vorschrift

10 Art. 19 erfasst nur **grenzüberschreitende Dienstleistungen** in der EU.[16] Die Inanspruchnahme der Dienstleistung muss also über die Grenzen eines Mitgliedstaats

---

13 Der Bereich der direkten Steuern fällt nicht in die Zuständigkeit der EG; nach dem EuGH müssen die Mitgliedstaaten ihre Kompetenz aber unter Wahrung des Gemeinschaftsrechts ausüben, vgl. EuGH, Rs C-279/93 (Schumacker), NJW 1995, 1207, Rn 21; Rs C-118/96 (Safir), Slg. 1998, I-1897, Rn 21.

14 Ausf. zu dieser Larenz/Canaris, Methodenlehre der Rechtswissenschaft, 1995, S. 216 f.; Herresthal, S. 243 f.

15 Vgl. Erwägungsgrund 83.

16 So auch Kommissionshandbuch, Ziff. 7.1.1.; zu Art. 16 auch Korte, EWS 2007, 246, 248; Hatje, NJW 2007, 2357, 2358.

hinausweisen[17] (zur Ansässigkeit unten Rn 25). Mit dem Verbot in Art. 19 zusätzlich zu Art. 16 erfasst die Richtlinie **Beschränkungen der Dienstleistungsfreiheit möglichst umfassend**, um die Nutzung komparativer Kostenvorteile weitestreichend zu fördern (s. Erwägungsgrund 2 sowie ausf. Rn 3 f.). Zudem werden die **mitgliedstaatlichen Rechte** im Herkunfts- und im Bestimmungsstaat harmonisiert.

Die zweiseitige Ausrichtung des Beschränkungsverbotes bewirkt eine **effektive Durchsetzung der Dienstleistungsfreiheit** im Herkunfts- *und* Bestimmungsstaat. Staatliche Maßnahmen, die sowohl Erbringungs- als auch Empfangsfreiheit beschränken, können von beiden Parteien angegriffen werden. Dies kann für den Empfänger der Dienstleistung bei Beschränkungen durch den Bestimmungsstaat einfacher sein als für den Erbringer, da der Erbringer diese (ggf. in zahlreichen Rechtsordnungen) aus seinem Mitgliedstaat heraus angreifen müsste. Der Gemeinschaftsbürger wird daher umfassend zur Effektuierung des Gemeinschaftsrechts aktiviert. Die **effektive Durchsetzung** der Dienstleistungsfreiheit wird so **von der konkreten Marktstruktur unabhängig:** Gleichgültig ist demnach, ob eine besondere Anbieter- oder Nachfragerstärke auf dem Markt für die konkrete Dienstleistung besteht und ob der Bestimmungsstaat seine Erbringer schützen oder der Herkunftsstaat externe Nachfrager abhalten möchte. 11

Sofern eine Beschränkung des Herkunfts- oder des Bestimmungsstaates gegen Art. 16 *und* Art. 19 (wie in der Regel) verstößt, können **beide Parteien gegen die Maßnahme** vorgehen, indem sie sich in nationalen Verwaltungs- und Gerichtsverfahren auf die Richtlinie berufen und eine richtlinienkonforme Auslegung bzw. Fortbildung des nationalen Rechts anmahnen. 12

Ist die **Richtlinie ausnahmsweise unmittelbar anwendbar**, also z. B. nach Ablauf der Umsetzungsfrist zugunsten des Bürgers im Verhältnis zum Mitgliedstaat, wird richtlinienwidriges mitgliedstaatliches Recht des Herkunfts- wie auch des Bestimmungsstaates im Verhältnis zum Erbringer wie auch zum Empfänger *ex lege* suspendiert (vgl. unten Rn 54-56). 13

Schließlich folgt auch aus dem nun gegenüber beiden Parteien **drohenden Staatshaftungsanspruch** (vgl. Rn 56) ein weiterer Druck zur Harmonisierung des mitgliedstaatlichen Rechts. 14

4. Das Verhältnis zum übrigen Gemeinschaftsrecht

a) Das Verhältnis zum Primär- und Sekundärrecht

Nach allgemeinen Grundsätzen ist das **Primärrecht**, d. h. die Gemeinschaftsgrundrechte, allgemeine Rechtsgrundsätze sowie die Grundfreiheiten des EG-Vertrages, höherrangig (vgl. auch Art. 1 Abs. 7). Art. 19 ist mithin im Zweifel primärrechtskonform, vor allem im Lichte der Grundfreiheiten auszulegen.[18] Zudem ist der *Mitgliedstaat* bei der Aus- und Durchführung der Richtlinie, also auch des Art. 19, an die Gemeinschaftsgrundrechte gebunden.[19] **Gemeinschaftsrechtsakte**, wel- 15

17 Vgl. Erwägungsgründe 1, 2 (Nutzen aus dem Binnenmarkt) sowie 6 (Anlehnung an die Funktion des Art. 49 EGV); zur parallelen Anforderung bei Art. 49 EGV EuGH, verb. Rs C-51/96 und C-191/97 (Deliège), NJW 2000, 2011, Rn 58; Rs C-3/95 (Reisebüro Broede), Slg. 1996, I-6511, Rn 14.

18 EuGH, Rs C-315/92 (Clinique), NJW 1994, 1207, Rn 12.

19 Vgl. Herresthal, S. 68 ff. m. w. N.

che die Aufnahme oder Ausübung einer von der Richtlinie erfassten Tätigkeit **spezieller regeln**, gehen nach **Art. 3 Abs. 1** vor,[20] auch wenn sich die von einem solchen Gemeinschaftsrechtsakt gebilligte oder vorgeschriebene mitgliedstaatliche Maßnahme als Beschränkung der in Art. 19 geschützten Freiheit erweist.

b) Das Verhältnis zu Art. 49 EGV

16 Art. 49 EGV untersagt mitgliedstaatliche Beschränkungen der Dienstleistungsfreiheit und ist unmittelbar anwendbar.[21] Im Verhältnis zu Art. 19 gilt: **Art. 49 EGV bleibt dort von Bedeutung**, wo der **Anwendungsbereich des Art. 19 nicht eröffnet** ist.[22] Zudem setzt sich Art. 49 EGV als **ranghöhere Norm** durch, sofern die Richtlinie Beschränkungen der Empfangsfreiheit billigen sollte, die gegen Art. 49 EGV verstoßen, d. h. die **Richtlinie hinter den Anforderungen des Primärrechts zurückbleibt.**[23] Grundsätzlich können diese Konstellationen aber durch eine primärrechtskonforme Auslegung der Richtlinie verhindert werden (vgl. auch Art. 3 sowie Kommissionshandbuch, Ziff. 1.1.).

17 Hingegen kann die **Richtlinie den freien Dienstleistungsverkehr sekundärrechtlich über Art. 49 EGV hinaus gewährleisten**, sofern dies nicht gegen die Gemeinschaftsgrundrechte, allgemeinen Rechtsgrundsätze sowie sonstigen Grundfreiheiten verstößt. Im Übrigen ist zur Wahrung der Regelungs- und Einschätzungsprärogative des Sekundärrechtsgesetzgebers die **Richtlinie als rangniedere, sachnähere Norm primär anzuwenden**, bevor auf die ranghöhere, weniger ausdifferenzierte Grundfreiheit zurückgegriffen wird (vgl. Rn 5 mit Fn. 10). Die Gewährleistung der Empfangsfreiheit in Art. 19 kann demnach auch über Art. 49 EGV hinausgehen. Diese Abweichungen weiten die Dienstleistungsfreiheit (potentiell) aus und verstoßen nicht gegen das Primärrecht: Zunächst liefert Art. 19 eine **tatbestandliche Fassung der Empfangsfreiheit**. Weiterhin ist umstritten, ob Art. 49 EGV überhaupt ein **allgemeines Beschränkungsverbot** enthält (s. Fn. 83), während dies bei Art. 19 nicht streitig sein dürfte (vgl. Rn 42). Zudem sieht Art. 19 – anders als Art. 49 EGV – keine Rechtfertigung von Beschränkungen durch **zwingende Gründe des Allgemeinwohls** vor (s. Rn 53). Auch im Übrigen ist das Merkmal der Beschränkung in Art. 19 weit auszulegen und potentiell weiter als Art. 49 f. EGV (s. Rn 45); soweit hierdurch konkurrierende Rechtsprinzipien, z. B. der Verbraucherschutz, beschränkt werden, liegt dies noch im Rahmen der Einschätzungs- und Gestaltungsprärogative des Gemeinschaftsgesetzgebers.

18 Umgekehrt kommt **Art. 49 EGV weiterhin Bedeutung** zu.[24] Er gewährleistet die Empfangsfreiheit **bis zum Ablauf der Umsetzungsfrist der Richtlinie** sowie dort,

---

20 Z.B. die Berufsanerkennungsrichtlinie 2005/36/EG; vgl. dazu Körner, EU-Dienstleistungsrichtlinie und Arbeitsrecht, NZA 2007, 233, 236; Lemor, Auswirkungen der Dienstleistungsrichtlinie auf ausgesuchte reglementierte Berufe, EuZW 2007, 135, 136 f.

21 Vgl. nur EuGH, Rs 279/80 (Webb), NJW 1982, 1203, Rn 13; Müller-Graff in: Streinz EUV/EGV, Art. 49 EGV Rn 10, 31 ff., 128.

22 Z.B. bei Gesundheitsdienstleistungen (vgl. Art. 4 Abs. 2 lit. f); dazu Becker/Walser, Stationäre und ambulante Krankenhausleistungen im grenzüberschreitenden Dienstleistungsverkehr, NZS 2005, 449.

23 Zur Bindung des Gemeinschaftsgesetzgebers an die Grundfreiheiten vgl. EuGH, Rs C-51/93 (Meyhui), Slg. 1994, I-3879, Rn 19-21; Rs C-114/96 (Kiefer und Thill), RIW 1997, 699, Rn 27; Jarass, Elemente einer Dogmatik der Grundfreiheiten, EuR 2000, 705, 715.

24 I.E. auch Kommissionshandbuch, Ziff. 4.; Lemor, EuZW 2007, 135, 138; Korte, EWS 2007, 246, 254 f.

wo der **Anwendungsbereich des Art. 19 nicht eröffnet** ist (s. Rn 7 ff. sowie Erwägungsgrund 75). Zudem ist **Art. 49 EGV unmittelbar anwendbar** und suspendiert entgegenstehendes mitgliedstaatliches Recht *ex lege*.[25] Art. 19 wirkt hingegen auch nach Ablauf der Umsetzungsfrist nur im Verhältnis zwischen Gemeinschaftsbürger und Mitgliedstaat zugunsten des Bürgers **unmittelbar**, nicht aber zugunsten des Mitgliedstaates und nicht zwischen Privaten.[26] Des Weiteren werden von der wohl h. M. die **Grundfreiheiten auf Maßnahmen privater Dritter erstreckt**, die kollektive Regeln setzen.[27] Diese Privaten sollen unmittelbar durch Art. 49 EGV verpflichtet und ihre Maßnahmen bei einem Verstoß hiergegen *ex lege* suspendiert werden. Art. 19 i.V.m. Art. 4 Nr. 7 verbietet hingegen zwar Beschränkungen der Empfangsfreiheit durch spezifische Privatrechtssubjekte; die Norm verpflichtet aber nur den *Mitgliedstaat*, derartige Beschränkungen zu unterbinden (s. Rn 23, 44). Schließlich folgt aus Art. 10 EGV i. V. m. Art. 49 EGV eine **Schutzpflicht des Mitgliedstaates** gegenüber privaten Dritten, die Grundfreiheit zu gewährleisten (sog. mittelbare Drittwirkung); bei Richtlinien ist bislang kein entsprechendes Rechtsinstitut allgemein anerkannt, sieht man von der Suspendierung entgegenstehenden nationalen Rechts zugunsten des Bürgers und dem (bisweilen überspannten) effet utile-Grundsatz ab.

c) Das Verhältnis zu Art. 9 ff.

Die Abgrenzung zu den Art. 9 ff. erfolgt auf **Tatbestandsebene** durch das **Erfordernis einer Niederlassung**, d. h. einer wirtschaftlichen Tätigkeit auf unbestimmte Zeit und mittels einer festen Infrastruktur (Art. 4 Ziff. 5). 19

d) Harmonisierungsumfang und Auslegungsgrundsatz

Ob der nationale Gesetzgeber von den Vorgaben des Art. 19 abweichen kann, 20 bestimmt sich nach dem Anwendungsbereich der Richtlinie und der Art der Harmonisierung: Der Mitgliedstaat kann ohne weiteres den Schutz der Empfangsfreiheit auf **Dienstleistungen** erstrecken, die **außerhalb des Anwendungsbereichs von Art. 19** liegen (extensive überschießende Umsetzung).[28] Die Mitgliedstaaten dürfen aber **nicht hinter den Anforderungen des Art. 19 zurückbleiben**, da anderenfalls das Harmonisierungsziel (vgl. Erwägungsgründe 1, 4 und 6) nicht erreicht wird. Nationale Normen, die eine Beschränkung der Empfangsfreiheit z. B. zum Schutze anderer als den in Rn 53 genannten zwingenden Gründen des Allgemeinwohls zulassen, sind demnach richtlinienwidrig.

25 Müller-Graff in: Streinz EUV/EGV, Art. 49 EGV Rn 128.
26 Vgl. allg. dazu EuGH, Rs C-397/01-403/01 (Pfeiffer), NJW 2004, 3574, Rn 108 f.; Rs C-201/02 (Wells), NVwZ 2004, 593, Rn 56; ausf. dazu Herresthal, S. 83 ff.; wie hier Jarass, Grundfragen der innerstaatlichen Bedeutung des EG-Rechts, Köln, 1994, S. 79 f.; Bach, Direkte Wirkungen von EG-Richtlinien, JZ 1990, 1108, 1115; zur Gegenansicht Müller-Graff, Europäisches Gemeinschaftsrecht und Privatrecht, NJW 1993, 13, 20 f.
27 Dazu näher Müller-Graff in: Streinz EUV/EGV, Art. 49 EGV Rn 65 f.
28 Vgl. Kommissionshandbuch, Ziff. 2.1.2.

II. Die Tatbestandsvoraussetzungen

1. Die Mitgliedstaaten als Verbotsadressaten

21 Adressaten des Art. 19 sind der **Bestimmungs- und der Herkunftsstaat** einer grenzüberschreitenden Dienstleistung,[29] also der Niederlassungsmitgliedstaat (Art. 4 Nr. 4) *und* der Mitgliedstaat der Dienstleistungserbringung (Art. 4 Nr. 10; Bestimmungsstaat). Der Wortlaut entspricht diesem Verständnis, denn das Erfordernis, wonach der Erbringer in einem „anderen Mitgliedstaat" niedergelassen sein muss, umschreibt allein das grenzüberschreitende Moment der Dienstleistung (s. Rn 32 ff.). Anderenfalls würde der aufgezeigte Normzweck (Rn 3 f.) nicht hinreichend effektiv erreicht. Zumeist werden freilich Beschränkungen durch den Bestimmungsstaat vorliegen, wenn dieser seinen Markt gegen grenzüberschreitende Dienstleistungen abschottet.

22 **Mitgliedstaat** im Sinne der Vorschrift **ist jeder Träger hoheitlicher Gewalt.** Funktional werden alle Staatsgewalten, territorial die Gebietskörperschaften hiervon erfasst, neben Bund und Ländern also z. B. auch Gemeinden. Dem Mitgliedstaat sind auch die von einem Hoheitsträger zumindest maßgeblich beeinflussten Einrichtungen einschließlich öffentlicher Unternehmen zuzurechnen (Art. 86 EGV). Zudem gelten auch hier die Zurechnungsgrundsätze, die zur ausnahmsweisen unmittelbaren Wirkung von Richtlinien entwickelt wurden.[30] Dem Mitgliedstaat als Verpflichtetem zuzurechnen sind daher u. a. organisatorisch vollintegrierte staatliche Einrichtungen, wie z. B. Bundesanstalten sowie Selbstverwaltungskörperschaften mit Hoheitsbefugnissen,[31] wie z. B. Handwerkskammern, die Kammern freier Berufe und Standesvertretungen mit Disziplinargewalt.[32]

23 **Nicht verpflichtet** werden hingegen **Private**. Dies gilt auch für **private Berufsorganisationen**, die kollektive Regelungen treffen, und „mächtige" **private Verbände**. Eine Parallele zur (zu Recht bestrittenen) Bindung dieser Privatrechtssubjekte an die Grundfreiheiten[33] ist beim Verpflichtungsadressaten der Richtlinie abzulehnen.[34] Die Richtlinie richtet sich ausdrücklich nur an die Mitgliedstaaten (Art. 46, 44 Abs. 1). Eine abweichende Betrachtung verkennt zum einen die Unterscheidung zwischen beschränkender Maßnahme und verpflichtetem Verbotsadressaten sowie zum zweiten den Regelungsgehalt des Art. 4 Ziff. 7 i.V.m. Art. 19: Maßnahmen der dort genannten Berufsorganisationen können den freien Dienstleistungsverkehr in einer von der Richtlinie nicht gebilligten Weise beschränken. *Die Mitgliedstaaten* sind dann verpflichtet, durch Rechtsvorschriften oder eine richtlinienkonforme Rechtsgewinnung Abhilfe zu schaffen. Die Berufsorganisationen sowie Private, die kollektive Regeln setzen, werden indes nicht selbst zu Verbotsadressaten. Die nach der entgegengesetzten Auffassung erforderliche Erstreckung der Richtlinie auf Private, die *nicht* dem Mitgliedstaat zuzurechnen sind, wäre eine

29 So zu Art. 16 auch Korte, EWS 2007, 246, 248; zu Art. 49 EGV auch Völker, S. 142 ff.
30 Zu diesen näher Schroeder in: Streinz EUV/EGV Art. 249 EGV Rn 73.
31 Vgl. Kluth in: Calliess/Ruffert EUV/EGV, Art. 49, 50 EGV Rn 44; Müller-Graff in: Streinz EUV/EGV, Art. 49 EGV Rn 61 (zu Art. 49 EGV).
32 EuGH, Rs C-55/94 (Gebhard), NJW 1996, 579 (zu Art. 49 EGV).
33 Dazu in und bei Fn. 27.
34 A.A. insoweit Korte, EWS 2007, 246, 249 (unter 2 a zu Art. 16) und Kommissionshandbuch, Ziff. 2.3.1.

fundamentale Änderung der bisherigen Richtlinienkonzeption, die durch den Primärrechtsgeber zu erfolgen hätte.

2. Der Empfänger der Dienstleistung (persönlicher Anwendungsbereich)

Der geschützte Personenkreis der **Dienstleistungsempfänger** ist in Art. 4 Ziff. 3 legaldefiniert (ausf. Art. 4 Rn 14 ff.). Hierzu gehören neben Unionsbürgern auch gleichgestellte Drittstaatenangehörige.[35] Die Empfangsfreiheit nach Art. 19 kann insoweit über Art. 49 EGV hinausreichen.[36] Auch in einem Mitgliedstaat niedergelassene juristische Personen i. S. d. Art. 48 EGV sind umfasst. Dies schließt Gesellschaften des Bürgerlichen Rechts und des Handelsrechts, Genossenschaften sowie juristische Personen des Öffentlichen Rechts wie auch des Privatrechts ein.[37] 24

Der Empfänger muss **in einem Mitgliedstaat ansässig bzw. niedergelassen** sein und sich in einem Mitgliedstaat aufhalten; der Aufenthaltsort muss nicht mit dem Sitzstaat oder dem Staat übereinstimmen, in dem die Dienstleistung erbracht wird.[38] Art. 19 schützt nicht den *außerhalb* der Union ansässigen Unionsbürger, der von dort die in einem Mitgliedstaat angebotene Dienstleistung in Anspruch nehmen möchte. Denn die Richtlinie soll nach ihrem Zweck Beschränkungen von grenzüberschreitenden Dienstleistungen *innerhalb des Binnenmarktes* verhindern.[39] *Nicht* erforderlich ist, dass Erbringer und Empfänger **in verschiedenen Mitgliedstaaten ansässig bzw. niedergelassen** sind, sofern das grenzüberschreitende Moment der Dienstleistung anderweitig gewährleistet ist.[40] Ein besonderer Bezug der Dienstleistung zu einem Drittstaat außerhalb der EU, z. B. die dortige Errichtung eines Gebäudes, ist unschädlich, sofern das grenzüberschreitende Moment auch innerhalb der EU erfüllt ist, also Empfänger und Erbringer z. B. in verschiedenen Mitgliedstaaten ansässig sind. 25

Die Dienstleistung muss für **berufliche oder andere Zwecke** in Anspruch genommen werden (vgl. Art. 4 Ziff. 3); der Wortlaut erfasst alle erlaubten Zwecke. Art. 19 ist also unabhängig davon einschlägig, ob die Dienstleistung einer selbstständigen beruflichen bzw. gewerblichen Tätigkeit, einer abhängigen Beschäftigung (Arbeitnehmer) oder einer Tätigkeit mit privaten Zielen (Freizeit, Hobby, Urlaub) dient. 26

35 Vgl. Art. 4 Abs. 3 und Kommissionshandbuch, Ziff. 7.2.; weitergehend zu Art. 16, aber wegen Verkennung der Komplementärfunktion des Art. 19 nicht überzeugend Korte, EWS 2007, 246, 248 f.

36 Für die wohl h. Lit. zu Art. 49 EGV vgl. Völker, S. 197 f.; Randelzhofer/Forsthoff in: Grabitz/Hilf EU, Art. 49/50 EGV Rn 15; jüngst auch EuGH, Rs C-452/04 (Fidium Finanz), EuZW 2006, 689, Rn 25; a. A. Tiedje/Troberg in: GS EUV/EGV, Art. 49 EGV Rn 9 f. unter Hinweis auf EuGH, Rs C-484/93 (Svensson und Gustavsson), Slg. 1995, I-3955.

37 So auch Oppermann, Europarecht, § 26 Rn 10 (zu Art. 49 EGV).

38 Zu Art. 49 EGV auch Kluth in: Calliess/Ruffert EUV/EGV, Art. 49, 50 EGV Rn 31; Randelzhofer/Forsthoff in: Grabitz/Hilf EU, Art. 49/50 EGV Rn 18; a. A. Völker, S. 198 f.

39 Vgl. die Erwägungsgründe 1 (Entwicklung der Dienstleistungstätigkeit *zwischen den Mitgliedstaaten* und Beseitigung solcher Beschränkungen), 2 (Beschränkungen *im Binnenmarkt)* und 16 (keine Regelung *externer Aspekte),* Hervorh. jeweils vom Verf.; so auch Kommissionshandbuch, Einl.

40 So zu Art. 49 EGV auch Müller-Graff in: Streinz EUV/EGV, Art. 49 EGV Rn 53; näher dazu unten Rn 40.

3. Die Inanspruchnahme einer angebotenen Dienstleistung (sachlicher Anwendungsbereich)

a) Die angebotene Dienstleistung

27 Die **Dienstleistung ist in Art. 4 Nr. 1 legaldefiniert** und dort qua dynamischer Verweisung mit Art. 50 EGV verknüpft. Hierdurch ist der sachliche Anwendungsbereich des Art. 19 mit der Grundfreiheit aus Art. 49 EGV parallelisiert.[41] Zugleich wird hierdurch die Abgrenzung zwischen der Dienstleistungsfreiheit und den übrigen Grundfreiheiten *mutatis mutandis* für die Richtlinie übernommen. Der Begriff der Dienstleistung ist **als gemeinschaftsrechtlicher Begriff autonom auszulegen**; selbständige Werkleistungen bilden das Paradigma einer Dienstleistung. Für die „regelmäßige Entgeltlichkeit" (vgl. Art. 4 Ziff. 1) ist unerheblich, ob das Entgelt durch Dritte erbracht wird.[42] Der **Empfang staatlicher Dienstleistungen** ist erfasst, wenn der Staat unternehmerähnlich am Wirtschaftsleben teilnimmt.[43]

28 **Beispiele** sind Miete, Leasing, Sicherungsübereignung,[44] Unternehmensberatung, Werbung, Maklerdienste, Anlagenverwaltung, Dienste von Reisebüros oder Architekten, Leistungen im Bereich der Freizeitgestaltung (z.B. Sportcenter; Freizeitparks) sowie im Fremdenverkehr (s.a. Rn 9).[45]

29 Das **Angebot einer Dienstleistung** erfordert nur einen intentionalen Marktzutritt, der an objektiven, also äußeren Umständen festgemacht werden kann. Ausreichend ist die zielgerichtete Werbung um Vertragsabschlüsse, sofern ein grenzüberschreitendes Element vorliegt, denn die Norm soll bereits Markt*zutritts*schranken beseitigen und nach Art. 4 Ziff. 2 ist „Dienstleistungserbringer" bereits, wer eine Dienstleistung „anbietet". Erfasst werden also auch die Werbung um Vertragsangebote (invitatio ad offerendum) und die Übermittlung von Vertragsangeboten des Erbringers. Nach seinem Zweck ist Art. 19 somit einschlägig, wenn die mitgliedstaatliche Maßnahme bereits den Marktauftritt mit dem Angebot einer grenzüberschreitenden Dienstleistung verhindert (z.B. durch Werbeverbote).

b) Die Inanspruchnahme der Dienstleistung

30 Das Tatbestandsmerkmal der Inanspruchnahme hat begrenzende Wirkung: Es muss sich um eine **(intendierte) konkrete Dienstleistungsbeziehung** handeln. Die bloße Möglichkeit, im anderen Mitgliedstaat eine touristische Dienstleistung entgegenzunehmen, reicht nicht aus, um für den Reisenden den Schutzbereich des Art. 19 umfassend zu eröffnen. Sofern aber eine Konkretisierung der Rechtsbeziehung vorliegt, muss das Merkmal weit ausgelegt werden, da die Möglichkeit, komparative Kostenvorteile im Binnenmarkt zu nutzen, durch mitgliedstaatliche

---

41 Vgl. Art. 4 Rn 2 sowie Müller-Graff in: Streinz EUV/EGV, Art. 49 EGV Rn 14-30, vor allem Rn 16 zum weiten Verständnis des Leistungsbegriffs in Art. 50 EGV (werthaltige zweckgerichtete Tätigkeit).

42 EuGH, verb. Rs C-51/96 und C-191/97 (Deliège), NJW 2000, 2011, Rn 56; Rs C-157/99 (Smits and Peerbooms), NJW 2001, 3391, Rn 56 f. (zu Art. 49 EGV).

43 So auch EuGH, Rs C-275/92 (Schindler), NJW 1994, 2013, Rn 16 ff.; Rs C-124/97 (Läära), Slg. 1999, I-6067, Rn 27.

44 Vgl. EuGH, Rs 451/99 (Cura Anlagen), Slg. 2002, I-3193, Rn 31 ff.; Rs C-294/97 (Eurowings), DStR 2000, 303, Rn 33; Rs C-390/96 (Lease Plan), Slg. 1998, I-2553, Rn 31 ff. (zu Art. 49 EGV).

45 Vgl. zu weiteren Beispielen Kommissionshandbuch, Ziff. 2.1.1.

Beschränkungen **in allen Phasen der Erbringung einer Dienstleistung** verhindert werden kann und die Norm nach ihrem Zweck die Nutzung dieser Vorteile weitestreichend schützen soll. Hierfür spricht auch Art. 4 Ziff. 3, wonach es ausreicht, dass der Empfänger eine Dienstleistung *in Anspruch nehmen möchte*.

Die „Inanspruchnahme" einer grenzüberschreitenden Dienstleistung umfasst daher auch die Möglichkeit zur **Vertragsanbahnung**, d. h. den Vertragsschluss vorbereitende Maßnahmen, z. B. den Empfang von Werbung und sonstigen Unterlagen, die über die Dienstleistung informieren,[46] die Entgegennahme von Maßnahmen zur Absatzförderung, Kontaktgespräche, Teilnahme an Messen und Werbeveranstaltungen, die Abgabe von Angeboten durch den potentiellen Empfänger,[47] den **Vertragsabschluss**, die **Vertragsdurchführung** (u.a. den Austausch der Leistungen) und die (auch zwangsweise) **Durchsetzung der vertraglichen Rechte.**[48] Letztere muss freilich noch einen hinreichend engen Bezug zum Leistungsaustausch aufweisen, dies ist z. B. bei der Durchsetzung von Gewährleistungsrechten und nachvertraglichen Schutzpflichten der Fall. Zur Inanspruchnahme gehören auch **Begleithandlungen** wie die Einreise des Empfängers in einen anderen Mitgliedstaat, um die Dienstleistung dort entgegenzunehmen, der Aufenthalt in diesem Mitgliedstaat für die Dauer der Entgegennahme sowie die nachfolgende Ausreise.[49] Diese Begleithandlungen sind geschützt, sofern und soweit sie zur Inanspruchnahme einer (konkretisierten) Dienstleistung geeignet sind und hierauf abzielen (Finalität). 31

c) Der Dienstleistungserbringer in einem anderen Mitgliedstaat

aa) Niederlassung in einem anderen Mitgliedstaat

Die **Legaldefinition des Dienstleistungserbringers** enthält Art. 4 Nr. 2 (vgl. Art. 4 Rn 5 ff.). Zusätzlich muss dieser nach Art. 19 **„in einem anderen Mitgliedstaat" niedergelassen** sein. Dieses Tatbestandsmerkmal fordert **das grenzüberschreitende Moment des freien Dienstleistungsverkehrs,**[50] um die Marktöffnung auf Binnengrenzen überschreitende Dienstleistungen auszurichten. Die Niederlassung ist in Art. 4 Ziff. 5 legaldefiniert (vgl. Art. 4 Rn 19 ff.); es ist kein sachlich-rechtfertigender Grund ersichtlich, diese Definition nicht auch bei dem korrespondierenden Attribut „niedergelassen" heranzuziehen. Dies gilt umso mehr, als die Komplementärgewährleistung in Art. 16 ausdrücklich auf das Substantiv abstellt. 32

Die **Niederlassung des Erbringers i. S. d. Art. 19** muss nicht mit seiner Staatsangehörigkeit oder seiner Hauptniederlassung übereinstimmen, solange das grenzüberschreitende Moment der Dienstleistung gewährleistet ist (s. Rn 32). Der sachliche 33

46 So EuGH, Rs C-275/92 (Schindler), Slg. 1994, I-1039, Rn 22 (zu Art. 49 EGV).

47 EuGH, Rs 384/93 (Alpine Investment), Slg. 1995, I-1141, Rn 14, 28; Rs C-275/92 (Schindler), NJW 1994, 2013, Rn 22; Pache in: Ehlers (Hg.), GuG, § 11 Rn 29; s. a. Di Fabio, Werbeverbote – Bewährungsprobe für europäische Grundfreiheiten und Grundrechte, AfP 1998, 564 ff. (jeweils zu Art. 49 EGV).

48 So auch (zu Art. 49 EGV) EuGH, Rs 15/78 (Koestler), Slg. 1978, 1971, Rn 3; Roth in: Hb. EUWirtR, E I Rn 107; Völker, S. 90.

49 Zu Art. 49 EGV auch Oppermann, Europarecht, § 26 Rn 63 f.

50 Vgl. zu dessen Unverzichtbarkeit im Rahmen des Art. 49 EGV EuGH, Rs C-134/95 (USSL N 47 die Biella), Slg. 1997, I-195, Rn 19; Rs C-41/90 (Höfner und Elser), Slg. 1991, I-1979, Rn 37-39; Rs C-198/89 (Kommission/Griechenland), Slg. 1991, I-727, Rn 9 f.; Randelzhofer/Forsthoff in: Grabitz/Hilf EU, Art. 49/50 EGV Rn 39-48.

Anwendungsbereich der Norm ist eröffnet, wenn der in seinem Heimatstaat ansässige Deutsche von der französischen Zweigniederlassung eines belgischen Unternehmens eine Dienstleistung in Anspruch nimmt. Ebenfalls erfasst werden Konstellationen, in denen die Dienstleistung aus einem weiteren Mitgliedstaat (nicht aber Drittstaat, vgl. Art. 2 Abs. 1) erbracht wird, z. B. wenn der Server des französischen Providers in Großbritannien (nicht aber der Schweiz) steht und die Nutzung des Speicherplatzes als Dienstleistung in Deutschland angeboten wird.

34 Sofern der Erbringer die **Tätigkeit von vornherein ausschließlich oder ganz überwiegend im anderen Mitgliedstaat** erbringen, aber dort keine Zweigniederlassung oder Agentur eröffnen will, so ist für die Einschlägigkeit des freien Dienstleistungsverkehrs, also auch die Empfangsfreiheit, maßgeblich, ob nach Dauer, Häufigkeit und Kontinuität der Tätigkeit[51] bereits die Niederlassungsfreiheit (Art. 9 ff.) einschlägig ist. Denn bei dauerhaft inländischen Tätigkeiten sind strengere Anforderungen durch den Bestimmungsstaat gerechtfertigt.[52] Dies gilt indes nicht bei **Korrespondenzdienstleistungen** (s. Rn 40); dort stellt sich die Frage einer Niederlassung nicht, so dass bei diesen die dauerhafte Ausrichtung auf Empfänger im anderen Mitgliedstaat unschädlich ist.

35 Die **Staatsangehörigkeit des Erbringers** muss nicht von der des Empfängers abweichen; die Staatsangehörigkeit ist **nicht das entscheidende Kriterium** für den Anwendungsbereich des Art. 19. Demnach ist das grenzüberschreitende Moment auch gegeben, wenn der in Italien niedergelassene französische Architekt für ein Unternehmen in Frankreich Baupläne erstellt und dorthin übersendet.

bb) Die Maßgeblichkeit des grenzüberschreitenden Moments

36 Art. 19 ist in teleologischer Extension auf **alle Konstellationen grenzüberschreitender Dienstleistungen** (s. Rn 38 ff.) zu erstrecken; entscheidend ist ein hinreichendes **grenzüberschreitendes Moment.** Auch wenn Empfänger und Erbringer im selben Mitgliedstaat niedergelassen sind, aber die Dienstleistung in einem anderen Mitgliedstaat (z.B. Fremdenführung) oder aus einem anderen Mitgliedstaat heraus erbracht wird (z.B. Bericht eines Auslandskorrespondenten an seine Heimatzeitung),[53] liegt ein ausreichendes grenzüberschreitendes Moment vor. Zum Teil ist dies noch vom Wortlaut der Norm erfasst, wenn man die Niederlassung in einem *anderen* Mitgliedstaat auch auf den Ort der Erbringung der Dienstleistung bezieht. Letztlich ausschlaggebend ist aber, dass der aufgezeigte **Normzweck,** die wettbewerbsbasierte Nutzung komparativer Kostenvorteile, auch die genannten Konstellationen erfasst; ein sachlich rechtfertigender Grund, diese auszugliedern, ist nicht ersichtlich. Das grenzüberschreitende Moment ist vielmehr das einende und begrenzende Kriterium.

37 Ausreichend ist demnach, dass sich **nur die Dienstleistung auf einen Sachverhalt in einem anderen Mitgliedstaat bezieht,** z. B. die Vermittlung einer Gelegenheit zum Geschäftsabschluss im Ausland durch einen Makler. Hier wird das grenzüberschreitende Moment durch die Dienstleistung selbst gewährleistet. Ohne diese

51 Vgl. zu diesen Kriterien EuGH, Rs C-3/95 (Reisebüro Broede), Slg. 1996, I-6511, Rn 22 (zu Art. 49 EGV).

52 I.E. Kluth in: Calliess/Ruffert EUV/EGV, Art. 49, 50 EGV Rn 20; Oppermann, Europarecht, § 26 Rn 17; Hailbronner/Nachbaur, EuZW 1992, 105, 106; krit. Schöne, S. 44 f.

53 Beispiel nach Schöne, S. 74.

Konstellationen bestünde eine Liberalisierungslücke, die teleologisch nicht gerechtfertigt ist.[54] Eine **(Zweig-)Niederlassung des Erbringers im Bestimmungsstaat** ist unschädlich, wenn er die *konkrete* Dienstleistung, deren Beschränkung in Frage steht, von seinem Heimatstaat bzw. aus einem anderen Mitgliedstaat heraus erbringt.[55] Das Telos des Art. 19 ist hier einschlägig, denn diese konkrete Art und Weise der Erbringung der Dienstleistung wird gerade auf spezifischen Kostenvorteilen basieren, welche die Norm heben will. Erst recht steht eine **Infrastruktur des Erbringers im Bestimmungsstaat** unterhalb der Schwelle einer Niederlassung, also ein bloßes Büro oder eine Praxis, der Anwendbarkeit des Art. 19 nicht entgegen.[56] Das **grenzüberschreitende Moment fehlt**, wenn „alle Elemente der fraglichen Tätigkeit nicht über die Grenzen eines Mitgliedstaates hinausweisen";[57] z. B. wenn der Erbringer der Dienstleistung eine (Zweig-)Niederlassung im Bestimmungsstaat hat *und* von dieser aus die Dienstleistung erbringt.

cc) Konstellationen grenzüberschreitender Dienstleistungen

Art. 19 gewährleistet die Freiheit zum Empfang einer Dienstleistung in **vier Konstellationen.** Die Zuordnung zu diesen Fällen hängt von der Art der Dienstleistung und der Lokalisierung der Parteien ab; sie ist im Hinblick auf den Zweck der Norm zufällig:[58] 38

- **Grenzüberschreitung durch Erbringer:** Hier überschreitet der Dienstleistende die Grenze; geschützt ist die Entgegennahme einer Dienstleistung, die im Heimatstaat des Empfängers angeboten wird, weil sich der in einem anderen Mitgliedstaat niedergelassene Erbringer vorübergehend dorthin begibt (vgl. Erwägungsgrund 36). Paradigmatisch ist die Beschäftigung eines französischen Handwerkers durch einen Deutschen, wenn Ersterer zur Erbringung der Dienstleistung nach Deutschland reist. Eine Beschränkung der Empfangsfreiheit liegt z. B. in einer gesetzlichen Pflicht des Empfängers, die Beschäftigung genehmigen zu lassen. Anwendungsfälle sind Bau und Montageleistungen,[59] Wirtschaftsprüfung[60] und privater Nachhilfeunterricht,[61] bei denen sich der Erbringer in einen anderen Mitgliedstaat begibt. Nach Wortlaut und Telos ist gleichgültig, ob der Erbringer im Bestimmungsstaat oder in einem dritten Mitgliedstaat ansässig ist.[62] Der grenzüberschreitende Bezug ist auch dann gegeben, wenn der Empfänger in

54 Für eine grenzüberschreitende Dienstleistung auch Tiedje/Troberg in: GS EUV/EGV, Art. 49 EGV Rn 16 f.; Völker, S. 56; a. A. Kluth in: Calliess/Ruffert EUV/EGV, Art. 49, 50 EGV Rn 21 (jeweils zu Art. 49 EGV).

55 Wie hier zu Art. 49 EGV Tiedje/Troberg in: GS EUV/EGV, Art. 49 EGV Rn 15; a. A. EuGH, Rs 205/84 (Kommission/Bundesrepublik Deutschland), Slg. 1986, 3755, Rn 21 (Niederlassungsfreiheit).

56 Vgl. EuGH, Rs C-55/94 (Gebhard), Slg. 1995, I-4165, Rn 27; Rs C-3/95 (Reisebüro Broede), Slg. 1996, I-6511, Rn 21 (zu Art. 49 EGV).

57 Dazu bei Art. 49 EGV EuGH, Rs C-134/95 (USSL N 47 di Biella), Slg. 1997, I-195, Rn 19; Rs C-198/89 (Kommission/Griechenland), Slg. 1991, I-727, Rn 9 f.

58 Näher dazu bei Art. 49 EGV Oppermann, Europarecht, § 26 Rn 20; Tiedje/Troberg in: GS EUV/EGV, Art. 49 EGV Rn 13 f., 20 f.; Kluth in: Calliess/Ruffert EUV/EGV, Art. 49, 50 EGV Rn 27 f.

59 EuGH, Rs C-113/89 (Rush Portuguesa), Slg. 1990, I-1417, Rn 7 ff.; Rs C-272/94 (Guiot), Slg. 1996, I-1905, Rn 9 ff.

60 EuGH, Rs C-106/91 (Ramrath), NJW 1992, 2407, Rn 23 ff.

61 EuGH, Rs C-147/86 (Kommission/Griechenland), Slg. 1988, 1637, Rn 18.

62 So zu Art. 49 EGV auch EuGH, Rs C-154/89 (Kommission/Frankreich), Slg. 1991, I-659, Rn 9 f. (Fremdenführer); Rs C-379/92 (Peralta), Slg. 1994, I-3453, Rn 41; Rs C-381/93 (Kommission/Frankreich), Slg. 1994, I-5145, Rn 14 (Hafengebühren).

seinem Mitgliedstaat verbleibt, während sich der Erbringer *von dort* in einen anderen Mitgliedstaat begibt, um die Leistung zu erbringen (z.B. ein Testamentsvollstrecker).[63]

39 ▪ **Grenzüberschreitung durch Empfänger:** In dieser Konstellation begibt sich der Empfänger in einen anderen Mitgliedstaat, um eine Dienstleistung von einem dort ansässigen Erbringer entgegenzunehmen; diese Entgegennahme wird beschränkt.[64] Der Erbringer kann im Bestimmungsstaat niedergelassen sein, muss es aber nicht. Erfasst werden auch hier Beschränkungen der *Inanspruchnahme* durch Bestimmungs- und Herkunftsstaat. Gegen eine Begrenzung auf Beschränkungen durch den Bestimmungsstaat[65] spricht der Wortlaut des Art. 19, der gerade nicht auf den in Art. 4 Ziff. 10 legaldefinierten „Mitgliedstaat der Dienstleistungserbringung" abstellt. Hinzu tritt die effektive Durchsetzung der Dienstleistungsfreiheit, denn der Erbringer kann in diesen Konstellationen nur schwer gegen die Beschränkungen vorgehen: Oft wird er keine Kenntnis von den Beschränkungen in den Mitgliedstaaten der Empfänger haben und müsste zudem ggf. gegen Beschränkungen in mehreren Bestimmungsstaaten vorgehen. Paradigmatisch sind Dienstleistungen an Touristen[66] sowie Fortbildungsveranstaltungen im Ausland bzw. Angebote an Studien- und Geschäftsreisende[67] von Dienstleistern, die im Bestimmungsstaat niedergelassen sind.

40 ▪ **Korrespondenzdienstleistungen:** Hier „überschreitet" nur **die Dienstleistung die Grenze zwischen den Mitgliedstaaten.** Notwendig und hinreichend ist, dass die Dienstleistung zwischen zwei Mitgliedstaaten erbracht wird (z.B. per Post oder Fernkommunikationsmittel, wie Telefon, E-Mail), ohne dass die Parteien selbst ihre Mitgliedstaaten verlassen.[68] Beispiele sind u. a. grenzüberschreitende Dienstleistungen von Unternehmensberatern, Steuerberatern, Architekten und Werbeagenturen.[69] Die Erstellung und Übersendung von Bauplänen durch ein Architekturbüro, das in einem anderen Mitgliedstaat niedergelassen ist, fällt somit hierunter; Gleiches gilt für Dienstleistungen von Werbeagenturen und Unternehmensberatungen per Brief, Internet oder Telefon[70] sowie inländische Franchisenehmer eines Franchisesystems, bei dem der Franchisegeber im EG-Ausland niedergelassen ist.[71] Ausreichend ist, dass Erbringer und Empfänger im selben Mitgliedstaat niedergelassen sind, also **nur die Dienstleistung das grenzüberschreitende Moment aufweist** (s. Rn 36), indem sie einen besonderen Bezug zur Sachlage in einem anderen Mitgliedstaat herstellt (z.B. die Berichterstattung des Journalisten für eine inländische Zeitung aus dem EU-Aus-

---

63 Vgl. EuGH, Rs C-20/92 (Hubbard), NJW 1993, 2431, Rn 12.

64 Vgl. Kommissionshandbuch, Ziff. 7.2.1.; s. a. (zu Art. 49 EGV) EuGH, verb Rs 286/82 und 26/83 (Luisi und Carbone), NJW 1984, 1288; Rs C-274/96 (Bickel und Franz), Slg. 1998, I-7637, Rn 15; Rs C-224/97 (Ciola), NJW 1999, 2355, Rn 11; Rs C-385/99 (Müller-Fauré), EuZW 2003, 466, Rn 37 ff.

65 So zu Art. 49 EGV Randelzhofer/Forsthoff in: Grabitz/Hilf EU, Art. 49/50 EGV Rn 46, 48; a. A. Müller-Graff in: Streinz EUV/EGV, Art. 49 EGV Rn 36.

66 EuGH, Rs 186/87 (Cowan), NJW 1989, 2183, Rn 15; Rs C-348/96 (Calfa), EuZW 1999, 345, Rn 16; ausf. Tichadou, Der Schutz des Touristen in der Rechtsprechung des Europäischen Gerichtshofs, ZEuS 2002, 299; van der Woude/Mead, Free Movement of the Tourists in Community Law, CMLR 1988, 117 (zu Art. 49 EGV).

67 EuGH, verb Rs V-286/82 und 26/83 (Luisi und Carbone), NJW 1984, 1288, Rn 16; Rs 55/98 (Vestergaard), DStR 2000, 114, Rn 17 ff. (zu Art. 49 EGV).

68 So auch Erwägungsgrund 36; Kommissionshandbuch, Ziff. 7.2.1.

69 EuGH, verb. Rs C-34/95 bis C-36/95 (De Agostini), GRUR Int. 1997, 913, Rn 48; Rs 405/98 (GIP), GRUR Int. 2001, 553, Rn 35 ff. (zu Art. 49 EGV).

70 Zur Art. 49 EGV Oppermann, Europarecht, § 26 Rn 21; Tiedje/Troberg in: GS EUV/EGV, Art. 49 EGV Rn 23; Kluth in: Calliess/Ruffert EUV/EGV, Art. 49, 50 EGV Rn 29.

71 EuGH, Rs C-36/02 (Omega), NVwZ 2004, 1471, Rn 25 f. (zu Art. 49 EGV).

land).[72] Bei Telekommunikationsunternehmen[73] und Versicherungen[74] sind freilich die Bereichsausnahmen des Art. 2 Abs. 2 lit. b und c zu beachten.

- **Grenzüberschreitung durch Empfänger und Erbringer:** Aus dem Vorstehenden folgt, dass Art. 19 ebenfalls Konstellationen erfasst, in denen Empfänger und Erbringer in *verschiedenen* Mitgliedstaaten niedergelassen sind und sich *beide* in einen dritten Mitgliedstaat begeben, wo die Dienstleistung erbracht wird, also z. B. der deutsche Personalberater mit dem französischen Manager in Spanien ein Bewerbungstraining absolviert. Nach einem weiten Verständnis des Wortlauts und nach dem Telos erfasst die Norm zudem Konstellationen, in denen Empfänger und Erbringer im *selben* Mitgliedstaat niedergelassen sind und die **Dienstleistung aber in einem weiteren Mitgliedstaat erbracht wird**, in den sich beide Parteien begeben (s. Rn 36).[75] Auch lit. b Alt. 2 spricht hierfür, indem er ausdrücklich auf den Ort der Dienstleistung abstellt. Dies ist z. B. bei einem in Frankreich niedergelassenen Fremdenführer der Fall, der eine Reisegruppe mit französischen Touristen nach Deutschland begleitet sowie bei einem in Deutschland niedergelassenen Übersetzer, der Angestellte eines in Deutschland niedergelassenen Unternehmens nach Frankreich begleitet.[76] 41

4. Unzulässige Beschränkungen

Die Mitgliedstaaten dürfen an den Empfänger „keine Anforderungen" stellen, die die Freiheit zum Empfang einer Dienstleistung „beschränken". Die Empfangsfreiheit in Art. 19 ist als **Beschränkungsverbot** formuliert. Trotz des von Art. 16 abweichenden Wortlauts („geachtet", „gewährleistet") besteht hinsichtlich der Reichweite keine Inhaltsdivergenz, da mitgliedstaatliche Beschränkungen in der Regel beide Freiheiten betreffen (s. bei und in Fn. 8). Aus diesem Grund sind auch die **unzulässigen Beschränkungen umfassend wechselseitig zu harmonisieren**. Die nach Art. 16 Abs. 2 unzulässigen Beschränkungen der Erbringungsfreiheit sind regelmäßig auch unzulässige Beschränkungen der Empfangsfreiheit des Dienstleistungsempfängers. Art. 16 Abs. 2 lit. g, der auf Art. 19 Hs. 2 lit. a, b verweist, ist daher regelungstechnisch missglückt. Als Beschränkungsverbot würde Art. 19 Hs. 1 nach allgemeinen Grundsätzen auch **diskriminierende Maßnahmen der Mitgliedstaaten** als Minus untersagen;[77] indes ist Art. 20 Abs. 1 insoweit als speziellere Regel systematisch vorrangig. 42

(Potentiell) **beschränkende Anforderungen** sind in Art. 4 Ziff. 7 legal definiert (s. Art. 4 Rn 27 f.). In Art. 19 Hs. 2 lit. a und b findet sich zudem eine exemplarische Aufzählung („insbesondere"). **Anforderungen des Mitgliedstaates** sind alle Maßnahmen des Mitgliedstaates selbst, aber auch von ihm zurechenbaren Einrichtungen (s. Rn 22), unabhängig von deren Rechts- und Handlungsform (privat- oder öffentlich-rechtlich). Umfasst sind u. a. **Rechts- oder Verwaltungs-** 43

---

72 Wie hier zu Art. 49 EGV Müller-Graff in: Streinz EUV/EGV, Art. 49 EGV Rn 41; Völker, S. 55; Schöne, Die umgekehrte Diskriminierung im EWG-Vertrag nach der Rechtsprechung des EuGH, RIW 1989, 450, 452.

73 EuGH, Rs C-271/90 (Spanien/Kommission), Slg. 1992, I-5833, Rn 19 ff. (zu Art. 49 EGV).

74 EuGH, Rs 205/84 (Kommission/Deutschland), NJW 1987, 572, Rn 24 (zu Art. 49 EGV).

75 So auch zu Art. 49 f. EGV EuGH, Rs C-154/89 (Kommission/Frankreich), Slg. 1991, I-659, Rn 6; Rs 198/89 (Kommission/Griechenland), Slg. 1991, I-727, Rn 6 (Fremdenführer); Müller-Graff in: Streinz EUV/EGV, Art. 49 EGV Rn 36, 38.

76 Zur Parallele bei Art. 49 EGV vgl. Kluth in: Calliess/Ruffert EUV/EGV, Art. 49 EGV Rn 31.

77 So auch Kommissionshandbuch, Ziff. 7.2.1.

vorschriften, eine hinreichend verfestigte **Verwaltungspraxis** mit bestimmtem Grad der Allgemeinheit[78] und **Gerichtsentscheidungen**. Auch die **Standesregeln** einer mit hoheitlichen oder hoheitsähnlichen Befugnissen ausgestatteten Standesorganisation zählen hierzu (s. aber Rn 44). Die mitgliedstaatliche Maßnahme muss nicht rechtsverbindlich sein, eine bloße Empfehlung kann ausreichen.[79] Eine **noch nicht in Kraft getretene Vorschrift** stellt eine Beschränkung dar, wenn sie bereits den Marktzutritt hindert, also eine freiheitsverkürzende Wirkung entfaltet (z.B. aufgrund der Schärfe der Sanktionsandrohung); die Regel muss freilich schon im vorgesehenen Verfahren *erlassen* sein. Die bloße Ankündigung zukünftiger Normsetzung reicht nicht aus.[80]

44 Art. 4 Ziff. 7 bezieht **Regelungen von privaten Berufsverbänden** und von privaten Berufsorganisationen ein (s. Art. 4 Rn 27).[81] Der Wortlaut des Art. 19 Abs. 1, nach dem die „*Mitgliedstaaten*" diese Anforderungen nicht „stellen" dürfen, ist demnach unter Berücksichtigung der Legaldefinition in Art. 4 Nr. 7 korrigierend systematisch auszulegen. Diese Privaten werden aber nicht selbst durch die Richtlinie verpflichtet, sondern der Mitgliedstaat muss, durch Normsetzung und Rechtsprechung[82] gewährleisten, dass keine derartigen Anforderungen gestellt werden. Es handelt sich um eine positivierte Schutzpflicht der Mitgliedstaaten. Rein tatsächliche Maßnahmen dieser privaten Organisationen werden von Art. 19, 4 Nr. 7 nach dem Wortlaut („Regeln") nicht erfasst; insoweit ist aber eine teleologische Extension parallel zur Erfassung einer Verwaltungspraxis mit gewisser Allgemeinheit angezeigt.

45 Das **Merkmal der Beschränkung** ist weit auszulegen;[83] es geht potentiell über Art. 49 f. EGV hinaus.[84] Eine Beschränkung ist zu bejahen, wenn die (mitgliedstaatliche) Anforderung den Empfang einer grenzüberschreitenden Dienstleistung unterbindet, behindert oder erschwert,[85] also der Empfang dieser im Vergleich zu jenen im Mitgliedstaat weniger attraktiv wird.[86] Es bedarf einer **spezifisch hemmenden Wirkung in Bezug auf die Inanspruchnahme einer grenzüberschreitenden Dienstleistung,** z. B. durch einen zusätzlichen finanziellen oder administrativen Aufwand. Dabei ist auch zu berücksichtigen, dass nationale Regeln, die auf dauernde inländische Tätigkeiten bezogen sind, bei nur zeitlich

78 EuGH, Rs 21/84 (Kommission/Frankreich), Slg. 1985, 1355, Rn 13 (zu Art. 28 EGV).
79 EuGH, Rs 249/81 (Kommission/Irland), NJW 1983, 2755, Rn 28 (zu Art. 28 EGV).
80 Weitergehend Müller-Graff in: Streinz EUV/EGV, Art. 49 EGV Rn 62 (zu Art. 49 EGV).
81 EuGH, Rs 266/87 und 267/87 (Royal Pharmaceutical Society), NJW 1990, 2305, Rn 15 f., 19 (zu Art. 28 EGV).
82 Z.B. durch richtlinienkonforme Auslegung von Generalklauseln sowie § 134 BGB.
83 Dies ist bei Art. 49 EGV umstritten; für ein allgemeines Beschränkungsverbot Kluth in: Calliess/Ruffert EUV/EGV, Art. 49, 50 EGV Rn 56; enger hingegen Randelzhofer/Forsthoff in: Grabitz/Hilf EU, Art. 49/50 EGV Rn 98 (nur bei zugangsregelnden Vorschriften); ausf. Weber, Die Dienstleistungsfreiheit nach den Art. 59 ff. EG-Vertrag – einheitliche Schranken für alle Formen?, EWS 1995, 292.
84 So zu Art. 16 Abs. 1 auch Ohler, Der Binnenmarkt als Herausforderung an die Verwaltungsorganisation in den Mitgliedstaaten, BayVBl. 2006, 261, 263; Korte, NVwZ 2007, 501, 504.
85 Vgl. zu dieser Weite bei Art. 49 EGV auch EuGH, Rs C-94/04 und C-202/04 (Cipolla und Macrino), NJW 2007, 281, Rn 56 f.; Rs C-544/03 und 545/03 (Mobistar und Belgacom Mobile), EuZW 2005, 692, Rn 29 f.; Rs C-17/00 (De Coster), Slg. 2001, I-9445, Rn 29; Körber, S. 325 ff.
86 Ausdrücklich EuGH, Rs C-58/98 (Corsten), EuZW 2000, 763, Rn 33; Rs C-134/03 (Viacom outdoor), EuZW 2005, 282, Rn 38.

begrenzter Inanspruchnahme einer Dienstleistung aus einem anderen Mitgliedstaat beschränkend wirken können. Gleichgültig ist, ob die beschränkende Anforderung an die Dienstleistung selbst anknüpft oder aus allgemeinen Rahmenbedingungen folgt. Ein **de-minimis-Kriterium** besteht nach dem Wortlaut der Norm nicht. Erforderlich ist aber, dass tatsächlich der Marktzutritt bzw. die Marktteilnahme des Empfängers behindert wird und nicht nur eine „Belästigung" vorliegt.[87]

Die **Einzelfallausnahmen des Art. 18** sind auf Art. 19 in **teleologischer Extension** 46 anwendbar. Anderenfalls droht der Zweck des Art. 18 leerzulaufen, wenn die dort gegenüber dem *Erbringer* zugelassenen Maßnahmen zugleich eine unzulässige Beschränkung der Empfangsfreiheit bedeuten würden. Grund ist auch hier die prinzipielle Konkordanz von Art. 16 und Art. 19 und die Zufälligkeit der Konstellationen, in denen dies ausnahmsweise nicht der Fall ist (s. bei und in Fn. 8). Beschränkungen nach Art. 18 sind zudem nur zum Zweck der Sicherheit der Dienstleistung und nur unter sehr strengen Anforderungen zulässig.[88] Ein insoweit noch strengeres Beschränkungsverbot zugunsten der Empfänger ist auch sachlich nicht gerechtfertigt.

a) Die positivierten Beispiele einer Beschränkung (Genehmigung, Erklärung, finanzielle Unterstützung)

aa) Pflicht zur Einholung einer Genehmigung oder Abgabe einer Erklärung (lit. a)

Eine Beschränkung liegt im Erfordernis einer **Genehmigung gerade der grenzüberschreitenden Dienstleistung**, also einer mitgliedstaatlichen Erlaubnis gerade zu 47 ihrer Inanspruchnahme.[89] Gleichgültig ist, wofür die Genehmigung einzuholen ist (Vertragsschluss, -durchführung), wie eine nicht eingeholte bzw. versagte Genehmigung wirkt (Sanktionsauslösung; Wirksamkeitshindernis), wie der Mitgliedstaat das Genehmigungserfordernis ausübt (restriktiv; wohlwollend) und ob die Genehmigung kostenpflichtig ist. Bereits das Genehmigungserfordernis als solches ist ein substantielles Hindernis für den Empfänger, weil sich mit ihm ein *zusätzliches* Verfahren mit Zeit und Kosten, also administrativem und wirtschaftlichem Aufwand verbindet (zumal bei nur gelegentlicher Inanspruchnahme derartiger Dienstleistungen).

Dies steht **allgemeinen Genehmigungserfordernissen**, die *auch* bei der Inanspruch- 48 nahme von Dienstleistungen *ohne* grenzüberschreitenden Bezug gelten, grundsätzlich nicht entgegen (Inländergleichbehandlung).[90] Voraussetzung ist aber, dass sich mit der Genehmigungspflicht keine beschränkende Wirkung *gerade* bei der Inanspruchnahme von grenzüberschreitenden Dienstleistungen verbindet, deren Inanspruchnahme also nicht spezifisch erschwert wird. Der Mitgliedstaat kann und muss Letzterem mit Ausnahmeregelungen begegnen, mit denen er bei grenzüberschreitenden Dienstleistungen den Verpflichtungen des Erbringers im Herkunfts-

87 Vgl. Erwägungsgrund 2 (freier Markt); s. a. EuGH, Rs C-134/03 (Viacom outdoor), EuZW 2005, 282, Rn 38, wonach Beeinträchtigungen bei Art. 49 EGV außer Betracht bleiben, die keine Rolle bei der Entscheidung des Dienstleisters gespielt haben, grenzüberschreitend tätig zu werden.

88 Vgl. Erwägungsgrund 83; ausf. Art. 18 Rn 9 ff.

89 Vgl. EuGH, Rs C-452/04 (Fidium Finanz), EuZW 2006, 689, Rn 46 (zu Art. 49 EGV).

90 Vgl. Erwägungsgrund 92.

staat Rechnung trägt. Gleiches gilt bei der Verpflichtung des Empfängers, vor der Inanspruchnahme einer grenzüberschreitenden Dienstleistung eine **Erklärung abzugeben.** Unabhängig vom Zeitpunkt (vor oder nach Inanspruchnahme), vom Inhalt und von den Folgen ihrer Verabsäumung verbindet sich mit dieser Pflicht gerade nur bei grenzüberschreitenden Dienstleistungen eine Beschränkung der Empfangsfreiheit. Zulässig sind hingegen **allgemeine Anzeigeerfordernisse** unabhängig vom grenzüberschreitenden Charakter der Dienstleistung; allerdings darf sich auch mit ihnen keine *besondere* Belastung gerade bei grenzüberschreitenden Dienstleistungen verbinden.

bb) Möglichkeiten zur Erlangung finanzieller Unterstützung (lit. b)

49 Bei der **Möglichkeit, finanzielle Unterstützung zu erlangen,** ist zunächst die **spezielle Beschränkung des Anwendungsbereichs in Art. 1 Abs. 3** zu beachten. Die Beihilferegeln der Mitgliedstaaten, die unter die Wettbewerbsvorschriften des EG-Vertrages fallen, werden von der Richtlinie nicht erfasst. Zugleich steht die Richtlinie mitgliedstaatlichen Leistungen von allgemeinem wirtschaftlichen Interesse nicht entgegen, die unter Beachtung der Vorschriften über staatliche Beihilfen organisiert und finanziert werden sollen (**Art. 3 Abs. 2**). Dies betrifft u. a. mitgliedstaatliche Leistungen im sozialen und kulturellen Bereich.[91] Paradigmatisch ist die mitgliedstaatliche Filmförderung, wonach aufgrund sog. Territorialisierungsklauseln die Förderung in einem bestimmten Umfang an die Verwendung im eigenen Mitgliedstaat gebunden ist.[92] Nicht erfasst werden auch **allgemeine finanzielle Unterstützungen**, die nicht mit der Inanspruchnahme einer bestimmten Dienstleistung verbunden sind, z. B. Finanzhilfen für Studenten zum Lebensunterhalt.[93]

50 Untersagt werden nach dem Wortlaut **nur diskriminierende Beschränkungen;** es besteht *insoweit* also kein Beschränkungs-, sondern ein bloßes Diskriminierungsverbot. Nur die unmittelbare oder mittelbare Unterscheidung anhand der Niederlassung bzw. Ansässigkeit des *Erbringers* oder dem Erbringungsort der Dienstleistung ist **bei mitgliedstaatlichen finanziellen Unterstützungen** unzulässig. Hingegen reicht eine bloße beschränkende Wirkung einer nationalen Regelung nicht aus. Es verstößt demnach nicht gegen die Norm, wenn sich die Erlangung einer diskriminierungsfrei gewährten finanziellen Unterstützung (Inländergleichbehandlung), für den in einem anderen Mitgliedstaat ansässigen Empfänger einer Dienstleistung oder bei grenzüberschreitenden Dienstleistungen trotz gleicher Bedingungen als schwerer erweist, solange keine mittelbare Diskriminierung vorliegt. Paradigmatischer Anwendungsfall einer nach der Norm unzulässigen Diskriminierung ist die staatliche Förderung von Sprach- oder Fortbildungskursen für Arbeitnehmer unter der Bedingung, dass diese im Inland stattfinden.[94]

91 Vgl. Erwägungsgrund 92.
92 S. dazu auch die filmwirtschaftliche Mitteilung der Kommission KOM(2004) 171 endg. v. 16.3.2004.
93 So Erwägungsgrund 93 mit dem weiteren Hinweis auf den sozialen und kulturellen Bereich.
94 Zu Art. 49 EGV vgl. von Wilmowsky, Zugang zu öffentlichen Leistungen anderer Mitgliedstaaten, ZaöRV 50 (1990), 231.

b) Weitere unzulässige Beschränkungen

Art. 19 lit. a, b sind nicht abschließend. Auch **Präsenzpflichten** und **Zulassungserfordernisse** für den Erbringer einer Dienstleistung können die Freiheit des *Empfängers* beschränken. Weitere Beispiele sind die **Pflicht, inländische Arbeitskräfte, Maschinen und Materialien einzusetzen,**[95] **Mindestbeschäftigungszahlen** in Bezug auf inländische Arbeitnehmer, **Preisgrenzen** einschließlich Fest- und Mindestpreisen,[96] **Mengenkontingente** sowie **Vorbehaltsklauseln,** die den Einsatz inländischer Subunternehmer sicherstellen. Gleiches gilt für die Pflicht für einen Empfänger, zu einem bestimmten Prozentsatz **regional ansässige Unternehmen** bei Bauprojekten zu beschäftigen,[97] verbindliche Regelungen des Beschäftigungsverhältnisses von Fremdenführern[98] und die Pflicht, bestimmte Dokumente auch in Übersetzung vorzuhalten,[99] eine **gesetzliche Preisdifferenzierung** nach Maßgabe einer besonderen nationalen Zulassung.[100] Bei sozialen Dienstleistungen beschränkt der Ausschluss der Kostenerstattung (nur) im Fall grenzüberschreitender Dienstleistung die Empfangsfreiheit.[101] **Bedarfsprüfungen** wirken ebenso beschränkend[102] wie Anforderungen, die durch Inländer wesentlich leichter zu erfüllen sind (z.B. inländischer Berufsabschluss). **Zusätzliche Kosten** wirken beschränkend, wenn sie allein die grenzüberschreitende Dienstleistung betreffen und (rechtlich oder tatsächlich) stärker belasten.[103] 51

Art. 1 Abs. 7 stellt klar, dass das **Aushandeln, der Abschluss und die Durchsetzung von Kollektivverträgen**, vor allem Tarifverträgen, keine Beschränkung der Freiheit zum Dienstleistungsempfang darstellt.

5. Die Rechtfertigung von Beschränkungen

Mit der Rechtfertigung von Beschränkungen der Empfangsfreiheit verbinden sich **zwei Problemkreise**: Bestand und Reichweite. Ob die **Rechtfertigung einer Beschränkung** der Empfangsfreiheit gem. Art. 19 zum Schutz vorrangiger Interessen möglich ist, wird durch das Telos der Norm beantwortet. Der Schutz (auch) der Empfangsfreiheit soll die effektive Durchsetzung des freien Dienstleistungsverkehrs unabhängig von der konkreten Marktstruktur und unabhängig davon gewährleisten, welche Marktseite im konkreten Fall leichteren Zugang zu Rechtsbehelfen hat. Es besteht also kein sachlich-rechtfertigender Grund, die Empfangsfreiheit *stärker* als die Freiheit zur Erbringung von Dienstleistungen zu schützen. Auch systematisch ergänzt Art. 19 den Art. 16 und dessen ausdifferenzierte Ge- 52

95 EuGH, Rs 243/89 (Kommission/Dänemark), Slg. 1993, I-3353, Rn 23 (Ausschreibungsbedingungen bei Art. 49 EGV).
96 Müller-Graff in: Streinz EUV/EGV, Art. 49 EGV Rn 93; zu Preisuntergrenzen im Rahmen des Art. 49 EGV EuGH, Rs C-94/04 und 202/04 (Cipolla und Macrino), NJW 2007, 281, Rn 59.
97 EuGH, Rs C-360/89 (Kommission/Italien), Slg. 1992, I-3401, Rn 12.
98 EuGH, Rs C-398/05 (Ergasias), Slg. 1997, I-3091, Rn 16 ff.
99 EuGH, Rs 490/04 (Kommission/Deutschland), EuZW 2007, 917, Rn 66 ff.
100 Vgl. zu Lotsentarifen EuGH, Rs. 18/93 (Corsica Ferries), Slg. 1994, I-1783, Rn 17 ff.
101 Vgl. EuGH, Rs C-444/05 (Stamatelakis), NJW 2007, 1663, Rn 25 ff. (absoluter Ausschluss der Kostenerstattung); ausf. zur gesetzlichen Krankenversicherung und der Dienstleistungsfreiheit nach Art. 49 EGV Becker, NJW 2003, 2272; s. aber Art. 2 Abs. 2 lit. f.
102 Vgl. EuGH, Rs C-255/04 (Kommission/Frankreich), EWS 2006, 323.
103 EuGH, Rs C-544/03 und 545/03 (Mobistar und Belgacom Mobile), EuZW 2005, 692, Rn 31-33.

währleistung. Eine andere Betrachtung, also der Ausschluss einer Rechtfertigungsmöglichkeit, hebelt hingegen Art. 16 Abs. 1 S. 3 aus und führt zu einer nicht gerechtfertigten Bedeutungsaufladung des Art. 19, da diese Norm in der Regel neben Art. 16 Abs. 1 tatbestandlich einschlägig ist. Sofern ein zwingender Grund i. S. d. Art. 16 lit. b die Beschränkung der Erbringungsfreiheit rechtfertigt, muss Entsprechendes auch für die Empfangsfreiheit in Art. 19 gelten. Beide Freiheitsgewährleistungen sind in Bezug auf die Rechtfertigung von Beschränkungen zu parallelisieren: Sofern die Beschränkung des Art. 16 Abs. 1 gerechtfertigt ist, muss dies grundsätzlich auch für Art. 19 gelten. Ein Umkehrschluss zu Art. 16 Abs. 1 lit. a-c und 20 Abs. 2 ist demnach abzulehnen.

53 Die **Reichweite der möglichen Rechtfertigung von Beschränkungen des Art. 19** ist aus demselben teleologischen Grund ebenfalls mit Art. 16 zu parallelisieren: Als **zulässige, sachlich-rechtfertigende Gründe** sieht Art. 16 – anders als Art. 49 EGV und Art. 15 Abs. 3 lit. b – nicht die in der Richtlinie sogar legaldefinierten (s. Art. 4 Ziff. 8 und Erwägungsgrund 40) zwingenden Gründe des Allgemeininteresses vor, sondern zählt in Abs. 1 S. 3 lit. b **nur vier Gründe** auf: **öffentliche Ordnung, öffentliche Sicherheit, öffentliche Gesundheit und Schutz der Umwelt** (dazu oben Art. 16 Rn 33–41).[104] Der Verbraucherschutz,[105] eine geordnete Rechtspflege, kulturpolitische Belange und Lauterkeit des Handelsverkehrs etc. zählen *nicht* dazu. Einer extensiven Auslegung des Kriteriums „öffentliche Ordnung" in der Weise, dass die vom EuGH bei Art. 49 EGV anerkannten[106] „zwingenden Gründe des Allgemeininteresses" hiervon umfasst werden, stehen die Legaldefinition des Art. 4 Nr. 8 und die Systematik der Richtlinie entgegen: Die Richtlinie verwendet diesen Terminus hinreichend oft,[107] indes nicht in Art. 16 und 19, so dass es sich um eine bewusste Begrenzung durch den Gesetzgeber handelt.[108] Wortlaut, Systematik und Telos sprechen folglich gegen eine Ausweitung des (hier entsprechend herangezogenen) Art. 16 Abs. 1 S. 3 lit. b; auch im Rahmen des Art. 19. Die Richtlinie folgt demnach zwar den Buchstaben eines modifizierten Bestimmungslandprinzips, die Reichweite der Beschränkungsverbote, einschließlich des Art. 19, weist indes weit hierüber hinaus.

54 Die Rechtfertigung einer Beschränkung erfordert schließlich eine **Verhältnismäßigkeitsprüfung**; die Maßnahme muss zur Verwirklichung des verfolgten Ziels **geeignet** sein und darf nicht über das zu seiner Erreichung **Erforderliche** hinausgehen. So kann eine Maßnahme zur Erhaltung der medizinischen Versorgung durch Ausgabenbegrenzung, also der „öffentlichen Gesundheit" geeignet sein, es kann

---

104 Eine Reduktion des Kanons möglicher Rechtfertigungsgründe erkennen auch Lemor, EuZW 2007, 135, 139; Korte, NVwZ 2007, 501, 504; Calliess, Europäischer Binnenmarkt und europäische Demokratie: Von der Dienstleistungsfreiheit zur Dienstleistungsrichtlinie – und wieder Retour?, DVBl. 2007, 336, 343 f.; Kommissionshandbuch, Ziff. 7.1.3.; zu Art. 46 EGV ausf. Forsthoff, Die Tragweite des Rechtfertigungsgrundes aus Art. 46 Abs. 1 EGV, EWS 2001, 59.

105 Durch die gewährten verbraucherschützenden Informationsrechte und -pflichten (Art. 20 f.) wird dem Leitbild des durchschnittlich informierten, aufmerksamen und verständigen Verbrauchers wieder verstärkt Rechnung getragen. Zugleich werden hierdurch die Prinzipien des Verbraucherschutzes und der Marktharmonisierung ausgeglichen.

106 EuGH, Rs C-168/04 (Kommission/Österreich), EuZW 2007, 89, Rn 37.

107 Vgl. Art. 5 Abs. 3, 9 Abs. 1 lit. b, 10 Abs. 2 lit. b, Abs. 4, 11 Abs. 1 lit. b und öfter.

108 So auch Kommissionshandbuch, Ziff. 7.1.3.1.

aber an der Erforderlichkeit der Maßnahme fehlen.[109] Der Umstand, dass Art. 16 Abs. 1 lit. c – abweichend von Art. 49 f. EGV – **kein Angemessenheitskriterium** enthält, wird sich grundsätzlich nicht auswirken, da in lit. b die sachlich rechtfertigenden Gründe auf vier besonders gewichtige Gründe beschränkt sind und der Gesetzgeber insofern die Angemessenheitsprüfung partiell vorweggenommen hat.

III. Die mitgliedstaatliche Umsetzung und Rechtsfolgen unzureichender Umsetzung

Das mitgliedstaatliche Recht muss den vorstehend genannten Anforderungen entsprechen; eine legislative Umsetzung ist nicht stets erforderlich.[110] Zwar wird der Mitgliedstaat durch die Richtlinie nicht verpflichtet, beschränkende nationale Regelungen umfassend aufzuheben, solange er sicherstellt, dass sie nicht auf die von der Richtlinie erfassten Konstellationen angewandt werden.[111] In diesem Fall stellt sich aber das Problem der Inländerdiskriminierung; sie wird von der Richtlinie nicht verboten, wirft aber Fragen des Art. 3 Abs. 1 GG auf. In Bezug auf die mitgliedstaatliche Gewährleistung, dass bestimmte Private die Empfangsfreiheit nicht beschränken (s. Rn 44), wird es sich anbieten, allgemeine Regelungen wie Art. 19 (und Art. 20) entsprechend der Struktur der deutschen Rechtsordnung „vor die Klammer" zu ziehen und eine allgemeine Regelung für Dienstleistungen – vergleichbar jener über E-Commerce (§ 312e BGB) – zu treffen. Eine **allgemeine negative suspendierende Wirkung** des Art. 19 ist **abzulehnen**; nach Ablauf der Umsetzungsfrist am 28. Dezember 2009 wird nicht das gesamte entgegenstehende nationale Recht *ex lege* umfassend suspendiert.[112] Vielmehr haben nationale Gerichte bei einem Umsetzungsdefizit die Pflicht, innerhalb des nach nationalen Methoden Möglichen das mitgliedstaatliche Recht richtlinienkonform auszulegen und fortzubilden (s. aber sogleich Rn. 56). 55

Bei einer unzureichenden Umsetzung der Richtlinie *nach* Ablauf der Umsetzungsfrist verletzt der Mitgliedstaat seine gemeinschaftsrechtliche Rechtsetzungspflicht, so dass ein **Vertragsverletzungsverfahren** (Art. 226 f. EGV) möglich ist. 56

Des Weiteren ist nach Ablauf der Umsetzungsfrist das *gesamte* **mitgliedstaatliche Recht richtlinienkonform auszulegen** und richtlinienkonform fortzubilden. Dies ist von den nationalen Gerichten *ex lege* zu beachten und gilt sowohl im vertikalen Verhältnis Bürger-Mitgliedstaat als auch im horizontalen Rechtsverhältnis zwischen Bürgern. **Vor Ablauf der Umsetzungsfrist** steht die Richtlinie nur solchen 57

109 So z.B. bei einem vollständigen Ausschluss (statt einer bloßen Begrenzung) der Kostenerstattung von ausländischen Dienstleistungen, EuGH, Rs C-444/05 (Stamatelakis), NJW 2007, 1663, Rn 25 ff. (zu Art. 49 EGV).

110 Ausf. dazu Herresthal, S. 85 ff.; s. a. EuGH, Rs C-162/99 (Kommission/Italien), EuZW 2001, 187, Rn 22; C-220/94 (Kommission/Luxemburg), Slg 1995, I-1589, Rn 10 („klare und transparente Lage"); a. A. Kommissionshandbuch, Ziff. 1.2.1. (bindende nationale Regelungen), anders aber Ziff. 1.2.2.

111 Vgl. Kommissionshandbuch, Ziff. 7.1.2. zu Art. 16.

112 Vgl. zu dieser h. M. Herresthal, S. 78 ff.; Schroeder in Streinz EUV/EGV, Art. 249 EGV Rn 124; Jarass, Konflikte zwischen EG-Recht und nationalem Recht vor den Gerichten der Mitgliedstaaten, DVBl. 1995, 954, 960; für die a. A. Herrmann, Richtlinienumsetzung durch die Rechtsprechung, Berlin, 2003, S. 78-84; Reich, Die Umsetzung der RL 1999/44/EG in das deutsche Recht, NJW 1999, 2397, 2401; s. a. EuGH, Rs C-80/06 (Carp Snc di L. Molerie), EuZW 2007, 545, Rn. 20.

mitgliedstaatlichen Maßnahmen entgegen, die mit *weit überwiegender Wahrscheinlichkeit* die Erreichung des Richtlinienziels ausschließen.[113] **Nach Ablauf der Umsetzungsfrist** kann sich der Mitgliedstaat zudem gegenüber einem Bürger nicht auf eine nationale Maßnahme (Gesetz, Verordnung etc.) berufen, die gegen Art. 19 verstößt, also die Empfangsfreiheit unzulässig beschränkt. Art. 19 ist hinreichend bestimmt und unbedingt und daher unmittelbar anwendbar mit der Folge einer **Suspendierung entgegenstehenden mitgliedstaatlichen Rechts** *ex lege* (nur!) im Verhältnis des Bürgers zum Mitgliedstaat (nicht umgekehrt und nicht zwischen Privaten). Bei einem Umsetzungsdefizit kommt schließlich ein **Staatshaftungsanspruch** des Erbringers der Dienstleistung wie auch des Empfängers gegen den Mitgliedstaat in Betracht, sofern dessen beschränkende Maßnahme weder *ex lege* suspendiert wird noch sich qua richtlinienkonformer Auslegung oder Fortbildung beseitigen lässt. Art. 19 kann Grundlage eines solchen Anspruchs sein, denn die Norm ist *hinreichend bestimmt und unbedingt*. Sie gewährt dem Dienstleistungsempfänger auch ein subjektives Recht gegenüber dem Mitgliedstaat. Allerdings kann ein hinreichend qualifizierter Verstoß des Mitgliedstaates im Einzelfall aufgrund der unzulänglichen Systematik der Richtlinie und der Rechtsunsicherheit u. a. hinsichtlich der entsprechenden Anwendung von Ausnahmen im Anwendungsbereich (s. Rn 7-9) und der Beschränkungsmöglichkeiten (s. Rn 42 ff.) zu verneinen sein.

Artikel 20 Nicht-Diskriminierung

(1) Die Mitgliedstaaten stellen sicher, dass dem Dienstleistungsempfänger keine diskriminierenden Anforderungen auferlegt werden, die auf dessen Staatsangehörigkeit oder Wohnsitz beruhen.

(2) Die Mitgliedstaaten stellen sicher, dass die allgemeinen Bedingungen für den Zugang zu einer Dienstleistung, die der Dienstleistungserbringer bekannt gemacht hat, keine auf der Staatsangehörigkeit oder dem Wohnsitz des Dienstleistungsempfängers beruhenden diskriminierenden Bestimmungen enthalten; dies berührt jedoch nicht die Möglichkeit, Unterschiede bei den Zugangsbedingungen vorzusehen, die unmittelbar durch objektive Kriterien gerechtfertigt sind.

Literatur: Siehe die Literaturhinweise zu Art. 19.

113 Vgl. zur Vorwirkung von Richtlinien näher EuGH, Rs 129/96 (Inter-Environnement Wallonie), NVwZ 1998, 385, Rn 40 ff.; Herresthal, Voraussetzungen und Grenzen der gemeinschaftsrechtskonformen Rechtsfortbildung, EuZW 2007, 396, 397 f.

I. Normzweck und Normstruktur

1 Nach Art. 20 Abs. 1 haben die Mitgliedstaaten zu gewährleisten, dass dem *Empfänger* einer Dienstleistung keine unmittelbar oder mittelbar (s. Rn 10) aufgrund der Staatsangehörigkeit diskriminierenden Anforderungen auferlegt werden. Die Norm ist systematisch wenig überzeugend erst nach dem Beschränkungsverbot in Art. 19 verortet. **Abs. 1** verbietet nur diskriminierende „Anforderungen". Dies sind nach der Legaldefinition in Art. 4 Ziff. 7 **Maßnahmen des Mitgliedstaates, Regeln von Berufsverbänden und kollektive Regeln von Berufsorganisationen**. Der Mitgliedstaat wird durch Abs. 1 *nicht* umfassend zur Vermeidung von Diskriminierungen *durch Private* verpflichtet. Eine solche Auslegung ließe die Legaldefinition in Art. 4 Ziff. 7 außer Acht; zudem wäre Abs. 2 dann überflüssig. Abs. 1 kann nach Wortlaut und Systematik *nicht* dahingehend ausgelegt werden, dass die Mitgliedstaaten auch sonstige „Anforderungen" durch Gemeinschaftsbürger bzw. Unternehmen als Dienstleistungserbringer verhindern müssen.

2 Abs. 1 hat die **Funktion**, das **Diskriminierungsverbot** bei Dienstleistungen aus Art. 12 bzw. 49 EGV **sekundärrechtlich zu konkretisieren.**[1] Ziel ist die Verwirklichung eines Raumes ohne Binnengrenzen durch die Gleichbehandlung der Unionsbürger in Bezug auf Dienstleistungen. Zudem wird die in ihrer Reichweite zu Recht umstrittene judikative Erstreckung der Grundfreiheiten auf **kollektive Regelungen Privater**[2] durch Abs. 1 insoweit aufgegriffen, als die genannten Regeln von Berufsverbänden und -organisationen nicht diskriminieren dürfen; zugleich wird nur der Mitgliedstaat verpflichtet, nicht aber Private.

3 Nach **Abs. 2** müssen die Mitgliedstaaten sicherstellen, dass **allgemeine Bedingungen für den Zugang zu einer Dienstleistung**, die der Erbringer bekannt macht, nicht anhand der Staatsangehörigkeit diskriminieren. Dies umfasst private wie staatliche Erbringer einer Dienstleistung; die Norm ist nicht auf Maßnahmen des Mitgliedstaates bzw. der von Abs. 1 erfassten Berufsorganisationen beschränkt. Zentral ist vielmehr das Erfordernis einer „allgemeinen Zugangsbedingung", die der Erbringer „bekannt gemacht" hat. **Zweck der Norm** ist es, das gemeinschaftsrechtliche Antidiskriminierungsregime auf allgemeine (nicht individuelle) und bekannt gemachte (nicht nur an begrenzte Adressaten gerichtete) Zugangsbedingungen zu erstrecken. **Abs. 2 Hs. 2 ist als Abs. 3** zu lesen. Nach zutreffendem

1 Auch Erwägungsgrund 94 nimmt hierauf Bezug; ausf. zu diesem Tiedje/Troberg in: GS EUV/EGV, Art. 49 EGV Rn 35 ff., 43 ff.

2 Vgl. Herresthal in: Neuner (Hg.), Grundrechte und Privatrecht aus rechtsvergleichender Sicht, Tübingen, 2007, S. 177 ff. sowie Art. 19 Rn 23.

Verständnis des Artikels ist auch bei Abs. 1 eine Ungleichbehandlung zulässig, sofern sie durch objektive Kriterien gerechtfertigt ist (s. Rn 21).

II. Die Unzulässigkeit diskriminierender Anforderungen (Abs. 1)

4 Nach Abs. 1 stellen die Mitgliedstaaten sicher, dass dem Dienstleistungsempfänger keine diskriminierenden Anforderungen auferlegt werden, die an seine Staatsangehörigkeit oder seinen Wohnsitz anknüpfen. Die Norm **verpflichtet nur die Mitgliedstaaten,** *nicht* aber Private, also auch nicht privatrechtliche Berufsverbände, Berufsorganisationen oder sonstige Privatrechtssubjekte, auch wenn deren Regelungen von der Legaldefinition der „Anforderungen" (s. Rn 6) erfasst werden.[3] Der Mitgliedstaat, d. h. alle Staatsgewalten und seine regionalen Untergliederungen, hat demnach sicherzustellen, dass derartige Diskriminierungen unterbleiben. Er hat alle geeigneten und erforderlichen Maßnahmen zu treffen, um derartige „Anforderungen" effektiv zu verhindern. Die gleiche Pflicht trifft privatrechtliche Rechtssubjekte, die dem Mitgliedstaat zuzurechnen sind (s. Art. 19 Rn 22).

1. Der Dienstleistungsempfänger (persönlicher Anwendungsbereich)

5 Der **Dienstleistungsempfänger ist in Art. 4 Ziff. 3 legaldefiniert** (s. Art. 4 Rn 14 und Art. 19 Rn 24). Einbezogen ist die gewerbliche, die im Rahmen abhängiger Beschäftigung erfolgende sowie die private (Freizeit, Reise) Inanspruchnahme von Dienstleistungen. Parallel zu Art. 16 und 19 (s. Art. 19 Rn 10) erfasst Art. 20 Abs. 1 nur **grenzüberschreitende Sachverhalte.** Die Richtlinie will Beschränkungen von Dienstleistungen zwischen den Mitgliedstaaten beseitigen und die Nutzung komparativer Kostenvorteile durch die Ausweitung grenzüberschreitender Dienstleistungen ermöglichen.[4] Hiervon gehen auch die Erwägungsgründe zu Art. 20 aus.[5] Die originäre oder aus der Beseitigung von Diskriminierungen resultierende Inländerdiskriminierung ist eine Frage des nationalen (Verfassungs-)Rechts.

2. Die diskriminierenden „Anforderungen" (sachlicher Anwendungsbereich)

6 **Anforderungen,** die nicht anhand der Staatsangehörigkeit diskriminieren dürfen, sind **in Art. 4 Nr. 7 legaldefiniert** (s. Art. 4 Rn 27 f.). Erfasst werden u. a. **Maßnahmen des Mitgliedstaates** in Rechts- und Verwaltungsvorschriften (z.B. Auflagen, Verbote, Bedingungen oder Beschränkungen) sowie die Rechtsprechung und die Verwaltungspraxis. Mitgliedstaatliche Rechtsvorschriften sind alle mit Hoheitsgewalt erlassenen Normen, also vor allem Gesetze und Verordnungen, unabhängig von der konkreten Regelungsweise (Verbot; Ausnahmevorbehalt); entscheidend ist das diskriminierende Resultat einer Regelung. Hinzu treten **Regeln von Berufsverbänden** und kollektive Regeln von Berufsorganisationen, die in Ausübung ihrer Rechtsautonomie erlassen wurden. Nicht einbezogen werden Regeln, die in Tarifverträgen festgelegt wurden (s. näher Art. 4 Rn 27 f.). Die Legaldefinition erfasst nach ihrem Wortlaut keine Vertragsbedingungen Privater.[6]

---

3 Vgl. Kommissionshandbuch, Ziff. 7.2.2.1.
4 Vgl. Erwägungsgründe 1 und 2.
5 So Erwägungsgrund 94 („Staatsangehörige anderer Mitgliedstaaten") und 95 („von Land zu Land"; „Niederlassungsmitgliedstaat"; „bestimmtes Hoheitsgebiet").
6 Hiervon geht auch die Erläuterung zum ursprünglichen Richtlinienvorschlag aus, vgl. KOM (2004) 2 endg., S. 27 f.

3. Diskriminierung wegen der Staatsangehörigkeit

a) Ungleichbehandlung wegen der Staatsangehörigkeit

Eine abweichende Behandlung eines Empfängers in „Anforderungen" (s. Rn 6) 7 gerade wegen seiner Staatsangehörigkeit oder seines Wohnsitzes in einem anderen Mitgliedstaat ist grundsätzlich unzulässig (zur Rechtfertigung s. Rn 11). Die Norm gebietet eine **Inländergleichbehandlung**. Unzulässig ist demnach sowohl die benachteiligende Ungleichbehandlung vergleichbarer Sachverhalte als auch die benachteiligende Gleichbehandlung unterschiedlicher Sachverhalte.[7] Hingegen ist Art. 20 Abs. 1 tatbestandlich nicht einschlägig, wenn unterschiedliche Sachverhalte ungleich behandelt werden.[8] Vergleichsmaßstab zur Feststellung einer Ungleichbehandlung sind die Anforderungen des konkreten Mitgliedstaates bzw. eines konkreten Rechtsträgers, dessen Regeln vom Anforderungsbegriff umfasst werden, nicht aber die Anforderungen eines *anderen* Mitgliedstaates oder *anderen* Rechtssubjekts.

Unzulässige Unterscheidungskriterien sind die **Staatsangehörigkeit** und der **Wohnsitz**. 8 Da Letzterer das Paradigma einer mittelbaren (indirekten) Diskriminierung wegen der Staatsangehörigkeit ist, untersagt Art. 20 Abs. 1 **unmittelbare und mittelbare Diskriminierungen wegen der Staatsangehörigkeit**.[9] Indem die Regelung ein Diskriminierungs- und kein Beschränkungsverbot aufstellt, kann nicht jede noch so geringfügige Erschwerung, die mit der ausländischen Staatsangehörigkeit verbunden ist, den Tatbestand erfüllen. Auch sind die Grenzen zwischen einer mittelbaren Diskriminierung und einer bloßen Beschränkung nur schwer zu ziehen. Daher sollten sehr geringfügige Erschwerungen vom Tatbestand nicht erfasst sein (**de-minimis-Ausnahme**).[10]

aa) Unmittelbare (offene) Diskriminierung

Eine **offene Diskriminierung** liegt vor, wenn ein Tatbestandsmerkmal der „Anforderung" 9 ausdrücklich an der Staatsangehörigkeit des Empfängers anknüpft und mit ihr eine spezifische Rechtsfolge verbindet,[11] sei es, dass eine bestimmte Voraussetzung durch die Angehörigen des eigenen Mitgliedstaates nicht erbracht werden muss, sei es, dass für diese eine bestimmte Begrenzung nicht gilt. **Beispiele** sind Konstellationen, in denen nur Angehörige anderer Mitgliedstaaten bzw. dort ansässige Unionsbürger Originaldokumente, beglaubigte Kopien, Staatsangehörigkeitsnachweise oder beglaubigte Übersetzungen von Unterlagen vorlegen müssen,[12] um günstige Bedingungen, Preisvorteile oder die Dienstleistung zu erhalten. Auch Inländervorbehalte für die Miete von bestimmten Immobilien oder für den Erhalt zinsgünstiger Darlehen,[13] das gesetzliche Verbot des Immobilien-

---

7 Vgl. EuGH, Rs C-311/97 (Royal Bank of Scotland), NZG 1999, 708, Rn 26; Kommissionshandbuch, Ziff. 7.2.2.1.

8 Vgl. EuGH, Rs C-49/98 (Finalarte), EuZW 2001, 759, Rn 68 f. (zu Art. 49 EGV).

9 Vgl. auch Erwägungsgrund 94, der auf „Wohnsitzstaat" und „Wohnort" abstellt.

10 So zu Art. 12 EGV auch Streinz in ders. EUV/EGV, Art. 12 EGV Rn 44 m. w. N. und Hinweis auf EuGH, Rs 22/80 (Boussac), Slg. 1980, 3427, Rn 13 f.

11 Für Beispiele aus der Rechtsprechung zu Art. 49 EGV vgl. EuGH, Rs C-288/89 (Collectieve Antennenvoorziening Gouda), GRUR Int. 1993, 223, Rn 10; Rs C-154/89 (Kommission/Frankreich), 1991, I-659 Rn 12.

12 So auch Erwägungsgrund 94.

13 Vgl. EuGH, Rs 63/86 (Kommission/Italien), Slg. 1988, 29, Rn 19.

erwerbs für Nichtstaatsangehörige,[14] die unterschiedliche Ausgestaltung von Tarifen öffentlicher Einrichtungen (z.B. Museen),[15] die Vermietung von Bootsanlegeplätzen nur an Inländer[16] sowie die Pflicht nur ausländischer Bürger, Prozesskostensicherheit zu leisten,[17] zählen hierzu.

bb) Mittelbare (verdeckte) Diskriminierung

10 Art. 20 Abs. 1 verbietet auch die **mittelbare (verdeckte) Diskriminierung**[18] **aufgrund der Staatsangehörigkeit** in den „Anforderungen" (s. Rn 6), also deren Anknüpfung an andere Merkmale als die Staatsangehörigkeit, woraus aber i.E. gleichwohl eine hinreichend deutliche Unterscheidung nach der Staatsangehörigkeit folgt.[19] Hierzu muss die Regelung in ihrem typischen Anwendungsbereich in der deutlichen Mehrzahl der Fälle zu einer Unterscheidung zwischen in- und ausländischen Staatsangehörigen führen. Für das Verbot auch mittelbarer Diskriminierungen durch Art. 20 Abs. 1 spricht, dass das ausdrücklich untersagte **Wohnsitzerfordernis** das Paradigma einer mittelbaren Diskriminierung wegen der Staatsangehörigkeit ist.[20] Weitere **Beispiele** sind der notwendige **ständige Aufenthalt im Bestimmungsland** der Leistungserbringung,[21] die Pflicht zur Erbringung der Dienstleistung an **inländische Empfänger** oder an solche, die einen **inländischen Zustellungsbevollmächtigten** haben, sowie rechtliche Vorgaben, die von ausländischen Staatsangehörigen grundsätzlich nur mit deutlichen Schwierigkeiten erfüllt werden können (z.B. Sprachnachweise durch lokale Behörden).[22]

b) Die Möglichkeit einer Rechtfertigung der Ungleichbehandlung

11 Richtigerweise ist auch bei Abs. 1 eine **Ungleichbehandlung beim Vorliegen objektiv-sachlicher Gründe zulässig.** Die Regelung statuiert nur ein relatives Diskriminierungsverbot. Nach Abs. 2 Hs. 2 „berührt" das in Abs. 2 spezifizierte Diskriminierungsverbot nicht die Möglichkeit zur Unterscheidung bei der Zugangsberechtigung im Falle einer objektiv-sachlichen Rechtfertigung; dieser **Abs. 2 Hs. 2 ist als Abs. 3 zu lesen.**[23] Hierfür spricht, dass selbst die Grundfreiheiten, einschließlich Art. 49 EGV, auch bei einer Diskriminierung eine Rechtfertigung zulassen. Vom EuGH wird bei Beschränkungen der Grundfreiheiten durch unterschiedlich anwendbare Maßnahmen eine Rechtfertigung erwogen.[24] Selbst bei Art. 12 EGV an-

---

14 EuGH, Rs 305/87 (Kommission/Griechenland), Slg. 1989, 1461, Rn 24-27.
15 EuGH, Rs C- 45/93 (Kommission/Spanien), NJW 1994, 1941, Rn 10.
16 Vgl. EuGH, Rs C-224/97 (Ciola), NJW 1999, 2355, Rn 10 ff.
17 EuGH, Rs C-20/92 (Hubbard), NJW 1993, 2431, Rn 15.
18 Dazu näher EuGH, Rs C-390/96 (Lease Plan), Slg. 1998, I-2553, Rn 34 (zu Art. 49 EGV).
19 Vgl. zur mittelbaren Diskriminierung nur Streinz in: ders. EUV/EGV, Art. 12 EGV Rn 49 ff.
20 So auch zu Art. 49 EGV EuGH Rs C-131/01 (Kommission/Italien), EuZW 2003, 344, Rn 42; Rs C-114/97 (Kommission/Spanien), Slg. 1998, I-6717, Rn 44; verb Rs C-330/90 und 331/90 (López), Slg. 1992, I-323, Rn 13; Müller-Graff in: Streinz EUV/EGV, Art. 49 EGV Rn 72 f.; Streinz ebd., Art. 12 EGV Rn 51.
21 Beim Erfordernis einer inländischen Niederlassung sind die Art. 9 ff. speziell.
22 Vgl. EuGH, Rs C-281/98 (Angonese), EuZW 2000, 468, Rn 37 ff. zu Art. 39 EGV.
23 A.A. zu Art. 19 Lemor, Auswirkungen der Dienstleistungsrichtlinie auf ausgesuchte reglementierte Berufe, EuZW 2007, 135, 137; Korte, Was bleibt vom herkömmlichen Verständnis der Dienstleistungsfreiheit?, EWS 2007, 246, 251; Kommissionshandbuch, Ziff. 7.1.3.2., im Gegensatz dazu aber Ziff. 7.2.2.1.
24 Vgl. ausdrücklich EuGH, Rs C-490/04 (Kommission/Bundesrepublik Deutschland), EuZW 2007, 917, Rn 86 (zu Art. 55, 46 EGV), s.a. EuGH, Rs C-294/89 (Kommission/Frank-

erkennt der EuGH eine Rechtfertigung bei mittelbaren Diskriminierungen und prüft auch bei unmittelbaren eine etwaige Rechtfertigung.[25] Zudem stellte sich die Richtlinie anderenfalls gegen den ausdrücklichen Wortlaut der Art. 55, 46 Abs. 1 EGV. Dass die Richtlinie hierüber hinausgehen wollte, ist nicht ersichtlich. Im Gegenteil gehen auch die Erwägungsgründe,[26] das Kommissionshandbuch (Ziff. 7.2.2.1 und 7.2.2.2)[27] und die Erläuterung zum ursprünglichen Richtlinienvorschlag[28] i. E. von einer Parallelisierung von Abs. 1 und 2 und einer Rechtfertigungsmöglichkeit auch bei Abs. 1 aus. Schließlich ist eine Rechtfertigung zumindest mittelbarer Diskriminierungen auch im Übrigen Sekundärrecht anerkannt.[29]

Eine solche **Rechtfertigungsmöglichkeit ist auch teleologisch gerechtfertigt**.[30] 12
Zwar ist bei der unmittelbaren oder mittelbaren Anknüpfung einer Regelung an die Staatsangehörigkeit die Begründungslast für eine Rechtfertigung deutlich angehoben; die Rechtfertigung ist nur ausnahmsweise erfolgreich. Denn die *Staatsangehörigkeit* soll im Binnenmarkt gerade kein legitimes Unterscheidungskriterium sein. Dies schließt aber nicht aus, dass ausnahmsweise eine Ungleichbehandlung auf sehr gewichtigen objektiv-sachlichen Gründen basiert und eine Regelung/Anforderung aus Gründen der Präzision an die Staatsangehörigkeit anknüpft, ohne unzulässigerweise *gerade wegen* der Staatsangehörigkeit zu unterscheiden. Lässt man keine Rechtfertigung zu, so entscheidet zudem die überaus vage Grenze zwischen mittelbarer Diskriminierung und sonstiger Beschränkung der Empfangsfreiheit zugleich über die Möglichkeit einer Rechtfertigung. Schließlich vermag auch eine Unterscheidung zwischen unmittelbarer und mittelbarer Diskriminierung hinsichtlich der Rechtfertigungsmöglichkeit nicht zu überzeugen; sie kann weder dem Wortlaut entnommen werden noch ist sie teleologisch angemessen. Demnach sind Vergünstigungen, u. a. Preisvorteile, für bestimmte

---

reich), NJW 1991, 3084, Rn 21 ff.; Rs C-76/90 (Säger), NJW 1991, 2693, Rn 10 ff. (jeweils zu Art. 49 EGV); verb. Rs C-120/95 und C-158/96 (Decker und Kohll), NJW 1998, 1769, Rn 39; Rs C-389/96 (Aher), NVwZ 1998, 1057, Rn 18 ff. (jeweils zu Art. 28 EGV); s. a. Müller-Graff in: Streinz EUV/EGV, Art. 49 EGV Rn 105 m. w. N. in Fn. 410; Kluth in: Calliess/Ruffert EUV/EGV, Art. 49, 50 EGV Rn 69 f.; Nowak/Schnitzler, Erweiterte Rechtfertigungsmöglichkeiten für mitgliedstaatliche Beschränkungen der EG-Grundfreiheiten, EuZW 2000, 627; Hailbronner/Nachbaur, Die Dienstleistungsfreiheit in der Rechtsprechung des EuGH, EuZW 1992, 105, 111.

25 Vgl. EuGH, Rs C-180/96 (Vereinigtes Königreich/Kommission), Slg. 1998, I-2265, Rn 114; Rs C-122/96 (Saldanha), Slg. 1997, I-5325, Rn 26 ff.

26 In den Ziff. 94 f. wird die Möglichkeit einer Rechtfertigung durch berechtigte und objektive Kriterien für *beide Absätze vorausgesetzt*.

27 Mit dem Beispiel unterschiedlicher Gebühren für ein lokales Schwimmbad, das z. T. aus lokalen Steuern finanziert wird, sowie dem Hinweis, „die Richtlinie“ wolle keine Ungleichbehandlungen verhindern, die auf objektiven wirtschaftlichen Erwägungen basieren.

28 Vgl. KOM(2004) 2 endg., S. 27.

29 Vgl. Art. 2 Abs. 2 lit. b der RL 2000/43/EG, Art. 2 Abs. 2 lit. b der RL 2000/78/EG und Art. 2 Abs. 2, 2. Spiegelstrich RL 76/207/EWG in Gestalt der RL 2002/73/EG.

30 Vgl. EuGH, Rs C-279/00 (Kommission/Italien), Slg. 2002, I-1425, Rn 18 (unerlässliche Voraussetzung für die Erreichung des verfolgten Zieles); Rs C-54/99 (Scientology), EWS 2000, 171 Rn 17 f. (zur Kapitalverkehrsfreiheit); Rs C-493/99 (Kommission/Deutschland), NJW 2001, 3767 Rn 19; Rs C-222/95 (Parodi), Slg. 1997, I-3899 Rn 31; abl. Müller-Graff in: Streinz EUV/EGV, Art. 49 EGV Rn 76 („Bildung einer transnationalen Zivilgesellschaft“); Tiedje/Troberg in: GS EUV/EGV, Art. 49 EGV Rn 40 ff., 58 ff. (nicht bei offener, aber bei versteckter Diskriminierung); anders auch EuGH, Rs 352/85 (Bond van Adverteerders), NJW 1989, 2189, Rn 32 (ausdrücklich abweichende Bestimmung erforderlich).

Empfänger zulässig, wenn die Unterscheidung auf berechtigten, objektiven Kriterien basiert.[31] Auch natürliche Erscheinungen, technische Gegebenheiten[32] sowie die Marktbedingungen in verschiedenen Regionen (höhere Produktions- oder Lieferkosten) können eine Unterscheidung ausnahmsweise rechtfertigen.

III. Die Diskriminierungsfreiheit allgemeiner Zugangsbedingungen (Abs. 2)

13 Nach Abs. 2 muss der **Mitgliedstaat** gewährleisten, dass allgemein bekannt gemachte Bedingungen für den Zugang zu einer Dienstleistung keine Bestimmungen enthalten, die den Empfänger *wegen* seiner Staatsangehörigkeit oder seines Wohnsitzes diskriminieren. Die Norm verpflichtet demnach die Mitgliedstaaten, derartige Diskriminierungen zu unterlassen *und* eine *Diskriminierung durch Dritte, vor allem Private,* zu unterbinden, ohne dass der Kreis dieser Privaten – anders als bei Abs. 1 – weiter eingegrenzt wird. Dogmatisch handelt es sich um eine sekundärrechtliche Schutzpflicht der Mitgliedstaaten. Die Norm hat **auch verbraucherschützenden Charakter.**[33]

1. Dienstleistungserbringer (persönlicher Anwendungsbereich)

14 Der **Dienstleistungserbringer ist in Art. 4 Ziff. 2 legaldefiniert** (s. Art. 4 Rn 27 f.). Er umfasst natürliche und juristische Personen des Privatrechts wie des Öffentlichen Rechts. Privatrechtssubjekte werden also erfasst. Dem Wortlaut des Art. 20 Abs. 2 kann zudem *nicht* entnommen werden, dass diese Privatrechtssubjekte eine gewisse soziale oder wirtschaftliche Mächtigkeit haben müssen.

2. Allgemeine Zugangsbedingungen (sachlicher Anwendungsbereich)

a) Allgemeine Bedingungen für den Zugang zu einer Dienstleistung

15 Die allgemeinen Bedingungen müssen den **„Zugang zu einer Dienstleistung"** regeln. Dies ist unabhängig von der Rechtsnatur des avisierten Rechtsverhältnisses, in dem die **Dienstleistung** erbracht werden soll. Hierfür sprechen Wortlaut und Zweck der Norm. Privatrechtliche Verträge werden demnach ebenso erfasst wie öffentlich-rechtliche Benutzungsverhältnisse sowie Benutzungsverhältnisse, bei denen die Entscheidung über die Zulassung zur Dienstleistung öffentlich-rechtlich und die Ausgestaltung sodann privatrechtlich erfolgt.

16 Der „**Zugang**" zur Dienstleistung ist sowohl bei der grundsätzlichen Möglichkeit zu ihrer Inanspruchnahme als auch bei der Ausgestaltung der Art und Weise betroffen, in der die Dienstleistung zu erbringen ist. Demnach verstoßen sowohl Klauseln gegen Art. 20 Abs. 2, die bestimmte Staatsangehörige von einer Dienstleistung vollständig ausschließen, als auch solche, die bei den Bedingungen ihrer Inanspruchnahme nach der Staatsangehörigkeit unterscheiden.[34] Hierfür spricht die anderenfalls mögliche, prohibitive Ausgestaltung der Inhaltsbedingungen sowie die unpräzise Abgrenzung zwischen Zugangsregelung und bloßer Ausgestaltung. Einer etwaigen geringeren Belastung durch eine unterschiedliche Ausgestaltung kann durch geringere Anforderungen an die Rechtfertigung Rechnung getragen werden.

---

31 So auch Erwägungsgrund 94.
32 Vgl. EuGH, Rs 52/79 (Debauve), Slg. 1980, 833, Rn 21.
33 Vgl. Erwägungsgrund 94.
34 So auch der Gemeinschaftsgesetzgeber, vgl. Erwägungsgrund 94.

„**Allgemeine**“ **Bedingungen** liegen vor, wenn sie **nicht individuell für eine konkrete Dienstleistung ausgehandelt**, sondern für eine Mehrzahl von Anwendungsfällen aufgestellt wurden.[35] **Beispiele** sind AGB für privatrechtliche Verträge, Vertragsklauseln in einer *invitatio ad offerendum* und Zugangsbedingungen in Satzungen von Privatrechtssubjekten sowie öffentlich-rechtliche Benutzungsordnungen. 17

b) Bekanntmachung durch den Erbringer

Die Bekanntmachung setzt eine **Bekanntgabe an einen nicht individuell umgrenzten Adressatenkreis**, d. h. an eine unbestimmte Öffentlichkeit voraus. Gleichgültig ist, ob sich die Zugangsbedingungen an Verbraucher, Unternehmer oder an beide Gruppen richten. **Beispiele** sind Vertragsbedingungen, die im Geschäft ausgehängt, in Katalogen oder auf Homepages veröffentlicht werden. Erfasst wird auch Werbung in Massenmedien wie Radio und Fernsehen. Eine Beschränkung auf veröffentlichte AGB i. S. d. § 305 Abs. 2 BGB ist nicht sachgerecht. Zwar handelt es sich bei deren Bekanntmachung um das Paradigma öffentlich bekannt gemachter Zugangsbedingungen, aber der Zweck des Art. 20 Abs. 2 ist auch einschlägig, wenn die bekannt gemachten Zugangsbedingungen die Voraussetzungen des Art. 3 Abs. 2 der Klauselrichtlinie (RL 93/13/EWG) im Einzelfall nicht erfüllen, z. B. bei AGB gegenüber Unternehmern. Art. 20 Abs. 2 ist daher bereits einschlägig, wenn die Dienstleistung allgemein angeboten wird,[36] beispielsweise mit einer an eine nicht individualisierte Vielzahl gerichteten *invitatio ad offerendum*. Privatrechtliche Satzungen sind bekannt gemacht, wenn sie einem nicht individualisierten Interessentenkreis übermittelt werden oder für ihn abrufbar sind (Internet). Gleiches gilt bei öffentlich-rechtlichen Zugangsbedingungen. 18

Die **Bekanntmachung** muss **durch den Erbringer der Dienstleistung selbst** erfolgen **oder** von ihm **zurechenbar veranlasst** worden sein. Eine dem Erbringer zurechenbare Bekanntmachung liegt z. B. vor, wenn eine eingeschaltete Werbeagentur oder ein Unternehmen, dem Vertragsanbahnung oder Vertragsabschluss übertragen wurde, die allgemeinen Bedingungen bekannt macht. 19

3. Diskriminierung wegen der Staatsangehörigkeit

a) Ungleichbehandlung wegen der Staatsangehörigkeit

Abs. 2 verbietet die **unmittelbare und mittelbare Diskriminierung wegen der Staatsangehörigkeit** (s. Rn 7 ff.). Die Norm nennt ausdrücklich den Wohnsitz, also das Paradigma der mittelbaren Diskriminierung wegen der Staatsangehörigkeit. Mittelbare Diskriminierungen sind daher vom Normzweck ebenfalls erfasst (s. Rn 9). Wegen der Staatsangehörigkeit des Empfängers darf ihm der Zugang zur Dienstleistung nicht verwehrt oder erschwert werden. 20

b) Möglichkeit einer Rechtfertigung der Ungleichbehandlung

Nach Abs. 2 Hs. 2 dürfen die Zugangsbedingungen gleichwohl **Unterschiede für die Angehörigen verschiedener Staaten** vorsehen, sofern diese Unterschiede unmittelbar durch **objektive Kriterien** gerechtfertigt sind. Zulässig sind also objektiv nachvollziehbare, sachlich rechtfertigende Gründe jenseits der Staats- 21

35 Kommissionshandbuch, Ziff. 7.2.2.2. („available to the public at large“).
36 Vgl. auch Erwägungsgrund 94.

angehörigkeit und der Willkür des Erbringers. Entscheidend ist, dass die Differenzierung nicht *wegen* der Staatsangehörigkeit des Empfängers erfolgt, sondern aus einem anderen, sachlich rechtfertigenden Grund. Liegt ein solcher vor, so darf das Ergebnis der Differenzierung an der Staatsangehörigkeit anknüpfen.[37] Bei Privaten streitet nicht zuletzt das Gemeinschaftsgrundrecht der Privatautonomie für eine Möglichkeit der Rechtfertigung; bei einer sachlichen Rechtfertigung der Unterscheidung würde dieses Grundrecht anderenfalls unzulässig beschränkt. Der Grund muss die Differenzierung demnach **sachlich rechtfertigen,** also nach wertender Betrachtung die Einschränkung des Prinzips rechtfertigen, nach dem die Staatsangehörigkeit im Binnenmarkt kein legitimes Unterscheidungskriterium mehr sein soll. Zum Schutz der zugleich einschlägigen Privatautonomie ist bei allgemeinen Bedingungen von Privaten **keine strenge Verhältnismäßigkeitsprüfung** angezeigt, sondern eine Abwägung zwischen dem Grund und der Privatautonomie sowie dem genannten Prinzip erforderlich. Die Differenzierung darf daher z. B. an die **rechtlichen** (Kostenrelevanz des rechtlichen Umfeldes) und **wirtschaftlichen Gegebenheiten der Mitgliedstaaten** anknüpfen.[38] Die in der Richtlinie genannten **Beispiele,**[39] die unterschiedliche Bedingungen bzw. Preise rechtfertigen können, sind u. a. entfernungsabhängige Zusatzkosten, technische Merkmale, unterschiedliche Marktbedingungen (divergierende Ferienzeiten), abweichende Preisgestaltungen der Mitbewerber sowie die Rechte am Geistigen Eigentum, die dem Erbringer in bestimmten Hoheitsgebieten nicht zustehen.

22 **Nicht erforderlich** sind zwingende Gründe des Allgemeinwohls i. S. d. Art. 4 Ziff. 8. Sie werden vom Wortlaut der Norm nicht gefordert. Dies ist sachgerecht, denn Private, deren Vertragsbedingungen die Norm primär erfasst, sind gerade nicht verpflichtet, zum Zwecke des Allgemeinwohls zu handeln.

23 Das **Erfordernis einer unmittelbaren Rechtfertigung** durch objektive Gründe verlangt hinreichende Indizien dafür, dass der sachlich rechtfertigende Grund zumindest einer der tragenden Gründe der Differenzierung ist.

IV. Rechtsfolgen eines Verstoßes

24 Nach **Abs. 1** muss der Mitgliedstaat gewährleisten, dass Anforderungen im genannten Sinn nicht gegen das Diskriminierungsverbot verstoßen. Zur ordnungsgemäßen Umsetzung muss er unmittelbar und mittelbar diskriminierende Vorschriften aufheben. Sinnvollerweise werden in allgemeinen Verfahrensvorschriften bzw. im allgemeinen Teil entsprechende Diskriminierungsverbote normiert. Unabhängig hiervon ist das mitgliedstaatliche Recht insoweit richtlinienkonform auszulegen bzw. fortzubilden, als Vorschriften eine nicht gerechtfertigte Diskriminierung erlauben. Im Rechtsverhältnis des Bürgers gegenüber dem Mitgliedstaat kann sich Letzterer nach Ablauf der Umsetzungsfrist insoweit nicht mehr auf richtlinienwidriges Recht berufen. Im Verhältnis Privater zueinander wirkt die Richtlinie hingegen nicht unmittelbar. Sofern Regeln von privatrechtlich organisierten Berufsverbänden oder sonstigen Berufsorganisationen unzulässige diskriminierende Vorschriften enthalten, bedarf es daher einer mitgliedstaatlichen ge-

37 So auch Erwägungsgrund 94 (von Mitgliedstaat zu Mitgliedstaat verschieden).
38 Kommissionshandbuch, Ziff. 7.2.2.2 und Erwägungsgrund 95.
39 Erwägungsgrund 94.

setzlichen Grundlage (z.B. § 242 BGB), um die diskriminierende Regelung in richtlinienkonformer Auslegung nicht anzuwenden.

Entsprechendes gilt bei **Abs. 2**: Sofern es sich um allgemeine Zugangsbedingungen 25
eines Privatrechtssubjekts bzw. Unternehmens handelt, das nicht dem Mitgliedstaat zugerechnet werden kann, bedarf es einer gesetzlichen Grundlage, um diskriminierende Anforderungen nicht anzuwenden; vorhandene gesetzliche Grundlagen müssen richtlinienkonform ausgelegt werden. Insoweit ist bei Allgemeinen Geschäftsbedingungen i. S. d. § 305 BGB an § 307 Abs. 1 BGB sowie im Übrigen an § 242 BGB zu denken. Handelt es sich hingegen um einen Rechtsträger, der dem Mitgliedstaat zugerechnet werden kann, so kann sich dieser im Verhältnis zum Bürger nicht auf die unzulässige diskriminierende Anforderung berufen. Auch wenn nach zutreffender Ansicht zu einer ordnungsgemäßen Umsetzung von Richtlinien nicht stets legislative Maßnahmen erforderlich sind, vermag bei diesen Klauselverboten eine judikative Umsetzung nicht zu genügen.[40] Insoweit muss die Legislative tätig werden. So auch hier.[41] Bei beiden Absätzen kommen schließlich eine **Staatshaftung** sowie ein **Vertragsverletzungsverfahren** bei einem Umsetzungsdefizit in Betracht.

Artikel 21 Unterstützung der Dienstleistungsempfänger

(1) Die Mitgliedstaaten stellen sicher, dass die Dienstleistungsempfänger in ihrem Wohnsitzstaat folgende Informationen erhalten:

a) allgemeine Informationen über die in anderen Mitgliedstaaten geltenden Anforderungen bezüglich der Aufnahme und der Ausübung von Dienstleistungstätigkeiten, vor allem solche über den Verbraucherschutz;

b) allgemeine Informationen über die bei Streitfällen zwischen Dienstleistungserbringer und -empfänger zur Verfügung stehenden Rechtsbehelfe;

c) Angaben zur Erreichbarkeit der Verbände und Organisationen, die den Dienstleistungserbringer oder -empfänger beraten und unterstützen können, einschließlich der Zentren des Netzes der europäischen Verbraucherzentren.

Sofern angebracht umfasst die Beratung der zuständigen Behörden einen einfachen Schritt-für-Schritt-Leitfaden. Die Informationen und Unterstützung müssen in einer klaren und unzweideutigen Weise erteilt werden, aus der Ferne und elektronisch leicht zugänglich sein und dem neuesten Stand entsprechen.

(2) Die Mitgliedstaaten können die in Absatz 1 genannte Aufgabe den einheitlichen Ansprechpartnern oder jeder anderen Einrichtung, wie beispielsweise den Zentren des Netzes der europäischen Verbraucherzentren, den Verbraucherverbänden oder den Euro Info Zentren, übertragen.

Die Mitgliedstaaten teilen der Kommission die Angaben zur Erreichbarkeit der benannten Einrichtungen mit. Die Kommission leitet sie an die anderen Mitgliedstaaten weiter.

(3) Zur Erfüllung der in den Absätzen 1 und 2 genannten Anforderungen wendet sich die angerufene Einrichtung erforderlichenfalls an die zuständige Einrichtung des betreffenden Mitgliedstaates. Letztere übermittelt die angeforderten Informationen so schnell wie möglich der ersuchenden Einrichtung, die sie an den Dienstleistungsempfänger weiterleitet. Die Mitgliedstaaten stellen sicher, dass diese Einrichtungen

40 Vgl. EuGH, Rs. C-144/99 (Kommission/Niederlande), NJW 2001, 2244, Rn 17 f.
41 So auch Kommissionshandbuch, Ziff. 7.2.2.2.

einander unterstützen und effizient zusammenarbeiten. Sie treffen gemeinsam mit der Kommission die praktischen Vorkehrungen zur Durchführung des Absatzes 1.

(4) Die Kommission erlässt nach dem in Artikel 40 Absatz 2 genannten Verfahren Durchführungsbestimmungen für die Absätze 1, 2 und 3 des vorliegenden Artikels, die unter Berücksichtigung gemeinsamer Standards die technischen Modalitäten des Austauschs von Informationen zwischen den Einrichtungen der verschiedenen Mitgliedstaaten und insbesondere die Interoperabilität der Informationssysteme regeln.

Literatur: Ziekow/Windoffer (Hg.), Ein einheitlicher Ansprechpartner für Dienstleister. Anforderungen des Vorschlags einer EU-Dienstleistungsrichtlinie und Gestaltungsoptionen im föderalen System der Bundesrepublik Deutschland, Baden-Baden, 2007 (zitiert als: Bearbeiter in: Ziekow/Windoffer (Hg.)).

I. Art. 21 Abs. 1

1. Normstruktur

1 Die Vorschrift erstreckt die Informationspflichten der Mitgliedstaaten auf die von Art. 7 nicht erfassten Verbraucherinformationen zur Rechtslage vornehmlich im EU-Ausland auf Anfragen von inländischen Dienstleistungsempfängern (UA 1). Desgleichen normiert sie Modalitäten der Auskunftserteilung (UA 2). Sie wird durch Regelungen zur Bestimmung der hierfür zuständigen Stelle (Abs. 2) sowie zur Behandlung der Informationsgesuche (Abs. 3) ergänzt.

2. Unterstützung inländischer Dienstleistungsempfänger (UA 1)

2 Inländische Dienstleistungsempfänger (Art. 4 Nr. 3), die, verbunden mit einer Grenzüberschreitung ihrerseits oder seitens des Anbieters, von ihrer passiven Dienstleistungsfreiheit Gebrauch machen möchten, können – **zusätzlich** zu und **unabhängig** von der Möglichkeit einer direkten Inanspruchnahme des einheitlichen Ansprechpartners im Sitzland des Dienstleisters gemäß **Art. 7 Abs. 1 lit. a, d und e** – auch durch Kontaktaufnahme mit hierzu beauftragten inländischen Stellen Auskünfte einholen über

- im Niederlassungsstaat des Leistungserbringers geltende Verbraucherschutzpflichten und sonstige rechtliche Anforderungen an Dienstleister (Nr. 1),
- Rechtsbehelfe (Nr. 2) und
- weitere beratende und unterstützende Institutionen (Nr. 3).

3 Nummern 2 und 3 beschränken sich hierbei nicht auf Rechtsbehelfe und Beratungsorganisationen im Ausland, sondern beziehen bei genauer Betrachtung auch

inländische Rechtsbehelfe bzw. Institutionen ein.[1] Damit wird dem Umstand Rechnung getragen, dass bei Erfüllung der Dienstleistung im Inland auch ein inländischer Gerichtsstand begründet sein kann[2] bzw. es für die Verbraucher nahe liegt, zunächst Beratungsinstitutionen im eigenen Land anzusteuern.

3. Modalitäten der Informationserteilung (UA 2)

UA 2 enthält ähnliche Bestimmungen zu den Modalitäten der Informationserteilung wie Art. 7 Abs. 2 S. 2, 3 und Abs. 3 (s. Art. 7 Rn 11 ff.). Soweit mit Blick auf die Beratung allerdings von „zuständigen Behörden" die Rede ist, erweist sich die Verwendung dieses Begriffs als fehlgehend, da inländischen Behörden jedenfalls für im Ausland erbrachte Dienstleistungen entgegen der Definition in Art. 4 Nr. 9 keinerlei Kontroll- oder Regulierungsfunktion und damit keine „Zuständigkeit" im Sinne der Richtlinie zukommt; für die in Abs. 2 genannten Stellen, darunter den einheitlichen Ansprechpartner, gilt dies darüber hinaus auch für im Inland erbrachte Dienstleistungen durch EU-Ausländer. Anders als bei Art. 7 Abs. 2 meint „zuständige Behörde" daher, wie auch Abs. 2 („die in Absatz 1 genannte Aufgabe") zu entnehmen, diejenige Stelle, der die Beratungsaufgabe gemäß Art. 21 übertragen worden ist. 4

II. Art. 21 Abs. 2

1. Normstruktur

Abs. 2 regelt unter beispielhafter Benennung verschiedener Institutionen die Frage, welchen Stellen die Mitgliedstaaten die Aufgabe nach Abs. 1 übertragen können. 5

2. Übertragung auf den einheitlichen Ansprechpartner oder andere Einrichtungen (UA 1)

Im Unterschied zu Art. 7 Abs. 1 ist die Übertragung der Informationsaufgaben nach Abs. 1 auf den **einheitlichen Ansprechpartner** nicht zwingend vorgegeben, sondern **optional**. Alternativ können andere Einrichtungen wie die in UA 1 genannten damit betraut werden, darüber hinaus jede sonstige Stelle, so z. B. auch die für die Verfahrensabwicklung gemäß Art. 6 Abs. 1 oder für die Erteilung von Informationen gemäß Art. 7 Abs. 2 zuständigen Behörden, desgleichen die nach Art. 57 RL 2005/36/EG zu benennenden Kontaktstellen, sofern von den einheitlichen Ansprechpartnern verschieden.[3] 6

3. Mitteilung an die Kommission (UA 2)

Im Sinne der Transparenz und der effektiven Zusammenarbeit gemäß Abs. 3 sind der Kommission die für die Informationsaufgaben zuständigen Stellen zwecks Weiterleitung an die anderen Mitgliedstaaten mitzuteilen. 7

---

1 Letzterenfalls handelt es sich um diejenigen Informationen, die der inländische einheitliche Ansprechpartner ohnedies gemäß Art. 7 Abs. 1 lit. d und e vorzuhalten hat.
2 S. §§ 29, 35 ZPO.
3 Letztere Option wird von der Kommission in Ziff. 7.2.3.2 des Kommissionshandbuchs ins Spiel gebracht.

III. Art. 21 Abs. 3

1. Normstruktur

8 Die Norm ergänzt Abs. 1 um Vorgaben zur Behandlung der Informationsanfragen, insbesondere zur grenzüberschreitenden Zusammenarbeit der auskunftspflichtigen Stellen.

2. Behandlung des Informationsgesuchs

9 Soweit sich die Informationspflicht nach Abs. 1 auf das Recht anderer EU-Staaten, d. h. die dort geltenden Anforderungen an Dienstleister und Rechtsbehelfe sowie auf Beratungsinstitutionen im Ausland bezieht, werden die im Inland gemäß Abs. 2 zuständigen Informationsstellen entsprechende Anfragen häufig nicht selbst beantworten können. Sie sind auch keinesfalls verpflichtet, sich vertiefte Kenntnisse über das ausländische Recht anzueignen; insofern liegen die Anforderungen deutlich niedriger als bei der Informationsgewährung gemäß Art. 7.[4] Kann die inländische Stelle das Gesuch nicht selbst beantworten, besteht die Möglichkeit, sich an die jeweils zur Beantwortung in der Sache zuständige Stelle des betreffenden Mitgliedstaats zu wenden. Die Informationsstelle im Inland nimmt dann – ähnlich wie der einheitliche Ansprechpartner bei Art. 6 und Art. 7 Abs. 1 (s. Art. 6 Rn 11 ff., Art. 7 Rn 2, 10) – die Stellung eines **Front Office** ein und leitet die ihr von der ausländischen Stelle unverzüglich zu übermittelnde Information an den Fragesteller weiter. Sie trifft somit eine **Informationsverschaffungspflicht.** Mit der Vorgabe gegenseitiger Unterstützung und effektiver Zusammenarbeit der am Informationstransfer Beteiligten erweitert S. 3 die Front-Office-Stellung der inländischen Informationsstelle außerdem um die Funktion eines **„Verfahrenspartners"** des Fragestellers, vergleichbar derjenigen im Rahmen von Art. 6 und Art. 7 Abs. 2 (s. Art. 6 Rn 15, Art. 7 Rn 2, 10).[5]

10 Gehen Anfragen zur Rechtslage im Inland ein, hat die gemäß Abs. 2 beauftragte inländische Stelle, z. B. der einheitliche Ansprechpartner, die durch Art. 6 Abs. 2 und Art. 7 Abs. 2 markierten Zuständigkeitsgrenzen zu wahren. Da die im Rahmen von Art. 21 zu erteilenden Informationen jedoch nicht denjenigen betreffend „Anforderungen" gemäß Art. 7 Abs. 1 lit. a, Abs. 2 entsprechen, sondern lediglich denjenigen gemäß Art. 7 Abs. 1 lit. d und e zu inländischen Rechtsbehelfen und Beratungsinstitutionen, dürften sich hier keine Kompetenzprobleme ergeben.

IV. Art. 21 Abs. 4

1. Normstruktur

11 Die Norm enthält eine Ermächtigung der Kommission zum Erlass von Durchführungsbestimmungen zu Abs. 1-3.

2. Durchführungsbestimmungen

12 Da die Regelung im Wesentlichen Art. 8 Abs. 3 entspricht, sei auf die dortigen Ausführungen verwiesen (s. Art. 8 Rn 8).

---

4 So auch Kommissionshandbuch, Ziff. 7.2.3.1.
5 Vgl. zum Ganzen Windoffer in: Ziekow/Windoffer (Hg.), S. 48 f.

V. Verfahrenshinweise

Informationsansprüche inländischer Verbraucher gemäß Art. 21 gegen die nach Abs. 2 zu benennenden Stellen sind (ebenso wie Ansprüche ausländischer Dienstleistungsempfänger gemäß Art. 7) zusammen mit den Regelungen zu den Modalitäten der Auskunft (Abs. 1 UA 2, Abs. 3) abhängig von der Wahl der informationspflichtigen Stelle in entsprechende (ggf. neu zu schaffenden) Informationsgesetze des Bundes und/oder der Länder aufzunehmen (s. Art. 7 Rn 24). Ob dies in einem Spezialgesetz zur Dienstleistungsrichtlinie oder in einem gegenüber den bisherigen Ansätzen weiter gefassten Verbraucherinformationsgesetz erfolgt oder die Richtlinie gar zum Anlass für eine umfassende Kodifikation sämtlicher Informationsansprüche in einem Informationsgesetzbuch dient, wird zu erwägen sein. 13

Kapitel V Qualität der Dienstleistungen

Vorbemerkungen zu Art. 22 ff.

Literatur: Korte, Mitgliedstaatliche Verwaltungskooperation und private Eigenverantwortung beim Vollzug des europäischen Dienstleistungsrechts, NVwZ 2007, 501; Leible (Hg.), Die Umsetzung der Dienstleistungsrichtlinie, Jena, 2008 (zitiert als: Bearbeiter in: Leible (Hg.)); W.-H. Roth, Freier Dienstleistungsverkehr und Verbraucherschutz, VuR 2007, 161.

Die Vorschriften des V. Kapitels der Richtlinie behandeln die **Qualität von Dienstleistungen**. Diese soll mit sehr unterschiedlichen Maßnahmen verbessert werden. Kapitel V schafft damit einen Ausgleich für das Zurückdrängen der mitgliedstaatlichen Regelungen über Dienstleistungsstandards und bewahrt den Mitgliedstaaten Gestaltungsmöglichkeiten. Die Vorschriften erfassen grundsätzlich **alle Dienstleistungen** und finden unabhängig davon Anwendung, in welchem Staat der Dienstleister niedergelassen ist. 1

I. Regelungszweck und Regelungsstruktur

Ziel der Art. 22-27 ist es, diese **Qualität von Dienstleistungen** zu **verbessern**.[1] Das Kapitel dient damit zugleich dem **Zweck** einen **Ausgleich** herbeizuführen: An die Stelle der durch Art. 9 ff. und 16 ff. zurückgedrängten autonomen nationalen Mechanismen der Qualitätssicherung treten harmonisierte Höchst- und Mindeststandards. Dementsprechend ist auch die Funktionalität der Vorschriften eine doppelte: Einerseits beschränken sie die mitgliedstaatlichen Spielräume für autonome Maßnahmen, andererseits sichern sie sie. Entsprechend diesem Zweck können sich aus Art. 22-27 auch **zusätzliche Rechtfertigungsgründe** für Eingriffe in die Niederlassungs- und Dienstleistungsfreiheit der Dienstleister ergeben. Allerdings gilt dies nur für die durch die Richtlinie geschützten Freiheiten; eine formal 2

1 Kommissionshandbuch, Ziff. 8.

primärrechtsbeschränkende Wirkung kommt den Vorschriften des Kapitels nicht zu (zu weiteren Einzelheiten unten Rn 8).

3 Die in den Bestimmungen angesprochenen Maßnahmen sind unterschiedlicher Natur: Teilweise wird von den Mitgliedstaaten die **Begründung von Pflichten des Dienstleisters** verlangt (Art. 22, 24 Abs. 2, 25 Abs. 2, 27). Ferner werden **mitgliedstaatliche Spielräume** zur **Auferlegung von Pflichten** eröffnet (Art. 23) oder begrenzt (Art. 24 Abs. 1, 25 Abs. 1). Schließlich müssen die Mitgliedstaaten eine Reihe von Maßnahmen ergreifen, welche dem Dienstleister **freiwillige Schritte der Qualitätsverbesserung** ermöglichen (Art. 26). Die innere Ordnung des Kapitels wird freilich nicht durch diese Funktionalitäten, sondern – überwiegend – durch die aufgeworfenen Sachfragen bestimmt. Eine systematische Interpretation scheitert weitgehend daran, dass eine besondere Ordnung der Sachfragen kaum erkennbar ist; allenfalls in der Gegenüberstellung von Pflichten des Dienstleisters (Art. 22-25, 27) und freiwilliger Maßnahmen der Qualitätsverbesserung (Art. 26)[2] zeichnen sich Ansätze eines Systems ab.

II. Anwendungsbereich

4 Kapitel V enthält keine eigenen Vorschriften über den Anwendungsbereich. Die Vorschriften finden daher grundsätzlich auf sämtliche Dienstleister Anwendung, die überhaupt der Richtlinie unterfallen. Maßgebend sind daher die allgemeinen Regeln der Art. 1-4. Insbesondere der Katalog des Art. 17 ist damit unbeachtlich. Damit sind insbesondere **nahezu alle freien Berufe, Handwerke sowie klassischen Gewerbe** von den Art. 22-27 erfasst. Allerdings sind insoweit Art. 3 sowie insbesondere das Verhältnis zur Berufsanerkennungsrichtlinie 2005/36/EG zu beachten, aus dem sich Einschränkungen ergeben können (s. Rn 9 sowie mit Blick auf Informationspflichten Art. 22 Rn 6 f., Versicherungs- und ähnlichen Pflichten Art. 23 Rn 9 und für multidisziplinäre Tätigkeiten Art. 25 Rn 6).

5 Die Art. 22-27 differenzieren nicht nach der Art des Dienstleistungsempfängers. Die betreffenden Regeln sind daher **nicht auf Verbraucherschutz beschränkt,**[3] sondern gelten auch für Dienstleistungen an Unternehmer und solche zwischen Verbrauchern. Allerdings ist zu beachten, dass Erwägungsgrund 7 S. 4 den Verbraucherschutz besonders hervorhebt, so dass bei der Auslegung der Art. 22-27 gegebenenfalls auf diesen besonderen Zweck zu achten ist. Außerdem finden die Vorschriften des Kapitels auch auf solche Rechtsverhältnisse Anwendung, die keinen Bezug zu mehr als zu einem Staat aufweisen. Gegen eine solche **Anwendung auf reine Inlandsfälle** lässt sich auch Art. 1 Abs. 1 nicht ins Feld führen.

III. Verhältnis zu den Kapiteln III und IV

6 Die Bestimmungen des V. Kapitels dienen der Harmonisierung der Qualitätsstandards für Dienstleistungen unabhängig vom Ort der Niederlassung des Dienstleisters; im Gegensatz zu den Kapiteln III und IV geht es daher nicht um die – kollisionsrechtliche – Frage, inwieweit das Recht des Zielstaats Niederlassung oder Dienstleistung beschränken darf und welches Recht im übrigen Anwendung

2 S. Kommissionshandbuch, Ziff. 8.
3 Irreführend daher der Verweis auf Art. 153 EGV bei Korte, NVwZ 2007, 501, 505. Unscharf auch Roth, VuR 2007, 161, 168 und ders. in: Leible (Hg.), S. 205, 230.

findet, sondern um **sachrechtliche Standards** respektive – in der Terminologie der Richtlinie – um Anforderungen. Kapitel V behandelt daher nicht die Frage, welches Recht wieweit Anwendung findet.[4] Das gilt auch soweit ausdrücklich auf den Fall der Niederlassung oder grenzüberschreitenden Dienstleistung Bezug genommen wird; richtigerweise sind solche Bezugnahmen in **Kapitel V** so zu verstehen, dass ihnen **kein eigenständiger kollisionsrechtlicher Gehalt** zukommt, sondern es sich lediglich um Differenzierungen nach grenzüberschreitenden Niederlassungen und grenzüberschreitenden Dienstleistungen handelt, die Kapitel III und IV nicht vorgreifen.

IV. Allgemeine Fragen der Umsetzung

Anders als insbesondere Art. 16 f. verlangen Art. 22-27 eine Rechtsetzungstätigkeit der Mitgliedstaaten im Bereich des Sachrechts. Diese ist **nicht auf die Setzung von Verwaltungsrecht beschränkt**, sondern wird **auch privatrechtliche Regelungen** erforderlich machen. Art. 17 Nr. 15 greift insoweit nicht ein. 7

V. Verhältnis zum übrigen Gemeinschaftsrecht

Auch Kapitel V der Richtlinie dient der Durchsetzung der Niederlassungs- und der Dienstleistungsfreiheit. Im Falle eines denkbaren Konflikts mit dem **Primärrecht** der Art. 43 ff., 49 ff. EGV ergäbe sich das Zurücktreten der Richtlinie daher bereits im Wege einer teleologischen Auslegung. 8

Das Verhältnis zum übrigen **sekundären Gemeinschaftsrecht** bestimmt sich – in dem durch Art 1, 2 beschriebenen Anwendungsbereich der Richtlinie – nach Art. 3; der dort verankerte **Grundsatz der Subsidiarität** der Richtlinie (s. Art. 3 Rn 2) ist damit auch hier einschlägig. Erforderlich ist damit ein **konkreter Widerspruch** zwischen der Richtlinie und einer sonstigen gemeinschaftsrechtlichen Norm (s. Art. 3 Rn 9). Allein der Umstand, dass der betreffende Bereich auch von sonstigen Richtlinien erfasst ist, schließt die Anwendung der Art. 22-27 hingegen nicht aus. 9

VI. Vollzugszuständigkeiten

Eigene Regelungen über die Verteilung der Vollzugszuständigkeiten enthält das Kapitel – aus gutem Grunde – nicht. Überwiegend maßgebend sind damit einerseits die **Regeln der Richtlinie**, also vor allem Art. 28 ff. sowie 18, und die **Brüssel I-Verordnung** über die internationale Zuständigkeit in Zivilsachen. 10

---

4 Anders offenbar Roth, VuR 2007, 161, 169.

Artikel 22 Informationen über die Dienstleistungserbringer und deren Dienstleistungen

(1) Die Mitgliedstaaten stellen sicher, dass die Dienstleistungserbringer den Dienstleistungsempfängern folgende Informationen zur Verfügung stellen:

a) den Namen des Dienstleistungserbringers, seinen Rechtsstatus und seine Rechtsform, die geografische Anschrift, unter der er niedergelassen ist, und Angaben, die, gegebenenfalls auf elektronischem Weg, eine schnelle Kontaktaufnahme und eine direkte Kommunikation mit ihm ermöglichen;
b) falls der Dienstleistungserbringer in ein Handelsregister oder ein vergleichbares öffentliches Register eingetragen ist, den Namen dieses Registers und die Nummer der Eintragung des Dienstleistungserbringers oder eine gleichwertige in diesem Register verwendete Kennung;
c) falls die Tätigkeit einer Genehmigungsregelung unterliegt, die Angaben zur zuständigen Behörde oder zum einheitlichen Ansprechpartner;
d) falls der Dienstleistungserbringer eine Tätigkeit ausübt, die der Mehrwertsteuer unterliegt, die Identifikationsnummer gemäß Artikel 22 Absatz 1 der Sechsten Richtlinie 77/388/EWG des Rates vom 17. Mai 1977 zur Harmonisierung der Rechtsvorschriften der Mitgliedstaaten über die Umsatzsteuern – Gemeinsames Mehrwertsteuersystem: einheitliche steuerpflichtige Bemessungsgrundlage(1);
e) bei den reglementierten Berufen den Berufsverband oder eine ähnliche Einrichtung, dem oder der der Dienstleistungserbringer angehört, sowie die Berufsbezeichnung und den Mitgliedstaat, in dem sie verliehen wurde;
f) gegebenenfalls die vom Dienstleistungserbringer verwendeten allgemeinen Geschäftsbedingungen und Klauseln;
g) gegebenenfalls das Vorliegen vom Dienstleistungserbringer verwendeter Vertragsklauseln über das auf den Vertrag anwendbare Recht und/oder den Gerichtsstand;
h) gegebenenfalls das Vorliegen einer gesetzlich nicht vorgeschriebenen nachvertraglichen Garantie;
i) den Preis der Dienstleistung, falls der Preis für eine bestimmte Art von Dienstleistung im Vorhinein vom Dienstleistungserbringer festgelegt wurde;
j) die Hauptmerkmale der Dienstleistung, wenn diese nicht bereits aus dem Zusammenhang hervorgehen;
k) Angaben zur Versicherung oder zu den Sicherheiten gemäß Artikel 23 Absatz 1, insbesondere den Namen und die Kontaktdaten des Versicherers oder Sicherungsgebers und den räumlichen Geltungsbereich.

(2) Die Mitgliedstaaten stellen sicher, dass die in Absatz 1 genannten Informationen nach Wahl des Dienstleistungserbringers:

a) vom Dienstleistungserbringer von sich aus mitgeteilt werden;
b) für den Dienstleistungsempfänger am Ort der Leistungserbringung oder des Vertragsabschlusses leicht zugänglich sind;
c) für den Dienstleistungsempfänger elektronisch über eine vom Dienstleistungserbringer angegebene Adresse leicht zugänglich sind;
d) in allen von den Dienstleistungserbringern den Dienstleistungsempfängern zur Verfügung gestellten ausführlichen Informationsunterlagen über die angebotene Dienstleistung enthalten sind.

(1) ABl. L 145 vom 13.6.1977, S. 1. Zuletzt geändert durch die Richtlinie 2006/18/EG (ABl. L 51 vom 22.2.2006, S. 12).

(3) Die Mitgliedstaaten stellen sicher, dass die Dienstleistungserbringer den Dienstleistungsempfängern auf Anfrage folgende Zusatzinformationen mitteilen:
a) falls der Preis nicht im Vorhinein vom Dienstleistungserbringer festgelegt wurde, den Preis der Dienstleistung oder, wenn kein genauer Preis angegeben werden kann, die Vorgehensweise zur Berechnung des Preises, die es dem Dienstleistungsempfänger ermöglicht, den Preis zu überprüfen, oder einen hinreichend ausführlichen Kostenvoranschlag;
b) bei reglementierten Berufen einen Verweis auf die im Niederlassungsmitgliedstaat geltenden berufsrechtlichen Regeln und wie diese zugänglich sind;
c) Informationen über ihre multidisziplinären Tätigkeiten und Partnerschaften, die in direkter Verbindung zu der fraglichen Dienstleistung stehen, und über die Maßnahmen, die sie ergriffen haben, um Interessenkonflikte zu vermeiden. Diese Informationen müssen in allen ausführlichen Informationsunterlagen der Dienstleistungserbringer über ihre Tätigkeit enthalten sein;
d) Verhaltenskodizes, die für den Dienstleistungserbringer gelten, und die Adresse, unter der diese elektronisch abgerufen werden können, sowie Angaben über die Sprachen, in denen sie vorliegen;
e) falls ein Dienstleistungserbringer einem Verhaltenskodex unterliegt oder einer Handelsvereinigung oder einem Berufsverband angehört, die außergerichtliche Verfahren der Streitbeilegung vorsehen, einschlägige Informationen hierzu. Der Dienstleistungserbringer hat näher anzugeben, wie ausführliche Auskünfte über die Merkmale der außergerichtlichen Verfahren der Streitbeilegung und über die Bedingungen, unter denen die Verfahren angewandt werden, eingeholt werden können.

(4) Die Mitgliedstaaten stellen sicher, dass die Informationen, die der Dienstleistungserbringer gemäß diesem Kapitel zur Verfügung stellen oder mitteilen muss, klar und unzweideutig sind und rechtzeitig vor Abschluss des Vertrages oder, wenn kein schriftlicher Vertrag geschlossen wird, vor Erbringung der Dienstleistung bereitgestellt werden.

(5) Die Informationsanforderungen gemäß diesem Kapitel ergänzen die bereits im Gemeinschaftsrecht vorgesehenen Anforderungen und hindern die Mitgliedstaaten nicht daran, zusätzliche Informationsanforderungen für Dienstleistungserbringer, die in ihrem Hoheitsgebiet niedergelassen sind, vorzuschreiben.

(6) Die Kommission kann nach dem in Artikel 40 Absatz 2 genannten Verfahren den Inhalt der in den Absätzen 1 und 3 des vorliegenden Artikels genannten Informationen entsprechend den Besonderheiten bestimmter Tätigkeiten präzisieren und die Modalitäten der praktischen Durchführung von Absatz 2 des vorliegenden Artikels präzisieren.

Literatur: Siehe die Literaturhinweise vor Art. 22.

I. Allgemeines

1. Regelungszweck und Regelungsstruktur

1 Zweck der von Art. 22 statuierten Informationspflichten ist die Förderung von **Transparenz** der Dienstleistung und ihrer Bedingungen für den Empfänger.[1] Er soll die erforderlichen Informationen erhalten, ohne dass der Dienstleister zu stark belastet wird.[2] Zu diesem Zwecke begründet die Vorschrift einen **Mindeststandard**; die Mitgliedstaaten sind nach **Art. 22 Abs. 5** nicht daran gehindert, zusätzliche Informationsanforderungen vorzuschreiben.[3] Art. 22 hat damit lediglich eine **Ergänzungsfunktion.**[4] Soweit teilweise vertreten wird, Art. 22 führe für grenzüberschreitende Dienstleistungen zu einer Vollharmonisierung,[5] wird von unrichtigen kollisionsrechtlichen Voraussetzungen ausgegangen (s. Rn 3). Die Vorschrift bestätigt die für den *Common Frame of Reference* gewonnene Erfahrung, dass der in den Details der Leistungserbringung gegenüber dem Warenverkehr erheblich offenere Vertragsinhalt zu vermehrtem Informationsbedarf der Parteien führt.[6] Zugleich verwirklicht die Richtlinie für den gesamten Dienstleistungssektor das bislang vor allem für den Verbraucherschutz etablierte Informationsmodell.[7]

2 Die Vorschrift unterscheidet zwischen **zwei Sorten von Informationspflichten,** nämlich einerseits denjenigen, welche der Dienstleister immer selbstständig zu erfüllen hat, und andererseits denjenigen, die erst auf Anfrage des Empfängers entstehen.[8] Für beide Sorten besteht nach Abs. 6 eine Kompetenz der Kommission, diese weiter zu „präzisieren" (s. Rn 45). Für beide Sorten stellt Abs. 4 allgemeine Anforderungen auf (s. Rn 4 f.). Als Maßstab für die **Durchsetzung** gelangt zusätzlich **Art. 27 Abs. 2** zur Anwendung, welcher dem Dienstleister weitreichende Nachweispflichten auferlegt.

3 **Adressaten** der Informationspflichten nach Art. 22 sind die Dienstleister. Anders als bei Art. 9 RL 2005/36/EG werden die Behörden nicht als **Berechtigte** genannt, so dass kein Anlass besteht, an der Pflicht der Mitgliedstaaten zur Begründung subjektiver Rechte des **Dienstleistungsempfängers** zu zweifeln. Dass diese zusätzlich auch durch die Aufsichtsverwaltung durchzusetzen sind, ändert nichts daran, dass die Richtlinie richtigerweise an dieser Stelle die Etablierung **privatrechtlicher Informationspflichten** verlangt. Mangels ausdrücklicher Kennzeichnung sind diese Pflichten nicht zwingend, sondern **parteidispositiv**; das folgt ohne gegenteilige

1 S. Kommissionshandbuch, Ziff. 8.
2 Kommissionshandbuch, Ziff. 8.1.
3 Insoweit zutreffend Roth, VuR 2007, 161, 169.
4 S. den Wortlaut von Art. 22 Abs. 5 sowie Kommissionshandbuch, Ziff. 8.1.
5 So Roth, VuR 2007, 161, 169; ders., in: Leible (Hg.), S. 205, 231.
6 S. insbesondere Art. 1:103, 1:106, 1:110 PEL SC [Principles of European Law on Service Contracts, in: Maurits Barendrecht u. a. (Hg.), Service Contracts. Principles of European Law, München, 2007] sowie Art. IV.C.-2:102, IV. C.-2:107, IV. C.-2:108 DCFR (s. Fn 13).
7 Roth, VuR 2007, 161, 169; ders. in: Leible (Hg.), S. 205, 231.
8 Kommissionshandbuch, Ziff. 8.1.

Regelung daraus, dass das privatrechtliche Gemeinschaftsrecht von der Vertragsfreiheit als Auslegungsdirektive beherrscht wird.[9] Ferner bestehen die Pflichten nicht nur zugunsten von Verbrauchern, sondern zugunsten jedweden Dienstleistungsempfängers.[10] Art. 22 setzt **ausschließlich** – in erster Linie privates – **Sachrecht** (s. Vor Art. 22 Rn 6); die internationalprivatrechtlichen Anwendungsvoraussetzungen ergeben sich richtigerweise aus der Rom I-VO.[11]

2. Allgemeine Anforderungen

Art. 22 Abs. 4 stellt Anforderungen an die Art und Weise der Erfüllung der Informationspflichten. Verlangt wird einerseits eine hinreichende Klarheit und Unzweideutigkeit der zur Verfügung gestellten Informationen. Dies entspricht im Kern der allgemeinen Regel des Acquis, wie sie in Art. 2:206 ACQP[12] und Art. II.3:106 DCFR[13] ihren Niederschlag gefunden hat. Damit wird unter anderem[14] an das **Transparenzgebot** und die contra proferentem-Regel in Art. 5 der Klausel-Richtlinie 93/13/EWG angeknüpft. Wegen der Einbeziehung der AGB in den Kreis der geschuldeten Information durch Art. 22 Abs. 1 lit. f wird dadurch auch eine eigene – wenn auch auf die Transparenz beschränkte – Möglichkeit der **Inhaltskontrolle** vorgesehen. Die Beweislast für die Einhaltung der erforderlichen Transparenz liegt gemäß Art. 27 Abs. 2 beim Dienstleister. 4

Ferner wird verlangt, dass die geschuldeten Informationen **rechtzeitig** vor Abschluss des Vertrages oder vor Erbringung der Dienstleistung **bereitgestellt** werden. Ersteres soll für den Fall eines schriftlichen Vertragsdokuments gelten, Letzteres für alle übrigen Fälle. Für die Konkretisierung dieses Rechtzeitigkeitserfordernisses ist auf die verschiedenen bereits vorhandenen Rechtsakte zurückzugreifen, deren Kondensat sich in Art. 2:203 ACQP und Art. II.-3:103 DCFR niedergeschlagen hat.[15] Auch insoweit steuert Art. 27 Abs. 2 die Nachweispflichten und auferlegt dem Dienstleister so mittelbar erhebliche Dokumentationslasten. 5

3. Verhältnis zum übrigen Gemeinschaftsrecht

Das Verhältnis zum übrigen Gemeinschaftsrecht bereitet wenig Schwierigkeiten: Wie allgemein in Kapitel V ergibt sich der entscheidende Maßstab aus **Art. 3** (s. Vorb. Art. 22 Rn 9), so dass danach zu fragen ist, ob die Regelung in konkretem Widerspruch zu anderen Bestimmungen des Gemeinschaftsrechts steht (s. Art. 3 Rn 9). Durch die bereits im Wortlaut der Vorschrift festgehaltene Ergänzungsfunktion ist die **Zahl möglicher Konflikte gering**: Mit weitergehenden Informati- 6

9 Zu dieser Auslegungsdirektive Schmidt-Kessel in: Riesenhuber (Hg.), Europäische Methodenlehre, Berlin, 2006, § 17 Rn 39.

10 S. Vor Art. 22 Rn 5; irreführend daher Korte, NVwZ 2007, 501, 505.

11 Anders offenbar Roth, VuR 2007, 161, 169 und ders. in: Leible (Hg.), S. 205, 231 f. Anders ist jedenfalls seine differenzierende Auffassung zu Art. 22 Abs. 5 kaum nachvollziehbar.

12 ACQP = Acquis-Principles (publiziert in: Research Group on the Existing EC Private Law (Acquis Group), Contract I: pre-contractual obligations, conclusion of contract, unfair terms, München, 2007).

13 DCFR = Principles, Definitions and Model Rules of European Private Law Draft Common Frame of Reference (DCFR). Interim Outline Edition, hrsg. v. Study Group on a European Civil Code/Research Group on EC Private Law (Acquis Group).

14 S. die weiteren Nachweise in Comment A zu Art. 2:206 ACQP.

15 S. die Nachweise im Einzelnen in Comment A I. zu Art. 2:203 ACQP.

onspflichten unter anderen Rechtsakten ist Art. 22 ohnehin zu vereinbaren. Soweit weniger an Information verlangt wird, kommt es darauf an, ob damit zugleich das Höchstmaß an Informationspflichten beschrieben oder wiederum nur ein **Mindeststandard** festgelegt wird. In letzterem Fall treten die Pflichten aus der Dienstleistungsrichtlinie neben diejenigen aus dem anderen Rechtsakt, etwa aus der e-commerce-Richtlinie,[16] der Pauschalreiserichtlinie,[17] der Timesharingrichtlinie[18] oder der Fernabsatzrichtlinie.[19] Anders steht es freilich im Falle einer **Vollharmonisierung,** welche den Mitgliedstaaten nicht gestattet, zusätzliche Informationspflichten aufzuerlegen: In diesem Falle bestünde ein Widerspruch auch zu weitergehenden Informationspflichten aus Art. 22, so dass die Vorschrift nach Art. 3 insoweit zurücktreten würde.

7 In diesem Kontext von besonderem Interesse ist das Verhältnis von Art. 22 zu **Art. 9 Berufsqualifikationsrichtlinie 2005/36/EG:**[20] Weder dem Wortlaut von Art. 9 noch anderen Bestimmungen der RL 2005/36/EG lässt sich klar entnehmen, dass es sich insoweit um einen Mindeststandard handelt.[21] Allerdings reichen die dort aufgeführten Informationspflichten, die zumindest auch privatrechtliche Bedeutung haben,[22] für eine sachgerechte Behandlung bei weitem nicht aus. Das zeigt bereits ein Vergleich mit dem recht rudimentären Pflichtenkanon in Art. 22. Für einen Mindeststandard in Art. 9 RL 2005/36/EG spricht schließlich, dass auch dieser Vorschrift dem Wortlaut nach eine **Ergänzungsfunktion** gegenüber dem sonstigen Gemeinschaftsrecht zukommt. Damit aber ist zugleich das Verhältnis zu Art. 22 entschieden: Da Art. 9 RL 2005/36/EG lediglich anderes Gemeinschaftsrecht ergänzt, kann die Vorschrift nicht in Widerspruch zu Art. 22 geraten. Daher **gilt Art. 22** auch für sämtliche Dienstleistungen, welche der RL 2005/36/EG unterfallen.

4. Umsetzung

8 Art. 22 verlangt von den Mitgliedstaaten die Setzung privatrechtlicher Normen, welche – von den in Art. 1, 2 genannten Ausnahmen abgesehen – für **sämtliche Verträge über Dienstleistungen** gelten. Daher liegt eine Umsetzung im Rahmen der

16 RL 2000/31/EG über den elektronischen Geschäftsverkehr, ABl. 2000 Nr. L 178, S. 1.

17 RL 90/314/EWG des Rates vom 13.6.1990 über Pauschalreisen, ABl. 1990 Nr. L 158, S. 59.

18 RL 94/47/EG des Europäischen Parlaments und des Rates v. 26.10.1994 zum Schutz der Erwerber im Hinblick auf bestimmte Aspekte von Verträgen über den Erwerb von Teilzeitnutzungsrechten an Immobilien, ABl. 1994 Nr. L 280, S. 83; siehe auch den Entwurf einer Novellierung: Vorschlag für eine Richtlinie des Europäischen Parlaments und des Rates über den Schutz der Verbraucher im Hinblick auf bestimmte Aspekte von Teilzeitnutzungsrechten, langfristigen Urlaubsprodukten sowie des Wiederverkaufs und Tausches derselben, KOM(2007) 303 endg. v. 7.6.2007.

19 RL 97/7/EG des Europäischen Parlaments und des Rates v. 20.5.1997 über den Verbraucherschutz bei Vertragsabschlüssen im Fernabsatz, ABl. 1997 Nr. L 144, S. 19.

20 RL 2005/36/EG des Europäischen Parlaments und des Rates v. 7.9.2005 über die Anerkennung von Berufsqualifikationen (Text von Bedeutung für den EWR), ABl. 2005 Nr. L 255, S. 22.

21 Ohne Überlegungen zu diesem Punkt etwa Kluth/Rieger, Die neue EU-Berufsanerkennungsrichtlinie – Regelungsgehalt und Auswirkungen für Berufsangehörige und Berufsorganisationen, EuZW 2005, 486, 489; Kluth in: Calliess/Ruffert EUV/EGV Art. 52 EGV Rn 70.

22 So wohl auch Kluth/Rieger, EuZW 2005, 486, 489 und Kluth in: Calliess/Ruffert EUV/EGV Art. 52 EGV Rn 70.

Kodifikation nahe; dabei bereitet der Umstand Schwierigkeiten, dass die von der Richtlinie erfassten Dienstleistungen eine Vielzahl von Vertragstypen betreffen, für die es eine allgemeine Kategorie im deutschen Bürgerlichen Gesetzbuch bislang nicht gibt. Das gilt nicht allein für den Dienst- und den Werkvertrag sowie die entgeltlichen Geschäftsbesorgungen, sondern auch etwa für den Maklervertrag sowie die zahlreichen weiteren Dienstleistungstypen. Will man nicht in großem Umfang überschießend im Allgemeinen Schuldrecht umsetzen, käme nur die Schaffung eines **allgemeinen Titels für Verträge über Dienstleistungen** etwa vor § 611 BGB in Betracht, der dann für sämtliche Dienstleistungsverträge zu gelten hätte. Die auf die Identität des Dienstleisters bezogenen Pflichten verlangen darüber hinaus eine – gegebenenfalls zu modifizierende – Verallgemeinerung von § 37a HGB und § 15b GewO und seine Erstreckung auf sämtliche registrierten Dienstleister; will man nicht nach österreichischem Vorbild das HGB zum Unternehmensgesetzbuch umbauen, käme wohl nur eine Regelung im Kontext des § 14 BGB – also im allgemeinen Personenrecht – in Betracht.

II. Informationspflichten ohne Nachfrage (Abs. 1, 2)

Die Abs. 1, 2 von Art. 22 regeln diejenigen Informationspflichten, die der Dienst- 9
leister **sua sponte** zu erfüllen hat. Neben die Liste der einzelnen Pflichten in Abs. 1 klärt Abs. 2 die – über die allgemeinen Anforderungen nach Abs. 4 deutlich hinausgehende – Art und Weise, in der die Erfüllung zu geschehen hat.

1. Die einzelnen Informationspflichten (Abs. 1)

Die dem Dienstleister abverlangten Informationen lassen sich in **drei verschiedene** 10
Kategorien einordnen: Ein Teil der Pflichten dient dazu, die **Person des Dienstleisters** hinreichend fassbar zu machen (lit. a, b, d und teilweise auch lit. c, e). Außerdem geht es um Informationen über das **aufsichtsrechtliche Umfeld** und die Aufsicht (überwiegende Funktion von lit. c, e). Schließlich werden ausführliche Mitteilungen zum **Vertragsinhalt** verlangt (lit. f-k). Bei letzteren liegt der eigentliche Unterschied zu den Vorgaben von Art. 9 RL 2005/36/EG, welcher lediglich in lit. f eine Vorgabe zum Vertragsinhalt macht.

a) Person des Dienstleisters

Lit. a verlangt zunächst weitgehend Selbstverständliches, nämlich die Mitteilung 11
des Namens des Dienstleisters sowie seines „Rechtsstatus" und seiner Rechtsform. Hinsichtlich der Rechtsform ergänzt die Vorschrift damit Regelungen über die Publizität von Handelsgesellschaften nach der Publizitätsrichtlinie und der Zweigniederlassungsrichtlinie.[23] Die fehlende Angabe der Rechtsform kann hier haftungsbegründend wirken (zu den Rechtsfolgen s. Rn 39 ff.). Auch mit Rechtsstatus ist letztlich nichts anderes gemeint: Es geht um die Offenlegung der **Identität des Dienstleisters.**[24] Bei Gesellschaften ist damit auch das Gesellschaftsstatut anzugeben. Ergänzt wird die Pflicht nach lit. a durch die Anordnung in **lit. e,** dass der Dienstleister bei reglementierten Berufen i. S. v. Art. 4 Nr. 11 auch eine **verliehene Berufsbezeichnung** anzugeben hat. Für regulierte Berufe verlangt Art. 9

23 Dazu Schmidt-Kessel in: Schulze/Zuleeg (Hg.), Europarecht, § 19 Rn 79.
24 Kommissionshandbuch, Ziff. 8.1.1.

lit. d RL2005/36/EG darüber hinaus die Mitteilung eines ausgestellten **Ausbildungsnachweises**; dies ist nach lit. e **nicht erforderlich.**

12 Ferner verlangt lit. a die Mitteilung der Koordinaten des Unternehmens, nämlich der **geographischen Anschrift** der Niederlassung sowie einer **elektronischen Anschrift**. Die Funktion dieser Regelung ist richtigerweise nicht auf die reine Kommunikation beschränkt.[25] Es geht auch um das Vorhandensein einer Zustelladresse für den Fall eines Rechtsstreits. Daher genügt auch die Angabe eines Postfachs den Anforderungen der Richtlinie nicht, weil dieses nicht in jedem Falle die Zustellung ermöglicht. Ebenfalls nicht ausreichend ist die Mitteilung der Anschrift eines nicht vollständig vertretungsbefugten Agenten oder Vermittlers. Hingegen wird der Zweck der Vorschrift durch die Mitteilung der handelnden (Zweig-)Niederlassung erfüllt; eine Nennung der Hauptniederlassung ist nicht zwingend erforderlich.

13 Anknüpfend an die entsprechenden Mitteilungspflichten in den gesellschaftsrechtlichen Richtlinien verlangt **lit. b** die Mitteilung des einschlägigen **Handelsregisters** und der Nummer, unter der die Eintragung im Register erfolgt ist. Die Vorschrift ist allerdings nicht auf das Handelsregister beschränkt, sondern erfasst – wie die Parallelvorschrift in Art. 9 lit. a RL 2005/36/EG – **sämtliche vergleichbaren öffentlichen Register**. Ausreichend ist die öffentliche Zugänglichkeit der Information, während Register, welche nur der Information des Betroffenen oder staatlicher Einrichtungen dienen, nicht erfasst sind. Einschlägige Register in Deutschland sind etwa auch das Genossenschaftsregister, das Partnerschaftsregister, das Rechtsdienstleistungsregister sowie die bei den Kammern geführten Register; insoweit ist die Abgrenzung von lit. e nicht immer möglich.[26] Nicht erforderlich sind Angaben zu Registern, die zu Verfehlungen des Dienstleisters Auskunft geben, zumal diese vielfach auch nicht öffentlich zugänglich sind; das gilt in Deutschland etwa für das Bundeszentralregister und das Gewerbezentralregister. Soweit die Registrierung unter anderen Gesichtspunkten als nach Nummern erfolgt, ist stattdessen die entsprechende Kennung mitzuteilen.

14 Mitzuteilen ist ferner nach **lit. c** die **Umsatzsteuer-Identifikationsnummer** gemäß Art. 22 Abs. 1 RL77/388/EWG;[27] das entspricht Art. 9 lit. e RL 2005/36/EG. Über die steuerrechtliche Obliegenheit bezüglich der Rechnungsausstellung[28] hinaus wird die Mitteilung damit zur Rechtspflicht zwischen den Parteien, wenn der Dienstleister umsatzsteuerpflichtig ist. Damit wird sichergestellt, dass der Dienstleistungsempfänger Schäden aus der –von ihm zunächst übersehenen – fehlenden Verwendbarkeit der Rechnung beim Dienstleister liquidieren kann.

b) Aufsicht und aufsichtsrechtliches Umfeld

15 Der Dienstleister muss nicht mitteilen, ob er über eine für seine Tätigkeit erforderliche Genehmigung verfügt. Er muss jedoch nach **lit. c** ggf. die **Genehmigungsbehörde** oder den einheitlichen Ansprechpartner i. S. v. Art. 6 und damit mittelbar auch

25 Zu kurz greift daher Kommissionshandbuch, Ziff. 8.1.1.
26 S. Kommissionshandbuch, Ziff. 8.1.1.
27 6. RL 77/388/EWG des Rates v. 17.5.1977 zur Harmonisierung der Rechtsvorschriften der Mitgliedstaaten über die Umsatzsteuern – Gemeinsames Mehrwertsteuersystem: einheitliche steuerpflichtige Bemessungsgrundlage, ABl. 1977 Nr. L 145, S. 1. Zul. geänd. durch RL 2006/18/EG (ABl. 2006 Nr. L 51, S. 12).
28 Vgl. § 14 Abs. 4 Nr. 2 UStG.

die **Genehmigungspflichtigkeit mitteilen**. Häufig wird dies bereits mit der nach lit. b erforderlichen Mitteilung des öffentlichen Registers erfolgt sein. Über die auch nach Art. 9 lit. b RL 2005/36/EG gebotene Mitteilung der Anschrift der Behörde hinaus sind erforderlichenfalls auch weitere Angaben zu machen. Zweck der Mitteilung ist sowohl die Information des Empfängers über die Aufsichtsbehörde und die damit ggf. verbundene Möglichkeit, zusätzlichen Rechtsschutz zu erlangen, als auch der Hinweis auf etwaige aufsichtsrechtliche Anforderungen; wie ein Rückschluss aus lit. g ergibt, gehört die Angabe des – zivilrechtlichen – Gerichtstands hingegen nicht zu den nach lit. c geschuldeten Informationen. Die Möglichkeit, auf den einheitlichen Ansprechpartner auszuweichen, auch wenn dieser nicht zugleich Genehmigungsbehörde ist, dient der Unterstützung von im Ausland niedergelassenen Dienstleistern, denen es häufig schwer fallen wird, Genehmigungsbedürftigkeit und Genehmigungsbehörde mit der nach Abs. 4 gebotenen Transparenz und zugleich korrekt mitzuteilen. Sie können sich daher auf den einheitlichen Ansprechpartner zurückziehen. Der Empfänger wird dann vor allem durch die staatlichen Informationspflichten nach Art. 21 hinreichend geschützt.

Derselben Zwecken gilt auch für die in **lit. e** niedergelegte Pflicht der Angehörigen **16** reglementierter Berufe, dem Empfänger der Dienstleistung ihren Berufsverband oder eine ähnliche Einrichtung mitzuteilen. Von dieser Pflicht sind – wie die Parallelvorschrift in Art. 9 lit. c RL 2005/36/EG zeigt – insbesondere auch die **Kammern** unabhängig davon erfasst, wie die Mitgliedschaft bei ihnen organisiert ist. Die Möglichkeit eines Ausweichens auf die Mitteilung des einheitlichen Ansprechpartners besteht bei lit. e freilich – anders als unter lit. c – nicht.

c) Pflichten betreffend den Vertragsinhalt

Die Pflichten des Dienstleisters betreffend der Vertragsinhalt sind in Art. 22 **17** Abs. 1 einigermaßen ungeordnet; sie gehen allerdings weit über die marginale Bestimmung des Art. 9 lit. f RL 2005/36/EG hinaus, die lediglich den Haftpflichtversicherungsschutz betrifft. Die Vorgaben in Art. 22 Abs. 1 betreffen die **Kernpflichten der Parteien** (lit. j, i), ferner die vom Dienstleister verwandten **allgemeinen Geschäftsbedingungen** (lit. f) und schließlich **sonstige Klauseln**, welche bestimmten begrenzten Punkten (lit. g, h, k).

aa) Informationen zu den Kernpflichten der Parteien

Der Dienstleister muss nach **lit. j** über die **Hauptmerkmale der Dienstleistung** **18** informieren. Allerdings ist diese Informationspflicht dahingehend eingeschränkt, dass es die Vorschrift genügen lässt, dass sich die Hauptmerkmale der Dienstleistung bereits aus dem Zusammenhang ergeben. Soweit dieser i. S. v. Abs. 4 hinreichend klar ist, kann daher auf eine ausdrückliche Leistungsbeschreibung verzichtet werden. Gerade das Zusammenspiel mit Abs. 4 macht freilich deutlich, dass das **Risiko mangelnder Klarheit** – einschließlich etwaiger Sprachrisiken – **bei dem Dienstleister liegt,** und dieser daher im Zweifel in stärkerem Umfang verpflichtet wird. Ein Makler wird sich etwa nicht darauf berufen können, dass er die Provision bereits mit dem Nachweis der Vertragsschlussmöglichkeit und nicht erst mit der erfolgreichen Vermittlung verdient habe, wenn sich dies weder aus seinen Informationen noch aus den Umständen ergibt. Dieses Risiko ist freilich begrenzt, weil es lediglich die Hauptmerkmale der Leistung und nicht jedes Detail betrifft.

19 Auch die Pflicht zur **Information über** den **Preis** der Dienstleistung besteht nicht ohne Einschränkungen. Voraussetzung ist nämlich nach **lit. i**, dass ein fester Preis festgelegt wurde. Wie zudem ein Rückschluss aus Abs. 3 lit. a ergibt, greift die Informationspflicht **nicht bei unbestimmtem Preis**, und lit. i begründet auch keine Pflicht zur Information über die Mechanismen, nach welchen der Preis zu bestimmen ist. Die Pflicht gilt umgekehrt auch für solche Preise, die nur für den Dienstleister bereits vor Leistungserbringung feststehen; auf das Bestehen einer festen Preisvereinbarung kommt es hingegen nicht an. Das zeigt wiederum der Blick auf Abs. 3 lit. a, der nur eingreift, falls der Dienstleistungserbringer den Preis nicht von vorneherein festgelegt hat. Die Informationspflicht besteht damit nur dann nicht, wenn der Preis auch aufseiten des Dienstleisters nicht von vornherein feststeht.

20 Lit. i gilt auch, soweit lediglich für bestimmte **Leistungsteile** der Preis bei Vertragsschluss bereits feststeht. Voraussetzung ist nämlich lediglich, dass der Preis für *eine bestimmte Art* von Dienstleistung festgelegt wurde, nicht der Preis *der* Dienstleistung. Umfang der Preisfestlegung und Pflichtenprogramm des Dienstleisters müssen daher nicht zusammenfallen.

bb) Informationen zu allgemeinen Geschäftsbedingungen

21 Verwendet der Dienstleister Allgemeine Geschäftsbedingungen, muss er diese nach **lit. f** dem Empfänger zur Verfügung stellen. Mit dieser Informationspflicht verlangt die Richtlinie von den Mitgliedstaaten Elemente einer **Einbeziehungs- und** auch einer **Inhaltskontrolle**. Diese ist schon deshalb von besonderer Bedeutung, weil die notwendig geringe vertragliche und gesetzliche Regelungsdichte bei Dienstleistungen nach Vertragsgestaltung sehr viel mehr verlangt, als dies bei Waren der Fall ist.

22 Die Inhaltskontrolle ist freilich auf das **Transparenzgebot** des Abs. 4 beschränkt, weitet dieses aus der RL 93/13/EWG für den Verbraucherschutzbereich vertraute Modell allerdings auf **sämtliche** von der Richtlinie erfassten **Dienstleistungsverträge** und damit auch auf den B2B-Bereich aus.

23 Auch an die **Einbeziehung** stellt die Richtlinie eigene Anforderungen, die freilich im Ergebnis kaum über die Regelung der §§ 305 f. BGB hinausgehen: Ausreichend ist nämlich einer der Wege nach Abs. 2 (dazu Rn 28 ff.); damit **verlangt** das Gemeinschaftsrecht insbesondere – trotz sehr beschränkter Inhaltskontrolle – **keine Übersendung**. Damit folgt das Gemeinschaftsrecht nicht dem von der deutschen Rechtsprechung zum UN-Kaufrecht eingeschlagenen Irrweg.[29]

cc) Regelungen zu einzelnen Klauseln

24 Zusätzlich zu den Regelungen zu den Kernpflichten des Vertrags und den allgemeinen Geschäftsbedingungen verlangt Abs. 1 gesonderte Informationen über einzelne bestimmte Vertragsinhalte. Die **Funktionen** dieser Vorgaben sind freilich **sehr unterschiedlich**.

25 **Lit. g** verlangt zunächst Informationen über **Rechtswahlklauseln und Gerichtsstandsklauseln**. Da diese nicht einseitig Vertragsbestandteil werden können und

29 Vgl. Schmidt-Kessel in: Schlechtriem/Schwenzer (Hg.), Kommentar zum Einheitlichen UN-Kaufrecht, 4. Aufl., München, 2004, Art. 8 Rn 52 ff.

bei der Einbeziehung über AGB bereits lit. f eingreift, ist die Vorschrift in dem Sinne zu deuten, dass auf diese Klauseln besonders hinzuweisen ist, also die **Schwelle einer wirksamen Einbeziehung deutlich höher** ist. Hierdurch wird nicht von Art. 3, 10, 11 und 13 Rom I-VO sowie Art. 23 Brüssel I-VO abgewichen, weil die Richtlinie allein die Setzung besonderen Sachrechts verlangt. Damit dadurch die mitgliedstaatlichen Gerichtstände und Rechtsordnungen nicht benachteiligt werden, müssen die Umsetzungsbestimmungen richtigerweise international zwingend sein.

Außerdem verlangt **lit. h** vom Dienstleister, dass er auf eine von ihm angebotene und gesetzlich nicht vorgeschriebene **„nachvertragliche Garantie"** hinweist. Damit sind offenbar Ansprüche gemeint, welche dem Empfänger über das gesetzlich vorgegebene Maß hinaus auch nach Abschluss der eigentlichen Vertragsdurchführung zustehen sollen, etwa zusätzliche Gewährleistungszusagen beim Bauvertrag. Der Sinn der Vorschrift will sich auf den ersten Blick nicht recht erschließen, setzt doch eine solche Garantie regelmäßig ohnehin eine vertragliche Vereinbarung zwischen den Parteien und damit eine Information des Empfängers voraus. Eine Beschränkung auf bereits durch einseitige Erklärung des Dienstleisters wirksame Garantien will wegen deren Seltenheit kaum einleuchten; dasselbe gilt für zusätzliche Einbeziehungsvoraussetzungen, welche dem Schutzzweck der gesamten Vorschrift exakt zuwiderliefen. Richtigerweise zielt lit. h wiederum auf die nach Abs. 4 gebotene **Transparenz der Garantieabrede:** Unklarheiten verletzten den Standard der Richtlinie und sind daher zulasten des Dienstleisters zu klären. 26

Anknüpfend an Art. 23 Abs. 1 verlangt schließlich **lit. k** vom Dienstleister Informationen über bestehende **Berufshaftpflichtversicherungen und Sicherheiten**. Wie weit diese Anknüpfung wirkt, ist offen: Der Verweis auf Art. 23 Abs. 1 legt zunächst den Schluss nahe, es gehe allein um gesetzlich vorgeschriebene Versicherungen und Sicherheiten; damit bliebe die Richtlinie an dieser Stelle hinter Art. 9 lit. f RL 2005/36/EG zurück, wo eine Einschränkung auf Pflichtversicherungen nicht erkennbar ist. Eine Einschränkung von lit. k auf Fälle, in welchen dem Empfänger der Dienstleistung ein Direktanspruch gegen den Versicherer oder Sicherungsgeber gewährt wird, ist nicht erkennbar. Umgekehrt ist freilich darauf hinzuweisen, dass jenseits gesetzlicher Pflichtversicherungen und -sicherheiten der Zwang zur Information über bestehende Sicherheiten, soweit sie primär dem Schutz der Existenz des Dienstleisters und nur indirekt dem Drittschutz dienen, nicht gerechtfertigt wäre, weil damit die Funktion des Drittschutzes für alle Haftpflichtversicherungen von Dienstleistern festgeschrieben würde. Ein solches Ziel lässt sich der Regelung nicht entnehmen. Sie ist daher **auf Pflichtversicherungen** und -sicherheiten **beschränkt.** Für die erfassten Sicherheiten verlangt lit. k Angaben zur Identität des Versicherers respektive Sicherungsgebers sowie zu seinen Kontaktdaten. Außerdem muss der Dienstleister über den räumlichen Geltungsbereich der Sicherheit aufklären. 27

2. Anforderungen an die Erfüllung der Pflichten (Abs. 2)

Die Mitgliedstaaten müssen den Dienstleistern mindestens abverlangen, dass sie die Informationen auf einem der vier in Abs. 2 genannten Wegen zur Verfügung stellen. **Grundmodell** ist das **selbstständige Zurverfügungstellen** der Information durch den Dienstleister nach **lit. a.** Damit ist – wie der Blick auf Abs. 4 schließen 28 lässt – grundsätzlich die Übergabe oder Übersendung eines **Schriftstücks** gemeint. Dem ist richtigerweise im Blick auf lit. c die Übersendung in **elektronischer Textform** gleichzustellen; sonst käme es zu einem Wertungswiderspruch.

29 Die Mitteilung in sämtlichen Informationsunterlagen über die Dienstleistung gemäß **lit. d** ist im Grunde nur ein Sonderfall dazu, macht jedoch deutlich, dass die im Vorfeld des Vertragsschlusses übergebenen Unterlagen insoweit kohärent sein müssen; dies ergibt sich freilich bereits aus Abs. 4, so dass die Regelung des lit. d **überflüssig** ist.

30 Anstatt die Informationen im Sinne von Zurverfügungstellen eröffnen lit. b, c dem Dienstleister die **Alternative** der **leichten Zugänglichkeit** der Informationen in der dort näher bestimmten Art und Weise. Leicht zugänglich müssen die Informationen danach entweder am Ort der Leistungserbringung oder am Ort des Vertragsschlusses (jeweils lit. b) oder elektronisch über eine vom Dienstleister angegebene Adresse (lit. c) sein. Aus Letzterem lässt sich schließen, dass auch in den Fällen des lit. b der Empfänger der Dienstleistung die Informationen auf Nachfrage auch ausgehändigt bekommen muss.[30]

III. Informationspflichten bei Anfrage (Abs. 3)

31 Abs. 3 verlangt von den Mitgliedstaaten die Begründung weiterer Informationspflichten, wenn der Empfänger der Dienstleistung eine entsprechende Anfrage tätigt. Wann eine solche **Anfrage** vorliegt, ist nach dem Zweck der Vorschrift zu bestimmen. Es geht bei ihr lediglich darum, die **Initiativlast** anders als unter Abs. 1, 2 zu verteilen. Der Dienstleister muss daher bereits dann die betreffenden Informationen erteilen, wenn der Empfänger erkennbar nach Informationen der betreffenden Art verlangt. Eine gewisse **Spezifizierung** des Begehrens ist freilich vom Empfänger zu verlangen; die bloße unbestimmte Frage nach allen einschlägigen Informationen genügt richtigerweise nicht, um die jeweilige Informationspflicht zu begründen.

32 Die jeweilige Informationspflicht kann **grundsätzlich jederzeit** entstehen, also sowohl bei Fragen vor Vertragsschluss als auch nach demselben. Eine zeitliche Grenze – etwa durch den Abschluss der Vertragsdurchführung – setzt die Richtlinie nicht. Damit bleibt als Schranke lediglich das gemeinschaftsrechtliche Verbot des Rechtsmissbrauchs:[31] Das Informationsverlangen scheitert, wenn es den Zweck der Richtlinie – nämlich die Qualitätsverbesserung – nicht mehr erreichen kann.

33 Auf Anfrage muss der Dienstleister gemäß **lit. a** Informationen zur **Bestimmung des Preises** der Dienstleistung geben. Der Preis darf weder durch Parteivereinbarung noch nach dem Willen des Dienstleisters von vornherein feststehen; dann nämlich greift bereits die Informationspflicht nach Abs. 1 lit. i. Von lit. a erfasst ist allerdings bereits der zuvor nicht bedachte **Preis nach Tarif** (Var. 1). Ferner ist für einen erst aus der Leistungserbringung folgenden Preis die **Vorgehensweise zur Berechnung** anzugeben (Var. 2), damit der Empfänger den später verlangten Preis

30 Zu offen daher Korte, NVwZ 2007, 501, 506.

31 Dazu Schmidt-Kessel, Rechtsmißbrauch im Gemeinschaftsprivatrecht – Folgerungen aus den Rechtssachen Kefalas und Diamantis, in: Jahrbuch Junger Zivilrechtswissenschaftler 2000, Stuttgart, 2001, S. 61 ff.

kontrollieren kann. Ist beides nicht möglich, verlangt Var. 3 den **Anspruch auf** einen hinreichend ausführlichen **Kostenvoranschlag.**

Fraglich ist damit, wie sich lit. a zu **Leistungsbestimmungsrechten** nach Art der §§ 315-319 BGB oder Art. II.–9:105, II.9:106 DCFR verhält. Vor allem bei kreativen Dienstleistungen erscheint eine Einschränkung der Gläubiger- oder Drittbestimmung des Preises problematisch, obwohl diese nicht in allen Mitgliedstaaten akzeptiert wird. Entscheidend ist das richtige Verständnis des Worts „Berechnung", nämlich ob dieses auch Ermessensentscheidungen erfasst; falls dem nicht so ist, müsste der Empfänger ein Bestimmungsrecht stets durch das Verlangen nach einem hinreichend ausführlichen Kostenvoranschlag aushebeln können. Auch die übrigen Sprachfassungen von lit. a legen freilich ein enges Verständnis von Berechnung in dem Sinne nahe, dass der Preis bei gegebenen Werten ohne weiteres bestimmbar sein muss, und dem entspricht auch der Regelungszweck von Var. 2. Allerdings ist zu beachten, dass die Informationspflichten nach Art. 22 grundsätzlich dispositiv sind (s. Rn 3). Die Vereinbarung eines Leistungsbestimmungsrechts i. S. d. §§ 315-319 BGB oder Art. II. – 9:105, II.9:106 DCFR verdrängt daher den gemeinschaftsrechtlich wurzelnden Anspruch auf den Kostenvoranschlag. 34

Nach **lit. b** muss der Dienstleister eines reglementierten Berufs auf Anfrage ferner Auskunft über das **anwendbare Berufsrecht** sowie den Zugang dazu geben. Von der Kalibrierung dieser Informationspflicht hängt es ab, welchen Aufwand ein Dienstleister gegebenenfalls bei Grenzüberschreitungen treiben muss. Mit der primärrechtlichen Dienstleistungsfreiheit dürfte es kaum vereinbar sein, auch nur Übersetzungen von Rechtsnormen in die Sprache des Ziellandes zu verlangen. Richtigerweise müssen knappe Erläuterungen genügen, sofern sie von einem Verweis auf die Rechtsquellen begleitet werden. Für weitere Informationen greift dann die staatliche Informationspflicht nach Art. 21. Die Maßstäbe von lit. d (s. Rn 37) gelten richtigerweise auch hier. 35

Ferner muss der Dienstleister nach **lit. c** über **multidisziplinäre Tätigkeiten** und Partnerschaften Auskunft geben, die in direkter Verbindung zur geschuldeten Dienstleistung stehen. Voraussetzung dafür ist selbstverständlich, dass die Multidisziplinarität im konkreten Fall überhaupt gestattet ist.[32] Der Dienstleister hat außerdem über die von ihm ergriffenen Maßnahmen zur **Vermeidung von Interessenkonflikten** zu informieren. Dabei ist der Begriff im Sinne des Zwecks erweiterter Transparenz hier weiter zu verstehen als in Art. 25 Abs. 2 lit. a und erfasst sämtliche Mechanismen i. S. v. Art. 25 Abs. 2 lit. a, b. 36

Soweit für den Dienstleister **Verhaltenskodizes** gelten, muss er dies gemäß **lit. d** auf Nachfrage hin offenbaren; außerdem muss er Hinweise zur elektronischen Abrufbarkeit sowie zu den Sprachen machen, in welchen der Verhaltenskodex verfasst ist. Daraus folgt zugleich, dass eine Übersetzung des Textes nicht erforderlich ist. Lit. d ist nicht auf Kodizes i. S. v. Art. 37 beschränkt, sondern gilt für jeden vergleichbaren Mechanismus der freiwilligen oder erzwungenen Selbstkontrolle.[33] **Geltung** des Kodex meint nicht, dass daraus notwendig subjektive Rechte für den 37

32 Dazu Art. 25 und die Kommentierung dazu.
33 S. das Arbeitsdokument der Kommission v. 19.12.2007, Qualité des services – le rôle des codes de conduite européens, http://ec.europa.eu/internal_market/services/docs/services-dir/codeconduct/codeconduct_fr.pdf.

Empfänger folgen müssen. Vielmehr genügt eine irgendwie geartete Bindung an einen derartigen Text und damit bereits die ausdrückliche Unterwerfung. Die Richtlinie verlangt nicht, dass der Kodex in den Vertrag einbezogen wird; allerdings ist zu bedenken, dass es bei Mitteilung vor Vertragsschluss häufig zur Einbeziehung des Kodex in den Vertrag kommen wird, falls diese nicht – seltenerweise – ausdrücklich ausgeschlossen wird.

38 **Lit. e** schließlich verlangt zusätzliche Informationen über Verfahren der **außergerichtlichen Streitbeilegung**. Insbesondere hat der Dienstleister näher anzugeben, wie ausführliche Auskünfte über die Merkmale der außergerichtlichen Verfahren der Streitbeilegung und über die Bedingungen, unter denen die Verfahren angewandt werden, eingeholt werden können (S. 2). Ihrem Wortlaut nach erfasst die Regelung nur solche Verfahren, die von einem Verhaltenskodex, einer Handelsvereinigung oder einem Berufsverband vorgesehen werden. Dem Zweck der Regelung entspricht dieser nur scheinbar abschließende Wortlaut nicht; richtigerweise sind daher auch anderweitig etablierte und in concreto einschlägige Mechanismen vom Dienstleister zu benennen.[34]

IV. Rechtsfolgen bei Pflichtverletzungen

39 Besondere Rechtsfolgen der Verletzung der Informationspflichten lassen sich Art. 22 nicht entnehmen. Dementsprechend ist auf die allgemeinen Mechanismen des Gemeinschaftsrechts für die Ausfüllung der **unvollständigen Norm** zurückzugreifen. Zur Bestimmung der Rechtsfolgen ist daher auf den **Äquivalenz- und** den **Effektivitätsgrundsatz** zurückzugreifen.[35] Zum einen dürfen danach die von den Mitgliedstaaten zu regelnden Rechtsfolgen nicht weniger günstig ausgestaltet sein als diejenigen entsprechender innerstaatlicher Rechtsbehelfe, und zum anderen dürfen sie die Ausübung der durch das Gemeinschaftsrecht eingeräumten Rechte nicht praktisch unmöglich machen oder übermäßig erschweren. Für die Informationspflichten nach Art. 22 ist der Effektivitätsgrundsatz zusätzlich in Art. 27 Abs. 2 verankert.[36] Hinzu kommen Ansätze für eine **rechtsaktübergreifende systematische Interpretation**, die sich im Hinblick auf bisherige Informationspflichten ergeben können. Für letztere enthalten Art. II.-3:107 DCFR sowie Art. 2:207 ACQP Anhaltspunkte für ein mögliches Grundverständnis von Rechtsfolgen der Verletzung gemeinschaftsprivatrechtlicher Informationspflichten.

40 Ein Teil der Rechtsfolgen ergibt sich bei richtigem Verständnis bereits aus Art. 22 selbst. Das gilt namentlich für die durch Abs. 1 lit. f, Abs. 2 gesteuerte **Einbeziehungskontrolle für allgemeine Geschäftsbedingungen** sowie das der Inhaltskontrolle zuzurechnende **Transparenzgebot** (s Rn 22), welches richtigerweise mit der Drohung der Unwirksamkeit der betroffenen Teile der Bedingungen verbunden ist.

41 Darüber hinaus wird die Verletzung der Informationspflichten nach Abs. 1-3 **Schadensersatzansprüche** begründen. Dabei handelt es sich um die typische ungeschriebene Reaktion des Gemeinschaftsrechts auf die Verletzung von Informationspflich-

34 Entsprechend breit auch Kommissionshandbuch, Ziff. 8.1.2.

35 S. etwa EuGH, Rs C-343/96 (Dilexport Srl/Amministrazione delle Finanze dello Stato), Slg. 1999, I-579, Rn 25-27 und dazu Schmidt-Kessel/Müller, Reform des Schadensersatzrechts, Bd. 1, Wien, 2006, S. 43.

36 Roth in: Leible (Hg.), S. 205, 231.

ten.[37] Insbesondere die Pflichten betreffend die Identität des Dienstleisters und den aufsichtsrechtlichen Rahmen seiner Leistung dienen zum Schutz vor Schäden aus mangelnder Information. Inwieweit hier **Entlastungsgründe** zum Tragen kommen können, ist zweifelhaft. Insbesondere an eine Entlastung wegen Rechtsirrtums wären hohe Anforderungen zu stellen, soweit man diese mit Blick auf Art. III.-3:104 DCFR respektive Art. 8:108 PECL[38] nicht ohnehin für ausgeschlossen hält.

Aus dem Zweck von Abs. 3 ergibt sich zudem, dass – jedenfalls in dem für das Forum üblichen Rahmen (Äquivalenzgrundsatz)[39] – die Informationspflicht auch **in Natur durchgesetzt** werden können muss. Gelegentlich mag ein entsprechender Anspruch aufgrund des in Art. 27 Abs. 2 besonders hervorgehobenen Gebotes, Art. 22 den *effet utile* zu verschaffen, erforderlich sein. **42**

Bei den auf den Vertragsinhalt bezogenen Informationspflichten wird regelmäßig von einer **Beeinflussung des Vertragsinhalts** entsprechend Art. II.-3:107 Abs. 3 DCFR und Art. 2:207 Abs. 3 ACQP auszugehen sein: Der Dienstleister kann sich dann auf Umstände, über die er vor Vertragschluss hätte informieren müssen, nicht berufen, wenn er insoweit eine nach Art. 22 erforderliche Information nicht gegeben hat. Die fehlende oder falsche Information begründet so Vertragspflichten. **43**

In Betracht kommt schließlich eine **Verlängerung** der verbraucherschutzrechtlichen **Widerrufsfristen**. Auch eine solche sehen Art. II.-3:107 Abs. 1 DCFR und Art. 2:207 Abs. 1 ACQP, obwohl gerade im Blick auf die e-commerce-Richtlinie das Gemeinschaftsrecht eine solche Verknüpfung bislang nicht fordert.[40] Allerdings sind die Informationspflichten zwar rechtzeitig vor Vertragsschluss respektive Leistungserbringung zu erfüllen, jedoch ist nicht erkennbar, dass – über die allgemeinen Regeln über Täuschung und Irrtum hinaus – zusätzlich die Bindung des Vertrags dadurch tangiert sein soll. **44**

V. Konkretisierungsbefugnis der Kommission (Abs. 6)

Der Kommission ist schließlich in Abs. 6 eine Konkretisierungsbefugnis eingeräumt worden. Danach darf die Kommission den **Inhalt der** in Abs. 1, 3 genannten **Informationspflichten** „präzisieren". Außerdem darf sie die **Modalitäten der Informationserteilung** nach Abs. 2 „präzisieren". Beides hat im Verfahren nach Art. 40 Abs. 2 der Richtlinie zu erfolgen. Bislang ist nicht erkennbar, dass die Kommission entsprechende Schritte bereits eingeleitet hätte. **45**

Artikel 23 Berufshaftpflichtversicherungen und Sicherheiten

(1) Die Mitgliedstaaten können sicherstellen, dass die Dienstleistungserbringer, deren Dienstleistungen ein unmittelbares und besonderes Risiko für die Gesundheit oder Sicherheit des Dienstleistungsempfängers oder eines Dritten oder für die finanzielle Sicherheit des Dienstleistungsempfängers darstellen, eine der Art und dem Umfang des Risikos angemessene Berufshaftpflichtversicherung abschließen

37 S. insbesondere EuGH, Rs C-350/03 (Schulte), Slg. 2005, I-9251, Rn 101; Rs C-229/04 (Crailsheimer Volksbank), Slg. 2005, I-9273, Rn 48; BGHZ 169, 109.

38 Principles of European Contract Law.

39 Art. 28 CISG kann insoweit geradezu als Verkörperung dieses Grundsatzes gelten.

40 Zurückhaltend auch Haubold in: Gebauer/Wiedmann (Hg.), Zivilrecht unter europäischem Einfluss, Stuttgart, 2005, §§ 312 e, 126a BGB Rn 73 f.

oder eine aufgrund ihrer Zweckbestimmung im Wesentlichen vergleichbare Sicherheit oder gleichwertige Vorkehrung vorsehen.

(2) Wenn ein Dienstleistungserbringer sich in ihrem Hoheitsgebiet niederlässt, dürfen die Mitgliedstaaten keine Berufshaftpflichtversicherung oder Sicherheit vom Dienstleistungserbringer verlangen, sofern er bereits durch eine gleichwertige oder aufgrund ihrer Zweckbestimmung und der vorgesehenen Deckung bezüglich des versicherten Risikos, der Versicherungssumme oder einer Höchstgrenze der Sicherheit und möglicher Ausnahmen von der Deckung im Wesentlichen vergleichbare Sicherheit in einem anderen Mitgliedstaat, in dem er bereits niedergelassen ist, abgedeckt ist. Besteht nur eine teilweise Gleichwertigkeit, so können die Mitgliedstaaten eine zusätzliche Sicherheit verlangen, um die nicht gedeckten Risiken abzusichern.

Verlangt ein Mitgliedstaat von einem in seinem Hoheitsgebiet niedergelassenen Dienstleistungserbringer den Abschluss einer Berufshaftpflichtversicherung oder eine andere Sicherheit, so hat er die von in anderen Mitgliedstaaten niedergelassenen Kreditinstituten und Versicherern ausgestellten Bescheinigungen, dass ein solcher Versicherungsschutz besteht, als hinreichenden Nachweis anzuerkennen.

(3) Die Absätze 1 und 2 berühren nicht die in anderen Gemeinschaftsrechtsakten vorgesehenen Berufshaftpflichtversicherungen oder Sicherheiten.

(4) Im Rahmen der Durchführung des Absatzes 1 kann die Kommission nach dem in Artikel 40 Absatz 2 genannten Regelungsverfahren Dienstleistungen benennen, die die in Absatz 1 des vorliegenden Artikels genannten Eigenschaften aufweisen. Die Kommission kann ferner nach dem in Artikel 40 Absatz 3 genannten Verfahren Maßnahmen erlassen, die dazu bestimmt sind, nicht wesentliche Bestimmungen dieser Richtlinie zu ändern, indem sie durch Festlegung gemeinsamer Kriterien ergänzt wird, nach denen festgestellt wird, ob eine Versicherung oder Sicherheit im Sinne des Absatzes 1 des vorliegenden Artikels im Hinblick auf die Art und den Umfang des Risikos angemessen ist.

(5) Im Sinne dieses Artikels bedeutet:
- „unmittelbares und besonderes Risiko" ein Risiko, das sich unmittelbar aus der Erbringung der Dienstleistung ergibt;
- „Gesundheit oder Sicherheit" in Bezug auf einen Dienstleistungsempfänger oder einen Dritten die Verhinderung des Todes oder einer schweren Körperverletzung;
- „finanzielle Sicherheit" in Bezug auf einen Dienstleistungsempfänger die Vermeidung erheblicher Geldverluste oder Einbußen bei Vermögenswerten;
- „Berufshaftpflichtversicherung" eine Versicherung, die ein Dienstleistungserbringer bezüglich seiner potenziellen Haftung gegenüber Dienstleistungsempfängern und gegebenenfalls Dritten, die sich aus der Erbringung der Dienstleistung ergibt, abgeschlossen hat.

Literatur: Siehe die Literaturhinweise vor Art. 22.

I. Allgemeines

1. Regelungszweck und Regelungsstruktur

Art. 23 dient nach der Vorstellung der Kommission dazu, die **Mitgliedstaaten zu ermutigen**, von Dienstleistern eine Berufshaftpflichtversicherung oder eine vergleichbare Sicherheit zu verlangen.[1] Sie sieht in der Vorschrift sogar eine **Empfehlung**, sämtliche Dienstleister, deren Leistungen ein potentielles Risiko für den Empfänger bilden, zur Begründung einer solchen Sicherung zu verpflichten.[2] 1

Regelnde Wirkungen entfalten **lediglich Abs. 1, 2.** Abs. 1 eröffnet – in noch näher zu beleuchtendem Umfang – die Möglichkeit, vom Dienstleister eine Sicherung zu verlangen. Abs. 2 regelt die Problematik der erzwungenen Doppelversicherung. Abs. 3 enthält eine Regelung der Konkurrenz von Art. 23 mit anderen Rechtsakten; Abs. 5 enthält vier Definitionen. 2

Abs. 4 öffnet der Kommission in zweierlei Hinsicht **Konkretisierungsspielräume:** Zum einen kann die Kommission klarstellen, für welche Dienstleistungen die Voraussetzungen von Abs. 1 jedenfalls vorliegen (Abs. 4 S. 1) und zum anderen kann sie Art. 23 um gemeinsame Kriterien ergänzen, nach denen die Angemessenheit der Sicherungspflicht im Hinblick auf Art und Umfang des Risikos angemessen ist (Abs. 4 S. 2). Anwendbar sind die Verfahren nach Art. 40 Abs. 2 respektive Abs. 3; bislang ist nicht erkennbar, dass die Kommission von diesen Befugnissen alsbald Gebrauch machen wird. 3

2. Anwendungsbereich

Der Anwendungsbereich von Art. 23 entspricht den allgemeinen Regeln für Kapitel V (s. Vor Art. 22 Rn 4). Die Vorschrift gilt daher grundsätzlich für **sämtliche Dienstleistungen**, soweit sie nicht unter die Ausnahmen nach Art. 1, 2 der Richtlinie fallen. Abweichungen davon sind allerdings in Anwendung der Konkurrenzregeln von Abs. 3 und Art. 3 möglich. 4

3. Verhältnis zu den Kapiteln III und IV

Die **Schlüsselfrage** für die künftige praktische Bedeutung von Art. 23 ist die nach dem Verhältnis der Vorschrift zu den Regelungen der Kapitel III und IV: Handelt es sich um eine zusätzliche Rechtfertigung von Eingriffen in die Niederlassungs- oder Dienstleistungsfreiheit oder sind entsprechende Sicherungspflichten gleichwohl auch an den Maßstäben der Art. 9 ff., 16 ff. zu messen? Richtigerweise ist hierfür zwischen beiden Freiheiten zu unterscheiden, weil deren Regelungsstruktur eine sehr unterschiedliche ist. 5

Hinsichtlich der **Niederlassungsfreiheit** finden sich im Richtlinientext zwei entscheidende Hinweise: Zunächst stellt Art. 23 Abs. 2 besondere Regeln für Sicherungen für den Fall einer zweiten Niederlassung auf. Daraus ist zu schließen, dass Art. 23 jedenfalls für die Niederlassungsfreiheit die Rechtmäßigkeitsvoraussetzungen von Pflichthaftpflichtversicherungen und entsprechenden Instrumenten regeln will. Außerdem lässt das allgemeine Verbot der niederlassungsrechtlichen Auslän- 6

1 Kommissionshandbuch, Ziff. 8.2.1.
2 Kommissionshandbuch, Ziff. 8.2.

dersicherheit in Art. 14 Nr. 7 nach dessen S. 2 gerade mitgliedstaatliche Versicherungspflichten unberührt. Für die Niederlassungsfreiheit ergeben sich die **Maßstäbe für die Rechtmäßigkeit** solcher Erfordernisse daher **ausschließlich aus Art. 23**.

7 Erheblich schwerer fällt die Antwort im Blick auf die **Dienstleistungsfreiheit**: Als gesichert darf insoweit nur angesehen werden, dass Art. 23 jedenfalls Eingriffe in die Dienstleistungsfreiheit im Inland niedergelassener Dienstleister rechtfertigt; der **Heimatstaat darf** also die Dienstleistungsfreiheit des Dienstleisters **beschränken**. **Zweifelhaft** ist freilich, **ob auch** der **Zielstaat** nach den Maßstäben des Art. 23 Versicherungspflichten auferlegen darf.[3] Die Systematik der Abs. 1, 2 ist insoweit ambivalent: Aus der fehlenden Erwähnung der Niederlassung in Abs. 1 lässt sich schließen, dass auch die Dienstleistungsfreiheit erfasst sei. Umgekehrt ließe sich aus dem Umstand, dass Abs. 2 lediglich Zweitniederlassungen behandelt, auf einen eingeschränkten Gegenstand von Abs. 1 schließen. Ausschlaggebend sind m. E. die in Art. 23 Abs. 1 einerseits und Art. 16 andererseits enthaltenen Wertungen: Über den Schutz vor Vermögensfolgeschäden aus Verletzungen der Gesundheit oder Sicherheit des Empfängers schützt Art. 23 Abs. 1 auch allgemein dessen finanzielle Sicherheit – also besonders vor dem Ausfall in der Insolvenz des Dienstleisters. Dieses Schutzgut lässt sich in der von Art. 23 Abs. 1 vorgegebenen Allgemeinheit jedoch nicht kohärent mit der von Art. 16 geforderten Gefährdung der öffentlichen Ordnung zusammenführen. Damit bleibt es auch für Art. 23 bei der allgemeinen Regel des Kapitels V, dass dieses lediglich Sachrechtsvereinheitlichung betreibt (s. Vor Art. 22 Rn 6).

8 Art. 23 selbst verbietet den Mitgliedstaaten keine **weitergehenden Sicherungspflichten**. Allerdings müssen sich diese dann ohne die Privilegierung der Vorschrift an den Maßstäben der Art. 9 ff., 16 ff. messen lassen.

4. Verhältnis zum übrigen Gemeinschaftsrecht

9 Für das Verhältnis zum Gemeinschaftsrecht im Übrigen gelten grundsätzlich die allgemeinen Regeln (s. Vor Art. 22 Rn 8 f.): Art. 43 ff., 49 ff. EGV bleiben unverändert anwendbar. Für das sekundäre Gemeinschaftsrecht greift **Art. 3**. Das Subsidiaritätsprinzip wird freilich für einen Punkt durch **Art. 23 Abs. 3** nochmals betont: Die in anderen Gemeinschaftsrechtsakten vorgesehenen Sicherungen bleiben unberührt. Soweit solche Rechtsakte Pflichtversicherungen vorschreiben oder auch nur ermöglichen, gehen diese Regelungen daher Art. 23 vor. Insoweit ergibt sich keine Abweichung vom allgemeinen Subsidiaritätsgrundsatz des Art. 3; Abs. 3 ist daher rein deklaratorisch.

5. Umsetzung

10 Der **Umsetzungsbedarf** für Art. 23 ist **begrenzt**. Abs. 1 ist praktisch nicht umsetzungsfähig, weil er lediglich den Handlungsspielraum der Mitgliedstaaten markiert. Etwas anderes gilt lediglich für nationale Bestimmungen, mit welchen der Gesetzgeber nachgeordnete Rechtsetzungsorgane zum Erlass von Versicherungspflichten ermächtigt. Ein Umsetzungsbedarf für Abs. 2 entsteht nur, soweit die

3 Wie hier im Ergebnis auch Roth in: Leible (Hg.), S. 205, 233. Das Kommissionshandbuch, Ziff. 8.2.1. spricht ohnehin nur von den im Hoheitsgebiet ansässigen Dienstleistern.

Mitgliedstaaten von niedergelassenen Dienstleistern die Begründung von Sicherungen verlangen. Für diese Fälle ist jeweils ein Anrechnungs- und Anerkennungsmechanismus vorzusehen. Wegen der Vielzahl von Versicherungspflichten liegt die Etablierung einer allgemeinen Regel nicht fern.

6. Vollzugszuständigkeiten

Für den Vollzug der so begründeten Sicherungspflichten gelten die **allgemeinen Regeln** (s. Vor Art. 22 Rn 10). Es gelangt also vor allem das Zuständigkeitsregime der Art. 28 ff. zur Anwendung. 11

II. Zulässigkeit von Sicherungspflichten (Abs. 1)

1. Erfasste Sicherungen

Art. 23 Abs. 1 gilt **in erster Linie** für **Berufshaftpflichtversicherungen**. Darunter versteht die Vorschrift gemäß Abs. 5 eine Versicherung, die ein Dienstleistungserbringer „bezüglich" seiner potenziellen Haftung gegenüber Dienstleistungsempfängern und gegebenenfalls Dritten, die sich aus der Erbringung der Dienstleistung ergibt, abgeschlossen hat. Dabei geht es vornehmlich um die **Haftung für Vertragsverletzungen** des Dienstleisters. Diese schließen freilich, wie vor allem der Verweis auf die finanzielle Sicherheit des Empfängers zeigt, auch die **Vorsorge gegen Insolvenzrisiken** mit ein, auch wenn diese Vorsorge eher selten im Wege der Versicherung getroffen werden wird. 12

Die Vorschrift ist nicht auf Haftpflichtversicherungen beschränkt, sondern umfasst sämtliche **Konstruktionen, die** ebenfalls die erfassten Haftpflicht- und sonstigen **Risiken abdecken** sollen. Die Richtlinie handelt insoweit von einer „aufgrund ihrer Zweckbestimmung im Wesentlichen vergleichbare Sicherheit oder gleichwertige[n] Vorkehrung". Das Kommissionshandbuch spricht von „einer anderen Form einer finanziellen Garantie". Erfasst werden von der sehr weit zu verstehenden Norm damit auch etwa die nach § 34c Abs. 3 Nr. 1 GewO und §§ 2 ff. MaBV geforderten Sicherheiten. 13

2. Rechtfertigende Zwecke

Abs. 1 benennt zwei rechtfertigende Zwecke für die mitgliedstaatliche Anordnung einer Versicherungspflicht: Einerseits geht es um Fälle eines Risikos für die **Gesundheit oder Sicherheit** des Dienstleistungsempfängers oder eines Dritten. Darunter versteht die Vorschrift nach Abs. 5 die Gefahr des Todes oder einer schweren Körperverletzung der geschützten Personen. Beispiele sind etwa Ärzte, aber auch Schausteller, von denen besondere Gefahren ausgehen.[4] Drohende schwere Persönlichkeitsrechtsverletzungen werden zwar nicht genannt; außerhalb von Art. 23 Abs. 1 können freilich auch sie Eingriffe rechtfertigen. 14

Das zweite mögliche Schutzgut von Abs. 1 ist die **finanzielle Sicherheit** des Empfängers. Die Sicherung dient dann nach der Definition in Abs. 5 der Vermeidung erheblicher Geldverluste oder Einbußen bei Vermögenswerten mithin primär der Minderung des **Insolvenzrisikos**. 15

4 S. Korte, NVwZ 2007, 501, 506.

16 Beide Risiken begründen nur dann taugliche Eingriffslegitimationen, wenn sie **unmittelbar und besonders** sind. Darunter versteht die Vorschrift nach der wenig aussagekräftigen Definition des Abs. 5 solche Risiken, die sich unmittelbar aus der Erbringung der Dienstleistung ergeben. Richtigerweise wird damit vor allem eine **besondere Typizität** des Risikos gefordert.

3. Angemessenheit

17 Eine einschlägige Sicherung ist nur dann nach Abs. 1 gerechtfertigt, wenn sie der Art und dem Umfang des Risikos **angemessen** ist. Dem nationalen Gesetzgeber wird hier eine weitreichende Einschätzungsprärogative zukommen. Allerdings wird die Rechtfertigung zumindest voraussetzen, dass insoweit eine **nachvollziehbare Begründung** geliefert wird. Problematisch ist allerdings die Auffassung der Kommission, über das Kriterium der Angemessenheit ließe sich auch die Deckung von Risiken grenzüberschreitender Dienstleistungen auf Fälle begrenzen, in denen diese tatsächlich erbracht werden.[5] Wegen der begrenzten Möglichkeiten des Zielstaates, selbst Versicherungspflichten zu statuieren, wird im Gegenteil von einer nach Art und Umfang angemessenen Deckung nur dann die Rede sein, wenn die Sicherung gerade auch in sämtlichen Fällen grenzüberschreitender Dienstleistungen eingreifen muss;[6] die Mitgliedstaaten sind insoweit nicht – mehr – frei, nur ihre eigenen Einwohner zu schützen. Die nötige Differenzierung nach der Häufigkeit von Grenzüberschreitungen wird dann über die Prämie oder die sonstigen Kosten der Sicherung erfolgen müssen.

4. Anerkennung ausländischer Sicherungsgeber (Abs. 2 UA 2)

18 Gleich wie eine Sicherungspflicht im Einzelnen ausgestaltet ist, in jedem Falle darf es **keine Rolle** spielen, **in welchem Mitgliedstaat** ein Drittsicherungsgeber niedergelassen ist. Dies folgt nicht nur aus Art. 14 Nr. 7, sondern auch im Wege des Erstrechtschlusses aus dem – systematisch falsch eingeordneten – Abs. 2 UA 2.[7] Ihrem Wortlaut nach fordert die Vorschrift (außerdem), dass für den **Nachweis** der Sicherung auch die vom ausländischen Sicherungsgeber ausgestellte Bescheinigung ausreicht.

III. Vermeidung der Doppelversicherung (Abs. 2 UA 1)

19 Verfügt ein Dienstleister über **Niederlassungen in mehreren Mitgliedstaaten,** kann es dazu kommen, dass ihn in all diesen Rechtsordnungen eine Versicherungspflicht trifft. Soweit diese auch im Ergebnis zur Notwendigkeit einer **doppelten** oder mehrfachen **Versicherung** führt, liegt darin bereits primärrechtlich ein Verstoß gegen die Niederlassungsfreiheit.[8]

20 Art. 23 Abs. 2 UA 1 nimmt diese primärrechtliche Vorgabe auf und konkretisiert sie in mehrfacher Hinsicht: Der Staat der Zweitniederlassung darf keine Sicherung verlangen, wenn der Dienstleister bereits im Staat der Erstniederlassung über eine

---

5 So Kommissionshandbuch, Ziff. 8.2.2.
6 Im Ergebnis ebenso Korte, NVwZ 2007, 501, 506.
7 Vgl. Grunewald in: Leible (Hg.), S. 175, 177.
8 EuGH, Rs C-53/95 (Inasti), Slg. 1996, I-703, Rn 9 ff.; Bröhmer in: Calliess/Ruffert EUV/EGV, Art. 43 EGV Rn 26.

gleichwertige Versicherung oder Sicherheit verfügt. Auf die Bestimmung dessen, was „gleichwertig" bedeutet, kommt es freilich nicht an, weil außerdem eine **im Wesentlichen vergleichbare** Sicherheit ausreicht.

Die Vorschrift benennt vier **Kriterien** für die Vergleichbarkeit, nämlich die **Zweckbestimmung**, das **abgedeckte Risiko**, der durch Versicherungssumme oder Höchstgrenze näher beschriebene **Umfang der Risikodeckung** sowie die **Ausnahmen von der Deckung**. Insoweit muss keine Identität vorliegen, vielmehr genügt eben die Vergleichbarkeit im Wesentlichen. So ist es etwa im Staat der Zweitniederlassung zweifellos unschädlich, wenn es an einem Element fehlt, für das der Dienstleister nach dem anwendbaren Vertragsrecht ohnehin nicht haftet. 21

Ergibt der Vergleich der Sicherung mit den Anforderungen des Staats der Zweitniederlassung eine **Deckungslücke**, so darf dieser Staat nicht etwa eine vollständige Sicherung nach seinem Recht verlangen. Vielmehr ist die Sicherung im Staat der Erstniederlassung gleichwohl wirksam; es kann nach Art. 23 Abs. 2 UA 1 S. 2 lediglich eine **zusätzliche Sicherung** verlangt werden, soweit keine Gleichwertigkeit besteht. 22

Artikel 24 Kommerzielle Kommunikation für reglementierte Berufe

(1) Die Mitgliedstaaten heben sämtliche absoluten Verbote der kommerziellen Kommunikation für reglementierte Berufe auf.

(2) Die Mitgliedstaaten stellen sicher, dass die kommerzielle Kommunikation durch Angehörige reglementierter Berufe die Anforderungen der berufsrechtlichen Regeln erfüllt, die im Einklang mit dem Gemeinschaftsrecht je nach Beruf insbesondere die Unabhängigkeit, die Würde und die Integrität des Berufsstandes sowie die Wahrung des Berufsgeheimnisses gewährleisten sollen. Berufsrechtliche Regeln über die kommerzielle Kommunikation müssen nicht diskriminierend, durch einen zwingenden Grund des Allgemeininteresses gerechtfertigt und verhältnismäßig sein.

Literatur: Siehe die Literaturhinweise Vor Art. 1.

I. Überblick

Art. 24 Abs. 1 verpflichtet die Mitgliedstaaten, alle in ihrem nationalen Recht bislang noch bestehenden **absoluten Verbote der kommerziellen Kommunikation** für Angehörige reglementierter Berufe aufzuheben. Abs. 2 stellt klar, dass den Mitgliedstaaten ungeachtet dessen das Recht verbleibt, bestimmte Anforderung an die **inhaltliche Ausgestaltung der Werbung** durch Angehörige reglementierter Berufe zu stellen. Gleichzeitig werden derartige Beschränkungen jedoch einem Rechtfertigungsvorbehalt unterworfen und müssen insbesondere einer Verhältnismäßigkeitsprüfung standhalten. 1

2 Eine im Wesentlichen inhaltsgleiche Vorschrift war bereits in Art. 29 des ursprünglichen Richtlinienvorschlags der Kommission[1] enthalten.[2] Der Umstand, dass die Vorschrift nicht von den umfangreichen Umgestaltungen der Dienstleistungsrichtlinie im Gesetzgebungsverfahren erfasst, sondern lediglich redaktionellen Änderungen unterzogen wurde, macht deutlich, dass insbesondere die Aufhebung von **Totalverboten** kommerzieller Kommunikation für die reglementierten Berufe relativ unstreitig war.

3 Der von Art. 24 ausgesprochene Bann von Werbeverboten und -beschränkungen differenziert nicht nach deren Urheber. Die Mitgliedstaaten müssen daher auch dafür Sorge tragen, dass **Werberegelungen von Berufskammern** oder berufsständischen Vereinigungen den Anforderungen des Art. 24 Rechnung tragen.[3]

II. Hintergrund

4 Die Europäische Kommission misst der **kommerziellen Kommunikation** schon seit langem eine hohe Bedeutung für das Funktionieren des Binnenmarktes bei. Sie beschloss bereits im Jahr 1992, das Gesamtkonzept ihrer Politik auf diesem Gebiet zu überarbeiten und die Ergebnisse in Form eines Grünbuchs zu veröffentlichen. Das Grünbuch „Kommerzielle Kommunikation im Binnenmarkt"[4] wurde schließlich 1996 vorgestellt. Darin kam die Kommission zu dem Schluss, dass aufgrund der Divergenzen der mitgliedstaatlichen Regelungen der kommerziellen Kommunikation ein ordnungsgemäßes Funktionieren des Binnenmarktes nicht gewährleistet ist.[5] In einer Untersuchung aus dem Jahr 2002 identifizierte die Kommission Werbebeschränkungen sogar als eines der Haupthindernisse für einen funktionsfähigen Binnenmarkt für Dienstleistungen.[6] Angesichts dieses Befundes ist es nicht verwunderlich, dass sich mittlerweile in zahlreichen Sekundärrechtsakten werberechtlich relevante Regelungen finden.[7] Bislang dominierten freilich produktbezogene Werbenormen.[8] Daneben existierten nur einige wenige

1 Vorschlag für eine Richtlinie des Europäischen Parlaments und des Rates über Dienstleistungen im Binnenmarkt, KOM(2004) 2 endg.

2 Vorgesehen war folgender Wortlaut: (1) Die Mitgliedstaaten heben Totalverbote der kommerziellen Kommunikation für reglementierte Berufe auf. (2) Die Mitgliedstaaten tragen dafür Sorge, dass die kommerziellen Kommunikationen durch Angehörige reglementierter Berufe die Anforderungen der Standesregeln erfüllen, die je nach Beruf insbesondere die Unabhängigkeit, die Würde und die Integrität des Berufsstandes sowie die Wahrung des Berufsgeheimnisses gewährleisten sollen, vorausgesetzt, diese Regeln sind mit dem Gemeinschaftsrecht vereinbar.

3 Kommissionshandbuch, Ziff. 8.3.

4 KOM(1996) 192 endg.

5 KOM(1996) 192 endg., S. 26.

6 Bericht der Kommission an den Rat und das Europäische Parlament: „Der Stand des Binnenmarktes für Dienstleistungen", KOM(2002) 441 endg., S. 30 ff.

7 Für einen allgemeinen Überblick vgl. Marwitz, Werberegulierung durch EU-Gesetzgebung, KR 2004, 209 ff.; Micklitz in: MünchKommUWG, EG E Rn 39 ff.

8 Vgl. z. B. Art. 13 ff. RL 89/552/EWG des Rates v. 3.10.1989 zur Koordinierung bestimmter Rechts- und Verwaltungsvorschriften der Mitgliedstaaten über die Ausübung der Fernsehtätigkeit, ABl. 1989 Nr. L 289, S. 23, geänd. durch die RL 97/36/EG des Europäischen Parlaments und des Rates v. 30.6.1997, ABl. 1997 Nr. L 202, S. 60; RL 1999/94/EG des Europäischen Parlaments und des Rates v. 13.12.1999 über die Bereitstellung von Verbraucherinformationen über den Kraftstoffverbrauch und CO2-Emissionen beim Marketing für neue Personenkraftwagen, ABl. 2000 Nr. L 12, S. 16, zul. geänd. durch die VO 1882/2003/EG des Europäischen Parlaments und des Rates v. 29.9.2003, ABl. 2003 Nr. L 284, S. 1;

Rechtsakte zum allgemeinen Lauterkeitsrecht, wie etwa die Richtlinie über irreführende und vergleichende Werbung.[9] Diese Situation hat sich mittlerweile aber durch Erlass der Richtlinie über unlautere Geschäftspraktiken[10] deutlich geändert.

Lange Zeit ausgeklammert blieben jedenfalls **berufsbezogene Werberegelungen** und insbesondere **berufsbezogenen Werbeverbote**, obwohl gerade Letztere als besonders binnenmarktschädlich anzusehen sind.[11] In einzelnen Mitgliedstaaten bestehen vor allem für die Angehörigen der sog. **freien Berufe** absolute Werbeverbote.[12] Durch solche Verbote wird der grenzüberschreitende Dienstleistungsverkehr in besonderer Weise betroffen. Denn ein Dienstleistungserbringer, der von seiner Dienstleistungs- bzw. Niederlassungsfreiheit Gebrauch machen und auf dem Markt eines anderen Mitgliedstaates tätig werden will, ist in deutlich stärkerem Maße als die bereits am Markt etablierten und in der Regel heimischen Konkurrenten darauf angewiesen, potentielle Kunden auf sein Angebot aufmerksam zu machen. Werbeverbote nützen daher in der Regel den alteingesessenen inländischen Anbietern.[13] Dies hat auch der EuGH bereits in anderem Zusammenhang deutlich hervorgehoben.[14] 5

Einen ersten Schritt zur Beseitigung derartiger Marktzutrittsschranken durch Aufbrechung berufsbezogener Werbeverbote unternahm die Gemeinschaft mit dem Erlass der Richtlinie über den elektronischen Geschäftsverkehr (**E-Commerce-** 6

Art. 86 ff. der RL 2001/83/EG des Europäischen Parlaments und des Rates v. 6.11.2001 zur Schaffung eines Gemeinschaftskodexes für Humanarzneimittel, ABl. 2001 Nr. L 311, S. 67, zul. geänd. durch die VO 1901/2006/EG des Europäischen Parlaments und des Rates v. 12.12.2006, ABl. 2006 Nr. L 378, S. 1; RL 2001/83/EG des Europäischen Parlaments und des Rates v. 26.5.2003 zur Angleichung der Rechts- und Verwaltungsvorschriften der Mitgliedstaaten über Werbung und Sponsoring zugunsten von Tabakerzeugnissen, ABl. 2003 Nr. L 152, S. 16; VO 1924/2006/EG des Europäischen Parlaments und des Rates v. 20.12.2006 über nährwert- und gesundheitsbezogene Angaben über Lebensmittel, ABl. 2006 Nr. L 404, S. 9.

9 RL 84/450/EWG des Rates v. 10.9.1984 zur Angleichung der Rechts- und Verwaltungsvorschriften der Mitgliedstaaten über irreführende Werbung, ABl. 1984 Nr. L 250, S. 17, ersetzt durch die RL 2006/114/EG des Europäischen Parlaments und des Rates vom 12.12.2006 über irreführende und vergleichende Werbung, ABl. 2006 Nr. L 376, S. 21.

10 RL des Europäischen Parlaments und des Rates v. 11.5.2005 über unlautere Geschäftspraktiken im binnenmarktinternen Geschäftsverkehr zwischen Unternehmen und Verbrauchern und zur Änderung der RL 84/450/EWG des Rates, der RL 97/7/EG, 98/27/EG und 2002/65/EG des Europäischen Parlaments und des Rates sowie der Verordnung (EG) Nr. 2006/2004 des Europäischen Parlaments und des Rates (Richtlinie über unlautere Geschäftspraktiken), ABl. 2005 Nr. L 149, S. 22.

11 Bericht der Kommission an den Rat und das Europäische Parlament: Der Stand des Binnenmarktes für Dienstleistungen, KOM(2002) 441 endg., S. 31.

12 Grünbuch Kommerzielle Kommunikation im Binnenmarkt, KOM(1996) 192 endg., S. 41; Bericht der Kommission an den Rat und das Europäische Parlament: Der Stand des Binnenmarktes für Dienstleistungen, KOM(2002) 441 endg., S. 31.

13 Bericht der Kommission an den Rat und das Europäische Parlament: Der Stand des Binnenmarktes für Dienstleistungen, KOM(2002) 441 endg., S. 31.

14 Vgl. EuGH, Rs C-405/98 (Gourmet International Products), Slg. 2001, I-1795, Rn 24, zu einem schwedischen Alkoholwerbeverbot: „Ohne dass eine genaue Untersuchung der die Lage in Schweden kennzeichnenden tatsächlichen Umstände nötig wäre, … kann festgestellt werden, dass bei Erzeugnissen wie den alkoholischen Getränken … ein Verbot jeder an die Verbraucher gerichteten Werbung … geeignet ist, den Marktzugang für Erzeugnisse aus anderen Mitgliedstaaten stärker zu behindern, als es dies für inländische Erzeugnisse tut, mit denen der Verbraucher unwillkürlich besser vertraut ist."

Richtlinie).[15] Gemäß Art. 8 Abs. 1 E-Commerce-Richtlinie müssen die Mitgliedstaaten es den Angehörigen reglementierter Berufe grundsätzlich gestatten, ihre Dienste im Internet darzustellen, sofern die jeweiligen standesrechtlichen Regeln eingehalten werden.[16] Problematisch an dieser Regelung ist freilich, dass unklar bleibt, welche Bedeutung dem Vorbehalt der Vereinbarkeit mit den berufsrechtlichen Regeln beizumessen ist.[17] Dass die Interpretationsbedürftigkeit dieser Einschränkung der Rechtssicherheit nicht unbedingt zuträglich ist, hat auch der Gemeinschaftsgesetzgeber erkannt. Daher werden die **Berufsvereinigungen und -organisationen** in Art. 8 Abs. 2 und 3 E-Commerce-Richtlinie dazu ermutigt, **Verhaltenskodizes** auf Gemeinschaftsebene aufzustellen, um zu bestimmen, welche Arten der kommerziellen Kommunikation zulässig sein sollen.[18]

III. Absolute Werbeverbote

1. Grundsatz

7 Art. 24 Abs. 1 knüpft an die Regelung des Art. 8 E-Commerce-Richtlinie an und verpflichtet die Mitgliedstaaten zur Aufhebung sämtlicher **absoluter Werbeverbote für reglementierte Berufe**. Statuiert wird letztlich die grundsätzliche Zulässigkeit der Verwendung kommerzieller Kommunikation durch die Angehörigen dieser Berufsgruppen. Aufgrund der klaren Formulierung von Art. 24 Abs. 1 kann der Vorschrift nach Ablauf der Umsetzungsfrist und bei fehlender oder mangelhafter Umsetzung **unmittelbare Wirkung** zukommen; denn Art. 24 Abs. 1 ist inhaltlich so unbedingt und hinreichend genau, dass das durch die Richtlinie angesprochene staatliche Organ sie ohne Vermittlung durch innerstaatliche Umsetzungsakte aus sich heraus anwenden kann.[19]

2. Kommerzielle Kommunikation

8 Untersagt werden Verbote **„kommerzieller Kommunikation"**. Eine Legaldefinition des Begriffs der kommerziellen Kommunikation findet sich in Art. 4 Nr. 12 (vgl. dazu auch Art. 4 Rn 38 ff.). Danach sind unter kommerzieller Kommunikation alle Formen der Kommunikation zu verstehen, die der unmittelbaren oder mittelbaren Förderung des Absatzes von Waren und Dienstleistungen oder des Erscheinungsbildes eines Unternehmens, einer Organisation oder einer natürlichen Per-

15 RL 2000/31/EG des Europäischen Parlaments und des Rates v. 8.6.2000 über bestimmte rechtliche Aspekte der Dienste der Informationsgesellschaft, insbesondere des elektronischen Geschäftsverkehrs, im Binnenmarkt („Richtlinie über den elektronischen Geschäftsverkehr"), ABl. 2000 Nr. L 178, S. 1.

16 Art. 8 Abs. 1 E-Commerce-Richtlinie lautet: „Die Mitgliedstaaten stellen sicher, dass die Verwendung kommerzieller Kommunikationen, die Bestandteil eines von einem Angehörigen eines reglementierten Berufs angebotenen Dienstes der Informationsgesellschaft sind oder einen solchen Dienst darstellen, gestattet ist, soweit die berufsrechtlichen Regeln, insbesondere zur Wahrung von Unabhängigkeit, Würde und Ehre des Berufs, des Berufsgeheimnisses und eines lauteren Verhaltens gegenüber Kunden und Berufskollegen, eingehalten werden."

17 Bodewig, Elektronischer Geschäftsverkehr und Unlauterer Wettbewerb, GRUR Int. 2000, 475, 477 f. Für zulässig gehalten wird es etwa, die Web-Site eines Rechtsanwalts dem Gebot sachlicher Werbung zu unterstellen, vgl. Marly in: Grabitz/Hilf EU, A 4 Art. 8 Rn 3.

18 Näher dazu Marly in: Grabitz/Hilf EU, A 4 Art. 8 Rn 4 f.

19 Vgl. m. w. N. zu den Voraussetzungen einer unmittelbaren Richtlinienwirkung im Vertikalverhältnis Leible in: MünchKommUWG, EG A Rn 182; zu möglichen Wirkungen in Horizontalverhältnissen EG Rn 187 f.

son dienen, die eine Tätigkeit in Handel, Gewerbe oder Handwerk oder einen reglementierten Beruf ausübt. Erfasst werden sämtliche Formen der **Unternehmenswerbung** bis hin zu Visitenkarten des Dienstleistungserbringers, auf denen sich etwa sein akademischer Titel, bestimmte Aussagen zu seiner fachlichen Spezialisierung (z.B. Fachanwalt für ...) oder andere berufs- oder personenbezogene Angaben finden.[20]

3. Reglementierter Beruf

Art. 24 Abs. 1 untersagt **absolute Werbeverbote** nicht schlechthin, sondern nur 9
solche für **„reglementierte Berufe“**. Unter einem reglementierten Beruf ist nach Art. 4 Nr. 11 eine berufliche Tätigkeit oder eine Gruppe beruflicher Tätigkeiten i.S.d. Art. 3 Abs. 1 lit. a der RL 2005/36/EG[21] zu verstehen (näher dazu Art. 4 Rn 36 f.). Auch wenn der Anwendungsbereich von Art. 24 Abs. 1 aufgrund des Rekurses auf den sehr weiten Begriff des reglementierten Berufs sehr groß ist, dürfte die Vorschrift nur für die klassischerweise von Werbebeschränkungen betroffenen sog. **freien Berufe** praktisch relevant werden[22], wie beispielsweise **Rechtsanwälte, Wirtschaftsprüfer** und **Architekten.**[23] Hinzu kommt, dass einige wichtige Berufsgruppen nicht von der mit Art. 24 verbundenen werbrechtlichen Liberalisierung profitieren, obgleich es sich bei ihnen um reglementierte Berufe handelt. So findet die Dienstleistungsrichtlinie etwa gemäß ihrem Art. 2 Abs. 2 lit. l keine Anwendung auf die Tätigkeit der **Notare**. Ausgeschlossen sind weiterhin nach Art. 2 Abs. 2 lit. f **Gesundheitsdienstleistungen**, so dass auch die für **Ärzte, Zahnärzte** etc. geltenden Werberegelungen unberührt bleiben.

4. Aufhebung absoluter Werbeverbote

Art. 24 Abs. 1 verpflichtet die Mitgliedstaaten zur Beseitigung noch bestehender 10
Totalverbote[24] der Verwendung kommerzieller Kommunikation durch die Angehörigen reglementierter Berufe. Es genügt freilich nicht, es den Angehörigen reglementierter Berufe zu gestatten, in irgendeiner Form für ihre Dienstleistungen zu werben. Denn Art. 24 Abs. 1 verlangt die Aufhebung *sämtlicher* absoluten Verbote der kommerziellen Kommunikation. Die Angehörigen eines reglementierten Berufs müssen also – jedenfalls grundsätzlich – die Möglichkeit haben, sich jedweden Werbemediums bedienen zu können.

Die Bedeutung des Begriffs der „absoluten Verbote“ erschließt sich im Umkehr- 11
schluss aus Art. 24 Abs. 2, vor allem aber aus den Erwägungsgründen der Dienstleistungsrichtlinie. Erwägungsgrund 100 hebt nachdrücklich hervor, dass mit absoluten Verboten „nicht Verbote gemeint sind, die sich auf den Inhalt der kommerziellen Kommunikation beziehen, sondern solche, die diese allgemein und

20 Kommissionshandbuch, Ziff. 8.3.

21 RL 2005/36/EG des Europäischen Parlaments und des Rates v. 7.9.2005 über die Anerkennung von Berufsqualifikationen, ABl. 2005 Nr. L 255/22, geänd. durch die RL 2006/100/EG des Rates v. 20.11.2006, ABl. 2006 Nr. L 363, S. 141.

22 Zu Werberegelungen für freie Berufe in Deutschland vgl. Kleine-Cosack in: Leible (Hg.), Umsetzung, S. 187 ff.

23 Vgl. Bericht der Kommission an den Rat und das Europäische Parlament: „Der Stand des Binnenmarktes für Dienstleistungen“, KOM(2002) 441 endg., S. 31.

24 Vgl. Bericht der Kommission an den Rat und das Europäische Parlament: Der Stand des Binnenmarktes für Dienstleistungen, KOM(2002) 441 endg., S. 31.

für ganze Berufsgruppen in einer oder mehreren Formen untersagen, beispielsweise ein Verbot von Werbung in einem bestimmten Medium oder in einer Reihe von Medien". Eine Regelung, die es **Rechtsanwälten** pauschal verbietet, im Radio oder Fernsehen für ihre Dienstleistungen zu werben, wäre demnach unzulässig. Neben den ausdrücklich genannten **medienbezogenen Werbeverboten** erfasst Art. 24 Abs. 1 auch sonstige absolute Verbote bestimmter Formen der kommerziellen Kommunikation, wie etwa das **Sponsoring** oder das **Direktmarketing**. Dagegen steht Art. 24 Abs. 1 z.B. nicht einer Regelung wie dem Verbot der **Einzelfallwerbung** in **§ 43b BRAO** entgegen, da dieses Verbot eindeutig auf den Inhalt der kommerziellen Kommunikation bezogen ist.[25]

5. Flankierung durch Art. 37 Abs. 1

12 Flankiert wird das an die Mitgliedstaaten gerichtete Verbot, Angehörigen reglementierter Berufe kommerzielle Kommunikation generell zu untersagen, durch Art. 37 Abs. 1. Diese Vorschrift appelliert an die Mitgliedstaaten, in Zusammenarbeit mit der Kommission die Berufsverbände, -organisationen und -vereinigungen zu ermutigen, auf Gemeinschaftsebene Verhaltenskodizes auszuarbeiten. Diese **Verhaltenskodizes** sollen insbesondere Bestimmungen über die **kommerzielle Kommunikation** in den **reglementierten Berufen** sowie die **Standesregeln** der reglementierten Berufe enthalten, die der Wahrung der Unabhängigkeit, der Unparteilichkeit und des Berufsgeheimnisses dienen.[26] Auch insoweit folgt die Dienstleistungsrichtlinie dem Vorbild der E-Commcerce-Richtlinie.[27] Und nur so lässt sich wirklich sicherstellen, dass dem weitreichenden Deregulierungsauftrag des Art. 24 Abs. 1 (vgl. Rn 3) tatsächlich und umfassend Rechnung getragen wird.

IV. Beachtung berufsrechtlicher Regelungen

13 Nach Art. 24 Abs. 2 obliegt es den Mitgliedstaaten sicherzustellen, dass die kommerzielle Kommunikation durch Angehörige der reglementierten Berufe den Anforderungen von solchen **berufsrechtlichen Regeln** genügt, die die Unabhängigkeit, die **Würde und die Integrität des Berufsstandes** sowie die Wahrung des **Berufsgeheimnisses** gewährleisten sollen. Den Mitgliedstaaten steht es insoweit also frei, Anforderungen an die inhaltliche Ausgestaltung sowie Art und Weise der kommerziellen Kommunikation zu formulieren. Zulässig wäre danach zum Schutz der beruflichen Verschwiegenheitspflicht etwa ein Verbot, in der Werbung die Namen von Mandanten ohne deren vorherige Zustimmung zu verwenden.[28]

14 Art. 24 Abs. 2 stellt allerdings zugleich klar, dass aus berufsrechtlichen Zielen dienende Werberestriktion im vorgenannten Sinn nur zulässig sind, wenn sie nicht diskriminierend wirken, einem zwingenden Grund des Allgemeinwohls dienen und verhältnismäßig sind. Die ersten beiden Anforderungen sind kaum problematisch. **Offen diskriminierende Werbebeschränkungen** dürften in der Gemeinschaft kaum noch existieren. Eine solche Maßnahme wäre eine offensichtliche Beschrän-

25 Vgl. zur Einzelfallwerbung m. w. N. Ernst in: MünchKommUWG, Anh. §§ 1-7 UWG H Rn 47.
26 Vgl. Erwägungsgründe 100 und 114 zur Dienstleistungsrichtlinie.
27 Vgl. Art. 8 Abs. 2 und 3 E-Commerce-Richtlinie.
28 Kommissionshandbuch, Ziff. 8.3.

kung der Niederlassungs- bzw. Dienstleistungsfreiheit (Art. 43 bzw. 49 EGV) und ließe sich nur unter den engen Voraussetzungen des Art. 46 EGV rechtfertigen. Werbeverbote für Angehörige reglementierter Berufe dienen zudem in der Regel dem **Verbraucherschutz** oder der **Lauterkeit des Handelsverkehrs,**[29] mithin anerkannten zwingenden Gründen des Allgemeininteresses.[30] Fraglich ist freilich, in welchem Umfang berufsrechtlich motivierte Einschränkungen der kommerziellen Kommunikation als verhältnismäßig angesehen werden können, insbesondere in Hinblick auf die kaum fassbaren Schutzziele „Würde“ und „Integrität“ des Berufsstandes. Wenig hilfreich ist daher auch das im Kommissionshandbuch gegebene Beispiel, ein nationales und an Angehörige reglementierter Berufe gerichtetes **Verbot vergleichender Werbung** könne nur dann als verhältnismäßig zur Sicherung der „Würde“ und „Integrität“ des Berufsstandes eingeordnet werden, wenn es kein weniger einschneidendes Mittel zur Erreichung des angestrebten Zieles gibt.[31] Das gibt lediglich die EuGH-Definition der Verhältnismäßigkeit im engeren Sinne wieder und macht deutlich, dass die Frage nach der Verhältnismäßigkeit berufsrechtlich motivierter Werberestriktionen letztlich nur von Fall zu Fall entschieden werden kann.

Aus diesem Grund lässt sich derzeit auch noch nicht abschließend beurteilen, ob **15** sich aus Art. 24 Handlungsbedarf für den deutschen Gesetzgeber ergibt. Fest steht lediglich, dass das deutsche Recht mit Art 24 Abs. 1 in Einklang steht.[32] Totale Werbeverbote für Angehörige freier Berufe sind in Deutschland schon vor Jahren entfallen.[33] Und das in **§ 29 BNotO** verankerte Werbeverbot für Notare wird aufgrund der Herausnahme der Tätigkeit der Notare aus dem Anwendungsbereich der Dienstleistungsrichtlinie von deren Art. 24 nicht berührt.[34] Fraglich ist freilich, ob und inwieweit die zahlreichen inhaltlichen **Werberestriktionen** für die Angehörigen freier Berufe[35] der Verhältnismäßigkeitsprüfung nach Art. 24 Abs. 2 standhalten. Das Werberecht der freien Berufe in Deutschland muss in diesem Punkt einer gründlichen Prüfung unterzogen werden.[36]

Artikel 25 Multidisziplinäre Tätigkeiten

(1) Die Mitgliedstaaten stellen sicher, dass die Dienstleistungserbringer keinen Anforderungen unterworfen werden, die sie verpflichten, ausschließlich eine bestimmte Tätigkeit auszuüben, oder die die gemeinschaftliche oder partnerschaftliche Ausübung unterschiedlicher Tätigkeiten beschränken.

---

29 Vgl. Grünbuch Kommerzielle Kommunikation im Binnenmarkt, KOM(1996) 192 endg., S. 27.

30 Vgl. EuGH, Rs C-120/78 (Cassis de Dijon), Slg. 1979, 649, Rn 8; Rs C-411/03 (SEVIC Systems), Slg. 2005, I-10805, Rn 28.

31 Kommissionshandbuch, Ziff. 8.3.

32 Vgl. EU-Informationen des deutschen Anwaltsvereins, Nr. 43/2006 v. 15.12.2006, S. 1.

33 Schaub, Vorschlag der EU-Kommission für eine Dienstleistungsrichtlinie, BB 2004, Heft 19 S. I.

34 Art. 2 Abs. 2 lit. l RL.

35 Beispielsweise in § 43b BRAO i. V. m. §§ 6 ff. BORA, § 57a StBerG i. V. m. §§ 10 ff. BOStB, § 52 WPO, § 39b PatAnwO.

36 So auch für den Berufstand der Steuerberater Steggewentz, Die Bedeutung der Dienstleistungsrichtlinie für den steuerberatenden Berufstand, DStR 2007, 271, 272. Vgl. außerdem Kleine-Cosack in: Leible (Hg.), Umsetzung, S. 187 ff.

Jedoch können folgende Dienstleistungserbringer solchen Anforderungen unterworfen werden:

a) Angehörige reglementierter Berufe, soweit dies gerechtfertigt ist, um die Einhaltung der verschiedenen Standesregeln im Hinblick auf die Besonderheiten der jeweiligen Berufe sicherzustellen und soweit dies nötig ist, um ihre Unabhängigkeit und Unparteilichkeit zu gewährleisten;

b) Dienstleistungserbringer, die Dienstleistungen auf dem Gebiet der Zertifizierung, der Akkreditierung, der technischen Überwachung oder des Versuchs- oder Prüfwesens erbringen, wenn dies zur Gewährleistung ihrer Unabhängigkeit und Unparteilichkeit erforderlich ist.

(2) Sofern multidisziplinäre Tätigkeiten zwischen den in Absatz 1 Buchstaben a und b genannten Dienstleistungserbringern erlaubt sind, stellen die Mitgliedstaaten sicher, dass

a) Interessenkonflikte und Unvereinbarkeiten zwischen bestimmten Tätigkeiten vermieden werden;

b) die Unabhängigkeit und Unparteilichkeit, die bestimmte Tätigkeiten erfordern, gewährleistet sind;

c) die Anforderungen der Standesregeln für die verschiedenen Tätigkeiten miteinander vereinbar sind, insbesondere im Hinblick auf das Berufsgeheimnis.

(3) Die Mitgliedstaaten nennen in dem in Artikel 39 Absatz 1 genannten Bericht die Dienstleistungserbringer, die den Anforderungen gemäß Absatz 1 des vorliegenden Artikels unterworfen sind, ferner den Inhalt dieser Anforderungen und die Gründe, aus denen sie diese für gerechtfertigt halten.

Literatur: Siehe die Literaturhinweise vor Art. 22.

I. Allgemeines

1. Regelungszweck und Regelungsstruktur

1 Art. 25 bezweckt die weitgehende **Abschaffung der Beschränkungen** multidisziplinärer Tätigkeiten[1] unabhängig vom konkreten Eingreifen der Grundfreiheiten. Diese Beschränkungen werden als Hindernisse für die Entwicklung neuer Geschäftsmodelle angesehen.[2] Aus den verschiedenen Begründungen solcher Beschränkungen werden lediglich die Vermeidung von Interessenkonflikten und Unvereinbarkeiten, die Unabhängigkeit und Unparteilichkeit sowie die Anforderungen der Standesregeln als berechtigte Interessen dafür anerkannt, die gleichwohl nicht immer durchschlagen.

1 Kommissionshandbuch, Ziff. 8.4.1.
2 Kommissionshandbuch, Ziff. 8.4.

Abs. 1 UA 1 der Vorschrift regelt das **Grundprinzip** des Verbots der Beschränkung von Multidisziplinarität. Die Möglichkeit von **Ausnahmen** von diesem Verbot wird – unter engen Voraussetzungen – überhaupt nur im Bereich der reglementierten Berufe sowie für eine kleine Zahl weiterer Tätigkeiten anerkannt (**Abs. 1 UA 2**); machen die Mitgliedstaaten davon Gebrauch müssen sie darüber gemäß Abs. 3 im Bericht nach Art. 39 Abs. 1 Bericht erstatten.[3] Soweit die Mitgliedstaaten in den eröffneten Bereichen nicht durch Verbote tätig werden wollen, müssen sie **stattdessen andere Schutzmechanismen** entwickeln (Abs. 2). 2

2. Anwendungsbereich

Art. 25 gilt grundsätzlich im **gesamten Anwendungsbereich der Richtlinie**; herausgenommen sind lediglich die in Art. 1, 2 genannten Sachfragen und Dienstleistungen. Die Vorschrift gilt unabhängig von der Rechtsquelle der Beschränkung.[4] Die Kombination von Dienstleistungen mit anderen Leistungen wird ebenfalls erfasst, jedenfalls sofern die gesamte Leistung noch im Rahmen des Dienstleistungsbegriffs der Richtlinie liegt. Zu beachten ist freilich, dass Art. 25 **zwei völlig verschiedene Regime** statuiert, so dass auf die jeweils erfassten Dienstleistungen sehr unterschiedliche Regelungen Anwendung finden. 3

3. Verhältnis zu den Kapiteln III und IV

Auch bei Art. 25 gelten für das Verhältnis zu den Richtlinienregeln zur Niederlassungs- und zur Dienstleistungsfreiheit die allgemeinen Regeln des Kapitel V (s. Vor Art. 22 Rn 6): Die Vorschrift beschränkt sich auf die **Sachrechtsharmonisierung**. Damit schlägt sie bei der **Niederlassungsfreiheit** voll durch, weil nämlich Multidisziplinarität der Niederlassung grundsätzlich nicht entgegenstehen darf, während im Anwendungsbereich von Abs. 1 UA 2, Abs. 2 entweder die eine oder die andere Form der Beschränkung gemeinschaftsrechtlich verlangt und damit auch gerechtfertigt ist. 4

Dasselbe gilt im Ergebnis auch für die **Dienstleistungsfreiheit**: Soweit das Verbot von Art. 25 Abs. 1 UA 1 reicht, darf Multidisziplinarität auch der grenzüberschreitenden Dienstleistung nicht – weder vom Herkunfts- noch vom Zielstaat – entgegengehalten werden. Umgekehrt muss der Herkunftsstaat die Schutzgüter nach Abs. 1 UA 2, Abs. 2 in der einen oder anderen Weise schützen, so dass Anforderungen des Zielstaates nach Art. 16 von vorneherein nicht in Betracht kommen. Maßnahmen nach Art. 18 sind nur dort vorstellbar, wo der Herkunftsstaat seinen Schutzpflichten nach Abs. 1 UA 2, Abs. 2 nicht genügt. 5

4. Verhältnis zum übrigen Gemeinschaftsrecht

Auch für das Verhältnis zum übrigen Gemeinschaftsrecht gelten die allgemeinen Regeln des Kapitel V (s. Vor Art. 22 Rn 8 f.). Während Art. 43 ff., 49 ff. EGV selbstverständlich unberührt bleiben, steuert **Art. 3** das Verhältnis zum übrigen sekundären Gemeinschaftsrecht. Daraus können sich insbesondere – jedenfalls zukünftig – weitere Ausnahmen vom Verbot der Beschränkung von Multidisziplinarität ergeben. Umgekehrt kommen zusätzliche Schutzmechanismen im Bereich 6

3 Dazu Kommissionshandbuch, Ziff. 8.4.3.
4 Kommissionshandbuch, Ziff. 8.4.

von Abs. 1 UA 2, Abs. 2 in Betracht. Dies gilt etwa für das Mehrheitserfordernis nach Art. 3 Abs. 4 Prüfungsrichtlinie 2006/43/EG.[5]

5. Umsetzung

7 Die Umsetzung von Art. 25 kann richtigerweise in beiden Stoßrichtungen der Vorschrift nur **Beruf für Beruf** erfolgen. Allenfalls im Blick auf Abs. 1 UA 1 sowie die Mechanismen nach Abs. 2 käme der Erlass allgemeiner Regeln in Betracht. Erstere wären in der GewO zu platzieren, letztere richtigerweise im Bürgerlichen Gesetzbuch, soweit es sich um privatrechtliche Regelungen handelt.

6. Vollzugszuständigkeiten

8 Da Art. 25 ausschließlich Beschränkungen durch das Recht des Niederlassungsstaates erlaubt, wirkt das Zuständigkeitsregime der **Art. 28 ff.** hier besonders strikt. Allenfalls bei massiven Umsetzungs- oder Vollzugsdefiziten im Niederlassungsstaat kommt ein Eingreifen des Zielstaates gemäß Art. 18, 35 in Betracht.

II. Abschaffung der Beschränkungen (Abs. 1 UA 1)

9 Art. 25 Abs. 1 UA 1 verlangt als Grundregel von den Mitgliedstaaten, dass die Dienstleister **keinen Anforderungen** unterworfen werden, die sie verpflichten, **ausschließlich eine** bestimmte **Tätigkeit** auszuüben. Auch Beschränkungen der gemeinschaftlichen oder partnerschaftlichen Ausübung unterschiedlicher Tätigkeiten wird untersagt. Soweit Abs. 1 UA 1 reicht, wird also die **multidisziplinäre Sozietät** zwingend als Option der Dienstleisters vorgegeben. Darüber hinaus folgt aus dem Beschränkungsverbot die Pflicht der Mitgliedstaaten, durch Harmonisierung oder entsprechende Kollisionsregeln solche **Differenzen in Standesregeln** zu beseitigen, welche als Beschränkungen von Multidisziplinarität wirken.

III. Mögliche Ausnahmen (Abs. 1 UA 2)

10 Für bestimmte Dienstleister gestattet Abs. 1 UA 2 ausnahmsweise unter bestimmten Voraussetzungen **Ausschlüsse und Beschränkungen** multidisziplinärer Tätigkeit. Bei der Auslegung dieser Ausnahme ist allerdings zu beachten, dass die Richtlinie – wie sich aus Abs. 2 ergibt – ein **Tätigwerden der Mitgliedstaaten** bei den betreffenden Dienstleistungen ohnehin **fordert**. An die Voraussetzungen der Rechtfertigung von Beschränkungen sind daher keine zu hohen Anforderungen zu stellen.

1. Erfasste Dienstleistungen

11 Abs. 1 UA 2 lit. a lässt Beschränkungen von Multidisziplinarität für den gesamten Bereich der **reglementierten Berufe** i. S. v. Art. 4 Nr. 11 zu. Dieser Zuschnitt überrascht rechtspolitisch, weil er die Grenzen der einer Ausnahme zugänglichen Berufszweige damit in Teilen **in die Hände der Mitgliedstaaten** legt (s. Art. 17 Rn 27). Mit der Entscheidung über die Reglementierung steht und fällt die Möglichkeit der Beschränkung von Multidisziplinarität.

12 Zusätzlich erlaubt Abs. 1 UA 2 lit. b Beschränkung der Multidisziplinarität von Dienstleistern, welche **öffentlich anerkannte und in Bezug genommene Bewertun-**

5 Dazu Grunewald in: Leible (Hg.), S. 175, 185.

gen vornehmen: Genannt werden Dienstleistungen auf den Gebieten der Zertifizierung, der Akkreditierung, der technischen Überwachung oder des Versuchs- oder Prüfwesens. Die Aufzählung ist freilich abschließend. Wegen der Grundregel nach Abs. 1 UA 1 sind Beschränkungen von Multidisziplinarität in ähnlich gelagerten Fällen unzulässig. Das gilt etwa für als Schiedsrichter und Schiedsgutachter tätige Dienstleister.

2. Rechtfertigung von Beschränkungen

Bei beiden Gruppen von Dienstleistern setzen Beschränkungen von Multidisziplinarität nach Abs. 1 UA 2 voraus, dass dies zur Gewährleistung von **Unabhängigkeit und Unparteilichkeit** erforderlich ist.[6] Auf diese Weise sollen Interessenkonflikte und Unvereinbarkeiten vermieden werden. Erforderlichkeit heißt freilich, dass ein milderes Mittel als eine Beschränkung der Multidisziplinarität nicht zur Verfügung steht.[7] Das wird nur bei Dienstleistern der Fall sein, bei denen die Unabhängigkeit und Unparteilichkeit Kernkennzeichen der Disziplin ist. Bei den Dienstleistern nach Abs. 1 UA 2 lit. b ist dies in aller Regel anzunehmen und diese Wertung ist auch bei der Konkretisierung des Erforderlichkeitsmaßstabs von Abs. 1 UA 2 lit. a bei den regulierten Berufen zu berücksichtigen: Unabhängigkeit und Unparteilichkeit müssen dort in ähnlicher Weise gefordert sein. Bei beratenden Berufen wird es daran regelmäßig fehlen;[8] anderes gilt wohl für bewertende und entscheidende Dienstleistungen. 13

Bei den **reglementierten Berufen** ist die Erforderlichkeit zur Gewährleistung von Unabhängigkeit und Unparteilichkeit allerdings nicht ausreichend, **zusätzlich** muss die Beschränkung vielmehr gerechtfertigt sein, um die **Einhaltung der jeweiligen Standesregeln im Blick auf die jeweiligen Berufe sicherzustellen.**[9] Nur die Kumulation von Erforderlichkeit und Rechtfertigung ermöglich hier Beschränkungen von Multidisziplinarität. Wichtiges Beispiel hierfür sind Beschränkungen bei Buch- und Abschlussprüfern, deren Erklärungen Unabhängigkeit voraussetzen und teilweise mit besonderen Anforderungen an die Verschwiegenheit verbunden sind. Die Wouters-Entscheidung des EuGH[10] wäre mangels solcher besonderen Anforderungen bei den Wirtschaftsprüfern heute wohl anders zu treffen. Auf die Besonderheiten der Anwaltschaft ließe sie sich jedenfalls nicht mehr stützen. 14

IV. Schutzpflichten der Mitgliedstaaten (Abs. 2)

Soweit die Mitgliedstaaten bei Dienstleistungen nach Abs. 1 UA 2 Multidisziplinarität nicht verbieten, verlangt Abs. 2 von ihnen **Maßnahmen zum Schutz** derjenigen Interessen, welche als grundsätzlich legitimer Grund auch eines Verbots angesehen werden. Diese Pflicht betrifft sowohl sämtliche **reglementierten Berufe** als auch die in Abs. 1 UA 2 lit. b benannten Dienstleister, welche **öffentlich anerkannte und in Bezug genommene Bewertungen** aussprechen. Die Mitgliedstaaten sind zu derartigen Maßnahmen sowohl dann verpflichtet, wenn Sie ein 15

6 Kommissionshandbuch, Ziff. 8.4.1.
7 S. Kommissionshandbuch, Ziff. 8.4.3.
8 Wie hier für die Anwaltschaft und die Steuerberater offenbar auch Grunewald in: Leible (Hg.), S. 175, 178 f., 183.
9 Kommissionshandbuch, Ziff. 8.4.1.
10 EuGH, Rs C-309/99 (Wouters), Slg. 2002, I-1577, Rn 119 ff.

Verbot nach Abs. 1 UA 2 nicht aussprechen wollen als auch dann wenn sie es – mangels Erfüllung der Voraussetzungen – nicht können.

16 Die Mitgliedstaaten müssen nach **Abs. 2 lit.** a zunächst sicherstellen, dass **Interessenkonflikte und Unvereinbarkeiten** zwischen bestimmten Tätigkeiten vermieden werden. Damit verlangt das Gemeinschaftsrecht zunächst einmal ein – dispositives (s. Art. 22 Rn 3) – **Verbot der Doppelvertretung** im Sinne von § 181 BGB. Auch die Möglichkeit einer Tätigkeit eines Vermittlungsmaklers für beide Seiten muss daher ausgeschlossen werden; ebenso die Vertretung beider Seiten im streitigen Verfahren durch einen Rechtsanwalt. Dabei mag bei Sozietäten teilweise auch ein Gebot interner organisatorischer Trennung ausreichen.

17 Ferner sind nach **Abs. 2 lit. b Unabhängigkeit und Unparteilichkeit** des Dienstleisters zu gewährleisten, **soweit** dies für die betreffende Tätigkeit **erforderlich** ist. Auch hier sind vor allem diejenigen Dienstleister angesprochen, welche allseitig oder mehrseitig bindende Feststellungen oder Entscheidungen treffen (s. Rn 12). Diese werden insbesondere auszuschließen sein, wenn sie innerhalb eines überschaubaren Zeitraums vor der fraglichen Dienstleistung einer Partei in anderer – etwa beratender – Funktion zur Seite gestanden haben und die **Besorgnis einer Befangenheit** naheliegt. An dieser Stelle zeigt sich, dass die Beschränkung von Abs. 1 UA 2, Abs. 2 vor allem auf reglementierte Dienstleistungen nicht ausreicht. Entsprechende Maßnahmen scheinen auch etwa bei Schiedsrichtern und Schiedsgutachtern geboten. Ebenfalls zur Wahrung der Unabhängigkeit gemeinschaftsrechtlich geboten können Regelungen zu Eigentums- und Mehrheitsverhältnissen an Gesellschaften sein, die Dienstleistungen in sensiblen Bereichen erbringen.[11]

18 Nur auf den ersten Blick anders gelagert sind die Fälle von **Abs. 2 lit.** c: Die Pflicht, für eine Vereinbarkeit der für die verschiedenen Tätigkeiten maßgebenden **Standesregeln** zu sorgen, ergibt sich freilich bereits als Folge des Beschränkungsverbots nach Abs. 1 UA 1 (s. Rn 9). Das Beispiel Berufsgeheimnis gibt dem Text freilich eine zusätzlich Richtung: Lit. c verlangt damit nämlich, etwaige Konflikte zwischen den Standesregeln so zu lösen, dass Multidisziplinarität möglich wird. Da sich eine völlige Harmonisierung der Regeln zum Berufsgeheimnis und ähnlich sensibler Punkte aber in den meisten Staaten von selbst verbietet, sind hier vor allem Kollisionsregeln im Sinne von Vorrangregeln gefordert, welche dem strengeren Standard zur Durchsetzung verhelfen.

Artikel 26 Maßnahmen zur Qualitätssicherung

(1) Die Mitgliedstaaten ergreifen in Zusammenarbeit mit der Kommission begleitende Maßnahmen, um die Dienstleistungserbringer dazu anzuhalten, freiwillig die Qualität der Dienstleistungen zu sichern, insbesondere durch eine der folgenden Methoden:

a) Zertifizierung ihrer Tätigkeiten oder Bewertung durch unabhängige oder akkreditierte Einrichtungen,

11 Für Anwälte und Steuerberater verneint von Grunewald in: Leible (Hg.), S. 175, 180, 183. Mit Recht anders hingegen S. 184 f. bei Wirtschaftsprüfungsgesellschaften wegen der Sonderregelung in Art. 3 Abs. 4 der Prüfungsrichtlinie 2006/43/EG.

b) Erarbeitung eigener Qualitätscharten oder Beteiligung an auf Gemeinschaftsebene erarbeiteten Qualitätscharten oder Gütesiegeln von Berufsverbänden.

(2) Die Mitgliedstaaten stellen sicher, dass den Dienstleistungserbringern und -empfängern die Informationen über die Bedeutung bestimmter Gütesiegel und die Voraussetzungen zur Verleihung der Gütesiegel und sonstiger Qualitätskennzeichnungen für Dienstleistungen leicht zugänglich sind.

(3) Die Mitgliedstaaten ergreifen in Zusammenarbeit mit der Kommission begleitende Maßnahmen, um die Berufsverbände sowie die Handels- und Handwerkskammern und die Verbraucherverbände in ihrem Hoheitsgebiet zu ermutigen, auf Gemeinschaftsebene zusammenzuarbeiten, um die Dienstleistungsqualität zu fördern, insbesondere indem sie die Einschätzung der Kompetenz eines Dienstleistungserbringers erleichtern.

(4) Die Mitgliedstaaten ergreifen in Zusammenarbeit mit der Kommission begleitende Maßnahmen, um, vor allem durch die Verbraucherverbände, eine unabhängige Bewertung der Qualität und Mängel von Dienstleistungen, insbesondere vergleichende Versuchs- oder Prüfverfahren auf Gemeinschaftsebene sowie die Veröffentlichung ihrer Ergebnisse, zu fördern.

(5) Die Mitgliedstaaten fördern in Zusammenarbeit mit der Kommission die Entwicklung von freiwilligen europäischen Standards, um die Vereinbarkeit der von Dienstleistungserbringern aus verschiedenen Mitgliedstaaten erbrachten Dienstleistungen, die Information der Dienstleistungsempfänger und die Qualität der Dienstleistungen zu verbessern.

Literatur: Bruhn, Qualitätsmanagement für Dienstleistungen. Grundlagen, Konzepte, Methoden, 5. Aufl., Berlin/Heidelberg/New York, 2004; Ensthaler/Strübbe/Bock, Zertifizierung und Akkreditierung technischer Produkte, Berlin, 2007 (zitiert als: Ensthaler/Strübbe/Bock); Leible (Hg.), Die Umsetzung der Dienstleistungsrichtlinie – Chancen und Risiken für Deutschland, Jena, 2008 (zitiert als: Leible (Hg.)); Kamiske/Brauer, Qualitätsmanagement von A bis Z. Erläuterungen moderner Begriffe des Qualitätsmanagements, 5. Aufl., München, 2005 (zitiert als: Kamiske/Brauer); Schmitt/Pfeifer (Hg.), Masing Handbuch Qualitätsmanagement, 5. Aufl., München, 2007 (zitiert als: Schmitt/Pfeifer (Hg.)); Streinz (Hg.), Lebensmittelrechts-Handbuch, Loseblatt, München, 2006 (zitiert als: Bearbeiter in: Streinz (Hg.), Lebensmittelrechts-Handbuch).

I. Überblick

1 Art. 26 legt einen Rahmen für freiwillige Maßnahmen der Dienstleistungserbringer fest, die die Qualität verbessern sollen. Während Art. 26 Abs. 2 den Mitgliedstaaten eine Gewährleistungspflicht auferlegt, die die Anordnung verbindlicher Maßnahmen erfordert, sollen die in Art. 26 Abs. 1, Abs. 3-5 vorgesehenen Maßnahmen durch die Mitgliedstaaten in Zusammenarbeit mit der Kommission erfolgen. Die Maßnahmen sollen der Unterstützung der Dienstleistungserbringer bei der Qualitätssicherung dienen. Art. 26 sieht unterschiedliche Methoden zur Förderung der Qualität von Dienstleistungen und der Transparenz dieser Qualität für die Dienstleistungsempfänger vor. Die Eignung und die Wirksamkeit dieser Methoden hängen naturgemäß von dem speziellen Bereich und der Art der Dienstleistung ab.[1]

II. Zweck der Vorschrift

2 Zweck der Vorschrift ist zum einen die Qualitätssicherung, zum anderen die sachgerechte Information der Dienstleistungsempfänger über die Bedeutung der Qualitätskennzeichen, um ihnen eine sachgerechte Entscheidung zu ermöglichen. Gemäß Erwägungsgrund 102 S. 1 ist es wichtig, dass die Information über die Bedeutung der Gütesiegel und sonstigen Kennzeichnungen der Dienstleistungen leicht zugänglich sind, um die Transparenz zu erhöhen und sicherzustellen, dass Bewertungen der Qualität der angebotenen und erbrachten Dienstleistung sich auf vergleichbare Kriterien stützen. Im Übrigen soll gemäß Erwägungsgrund 102 S. 2 untersucht werden, in welchem Maß europäische Normung von Nutzen sein kann, um die Vergleichbarkeit und die Qualität der Dienstleistungen zu erleichtern.

III. Begriff und Ziele der Qualitätssicherung

1. Begriff

3 Unter „Qualität“ versteht man in der Wirtschaft die Güte eines Produkts im Hinblick auf seine Eignung für den Verwender. Dies kann subjektiv oder objektiv interpretiert werden.[2] Qualität kann durch technische und marketingpolitische Maßnahmen beeinflusst werden und unterliegt der Qualitätssicherung als allen organisatorischen und technischen Maßnahmen, die der Schaffung und Erhaltung der Konzept- und Ausführungsqualität dienen.[3] Dafür wurden allgemeine und für einzelne Branchen differenzierte Methoden des Qualitätsmanagements entwickelt.[4]

4 Rechtlich kommt der Begriff „Qualitätssicherung“ in einer Reihe von Rechtsvorschriften vor, z. B. bei den Pflichten zur Qualitätssicherung im Krankenversicherungsrecht (§ 125a SGB V),[5] im technischen Sicherheitsrecht (vgl. z. B. § 6 Abs. 2

1 Kommissionshandbuch, Nr. 8.5.
2 Vgl. Gabler, Wirtschaftslexikon, 14. Aufl., Wiesbaden, 1997, S. 3161, Stichwort „Qualität“.
3 Vgl. Gabler, Wirtschaftslexikon, 14. Aufl., Wiesbaden, 1997, S. 3163, Stichwort „Qualitätssicherung“.
4 Vgl. dazu Claußen in: Streinz (Hg.), Lebensmittelrechts-Handbuch, Rn 300 ff. Eingehend dazu Schmitt/Pfeifer (Hg.).
5 SGB V – Gesetzliche Krankenversicherung. Aktualisierte Fassung in: Aichberger, Sozialgesetze, Loseblatt, München, 2007, Nr. 5.

S. 1 Medizinprodukte-VO)[6] und im Prüfungsrecht gesundheitsrelevanter Berufe (vgl. z. B. § 1 Abs. 2, § 47 Tierärzte-Approbationsordnung). Verstöße gegen Qualitätssicherungsvorschriften können öffentlich-rechtlich und ggf. strafrechtlich geahndet werden und zur zivilrechtlichen Haftung führen.

2. Ziele

a) Wirtschaftliche Ziele

Wirtschaftliches Ziel der Qualitätssicherung ist die Aufrechterhaltung bzw. Verbesserung der Qualität, d. h. der Güte, der Produkte bei gleichzeitiger Kostensenkung (z.B. durch Vermeidung von Ausschuss, Rückrufaktionen, Imageschädigung) sowie die langfristige Kundenbindung durch dessen Zufriedenheit mit der Qualität. Neben dem preisorientierten Ansatz ist der qualitätsorientierte Ansatz eine Form der Absatzstrategie. Dies setzt eine sachgerechte Information des Verbrauchers voraus, der die Qualität von gleichartigen Produkten vergleichen können soll. Eben dem sollen die in Art. 26 vorgesehenen Maßnahmen dienen. 5

b) Rechtliche Ziele

Öffentlich-rechtliche Anforderungen an die Qualitätssicherung haben in erster Linie das Ziel, die Sicherheit von Produkten zu gewährleisten. Zunehmend wird mit öffentlich-rechtlichen Vorschriften aber auch eine „Qualitätspolitik" dahingehend verfolgt, dass Produkten, die bestimmte besondere Anforderungen erfüllen, einerseits ein entsprechender Schutz gegen Nachahmung gewährleistet wird bzw. diese Produkte sich besonderer (geprüfter) Qualität berühmen dürfen, andererseits sich diese Produkte verstärkten, oft sehr bürokratischen Kontrollverfahren unterwerfen müssen. Dem will Art. 26 Abs. 1 gerade dadurch begegnen, dass die Maßnahmen „freiwillig" sein sollen. Jedoch setzt geprüfte Qualität, die über eine bloße Eigenprüfung des Unternehmens wie (grundsätzlich) beim (bei Anordnung durch EG-Richtlinien obligatorischen) CE-Zeichen[7] hinausgeht, zwangsläufig Prüfung und Kontrolle und damit bürokratische Maßnahmen voraus. Es kommt darauf an, den Anreiz der besonderen Auszeichnung (vgl. dazu Rn 10) mit vertretbaren Kontrollmaßnahmen zu verbinden. 6

Zivilrechtlich führt die Nichteinhaltung vereinbarter Qualitätsstandards zur Sachmängelhaftung, zum Recht auf Rücktritt oder Minderung, ggf. auf Schadensersatz, ggf. zur Produkthaftung. Gravierende Verstöße gegen Pflichten zur Quali- 7

6 MPV v. 20.12.2001 (BGBl. I, 3854, zul. geänd. durch Art. 1 ÄndVO v. 16.2.2007 (BGBl. I, 155).

7 CE-Konformitätskennzeichnung gemäß Entscheidung 93/465/EWG des Rates v. 22.7.1993 über die in den technischen Harmonisierungsrichtlinien zu verwendenden Module für die verschiedenen Phasen der Konformitätsbewertungsverfahren und die Regeln für die Anbringung und Verwendung der CE-Konformitätskennzeichnung (ABl. 1993 Nr. L 220, S. 23). Für die Konformität des Produkts mit den EG-Vorschriften ist der Hersteller verantwortlich, der auch das CE-Kennzeichen anbringt. Eine Prüfung durch eine unabhängige Stelle ist nur erforderlich, wenn dies in einer EG-Richtlinie ausdrücklich vorgeschrieben wird. Die Mitgliedstaaten dürfen das Inverkehrbringen und die Inbetriebnahme von Produkten mit CE-Kennzeichnung nicht beschränken, außer sie können nachweisen, dass ein Produkt nicht den Anforderungen entspricht. Vgl. zum CE-Zeichen auch Stempfle/Klindt in: Schmitt/Pfeifer (Hg.), S. 812 (Nr. 36.3.8).

tätssicherung können als Ordnungswidrigkeit oder sogar als Straftat geahndet werden.

3. Besonderheiten des Dienstleistungssektors

8 Dienstleistungen unterscheiden sich von Sachleistungen durch die Merkmale der Immaterialität, Simultanität von Produktion und Konsumtion sowie Integration des Kunden.[8] Diesen Besonderheiten muss sowohl bei der Qualitätssicherung als auch bei der Information darüber Rechnung getragen werden.[9]

IV. Maßnahmen der Mitgliedstaaten in Zusammenarbeit mit der Kommission (Art. 26 Abs. 1, 3-5)

1. Verwaltungskooperation von Mitgliedstaaten und Kommission

9 Art. 26 Abs. 1, Abs. 3-5 sehen jeweils die Zusammenarbeit der Mitgliedstaaten mit der Kommission vor. Dies entspricht einer generellen Tendenz zunehmender Verwaltungskooperation im Mehrebenensystem. Einerseits bedarf dies im Hinblick auf Kompetenzfragen und weiterer Beeinträchtigungen oder zumindest Beeinflussungen der sog. Organisations- und Verfahrensautonomie der Mitgliedstaaten[10] kritischer Begleitung; andererseits entspricht aber nur dies dem Ziel, die notwendige Einheitlichkeit des Vollzugs des Gemeinschaftsrechts im Binnenmarkt sicherzustellen. Schließlich sind die Verwaltungsstrukturen und die Leistungsfähigkeit der Verwaltung in den 27 Mitgliedstaaten so unterschiedlich, dass in manchen Fällen die Unterstützung durch die Kommission durchaus angebracht erscheint, ohne dass dies zu einem Prinzip des „goldenen Zügels" ausarten darf.

2. Förderung freiwilliger Qualitätssicherung durch die Dienstleistungserbringer

a) Freiwilligkeit und Anreizsysteme

10 Art. 26 Abs. 1 sieht vor, die Dienstleistungserbringer dazu „anzuhalten", „freiwillig" die Qualität der Dienstleistung zu sichern. Die Maßnahmen werden zwar als „freiwillige" bezeichnet, ihre Befolgung entspricht somit nicht einer Rechtspflicht. Sollen die Dienstleistungserbringer aber dazu „angehalten" werden, bedarf es bestimmter Anreize, die über den ohnehin gegebenen wirtschaftlichen Eigennutzen einer Qualitätssicherung hinausgehen. Solche Anreize können in einer finanziellen Förderung oder in der Verleihung von Berechtigungen zur Verwendung bestimmter Qualitätskennzeichnungen und der Erlaubnis zur Werbung damit bestehen.[11] Eine dokumentierte Qualitätskontrolle kann haftungsrechtlich entlasten.[12]

---

8 Vgl. Schlick/Rochold in: Schmitt/Pfeifer (Hg.), S. 943.

9 Vgl. Ensthaler/Synnatschke/Vogt in: Leible (Hg.), S. 237 (238 ff.). Vgl. z. B. die Norm ISO 9004-2 (1992), Qualitätsmanagement und Qualitätsmanagementelemente – Leitfaden für Dienstleistungen. Generell zu diesem System Wagner in: Schmitt/Pfeifer (Hg.), S. 173 ff.

10 Vgl. dazu und zu ihrer Einschränkung durch gemeinschaftsrechtliche Vorgaben Streinz in ders. EUV/EGV, Art. 10 EGV Rn 29 m. w. N.; Huber, Integration, S. 363 ff.

11 Vgl. dazu Streinz in: Institut für Landwirtschaftsrecht an der Universität Passau (Hg.), Qualitätssicherung in der Landwirtschaft, Schriftenreihe des Instituts, Bd. 10, 2004, S. 23, 36, 45 f.

12 Vgl. dazu Hager in: Institut für Landwirtschaftsrecht an der Universität Passau (Hg.), Qualitätssicherung in der Landwirtschaft, Schriftenreihe des Instituts, Bd. 10, 2004, S. 169, 170 ff.

Als Mittel, mit denen die Mitgliedstaaten die freiwilligen Maßnahmen unterstützen können, nennt das Kommissionshandbuch bewusstseinsschaffende Kampagnen, die Organisation von Workshops und Konferenzen, die Finanzierung von Programmen und Projekten. Die Kommission will sich nach Kräften dafür einsetzen, derartige Maßnahmen zu unterstützen und die beste Vorgehensweise unter den Mitgliedstaaten zu verbreiten.[13] 11

b) Beispielhafte Methoden

Die in Art. 26 Abs. 1 genannten Methoden der Zertifizierung und Akkreditierung sowie der Erarbeitung von eigenen „Qualitätscharten" oder der Beteiligung an auf Gemeinschaftsebene erarbeiteten Qualitätscharten oder Gütesiegeln von Berufsverbänden sind nur beispielhaft („insbesondere"). Erwägungsgrund 102 sowie das Kommissionshandbuch nennen Umsetzungsbeispiele für die angesprochenen Methoden. 12

aa) Zertifizierung und Akkreditierung (Art. 26 Abs. 1 lit. a)

Zertifizierung und Akkreditierung sind aufeinander abgestimmte Elemente in einem zweistufigen Verfahren. Während bei der Zertifizierung durch den Zertifizierer als Konformitätsbewertungsstelle die Einhaltung bestimmter Standards (EG-Verordnungen, Gesetze, die EG-Richtlinien umsetzen, sonstige Gesetze, technische Normen, von Verbänden oder Vereinigungen gesetzte Standards, welche Anforderungen an die Qualität einer Dienstleistung vorschreiben oder empfehlen) geprüft und bestätigt (eben „zertifiziert") werden, sind die Akkreditierungseinrichtungen als neutrale und fachkundige Stellen für die Zulassung und Überwachung der Zertifizierer zuständig.[14] 13

Zertifizierung und Akkreditierung sollen als vertrauensbildende Maßnahmen funktionieren. Dies setzt voraus, dass der Zertifizierer die fachliche Eignung und die Unabhängigkeit von den zu zertifizierenden Einrichtungen hat, von einer fachlich geeigneten und sowohl vom Zertifizierer als auch von den zu prüfenden Einrichtungen unabhängigen Stelle akkreditiert ist, und dass offen gelegt wird, auf welcher Grundlage Zertifizierung und Akkreditierung erfolgen. Auf die Bedeutung dieses Transparenzgebots weist Erwägungsgrund 102 S. 1 hin. Daher muss die Zertifizierung in ein System der Akkreditierung, Zertifizierung und Normung eingebettet sein.[15] 14

Akkreditierungen werden im Bereich des Binnenmarktes von den Mitgliedstaaten unterschiedlich durchgeführt. In Deutschland wird im Hinblick auf die Konformitätsbewertung für die Warenverkehrsfreiheit im Binnenmarkt (noch) zwischen dem sog. geregelten Bereich und dem nicht geregelten Bereich unterschieden. Im gesetzlich bzw. durch EG-Richtlinien geregelten Bereich sind für die Akkreditierung noch ausschließlich staatliche Stellen zuständig, z. B. für den Bereich der Medizintechnik und der Sicherheitstechnik die Zentralstelle der Länder für Gesundheitsschutz bei Arzneimitteln und Medizinprodukten (ZLG) und die Zentralstelle der Länder für Sicherheitstechnik (ZLS). Im sog. nicht geregelten Bereich, in 15

13 Kommissionshandbuch, Nr. 8.5.
14 Vgl. dazu Ensthaler/Strübbe/Bock, S. 4 f.
15 Vgl. dazu Ensthaler/Synnatschke/Vogt in: Leible (Hg.), S. 247 ff. m. w. N.

dem es um die Überprüfung von gesetzlich nicht geforderten, aber für die Qualitätsbestimmung bedeutsamen Standards, Gütesiegeln und Normen geht, bestehen privat organisierte Akkreditierungsstellen, deren fachliche Kompetenz durch zahlreiche Normen, insbesondere die ISO 17011, auf europäischer Ebene durch die Normenreihe EN 45000 sichergestellt werden soll. Um auch in diesem Bereich nur geeignete Zertifizierer zuzulassen, sollen die Akkreditierer im Deutschen Akkreditierungsrat vertreten sein.[16]

16 Die Aufgabe der Zertifizierer ist im gesetzlich geregelten Bereich regelmäßig durch sog. EG-Richtlinien „neuer Art“ und die diese Richtlinien ergänzenden technischen Normen der Europäischen Normungsinstitute vorgegeben,[17] ergänzt durch die Entscheidung 93/465/EWG des Rates vom 22. Juli 1993 über die in den technischen Harmonisierungsrichtlinien zu verwendenden Module für die verschiedenen Phasen der Konformitätsbewertungsverfahren und die Regeln für die Anbringung und Verwendung der CE-Konformitätskennzeichnung.[18] Damit ist die von den Zertifizierern zu überprüfende Sollbeschaffenheit durch verbindliche Normen vorgegeben. Im gesetzlich nicht geregelten Bereich können die Anforderungen dagegen ganz unterschiedlich festgelegt sein.

17 Nach diesem sog. „globalen Konzept“, das für den freien Warenverkehr entwickelt wurde, liegt die Zuständigkeit und Verantwortung für die Anerkennung der Konformitätsbewertungsstellen bei den Mitgliedstaaten, die überprüfen müssen, ob die gemeinschaftsrechtlichen Vorgaben des geregelten Bereichs eingehalten sind.[19]

bb) Erarbeitung von Qualitätscharten und Gütesiegeln (Art. 26 Abs. 1 lit. b)

18 Art. 26 Abs. 1 lit. b sieht die Erarbeitung von sog. „Qualitätscharten“ und Gütesiegeln auf verschiedenen Ebenen vor. Unter einer „Qualitätscharta“ ist wohl ein Verzeichnis von Qualitätsmaßstäben zu verstehen, auf das sich die betreffende Ebene geeinigt hat. Gütesiegel sind Zeichen, die die Konformität mit einem bestimmten Standard, z. B. einer „Qualitätscharta“ bescheinigen. Fordert man für ein Gütesiegel, dass es als „Ausweis einer Gütesicherung, d. h. der stetig neutral überwachten Innehaltung öffentlich festgelegter Gütebedingungen“, dient,[20] so stellt z. B. das CE-Kennzeichen kein Gütesiegel dar, da es zwar die Konformität mit öffentlich, nämlich durch EG-Normen, festgelegte Gütebedingungen bescheinigt, allerdings nicht aufgrund neutraler Überwachung, sondern allein nach Eigenprüfung des Inverkehrbringers (vgl. Rn 6).

19 Als Beispiel für ein transparentes Kennzeichnungssystem im Dienstleistungsbereich nennt Erwägungsgrund 102 S. 2 das Klassifizierungssystem im Hotelgewerbe.

---

16 Vgl. dazu Ensthaler/Synnatschke/Vogt in: Leible (Hg.), S. 249 f. m. w. N.

17 Vgl. dazu die Entschließungen des Rates über eine neue Konzeption auf dem Gebiet der technischen Harmonisierung und der Normung v. 7.5.1985 (ABl. 1985 Nr. C 136, S. 1) und v. 21.12.1989 (ABl. 1990 Nr. C 10), die Mitteilung der Europäischen Kommission „Verbesserte Umsetzung der Richtlinien des neuen Konzepts“ (KOM(2003) 240 endg.) und die Entschließung des Rates v. 10.11.2003 zur Mitteilung der Europäischen Kommission „Verbesserte Umsetzung der Richtlinien des neuen Konzepts“ (ABl. 2003 Nr. C 282, S. 3).

18 ABl. 1993 Nr. L 220.

19 Vgl. dazu Ensthaler/Synnatschke/Vogt in: Leible (Hg.), S. 249.

20 So Eihoff in: Schmitt/Pfeifer (Hg.), S. 774.

Als Ebenen sieht Art. 26 Abs. 1 lit. b „eigene“ Qualitätscharten, d.h. wohl innerhalb einer Branche auf nationaler (oder auch europäischer) Ebene entwickelte Gütesiegel von Berufsverbänden, an die die Dienstleistungsrichtlinie auch in Art. 26 Abs. 3 und an anderer Stelle appelliert (vgl. Art. 37: Verhaltenskodizes), und die Beteiligung an auf Gemeinschaftsebene erarbeiteten „Qualitätscharten“ vor. Erwägungsgrund 102 S. 3 regt an zu untersuchen, in welchem Maß europäische Normung von Nutzen sein kann, um die Vergleichbarkeit und die Qualität der Dienstleistungen zu erreichen. S. 4 verweist insoweit auf die europäischen Normungsorganisationen, das Europäische Komitee für Normung (CEN), das Europäische Komitee für elektronische Normung (CENELEC) und das Europäische Institut für Telekommunikationsnormen (ETSI).[21] Als möglichen Unterstützungsbeitrag der Kommission sieht S. 5 insoweit die Erteilung eines Auftrags zur Erarbeitung europäischer Normen gemäß der RL 98/34/EG[22] vor. 20

Beispiele für freiwillige, private Gütesiegelsysteme sind das QS-Prüfzeichen im Bereich von Lebensmitteln, in dessen Rahmen sog. „Charten“, z.B. die QS-Charta Fleisch erarbeitet wurde,[23] oder das BG-Prüfzeichen. Obgleich in § 7 Abs. 1 GPSG[24] geregelt, gehört dazu auch das GS-Prüfzeichen, da sein Erwerb und die dafür erforderliche Überprüfung durch eine unabhängige zugelassene Prüf- und Zertifizierstelle freiwillig sind.[25] Diese und andere Systeme sind allerdings ins Blickfeld der Kommission im Hinblick auf Verletzungen des Gemeinschaftsrechts geraten (s. dazu Rn 31). 21

3. Zusammenarbeit von Verbänden und Kammern auf Gemeinschaftsebene (Art. 26 Abs. 3)

Die Mitgliedstaaten sollen in Zusammenarbeit mit der Kommission durch „begleitende Maßnahmen“ die Berufsverbände sowie die Handels- und Handwerkskammern und die Verbraucherverbände in ihrem Hoheitsgebiet ermutigen, auf Gemeinschaftsebene zusammenzuarbeiten, um die Dienstleistungsqualität zu fördern. Dieser Ansatz, der die Dienstleistungsrichtlinie insgesamt bestimmt (vgl. das in Art. 37 verankerte Bestreben, auf ähnliche Weise Verhaltenskodizes auszuarbeiten), soll die Mitgliedstaaten übergreifende Regeln auf Gemeinschaftsebene fördern, was den geforderten „Einklang mit dem Gemeinschaftsrecht“ (so ausdrücklich Art. 37 Abs. 1; dies gilt aber auch für Art. 26, s. Rn 31) erleichtert. 22

Besonders genannt wird das Ziel, die Einschätzung der Kompetenz eines Dienstleistungserbringers zu erleichtern. Dies kann durch Klassifikationen wie im Tourismusbereich (s. Rn 19) oder die Verleihung besonderer Zertifikate nach dem Besuch von 23

---

21 Zu Aufgaben und Organisationsstruktur der europäischen Normungsorganisationen vgl. Holle, Verfassungsrechtliche Anforderungen an Normierungskonzepte im Lebensmittelrecht, Baden-Baden, 2000, S. 84 ff. m. w. N.

22 RL 98/34/EG des Europäischen Parlaments und des Rates v. 22.6.1998 über ein Informationsverfahren auf dem Gebiet Normen und technischen Vorschriften und der Vorschriften für die Dienste der Informationsgesellschaft, ABl. 1998 Nr. L 204, S. 37.

23 Vgl. dazu Nienhoff in: Institut für Landwirtschaftsrecht an der Universität Passau (Hg.), Qualitätssicherung in der Landwirtschaft, Schriftenreihe des Instituts, Bd. 10, 2004, S. 47, 48 ff.

24 Geräte- und Produktionssicherheitsgesetz – GPSG v. 2.1.2004, BGBl. I, 2. In Kraft seit 1.5.2004.

25 Vgl. dazu Jacob/Petrick in: Schmitt/Pfeifer (Hg.), S. 765; Stempfle/Klindt, ebd., S. 812 (Nr. 36.3.8).

Lehrgängen und ggf. bestandenen Prüfungen, die die betreffenden Einrichtungen anbieten, erfolgen. Dabei sind freilich die Vorgaben des Gemeinschaftsrechts, insbesondere das Diskriminierungsverbot, zu beachten (s. dazu Rn 31).

4. Einbeziehung der Verbraucherverbände – unabhängige Bewertung (Art. 26 Abs. 4)

24 Schließlich sollen Verbraucherorganisationen und unabhängige Körperschaften, die sich mit der Bewertung und Prüfung von Dienstleistungen beschäftigen, ermutigt werden, mehr vergleichende Informationen über die Qualität der in verschiedenen Mitgliedstaaten verfügbaren Dienstleistungen zur Verfügung zu stellen. Das Kommissionshandbuch sieht dafür (wenig konkret) „bewusstseinsschaffende Kampagnen, Workshops und Konferenzen oder die Finanzierung von Programmen und Projekten durch die Mitgliedstaaten mit Unterstützung der Kommission“ vor.[26] Entscheidend ist insoweit der Aufbau europaweiter, von Unternehmen und auch Unternehmensverbänden unabhängiger Einrichtungen, die aussagekräftige und zuverlässige Vergleichsmaßstäbe und Prüfverfahren entwickeln.

5. Entwicklung freiwilliger europäischer Standards (Art. 26 Abs. 5)

25 Die Entwicklung freiwilliger europäischer Standards entspricht dem Ziel, dass die Dienstleistungsempfänger europaweit Dienstleistungen einschätzen und vergleichen und danach ihre Auswahl auch am Maßstab der Qualität und nicht allein des Preises treffen können. Für die Dienstleistungserbringer ergibt sich daraus der Anreiz, sich einem Qualitäts- und nicht allein einem Preiswettbewerb zu stellen, wodurch sich die Qualität auf Gemeinschaftsebene insgesamt erhöht.

26 Europäische Standards tragen zur Einheitlichkeit des Gemeinschaftsrechts bei (vgl. auch Rn 22) und verhindern die mögliche Diskriminierung durch rein nationale Maßstäbe und Programme (vgl. Rn 31).

V. Gewährleistungspflicht der Mitgliedstaaten (Art. 26 Abs. 2)

27 Art. 26 Abs. 2 fordert von den Mitgliedstaaten, sicherzustellen, dass den Dienstleistungserbringern (Art. 4 Nr. 2) und den Dienstleistungsempfängern (Art. 4 Nr. 3) die Informationen über die Bedeutung bestimmter Gütesiegel und die Voraussetzungen zur Verleihung der Gütesiegel und sonstiger Qualitätskennzeichnungen für Dienstleistungen leicht zugänglich sind. Das Handbuch der Kommission hält dies für geboten, um es für „den Verbraucher“[27] einfacher zu machen, die unterschiedlichen Eigenschaften von Dienstleistungen in unterschiedlichen Mitgliedstaaten zu vergleichen.[28] Art. 26 Abs. 2 bezieht sich ausdrücklich aber auch auf den Dienstleistungserbringer, und dies nicht nur, um diesem die Information für den Verbraucher zu ermöglichen, sondern auch, damit dieser an derartigen Informationssystemen ohne Diskriminierung teilnehmen kann.

---

26 Kommissionshandbuch, S. 79 f.

27 Dieser Begriff ist in der Dienstleistungsrichtlinie nicht definiert (vgl. zum Begriff „Dienstleistungsempfänger Art. 4 Rn 14 ff.). Vgl. zum Begriff des Verbrauchers im EG-Recht Lecheler in Hb.EUWirtR, H. V. Rn 24 m. w. N. sowie eingehend (mit sehr instruktiver Übersicht) Schulte-Nölke in Schulze/Zuleeg (Hg.), Europarecht, § 23 Rn 30 ff. m. w. N. §§ 13 und 14 BGB orientieren sich an den in den EG-Richtlinien verwendeten Definitionen.

28 Kommissionshandbuch, S. 79.

Als Beispiele für geeignete Maßnahmen führt das Kommissionshandbuch an, dass die Mitgliedstaaten die „Schaffung einer Webseite mit Informationen über Kennzeichen" in Erwägung ziehen oder von den Berufsverbänden oder Einrichtungen die Bereitstellung von Informationen über die von ihren Mitgliedern verwendeten Kennzeichen verlangen könnten. 28

Dies zeigt, dass der Sicherstellungsauftrag nicht allein Informationen seitens der Mitgliedstaaten (die den verfassungsrechtlichen[29] und gemeinschafsrechtlichen Anforderungen, insbesondere der Sachlichkeit und der Nichtdiskriminierung entsprechen müssen), sondern auch gesetzliche Vorgaben für die Dienstleistungserbringer fordert. 29

Berufsverbände, deren Mitglieder ein gemeinsames Kennzeichen verwenden, sollten sicherstellen, dass diese korrekt verwendet werden und für die Empfänger der Dienstleistungen nicht irreführend sind.[30] Auch dies ist durch staatliche Maßnahmen wie z. B. Gesetze im Bereich des Wettbewerbsrechts und des Verbraucherschutzes zu sichern. 30

VI. Allgemeine gemeinschaftsrechtliche Vorgaben und Schranken

Ergreifen die Mitgliedstaaten Maßnahmen zur Sicherung (Art. 26 Abs. 2) oder, wie in Art. 26 grundsätzlich vorgesehen, zur Unterstützung der Qualitätssicherung, so sind sie dabei an allgemeine gemeinschaftsrechtliche Vorgaben und Schranken gebunden. Die Vergabe von nationalen Qualitätszeichen darf nicht gegen die Grundfreiheiten (hier Art. 43 und Art. 49 EGV) und gegen das EG-Beihilfenrecht (Art. 87 ff. EGV) verstoßen. Der EuGH hat z. B. die Vergabe und Förderung des CMA-Gütezeichens wegen Verstoßes gegen Art. 28 EGV beanstandet,[31] ebenso die von der französischen staatlichen Zertifizierungsstelle Qualité France vergebenen regionalen Gütezeichen „Label régional Savoie, Franche-Comté, Corse etc.", weil diese heimischen Produkten vorbehalten seien.[32] Damit sind der Qualitätssicherung durch nationale oder regionale Qualitätszeichen enge Grenzen gesetzt. Wenngleich solche Maßnahmen sicherlich nicht zu einer Abschottung der Märkte führen dürfen, es mehr auf die Qualität als auf die Herkunft ankommt und Produkte aus anderen Mitgliedstaaten oder Regionen dadurch nicht herabgesetzt werden dürfen, ist die gemeinschaftsrechtliche Behinderung mitgliedstaatlicher oder regionaler Qualitätspolitik nicht unproblematisch.[33] Gleichwohl muss man sich an den vom EuGH entwickelten Vorgaben auch bei der Umsetzung des Art. 26 orientieren. 31

29 Vgl. dazu BVerfGE 105, 252, 265; BVerwGE 87, 37, 42 – Diethylenglykol-Liste; BVerwGE 71, 183, 191 f. – Arzneimittel-Transparenzliste; BVerwG, NJW 1996, 3161 – Futtermittel-Test.

30 Kommissionshandbuch, S. 79.

31 EuGH, Rs C-325/00 (Kommission/Deutschland), Slg. 2002, I-9977, Rn 28, Vgl. dazu die Anmerkungen von Ohler, Zur Gemeinschaftsrechtswidrigkeit herkunftsbezogener Gütezeichen im Lebensmittelbereich, ZLR 2002, 713, 715, und Leible, Zum Verstoß des deutschen CMA-Gütezeichens gegen Warenverkehrsfreiheit, EuZW 2003, 25 sowie Korte/Oschmann, Das CMA-Gütezeichen – ein Auslaufmodell, NJW 2003, 1767.

32 EuGH, Rs C-6/02 (Kommission/Frankreich), Slg. 2003, I-2389, Rn 14 f. Frankreich hat den Verstoß selbst eingeräumt und beseitigt.

33 Eingehend dazu Schroeder in: Institut für Landwirtschaftsrecht an der Universität Passau (Hg.), Qualitätssicherung in der Landwirtschaft, Schriftenreihe des Instituts, Bd. 10, S. 63, 65 ff.

Artikel 27 Streitbeilegung

(1) Die Mitgliedstaaten ergreifen die erforderlichen allgemeinen Maßnahmen um sicherzustellen, dass die Dienstleistungserbringer Kontaktdaten, insbesondere eine Postanschrift, eine Faxnummer oder eine E-Mail-Adresse und eine Telefonnummer angeben, an die alle Dienstleistungsempfänger, auch diejenigen, die in einem anderen Mitgliedstaat ansässig sind, direkt eine Beschwerde oder eine Bitte um Information über die erbrachte Dienstleistung richten können. Die Dienstleistungserbringer teilen ihre Firmenanschrift mit, falls diese nicht ihre übliche Korrespondenzanschrift ist.

Die Mitgliedstaaten ergreifen die erforderlichen allgemeinen Maßnahmen um sicherzustellen, dass die Dienstleistungserbringer die in Unterabsatz 1 genannten Beschwerden so schnell wie möglich beantworten und sich um zufrieden stellende Lösungen bemühen.

(2) Die Mitgliedstaaten ergreifen die erforderlichen allgemeinen Maßnahmen um sicherzustellen, dass die Dienstleistungserbringer verpflichtet werden nachzuweisen, dass sie die in dieser Richtlinie vorgesehenen Informationspflichten erfüllen und ihre Informationen zutreffend sind.

(3) Ist es um eine Gerichtsentscheidung zu befolgen notwendig, eine finanzielle Sicherheit zu stellen, so erkennen die Mitgliedstaaten gleichwertige Sicherheiten an, die bei einem in einem anderen Mitgliedstaat niedergelassenen Kreditinstitut oder Versicherer bestellt werden. Solche Kreditinstitute müssen nach Maßgabe der Richtlinie 2006/48/EG zugelassen sein, und solche Versicherer müssen nach Maßgabe der Ersten Richtlinie 73/239/EWG des Rates vom 24. Juli 1973 zur Koordinierung der Rechts- und Verwaltungsvorschriften betreffend die Aufnahme und Ausübung der Tätigkeit der Direktversicherung (mit Ausnahme der Lebensversicherung)(1) bzw. der Richtlinie 2002/83/EG des Europäischen Parlaments und des Rates vom 5. November 2002 über Lebensversicherungen(2) zugelassen sein.

(4) Die Mitgliedstaaten ergreifen die erforderlichen allgemeinen Maßnahmen um sicherzustellen, dass die Dienstleistungserbringer, die Verhaltenskodizes unterworfen sind oder Handelsvereinigungen oder Berufsverbänden angehören, die außergerichtliche Verfahren der Streitbeilegung vorsehen, die Dienstleistungsempfänger davon in Kenntnis setzen und in allen ausführlichen Informationsunterlagen über ihre Tätigkeit darauf hinweisen; dabei ist anzugeben, wie ausführliche Informationen über dieses Streitbeilegungsverfahren und die Bedingungen für seine Inanspruchnahme erlangt werden können.

Literatur: Vgl. die Literatur zu Art. 19.

(1) ABl. L 228 vom 16.8.1973, S. 3. Zuletzt geändert durch die Richtlinie 2005/68/EG des Europäischen Parlaments und des Rates (ABl. L 323 vom 9.12.2005, S. 1).
(2) ABl. L 345 vom 19.12.2002, S. 1. Zuletzt geändert durch die Richtlinie 2005/68/EG.

I. Normzweck und Normstruktur

1 Die Norm bezweckt die ausreichende **Information des Dienstleistungsempfängers,** um ihm die Durchsetzung seiner Rechte zu ermöglichen. Sie ist Teil jener Vorgaben, die eine „hohe Qualität" der Dienstleistungen sicherstellen und den Informationsstand der Empfänger sowie ihr Vertrauen in grenzüberschreitende Dienstleistungen steigern sollen. Entgegen der Überschrift regelt Art. 27 aber nicht ein Verfahren der Streitbeilegung, sondern erstreckt das Informationsmodell auf die Rechtsdurchsetzung. Der Empfänger soll hinreichende Kontaktdaten des Erbringers sowie Informationen über Streitbeilegungsverfahren erhalten, denen dieser unterworfen ist (Abs. 1 und 4). Zudem werden allgemeine Vorgaben für das Verfahren der Streitbeilegung gemacht, z. B. die schnelle Bearbeitung von Beschwerden. Dem **Empfänger soll die Durchsetzung seiner Rechte** bei Störungen der Dienstleistungserbringung **erleichtert werden**; Art. 27 schützt somit *auch* Verbraucher. Allerdings ist überaus fraglich, ob die vage Pflicht zur schnellen Bearbeitung von Beschwerden für die Schaffung eines einheitlichen Dienstleistungsbinnenmarkts erforderlich ist. Art. 27 enthält zwei weitere zentrale Regelungen, die mit der Streitbeilegung nur mittelbar zusammenhängen: Zum Ersten muss der Erbringer nach Abs. 2 nachweisen, dass er die **Informationspflichten** *aus der Richtlinie* **erfüllt**. Zum Zweiten fordert Abs. 3 die **Gleichstellung ausländischer Sicherheiten.**

II. Die Ermöglichung von Beschwerden und ihre Beantwortung (Abs. 1)

1. Die Angabe von Kontaktdaten durch den Erbringer (UA 1)

2 Der Erbringer hat seine **Kontaktdaten** anzugeben, an die eine Nachfrage nach Informationen zur erbrachten Dienstleistung sowie eine Beschwerde über diese Dienstleistung gerichtet werden können. Die Kontaktdaten bestehen aus **drei Elementen** (zur Form s. Rn 9; zum Zeitpunkt s. Rn 4):

- Erstens ist eine **schriftliche Kontaktmöglichkeit** anzugeben, d. h. eine Postanschrift, Faxnummer *oder* E-Mail-Adresse. Die Postanschrift kann ein Postfach sein. Nicht erforderlich ist die Angabe individualisierter Ansprechpartner; dem Zweck, eine Kontaktaufnahme zu ermöglichen, genügen auch allgemeine Anlaufstellen (kundendienst@erbringer.de). Auch muss eine Faxnummer nicht kostenlos zu erreichen sein, wie aus der Gleichstellung mit der ebenfalls nicht kostenlosen Möglichkeit eines brieflichen Kontaktes folgt. Hingegen ist die bloße Angabe einer Homepage nicht ausreichend, selbst wenn auf dieser die Möglichkeit besteht, eine Nachricht an den Erbringer zu senden. Denn dieser Zugang zum Erbringer ist nicht gleichwertig, weil er komplexer ist als die übrigen.

- Zum Zweiten ist nach dem Wortlaut zusätzlich („und") eine Telefonnummer mitzuteilen, also die Möglichkeit einer **verbalen Kontaktaufnahme** über eine Telefonverbindung zu eröffnen. Auch hier muss kein individueller Ansprechpartner erreichbar sein, so dass z. B. ein Call-Center ausreicht. Die Telefonnummer muss nicht kostenfrei sein.
- Drittens ist die **Firmenanschrift** mitzuteilen, wenn diese nicht die übliche Korrespondenzanschrift des Erbringers ist. Dies ist der Fall, wenn ein Postfach angegeben wird; Gleiches gilt, wenn der Erbringer seine Korrespondenz mit Kunden, insbesondere mit Verbrauchern, an Drittunternehmen übertragen hat.

3 Eine **freiwillige Angabe weiterer Kontaktdaten** ist zulässig („insbesondere"). **Erforderlich sind weitere Daten** nach dem Zweck der Vorschrift, wenn im konkreten Fall eine schriftliche oder verbale Kontaktaufnahme ausnahmsweise nur mit zusätzlichen Daten einen ebenso einfachen Zugang zum Erbringer ermöglicht, wie dies üblicherweise mit den verpflichtend anzugebenden Informationen der Fall ist.

4 Zweck der Angabe von Kontaktdaten durch den Erbringer ist es, dem Empfänger die Kommunikation einer **Beschwerde** über eine *erbrachte* Dienstleistung bzw. das **Erfragen von Informationen** zu der *erbrachten* Dienstleistung zu ermöglichen. Nach Wortlaut und systematischer Stellung innerhalb der Regeln zur Streitbeilegung handelt es sich um Störungen der *erbrachten* Dienstleistung bzw. den Informationsbedarf *nach ihrer Erbringung*. Zu diesem Zweck müssen die Kontaktdaten **spätestens bei Erbringung der Dienstleistung** übermittelt werden. Nicht erforderlich ist, dass diese Kontaktdaten bereits beim Zugang zur Dienstleistung (Werbung, Vertragsangebot) in der o. g. Form mitgeteilt werden. Eine Schutzlücke besteht nach dem Wortlaut zwischen Vertragsschluss und Erbringung der Dienstleistung, d. h. wenn die Dienstleistung *überhaupt nicht* erbracht wird. Indes ist bei Dienstleistungen auf vertraglicher Grundlage der Erbringer über den Vertragsinhalt hinreichend individualisiert, auch wenn es an den konkreten o. g. Kontaktdaten mangeln kann.

5 Das Erfordernis einer **direkten Übermittlung** ist erfüllt, wenn unter den angegebenen Kontaktdaten die Beschwerde ohne weiteres mitgeteilt oder die Information unmittelbar erfragt werden kann. Dies ist z. B. nicht der Fall, wenn unter der angegebenen Telefonnummer nur nach Angabe einer durch online-Registrierung erhältlichen Kundennummer Beschwerden entgegengenommen werden. Andererseits bedarf es keines *unmittelbaren* Kontakts zum Erbringer; ausreichend ist auch die direkte Übermittlung an einen von ihm eingesetzten Dritten. Das outsourcing der Kundenbetreuung bleibt mithin möglich, da weder UA 1 noch 2 eine „persönliche" Reaktion des Erbringers verlangen.

2. Die umgehende Abwicklung von Beschwerden (UA 2)

6 Die **Beantwortung von Beschwerden**[1] erfordert eine Reaktion des Erbringers oder auf seine Veranlassung durch einen Dritten. Inhaltlich kann sie von der Abhilfe bis zur Zurückweisung reichen; die Regelung verlangt nur überhaupt eine Reaktion. Diese soll **„so schnell wie möglich"** erfolgen. Wortlaut und der Umstand, dass das Gemeinschaftsprivatrecht nur ausnahmsweise die Zurechenbarkeit regelt, legen einen **objektiven Maßstab** nahe.[2] Erforderlich ist danach eine Abwicklung

1 Korte, Was bleibt vom herkömmlichen Verständnis der Dienstleistungsfreiheit?, NVwZ 2007, 506: „Compliance Management System".

2 Vgl. auch Kommissionshandbuch, Ziff. 8.6.1.: „shortest possible time".

so schnell wie *objektiv möglich und sachlich geboten*. Entscheidend sind hierfür die Umstände des Einzelfalles, z. B. die Komplexität des Problems, der Umfang der Reklamation und die Notwendigkeit, weitere Informationen einzuholen. Sachlich erfasst werden nach dem Wortlaut (nur) **Beschwerden nach UA 1**. Dies bedeutet zum einen, dass die Pflicht die Beschwerden aller Empfänger, also *auch der inländischen* betrifft, zum Zweiten, dass sie nur bei Beschwerden *nach* Erbringung der Dienstleistung gilt, also nicht schon zwischen Vertragsschluss und Erbringung der Leistung.

Die Pflicht des Erbringers, sich **um „zufrieden stellende Lösungen" zu „bemühen"**, ist extrem vage und nur in Grenzfällen justiziabel. Sie kann sinnvollerweise nur bedeuten, dass sich der Erbringer oder der von ihm eingeschaltete Dritte **inhaltlich mit der Beschwerde auseinandersetzt**, was eine Zurückweisung und Abhilfe einschließt. Bei einem weitergehenden Verständnis, wonach dem Begehren des Empfängers unabhängig von der vertraglichen oder gesetzlichen Rechtslage entgegenzukommen ist, würde die überaus vage Bemühenspflicht die vertragliche bzw. gesetzliche Rechtsposition des Erbringers weitreichend modifizieren; dies liegt außerhalb des Regelungsbereichs der Richtlinie (und wohl auch der Kompetenz des Gemeinschaftsgesetzgebers). Eine Zurückweisung kann daher ohne weiteres aus formalen (Verjährung) wie materiellen Gründen (kein Mangel) erfolgen. Ein **Verstoß** liegt demnach allenfalls vor, wenn erkennbar überhaupt nicht *inhaltlich* auf die Beschwerde eingegangen wird, z. B. bei einer blanken Ablehnung bereits ihrer Entgegennahme. Die im Massenverkehr mitunter gebotene Standardisierung von Reaktionen auf Beschwerden ist ein Gebot der Wirtschaftlichkeit und kein Verstoß, wie ein textlich-standardisierter Hinweis auf den Ablauf der Gewährleistungsfrist verdeutlicht. 7

3. Der personale Anwendungsbereich

Der **Dienstleistungserbringer** ist in Art. 4 Ziff. 2 legaldefiniert (s. Art. 4 Rn 27 f.). Die Pflichten nach Abs. 1 bestehen **gegenüber allen Empfängern einer Dienstleistung**, also gegenüber inländischen wie auch solchen, die in einem anderen Mitgliedstaat ansässig sind. Der Wortlaut („auch") bezieht beide ein; die Legaldefinitionen des Art. 4 Ziff. 2 und 3 (Erbringer und Empfänger) fordern keine grenzüberschreitende Dienstleistung. Dem Erbringer wird es ohnehin oft nicht möglich sein, den grenzüberschreitenden Charakter einer Dienstleistung bei einer Anfrage sicher zu erkennen. 8

4. Die Verpflichtung des Mitgliedstaates und die Umsetzung

UA 1 und 2 **verpflichten nur den Mitgliedstaat**. Er muss durch „allgemeine Maßnahmen" die Angabe der Kontaktdaten und die umgehende Reaktion des Erbringers gewährleisten. In Bezug auf UA 1 ist eine **Norm** erforderlich, welche die Angabe der Kontaktdaten spätestens bei Erbringung der Dienstleistung vorschreibt. Diese Pflicht kann nicht hinreichend rechtssicher aus allgemeinen (Vertrags-)Pflichten des mitgliedsstaatlichen Rechts konkretisiert werden. Die Kontaktdaten müssen **keine bestimmte Form** haben („angeben"), so dass auch eine mündliche Kommunikation ausreichend ist. Eine Umsetzung durch eine mitgliedstaatliche Pflicht zur Angabe in Textform (§ 126b BGB) müsste einen Ausnahmetatbestand für unkörperliche Dienstleistungen enthalten, da deren (grenzüber- 9 schreitende) Erbringung anderenfalls entgegen der Intention der Richtlinie erschwert wird. Auch die umgehende Beantwortung von Beschwerden (s. Rn 6) muss der Mitgliedstaat legislativ gewährleisten.[3] Der Erbringer einer Dienstleistung muss zur Beantwortung **durch eine nationale Norm verpflichtet werden.** Nicht ausreichend ist, dass der Erbringer bei einer *berechtigten* Beschwerde ohnehin regelmäßig eine fortbestehende vertragliche bzw. gesetzliche Pflicht zur einwandfreien Erbringung hat, da diese nicht die Beantwortung fordert. Eine eigenständige gesetzliche Pflicht hat zudem bei *unberechtigten* Beschwerden Bedeutung, bei denen der Erbringer bislang grundsätzlich nicht zu einer Beantwortung verpflichtet ist.

10 Dem **zeitlichen Aspekt** wird durch eine nationale Norm genügt, die eine „unverzügliche" Beantwortung, d.h. ohne schuldhaftes Zögern (§ 121 BGB) vorsieht. Denn diesem Maßstab ist mit der verkehrserforderlichen Sorgfalt (§ 276 BGB) ein normativ-objektiver Maßstab immanent, welcher der objektivierenden Vorgabe Rechnung tragen kann. Alternativ kann legislativ der im nationalen Recht bislang unbesetzte Terminus einer „umgehenden" Beantwortung eingeführt werden. Hinsichtlich der Bemühenspflicht muss die mitgliedstaatliche Norm nach dem Vorstehenden (s. Rn 7) die **inhaltliche Auseinandersetzung mit der Beschwerde** vorschreiben.

III. Die Erfüllung der Informationspflichten aus der Richtlinie (Abs. 2)

11 Die Dienstleistungserbringer haben den Nachweis zu erbringen, dass sie die **Informationspflichten aus der Richtlinie erfüllen** und dass die hierbei **erteilten Informationen zutreffend** sind. **Informationspflichten** des Erbringers finden sich in der Richtlinie u.a. in den Art. 7, 21, 22, 26 Abs. 2, 27 Abs. 1 und 3. Bei deren **Erfüllung** sind die Anforderungen der jeweiligen nationalen Umsetzungsnorm einzuhalten, die wiederum den Richtlinienvorgaben entsprechen muss. So ist z.B. eine elektronische Adresse einschließlich einer Website anzugeben, wenn dem Empfänger Informationen *leicht* zugänglich gemacht werden sollen.[4] Die Erbringer haben die **Erfüllung dieser Informationspflichten** ebenso nachzuweisen wie die **Richtigkeit ihrer Informationen** („zutreffend"). Dieser **Nachweis** bedarf indes keines Testats durch einen externen, unabhängigen Dritten; eine derart weitreichende und für den Erbringer kostenintensive Pflicht bedürfte einer ausdrücklichen Erwähnung im Normtext, was unschwer möglich gewesen wäre. Ausreichend ist es demnach, dass der Erbringer eine *interne* Kontrolle der in Erfüllung der nationalen Umsetzungsnormen nach außen erteilten Informationen einrichtet und diese Stelle die Richtigkeit der Informationen prüft. So kann z.B. eine mitgliedstaatliche Umsetzung der Regelung einen „Compliance Beauftragten" fordern.

IV. Die Anerkennung gleichwertiger Sicherheiten (Abs. 3)

1. Sicherheit zur Befolgung einer Gerichtsentscheidung

12 Abs. 3 erklärt *nur* die mitgliedstaatliche Anforderung für unzulässig, dass **Sicherheiten, die zur Befolgung einer Gerichtsentscheidung gestellt** werden müssen, von

3 So auch Kommissionshandbuch, Ziff. 8 und 8.6.1.
4 Vgl. Erwägungsgrund 96.

einer **im Inland niedergelassenen Gesellschaft** bestellt sein müssen.[5] Die erfassten **Gerichtsentscheidungen** sind nicht auf Urteile beschränkt. Die **Pflicht, eine Sicherheit zu stellen,** besteht erstens bei einer richterlichen Anordnung (z.B. nach §§ 1382 Abs. 3, 2331 a Abs. 2 S. 2 BGB). Zum Zweiten kann eine gerichtliche Entscheidung eine solche Rechtsfolge in Anwendung einer gesetzlichen Pflicht zur Stellung einer Sicherheit (z.B. nach §§ 843, 1039, 1051, 1067, 1389 BGB) aussprechen. Dabei erfassen **„finanzielle Sicherheiten"** sowohl Real- als auch Personalsicherheiten. Zu beachten ist freilich der begrenzte Regelungsgehalt der Norm. Sie erklärt weder eine nationale Begrenzung der Arten tauglicher Sicherheiten (vgl. §§ 232-240 BGB) noch eine vorgeschriebene Reihenfolge (vgl. § 239 Abs. 2 Hs. 1 BGB) für unzulässig. Einzig die Verpflichtung auf **im Inland niedergelassene Finanzinstitute bzw. Versicherer als Besteller** einer Sicherheit ist aufzuheben. Paradigmatisch für einen Verstoß ist § 239 Abs. 1 BGB, da im Ausland niedergelassene Kreditinstitute ihren allgemeinen Gerichtsstand (§ 17 ZPO) nicht im Inland haben.[6] Eine Begrenzung von Realsicherheiten auf inländische Grundstücke verstößt hingegen nicht gegen die Norm; zum einen räumen Kreditinstitute nur selten solche Realsicherheiten zur Sicherheitsleistung ein, zum anderen verlangt die Norm nur, dass derartige Sicherheiten anerkannt werden, wenn sie von ausländischen Kreditinstituten bestellt werden.

2. Gleichwertige finanzielle Sicherheiten ausländischer Kreditinstitute

Die ausländischen **Kreditinstitute, Finanzdienstleister**[7] **und Versicherer** müssen in 13 einem anderen Mitgliedstaat niedergelassen und nach Maßgabe der RL 2006/48/EG bzw. nach Maßgabe der RL 73/239/EWG oder 2002/83/EG zugelassen sein. Art. 27 Abs. 3 fordert die Anerkennung *gleichwertiger* Sicherheiten, die nicht notwendig *gleichartig* sein müssen. **Gleichwertig** sind sie, wenn sie eine identische Gewähr hinsichtlich der Möglichkeit ihrer *Durchsetzung* und hinsichtlich der *materiellen Befriedigung* des Gläubigers bieten. Der Kreis **finanzieller Sicherheiten** umfasst nach dem Wortlaut Personal- und Realsicherheiten („bei einem Institut *bestellt* wird"); das Paradigma ist die Bürgschaft durch ein ausländisches Kreditinstitut. Maßgebend ist aber nicht die Typisierung nach Maßgabe des deutschen Rechts, d. h. gleichwertige, aber nicht typenidentische Sicherheiten sind anzuerkennen. Dies widerspricht nicht der fortbestehenden Maßgeblichkeit einer nationalen Typenreihung oder eines nationalen Typenausschlusses (s. Rn 12). Denn wenn eine nationale Norm Personalsicherheiten als nachrangig qualifiziert (vgl. § 232 BGB), so gilt Entsprechendes auch für gleichwertige, aber nur typenähnliche Sicherheiten durch ein ausländisches Kreditinstitut.

3. Die legislative Umsetzung

Die **Umsetzung dieser Vorgabe** kann aus Gründen der Transparenz legislativ 14 erfolgen;[8] sie lässt sich freilich durchaus im Wege der richtlinienkonformen Auslegung erreichen, wenn die nationale Norm nur allgemein auf eine „Sicherheits-

5 Vgl. Erwägungsgrund 67; Kommissionshandbuch, Ziff. 8.6.2; s. a. in anderem Zusammenhang bereits EuGH, Rs C-279/00 (Kommission/Italien), Slg. 2002, I-1425 zu Art. 49 EGV.
6 Vgl. zu § 239 BGB bereits OLG Düsseldorf, ZIP 1995, 1667.
7 Vgl. Erwägungsgrund 103.
8 Hierfür Kommissionshandbuch, Ziff. 8.

leistung“, auf eine „inländische Sicherheit“ oder auf eine konkrete Sicherheit im nationalen Recht (z.B. § 765 BGB) verweist.[9] Nach zutreffender Ansicht bedarf es bei einer gefestigten (höchstrichterlichen) Rechtsprechung nicht stets einer legislativen Umsetzung der Richtlinie.[10]

V. Die Informationen über Verfahren der Streitbeilegung (Abs. 4)

1. Die Mitteilung über anwendbare Verfahren

15 Der Erbringer der Dienstleistung hat den Empfänger darüber **in Kenntnis zu setzen**, dass er in Bezug auf die erbrachte Dienstleistung einem **Verfahren außergerichtlicher Streitbeilegung** unterworfen ist (zum Umfang s. Rn 19). Grundlage kann die Satzung eines Berufsverbandes, einer Handelsvereinigung oder ein Verhaltenskodex sein, dem sich der Erbringer unterworfen hat. Gleichgültig ist, ob das Verfahren für den Erbringer **obligatorisch oder fakultativ** ist.

16 Der **Dienstleistungsempfänger** ist in Art. 4 Ziff. 3 legaldefiniert (s. Art. 4 Rn 27 f.).[11] Eine Beschränkung auf grenzüberschreitende Dienstleistungen besteht nicht. Der **Zeitpunkt der Mitteilung** wird durch Art. 27 Abs. 4 nicht vorgegeben. Aus dem Zweck der Norm, dem Empfänger bei einer Störung der Erbringung der Dienstleistung die Möglichkeit der u.U. weniger kostenintensiven außergerichtlichen Streitbeilegung aufzuzeigen, ist aber eine Mitteilung spätestens alsbald nach *Vertragsschluss* geboten. Anderenfalls kann der Empfänger diese Durchsetzungsmöglichkeit bei einer Nicht- oder Schlechtleistung nicht in seine Überlegungen einbeziehen.

17 Die **Form der Mitteilung** ist ebenfalls nicht ausdrücklich vorgeschrieben. Die Kenntnis des Empfängers kann bereits durch eine mündliche Mitteilung erreicht werden. Möglich ist auch eine mitgliedstaatliche Umsetzung mittels einer Mitteilungspflicht in Textform (§ 126b BGB); zur Information ist diese ausreichend und sie erlaubt zugleich eine angemessene Dokumentation, um den Nachweis nach Abs. 2 zu erbringen. Allerdings ist in diesem Fall eine Ausnahme erforderlich, wenn die Form nach Art der Dienstleistung nicht zweckmäßig ist, so z.B. bei unkörperlichen Dienstleistungen ohne persönlichen Kontakt.

2. Die Hinweispflicht in Informationsunterlagen

18 Daneben müssen die Erbringer in **ausführlichen Informationsunterlagen** über ihre Tätigkeit auch auf die Möglichkeit eines Verfahrens außergerichtlicher Streitbeilegung hinweisen (zum Umfang s. Rn 19). Der Terminus **Informationsunterlagen** ist weit auszulegen. Maßgeblich ist, dass die Mitteilung des Streitbeilegungsverfahrens im Zusammenhang mit allgemeinen Informationen über die Tätigkeit des Erbringers erteilt wird, die eine bestimmte Außenwirkung erzielen sollen. Neben schriftlichen Unterlagen umfasst die Norm daher auch die Präsentation auf einer Website.[12] Es muss sich um **„ausführliche“ Informationsunterlagen** über die Tätigkeit des Erbringers handeln. Dies sind z.B. umfassende Darstellungen des Unternehmens oder der angebotenen Dienstleistungen in allgemeinen Unternehmens-

9 Vgl. zu § 239 BGB näher OLG Koblenz, RIW 1995, 775; OLG Düsseldorf, ZIP 1995, 1667.
10 Vgl. Herresthal, S. 85 ff. mit Nachweisen auch zur Gegenansicht.
11 Dies ist nicht auf Verbraucher beschränkt; a. A. wohl Korte, NVwZ 2007, 506.
12 Vgl. Erwägungsgrund 96.

broschüren, schriftlichen Unternehmenspräsentationen sowie die Darstellung des Unternehmens auf der eigenen Website. Weder die allgemeine Unternehmenskorrespondenz, also die allgemeine Korrespondenz zur Vorbereitung und Abwicklung von Rechtsverhältnissen, noch die Werbung des Unternehmens soll mit dieser Hinweispflicht belastet werden.[13] Demnach ist auch die konkrete Bewerbung einer Dienstleistung gegenüber Interessenten und die Werbung in Broschüren, auf einer Website etc., bei der jeweils nur einzelne Dienstleistungen präsentiert werden, nicht erfasst. Grenze ist die ausführliche Darstellung zumindest großer Teile des Leistungsangebotes des Erbringers: Zwar rekurriert der Wortlaut auf Informationen über die „Tätigkeit", mit zunehmendem Umfang der beworbenen Dienstleistungen tritt aber die *konkrete* Dienstleistung zurück und die Belastung durch die Hinweispflicht wird geringer.[14] Daher ist der Hinweis auch in ein umfassendes, ausführliches Produktverzeichnis (Produktkatalog) aufzunehmen.

3. Der Umfang der erforderlichen Informationen

Der Umfang sowohl des Hinweises in der Mitteilung an den Empfänger der **19**
Dienstleistung (s. Rn 15) als auch des Hinweises auf das außergerichtliche Streitbeilegungsverfahren (s. Rn 18) muss zweierlei enthalten: (1) die Information über die **Möglichkeit des außergerichtlichen Streitbeilegungsverfahrens und seine Grundlage** (z.B. den Namen des Verhaltenskodex) sowie (2) eine **weitergehende Informationsmöglichkeit zum Streitbeilegungsverfahren.** Letzterem wird durch den Hinweis auf den Berufsverband, die Handelsvereinigung bzw. den Verhaltenskodex und eine Bezugsadresse genügt. Dies kann mittels einer Postanschrift oder einer Website erfolgen.

13 So auch Erwägungsgrund 96, der die „allgemeine kommerzielle Kommunikation" ausschließt.

14 Vgl. auch Erwägungsgrund 96, wo allgemein auf Unterlagen mit ausführlichen Informationen über die „angebotenen Dienstleistungen" abgestellt wird.

Kapitel VI Verwaltungszusammenarbeit

Artikel 28 Amtshilfe – Allgemeine Verpflichtungen

(1) Die Mitgliedstaaten leisten einander Amtshilfe und ergreifen Maßnahmen, die für eine wirksame Zusammenarbeit bei der Kontrolle der Dienstleistungserbringer und ihrer Dienstleistungen erforderlich sind.

(2) Für die Zwecke dieses Kapitels benennen die Mitgliedstaaten eine oder mehrere Verbindungsstellen und teilen den übrigen Mitgliedstaaten und der Kommission die Kontaktdaten dieser Stellen mit. Die Kommission veröffentlicht die Liste der Verbindungsstellen und aktualisiert diese Liste regelmäßig.

(3) Ersuchen um Informationen und um Durchführung von Überprüfungen, Kontrollen und Untersuchungen nach Maßgabe dieses Kapitels müssen ordnungsgemäß begründet sein; insbesondere ist anzugeben, weshalb die betreffenden Informationen angefordert werden. Die ausgetauschten Informationen dürfen nur im Zusammenhang mit der Angelegenheit verwendet werden, für die sie angefordert wurden.

(4) Die Mitgliedstaaten stellen bei Erhalt eines Ersuchens um Amtshilfe von den zuständigen Behörden eines anderen Mitgliedstaats sicher, dass die in ihrem Hoheitsgebiet niedergelassenen Dienstleistungserbringer ihren zuständigen Behörden alle Informationen zur Verfügung stellen, die für die Kontrolle ihrer Tätigkeiten nach Maßgabe ihrer nationalen Gesetze erforderlich sind.

(5) Treten bei der Beantwortung eines Ersuchens um Informationen oder bei der Durchführung von Überprüfungen, Kontrollen und Untersuchungen Schwierigkeiten auf, so informiert der betroffene Mitgliedstaat umgehend den ersuchenden Mitgliedstaat, um eine gemeinsame Lösung zu finden.

(6) Die Mitgliedstaaten stellen die von anderen Mitgliedstaaten oder von der Kommission angeforderten Informationen so schnell wie möglich auf elektronischem Wege zur Verfügung.

(7) Die Mitgliedstaaten stellen sicher, dass die Register, in die die Dienstleistungserbringer eingetragen sind und die von den zuständigen Behörden in ihrem Hoheitsgebiet eingesehen werden können, unter denselben Bedingungen auch von den entsprechenden zuständigen Behörden der anderen Mitgliedstaaten eingesehen werden können.

(8) Die Mitgliedstaaten unterrichten die Kommission über Fälle, in denen andere Mitgliedstaaten ihrer Verpflichtung zur Amtshilfe nicht nachkommen. Soweit erforderlich, ergreift die Kommission geeignete Maßnahmen, einschließlich der Verfahren nach Artikel 226 des Vertrags, um sicherzustellen, dass die betreffenden Mitgliedstaaten ihre Verpflichtungen zur gegenseitigen Amtshilfe erfüllen. Die Kommission informiert die Mitgliedstaaten in regelmäßigen Abständen über das Funktionieren der Bestimmungen über die Amtshilfe.

Literatur: App, Die Vollstreckungshilfe deutscher Finanzbehörden gegenüber den Mitgliedstaaten der EU, RIW 1996, 235; v. Bogdandy/Arndt, Die Zusammenarbeit der Finanzverwaltungen in der Europäischen Union, EWS 2000, 1; Calliess, Europäischer Binnenmarkt und europäische Demokratie: Von der Dienstleistungsfreiheit zur Dienstleistungsrichtlinie – und wieder retour?, DVBl. 2007, 336; Carl/Klos, Aktuelle Probleme der europäischen Rechts- und Amtshilfe in Steuersachen, EuZW 1990, 214; dies., Subsidiarität der zwischenstaatlichen Amtshilfe gegenüber innerstaatlichen Ermittlungsmöglichkeiten?, RIW 1995, 146;

dies., Leitfaden zur internationalen Amts- und Rechtshilfe in Steuersachen, Herne, 1995 (zitiert als: Carl/Klos); Eichenhofer, Sozialrecht der Europäischen Union, 3. Aufl., Berlin, 2006 (zitiert als: Eichenhofer); Hatje, Die gemeinschaftsrechtliche Steuerung der Wirtschaftsverwaltung, Baden-Baden, 1998 (zitiert als: Hatje); ders., Die Dienstleistungsrichtlinie – Auf der Suche nach dem liberalen Mehrwert, NJW 2077, 2357; Hendricks, Internationale Informationshilfe im Steuerverfahren, Köln, 2004 (zitiert als: Hendricks); Jellinek, Die Europäischen Übereinkommen über Amts- und Rechtshilfe, NVwZ 1982, 535; Korte, Mitgliedstaatliche Verwaltungskooperation und private Eigenverantwortung beim Vollzug des europäischen Dienstleistungsrechts, NVwZ 2007, 501; Linke, Europäisches Internationales Verwaltungsrecht, Frankfurt a. M., 2001 (zitiert als: Linke); Meier, Europäische Amtshilfe – Ein Stützpfeiler des Europäischen Binnenmarktes, EuR 1989, 237; Möstl, Wirtschaftsüberwachung von Dienstleistungen im Binnenmarkt, DÖV 2006, 281; Ohler, Die Kollisionsordnung des Allgemeinen Verwaltungsrechts, Tübingen, 2005 (zitiert als: Ohler); ders., Verfassungsrechtliche Fragen der europäischen Amtshilfe, in: Leible (Hg.), Die Umsetzung der Dienstleistungsrichtlinie – Chancen und Risiken für Deutschland, Jena, 2008, S. 157; Prieß, Die Verpflichtung der Europäischen Gemeinschaft zur Amts- und Rechtshilfe, EuR 1991, 342; Ruffert, Von der Europäisierung des Verwaltungsrechts zum Europäischen Verwaltungsverbund, DÖV 2007, 761; Schliesky, Von der Realisierung des Binnenmarktes über die Verwaltungsreform zu einem gemeineuropäischen Verwaltungsrecht? Die Auswirkungen der geplanten EU-Dienstleistungsrichtlinie auf das deutsche Verwaltungsrecht, DVBl. 2005, 887; ders. (Hg.), Die Umsetzung der EU-Dienstleistungsrichtlinie in der deutschen Verwaltung, Teil 1: Grundlagen, Kiel, 2008, S. 203 (zitiert als: Schliesky); Schmidt-Aßmann, Verwaltungskooperation und Verwaltungskooperationsrecht in der Europäischen Gemeinschaft, EuR 1996, 270; ders., Das allgemeine Verwaltungsrecht als Ordnungsidee, 2. Aufl., Berlin, 2004 (zitiert als: Schmidt-Aßmann); Schwochner, Rechtliches Gehör und Amtshilfe innerhalb der EG, RIW 1991, 843; de Weerth, Zur Zulässigkeit von Spontanauskünften in der Europäischen Union, IStR 2000, 462; Wettner, Die Amtshilfe im Europäischen Verwaltungsrecht, Tübingen, 2005 (zitiert als: Wettner); Winkelmüller, Verwaltungskooperation bei der Wirtschaftsaufsicht im EG-Binnenmarkt, München, 2002 (zitiert als: Winkelmüller).

I. Amtshilfepflicht (Abs. 1)

1. Normstruktur; Zweck der Amtshilfe

1 Art. 28 Abs. 1 regelt in Hs. 1 die allgemeine Pflicht der Mitgliedstaaten zur behördlichen Zusammenarbeit im Wege der horizontalen Amtshilfe. Sie ist **direkte**

Amtshilfe zwischen den zuständigen Behörden,[1] auch wenn der Wortlaut davon spricht, dass „die Mitgliedstaaten" einander Amtshilfe leisten. Obwohl nicht näher genannt, handelt es sich um Amtshilfe auf Ersuchen,[2] nicht um spontane Hilfe. Nähere Vorgaben zur Durchführung der Amtshilfe enthalten die Abs. 3-7. Zugleich steht die Vorschrift in engem Zusammenhang mit Art. 29, der weitere Einzelregelungen zur Amtshilfe vorsieht. Damit konkretisiert die Richtlinie die allgemeine **Pflicht** der Mitgliedstaaten **zur loyalen Zusammenarbeit** nach Art. 10 EGV, die als eigenständige Rechtsgrundlage für die Amtshilfe zwischen mitgliedstaatlichen Behörden nach zwar umstrittener, aber wohl zutreffender Meinung nicht ausreicht.[3] Gleichwohl erschöpft die Richtlinie die Rechtsfragen nicht, die mit der grenzüberschreitenden Amtshilfe verbunden sind. Sie müssen, soweit sie sekundärrechtlich ungeregelt bleiben, grundsätzlich anhand des nationalen Rechts beantwortet werden.[4] Allerdings ziehen die **allgemeinen Rechtsgrundsätze** des Gemeinschaftsrechts der Anwendung des nationalen Rechts wiederum Schranken. In ständiger Rechtsprechung des EuGH anerkannt sind insoweit das Äquivalenzprinzip und das Effektivitätsprinzip.[5] Darüber hinaus ist es denkbar, dass allgemeine Rechtsgrundsätze des Gemeinschaftsrechts herangezogen werden, um Lücken im sekundären Gemeinschaftsrecht zu schließen. Dies setzt voraus, dass sich dem bestehenden Korpus des Gemeinschaftsrechts verallgemeinerungsfähige Prinzipien entnehmen lassen.[6] Im sekundärrechtlichen Amtshilferecht der Gemeinschaft, aber auch in völkerrechtlichen Verträgen zwischen den Mitgliedstaaten finden sich derartige Grundsätze, die als verallgemeinerungsfähig angesehen werden können, weil sie eine seit langem bestehende, internationale Verwaltungspraxis kodifizieren.[7]

2 Die Amtshilfe ist die wichtigste Form der behördlichen Zusammenarbeit, um die **räumliche Begrenzung nationaler Hoheitsgewalt**, wie sie in der völkerrechtlich anerkannten Gebietshoheit zum Ausdruck kommt, zu überwinden.[8] Sie verhindert, dass sich Dienstleistungserbringer durch Wechsel in einen anderen Mitgliedstaat der behördlichen Kontrolle entziehen. Die Amtshilfe schafft damit auch eine Voraussetzung für Wettbewerbsgleichheit im Binnenmarkt.[9] Erwägungsgrund 105 der Richtlinie hebt ferner hervor, dass die Verwaltungszusammenarbeit der Mitgliedstaaten bezweckt, doppelte Kontrollen zulasten der Dienstleistungserbringer

1 Erwägungsgrund 107; Kommissionshandbuch, Ziff. 9.2.1; Schliesky, S. 209.
2 In der Terminologie des Sekundärrechts ist z. T. von Amtshilfe auf Antrag die Rede, siehe Art. 4 VO (EG) Nr. 515/97, ABl. 1997 Nr. L 82, S. 1; a. A. Schliesky, S. 215.
3 Wie hier v. Bogdandy/Arndt, EWS 2000, 1; Groß, Die Kooperation zwischen europäischen Agenturen und nationalen Behörden, EuR 2005, 54, 64; Kahl in: Calliess/Ruffert EUV/EGV, Art. 10 EGV Rn 29, 79; Streinz in: ders. EUV/EGV, Art. 10 EGV Rn 8; a. A. wohl Schmidt-Aßmann, EuR 1996, 270, 294 sowie Marauhn in: Schulze/Zuleeg (Hg.), Europarecht, § 7 Rn 48; de Weerth, IStR 2000, 462. Aus den Grundfreiheiten leitet Winkelmüller, S. 53 eine Amtshilfepflicht ab.
4 So wohl auch Schliesky, DVBl. 2005, 887, 893; zur Subsidiarität der §§ 4 ff. VwVfG bei der zwischenstaatlichen Amtshilfe siehe Bonk/Schmitz in: Stelkens/Bonk/Sachs VwVfG, § 4 Rn 24.
5 Ausführlich siehe hierzu Rn 26.
6 Speziell zur Bedeutung des Sekundärrechts für die Auslegung des Primärrechts siehe Pernice/Mayer in: Grabitz/Hilf EU, Art. 220 EGV Rn 51 ff.
7 Vgl. Gundel in: Schulze/Zuleeg (Hg.), Europarecht, § 3 Rn 152.
8 Vgl. Hatje, S. 136.
9 Erwägungsgrund 105. Vgl. auch Voß in: Hb.EUWirtR, J Rn 331 in Bezug auf das Steuerrecht.

zu vermeiden. Schließlich schont die Amtshilfe die Gebietshoheit der Mitgliedstaaten, weil die ersuchende Behörde nicht selbst auf fremdem Territorium tätig wird, sondern unter Beachtung des Verhältnisses strenger Gleichordnung die Behörden des Gebietsstaats einschaltet. Die ersuchte Behörde wahrt, auch wenn sie im Auftrag der ersuchenden Behörde tätig wird, ihren Charakter als rechtlich und organisatorisch dem Gebietsstaat zugeordnete Stelle. Funktional kommt es freilich zu einer Verknüpfung von ersuchender und ersuchter Behörde, die man, solange man aus solchen Begriffen keine selbstständigen Schlussfolgerungen zieht, durchaus als behördliches **Netzwerk** bzw. **Verwaltungsverbund** auffassen kann.[10]

Im sekundären Gemeinschaftsrecht finden sich zahlreiche weitere Beispiele für Amtshilferegelungen, die allesamt als leges speciales zu Art. 28 ff. anzusehen sind. Ausdrücklich hebt die Richtlinie die VO (EG) Nr. 2006/2004 über die Verwaltungszusammenarbeit im Verbraucherschutz als ein ergänzendes Instrument hervor.[11] Aus der Rechtsprechung des EuGH ist vor allem die Amtshilfe-Richtlinie 77/799[12] für den Bereich der direkten Steuern zu nennen, auch wenn sie nicht den Regelungsbereich der Dienstleistungsrichtlinie berührt.[13] In der Verwaltungspraxis der mitgliedstaatlichen Behörden wird freilich die **Wirksamkeit** der zwischenstaatlichen Amtshilfe wegen ihres administrativen Aufwands und des geringen Ertrags bezweifelt.[14] Selbst in amtlichen Stellungnahmen in Verfahren vor dem EuGH wird deutlich, dass die Mitgliedstaaten die Wirksamkeit dieses Instruments infrage stellen,[15] um gestützt hierauf ihre innerstaatlichen Regelungen uneingeschränkt zur Anwendung zu bringen. Der EuGH akzeptiert den **Vorwurf fehlender Effektivität** des Amtshilferechts nicht und besteht auf seiner uneingeschränkten Anwendung.[16] Dies betrifft vor allem die Fälle, in denen eine mitgliedstaatliche Behörde Informationsdefizite aufweist und aus diesem Grund einem Bürger Belastungen auferlegt, die zu einer **Beschränkung grundfreiheitlicher Berechtigungen** führen. Aus Sicht des EuGH ist die Beschränkung nicht erforderlich, d. h. unverhältnismäßig, wenn die Möglichkeit besteht, die Information im Wege der Amtshilfe zu erlangen.[17] Auch Ungleichbehandlungen aufgrund der fehlenden Ansässigkeit einer Person sind unzulässig, wenn notwendige Informationen auf dem Amtshilfeweg beschafft werden könnten.[18] Verschließt sich ein Mitgliedstaat 3

10 Vgl. Calliess, DVBl. 2007, 336, 342; Korte, NVwZ 2007, 501, 507 f.; Ruffert, DÖV 2007, 761, 764, Schliesky, S. 228 ff. Allgemein hierzu siehe Schmidt-Aßmann, EuR 1996, 270, 291; Wettner, S. 289 ff.

11 Erwägungsgrund 104.

12 ABl. 1977 Nr. L 336, S. 15. Für die behördliche Zusammenarbeit im Bereich der MwSt. gilt VO (EG) Nr. 1798/2003, ABl. 2003 Nr. L 264, S. 1.

13 Steuern fallen nach Art. 2 Abs. 3 aus dem Anwendungsbereich der Dienstleistungsrichtlinie heraus.

14 Kritik aus dem Schrifttum z. B. bei Carl/Klos, RIW 1995, 146, 149; Hahn, Kein Ausschluss der Abgeltungswirkung durch Steuerabzug bei Ausländern, IStR 2004, 277, 279; Eilers/Bahns/Sedlaczek in: GS EUV/EGV, Vorbem. zu Art. 90 ff. Rn 122.

15 Vgl. EuGH, Rs C-300/90 (Kommission/Belgien), Slg. 1992, I-305, Rn 13; Rs C-55/98 (Vestergaard), Slg. 1999, I-7641, Rn 27; Rs 334/02(Kommission/Frankreich), Slg. 2004, I-2229, Rn 32; Rs C-150/04 (Kommission/Dänemark), Slg. 2007, I-1163, Rn 55.

16 Siehe oben Fn. 15.

17 EuGH, Rs 205/84 (Kommission/Deutschland), Slg. 1986, 3755, Rn 55; Rs C-193/05 (Kommission/Luxemburg), Slg. 2006, I-8673, Rn 69. Ebenso Gundel in: Schulze/Zuleeg (Hg.), Europarecht, § 3 Rn 150; Winkelmüller, S. 78.

18 EuGH, Rs C-279/73 (Schumacker), Slg. 1995, I-225, Rn 45; Rs C-383/05 (Talotta/Belgien), Slg. 2007, I-2555, Rn 29.

daher der Möglichkeit, die Amtshilfe eines anderen Mitgliedstaats in Anspruch zu nehmen, riskiert er wegen Verstoßes gegen das **Verhältnismäßigkeitsprinzip** das Verdikt der Gemeinschaftsrechtswidrigkeit seiner Maßnahmen.[19] Die Richtlinie selbst bringt diesen Gedanken in Erwägungsgrund 105 zum Ausdruck, indem sie formuliert, dass die Zusammenarbeit der Verwaltungen eine doppelte Kontrolle der grenzüberschreitenden Tätigkeiten verhindern soll.

4 Der 2. Hs. des Art. 28 Abs. 1 verpflichtet die Mitgliedstaaten demgegenüber in sehr allgemeiner Form dazu, die Maßnahmen zu ergreifen, die für eine wirksame Zusammenarbeit bei der Kontrolle der Dienstleistungserbringer und ihrer Dienstleistungen erforderlich sind. Sinn dieser generalklauselartigen Pflicht ist es zu verhindern, dass die Zusammenarbeit an Regelungslücken oder Schranken des nationalen Rechts scheitern könnte.[20] Damit obliegt den Mitgliedstaaten eine positive Gewährleistungspflicht, die innerstaatliche Rechtsordnung so anzupassen, dass die Kontroll- und Kooperationspflicht der beteiligten Behörden effektiv ausgeübt werden kann.

5 Art. 28 ist insoweit für eine **unmittelbare Anwendbarkeit** geeignet, als er nur Pflichten zwischen den beteiligten Behörden schafft.[21] Fehlende innerstaatliche Regelungen können daher der Anwendung des Art. 28 nicht entgegengehalten werden. Dagegen scheidet die unmittelbare Anwendung des Art. 28 aus, soweit die ersuchte Behörde den Bürger auf dieser Grundlage verpflichten möchte, Auskünfte zu erteilen, Durchsuchungen zu erdulden oder ähnliche Eingriffe, die ein Handeln, Unterlassen oder Dulden gebieten, in seine Rechtssphäre hinzunehmen.[22] Die zwischenstaatliche Übermittlung von Daten, wiewohl ein belastender Grundrechtseingriff, verpflichtet den Bürger aber nicht selbst und steht daher einer unmittelbaren Anwendbarkeit der Richtlinie nicht entgegen.[23]

2. Begriff der Amtshilfe

6 Die Richtlinie definiert nicht ausdrücklich, was sie unter Amtshilfe versteht. Teilelemente lassen sich jedoch Art. 28 Abs. 3 und Art. 29 Abs. 2 entnehmen. Hiernach handelt es sich bei der Amtshilfe u. a. um Informationsübermittlung sowie die Durchführung von Überprüfungen, Kontrollen und Untersuchungen. Diese Liste ist nicht abschließend, doch müssen die angefragten Handlungen qualitativ vergleichbar sein. So wäre z. B. die Befragung Dritter als Zeugen noch von der Amtshilfe umfasst.[24] Soweit für eine bestimmte Handlung aufgrund ihrer Eigenart eine sekundärrechtliche Regelungsbedürftigkeit bestünde, diese Regelung aber fehlt, umfasst die Amtshilfe diese Handlung nicht. Zweifelhaft ist dies für die amtliche **Zustellung** von Schriftstücken im Auftrag einer ersuchenden Behörde.

19 EuGH, Rs C-55/98 (Vestergaard), Slg. 1999, I-7641, Rn 26 ff.; Rs C-193/05 (Kommission/Luxemburg), Slg. 2006, I-8673, Rn 70; siehe auch de Weerth, IStR 2000, 462.

20 Vgl. Kommissionshandbuch, Ziff. 9.1.

21 A.A. de Werth, IStR 2000, 462. Siehe zu den übrigen Voraussetzungen der unmittelbaren Anwendbarkeit Ruffert in: Calliess/ders. EUV/EGV, Art. 249 EGV Rn 77 ff.

22 Wie hier Schliesky, S. 210; aus der Rspr. vgl. EuGH, Rs 152/84 (Marshall), Slg. 1986, 723, Rn 48; Rs C-221/88 (Busseni), Slg. 1990, I-495, Rn 23; Rs C-106/89 (Marleasing), Slg. 1990, I-4135, Rn 6.

23 Zum Streit, ob auch belastende Richtlinienwirkungen die unmittelbare Anwendbarkeit ausschließen siehe Ruffert in: Calliess/ders. EUV/EGV, Art. 249 EGV Rn 84.

24 Prieß, EuR 1991, 342, 349.

Hier bedürfte es an sich aus Gründen von Fristproblemen und wegen der Identifikation des Zustellungsempfängers einer ausdrücklichen Regelung.[25] Im Gemeinschaftsrecht finden sich aber auch Bestimmungen, die die amtliche Zustellung ohne weiteres als Teil der Amtshilfe sehen.[26] Für die Verwaltungspraxis dürften allerdings Auskunftsersuchen bzw. die Übermittlung von Informationen den wichtigsten Teil der Amtshilfe ausmachen.[27]

Nach allgemeinen Merkmalen lässt sich die Amtshilfe folgendermaßen beschreiben: 7
Sie kann nur für einen **Einzelfall** oder eine Gruppe von Einzelfällen in Anspruch genommen werden.[28] Aus dem Begriff der Amtshilfe (engl. mutual assistance) folgt ferner, dass es sich um **unterstützende Tätigkeiten** handeln muss, die im Interesse der ersuchenden Behörde wahrgenommen werden.[29] Die ersuchende Behörde muss ein Verwaltungsverfahren betreiben, das in den Anwendungsbereich der Richtlinie fällt (Rn 12). Im Vergleich zum Hauptverfahren der ersuchenden Stelle haben die von der ersuchten Behörde ausgeübten Tätigkeiten nur **ergänzenden Charakter** und sind untergeordneter Natur.[30] Der untergeordnete Charakter bedeutet freilich nicht, dass die im Rahmen der Amtshilfe ergriffenen Maßnahmen keine Grundrechtsrelevanz haben dürften oder ihrem sachlichen Gehalt nach keine sonstigen wesentlichen Interessen berühren dürften. Vielmehr können Amtshilfemaßnahmen, wie gerade Art. 28 Abs. 4 und Art. 43 zeigen, durchaus in Grundrechte der Dienstleistungserbringer eingreifen. Hierbei handelt die ersuchte Behörde stets in eigenem Namen, in eigener Verantwortung und auf der Grundlage eigenen Rechts.[31]

Amtshilfe liegt in Abgrenzung zur **Rechtshilfe** eindeutig dann vor, wenn sowohl 8
die ersuchte als auch die ersuchende Stellen als Behörden tätig werden, d. h. keine gerichtlichen, sondern Verwaltungsfunktionen wahrnehmen. Umstritten sind dagegen die Fälle, in denen auf einer Seite ein Gericht, auf der anderen Seite eine Behörde auftritt. Auch die internationale Praxis stellt sich nicht als einheitlich dar. Zur Abgrenzung ist im Ergebnis aber darauf abzustellen, ob die **ersuchende Stelle** ein Verwaltungsverfahren oder ein gerichtliches Verfahren betreibt, unabhängig von der Frage, ob die Stelle institutionell als Behörde oder Gericht einzuordnen ist.[32] Um Amtshilfe handelt es sich demgemäß dann, wenn die ersuchende Stelle ein Verwaltungsverfahren betreibt und das Ersuchen sich hierauf bezieht. Dagegen liegt Rechtshilfe vor, wenn die ersuchende Stelle im Rahmen eines von ihr geführten gerichtlichen Verfahrens ein Ersuchen stellt.[33] Solche Rechtshilfeersuchen rich-

25 So bei VO (EG) Nr. 1798/2003, die hierfür in Art. 14-16 eine spezielle Regelung vorsieht, ebenso Art. 8 a RL 77/799; eine völkerrechtliche Regelung findet sich im Europäischen Übereinkommen über die Zustellung von Schriftstücken in Verwaltungssachen im Ausland, BGBl. II 1981, 535.

26 Art. 13 Übereinkommen über gegenseitige Amtshilfe und Zusammenarbeit der Zollverwaltungen, ABl. 1998 Nr. C 24, S. 2.

27 Kommissionshandbuch, Ziff. 9.3.1.

28 Wettner, S. 139 f. Ausdrücklich auch Art. 2 Abs. 1 RL 77/799; Art. 5 Abs. 1 VO (EG) Nr. 1798/2003; a. A. Schliesky, S. 214.

29 Prieß/Spitzer in: GS EUV/EGV, Art. 280 EGV Rn 80; Wettner, S. 142 f.

30 Wettner, S. 133 f.; a. A. Schliesky, S. 214.

31 Wettner, S. 147 ff.

32 A.A. die h. M., die darauf abstellt, ob die *ersuchte* Stelle ein Gerichts- oder Verwaltungsverfahren betreiben muss: Carl/Klos, EuZW 1990, 214, 215; Prieß, EuR 1991, 342, 345; Prieß/Spitzer in: GS EUV/EGV, Art. 280 EGV Rn 81, Wettner, S. 26. Zum deutschen Recht Bonk/Schmitz in: Stelkens/Bonk/Sachs VwVfG, § 4 Rn 38 m. w. N.

33 Siehe § 59 Abs. 2 IRG.

ten sich entweder nach völkerrechtlichen Übereinkommen[34] oder nach Sekundärrechtsakten der Europäischen Union.[35]

9 Die Amtshilfe nach Art. 28 Abs. 1 erstreckt sich schließlich auch nicht auf **Vollstreckungsersuchen** anderer Behörden.[36] Diese Form der Unterstützung setzte voraus, dass die Mitgliedstaaten untereinander verpflichtet wären, die von ihren Behörden erlassenen Maßnahmen hinsichtlich der Vollstreckungsvoraussetzungen als gleichwertig anzuerkennen. Weder aufgrund der RL 2006/123 noch aufgrund der primärrechtlichen Dienstleistungsfreiheit ist das der Fall. Alternativ käme die Vollstreckungshilfe dann in Betracht, wenn die Eingriffsbefugnisse der mitgliedstaatlichen Behörden angeglichen wären,[37] was die RL 2006/123 ebenfalls nicht beabsichtigt. Generell stellen Vollstreckungsmaßnahmen als Ausübung staatlicher Zwangsgewalt einen Kernbestand staatlicher Souveränität dar. Vollstreckungsmaßnahmen sind auf dem eigenen Hoheitsgebiet daher grundsätzlich nur den Behörden des Gebietsstaats gestattet. Maßnahmen der Vollstreckungshilfe sind zwar sowohl völkerrechtlich als auch verfassungsrechtlich zulässig.[38] Für ihre Ausübung bedarf es aber einer ausdrücklichen Vereinbarung bzw. gemeinschaftsrechtlichen Regelung,[39] die in Art. 28 Abs. 1 gerade fehlt. Ohne weiteres zulässig ist es aber, wenn die Behörde, die Amtshilfe leistet, ihre zu diesem Zweck ergriffenen Maßnahmen gegenüber dem Adressaten auf der Grundlage des innerstaatlichen Rechts auch zwangsweise durchsetzt.

10 Keine Amtshilfe liegt schließlich vor, wenn eine Organleihe oder eine Delegation von Aufgaben auf eine andere Behörde vorliegt.[40] Diese auch im internationalen Behördenverkehr bekannten Formen werden gerade nicht durch die Richtlinie geregelt.

3. Voraussetzungen der Amtshilfepflicht

a) Generalklausel; Eröffnung des Anwendungsbereichs der Richtlinie

11 Art. 28 Abs. 1 stellt eine generalklauselartige Regelung für die Amtshilfepflichten der mitgliedstaatlichen Behörden dar. Insofern gehen die spezielleren Amtshilferegelungen der Art. 29-33 und 35 der Richtlinie vor. Soweit ihr Anwendungsbereich nicht zum Tragen kommt, kann auf Art. 28 Abs. 1 zurückgegriffen werden.

---

34 Z.B. Art. 48 ff. des Schengener Durchführungsübereinkommens, ABl. 2000 Nr. L 239, S. 19; hierzu Epiney, Rechtshilfe in Strafsachen in der EU, EuZW 2003, 421 ff.; ferner das Übereinkommen über die Rechtshilfe in Strafsachen zwischen den Mitgliedstaaten der Europäischen Union, ABl. 2000 Nr. C 197, S. 3.

35 VO (EG) Nr. 1206/2001 über die Zusammenarbeit der Mitgliedstaaten auf dem Gebiet der Beweisaufnahme in Zivil- u. Handelssachen, ABl. 2001 Nr. L 174, S. 1. Siehe auch Vorschlag für einen Rahmenbeschluss des Rates über die Europäische Beweisanordnung zur Erlangung von Sachen, Schriftstücken und Daten zur Verwendung in Strafverfahren, KOM (2003) 688 endg. v. 14.11.2003.

36 A.A. wohl Gundel in: Schulze/Zuleeg (Hg.), Europarecht, § 3 Rn 147.

37 So bei Art. 8 i.V.m. Art. 4 Abs. 6 VO (EG) Nr. 2006/2004 über die Zusammenarbeit im Verbraucherschutz, ABl. 2004 Nr. L 364, S. 1.

38 BVerfGE 63, 343 = NJW 1983, 2757.

39 Ein Beispiel für eine solche Regelung ist die RL 76/308 über die gegenseitige Unterstützung bei der Beitreibung von Forderungen in Bezug auf bestimmte Abgaben, Zölle und Steuern und sonstige Maßnahmen, ABl. 1976 Nr. L 73, S. 18.

40 Zur Abgrenzung siehe Wettner, S. 152 ff.; Ohler, S. 186 ff. sowie 240 ff.

Im Übrigen ist der **Anwendungsbereich** des Art. 28 Abs. 1 **akzessorisch** zum übrigen Regelungskreis der Richtlinie zu sehen. Ein Ersuchen um Amtshilfe und die Pflicht zur Gewährung von Amtshilfe kommen damit nur im sachlich-persönlichen Anwendungsbereich der Richtlinie in Betracht.[41] Das bedeutet, dass sich das Ersuchen auf einen Sachverhalt beziehen muss, der eine grenzüberschreitende Dienstleistungserbringung zwischen zwei Mitgliedstaaten betrifft, Art. 2 Abs. 1 i.V.m. Art. 1 Abs. 1.[42] Der Dienstleistungserbringer muss die Staatsangehörigkeit eines Mitgliedstaats besitzen, Art. 4 Nr. 2. Unerheblich ist hierbei, ob der Dienstleistungsempfänger die Staatsangehörigkeit eines Mitgliedstaats aufweist, solange er nur die Voraussetzungen nach Art. 4 Nr. 3 erfüllt. Für die durch Art. 2 Abs. 2 und 3 sachlich ausgenommenen Bereiche greift die Amtshilfepflicht dagegen nicht ein. Hier finden sich allerdings teilweise in den sekundärrechtlichen Sonderbestimmungen für diese Tätigkeiten eigenständige Regelungen zur Amtshilfe. 12

Zu beachten ist zudem, dass der sachliche Anwendungsbereich der Richtlinie in Art. 2 Abs. 1 sowohl den aktiven als auch den passiven Dienstleistungsverkehr umfasst. Dies wirkt sich auf den Amtshilfeverkehr insoweit aus, als auch Fälle erfasst sein können, bei denen nur der Dienstleistungsempfänger die Grenze überschreitet.[43] Schließlich kann sich die Amtshilfepflicht nach Art. 28 Abs. 1 auch auf Niederlassungsvorgänge erstrecken, da die Richtlinie auch die Erbringung von Dienstleistungen durch niedergelassene Personen im Aufnahmemitgliedstaat umfasst. Dies folgt aus der Legaldefinition des Begriffs „Dienstleistungserbringer" nach Art. 4 Nr. 2 i.V.m. Erwägungsgrund 36 der Richtlinie. Zudem lässt sich aus Art. 1 Abs. 1 sowie aus Erwägungsgrund 108 schließen, dass Niederlassungsvorgänge die Amtshilfepflicht des Art. 28 Abs. 1 auslösen können. Niederlassungsvorgänge bleiben allerdings dann vom Anwendungsbereich der Richtlinie ausgeschlossen, wenn aus der Niederlassung heraus keine Dienstleistungen angeboten werden, sondern andere Güter, z. B. Waren. 13

b) Berechtigte Behörde

Jede Behörde, die nach Maßgabe innerstaatlichen Rechts mit der Anwendung der RL 2006/123 betraut ist, darf ein Amtshilfeersuchen stellen. Das Gemeinschaftsrecht enthält insoweit weder Hinweise noch Einschränkungen, welche Behörden innerstaatlich für den Verwaltungsvollzug zuständig sind. Insofern ist es auch gleichgültig, ob die Behörde eines Mitgliedstaats der mittelbaren oder unmittelbaren Staatsverwaltung angehört, solange sie nur als Organ dem Mitgliedstaat zurechenbar ist und die Richtlinie gegenüber einem Dienstleistungserbringer anwendet. Insofern dürfen auch berufsständische Einrichtungen die Amtshilfe in Anspruch nehmen, wenn sie vonseiten des Mitgliedstaats mit hoheitlichen Funktionen versehen wurden. Für Gerichte gilt Art. 28 Abs. 1 jedoch nicht (Rn 8). 14

41 Ebenso Schliesky, S. 211; Entsprechendes gilt bei anderen Amtshilferegelungen des sekundären Gemeinschaftsrechts, siehe Miersch in: Dalheimer/Feddersen/ders., EU-Kartellverfahrensverordnung, Kommentar zu VO 1/2003, München, 2005, Art. 22 Rn 6.

42 Hierzu korrespondiert, dass das Amtshilfeersuchen sich an die Behörde eines anderen Mitgliedstaats richtet. Amtshilfeverfahren zwischen Behörden eines Mitgliedstaats beurteilen sich dagegen allein nach innerstaatlichem Recht.

43 Erwägungsgrund 108 a.E.

c) Ermittlungsbefugnis der ersuchenden Behörde

15 Die ersuchende Behörde muss nach innerstaatlichem Recht befugt sein, selbst die Ermittlungsmaßnahmen zu ergreifen, die sie im Wege der Amtshilfe von einer anderen Behörde anfordert.[44] Der Grund hierfür liegt darin, dass das Amtshilferecht nicht zu einer Erweiterung bestehender Befugnisse führen darf,[45] da ansonsten der rechtsstaatliche Grundsatz des Vorbehalts des Gesetzes ausgehebelt würde.[46] Zwar begründet das Amtshilfeersuchen als solches noch keinen Grundrechtseingriff[47] und bedarf demgemäß keiner gesetzlichen Grundlage. Jedoch löst die Kenntnisnahme und Verwertung der Information den Gesetzesvorbehalt aus, wenn die erlangten Daten personenbezogener Natur sind.[48] Der ersuchten Behörde steht es freilich nicht zu, die Einhaltung dieser Voraussetzung zu prüfen.[49] Die Feststellung, ob eigene Befugnisse für entsprechende Ermittlungsschritte vorliegen, trifft damit die ersuchende Behörde in eigener Verantwortung.

d) Ermessensentscheidung der ersuchenden Behörde

16 Ob eine Behörde ein Amtshilfeersuchen stellen will, steht grundsätzlich allein in ihrem Ermessen. Die Richtlinie statuiert jedenfalls keine Pflicht, von diesem Instrument Gebrauch zu machen. Aus dem oben (Rn 3) Gesagten ergibt sich allerdings, dass eine Nicht-Inanspruchnahme der Amtshilfe, die zu einer Beschränkung eines Dienstleistungserbringers führt, die Gemeinschaftsrechtswidrigkeit der beschränkenden Maßnahme auslösen kann, wenn die Amtshilfe als weniger einschneidende Maßnahme zur Verfügung steht. Hinsichtlich des Inhalts des Ersuchens (das „Wie“) genießt die ersuchende Behörde ebenfalls Ermessen. Somit entscheidet die ersuchende Behörde, welche Auskünfte und sonstigen Amtshilfehandlungen sie für erforderlich hält, um ihr eigenes Verwaltungsverfahren weiter betreiben zu können.[50] Aufgrund dessen scheidet auch eine Überprüfung des Amtshilfeersuchens durch die ersuchte Behörde unter dem Gesichtspunkt der Zweckmäßigkeit aus. Eine Grenze des Ermessens ergibt sich lediglich aus dem Gebot, nur die Anfragen zu stellen, die für das Betreiben des eigenen Verwaltungsverfahrens erforderlich sind (Rn 19) und nicht durch eigene Ermittlungsbemühungen beschafft werden können (Rn 23).

e) Form und Inhalt des Ersuchens

17 Die Richtlinie schreibt nicht vor, in welcher **Form** das Amtshilfeersuchen gestellt werden muss. Insofern kommen neben der Schriftform auch mündliche oder via

---

44 Wettner, S. 334 f.; ebenso die Literatur zur VO (EG) Nr. 1/2003: Barthelmeß in: Loewenheim/Meessen/Riesenkampf Kartellrecht, Bd. 1, München, 2005, Art. 22 VerfVO Rn 10; Burrichter in: Immenga/Mestmäcker Kommentar zum Recht der Wettbewerbsbeschränkungen, München, 2007, Art. 22 VerfVO Rn 10.

45 Barthelmeß in: Loewenheim/Meessen/Riesenkampf Kartellrecht, Bd. 1, München, 2005, Art. 22 VerfVO Rn 10.

46 Zur Geltung im Gemeinschaftsrecht EuGH, verb. Rs 46/87 und 227/88 (Höchst/Kommission), Slg. 1989, 2859, Rn 19.

47 Ohler, S. 307; Wettner, S. 312; a. A. Kopp/Ramsauer VwVfG, § 4 Rn 14 unter Fn. 20.

48 Ohler, S. 307.

49 Ebenso Schliesky, S. 223.

50 EuGH, Rs C-55/98 (Vestergaard), Slg. 1999, I-7641, Rn 26; Rs C-150/04 (Kommission/Dänemark), Slg. 2007, I-000, Rn 52.

elektronischer Kommunikationsmittel gestellte Ersuchen in Betracht.[51] Letzteres ergibt sich zwar nicht unmittelbar aus Art. 28 Abs. 1, aber aus dem Umstand, dass die Effizienz des Amtshilfeverfahrens erheblich eingeschränkt würde, wenn dieses Kommunikationsmittel nicht genutzt werden dürfte. Im Übrigen folgt aus dem Gegenschluss zu Art. 28 Abs. 6, wonach die angeforderten Informationen elektronisch zur Verfügung gestellt werden müssen, dass auch das Ersuchen in dieser Weise gestellt werden darf. Diese Möglichkeit ergibt sich zudem aus Art. 34 Abs. 1, wonach die Kommission gemeinsam mit den Mitgliedstaaten ein System für den Austausch von Informationen, das sog. Binnenmarkt-Informationssystem (BIS), entwickelt.

Keine Regelung sieht die Richtlinie schließlich für die **Sprache** vor, in der das Ersuchen gestellt werden kann bzw. muss.[52] Aus anderen Bestimmungen der Richtlinie folgt aber, dass diese das nationale Sprachenregime grundsätzlich unangetastet lässt.[53] Verständlich ist das Schweigen der Richtlinie vor dem Hintergrund, dass es sich um eine Querschnittsmaterie handelt, die zur Einbindung höchst verschiedener Behörden in die Amtshilfestrukturen führen wird. Diesen Behörden fehlt daher vielfach das Verbindende mancher „Fachbruderschaften“, die aufgrund eines speziellen, gemeinsamen Aufgabenbereichs besser in der Lage sind, sprachliche Hürden zu nehmen. Daraus lässt sich rechtfertigen, dass dem Amtshilfeersuchen, wenn es nicht ohnehin in der Amtssprache des ersuchten Mitgliedstaats gehalten ist,[54] zumindest eine Übersetzung beizufügen ist, so dass die ersuchte Behörde ohne Schwierigkeiten erkennen kann, was von ihr verlangt wird. Fehlt es hieran, so muss die ersuchte Behörde sich nach Art. 28 Abs. 5 um eine Klärung des Sachverhalts bemühen,[55] was im Zweifel mittels der Verbindungsstellen bewerkstelligt werden kann. Überspannte Anforderungen dürfen an die Klärungspflicht aber nicht gestellt werden. Die ersuchte Behörde ist allerdings auch nicht gehindert, Amtshilfe zu gewähren, wenn behördenintern entsprechende Sprachkenntnisse vorhanden sind.[56] Auch ist es als zulässig anzusehen, wenn die beteiligten Behörden eine Vereinbarung über die Nutzung einer Sprache treffen.[57] 18

Hinsichtlich des **Inhalts** des Ersuchens wird man aus Gründen der Wirksamkeit folgende **Mindestanforderungen** verlangen müssen: Name und Anschrift der ersuchenden Behörde; Maßnahme, um die ersucht wird; knappe Darstellung des Sachverhalts; Name und Anschrift des betroffenen Dienstleistungserbringers; Gegenstand und Zweck des Ersuchens vor dem Hintergrund des innerstaatlichen Rechts.[58] Mit diesen Angaben wird zudem weitgehend der **Begründungspflicht** des Art. 28 Abs. 3 (Rn 42) entsprochen. Je präziser diese Angaben erfolgen, desto 19

---

51 Wettner, S. 272; vgl. zu VO 1/2003 Burrichter in: Immenga/Mestmäcker Kommentar zum Recht der Wettbewerbsbeschränkungen, München, 2007, Art. 22 VerfVO Rn 13.

52 Eine ausdrückliche Regelung findet sich für den Sozialversicherungsbereich dagegen in Art. 76 Abs. 7 VO (EG) Nr. 883/2004.

53 Erwägungsgrund 52 a.E.; Erwägungsgrund 60; Art. 5 Abs. 3 UA 2; Art. 7 Abs. 5.

54 So Art. 8 Abs. 3 Übereinkommen über gegenseitige Amtshilfe und Zusammenarbeit der Zollverwaltungen, ABl. 1998 Nr. C 24, S. 2.

55 Vgl. Wettner, S. 273 f. Im völkerrechtlichen Amtshilfeverkehr könnte dagegen die Amtshilfe verweigert werden, siehe Jellinek, NVwZ 1982, 535, 539.

56 Nach Art. 34 Abs. 2 sollen Sprachkurse der Bediensteten gefördert werden.

57 So die Regelung in Art. 38 VO (EG) Nr. 1798/2003 und in Art. 12 Abs. 4 VO (EG) Nr. 2006/2004.

58 Vgl. Burrichter in: Immenga/Mestmäcker Kommentar zum Recht der Wettbewerbsbeschränkungen, München, 2007, Art. 22 VerfVO Rn 14. Eine entsprechende Liste der

Erfolg versprechender wird ein Amtshilfeersuchen sein, da nur dann die ersuchte Behörde über alle Informationen verfügt, die sie benötigt, um dem Ersuchen zielgerichtet nachzukommen.[59] Sofern die Informationen inhaltlich unvollständig sind, darf die ersuchte Behörde das Ersuchen nicht unbeachtet lassen. Vielmehr ist sie nach Art. 28 Abs. 5 sowie nach Art. 10 EGV verpflichtet, sich mit der ersuchenden Stelle in Verbindung zu setzen, um eine Klärung herbeizuführen. Im Übrigen steuert die Richtlinie nicht den Umfang des Ersuchens für den konkreten Anwendungsfall,[60] zumal sich solche Fragen der Regelbarkeit entziehen. Ganz allgemein wird sich nur feststellen lassen, dass Anzahl und Art der Ersuchen innerhalb eines bestimmten Zeitraums sich auf das **Notwendige zu beschränken** haben, um nicht unnötig die Ressourcen der ersuchten Behörde in Anspruch zu nehmen.[61]

f) Adressaten des Ersuchens

20 Das Amtshilfeersuchen kann direkt an die zuständige (Fach-)Behörde des anderen Mitgliedstaats gestellt werden.[62] Der Einhaltung des amtlichen Geschäftswegs über die Ministerialverwaltung, wie im völkerrechtlichen Amtshilfeverkehr üblich, bedarf es nicht. Zumindest in der Theorie ist die direkte Amtshilfe effizienter, da sie schneller ist und von vornherein nur die jeweils zuständigen Behörden miteinander kooperieren.[63] Soweit aufeinander eingespielte Fachbehörden miteinander kooperieren, dürfte diese Erwartung auch zutreffen. Welche Fachbehörden im Anwendungsbereich der RL 2006/123 als richtige Empfänger des Ersuchens zuständig sind, regelt die Richtlinie allerdings nicht, wie sich aus dem Zusammenspiel von Erwägungsgrund 107 und Art. 4 Nr. 9 ergibt. Diese bewusste Lücke rechtfertigt sich aus der Schonung der innerstaatlichen Zuständigkeitsordnung der Mitgliedstaaten, in die durch die Richtlinie nicht eingegriffen werden sollte.[64] Dabei umfasst die innerstaatliche Zuständigkeitsordnung die Regelung der örtlichen, der sachlichen und der instanziellen Zuständigkeit der einzelnen Behörden einschließlich der Unterscheidung nach Trägern der Selbstverwaltung und staatlichen Behörden. Angesichts der Vielfalt möglicher Konstellationen, in denen es im Anwendungsbereich der Dienstleistungsrichtlinie zu einem Amtshilfeersuchen kommen könnte, wäre der Gemeinschaftsgesetzgeber unter diesen Voraussetzungen auch faktisch schlicht überfordert, eine Festlegung der zuständigen Behörde zu treffen.

21 Insofern obliegt es zunächst der ersuchenden Behörde zu ermitteln, welche Behörde im Niederlassungsmitgliedstaat örtlich, sachlich und instanziell zuständig sein könnte. Hierfür kann jedoch auch die Unterstützung der Verbindungsstellen gemäß Art. 28 Abs. 2 in Anspruch genommen werden (Rn 38 ff.). In der Praxis

Mindestangaben findet sich in Art. 9 Abs. 2 Übereinkommen über gegenseitige Amtshilfe und Zusammenarbeit der Zollverwaltungen, ABl. 1998 Nr. C 24, S. 2.

59 Vgl. Art. 12 Abs. 1 VO (EG) Nr. 2006/2004.

60 Vgl. Schliesky, S. 219.

61 So ausdrücklich Art. 40 Abs. 1 lit. a VO (EG) Nr. 1798/2003. Zu einer vergleichbaren Problematik siehe EuGH, Rs 104/75 (De Pijper), Slg. 1976, 613, Rn 32; aus dem Schrifttum vgl. Groß, EuR 2005, 54, 65; Winkelmüller, S. 53.

62 Erwägungsgrund 107. Auch aus dem Wortlaut des Art. 28 Abs. 4 ergibt sich, dass die Amtshilfe direkt angefragt und geleistet wird.

63 Wettner, S. 284 f.

64 Erwägungsgrund 60.

dürfte es sich ohne die Mitwirkung der Verbindungsstellen als außerordentlich schwierig erweisen, die zuständige Behörde zu ermitteln, an die das Ersuchen zu richten ist. Gemeinschaftsrechtlich kann diese Schwierigkeit nur dadurch teilweise kompensiert werden, dass Art. 10 EGV alle Mitgliedstaaten verpflichtet, auch die sekundärrechtlich bestehenden Pflichten loyal zu erfüllen. Weder aus der Richtlinie noch aus Art. 10 EGV folgt allerdings die Pflicht einer Behörde, die nicht die richtige Adressatin eines Amtshilfeersuchens ist, das Ersuchen an die richtige Stelle weiterzuleiten. Selbst eine Pflicht zur Weiterleitung an die eigene, mitgliedstaatliche Verbindungsstelle lässt sich der Richtlinie nicht unmittelbar entnehmen.[65] Aus dem Grundsatz loyaler Zusammenarbeit sowie dem Rechtsgedanken des Art. 28 Abs. 2 kann aber begründet werden, dass die unzuständige Behörde das Ersuchen an die **Verbindungsstelle weiterleiten** muss. Die Verbindungsstelle wäre dann verpflichtet, die zuständige Behörde zu ermitteln und das Ersuchen an diese zu adressieren,[66] da ansonsten das Amtshilfeverfahren ins Leere liefe.

Eine faktische Adressatenproblematik kann sich ergeben, wenn der Dienstleistungserbringer Niederlassungen in mehreren Mitgliedstaaten unterhält und unklar ist, aus welcher Niederlassung heraus die Dienstleistung erbracht wurde. Die Feststellung der örtlichen Zuständigkeit kann faktisch auch dann schwierig sein, wenn der Niederlassungsmitgliedstaat Informationen aus dem Mitgliedstaat benötigt, in dem die Dienstleistungserbringung erfolgt und die Tätigkeitsorte verstreut in diesem Mitgliedstaat liegen. In derartigen Zweifelsfällen muss die jeweilige Verbindungsstelle in Anspruch genommen werden. 22

g) Subsidiarität der Amtshilfe

Aus dem Wortlaut der Richtlinie folgt nicht, ob die Amtshilfe subsidiären Charakter hat, d.h. nur dann in Anspruch genommen werden kann, wenn die ersuchende Behörde zuvor ihre innerstaatlichen Ermittlungsmöglichkeiten ausgeschöpft hat. In anderen Rechtsakten des sekundären Gemeinschaftsrechts finden sich dagegen Subsidiaritätsklauseln,[67] was den Schluss nahe legt, dass es sich um einen allgemeinen Grundsatz des Amtshilferechts handelt. Rechtfertigen lässt sich die Subsidiarität der zwischenstaatlichen Amtshilfe zum einen mit der Erwägung, dass die mitgliedstaatlichen Verwaltungen auch unter der RL 2006/123 grundsätzlich eigenverantwortlich bleiben. Zum anderen folgt aus dem Gebot der Rücksichtnahme zwischen den Mitgliedstaaten, die Ressourcen anderer Verwaltungen nicht unnötig in Anspruch zu nehmen.[68] Auch können innerstaatliche Ermittlungen vielfach effektiver und zügiger durchgeführt werden als das Verfahren zwischenstaatlicher Amtshilfe. Daher ist eine mitgliedstaatliche Verwaltung zunächst verpflichtet, die eigenen Ermittlungsmöglichkeiten auszuschöpfen, bevor sie ein Amtshilfeersuchen an die Behörde eines anderen Mitgliedstaates stellt. Im Einzelfall kann jedoch hiervon abgesehen werden, wenn das Amtshilfeersuchen gegenüber eigenen Ermittlungsmaßnahmen das effektivere Vor- 23

65 Diese Lösung wählt aber Art. 3 Abs. 7 VO (EG) Nr. 1798/2003.
66 So die Lösung in Art. 5 Abs. 3 Übereinkommen über gegenseitige Amtshilfe und Zusammenarbeit der Zollverwaltungen, ABl. 1998 Nr. C 24, S. 2.
67 Art. 2 Abs. 1 RL 77/799; Art. 40 Abs. 1 lit. b VO (EG) Nr. 1798/2003; Art. 15 Abs. 3 lit. a VO (EG) Nr. 2006/2004. Siehe auch Carl/Klos, RIW 1995, 146, 149 f.
68 Vgl. Burrichter in: Immenga/Mestmäcker Kommentar zum Recht der Wettbewerbsbeschränkungen, München, 2007, Art. 22 VerfVO Rn 22; Wettner, S. 252 f.

gehen verspricht.[69] Diese Grundsätze verleiht dem Einzelnen aber kein subjektives Recht, da der durch sie vermittelte Schutz nur den beteiligten Behörden dient.[70] Allerdings wird auch die ersuchte Behörde nur in offenkundigen Fällen eines Verstoßes gegen das Subsidiaritätsprinzip die Amtshilfe ablehnen können. Unbenommen bleibt es ihr aus europarechtlicher Sicht, dennoch freiwillig Amtshilfe zu leisten.

4. Durchführung der Amtshilfe

a) Pflicht zur Gewährung von Amtshilfe

24 Die Richtlinie verpflichtet in Art. 28 Abs. 1 die ersuchte Behörde zur Gewährung von Amtshilfe.[71] Insofern scheiden, wenn die Voraussetzungen nach Art. 28 erfüllt sind, alle Ermessenserwägungen aus, ob die Behörde tätig werden soll. Lediglich im Bereich des „Wie“ der Gewährung der Amtshilfe verfügt die ersuchte Behörde noch über ein Ermessen, welche Maßnahmen sie ergreift, um dem Ersuchen nachzukommen.[72] Art. 29 Abs. 2 S. 3 gewährt dieses Ermessen ausdrücklich. Die Maßnahmen müssen aufgrund der Pflicht zur loyalen Zusammenarbeit nach Art. 10 EGV aber so gewählt werden, dass damit im praktischen Ergebnis dem Ersuchen nachgekommen wird. Insoweit muss die ersuchte Behörde alle Schritte ergreifen, die zur Beschaffung der angeforderten Informationen erforderlich sind (**Beschaffungspflicht**). Auch in tatsächlicher Hinsicht darf das Ersuchen nicht ungünstiger behandelt werden als ein rein innerstaatliches Amtshilfeersuchen.[73] Allerdings ist die ersuchte Behörde gemeinschaftsrechtlich nicht verpflichtet, solche Maßnahmen zu ergreifen, die nach innerstaatlichem Recht nicht vorgesehen sind.

25 Verletzt ein Mitgliedstaat seine Pflicht, Amtshilfe zu leisten, so stehen dem ersuchenden Staat aufgrund der rechtlichen Gleichordnung der Mitgliedstaaten keine Instrumente zur Verfügung, um die Amtshilfepflicht durchzusetzen. Der Mitgliedstaat kann lediglich nach Art. 28 Abs. 8 die Kommission von diesem Vorgang informieren (Rn 49). Im Übrigen könnte der Mitgliedstaat noch ein Vertragsverletzungsverfahren vor dem EuGH nach Art. 227 EGV initiieren.

b) Anwendbares Recht

26 Die ersuchte Behörde wird in Erfüllung ihrer Amtshilfepflicht ausschließlich auf der Grundlage des eigenen, mitgliedstaatlichen Verfahrensrechts sowie materiellen Rechts tätig,[74] was seinen Niederschlag auch in Art. 29 Abs. 2 S. 2 findet. Insbesondere schafft das Amtshilfeersuchen noch nicht die Rechtsgrundlage für Eingriffe in die Rechtssphäre des Bürgers.[75] Hierfür müssen vielmehr die tatbestandli-

---

69 Vgl. Hendricks, S. 248 f., 362 f.

70 Carl/Klos, RIW 1995, 146, 149.

71 Kommissionshandbuch, Ziff. 9.2.1; Schliesky, S. 216.

72 Vgl. Hendricks, S. 247 f.

73 Vgl. Art. 2 Abs. 2 UA 2 RL 77/799; Art. 4 Abs. 2 VO (EG) Nr. 515/97; Art. 5 Abs. 4 VO (EG) Nr. 1798/2003.

74 Ohler, S. 229. Ausdrücklich findet sich dieser Grundsatz auch in Art. 8 Abs. 1 RL 77/799 und Art. 22 Abs. 1 VO (EG) Nr. 1/2003, hierzu Burrichter in: Immenga/Mestmäcker, Kommentar zum Recht der Wettbewerbsbeschränkungen, München, 2007, Art. 22 Verf-VO Rn 26; Miersch in: Dalheimer/Feddersen/ders., EU-Kartellverfahrensverordnung, Kommentar zu VO 1/2003, München, 2005, Art. 22 Rn 4.

75 Schliesky, S. 209.

chen Voraussetzungen der entsprechenden innerstaatlichen Befugnisnormen erfüllt sein.[76] Das Gemeinschaftsrecht zieht der Anwendung des mitgliedstaatlichen Rechts jedoch Grenzen, die sich aus allgemeinen Rechtsgrundsätzen des Gemeinschaftsrechts ergeben: Die Mitgliedstaaten sind verpflichtet, von den innerstaatlichen Vorschriften nur nach Maßgabe des **Äquivalenzprinzips** sowie des **Effektivitätsprinzips** Gebrauch zu machen. Das Äquivalenzprinzip besagt, dass die Mitgliedstaaten gemeinschaftsrechtliche Sachverhalte nicht ungünstiger behandeln dürfen als rein innerstaatliche Sachverhalte.[77] Mit anderen Worten ist jede faktische oder rechtliche Diskriminierung gemeinschaftsrechtlicher Sachverhalte verboten, gleichgültig ob die Gründe im Bereich des Verwaltungsverfahrensrechts oder des materiellen Rechts liegen. Der Effektivitätsgrundsatz verpflichtet die Mitgliedstaaten dagegen dazu, keine innerstaatlichen Regelungen anzuwenden, die die Durchsetzung gemeinschaftsrechtlicher Verpflichtungen praktisch unmöglich machen oder übermäßig erschweren.[78]

c) Übermittlung der Ergebnisse

Die ersuchte Behörde übermittelt der ersuchenden Behörde so schnell wie möglich **27**
die gewünschten Informationen, Art. 28 Abs. 6 (Rn 46). Soweit eine elektronische Übermittlung in Betracht kommt, muss diese gewählt werden, Art. 28 Abs. 6 (Rn 47). Urkunden und sonstige amtliche Schriftstücke müssen nicht urschriftlich übersandt werden, da Kopien oder Abschriften regelmäßig genügen.[79] Wiederum nicht geregelt ist durch die Richtlinie, in welcher Sprache die Ergebnisse der Amtshilfeleistung zu übermitteln sind. Im Zweifel ist die ersuchte Behörde daher berechtigt, in der eigenen Sprache zu antworten. Abweichende Vereinbarungen zwischen den Behörden über den Sprachgebrauch sind aber rechtlich unbedenklich.

d) Kosten

Die Richtlinie enthält keine Vorschriften über die Tragung von Kosten, die auf- **28**
grund der Amtshilfeleistung anfallen können. Aus anderen Vorschriften des sekundären Gemeinschaftsrechts folgt jedoch, dass zwischen den beteiligten Behörden grundsätzlich keine Kosten in Rechnung gestellt werden sollen.[80] Dies entspricht auch völkerrechtlichen Gepflogenheiten.[81] Auch der Grundsatz der Gegenseitigkeit, der dem Amtshilfeverkehr zugrunde liegt, rechtfertigt es, von der Erhebung von Kosten abzusehen.[82] Ausnahmen können jedoch für außergewöhn-

76 Ganz h. M.: Barthelmeß in: Loewenheim/Meessen/Riesenkampf Kartellrecht, Bd. 1, München, 2005, Art. 22 VerfVO Rn 10; Burrichter in: Immenga/Mestmäcker Kommentar zum Recht der Wettbewerbsbeschränkungen, München, 2007, Art. 22 VerfVO Rn 16; Ohler, S. 305 f.; Weiß, Grundrechtsschutz im EG-Kartellrecht nach der Verfahrensnovelle, EuZW 2006, 263, 267.

77 EuGH, Rs C-231/96 (Edis), Slg. 1998, I-4951, Rn 34; Rs C-343/96 (Dilexport), Slg. 1999, I-579, Rn 25; Rs C-255/00 (Grundig Italiana), Slg. 2002, I-8003, Rn 33; Rs C-443/03 (Leffler/Berlin Chemie), Slg. 2005, I-9611, Rn 50.

78 Siehe oben Fn. 77.

79 Vgl. Art. 5 VO (EG) Nr. 515/97; Art. 7 Abs. 1 und 2 VO (EG) Nr. 1798/2003.

80 Art. 39 Abs. 2 VO (EG) Nr. 1798/2003; Art. 50 VO (EG) Nr. 515/97; Art. 76 Abs. 2 VO (EG) Nr. 883/2004; Art. 15 Abs. 1 VO (EG) Nr. 2006/2004.

81 Siehe Art. 8 des Europäischen Übereinkommens über die Erlangung von Auskünften und Beweisen in Verwaltungssachen im Ausland, BGBl. II 1981, 550.

82 Ebenso Burrichter in: Immenga/Mestmäcker Kommentar zum Recht der Wettbewerbsbeschränkungen, München, 2007, Art. 22 VerfVO Rn 25; Wettner, S. 275.

liche Kosten, wie sie z. B. bei der Anforderung von Sachverständigengutachten anfallen, vorgesehen werden.

e) Grenzen der Amtshilfepflicht

29 Die Amtshilfeleistung darf unterbleiben, wenn entweder der Erhebung oder der Übermittlung der angeforderten Informationen zwingende Rechtsvorschriften entgegenstehen. Dies betrifft zum einen **datenschutzrechtliche Beschränkungen**, die sich entweder aus dem EG-Datenschutzrecht (s. Art. 43) oder aus gemeinschaftsrechtskonformen nationalen Bestimmungen ergeben. Zum anderen kann der **grundrechtliche Schutz von Berufs- und Geschäftsgeheimnissen** die Übermittlung ausschließen. Den Maßstab des Grundrechtsschutzes bilden, da es um die Anwendung von sekundärem Gemeinschaftsrecht geht, die Grundrechte der EU i. S. v. Art. 6 Abs. 2 EUV.[83] Ferner können **nationale Sicherheitsinteressen** die Pflicht zur Leistung von Amtshilfe ausschließen.[84] Art. 296 Abs. 1 lit. a EGV bringt dies als allgemeine Regel zum Ausdruck. Der nationale **ordre public** kann, soweit nicht Primärrecht entgegensteht, im Einzelfall weitere Gründe rechtfertigen, die Amtshilfe zu verweigern.[85] Der wichtigste Grund für eine Ablehnung dürfte in der Praxis jedoch darin bestehen, dass die **Erfüllung der eigenen Aufgaben Vorrang** vor der Wahrnehmung der Amtshilfepflicht hat.[86] Zu weitherzig darf diese Ausnahme aber nicht gehandhabt werden, da sonst die Amtshilfepflicht leer laufen würde.[87] Bloße Schwierigkeiten bei der Ermittlung von Informationen oder der Durchführung sonstiger Amtshilfemaßnahmen rechtfertigen ebenfalls keine Ausnahme.[88] Auch sind die Mitgliedstaaten gehalten, zur Erfüllung der Amtshilfepflicht ausreichende personelle und sachliche Ressourcen vorzuhalten. Wenn jedoch auch unter Beachtung dieser Anforderungen die Amtshilfe die Erfüllung zwingender, eigener Aufgaben ernsthaft gefährden würde, scheidet eine Amtshilfepflicht aus.[89] Die Amtshilfepflicht besteht ferner nicht, wenn das Ersuchen eine **objektiv unmögliche Maßnahme** zum Gegenstand hat.[90] Keinen Ablehnungsgrund bildet dagegen das Argument der Gegenseitigkeit. Zwar kennt Art. 8 Abs. 3 RL 77/799 diesen Gesichtspunkt, doch handelt es sich dabei nicht um eine verallgemeinerungsfähige Regelung, die zudem dem klaren Wortlaut des Art. 28 Abs. 1 widerspricht. Lehnt eine ersuchte Behörde aufgrund der vorgenannten zulässigen Gründe die Amtshilfe ab, so teilt sie dies einschließlich der Gründe ihrer Entscheidung der ersuchenden Behörde mit.[91]

83 Siehe Art. 51 Abs. 1 EU-GR-Charta.
84 So z. B. auch in Art. 59 RL 2004/39 und in Art. 16 Abs. 2 RL 2003/6: Souveränität, Sicherheit oder die öffentliche Ordnung als Ablehnungsgrund für die Amtshilfe; Art. 8 Abs. 2 RL 77/799 und Art. 40 Abs. 4 VO (EG) Nr. 1798/2003 nennen dagegen nur den Gesichtspunkt der öffentlichen Ordnung.
85 Schmidt-Aßmann, EuR 1996, 270, 297 f.; ablehnend dagegen Wettner, S. 261 ff.
86 Vgl. Hendricks, S. 225 f.; Wettner, S. 255; im deutschen Recht siehe § 5 Abs. 3 Nr. 3 VwVfG; zurückhaltend Schliesky, S. 219.
87 Burrichter in: Immenga/Mestmäcker Kommentar zum Recht der Wettbewerbsbeschränkungen, München, 2007, Art. 22 VerfVO Rn 23.
88 Kommissionshandbuch, Ziff. 9.2.1.
89 So im deutschen Recht bereits § 3 Abs. 2 Nr. 4 EG-Amtshilfe-Gesetz, BGBl. I 1985, 2436, 2441.
90 Prieß, EuR 1991, 342, 350.
91 Vgl. den Regelungsgedanken des Art. 28 Abs. 5 sowie die ausdrückliche Regelung in Art. 15 Abs. 5 VO (EG) Nr. 2006/2004 sowie in Art. 5 Abs. 4 Übereinkommen über gegenseitige Amtshilfe und Zusammenarbeit der Zollverwaltungen, ABl. 1998 Nr. C 24, S. 2.

5. Verwertung erlangter Informationen; Berufsgeheimnis

30 Soweit die aufgrund der Amtshilfe erlangten Informationen personenbezogenen Charakter aufweisen, kommt ihre Verarbeitung nur auf der Grundlage einer hinreichenden gesetzlichen Ermächtigung in Betracht. Dabei gilt ein **doppelter Standard:**[92] Die Weiterleitung durch die ersuchte Behörde muss den rechtlichen Anforderungen des Mitgliedstaats dieser Behörde genügen. Dagegen richtet sich die Verwertung der erlangten Informationen allein nach dem Recht des Mitgliedstaats der ersuchenden Behörde.[93] Dieses bestimmt, ob und in welchem Umfang das Material zum Nachteil des Bürgers herangezogen werden kann. Sofern diese Voraussetzungen erfüllt sind, müssen die von der ersuchten Behörde erlangten Informationen in gleicher Weise wie nach inländischem Recht erlangte Informationen behandelt werden.[94] Sie genießen mit anderen Worten den gleichen **Beweiswert.**

31 Ungeklärt ist bislang im Amtshilferecht jedoch, wie sich Rechtsfehler im Bereich der ersuchten Behörde auf das Verfahren der ersuchenden Behörde auswirken. Es geht demgemäß um die Frage, unter welchen Voraussetzungen ein **Beweisverwertungsverbot** im Hauptverfahren der ersuchenden Behörde entsteht.[95] Grundsätzlich lassen sich zwei Modelle denken, die eng mit der jeweils vertretenen Konzeption des transnationalen Rechtsschutzes verbunden sind. Zum einen ließe sich vertreten, dass Rechtsfehler auf Seite der ersuchten Behörde sich nicht auf das Hauptverfahren der ersuchenden Behörde auswirken. Diese Konzeption hätte demgemäß in formaler Übereinstimmung mit dem Trennungsprinzip im Rechtsschutz (Rn 35) zur Folge, dass die Rechtsfehler allein gegenüber der ersuchten Behörde geltend zu machen sind. Hiergegen spricht aber bereits, dass in vielen Fällen faktisch dem Betroffenen kein Rechtsschutz im Mitgliedstaat der ersuchten Behörde möglich ist, weil er von dem Amtshilfevorgang überhaupt keine Kenntnis hat oder weil das jeweilige Prozessrecht keine Verteidigungsmöglichkeiten vorsieht. Geht man daher davon aus, dass Rechtsfehler im Verfahren der ersuchten Behörde auf das Verfahren der ersuchenden Behörde durchschlagen können, muss insoweit auch das **prozessuale Trennungsprinzip relativiert** werden. In der Konsequenz stellt sich die Frage, nach welchem Maßstab die Rechtswirkungen dieser Fehler zu beurteilen sind. Da der Rechtsschutz sich gegen die Verwertung einer fehlerhaft erlangten Information im Hauptverfahren des ersuchenden Mitgliedstaats richtet, kommt für die Anwendung von Beweisverwertungsverboten nur das Recht dieses Mitgliedstaats in Betracht.[96] Dieser Grundsatz wird jedoch gemeinschaftsrechtlich überformt. Insofern gebietet es der gemeinschaftsrechtliche **Grundsatz des fairen Verfahrens** zunächst, dass der Wert des Beweismittels in einem kontradiktorischen Verfahren überprüft werden kann.[97] Für die Frage der Verwertbarkeit des Beweismittels gilt gemeinschaftsrechtlich das **Äquivalenzprinzip**, das eine Gleichbehandlung mit rein inländischen Konstellationen gebietet.

92 Ebenso im europäischen Sozialrecht, vgl. Eichenhofer, Rn 318.
93 Wettner, S. 347 ff.; Weiß, EuZW 2006, 263, 267.
94 Vgl. z. B. Art. 12 RL 77/799; Art. 13 Abs. 2 VO (EG) Nr. 2006/2004.
95 Zur Existenz solcher Verbote im Gemeinschaftsrecht siehe Ladenburger in: GS EUV/EGV, Art. 284 Rn 46.
96 Wettner, S. 347.
97 Vgl. EuGH, Rs C-276/01 (Steffensen), Slg. 2003, I-3735, Rn 75 ff. Ähnlich wie hier Wettner, S. 348 f.

Inhaltlich gibt das Gemeinschaftsrecht dagegen nicht vor, wann und unter welchen Voraussetzungen nationales Recht ein Beweisverwertungsverbot vorsehen muss. Das kann lediglich in den Fällen anders zu beurteilen sein, in denen die Beweiserhebung auf schwerwiegenden, rechtsstaatlichen oder grundrechtlichen Verstößen beruhte, da ansonsten der **gemeinschaftsrechtlich garantierte Mindeststandard** des Art. 6 Abs. 2 EUV verloren ginge.[98]

32 Eine ausdrückliche Grenze der Informationsverwertung folgt aber aus Art. 28 Abs. 3. Hiernach dürfen die ausgetauschten Informationen nur im Zusammenhang mit der Angelegenheit verwendet werden, für die sie angefordert wurden (Rn 43). Zudem darf die ersuchende Stelle nicht solche Informationen verwerten, die sie nach innerstaatlichem Recht selbst nicht erheben dürfte (Rn 15).[99]

33 Die Richtlinie enthält, anders als andere Amtshilferegelungen im sekundären Gemeinschaftsrecht,[100] keine Vorschriften über die **Geheimhaltungspflichten** der beteiligten Behörden. Diese Lücke wird aber durch die Gemeinschaftsgrundrechte bzw. das sekundäre Datenschutzrecht (s. Art. 43) geschlossen. Daher sind die beteiligten Behörden verpflichtet, zum Schutz des Berufsgeheimnisses die Daten vertraulich zu behandeln und nicht an unbefugte Dritte weiterzugeben.[101]

6. Anhörung; Rechtsschutz

34 Die Richtlinie enthält keine Vorgaben für Anhörungspflichten, die im Rahmen der Amtshilfe zu beachten sind. Daher richten sich Anhörungsregeln grundsätzlich allein nach mitgliedstaatlichem Recht. Zu beachten ist allerdings, dass der **Anspruch auf rechtliches Gehör** ein fundamentaler Grundsatz des Gemeinschaftsrechts ist, der in allen Verfahren, die zu einer den Betroffenen beschwerenden Maßnahme führen können, sichergestellt werden muss.[102] Er verpflichtet im Rahmen des Vollzugs von Gemeinschaftsrecht auch die Behörden der Mitgliedstaaten.[103] Anhörungspflichten können demgemäß eingreifen, wenn die Information entweder durch einen belastenden Verwaltungsakt erhoben wird (vgl. § 28 VwVfG) oder wenn eine personenbezogene Information an die ersuchende Stelle weitergeleitet wird. Rechtlich problematisch ist vor allem die zweite Konstellation, wenn eine personenbezogene Information übermittelt werden soll, denn die Weiterleitung stellt aufgrund der Kenntnisgabe an Dritte einen Eingriff in das Grundrecht der informationellen Selbstbestimmung bzw. in die Berufsfreiheit dar.[104] Eine Sonderregelung enthält insoweit Art. 33 Abs. 1 Satz 2, der die Mitgliedstaaten verpflichtet, den Dienstleistungserbringer zu informieren, wenn sie bestimmte Informationen übermitteln, die sich auf die Zuverlässigkeit des Dienstleistungs-

98 Kerse/Khan, EC Antitrust Procedure, 5. Aufl., London, 2005, Rn 5.014. Vgl. zu einem vergleichbar gelagerten Problem aus dem zivilrechtlichen Vollstreckungsrecht EuGH, Rs C-7/98 (Krombach), Slg. 2000, I-1935, Rn 37 ff.

99 Ebenso Burrichter in: Immenga/Mestmäcker Kommentar zum Recht der Wettbewerbsbeschränkungen, München, 2007, Art. 22 VerfVO Rn 27; Kerse/Khan, EC Antitrust Procedure, 5. Aufl., London, 2005, Rn 5.014.

100 Z.B. Art. 7 RL 77/799; Art. 54 RL 2004/39; Art. 44 RL 2006/48; Art. 13 Abs. 3 VO (EG) Nr. 2006/2004.

101 Vgl. Prieß/Spitzer in: GS EUV/EGV, Art. 280 EGV Rn 81.

102 Art. 41 Abs. 2 GR-Charta. Hierzu Pernice/Mayer in: Grabitz/Hilf EU, nach Art. 6 EUV Rn 236 ff.; Streinz in: ders. EUV/EGV, Art. 41 GR-Charta Rn 9.

103 EuGH, Rs C-44/06 (Gerlach/HZA Frankfurt/O.), Slg. 2007, I-2071, Rn 38.

104 Hendricks, S. 343; Ohler, S. 306, Wettner, S. 319 ff.

erbringers beziehen. Für die gemeinschaftsrechtliche Anhörungspflicht des ersuchten Mitgliedstaats streitet zudem, dass ansonsten der Betroffene in den Fällen, in denen die belastende Information nicht unmittelbar bei ihm erhoben wurde, faktisch seiner Möglichkeit beraubt würde, Kenntnis von dem Amtshilfevorgang zu erhalten. Erst diese Kenntnis versetzt ihn auch in die Lage, ggf. gerichtlichen Rechtsschutz zu suchen.[105] Gegen eine allgemeine, gemeinschaftsrechtliche Anhörungspflicht des ersuchten Mitgliedstaats vor einer Weiterleitung der Information spricht freilich, dass rechtliches Gehör ebenfalls im Rahmen des Hauptverfahrens gewährt werden kann, das die ersuchende Behörde betreibt. Erst sie erlässt auch die Maßnahme, die unmittelbar beschwerenden Charakter zulasten des Dienstleistungserbringers haben kann. Dem gemeinschaftsrechtlichen Grundsatz, wonach die Anhörung vor Erlass einer belastenden Maßnahme zu gewähren ist, lässt sich demnach durch das Hauptverfahren des ersuchenden Mitgliedstaats genügen. Soweit aber ein Mitgliedstaat, ohne dazu gemeinschaftsrechtlich verpflichtet zu sein, vor Weiterleitung einer Information den Betroffenen anhört, steht dem die Richtlinie nicht entgegen.

In Hinblick auf den **gerichtlichen Rechtsschutz** ist zu berücksichtigen, dass die 35
zwischenstaatliche Amtshilfe auf dem Gedanken der **Trennung der Verantwortungssphären** beruht.[106] Das Trennprinzip wirkt sich materiell-rechtlich und prozedural aus. So bestimmt sich bereits im Völkerrecht die materielle Rechtmäßigkeit des Ersuchens nach dem Recht des Staates, dessen Behörde das Ersuchen gestellt hat. Umgekehrt richtet sich die Rechtmäßigkeit der Handlungen, die die ersuchte Behörde ergreift, nach dem Recht des Staates, dem sie angehört.[107] Teilweise findet dieses Prinzip seinen ausdrücklichen Niederschlag in internationalen Amtshilfeverträgen.[108] Innerhalb der Europäischen Union wird dieser Grundsatz weder primärrechtlich noch durch sekundäres Recht modifiziert.[109] Das Trennungsprinzip beruht auf dem Grundsatz, dass die jeweiligen staatlichen Hoheitsträger für sich genommen als geschlossene organisatorische Einheiten zu sehen sind. Daher wird die ersuchte Behörde nur in Wahrnehmung eigener Hoheitsgewalt dem Bürger gegenüber tätig, auch wenn sie dabei Aufgaben oder Interessen eines anderen Staates fördert. Insofern bleiben die von der ersuchten Behörde vorgenommenen hoheitlichen Maßnahmen ihr vollständig als eigene zurechenbar. Dementsprechend richtet sich der gerichtliche Rechtsschutz des Bürgers gegen diese Maßnahmen auch allein gegen die ersuchte Behörde.[110] Umgekehrt ist die ersuchende Behörde dem Bürger gegenüber allein für das Amtshilfeersuchen (soweit hiergegen überhaupt Rechtsschutz in Betracht kommen kann) sowie selbst-

105 Ebenso Wettner, S. 342 f.

106 Harings, Grenzüberschreitende Zusammenarbeit der Polizei- und Zollverwaltungen und Rechtsschutz in Deutschland, Berlin, 1998, S. 223 f.; Ohler, S. 229 f. Allgemein zum Trennungsprinzip siehe Schmidt-Aßmann, S. 381 f.

107 Vgl. bereits Neumeyer, Internationales Verwaltungsrecht, Bd. 4, München, 1936, S. 357; Jellinek, NVwZ 1982, 535, 537 f.

108 Art. 6 Abs. 1 des Europäischen Übereinkommens über die Zustellung von Schriftstücken in Verwaltungssachen im Ausland, BGBl. II 1981, 535; Art. 20 des Europäischen Übereinkommens über die Erlangung von Auskünften und Beweisen in Verwaltungssachen im Ausland, BGBl. II 1981, 550; Art. 3 und 4 Abs. 1 des Vertrags zwischen der Bundesrepublik Deutschland und der Republik Österreich über Amts- und Rechtshilfe in Verwaltungssachen, BGBl. 1990 II, 57.

109 Ohler, S. 233 f.; Schmidt-Aßmann, S. 406.

110 Linke, S. 262; Schliesky, S. 227.

verständlich für die von ihr mit Rechtswirkung gegenüber dem Bürger ergriffenen Maßnahmen im Hauptverfahren verantwortlich.[111]

36 Eine **Durchbrechung des Trennungsprinzips** findet in den Fällen statt, in denen Rechtsfehler der ersuchten Behörde als **Beweisverwertungsverbote** im Rahmen des Hauptverfahrens der ersuchenden Behörde geltend gemacht werden (Rn 31). Um hier aber eine unbegrenzte Wahlfreiheit des Betroffenen zu verhindern, in welchem Mitgliedstaat er Rechtsschutz sucht, ist grundsätzlich zu verlangen, dass er zunächst Rechtsschutz im Mitgliedstaat der ersuchten Behörde in Anspruch nimmt. Dieser Mitgliedstaat ist zudem sachlich näher an dem fehlerhaften Vorgang und besser in der Lage, die Rechtmäßigkeit bzw. Rechtswidrigkeit zu beurteilen. Sinnvollerweise müssen dann Behörden und Gerichte im ersuchenden Mitgliedstaat verpflichtet sein, die Rechtsschutzentscheidung im anderen Mitgliedstaat dem eigenen Verfahren zugrunde zu legen. Unterlässt der betroffene Bürger es dagegen, im ersuchten Mitgliedstaat Rechtsschutz in Anspruch zu nehmen, obwohl es ihm rechtlich und faktisch möglich war, kann er den Rechtsfehler nicht mehr im Mitgliedstaat der ersuchenden Behörde geltend machen.[112] Hiervon wird wiederum eine Ausnahme in den Fällen zu machen sein, in denen die Verwertung der fehlerhaft erhobenen Information im Ergebnis mit den gemeinschaftsrechtlichen Grundrechten schlechthin nicht vereinbar wäre, weil der Rechtsfehler offenkundig und schwerwiegend ist.

7. Anpassungspflicht (Abs. 1 Hs. 2)

37 Die Vorschrift verpflichtet die Mitgliedstaaten zur Anpassung ihres innerstaatlichen Rechts, damit eine wirksame Zusammenarbeit bei der Kontrolle über die Dienstleistungserbringer und die Dienstleistungen ausgeübt werden kann. Unter Kontrolle versteht die Richtlinie ausweislich ihres Erwägungsgrunds 106 „Tätigkeiten wie Überwachung und Faktenermittlung, Problemlösung, Verhängung und Vollstreckung von Sanktionen sowie die damit verbundenen Folgemaßnahmen". Wie weit die Anpassungspflicht reicht, lässt sich freilich nur im Einzelfall bestimmen. Leitprinzip ist in erster Linie die Verbesserung der Zusammenarbeit, im gedanklich zweiten Schritt aber auch die Wirksamkeit der Kontrolle. Die Anpassungspflicht beseitigt damit in ihrem Anwendungsbereich den ungeschriebenen Grundsatz, wonach beim Vollzug des Gemeinschaftsrechts die Mitgliedstaaten eine institutionelle und verfahrensmäßige Autonomie genießen.[113] Zudem kann die Anpassungspflicht in das materielle Recht hineinwirken, soweit es um Schutzstandards des Bürgers, einschließlich der Grundrechte, gehen kann. Von prakti-

111 Linke, S. 262; vgl. auch Feldmüller, Die Rechtsstellung fremder Staaten und sonstiger juristischer Personen des ausländischen öffentlichen Rechts im deutschen Verwaltungsprozess, Berlin, 1999, S. 356.

112 Ebenso Dalheimer in: dies./Feddersen/Miersch EU-Kartellverfahrensverordnung, Kommentar zu VO 1/2003, München, 2005, Art. 12 Rn 8.

113 Ähnlich Calliess, DVBl 2007, 336, 343; zum Grundsatz der Verfahrensautonomie siehe EuGH, Rs C-78/98 (Preston), Slg. 2000, I-3201, Rn 31; verb. Rs C-392/04 und C-422/04 (i-21 und Arcor), Slg. 2006, I-8559, Rn 57; Rs C-35/05 (Reemtsma), Slg. 2007, I-2425, Rn 40. Aus dem Schrifttum v. Danwitz, Die Eigenverantwortung der Mitgliedsstaaten für die Durchführung von Gemeinschaftsrecht, DVBl. 1998, 421, 429 ff.; Huber, Recht der Europäischen Integration, 2. Aufl., München, 2002, § 22 Rn 1; Schwarze, Europäische Rahmenbedingungen für die Verwaltungsgerichtsbarkeit, NVwZ 2000, 241, 245; Streinz in: ders. EUV/EGV, Art. 10 EGV Rn 23, 29.

scher Bedeutung sind insofern Verschwiegenheitspflichten im innerstaatlichen Recht, z. B. aufgrund des Berufsgeheimnisses.[114] Der Anpassungspflicht werden allerdings durch die gemeinschaftsrechtlichen Grundrechte wiederum Grenzen gezogen. Ob daher im Einzelfall eine Anpassungspflicht zum Tragen kommt, lässt sich nur aufgrund einer Abwägungsentscheidung unter Berücksichtigung aller Umstände entscheiden.

II. Verbindungsstellen (Abs. 2)

Art. 28 Abs. 2 verpflichtet die Mitgliedstaaten, eine oder mehrere Verbindungsstellen für die Abwicklung des Amtshilfeverkehrs einzurichten. Verbindungsstellen sind Schaltzentralen des Amtshilfeverkehrs, die unerlässliche Informations- und Weiterleitungsfunktionen wahrnehmen.[115] Angesichts der Vielgestaltigkeit der auftretenden Rechtsfragen und der Unterschiede zwischen den mitgliedstaatlichen Verwaltungsorganisationen wäre eine Behörde, die ein Amtshilfeersuchen stellen wollte, praktisch überfordert, die zuständige Behörde in einem anderen Mitgliedstaat zu ermitteln. Diese Schwierigkeit lässt sich nur mithilfe der Verbindungsstellen ausräumen.[116] Wie ein Mitgliedstaat die Verbindungsstelle(n) organisiert, obliegt allein seiner autonomen Entscheidung. Die Kommission vertritt zwar die Auffassung, dass die Verbindungsstellen Koordinations- bzw. Aufsichtszuständigkeiten besitzen müssten.[117] Diese Anforderung lässt sich der Richtlinie jedoch nicht entnehmen. Zweckmäßig dürfte es freilich sein, eine Verbindungsstelle auf ministerieller Ebene oder im Rahmen einer oberen Fachbehörde einzurichten, da nur dort der notwendige Überblick über die jeweilige Behördenorganisation besteht. Da die Mitgliedstaaten auch mehrere Verbindungsstellen schaffen dürfen, steht einer der bundesstaatlichen Kompetenzverteilung entsprechenden Struktur von Verbindungsstellen nichts im Wege. 38

Die Verbindungsstellen erfüllen eine zweifache Aufgabe. Zum einen sind sie auf Anfrage der Behörde eines anderen Mitgliedstaates verpflichtet, die zuständige Behörde zu ermitteln, an die in einem konkreten Fall ein Amtshilfeersuchen gerichtet werden kann.[118] Zum anderen müssen sie, auch wenn das der Wortlaut des Art. 28 Abs. 2 nicht ausdrücklich vorsieht, ein an sie gerichtetes Amtshilfeersuchen an die zuständige innerstaatliche Behörde weiterleiten.[119] Diese Pflicht ergibt sich aus dem Umstand, dass ansonsten das System der Amtshilfe unter der RL 2006/123 überhaupt nicht wirksam werden könnte. 39

Über eine darüber hinausgehende Entscheidungsbefugnis verfügen die Verbindungsstellen nicht. Insbesondere sind sie nicht berufen, die Recht- und Zweckmäßigkeit des Amtshilfeersuchens zu prüfen. Sie berücksichtigen das Amtshilfeersuchen daher nur insoweit, als es erforderlich ist, die zuständige inländische Behörde zu ermitteln. Weitere Aufgaben nehmen die Verbindungsstellen aufgrund von Art. 10 Abs. 3 wahr (Art. 10 Rn 28). 40

114 Vgl. EuGH, Rs 334/02 (Kommission/Frankreich), Slg. 2004, I-2229, Rn 32.
115 Siehe Schmidt-Aßmann, EuR 1996, 270, 291.
116 Vgl. Jellinek, NVwZ 1982, 535, 537.
117 Kommissionshandbuch, Ziff. 9.2.1. a. E.
118 Vgl. Erwägungsgrund 107.
119 Wettner, S. 281.

III. Begründung von Amtshilfeersuchen; Zweckbindung (Abs. 3)

41 Art. 28 Abs. 3 enthält zwei selbstständige Teilregelungen. Satz 1 statuiert eine Begründungspflicht für Amtshilfeersuchen, während Satz 2 eine Vorgabe für die datenschutzrechtliche Zweckbindung trifft. Beide Regelungen stehen aber in enger Wechselwirkung, da die Begründung den Umfang der Zweckbindung festlegt. Das Begründungserfordernis des Satzes 1 soll zudem der Selbstkontrolle der ersuchenden Stelle dienen, als sie sich klar werden muss, was sie erreichen will und ob die rechtlichen Voraussetzungen für eine Amtshilfe vorliegen. Schließlich ist die Begründung für die ersuchte Behörde unerlässlich, um das Amtshilfeersuchen in rechtlicher und tatsächlicher Hinsicht einordnen zu können. Es erleichtert der ersuchten Behörde damit die Erfüllung ihrer Amtshilfepflicht.

42 An den **Inhalt der Begründung** sind folgende Anforderungen zu stellen: Darstellung des Sachverhalts und des nach innerstaatlichem Recht zu erreichenden Verfahrensziels sowie Darlegung der von der ersuchten Behörde zu klärenden Sach- und Rechtsfrage. Die Formulierung in Art. 28 Abs. 3 S. 1 Hs. 2, „weshalb die betreffenden Informationen angefordert werden“, hebt hervor, dass der Zielsetzung des Ersuchens besondere Bedeutung zukommt. Abstrakt lässt sich allerdings kaum bestimmen, welchen Umfang und welche Tiefe die Begründung erreichen muss. Der Maßstab muss sein, dass es aus Sicht der ersuchten Behörde ohne weiteres möglich ist, Gegenstand und Ziel des Ersuchens nachzuvollziehen.

43 Satz 2 verpflichtet die ersuchende Behörde, die erlangten Informationen nur im Zusammenhang mit der Angelegenheit zu verwenden, für die sie angefordert wurden. Damit stellt sich die Frage, was unter „Angelegenheit“ im Sinne dieser Vorschrift zu verstehen ist. In der Sache zielt die Vorschrift auf einen amtshilfefesten Schutz gegen Zweckentfremdungen,[120] doch ergibt sich aus dem Wortlaut noch nicht, wie die begrenzende Wirkung der **Zweckbindung** zu ermitteln ist. Auch aus dem Vergleich zu den Gepflogenheiten des internationalen Amtshilfeverkehrs lassen sich keine Rückschlüsse ziehen. Denn üblicherweise legt die ersuchte Behörde von sich aus die Zweckbindung fest, indem sie im Zusammenhang mit der Übermittlung der Information hierzu eine einseitige Erklärung trifft.[121] Art. 28 Abs. 3 S. 2 dreht diese Regel um. Um dennoch den Schutz zugunsten des Einzelnen nicht leer laufen zu lassen, der mit der Zweckbindung erreicht wird, bietet sich eine restriktive Interpretation an. Hiernach muss es für die Zweckbindung allein auf den Gegenstand und Umfang des Ersuchens ankommen, wie es gegenüber der ersuchten Behörde i. S. v. Art. 28 Abs. 3 S. 1 begründet wurde. Die Rechtfertigung für diesen Zusammenhang liegt darin, dass das Ersuchen und seine Begründung einen objektiven Maßstab schaffen, der die Feststellung des Zwecks aus datenschutzrechtlicher Sicht erleichtert. Zudem geht der durch die Rechtsordnung der ersuchten Behörde vermittelte Schutz nicht verloren, da die ersuchte Behörde auf die Anfrage nur insoweit eingehen darf, als es mit ihrem innerstaatlichen Recht vereinbar ist. Die Formulierung „im Zusammenhang mit der Angelegenheit“ bringt keine Erweiterung der zulässigen Verwertungszwecke, auch wenn der Wortlaut dies nahe zu legen scheint. Im Gegensatz zum deutschen Wortlaut spricht die englische Textfassung nur von „shall be used only

120 Hierzu grundlegend BVerfG v. 12.4.1983, 2 BvR 678, 679, 680, 681, 683/81, BVerfGE 64, 1, 46.
121 Vgl. Jellinek, NVwZ 1982, 535, 539; Ohler, S. 306 f.

in respect of the matter for which it was requested", die französische dagegen noch eindeutiger davon, dass „les informations échangées ne sont utilisées qu'aux fins pour lesquelles elles ont été demandées". Auch nach dem Zweck des Datenschutzrechtes gemäß Art. 43 ist eine enge Auslegung geboten. Nachträgliche Zweckänderungen sind demnach ausgeschlossen.

IV. Auskunftspflicht der Dienstleistungserbringer (Abs. 4)

Art. 28 Abs. 4 verpflichtet die Mitgliedstaaten, die Vorkehrungen zu treffen, um 44
eine **Auskunftspflicht** der Dienstleistungserbringer sicherzustellen. Die Vorschrift ist nicht unmittelbar anwendbar, da sich aus Richtlinienbestimmungen zulasten des Einzelnen keine Rechtspflichten ableiten lassen.[122] Sofern mitgliedstaatliches Recht diese Auskunftspflicht nicht kennt, muss sie daher, entsprechend dem Vorbehalt des Gesetzes, durch Rechtssatz verankert werden. Welche Maßnahmen die Mitgliedstaaten nach Art. 28 Abs. 4 ergreifen, obliegt ihrem gesetzgeberischen bzw. verwaltungsmäßigen Ermessen. Da die Vorschrift aber eine Erfolgspflicht ausspricht, sind die Mitgliedstaaten ggf. verpflichtet, die Auskunftspflicht mit Mitteln des Verwaltungszwangs durchzusetzen, wenn ansonsten die Information nicht erlangt werden könnte. Maßstab der Auskunftspflicht können in jedem Fall nur die materiellen gewerberechtlichen bzw. berufsrechtlichen Regelungen des um Amtshilfe ersuchten Mitgliedstaats sein. Mit anderen Worten ist ein Mitgliedstaat nicht verpflichtet, Auskunftspflichten für solche Sachverhalte vorzusehen, die in seiner Rechtsordnung nicht der behördlichen Aufsicht unterliegen. Somit erstreckt sich die Auskunftspflicht nicht darauf, die Kontrollvorschriften anderer Mitgliedstaaten durchzusetzen, wenn zu ihnen im innerstaatlichen Recht keine Entsprechung vorliegt. Die Bindung der Auskunftspflicht an das Aufsichtsrecht des um Amtshilfe ersuchten Mitgliedstaats erfährt eine Erweiterung aber durch die Anpassungspflicht nach Abs. 1 Hs. 2 (Rn 37). Hiernach muss ein Mitgliedstaat ggf. Lücken in seinem Aufsichtsrecht schließen, wenn ansonsten eine wirksame Zusammenarbeit bei der Kontrolle der Dienstleistungserbringer und der Dienstleistungen unterbliebe.

V. Informationspflicht bei Schwierigkeiten (Abs. 5)

Die Informationspflicht nach Art. 28 Abs. 5 konkretisiert den **Grundsatz der** 45
loyalen Zusammenarbeit der mitgliedstaatlichen Verwaltungen. Hiernach ist die ersuchte Behörde bei „Schwierigkeiten" verpflichtet, die ersuchende Behörde mit dem Ziel zu informieren, gemeinsam nach einer Lösung zu suchen. Der Begriff der Schwierigkeiten ist denkbar weit zu verstehen, es kann sich um jeden Anlass rechtlicher oder tatsächlicher Art handeln, der einer zügigen und vollständigen Bearbeitung des Amtshilfeersuchens entgegensteht. Die ersuchende Behörde wird damit in die Lage versetzt, entweder ihr Ersuchen klarzustellen, zu ändern oder zurückzuziehen. Auch wenn die Richtlinie davon spricht, dass „die Mitgliedstaaten" diese Kooperationspflicht haben, so trifft sie wegen des der Richtlinie zugrunde liegenden Grundsatzes der direkten Amtshilfe dennoch in erster Linie die ersuchte und die ersuchende Behörde. Soweit Verbindungsstellen nach Abs. 2

122 St. Rspr., EuGH, Rs 152/84 (Marshall), Slg. 1986, 723, Rn 48; Rs 80/86 (Kolpinghuis Nijmegen), Slg. 1987, 3969, Rn 9; zuletzt etwa Rs C-201/02 (Delena Wells), Slg. 2004, I-723, Rn 56.

eingeschaltet wurden, wirken diese im Rahmen ihrer Zuständigkeit mit.[123] Die Kooperationspflicht nach Art. 28 Abs. 5 kann (über den Wortlaut hinaus) auch herangezogen werden, wenn die ersuchte Behörde nur eine unvollständige oder unzutreffende Auskunft erteilt. In diesem Fall darf die ersuchende Behörde ihr Ersuchen ergänzen oder neu formulieren.[124]

VI. Fristen; Elektronische Kommunikation (Abs. 6)

46 Die Vorschrift verpflichtet die ersuchte Behörde zunächst, „so schnell wie möglich" das Amtshilfeersuchen zu beantworten. Damit ist keine konkrete **Frist** verbunden, wie z. B. in anderen Amtshilferichtlinien, aber gleichwohl eine Pflicht zur Verfahrensbeschleunigung. Der Maßstab ist genuin europarechtlich und nicht derjenige der mitgliedstaatlichen Verwaltungspraxis. Die Konkretisierung ist abhängig von verschiedenen Faktoren, z. B. der Komplexität des Sachverhalts, der Schwierigkeit möglicherweise auftretender Rechtsfragen oder der Notwendigkeit eigener Ermittlungsmaßnahmen beim Dienstleistungserbringer etc.[125] Art. 36 ermächtigt allerdings die Kommission, im Komitologieverfahren einheitliche Fristen festzulegen. Im Falle einer Verzögerung ist die ersuchte Behörde verpflichtet, die ersuchende Behörde nach Art. 28 Abs. 5 zu informieren.[126]

47 Die Pflicht, angeforderte **Informationen auf elektronischem Weg** zur Verfügung zu stellen, wird dort relativiert, wo die Information gerade nicht elektronisch zur Verfügung gestellt werden kann. Das betrifft in erster Linie Unterlagen, bei denen es auf ihre Verkörperung ankommt. Soweit allerdings die Vorlage von Originaldokumenten nicht erforderlich ist, müssen die Unterlagen gescannt und als elektronische Dokumente übermittelt werden. Damit stellt sich noch die Frage, ob vertrauliche oder dem Datenschutz unterliegende Informationen elektronisch übermittelt werden dürfen, wenn keine gegen unbefugten Zugriff gesicherten Übermittlungswege zur Verfügung stehen. Regelmäßig dürfte dies im direkten grenzüberschreitenden Informationsverkehr nicht gewährleistet sein. Gehen insoweit Geheimhaltungspflichten vor, so muss die Information abweichend von Abs. 6 postalisch übermittelt werden. Art. 36 ermächtigt die Kommission, für den elektronischen Informationsaustausch im Komitologieverfahren Durchführungsbestimmungen zu erlassen.

VII. Einsicht in Register (Abs. 7)

48 Die Vorschrift begründet eine Gleichbehandlungspflicht mitgliedstaatlicher Behörden bei der Einsichtnahme in Register. Betroffen sind alle Register, in die Dienstleistungserbringer eingetragen sind, d. h. in erster Linie das Handelsregister, Handwerksrollen und Verzeichnisse für freiberuflich tätige Personen. Das Grundbuch gehört dagegen nicht zu den Registern im Sinne der Vorschrift, da es sich nicht auf Dienstleistungserbringer bezieht. Berechtigt sind nicht alle Behörden anderer Mitgliedstaaten, sondern nur diejenigen, die innerstaatlichen Behörden äquivalent („entsprechende") sind. Maßstab ist damit, ob eine innerstaatliche Behörde das Recht der Einsichtnahme genießt. Dagegen verpflichtet die Vorschrift nicht dazu, Einsichtbefugnisse zu schaffen, die zugunsten nationaler Behörden bislang nicht

123 Kommissionshandbuch, Ziff. 9.3.1.1.
124 Kommissionshandbuch, Ziff. 9.3.1.1.
125 Vgl. Kommissionshandbuch, Ziff. 9.3.1.1.
126 Kommissionshandbuch, Ziff. 9.3.1.1.

bestehen.[127] Die Vorschrift regelt nicht, ob die Einsicht generell kostenfrei ist. Vielmehr stellt sie auch insoweit nur eine Gleichbehandlungspflicht auf.

VIII. Unterrichtung der Kommission (Abs. 8)

Durch die Unterrichtung der Kommission bei Verletzung der Amtshilfepflicht soll **49** sichergestellt werden, dass die Kommission entweder moderierend eingreifen oder von ihren primärrechtlich gegebenen Sanktionsmöglichkeiten Gebrauch machen kann.[128] Ob die Kommission nach Art. 226 EGV ein Vertragsverletzungsverfahren initiiert, liegt dagegen in ihrem Ermessen.

Artikel 29 Amtshilfe – Allgemeine Verpflichtungen für den Niederlassungsmitgliedstaat

(1) In Bezug auf Dienstleistungserbringer, die in einem anderen Mitgliedstaat Dienstleistungen erbringen, übermittelt der Niederlassungsmitgliedstaat die von diesem anderen Mitgliedstaat angeforderten Informationen über Dienstleistungserbringer, die in seinem Hoheitsgebiet niedergelassen sind, und bestätigt insbesondere, dass ein Dienstleistungserbringer in seinem Hoheitsgebiet niedergelassen ist und – seines Wissens – seine Tätigkeiten nicht in rechtswidriger Weise ausübt.

(2) Der Niederlassungsmitgliedstaat nimmt die von einem anderen Mitgliedstaat erbetenen Überprüfungen, Kontrollen und Untersuchungen vor und informiert diesen über die Ergebnisse und, gegebenenfalls, über die veranlassten Maßnahmen. Die zuständigen Behörden werden im Rahmen der Befugnisse tätig, die sie in ihrem Mitgliedstaat besitzen. Die zuständigen Behörden können entscheiden, welche Maßnahmen in jedem Einzelfall am besten zu ergreifen sind, um dem Ersuchen eines anderen Mitgliedstaats nachzukommen.

(3) Sobald der Niederlassungsmitgliedstaat tatsächliche Kenntnis von einem Verhalten oder spezifischen Handlungen eines in seinem Hoheitsgebiet niedergelassenen und in anderen Mitgliedstaaten tätigen Dienstleistungserbringers erhält, von denen – seines Wissens – eine ernste Gefahr für die Gesundheit oder die Sicherheit von Personen oder für die Umwelt ausgehen könnte, unterrichtet er so schnell wie möglich alle anderen Mitgliedstaaten sowie die Kommission.

Literatur: Siehe die Literaturhinweise zu Art. 28.

I. Übermittlungspflicht (Abs. 1)

1. Normstruktur

Art. 29 enthält verschiedene **Amtshilfepflichten des Niederlassungsmitgliedstaats.** **1** Sie beruhen auf dem Grundgedanken, dass am Ort der Niederlassung in der Regel

127 Zur Anpassungspflicht mitgliedstaatlichen Rechts siehe aber oben Rn 37.
128 Kommissionshandbuch, Ziff. 9.3.1.1.

die wirksamste Kontrolle über den Dienstleistungserbringer ausgeübt werden kann.[1] Dort befinden sich die Geschäftsführung und ein Geschäftslokal, das sich physisch kontrollieren lässt und an das behördliche Maßnahmen gerichtet werden können. Insofern verfügt der Niederlassungsmitgliedstaat regelmäßig auch über einen Informationsvorsprung gegenüber anderen Mitgliedstaaten bzw. über die einfachere Möglichkeit der Informationsbeschaffung. Abs. 1 verpflichtet demgemäß den Niederlassungsmitgliedstaat, auf Ersuchen Auskünfte an andere Mitgliedstaaten zu erteilen. Abs. 2 regelt die Pflicht zur Kontrolle des Dienstleistungserbringers durch den Niederlassungsmitgliedstaat auf Ersuchen eines anderen Mitgliedstaats und Abs. 3 sieht die Pflicht zur spontanen Auskunftserteilung vor. Alle Vorschriften korrespondieren eng mit Art. 30, der den Niederlassungsmitgliedstaat im gemeinsamen Interesse dazu verpflichtet, die auf seinem Hoheitsgebiet niedergelassenen Dienstleistungserbringer wirksam zu überwachen.

2 Niederlassungsmitgliedstaat ist in allen Varianten des Art. 29 der Mitgliedstaat, in dem der Dienstleistungserbringer eine wirtschaftliche Tätigkeit mittels einer festen Einrichtung auf unbestimmte Zeit ausübt.[2] Nicht gelöst wird durch Art. 29 aber das Problem, welcher Staat als verpflichtet anzusehen ist, wenn ein Dienstleistungserbringer in mehreren Mitgliedstaaten eine Niederlassung unterhält. Zur Lösung bieten sich theoretisch zwei Möglichkeiten an: Entweder verpflichtet Art. 29 jeden Mitgliedstaat, in dem sich eine Niederlassung befindet. Oder Art. 29 richtet sich nur an den Mitgliedstaat mit der Hauptniederlassung. Für die erste Lösung spricht, dass damit der Umfang der Kontrollmöglichkeiten zunimmt und das Netzwerk der Aufsichtsbehörden dichter geknüpft wird. Zudem spricht gegen die zweite Lösung, dass sich vielfach nicht klar feststellen lässt, in welchem Mitgliedstaat sich die Hauptniederlassung befindet. Bei Unklarheiten wären damit negative Kompetenzkonflikte vorprogrammiert. Allerdings spricht Erwägungsgrund 37 a.E. eine weitere Möglichkeit an: Hiernach wäre auf den Mitgliedstaat abzustellen, aus dem heraus die konkrete Dienstleistung erbracht wird, die den Auslöser der Amtshilfemaßnahme bilden soll. Überträgt man dies auf Art. 29, so zeigt sich, dass letztere Lösung für das Regelungsmodell dieser Vorschrift zu vernünftigen Ergebnissen führt. Nur in den Fällen, in denen sich nicht bestimmen lässt, aus welchem Mitgliedstaat die Dienstleistung erbracht wird, muss auf die erste Lösungsvariante zurückgegriffen werden, soll es nicht zu einer Lücke in der Kontrolle kommen.

2. Auskunftsersuchen

3 Das Auskunftsersuchen kann die zuständige Behörde jedes Mitgliedstaats stellen, in dem die konkrete Dienstleistung erbracht wird. Der Gegenstand des Auskunftsersuchens kann nach Art. 29 Abs. 1 denkbar weit sein, solange ein Bezug zur Dienstleistung oder dem Dienstleistungserbringer vorliegt. Die rechtlichen Voraussetzungen und Bedingungen der dadurch ausgelösten Amtshilfe entsprechen denen bei der allgemeinen Vorschrift des Art. 28. Lediglich für das Ersuchen um eine

1 EuGH, Rs C-384/93 (Alpine Investments), Slg. 1995, I-1141, Rn 48. Siehe auch Schuster/Binder, Die Sitzverlegung von Finanzdienstleistern innerhalb der Europäischen Gemeinschaft, WM 2004, 1665, 1668 f.

2 Erwägungsgrund 37 unter Bezug auf EuGH, Rs C-221/89 (Factortame), Slg. 1991, I-3905, Rn 20.

Bestätigung, ob der Dienstleistungserbringer im ersuchten Mitgliedstaat niedergelassen ist und seine Tätigkeit rechtmäßig ausübt, müssen zwangsläufig Sonderregelungen gelten. Dieses Ersuchen dient dem Zweck festzustellen, ob der Dienstleistungserbringer den Schutz der Richtlinie bzw. des Art. 49 EGV genießt, insbesondere ob er in den persönlichen, sachlichen und räumlichen Anwendungsbereich dieser Vorschriften fällt. Für eine solche Anfrage machen weder das Subsidiaritätserfordernis (Art. 28 Rn 23) noch andere Schranken aufgrund des Verhältnismäßigkeitsprinzips (Art. 28 Rn 19) bei der Amtshilfe Sinn.

II. Überprüfungen, Kontrollen und Untersuchungen (Abs. 2)

Auch bei dieser Vorschrift handelt es sich um eine Spezialregelung zu Art. 28, für 4 die aber die gleichen Voraussetzungen und Bedingungen wie bei der allgemeinen Amtshilfevorschrift des Art. 28 Abs. 1 gelten. Insofern kann auf die Kommentierung hierzu verwiesen werden. Ausdrücklich sieht Art. 29 Abs. 2 vor, dass die ersuchte Behörde nur im Rahmen ihrer inländischen Befugnisse tätig wird und zudem nach eigenem Ermessen darüber entscheiden kann, welche Untersuchungsmaßnahmen am besten geeignet sind, um dem Amtshilfeersuchen nachzukommen. Nach Auffassung der Kommission muss das Ersuchen außerdem für die Überwachung des Dienstleistungserbringers „erforderlich" sein.[3] Eine Einschränkung ergibt sich nach dem Zweck des Art. 29 Abs. 2 zudem hinsichtlich des Kreises der berechtigten Behörden. Ein Ersuchen darf nur die zuständige Behörde des Mitgliedstaats stellen, in dem die Dienstleistung erbracht wird oder erbracht werden soll. Der Wortlaut der Vorschrift enthält zwar diese Beschränkung nicht, sie ergibt sich aufgrund des systematischen Zusammenhangs aber bereits aus Art. 29 Abs. 1.

III. Spontaner Auskunftsaustausch (Abs. 3)

Die Vorschrift stellt eine Sonderregelung dar, als sie nicht die Amtshilfe auf 5 Ersuchen, sondern die Pflicht zum spontanen Auskunftsaustausch vorsieht. Sie dient damit der Abwehr von Gefahren für die Gesundheit bzw. die Sicherheit von Personen oder die Umwelt. Verpflichtet zur spontanen Auskunftserteilung ist der Niederlassungsmitgliedstaat, sofern ein Dienstleistungserbringer tatsächlich in einem anderen Mitgliedstaat Dienstleistungen erbringt. Die Vorschrift steht in Parallele zu Art. 32, zu dem sie aber wegen der Nennung des Niederlassungsmitgliedstaats als Verpflichtungsadressaten lex specialis ist. Voraussetzung für die Auskunftspflicht nach Art. 29 Abs. 3 ist das Vorliegen einer ernsten Gefahr für die in der Vorschrift genannten Schutzgüter. Hierbei kommt es, entsprechend der sicherheitsrechtlichen Perspektive, auf eine Sicht ex-ante auf der Basis der im Niederlassungsmitgliedstaat vorliegenden Informationen an. Die zuständige Behörde des Niederlassungsmitgliedstaats ist verpflichtet, entsprechend ihrer Möglichkeiten, der verfügbaren Zeit und der Bedeutung der Gefahr die Tatsachengrundlage sorgfältig zu ermitteln. Nur wenn tatsächliche Anhaltspunkte („tatsächliche Kenntnis von einem Verhalten") für eine Vermutung vorliegen, dass eine Gefahr im Sinne der Richtlinie besteht, darf daher die Spontanauskunft geleistet werden.[4] Erst nachträglich erweisliche Beurteilungsfehler gehen aber

3 Kommissionshandbuch, Ziff. 9.3.2.
4 Vgl. BFH v. 15.2.2006, I B 87/05, BB 2006, 930 = DStR 2006, 795 zu Spontanauskünften im Bereich der direkten Steuern aufgrund Art. 4 RL 77/799.

nicht zulasten der Behörde.[5] Welche Gefahr im Sinne der Vorschrift als „ernst“ anzusehen ist, definiert die Richtlinie nicht weiter. Orientiert man sich am Wortlaut, dürfte eine „ernste“ Gefahr weniger gewichtig sein als die Gefahr eines „schweren Schadens“ in Art. 32 Abs. 1. Allerdings spricht kein Grund dafür, warum in diesen beiden Fällen mit einem unterschiedlichen Gefahrenbegriff operiert werden sollte, zumal auch die englische und französische Sprachfassung in beiden Fällen identische Begriffe verwenden. Man wird folglich unter einer ernsten Gefahr jedes Risiko einer Rechtsgutbeeinträchtigung zu fassen haben, die nicht unerheblich ist.

6 Die durch den spontanen Auskunftsverkehr geschützten Rechtsgüter sind zunächst die **Gesundheit und Sicherheit von Personen**. Damit sind jedenfalls die körperliche und seelische Integrität von Menschen gemeint. Ob auch **Vermögensbelange** einschließlich des Eigentumsschutzes von Menschen unter den Begriff der Sicherheit fallen, ist zweifelhaft. Dafür spricht, dass ein sehr weiter Sicherheitsbegriff der Auslegung zugänglich wäre. Auch bliebe eine empfindliche Schutzlücke, wenn der Schutz des Vermögens Einzelner nicht der spontanen Amtshilfe unterfiele. Gegen eine weite Auslegung spricht, dass Erwägungsgrund 98 zwischen Gesundheit, Sicherheit und finanzieller Lage des Dienstleistungsempfängers differenziert und in Art. 23 die Pflicht der Dienstleistungserbringer vorsieht, zur Deckung von Risiken für diese drei Rechtsgüter eine Berufshaftpflichtversicherung abzuschließen. Zielsetzungen und Instrumente der beiden Bestimmungen sind jedoch völlig verschieden. Art. 23 bezweckt eine versicherungsrechtliche Abdeckung der genannten Risiken, während Art. 29 eine gewerberechtliche bzw. ordnungsrechtliche Vorstellung zugrunde liegt. Daher scheint eine Lösung vorzugswürdig, von einem weiten Sicherheitsbegriff in Art. 29 auszugehen. Der **Schutz der Umwelt** bezieht sich auf die belebte und unbelebte Umwelt einschließlich natürlicher Ressourcen.

7 Die Richtlinie enthält keine Aussage darüber, ob es auf den Ort ankommt, an dem sich die Gefahr realisieren kann. Da Art. 29 Abs. 3 den Niederlassungsmitgliedstaat verpflichtet, alle Mitgliedstaaten und die Kommission zu informieren, scheint dieser Gesichtspunkt unerheblich. Eine derartig weitgehende, nach dem Gießkannenprinzip wirkende Auskunftspflicht ist aber zum einen ineffektiv, zum andern steht sie im Konflikt mit dem Verhältnismäßigkeitsgrundsatz. Die Informationspflicht beeinträchtigt in jedem Fall die auch gemeinschaftsrechtlich geschützte Berufsfreiheit des Dienstleistungserbringers,[6] ohne insoweit unter dem Gesichtspunkt der Verhältnismäßigkeit Abstufungen vorzusehen. Wenn daher offenkundig ist, dass die Gefahr sich nur in einem bestimmten Mitgliedstaat realisieren kann, so gebietet es der Grundsatz der **Verhältnismäßigkeit**, auch nur diesen einen Mitgliedstaat zu informieren. Nur wenn es aufgrund der vorliegenden Informationen unklar bleibt, in welchen Mitgliedstaaten sich die Gefahr verwirklichen kann oder wenn die Gefahr tatsächlich gemeinschaftsweit eintreten könnte, rechtfertigt

5 Dies folgt auch aus der Formulierung „seines Wissens“ in Art. 29 Abs. 3. Auch im Bereich des Art. 4 Abs. 1 RL 77/799 verlangt der EuGH nicht den *Beweis* einer Rechtsgutbeeinträchtigung (dort: Steuerverkürzung), EuGH, Rs C-420/98 (W.N./Staatssecretaris van Financien), Slg. 2000, I-2847, Rn 14.

6 Art. 15 Abs. 1 GR-Charta; st. Rspr. seit EuGH, Rs 4/73 (Nold), Slg. 1974, 491, Rn 12 f.; jüngst etwa verb. Rs C-184/02 und 223/02 (Spanien und Finnland/Parlament und Rat), Slg. 2004, I-7789, Rn 51 ff.

das Interesse an einer wirksamen Gefahrenabwehr die Information aller Mitgliedstaaten und der Kommission. Für diese Abstufung spricht auch die Parallelvorschrift des Art. 32, die nur dazu verpflichtet, die betroffenen Mitgliedstaaten zu informieren. Die Information muss so schnell wie möglich erteilt werden. Den Maßstab für dieses Beschleunigungsgebot bilden die Bedeutung der bedrohten Rechtsgüter, der Umfang der zu befürchtenden Schäden, wenn sich die Gefahr realisieren würde, und die Höhe der Gefahr.

Schließlich regelt die Richtlinie nicht, welche Behörden der Mitgliedstaaten zu informieren sind. Da es technisch schlechterdings unmöglich wäre, alle Behörden der Mitgliedstaaten zu informieren, kommt aus Effektivitätsgründen nur eine Information der Verbindungsstellen nach Art. 28 Abs. 2 in Betracht. Sobald das in Art. 32 Abs. 2 avisierte Behördennetzwerk etabliert wäre, wäre es nahe liegend, die Information dort einzuspeisen. 8

Artikel 30 Kontrolle durch den Niederlassungsmitgliedstaat im Fall eines vorübergehenden Ortswechsels eines Dienstleistungserbringers in einen anderen Mitgliedstaat

(1) In Fällen, die nicht von Artikel 31 Absatz 1 erfasst werden, stellt der Niederlassungsmitgliedstaat sicher, dass die Einhaltung seiner Anforderungen gemäß den in seinem nationalen Recht vorgesehenen Kontrollbefugnissen überwacht wird, insbesondere durch Kontrollmaßnahmen am Ort der Niederlassung des Dienstleistungserbringers.

(2) Der Niederlassungsmitgliedstaat kann die Ergreifung von Kontroll- oder Durchführungsmaßnahmen in seinem Hoheitsgebiet nicht aus dem Grund unterlassen, dass die Dienstleistung in einem anderen Mitgliedstaat erbracht wurde oder dort Schaden verursacht hat.

(3) Die in Absatz 1 genannte Verpflichtung bedeutet für den Niederlassungsmitgliedstaat nicht, dass er verpflichtet ist, Prüfungen des Sachverhalts und Kontrollen im Hoheitsgebiet des Mitgliedstaats durchzuführen, in dem die Dienstleistung erbracht wird. Solche Prüfungen und Kontrollen werden auf Ersuchen der Behörden des Niederlassungsmitgliedstaats und im Einklang mit Artikel 31 von den Behörden des Mitgliedstaats durchgeführt, in dem der Dienstleistungserbringer vorübergehend tätig ist.

Literatur: Siehe die Literaturhinweise zu Art. 28.

I. Wahrnehmung der Kontrollpflicht durch den Niederlassungsmitgliedstaat (Abs. 1)

1 Art. 30 betrifft, ebenso wie Art. 31, allein die Situation, dass ein Dienstleistungserbringer seine Dienstleistungen vorübergehend in einem anderen Mitgliedstaat als dem Mitgliedstaat seiner Niederlassung anbietet. Vor diesem tatsächlichen

Hintergrund regeln Art. 30 und 31 eine Aufgabenteilung zwischen den betroffenen Mitgliedstaaten, die der materiellen Rechtslage nach Art. 16 und 17 entspricht.[1]

2 Art. 30 Abs. 1 legt dem Niederlassungsmitgliedstaat eine allgemeine Überwachungspflicht über die in seinem Hoheitsgebiet niedergelassenen Dienstleistungserbringer auf. Als Niederlassungsmitgliedstaat i. S. d. Art. 30 ist jeder Mitgliedstaat anzusehen, in dem der Dienstleistungserbringer auf unbestimmte Zeit mittels einer festen Einrichtung eine wirtschaftliche Tätigkeit ausübt.[2] Eine bloße Briefkastenfirma begründet daher keine Niederlassung, da hier keine effektive Überwachung durch die Verwaltung anknüpfen kann.[3] Ist ein Dienstleistungserbringer in mehreren Mitgliedstaaten niedergelassen, so wird jeder dieser Mitgliedstaaten durch Art. 30 verpflichtet. Inhaltlich zielt Art. 30 Abs. 1 darauf ab, eine effektive Kontrolle der Dienstleistungserbringer im Niederlassungsmitgliedstaat zu gewährleisten. Das verwirklicht zum einen das in der Richtlinie nur in Ansätzen angelegte Herkunftslandprinzip bei der Kontrolle grenzüberschreitender Dienstleistungserbringung. Zum anderen unterstreicht Art. 30 Abs. 1 die Verantwortung, die der Niederlassungsmitgliedstaat im gemeinsamen Interesse aller Mitgliedstaaten wahrnimmt. Eine Änderung der internationalen Zuständigkeitsordnung im Verhältnis zwischen den Mitgliedstaaten wird dadurch aber nicht bewirkt. Auch bewirkt Art. 30 Abs. 1 nicht, dass den Entscheidungen der Verwaltungsbehörden des Niederlassungsmitgliedstaats transnationale Wirkung im Sinne einer grenzüberschreitenden Bindungswirkung zukäme.[4] Vielmehr bleibt es bei dem herkömmlichen völkerrechtlichen Modell, wonach die Verwaltungsentscheidungen räumliche Geltung allein in dem Mitgliedstaat entfalten, der Rechtsträger der handelnden Behörde ist.[5]

3 In der Praxis bedeutet Art. 30 Abs. 1, dass das Ermessen, das die mitgliedstaatlichen Behörden genießen, ob und unter welchen Voraussetzungen sie die nach innerstaatlichem Recht vorgesehene Kontrolle ausüben, durch das Gemeinschaftsinteresse an einer wirksamen und lückenlosen Kontrolle begrenzt wird. Regelmäßig ist es nämlich die zuständige Behörde im Niederlassungsmitgliedstaat, die an den Dienstleistungserbringer Verwaltungsmaßnahmen richten muss, auch wenn dieser grenzüberschreitend tätig ist.[6] Unberührt lässt Art. 30 Abs. 1 dagegen das anwendbare Recht: Die zuständige Behörde des Niederlassungsmitgliedstaats wird allein nach Maßgabe ihres prozeduralen und materiellen Rechts tätig.

4 Allerdings enthält Art. 30 Abs. 1 eine sachlich-gegenständliche Einschränkung der Überwachungspflicht für die Fälle, in denen der Mitgliedstaat der Dienstleistungserbringung für die Kontrolle nach Art. 31 Abs. 1 i.V.m. Art. 16 Abs. 1, 3 und Art. 17 zuständig ist. Dahinter steht der Grundgedanke, dass jeder Mitgliedstaat nur für die Einhaltung seiner eigenen, gemeinschaftsrechtlich zulässigen Anforderungen sorgt.[7] Fraglich ist jedoch, ob die daraus resultierende verbundene Zuständigkeitsverteilung ausschließlicher Natur ist, so dass der Niederlassungs-

1 Kommissionshandbuch, Ziff. 9.4.1.; Korte, NVwZ 2007, 501, 506.
2 Erwägungsgrund 37.
3 Korte, NVwZ 2007, 501, 506.
4 Korte, NVwZ 2007, 501, 507.
5 Hierzu siehe Ohler, S. 151 m. w. N.
6 Schliesky, S. 209.
7 Kommissionshandbuch, Ziff. 9.4.1.

mitgliedstaat in den Bereichen überhaupt nicht mehr tätig werden darf, die der Mitgliedstaat der Dienstleistungserbringung für sich reklamiert. Für diese Lösung scheint Erwägungsgrund 105 der Richtlinie zu sprechen, wonach die Verwaltungszusammenarbeit der Mitgliedstaaten bezweckt, doppelte Kontrollen zu vermeiden. Diese würden vermieden, wenn überlappende Kontrollzuständigkeiten zwischen den Mitgliedstaaten verboten wären. Allerdings schließen Art. 16 und 17 keineswegs aus, dass der Niederlassungsmitgliedstaat für sein Hoheitsgebiet eigene Anforderungen, z. B. zum Unweltschutz, aufstellt, die er auch dann durchsetzt, wenn der Dienstleistungserbringer vorübergehend in einem anderen Mitgliedstaat tätig wird. Der Verweis auf Art. 31 Abs. 1 in Art. 30 Abs. 1 bedeutet demnach nur, dass der Niederlassungsmitgliedstaat nicht für die Durchsetzung der Anforderungen des Mitgliedstaats der Dienstleistungserbringung verantwortlich ist.

II. Handeln im gemeinschaftlichen Interesse (Abs. 2)

Art. 30 Abs. 2 unterstreicht einen Regelungsgedanken, der bereits in Abs. 1 zum 5 Ausdruck kommt. Der Niederlassungsmitgliedstaat wird nicht nur im eigenen öffentlichen Interesse, sondern auch im Interesse der anderen Mitgliedstaaten tätig, in denen der Dienstleistungserbringer seine Dienstleistungen erbringt. Das zwingt in der Konsequenz zu einer Neudefinition des Begriffs des öffentlichen Interesses im mitgliedstaatlichen Recht. Eine räumliche Begrenzung der geschützten Rechtsgüter auf das eigene Hoheitsgebiet entfällt;[8] stattdessen erstreckt sich der Rechtsgüterschutz prinzipiell auf das gesamte Gebiet der Gemeinschaft. Daher darf ein Mitgliedstaat, wie es Art. 30 Abs. 2 ausdrücklich formuliert, ein Einschreiten gegen die in seinem Hoheitsgebiet niedergelassenen Dienstleistungserbringer nicht deshalb unterlassen, weil die Dienstleistung in einem anderen Mitgliedstaat erfolgt oder eine Rechtsgutbeeinträchtigung in einem anderen Mitgliedstaat droht. Ob das in der Praxis ebenso gehandhabt wird, steht auf einem anderen Blatt.[9] Zur verfahrensmäßigen Effektivierung sind der Niederlassungsmitgliedstaat und der Mitgliedstaat der Dienstleistungserbringung nach Art. 31 Abs. 3 zur Zusammenarbeit verpflichtet. Über dieses Instrument lassen sich einzelfallbezogen Defizite in der grenzüberschreitenden Aufsicht ausgleichen.

III. Keine grenzüberschreitenden Kontrollbefugnisse (Abs. 3)

Art. 30 Abs. 3 S. 1 bringt an sich eine Selbstverständlichkeit zum Ausdruck, 6 nämlich die durch das Territorialitätsprinzip ausgeschlossene Befugnis inländischer Behörden und ihrer Vertreter, in dem Hoheitsgebiet anderer Mitgliedstaaten für hoheitliche Zwecke tätig zu werden.[10] Grenzüberschreitende **Vor-Ort-Kontrollen** kennt das sekundäre Gemeinschaftsrecht zwar,[11] zu ihrer Zulässigkeit bedarf

8 Vgl. hierzu Ohler, S. 310 f.

9 Kritisch Möstl, DÖV 2006, 281, 288.

10 Völkerrechtlich handelt es sich insoweit um ein striktes Verbot, siehe BVerfG v. 22.3.1983, 2 BvR 475/78, BVerfGE 63, 343, 372 f.; Dahm/Delbrück/Wolfrum, Völkerrecht, Bd. I/1, 2. Aufl., Berlin, 1989, S. 326; Epping/Gloria in: Ipsen, Völkerrecht, 5. Aufl., München, 2004, § 23 Rn 69 ff.

11 Art. 43 RL 2006/48; Art. 57 Abs. 2 lit. a RL 2004/39. Zur verfassungsrechtlichen Problematik siehe Groß, Die administrative Föderalisierung der EG, JZ 1994, 596; Ohler, Hoheitsrechtsbeschränkungen im Rahmen grenzüberschreitender Verwaltungszusammenarbeit, DVBl. 2002, 880 ff.

es aber stets einer ausdrücklichen gemeinschaftsrechtlichen Anordnung. Diese fehlt in Art. 30 Abs. 3 gerade, auch wenn die Vorschrift in etwas verdrehter Weise davon spricht, der Niederlassungsmitgliedstaat sei hierzu nicht „verpflichtet". Stattdessen sind die zuständigen Behörden des Mitgliedstaates, in dem die Dienstleistung erbracht wird, verpflichtet, dem Niederlassungsmitgliedstaat Amtshilfe zu leisten, Art. 30 Abs. 3 S. 2 i.V.m. Art. 31 Abs. 3 (Art. 31 Rn 3).

Artikel 31 Kontrolle durch den Mitgliedstaat, in dem die Dienstleistung erbracht wird, im Fall eines vorübergehenden Ortswechsels des Dienstleistungserbringers

(1) In Bezug auf nationale Anforderungen, die gemäß Artikel 16 oder 17 gestellt werden können, ist der Mitgliedstaat der Dienstleistungserbringung für die Kontrolle der Tätigkeit der Dienstleistungserbringer in seinem Hoheitsgebiet zuständig. Im Einklang mit dem Gemeinschaftsrecht:

a) ergreift der Mitgliedstaat der Dienstleistungserbringung alle erforderlichen Maßnahmen um sicherzustellen, dass die Dienstleistungserbringer die Anforderungen über die Aufnahme und Ausübung der betreffenden Tätigkeit erfüllen;
b) führt der Mitgliedstaat der Dienstleistungserbringung die Überprüfungen, Kontrollen und Untersuchungen durch, die für die Kontrolle der erbrachten Dienstleistung erforderlich sind.

(2) Wechselt ein Dienstleistungserbringer vorübergehend in einen anderen Mitgliedstaat, in dem er keine Niederlassung hat, um eine Dienstleistung zu erbringen, so wirken die zuständigen Behörden dieses Mitgliedstaates in Bezug auf andere Anforderungen als die in Absatz 1 genannten gemäß den Absätzen 3 und 4 an der Kontrolle des Dienstleistungserbringers mit.

(3) Auf Ersuchen des Niederlassungsmitgliedstaats nehmen die zuständigen Behörden des Mitgliedstaats der Dienstleistungserbringung die Überprüfungen, Kontrollen und Untersuchungen vor, die notwendig sind, um die Wirksamkeit der Kontrolle des Niederlassungsmitgliedstaats sicherzustellen. Die zuständigen Behörden werden im Rahmen der Befugnisse tätig, die sie in ihrem Mitgliedstaat besitzen. Die zuständigen Behörden können entscheiden, welche Maßnahmen in jedem Einzelfall am besten zu ergreifen sind, um dem Ersuchen des Niederlassungsmitgliedstaats nachzukommen.

(4) Die zuständigen Behörden des Mitgliedstaats der Dienstleistungserbringung können von Amts wegen Überprüfungen, Kontrollen und Untersuchungen vor Ort durchführen, vorausgesetzt, diese Maßnahmen sind nicht diskriminierend, beruhen nicht darauf, dass der Dienstleistungserbringer seine Niederlassung in einem anderen Mitgliedstaat hat und sind verhältnismäßig.

Literatur: Siehe die Literaturhinweise zu Art. 28.

I. Kontrolle durch den Mitgliedstaat der Dienstleistungserbringung (Abs. 1)

Art. 31 betrifft die Situation, dass ein Dienstleistungserbringer seine Dienstleistungen vorübergehend in einem anderen Mitgliedstaat als dem Mitgliedstaat seiner Niederlassung anbietet. Vor diesem tatsächlichen Hintergrund spiegelt Art. 31 eine Aufgabenteilung zwischen den betroffenen Mitgliedstaaten, die der materiellen Rechtslage nach Art. 16 und 17 entspricht.[1] Aufgrund von Art. 31 Abs. 1 ist der Mitgliedstaat der Dienstleistungserbringung berechtigt, die Einhaltung seiner Vorschriften i. S. v. Art. 16 und Art. 17 zu überwachen und ggf. zwangsweise durchzusetzen. Das betrifft zunächst die allgemeinen Anforderungen an die Aufnahme und Ausübung einer Dienstleistungstätigkeit gemäß Art. 16 Abs. 1, sofern diese Anforderungen die dort genannten Grundsätze der Gleichbehandlung und Verhältnismäßigkeit wahren. Inhaltlich darf der Mitgliedstaat der Dienstleistungserbringung nach Art. 16 Abs. 1 UA 3 lit. b lediglich Maßnahmen zum Schutz der öffentlichen Ordnung, der öffentlichen Sicherheit, der öffentlichen Gesundheit und der Umwelt ergreifen. Art. 16 Abs. 3 bekräftigt dieses Recht und ergänzt es um die Durchsetzung seiner Bestimmungen über Beschäftigungsbedingungen der Arbeitnehmer. Schließlich überwacht der Mitgliedstaat der Dienstleistungserbringung die Einhaltung seiner Vorschriften in Bezug auf die Liste der Tätigkeiten nach Art. 17. 1

Die in lit. a des Art. 31 Abs. 1 kategorisch formulierte Zuständigkeit ist nicht so zu verstehen, dass sie auf der materiell-rechtlichen Seite den Behörden des Mitgliedstaats der Dienstleistungserbringung eine Ermessensausübung untersagen würde. Vielmehr handelt es sich hierbei um die deklaratorische Bekräftigung der Aufgaben, die nach innerstaatlichem Recht die Behörden dieses Mitgliedstaats ohnehin wahrzunehmen haben. Alle Maßnahmen müssen jedoch einerseits mit Art. 16, andererseits mit primärem Gemeinschaftsrecht, insbesondere mit Art. 49 EGV übereinstimmen. Auch Abs. 1 lit. b schafft keine eigenständige Regelung, die über das hinausginge, wozu die mitgliedstaatlichen Behörden nach innerstaatlichem Recht verpflichtet sind. Anders als im Fall des Mitgliedstaats der Niederlassung nach Art. 30 Abs. 2 ist nicht ersichtlich, dass die Mitgliedstaaten der Dienstleistungserbringung im Rahmen des Art. 31 Abs. 1 im gemeinschaftlichen Interesse handeln. 2

II. Amtshilfe durch den Mitgliedstaat der Dienstleistungserbringung (Abs. 2 und 3)

Der Mitgliedstaat der Dienstleistungserbringung ist im Anwendungsbereich des Abs. 2 verpflichtet, an der gemeinsamen Überwachung des Dienstleistungserbringers mitzuwirken. Angesichts der Begrenzung des komplementären Anwendungsbereichs des Art. 31 Abs. 1 auf die Materien nach Art. 16 und 17 kann es sich bei den „andere[n] Anforderungen als in Absatz 1 genannten“ praktisch nur um die Anforderungen des Mitgliedstaats der Niederlassung handeln. Nur vor diesem Hintergrund macht auch die Amtshilfepflicht des Mitgliedstaats der Dienstleistungserbringung nach Art. 31 Abs. 3 Sinn, auf die zudem Art. 30 Abs. 3 S. 2 seinem Wortlaut nach verweist. Bei Art. 31 Abs. 3 handelt es sich um eine lex specialis zur allgemeinen Amtshilfevorschrift des Art. 28 Abs. 1, für die verfah- 3

1 Kommissionshandbuch, Ziff. 9.4.1.

rensrechtlich aber die gleichen Anforderungen gelten, siehe oben Art. 28 Rn 11 ff. Insofern kommt es, anders als noch im ersten Entwurf der Kommission,[2] **nicht** zu einer **Anwendung des Rechts des Herkunftsstaates** durch den ersuchten Mitgliedstaat. Denn ausdrücklich spricht Art. 31 Abs. 3 davon, dass die ersuchte Behörde im Rahmen der Befugnisse tätig wird, die sie in ihrem Mitgliedstaat besitzt. Funktioneller Bezugspunkt für die Ausübung der eigenen Befugnisse bleibt aber die Rechtsordnung des Niederlassungsmitgliedstaates. Insofern handelt der Mitgliedstaat, in dem die Dienstleistung erbracht wird, im Interesse des Niederlassungsmitgliedstaats zur Durchsetzung dessen Rechts.

III. Überprüfungen von Amts wegen (Abs. 2 und 4)

4 Eine echte Sonderregelung enthält Art. 31 Abs. 4, der aber aufgrund der eindeutigen Anordnung nach Maßgabe des Abs. 2 gelesen werden muss. Diese Vorschriften gestatten dem Mitgliedstaat der Dienstleistungserbringung, „von Amts wegen" Überwachungsmaßnahmen vor Ort, d. h. unmittelbar beim Dienstleistungserbringer, durchzuführen. Da der Anwendungsbereich dieser Befugnis durch Abs. 2 determiniert wird, geht es im Ansatz nicht um die Durchsetzung der eigenen Rechtsvorschriften des Mitgliedstaats der Dienstleistungserbringung, sondern um die Durchsetzung der Vorschriften des Mitgliedstaats der Niederlassung (oben Rn 3). Der Mitgliedstaat handelt dabei nicht im Wege der Amtshilfe, sondern in eigener Zuständigkeit, in eigenem Namen und in eigener Verantwortung. Welchen Sinn diese Regelung aber machen soll, wird nicht recht klar. Würde sie ernst genommen, dürfte der Mitgliedstaat der Dienstleistungserbringung die Vorschriften des Mitgliedstaats der Niederlassung anwenden und durchsetzen. Dieser kollisionsrechtlich einmalige Vorgang, wiewohl theoretisch möglich,[3] würde erhebliche praktische Probleme aufwerfen. Weder sind die Behörden im Mitgliedstaat der Dienstleistungserbringung mit dem für sie fremden Recht des Mitgliedstaats der Niederlassung vertraut, noch wäre im konkreten Fall für den Betroffenen feststellbar, auf welcher Rechtsgrundlage die Behörden handeln. Die Folge wären erhebliche Unsicherheiten über das anwendbare Recht im Falle gerichtlichen Rechtsschutzes. Um diese Probleme zu vermeiden, kommt nur eine Interpretation des Abs. 4 in Betracht, wonach die Behörden im Mitgliedstaat der Dienstleistungserbringung aus eigenem Antrieb Überwachungsmaßnahmen durchführen dürfen. Hierbei handeln sie zwar stets auf der Grundlage eigenen Rechts, haben aber auch die Vollzugsinteressen des Niederlassungsmitgliedstaats mit zu berücksichtigen. Sofern sie dabei auf mögliche Rechtsverstöße aufmerksam werden, die den Mitgliedstaat der Niederlassung betreffen, können sie den Vorwarnungsmechanismus des Art. 32 auslösen.

5 Aus Erwägungsgrund 109 ergibt sich, dass der Mitgliedstaat, in dem die Dienstleistung erbracht wird, im Rahmen seiner Überwachung nach Art. 31 Abs. 4 **nur Maßnahmen zur Sachverhaltsfeststellung** treffen darf. Man wird dies nicht so verstehen dürfen, dass die zuständige Behörde keine Maßnahmen mit belastender Wirkung ergreifen darf, da die in Art. 31 Abs. 4 ausdrücklich genannten Überprüfungen, Kontrollen und Untersuchungen durchaus von grundrechtlicher Rele-

2 Art. 36 Abs. 2 des Kommissionsvorschlags, KOM(2004) 2 endg. v. 25.2.2004; hierzu Schliesky, DVBl. 2005, 887, 894.

3 Ohler, S. 96 ff.

vanz sind. Dem Mitgliedstaat ist es lediglich untersagt, Maßnahmen zu erlassen, die rechtlich oder faktisch ein Verbot oder eine Behinderung der Dienstleistungserbringung bewirken. Vielmehr fallen über die Sachverhaltsermittlung hinausgehende Maßnahmen in die Zuständigkeit des Niederlassungsmitgliedstaats.

Artikel 32 Vorwarnungsmechanismus

(1) Erhält ein Mitgliedstaat Kenntnis von bestimmten Handlungen oder Umständen im Zusammenhang mit einer Dienstleistungstätigkeit, die einen schweren Schaden für die Gesundheit oder Sicherheit von Personen oder für die Umwelt in seinem Hoheitsgebiet oder im Hoheitsgebiet anderer Mitgliedstaaten verursachen könnten, so unterrichtet dieser Mitgliedstaat so schnell wie möglich den Niederlassungsmitgliedstaat, die übrigen betroffenen Mitgliedstaaten und die Kommission hierüber.

(2) Zur Durchführung von Absatz 1 unterstützt die Kommission den Betrieb eines europäischen Netzes der Behörden der Mitgliedstaaten und beteiligt sich daran.

(3) Nach dem in Artikel 40 Absatz 2 genannten Verfahren erlässt die Kommission detaillierte Regeln zur Verwaltung des in Absatz 2 des vorliegenden Artikels genannten Netzes und aktualisiert diese regelmäßig.

Literatur: Siehe die Literaturhinweise zu Art. 28.

I. Zwischenstaatliches Warnsystem (Abs. 1)

1 Art. 32 regelt in seiner Gesamtheit die Errichtung eines gemeinschaftsweiten Warnsystems zur Abwehr von schweren Schäden für Personen oder die Umwelt. Zum Inhalt der geschützten Rechtsgüter siehe Art. 29 Rn 6. Art. 32 Abs. 1 betrifft die Pflicht der Mitgliedstaaten, einander sowie die Kommission zu unterrichten, sobald ihren Behörden Tatsachen bekannt werden, die auf solche Gefahren hindeuten. Wie im Bereich des Art. 29 Abs. 3 genügen bloße Vermutungen der Behörden nicht, um die Warnpflicht auszulösen, vielmehr muss die in Abs. 1 verlangte Kenntnis auf Tatsachen beruhen. Die Gefahr muss, auch wenn die Richtlinie eine etwas weitere Formulierung trifft, von einem Dienstleistungserbringer oder von einer Dienstleistung selbst ausgehen. Hinsichtlich der notwendigen Gefahrenprognose ist darauf abzustellen, dass Art. 32 Abs. 1 nur bei einem „schweren" Schaden ausgelöst wird, ohne dass die Richtlinie diesen Terminus definiert. Im Kern dürfte es sich um die gleiche Gefahrensituation wie bei Art. 29 Abs. 3 handeln, da andere Sprachfassungen hier identische Formeln gebrauchen (engl. „serious"; franz. „grave"). Hierfür sprechen auch die identischen Zwecke beider Vorschriften. Damit scheiden unerhebliche bzw. geringfügige Auswirkungen auf die durch Abs. 1 geschützten Rechtsgüter aus. Nicht erforderlich ist aufgrund des eindeutigen Wortlauts aber wiederum, dass die Gefahr sich in mehr als einem Mitgliedstaat realisiert. Im Übrigen gilt, entsprechend des sicherheitsrechtlichen Zwecks, eine umgekehrte Korrelation zwischen der Wahrscheinlichkeit der Gefahr und der Bedeutung des betroffenen Rechtsguts bzw. des zu

befürchtenden Schadens: Je größer und schwerwiegender die mögliche Rechtsgutverletzung, desto geringere Anforderungen sind an die Wahrscheinlichkeit der Realisierung der Gefahr zu stellen.

2 Verpflichtet ist jeder Mitgliedstaat, unabhängig davon, in welcher tatsächlichen Beziehung er zum Dienstleistungserbringer steht.[1] Auch ein „unbeteiligter" Mitgliedstaat, in dem sich der Dienstleistungserbringer zum Zeitpunkt des Bekanntwerdens der Tatsachen nicht aufhält, unterliegt somit der Warnungspflicht aus Art. 32. Entscheidend ist nur, dass die Behörden dieses Mitgliedstaates von den maßgeblichen Tatsachen Kenntnis erlangen, die auf die Gefahr hinweisen. Informiert werden müssen in jedem Fall die betroffenen Mitgliedstaaten, d. h. diejenigen, in denen sich die Gefahr realisieren und ein Schaden eintreten kann, damit vor Ort Maßnahmen zur Gefahrenbekämpfung getroffen werden können. Der Niederlassungsmitgliedstaat muss informiert werden, da diesem die Kontrolle des Dienstleistungserbringers nach Art. 30 obliegt. Solange das Behördennetzwerk nach Abs. 2 noch nicht existiert, ist es angebracht, jeweils die Verbindungsstellen dieser Mitgliedstaaten nach Art. 28 Abs. 2 zu informieren. Die Information der Kommission dient schließlich dem Zweck, die Koordinierung zwischen den Mitgliedstaaten zu erleichtern.

II. Behördennetzwerk (Abs. 2 und 3)

3 Die Vorschrift verpflichtet die Kommission, die Errichtung eines Behördennetzwerks zwischen den Mitgliedstaaten zu unterstützen und sich daran zu beteiligen. Aufgrund des systematischen Zusammenhangs ist nicht ein Netzwerk im ideellen Sinne, sondern im informationstechnischen Sinne gemeint. Das technische Netz soll nicht nur die grenzüberschreitende Kommunikation zwischen den zuständigen Behörden der Mitgliedstaaten erleichtern, sondern überhaupt die technischen Voraussetzungen für das Funktionieren des Vorwarnungsmechanismus schaffen. Von gesetzgeberischer Seite darf die Kommission gemäß Abs. 3 dieses Vorhaben im Wege des Komitologieverfahrens (Art. 40 Rn 1) begleiten.

Artikel 33 Informationen über die Zuverlässigkeit von Dienstleistungserbringern

(1) Auf Ersuchen einer zuständigen Behörde eines anderen Mitgliedstaats übermitteln die Mitgliedstaaten unter Beachtung ihres nationalen Rechts Informationen über Disziplinar- oder Verwaltungsmaßnahmen oder strafrechtliche Sanktionen und Entscheidungen wegen Insolvenz oder Konkurs mit betrügerischer Absicht, die von ihren zuständigen Behörden gegen einen Dienstleistungserbringer verhängt wurden und die von direkter Bedeutung für die Kompetenz oder berufliche Zuverlässigkeit des Dienstleistungserbringers sind. Der Mitgliedstaat, der die Informationen zur Verfügung stellt, informiert den Dienstleistungserbringer darüber.

Ersuchen gemäß Unterabsatz 1 müssen hinreichend begründet sein, insbesondere bezüglich der Gründe für den Antrag auf Information.

1 Dies ist anders bei Art. 29 Abs. 3, wo nur der Niederlassungsmitgliedstaat zur Warnung verpflichtet ist.

(2) Die in Absatz 1 genannten Sanktionen und Maßnahmen werden nur mitgeteilt, wenn eine endgültige Entscheidung ergangen ist. Hinsichtlich der anderen in Absatz 1 genannten vollstreckbaren Entscheidungen muss der Mitgliedstaat, der die Informationen übermittelt, angeben, ob es sich um eine endgültige Entscheidung handelt oder ob Rechtsbehelfe dagegen eingelegt wurden und wann voraussichtlich über diese entschieden wird.

Dieser Mitgliedstaat muss darüber hinaus angeben, aufgrund welcher nationaler Rechtsvorschriften der Dienstleistungserbringer verurteilt oder bestraft wurde.

(3) Bei der Anwendung der Absätze 1 und 2 müssen die Vorschriften über den Schutz personenbezogener Daten und die Rechte von in den betreffenden Mitgliedstaaten – auch durch Berufsverbände – verurteilten oder bestraften Personen beachtet werden. Alle diesbezüglichen Informationen, die öffentlich zugänglich sind, müssen den Verbrauchern zugänglich sein.

Literatur: Siehe die Literaturhinweise zu Art. 28.

I. Auskunftsersuchen über Zuverlässigkeit (Abs. 1)

1 Art. 33 stellt eine lex specialis zu Art. 28 in Bezug auf Auskunftsersuchen dar, die die Kompetenz oder berufliche Zuverlässigkeit des Dienstleistungserbringers zum Gegenstand haben. Gleichwohl gelten die allgemeinen Regeln des Amtshilfeverkehrs auch im Anwendungsbereich des Art. 33, soweit nicht diese Vorschrift speziellere Vorschriften, insbesondere aus Gründen des Persönlichkeitsschutzes enthält.

2 Zentraler Begriff des Art. 33 ist die Zuverlässigkeit des Dienstleistungserbringers. Es handelt sich nicht um einen genuin europarechtlichen Begriff, sondern um eine Verweisung auf das mitgliedstaatliche Recht. Art. 33 bezweckt keine Vereinheitlichung der materiellen Kriterien, was unter Zuverlässigkeit zu verstehen ist,[1] sondern legt den Mitgliedstaaten nur Bedingungen des Auskunftsaustauschs auf, wenn Fragen der Zuverlässigkeit des Dienstleistungserbringers im Raum stehen. Generell gilt für die Mitgliedstaaten in diesen Fällen ein Gleichbehandlungsgebot sowie, spezifiziert durch die Verfahrensanforderungen des Art. 33, ein Transparenzgebot.[2] Eine Grenze ergibt sich für die Anwendbarkeit des Art. 33 nur dort, wo der mitgliedstaatliche Begriff der Zuverlässigkeit nicht mehr von Art. 33 gedeckt ist. Insofern kommt es für die Auslegung des Begriffs primär auf die Zielsetzung des Art. 33 an. Geschützt werden sollen durch das Auskunftsersuchen einerseits die Verbraucherschaft in Hinblick auf Qualität und Sicherheit der Dienstleistungen, andererseits die Integrität und das Ansehen des jeweiligen Berufsstandes. Auch der Schutz der Mitarbeiter des Dienstleistungserbringers wird durch die Richtlinie noch abgedeckt. Schließlich können steuerliche und sozial-

1 Ähnlich ist die Rechtslage nach Art. 29 RL 92/50/EWG über die Koordinierung der Verfahren zur Vergabe öffentlicher Dienstleistungsaufträge, ABl. 1992 Nr. L 209, S. 1; hierzu EuGH, verb. Rs C-226/04 und C-228/04 (La Cascina Soc u. a.), Slg. 2006, I-1347, Rn 21.

2 Vgl. EuGH, verb. Rs C-226/04 und C-228/04 (La Cascina Soc. u. a.), Slg. 2006, I-1347, Rn 22.

versicherungsrechtliche Belange, die durch das Nichtabführen von Abgaben betroffen sind, die Zuverlässigkeit des Dienstleistungserbringers in Frage stellen. Besteht daher in der Person oder im Verhalten des Dienstleistungserbringers ein hinreichender tatsächlicher Anhaltspunkt für eine Beeinträchtigung dieser Belange, so löst dies die Anwendbarkeit des Art. 33 aus.

3 Allein diese Zwecke rechtfertigen auch die Regelung zu Auskünften über strafrechtlich relevantes Verhalten eines Dienstleistungserbringers, da strafrechtliche Aspekte kompetenziell in erster Linie der 3. Säule des EUV (vgl. Art. 34 Abs. 2 EUV) zuzuordnen sind.[3] Der EuGH hat allerdings unter dem Aspekt der implied powers auch die Schaffung strafrechtlicher Vorschriften im Rahmen des EGV zugelassen, wobei das maßgebliche Kriterium ihre „Notwendigkeit" für die Durchsetzung einer aufgrund der Kompetenzvorschriften des EGV erlassenen Norm bildet.[4] Art. 33 Abs. 1 enthält insoweit eine eng begrenzte Regelung, die durch diese Rechtsprechung gedeckt sein dürfte.

4 Angefragt und mitgeteilt werden dürfen nur hoheitliche Entscheidungen des Mitgliedstaats, d. h. Verwaltungsakte oder Urteile. Sie müssen „von direkter Bedeutung" für die Zuverlässigkeit des Dienstleistungserbringers sein. Andere hoheitliche Entscheidungen bzw. Tatsachen unterliegen dem Auskunftsverkehr nach Art. 33 nicht. Sie können aber ggf. im Wege des Art. 28 Abs. 1 mitgeteilt werden, solange dies nicht zu einer Umgehung der Verfahrensanforderungen des Art. 33 führt.

5 Verschiedene Schutzmechanismen greifen insoweit zugunsten des Dienstleistungserbringers ein: Der ersuchende Mitgliedstaat muss nach Abs. 1 UA 2 seine Anfrage „hinreichend" begründen. Das bedeutet zunächst, dass das Auskunftsersuchen erforderlich sein muss, um ein Verfahren, das den Verdacht auf die Unzuverlässigkeit eines Dienstleistungserbringers betrifft, ordnungsgemäß betreiben zu können. Ferner muss sich aus der Begründung ergeben, in welchem Umfang und mit welchen Rechtsfolgen es für die Beurteilung nach dem Recht des ersuchenden Staates auf die angefragte Information ankommt. Der Mitgliedstaat, der die Auskunft erteilt, ist nach Abs. 1 UA 1 S. 2 zudem verpflichtet, den Dienstleistungserbringer über die Weitergabe der Information in Kenntnis zu setzen. Diese Anforderung soll dem Betroffenen ermöglichen, gegen die Weitergabe Rechtsschutz in Anspruch zu nehmen.

II. Voraussetzungen (Abs. 2)

6 Abs. 2 enthält die Einschränkung, dass die Information über bestimmte „Sanktionen und Maßnahmen" i. S. v. Abs. 1 nur mitgeteilt werden kann, wenn die zugrunde liegende Entscheidung rechtskräftig geworden ist. Im Fall der Informationsübermittlung über andere „vollstreckbare Entscheidungen" i. S. v. Abs. 1 muss mitgeteilt werden, ob die Entscheidung endgültig ist bzw. ob ein Rechtsbehelf eingelegt wurde. Das Problem des Abs. 2 besteht jedoch in der völlig unklaren Verweisung, da Abs. 1 selbst nicht hinreichend differenziert aufgebaut ist. Sinnvoll ist allein eine Differenzierung nach (verwaltungsrechtlichen) Disziplinar- und Verwaltungsmaßnahmen einerseits, strafrechtlichen Sanktionen und

3 Vgl. Erwägungsgrund 111.
4 EuGH, Rs C-176/03 (Kommission/Rat), Slg. 2005, I-7879, Rn 48.

Entscheidungen wegen Insolvenz oder betrügerischem Konkurs andererseits. Hiernach ergäben sich folgende Konsequenzen: Strafrechtliche Entscheidungen dürfen nur mitgeteilt werden, wenn sie nach Maßgabe innerstaatlichen Rechts rechtskräftig geworden sind. Hierfür spricht auch die Eingriffsintensität strafrechtlicher Entscheidungen in die Rechtssphäre des Einzelnen. Vor diesem Hintergrund müssen die Einschränkungen des Abs. 2 auch für andere strafrechtliche Verurteilungen entsprechend angewandt werden, die für die Feststellung der Zuverlässigkeit von Bedeutung sein können. Ausdrücklich verlangt die Richtlinie in UA 2 ferner, dass die innerstaatlichen Strafvorschriften für die Entscheidung mitgeteilt werden, auf deren Verletzung gerichtlich erkannt wurde. Verwaltungsrechtliche Entscheidungen dürfen dagegen mitgeteilt werden, sobald die Entscheidung erlassen und dem Adressaten bekannt gegeben wurde. Diese Wirksamkeitsvoraussetzung stellt ein elementares rechtsstaatliches Grundanliegen dar. Dagegen macht das Merkmal der „Vollstreckbarkeit" in diesem Zusammenhang keinen ersichtlichen Sinn, jedenfalls wäre es nicht sinnvoll zu verlangen, dass der Verwaltungsakt im Sinne des deutschen Rechts (§ 80 Abs. 2 VwGO) vorläufig vollstreckbar oder bestandskräftig ist. Wann eine Entscheidung als erlassen anzusehen ist, richtet sich nach Maßgabe innerstaatlichen Rechts. Zudem muss der Mitgliedstaat mitteilen, ob die Entscheidung Bestandskraft erlangt hat („endgültige Entscheidung"), ob Rechtsbehelfe eingelegt wurden und wann voraussichtlich über diese entschieden wird.

Unklar bleibt aufgrund der Richtlinie, ob auch innerstaatliche Gerichte zur Auskunft verpflichtet sind. Wenngleich die zwischenstaatliche Rechtshilfe nicht der Richtlinie unterfällt, handelt es sich nach hier vertretener Ansicht nicht um einen Fall der Rechtshilfe, wenn eine Behörde ein Gericht um eine Hilfeleistung ersucht (Art. 28 Rn 8). Auch der Begriff der zuständigen Behörde nach Art. 4 Nr. 9 umfasst ausdrücklich Gerichte, soweit sie Verwaltungsaufgaben (und nicht Rechtsprechungsaufgaben) wahrnehmen. 7

III. Datenschutz (Abs. 3)

Abs. 3 bekräftigt die allgemeine Pflicht des Art. 43 zur Beachtung datenschutzrechtlicher Bestimmungen. Darüber hinaus anerkennt er die Pflicht der Mitgliedstaaten zur Wahrung ihrer Vorschriften über den Schutz des allgemeinen Persönlichkeitsrechts verurteilter Personen. Das betrifft z. B. die Fristen, binnen derer Auskünfte aus dem Bundeszentralregister erteilt werden oder die Bestimmungen über die Löschung von Einträgen. Allerdings verpflichtet Abs. 3 S. 2 die Mitgliedstaaten auch, solche Informationen, die öffentlich, d. h. nicht nur bestimmten Behörden, zugänglich sind, auch den Verbrauchern zugänglich zu machen. 8

Artikel 34 Begleitende Maßnahmen

(1) Die Kommission richtet in Zusammenarbeit mit den Mitgliedstaaten ein elektronisches System für den Austausch von Informationen zwischen den Mitgliedstaaten ein, wobei sie bestehende Informationssysteme berücksichtigt.

(2) Die Mitgliedstaaten ergreifen mit Unterstützung der Kommission begleitende Maßnahmen, um den Austausch der mit der Amtshilfe betrauten Beamten und deren Fortbildung einschließlich Sprach- und Computerkursen zu fördern.

(3) Die Kommission prüft die Erforderlichkeit der Einrichtung eines Mehrjahresprogramms zur Organisation derartiger Beamtenaustausch- und Fortbildungsmaßnahmen.

Literatur: Siehe die Literaturhinweise zu Art. 28.

1 Art. 34 Abs. 1 verpflichtet die Kommission, in Zusammenarbeit mit den Mitgliedstaaten ein elektronisches Informationssystem zu errichten, um die Praxis der Verwaltungszusammenarbeit zu verbessern. Dieses sog. **„Binnenmarkt-Informationssystem“ (BIS)** betrifft aber allein die Kommunikationswege zwischen den mitgliedstaatlichen Behörden. Hier soll der elektronische Informationsaustausch für die nötige direkte und rasche Kommunikation sorgen. In das System müssen die Verbindungsstellen nach Art. 28 Abs. 2 eingebunden werden, da sie vielfach erst für die richtige Adressierung der Informationen sorgen. Die Schaffung des elektronischen Systems liegt nach Abs. 1 in der Verantwortung der Kommission, die dabei von den Mitgliedstaaten unterstützt wird. Ergänzt wird dieser Handlungsauftrag durch die Ermächtigung der Kommission nach Art. 36, Durchführungsbestimmungen im Komitologieverfahren zu erlassen.

2 Art. 34 Abs. 2 verpflichtet die Mitgliedstaaten, „begleitende Maßnahmen“ zu ergreifen, um in der Praxis die Verwaltungszusammenarbeit zu verbessern. Das allfällige Sprachenproblem bei der internationalen Amtshilfe kann mithilfe der Sprachkurse nach Abs. 2 nicht behoben, aber doch gemildert werden. Die Mitgliedstaaten genießen dennoch ein weites Ermessen, wie sie der Verpflichtung nachkommen, solche Sprachkurse zu veranstalten. Die nach Abs. 2 ebenfalls verlangten Computerkurse sollen die Kenntnisse bei der Anwendung und Nutzung des Binnenmarkt-Informationssystems nach Abs. 1 verbessern helfen. Der Austausch von Beamten erleichtert die Amtshilfe, da er dazu beiträgt, Verwaltungskenntnisse zu erweitern und wechselseitiges Vertrauen im persönlichen Kontakt aufzubauen.

3 Die Kommission unterliegt schließlich nach Abs. 3 einem Prüfauftrag, ob sie ein Programm zur Förderung dieser Maßnahmen initiieren soll. Das Programm beruht auf einer von Rat und Parlament zu erlassenden Verordnung gemäß Art. 249 Abs. 3 EGV, die auf Grundlage des Art. 47 Abs. 2 EGV erlassen würde. Kerngehalt dieser Verordnung wäre die Festlegung der Finanzmittel, die über einen bestimmten Zeitraum aus dem Haushalt der Gemeinschaft für definierte Zwecke bereitgestellt würden.

Artikel 35 Amtshilfe bei Ausnahmen im Einzelfall

(1) Beabsichtigt ein Mitgliedstaat, eine Maßnahme gemäß Artikel 18 zu ergreifen, so ist unbeschadet der gerichtlichen Verfahren, einschließlich Vorverfahren und Handlungen, die im Rahmen einer strafrechtlichen Ermittlung durchgeführt werden, die in den Absätzen 2 bis 6 des vorliegenden Artikels festgelegte Vorgehensweise einzuhalten.

(2) Der in Absatz 1 genannte Mitgliedstaat ersucht den Niederlassungsmitgliedstaat, Maßnahmen gegen den betreffenden Dienstleistungserbringer zu ergreifen

5 Hierzu siehe Kommissionshandbuch, Ziff. 9.2.2.

und übermittelt alle zweckdienlichen Informationen über die in Frage stehende Dienstleistung und den jeweiligen Sachverhalt.

Der Niederlassungsmitgliedstaat stellt unverzüglich fest, ob der Dienstleistungserbringer seine Tätigkeit rechtmäßig ausübt und überprüft den Sachverhalt, der Anlass des Ersuchens ist. Er teilt dem ersuchenden Mitgliedstaat unverzüglich mit, welche Maßnahmen getroffen wurden oder beabsichtigt sind, oder aus welchen Gründen keine Maßnahmen getroffen wurden.

(3) Nachdem eine Mitteilung der Angaben gemäß Absatz 2 Unterabsatz 2 durch den Niederlassungsmitgliedstaat erfolgt ist, unterrichtet der ersuchende Mitgliedstaat die Kommission und den Niederlassungsmitgliedstaat über die von ihm beabsichtigten Maßnahmen, wobei er mitteilt:
a) aus welchen Gründen er die vom Niederlassungsmitgliedstaat getroffenen oder beabsichtigten Maßnahmen für unzureichend hält;
b) warum er der Auffassung ist, dass die von ihm beabsichtigten Maßnahmen die Voraussetzungen des Artikels 18 erfüllen.

(4) Die Maßnahmen dürfen frühestens fünfzehn Arbeitstage nach der in Absatz 3 genannten Mitteilung getroffen werden.

(5) Unbeschadet der Möglichkeit des ersuchenden Mitgliedstaates, nach Ablauf der Frist gemäß Absatz 4 die betreffenden Maßnahmen zu ergreifen, muss die Kommission so schnell wie möglich prüfen, ob die mitgeteilten Maßnahmen mit dem Gemeinschaftsrecht vereinbar sind.

Kommt die Kommission zu dem Ergebnis, dass die Maßnahme nicht mit dem Gemeinschaftsrecht vereinbar ist, so erlässt sie eine Entscheidung, in der sie den betreffenden Mitgliedstaat auffordert, von den beabsichtigten Maßnahmen Abstand zu nehmen oder sie unverzüglich aufzuheben.

(6) In dringenden Fällen kann der Mitgliedstaat, der beabsichtigt, eine Maßnahme zu ergreifen, von den Absätzen 2, 3 und 4 abweichen. In diesen Fällen sind die Maßnahmen der Kommission und dem Niederlassungsmitgliedstaat unverzüglich unter Begründung der Dringlichkeit mitzuteilen.

Literatur: Siehe die Literaturhinweise zu Art. 28.

I. Anwendungsbereich (Abs. 1)

1. Normstruktur

Die Regelung des Art. 35 war bereits im ursprünglichen Entwurf der Dienstleistungsrichtlinie[1] enthalten, der noch dem Modell des strengen Herkunftslandsprinzips verpflichtet war. Nach der Kehrtwende im Gesetzgebungsverfahren, das Herkunftslandprinzip teilweise aufzugeben, verblieben im Wesentlichen Art. 18 und 35 als rudimentäre Reste des früheren Ansatzes. Der Sache nach bildet Art. 1

1 KOM(2004) 2 endg. v. 25.2.2004.

35 das verfahrensrechtliche Gegenstück zur materiellen Regelung des Art. 18. Hiermit schafft die Richtlinie eine – der Konzeption nach – eng begrenzte Ermächtigung an den Mitgliedstaat der Dienstleistungserbringung (Aufnahmemitgliedstaat), zur Durchsetzung ihrer Bestimmungen über die **Sicherheit von Dienstleistungen** ausnahmsweise selbst tätig zu werden und hierbei die eigenen Vorschriften anzuwenden.

2 Vorbilder des Art. 35 finden sich im sekundären Gemeinschaftsrecht vor allem im Bereich der Aufsicht über Zweigstellen und Dienstleistungsaktivitäten von Banken,[2] Wertpapierhäusern[3] und Versicherungen.[4] Dort handelt es sich aber zum einen um eine überschaubare Zahl von Instituten, die zudem vor Beginn ihrer grenzüberschreitenden Tätigkeit den Herkunftsmitgliedstaat informieren müssen. Zum anderen agieren aufseiten der Verwaltung hoch spezialisierte Behörden, die auf regelmäßiger Basis grenzüberschreitend kooperieren. Schließlich ist das materielle Aufsichtsrecht für diese Unternehmen weitgehend angeglichen. Alle diese Voraussetzungen fehlen im Anwendungsbereich der Dienstleistungs-Richtlinie.[5] Die Dienstleistungserbringer kommen aus den verschiedensten, rechtlich nicht harmonisierten Bereichen. Für die Aufsicht zuständig sind die unterschiedlichsten Behörden, deren Aufgaben sowie personelle und sachliche Kapazitäten durchweg heterogen sein dürften. Schon aus diesen Gründen lassen sich Zweifel an der Funktionsfähigkeit des Systems der Art. 18 und 35 in der Praxis anmelden. Zweifel sind auch aufgrund der Schutzgüter angebracht, zu deren Wehr ein Mitgliedstaat nach Art. 18 tätig wird. Die „Sicherheit der Dienstleistung" betrifft in Wirklichkeit, und das zeigt deutlich die verunglückte Wortwahl des Gemeinschaftsgesetzgebers, die Sicherheit von einzelnen Verbrauchern und der Bevölkerung gegenüber Gefahren, die von einer Dienstleistung oder dem Dienstleistungserbringer ausgehen. Diese Schutzgüter zwingen häufig zu raschem, meist polizeilichem Handeln, so dass das langwierige Verfahren des Art. 35 sich in der Praxis als völlig untauglich erweisen dürfte. Die Dringlichkeitsklausel des Art. 35 Abs. 6 wird daher – aller Voraussicht nach – eine weitreichende Bedeutung entfalten.

3 Aus rechtspolitischer Sicht wäre anzumerken, dass hiermit ein unnötig kompliziertes Verfahren mit hohem Verwaltungsaufwand und großer Schwerfälligkeit geschaffen wurde. Der Kommunikationsaufwand, den die Behörden betreiben müssen, dürfte in vielen Fällen in keinem Verhältnis zum Anlass, einer Gefahrenabwehrmaßnahme im Einzelfall, stehen. Das Verfahren berücksichtigt damit nicht hinreichend das Bedürfnis nach Verwaltungseffektivität und Verwaltungseffizienz.

2. Maßnahmen gemäß Art. 18

4 Anwendbar ist Art. 35 nur auf Verfahren von Verwaltungsbehörden. Auf strafrechtliche Verfahren vor Gerichten findet die Vorschrift aufgrund der ausdrück-

2 Art. 30 Abs. 2 und 3, Art. 31 RL 2006/48, ABl. 2006 Nr. L 177, S. 1. Hierzu näher Ohler, Hoheitsrechtsbeschränkungen im Rahmen grenzüberschreitender Verwaltungszusammenarbeit, DVBl. 2002, 880 ff.; Wettner, S. 104 ff.

3 Art. 62 RL 2004/39, ABl. 2004 Nr. L 145, S. 1.

4 Art. 46 RL 2002/83, ABl. 2002 Nr. L 345, S. 1.

5 Ebenfalls kritisch zum Fehlen materieller Rechtsangleichung Möstl, DÖV 2006, 281, 284 f.

lichen Ausnahme dagegen keine Anwendung.[6] Verfahren wegen Ordnungswidrigkeiten unterliegen, da nicht von Gerichten initiiert, allerdings dem Art. 35. Ausgelöst wird Art. 35, wenn in einem Mitgliedstaat, der nicht der Niederlassungsmitgliedstaat ist, Maßnahmen gegen einen Dienstleistungserbringer zum Schutz eines Rechtsguts i. S. d. Art. 18 ergriffen werden sollen. Mit anderen Worten betrifft Art. 35 faktisch nur die Staaten, in denen entweder eine Dienstleistung (ohne gleichzeitige Ansässigkeit des Unternehmens) erbracht wird oder in denen schädliche Auswirkungen aufgrund einer Tätigkeit des Dienstleistungserbringers auftreten. In der Sache muss die Maßnahme darauf abzielen, die „Sicherheit der Dienstleistungen" zu gewährleisten, was im konkreten Fall voraussetzt, dass von der Dienstleistung Gefahren für den Verbraucher, Arbeitnehmer des Dienstleistungserbringers oder andere Personen ausgehen (Art. 18 Rn 3 f.).

II. Vorrangige Zuständigkeit des Niederlassungsmitgliedstaats (Abs. 2)

Art. 35 Abs. 2 geht von der auch durch Art. 29 bestätigten Grundannahme aus, 5 dass der Niederlassungsmitgliedstaat für die Kontrolle über die in seinem Hoheitsgebiet ansässigen Dienstleistungserbringer zuständig ist. Soweit ein Schutzgut i. S. d. Art. 18 („Sicherheit der Dienstleistung") betroffen ist, übt er diese Zuständigkeit auch mit Wirkung für andere Mitgliedstaaten aus. Im gleichen Umfang entfällt eine originäre Kontrollzuständigkeit der Mitgliedstaaten, in denen die Dienstleistung erbracht wird. Sie haben nach Abs. 2 nur die Möglichkeit, den Niederlassungsmitgliedstaat zu ersuchen, Maßnahmen gegen den Dienstleistungserbringer zu ergreifen. Der Niederlassungsmitgliedstaat ist dann verpflichtet, wie durch Abs. 2 UA 2 vorgezeichnet tätig zu werden.

III. Auffangzuständigkeit des Mitgliedstaats der Dienstleistungserbringung (Abs. 3 und 4)

Nur subsidiär darf der ersuchende Mitgliedstaat selbst tätig werden, wenn die 6 Voraussetzungen des Art. 35 Abs. 3 und 4 erfüllt sind. Es handelt sich um eine Auffangzuständigkeit, die dann eingreift, wenn der Niederlassungsmitgliedstaat entweder nicht gehandelt hat oder seine Maßnahmen nach Ansicht des ersuchenden Mitgliedstaats unzureichend sind. Aus Abs. 3 lit. a lässt sich schließen, dass das Beurteilungsermessen, ob eine Maßnahme des Niederlassungsmitgliedstaats unzureichend ist, durch die Richtlinie nicht eingeschränkt wird. Das ergibt sich schon aus dem Gesichtspunkt, dass Behördenvertreter des Niederlassungsmitgliedstaats nicht vor Ort sind und daher keine unmittelbare Kenntnis des Sachverhalts haben. Der ersuchende Mitgliedstaat ist lediglich verpflichtet, seine Einschätzung gegenüber dem Niederlassungsmitgliedstaat und der Kommission zu begründen. Ebenfalls begründen muss er, warum nach seiner Ansicht die Voraussetzungen des Art. 18 erfüllt sind. Diese Begründungspflicht bezieht sich auf die Voraussetzungen i. S. d. Art. 18 Abs. 2, nicht hingegen auf Art. 18 Abs. 1. Siehe hierzu im Einzelnen Art. 18 Rn 7 ff.

Schließlich verpflichtet Art. 35 Abs. 4 den ersuchenden Mitgliedstaat, erst nach 7 Ablauf einer Frist von 15 Arbeitstagen tätig zu werden. Die Frist beginnt mit Absendung der Mitteilung durch die ersuchende Behörde, wobei der Tag der

6 Siehe auch die entsprechende Ausnahmeklausel des Art. 1 Abs. 5.

Absendung nicht mitgerechnet wird, Art. 3 Abs. 1 UA 2 VO Nr. 1182/71.[7] Für die Bestimmung der Arbeitstage kommt es nach Art. 2 VO auf das Recht der ersuchenden Behörde an, wobei Arbeitstage alle Tage außer den gesetzlichen Feiertagen, Sonnabenden und Sonntagen sind.

IV. Kontrolle durch die Kommission (Abs. 5)

8 Die Richtlinie trägt der Kommission die Pflicht auf, die Maßnahmen des ersuchenden Mitgliedstaats auf ihre Vereinbarkeit mit dem Gemeinschaftsrecht zu überprüfen. Sie nimmt hierbei eine echte Aufsichtsfunktion gegenüber diesem Mitgliedstaat wahr. Das Prüfverfahren entfaltet jedoch keinen Suspensiveffekt zulasten des Mitgliedstaats. Kommt die Kommission zu der Auffassung, dass die mitgliedstaatliche Maßnahme Gemeinschaftsrecht verletzt, muss sie eine Entscheidung nach Art. 249 Abs. 4 EGV an den Mitgliedstaat richten. Eine Anhörung des Mitgliedstaats ist nicht ausdrücklich vorgesehen und in den Fällen auch entbehrlich, in denen der Mitgliedstaat bereits im Rahmen von Art. 35 Abs. 3 seine Gründe mitgeteilt hat. Lediglich in den Fällen, in denen die Begründung mangelhaft war oder gänzlich fehlte, muss es aufgrund des allgemeinen Grundsatzes, rechtliches Gehör zu gewähren, dem Mitgliedstaat möglich sein, Gründe nachzuschieben. Dies gilt jedenfalls dann, wenn die Kommission beabsichtigt, eine Entscheidung zulasten des Mitgliedstaats zu verhängen. Die Entscheidung der Kommission kann nur zum Inhalt haben, dass der Mitgliedstaat die Maßnahme aufzuheben oder von ihr „Abstand zu nehmen" hat, d. h. sie nicht erlässt. Will der Mitgliedstaat die Entscheidung befolgen, so hebt er seine Maßnahme nach Maßgabe innerstaatlichen Verfahrensrechts auf. Ansonsten kann er gemäß Art. 230 Abs. 2 EGV gegen die Kommission klagen.

V. Dringlichkeitsklausel (Abs. 6)

9 Art. 35 Abs. 6 gibt dem Mitgliedstaat das Recht, in dringenden Fällen auf das Ersuchen an den Niederlassungsmitgliedstaat zu verzichten. Für die Praxis dürfte es sich um eine Vorschrift von zentraler Bedeutung handeln, wenn ein rasches Handeln, z. B. auf polizei- oder ordnungsrechtlicher Grundlage in Betracht kommt. Entscheidendes Kriterium ist daher, ob ein Fall „dringend" ist. Die Antwort kann sich nur in Bezug auf das Verfahren des Art. 35 ergeben. Besteht daher die Möglichkeit, dass die von einer Dienstleistung ausgehenden Gefahren sich in einer Schädigung von Personen niederschlagen, wenn das Verfahren der Art. 35 Abs. 2-4 eingehalten würde, so ist ein dringlicher Fall gegeben. Der Maßstab entspricht damit der einer Gefahr im Verzug im Sinne des deutschen Verwaltungsrechts. Kann dagegen das Verfahren des Art. 35 Abs. 2-4 risikolos durchgeführt werden, darf nicht auf Art. 35 Abs. 6 zurückgegriffen werden.

10 Der Mitgliedstaat ist verpflichtet, den Niederlassungsmitgliedstaat und die Kommission hierüber zu informieren. Anders als im Fall des Art. 35 Abs. 3 und 5 sieht die Richtlinie kein Recht der Kommission vor, die Aufhebung der mitgliedstaatlichen Maßnahme zu verlangen. Eine entsprechende Anwendung des Abs. 5 scheint aber möglich zu sein.

7 ABl. 1971 Nr. L 124, S. 1.

Artikel 36 Durchführungsmaßnahmen

Die Kommission erlässt nach dem in Artikel 40 Absatz 3 genannten Verfahren die zur Änderung nicht wesentlicher Bestimmungen dieses Kapitels bestimmten Durchführungsmaßnahmen, indem sie es durch Angabe der in den Artikeln 28 und 35 genannten Fristen ergänzt. Die Kommission erlässt ferner nach dem in Artikel 40 Absatz 2 genannten Verfahren die praktischen Regelungen des Informationsaustauschs auf elektronischem Wege zwischen den Mitgliedstaaten und insbesondere die Bestimmungen über die Interoperabilität der Informationssysteme.

Literatur: Siehe die Literaturhinweise zu Art. 28.

Art. 36 ermächtigt die Kommission zum Erlass von Durchführungsbestimmungen im sog. **Komitologieverfahren.**[1] Die Ermächtigung des Art. 36 betrifft aber nur einen schmalen Anwendungsbereich, auch wenn die Bestimmung sehr gewunden von der „Änderung nicht wesentlicher Bestimmungen dieses Kapitels" spricht. Hierin liegt aber keine Generalklausel, wie sich aus dem nachfolgenden Wortlaut ergibt: Sie erstreckt sich nach S. 1 ausdrücklich („indem") nur auf die Festlegung von Fristen in Art. 28 und 35. In Art. 28 handelt es sich um die Ersetzung der dort verwendeten, unbestimmten Rechtsbegriffe des Abs. 5 („umgehend") und Abs. 6 („so schnell wie möglich"). In Art. 35 Abs. 2 UA 2 wäre der Begriff „unverzüglich" durch eine Fristangabe zu ersetzen. Einschlägig ist hierfür nach Art. 40 Abs. 3 das sog. „Regelungsverfahren mit Kontrolle" gemäß Art. 5 a des Komitologiebeschlusses.[2] Schließlich darf die Kommission Durchführungsbestimmungen treffen, um den praktischen Informationsaustausch zwischen den Mitgliedstaaten zu erleichtern. Die Regelungsbefugnis steht in engem Zusammenhang mit Art. 34 Abs. 1. Zum Erlass der Maßnahmen soll das normale Regelungsverfahren des Komitologiebeschlusses zur Anwendung kommen.[3]

1 Hierzu Streinz, Europarecht, Rn 521 ff.; Wichard in: Calliess/Ruffert EUV/EGV, Art. 202 EGV Rn 12 ff.
2 Beschluss 1999/468/EG, ABl. 1999 Nr. L 184, S. 23 in der Fassung des Beschlusses 2006/512, ABl. 2006 Nr. L 200, S. 11.
3 Art. 5 Beschluss 1999/468/EG.

Kapitel VII Konvergenzprogramm

Artikel 37 Verhaltenskodizes auf Gemeinschaftsebene

(1) Die Mitgliedstaaten ergreifen in Zusammenarbeit mit der Kommission begleitende Maßnahmen, um insbesondere Berufsverbände, -organisationen und -vereinigungen zu ermutigen, auf Gemeinschaftsebene im Einklang mit dem Gemeinschaftsrecht Verhaltenskodizes auszuarbeiten, die die Dienstleistungserbringung oder die Niederlassung von Dienstleistungserbringern in einem anderen Mitgliedstaat erleichtern sollen.

(2) Die Mitgliedstaaten stellen sicher, dass die in Absatz 1 genannten Verhaltenskodizes aus der Ferne und elektronisch zugänglich sind.

Literatur: Köpke/Röhr (Hg.), Codes of Conduct. Verhaltensnormen für Unternehmen und ihre Überwachung, Köln, 2003 (zitiert als: Bearbeiter in: Köpke/Röhr (Hg.)); Loew, CSR in der Supply Chain. Herausforderungen und Ansatzpunkte für Unternehmen, Berlin, 2006 (zitiert als: Loew); Wilke/Beile/Klein, CSR-Bestandsaufnahme. Projekt im Auftrag der Hans-Böckler-Stiftung, Hamburg, 2005 (zitiert als: Wilke/Beile/Klein).

I. Art. 37 Abs. 1

1. Normstruktur

1 Die Vorschrift betrifft die **nichtgesetzliche Regelsetzung** durch berufliche und andere Organisationen; sie bildet eine Säule des mit der Richtlinie verfolgten Konvergenzprogramms neben der ergänzenden Harmonisierung durch den EU-Gesetzgeber (Art. 38) und der gegenseitigen Evaluierung durch die Mitgliedstaaten (Art. 39).

2. Ausarbeitung von Verhaltenskodizes

a) Normadressaten

2 Art. 37 ist an die Mitgliedstaaten gerichtet, die mit der Kommission zusammenzuarbeiten haben, um auf die Entwicklung von Verhaltenskodizes hinzuwirken. Die Ausarbeitung dieser Kodizes soll „insbesondere", d. h. in erster Linie, aber nicht ausschließlich durch Berufsverbände, -organisationen und -vereinigungen erfolgen, zu denen neben den privatrechtlichen beruflichen Interessenverbänden auch die Kammern zählen. Über diese beruflichen Organisationen hinaus findet Abs. 1 daher auf jede sonstige Vereinigung Anwendung, deren Regeln Hindernisse für die Niederlassungsfreiheit oder den freien Dienstleistungsverkehr begründen können.[1]

1 Der Kommissionsbericht KOM(2002) 441 endg. v. 30.7.2002, S. 55 nennt hier unter Hinweis auf die Rspr. des EuGH Sportverbände, Sozial- und Tarifpartner (s. dazu aber Art. 1 Abs. 7 und Erwägungsgrund 14) sowie Interessenverbände.

b) Gemeinschaftsweite Verhaltenskodizes

Verhaltenskodizes sind auf dem Prinzip der Freiwilligkeit beruhende Selbstverpflichtungen zur Einhaltung von (Mindest-)Standards, die, ggf. in Verbindung mit der Einrichtung von Institutionen der freiwilligen Selbstkontrolle,[2] von Unternehmen oder Verbänden in Ergänzung bzw. Konkretisierung (nicht aber Ersetzung) von gesetzlichen Vorschriften[3] aufgestellt werden.[4] Sie regeln vielfältige Verhaltensanforderungen, die in der bisherigen Praxis z. B. die Modalitäten der Erbringung sowie die Inhalte medialer Dienstleistungen,[5] Leitsätze für die multinationale Unternehmenstätigkeit (insbesondere zur Einhaltung von Menschenrechten, Diskriminierungsverboten, Arbeitsbedingungen einschließlich Sicherheit und Gesundheitsschutz sowie zum Umweltschutz)[6] oder Verbraucherrechte[7] betreffen. 3

Art. 37 behandelt die Erarbeitung von **Kodizes auf Gemeinschaftsebene**, d. h. solcher, die im Zusammenwirken der betreffenden beruflichen oder sonstigen Verbände sämtlicher Mitgliedstaaten aufgestellt werden und **EU-weit geltende gemeinsame Standards** enthalten.[8] Die Mitgliedstaaten sind gemäß Erwägungsgrund 114 dazu aufgerufen, die Verbände hierbei zu unterstützen und zur Umsetzung der Kodizes auf nationaler Ebene zu ermutigen. Diese Vorgabe zielt nicht primär auf eine Regulierung ab, sondern weist den Mitgliedstaaten (in Zusammenarbeit mit der Kommission) die Rolle als Initiator, Moderator, Begleiter und Unterstützer der im Zuge von „Corporate Governance“-[9] bzw. „Corporate Social Responsibility“-Strategien[10] durchgeführten Selbstregulierungsprozesse der Privatwirtschaft zu. Die Mitgliedstaaten können daher zur Erreichung des gewünschten Ziels nach ihrem Ermessen auf alternative, vornehmlich kooperative Handlungsformen zurückgreifen.[11] Die gemeinschaftsweiten Verhaltenskodizes „sollten“ nach Erwägungsgrund 113 mit Gemeinschaftsrecht und nationalem Berufsrecht vereinbar sein. Da sie ausweislich von Erwägungsgrund 115 jedoch 4

2 Beispiele aus dem Medienbereich sind der Deutsche Presserat, der Deutsche Werberat und der Deutsche Rat für Public Relations, die Freiwillige Selbstkontrolle Telefonmehrwertdienste sowie die Freiwillige Selbstkontrolle Multimedia-Diensteanbieter, aus dem Pharmasektor der Verein Freiwillige Selbstkontrolle für die Arzneimittelindustrie e. V.

3 Vgl. Erwägungsgrund 115.

4 Vgl. zum Begriff auch Köpke/Röhr, S. 10 f.

5 So die Kodizes der in Fn. 2 genannten Organisationen.

6 Vgl. hierzu BT-Dr. 14/9200, 177 ff., Schlussbericht der Enquête-Kommission „Globalisierung der Weltwirtschaft – Herausforderungen und Antworten; BT-Dr. 15/1103, Antwort der Bundesregierung auf die Kleine Anfrage BT-Dr. 15/828; GTZ (Hg.), Ratgeber Verhaltenskodizes zu Sozialstandards, 2004; Loew, S. 10 ff.; Wilke/Beile/Klein, S. 3 ff.

7 So der „Freiwillige Verhaltenskodex über vorvertragliche Informationen für wohnungswirtschaftliche Kredite“.

8 Ein Beispiel für einen gemeinschaftsweiten Kodex stellt die am 5.3.2001 unterzeichnete „Europäische Vereinbarung eines freiwilligen Verhaltenskodex über vorvertragliche Informationen für wohnungswirtschaftliche Kredite“ dar, zu deren Einhaltung Mitgliedstaaten und Kreditinstitute mit Kommissionsempfehlung K(2001) 477 v. 1.3.2001 aufgefordert wurden. Beispiele für Branchenkodizes europäischer Verbände finden sich bei Wilke/Beile/Klein, S. 6 ff.

9 Hierzu Jürgens in: Schuppert (Hg.), Governance-Forschung, 2. Aufl., Baden-Baden, 2006, S. 47 ff.

10 Hierzu Europäische Kommission, Grünbuch „Europäische Rahmenbedingungen für die soziale Verantwortung der Unternehmen“, KOM(2001) 366 endg., S. 7 ff.

11 Diesbezüglich kann auf die Ausführungen in Ziff. 8.5 des Kommissionshandbuchs betreffend den gleichlautenden Art. 26 Abs. 1 verwiesen werden: „awareness campaigns, organisation of workshops and conferences, funding of programmes and projects, etc.“.

nur **Mindestanforderungen** beinhalten sollen, steht es den Mitgliedstaaten und Verbänden frei, auf nationaler Ebene strengere Vorschriften bzw. Verhaltenskodizes vorzusehen.

5 Die Verhaltenskodizes gemäß Abs. 1 zielen laut Erwägungsgrund 113 namentlich auf die Verbesserung der Dienstleistungsqualität ab. Je nach Besonderheit der betroffenen Berufe sollen sie nach Erwägungsgrund 114[12] Bestimmungen enthalten über:

- die kommerzielle Kommunikation in den reglementierten Berufen;[13]
- die Standesregeln der reglementierten Berufe betreffend insbesondere die Wahrung der Unabhängigkeit, der Unparteilichkeit und des Berufsgeheimnisses;
- die Voraussetzungen für die Ausübung der Tätigkeit von Immobilienmaklern.

II. Art. 37 Abs. 2

1. Normstruktur

6 Die Norm ergänzt Abs. 1 um Modalitäten der Bereitstellung von Informationen über die Verhaltenskodizes.

2. Zugänglichkeit aus der Ferne und elektronisch

7 Die Mitgliedstaaten haben dafür Sorge zu tragen, dass die Verhaltenskodizes aus der Ferne, d. h. vom Ausland aus (s. Art. 8 Rn 2), sowie elektronisch zugänglich sind. Somit gelten die gleichen Modalitäten wie für die Bereitstellung von Informationen für Dienstleistungserbringer und -empfänger gemäß Art. 7 Abs. 3 und Art. 21 Abs. 1 UA 2 S. 2. Darüber hinaus zählen die Verhaltenskodizes zu den Informationen, die den Dienstleistungsempfängern von den Dienstleistern bereitzustellen sind (Art. 22 Abs. 3 lit. d, Art. 27 Abs. 4).

Artikel 38 Ergänzende Harmonisierung

Die Kommission prüft bis zum 28. Dezember 2010 die Möglichkeit, Vorschläge für harmonisierende Rechtsakte zu folgenden Punkten vorzulegen:

a) die Aufnahme von Tätigkeiten zur gerichtlichen Beitreibung von Forderungen;
b) private Sicherheitsdienste und Beförderung von Geld und Wertgegenständen.

1 Art. 38 verpflichtet die Kommission zu prüfen, ob sie Harmonisierungsvorschläge für die in dieser Bestimmung genannten Dienstleistungstätigkeiten vorlegt. Das Initiativrecht steht der Kommission freilich ohnehin kraft Primärrechts zu, da sie gegenüber den anderen Organen über das Initiativmonopol im Gesetzgebungsbereich verfügt (vgl. Art. 250 Abs. 2, Art. 251 Abs. 1 EGV). Art. 38 weicht aber insofern vom Primärrecht ab, als er das grundsätzliche Initiativermessen der Kommission hinsichtlich der **Prüfungspflicht** auf Null reduziert. Nicht verpflichtet ist die Kommission hingegen, einen Vorschlag für einen Rechtsakt vorzulegen.

2 Neben den ausdrücklich genannten Harmonisierungen wäre auch eine Einbeziehung der hier genannten Tätigkeiten in den Rahmen der Richtlinie möglich.

12 Hierzu auch Kommissionshandbuch, Ziff. 8.7.2.
13 Hierzu auch Erwägungsgrund 100 zu Art. 24.

Bislang schließt Art. 2 Abs. 2 lit. k private Sicherheitsdienste vom Anwendungsbereich der Richtlinie aus. Die gerichtliche Betreibung von Forderungen darf aufgrund von Art. 17 Nr. 5 nicht im Rahmen des grenzüberschreitenden Dienstleistungsverkehrs erbracht werden.

Artikel 39 Gegenseitige Evaluierung

(1) Die Mitgliedstaaten legen der Kommission bis zum 28. Dezember 2009 einen Bericht vor, der die folgenden Angaben enthält:
a) Informationen gemäß Artikel 9 Absatz 2 über die Genehmigungsregelungen;
b) Informationen gemäß Artikel 15 Absatz 5 über die zu prüfenden Anforderungen;
c) Informationen gemäß Artikel 25 Absatz 3 über die multidisziplinären Tätigkeiten.

(2) Die Kommission leitet die in Absatz 1 genannten Berichte an die anderen Mitgliedstaaten weiter, die binnen sechs Monaten nach Erhalt zu jedem dieser Berichte ihre Stellungnahme übermitteln. Gleichzeitig konsultiert die Kommission die betroffenen Interessengruppen zu diesen Berichten.

(3) Die Kommission legt die Berichte und Anmerkungen der Mitgliedstaaten dem in Artikel 40 Absatz 1 genannten Ausschuss vor, der dazu Stellung nehmen kann.

(4) Unter Berücksichtigung der in den Absätzen 2 und 3 genannten Stellungnahme legt die Kommission dem Europäischen Parlament und dem Rat spätestens bis zum 28. Dezember 2010 einen zusammenfassenden Bericht vor; diesem fügt sie gegebenenfalls Vorschläge für ergänzende Initiativen bei.

(5) Die Mitgliedstaaten legen der Kommission spätestens bis zum 28. Dezember 2009 einen Bericht über die nationalen Anforderungen vor, deren Anwendung unter Artikel 16 Absatz 1 Unterabsatz 3 und Absatz 3 Absatz 1 fallen könnte; in diesem Bericht legen sie die Gründe dar, aus denen die betreffenden Anforderungen ihres Erachtens mit den Kriterien nach Artikel 16 Absatz 1 Unterabsatz 3 und Artikel 16 Absatz 3 Absatz 1 vereinbar sind.

Danach übermitteln die Mitgliedstaaten der Kommission alle Änderungen der vorstehend genannten Anforderungen einschließlich neuer Anforderungen und begründen dies.

Die Kommission setzt die anderen Mitgliedstaaten von den übermittelten Anforderungen in Kenntnis. Diese Übermittlung steht dem Erlass der betreffenden Vorschriften durch den jeweiligen Mitgliedstaat nicht entgegen. Die Kommission legt danach jährlich Analysen und Orientierungshinweise in Bezug auf die Anwendung derartiger Vorschriften im Rahmen dieser Richtlinie vor.

I. Überblick über den Regelungsinhalt

Art. 39 ergänzt die in der Richtlinie aufgestellten Prüfpflichten (Screening) der Mitgliedstaaten hinsichtlich der in ihren Rechtsordnungen existierenden Beschränkungen der Niederlassungs- und Dienstleistungsfreiheit durch **Berichts-** 1

pflichten: Spätestens zum Ablauf der Umsetzungsfrist am 28. Dezember 2009 müssen die Mitgliedstaaten der Kommission Berichte vorlegen, in denen die Ergebnisse des Screening aufgeführt sind. Die Berichte sind sodann Grundlage einer Beurteilung (**Evaluation**) der mitgliedstaatlichen Regelungen am Maßstab der materiellen Anforderungen der Richtlinie sowohl durch die Kommission als auch die anderen Mitgliedstaaten sowie dem in Art. 40 genannten Ausschuss.

2 Art. 39 bezieht sich auf zwei **unterschiedliche Gruppen von Regelungsgegenständen**, hinsichtlich derer auch unterschiedliche Rechtsfolgen angeordnet sind.[1] Die **Abs. 1 bis 4** betreffen die Berichtspflichten in Bezug auf solche mitgliedstaatlichen Anforderungen, welche die **Niederlassungsfreiheit** beschränken. Art. 39 **Abs. 5** bezieht sich hingegen auf mitgliedstaatliche Anforderungen, soweit sie die **Dienstleistungsfreiheit** betreffen und also nach Art. 16 Abs. 1 rechtfertigungspflichtig sind. Der Richtliniengeber geht offensichtlich davon aus, dass auch die Berichtspflicht des **Art. 25 Abs. 3** (bezüglich multidisziplinärer Tätigkeiten) jedenfalls ganz primär dem Bereich der die Niederlassungsfreiheit (und nicht die Dienstleistungsfreiheit) tangierenden Anforderungen zuzuordnen ist, da sie in Art. 39 Abs. 1 an die Seite der die Niederlassungsfreiheit betreffenden Pflichten nach Art. 9 Abs. 2 und Art. 15 Abs. 5 gestellt ist.

3 Die auf die **Niederlassungsfreiheit** bezogenen Berichtspflichten betreffen die **Genehmigungsregelungen** (Art. 9), die Anforderungen des **Art. 15 Abs. 2** und die in Art. 25 behandelten mitgliedstaatlichen **Einschränkungen „multidisziplinärer" Tätigkeit**, also der Verbindung (Bündelung) mehrerer Dienstleistungen oder der Zusammenarbeit verschiedener Dienstleister mit unterschiedlichen Dienstleistungsangeboten in einer Partnerschaft oder sonstigen Verbindung. Das Verfahren des Art. 39 sieht insoweit einen **einmaligen Bericht** der Mitgliedstaaten vor, der dann nach Einreichung bei der Kommission der wechselseitigen Evaluation unterworfen wird und in einen abschließenden, zusammenfassenden Bericht der Kommission an das Parlament und den Rat einfließt. Es geht also hier nicht um eine kontinuierliche Berichterstattung, sondern eine einmalige Prüfung mit einmaligem Bericht spätestens zum Ende der Umsetzungsfrist.

4 Die auf die mitgliedstaatlichen Anforderungen, welche die Dienstleistungsfreiheit einschränken (**Art. 16**), bezogene Berichtspflicht des **Art. 39 Abs. 5** ist hingegen als **permanente Pflicht** ausgestaltet, dergemäß die Mitgliedstaaten über jede Änderung dieser Anforderungen oder neue Einführung von Anforderungen berichten müssen. Dementsprechend mündet diese Evaluation auch noch nicht in einen abschließenden Generalbericht der Kommission gegenüber den anderen Gemeinschaftsorganen, sondern ist von der Kommission in **jährliche „Analysen und Orientierungshinweise"** umzusetzen.

II. Das Verfahren der „Einmal"-Evaluation (Art. 9 Abs. 2, Art. 15 Abs. 5 und Art. 25 Abs. 3)

5 Art. 39 Abs. 1-4 beschreiben die Verfahrensschritte, die die Mitgliedstaaten und auch die Kommission bei der Evaluation der Genehmigungsregelungen und sonstigen die Niederlassungsfreiheit einschränkenden Anforderungen in den mitgliedstaatlichen Rechtsordnungen einzuhalten haben.

1 Vgl. Kommissionshandbuch, Ziff. 10.1.

1. Prüfpflichten: „Screening"

Die in Art. 39 Abs. 1 vorausgesetzten Prüfpflichten ergeben sich bereits aus den **Bestimmungen** der Richtlinie, auf die die Vorschrift **verweist**, also **Art. 9 Abs. 2** hinsichtlich der Genehmigungsregelungen, **Art. 15 Abs. 5** hinsichtlich der die Niederlassungsfreiheit beschränkenden, aber immerhin grundsätzlich (anders als bei Art. 14) rechtfertigungsfähigen mitgliedstaatlichen Anforderungen und schließlich **Art. 25 Abs. 3** hinsichtlich mitgliedstaatlicher Verpflichtungen zu einer „Entbündelung" von Dienstleistungen (Beschränkungen multidisziplinärer Tätigkeiten oder von Formen der Zusammenarbeit zwischen verschiedenen Dienstleistern). Die nach diesen Vorschriften jeweils auferlegte Prüfpflicht verlangt von den Mitgliedstaaten bis zum Ablauf der Umsetzungsfrist eine umfassende Analyse und Überprüfung sämtlicher Genehmigungsregelungen und anderer Anforderungen, die als potentielle Beschränkungen der Niederlassungsfreiheit überhaupt in Betracht kommen. 6

Schon die notwendige Konzentration auf die wirklich problematischen Regelungen setzt voraus, dass die Mitgliedstaaten eine **Vorabauswahl** derjenigen nationalen Regelungen treffen, bei denen ein Rechtfertigungszwang nach den in den genannten Vorschriften aufgestellten gemeinschaftsrechtlichen Maßstäben bestehen kann. Regelungsbereiche, die vom **Anwendungsbereich** der Richtlinie schlechthin **ausgeschlossen** sind (vgl. Art. 2), müssen selbstverständlich nicht in den Screening-Fokus einbezogen werden. Soweit die Richtlinie in ihren Konkurrenzregelungen allerdings nur eine **partielle Subsidiarität** ihrer eigenen Geltung vorsieht (insbesondere im Verhältnis zur **Berufsanerkennungsrichtlinie** 2005/36/EG, vgl. Art. 3), kommt ein genereller bereichsbezogener Ausschluss aus der Prüfpflicht nicht in Frage: Ob beispielsweise ein Vorbehalt einer gemischten (Sach- und Personal-)Konzession für eine bestimmte niedergelassene Tätigkeit noch i. S. d. Art. 9 erforderlich ist, bleibt gerade dann zu prüfen, wenn die Regelung subjektive Erteilungsvoraussetzungen hinsichtlich der beruflichen Qualifikation des Dienstleistungserbringers aufstellt, die von der Berufsanerkennungsrichtlinie erfasst sind: Wenn der personbezogene Garantiezweck der Genehmigung durch das Anerkennungsregime dieser Richtlinie abgelöst wird, bleibt ggf. nur noch der betriebsbezogene Zweck, der indes möglicherweise einen präventiven Erlaubnisvorbehalt allein nicht mehr rechtfertigt. 7

Problematisch unter dem Aspekt der Reichweite der Prüfpflicht ist insbesondere auch die Beschränkung des Anwendungsbereichs der Richtlinie auf **dienstleistungsspezifische Regelungen** der Mitgliedstaaten (Erwägungsgrund 9). Diese Einschränkung, die „allgemeine Gesetze" von den Maßstäben der Richtlinie befreit, steht offensichtlich in einem nicht immer einfach aufzulösenden Spannungsverhältnis zu der auch die Rechtsprechung des EuGH prägenden Grundannahme, dass auch **mittelbare oder indirekte**, nicht geradezu auf dieses Ergebnis zielende Diskriminierungen oder sonstige Beeinträchtigungen der Grundfreiheiten rechtfertigungsbedürftig sind. Die Kommission mahnt in ihrem Handbuch eine zurückhaltende und vorsichtige Interpretation des Vorbehalts der „allgemeinen Gesetze" an, ohne allerdings griffige Kriterien für die Abgrenzung von spezifischen und allgemeinen Regelungen zu liefern:[2] Danach können Vorschriften sehr wohl nach der Richtlinie beachtlich und damit auch der Evaluation zu unterwerfen sein, 8

2 Kommissionshandbuch, Ziff. 2.3.2. und 10.2.1.

wenn sie zwar in einem allgemeinen Regelungszusammenhang (beispielsweise: Bauplanung) stehen, aber doch die **Dienstleistungserbringung in spezifischer Weise beeinträchtigen**. Offenbar kommt es danach primär auf das Gewicht und die tatsächliche Richtung der beeinträchtigenden Wirkung (Wer ist hauptsächlich betroffen?) an, nicht hingegen entscheidend auf die Finalität der Regelung (also nicht: subjektiv oder objektiv „dienstleistungsregelnde Tendenz").

2. Berichtspflichten

9 Der eigenständige Regelungsgehalt des Art. 39 besteht darin, **Berichtspflichten** für die **Mitgliedstaaten** und die **Kommission** hinsichtlich der Ergebnisse der nach den in Bezug genommenen Vorschriften erfolgten Prüfung zu errichten. Die Berichtspflicht der Mitgliedstaaten hinsichtlich der von ihnen durchgeführten Prüfungen beschränkt sich in den Fällen der Genehmigungsregelungen (Art. 9) und der Regelungen, die multidisziplinäre Tätigkeiten einschränken (Art. 25), darauf, die **Aufrechterhaltung** dieser die Niederlassungsfreiheit **beschränkenden nationalen Regelungen** mitzuteilen und dafür Rechtfertigungsgründe vorzutragen.

10 Die Berichtspflicht hinsichtlich der Anforderungen nach **Art. 15 Abs. 2** geht darüber hinaus: Sie erstreckt sich auch darauf, im Zuge des Screening **„ausgemusterte" oder modifizierte Beschränkungen** angeben zu müssen (Art. 15 Abs. 5). Diese Regelung weist Parallelen zu derjenigen des Art. 39 Abs. 5 hinsichtlich der die Einschränkungen der Dienstleistungsfreiheit (Art. 16) betreffenden Berichtspflicht auf. In diesem letzteren Fall, der ja durch das Verfahren kontinuierlicher Evaluation gekennzeichnet ist, ist der Zweck der Mitteilung auch eines Rückbaus prüf- und rechtfertigungspflichtiger Regelungen ganz offensichtlich: Bei der auf der kontinuierlichen Evaluation gründenden „dynamischen Entwicklung" der Maßstäbe des Art. 16 insbesondere aus Sicht der Kommission (jährliche Anwendungshinweise!) sind Erfahrungswerte aus den Mitgliedstaaten, aus denen sich rechtsvergleichend auf die Entbehrlichkeit und damit Nichterforderlichkeit bestimmter Beschränkungen der Dienstleistungsfreiheit schließen lässt, von kaum zu überschätzender Bedeutung. Wichtig für die Informationsbasis der Kommission können solche Mitteilungen aber auch – in Bezug auf den Art. 15 – im Verfahren der „Einmal"-Evaluation der Abs. 1-4 sein: Die Evaluation dient auch dazu, Erkenntnisse zu gewinnen, um daraus ggf. **Vorschläge für neue Rechtsetzungsinitiativen** entwickeln zu können (Art. 39 Abs. 4). Offen bleibt nur, warum die Informationspflicht unter diesem Aspekt allein auf die Anforderungen des Art. 15 beschränkt ist und die Genehmigungsregelungen nur zu beschreiben und zu rechtfertigen sind, soweit sie aufrechterhalten bleiben (Art. 9 Abs. 2). Für die Anforderungen des **Art. 15 Abs. 2** gilt schließlich auch insoweit ein Sonderregime, als neue oder geänderte Anforderungen nach Inkrafttreten der Richtlinie (28. Dezember 2006) bei der Kommission angemeldet werden müssen (Art. 15 Abs. 7, s. dazu Art. 15 Rn 27 f.).

11 Die Berichte der Mitgliedstaaten werden von der **Kommission** jeweils an die **anderen Mitgliedstaaten weitergeleitet**, die sodann binnen sechs Monaten ihre Stellungnahme übermitteln müssen (**gegenseitige Evaluation**). Die Stellungnahme der Mitgliedstaaten ist pflichtig, mithin anders als diejenige des Ausschusses gemäß Art. 40 nicht in ihr Ermessen gestellt. Auch die **Anmeldungen** neuer Anforderungen gemäß Art. 15 Abs. 2 werden gemäß Art. 15 Abs. 7 den anderen Mitgliedstaaten während der hierfür geltenden Dreimonatsfrist mitgeteilt. Angehört werden zudem die jeweils betroffenen Interessengruppen.

Art. 39 Abs. 3 sieht die Einschaltung eines **Ausschusses gemäß Art. 40** – aber ohne Inbezugnahme der nach dem Komitologie-Beschluss 1999/468/EG vorgesehenen Verfahren und Befugnisse (vgl. Art. 40 Abs. 2 und 3) – vor. Der Ausschuss kann **Stellungnahmen** zu den Berichten der Mitgliedstaaten abgeben, ohne dazu verpflichtet zu sein. 12

Spätestens ein Jahr nach Ablauf der Umsetzungsfrist und damit nach dem letztmöglichen Termin des Eingangs der Berichte der Mitgliedstaaten hat die Kommission dem Rat und dem Parlament den zusammenfassenden **Generalbericht** über die Evaluation vorzulegen (Art. 39 Abs. 4). 13

III. Die kontinuierliche Evaluation (zu Art. 16)

Das auf Dauer angelegte, Änderungen in den Regelungen der Mitgliedstaaten immer aufs neue einbringende Evaluations- und Berichtsverfahren gem. **Art. 39 Abs. 5** folgt im Wesentlichen den gleichen Grundsätzen wie dasjenige der Abs. 1 bis 4. Die Mitgliedstaaten haben bis zum Ende des Umsetzungszeitraums einen vollständigen und umfassenden **Bericht** über ihre nach erfolgter Prüfung aufrechterhaltenen Anforderungen i. S. d. **Art. 16 Abs. 1 UA 3 sowie Art. 16 Abs. 3 S. 1** zu erstatten und die nach ihrer Auffassung gegebene Verhältnismäßigkeit dieser Einschränkungen der Dienstleistungsfreiheit zu begründen. Wie bei der analogen Vorschrift zur Niederlassungsfreiheit (Art. 14) hat die Richtlinie darauf verzichtet, in die Berichtspflicht nach Art. 39 auch Maßnahmen der Mitgliedstaaten aufzunehmen, mit denen absolut verbotene Beschränkungen der Dienstleistungsfreiheit i. S. d. **Art. 16 Abs. 2** während des Umsetzungszeitraums aufgehoben werden. 14

Art. 39 Abs. 5 UA 2 verpflichtet die Mitgliedstaaten zu **kontinuierlicher Mitteilung** von Änderungen der in ihren Rechtsordnungen fortbestehenden Anforderungen i. S. d. Art. 16. Diese Verpflichtung entspricht der **Notifizierungspflicht** hinsichtlich von Änderungen der Anforderungen i. S. d. Art. 15 Abs. 2 betreffend die Niederlassungsfreiheit (Notifizierungspflicht, Art. 15 Abs. 7). Insoweit sieht die Richtlinie also durchaus gleichlaufende kontinuierliche Verfahrenspflichten der Mitgliedstaaten vor. Der Unterschied zwischen beiden Regelungen besteht nicht im Inhalt der die Mitgliedstaaten treffenden Notifizierungsverpflichtung, sondern darin, dass sie im Fall der Dienstleistungsfreiheit (Art. 39 Abs. 5 i.V.m. Art. 16) in ein **kontinuierliches**, auf permanente Überwachung der dienstleistungsfreiheitsrelevanten mitgliedstaatlichen Beschränkungen angelegtes **Evaluationsverfahren** der Kommission mit **jährlicher Berichtspflicht** eingebunden ist, während die Notifizierungspflicht nach Art. 15 Abs. 7 von dem Verfahren des Art. 39 abgelöst ist: Letzteres ist insoweit mit dem Abschlussbericht der Kommission spätestens zum 28. Dezember 2010 abgeschlossen. 15

IV. Hilfestellung der Kommission

Die Kommission hat in ihrem Handbuch angekündigt, die Mitgliedstaaten bei ihrer anspruchsvollen Screening-Aufgabe sowie im Hinblick auf die Anfertigung der Berichte nach Art. 39 nach „besten Kräften" zu **unterstützen**. Zu diesem Zweck werden die Kommissionsdienste Handreichungen hinsichtlich der **Methode der Prüfung** sowie der **Struktur der vorzulegenden Berichte** entwickeln und den Mitgliedstaaten vorschlagen. Hinzu treten sollen **internetbasierte Kommunikationpfade**, die spezifisch für die elektronische Übersendung der Berichte an die 16

Kommission eingerichtet werden, um so besser auf die Verständlichkeit und Vergleichbarkeit der mitgliedstaatlichen Berichte hinwirken zu können. Nicht zuletzt sollen damit Übersetzungsprobleme bewältigt und allgemein die Transparenz des Berichtsprozesses gefördert werden.[3]

Artikel 40 Ausschussverfahren

(1) Die Kommission wird von einem Ausschuss unterstützt.

(2) Wird auf diesen Absatz Bezug genommen, so gelten die Artikel 5 und 7 des Beschlusses 1999/468/EG unter Beachtung von dessen Artikel 8. Der Zeitraum nach Artikel 5 Absatz 6 des Beschlusses 1999/468/EG wird auf drei Monate festgesetzt.

(3) Wird auf diesen Absatz Bezug genommen, so gelten die Artikel 5 a Absätze 1 bis 4 und Artikel 7 des Beschlusses 1999/468/EG unter Beachtung von dessen Artikel 8.

1 Art. 202 und Art. 211 EGV sehen die Möglichkeit vor, dass der Rat der Kommission Befugnisse zur Durchführung von sekundärem Gemeinschaftsrecht überträgt. Die Kommission wird dabei von Ausschüssen aus Vertretern der Mitgliedstaaten unterstützt oder zum Teil überwacht, wofür sich der Begriff der „Komitologie" eingebürgert hat.[1] Was ursprünglich alleine eine bilaterale Angelegenheit von Rat und Kommission war, hat sich durch die fast vollständige Gleichstellung des Parlaments als Mit-Gesetzgeber nach Art. 251 EGV zu einem Dreiecksverhältnis entwickelt. Nunmehr erfolgt die Delegation als gemeinsame Entscheidung von Parlament und Rat, obgleich im Falle des Parlaments hierfür keine ausdrückliche Ermächtigung durch den EG-Vertrag besteht. In der Sache bilden vor allem Zweckmäßigkeitsüberlegungen die Rechtfertigung für eine solche Delegation. Parlament und Rat sollen einerseits von technischen Details der Rechtssetzung entlastet werden, andererseits kann der Sachverstand der Kommission genutzt werden, die sich hierbei von den Ausschüssen unterstützen lässt. Zudem erlaubt das Komitologieverfahren eine rasche und flexible Anpassung des Rechts an veränderte Bedingungen.

2 Aus Art. 202, 3. Gedankenstrich EGV ergibt sich, dass es immer einer ausdrücklichen Übertragung durch den Gemeinschaftsgesetzgeber bedarf, die in dem sog. Basisrechtsakt, hier der Richtlinie, erfolgt. Dabei müssen im Basisrechtsakt der Gegenstand und Umfang der Durchführungsbefugnisse der Kommission anhand objektiver Kriterien genau festgelegt werden.[2] Wesentliche Regelungen einer Materie bleiben dagegen dem Gemeinschaftsgesetzgeber vorbehalten, der insoweit zugleich einem Delegationsverbot unterliegt.[3]

3 Die verfahrensrechtlichen Vorschriften für die Rechtsetzung durch die Kommission enthält der Komitologie-Beschluss 1999/468/EG des Rates,[4] in dem ins-

3 Kommissionshandbuch, Ziff. 10.2.2., 10.3.

1 Streinz, Europarecht, Rn 521 ff.; Wichard in: Calliess/Ruffert EUV/EGV, Art. 202 EGV Rn 12 ff.

2 EuGH, verb. Rs C-154/04 und C-155/04 (Alliance for Natural Health), Slg. 2005, I-6451, Rn 90.

3 EuGH, Rs C-66/04 (Vereinigtes Königreich/Parlament und Rat), Slg. 2005, I-10553, Rn 48.

4 In der Fassung des Beschlusses 2006/512, ABl. 2006 Nr. L 200, S. 11.

gesamt fünf Verfahren vorgesehen sind. Art. 40 nimmt aber nur auf zwei Verfahren Bezug, nämlich das Regelungsverfahren (Art. 5 Beschluss) und das Regelungsverfahren mit Kontrolle (Art. 5a Beschluss). Das herkömmliche Regelungsverfahren dient ausweislich des Art. 2 lit. b des Beschlusses der Durchführung von „Maßnahmen von allgemeiner Tragweite" und grenzt damit nahe an die abstrakt-generelle Rechtsetzung durch Rat und Parlament an. Allerdings sind die Kontrollmöglichkeiten des Parlaments auf die Maßnahmen nach Art. 7 und 8 begrenzt, mit denen das Parlament zwar Einwände geltend machen, aber nicht den Erlass des Durchführungsrechtsaktes verhindern kann. Im Regelungsverfahren mit Kontrolle (Art. 5a Beschluss), das für Maßnahmen von allgemeiner Tragweite gilt, mit denen Änderung nicht wesentlicher Bestimmungen des Basisrechtsakts bewirkt werden, hat das Parlament dagegen weitreichende Rechte. Insbesondere kann es durch Beschluss den Erlass der Durchführungsbestimmungen ablehnen.

Artikel 41 Überprüfungsklausel

Die Kommission legt dem Europäischen Parlament und dem Rat bis zum 28. Dezember 2011 und danach alle drei Jahre einen umfassenden Bericht über die Anwendung dieser Richtlinie vor. Im Einklang mit Artikel 16 Absatz 4 geht dieser Bericht insbesondere auf die Anwendung des Artikels 16 ein. Er behandelt ferner die Frage, ob zusätzliche Maßnahmen in Bereichen außerhalb des Anwendungsbereichs dieser Richtlinie erforderlich sind. Er enthält gegebenenfalls Vorschläge für die Anpassung dieser Richtlinie im Hinblick auf die Vollendung des Binnenmarktes für Dienstleistungen.

Artikel 42 Änderung der Richtlinie 98/27/EG

Dem Anhang der Richtlinie 98/27/EG des Europäischen Parlaments und des Rates vom 19. Mai 1998 über Unterlassungsklagen zum Schutz der Verbraucherinteressen(1) wird folgende Nummer angefügt:

„13. Richtlinie 2006/123/EG des Europäischen Parlaments und des Rates vom 12. Dezember 2006 über Dienstleistungen im Binnenmarkt (ABl. L 376 vom 27.12.2006, S. 36)."

Artikel 43 Schutz personenbezogener Daten

Bei der Umsetzung und Anwendung dieser Richtlinie und insbesondere der Bestimmungen über Kontrollen werden die Vorschriften zum Schutz personenbezogener Daten, der Richtlinie 95/46/EG und der Richtlinie 2002/58/EG eingehalten.

Art. 43 verweist zum Zweck des Datenschutzes im Rahmen der Verwaltungs- 1
zusammenarbeit auf zwei Richtlinien der Gemeinschaft, nämlich RL 95/46[1] und RL 2002/58.[2] Die grundlegende RL 95/46 soll einerseits den grundrechtlichen

(1) ABl. L 166 vom 11.6.1998, S. 51. Zuletzt geändert durch die Richtlinie 2005/29/EG.
1 ABl. 1995 Nr. L 281, S. 31.
2 ABl. 2002 Nr. L 201, S. 37.

Schutz bei der Verarbeitung personenbezogener Daten sicherstellen, andererseits den grenzüberschreitenden behördlichen Informationsaustausch erleichtern. Die Richtlinie gilt nur für den Anwendungsbereich des EG-Vertrags (Art. 3). Aus grundrechtlicher Sicht ist höchst problematisch, dass sie nach ihrem Art. 2 nur auf natürliche, nicht aber für juristische Personen anwendbar ist. Diese Lücke ist im Anwendungsbereich des Gemeinschaftsrechts durch Rückgriff auf die Grundrechte der Union zu schließen. Im Übrigen stellt die Richtlinie allgemeine Grundsätze für die Datenverarbeitung auf (Art. 6), regelt die Verhältnismäßigkeit (Art. 7), Informationspflichten gegenüber dem Betroffenen (Art. 10 und 11), Auskunftsrechte (Art. 12), Ausnahmen (Art. 13), Widerspruchsrechte (Art. 14), Vertraulichkeit (Art. 16) usw. Den Spezialbereich des Datenschutzes in der elektronischen Kommunikation behandelt die RL 2002/58. Sie ist insoweit als Ergänzung der allgemeinen Datenschutzrichtlinie 95/46 anzusehen.

2 Beide Richtlinien verpflichten nach ihrem Wortlaut nur die Mitgliedstaaten. Aufgrund von Art. 286 EGV erstreckt sich der durch die Richtlinien bewirkte Schutz aber auch auf die Gemeinschaftsorgane.

3 Die hinter der sekundärrechtlichen Regelung stehenden gemeinschaftsrechtlichen Grundrechte sind vielfältig. Sie umfassen das in Art. 8 EMRK verbürgte Recht auf Achtung des Privat- und Familienlebens, Schutz der Wohnung und der Korrespondenz[3] sowie das Recht der Berufsfreiheit.[4] Ausdrücklich enthält Art. 8 GR-Charta ein Grundrecht des Datenschutzes. Hiernach dürfen personenbezogene Daten nur mit Einwilligung des Betroffenen oder auf einer „gesetzlich geregelten legitimen Grundlage“ verarbeitet werden. Die Datenverarbeitung unterliegt nach Art. 8 Abs. 1 GR-Charta zudem einer Zweckbindung, wobei der Zweck vorab konkret festgelegt worden sein muss.[5] Die einzelnen Elemente des Art. 8 GR-Charta lassen sich unter Berücksichtigung der gemeinschaftsrechtlichen Datenschutzrichtlinien konkretisieren,[6] wobei aber nicht der Vorrang des Primärrechts vor den Datenschutzrichtlinien aus dem Auge verloren werden darf. Das bedeutet, dass die Richtlinien im Lichte der Gemeinschaftsgrundrechte ausgelegt werden müssen.[7] Der nach h. M. in Art. 8 GR-Charta nicht gewährleistete Schutz juristischer Personen[8] muss, um die Lücke im Grundrechtsschutz zu schließen, durch Rückgriff auf die Berufsfreiheit (bzw. unternehmerische Freiheit nach Art. 16 GR-Charta) hergestellt werden.[9]

4 Art. 43 bedeutet schließlich im Zusammenhang mit Art. 1 Abs. 2 RL 95/46 auch, dass der Datenübermittlung aufgrund der Verwaltungszusammenarbeit nicht ent-

3 Vgl. Johlen in: Tettinger/Stern Grundrechte-Charta, Art. 8 Rn 17; Kingreen in: Calliess/Ruffert EUV/EGV, Art. 8 GRCh Rn 5; Mehde in: Heselhaus/Nowak (Hg.), Handbuch der Europäischen Grundrechte, München, 2006, § 21 Rn 4.

4 Vgl. Brühann in: Grabitz/Hilf EU, A 30 Rn 10 ff.

5 Siehe Mehde in: Heselhaus/Nowak (Hg.), Handbuch der Europäischen Grundrechte, München, 2006, § 21 Rn 24.

6 Johlen in: Tettinger/Stern Grundrechte-Charta, Art. 8 Rn 29 ff.; Kingreen in: Calliess/Ruffert EUV/EGV, Art. 8 GRCh Rn 6, 10 ff.

7 EuGH, Rs C-465/00 (Österreichischer Rundfunk), Slg. 2003, I-4989, Rn 68.

8 Jarass, EU-Grundrechte, München, 2005, § 13 Rn 6; Johlen in: Tettinger/Stern: Grundrechte-Charta, Art. 8 Rn 29.

9 A.A. Kingreen in: Calliess/Ruffert EUV/EGV, Art. 8 GRCh Rn 12, der eine wesensgemäße entsprechende Anwendung des Art. 8 fordert. Für eine direkte Anwendung Wettner, Die Amtshilfe im europäischen Verwaltungsrecht, Tübingen, 2005, S. 319.

gegengehalten werden kann, sie verstoße gegen Datenschutzbestimmungen. Die Datenschutzrichtlinien bilden vielmehr die Grundlage dafür, dass zwischen den Mitgliedstaaten personenbezogene Daten ausgetauscht werden dürfen.[10] Verstöße einzelner Mitgliedsaaten gegen Anforderungen der Datenschutzrichtlinien führen daher nicht zur Unzulässigkeit des Datenaustauschs, sondern müssen im Wege von Vertragsverletzungsverfahren nach Art. 226 und 227 EGV sanktioniert werden. Der individuell Betroffene selbst kann Rechtsschutz nach Maßgabe des für die jeweils handelnde Verwaltung geltenden Rechts in Anspruch nehmen. Zur Frage des Rechtsschutzes in der Amtshilfe siehe Art. 28 Rn 35 f.

10 Vgl. Johlen in: Tettinger/Stern Grundrechte-Charta, Art. 8 Rn 15.

Kapitel VIII Schlussbestimmungen

Artikel 44 Umsetzung

(1) Die Mitgliedstaaten setzen die erforderlichen Rechts- und Verwaltungsvorschriften in Kraft, die erforderlich sind, um dieser Richtlinie bis spätestens ab dem 28. Dezember 2009 nachzukommen.

Sie teilen der Kommission unverzüglich den Wortlaut dieser Rechtsvorschriften mit.

Wenn die Mitgliedstaaten diese Vorschriften erlassen, nehmen sie in den Vorschriften selbst oder durch einen Hinweis bei der amtlichen Veröffentlichung auf diese Richtlinie Bezug. Die Mitgliedstaaten regeln die Einzelheiten der Bezugnahme.

(2) Die Mitgliedstaaten teilen der Kommission den Wortlaut der wichtigsten innerstaatlichen Rechtsvorschriften mit, die sie auf dem unter diese Richtlinie fallenden Gebiet erlassen.

I. Umsetzungspflicht (Abs. 1)

1. Allgemeines

1 Das Gemeinschaftsrecht verpflichtet bereits durch Art. 249 Abs. 3 i.V.m. Art. 10 EGV die Mitgliedstaaten zur ordnungsgemäßen Umsetzung der Richtlinie (siehe vor Art. 1 Rn 94 ff.). Art. 44 Abs. 1 konkretisiert diese Pflicht lediglich hinsichtlich des Ablaufs der Umsetzungsfrist (27. Dezember 2009, 24:00 Uhr). In welcher Form die Umsetzung im innerstaatlichen Recht zu erfolgen hat, schreibt das Gemeinschaftsrecht allerdings nicht vor, insbesondere kennt es keinen allgemeinen Vorbehalt des Parlamentsgesetzes. Die Mitgliedstaaten sind lediglich verpflichtet, im Rahmen des ihnen nach Art. 249 Abs. 3 EGV überlassenen Entscheidungsspielraums die Formen und Mittel zu wählen, die sich zur Gewährleistung der praktischen Wirksamkeit (effet utile) der Richtlinien unter Berücksichtigung des mit ihnen verfolgten Zwecks am besten eignen.[1] Dazu gehört, dass die nationale Umsetzungsmaßnahme den Erfordernissen der Rechtssicherheit und Rechtsklarheit genügt. Soweit die Richtlinie zur Änderung bestehenden nationalen Rechts führt, kann die Umsetzung aber letztlich nur durch verbindliche nationale Bestimmungen bewirkt werden, die denselben rechtlichen Rang haben wie die zu ändernden Bestimmungen.[2] Soweit die Richtlinie Rechte für Einzelne begründen soll, gebietet die Umsetzungspflicht, dass die Begünstigten in die Lage versetzt werden, von allen ihren Rechten Kenntnis zu erlangen. Der EuGH verlangt für diesen Fall ausdrücklich, dass der nationale Umsetzungsakt den Erfordernissen der Publizität, der Klarheit und Bestimmtheit entspricht.[3] Praktisch kommt insoweit nur eine Umsetzung durch Parlamentsgesetz oder Rechtsverordnung in Betracht.[4] Bloße Verwaltungspraktiken oder Verwaltungsvorschriften genügen dage-

---

1 EuGH, Rs 48/75 (Royer), Slg. 1976, 497, Rn 69/73.
2 EuGH, Rs C-207/96 (Kommission/Italien), Slg. 1997, I-6869, Rn 26.
3 EuGH, Rs C-96/95 (Kommission/Deutschland), Slg. 1997, I-1653, Rn 39.
4 Vgl. Ruffert in: Calliess/Ruffert EUV/EGV, Art. 249 EGV Rn 54.

gen nicht.[5] Für den weit überwiegenden Teil dieser Richtlinie lässt sich feststellen, dass sie Rechte zugunsten der Dienstleistungserbringer begründet. Insofern kommen die strengen Umsetzungsanforderungen zur Anwendung.

Sofern ein Mitgliedstaat seiner Umsetzungspflicht bis zum Ablauf der Umsetzungsfrist nicht oder nur mangelhaft nachkommt, entfaltet die Richtlinie grundsätzlich keine **unmittelbare Wirkung**. Diese ausnahmsweise vorgesehene Möglichkeit greift nur ein, wenn der Inhalt einer konkreten Richtlinienbestimmung unbedingt und hinreichend genau, d. h. vollzugsfähig ist.[6] Auf die Verleihung subjektiver Rechte kommt es dagegen nicht an.[7] Siehe näher vor Art. 1 Rn 99 ff. 2

2. Mitteilung des Wortlauts (UA 2)

Die Pflicht, der Kommission den Wortlaut der Umsetzungsmaßnahmen mitzuteilen, erleichtert dieser die Kontrolle der Umsetzungsverpflichtung. 3

3. Zitiergebot (UA 3)

Das Zitiergebot nach UA 3 dient der Sicherung der Umsetzungspflicht. Zum einen soll dem nationalen Normgeber bewusst werden, dass es sich nicht um den Erlass herkömmlichen nationalen Rechts handelt, sondern um die Umsetzung einer Richtlinie der EG, für die besondere Anforderungen bestehen. Zum anderen dient das Zitiergebot der Sicherung eines wirksamen Vollzugs der Richtlinie, da der Rechtsanwender, sei es eine Behörde oder ein Gericht, auf die Herkunft des Rechtsaktes aus dem Gemeinschaftsrecht einschließlich des damit verbundenen Vorrangs hingewiesen wird. Dadurch kann der Rechtsanwender an die Pflicht zur richtlinienkonformen Auslegung und ggf. der unmittelbaren Anwendung der Richtlinie erinnert werden. Die Zitierpflicht dient schließlich auch dem Interesse der aus der Richtlinie berechtigten Personen.[8] In welcher Weise der nationale Normgeber dem Zitiergebot nachkommt, liegt in seinem Ermessen. Er kann entweder in der mitgliedstaatlichen Regelung selbst einen Hinweis aufnehmen oder bei der amtlichen Veröffentlichung, d. h. im entsprechenden mitgliedstaatlichen Verkündungsorgan (Gesetzblatt etc.) auf die Richtlinie hinweisen.[9] 4

II. Mitteilungspflicht (Abs. 2)

Nach Abs. 2 sind die Mitgliedstaaten verpflichtet, der Kommission den Wortlaut der wichtigsten innerstaatlichen Vorschriften mitzuteilen, die sie auf dem unter diese Richtlinie fallenden Gebiet erlassen. Diese Pflicht erleichtert in Ergänzung zur Mitteilungspflicht des Abs. 1 UA 2 der Kommission die Wahrnehmung ihrer Aufgabe, die Einhaltung des Gemeinschaftsrechts durch die Mitgliedstaaten zu überwachen. Anders als nach Abs. 1 UA 2 geht es aber nicht um die konkreten Umsetzungsvorschriften zur Richtlinie, sondern um das thematische Umfeld. Auch erstreckt sich die Mitteilungspflicht nur auf die „wichtigsten" innerstaatli- 5

5 EuGH, Rs 102/79 (Kommission/Belgien), Slg. 1980, 1473, Rn 11; zu Verwaltungsvorschriften Rs C-361/88 (Kommission/Deutschland), Slg. 1991, I-2567, Rn 15 ff.
6 Siehe Ruffert in: Calliess/Ruffert EUV/EGV, Art. 249 EGV Rn 79 ff. m. w. N. aus der Rechtsprechung; Schroeder in: Streinz EUV/EGV, Art. 249 EGV Rn 106 ff.
7 Ruffert in: Calliess/Ruffert EUV/EGV, Art. 249 EGV Rn 94 ff.
8 Schroeder in: Streinz EUV/EGV, Art. 249 EGV Rn 92.
9 Schroeder in: Streinz EUV/EGV, Art. 249 EGV Rn 92.

chen Maßnahmen, also nicht bloße Detailregelungen oder zufällige Bezüge. Ob eine mitgliedstaatliche Vorschrift diese Voraussetzung erfüllt, lässt sich nur im Einzelfall entscheiden.

Artikel 45 Inkrafttreten

Diese Richtlinie tritt am Tag nach ihrer Veröffentlichung im Amtsblatt der Europäischen Union in Kraft.

Die Richtlinie wurde mit Datum vom 27. Dezember 2006 im Amtsblatt Nr. L 376, S. 36 veröffentlicht. Demnach trat sie am 28. Dezember 2006 in Kraft.

Artikel 46 Adressaten

Diese Richtlinie ist an die Mitgliedstaaten gerichtet.

Stichwortverzeichnis